2025년 최신판

아파트(층간소음, 하자보수, 입주자대표회의)분쟁사례

편저 : 법률연구회

법률정보센터

목 차

제1편 공동주택

제1장 공동주택과 그 적용법규

제1절 공동주택의 개념

1. 아파트 개념 및 종류 ··· 1

  가. 주택의 구분 ··· 1
    (1) 주택 ··· 2
    (2) 공동주택 ··· 2
      [별표 1] 용도별 건축물의 종류 ··· 3
    (3) 아파트 ··· 3
    (4) 연립주택 ··· 3
    (5) 다세대주택 ··· 4
    (6) 기숙사 ··· 4
  나. 아파트 개념 ··· 4
      [별표 1] 용도별 건축물의 종류 ··· 5
    (1) 아파트의 종류 ··· 6
      [별표 1] 용도별 건축물의 종류 ··· 7
    (2) 「공동주택관리법」 및 「관리규약」 ··· 7
    (3) 작성 범위 ··· 8
    (4) 아파트 위생 등 ··· 8
    (5) 아파트 생활 안전 ··· 9
    (6) 아파트 층간소음 등 ··· 9
    (7) 아파트 보안·방범용 카메라(CCTV) ··· 9

2. 입주자대표회의 구성이 필요한 공동주택 ·· 9

가. 입주자대표회의의 임원 선출 방법 ·· 9
  (1) 입주자 ·· 10
  (2) 사용자 ·· 10
나. 입주자대표회의의 임원 업무 ··· 11
다. 입주자대표회의의 임원 해임 ··· 11
라. 이사·관리규약으로 정하는 절차에 따라 해임 ··························· 12

  [법령해석 1] 민원인 – 공동주택의 동별 대표자에서 "당연퇴임한 사람"
  에게도 "해임된 사람"에게 적용되는 결격기간이 적용되는지 여부 ············ 13

  [법령해석 2] 민원인 – 입주자대표회의 구성원 과반수의 찬성을 얻지
  못한 최다득표자 1인이 입주자대표회의 회장으로 선출될 수
  있는지 여부 ·· 16

  [법령해석 3] 민원인 – 500세대 미만 공동주택의 입주자대표회의 임원
  선출 방법 ·· 18

  [법령해석 4] 농림축산식품부 – 농업인 주택의 설치요건인 농업을 영위하는
  세대의 의미 ·· 20

3. 적용법규 ·· 22

가. 집합건물법 ·· 22
  (1) 건물의 구분소유 ··· 22
  (2) 상가건물의 구분소유 ··· 22
  (3) 구분소유권과 전유부분 ··· 23
  (4) 구분소유자의 권리와 의무 ·· 24
    (가) 구분소유자의 개념 ·· 24
    (나) 구분소유자의 권리와 의무 ··· 24

제2절 공용부분의 관리

1. 공용부분 ·· 25
2. 공용부분의 귀속 등 ··· 25
3. 공유자의 사용권 및 지분권 ··· 26
4. 일부공용부분의 관리 ··· 26

5. 공용부분의 관리 ... 27
6. 공용부분의 변경 ... 28
7. 공용부분의 부담·수익 등 ... 29
8. 관리단 및 관리단집회 ... 29
가. 관리단의 당연 설립 및 구성 ... 29
나. 관리단의 의무 ... 30
9. 관리단집회의 권한 및 의장 ... 30
10. 관리단집회의 소집 ... 31
11. 의결권 ... 32
12. 의결방법 ... 32
13. 서면에 의한 결의 등 ... 33
14. 규약 및 관리단집회의 결의의 효력 ... 35
15. 주주총회의 결의 무효확인의 소 ... 35
가. 주주총회의 실효성 ... 36
나. 주주의 의무 ... 36
다. 결의의 가결과 부결 ... 36
(1) 절차적 하자의 경우 ... 36
[판례 1] 결의부존재확인 ... 37
[판례 2] 자격모용사문서작성·자격모용작성사문서행사·공정증서원본불실기재·불실기재공정증서원본행사 ... 37
[판례 3] 주주총회결의부존재확인등 ... 38
(2) 내용상 하자의 경우 ... 38
[판례 4] 부당이득금 ... 39
[판례 5] 퇴직금등 ... 40
라. 결의무효확인의 소 ... 40
(1) 소의 적법요건 ... 40
[판례 6] 소유권이전등기말소 ... 40

    [판례 7] 가등기말소 ··· 41
    [판례 8] 손해배상(기) ·· 43
    [판례 9] 주주총회결의부존재등확인 ······································· 45
    [판례 10] 주주총회결의부존재확인 ·· 46
    [판례 11] 주주총회결의무효확인등 ·· 46
    [판례 12] 분양금지및분양개시금지가처분 ······························· 47
    [판례 13] 주주총회결의등부존재확인 ······································· 48
    [판례 14] 주주총회결의무효확인 ·· 48
    [판례 15] 건설업면허취소처분취소 ·· 49
    [판례 16] 주주총회결의등무효확인 ·· 50
    [판례 17] 감자무효 ·· 50
  (2) 소의 원인 ··· 51
16. 결의취소의 소 ··· 51
  [서식 1] 주주총회결의 취소청구의 소 ···································· 52
17. 관리인의 권한과 의무 ··· 54
  가. 관리인의 선임 등 ·· 54
  나. 관리인의 권한과 의무 ·· 56
18. 공용부분의 보존행위 ··· 57
19. 그 밖에 규약에 정하여진 행위 ····································· 57
20. 관리인의 보고의무 ··· 57
21. 회계감사 ··· 59
22. 관리위원회의 설치 ··· 61
23. 규약 ··· 62
  가. 규약의 보충성 ·· 62
  나. 규약의 설정, 변경 및 폐지 ·· 62
    [판례 18] 관리단집회회장등직무집행정지가처분 ··················· 63
    [판례 19] 총회결의무효확인 ·· 63

제2장 재건축

제1절 재건축의 개요

1. 재건축결의 ··· 65
2. 결의사항 ··· 66
    가. 구분소유권 등의 매도청구 등 ·· 66
3. 상가·오피스텔의 적용법규 ·· 67

제2절 입주자와 사용자

1. 입주자대표회의의 의결 ·· 68
    가. 입주자대표회의의 소집 ··· 68
    나. 입주자대표회의의 의결사항 ·· 69
2. 입주자대표회의의 의결 방법 ··· 71
3. 입주자대표회의의 제한사항 ··· 72
    가. 자치관리기구의 겸직금지 ·· 72
    나. 관리주체에 대한 부당한 간섭금지 ······································ 72
    다. 입주자대표회의 구성원 교육 ·· 73

제3절 관리방법

1. 관리 이관 및 업무인계 ·· 74
    가. 사업주체의 관리 및 이관 ·· 74
        (1) 사업주체의 관리 ·· 74
    나. 사업주체의 관리 이관 요구 ·· 75
    다. 입주자대표회의의 구성 ··· 76
    라. 아파트 관리방법의 결정 및 변경 ·· 76

마. 관리업무의 인계 ·· 78
　　　　(1) 사업주체가 관리업무를 인계하는 경우 ·· 78
　　　　(2) 관리주체가 관리업무를 인계하는 경우 ·· 79
　　　　(3) 위반 시 제재 ·· 82

제3장　입주자대표회의의 구성

제1절　입주자대표회의의 개요

1. "입주자대표회의"란? ·· 84
2. 입주자대표회의의 구성 ·· 84
3. 입주자대표회의의 구성변경의 신고 ·· 85

제2절　선거관리위원회

1. 선거관리위원회의 구성과 운영 ·· 87
　　가. 선거관리위원회의 구성 ·· 87
　　나. 선거관리위원회의 운영 ·· 89

제3절　공동주택의 관리업무

1. 아파트 관리의 유형 ·· 90
　　가. 자치관리(관리사무소) ·· 90
　　나. 위탁관리(주택관리업자) ·· 91
2. 사업주체의 주택관리업자 선정 ·· 93
3. 아파트 관리의 구분 ·· 94
　　가. 공동관리와 구분관리 ·· 94

        (1) 공동관리 요건 ·· 95
        (2) 관리기구 ·· 96
    4. 공동주택관리의 의의 ·· 97
    5. 공동주택관리의 특수성(단체적 공동관리) ··· 97
    6. 집합건물법과 주택법의 관계 ··· 98

제4절 관리비, 사용료, 장기수선충당금, 잡수입 등

1. 관리비 납부 등 ··· 99
    가. "관리비"란 ·· 99
    나. 관리비 납부 ··· 100
2. 관리비예치금 ··· 101
    가. "관리비예치금"이란? ·· 101
    나. 관리비예치금 징수 ·· 101
    다. 관리비예치금 반환 ·· 102
3. 관리비 통지 및 내역 공개 ··· 102
    가. 관리비등의 통지 ·· 102
    나. 관리비등의 내역 공개 ··· 103
    다. 관리비등의 체납자에 대한 조치 ·· 106
4. 장기수선계획의 수립과 조정 ·· 106
    가. "장기수선계획"이란 ··· 106
    나. 장기수선계획의 수립 ··· 106
    다. 장기수선계획의 조정 ··· 109
5. 장기수선충당금 ·· 110
    가. 장기수선충당금의 사용 등 ·· 110
        (1) "장기수선충당금"이란 ··· 110
        (2) 장기수선충당금 적립 ·· 110

        (3) 장기수선충당금의 사용 ·· 112
            [판례 1] 손해배상(기) ·· 113
        나. 장기수선충당금 반환 ··· 114

  6. 관리비의 집행을 위한 사업자의 선정 ·· 115
        가. 관리비 회계 및 운영 ·· 115
            (1) 관리비등의 계좌 관리 ··· 115
            (2) 회계서류의 작성 및 보관 ·· 116
        나. 관리비등의 집행을 위한 사업자 선정 ··· 117

  7. 체납관리비의 승계 ·· 120
        [판례 2] 용역비 ·· 120
        [판례 3] 관리비등 ··· 120
        [판례 4] 건물명도 ··· 121

제5절 하자 및 하자분쟁 관련 판례

  1. 공동주택 하자담보책임의 법령 ··· 122
        가. 집합건물의 적용 ··· 122
            [판례 1] 하자보수금등 ··· 122
        나. 주택법의 적용 ··· 122
            [판례 2] 보험금지급청구권부존재확인 ··· 122
        다. 집합건물법과 주택법 ·· 123
            [판례 3] 손해배상(기) ·· 124
            [판례 4] 하자보수금 ··· 125

  2. 하자의 범위 및 하자담보책임기간 ··· 126
        가. 하자의 범위 ··· 126
            (1) 하자의 개념 ··· 126
        나. 내력구조부의 하자 ·· 127
        다. 시설공사의 하자 ··· 127

  3. 하자담보 책임기간 ··· 128

가. 손해배상책임 ··· 128
　　　나. 내력구조부별 및 지반공사의 하자담보책임기간 ················ 128
　　　다. 시설공사별 하자담보책임기간 ·· 129
　　　라. 담보책임기간 기산일 ·· 132

4. 하자담보책임의 청구권 ·· 133
　　[판례 5] 손해배상(기) ··· 134
　　[판례 6] 손해배상(기) ··· 135
　　가. 주택법상의 하자보수청구권과 집합건물법상의
　　　　하자보수청구권의 관계 ·· 137
　　　(1) 주택법령에 의한 책임 ··· 137
　　　(2) 집합건물법에 의한 책임 ·· 137
　　나. 주택법 및 집합건물법의 개정에 따른 하자책임의 관계 ······· 138
　　　[판례 7] 손해배상(기) ·· 138
　　　[판례 8] 주택법제46조제1항등위헌제청 ······························· 139

5. 하자보수책임의 관계 ·· 140
　　[판례 9] 손해배상(기) ··· 140
　　가. 개정 주택법이 적용되는 경우 ·· 149
　　나. 권리관계의 주체 ·· 149
　　　(1) 청구권자 ··· 149
　　　(2) 의무자 ··· 149
　　다. 성립요건 ·· 153
　　　(1) 공사상의 잘못으로 인한 하자 ·· 153
　　　(2) 담보책임기간 내에 발생한 하자 ·· 154
　　　　[판례 10] 하자보수보증금 ·· 155
　　　(1) 시설공사별 ·· 157
　　라. 하자담보책임의 부담자 ·· 158
　　　(1) 시공자의 하자담보책임 ·· 158
　　　[판례 11] 채권자대위 ·· 158
　　마. 공동주택 하자담보책임의 담보책임기간 ······························· 159
　　　[판례 12] 보험금지급청구권부존재확인 ······························· 159
　　　[판례 13] 하자보수금등 ·· 160

[판례 14] 손해배상(기) ··· 160
[판례 15] 하자보수금 ·· 161
[판례 16] 주택법제46조제1항등위헌제청 ·· 162
바. 권리행사기간으로서의 하자담보책임기간 ·· 163
[판례 17] 하자보수보증금등 ·· 163
[판례 18] 부당이득금반환 ·· 164
[판례 19] 손해배상(기)등 ··· 165
[판례 20] 손해배상(기) ··· 166
[판례 21] 손해배상(기) ··· 168
사. 하자발생기간, 제척기간, 소멸시효기간 ·· 169
 (1) 주택법상의 담보책임기간 ·· 169
[판례 22] 보험금지급청구권부존재확인 ·· 169
[판례 23] 손해배상(기) ··· 170
 (2) 집합건물법상의 하자담보책임기간 ··· 170
 (3) 하자보수청구권 및 하자보증금청구권의 소멸시효 ································· 170
[판례 24] 하자보수보증금 ·· 170
 (4) 집합건물법상의 하자담보추급권 ·· 171
  (가) 하자담보추급권 양도에 따른 양수금 청구 ·· 171
[판례 25] 하자보수금등 ··· 171
  (나) 공용부분 하자에 관한 하자담보청구권 ··· 171
[판례 26] 손해배상(기) ··· 172
[판례 27] 손해배상(기) ··· 172
  (다) 책임의 성질 ·· 174
[판례 28] 손해배상(기) ··· 175
  (라) 책임의 존속기간 ··· 175
[판례 29] 손해배상(기) ··· 175
마. 권리관계의 주체 및 성립요건 ··· 176
 (1) 권리관계의 주체 ··· 176
 (2) 성립요건 ··· 176
바. 소멸시효의 기간 및 중단 ··· 176

(1) 소멸시효기간 ·· 176
　　(2) 소멸시효의 기산점 ··· 177
　　　　[판례 30] 손해배상(기)등 ··· 177
　　　　[판례 31] 하자보수보증금등 ··· 178
　　(3) 소멸시효의 중단 ··· 178
　　　　[판례 32] 손해배상(기) ·· 178

제6절　집합건물법상 특유의 제도

1. 재건축 및 복구 ··· 179
　가. 재건축 ·· 179
　　(1) 재건축결의 ·· 179
　　　　[판례　1] 소유권이전등기등 ·· 180
　　(2) 조합설립의 동의 ··· 180
　　　　[판례　2] 총회결의무효확인 ·· 183
　　　　[판례　3] 소유권이전등기 ·· 184
　나. 복구 ··· 186

2. 의무위반자에 대한 조치 ··· 187
　가. 공동의 이익에 반하는 행위의 정지청구 등 ···························· 187
　나. 사용금지의 청구 ·· 188
　다. 구분소유권의 경매 ·· 188
　라. 전유부분의 점유자에 대한 인도청구 ····································· 189
　　　　[판례　4] 원상복구비용 ·· 189
　　　　[판례　5] 소유권이전등기말소등 ······································ 190
　　　　[판례　6] 부당이득금 ··· 190
　　　　[판례　7] 손해배상(기) ·· 191

제4장 공동주택과 관련한 쟁송

제1절 공동주택의 개요

1. 공동주택관리 분쟁 조정 ·· 193
   가. 공동주택관리 분쟁조정제도 ·· 193
      (1) 분쟁조정 ·· 193
      (2) 분쟁조정 대상 ·· 193
      (3) 분쟁조정의 신청 ·· 194
        (가) 조정 신청 ··· 194
        (나) 신청서류 ··· 196
        (다) 조정신청 수수료 ·· 197

제2절 분쟁조정 절차

1. 분쟁조정 사건의 통지 ·· 197
2. 조정절차 개시 ·· 198
3. 조정안 작성 ·· 198
4. 사건번호와 사건명 ·· 199
5. 조정안 수락여부 통보 ·· 199
6. 조정서 작성 ·· 200
7. 사건번호와 사건명 ·· 201
8. 조정서 효력 ·· 201

제3절 층간소음 분쟁

1. 층간소음 범위 및 기준 ·· 201

가. "층간소음"이란 ·· 201
　　나. 층간소음의 범위 ··· 202
　　다. 층간소음의 기준 ··· 203
　　라. 입주자·사용자의 주의 ·· 203
　　마. 층간소음 발생 시 조치 ·· 204
　　　　(1) 관리주체의 조치 등 ·· 204
　　　　(2) 분쟁조정 신청 ··· 205
　　　　(3) 소유권방해제거 또는 손해배상 청구 ························· 205

2. 층간소음 발생 시 제재 ·· 206

　　가. 경범죄 처벌 ·· 206
　　나. 스토킹 범죄 처벌 ·· 206
　　다. 층간소음 분쟁의 발생 ·· 207
　　라. 공동주택 층간소음 현황과 관리기준 ································· 208
　　　　(1) 공동주택의 정의 ··· 208
　　　　(2) 공동주택의 분류 ··· 208
　　　　(3) 공동주택 층간소음의 범위와 기준 ···························· 209
　　마. 층간소음 관련 법규 및 제도 ··· 210
　　　　(1) 공동주택관리법 ··· 210
　　　　(2) 소음·진동관리법 제21조의2 ······································· 211
　　　　(3) 층간소음 피해사례 조사·상담 등의 절차 및 방법에 관한 규정 ············ 212
　　　　(4) 경범죄 처벌법 제3조 ··· 216
　　바. 층간소음의 발생과 전파 ·· 216
　　　　(1) 층간소음의 발생 ··· 216
　　　　(2) 소음의 전파경로 ··· 216
　　　　　　(가) 직접충격 소음의 전파경로 ······························· 216
　　　　　　(나) 공기전달 소음의 전파경로 ······························· 216
　　　　(3) 층간소음의 수음 ··· 217
　　　　　　(가) 수음점에서의 소음도 ·· 217
　　　　　　(나) 거주자의 소음인식 ·· 217
　　사. 층간소음의 저감 방안 ·· 217
　　　　(1) 층간소음의 저감 방안 ··· 217
　　　　(2) 층간소음의 상담 방향 ··· 218
　　　　　　(가) 피해조사 ··· 218
　　　　　　(나) 피신청인 방문 ·· 218

        (다) 신청인 피드백 ··· 218
        (라) 신청인의 수인한도 제고를 위한 상담 ····························· 218
      (3) 소음저감효과 ·· 219
    아. 관련 서식 ··· 219
      [서식 1] 스토킹범죄의처벌등에관한법률위반 ······························· 219
      [서식 2] 스토킹범죄의처벌등에관한법률위반, 협박 ····················· 221

제4절 입주자등과 입주자대표회의 사이의 내부적 쟁송

1. 층간소음 등 문제 해결 ·· 223
  가. 층간소음 개념 ··· 223
    (1) "층간소음"이란 ··· 223
  나. 층간소음 방지 및 해결 ··· 224
    (1) 입주자·사용자의 주의 ··· 224
    (2) 관리주체의 조치 등 ··· 224
  다. 아파트 관리규약에 따른 해결 ··· 227

2. 동별 대표자의 선출 · 해임 등에 관한 소송 ································ 231
  가. 동별 대표자 ··· 231
    (1) 동별 대표자 선출 방법 등 ··· 231
      (가) "동별 대표자"란 ··· 231
      (나) 동별 대표자 선출 방법 ··· 231
      (다) 동별 대표자의 자격 ··· 232
      (라) 동별 대표자의 임기 ··· 233
      (마) 동별 대표자의 해임 ··· 234
  나. 원고적격 ··· 235
  다. 본안소송에서의 피고적격 ··· 235
    [판례 1] 한빛아파트동대표선출결의무효확인 ································· 235
  라. 동별 대표자·관리사무소장에 대한 해임청구소송의 허용 여부 ········ 235
    [판례 2] 동대표해임 무효확인 ··· 235
    [판례 3] 이사장등직무집행정지및출입금지가처분 ··························· 241

[판례 4] 조합장당선무효 ·· 241
[판례 5] 가처분이의 ··· 242
[판례 6] 직무집행정지가처분 ··· 243

3. 관리비청구소송 ·· 243
가. 자치관리의 경우 ··· 243
[판례 7] 채무부존재확인 ··· 243

4. 유해행위 및 사용금지청구소송 ·· 245
가. 위법한 건축행위의 유형 및 제재 ··· 245
(1) 건축 위반 유형 ·· 245
(가) 신축 및 증축 ··· 245
(나) 개축 및 재축 ··· 247

5. 행정상 제재 ·· 247
가. 시정명령 등 ··· 247
나. 이행강제금 ··· 248
(1) 「지방세법」상의 시가표준액이란? ··· 250
(2) 이행강제금의 주요 경과규정 ·· 253
[사례 1] 이행강제금 계산 방법 ·· 254

6. 벌칙 ·· 255
가. 허가 위반행위에 대한 처벌 ··· 255
나. 신고 위반행위에 대한 처벌 ··· 256

7. 열람 및 복사청구소송 ·· 258

제5절 시공업체 등 제3자를 상대방으로 한 쟁송

1. 하자보수청구 또는 이에 갈음한 손해배상청구소송 ······································ 258
가. 하자보수청구의 경우 ··· 258
[법령해석 1] 민원인 – 공동주택의 담보책임에 따른 하자보수가

행위허가의 대상인지 여부 ·· 258
　　　[판례　1] 손해배상(기) ··· 261
　　　[판례　2] 손해배상(기) ··· 261
　　　[판례　3] 보증채무금 ·· 261
　　나. 하자보수에 갈음하는 손해배상청구의 경우 ·· 262
　　　[판례　4] 손해배상(기) ··· 264
　　　[판례　5] 손해배상(기) ··· 264

2. 방해배제·반환청구 또는 이와 관련된 손해배상·부당이득반환청구소송 ·· 265

　　가. 방해배제·반환청구의 경우 ·· 265
　　　[판례　6] 창고등명도 ·· 265
　　　[판례　7] 건물명도 ·· 266
　　　[판례　8] 손해배상(기) ··· 266
　　나. 손해배상·부당이득반환청구의 경우 ··· 266
　　　[판례　9] 건물등철거등 ··· 266
　　　[판례 10] 엘피지집단공급시설소유권확인·가스공급시설의철거청구 ························· 267

제6절　제3자의 소송담당

1. 구분소유자 ··· 268
　　[판례　1] 소유권이전등기말소 ··· 268

2. 입주자대표회의 ··· 269
　　[판례　2] 대지인도등 ·· 269

3. 채권양도 ·· 269
　　[판례　3] 손해배상(기) ··· 269

제7절　보전처분

1. 가처분 ·· 270
2. 피신청인적격 · 관할 ··· 270
   가. 피신청인적격 ·· 270
   나. 관할 ·· 270
3. 피보전권리와 보전의 필요성 ··· 270
   [판례　1] 이사장의직무집행정지직무대행선임가처분 ································· 271
4. 직무대행자 ··· 271

제8절　화해와 조정

1. 일반론 ·· 271
   [판례　1] 소유권이전등기등 ··· 272
2. 아파트분쟁조정위원회 ··· 273
   가. 공동주택관리분쟁조정위원회 ·· 273
3. 차임 또는 보증금의 증감에 관한 분쟁 ·· 274
   가. 차임 또는 보증금의 증액에 관한 분쟁 ··· 274
      (1) 보증금 증액 요구와 묵시적 갱신 ·· 274
         (가) 관련 규정 ·· 274
         (나) 관련 판례 ·· 274
            [판례　2] 임차보증금 ··· 274
      (2) 기간 연장 합의 후 보증금 증액 요구 ··· 275
         (가) 관련 규정 ·· 275
         (나) 관련 판례 ·· 276
            [판례　3] 건물명도 ··· 276
            [판례　4] 건물명도 ··· 276
      (3) 묵시적 갱신과 보증금의 증액 ·· 276

         (가) 관련 규정 ··· 276
         (나) 관련 판례 ··· 277
         [판례 5] 건물명도 ·· 277

  4. 임대차 기간에 관한 분쟁 ·· 278
    가. 임대차 기간에 관한 분쟁 ·· 278
      (1) 계약기간을 2년 미만으로 정한 임대차의 기간 ······························ 278
         (가) 관련 규정 ··· 278
         (나) 관련 판례 ··· 278
         [판례 6] 건물명도·임차권존재확인 ·································· 278
      (2) 계약기간을 2년 미만으로 정한 임대차의 기간 ······························ 279
         (가) 관련 규정 ··· 279
      (3) 기간을 정하지 아니한 임대차계약 ·· 280
         (가) 관련 규정 ··· 280
         (나) 관련 판례 ··· 280
         [판례 7] 건물명도 ·· 280
         [판례 8] 추심금 ··· 281
      (4) 1년 계약기간 후 임대차기간 종료 여부 ······································ 282
         (가) 관련 규정 ··· 282
         (나) 관련 판례 ··· 282
         [판례 9] 건물명도·임차권존재확인 ·································· 282
      (5) 임대차 계약이 묵시적 갱신된 경우 그 기간 및 중도 해지 가부 ········· 283
         (가) 관련 규정 ··· 283
         (나) 관련 판례 ··· 284
         [판례 10] 건물명도 ·· 284
         [판례 11] 건물명도 ·· 284

  5. 보증금 또는 임차주택의 반환에 관한 분쟁 ·· 284
    가. 보증금 또는 임차주택의 반환에 관한 분쟁 ·· 284
      (1) 계약 해지에 따른 보증금의 반환 ·· 284
         (가) 관련 규정 ··· 284
         (나) 관련 판례 ··· 285
         [판례 12] 건물명도등 ··· 285

(2) 보증금 등 반환의무의 발생 ·· 286
   (가) 관련 규정 ··· 286
   (나) 관련 판례 ··· 286
     [판례 13] 임대차계약 ·· 287
(3) 차임 미지급으로 인한 임대차 계약 해지 ·· 287
   (가) 관련 규정 ··· 287
   (나) 관련 판례 ··· 287
     [판례 14] 임대료등 ·· 287
(4) 보증금의 반환과 주택의 인도 ··· 288
   (가) 관련 규정 ··· 288
   (나) 관련 판례 ··· 289
     [판례 15] 보증금반환 ·· 289
     [판례 16] 부동산인도 ·· 290
(5) 보증금에서 공제할 연체차임 액수에 관한 분쟁 ································· 290
   (가) 관련 규정 ··· 290
   (나) 관련 판례 ··· 290
     [판례 17] 점포명도등·임대차관계존재확인 ·· 290
(6) 보증금 잔존하는 경우에도 차임 연체로 인한 해지 가부 ················ 291
   (가) 관련 규정 ··· 291
   (나) 관련 판례 ··· 291
     [판례 18] 건물철거등 ·· 291
     [판례 19] 건물철거등 ·· 292
(7) 임대차목적물의 반환 ··· 292
   (가) 관련 규정 ··· 292
   (나) 관련 판례 ··· 292
     [판례 20] 건물철거등 ·· 292
(8) 잔여 보증금의 반환 및 지연손해금의 지급 (1) ································· 293
   (가) 관련 규정 ··· 293
   (나) 관련 판례 ··· 293
     [판례 21] 공사대금 ·· 293
(9) 잔여 보증금의 반환 및 지연손해금의 지급 (2) ································· 294
   (가) 관련 규정 ··· 294

(나) 관련 판례 ··· 294

[판례 22] 구상금 ··· 294

6. 임차주택의 유지·수선 의무에 관한 분쟁 ··· 295

가. 임차주택의 유지·수선 의무에 관한 분쟁 ··· 295
　(1) 임차주택 싱크대에 관한 수선 의무 ··· 295
　　(가) 관련 규정 ·· 295
　　(나) 관련 판례 ·· 295
　　　[판례 23] 임차보증금반환 ·· 295
　(2) 임차주택 배관 동파에 관한 수선 의무 (1) ·· 296
　　(가) 관련 규정 ·· 296
　　(나) 관련 판례 ·· 296
　　　[판례 24] 보증금등·건물명도등 ··· 297
　　　[판례 25] 건물명도·필요비등 ·· 297
　(3) 임차주택 배관 동파에 관한 수선 의무 (2) ·· 297
　　(가) 관련 규정 ·· 297
　　(나) 관련 기준 ·· 298
　　(다) 관련 판례 ·· 299
　　　[판례 26] 보증금등·건물명도등 ··· 299
　　　[판례 27] 건물명도·필요비등 ·· 299
　(4) 임차주택 누수·곰팡이에 관한 수선 의무 ··· 299
　　(가) 관련 규정 ·· 299
　　(나) 관련 판례 ·· 300
　　　[판례 28] 보증금등·건물명도등 ··· 300
　　　[판례 29] 건물명도·필요비등 ·· 300
　(5) 수선의무의 이행 및 필요비의 상환 ··· 301
　　(가) 관련 규정 ·· 301
　　(나) 관련 판례 ·· 301
　　　[판례 30] 임차인의 사용수익 ··· 301
　(6) 수선의무 면제 특약 ·· 301
　　(가) 관련 규정 ·· 301
　　(나) 관련 판례 ·· 302

[판례 31] 손해배상(기)·건물명도 ·· 302
(7) 임차주택에 대한 유지 · 수선의무를 임차인이 부담하도록
하는 특약의 효력 ··· 302
(가) 관련 규정 ·· 302
(나) 관련 판례 ·· 303
[판례 32] 보증금등·건물명도등 ··· 303

7. 임대차계약의 이행 및 임대차계약 내용의 해석에 관한 분쟁 ··············· 303
가. 임대차계약의 이행 및 임대차계약 내용의 해석에 관한 분쟁 ············ 303
(1) 임대차 기간에 관한 해석 및 차임 연체를 이유로 한 계약 해지 ········· 303
(가) 관련 규정 ·· 304
(나) 관련 판례 ·· 304
[판례 33] 건물명도·임차권존재확인 ··· 304
[판례 34] 건물철거등 ··· 305
(2) 임차인의 사용 · 수익의 범위 ·· 305
(가) 관련 규정 ·· 305
(나) 관련 판례 ·· 305
[판례 35] 손해배상 ·· 306
(3) 임대차 목적물 파손시 임차인 부담 특약 ·· 306
(가) 관련 규정 ·· 306
(나) 관련 판례 ·· 306
[판례 36] 구상금 ·· 306
(4) 장기수선충당금 반환 주체 ··· 307
(가) 관련 규정 ·· 307
(5) 임대차 계약의 당사자 확정 ··· 307
(가) 관련 규정 ·· 307
(나) 관련 판례 ·· 308
[판례 37] 추심금 ·· 308

8. 임대차계약 갱신 및 종료에 관한 분쟁 ··· 308
가. 임대차계약 갱신 및 종료에 관한 분쟁 ··· 308
(1) 임차주택에 관한 공사 소음을 원인으로 한 계약 해지 ······················· 308
(가) 관련 규정 ·· 308

　　　　　(나) 관련 판례 ··· 308
　　　　　[판례 38] 임차보증금반환 ··· 308
　　　　　[판례 39] 손해배상(기) ·· 309
　　　(2) 임대차 갱신계약의 합의 해지 ··· 311
　　　　　(가) 관련 규정 ··· 311
　　　　　(나) 관련 판례 ··· 311
　　　　　[판례 40] 소유권이전등기등 ··· 311
　　　(3) 연장된 임대차계약의 종료 시기 ·· 312
　　　　　(가) 관련 규정 ··· 312
　　　　　(나) 관련 판례 ··· 312
　　　　　[판례 41] 퇴직금등 ·· 313
　　　　　[판례 42] 투자금반환 ··· 313
　　　(4) 임대차계약의 묵시적 갱신 여부 ·· 314
　　　　　(가) 관련 규정 ··· 314
　　　　　(나) 관련 판례 ··· 314
　　　　　[판례 43] 건물명도 ·· 314
　　　(5) 임대차계약 갱신 여부 ·· 314
　　　　　(가) 관련 규정 ··· 314
　　　(6) 임대인 과실없이 임차목적물 사용불능의 경우 ···························· 315
　　　　　(가) 관련 규정 ··· 315
　　　　　(나) 관련 판례 ··· 315
　　　　　[판례 44] 건물명도등 ··· 315

9. 임대차계약의 불이행 등에 따른 손해배상청구에 관한 분쟁 ············ 316

　가. 임대차계약의 불이행 등에 따른 손해배상청구에 관한 분쟁 ············ 316
　　　(1) 임대인의 수선의무 불이행으로 인한 손해배상의 범위 ················ 316
　　　　　(가) 관련 규정 ··· 316
　　　　　(나) 관련 판례 ··· 317
　　　　　[판례 45] 손해배상(기)·건물명도 ··· 317
　　　　　[판례 46] 손해배상(기) ·· 318
　　　(2) 임차인이 부담하는 원상회복의무 ·· 319
　　　　　(가) 관련 규정 ··· 319

(나) 관련 판례 ·· 319
　　[판례 47] 임차목적물 원상회복 ·· 320
　(3) 임대인의 수선의무 불이행으로 인한 계약해지 및 손해배상의 범위 ··· 320
　　　(가) 관련 규정 ·· 320
　　　(나) 관련 판례 ·· 321
　　[판례 48] 손해배상(기) ··· 321
　(4) 임대인의 수선의무 불이행으로 인한 계약해지 및 손해배상의 범위 ····· 322
　　　(가) 관련 규정 ·· 322
　　　(나) 관련 판례 ·· 323
　　[판례 49] 임차보증금반환 ··· 323
　(5) 원상회복의무의 불이행 ·· 324
　　　(가) 관련 규정 ·· 324
　　　(나) 관련 판례 ·· 324
　　[판례 50] 손해배상(기) ··· 324
　(6) 위약금의 법률적 성질 ·· 325
　　　(가) 관련 규정 ·· 325
　　　(나) 관련 판례 ·· 325
　　[판례 51] 보증채무금 ··· 325
　　[판례 52] 손해배상 ··· 326
　(7) 차임 연체에 따른 지연손해금 ··· 326
　　　(가) 관련 규정 ·· 326
　　　(나) 관련 판례 ·· 326
　　[판례 53] 건물철거등 ··· 327
　　[판례 54] 양수금 ··· 327
　　[판례 55] 보증금 ··· 327

제9절 구분소유권 관련 판례

1. 구분소유권의 객체가 되기 위한 요건 ·· 328
　[판례 1] 건물명도등 ··· 328
2. 구분소유권 성립요건으로서의 구분 행위 ·· 328

[판례 2] 부당이득금반환 ··· 329
3. 지하주차장이 구분소유의 대상이 될 수 있는지 여부 ················· 329
[판례 3] 소유권확인등 ··· 329
4. 경계벽 제거와 구분등기의 효력 ··· 330
[판례 4] 부동산경매신청기각 ··· 330
5. 건물 1층 앞면 유리벽이 공용부분인지 여부 ····························· 331
[판례 5] 손해배상(기) ·· 331
6. 공용부분인지 여부를 결정하는 기준 ·· 331
[판례 6] 창고등명도 ·· 331
7. 외벽이 공용부분인지 여부 ·· 332
[판례 7] 간판등철거 ·· 332
8. 전유부분이 공용부분인지를 판단하는 기준 시점 ······················· 332
[판례 8] 매매잔대금등 ··· 332
9. 일부 공용부분의 판단 기준 ·· 333
[판례 9] 유체동산인도 ··· 333
10. 관리단의 설립 절차 ··· 334
[판례 10] 영업금지가처분 ··· 334
11. 아파트의 명칭변경권 ·· 335
[판례 11] 아파트명칭변경거부처분취소 ······································ 335
12. 공용부분 등에 대한 제3자의 불법점유가 있는 경우
  권리행사의 주체와 방법 ·· 336
[판례 12] 건물등철거등 ·· 336
13. 수분양자도 관리단의 구성원이 되어 의결권을 행사할 수
  있는지 여부 ··· 337
[판례 13] 영업금지가처분 ··· 337

14. 옥외광고물 설치를 위한 구분소유자 동의 요건 ·· 338
   [판례 14] 옥외광고물설치허가취소처분등취소 ·· 338
15. 공용부분을 전유부분으로 변경하기 위한 요건 ······································ 339
   [판례 15] 소유권보존등기말소 ·· 339
16. 체납 관리비 승계 ·· 340
   [판례 16] 채무부존재확인및손해배상·채무부존재확인등 ························ 340
17. 체납 관리비 승계 ·· 341
   [판례 17] 채무부존재확인 ·· 341
18. 전유부분 용도 변경 ·· 343
   [판례 18] 용도변경신고서반려처분취소 ·· 343
19. 공동의 이익에 반하는지 여부 ·· 344
   [판례 19] 소유권이전등기말소 ·· 344
20. 규약에 의한 업종제한 ·· 344
   [판례 20] 영업행위금지 ·· 344
21. 재건축 결의 ·· 345
   [판례 21] 총회결의무효확인 ·· 345
22. 막다른 도로의 위치 지정 및 건축법상 도로 여부 ································ 346
   [판례 22] 건축허가신청반려처분취소 ·· 346
23. 건축허가 및 준공검사 취소 등에 대한 거부처분 취소 ······················ 347
   [판례 23] 건축허가및준공검사취소등에대한거부처분취소 ······················ 347
24. 기타 통행에 지장이 없는 경우에 대한 건축허가 판단기준 ·············· 348
   [판례 24] 건축허가신청불허가처분취소 ·· 348
25. 공정이 80%정도 진척된 건물을 건축허가취소 처분에 대한 판단 ········ 349
   [판례 25] 건축허가취소처분취소 ·· 349
26. 청문절차를 거치지 않은 건축허가 취소처분의 적부 ·························· 349

[판례 26] 건축허가취소처분취소 ··· 349

27. 위반사항이 중대하지 아니한 불법 개축에 대한 건축허가취소 처분 판단 ··· 349

[판례 27] 건축허가취소처분취소 ··· 349

28. 건축법 소정의 이격거리를 두지 아니한 건축공사가 완료된 허가 취소 판단 ··· 350

[판례 28] 건축허가취소 ··· 350

29. 공사착수의 의미 ··· 351

[판례 29] 건축허가취소처분취소 ··· 351

30. 건축허가권자가 관계법령에서 정하는 제한사유 이외의 사유로 그 허가신청을 거부 여부 ··· 351

[판례 30] 건축허가신청반려처분취소 ··· 351

31. 건폐율 위반하여 건축허가가 이루어진 경우, 행정청은 언제든지 그 허가를 취소할 수 있는지 여부 ··· 352

[판례 31] 건축허가취소처분취소 ··· 352

32. 질변경된 토지에 지적법 소정의 등록전환 절차를 불이행을 이유로 건축허가신청을 거부 여부 ··· 352

[판례 32] 건축허가거부처분취소 ··· 352

33. 법령에 위반되는 경우에는 건축허가 내용대로 완공된 건축물의 준공 거부 여부 ··· 353

[판례 33] 준공신청서반려처분취소 ··· 353

34. 기부채납의무를 이행하지 않았음을 이유로 한 건축물에 대한 준공거부처분 여부 ··· 355

[판례 34] 도시계획사업시행 허가처분 ··· 355

35. 인접건물 소유자에게 건물준공처분의 무효 확인이나 취소 여부 ··· 355

[판례 35] 건축물준공검사처분무효확인 ··· 355

36. 여러 필지의 토지를 '일단의 토지'로 하여 개발계획에 변경시
   소유자 동의 여부 ·· 356
   [판례 36] 건축허가변경신청반려처분취소 ·· 356
37. 장례식장 등 현저히 부적합한 건축허가시 인근 주민들의
   민원 이유로 반려 여부 ·· 356
   [판례 37] 건축허가신청반려처분취소 ·· 356
38. 주위토지통행권이 인정되는 경우, 그 통행로의 폭과
   위치 및 무상통행권 ··· 357
   [판례 38] 토지인도 ··· 357
39. 상세계획상의 획지 안에서 구분된 필지 간의 합병된
   토지에서 건축 허용 여부 ··· 358
   [판례 39] 행정처분의 적법 여부 ··· 358
40. 계단에 철제 기둥을 세우고 그 위에 투명 P.C로 외벽과
   지붕을 만든 경우 증축여부 ··· 359
   [판례 40] 건축법위반 ·· 359
41. 도로 안의 건축제한에 관하여 규정한 구 건축법 제34조
   소정의 '도로'의 의미 ··· 359
   [판례 41] 건축법위반 ·· 359
42. 건축법을 오해한 담당공무원의 잘못된 변경신고의 내용과
   어긋나는 건축행위를 한 경우 ··· 360
   [판례 42] 건축법위반 ·· 360
43. 건축선위반 건축물시정 지시취소 ··· 360
   [판례 43] 건축선위반건축물시정지시취소 ·· 360
44. "맞벽은 방화벽으로 축조하여야 한다."는 규정의 취지 및
   이에 위반 여부 ··· 361
   [판례 44] 건축공사금지등 ··· 361

45. 소유자가 다르게된 건물 철거의 합의가 있는 경우, 건물
    소유자의 법정지상권 취득 여부 ·· 362
    [판례 45] 건물철거등 ·· 362
46. 건축물철거 대집행 계고처분 취소 ·· 363
    [판례 46] 건축물철거대집행계고처분취소 ······································ 363
47. 도로미확보 등 시정지시처분 등 취소 ·· 364
    [판례 47] 도로미확보등시정지시처분등취소 ·································· 364
48. 증축한 부분이 구조상·이용상으로 기존 건물과 구분되는
    독립성이 있는 경우 소유권 객체여부 ·· 364
    [판례 48] 건물명도등 ·· 364
49. 건물의 일부분이 구분소유권의 객체가 되기 위한 요건 ·············· 365
    [판례 49] 건물명도등 ·· 365
50. 미등기 무허가건물의 양수인에게 소유권 내지는 소유권에
    준하는 관습상물권이 있는지 여부 ·· 366
    [판례 50] 건물명도등 ·· 366
51. 토지를 증여시 소유권이전등기의 말소를 청구 여부 및 법령외
    사유를 들어 허가를 거부 여부 ·· 366
    [판례 51] 소유권이전등기말소 ·· 366
52. 도로의 통행자에게 도로에 관한 통행권 또는 통행방해배제
    청구권이 인정 여부 ·· 367
    [판례 52] 통행방해배제 ·· 367
53. 건축물의 무허가 용도변경행위에 관한 처벌규정인
    구 건축법 제48조 규정 부분위헌 제청 ·· 368
    [판례 53] 건축물의 무허가 용도변경 ·· 368
54. 제3자 소유의 건축물에 대한 철거명령을 요구할 수 있는 권리 여부 ······ 369

55. 주유소 설치허가신청을 관계 법령상의 제한 이외의 중대한
    공익상 필요 이유로 거부 여부 ·· 369
56. 형질변경불허가 사유나 농지전용불허가 사유를 들고 있는 경우 ········ 370
57. 타 법령에 의한 이유로 반려한 건축허가에 대한 타 법령다툼 ·········· 371
58. 일조방해 행위가 사회통념상 수인한도를 넘었는지 여부에
    관한 판단기준 ·· 372
59. 향후주거지역이 예정된 지역안의건축허가거부의 위법성 ················ 373
60. 시정명령을 받은 후 설계변경신청을 하여 그 허가가 날 수 있는
    경우 이행강제금을 부과 여부 ·· 373
61. 무허가용도변경에 대한 이행강제금 부과사건 ···························· 374
62. 무허가 건축물에 식품위생법상 영업허가를 받을 수 있는지 여부 ······ 375
63. 일조방해 행위가 사법상 위법한 가해행위로 평가되기 위한 요건 ······ 376
64. 일조방해 행위가 수인한도를 넘었는지 여부 ······························ 377
65. 일조권관련 참고자료(중앙대 법대 김 종보교수 의견) ···················· 377
66. 사실상도로와 건축허가 ·· 379
67. 조망이익이 법적인 보호대상이 되기 위한 요건 및 조망이익에
    대한 침해가 사회통념상 한도 여부 ·· 379
68. 신고 없이 옥내 주차장을 슈퍼마켓으로 용도변경 한 행위를
    건축법 위반 여부 ·· 380
69. 건축물이 완공된 후에도 시정명령을 할 수 있는 지 ······················ 380
70. 허가 없이 건축물 용도변경 사건 ·· 381
71. 공사감리자가 작성・제출하는 공사감리보고서의 허위작성
    여부에 관한 판단기준 ·· 382
72. 도로와 접하는 면의 폭이 미달함이 발견시 건축공사
    중지명령 취소 여부 ·· 382

[판례 54] 위자료 ·· 383
[판례 55] 손해배상(기) ·· 386
[판례 56] 보증금반환 ·· 393
[판례 57] 장기수선충당금균등부과처분취소 ·· 396
[판례 58] 대지인도등 ·· 404
[판례 59] 임시총회결의무효확인 ·· 406
[판례 60] 총회결의무효확인 ·· 416
[판례 61] 공사금지가처분 ·· 418
[판례 62] 부당이득금 ·· 427
[판례 63] 건물명도 ·· 431
[판례 64] 부당이득금 ·· 435
[판례 65] 매매대금등 ·· 442
[판례 66] 손해배상(기) ·· 447
[판례 67] 부당이득금반환 ·· 449
[판례 68] 이주비 ·· 453
[판례 69] 소유권이전등기절차이행 ·· 456
[판례 70] 하자보증금 ·· 458
[판례 71] 대지인도등 ·· 466
[판례 72] 보상금수령권확인 ·· 469
[판례 73] 계약금반환 ·· 471
[판례 74] 총회결의무효확인 ·· 474
[판례 75] 관리비청구 ·· 482
[판례 76] 공사금지가처분 ·· 485
[판례 77] 조합원정기총회결의부존재확인 ·· 486
[판례 78] 분양대금 ·· 488
[판례 79] 위약금 ·· 491
[판례 80] 지체상금등 ·· 495
[판례 81] 관리비등 ·· 507
[판례 82] 공유물분할 ·· 509
[판례 83] 건물명도등·부동산소유권이전등기 ·· 521
[판례 84] 부동산매도청구 ·· 530
[판례 85] 소유권이전등기등 ·· 535
[판례 86] 부동산인도가처분 ·· 539
[판례 87] 제3자이의 ·· 543
[판례 88] 채무부존재확인 ·· 548

[판례 89] 임시입주자대표회의결의무효확인 ··· 554
[판례 90] 건물명도등 ··· 557
[판례 91] 손해배상(기) ··· 568
[판례 92] 환급이행금지가처분 ··· 574
[판례 93] 건물명도 ·· 586
[판례 94] 특별수선충당금 ·· 588

제5장 관련 서식

제1절 집합건물 관리가이드

1. 집합건물의 유형 및 관리에 관련된 법률 ··· 597

　가. 집합건물의 의의 ··· 597
　나. 집합건물의 유형 ··· 597
　　(1) 주거용 집합건물 ·· 597
　　(2) 상업용 집합건물 ·· 597
　　(3) 근린생활시설 ··· 597

2. 수인의무를 명하는 가처분이란 ··· 598

3. 신청서 작성 ··· 598

4. 신청취지 ·· 598

　[기재례] 통행방해금지가처분의 경우 ·· 599
　[기재례] 공사방해금지가처분(점유의 해제 포함)의 경우 ························ 599
　[서식 1] 신고서(구분소유자) ·· 600
　[서식 2] 신고서(전세권자, 임차권자) ··· 601
　[서식 3] 관리단집회 소집절차 ·· 602
　[서식 4] 임시관리단집회 소집허가신청서 ·· 603
　[서식 5] 임시관리단집회 소집청구 동의서 ······································· 605
　[서식 6] ○○관리단집회 소집요구서 ··· 606

[서식 7] 관리단집회 소집통지서 ·· 607
[서식 8] ○○관리단집회 의결권 위임장 ·· 608
[서식 9] ○○관리단집회 서면 결의서 ·· 609
[서식 10] ○○관리단집회 투표용지 ·· 610
[서식 11] 관리단집회 의사록 ·· 611
[서식 12] 관리단 집회 결의 취소청구의 소 ·· 613
[서식 13] 관리단 집회 부존재 확인의 소 ·· 615
[서식 14] 관리단 집회 의사록 ·· 616
[서식 15] 층간소음 민원 기록일지 (관리사무소) ·· 618
[서식 16] 층간소음 분쟁조정 신청서 ·· 619
[서식 17] 분쟁조정 사건 통지서 (단지내 층간소음 관리위원회) ·························· 620
[서식 18] 분쟁조정 사건 답변서 (단지내 층간소음 관리위원회) ·························· 621
[서식 19] 층간소음 관리위원회 회의록 (단지내 층간소음 관리위원회) ············ 622
[서식 20] 위탁자지위확인의 소 ·· 623
[서식 21] 아파트수분양권확인등 ·· 625
[서식 22] 관리처분계획인가 일부취소 등 ·· 628
[서식 23] 입주권지위확인 ·· 641
[서식 24] 관리비 ·· 644
[서식 25] 접근금지 가처분 ·· 649
[서식 26] 미수관리비 ·· 651

제2절 관련 규정·규칙

[규칙 1] 공동주택관리정보시스템 운영 관리규정 ·· 654
 [별표 1] 전자입찰시스템 장애 발생 시 전자입찰 자동연기공고 기준 ·················· 662
 [별지 제1호서식] 공동주택관리정보시스템 이용([ ]신규/[ ]재발급) 신청서 ············ 663
 [별지 제2호서식] 공동주택관리정보시스템 장애일지 (제22조 제1항 관련) ·············· 665
 [별지 제3호서식] 보안각서 <개정 2021.12.30> ·· 666
[규칙 2] 공동주택 층간소음의 범위와 기준에 관한 규칙 ···································· 667

[별표] 층간소음의 기준(제3조 관련) <개정 2023. 1. 2.> ·································· 668
[규칙　3] ○○○○집합건물 관리규약 ··· 669
　　[별표 1] 관리대상물(제3조 관련) ··· 691
　　[별표 2] 구분소유자의 공유지분율(제6조제3항 관련) ·································· 692
　　[별표 3] 베란다 등의 전용사용부분 및 전용사용권자(제14조 제1항 관련) ········· 692
　　[별표 4] 신고서 (구분소유자) (제24조 제1항 관련) ··································· 693
　　[별표 5] 신고서[전세권자, 임차권자](제24조제2항 관련) ····························· 694
　　[별표 6] 정보공개요청서(제33조제3항, 제4항, 제66조제5항 관련) ················· 695
　　[별표 7] 의결권의 비율(제43조 제1항 관련) ··· 696
　　[별표 8] 관리비 항목별 세부명세(제69조 제1항 관련) ································ 697
　　[별표 9] 전유부분별 관리비 부담액 산정방법(제69조 제3항 관련) ·················· 698
　　[별표 10] 전유부분별 사용료 부담액 산정방법(제69조제3항 관련) ·················· 699
　　[별표 11] 연체료 산정기준(제74조 관련) ·· 700

• 판례색인 ·· 701

제1편 공동주택

제1장 공동주택과 그 적용법규

제1절 공동주택의 개념

1. 아파트 개념 및 종류

가. 주택의 구분

주택은 다음과 같이 구분할 수 있습니다(「주택법」 제2조제1호, 「주택법 시행령」 제3조제1항제1호 및 「건축법 시행령」 제3조의5 및 별표 1).

주택구분	주택명	층수	연면적	특징	비고
공동주택	아파트	5층 이상			
	연립주택	4층 이하	660㎡ 초과	2~4층의 빌라, 맨션 등 포함	
	다세대주택	4층 이하	660㎡ 이하		계약시 호수까지 정확하게 기재
	기숙사			일반 기숙사와 임대형 기숙사로 구분	
단독주택	단독주택	3층 이하	330㎡ 이하	1인 소유 주거형태	
	다중주택	3층 이하	660㎡ 이하	독립된 주거의 형태를 갖추지 않음(취사시설 미설치)	
	다가구주택	3층 이하	660㎡ 이하	1인 소유 주거형태	계약시 지번까지만 기재

(1) 주택

세대(世帶)의 구성원이 장기간 독립된 주거생활을 할 수 있는 구조로 된 건축물의 전부 또는 일부 및 그 부속토지를 말하며, 단독주택과 공동주택으로 구분합니다(「주택법」 제2조제1호).

◆ 주택법
제2조 (정의) 이 법에서 사용하는 용어의 뜻은 다음과 같다. <개정 2023. 12. 26.>
1. "주택"이란 세대(世帶)의 구성원이 장기간 독립된 주거생활을 할 수 있는 구조로 된 건축물의 전부 또는 일부 및 그 부속토지를 말하며, 단독주택과 공동주택으로 구분한다.

(2) 공동주택

건축물의 벽·복도·계단이나 그 밖의 설비 등의 전부 또는 일부를 공동으로 사용하는 각 세대가 하나의 건축물 안에서 각각 독립된 주거생활을 할 수 있는 구조로 된 주택을 말하며, 그 종류와 범위는 다음과 같습니다(「주택법」 제2조제3호, 「주택법 시행령」 제10조제1항 및 「건축법 시행령」 별표 1 제2호 가목에서 다목까지).

◆ 주택법
제2조 (정의) 이 법에서 사용하는 용어의 뜻은 다음과 같다. <개정 2023. 12. 26.>
3. "개축"이란 기존 건축물의 전부 또는 일부[내력벽·기둥·보·지붕틀(제16호에 따른 한옥의 경우에는 지붕틀의 범위에서 서까래는 제외한다) 중 셋 이상이 포함되는 경우를 말한다]를 해체하고 그 대지에 종전과 같은 규모의 범위에서 건축물을 다시 축조하는 것을 말한다.

◆ 주택법 시행령
제10조 (도시형 생활주택) ① 법 제2조제20호에서 "대통령령으로 정하는 주택"이란 「국토의 계획 및 이용에 관한 법률」 제36조제1항제1호에 따른 도시지역에 건설하는 다음 각 호의 주택을 말한다. <개정 2025. 1. 21.>
1. 아파트형 주택: 다음 각 목의 요건을 모두 갖춘 아파트

> 가. 세대별로 독립된 주거가 가능하도록 욕실 및 부엌을 설치할 것
> 나. 지하층에는 세대를 설치하지 않을 것
> 2. 단지형 연립주택: 연립주택. 다만, 「건축법」 제5조제2항에 따라 같은 법 제4조에 따른 건축위원회의 심의를 받은 경우에는 주택으로 쓰는 층수를 5개층까지 건축할 수 있다.
> 3. 단지형 다세대주택: 다세대주택. 다만, 「건축법」 제5조제2항에 따라 같은 법 제4조에 따른 건축위원회의 심의를 받은 경우에는 주택으로 쓰는 층수를 5개층까지 건축할 수 있다.

[별표 1] 용도별 건축물의 종류 <개정 2025. 1. 21.>

> ### 용도별 건축물의 종류(제3조의5 관련)
>
> 2. 공동주택[공동주택의 형태를 갖춘 가정어린이집·공동생활가정·지역아동센터·공동육아나눔터·작은도서관·노인복지시설(노인복지주택은 제외한다) 및 「주택법 시행령」 제10조제1항제1호에 따른 아파트형 주택을 포함한다]. 다만, 가목이나 나목에서 층수를 산정할 때 1층 전부를 필로티 구조로 하여 주차장으로 사용하는 경우에는 필로티 부분을 층수에서 제외하고, 다목에서 층수를 산정할 때 1층의 전부 또는 일부를 필로티 구조로 하여 주차장으로 사용하고 나머지 부분을 주택(주거 목적으로 한정한다) 외의 용도로 쓰는 경우에는 해당 층을 주택의 층수에서 제외하며, 가목부터 라목까지의 규정에서 층수를 산정할 때 지하층을 주택의 층수에서 제외한다.
> 가. 아파트: 주택으로 쓰는 층수가 5개 층 이상인 주택
> 나. 연립주택: 주택으로 쓰는 1개 동의 바닥면적(2개 이상의 동을 지하주차장으로 연결하는 경우에는 각각의 동으로 본다) 합계가 660제곱미터를 초과하고, 층수가 4개 층 이하인 주택
> 다. 다세대주택: 주택으로 쓰는 1개 동의 바닥면적 합계가 660제곱미터 이하이고, 층수가 4개 층 이하인 주택(2개 이상의 동을 지하주차장으로 연결하는 경우에는 각각의 동으로 본다)

(3) 아파트

주택으로 쓰는 층수가 5개 층 이상인 주택

(4) 연립주택

주택으로 쓰는 1개 동의 바닥면적(지하주차장 면적은 제외) 합계가 660제곱미

터를 초과하고, 층수가 4개 층 이하인 주택

(5) 다세대주택

주택으로 쓰는 1개 동의 바닥면적 합계가 660제곱미터 이하이고, 층수가 4개 층 이하인 주택(2개 이상의 동을 지하주차장으로 연결하는 경우에는 각각의 동으로 봄)

(6) 기숙사

학교 또는 공장 등의 학생 또는 종업원 등을 위하여 사용하는 주택과 「공공주택 특별법」에 따른 공공주택사업자 또는 「민간임대주택에 관한 특별법」에 따른 임대사업자가 임대사업에 사용하는 주택

나. 아파트 개념

"아파트"는 주택으로 쓰는 층수가 5개 이상인 공동주택을 말합니다(「주택법」 제2조제3호, 「주택법 시행령」 제3조제1항제1호 및 「건축법 시행령」 별표 1 제2호가목).

※ 이 경우 층수를 산정할 때 1층 전부를 필로티 구조로 하여 주차장으로 사용하는 경우에는 필로티 부분을 층수에서 제외하고, 지하층을 주택의 층수에서 제외합니다(「건축법 시행령」 별표 1 제2호 단서).

◆ **주택법**

제2조 (정의) 이 법에서 사용하는 용어의 뜻은 다음과 같다. <개정 2023. 12. 26.>

　3. "개축"이란 기존 건축물의 전부 또는 일부[내력벽·기둥·보·지붕틀(제16호에 따른 한옥의 경우에는 지붕틀의 범위에서 서까래는 제외한다) 중 셋 이상이 포함되는 경우를 말한다]를 해체하고 그 대지에 종전과 같은 규모의 범위에서 건축물을 다시 축조하는 것을 말한다.

◆ **주택법 시행령**

제3조 (공동주택의 종류와 범위) ① 법 제2조제3호에 따른 공동주택의 종류와 범위는 다음 각 호와 같다.

1. 「건축법 시행령」 별표 1 제2호가목에 따른 아파트(이하 "아파트"라 한다)

[별표 1] 용도별 건축물의 종류 <개정 2025. 1. 21.>

용도별 건축물의 종류(제3조의5 관련)

2. 공동주택[공동주택의 형태를 갖춘 가정어린이집·공동생활가정·지역아동센터·공동육아나눔터·작은도서관·노인복지시설(노인복지주택은 제외한다) 및 「주택법 시행령」 제10조제1항제1호에 따른 아파트형 주택을 포함한다]. 다만, 가목이나 나목에서 층수를 산정할 때 1층 전부를 필로티 구조로 하여 주차장으로 사용하는 경우에는 필로티 부분을 층수에서 제외하고, 다목에서 층수를 산정할 때 1층의 전부 또는 일부를 필로티 구조로 하여 주차장으로 사용하고 나머지 부분을 주택(주거 목적으로 한정한다) 외의 용도로 쓰는 경우에는 해당 층을 주택의 층수에서 제외하며, 가목부터 라목까지의 규정에서 층수를 산정할 때 지하층을 주택의 층수에서 제외한다.

가. 아파트: 주택으로 쓰는 층수가 5개 층 이상인 주택

나. 연립주택: 주택으로 쓰는 1개 동의 바닥면적(2개 이상의 동을 지하주차장으로 연결하는 경우에는 각각의 동으로 본다) 합계가 660제곱미터를 초과하고, 층수가 4개 층 이하인 주택

다. 다세대주택: 주택으로 쓰는 1개 동의 바닥면적 합계가 660제곱미터 이하이고, 층수가 4개 층 이하인 주택(2개 이상의 동을 지하주차장으로 연결하는 경우에는 각각의 동으로 본다)

라. 기숙사: 다음의 어느 하나에 해당하는 건축물로서 공간의 구성과 규모 등에 관하여 국토교통부장관이 정하여 고시하는 기준에 적합한 것. 다만, 구분소유된 개별 실(室)은 제외한다.

1) 일반기숙사: 학교 또는 공장 등의 학생 또는 종업원 등을 위하여 사용하는 것으로서 해당 기숙사의 공동취사시설 이용 세대 수가 전체 세대 수(건축물의 일부를 기숙사로 사용하는 경우에는 기숙사로 사용하는 세대 수로 한다. 이하 같다)의 50퍼센트 이상인 것(「교육기본법」 제27조제2항에 따른 학생복지주택을 포함한다)

2) 임대형기숙사: 「공공주택 특별법」 제4조에 따른 공공주택사업자 또는 「민간임대주택에 관한 특별법」 제2조제7호에 따른 임대사업자가 임대사업에 사용하는 것으로서 임대 목적으로 제공하는 실이 20실 이상이고 해당 기숙사의 공동취사시설 이용 세대 수가 전체 세대 수의 50퍼센트 이상인 것

(1) 아파트의 종류

"아파트"는 주택도시기금의 지원 여부 및 주거의 용도로만 쓰이는 면적 등에 따라 크게 국민아파트(「주택법」 제2조제5호), 민영아파트(「주택법」 제2조제7호) 및 임대아파트(「민간임대주택에 관한 특별법」 제2조제1호 및 「공공주택특별법」 제2조제1호가목) 등으로 구분할 수 있습니다.

◆ 주택법
제2조 (정의) 이 법에서 사용하는 용어의 뜻은 다음과 같다. <개정 2023. 12. 26.>
  5. "국민주택"이란 다음 각 목의 어느 하나에 해당하는 주택으로서 국민주택규모 이하인 주택을 말한다.
    가. 국가·지방자치단체, 「한국토지주택공사법」에 따른 한국토지주택공사(이하 "한국토지주택공사"라 한다) 또는 「지방공기업법」 제49조에 따라 주택사업을 목적으로 설립된 지방공사(이하 "지방공사"라 한다)가 건설하는 주택
    나. 국가·지방자치단체의 재정 또는 「주택도시기금법」에 따른 주택도시기금(이하 "주택도시기금"이라 한다)으로부터 자금을 지원받아 건설되거나 개량되는 주택
  7. "민영주택"이란 국민주택을 제외한 주택을 말한다.

◆ 민간임대주택에 관한 특별법
제2조 (정의) 이 법에서 사용하는 용어의 뜻은 다음과 같다. <개정 2024. 12. 3.>
  1. "민간임대주택"이란 임대 목적으로 제공하는 주택[토지를 임차하여 건설된 주택 및 오피스텔 등 대통령령으로 정하는 준주택(이하 "준주택"이라 한다) 및 대통령령으로 정하는 일부만을 임대하는 주택을 포함한다. 이하 같다]으로서 임대사업자가 제5조에 따라 등록한 주택을 말하며, 민간건설임대주택과 민간매입임대주택으로 구분한다.

◆ 공공주택 특별법
제2조 (정의) 이 법에서 사용하는 용어의 뜻은 다음과 같다. <개정 2025. 1. 31.>
  1. "공공주택"이란 제4조제1항 각 호에 규정된 자 또는 제4조제2항에 따

> 른 공공주택사업자가 국가 또는 지방자치단체의 재정이나 「주택도시기금법」에 따른 주택도시기금(이하 "주택도시기금"이라 한다)을 지원받아 이 법 또는 다른 법률에 따라 건설, 매입 또는 임차하여 공급하는 다음 각 목의 어느 하나에 해당하는 주택을 말한다.
> 가. 임대 또는 임대한 후 분양전환을 할 목적으로 공급하는 「주택법」 제2조제1호에 따른 주택으로서 대통령령으로 정하는 주택(이하 "공공임대주택"이라 한다)

주택법 시행령은 이에 대해 건축법 시행령 별표 1 제2호 가목 내지 다목의 규정이 정한 바에 의한다고 규정하고 있다.

[별표 1] 용도별 건축물의 종류 <개정 2025. 1. 21.>

> **용도별 건축물의 종류(제3조의5 관련)**
>
> 2. 공동주택[공동주택의 형태를 갖춘 가정어린이집·공동생활가정·지역아동센터·공동육아나눔터·작은도서관·노인복지시설(노인복지주택은 제외한다) 및 「주택법 시행령」 제10조제1항제1호에 따른 아파트형 주택을 포함한다]. 다만, 가목이나 나목에서 층수를 산정할 때 1층 전부를 필로티 구조로 하여 주차장으로 사용하는 경우에는 필로티 부분을 층수에서 제외하고, 다목에서 층수를 산정할 때 1층의 전부 또는 일부를 필로티 구조로 하여 주차장으로 사용하고 나머지 부분을 주택(주거 목적으로 한정한다) 외의 용도로 쓰는 경우에는 해당 층을 주택의 층수에서 제외하며, 가목부터 라목까지의 규정에서 층수를 산정할 때 지하층을 주택의 층수에서 제외한다.
> 가. 아파트: 주택으로 쓰는 층수가 5개 층 이상인 주택
> 나. 연립주택: 주택으로 쓰는 1개 동의 바닥면적(2개 이상의 동을 지하주차장으로 연결하는 경우에는 각각의 동으로 본다) 합계가 660제곱미터를 초과하고, 층수가 4개 층 이하인 주택
> 다. 다세대주택: 주택으로 쓰는 1개 동의 바닥면적 합계가 660제곱미터 이하이고, 층수가 4개 층 이하인 주택(2개 이상의 동을 지하주차장으로 연결하는 경우에는 각각의 동으로 본다)

(2) 「공동주택관리법」 및 「관리규약」

아파트 관리에 관하여 「공동주택관리법」에서 정하지 않는 사항에 대하여는 「주택법」을 적용합니다(「공동주택관리법」 제4조제1항).

◆ 공동주택관리법
제4조 (다른 법률과의 관계) ① 공동주택의 관리에 관하여 이 법에서 정하지 아니한 사항에 대하여는 「주택법」을 적용한다.

특별시장·광역시장·특별자치시장·도지사 또는 특별자치도지사(이하 "시·도지사"라 함)는 아파트의 입주자·사용자를 보호하고 주거생활의 질서를 유지하기 위하여 아파트의 관리 또는 사용에 관하여 준거가 되는 관리규약의 준칙을 정해야 합니다(「공동주택관리법」 제18조제1항).

◆ 공동주택관리법
제18조 (관리규약) ① 특별시장·광역시장·특별자치시장·도지사 또는 특별자치도지사(이하 "시·도지사"라 한다)는 공동주택의 입주자등을 보호하고 주거생활의 질서를 유지하기 위하여 대통령령으로 정하는 바에 따라 공동주택의 관리 또는 사용에 관하여 준거가 되는 관리규약의 준칙을 정하여야 한다.

입주자·사용자는 관리규약의 준칙을 참조하여 관리규약을 정합니다(「공동주택관리법」 제18조제2항 전단).

◆ 공동주택관리법
제18조 (관리규약) ② 입주자등은 제1항에 따른 관리규약의 준칙을 참조하여 관리규약을 정한다. 이 경우 「주택법」 제35조에 따라 공동주택에 설치하는 어린이집의 임대료 등에 관한 사항은 제1항에 따른 관리규약의 준칙, 어린이집의 안정적 운영, 보육서비스 수준의 향상 등을 고려하여 결정하여야 한다. <개정 2016. 1. 19., 2021. 8. 10.>

(3) 작성 범위

아파트에서 생활을 할 때 알아두면 유익한 주요 내용을 아파트 입주(분양계약·하자 등), 아파트 관리(입주자 대표회의 등), 아파트 생활(단지 내 사고 및 층간소음 등)로 구분하여 제공합니다.

(4) 아파트 위생 등

아파트 입주자및 사용자를 보호하고 건강한 주거생활을 위하여 금연구역 지정 및 쓰레기 분리 배출 등에 대하여 알아봅니다.

(5) 아파트 생활 안전

아파트 단지 내에서 발생하는 안전사고, 교통사고 및 각종 시설물 이용 및 책임 등에 대하여 알아봅니다.

(6) 아파트 층간소음 등

아파트 내에서 가장 많은 분쟁이 발생하는 층간소음의 해결방법과 생활소음 및 이동소음의 기준에 대하여 알아봅니다.

(7) 아파트 보안·방범용 카메라(CCTV)

아파트 단지 내에서 발생하는 각종 사고를 예방하기 위하여 아파트 보안·방범용 카메라의 설치기준 및 관리기준에 대하여 알아봅니다.

2. 입주자대표회의 구성이 필요한 공동주택

가. 입주자대표회의의 임원 선출 방법

입주자대표회의의 임원은 동별 대표자 중에서 다음의 구분에 따른 방법으로 선출합니다(「공동주택관리법」 제14조제10항 및 「공동주택관리법 시행령」 제12조제2항).

구분	선출방법
회장	• ·입주자·사용자의 보통·평등·직접·비밀선거를 통하여 선출 • 후보자가 2명 이상인 경우: 전체 입주자·사용자의 10분의 1 이상이 투표하고 후보자 중 최다득표자를 선출 • 후보자가 1명인 경우: 전체 입주자·사용자의 10분의 1 이상이 투표하고 투표자 과반수의 찬성으로 선출
	• 후보자가 없거나 위의 규정에 따라 선출된 자가 없는 경우 또는 위의 규정에도 불구하고 500세대 미만의 공동주택 단지에서 관리규약으로 정하는 경우에는 입주자대표회의 구성원 과반수의 찬성으로 선출하며, 입주자대표회의 구성원 과반수 찬성으로 선출할 수 없는 경우로서 최다득표자가 2인 이상인 경우에는 추첨으로 선출

감사	• 입주자·사용자의 보통·평등·직접·비밀선거를 통하여 선출 • 후보자가 선출필요인원을 초과하는 경우: 전체 입주자·사용자의 10분의 1 이상이 투표하고 후보자 중 다득표자를 선출 • 후보자가 선출필요인원과 같거나 미달하는 경우: 후보자별로 전체 입주자·사용자의 10분의 1 이상이 투표하고 투표자 과반수의 찬성으로 선출
	• 후보자가 없거나 위의 규정에 따라 선출된 자가 없는 경우(선출된 자가 선출필요인원에 미달하여 추가선출이 필요한 경우를 포함함) 또는 위의 규정에도 불구하고 500세대 미만의 공동주택 단지에서 관리규약으로 정하는 경우에는 입주자대표회의 구성원 과반수의 찬성으로 선출하며, 입주자대표회의 구성원 과반수 찬성으로 선출할 수 없는 경우로서 최다득표자가 2인 이상인 경우에는 추첨으로 선출
이사	• 입주자대표회의 구성원 과반수의 찬성으로 선출하며, 입주자대표회의 구성원 과반수 찬성으로 선출할 수 없는 경우로서 최다득표자가 2인 이상인 경우에는 추첨으로 선출

(1) 입주자

아파트의 소유자 또는 그 소유자를 대리하는 배우자 및 직계존비속을 말합니다(「공동주택관리법」 제2조제1항제5호).

◆ 공동주택관리법
제2조 (정의) ① 이 법에서 사용하는 용어의 뜻은 다음과 같다. <개정 2019. 4. 23.>
　5. "입주자"란 공동주택의 소유자 또는 그 소유자를 대리하는 배우자 및 직계존비속(直系尊卑屬)을 말한다.

(2) 사용자

아파트를 임차하여 사용하는 자(임대주택의 임차인은 제외함) 등을 말합니다(「공동주택관리법」 제2조제1항제6호).

◆ 공동주택관리법
제2조 (정의) ① 이 법에서 사용하는 용어의 뜻은 다음과 같다. <개정 2019. 4. 23.>
　6. "사용자"란 공동주택을 임차하여 사용하는 사람(임대주택의 임차인은 제외한다) 등을 말한다.

나. 입주자대표회의의 임원 업무

입주자대표회의 임원의 업무는 다음과 같이 구분합니다(「공동주택관리법 시행규칙」 제4조제1항부터 제5항까지).

구분	업무
회장	• 입주자대표회의를 대표하고, 그 회의의 의장이 됨
이사	• 회장을 보좌하고, 회장이 사퇴 또는 해임으로 궐위된 경우 및 사고나 그 밖에 부득이한 사유로 그 직무를 수행할 수 없는 경우에는 관리규약에 따라 그 직무를 대행함
감사	• 관리비·사용료 및 장기수선충당금 등의 부과·징수·지출·보관 등 회계관계업무와 관리업무 전반에 대하여 관리주체의 업무를 감사함 • 감사는 감사를 한 경우에는 감사보고서를 작성하여 입주자대표회의와 관리주체에게 제출하고 인터넷 홈페이지(인터넷 홈페이지가 없는 경우에는 인터넷 포털을 통해 관리주체가 운영·통제하는 유사한 기능의 웹사이트 또는 관리사무소의 게시판을 말함) 및 동별 게시판(통로별 게시판이 설치된 경우에는 이를 포함함)에 공개해야 함 • 감사는 입주자대표회의에서 의결한 안건이 관계 법령 및 관리규약에 위반된다고 판단되는 경우에는 입주자대표회의에 재심의를 요청할 수 있음

다. 입주자대표회의의 임원 해임

입주자대표회의의 임원(회장, 감사 및 이사)은 관리규약으로 정한 사유가 있는 경우에 다음의 구분에 따른 방법으로 해임합니다[「공동주택관리법」 제14조제10항, 「공동주택관리법 시행령」 제13조제4항제2호, 제12조제2항제1호라목2) 및 제12조 제2항 제2호 라목 2)].

> ◆ 공동주택관리법
> **제14조 (입주자대표회의의 구성 등)** ⑩ 동별 대표자의 임기나 그 제한에 관한 사항, 동별 대표자 또는 입주자대표회의 임원의 선출이나 해임 방법 등 입주자대표회의의 구성 및 운영에 필요한 사항과 입주자대표회의의 의결 방법은 대통령령으로 정한다. <개정 2022. 6. 10.>

> ◆ 공동주택관리법 시행령
> **제13조 (동별 대표자의 임기 등)** ④ 법 제14조제10항에 따라 동별 대표자 및 입주자대표회의의 임원은 관리규약으로 정한 사유가 있는 경우에 다음 각 호의 구분에 따른 방법으로 해임한다. <개정 2018. 9. 11., 2020. 4. 24.,

2021. 10. 19., 2022. 12. 9.>
　2. 입주자대표회의의 임원: 다음 각 목의 구분에 따른 방법으로 해임
　　가. 회장 및 감사: 전체 입주자등의 10분의 1 이상이 투표하고 투표자 과반수의 찬성으로 해임. 다만, 제12조제2항제1호라목2) 및 같은 항 제2호라목2)에 따라 입주자대표회의에서 선출된 회장 및 감사는 관리규약으로 정하는 절차에 따라 해임한다.
　　나. 이사: 관리규약으로 정하는 절차에 따라 해임

회장 및 감사: 전체 입주자등의 10분의 1 이상이 투표하고 투표자 과반수의 찬성으로 해임. 다만, 「공동주택관리법 시행령」 제12조제2항제1호라목2) 및 제12조제2항제2호라목2)에 따라 입주자대표회의에서 선출된 회장 및 감사는 관리규약으로 정하는 절차에 따라 해임합니다.

◆ 공동주택관리법 시행령
제12조(입주자대표회의 임원의 선출 등) ② 법 제14조제10항에 따라 제1항의 임원은 동별 대표자 중에서 다음 각 호의 구분에 따른 방법으로 선출한다. <개정 2021. 10. 19., 2022. 12. 9., 2025. 4. 15.>
　1. 회장 선출방법
　　라. 다음의 경우에는 입주자대표회의 구성원 과반수의 찬성으로 선출하며, 입주자대표회의 구성원 과반수 찬성으로 선출할 수 없는 경우로서 최다득표자가 2인 이상인 경우에는 추첨으로 선출
　　　1) 후보자가 없거나 가목부터 다목까지의 규정에 따라 선출된 자가 없는 경우
　　　2) 가목부터 다목까지의 규정에도 불구하고 500세대 미만의 공동주택 단지에서 관리규약으로 정하는 경우

라. 이사·관리규약으로 정하는 절차에 따라 해임

입주자·사용자는 입주자대표회의의 임원을 선출하거나 해임하기 위하여 선거관리위원회를 구성합니다(「공동주택관리법」 제15조제1항).

◆ 공동주택관리법
제15조(동별 대표자 등의 선거관리) ① 입주자등은 동별 대표자나 입주자대표회의의 임원을 선출하거나 해임하기 위하여 선거관리위원회(이하 "선거관리

위원회"라 한다)를 구성한다.

[법령해석 1] 민원인 - 공동주택의 동별 대표자에서 "당연퇴임한 사람"에게도 "해임된 사람"에게 적용되는 결격기간이 적용되는지 여부(「공동주택관리법 시행령」 제11조제4항제5호 등 관련)

법제처 법령해석 안건번호 21-0395 회신일자 2021-09-08

1. 질의요지

「공동주택관리법」 제14조제5항에서는 동별 세대수에 비례하여 관리규약으로 정한 선거구에 따라 선출된 대표자(이하 "동별 대표자"라 함)가 임기 중에 같은 조 제3항에 따른 자격요건을 충족하지 않게 된 경우나 같은 조 제4항 각 호에 따른 결격사유에 해당하게 된 경우에는 당연히 퇴임(이하 "당연퇴임"이라 함)한다고 규정하고 있고, 같은 조 제4항제5호 및 그 위임에 따른 같은 법 시행령 제11조제4항제5호에서는 동별 대표자의 결격사유에 해당하는 사람의 하나로 해당 공동주택의 동별 대표자를 사퇴한 날부터 1년(각주: 해당 동별 대표자에 대한 해임이 요구된 후 사퇴한 경우에는 2년을 말하며, 이하 같음), 해임된 날부터 2년이 지나지 않은 사람을 규정하고 있는바, 해임 외의 사유로 "당연퇴임한 사람"도 같은 호에 따라 해임된 경우에 해당하는 것으로 보아 2년의 결격기간이 적용되는지?

> ※ 질의배경
> 민원인은 동별 대표자에서 당연퇴임한 사람에게도 해임된 사람에게 적용되는 결격기간이 적용되므로 당연퇴임한 날부터 2년이 지나지 아니하면 동별 대표자가 될 수 없다는 의견으로 국토교통부 질의를 거쳐 법령해석을 요청함.

2. 회답

이 사안에서 해임 외의 사유로 「공동주택관리법」 제14조제5항에 따라 "당연퇴임한 사람"은 같은 법 시행령 제11조제4항제5호에 따라 해임된 경우로 볼 수 없으므로 2년의 결격기간이 적용되지 않습니다.

3. 이유

「공동주택관리법」 제14조제5항 및 같은 법 시행령 제11조제4항에서는 동별 대표자에서 당연퇴임하는 원인이 되는 자격요건과 결격사유를 대표성과 관련된 것(각주: 「공동주택관리법」 제14조제3항제1호·제2호, 같은 법 시행령 제11조제4항제3호), 행위능력과 관련된 것(각주: 「공동주택관리법」 제14조제4항제1호·제2호), 벌칙과 관련된 것(각주: 「공동주택관리법」 제14조제4항제3호·제4호, 같은 법 시행령 제11조제4항제1호), 업무 수행의 공정성과 관련된 것(각주: 「공동주택관리법 시행령」 제11조제4항제4호), 책임성과 관련된 것(각주: 「공동주택관리법 시행령」 제11조제5호·제7호) 등으로 구분하여 규정하고 있고, 각 유형별 특성을 고려하여 필요한 경우에는 결격기간(같은 법 제14조제4항제3호, 같은 법 시행령 제11조제4항제1호·제5호·제7호)을 두고 있으며, 그러한 결격기간이 필요 없는 경우에는 해당 사유가 해소되면 바로 동별 대표자가 될 수 있도록 규정(같은 법 제14조제4항제1호·제2호·제4호, 같은 법 시행령 제11조제4항제2호·제3호·제4호·제6호)하고 있는바, 「공동주택관리법 시행령」 제11조제4항제5호에 따른 결격기간은 책임성과 관련된 사항으로, 그 문언에 따라 동별 대표자에서 "사퇴하거나 해임된" 경우를 대상으로 하여 각각 1년 또는 2년이 적용되고, 나머지 사유로 당연퇴임한 경우까지 적용 대상으로 하는 것은 아니라고 보아야 합니다.

그리고 "해임"과 "당연퇴임"은 본인의 의사와 관계없이 그 임기를 다하지 못하고 그 직에서 물러나는 것이라는 점에서는 동일하나, 「공동주택관리법」 제14조제9항 및 그 위임에 따른 같은 법 시행령 제13조제4항제1호에서는 "동별 대표자의 해임 방법"을 관리규약(각주: 공동주택의 입주자등을 보호하고 주거생활의 질서를 유지하기 위하여 「공동주택관리법」 제18조제2항에 따라 입주자등이 정하는 자치규약을 말함(「공동주택관리법」 제2조제9호 참조))으로 정한 사유가 있는 경우 해당 선거구 전체 입주자등(각주: 입주자와 사용자를 말함(「공동주택관리법」 제2조제7호 참조))의 과반수가 투표하고 투표자 과반수의 찬성으로 동별 대표자를 해임하도록 규정하고 있는바, 입주자등의 투표를 통한 민주적 의사표시로 일방적으로 그 직에서 물러나게 하는 "해임"과, 자격요건의 상실이나 결격사유의 발생에 따라 별도의 의사표시 없이 그 직에서 물러나는 "당연퇴임"은 명백히 구분되는 별개의 개념으로서, 해임된 사람에 대해 적용되는 2년의 결격기간이 그 외의 사유로 당연퇴임한 사람에게 바로 적용된다고 할 수는 없을 것입니다.

아울러 「공동주택관리법 시행령」 제11조제4항제7호에서는 동별 대표자 결격사유의 하나로 "임기 중에 같은 항 제6호(관리비 등을 최근 3개월 연속하여 체납한 사람)에 해당하여 같은 법 제14조제5항에 따라 퇴임한 사람으로서 그 남은 임기 중에 있는 사람"을 규정하고 있는바, 이와 같이 동별 대표자가 임기 중 당연퇴임한 경우로서 그 원인이 된 결격사유의 특성상 당연퇴임 이후에도 결격기간을 둘 필요가 있는 경우에 대해서는 해임된 경우와 구분하여 별도의 결격사유의 하나로 규정하고 있다는 점도 이 사안을 해석할 때 고려해야 합니다.

따라서 해임 외의 사유로 「공동주택관리법」 제14조제5항에 따라 "당연퇴임한 사람"은 같은 법 시행령 제11조제4항제5호에 따라 해임된 경우로 볼 수 없으므로 2년의 결격기간이 적용되지 않습니다.

<관계 법령>

• 공동주택관리법

제14조 (입주자대표회의 구성 등) ① 입주자대표회의는 4명 이상으로 구성하되, 동별 세대수에 비례하여 관리규약으로 정한 선거구에 따라 선출된 대표자(이하 "동별 대표자"라 한다)로 구성한다. 이 경우 선거구는 2개 동 이상으로 묶거나 통로나 층별로 구획하여 정할 수 있다.

② (생 략)

③ 동별 대표자는 동별 대표자 선출공고에서 정한 각종 서류 제출 마감일(이하 이 조에서 "서류 제출 마감일"이라 한다)을 기준으로 다음 각 호의 요건을 갖춘 입주자(입주자가 법인인 경우에는 그 대표자를 말한다) 중에서 대통령령으로 정하는 바에 따라 선거구 입주자등의 보통·평등·직접·비밀선거를 통하여 선출한다. 다만, 입주자인 동별 대표자 후보자가 없는 선거구에서는 다음 각 호 및 대통령령으로 정하는 요건을 갖춘 사용자도 동별 대표자로 선출될 수 있다.
　1. 해당 공동주택단지 안에서 주민등록을 마친 후 계속하여 대통령령으로 정하는 기간 이상 거주하고 있을 것(최초의 입주자대표회의를 구성하거나 제2항 단서에 따른 입주자대표회의를 구성하기 위하여 동별 대표자를 선출하는 경우는 제외한다)
　2. 해당 선거구에 주민등록을 마친 후 거주하고 있을 것
④ 서류 제출 마감일을 기준으로 다음 각 호의 어느 하나에 해당하는 사람은 동별 대표자가 될 수 없으며 그 자격을 상실한다.
　1. 미성년자, 피성년후견인 또는 피한정후견인
　2. 파산자로서 복권되지 아니한 사람
　3. 이 법 또는 「주택법」, 「민간임대주택에 관한 특별법」, 「공공주택 특별법」, 「건축법」, 「집합건물의 소유 및 관리에 관한 법률」을 위반한 범죄로 금고 이상의 실형 선고를 받고 그 집행이 끝나거나(집행이 끝난 것으로 보는 경우를 포함한다) 집행이 면제된 날부터 2년이 지나지 아니한 사람
　4. 금고 이상의 형의 집행유예선고를 받고 그 유예기간 중에 있는 사람
　5. 그 밖에 대통령령으로 정하는 사람
⑤ 동별 대표자가 임기 중에 제3항에 따른 자격요건을 충족하지 아니하게 된 경우나 제4항 각 호에 따른 결격사유에 해당하게 된 경우에는 당연히 퇴임한다.
⑥ ~ ⑪ (생　략)

• 공동주택관리법 시행령

제11조 (동별 대표자의 선출) ① ~ ③ (생　략)
④ 법 제14조제4항제5호에서 "대통령령으로 정하는 사람"이란 다음 각 호의 어느 하나에 해당하는 사람을 말한다.
　1. 법 또는 「주택법」, 「민간임대주택에 관한 특별법」, 「공공주택 특별법」, 「건축법」, 「집합건물의 소유 및 관리에 관한 법률」을 위반한 범죄로 벌금형을 선고받은 후 2년이 지나지 않은 사람
　2. 법 제15조제1항에 따른 선거관리위원회 위원(사퇴하거나 해임 또는 해촉된 사람으로서 그 남은 임기 중에 있는 사람을 포함한다)
　3. 공동주택의 소유자가 서면으로 위임한 대리권이 없는 소유자의 배우자나 직계존비속
　4. 해당 공동주택 관리주체의 소속 임직원과 해당 공동주택 관리주체에 용역을 공급하거나 사업자로 지정된 자의 소속 임원. 이 경우 관리주체가 주택관리업자인 경우에는 해당 주택관리업자를 기준으로 판단한다.
　5. 해당 공동주택의 동별 대표자를 사퇴한 날부터 1년(해당 동별 대표자에 대한 해임이 요구된 후 사퇴한 경우에는 2년을 말한다)이 지나지 아니하거나 해임된 날부터 2년이 지나지 아니한 사람
　6. 제23조제1항부터 제5항까지의 규정에 따른 관리비 등을 최근 3개월 이상 연속하여 체납한 사람
　7. 동별 대표자로서 임기 중에 제6호에 해당하여 법 제14조제5항에 따라 퇴임한 사람으로서 그 남은 임기(남은 임기가 1년을 초과하는 경우에는 1년을 말한다) 중에 있는 사람
⑤ (생　략)

제13조 (동별 대표자의 임기 등) ① ~ ③ (생 략)
  ④ 법 제14조제9항에 따라 동별 대표자 및 입주자대표회의 임원은 관리규약으로 정한 사유가 있는 경우에 다음 각 호의 구분에 따른 방법으로 해임한다.
    1. 동별 대표자: 해당 선거구 전체 입주자등의 과반수가 투표하고 투표자 과반수의 찬성으로 해임
    2. (생 략)

[법령해석 2] 민원인 - 입주자대표회의 구성원 과반수의 찬성을 얻지 못한 최다득표자 1인이 입주자대표회의 회장으로 선출될 수 있는지 여부(「공동주택관리법 시행령」 제12조제2항제1호라목 등 관련)

법제처 법령해석 안건번호22-0056 회신일자2022-06-10

1. 질의요지

   「공동주택관리법 시행령」 제12조제2항제1호가목부터 다목까지의 규정에서는 입주자등(각주: 입주자와 사용자를 말하며(「공동주택관리법」 제2조제1항제7호 참조), 이하 같음)이 입주자대표회의 회장을 직접 선출하는 방법에 대해 규정하고 있고, 같은 호 라목에서는 같은 호 가목부터 다목까지의 규정에 따라 선출된 자가 없는 경우 등에는 입주자대표회의 구성원(각주: 관리규약으로 정한 정원을 말하고, 해당 입주자대표회의 구성원의 3분의 2 이상이 선출되었을 때에는 그 선출된 인원을 말하며(「공동주택관리법 시행령」 제4조제3항 참조), 이하 같음) 과반수의 찬성으로 선출하며, 입주자대표회의 구성원 과반수 찬성으로 선출할 수 없는 경우로서 최다득표자가 2인 이상인 경우에는 추첨으로 선출한다고 규정하고 있는 바, 「공동주택관리법 시행령」 제12조제2항제1호가목부터 다목까지의 규정에 따라 선출된 자가 없어 같은 호 라목에 따라 입주자대표회의에서 여러 명의 후보자 중 회장을 선출하기 위해 투표를 실시하였으나 입주자대표회의 구성원 과반수 찬성으로 선출할 수 없는 경우로서 최다득표자가 1인인 경우 그 최다득표자는 회장으로 선출될 수 있는지?

   > ※ 질의배경
   > 민원인은 위 질의요지와 관련하여 국토교통부와 이견이 있어 법제처에 법령해석을 요청함.

2. 회답

   이 사안의 경우 최다득표자 1인은 입주자대표회의 회장으로 선출될 수 없습니다.

3. 이유

   「공동주택관리법 시행령」 제12조제2항제1호가목부터 다목까지의 규정에서는 보통・평등・직접・비밀선거를 통해 전체 입주자등의 10분의 1 이상이 투표하여 입주자대표회의 회장을 선출하도록 규정하고 있고, 같은 호 라목에서는 같은 호 가목부터 다목까지의 규정에 따라 선출된 자가 없는 경우 등에는 입주자대표회의에

서 입주자대표회의 구성원 과반수의 찬성으로 회장을 선출하고, 입주자대표회의 구성원 과반수 찬성으로 선출할 수 없는 경우로서 최다득표자가 2인 이상인 경우에는 추첨으로 회장을 선출하도록 규정하고 있는바, 같은 호 라목에서는 입주자대표회의 구성원 과반수의 찬성을 통한 선출과 입주자대표회의 구성원 과반수의 찬성으로 선출할 수 없는 경우로서 "최다득표자가 2인 이상인 경우"에 한해 추첨을 통한 선출만을 규정하고 있을 뿐, 입주자대표회의 구성원 과반수의 찬성으로 선출할 수 없는 경우로서 "최다득표자가 1인인 경우"에 대해서는 따로 규정하고 있지 않으므로, 명문의 규정 없이 입주자대표회의 구성원 과반수의 찬성으로 선출할 수 없는 경우의 최다득표자 1인이 회장으로 선출된다고 볼 수는 없습니다.

또한 「공동주택관리법 시행령」 제12조제2항제1호라목에서는 입주자대표회의 구성원 과반수의 찬성으로 선출할 수 없는 경우에 추첨에 의해 선출할 수 있도록 보충적인 방법을 규정하고 있는데, 해당 내용은 2021년 1월 5일 대통령령 제31366호로 같은 영이 일부개정되면서 신설된 것으로, 해당 내용이 신설되기 전에는 회장은 "입주자대표회의 구성원 과반수의 찬성"으로만 선출하도록 규정하고 있어, 입주자대표회의 구성원의 과반수 득표자가 없는 경우에는 과반수 득표자가 나올 때까지 재투표하도록 운영하였던 점에 비추어 볼 때, 현행 규정에 입주자대표회의 구성원의 과반수의 찬성으로 회장을 선출할 수 없는 경우로서 입주자대표회의의 투표 결과 최다득표자가 1인인 경우의 회장선출방법에 대해 별도의 규정이 없는 이상, 임의로 입주자대표회의 구성원의 과반수 득표자가 아닌 최다득표자 1인을 회장으로 선출할 수 있다고 볼 수는 없을 것입니다.

한편 입주자대표회의 구성 지연을 방지하기 위해 입주자대표회의 구성원 과반수의 찬성으로 선출할 수 없는 경우로서 최다득표자가 1인인 경우 그 최다득표자가 회장으로 선출되는 것으로 보아야 한다는 의견이 있으나, 이와 같이 해석한다면 「공동주택관리법 시행령」 제12조제2항제1호라목에서 원칙적으로 입주자대표회의 구성원 과반수의 찬성으로 선출하도록 규정하고 있음에도 불구하고, 후보자가 2인 이상이고 최다득표자가 1인이기만 하면 과반수 득표 여부와 관계없이 회장으로 선출될 수 있게 되어 결과적으로 입주자대표회의 구성원 과반수 찬성으로 회장을 선출하도록 한 같은 목의 문언의 의미가 형해화된다는 점에서 그러한 의견은 타당하지 않습니다.

따라서 이 사안의 경우 최다득표자 1인은 입주자대표회의 회장으로 선출될 수 없습니다.

> ※ 법령정비 권고사항
> 입주자대표회의 구성원 과반수 찬성으로 선출할 수 없는 경우로서 최다득표자가 1인인 경우에 대해서도 최다득표자가 2인 이상인 경우와 같이 별도의 선출방법을 규정할 필요성이 있는지를 정책적으로 검토하여 그 결과에 따라 「공동주택관리법 시행령」 제12조제2항제1호라목을 정비할 필요가 있습니다.

<관계 법령>

- 공동주택관리법 시행령

제12조 (입주자대표회의 임원의 선출 등) ① 법 제14조제6항에 따라 입주자대표회의에는 다음 각 호의 임원을 두어야 한다.
  1. 회장 1명
  2. 감사 2명 이상
  3. 이사 1명 이상

② 법 제14조제9항에 따라 제1항의 임원은 동별 대표자 중에서 다음 각 호의 구분에 따른 방법으로 선출한다.
  1. 회장 선출방법
  가. ~ 다. (생 략)
  라. 다음의 경우에는 입주자대표회의 구성원 과반수의 찬성으로 선출하며, 입주자대표회의 구성원 과반수 찬성으로 선출할 수 없는 경우로서 최다득표자가 2인 이상인 경우에는 추첨으로 선출
  1) 후보자가 없거나 가목부터 다목까지의 규정에 따라 선출된 자가 없는 경우
  2) 가목부터 다목까지의 규정에도 불구하고 500세대 미만의 공동주택 단지에서 관리규약으로 정하는 경우
  2. 감사 선출방법
  가. ~ 라. (생 략)
  3. 이사 선출방법: (생 략)

③ · ④ (생 략)

[법령해석 3] 민원인 - 500세대 미만 공동주택의 입주자대표회의 임원 선출 방법(「공동주택관리법 시행령」 제12조제2항제2호가목1) 등 관련)

법제처 법령해석 안건번호 21-0206 회신일자 2021-06-04

1. 질의요지

500세대 미만인 공동주택에서 입주자대표회의 회장을 선출할 때 후보자별 득표수가 같으나 각 득표수가 입주자대표회의 구성원의 과반수 찬성에 이르지 못한 경우, 추첨으로 회장을 선출하는 것이 「공동주택관리법 시행령」 제12조제2항제2호가목1)에 위반되는지?(각주: 「공동주택관리법 시행령」 제12조제2항제2호가목2)에 따라 관리규약에서 선출 방법을 달리 정하지 않은 경우를 전제함)

> ※ 질의배경
> 민원인은 위 질의요지에 대한 국토교통부의 회신 내용에 이견이 있어 법제처에 법령해석을 요청함.

2. 회답

이 사안의 경우 추첨으로 회장을 선출하는 것은 「공동주택관리법 시행령」 제12조제2항제2호가목1)에 위반되지 않습니다.

3. 이유

「공동주택관리법 시행령」 제12조제2항제2호가목1) 전단에서는 500세대 미만인 공동주택의 경우 입주자대표회의 회장 및 감사는 입주자대표회의 구성원 과반수의 찬성으로 선출한다고 규정하면서, 같은 목 1) 후단에서는 "이 경우" 후보자별 득표수가 같은 경우에는 추첨으로 선출한다고 규정하고 있는바, 이 사안과 같이 입주자대표회의 회장 선출 시 과반수 득표자는 없고 후보자별 득표수가 같은 상황에서 추첨의 방식을 적용하려는 경우, 같은 목 1) 후단의 "이 경우"가 같은 목 1) 전단 중 "과반수 찬성으로 선출"된 경우를 전제로 하는 것인지를 판단할 필요가 있습니다.

그런데 관리규약에서 입주자대표회의의 선출 방식에 대해 달리 정한 바가 없다면 1명의 임원 선출을 위해 입주자대표회의 구성원 1명당 1표를 행사하는 것이 일반적이고, 그렇다면 「공동주택관리법 시행령」 제12조제1항제1호에 따라 1명을 선출하는 회장 선거의 경우에는 과반수 찬성과 같은 수 득표의 요건이 동시에 성립될 수 없다는 점에서, 같은 조 제2항제2호가목1) 후단에서의 "이 경우"는 "구성원 과반수 찬성으로 선출"된 경우가 아니라 선출 과정 자체를 의미한다고 보아야 할 것인바, 같은 목 1) 후단에 따른 추첨의 방식은 같은 목 1) 전단에 따라 과반수의 찬성이 있었는지 여부를 전제하지 않고, 단지 후보자별 득표수가 같은 경우가 발생하였을 때 임원을 선출하는 방식을 추가적으로 규정한 것으로 보아야 합니다.

또한 「공동주택관리법 시행령」 제12조제2항제2호가목1) 후단은 같은 영이 2021년 1월 5일 대통령령 제31366호로 일부개정되면서 신설된 것으로, 추첨의 방식을 도입함으로써 입주자대표회의의 구성이 지연되는 것을 방지하여(각주: 2021년 1월 5일 대통령령 제31366호로 일부개정된 「공동주택관리법 시행령」 개정이유 및 주요내용 참조) 공동주택의 관리에 관한 주요 결정이 신속하게 이루어지도록 하려는 취지인데, 만약 "과반수 찬성" 및 "같은 수 득표" 요건을 모두 갖춘 경우만 추첨의 방식으로 입주자대표회의 임원을 선출할 수 있다고 본다면, 입주자대표회의 구성원 과반수의 찬성을 얻은 사람이 없는 경우 추첨 방식을 활용할 수가 없어 선출 과정을 반복하는 등 입주자대표회의 구성이 장기간 지연되는 경우도 발생할 수 있는바, 이러한 해석은 위와 같은 개정 취지에 부합하지 않습니다.

따라서 500세대 미만인 공동주택에서 입주자대표회의 회장을 선출할 때 후보자별 득표수가 같으나 각 득표수가 입주자대표회의 구성원의 과반수 찬성에 이르지 못한 경우에 추첨으로 회장을 선출하는 것은 「공동주택관리법 시행령」 제12조제2항제2호가목1)에 위반되지 않습니다.

> ※ 법령정비 권고사항
> 「공동주택관리법 시행령」 제12조제2항제2호가목1) 후단이 같은 목 1) 전단에 따른 과반수 찬성을 전제하지 않고 적용된다는 점을 명확하게 정비할 필요가 있습니다.

<관련 법령>

• 공동주택관리법 시행령

제12조 (입주자대표회의 임원의 선출 등) ① 법 제14조제6항에 따라 입주자대표회의에는 다음 각 호의 임원을 두어야 한다.
　1. 회장 1명
　2. 감사 2명 이상
　3. 이사 1명 이상
② 법 제14조제9항에 따라 제1항의 임원은 동별 대표자 중에서 다음 각 호의 구분에 따른 방법으로 선출한다.
　1. 500세대 이상인 공동주택의 경우
　　가. ~ 다. (생　략)
　2. 500세대 미만인 공동주택의 경우
　　가. 회장 및 감사: 다음의 구분에 따른 방법으로 선출
　　　1) 입주자대표회의 구성원 과반수의 찬성으로 선출. 이 경우 후보자별 득표수가 같은 경우에는 추첨으로 선출한다.
　　　2) 1)에도 불구하고 관리규약으로 정하는 경우에는 제1호가목 및 나목의 방법으로 선출
　　나. 이사: 입주자대표회의 구성원 과반수의 찬성으로 선출. 이 경우 후보자별 득표수가 같은 경우에는 추첨으로 선출한다.
③ · ④ (생　략)

[법령해석 4] 농림축산식품부 - 농업인 주택의 설치요건인 농업을 영위하는 세대의 의미(「농지법 시행령」 제29조제4항제1호나목 등 관련)

법제처 법령해석 안건번호 20-0357 회신일자 2020-08-03

1. 질의요지

　「농지법 시행령」 제29조제4항제1호나목에서는 농업인 주택의 요건으로 농업인 1명 이상으로 구성되는 농업·임업 또는 축산업을 영위하는 세대로서 "해당 세대원"의 노동력의 2분의 1 이상으로 농업·임업 또는 축산업을 영위하는 세대의 세대주가 설치하는 것일 것을 규정하고 있는바, 해당 요건 중 "세대원"에 세대주가 포함되는지?(각주: 어업인이 아니거나 어업을 영위하지 않는 세대일 것을 전제함.)

> ※ 질의배경
> 농림축산식품부에서는 위 질의요지에 대한 민원인의 문의가 있자 그 의미를 명확히 하기 위해 법제처에 법령해석을 요청함

2. 회답

　「농지법 시행령」 제29조제4항제1호나목의 "세대원"에는 세대주가 포함됩니다.

3. 이유

　「농지법」 제32조제1항제3호에서는 농업진흥구역에서 허용되는 토지이용행위의

하나로 "대통령령으로 정하는 농업인 주택의 설치"를 규정하고 있고, 그 위임에 따른 같은 법 시행령 제29조제4항제1호나목에서는 농업인 1명 이상으로 구성되는 농업·임업 또는 축산업(이하 "농업등"이라 함)을 영위하는 세대로서 해당 세대원의 노동력의 2분의 1 이상으로 농업등을 영위하는 세대의 세대주가 설치하는 것을 농업인 주택의 요건의 하나로 규정하고 있으나, 세대원의 의미나 그 범위에 대해서는 별도로 규정하고 있지 않습니다.

그런데 통상 "세대원(世帶員)"은 한 세대를 구성하고 있는 식구를, "세대주(世帶主)"는 한 가구를 이끄는 주가 되는 사람을 의미(각주: 국립국어원 표준국어대사전 참조)하므로 개별 법령에서 세대원을 세대주와 구분하여 세대주를 제외한 나머지 세대원으로 본다고 명시하거나 세대원의 범위를 별도로 제한할 필요성이 인정되지 않는 한 세대원은 일반적으로 세대주를 포함한 세대 구성원 전체를 의미한다고 보는 것이 타당합니다.

그리고 「농지법」에 따르면 농업의 진흥을 도모하고 일정 규모 이상으로 농지가 집단화되어 농업 목적으로 이용할 필요가 있는 지역을 농업진흥구역으로 지정하며(제28조제2항제1호), 농업진흥구역에서는 원칙적으로 농업 생산 또는 농지개량과 직접적으로 관련되는 토지이용행위만 할 수 있으나 예외적으로 농업인 주택의 설치가 허용되는바, 이는 농업등을 영위하는 세대의 농업등 경영상 편의를 위해 농업인 주택을 설치할 수 있도록 한 것으로서 해당 세대가 실질적으로 농업등을 영위하는지를 판단하기 위해 "세대원 노동력"의 2분의 1 이상으로 농업등을 영위하는 세대일 것을 기준으로 정한 것이므로 해당 세대에서 농업등에 투입되는 노동력을 판단함에 있어 세대주의 노동력을 제외하려는 취지가 전제된 것으로 볼 수 없습니다.

아울러 동일한 법령에서 사용되는 용어는 법령에 다른 규정이 있는 등 특별한 사정이 없는 한 동일하게 해석·적용되어야 하는데,(각주: 대법원 2009. 12. 10. 선고 2007두21853 판결례 참조) 「농지법」 제6조제2항제9호, 제7조제3항 및 같은 법 시행령 제5조제2항에서는 농지소유의 상한을 규정하면서 세대원 전부가 소유하는 총 면적을 기준으로 한다고 규정하여 세대원을 세대주와 구분하지 않고 세대주를 포함한 세대 구성원 전체의 의미로 사용하고 있다는 점도 이 사안을 해석할 때 고려해야 합니다.

<관계 법령>

- 농지법

제32조 (용도구역에서의 행위 제한) ① 농업진흥구역에서는 농업 생산 또는 농지 개량과 직접적으로 관련되지 아니한 토지이용행위를 할 수 없다. 다만, 다음 각 호의 토지이용행위는 그러하지 아니하다.

 1.·2. (생 략)
 3. 대통령령으로 정하는 농업인 주택, 어업인 주택, 농업용 시설, 축산업용 시설 또는 어업용 시설의 설치

4. ~ 9. (생 략)
② ~ ④ (생 략)

• 농지법 시행령

제29조 (농업진흥구역에서 할 수 있는 행위) ① ~ ③ (생 략)
④ 법 제32조제1항제3호에서 "대통령령으로 정하는 농업인 주택, 어업인 주택"이란 다음 각 호의 요건을 모두 갖춘 건축물 및 시설물을 말한다. (단서 생략)
  1. 농업인 또는 어업인(「수산업·어촌 발전 기본법」 제3조제3호에 따른 어업인을 말한다. 이하 같다) 1명 이상으로 구성되는 농업·임업·축산업 또는 어업을 영위하는 세대로서 다음 각 목의 어느 하나에 해당하는 세대의 세대주가 설치하는 것일 것
    가. 해당 세대의 농업·임업·축산업 또는 어업에 따른 수입액이 연간 총수입액의 2분의 1을 초과하는 세대
    나. 해당 세대원의 노동력의 2분의 1 이상으로 농업·임업·축산업 또는 어업을 영위하는 세대
  2.·3. (생 략)
⑤ ~ ⑦ (생 략)

3. 적용법규

가. 집합건물법

(1) 건물의 구분소유

1동의 건물 중 구조상 구분된 여러 개의 부분이 독립한 건물로서 사용될 수 있을 때에는 그 각 부분은 「집합건물의 소유 및 관리에 관한 법률」에서 정하는 바에 따라 각각 소유권의 목적으로 할 수 있습니다(「집합건물의 소유 및 관리에 관한 법률」 제1조).

◆ 집합건물의 소유 및 관리에 관한 법률
제1조 (건물의 구분소유) 1동의 건물 중 구조상 구분된 여러 개의 부분이 독립한 건물로서 사용될 수 있을 때에는 그 각 부분은 이 법에서 정하는 바에 따라 각각 소유권의 목적으로 할 수 있다. [전문개정 2010. 3. 31.]

(2) 상가건물의 구분소유

1동의 건물이 다음에 해당하는 방식으로 여러 개의 건물부분으로 이용상 구분된 경우에 그 건물부분(이하 "구분점포"라 함)은 「집합건물의 소유 및 관리에 관

한 법률」에서 정하는 바에 따라 각각 소유권의 목적으로 할 수 있습니다(「집합건물의 소유 및 관리에 관한 법률」 제1조의2).
① 구분점포의 용도가 「건축법」 제2조제2항제7호의 판매시설 및 같은 항 제8호의 운수시설일 것
② 경계를 명확하게 알아볼 수 있는 표지를 바닥에 견고하게 설치할 것
③ 구분점포별로 부여된 건물번호표지를 견고하게 붙일 것

◆ 집합건물의 소유 및 관리에 관한 법률
제1조의2 (상가건물의 구분소유) ① 1동의 건물이 다음 각 호에 해당하는 방식으로 여러 개의 건물부분으로 이용상 구분된 경우에 그 건물부분(이하 "구분점포"라 한다)은 이 법에서 정하는 바에 따라 각각 소유권의 목적으로 할 수 있다. <개정 2020. 2. 4.>
    1. 구분점포의 용도가 「건축법」 제2조제2항제7호의 판매시설 및 같은 항 제8호의 운수시설일 것
    2. 삭제 <2020. 2. 4.>
    3. 경계를 명확하게 알아볼 수 있는 표지를 바닥에 견고하게 설치할 것
    4. 구분점포별로 부여된 건물번호표지를 견고하게 붙일 것
② 제1항에 따른 경계표지 및 건물번호표지에 관하여 필요한 사항은 대통령령으로 정한다. [전문개정 2010. 3. 31.]

(3) 구분소유권과 전유부분

(가) "구분소유권"이란 「집합건물의 소유 및 관리에 관한 법률」 제1조 또는 제1조의2에 규정된 건물부분[「집합건물의 소유 및 관리에 관한 법률」 제3조제2항 및 제3항에 따라 공용부분(共用部分)으로 된 것은 제외]을 목적으로 하는 소유권을 말합니다(「집합건물의 소유 및 관리에 관한 법률」 제2조제1호).
(나) "전유부분"(專有部分)이란 구분소유권의 목적인 건물부분을 말합니다(「집합건물의 소유 및 관리에 관한 법률」 제2조제3호).

◆ 집합건물의 소유 및 관리에 관한 법률
제2조 (정의) 이 법에서 사용하는 용어의 뜻은 다음과 같다.
    1. "구분소유권"이란 제1조 또는 제1조의2에 규정된 건물부분[제3조제2항 및 제3항에 따라 공용부분(共用部分)으로 된 것은 제외한다]을 목

> 적으로 하는 소유권을 말한다.
> 3. "전유부분"(專有部分)이란 구분소유권의 목적인 건물부분을 말한다.

(4) 구분소유자의 권리와 의무

(가) 구분소유자의 개념

"구분소유자"란 구분소유권을 가지는 자를 말합니다(「집합건물의 소유 및 관리에 관한 법률」 제2조제2호).

> ◆ 집합건물의 소유 및 관리에 관한 법률
> 제2조 (정의) 이 법에서 사용하는 용어의 뜻은 다음과 같다.
> 2. "구분소유자"란 구분소유권을 가지는 자를 말한다.

(나) 구분소유자의 권리와 의무

① 구분소유자는 건물의 보존에 해로운 행위나 그 밖에 건물의 관리 및 사용에 관하여 구분소유자 공동의 이익에 어긋나는 행위를 해서는 안 됩니다(「집합건물의 소유 및 관리에 관한 법률」 제5조제1항).
② 전유부분이 주거의 용도로 분양된 것인 경우에는 구분소유자는 정당한 사유 없이 그 부분을 주거 외의 용도로 사용하거나 그 내부 벽을 철거하거나 파손하여 증축·개축하는 행위를 해서는 안 됩니다(「집합건물의 소유 및 관리에 관한 법률」 제5조제2항).
③ 구분소유자는 그 전유부분이나 공용부분을 보존하거나 개량하기 위하여 필요한 범위에서 다른 구분소유자의 전유부분 또는 자기의 공유(共有)에 속하지 않는 공용부분의 사용을 청구할 수 있습니다. 이 경우 다른 구분소유자가 손해를 입었을 때에는 보상하여야 합니다(「집합건물의 소유 및 관리에 관한 법률」 제5조제3항).

> ◆ 집합건물의 소유 및 관리에 관한 법률
> 제5조 (구분소유자의 권리·의무 등) ① 구분소유자는 건물의 보존에 해로운 행위나 그 밖에 건물의 관리 및 사용에 관하여 구분소유자 공동의 이익에 어긋나는 행위를 하여서는 아니 된다.
> ② 전유부분이 주거의 용도로 분양된 것인 경우에는 구분소유자는 정당한

사유 없이 그 부분을 주거 외의 용도로 사용하거나 그 내부 벽을 철거하거나 파손하여 증축·개축하는 행위를 하여서는 아니 된다.
③ 구분소유자는 그 전유부분이나 공용부분을 보존하거나 개량하기 위하여 필요한 범위에서 다른 구분소유자의 전유부분 또는 자기의 공유(共有)에 속하지 아니하는 공용부분의 사용을 청구할 수 있다. 이 경우 다른 구분소유자가 손해를 입었을 때에는 보상하여야 한다.

제2절 공용부분의 관리

1. 공용부분

여러 개의 전유부분으로 통하는 복도, 계단, 그 밖에 구조상 구분소유자 전원 또는 일부의 공용(共用)에 제공되는 건물부분은 구분소유권의 목적으로 할 수 없습니다(「집합건물의 소유 및 관리에 관한 법률」 제3조제1항).

◆ 집합건물의 소유 및 관리에 관한 법률
제3조 (공용부분) ① 여러 개의 전유부분으로 통하는 복도, 계단, 그 밖에 구조상 구분소유자 전원 또는 일부의 공용(共用)에 제공되는 건물부분은 구분소유권의 목적으로 할 수 없다.

2. 공용부분의 귀속 등

공용부분은 구분소유자 전원의 공유에 속합니다. 다만, 일부공용부분은 그들 구분소유자의 공유에 속합니다(「집합건물의 소유 및 관리에 관한 법률」 제10조제1항).

◆ 집합건물의 소유 및 관리에 관한 법률
제10조 (공용부분의 귀속 등) ① 공용부분은 구분소유자 전원의 공유에 속한다. 다만, 일부의 구분소유자만이 공용하도록 제공되는 것임이 명백한 공용부분(이하 "일부공용부분"이라 한다)은 그들 구분소유자의 공유에 속한다.

3. 공유자의 사용권 및 지분권

가. 각 공유자는 공용부분을 그 용도에 따라 사용할 수 있습니다(「집합건물의 소유 및 관리에 관한 법률」 제11조).
나. 각 공유자의 지분은 그가 가지는 전유부분의 면적 비율에 따릅니다(「집합건물의 소유 및 관리에 관한 법률」 제12조제1항).
다. 위의 경우 일부공용부분으로서 면적이 있는 것은 그 공용부분을 공용하는 구분소유자의 전유부분의 면적 비율에 따라 배분하여 그 면적을 각 구분소유자의 전유부분 면적에 포함합니다(「집합건물의 소유 및 관리에 관한 법률」 제12조제2항).

◆ 집합건물의 소유 및 관리에 관한 법률
제11조 (공유자의 사용권) 각 공유자는 공용부분을 그 용도에 따라 사용할 수 있다. [전문개정 2010. 3. 31.]

◆ 집합건물의 소유 및 관리에 관한 법률
제12조 (공유자의 지분권) ① 각 공유자의 지분은 그가 가지는 전유부분의 면적 비율에 따른다.
② 제1항의 경우 일부공용부분으로서 면적이 있는 것은 그 공용부분을 공용하는 구분소유자의 전유부분의 면적 비율에 따라 배분하여 그 면적을 각 구분소유자의 전유부분 면적에 포함한다. [전문개정 2010. 3. 31.]

4. 일부공용부분의 관리

일부공용부분의 관리에 관한 사항 중 구분소유자 전원에게 이해관계가 있는 사항과 「집합건물의 소유 및 관리에 관한 법률」 제29조제2항의 규약으로써 정한 사항은 구분소유자 전원의 집회결의로써 결정하고, 그 밖의 사항은 그것을 공용하는 구분소유자만의 집회결의로써 결정합니다(「집합건물의 소유 및 관리에 관한 법률」 제14조).

◆ 집합건물의 소유 및 관리에 관한 법률
제14조 (일부공용부분의 관리) 일부공용부분의 관리에 관한 사항 중 구분소유자 전원에게 이해관계가 있는 사항과 제29조제2항의 규약으로써 정한 사항

은 구분소유자 전원의 집회결의로써 결정하고, 그 밖의 사항은 그것을 공용하는 구분소유자만의 집회결의로써 결정한다. [전문개정 2010. 3. 31.]

5. 공용부분의 관리

공용부분의 관리에 관한 사항은 「집합건물의 소유 및 관리에 관한 법률」 제15조제1항 본문 및 제15조의2의 경우를 제외하고는 「집합건물의 소유 및 관리에 관한 법률」 제38조제1항에 따른 통상의 집회결의로써 결정합니다. 다만, 보존행위는 각 공유자가 할 수 있습니다(「집합건물의 소유 및 관리에 관한 법률」 제16조제1항).

구분소유자의 승낙을 받아 전유부분을 점유하는 자는 집회에 참석하여 그 구분소유자의 의결권을 행사할 수 있습니다. 다만, 구분소유자와 점유자가 달리 정하여 관리단에 통지한 경우에는 그렇지 않으며, 구분소유자의 권리·의무에 특별한 영향을 미치는 사항을 결정하기 위한 집회인 경우에는 점유자는 사전에 구분소유자에게 의결권 행사에 대한 동의를 받아야 합니다(「집합건물의 소유 및 관리에 관한 법률」 제16조제2항).

위의 사항은 규약으로써 달리 정할 수 있습니다(「집합건물의 소유 및 관리에 관한 법률」 제16조제3항).

◆ 집합건물의 소유 및 관리에 관한 법률
제16조 (공용부분의 관리) ① 공용부분의 관리에 관한 사항은 제15조제1항 본문 및 제15조의2의 경우를 제외하고는 제38조제1항에 따른 통상의 집회결의로써 결정한다. 다만, 보존행위는 각 공유자가 할 수 있다. <개정 2020. 2. 4.>
② 구분소유자의 승낙을 받아 전유부분을 점유하는 자는 제1항 본문에 따른 집회에 참석하여 그 구분소유자의 의결권을 행사할 수 있다. 다만, 구분소유자와 점유자가 달리 정하여 관리단에 통지한 경우에는 그러하지 아니하며, 구분소유자의 권리·의무에 특별한 영향을 미치는 사항을 결정하기 위한 집회인 경우에는 점유자는 사전에 구분소유자에게 의결권 행사에 대한 동의를 받아야 한다. <신설 2012. 12. 18.>
③ 제1항 및 제2항에 규정된 사항은 규약으로써 달리 정할 수 있다. <개정 2012. 12. 18.>
④ 제1항 본문의 경우에는 제15조제2항을 준용한다. <개정 2012. 12. 18.>
[전문개정 2010. 3. 31.]

6. 공용부분의 변경

공용부분의 변경에 관한 사항은 관리단집회에서 구분소유자의 3분의 2 이상 및 의결권의 3분의 2 이상의 결의로써 결정합니다(「집합건물의 소유 및 관리에 관한 법률」 제15조제1항 본문).

다만, 공용부분의 개량을 위한 것으로서 지나치게 많은 비용이 드는 것이 아닐 경우에는 「집합건물의 소유 및 관리에 관한 법률」 제38조제1항에 따른 통상의 집회결의로써 결정할 수 있습니다(「집합건물의 소유 및 관리에 관한 법률」 제15조제1항 단서 및 제1호).

위의 경우에 공용부분의 변경이 다른 구분소유자의 권리에 특별한 영향을 미칠 때에는 그 구분소유자의 승낙을 받아야 합니다(「집합건물의 소유 및 관리에 관한 법률」 제15조제2항).

위의 규정에도 불구하고 건물의 노후화 억제 또는 기능 향상 등을 위한 것으로 구분소유권 및 대지사용권의 범위나 내용에 변동을 일으키는 공용부분의 변경에 관한 사항은 관리단집회에서 구분소유자의 5분의 4 이상 및 의결권의 5분의 4 이상의 결의로써 결정합니다. 다만, 「관광진흥법」 제3조제1항제2호나목에 따른 휴양 콘도미니엄업의 운영을 위한 휴양 콘도미니엄의 권리변동 있는 공용부분 변경에 관한 사항은 구분소유자의 3분의 2 이상 및 의결권의 3분의 2 이상의 결의로써 결정합니다(「집합건물의 소유 및 관리에 관한 법률」 제15조의2제1항).

◆ 집합건물의 소유 및 관리에 관한 법률
제15조 (공용부분의 변경) ① 공용부분의 변경에 관한 사항은 관리단집회에서 구분소유자의 3분의 2 이상 및 의결권의 3분의 2 이상의 결의로써 결정한다. 다만, 다음 각 호의 어느 하나에 해당하는 경우에는 제38조제1항에 따른 통상의 집회결의로써 결정할 수 있다. <개정 2020. 2. 4.>
　1. 공용부분의 개량을 위한 것으로서 지나치게 많은 비용이 드는 것이 아닐 경우
　2. 「관광진흥법」 제3조제1항제2호나목에 따른 휴양 콘도미니엄업의 운영을 위한 휴양 콘도미니엄의 공용부분 변경에 관한 사항인 경우
② 제1항의 경우에 공용부분의 변경이 다른 구분소유자의 권리에 특별한 영향을 미칠 때에는 그 구분소유자의 승낙을 받아야 한다. [전문개정 2010. 3. 31.]

7. 공용부분의 부담·수익 등

각 공유자는 규약에 달리 정한 바가 없으면 그 지분의 비율에 따라 공용부분의 관리비용과 그 밖의 의무를 부담하며 공용부분에서 생기는 이익을 취득합니다(「집합건물의 소유 및 관리에 관한 법률」 제17조).

공유자가 공용부분에 관하여 다른 공유자에 대하여 가지는 채권은 그 특별승계인에 대하여도 행사할 수 있습니다(「집합건물의 소유 및 관리에 관한 법률」 제18조).

◆ 집합건물의 소유 및 관리에 관한 법률
제17조 (공용부분의 부담·수익) 각 공유자는 규약에 달리 정한 바가 없으면 그 지분의 비율에 따라 공용부분의 관리비용과 그 밖의 의무를 부담하며 공용부분에서 생기는 이익을 취득한다. [전문개정 2010. 3. 31.]

◆ 집합건물의 소유 및 관리에 관한 법률
제18조 (공용부분에 관하여 발생한 채권의 효력) 공유자가 공용부분에 관하여 다른 공유자에 대하여 가지는 채권은 그 특별승계인에 대하여도 행사할 수 있다. [전문개정 2010. 3. 31.]

8. 관리단 및 관리단집회

가. 관리단의 당연 설립 및 구성

건물에 대하여 구분소유 관계가 성립되면 구분소유자 전원을 구성원으로 하여 건물과 그 대지 및 부속시설의 관리에 관한 사업의 시행을 목적으로 하는 관리단이 설립됩니다(「집합건물의 소유 및 관리에 관한 법률」 제23조제1항).

일부공용부분이 있는 경우 그 일부의 구분소유자는 「집합건물의 소유 및 관리에 관한 법률」 제28조제2항의 규약에 따라 그 공용부분의 관리에 관한 사업의 시행을 목적으로 하는 관리단을 구성할 수 있습니다(「집합건물의 소유 및 관리에 관한 법률」 제23조제2항).

◆ 집합건물의 소유 및 관리에 관한 법률
제23조 (관리단의 당연 설립 등) ① 건물에 대하여 구분소유 관계가 성립되면 구분소유자 전원을 구성원으로 하여 건물과 그 대지 및 부속시설의 관리에

관한 사업의 시행을 목적으로 하는 관리단이 설립된다.
② 일부공용부분이 있는 경우 그 일부의 구분소유자는 제28조제2항의 규약에 따라 그 공용부분의 관리에 관한 사업의 시행을 목적으로 하는 관리단을 구성할 수 있다. [전문개정 2010. 3. 31.]

나. 관리단의 의무

관리단은 건물의 관리 및 사용에 관한 공동이익을 위하여 필요한 구분소유자의 권리와 의무를 선량한 관리자의 주의로 행사하거나 이행하여야 합니다(「집합건물의 소유 및 관리에 관한 법률」 제23조의2).

◆ 집합건물의 소유 및 관리에 관한 법률
제23조의2 (관리단의 의무) 관리단은 건물의 관리 및 사용에 관한 공동이익을 위하여 필요한 구분소유자의 권리와 의무를 선량한 관리자의 주의로 행사하거나 이행하여야 한다. [본조신설 2012. 12. 18.]

9. 관리단집회의 권한 및 의장

관리단의 사무는 「집합건물의 소유 및 관리에 관한 법률」 또는 규약으로 관리인에게 위임한 사항 외에는 관리단집회의 결의에 따라 수행합니다(「집합건물의 소유 및 관리에 관한 법률」 제31조).

관리단집회의 의장은 관리인 또는 집회를 소집한 구분소유자 중 연장자가 됩니다. 다만, 규약에 특별한 규정이 있거나 관리단집회에서 다른 결의를 한 경우에는 그렇지 않습니다(「집합건물의 소유 및 관리에 관한 법률」 제39조제1항).

◆ 집합건물의 소유 및 관리에 관한 법률
제31조 (집회의 권한) 관리단의 사무는 이 법 또는 규약으로 관리인에게 위임한 사항 외에는 관리단집회의 결의에 따라 수행한다. [전문개정 2010. 3. 31.]

◆ 집합건물의 소유 및 관리에 관한 법률
제39조 (집회의 의장과 의사록) ① 관리단집회의 의장은 관리인 또는 집회를 소집한 구분소유자 중 연장자가 된다. 다만, 규약에 특별한 규정이 있거나 관리단집회에서 다른 결의를 한 경우에는 그러하지 아니하다.

② 관리단집회의 의사에 관하여는 의사록을 작성하여야 한다.
③ 의사록에는 의사의 경과와 그 결과를 적고 의장과 구분소유자 2인 이상이 서명날인하여야 한다.
④ 의사록에 관하여는 제30조를 준용한다. [전문개정 2010. 3. 31.]

10. 관리단집회의 소집

관리인은 매년 회계연도 종료 후 3개월 이내에 정기 관리단집회를 소집하여야 하고(「집합건물의 소유 및 관리에 관한 법률」 제32조), 필요하다고 인정할 때에는 관리단집회를 소집할 수 있습니다(「집합건물의 소유 및 관리에 관한 법률」 제33조제1항).

구분소유자의 5분의 1 이상이 회의의 목적 사항을 구체적으로 밝혀 관리단집회의 소집을 청구하면 관리인은 관리단집회를 소집하여야 합니다. 이 정수(定數)는 규약으로 감경할 수 있습니다(「집합건물의 소유 및 관리에 관한 법률」 제33조제2항).

관리인이 없는 경우에는 구분소유자의 5분의 1 이상은 관리단집회를 소집할 수 있습니다. 이 정수는 규약으로 달리 감경할 수 있습니다(「집합건물의 소유 및 관리에 관한 법률」 제33조제4항).

◆ 집합건물의 소유 및 관리에 관한 법률
제33조 (임시 관리단집회) ① 관리인은 필요하다고 인정할 때에는 관리단집회를 소집할 수 있다.
② 구분소유자의 5분의 1 이상이 회의의 목적 사항을 구체적으로 밝혀 관리단집회의 소집을 청구하면 관리인은 관리단집회를 소집하여야 한다. 이 정수(定數)는 규약으로 감경할 수 있다. <개정 2012. 12. 18.>
③ 제2항의 청구가 있은 후 1주일 내에 관리인이 청구일부터 2주일 이내의 날을 관리단집회일로 하는 소집통지 절차를 밟지 아니하면 소집을 청구한 구분소유자는 법원의 허가를 받아 관리단집회를 소집할 수 있다. <개정 2012. 12. 18.>
④ 관리인이 없는 경우에는 구분소유자의 5분의 1 이상은 관리단집회를 소집할 수 있다. 이 정수는 규약으로 감경할 수 있다. <개정 2012. 12. 18.>
[전문개정 2010. 3. 31.]

11. 의결권

각 구분소유자의 의결권은 규약에 특별한 규정이 없으면 다음의 지분비율에 따릅니다(「집합건물의 소유 및 관리에 관한 법률」 제37조제1항 및 제12조).

각 공유자의 지분은 그가 가지는 전유부분의 면적 비율에 따릅니다.

위의 경우 일부공용부분으로서 면적이 있는 것은 그 공용부분을 공용하는 구분소유자의 전유부분의 면적 비율에 따라 배분하여 그 면적을 각 구분소유자의 전유부분 면적에 포함합니다.

전유부분을 여럿이 공유하는 경우에는 공유자는 관리단집회에서 의결권을 행사할 1인을 정합니다(「집합건물의 소유 및 관리에 관한 법률」 제37조제2항).

구분소유자의 승낙을 받아 동일한 전유부분을 점유하는 자가 여럿인 경우에는 「집합건물의 소유 및 관리에 관한 법률」 제16조제2항, 제24조제4항, 제26조의2 제2항 또는 제26조의4제5항에 따라 해당 구분소유자의 의결권을 행사할 1인을 정하여야 합니다(「집합건물의 소유 및 관리에 관한 법률」 제37조제3항).

◆ 집합건물의 소유 및 관리에 관한 법률
제37조 (의결권) ① 각 구분소유자의 의결권은 규약에 특별한 규정이 없으면 제12조에 규정된 지분비율에 따른다.
  ② 전유부분을 여럿이 공유하는 경우에는 공유자는 관리단집회에서 의결권을 행사할 1인을 정한다.
  ③ 구분소유자의 승낙을 받아 동일한 전유부분을 점유하는 자가 여럿인 경우에는 제16조제2항, 제24조제4항, 제26조의2제2항 또는 제26조의4제5항에 따라 해당 구분소유자의 의결권을 행사할 1인을 정하여야 한다.
  <신설 2012. 12. 18., 2020. 2. 4.> [전문개정 2010. 3. 31.]

12. 의결방법

관리단집회의 의사는 「집합건물의 소유 및 관리에 관한 법률」 또는 규약에 특별한 규정이 없으면 구분소유자의 과반수 및 의결권의 과반수로써 의결합니다(「집합건물의 소유 및 관리에 관한 법률」 제38조제1항).

의결권은 서면이나 전자적 방법(전자정보처리조직을 사용하거나 그 밖에 정보통신기술을 이용하는 방법으로서 「집합건물의 소유 및 관리에 관한 법률 시행령」으로 정하는 방법을 말함)으로 또는 대리인을 통하여 행사할 수 있습니다(「집합건물의 소유 및 관리에 관한 법률」 제38조제2항).

◆ 집합건물의 소유 및 관리에 관한 법률
제38조 (의결 방법) ① 관리단집회의 의사는 이 법 또는 규약에 특별한 규정이 없으면 구분소유자의 과반수 및 의결권의 과반수로써 의결한다.
② 의결권은 서면이나 전자적 방법(전자정보처리조직을 사용하거나 그 밖에 정보통신기술을 이용하는 방법으로서 대통령령으로 정하는 방법을 말한다. 이하 같다)으로 또는 대리인을 통하여 행사할 수 있다. <개정 2012. 12. 18.>

13. 서면에 의한 결의 등

「집합건물의 소유 및 관리에 관한 법률」 또는 규약에 따라 관리단집회에서 결의할 것으로 정한 사항에 관하여 구분소유자의 4분의 3 이상 및 의결권의 4분의 3 이상이 서면이나 전자적 방법 또는 서면과 전자적 방법으로 합의하면 관리단집회를 소집하여 결의한 것으로 봅니다(「집합건물의 소유 및 관리에 관한 법률」 제41조제1항).

위에도 불구하고 다음의 경우에는 그 구분에 따른 의결정족수 요건을 갖추어 서면이나 전자적 방법 또는 서면과 전자적 방법으로 합의하면 관리단집회를 소집하여 결의한 것으로 봅니다(「집합건물의 소유 및 관리에 관한 법률」 제41조제2항).

◆ 집합건물의 소유 및 관리에 관한 법률
제41조 (서면 또는 전자적 방법에 의한 결의 등) ① 이 법 또는 규약에 따라 관리단집회에서 결의할 것으로 정한 사항에 관하여 구분소유자의 4분의 3 이상 및 의결권의 4분의 3 이상이 서면이나 전자적 방법 또는 서면과 전자적 방법으로 합의하면 관리단집회를 소집하여 결의한 것으로 본다. <개정 2012. 12. 18., 2023. 3. 28.>
② 제1항에도 불구하고 다음 각 호의 경우에는 그 구분에 따른 의결정족수 요건을 갖추어 서면이나 전자적 방법 또는 서면과 전자적 방법으로 합의하면 관리단집회를 소집하여 결의한 것으로 본다. <신설 2023. 3. 28.>
 1. 제15조제1항제2호의 경우: 구분소유자의 과반수 및 의결권의 과반수
 2. 제15조의2제1항 본문, 제47조제2항 본문 및 제50조제4항의 경우: 구분소유자의 5분의 4 이상 및 의결권의 5분의 4 이상
 3. 제15조의2제1항 단서 및 제47조제2항 단서의 경우: 구분소유자의 3분의 2 이상 및 의결권의 3분의 2 이상

「집합건물의 소유 및 관리에 관한 법률」 제15조제1항제2호의 경우: 구분소유자의 과반수 및 의결권의 과반수

「집합건물의 소유 및 관리에 관한 법률」 제15조의2제1항 본문, 제47조제2항 본문 및 제50조제4항의 경우: 구분소유자의 5분의 4 이상 및 의결권의 5분의 4 이상

「집합건물의 소유 및 관리에 관한 법률」 제15조의2제1항 단서 및 제47조제2항 단서의 경우: 구분소유자의 3분의 2 이상 및 의결권의 3분의 2 이상

◆ 집합건물의 소유 및 관리에 관한 법률
제15조의2 (권리변동 있는 공용부분의 변경) ① 제15조에도 불구하고 건물의 노후화 억제 또는 기능 향상 등을 위한 것으로 구분소유권 및 대지사용권의 범위나 내용에 변동을 일으키는 공용부분의 변경에 관한 사항은 관리단집회에서 구분소유자의 5분의 4 이상 및 의결권의 5분의 4 이상의 결의로써 결정한다. 다만, 「관광진흥법」 제3조제1항제2호나목에 따른 휴양 콘도미니엄업의 운영을 위한 휴양 콘도미니엄의 권리변동 있는 공용부분 변경에 관한 사항은 구분소유자의 3분의 2 이상 및 의결권의 3분의 2 이상의 결의로써 결정한다. <개정 2023. 3. 28.>
② 제1항의 결의에서는 다음 각 호의 사항을 정하여야 한다. 이 경우 제3호부터 제7호까지의 사항은 각 구분소유자 사이에 형평이 유지되도록 정하여야 한다.
  1. 설계의 개요
  2. 예상 공사 기간 및 예상 비용(특별한 손실에 대한 전보 비용을 포함한다)
  3. 제2호에 따른 비용의 분담 방법
  4. 변경된 부분의 용도
  5. 전유부분 수의 증감이 발생하는 경우에는 변경된 부분의 귀속에 관한 사항
  6. 전유부분이나 공용부분의 면적에 증감이 발생하는 경우에는 변경된 부분의 귀속에 관한 사항
  7. 대지사용권의 변경에 관한 사항
  8. 그 밖에 규약으로 정한 사항

구분소유자들은 미리 그들 중 1인을 대리인으로 정하여 관리단에 신고한 경우에는 그 대리인은 그 구분소유자들을 대리하여 관리단집회에 참석하거나 서면 또는 전자적 방법으로 의결권을 행사할 수 있습니다(「집합건물의 소유 및 관리

에 관한 법률」 제41조제3항).

> ◆ 집합건물의 소유 및 관리에 관한 법률
> 제41조 (서면 또는 전자적 방법에 의한 결의 등) ③ 구분소유자들은 미리 그들 중 1인을 대리인으로 정하여 관리단에 신고한 경우에는 그 대리인은 그 구분소유자들을 대리하여 관리단집회에 참석하거나 서면 또는 전자적 방법으로 의결권을 행사할 수 있다. <개정 2012. 12. 18., 2023. 3. 28.>

14. 규약 및 관리단집회의 결의의 효력

규약 및 관리단집회의 결의는 구분소유자의 특별승계인에 대하여도 효력이 있습니다(「집합건물의 소유 및 관리에 관한 법률」 제42조제1항).
점유자는 구분소유자가 건물이나 대지 또는 부속시설의 사용과 관련하여 규약 또는 관리단집회의 결의에 따라 부담하는 의무와 동일한 의무를 집니다(「집합건물의 소유 및 관리에 관한 법률」 제42조제2항).

> ◆ 집합건물의 소유 및 관리에 관한 법률
> 제42조 (규약 및 집회의 결의의 효력) ① 규약 및 관리단집회의 결의는 구분소유자의 특별승계인에 대하여도 효력이 있다.
> ② 점유자는 구분소유자가 건물이나 대지 또는 부속시설의 사용과 관련하여 규약 또는 관리단집회의 결의에 따라 부담하는 의무와 동일한 의무를 진다. [전문개정 2010. 3. 31.]

15. 주주총회의 결의 무효확인의 소

상법은 회사의 의사를 결정하는 기관으로서, (대표)이사 또는 (대표)집행임원을 두고 있다.
상법은 주식회사의 의사결정과 실행을 이사회와 대표이사에게 맡기고 있다(상법 제393조 제1항, 제389조 제3항, 제209조 제1항) 이사를 선임하고 해임하는 권한은 주주총회에 있다(제382조 제1항, 제385조 제1항) 주주총회는, 정관변경(제433조 제1항), 합병(제522조), 영업양도(제374조), 해산(제518조) 등 중요한 사항을 결정할 수 있다.
주주 전원으로 구성된 주주총회가 법령 또는 정관이 정하는 중요한 사항에 관하여 결의하도록 하였다(제361조)

특수결의(제400조 제1항) 특별결의의 요건을 요구하고, 의결권을 제한하였으며(제368조 제3항), 반대 주주에게 주식매수청구권을 인정하고 있다(제374조의2, 제522조의3 등)

가. 주주총회의 실효성

의결권의 대리행사(제368조 제2항), 서면에 의한 의결권의 행사(제368조의3), 전자적 방법에 의한 의결권의 행사(제368조의4) 등 결의요건을 완화하는 방법 등이다.

대주주의 영향력을 약화시키는 장치들도 두고 있다(제368조 제4항, 제400조, 제408조의9, 제409조 제2항, 제415조 등).

나. 주주의 의무

상법은 (지배)주주와 회사와의 이해상충의 대처하기 위하여 주요주주의 자기거래에 대한 제한(제398조)과 업무집행지시자의 책임(제401조의2) 등을 규정하고 있다.

특별이해관계가 있는 경우 그 의결권을 제한하고 있다(제368조 제3항)

경영상의 의사결정권을 가진 경영자(이사)의 충실의무는 상법에 명문으로 규정되어 있다(제382조의3)

다. 결의의 가결과 부결

주주총회의 결의에는 가결(可決)과 부결(否決)이 있는데, 결의취소나 무효, 부존재 등을 이유로 결의의 효력을 부정하는 소송을 제기하는 방법이 있고(제376조, 제380조), 부결의 결의를 이사해임청구의 소를 제기하는 방법(제385조 제2항)이 인정되고 있다.

그리고 제소기간(주주총회결의취소의 소는 결의일로부터 2개월, 이사해임청구의 소는 부결된 날로부터 1개월)을 두고 있으며(제376조 제1항, 제385조 제2항), 제소권자를 제한하고(제376조 제1항, 제385조 제2항), 재량기각을 인정하고 있다(제379조).

(1) 절차적 하자의 경우

주주들의 총회 출석 기회가 제대로 보장되지 않았거나 주주들의 의사가 제대로 반영되지 않은 경우에는 그 결의의 효력을 다툴 수 있다.

[판례 1] 결의부존재확인 (대법원 1996. 10. 11. 선고 96다24309 판결)

【판시사항】

[1] 법령 및 정관상 요구되는 이사회 결의 및 소집절차 없이 이루어졌으나 주주 전원이 참석하여 만장일치로 행한 주주총회 결의의 효력(유효)
[2] 이사가 주주총회 결의에 의하여 해임당한 후 새로 개최된 유효한 주주총회 결의에 의하여 후임 이사가 선임된 경우, 당초의 이사해임 결의의 부존재나 무효확인을 구할 소의 이익이 있는지 여부(소극)

【판결요지】

[1] 임시주주총회가 법령 및 정관상 요구되는 이사회의 결의 및 소집절차 없이 이루어졌다 하더라도, 주주명부상의 주주 전원이 참석하여 총회를 개최하는 데 동의하고 아무런 이의 없이 만장일치로 결의가 이루어졌다면 그 결의는 특별한 사정이 없는 한 유효하다.
[2] 이사가 임원 개임의 주주총회 결의에 의하여 임기 만료 전에 이사직에서 해임당하고 후임 이사의 선임이 있었다 하더라도 그 후에 새로 개최된 유효한 주주총회 결의에 의하여 후임 이사가 선임되어 선임등기까지 마쳐진 경우라면, 그 새로운 주주총회의 결의가 무권리자에 의하여 소집된 총회라는 하자 이외의 다른 절차상, 내용상의 하자로 인하여 부존재 또는 무효임이 인정되거나 그 결의가 취소되는 등의 특별한 사정이 없는 한, 당초의 이사 개임 결의가 무효라 할지라도 이에 대한 부존재나 무효확인을 구하는 것은 과거의 법률관계 내지 권리관계의 확인을 구하는 것에 귀착되어 확인의 소로서의 권리보호요건을 결여한 것으로 보아야 한다.

[판례 2] 자격모용사문서작성·자격모용작성사문서행사·공정증서원본불실기재·불실기재공정증서원본행사 (대법원 2008. 6. 26. 선고 2008도1044 판결)

【판시사항】

[1] 이사회 결의 및 소집절차가 없었더라도 주주 전원이 임시주주총회에 참석하여 이의 없이 만장일치로 결의한 경우의 효력(유효)
[2] 주주총회 의장의 선임에 관한 법령 및 정관의 규정을 준수하지 않고 대주주가 임시의장이 되어 임시주주총회 의사록을 작성한 사안에서, 해당 주주총회 결의가 유효함을 전제로 의장의 지위에 관한 자격모용사문서작성죄 및 동행사죄의 성립을 부정한 사례
[3] 대주주가 적법한 소집절차나 임시주주총회의 개최 없이 나머지 주주들의 의결권을 위임받아 자신이 임시의장이 되어 임시주주총회 의사록을 작성하여 법인등기를 마친 사안에서,

공정증서원본불실기재죄가 성립하지 않는다고 한 사례

【판결요지】

[1] 주식회사의 임시주주총회가 법령 및 정관상 요구되는 이사회의 결의 및 소집절차 없이 이루어졌다 하더라도, 주주명부상의 주주 전원이 참석하여 총회를 개최하는 데 동의하고 아무런 이의 없이 만장일치로 결의가 이루어졌다면 그 결의는 유효하다.

[2] 주주총회 의장의 선임에 관한 법령 및 정관의 규정을 준수하지 않고 대주주가 임시의장이 되어 임시주주총회 의사록을 작성한 사안에서, 해당 주주총회 결의가 유효함을 전제로 의장의 지위에 관한 자격모용사문서작성죄 및 동행사죄의 성립을 부정한 사례.

[3] 대주주가 적법한 소집절차나 임시주주총회의 개최 없이 나머지 주주들의 의결권을 위임받아 자신이 임시의장이 되어 임시주주총회 의사록을 작성하여 법인등기를 마친 사안에서, 공정증서원본불실기재죄가 성립하지 않는다고 한 사례.

[판례 3] 주주총회결의부존재확인등 (대법원 2002. 12. 24. 선고 2000다69927 판결)

【판시사항】

[1] 법령 및 정관상 요구되는 이사회 결의 및 소집절차 없이 이루어졌으나 주주 전원이 참석하여 만장일치로 행한 주주총회 결의의 효력(유효)

[2] 기명주식이 양도되어 주주명부상 양수인 명의로 명의개서가 이루어진 후 주식양도약정이 해제되거나 취소된 경우, 주주명부상의 주주 명의 복구없이 양도인은 주식회사에 대한 관계에서 주주로서 대항할 수 있는지 여부(소극)

【판결요지】

[1] 주식회사의 임시주주총회가 법령 및 정관상 요구되는 이사회의 결의 및 소집절차 없이 이루어졌다 하더라도, 주주명부상의 주주 전원이 참석하여 총회를 개최하는 데 동의하고 아무런 이의 없이 만장일치로 결의가 이루어졌다면 그 결의는 특별한 사정이 없는 한 유효하다.

[2] 기명주식이 양도된 후 주식회사의 주주명부상 양수인 명의로 명의개서가 이미 이루어졌다면, 그 후 그 주식양도약정이 해제되거나 취소되었다 하더라도 주주명부상의 주주 명의를 원래의 양도인 명의로 복구하지 않는 한 양도인은 주식회사에 대한 관계에 있어서는 주주총회에서 의결권을 행사하기 위하여 주주로서 대항할 수 없다.

(2) 내용상 하자의 경우

상법은 정관에 위반하는 경우는 결의취소의 소의 대상으로 하고 있다
결의의 내용이 법령에 위반하는 중대한 하자가 있는 경우는 결의무효확인의 소의 원인이 된다(제380조 전단)

대법원 2015. 9. 10. 선고 2015다213308 판결; 대법원 2016. 1. 28. 선고 2014다11888 판결 이사보수승인결의가 무효임을 전제로 이사의 보수청구권을 부정한 사례들이다

[판례 4] 부당이득금 (대법원 2015. 9. 10. 선고 2015다213308 판결)

【판시사항】

이사·감사가 회사와 체결한 약정에 따라 업무를 다른 이사 등에게 포괄적으로 위임하여 이사·감사로서의 실질적인 업무를 수행하지 않고 소극적인 직무만을 수행한 경우, 이사·감사로서의 자격을 부정하거나 주주총회 결의에서 정한 보수청구권의 효력을 부정할 수 있는지 여부(원칙적 소극) / 소극적으로 직무를 수행하는 이사·감사의 보수청구권 행사가 제한되는 경우 및 이때 보수청구권의 제한 여부와 범위를 판단하는 기준

【판결요지】

주식회사의 주주총회에서 이사·감사로 선임된 사람이 주식회사와 계약을 맺고 이사·감사로 취임한 경우에, 상법 제388조, 제415조에 따라 정관 또는 주주총회 결의에서 정한 금액·지급시기·지급방법에 의하여 보수를 받을 수 있다. 이에 비추어 보면, 주주총회에서 선임된 이사·감사가 회사와의 명시적 또는 묵시적 약정에 따라 업무를 다른 이사 등에게 포괄적으로 위임하고 이사·감사로서의 실질적인 업무를 수행하지 않는 경우라 하더라도 이사·감사로서 상법 제399조, 제401조, 제414조 등에서 정한 법적 책임을 지므로, 이사·감사를 선임하거나 보수를 정한 주주총회 결의의 효력이 무효이거나 또는 소극적인 직무 수행이 주주총회에서 이사·감사를 선임하면서 예정하였던 직무 내용과 달라 주주총회에서 한 선임 결의 및 보수지급 결의에 위배되는 배임적인 행위에 해당하는 등의 특별한 사정이 없다면, 소극적인 직무 수행 사유만을 가지고 이사·감사로서의 자격을 부정하거나 주주총회 결의에서 정한 보수청구권의 효력을 부정하기는 어렵다.

다만 이사·감사의 소극적인 직무 수행에 대하여 보수청구권이 인정된다 하더라도, 이사·감사의 보수는 직무 수행에 대한 보상으로 지급되는 대가로서 이사·감사가 회사에 대하여 제공하는 반대급부와 지급받는 보수 사이에는 합리적 비례관계가 유지되어야 하므로 보수가 합리적인 수준을 벗어나서 현저히 균형성을 잃을 정도로 과다하거나, 오로지 보수의 지급이라는 형식으로 회사의 자금을 개인에게 지급하기 위한 방편으로 이사·감사로 선임하였다는 등의 특별한 사정이 있는 경우에는 보수청구권의 일부 또는 전부에 대한 행사가 제한되고 회사는 합리적이라고 인정되는 범위를 초과하여 지급된 보수의 반환을 구할 수 있다. 이때 보수청구권의 제한 여부와 제한 범위는, 소극적으로 직무를 수행하는 이사·감사가 제공하는 급부의 내용 또는 직무 수행의 정도, 지급받는 보수의 액수와 회사의 재무상태, 실질적인 직무를 수행하는 이사 등의 보수와의 차이, 소극적으로 직무를 수행하는 이사·감사를 선임한 목적과 선임 및 자격 유지의 필요성 등 변론에 나타난 여러 사정을 종합적으로 고려하여 판단하여야 한다.

[판례 5] 퇴직금등 (대법원 2016. 1. 28. 선고 2014다11888 판결)

【판시사항】

경영권 상실 등으로 퇴직을 앞둔 이사가 회사에서 최대한 많은 보수를 받기 위해 지나치게 과다하여 합리적 수준을 현저히 벗어나는 보수 지급 기준을 마련하고 지위를 이용한 영향력 행사로 소수주주의 반대에도 주주총회결의가 성립되도록 한 경우, 위 행위의 효력(무효)

【판결요지】

상법이 정관 또는 주주총회의 결의로 이사의 보수를 정하도록 한 것은 이사들의 고용계약과 관련하여 사익 도모의 폐해를 방지함으로써 회사와 주주 및 회사채권자의 이익을 보호하기 위한 것이므로, 비록 보수와 직무의 상관관계가 상법에 명시되어 있지 않더라도 이사가 회사에 대하여 제공하는 직무와 지급받는 보수 사이에는 합리적 비례관계가 유지되어야 하며, 회사의 채무 상황이나 영업실적에 비추어 합리적인 수준을 벗어나서 현저히 균형성을 잃을 정도로 과다하여서는 아니 된다.

따라서 회사에 대한 경영권 상실 등으로 퇴직을 앞둔 이사가 회사에서 최대한 많은 보수를 받기 위하여 그에 동조하는 다른 이사와 함께 이사의 직무내용, 회사의 재무상황이나 영업실적 등에 비추어 지나치게 과다하여 합리적 수준을 현저히 벗어나는 보수 지급 기준을 마련하고 지위를 이용하여 주주총회에 영향력을 행사함으로써 소수주주의 반대에 불구하고 이에 관한 주주총회결의가 성립되도록 하였다면, 이는 회사를 위하여 직무를 충실하게 수행하여야 하는 상법 제382조의3에서 정한 의무를 위반하여 회사재산의 부당한 유출을 야기함으로써 회사와 주주의 이익을 침해하는 것으로서 회사에 대한 배임행위에 해당하므로, 주주총회결의를 거쳤다 하더라도 그러한 위법행위가 유효하다 할 수는 없다.

라. 결의무효확인의 소

(1) 소의 적법요건

[판례 6] 소유권이전등기말소 (대법원 1992. 8. 18. 선고 91다39924 판결)

【판시사항】

가. 상법 제380조가 제190조의 규정을 준용하는 취지
나. 상법 제380조 소정의 주주총회결의부존재확인판결의 의미
다. 주식회사와 전혀 관계 없는 사람이 주주총회의사록을 위조한 경우처럼 주식회사 내부의 의사결정 자체가 존재하지 않는 경우 이를 확인하는 판결에 상법 제190조가 준용되는지

여부(소극)

【판결요지】

가. 원래 상법 제380조에 규정된 주주총회결의부존재확인의 소는 그 법적 성질이 확인의 소에 속하고 그 부존재확인판결도 확인판결이라고 보아야 할 것이어서, 설립무효의 판결 또는 설립취소의 판결과 같은 형성판결에 적용되는 상법 제190조의 규정을 주주총회결의 부존재확인판결에도 준용하는 것이 타당한 것인지의 여부가 이론상 문제될 수 있으나, 그럼에도 불구하고 상법 제380조가 제190조의 규정을 준용하고 있는 것은, 제380조 소정의 주주총회결의 부존재확인의 소도 이를 회사법상의 소로 취급하여 그 판결에 대세적 효력을 부여하되, 주주나 제3자를 보호하기 위하여 그 판결이 확정되기까지 그 주주총회의 결의를 기초로 하여 이미 형성된 법률관계를 유효한 것으로 취급함으로써 회사에 관한 법률관계에 법적 안정성을 보장하여 주려는 법정책적인 판단의 결과이다.

나. 상법 제380조가 규정하고 있는 주주총회의결의부존재확인판결은, "주주총회의 결의"라는 주식회사 내부의 의사결정이 일단 존재하기는 하지만 그와 같은 의사결정을 위한 주주총회의 소집절차 또는 결의방법에 중대한 하자가 있기 때문에 그 결의를 법률상 유효한 주주총회의 결의라고 볼 수 없음을 확인하는 판결을 의미하는 것으로 해석함이 상당하다.

다. 주식회사와 전혀 관계가 없는 사람이 주주총회의사록을 위조한 경우와같이 주식회사 내부의 의사결정 자체가 아예 존재하지 않는 경우에 이를 확인하는 판결도 상법 제380조 소정의 주주총회결의부존재확인판결에 해당한다고 보아 상법 제190조를 준용하여서는 안된다고 할 것인데, 왜냐하면, 비록 주주총회의 소집절차 또는 결의방법에 중대한 하자가 있어서 법률상 유효한 주주총회의 결의가 존재하지 않았던 것과 같이 평가할 수밖에 없더라도 주주총회의 결의라는 주식회사 내부의 의사결정이 일단 존재하는 경우에는, 의사결정 절차상의 하자라는 주식회사 내부의 사정을 이유로 그 주주총회의 결의를 기초로 하여 발전된 사단적인 법률관계를 일거에 무너뜨리거나 그 주주총회의 결의가 유효한 것으로 믿고 거래한 제3자가 피해를 입도록 방치하는 결과가 되어서는 부당하다고 할 것이나, 이런 경우와는 달리 주주총회의 의사결정 자체가 전혀 존재하지 않았던 경우에는, 상법 제39조(불실의 등기)나 제395조(표현대표이사의 행위와 회사의 책임) 또는 민법에 정하여져 있는 제3자 보호규정 등에 의하여 선의의 제3자를 개별적으로 구제하는 것은 별론으로 하고, 특별한 사정이 없는 한 그와 같이 처음부터 존재하지도 않는 주주총회의 결의에 대하여 주식회사에게 책임을 지울 이유가 없기 때문이다.

[판례 7] 가등기말소 (대법원 1992. 9. 22. 선고 91다5365 판결)

【판시사항】

가. 주주총회결의의 효력이 회사 아닌 제3자 사이의 소송에서 선결문제로 된 경우 당사자가 당해 소송에서 주주총회결의의 무효 또는 부존재를 주장할 수 있는지 여부(적극) 및 제3자 사이의 법률관계에 상법 제380조와 제190조가 적용되는지 여부(소극)

나. 주주총회결의부존재확인판결의 의미와 실제의 소집절차와 회의절차를 거치지 아니한 채 주주총회의사록을 허위작성하여 도저히 결의가 존재한다고 볼 수 없을 정도로 중대한 하자가 있는 경우 상법 제380조 소정의 주주총회결의부존재확인판결에 해당한다고 보아 상법 제190조를 준용할 것인지 여부(소극)

다. 상법 제395조에 의하여 회사가 표현대표이사의 행위에 대하여 책임을 지기 위한 요건

라. 실제의 소집절차와 회의절차 없이 절대다수의 주식을 소유하는 대주주로부터 주주권의 위임을 받은 자에 의하여 주주총회 의결서가 작성된 경우 주주총회결의의 부존재에 해당하는지 여부(적극)

【판결요지】

가. 주주총회결의의 효력이 그 회사 아닌 제3자 사이의 소송에 있어 선결문제로 된 경우에는 당사자는 언제든지 당해 소송에서 주주총회결의가 처음부터 무효 또는 불존재하다고 다투어 주장할 수 있는 것이고, 반드시 먼저 회사를 상대로 제소하여야만 하는 것은 아니며, 이와 같이 제3자간의 법률관계에 있어서는 상법 제380조, 제190조는 적용되지 아니한다.

나. 상법 제380조가 규정하는 주주총회결의부존재확인판결은 '주주총회결의'라는 주식회사 내부의 의사결정이 일단 존재하기는 하지만 그와 같은 주주총회의 소집절차 또는 결의방법에 중대한 하자가 있기 때문에 그 결의를 법률상 유효한 주주총회의 결의라고 볼 수 없음을 확인하는 판결을 의미하는 것으로 해석함이 상당하고, 실제의 소집절차와 실제의 회의절차를 거치지 아니한 채 주주총회의사록을 허위로 작성하여 도저히 그 결의가 존재한다고 볼 수 없을 정도로 중대한 하자가 있는 경우에는 상법 제380조 소정의 주주총회결의부존재확인판결에 해당한다고 보아 상법 제190조를 준용할 것도 아니다.

다. 상법 제395조에 의하여 회사가 표현대표이사의 행위에 대하여 책임을 지기 위하여는 표현대표이사의 행위에 대하여 그를 믿었던 제3자가 선의이었어야 하고 또한 회사가 적극적 또는 묵시적으로 표현대표를 허용한 경우에 한한다고 할 것이며, 이 경우 회사가 표현대표를 허용하였다고 하기 위하여는 진정한 대표이사가 이를 허용하거나, 이사 전원이 아닐지라도 적어도 이사회의 결의의 성립을 위하여 회사의 정관에서 정한 이사의 수, 그와 같은 정관의 규정이 없다면 최소한 이사 정원의 과반수의 이사가 적극적 또는 묵시적으로 표현대표를 허용한 경우이어야 할 것이므로, 대표이사로 선임등기된 자가 부적법한 대표이사로서 사실상의 대표이사에 불과한 경우에 있어서는 먼저 위 대표이사의 선임에 있어 회사에 귀책사유가 있는지를 살피고 이에 따라 회사에게 표현대표이사로 인한 책임이 있는지 여부를 가려야 할 것이다.

라. 실제의 소집절차와 회의절차를 거치지 아니한 채 주주총회 의결서가 작성된 것이라면, 그 주주총회 의결서가 비록 절대다수의 주식을 소유하는 대주주로부터 주주권의 위임을 받은 자에 의하여 작성된 것이라고 할지라도 위 주주총회의 결의는 부존재하다고 볼 수밖에 없고 그것이 그 일부 주주에게 소집통지를 하지 아니한 정도의 하자로서 주주총회결의의 취소사유에 불과하다고 할 수는 없다.

[판례 8] 손해배상(기) (대법원 2011. 6. 24. 선고 2009다35033 판결)

【판시사항】

[1] 주식회사 대표이사가 이사회결의를 거쳐 주주들에게 임시주주총회 소집통지서를 발송하였다가 다시 이를 철회하기로 하는 이사회결의를 거친 후 총회 개최장소 출입문에 총회 소집이 철회되었다는 취지의 공고문을 부착하고, 이사회에 참석하지 않은 주주들에게는 퀵서비스를 이용하여 총회 소집이 철회되었다는 내용의 소집철회통지서를 보내는 한편, 전보와 휴대전화로도 같은 취지의 통지를 한 사안에서, 임시주주총회 소집이 적법하게 철회되었다고 본 원심판단을 정당하다고 한 사례

[2] 주주의 의결권행사를 불가능하게 하거나 현저히 곤란하게 하는 것을 내용으로 하는 이사회결의의 효력(무효)

[3] 주식회사 대표이사 갑이 을에게 교부하였던 주식에 대하여 갑 측과 경영권 분쟁중인 을 측의 의결권행사를 허용하는 가처분결정이 내려진 것을 알지 못한 채 이사회결의를 거쳐 임시주주총회를 소집하였다가 나중에 이를 알고 가처분결정에 대하여 이의절차로 불복할 시간을 벌기 위해 일단 임시주주총회 소집을 철회하기로 계획한 후 이사회를 소집하여 결국 임시주주총회 소집을 철회하기로 하는 내용의 이사회결의가 이루어진 사안에서, 임시주주총회 소집을 철회하기로 하는 이사회결의로 을 측의 의결권행사가 불가능하거나 현저히 곤란하게 된다고 볼 수 없으므로 위 이사회결의를 무효로 보기 어렵다고 한 사례

[4] 주식회사 이사회 소집통지를 할 때 회의의 목적사항도 함께 통지하여야 하는지 여부(원칙적 소극)

[5] 주주총회결의 효력이 회사 아닌 제3자 사이의 소송에서 선결문제로 된 경우, 당사자가 먼저 회사를 상대로 주주총회의 효력을 직접 다투는 소송을 제기하여야 하는지 여부(소극)

[6] 무효인 결의를 사후에 추인한 경우 소급효가 있는지 여부(원칙적 소극)

[7] 회사와 노동조합이 '업무복귀 후 추가적인 불법행위를 하지 않을 경우, 합의 전에 발생한 파업 관련 불법행위에 대하여 본 합의까지 제소된 것 이외에는 추가적인 민사소송을 제기하지 않는다'는 내용의 부제소합의를 한 후, 노동조합과 조합원들이 회사에 어떠한 불법행위도 하지 않았음에도, 회사가 합의 전 제기한 소의 청구취지를 확장하여 노동조합 등에 손해배상을 구한 사안에서, 회사가 노동조합 등을 상대로 제기한 소 중 위 합의 전인 소 제기 당시 이미 배상을 구한 손해액을 초과하여 배상을 구하는 부분은 부제소합의에 반하여 소의 이익이 없다고 한 사례

[8] 회사가 노동조합을 상대로 쟁의행위를 막기 위해 지출한 용역경비료 상당의 손해배상을 구한 사안에서, 위 용역경비료는 노동조합의 불법쟁의행위와 상당인과관계 있는 손해가 아니라고 본 원심판단을 정당하다고 한 사례

[9] 회사와 노동조합이 '회사는 ① 주주간 경영권 관련 포괄합의(전임 경영진 주주의 보유주식 양도 등을 포함)가 이루어지거나, ② 노동조합 및 그 조합원들에 대한 선처로 인하여 발생할 수도 있는 업무상 배임 고소 및 대표이사 직무집행정지가처분 등 경영권 관련 민·형사 문제 제기 가능성이 해소되면, 그 때까지 추가적인 불법행위를 하지 않은 조합원들

의 노사합의 전 파업 관련 민·형사상 책임을 면해 준다'는 내용의 합의를 한 후, 노동조합이나 조합원들이 어떤 불법행위도 하지 않았고, 전임 경영진인 갑 측이 보유주식을 투자증권회사의 사모펀드에 양도한 사안에서, 위 합의조건 ①이 성취되지 않았다고 본 원심판단을 정당하다고 한 사례

【판결요지】

[1] 주식회사 대표이사가 이사회결의를 거쳐 주주들에게 임시주주총회 소집통지서를 발송하였다가 다시 이를 철회하기로 하는 이사회결의를 거친 후 총회 개최장소 출입문에 총회 소집이 철회되었다는 취지의 공고문을 부착하고, 이사회에 참석하지 않은 주주들에게는 퀵서비스를 이용하여 총회 소집이 철회되었다는 내용의 소집철회통지서를 보내는 한편, 전보와 휴대전화(직접 통화 또는 메시지 녹음)로도 같은 취지의 통지를 한 사안에서, 임시주주총회 소집을 철회하기로 하는 이사회결의를 거친 후 주주들에게 소집통지와 같은 방법인 서면에 의한 소집철회통지를 한 이상 임시주주총회 소집이 적법하게 철회되었다고 본 원심판단을 정당하다고 한 사례.

[2] 소유와 경영의 분리를 원칙으로 하는 주식회사에서 주주는 주주총회 결의를 통하여 회사 경영을 담당할 이사의 선임과 해임 및 회사의 합병, 분할, 영업양도 등 법률과 정관이 정한 회사의 기초 내지는 영업조직에 중대한 변화를 초래하는 사항에 관한 의사결정을 하기 때문에, 이사가 주주의 의결권행사를 불가능하게 하거나 현저히 곤란하게 하는 것은 주식회사 제도의 본질적 기능을 해하는 것으로서 허용되지 아니하고, 그러한 것을 내용으로 하는 이사회결의는 무효로 보아야 한다.

[3] 주식회사 대표이사 갑이 자신이 을에게 교부하였던 주식에 대하여 갑 측과 경영권 분쟁 중인 을 측의 의결권행사를 허용하는 가처분결정이 내려진 것을 알지 못한 채 이사회결의를 거쳐 임시주주총회를 소집하였다가 나중에 이를 알고 가처분결정에 대하여 이의절차로 불복할 시간을 벌기 위해 일단 임시주주총회 소집을 철회하기로 계획한 후 이사회를 소집하여 결국 임시주주총회 소집을 철회하기로 하는 내용의 이사회결의가 이루어진 사안에서, 을 측은 발행주식총수의 100분의 3 이상에 해당하는 주식을 가진 주주로서 구 상법(2009. 5. 28. 법률 제9746호로 개정되기 전의 것) 제366조에 따라 임시주주총회 소집을 청구할 수 있고 소집절차를 밟지 않는 경우 법원의 허가를 얻어 임시주주총회를 소집할 수 있었던 점 등에 비추어 볼 때, 임시주주총회 소집을 철회하기로 하는 이사회결의로 을 측의 의결권행사가 불가능하거나 현저히 곤란하게 된다고 볼 수 없으므로 위 이사회결의가 주식회사 제도의 본질적 기능을 해하는 것으로서 무효가 되기에 이르렀다고 보기 어렵다고 한 사례.

[4] 이사회 소집통지를 할 때에는, 회사의 정관에 이사들에게 회의의 목적사항을 함께 통지하도록 정하고 있거나 회의의 목적사항을 함께 통지하지 아니하면 이사회에서의 심의·의결에 현저한 지장을 초래하는 등의 특별한 사정이 없는 한, 주주총회 소집통지의 경우와 달리 회의의 목적사항을 함께 통지할 필요는 없다.

[5] 주주총회결의 효력이 회사 아닌 제3자 사이의 소송에서 선결문제로 된 경우에 당사자는 언제든지 당해 소송에서 주주총회결의가 처음부터 무효 또는 부존재한다고 주장하면서 다툴 수 있고, 반드시 먼저 회사를 상대로 주주총회의 효력을 직접 다투는 소송을 제기하여

야 하는 것은 아니다.
[6] 무효행위를 추인한 때에는 달리 소급효를 인정하는 법률규정이 없는 한 새로운 법률행위를 한 것으로 보아야 하고, 이는 무효인 결의를 사후에 적법하게 추인하는 경우에도 마찬가지이다.
[7] 회사와 노동조합이 '업무복귀 후 추가적인 불법행위를 하지 않을 경우, 합의 전에 발생한 파업 관련 불법행위에 대하여 본 합의까지 제소된 것 이외에는 추가적인 민사소송을 제기하지 않는다'는 내용의 부제소합의를 한 후, 노동조합과 그 조합원들이 회사에 어떠한 불법행위도 하지 않았음에도, 회사가 합의 전 제기한 소의 청구취지를 확장하여 노동조합 등에게 손해배상을 구한 사안에서, 청구취지를 확장하는 것은 특별한 사정이 없는 한 새로운 소를 제기하는 것과 같은 성질을 가지므로, 회사는 합의 후 노동조합 등을 상대로 파업과 관련하여 청구취지를 확장할 수 없고, 따라서 회사가 노동조합 등을 상대로 제기한 소 중 위 합의 전인 소제기 당시 이미 배상을 구한 손해액을 초과하여 배상을 구하는 부분은 부제소합의에 반하여 소의 이익이 없다고 한 사례.
[8] 회사가 노동조합을 상대로 쟁의행위를 막기 위해 지출한 용역경비료 상당의 손해배상을 구한 사안에서, 회사가 일정 기간 용역경비료를 지출한 사실이 인정되나, 이는 노동조합 때문이라기보다는 위 기간 동안 회사를 경영하던 자가 전임 경영진 측이 회사를 사실상 점거하는 것을 막기 위한 것으로 보이는 점, 노동조합의 쟁의행위들 중 일부를 제외하고는 법원의 가처분결정에 맞추어 합법적으로 이루어진 것으로 보이는 점, 회사가 부당하게 노동조합의 정상적인 노동운동을 배척한 것도 노동조합의 일부 과격행위의 한 원인이 되었던 점, 회사가 경찰의 협조를 받지 않고 자력으로 노동조합의 행위를 막아야 할 필요성도 인정할 수 없는 점 등에 비추어 보면, 위 용역경비료는 노동조합의 불법쟁의행위와 상당인과관계 있는 손해가 아니라고 본 원심판단을 정당하다고 한 사례.
[9] 회사와 노동조합이 '회사는 ① 주주간 경영권 관련 포괄합의(전임 경영진 주주의 보유주식 양도 등을 포함)가 이루어지거나, ② 노동조합 및 그 조합원들에 대한 선처로 인하여 발생할 수도 있는 업무상 배임 고소 및 대표이사 직무집행정지가처분 등 경영권 관련 민·형사 문제 제기 가능성이 해소되면, 그때까지 추가적인 불법행위를 하지 않은 조합원들의 노사합의 전 파업 관련 민·형사상 책임을 면해 준다'는 내용의 합의를 한 후, 노동조합이나 조합원들이 어떤 불법행위도 하지 않았고, 전임 경영진인 갑 측이 보유주식을 투자증권회사의 사모펀드에 양도한 사안에서, 위 합의조건 ①은 갑 측과 을 측의 합의에 따라 경영권 분쟁이 종결되는 것을 의미하는 것으로서 갑 측이 보유주식을 사모펀드에 양도한 사정만으로는 그동안의 경영권 분쟁이 종결되었다고 보기 어렵다는 이유로, 위 합의조건 ①이 성취되지 않았다고 본 원심판단을 정당하다고 한 사례.

[판례 9] 주주총회결의부존재등확인 (대법원 1977. 5. 10. 선고 76다878 판결)

【판시사항】
부적법한 주주총회 결의에 기하여 선임되어 등기된 대표이사가 회사를 대표하여 법률행위를

한 경우의 표현대표이사로서의 책임

【판결요지】

상법 395조에 의한 표현대표에 대한 회사의 책임을 규정한 취지는 표현대표에 대하여 회사에게 책임이 있고 그를 믿었던 제3자가 선의인 경우에 회사는 제3자에게 책임을 져야 한다는데 있다고 할 것이므로 대표이사 또는 공동대표이사로 등기되어 있는 사람들이 적법한 주주총회 결의에 기하지 아니하므로 그 선임이 무효이어서 회사의 적법한 대표이사 또는 공동대표이사가 아니라면 그 사람들이 회사를 대표해서 한 행위에 대하여 회사가 상법 395조에 의한 책임을 지기 위해서는 회사가 그들 대표명의 사용을 적극적으로 또는 묵시적으로 허용하였다고 할 수 있는 사정이 있어야 한다.

[판례 10] 주주총회결의부존재확인 (대법원 1980. 1. 29. 선고 79다1322 판결)

【판시사항】

회사채권자가 주주총회 결의 부존재 확인의 이익을 구할 소의 이익이 있는지 여부

【판결요지】

회사의 채권자는 주주총회로 인하여 채권자로서의 권리 또는 지위에 현실적으로 직접 어떤 구체적인 영향을 받고 있다는 것에 관한 주장과 입증이 없으면, 그 주주총회 결의 부존재확인을 구할 소의 이익이 없다.

[판례 11] 주주총회결의무효확인등 (대법원 1992. 8. 14. 선고 91다45141 판결)

【판시사항】

가. 퇴임한 이사나 대표이사가 후임이사를 선임한 주주총회결의나 이사회결의의 부존재확인을 구할 법률상의 이익을 가지는 경우
나. 갑이 사실상 1인회사의 주식 전부를 을에게 양도하고, 대표이사직을 사임함과 동시에 위 회사를 어떠한 형태로 처리하여도 이의하지 않기로 하였다면 그 후 갑이 상법 제389조 등에 의하여 대표이사의 권리의무를 보유하고 있다는 이유로 주주총회나 이사회의 결의에 대하여 부존재확인을 구하는 것은 신의성실의 원칙에 반한다고 한 사례
다. 주식회사의 채권자가 주주총회결의의 부존재확인을 구할 이익이 있는경우

【판결요지】

가. 사임 등으로 퇴임한 이사는 그 퇴임 이후에 이루어진 주주총회나 이사회의 결의에 하자가 있다 하더라도 이를 다툴 법률상의 이익이 있다고 할 수 없으나, 상법 제386조 제1항의 규정에 의하면, 법률 또는 정관에 정한 이사의 원수를 결한 경우에는 임기의 만료 또는

사임으로 인하여 퇴임한 이사는 새로선임된 이사가 취임할 때까지 이사의 권리의무가 있다고 규정하고 있고, 이 규정은 상법 제389조에 의하여 대표이사의 경우에도 준용되므로, 이사나 대표이사가 사임하여 퇴임하였다 하더라도 그 퇴임에 의하여 법률 또는 정관 소정의 이사의 원수를 결하게 됨으로써 적법하게 선임된 이사가 취임할 때까지 여전히 이사로서의 권리의무를 보유하는 경우에는 이사로서 그 후임이사를 선임한 주주총회결의나 이사회결의의 하자를 주장하여 부존재확인을 구할 법률상의 이익이 있다.

나. 갑이 을에게 사실상 1인회사인 주식회사의 주식 전부를 양도한 다음, 그 대표이사직을 사임함과 동시에 을이 위 회사를 인수함에 있어 어떠한 형태로 처리하더라도 이의를 제기하지 않기로 하였다면 갑으로서는 그 이후에 위 회사의 주주총회결의나 이사회결의에 대하여 상법 제389조, 제386조 제1항에 의하여 그 대표이사로서의 권리의무를 계속 보유하고 있다는 이유로 부존재확인을 구하는 것은 신의성실의 원칙에 반한다고 한 사례.

다. 주식회사의 채권자는 그 주주총회의 결의가 그 채권자의 권리 또는 법적 지위를 구체적으로 침해하고 또 직접적으로 이에 영향을 미치는 경우에 한하여 주주총회결의의 부존재확인을 구할 이익이 있다.

[판례 12] 분양금지및분양개시금지가처분 (대법원 2001. 2. 28.자 2000마7839 결정)

【판시사항】

[1] 주주가 직접 회사와 제3자의 거래관계에 개입하여 회사가 체결한 계약의 무효를 주장할 수 있는지 여부(소극)

[2] 주주가 주주총회결의에 관한 부존재확인의 소를 제기하면서 이를 피보전권리로 하여 회사와 제3자의 거래행위에 직접 개입하여 권리 행사의 금지를 구할 수 있는지 여부(소극)

【결정요지】

[1] 주식회사의 주주는 주식의 소유자로서 회사의 경영에 이해관계를 가지고 있다고 할 것이나, 회사의 재산관계에 대하여는 단순히 사실상, 경제상 또는 일반적, 추상적인 이해관계만을 가질 뿐, 구체적 또는 법률상의 이해관계를 가진다고는 할 수 없고, 직접 회사의 경영에 참여하지 못하고 주주총회의 결의를 통해서 또는 주주의 감독권에 의하여 회사의 영업에 영향을 미칠 수 있을 뿐이므로 주주는 일정한 요건에 따라 이사를 상대로 그 이사의 행위에 대하여 유지(留止)청구권을 행사하여 그 행위를 유지시키거나, 또는 대표소송에 의하여 그 책임을 추궁하는 소를 제기할 수 있을 뿐 직접 제3자와의 거래관계에 개입하여 회사가 체결한 계약의 무효를 주장할 수는 없다.

[2] 주식회사의 주주가 주주총회결의에 관한 부존재확인의 소를 제기하면서 이를 피보전권리로 한 가처분이 허용되는 경우라 하더라도, 주주총회에서 이루어진 결의 자체의 집행 또는 효력정지를 구할 수 있을 뿐, 회사 또는 제3자의 별도의 거래행위에 직접 개입하여 이를 금지할 권리가 있다고 할 수는 없다.

[판례 13] 주주총회결의등부존재확인 (대법원 1993. 10. 12. 선고 92다21692 판결)

【판시사항】

가. 임원개임의 주주총회결의가 있은 후 적법한 절차에 의하여 후임이사가 다시 선임된 경우 당초의 임원개임결의의 부존재확인을 구할 법률상 이익 유무
나. 일부 주주에 대한 소집통지가 누락되고 법정기간을 준수하지 아니한 통지에 의한 주주총회결의의 효력

【판결요지】

가. 이사가 임원개임의 주주총회결의에 의하여 임기만료 전에 이사직에서 해임당하고 그 후임 이사의 선임이 있었다 하더라도 그 후에 적법한 절차에 의하여 후임이사가 선임되었을 경우에는 당초의 이사개임결의가 부존재이거나 무효라 할지라도 이에 대한 부존재 또는 무효확인을 구하는 것은 과거의 법률관계 또는 권리관계의 확인을 구하는 것에 불과하여 확인의 소로서의 권리보호요건을 결여한 것이다.
나. 정당한 소집권자에 의하여 소집된 주주총회에서 정족수가 넘는 주주의 출석으로 출석주주 전원의 찬성에 의하여 이루어진 결의라면, 설사 일부 주주에게 소집통지를 하지 아니하였거나 법정기간을 준수하지 아니한 서면통지에 의하여 주주총회가 소집되었다 하더라도 그와 같은 주주총회소집절차상의 하자는 주주총회결의의 부존재 또는 무효사유가 아니라 단순한 취소사유에 불과하다.

[판례 14] 주주총회결의무효확인 (대법원 1995. 7. 28. 선고 93다61338 판결)

【판시사항】

가. 무효확인을 구하는 주주총회결의에 의하여 선임된 이사가 후에 개최된 주주총회에서 재선임된 경우, 당초 선임결의의 무효확인을 구할 법률상 이익이 있는지 여부
나. 무효확인을 구하는 주주총회결의 이후 두 차례의 후임 이사 선임결의에 순차 결의부존재 사유가 있어, 당초 결의에 의하여 해임된 이사가 그 결의의 무효확인을 구할 법률상 이익이 있다고 한 사례
다. 주권발행 전의 주식에 대한 양도담보가 성립되는 경우
라. 주식 양도담보권자의 담보 주식처분의 효력

【판결요지】

가. 이사가 임원 개임의 주주총회결의에 의하여 임기 만료 전에 이사직에서 해임당하고 그 후임 이사의 선임이 있었다 하더라도 그 후에 적법한 절차에 의하여 후임 이사가 선임되었을 경우에는, 당초의 이사개임결의가 무효라 할지라도 이에 대한 무효확인을 구하는 것은

과거의 법률관계 내지 권리관계의 확인을 구하는 것에 귀착되어 확인의 소로서의 권리보호요건을 결여한 것이라 할 것이나, 후임 이사를 선임한 주주총회의 결의가 무권리자에 의하여 소집된 총회라는 하자 이외의 다른 절차상, 내용상의 하자로 인하여 부존재임이 인정되는 경우에는 그 임원을 선임한 당초 결의의 무효 여부는 현재의 임원을 확정함에 있어서 직접적인 이해관계가 있는 것이므로 이 경우 당초의 선임결의의 무효확인을 구할 법률상의 이익이 있고, 여기서 말하는 "후임 이사를 선임한 결의"를 당초에 이사직에서 해임된 바로 그 자를 후임 이사로 선임한 경우는 제외되고 그 이외의 자가 후임 이사로 선임된 결의에 한정된다고 해석할 근거나 이유가 없는 것이며, 여기에는 특별한 사정이 없는 한 당초에 이사직에서 해임된 바로 그 자를 후임 이사로 선임한 결의도 포함된다고 보아야 한다.
나. 갑을 이사에서 해임한 당초 주주총회결의 이후 두 차례에 걸쳐 소집된 임시주주총회는 당시 회사의 발행주식 전부를 나누어 소유하고 있던 주주들인 갑 등은 전혀 참석하지 않은 가운데 정당한 주주도 아닌 자들만이 참석하여 임원 선임의 결의를 한 경우라면, 이는 주주총회의 소집 절차와 결의방법에 총회결의가 존재한다고 볼 수 없을 정도의 중대한 하자가 있는 경우에 해당하여 주주총회의 결의가 부존재한다고 할 것이고, 따라서 당초에 을을 이사로 선임한 1차 임시주주총회결의의 무효 또는 부존재 여부는 여전히 회사의 현재 임원을 확정함에 있어서 직접적인 관계가 있는 것이므로, 회사 주주인 갑 등으로서는 그 선임결의의 무효확인을 구할 법률상의 이익이 있다고 한 사례.
다. 채권담보의 목적으로 이루어진 주식양도 약정 당시에 회사의 성립 후 이미 6개월이 경과하였음에도 불구하고 주권이 발행되지 않은 상태에 있었다면, 그 약정은 바로 주식의 양도담보로서의 효력을 갖는다.
라. 주식 양도담보의 경우 양도담보권자가 대외적으로 주식의 소유권자라 할 것이므로, 양도담보 설정자로서는 그 후 양도담보권자로부터 담보 주식을 매수한 자에 대하여는 특별한 사정이 없는 한 그 소유권을 주장할 수 없는 법리라 할 것이고, 설사 그 양도담보가 정산형으로서 정산 문제가 남아 있다 하더라도 이는 담보 주식을 매수한 자에게 대항할 수 있는 성질의 것이 아니다.

[판례 15] 건설업면허취소처분취소 (대법원 1993. 5. 27. 선고 92누14908 판결)

【판시사항】

가. 합병등기 후 합병결의무효확인청구만을 독립된 소로서 구할 수 있는지여부(소극)
나. 회사합병무효의 소에서 청구인낙이 허용되는지 여부(소극)

【판결요지】

가. 회사합병에 있어서 합병등기에 의하여 합병의 효력이 발생한 후에는 합병무효의 소를 제기하는 외에 합병결의무효확인청구만을 독립된 소로서 구할 수 없다.
나. 청구인낙은 당사자의 자유로운 처분이 허용되는 권리에 관하여만 허용되는 것으로서 회사

법상 주주총회결의의 하자를 다투는 소나 회사합병무효의 소 등에 있어서는 인정되지 아니하므로 법률상 인정되지 아니하는 권리관계를 대상으로 하는 청구인낙은 효력이 없다.

[판례 16] 주주총회결의등무효확인 (대법원 2004. 8. 20. 선고 2003다20060 판결)

【판시사항】

[1] 전환사채 발행의 경우에도 신주발행무효의 소에 관한 상법 제429조가 유추적용되는지 여부(적극)
[2] 이사회나 주주총회의 신주발행 결의에 취소 또는 무효의 하자가 있더라도 신주발행의 효력이 발생한 후에는 신주발행무효의 소로 다투어야 하는지 여부(한정 적극)
[3] 전환사채발행부존재 확인의 소에 있어서 상법 제429조에 정한 6월의 제소기간의 제한이 적용되는지 여부(소극)
[4] 전환사채발행유지청구의 행사 기한
[5] 전환사채의 인수에 관하여 상계금지에 관한 상법 제334조가 적용되는지 여부(소극)
[6] 실제의 소집절차와 회의절차를 거치지 아니한 채 주주총회의사록을 허위로 작성하여 그 결의가 존재한다고 볼 수 없을 정도로 중대한 하자가 있는 경우, 주주총회의 결의가 부존재한다고 보아야 하는지 여부(적극)

[판례 17] 감자무효 (대법원 2010. 2. 11. 선고 2009다83599 판결)

【판시사항】

[1] 주주총회의 자본감소 결의에 취소 또는 무효의 하자가 있더라도 자본감소의 효력이 발생한 후에는 자본감소 무효의 소에 의해서만 다툴 수 있는지 여부(원칙적 적극)
[2] 법률상 사항에 관한 법원의 석명 또는 지적의무
[3] 자본감소 결의의 무효확인을 구하는 청구취지의 기재에도 불구하고 자본감소 무효의 소를 제기한 것으로 볼 여지가 충분한데도, 석명권을 행사하여 이를 분명히 하고 그에 따른 청구취지와 청구원인을 정리하지 아니한 채 자본감소 결의의 무효확인 판결을 선고한 원심판결을 파기한 사례

【판결요지】

[1] 상법 제445조는 자본감소의 무효는 주주 등이 자본감소로 인한 변경등기가 있은 날로부터 6월 내에 소만으로 주장할 수 있다고 규정하고 있으므로, 설령 주주총회의 자본감소 결의에 취소 또는 무효의 하자가 있다고 하더라도 그 하자가 극히 중대하여 자본감소가 존재하지 아니하는 정도에 이르는 등의 특별한 사정이 없는 한 자본감소의 효력이 발생한 후에는 자본감소 무효의 소에 의해서만 다툴 수 있다.

[2] 민사소송법 제136조 제4항은 "법원은 당사자가 명백히 간과한 것으로 인정되는 법률상 사항에 관하여 당사자에게 의견을 진술할 기회를 주어야 한다"라고 규정하고 있으므로, 당사자가 부주의 또는 오해로 인하여 명백히 간과한 법률상의 사항이 있거나 당사자의 주장이 법률상의 관점에서 보아 모순이나 불명료한 점이 있는 경우 법원은 적극적으로 석명권을 행사하여 당사자에게 의견진술의 기회를 주어야 하고 만일 이를 게을리 한 경우에는 석명 또는 지적의무를 다하지 아니한 것으로서 위법하다.

[3] 청구취지에서는 자본감소 결의의 무효확인을 구하였으나, 사건명을 "감자무효의 소"라고 표시하였을 뿐 아니라, 당사자들이 변론과정에서 근거조문까지 명시하면서 상법 제445조의 자본감소 무효의 소를 제기한 것임을 전제로 재량기각 여부를 주된 쟁점으로 삼아 변론하였다면, 청구취지의 기재에도 불구하고 상법 제445조의 자본감소 무효의 소를 제기한 것으로 볼 여지가 충분한데도, 석명권을 행사하여 이를 분명히 하고 그에 따른 청구취지와 청구원인을 정리하지 아니한 채 자본감소 결의의 무효확인 판결을 선고한 원심판결을 파기한 사례.

(2) 소의 원인

주주총회의 권한 사항 위반, 주식회사의 본질에 반하는 경우, 강행법규를 위반한 경우

주주총회에서 결의할 수 있는 사항 정관변경(제433조 제1항), 영업양도(제374조), 합병(제522조), 분할(제530조의3), 주식교환(제360조의3)과 주식이전(제360조의16), 자본감소(제438조), 해산(제518조), 조직변경(제604조) 등

회사의 기관구성에 관한 사항 이사(제382조, 제385조) · 감사(제415조) · 청산인(제531조, 제539조)의 선임과 해임 등

16. 결의취소의 소

구분소유자는 다음의 어느 하나에 해당하는 경우에는 집회 결의 사실을 안 날부터 6개월 이내에, 결의한 날부터 1년 이내에 결의취소의 소를 제기할 수 있습니다(「집합건물의 소유 및 관리에 관한 법률」 제42조의2).
① 집회의 소집 절차나 결의 방법이 법령 또는 규약에 위반되거나 현저하게 불공정한 경우
② 결의 내용이 법령 또는 규약에 위배되는 경우

◆ 집합건물의 소유 및 관리에 관한 법률
제42조의2 (결의취소의 소) 구분소유자는 다음 각 호의 어느 하나에 해당하는 경우에는 집회 결의 사실을 안 날부터 6개월 이내에, 결의한 날부터 1년 이

내에 결의취소의 소를 제기할 수 있다.
1. 집회의 소집 절차나 결의 방법이 법령 또는 규약에 위반되거나 현저하게 불공정한 경우
2. 결의 내용이 법령 또는 규약에 위배되는 경우
[본조신설 2012. 12. 18.]

[서식 1] 주주총회결의 취소청구의 소 (2) (임시주주총회 이사 해임)

소　장

원　　고　○○○ (주민등록번호)
　　　　　서울시 강남구 개포동 125-12 (우편번호 ○○○ - ○○○)
　　　　　전화·휴대폰번호:
　　　　　팩스번호, 전자우편(e-mail)주소:
피　　고　대청주식회사
　　　　　서울시 관악구 신림동 145-7 (우편번호 ○○○ - ○○○)
　　　　　이사장 ○○○
　　　　　전화·휴대폰번호:
　　　　　팩스번호, 전자우편(e-mail)주소:

주주총회결의 취소청구의 소

청 구 취 지

1. 2025. 1. 1.에 개최한 피고회사의 임시주주총회에 있어서 "이사 ○○○를 해임하고 ○○○를 이사에 선임한다."는 취지의 결의는 이를 취소한다.
2. 소송비용은 피고가 부담 한다.
라는 판결을 구합니다.

청 구 원 인

1. 원고는 피고회사의 주주입니다.
2. 피고회사는 2024. 12. 20.자로 각 주주에 대하여 일시, 장소 및 임시주주총회를 개최할 취지의 통지를 발하였습니다.
3. 이 임시주주총회에서 "이사 ○○○를 해임하고 ○○○를 이사에 선임한다."는 결의를 하였습니다. 그러나 주주총회를 소집함에는 회일을 정하여 2주일 전에 각 주주에 대하여 서면 또는 전자문서로 통지를 발송하여야 한다고 상법 제363조에 기재되

어 있음에도 불구하고 임시주주총회의 소집의 통지를 2024. 12. 20. 발송한 것은 적법한 기간을 두었다 할 수 없을 것입니다.
4. 원고는 주주총회결의취소청구의 법정기간인 2월내에 위와 같은 주주총회결의취소를 구하기 위하여 이 사건 소를 제기하기에 이르렀습니다.

입 증 방 법

1. 갑 제1호증   법인등기부등본

첨 부 서 류

1. 위 입증방법   1통
1. 소장부본   1통
1. 송달료납부서   1통

20○○. ○. ○.

위 원고 ○○○ (서명 또는 날인)

○○지방법원 귀중

[주] 1. 자본시장과 금융투자업에 관한 법률 제24조(임원의 자격) 다음 각 호의 어느 하나에 해당하는 자는 금융투자업자의 임원(「상법」 제401조의2제1항제3호에 따른 자로서 대통령령으로 정하는 자를 포함한다. 이하 이 조에서 같다)이 될 수 없으며, 임원이 된 후 이에 해당하게 된 경우에는 그 직(職)을 상실한다. <개정 2010.3.12>
① 미성년자, 금치산자 또는 한정치산자
② 파산선고를 받은 자로서 복권되지 아니한 자
③ 금고 이상의 실형의 선고를 받거나 이 법, 대통령령으로 정하는 금융관련 법령(이하 이 조에서 "금융관련법령"이라 한다) 또는 외국 금융관련 법령(이 법 또는 금융관련법령에 상당하는 외국의 법령을 말한다. 이하 이 조에서 같다)에 따라 벌금 이상의 형을 선고받고 그 집행이 종료(집행이 종료된 것으로 보는 경우를 포함한다)되거나 집행이 면제된 날부터 5년이 경과되지 아니한 자
④ 금고 이상의 형의 집행유예의 선고를 받고 그 유예기간 중에 있는 자
⑤ 이 법, 금융관련법령 또는 외국 금융관련 법령에 따라 영업의 허가·인가·등록 등이 취소된 법인 또는 회사의 임직원이었던 자(그 취소사유의 발생에 관하여 직접 또는 이에 상응하는 책임이 있는 자로서 대통령령으로 정하는 자에 한한다)로서 그 법인 또는 회사에 대한 취소가 있는 날부터 5년이 경과되지 아니한 자
⑥ 이 법, 금융관련법령 또는 외국 금융관련 법령에 따라 해임되거나 면직된 날부터 5년이 경과되지 아니한 자
⑦ 재임 또는 재직 중이었더라면 이 법 또는 금융관련법령에 따라 해임요구 또는 면직요구의 조치를 받았을 것으로 통보된 퇴임한 임원 또는 퇴직한 직원으로서 그 통보된 날부터 5년

(통보된 날부터 5년이 퇴임 또는 퇴직한 날부터 7년을 초과하는 경우에는 퇴임 또는 퇴직한 날부터 7년으로 한다)이 경과되지 아니한 자
⑧ 그 밖에 투자자 보호 및 건전한 거래질서를 해할 우려가 있는 자로서 대통령령으로 정하는 자

2. 상법 제361조 (총회의 권한) 주주총회는 본법 또는 정관에 정하는 사항에 한하여 결의할 수 있다.
3. 상법 제363조 제2항 (소집의 통지, 공고) ② 제1항의 통지서에는 회의의 목적사항을 적어야 한다.
4. 상법 제368조 제1항(총회의 결의방법과 의결권의 행사) ① 총회의 결의는 이 법 또는 정관에 다른 정함이 있는 경우를 제외하고는 출석한 주주의 의결권의 과반수와 발행주식총수의 4분의 1이상의 수로써 하여야 한다.
5. 상법 제379조(법원의 재량에 의한 청구기각) 결의취소의 소가 제기된 경우에 결의의 내용, 회사의 현황과 제반사정을 참작하여 그 취소가 부적당하다고 인정한 때에는 법원은 그 청구를 기각할 수 있다.
6. 상법 제409조 제1항(선임) ① 감사는 주주총회에서 선임한다.
7 본소는 비재산권을 목적으로 하는 소송으로 소가는 5,000만 100원(민사소송 등 인지법 제2조 제4항, 민사소송 등 인지규칙 제18조의2 단서, 제15조 제2항)이고, 합의부의 사물관할(민사 및 가사소송의 사물관할에 관한 규칙 제2조)에 속한다. 토지관할은 회사의 본점 소재지 지방법원을 전속관할로 한다(상법 제376조 제2항, 제 186조).
8 송달료는 12회분을 납부한다(재일 87-4 송달료규칙의 시행에 따른 업무처리요령)

17. 관리인의 권한과 의무

가. 관리인의 선임 등

구분소유자가 10명 이상일 때에는 관리단을 대표하고 관리단의 사무를 집행할 관리인을 선임하여야 합니다(「집합건물의 소유 및 관리에 관한 법률」 제24조제1항).

관리인은 구분소유자일 필요가 없으며, 그 임기는 2년의 범위에서 규약으로 정합니다(「집합건물의 소유 및 관리에 관한 법률」 제24조제2항).
※ 이에 따라 집합건물의 임차인도 관리인이 될 수 있습니다.

관리인은 관리단집회의 결의로 선임되거나 해임됩니다. 다만, 규약으로 「집합건물의 소유 및 관리에 관한 법률」 제26조의3에 따른 관리위원회의 결의로 선임되거나 해임되도록 정한 경우에는 그에 따릅니다(「집합건물의 소유 및 관리에 관한 법률」 제24조제3항).

구분소유자의 승낙을 받아 전유부분을 점유하는 자는 위의 관리단집회에 참석하여 그 구분소유자의 의결권을 행사할 수 있습니다. 다만, 구분소유자와 점유자가 달리 정하여 관리단에 통지하거나 구분소유자가 집회 이전에 직접 의결권을 행사할 것을 관리단에 통지한 경우에는 그렇지 않습니다(「집합건물의 소유 및

관리에 관한 법률」 제24조제4항).

　관리인에게 부정한 행위나 그 밖에 그 직무를 수행하기에 적합하지 않은 사정이 있을 때에는 각 구분소유자는 관리인의 해임을 법원에 청구할 수 있습니다(「집합건물의 소유 및 관리에 관한 법률」 제24조제5항).

◆ 집합건물의 소유 및 관리에 관한 법률
제24조 (관리인의 선임 등) ① 구분소유자가 10인 이상일 때에는 관리단을 대표하고 관리단의 사무를 집행할 관리인을 선임하여야 한다. <개정 2012. 12. 18.>
② 관리인은 구분소유자일 필요가 없으며, 그 임기는 2년의 범위에서 규약으로 정한다. <신설 2012. 12. 18.>
③ 관리인은 관리단집회의 결의로 선임되거나 해임된다. 다만, 규약으로 제26조의3에 따른 관리위원회의 결의로 선임되거나 해임되도록 정한 경우에는 그에 따른다. <개정 2012. 12. 18., 2020. 2. 4.>
④ 구분소유자의 승낙을 받아 전유부분을 점유하는 자는 제3항 본문에 따른 관리단집회에 참석하여 그 구분소유자의 의결권을 행사할 수 있다. 다만, 구분소유자와 점유자가 달리 정하여 관리단에 통지하거나 구분소유자가 집회 이전에 직접 의결권을 행사할 것을 관리단에 통지한 경우에는 그러하지 아니하다. <신설 2012. 12. 18.>
⑤ 관리인에게 부정한 행위나 그 밖에 그 직무를 수행하기에 적합하지 아니한 사정이 있을 때에는 각 구분소유자는 관리인의 해임을 법원에 청구할 수 있다. <개정 2012. 12. 18.>

　전유부분이 50개 이상인 건물(「공동주택관리법」에 따른 의무관리대상 공동주택 및 임대주택과 「유통산업발전법」에 따라 신고한 대규모점포등관리자가 있는 대규모점포 및 준대규모점포는 제외)의 관리인으로 선임된 자는 선임일부터 30일 이내에 「집합건물의 소유 및 관리에 관한 법률 시행령」 별지 서식의 관리인 선임 신고서에 선임사실을 입증할 수 있는 다음의 어느 하나에 해당하는 자료를 첨부하여 특별자치시장, 특별자치도지사, 시장, 군수 또는 자치구의 구청장에게 신고해야 합니다(「집합건물의 소유 및 관리에 관한 법률」 제24조제6항 및 「집합건물의 소유 및 관리에 관한 법률 시행령」 제5조의5).
① 「집합건물의 소유 및 관리에 관한 법률」 제39조제2항에 따른 관리단집회 의사록
② 규약 및 「집합건물의 소유 및 관리에 관한 법률 시행령」 제11조제2항에 따

른 관리위원회 의사록
③ 「집합건물의 소유 및 관리에 관한 법률」 제24조의2제1항에 따른 임시관리인 선임청구에 대한 법원의 결정문

◆ 집합건물의 소유 및 관리에 관한 법률 시행령
제5조의5 (관리인의 선임신고) 법 제24조제6항에 따른 관리인으로 선임된 자는 선임일부터 30일 이내에 별지 서식의 관리인 선임 신고서에 선임사실을 입증할 수 있는 다음 각 호의 어느 하나에 해당하는 자료를 첨부하여 특별자치시장, 특별자치도지사, 시장, 군수 또는 자치구의 구청장(이하 "소관청"이라 한다)에게 제출해야 한다. <개정 2023. 9. 26.>
   1. 법 제39조제2항에 따른 관리단집회 의사록
   2. 규약 및 제11조제2항에 따른 관리위원회 의사록
   3. 법 제24조의2제1항에 따른 임시관리인 선임청구에 대한 법원의 결정문
[본조신설 2021. 2. 2.]

나. 관리인의 권한과 의무

관리인은 다음의 행위를 할 권한과 의무를 가집니다(「집합건물의 소유 및 관리에 관한 법률」 제25조제1항).

◆ 집합건물의 소유 및 관리에 관한 법률
제25조 (관리인의 권한과 의무) ① 관리인은 다음 각 호의 행위를 할 권한과 의무를 가진다. <개정 2020. 2. 4.>
   1. 공용부분의 보존행위
   1의2. 공용부분의 관리 및 변경에 관한 관리단집회 결의를 집행하는 행위
   2. 공용부분의 관리비용 등 관리단의 사무 집행을 위한 비용과 분담금을 각 구분소유자에게 청구·수령하는 행위 및 그 금원을 관리하는 행위
   3. 관리단의 사업 시행과 관련하여 관리단을 대표하여 하는 재판상 또는 재판 외의 행위
   3의2. 소음·진동·악취 등을 유발하여 공동생활의 평온을 해치는 행위의 중지 요청 또는 분쟁 조정절차 권고 등 필요한 조치를 하는 행위
   4. 그 밖에 규약에 정하여진 행위

18. 공용부분의 보존행위

① 공용부분의 관리 및 변경에 관한 관리단집회 결의를 집행하는 행위
② 공용부분의 관리비용 등 관리단의 사무 집행을 위한 비용과 분담금을 각 구분소유자에게 청구·수령하는 행위 및 그 금원을 관리하는 행위
③ 관리단의 사업 시행과 관련하여 관리단을 대표하여 하는 재판상 또는 재판 외의 행위
④ 소음·진동·악취 등을 유발하여 공동생활의 평온을 해치는 행위의 중지 요청 또는 분쟁 조정절차 권고 등 필요한 조치를 하는 행위

19. 그 밖에 규약에 정하여진 행위

관리인의 대표권은 제한할 수 있습니다. 다만, 이로써 선의의 제3자에게 대항할 수 없습니다(「집합건물의 소유 및 관리에 관한 법률」 제25조제2항).

> ◆ 집합건물의 소유 및 관리에 관한 법률
> 제25조 (관리인의 권한과 의무) ② 관리인의 대표권은 제한할 수 있다. 다만, 이로써 선의의 제3자에게 대항할 수 없다.

20. 관리인의 보고의무

관리인은 「집합건물의 소유 및 관리에 관한 법률 시행령」으로 정하는 바에 따라 매년 1회 이상 구분소유자 및 그의 승낙을 받아 전유부분을 점유하는 자에게 그 사무에 관한 보고를 하여야 합니다(「집합건물의 소유 및 관리에 관한 법률」 제26조제1항).
※ 이를 위반하여 보고를 하지 않거나 거짓 보고를 한 관리인은 300만원 이하의 과태료를 부과받습니다(「집합건물의 소유 및 관리에 관한 법률」 제66조제2항제1호).

전유부분이 50개 이상인 건물의 관리인은 관리단의 사무 집행을 위한 비용과 분담금 등 금원의 징수·보관·사용·관리 등 모든 거래행위에 관하여 장부를 월별로 작성하여 그 증빙서류와 함께 해당 회계연도 종료일부터 5년간 보관해야 합니다(「집합건물의 소유 및 관리에 관한 법률」 제26조제2항).
이해관계인은 관리인에게 위의 보고 자료, 장부나 증빙서류의 열람을 청구하거나 자기 비용으로 등본의 교부를 청구할 수 있습니다. 이 경우 관리인은 다음의

정보를 제외하고 이에 응해야 합니다(「집합건물의 소유 및 관리에 관한 법률」 제26조제3항).

　「개인정보 보호법」 제24조에 따른 고유식별정보 등 개인의 사생활의 비밀 또는 자유를 침해할 우려가 있는 정보

　의사결정 과정 또는 내부검토 과정에 있는 사항 등으로서 공개될 경우 업무의 공정한 수행에 현저한 지장을 초래할 우려가 있는 정보

※ 「공동주택관리법」에 따른 의무관리대상 공동주택 및 임대주택과 「유통산업발전법」에 따라 신고한 대규모점포등관리자가 있는 대규모점포 및 준대규모점포에 대해서는 제1항부터 제3항까지를 적용하지 않습니다(「집합건물의 소유 및 관리에 관한 법률」 제26조제4항).

「집합건물의 소유 및 관리에 관한 법률」 또는 규약에서 규정하지 않은 관리인의 권리의무에 관하여는 「민법」의 위임에 관한 규정을 준용합니다(「집합건물의 소유 및 관리에 관한 법률」 제26조제5항).

◆ 집합건물의 소유 및 관리에 관한 법률
제26조 (관리인의 보고의무 등) ① 관리인은 대통령령으로 정하는 바에 따라 매년 1회 이상 구분소유자 및 그의 승낙을 받아 전유부분을 점유하는 자에게 그 사무에 관한 보고를 하여야 한다. <개정 2012. 12. 18., 2023. 3. 28.>
② 전유부분이 50개 이상인 건물의 관리인은 관리단의 사무 집행을 위한 비용과 분담금 등 금원의 징수·보관·사용·관리 등 모든 거래행위에 관하여 장부를 월별로 작성하여 그 증빙서류와 함께 해당 회계연도 종료일부터 5년간 보관하여야 한다. <신설 2023. 3. 28.>
③ 이해관계인은 관리인에게 제1항에 따른 보고 자료, 제2항에 따른 장부나 증빙서류의 열람을 청구하거나 자기 비용으로 등본의 교부를 청구할 수 있다. 이 경우 관리인은 다음 각 호의 정보를 제외하고 이에 응하여야 한다. <개정 2023. 3. 28.>
　1. 「개인정보 보호법」 제24조에 따른 고유식별정보 등 개인의 사생활의 비밀 또는 자유를 침해할 우려가 있는 정보
　2. 의사결정 과정 또는 내부검토 과정에 있는 사항 등으로서 공개될 경우 업무의 공정한 수행에 현저한 지장을 초래할 우려가 있는 정보
④ 「공동주택관리법」에 따른 의무관리대상 공동주택 및 임대주택과 「유통산업발전법」에 따라 신고한 대규모점포등관리자가 있는 대규모점포 및 준대규모점포에 대해서는 제1항부터 제3항까지를 적용하지 아니한다.

<신설 2023. 3. 28.>
⑤ 이 법 또는 규약에서 규정하지 아니한 관리인의 권리의무에 관하여는 「민법」의 위임에 관한 규정을 준용한다. <개정 2012. 12. 18., 2023. 3. 28.> [전문개정 2010. 3. 31.]

21. 회계감사

 전유부분이 150개 이상으로서 다음에 해당하는 건물의 관리인은 「주식회사 등의 외부감사에 관한 법률」 제2조제7호에 따른 감사인의 회계감사를 매년 1회 이상 받아야 합니다. 다만, 관리단집회에서 구분소유자의 3분의 2 이상 및 의결권의 3분의 2 이상이 회계감사를 받지 아니하기로 결의한 연도에는 그러지 않습니다(「집합건물의 소유 및 관리에 관한 법률」 제26조의2제1항 및 「집합건물의 소유 및 관리에 관한 법률 시행령」 제6조의2제1항).
① 직전 회계연도에 구분소유자로부터 징수한 관리비(전기료, 수도료 등 구분소유자 또는 점유자가 납부하는 사용료를 포함)가 3억원 이상인 건물
② 직전 회계연도 말 기준으로 적립되어 있는 수선적립금이 3억원 이상인 건물

 전유부분이 50개 이상 150개 미만으로서 다음에 해당하는 건물의 관리인은 구분소유자의 5분의 1 이상이 연서(連署)하여 요구하는 경우에는 감사인의 회계감사를 받아야 합니다. 이 경우 구분소유자의 승낙을 받아 전유부분을 점유하는 자가 구분소유자를 대신하여 연서할 수 있습니다(「집합건물의 소유 및 관리에 관한 법률」 제26조의2제3항 및 「집합건물의 소유 및 관리에 관한 법률 시행령」 제6조의2제2항).

위 1. 또는 2.에 해당하는 건물
① 직전 회계연도에 구분소유자로부터 징수한 관리비가 1억원 이상인 건물
② 직전 회계연도 말 기준으로 적립되어 있는 수선적립금이 1억원 이상인 건물

 관리인은 위에 따라 회계감사를 받은 경우에는 감사보고서 등 회계감사의 결과를 제출받은 날부터 1개월 이내에 해당 결과를 구분소유자 및 그의 승낙을 받아 전유부분을 점유하는 자에게 서면으로 보고해야 합니다(「집합건물의 소유 및 관리에 관한 법률」 제26조의2제4항 및 「집합건물의 소유 및 관리에 관한 법률 시행령」 제6조의4제1항).

◆ **집합건물의 소유 및 관리에 관한 법률**

제26조의2 (회계감사) ① 전유부분이 150개 이상으로서 대통령령으로 정하는 건물의 관리인은 「주식회사 등의 외부감사에 관한 법률」 제2조제7호에 따른 감사인(이하 이 조에서 "감사인"이라 한다)의 회계감사를 매년 1회 이상 받아야 한다. 다만, 관리단집회에서 구분소유자의 3분의 2 이상 및 의결권의 3분의 2 이상이 회계감사를 받지 아니하기로 결의한 연도에는 그러하지 아니하다.

② 구분소유자의 승낙을 받아 전유부분을 점유하는 자는 제1항 단서에 따른 관리단집회에 참석하여 그 구분소유자의 의결권을 행사할 수 있다. 다만, 구분소유자와 점유자가 달리 정하여 관리단에 통지하거나 구분소유자가 집회 이전에 직접 의결권을 행사할 것을 관리단에 통지한 경우에는 그러하지 아니하다.

③ 전유부분이 50개 이상 150개 미만으로서 대통령령으로 정하는 건물의 관리인은 구분소유자의 5분의 1 이상이 연서(連署)하여 요구하는 경우에는 감사인의 회계감사를 받아야 한다. 이 경우 구분소유자의 승낙을 받아 전유부분을 점유하는 자가 구분소유자를 대신하여 연서할 수 있다.

④ 관리인은 제1항 또는 제3항에 따라 회계감사를 받은 경우에는 대통령령으로 정하는 바에 따라 감사보고서 등 회계감사의 결과를 구분소유자 및 그의 승낙을 받아 전유부분을 점유하는 자에게 보고하여야 한다.

⑤ 제1항 또는 제3항에 따른 회계감사의 기준·방법 및 감사인의 선정방법 등에 관하여 필요한 사항은 대통령령으로 정한다.

⑥ 제1항 또는 제3항에 따라 회계감사를 받는 관리인은 다음 각 호의 어느 하나에 해당하는 행위를 하여서는 아니 된다.
  1. 정당한 사유 없이 감사인의 자료열람·등사·제출 요구 또는 조사를 거부·방해·기피하는 행위
  2. 감사인에게 거짓 자료를 제출하는 등 부정한 방법으로 회계감사를 방해하는 행위

⑦ 「공동주택관리법」에 따른 의무관리대상 공동주택 및 임대주택과 「유통산업발전법」에 따라 신고한 대규모점포등관리자가 있는 대규모점포 및 준대규모점포에는 제1항부터 제6항까지의 규정을 적용하지 아니한다.

[본조신설 2020. 2. 4.] [종전 제26조의2는 제26조의3으로 이동 <2020. 2. 4.>]

◆ 집합건물의 소유 및 관리에 관한 법률 시행령
제6조의4 (회계감사의 결과 보고) ① 법 제26조의2제1항 또는 제3항에 따른 회계감사를 받은 관리인은 감사보고서 등 회계감사의 결과를 제출받은 날부터 1개월 이내에 해당 결과를 구분소유자 및 그의 승낙을 받아 전유부분을 점유하는 자에게 서면으로 보고해야 한다.
② 제1항의 보고는 구분소유자 또는 그의 승낙을 받아 전유부분을 점유하는 자가 관리인에게 따로 보고장소를 알린 경우에는 그 장소로 발송하고, 알리지 않은 경우에는 구분소유자가 소유하는 전유부분이 있는 장소로 발송한다. 이 경우 제1항의 보고는 통상적으로 도달할 시기에 도달한 것으로 본다.
③ 제2항에도 불구하고 법 제26조의2제4항에 따른 관리인의 보고의무는 건물 내의 적당한 장소에 회계감사의 결과를 게시하거나 인터넷 홈페이지에 해당 결과를 공개함으로써 이행할 수 있음을 규약으로 정할 수 있다. 이 경우 제1항의 보고는 게시한 때에 도달한 것으로 본다.
[본조신설 2021. 2. 2.]

22. 관리위원회의 설치

관리단에는 규약으로 정하는 바에 따라 관리위원회를 둘 수 있으며, 관리위원회는 「집합건물의 소유 및 관리에 관한 법률」 또는 규약으로 정한 관리인의 사무 집행을 감독합니다(「집합건물의 소유 및 관리에 관한 법률」 제26조의3제1항 및 제2항).

관리위원회의 위원은 구분소유자 중에서 관리단집회의 결의에 의하여 선출합니다. 다만, 규약으로 관리단집회의 결의에 관하여 달리 정한 경우에는 그에 따릅니다(「집합건물의 소유 및 관리에 관한 법률」 제26조의4제1항).

◆ 집합건물의 소유 및 관리에 관한 법률
제26조의3 (관리위원회의 설치 및 기능) ① 관리단에는 규약으로 정하는 바에 따라 관리위원회를 둘 수 있다.
② 관리위원회는 이 법 또는 규약으로 정한 관리인의 사무 집행을 감독한다.

◆ 집합건물의 소유 및 관리에 관한 법률
제26조의4 (관리위원회의 구성 및 운영) ① 관리위원회의 위원은 구분소유자 중에서 관리단집회의 결의에 의하여 선출한다. 다만, 규약으로 관리단집회의

> 결의에 관하여 달리 정한 경우에는 그에 따른다.

23. 규약

가. 규약의 보충성

건물과 대지 또는 부속시설의 관리 또는 사용에 관한 구분소유자들 사이의 사항 중 「집합건물의 소유 및 관리에 관한 법률」에서 규정하지 않은 사항은 규약으로써 정할 수 있습니다(「집합건물의 소유 및 관리에 관한 법률」 제28조제1항).

일부의 구분소유자만이 공용하도록 제공되는 것임이 명백한 공용부분(이하 '일부공용부분'이라 함)에 관한 사항으로써 구분소유자 전원에게 이해관계가 있지 않은 사항은 구분소유자 전원의 규약에 따로 정하지 않으면 일부공용부분을 공용하는 구분소유자의 규약으로써 정할 수 있습니다(「집합건물의 소유 및 관리에 관한 법률」 제28조제2항).

◆ 집합건물의 소유 및 관리에 관한 법률
제28조 (규약) ① 건물과 대지 또는 부속시설의 관리 또는 사용에 관한 구분소유자들 사이의 사항 중 이 법에서 규정하지 아니한 사항은 규약으로써 정할 수 있다.
② 일부공용부분에 관한 사항으로써 구분소유자 전원에게 이해관계가 있지 아니한 사항은 구분소유자 전원의 규약에 따라 정하지 아니하면 일부공용부분을 공용하는 구분소유자의 규약으로써 정할 수 있다.

나. 규약의 설정, 변경 및 폐지

규약의 설정·변경 및 폐지는 관리단집회에서 구분소유자의 4분의 3 이상 및 의결권의 4분의 3 이상의 찬성을 얻어서 합니다. 이 경우 규약의 설정·변경 및 폐지가 일부 구분소유자의 권리에 특별한 영향을 미칠 때에는 그 구분소유자의 승낙을 받아야 합니다(「집합건물의 소유 및 관리에 관한 법률」 제29조제1항).

구분소유자 전원의 규약의 설정·변경 또는 폐지는 그 일부공용부분을 공용하는 구분소유자의 4분의 1을 초과하는 자 또는 의결권의 4분의 1을 초과하는 의결권을 가진 자가 반대할 때에는 할 수 없습니다(「집합건물의 소유 및 관리에 관한 법률」 제29조제2항).

◆ 집합건물의 소유 및 관리에 관한 법률
제29조 (규약의 설정・변경・폐지) ① 규약의 설정・변경 및 폐지는 관리단집회에서 구분소유자의 4분의 3 이상 및 의결권의 4분의 3 이상의 찬성을 얻어서 한다. 이 경우 규약의 설정・변경 및 폐지가 일부 구분소유자의 권리에 특별한 영향을 미칠 때에는 그 구분소유자의 승낙을 받아야 한다.
② 제28조제2항에 규정한 사항에 관한 구분소유자 전원의 규약의 설정・변경 또는 폐지는 그 일부공용부분을 공용하는 구분소유자의 4분의 1을 초과하는 자 또는 의결권의 4분의 1을 초과하는 의결권을 가진 자가 반대할 때에는 할 수 없다.

[판례 18] 관리단집회회장등직무집행정지가처분 (대법원 1995. 3. 10.자 94마2377 결정)

【판시사항】

집합건물의소유및관리에관한법률 제41조 제1항 소정의 서면결의에 관리단집회가 하는지 여부

【결정요지】

집합건물의소유및관리에관한법률 제41조 제1항에서 규정하고 있는 서면결의는 관리단집회가 열리지 않고도 관리단집회의 결의가 있은 것과 동일하게 취급하고자 하는 것이어서 서면결의를 함에 있어서 관리단집회가 소집·개최될 필요가 없음은 당연하다.

[판례 19] 총회결의무효확인 (대법원 2005. 4. 21. 선고 2003다4969 전원합의체 판결)

【판시사항】

[1] 집합건물의소유및관리에관한법률 제49조에 의하여 의제된 합의 내용인 재건축 결의의 내용의 변경을 위한 의결정족수
[2] 재건축 결의의 내용을 변경하는 결의가 집합건물의소유및관리에관한법률 제41조 제1항에 의한 서면결의로 가능한지 여부(적극)
[3] 서면합의에 의한 재건축 결의 내용의 변경이 유효로 되기 위한 요건

【판결요지】

[1] 재건축 결의에 따라 설립된 재건축조합은 민법상의 비법인 사단에 해당하므로 그 구성원의 의사의 합의는 총회의 결의에 의할 수밖에 없다고 할 것이나, 다만 집합건물의소유및관리에관한법률 제49조에 의하여 의제된 합의 내용인 재건축 결의의 내용을 변경함에 있어서는 그것이 구성원인 조합원의 이해관계에 미치는 영향에 비추어 재건축 결의시의 의

결정족수를 규정한 같은 법 제47조 제2항을 유추적용하여 조합원 5분의 4 이상의 결의가 필요하다고 할 것이다.

[2] 집합건물의소유및관리에관한법률 제41조 제1항은 "이 법 또는 규약에 의하여 관리단집회에서 결의할 것으로 정한 사항에 관하여 구분소유자 및 의결권의 각 5분의 4 이상의 서면에 의한 합의가 있는 때에는 관리단집회의 결의가 있는 것으로 본다."고 규정하고 있고, 재건축의 결의는 같은 법 제47조 제1항에 의하여 관리단집회에서 결의할 수 있는 사항이므로, 이러한 재건축의 결의는 같은 법 제41조 제1항에 의한 서면결의가 가능하다고 할 것이고, 나아가 재건축조합은 대체로 그 조합원의 수가 많고, 재건축에 대한 관심과 참여 정도가 조합원에 따라 현격한 차이가 있으며, 재건축의 과정이 장기간에 걸쳐 복잡하게 진행될 뿐만 아니라 재건축 대상인 건물이 일단 철거된 후에는 조합원의 주거지가 여러 곳으로 분산되는 등의 사정이 있음에 비추어, 재건축 결의의 내용을 변경하는 것도 같은 법 제41조 제1항을 유추적용하여 서면합의에 의할 수 있다고 할 것이다.

[3] [다수의견] 재건축 결의 내용의 변경에 집합건물의소유및관리에관한법률 제41조 제1항을 유추적용할 필요성에 관한 제반 사정들과 같은 법이 서면합의에 의한 관리단집회의 결의를 인정하면서 서면합의의 요건이나 그 절차 및 방법 등에 관하여 아무런 제한을 하고 있지 않은 점에 비추어 볼 때, 의결정족수에 영향을 미칠 우려가 있을 정도의 조합원들의 참여기회가 원천적으로 배제된 채 서면합의가 이루어지거나 조합원 5분의 4 이상의 자의에 의한 합의가 성립되었다고 인정할 수 없을 정도의 중대한 하자가 있는 등 특별한 사정이 없는 한 서면합의에 의한 재건축 결의 내용의 변경은 유효하다.

[반대의견] 서면결의는 총회를 소집, 개최함이 없이 서면에 의한 합의를 함으로써 총회의 의결이 있는 것으로 보는 것으로서 조합원의 의사표시는 의안에 대한 찬성과 반대 내지 기권 등 어느 쪽에 대한 택일적 선택의 형식을 택할 수밖에 없고 원안을 수정하여 결의한다는 것이 사실상 불가능하여 여러 조합원의 의사를 모아 토론하는 것을 박탈하는 변칙적인 의사결정방법이 되므로 그 요건은 엄격하여야 할 것인바, 구체적으로 조합원 총회에서 일정 사항에 관하여 서면으로 결의할 것을 의결하였거나, 조합원 총회에서 충분한 토의나 설명이 이루어진 다음 그 의안에 관하여 서면에 의한 결의가 이루어지는 경우 또는 재건축의 진행과정에서 조합원들이 그 내용을 충분히 숙지하고 있는 사항에 대하여 총회소집을 포기하고 간이·신속하게 의사결정을 해야 할 긴박한 필요가 있는 등의 특별한 사정이 있어야 하고, 절차적으로도 적법하게 소집된 조합원 총회에서의 결의와 동일시할 정도가 되도록 조합원 전원에게 서면결의서가 보내져야 하고, 서면결의서에 각 의안에 대하여 찬성·반대·기권을 선택하여 기재할 수 있어야 하며, 의결권을 행사하는 조합원의 의사에 의한 것임을 인정할 수 있도록 조합원의 서명 또는 기명, 날인이 있어야 한다.

제2장 재건축

제1절 재건축의 개요

1. 재건축결의

건물 건축 후 상당한 기간이 지나 건물이 훼손되거나 일부 멸실되거나 그 밖의 사정으로 건물 가격에 비하여 지나치게 많은 수리비·복구비나 관리비용이 드는 경우 또는 부근 토지의 이용 상황의 변화나 그 밖의 사정으로 건물을 재건축하면 재건축에 드는 비용에 비하여 현저하게 효용이 증가하게 되는 경우에 관리단집회는 그 건물을 철거하여 그 대지를 구분소유권의 목적이 될 새 건물의 대지로 이용할 것을 결의할 수 있습니다. 다만, 재건축의 내용이 단지 내 다른 건물의 구분소유자에게 특별한 영향을 미칠 때에는 그 구분소유자의 승낙을 받아야 합니다(「집합건물의 소유 및 관리에 관한 법률」 제47조제1항).

위의 결의는 구분소유자의 5분의 4 이상 및 의결권의 5분의 4 이상의 결의에 따릅니다. 다만, 「관광진흥법」 제3조제1항제2호나목에 따른 휴양 콘도미니엄업의 운영을 위한 휴양 콘도미니엄의 재건축 결의는 구분소유자의 3분의 2 이상 및 의결권의 3분의 2 이상의 결의에 따릅니다(「집합건물의 소유 및 관리에 관한 법률」 제47조제2항).

◆ **집합건물의 소유 및 관리에 관한 법률**
제47조 (재건축 결의) ① 건물 건축 후 상당한 기간이 지나 건물이 훼손되거나 일부 멸실되거나 그 밖의 사정으로 건물 가격에 비하여 지나치게 많은 수리비·복구비나 관리비용이 드는 경우 또는 부근 토지의 이용 상황의 변화나 그 밖의 사정으로 건물을 재건축하면 재건축에 드는 비용에 비하여 현저하게 효용이 증가하게 되는 경우에 관리단집회는 그 건물을 철거하여 그 대지를 구분소유권의 목적이 될 새 건물의 대지로 이용할 것을 결의할 수 있다. 다만, 재건축의 내용이 단지 내 다른 건물의 구분소유자에게 특별한 영향을 미칠 때에는 그 구분소유자의 승낙을 받아야 한다.
② 제1항의 결의는 구분소유자의 5분의 4 이상 및 의결권의 5분의 4 이상의 결의에 따른다. 다만, 「관광진흥법」 제3조제1항제2호나목에 따른 휴양 콘도미니엄업의 운영을 위한 휴양 콘도미니엄의 재건축 결의는 구분소유자의 3분의 2 이상 및 의결권의 3분의 2 이상의 결의에 따른다. <개정

2023. 3. 28.>

2. 결의사항

재건축을 결의할 때에는 다음의 사항을 정해야 합니다(「집합건물의 소유 및 관리에 관한 법률」 제47조제3항).
① 새 건물의 설계 개요
② 건물의 철거 및 새 건물의 건축에 드는 비용을 개략적으로 산정한 금액
③ 위의 2.에 규정된 비용의 분담에 관한 사항
④ 새 건물의 구분소유권 귀속에 관한 사항

◆ 집합건물의 소유 및 관리에 관한 법률
제47조 (재건축 결의) ③ 재건축을 결의할 때에는 다음 각 호의 사항을 정하여야 한다.
　　1. 새 건물의 설계 개요
　　2. 건물의 철거 및 새 건물의 건축에 드는 비용을 개략적으로 산정한 금액
　　3. 제2호에 규정된 비용의 분담에 관한 사항
　　4. 새 건물의 구분소유권 귀속에 관한 사항

가. 구분소유권 등의 매도청구 등

재건축의 결의가 있으면 집회를 소집한 자는 지체 없이 그 결의에 찬성하지 않은 구분소유자(그의 승계인을 포함)에 대하여 그 결의 내용에 따른 재건축에 참가할 것인지 여부를 회답할 것을 서면으로 촉구하여야 합니다(「집합건물의 소유 및 관리에 관한 법률」 제48조제1항).
위의 촉구를 받은 구분소유자는 촉구를 받은 날부터 2개월 이내에 회답해야 하며, 이 기간 내에 회답하지 않은 경우 그 구분소유자는 재건축에 참가하지 아니하겠다는 뜻을 회답한 것으로 봅니다(「집합건물의 소유 및 관리에 관한 법률」 제48조제2항 및 제3항).

◆ 집합건물의 소유 및 관리에 관한 법률
제48조 (구분소유권 등의 매도청구 등) ① 재건축의 결의가 있으면 집회를 소집한 자는 지체 없이 그 결의에 찬성하지 아니한 구분소유자(그의 승계인을 포함한다)에 대하여 그 결의 내용에 따른 재건축에 참가할 것인지 여부를 회

답할 것을 서면으로 촉구하여야 한다.
② 제1항의 촉구를 받은 구분소유자는 촉구를 받은 날부터 2개월 이내에 회답하여야 한다.
③ 제2항의 기간 내에 회답하지 아니한 경우 그 구분소유자는 재건축에 참가하지 아니하겠다는 뜻을 회답한 것으로 본다.

3. 상가·오피스텔의 적용법규

상가·오피스텔은 하나의 집합건물의 구분소유 부분이 업무 또는 숙식으로 이용될 수 있도록 건축된 건물로서 주택법상의 공동주택에 해당하지 않는다
집합건물법 제1조, 제2조 제1호에 따라 집합건물로서 집합건물법의 적용을 받게 되므로, 그 공용부분의 관리에 관한 사항은 집합건물법에서 규정하는 관리단집회의 결의(집합건물법 제38조), 관리규약(집합건물법 제28조)등에 의하여 정해진다.

◆ 집합건물의 소유 및 관리에 관한 법률
제38조 (의결 방법) ① 관리단집회의 의사는 이 법 또는 규약에 특별한 규정이 없으면 구분소유자의 과반수 및 의결권의 과반수로써 의결한다.
② 의결권은 서면이나 전자적 방법(전자정보처리조직을 사용하거나 그 밖에 정보통신기술을 이용하는 방법으로서 대통령령으로 정하는 방법을 말한다. 이하 같다)으로 또는 대리인을 통하여 행사할 수 있다. <개정 2012. 12. 18.>
③ 제34조에 따른 관리단집회의 소집통지나 소집통지를 갈음하는 게시를 할 때에는 제2항에 따라 의결권을 행사할 수 있다는 내용과 구체적인 의결권 행사 방법을 명확히 밝혀야 한다. <신설 2012. 12. 18.>
④ 제1항부터 제3항까지에서 규정한 사항 외에 의결권 행사를 위하여 필요한 사항은 대통령령으로 정한다. <신설 2012. 12. 18.>
[전문개정 2010. 3. 31.]

제2절 입주자와 사용자

1. 입주자대표회의의 의결

가. 입주자대표회의의 소집

입주자대표회의는 관리규약으로 정하는 바에 따라 회장이 그 명의로 소집합니다. 다만, 다음의 어느 하나에 해당하는 경우에는 회장은 해당일부터 14일 이내에 입주자대표회의를 소집해야 하며, 회의를 소집하지 않는 경우에는 관리규약으로 정하는 이사가 그 회의를 소집하고 회장의 직무를 대행합니다(「공동주택관리법 시행령」 제14조제4항).
① 입주자대표회의 구성원 3분의 1 이상이 청구하는 경우
② 입주자·사용자의 10분의 1 이상이 요청하는 경우
③ 전체 입주자의 10분의 1 이상이 요청하는 때(「공동주택관리법 시행령」 제14조제2항제14호 중 장기수선계획의 수립 또는 조정에 관한 사항만 해당함)

◆ 공동주택관리법 시행령
제14조 (입주자대표회의의 의결방법 및 의결사항 등) ② 법 제14조제11항에 따른 입주자대표회의의 의결사항은 다음 각 호와 같다. <개정 2022. 12. 9.>
  14. 장기수선계획 및 안전관리계획의 수립 또는 조정(비용지출을 수반하는 경우로 한정한다)

입주자대표회의는 관리규약으로 정하는 바에 따라 입주자와 사용자에게 회의를 실시간 또는 녹화·녹음 등의 방식으로 중계하거나 방청하게 할 수 있습니다(「공동주택관리법」 제14조제8항 후단).
※ 관리규약: 아파트의 입주자·사용자를 보호하고 주거생활의 질서를 유지하기 위하여 입주자·사용자가 정하는 자치규약을 말합니다(「공동주택관리법」 제2조제1항제9호).
※ 입주자: 아파트의 소유자 또는 그 소유자를 대리하는 배우자 및 직계존비속을 말합니다(「공동주택관리법」 제2조제1항제5호).
※ 사용자: 아파트를 임차하여 사용하는 자(임대주택의 임차인은 제외함) 등을 말합니다(「공동주택관리법」 제2조제1항제6호).

◆ 공동주택관리법
제14조 (입주자대표회의의 구성 등) ⑧ 입주자대표회의는 그 회의를 개최한 때

에는 회의록을 작성하여 관리주체에게 보관하게 하여야 한다. 이 경우 입주자대표회의는 관리규약으로 정하는 바에 따라 입주자등에게 회의를 실시간 또는 녹화·녹음 등의 방식으로 중계하거나 방청하게 할 수 있다. <개정 2018. 3. 13., 2019. 4. 23., 2022. 6. 10., 2023. 10. 24.>

◆ 공동주택관리법
제2조 (정의) ① 이 법에서 사용하는 용어의 뜻은 다음과 같다. <개정 2015. 8. 28., 2015. 12. 29., 2016. 1. 19., 2017. 4. 18., 2019. 4. 23.>
   5. "입주자"란 공동주택의 소유자 또는 그 소유자를 대리하는 배우자 및 직계존비속(直系尊卑屬)을 말한다.
   6. "사용자"란 공동주택을 임차하여 사용하는 사람(임대주택의 임차인은 제외한다) 등을 말한다.
   9. "관리규약"이란 공동주택의 입주자등을 보호하고 주거생활의 질서를 유지하기 위하여 제18조제2항에 따라 입주자등이 정하는 자치규약을 말한다.

나. 입주자대표회의의 의결사항

입주자대표회의의 의결사항은 관리규약, 관리비 및 시설의 운영 등에 관한 것이며, 구체적인 내용은 다음과 같습니다(「공동주택관리법」 제14조제10항 및 「공동주택관리법 시행령」 제14조제2항).

◆ 공동주택관리법
제14조 (입주자대표회의의 구성 등) ⑩ 동별 대표자의 임기나 그 제한에 관한 사항, 동별 대표자 또는 입주자대표회의 임원의 선출이나 해임 방법 등 입주자대표회의의 구성 및 운영에 필요한 사항과 입주자대표회의의 의결 방법은 대통령령으로 정한다. <개정 2018. 3. 13., 2019. 4. 23., 2022. 6. 10.>

◆ 공동주택관리법 시행령
제14조 (입주자대표회의의 의결방법 및 의결사항 등) ② 법 제14조제11항에 따른 입주자대표회의의 의결사항은 다음 각 호와 같다. <개정 2022. 12. 9.>
   1. 관리규약 개정안의 제안(제안서에는 개정안의 취지, 내용, 제안유효기간 및 제안자 등을 포함한다. 이하 같다)

2. 관리규약에서 위임한 사항과 그 시행에 필요한 규정의 제정·개정 및 폐지
3. 공동주택 관리방법의 제안
4. 제23조제1항부터 제5항까지에 따른 관리비 등의 집행을 위한 사업계획 및 예산의 승인(변경승인을 포함한다)
5. 공용시설물 이용료 부과기준의 결정
6. 제23조제1항부터 제5항까지에 따른 관리비 등의 회계감사 요구 및 회계감사보고서의 승인
7. 제23조제1항부터 제5항까지에 따른 관리비 등의 결산의 승인
8. 단지 안의 전기·도로·상하수도·주차장·가스설비·냉난방설비 및 승강기 등의 유지·운영 기준
9. 자치관리를 하는 경우 자치관리기구 직원의 임면에 관한 사항
10. 장기수선계획에 따른 공동주택 공용부분의 보수·교체 및 개량
11. 법 제35조제1항에 따른 공동주택 공용부분의 행위허가 또는 신고 행위의 제안
12. 제39조제5항 및 제6항에 따른 공동주택 공용부분의 담보책임 종료 확인
13. 「주택건설기준 등에 관한 규정」 제2조제3호에 따른 주민공동시설(이하 "주민공동시설"이라 하며, 이 조, 제19조, 제23조, 제25조, 제29조 및 제29조의2에서는 제29조의3제1항 각 호의 시설은 제외한다) 위탁 운영의 제안
13의2. 제29조의2에 따른 인근 공동주택단지 입주자등의 주민공동시설 이용에 대한 허용 제안
14. 장기수선계획 및 안전관리계획의 수립 또는 조정(비용지출을 수반하는 경우로 한정한다)
15. 입주자등 상호간에 이해가 상반되는 사항의 조정
16. 공동체 생활의 활성화 및 질서유지에 관한 사항

입주자대표회의 의결사항
① 관리규약 개정안의 제안(제안서에는 개정안의 취지, 내용, 제안유효기간 및 제안자 등을 포함)
② 관리규약에서 위임한 사항과 그 시행에 필요한 규정의 제정 개정 및 폐지
③ 공동주택 관리방법의 제안
④ 관리비 등의 집행을 위한 사업계획 및 예산의 승인(변경승인을 포함)
⑤ 공용시설물 이용료 부과기준의 결정
⑥ 관리비 등의 회계감사 요구 및 회계감사보고서의 승인
⑦ 관리비 등의 결산의 승인
⑧ 단지 안의 전기·도로·상하수도·주차장·가스설비·냉난방설비 및 승강기 등의 유지 운영 기준
⑨ 자치관리를 하는 경우 자치관리기구 직원의 임면에 관한 사항
⑩ 장기수선계획에 따른 공동주택 공용부분의 보수 교체 및 개량
⑪ 아파트 공용부분의 행위허가 또는 신고 행위의 제안
⑫ 아파트 공용부분의 담보책임 종료 확인
⑬ 「주택건설기준 등에 관한 규정」 제2조제3호에 따른 주민공동시설(어린이집, 다함께돌봄센터 및 공동육아나눔터 제외) 위탁 운영의 제안
⑭ 인근 아파트단지 입주자·사용자의 주민공동시설 이용에 대한 허용 제안
⑮ 장기수선계획 및 안전관리계획의 수립 또는 조정(비용지출을 수반하는 경우로 한정)
⑯ 입주자·사용자 상호간에 이해가 상반되는 사항의 조정
⑰ 공동체 생활의 활성화 및 질서유지에 관한 사항
⑱ 그 밖에 아파트의 관리와 관련하여 관리규약으로 정하는 사항

2. 입주자대표회의의 의결 방법

입주자대표회의는 그 구성원 과반수의 찬성으로 의결합니다(「공동주택관리법」 제14조제9항 및 「공동주택관리법 시행령」 제14조제1항).

◆ 공동주택관리법
제14조 (입주자대표회의의 구성 등) ⑨ 300세대 이상인 공동주택의 관리주체는 관리규약으로 정하는 범위·방법 및 절차 등에 따라 회의록을 입주자등에게 공개하여야 하며, 300세대 미만인 공동주택의 관리주체는 관리규약으로 정하는 바에 따라 회의록을 공개할 수 있다. 이 경우 관리주체는 입주자등이 회의록의 열람을 청구하거나 자기의 비용으로 복사를 요구하는 때에는

관리규약으로 정하는 바에 따라 이에 응하여야 한다. <신설 2022. 6. 10.>

◆ 공동주택관리법 시행령
제14조(입주자대표회의의 의결방법 및 의결사항 등) ① 법 제14조제10항에 따라 입주자대표회의는 입주자대표회의 구성원 과반수의 찬성으로 의결한다. <개정 2018. 9. 11., 2020. 4. 24., 2022. 12. 9.>

3. 입주자대표회의의 제한사항

가. 자치관리기구의 겸직금지

입주자대표회의의 구성원은 자치관리기구의 직원을 겸할 수 없습니다(「공동주택관리법 시행령」 제4조제5항).

◆ 공동주택관리법 시행령
제4조 (자치관리기구의 구성 및 운영) ⑤ 입주자대표회의 구성원은 자치관리기구의 직원을 겸할 수 없다.

나. 관리주체에 대한 부당한 간섭금지

입주자대표회의는 주택관리업자가 아파트를 관리하는 경우에는 주택관리업자의 직원인사·노무관리 등의 업무수행에 부당하게 간섭해서는 안 됩니다(「공동주택관리법 시행령」 제14조제6항).
※ 관리주체 : 아파트를 관리하는 「공동주택관리법」 제6조제1항에 따른 자치관리기구의 대표자인 아파트의 관리사무소장, 「공동주택관리법」 제13조제1항에 따라 관리업무를 인계하기 전의 사업주체, 주택관리업자 및 임대사업자, 「민간임대주택에 관한 특별법」 제2조제11호에 따른 주택임대관리업자(시설물 유지·보수·개량 및 그 밖의 주택관리 업무를 수행하는 경우에 한정함)를 말합니다(「공동주택관리법」 제2조제1항제10호).

◆ 공동주택관리법 시행령
제14조 (입주자대표회의의 의결방법 및 의결사항 등) ⑥ 입주자대표회의는 주택관리업자가 공동주택을 관리하는 경우에는 주택관리업자의 직원인사·노무관리 등의 업무수행에 부당하게 간섭해서는 아니 된다. <개정 2020. 4.

24.>

다. 입주자대표회의의 구성원 교육

특별자치시장·특별자치도지사·시장·군수·구청장(자치구의 구청장을 말함)은 입주자대표회의의 구성원에게 매년 입주자대표회의의 운영과 관련하여 필요한 교육 및 윤리교육을 실시해야 합니다. 이 경우 입주자대표회의의 구성원은 그 교육을 성실히 이수해야 합니다(「공동주택관리법」 제17조제1항).

① 교육 내용에는 다음의 사항을 포함해야 합니다(「공동주택관리법」 제17조제2항).
② 공동주택의 관리에 관한 관계 법령 및 관리규약의 준칙에 관한 사항
③ 입주자대표회의의 구성원의 직무·소양 및 윤리에 관한 사항
④ 공동주택단지 공동체의 활성화에 관한 사항
⑤ 관리비·사용료 및 장기수선충당금에 관한 사항
⑥ 공동주택 회계처리에 관한 사항
⑦ 층간소음 예방 및 입주민 간 분쟁의 조정에 관한 사항
⑧ 하자 보수에 관한 사항
⑨ 그 밖에 입주자대표회의의 운영에 필요한 사항
⑩ 특별자치시장·특별자치도지사·시장·군수·구청장(자치구의 구청장을 말함)은 관리주체·입주자·사용자가 희망하는 경우에는 교육을 관리주체·입주자·사용자에게 실시할 수 있습니다(「공동주택관리법」 제17조제3항).

◆ 공동주택관리법
제17조 (입주자대표회의의 구성원 등 교육) ① 시장·군수·구청장은 대통령령으로 정하는 바에 따라 입주자대표회의의 구성원에게 입주자대표회의의 운영과 관련하여 필요한 교육 및 윤리교육을 실시하여야 한다. 이 경우 입주자대표회의의 구성원은 그 교육을 성실히 이수하여야 한다.
② 제1항에 따른 교육 내용에는 다음 각 호의 사항을 포함하여야 한다. <개정 2022. 6. 10., 2023. 10. 24.>
　1. 공동주택의 관리에 관한 관계 법령 및 관리규약의 준칙에 관한 사항
　2. 입주자대표회의의 구성원의 직무·소양 및 윤리에 관한 사항
　3. 공동주택단지 공동체의 활성화에 관한 사항
　4. 관리비·사용료 및 장기수선충당금에 관한 사항
　4의2. 공동주택 회계처리에 관한 사항

5. 층간소음 예방 및 입주민 간 분쟁의 조정에 관한 사항
  6. 하자 보수에 관한 사항
  7. 그 밖에 입주자대표회의 운영에 필요한 사항
③ 시장·군수·구청장은 관리주체·입주자등이 희망하는 경우에는 제1항의 교육을 관리주체·입주자등에게 실시할 수 있다. <신설 2018. 3. 13., 2023. 10. 24.>

제3절 관리방법

1. 관리 이관 및 업무인계

가. 사업주체의 관리 및 이관

(1) 사업주체의 관리

의무관리대상 아파트를 건설한 사업주체는 입주예정자의 과반수가 입주할 때까지 그 아파트를 관리해야 합니다(「공동주택관리법」 제11조제1항).

※ 의무관리대상 아파트: 해당 아파트를 전문적으로 관리하는 자를 두고 자치 의결기구를 의무적으로 구성하여야 하는 등 일정한 의무가 부과되는 아파트를 말하며, 그 범위는 다음과 같습니다(「공동주택관리법」 제2조제1항제2호 및 「공동주택관리법 시행령」 제2조).

◆ 공동주택관리법
제11조 (관리의 이관) ① 의무관리대상 공동주택을 건설한 사업주체는 입주예정자의 과반수가 입주할 때까지 그 공동주택을 관리하여야 하며, 입주예정자의 과반수가 입주하였을 때에는 입주자등에게 대통령령으로 정하는 바에 따라 그 사실을 통지하고 해당 공동주택을 관리할 것을 요구하여야 한다.

◆ 공동주택관리법 시행령
제2조 (의무관리대상 공동주택의 범위) 「공동주택관리법」(이하 "법"이라 한다) 제2조제1항제2호마목에서 "대통령령으로 정하는 기준"이란 전체 입주자등의 3분의 2 이상이 서면으로 동의하는 방법을 말한다. [전문개정 2020. 4. 24.]

① 300세대 이상의 아파트
② 150세대 이상으로서 승강기가 설치된 아파트
③ 150세대 이상으로서 중앙집중식 난방방식(지역난방방식을 포함한다)의 아파트
④ 「건축법」 제11조에 따른 건축허가를 받아 주택 외의 시설과 주택을 동일건축물로 건축한 건축물로서 주택이 150세대 이상인 건축물
⑤ 1.부터 4.까지에 해당하지 않는 공동주택 중 전체 입주자등의 3분의 2 이상이 서면으로 동의하여 정하는 아파트

※ 사업주체: 「주택법」 제15조에 따른 주택건설사업계획 또는 대지조성사업계획의 승인을 받아 그 사업을 시행하는 국가·지방자치단체, 한국토지주택공사 또는 지방공사, 「주택법」 제4조에 따라 등록한 주택건설사업자 또는 대지조성사업자 및 그 밖에 「주택법」에 따라 주택건설사업 또는 대지조성사업을 시행하는 자를 말합니다(「주택법」 제2조제10호).

나. 사업주체의 관리 이관 요구

의무관리대상 아파트를 건설한 사업주체는 입주예정자의 과반수가 입주하였을 때에는 입주자·사용자에게 그 사실을 통지하고 해당 아파트를 관리할 것을 요구해야 합니다(「공동주택관리법」 제11조제1항 및 「공동주택관리법 시행령」 제8조제1항).

통지서 기재 사항
총 입주예정세대수 및 총 입주세대수 ① 동별 입주예정세대수 및 동별 입주세대수 ② 아파트의 관리방법에 관한 결정의 요구 ③ 사업주체의 성명 및 주소(법인인 경우에는 명칭 및 소재지를 말함) (「공동주택관리법 시행령」 제8조제1항 각 호)

※ 입주자: 아파트의 소유자 또는 그 소유자를 대리하는 배우자 및 직계존비속을 말합니다(「공동주택관리법」 제2조제1항제5호).
※ 사용자: 아파트를 임차하여 사용하는 자(임대주택의 임차인은 제외) 등을 말합니다(「공동주택관리법」 제2조제1항제6호).

◆ 공동주택관리법
제11조 (관리의 이관) ① 의무관리대상 공동주택을 건설한 사업주체는 입주예정자의 과반수가 입주할 때까지 그 공동주택을 관리하여야 하며, 입주예정자의 과반수가 입주하였을 때에는 입주자등에게 대통령령으로 정하는 바에 따라 그 사실을 통지하고 해당 공동주택을 관리할 것을 요구하여야 한다.

> ◆ 공동주택관리법 시행령
> 제8조 (입주자등에 대한 관리요구의 통지) ① 사업주체는 법 제11조제1항에 따라 입주자등에게 입주예정자의 과반수가 입주한 사실을 통지할 때에는 통지서에 다음 각 호의 사항을 기재하여야 한다.
>   1. 총 입주예정세대수 및 총 입주세대수
>   2. 동별 입주예정세대수 및 동별 입주세대수
>   3. 공동주택의 관리방법에 관한 결정의 요구
>   4. 사업주체의 성명 및 주소(법인인 경우에는 명칭 및 소재지를 말한다)

다. 입주자대표회의의 구성

입주자·사용자는 관리 이관 요구를 받았을 때에는 그 요구를 받은 날부터 3개월 이내에 입주자를 구성원으로 하는 입주자대표회의를 구성해야 합니다(「공동주택관리법」 제11조제2항).

> ◆ 공동주택관리법
> 제11조 (관리의 이관) ② 입주자등이 제1항에 따른 요구를 받았을 때에는 그 요구를 받은 날부터 3개월 이내에 입주자를 구성원으로 하는 입주자대표회의를 구성하여야 한다.

라. 아파트 관리방법의 결정 및 변경

아파트 관리방법의 결정 또는 변경은 다음의 방법으로 합니다(「공동주택관리법」 제5조제2항, 제11조제3항, 「공동주택관리법 시행령」 제3조 및 제9조).

절차	내용
관리방법의 결정 방법	① 입주자대표회의의 의결로 제안하고 전체 입주자·사용자의 과반수가 찬성 또는 ② 전체 입주자·사용자의 10분의 1 이상이 서면으로 제안하고 전체 입주자·사용자의 과반수가 찬성 (「공동주택관리법 시행령」 제3조)

▼

절차	내용
신고 전 사업주체에 통지	입주자대표회의의 회장(직무를 대행하는 경우에는 그 직무를 대행하는 사람을 포함함)은 아파트 관리방법의 결정(위탁관리하는 방법을 선택한 경우에는 그 주택관리업자의 선정을 포함)에 관한 신고를 하려는 경우에는 이를 사업주체에게 통지 (「공동주택관리법」 제11조제3항)

절차	내용
30일 이내 신고	그 결정일부터 30일 이내에 관리방법의 결정 및 변경결정 신고서에 관리방법의 제안서 및 그에 대한 입주자·사용자의 동의서를 첨부하여 특별자치시장·특별자치도지사·시장·군수·구청장(자치구의 구청장을 말하며, 이하 "시장·군수·구청장"이라 함)에게 신고해야 함 시장·군수·구청장은 신고를 받은 날부터 7일 이내에 신고수리 여부를 신고인에게 통지하여야 하며, 7일 이내에 신고수리 여부 또는 민원 처리 관련 법령에 따른 처리기간의 연장을 신고인에게 통지하지 아니하면 그 기간이 끝난 날의 다음 날에 신고를 수리한 것으로 봄 (「공동주택관리법」 제11조제3항, 제4항, 제5항, 「공동주택관리법 시행령」 제9조, 「공동주택관리법 시행규칙」 제3조 및 별지 제1호의2서식)

※ 아파트 관리방법(위탁관리, 자치관리 및 주택관리업자 선정 등)에 관한 자세한 내용은 이 콘텐츠 <아파트 관리하기-아파트 관리방법-관리의 유형 및 구분>에서 확인할 수 있습니다.

◆ 공동주택관리법
제5조 (공동주택의 관리방법) ② 입주자등이 공동주택의 관리방법을 정하거나 변경하는 경우에는 대통령령으로 정하는 바에 따른다.

◆ 공동주택관리법 시행령
제3조 (관리방법의 결정 방법) 법 제5조제2항에 따른 공동주택 관리방법의 결정 또는 변경은 다음 각 호의 어느 하나에 해당하는 방법으로 한다. <개정 2021. 10. 19.>
   1. 입주자대표회의의 의결로 제안하고 전체 입주자등의 과반수가 찬성
   2. 전체 입주자등의 10분의 1 이상이 서면으로 제안하고 전체 입주자등의 과반수가 찬성

◆ 공동주택관리법 시행령
제9조 (관리방법 결정 등의 신고) 법 제11조제3항에 따라 입주자대표회의의 회장은 공동주택 관리방법의 결정(위탁관리하는 방법을 선택한 경우에는 그 주택관리업자의 선정을 포함한다) 또는 변경결정에 관한 신고를 하려는 경우에는 그 결정일 또는 변경결정일부터 30일 이내에 신고서를 시장·군수·구청장에게 제출해야 한다. <개정 2020. 4. 24.>

위 관리방법의 결정에 대하여 신고를 하지 않은 경우에는 500만원 이하의 과태료가 부과됩니다(「공동주택관리법」 제102조제3항제3호, 「공동주택관리법 시행령」 제100조제1항 및 별표 9).

◆ 공동주택관리법
제102조 (과태료) ③ 다음 각 호의 어느 하나에 해당하는 자에게는 500만원 이하의 과태료를 부과한다. <개정 2022. 6. 10.>
　　3. 제10조의2제1항 본문 및 제4항에 따른 의무관리대상 공동주택의 전환 및 제외, 제11조제3항에 따른 관리방법의 결정 및 변경, 제19조제1항에 따른 관리규약의 제정 및 개정, 입주자대표회의의 구성 및 변경 등의 신고를 하지 아니한 자

◆ 공동주택관리법 시행령
제100조 (과태료의 부과) ① 법 제102조제4항에 따른 과태료의 부과기준은 별표 9와 같다. <개정 2023. 6. 13.>

마. 관리업무의 인계

(1) 사업주체가 관리업무를 인계하는 경우

사업주체는 다음의 어느 하나에 해당하게 된 날부터 1개월 이내에 해당 아파트의 관리주체에게 아파트의 관리업무를 인계해야 합니다(「공동주택관리법」 제13조제1항 및 「공동주택관리법 시행령」 제10조제1항).
① 입주자대표회의 회장으로부터 주택관리업자의 선정을 통지받은 경우
② 자치관리기구가 구성된 경우
③ 주택관리업자가 선정된 경우
※ 관리주체 : 아파트를 관리하는 「공동주택관리법」 제6조제1항에 따른 자치관리기구의 대표자인 아파트의 관리사무소장, 「공동주택관리법」 제13조제1항에 따라 관리업무를 인계하기 전의 사업주체, 주택관리업자 및 임대사업자, 「민간임대주택에 관한 특별법」 제2조제11호에 따른 주택임대관리업자(시설물 유지·보수·개량 및 그 밖의 주택관리 업무를 수행하는 경우에 한정함)를 말합니다(「공동주택관리법」 제2조제1항제10호).

◆ 공동주택관리법

제13조 (관리업무의 인계) ① 사업주체 또는 의무관리대상 전환 공동주택의 관리인은 다음 각 호의 어느 하나에 해당하는 경우에는 대통령령으로 정하는 바에 따라 해당 관리주체에게 공동주택의 관리업무를 인계하여야 한다. <개정 2019. 4. 23.>
   1. 입주자대표회의의 회장으로부터 제11조제3항에 따라 주택관리업자의 선정을 통지받은 경우
   2. 제6조제1항에 따라 자치관리기구가 구성된 경우
   3. 제12조에 따라 주택관리업자가 선정된 경우

◆ 공동주택관리법 시행령

제10조 (관리업무의 인계) ① 사업주체 또는 법 제10조의2제1항에 따른 의무관리대상 전환 공동주택의 관리인(이하 "의무관리대상 전환 공동주택의 관리인"이라 한다)은 법 제13조제1항에 따라 같은 조 각 호의 어느 하나에 해당하게 된 날부터 1개월 이내에 해당 공동주택의 관리주체에게 공동주택의 관리업무를 인계해야 한다. <개정 2020. 4. 24.>

(2) 관리주체가 관리업무를 인계하는 경우

아파트의 관리주체가 변경되는 경우에 기존 관리주체는 새로운 관리주체에게 위를 준용하여 해당 아파트의 관리업무를 인계해야 합니다(「공동주택관리법」 제13조제2항).

◆ 공동주택관리법

제13조 (관리업무의 인계) ② 공동주택의 관리주체가 변경되는 경우에 기존 관리주체는 새로운 관리주체에게 제1항을 준용하여 해당 공동주택의 관리업무를 인계하여야 한다.

새로운 관리주체는 기존 관리의 종료일까지 관리기구를 구성해야 하며, 기존 관리주체는 해당 관리의 종료일까지 아파트의 관리업무를 인계해야 합니다(「공동주택관리법 시행령」 제10조제2항).

◆ 공동주택관리법 시행령

제10조 (관리업무의 인계) ② 법 제13조제2항에 따른 새로운 관리주체는 기존 관리의 종료일까지 공동주택관리기구를 구성하여야 하며, 기존 관리주체는 해당 관리의 종료일까지 공동주택의 관리업무를 인계하여야 한다.

　기존 관리의 종료일까지 인계·인수가 이루어지지 않은 경우 기존 관리주체는 기존 관리의 종료일(기존 관리의 종료일까지 새로운 관리주체가 선정되지 못한 경우에는 새로운 관리주체가 선정된 날을 말함)부터 1개월 이내에 새로운 관리주체에게 아파트의 관리업무를 인계해야 합니다. 이 경우 그 인계기간에 소요되는 기존 관리주체의 인건비 등은 해당 아파트의 관리비로 지급할 수 있습니다(「공동주택관리법 시행령」 제10조제3항).

◆ 공동주택관리법 시행령

제10조 (관리업무의 인계) ③ 제2항에도 불구하고 기존 관리의 종료일까지 인계·인수가 이루어지지 아니한 경우 기존 관리주체는 기존 관리의 종료일(기존 관리의 종료일까지 새로운 관리주체가 선정되지 못한 경우에는 새로운 관리주체가 선정된 날을 말한다)부터 1개월 이내에 새로운 관리주체에게 공동주택의 관리업무를 인계하여야 한다. 이 경우 그 인계기간에 소요되는 기존 관리주체의 인건비 등은 해당 공동주택의 관리비로 지급할 수 있다.

　사업주체 또는 의무관리대상 전환 공동주택의 관리인은 아파트의 관리업무를 해당 관리주체에 인계할 때에는 입주자대표회의의 회장 및 1명 이상의 감사의 참관하에 인계자와 인수자가 인계·인수서에 각각 서명·날인하여 다음의 서류를 인계해야 합니다. 기존 관리주체가 새로운 관리주체에게 아파트의 관리업무를 인계하는 경우에도 또한 같습니다(「공동주택관리법 시행령」 제10조제4항).

◆ 공동주택관리법 시행령

제10조 (관리업무의 인계) ④ 사업주체 또는 의무관리대상 전환 공동주택의 관리인은 법 제13조제1항에 따라 공동주택의 관리업무를 해당 관리주체에 인계할 때에는 입주자대표회의의 회장 및 1명 이상의 감사의 참관하에 인계자와 인수자가 인계·인수서에 각각 서명·날인하여 다음 각 호의 서류를 인계해야 한다. 기존 관리주체가 같은 조 제2항에 따라 새로운 관리주체에게 공동주택의 관리업무를 인계하는 경우에도 또한 같다. <개정 2017. 9. 29., 2020. 4. 24.>

> 1. 설계도서, 장비의 명세, 장기수선계획 및 법 제32조에 따른 안전관리계획(이하 "안전관리계획"이라 한다)
> 2. 관리비·사용료·이용료의 부과·징수현황 및 이에 관한 회계서류
> 3. 장기수선충당금의 적립현황
> 4. 법 제24조제1항에 따른 관리비예치금의 명세
> 5. 법 제36조제3항제1호에 따라 세대 전유부분을 입주자에게 인도한 날의 현황
> 6. 관리규약과 그 밖에 공동주택의 관리업무에 필요한 사항

설계도서·장비의 명세·장기수선계획 및 안전관리계획(「공동주택관리법」 제32조)

> ◆ 공동주택관리법
> 제32조 (안전관리계획 및 교육 등) ① 의무관리대상 공동주택의 관리주체는 해당 공동주택의 시설물로 인한 안전사고를 예방하기 위하여 대통령령으로 정하는 바에 따라 안전관리계획을 수립하고, 이에 따라 시설물별로 안전관리자 및 안전관리책임자를 지정하여 이를 시행하여야 한다.
> ② 다음 각 호의 사람은 국토교통부령으로 정하는 바에 따라 공동주택단지의 각종 안전사고의 예방과 방범을 위하여 시장·군수·구청장이 실시하는 방범교육 및 안전교육을 받아야 한다.
>   1. 경비업무에 종사하는 사람
>   2. 제1항의 안전관리계획에 따라 시설물 안전관리자 및 안전관리책임자로 선정된 사람
> ③ 시장·군수·구청장은 제2항에 따른 방범교육 및 안전교육을 국토교통부령으로 정하는 바에 따라 다음 각 호의 구분에 따른 기관 또는 법인에 위임하거나 위탁하여 실시할 수 있다.
>   1. 방범교육: 관할 경찰서장 또는 제89조제2항에 따라 인정받은 법인
>   2. 소방에 관한 안전교육: 관할 소방서장 또는 제89조제2항에 따라 인정받은 법인
>   3. 시설물에 관한 안전교육: 제89조제2항에 따라 인정받은 법인

① 관리비·사용료·이용료의 부과·징수현황 및 이에 관한 회계서류
② 장기수선충당금의 적립현황
③ 관리비예치금의 명세(「공동주택관리법」 제24조제1항)

④ 세대 전유부분을 입주자에게 인도한 날의 현황(「공동주택관리법」 제36조제3항제1호)
⑤ 관리규약과 그 밖에 아파트의 관리업무에 필요한 사항

> ◆ 공동주택관리법
> 제24조 (관리비예치금) ① 관리주체는 해당 공동주택의 공용부분의 관리 및 운영 등에 필요한 경비(이하 "관리비예치금"이라 한다)를 공동주택의 소유자로부터 징수할 수 있다.

> ◆ 공동주택관리법
> 제36조 (하자담보책임) ③ 제1항 및 제2항에 따른 담보책임의 기간(이하 "담보책임기간"이라 한다)은 하자의 중대성, 시설물의 사용 가능 햇수 및 교체 가능성 등을 고려하여 공동주택의 내력구조부별 및 시설공사별로 10년의 범위에서 대통령령으로 정한다. 이 경우 담보책임기간은 다음 각 호의 날부터 기산한다. <개정 2016. 1. 19., 2017. 4. 18., 2020. 6. 9.>
>   1. 전유부분: 입주자(제2항에 따른 담보책임의 경우에는 임차인)에게 인도한 날
>   2. 공용부분: 「주택법」 제49조에 따른 사용검사일(같은 법 제49조제4항 단서에 따라 공동주택의 전부에 대하여 임시 사용승인을 받은 경우에는 그 임시 사용승인일을 말하고, 같은 법 제49조제1항 단서에 따라 분할 사용검사나 동별 사용검사를 받은 경우에는 그 분할 사용검사일 또는 동별 사용검사일을 말한다) 또는 「건축법」 제22조에 따른 공동주택의 사용승인일

(3) 위반 시 제재

이를 위반하여 아파트의 관리업무를 인계하지 않은 경우에는 1,000만원 이하의 과태료가 부과됩니다(「공동주택관리법」 제102조제2항제1호, 「공동주택관리법 시행령」 제100조제1항 및 별표 9)

> ◆ 공동주택관리법
> 제102조 (과태료) ② 다음 각 호의 어느 하나에 해당하는 자에게는 1천만원 이하의 과태료를 부과한다. <개정 2016. 1. 19.>
>   1. 제13조를 위반하여 공동주택의 관리업무를 인계하지 아니한 자

◆ 공동주택관리법 시행령
제100조 (과태료의 부과) ① 법 제102조제4항에 따른 과태료의 부과기준은 별표 9와 같다. <개정 2023. 6. 13.>

제3장   입주자대표회의의 구성

제1절   입주자대표회의의 개요

1. "입주자대표회의"란?

"입주자대표회의"란 아파트의 입주자·사용자를 대표하여 관리에 관한 주요사항을 결정하기 위하여 구성하는 자치 의결기구를 말합니다(「공동주택관리법」 제2조제1항제8호).

※ 입주자 : 아파트의 소유자 또는 그 소유자를 대리하는 배우자 및 직계존비속을 말합니다(「공동주택관리법」 제2조제1항제5호).

※ 사용자 : 아파트를 임차하여 사용하는 자(임대주택의 임차인은 제외한다) 등을 말합니다(「공동주택관리법」 제2조제1항제6호).

> ◆ 공동주택관리법
> 제2조 (정의) ① 이 법에서 사용하는 용어의 뜻은 다음과 같다. <개정 2019. 4. 23.>
>   8. "입주자대표회의"란 공동주택의 입주자등을 대표하여 관리에 관한 주요사항을 결정하기 위하여 제14조에 따라 구성하는 자치 의결기구를 말한다.

2. 입주자대표회의의 구성

입주자대표회의는 4명 이상으로 구성하되, 동별 세대수에 비례하여 관리규약으로 정한 선거구에 따라 선출된 대표자(이하 "동별 대표자"라 함)로 구성합니다(「공동주택관리법」 제14조제1항 전단).

※ 관리규약 : 아파트의 입주자·사용자를 보호하고 주거생활의 질서를 유지하기 위하여 입주자·사용자가 정하는 자치규약을 말합니다(「공동주택관리법」 제2조제1항제9호).

> ◆ 공동주택관리법
> 제14조 (입주자대표회의의 구성 등) ① 입주자대표회의는 4명 이상으로 구성하되, 동별 세대수에 비례하여 관리규약으로 정한 선거구에 따라 선출된 대표자(이하 "동별 대표자"라 한다)로 구성한다. 이 경우 선거구는 2개 동 이

상으로 묶거나 통로나 층별로 구획하여 정할 수 있다.

입주자대표회의에는 회장(1명), 감사(2명 이상) 및 이사(1명 이상)를 임원으로 두어야 합니다(「공동주택관리법」 제14조제6항 및 「공동주택관리법 시행령」 제12조제1항).

◆ 공동주택관리법
제14조 (입주자대표회의의 구성 등) ⑥ 입주자대표회의에는 대통령령으로 정하는 바에 따라 회장, 감사 및 이사를 임원으로 둔다. <개정 2018. 3. 13.>

◆ 공동주택관리법 시행령
제12조 (입주자대표회의 임원의 선출 등) ① 법 제14조제6항에 따라 입주자대표회의에는 다음 각 호의 임원을 두어야 한다. <개정 2018. 9. 11.>
   1. 회장 1명
   2. 감사 2명 이상
   3. 이사 1명 이상

3. 입주자대표회의의 구성변경의 신고

입주자대표회의의 회장은 입주자대표회의가 구성·변경된 날부터 30일 이내에 신고서를 특별자치시장·특별자치도지사·시장·군수·구청장(자치구의 구청장을 말하며, 이하 "시장·군수·구청장"이라 함)에게 제출해야 합니다(「공동주택관리법」 제19조제1항제2호 및 「공동주택관리법 시행령」 제21조).

◆ 공동주택관리법
제19조 (관리규약 등의 신고) ① 입주자대표회의의 회장(관리규약의 제정의 경우에는 사업주체 또는 의무관리대상 전환 공동주택의 관리인을 말한다)은 다음 각 호의 사항을 대통령령으로 정하는 바에 따라 시장·군수·구청장에게 신고하여야 하며, 신고한 사항이 변경되는 경우에도 또한 같다. 다만, 의무관리대상 전환 공동주택의 관리인이 관리규약의 제정 신고를 하지 아니하는 경우에는 입주자등의 10분의 1 이상이 연서하여 신고할 수 있다. <개정 2019. 4. 23., 2021. 8. 10.>
   2. 입주자대표회의의 구성·변경

◆ 공동주택관리법 시행령
제21조 (관리규약의 제정 및 개정 등 신고) 법 제19조제1항에 따른 신고를 하려는 입주자대표회의의 회장(관리규약 제정의 경우에는 사업주체 또는 의무관리대상 전환 공동주택의 관리인을 말한다)은 관리규약이 제정·개정되거나 입주자대표회의가 구성·변경된 날부터 30일 이내에 신고서를 시장·군수·구청장에게 제출해야 한다. <개정 2020. 4. 24., 2021. 10. 19.>

입주자대표회의의 구성·변경을 신고하는 경우에는 ① 신고서, ② 입주자대표회의의 구성 현황(임원 및 동별 대표자의 성명·주소·생년월일 및 약력과 그 선출에 관한 증명서류를 포함)에 대한 서류를 제출해야 합니다(「공동주택관리법 시행규칙」 제6조제1항, 제6조제2항제2호 및 별지 제5호서식).

◆ 공동주택관리법 시행규칙
제6조 (관리규약의 제정 및 개정 등 신고) ② 입주자대표회의의 회장(관리규약 제정의 경우에는 사업주체 또는 법 제10조의2제1항에 따른 의무관리대상 전환 공동주택의 관리인을 말한다)은 영 제21조에 따라 시장·군수·구청장에게 제1항에 따른 신고서를 제출할 때에는 다음 각 호의 구분에 따른 서류를 첨부해야 한다. <개정 2020. 4. 24.>
   2. 입주자대표회의의 구성·변경을 신고하는 경우: 입주자대표회의의 구성 현황(임원 및 동별 대표자의 성명·주소·생년월일 및 약력과 그 선출에 관한 증명서류를 포함한다)

◆ 공동주택관리법 시행규칙 [별지 제5호 서식]　p 참조

시장·군수·구청장은 신고를 받은 날부터 7일 이내에 신고수리 여부를 신고인에게 통지하여야 하며, 7일 이내에 신고수리 여부 또는 민원 처리 관련 법령에 따른 처리기간의 연장을 신고인에게 통지하지 아니하면 그 기간이 끝난 날의 다음 날에 신고를 수리한 것으로 봅니다(「공동주택관리법」 제19조제2항 및 제3항).
※ 입주자대표회의의 구성 및 변경 등의 신고를 하지 않은 경우에는 500만원 이하의 과태료가 부과됩니다(「공동주택관리법」 제102조제3항제3호, 「공동주택관리법 시행령」 제100조제1항 및 별표 9).

◆ 공동주택관리법
제19조 (관리규약 등의 신고) ② 시장·군수·구청장은 제1항에 따른 신고를

받은 날부터 7일 이내에 신고수리 여부를 신고인에게 통지하여야 한다. <신설 2021. 8. 10.>
③ 시장·군수·구청장이 제2항에서 정한 기간 내에 신고수리 여부 또는 민원 처리 관련 법령에 따른 처리기간의 연장을 신고인에게 통지하지 아니하면 그 기간(민원 처리 관련 법령에 따라 처리기간이 연장 또는 재연장된 경우에는 해당 처리기간을 말한다)이 끝난 날의 다음 날에 신고를 수리한 것으로 본다. <신설 2021. 8. 10.>

제2절 선거관리위원회

1. 선거관리위원회의 구성과 운영

가. 선거관리위원회의 구성

입주자·사용자는 동별 대표자나 입주자대표회의의 임원을 선출하거나 해임하기 위하여 선거관리위원회를 구성합니다(「공동주택관리법」 제15조제1항).

선거관리위원회는 입주자·사용자(서면으로 위임된 대리권이 없는 아파트 소유자의 배우자 및 직계존비속이 그 소유자를 대리하는 경우를 포함) 중에서 위원장을 포함하여 다음의 구분에 따른 위원으로 구성하며, 위원장은 위원 중에서 호선합니다(「공동주택관리법 시행령」 제15조제1항 및 제2항).

① 500세대 이상인 아파트: 5명 이상 9명 이하
② 500세대 미만인 아파트: 3명 이상 9명 이하

※ 입주자 : 아파트의 소유자 또는 그 소유자를 대리하는 배우자 및 직계존비속을 말합니다(「공동주택관리법」 제2조제1항제5호).
※ 사용자 : 아파트를 임차하여 사용하는 자(임대주택의 임차인은 제외함) 등을 말합니다(「공동주택관리법」 제2조제1항제6호).

500세대 이상인 아파트는 위에도 불구하고 「선거관리위원회법」 제2조에 따른 선거관리위원회 소속 직원 1명을 관리규약으로 정하는 바에 따라 위원으로 위촉할 수 있습니다(「공동주택관리법 시행령」 제15조제3항).

◆ 공동주택관리법
제15조 (동별 대표자 등의 선거관리) ① 입주자등은 동별 대표자나 입주자대표

회의의 임원을 선출하거나 해임하기 위하여 선거관리위원회(이하 "선거관리위원회"라 한다)를 구성한다.
② 다음 각 호의 어느 하나에 해당하는 사람은 선거관리위원회 위원이 될 수 없으며 그 자격을 상실한다.
  1. 동별 대표자 또는 그 후보자
  2. 제1호에 해당하는 사람의 배우자 또는 직계존비속
  3. 그 밖에 대통령령으로 정하는 사람
③ 선거관리위원회의 구성원 수, 위원장의 선출 방법, 의결의 방법 등 선거관리위원회의 구성 및 운영에 필요한 사항은 대통령령으로 정한다.

다음에 해당하는 경우에는 선거관리위원회 위원이 될 수 없으며 그 자격을 상실합니다(「공동주택관리법」 제15조제2항 및 「공동주택관리법 시행령」 제16조).

◆ 공동주택관리법
제15조 (동별 대표자 등의 선거관리) ② 다음 각 호의 어느 하나에 해당하는 사람은 선거관리위원회 위원이 될 수 없으며 그 자격을 상실한다.
  1. 동별 대표자 또는 그 후보자
  2. 제1호에 해당하는 사람의 배우자 또는 직계존비속
  3. 그 밖에 대통령령으로 정하는 사람

◆ 공동주택관리법 시행령
제16조 (선거관리위원회 위원의 결격사유 등) 법 제15조제2항제3호에서 "대통령령으로 정하는 사람"이란 다음 각 호의 어느 하나에 해당하는 사람을 말한다. <개정 2020. 4. 24.>
  1. 미성년자, 피성년후견인 또는 피한정후견인
  2. 동별 대표자를 사퇴하거나 그 지위에서 해임된 사람 또는 법 제14조제5항에 따라 퇴임한 사람으로서 그 남은 임기 중에 있는 사람
  3. 선거관리위원회 위원을 사퇴하거나 그 지위에서 해임 또는 해촉된 사람으로서 그 남은 임기 중에 있는 사람

선거관리위원회 위원의 자격 상실 기준
① 동별 대표자 또는 그 후보자
② 동별 대표자 또는 그 후보자의 배우자 또는 직계존비속
③ 미성년자, 피성년후견인 또는 피한정후견인
④ 동별 대표자를 사퇴하거나 그 지위에서 해임된 사람 또는 「공동주택관리법」 제14조제5항에 따라 퇴임한 사람으로서 그 남은 임기 중에 있는 사람
⑤ 선거관리위원회 위원을 사퇴하거나 그 지위에서 해임 또는 해촉된 사람으로서 그 남은 임기 중에 있는 사람

선거관리위원회는 선거관리를 위하여 해당 소재지를 관할하는 구·시·군선거관리위원회에 투표 및 개표 관리 등 선거지원을 요청할 수 있습니다(「공동주택관리법」 제15조제4항).

◆ 공동주택관리법
제15조 (동별 대표자 등의 선거관리) ④ 선거관리위원회는 제1항에 따른 선거관리를 위하여 「선거관리위원회법」 제2조제1항제3호에 따라 해당 소재지를 관할하는 구·시·군선거관리위원회에 투표 및 개표 관리 등 선거지원을 요청할 수 있다.

나. 선거관리위원회의 운영

선거관리위원회는 그 구성원(관리규약으로 정한 정원을 말함) 과반수의 찬성으로 그 의사를 결정합니다. 이 경우 「공동주택관리법 시행령」 및 관리규약으로 정하지 않은 사항은 선거관리위원회 규정으로 정할 수 있습니다(「공동주택관리법 시행령」 제15조제4항).
※ 관리규약 : 아파트의 입주자·사용자를 보호하고 주거생활의 질서를 유지하기 위하여 입주자·사용자가 정하는 자치규약을 말합니다(「공동주택관리법」 제2조제1항제9호).

선거관리위원회의 구성·운영·업무·경비, 위원의 선임·해임 및 임기 등에 관한 사항은 관리규약으로 정합니다(「공동주택관리법 시행령」 제15조제5항).

◆ 공동주택관리법 시행령
제15조 (선거관리위원회 구성원 수 등) ④ 선거관리위원회는 그 구성원(관리규약으로 정한 정원을 말한다) 과반수의 찬성으로 그 의사를 결정한다. 이 경

우 이 영 및 관리규약으로 정하지 아니한 사항은 선거관리위원회 규정으로 정할 수 있다.
⑤ 선거관리위원회의 구성·운영·업무(법 제14조제4항 각 호에 따른 동별 대표자 결격사유의 확인을 포함한다)·경비, 위원의 선임·해임 및 임기 등에 관한 사항은 관리규약으로 정한다.

제3절 공동주택의 관리업무

1. 아파트 관리의 유형

가. 자치관리(관리사무소)

　의무관리대상 아파트의 입주자·사용자가 아파트를 자치관리할 것을 정한 경우에는 입주자대표회의는 아파트의 관리사무소장을 자치관리기구의 대표자로 선임하고, 자치관리기구를 구성해야 합니다(「공동주택관리법」 제6조제1항).
※ 의무관리대상 아파트: 해당 아파트를 전문적으로 관리하는 자를 두고 자치 의결기구를 의무적으로 구성하여야 하는 등 일정한 의무가 부과되는 아파트를 말하며, 그 범위는 다음과 같습니다(「공동주택관리법」 제2조제1항제2호 및 「공동주택관리법 시행령」 제2조).

◆ 공동주택관리법
제6조 (자치관리) ① 의무관리대상 공동주택의 입주자등이 공동주택을 자치관리할 것을 정한 경우에는 입주자대표회의는 제11조제1항에 따른 요구가 있은 날(제2조제1항제2호마목에 따라 의무관리대상 공동주택으로 전환되는 경우에는 제19조제1항제2호에 따른 입주자대표회의의 구성 신고가 수리된 날을 말한다)부터 6개월 이내에 공동주택의 관리사무소장을 자치관리기구의 대표자로 선임하고, 대통령령으로 정하는 기술인력 및 장비를 갖춘 자치관리기구를 구성하여야 한다. <개정 2019. 4. 23., 2021. 8. 10.>

① 300세대 이상의 아파트
② 150세대 이상으로서 승강기가 설치된 아파트
③ 150세대 이상으로서 중앙집중식 난방방식(지역난방방식을 포함한다)의 아파트
④ 「건축법」 제11조에 따른 건축허가를 받아 주택 외의 시설과 주택을 동일건

축물로 건축한 건축물로서 주택이 150세대 이상인 건축물
⑤ 1.부터 4.까지에 해당하지 않는 공동주택 중 전체 입주자등의 3분의 2 이상이 서면으로 동의하여 정하는 아파트

※ 입주자 : 아파트의 소유자 또는 그 소유자를 대리하는 배우자 및 직계존비속을 말합니다(「공동주택관리법」 제2조제1항제5호).
※ 사용자 : 아파트를 임차하여 사용하는 자(임대주택의 임차인은 제외한다) 등을 말합니다(「공동주택관리법」 제2조제1항제6호).

나. 위탁관리(주택관리업자)

의무관리대상 아파트의 입주자·사용자가 아파트를 위탁관리할 것을 정한 경우에는 입주자대표회의는 다음의 기준에 따라 주택관리업자를 선정해야 합니다(「공동주택관리법」 제7조제1항, 「공동주택관리법 시행령」 제5조제1항 및 제2항).

주택관리업자 선정 기준 등
1. 「전자문서 및 전자거래 기본법」 제2조제2호에 따른 정보처리시스템을 통하여 선정(이하 "전자입찰방식"이라 함)할 것. 다만, 선정방법 등이 전자입찰방식을 적용하기 곤란한 경우로서 수의계약이나 적격심사제로 주택관리업자 및 사업자를 선정하는 경우에는 전자입찰방식으로 선정하지 않을 수 있습니다[「주택관리업자 및 사업자 선정지침」(국토교통부고시 제2024-196호, 2024. 4. 11. 발령·시행) 제3조제3항].
2. 다음의 구분에 따른 사항에 대하여 전체 입주자등의 과반수의 동의를 얻을 것 　가. 경쟁입찰: 입찰의 종류 및 방법, 낙찰방법, 참가자격 제한 등 입찰과 관련한 중요사항 　나. 수의계약: 계약상대자 선정, 계약 조건 등 계약과 관련한 중요사항
3. 「주택관리업자 및 사업자 선정지침」에서 정하는 경우 외에는 경쟁입찰로 할 것
4. 입주자대표회의의 감사가 입찰과정 참관을 원하는 경우에는 참관할 수 있도록 할 것
5. 계약기간은 장기수선계획의 조정 주기를 고려하여 정할 것

※ 주택관리업자 선정방법에 관한 자세한 내용은 「주택관리업자 및 사업자 선정지침」에서 확인할 수 있습니다.
※ 입주자등은 기존 주택관리업자의 관리 서비스가 만족스럽지 못한 경우 전체 입주자등 과반수의 서면동의로 새로운 주택관리업자 선정을 위한 입찰에서 기존 주택관리업자의 참가를 제한하도록 입주자대표회의에 요구할 수 있습니다. 이 경우 입주자대표회의는 그 요구에 따라야 합니다(「공동주택관리법」 제7조제2항 및 「공동주택관리법 시행령」 제5조제3항).
※ 관리주체: 아파트를 관리하는 「공동주택관리법」 제6조제1항에 따른 자치관리기구의

대표자인 아파트의 관리사무소장, 「공동주택관리법」 제13조제1항에 따라 관리업무를 인계하기 전의 사업주체, 주택관리업자 및 임대사업자, 「민간임대주택에 관한 특별법」 제2조제11호에 따른 주택임대관리업자(시설물 유지·보수·개량 및 그 밖의 주택관리 업무를 수행하는 경우에 한정함)를 말합니다(「공동주택관리법」 제2조제1항제10호).

> ◆ 공동주택관리법
>
> 제7조 (위탁관리) ① 의무관리대상 공동주택의 입주자등이 공동주택을 위탁관리할 것을 정한 경우에는 입주자대표회의는 다음 각 호의 기준에 따라 주택관리업자를 선정하여야 한다. <개정 2022. 6. 10.>
> 1. 「전자문서 및 전자거래 기본법」 제2조제2호에 따른 정보처리시스템을 통하여 선정(이하 "전자입찰방식"이라 한다)할 것. 다만, 선정방법 등이 전자입찰방식을 적용하기 곤란한 경우로서 국토교통부장관이 정하여 고시하는 경우에는 전자입찰방식으로 선정하지 아니할 수 있다.
> 1의2. 다음 각 목의 구분에 따른 사항에 대하여 전체 입주자등의 과반수의 동의를 얻을 것
>   가. 경쟁입찰: 입찰의 종류 및 방법, 낙찰방법, 참가자격 제한 등 입찰과 관련한 중요사항
>   나. 수의계약: 계약상대자 선정, 계약 조건 등 계약과 관련한 중요사항
> 2. 그 밖에 입찰의 방법 등 대통령령으로 정하는 방식을 따를 것

> ◆ 공동주택관리법
>
> 제5조 (주택관리업자의 선정 등) ① 법 제7조제1항제1호에 따른 전자입찰방식의 세부기준, 절차 및 방법 등은 국토교통부장관이 정하여 고시한다.
> ② 법 제7조제1항제2호에서 "입찰의 방법 등 대통령령으로 정하는 방식"이란 다음 각 호에 따른 방식을 말한다.
> 1. 국토교통부장관이 정하여 고시하는 경우 외에는 경쟁입찰로 할 것. 이 경우 다음 각 목의 사항은 국토교통부장관이 정하여 고시한다.
>   가. 입찰의 절차
>   나. 입찰 참가자격
>   다. 입찰의 효력
>   라. 그 밖에 주택관리업자의 적정한 선정을 위하여 필요한 사항
> 2. 삭제 <2023. 6. 13.>
> 3. 입주자대표회의의 감사가 입찰과정 참관을 원하는 경우에는 참관할 수 있도록 할 것

> 4. 계약기간은 장기수선계획의 조정 주기를 고려하여 정할 것

이를 위반하여 주택관리업자를 선정한 경우에는 500만원 이하의 과태료가 부과됩니다(「공동주택관리법」 제102조제3항제2호, 「공동주택관리법 시행령」 제100조제1항 및 별표 9).

> ◆ 공동주택관리법
> 제102조 (과태료) ③ 다음 각 호의 어느 하나에 해당하는 자에게는 500만원 이하의 과태료를 부과한다. <개정 2022. 6. 10.>
>   2. 제7조제1항 또는 제25조를 위반하여 주택관리업자 또는 사업자를 선정한 자

> ◆ 공동주택관리법 시행령
> 제100조 (과태료의 부과) ① 법 제102조제4항에 따른 과태료의 부과기준은 별표 9와 같다. <개정 2023. 6. 13.>

2. 사업주체의 주택관리업자 선정

사업주체는 입주자대표회의로부터 관리방법 결정에 대한 통지가 없거나 입주자대표회의가 자치관리기구를 구성하지 않는 경우에는 주택관리업자를 선정해야 합니다. 이 경우 사업주체는 입주자 및 관할 특별자치시장·특별자치도지사·시장·군수·구청장(자치구의 구청장을 말하며, 이하 "시장·군수·구청장"이라 함)에게 그 사실을 알려야 합니다(「공동주택관리법」 제12조).

> ◆ 공동주택관리법
> 제12조 (사업주체의 주택관리업자 선정) 사업주체는 입주자대표회의로부터 제11조제3항에 따른 통지가 없거나 입주자대표회의가 제6조제1항에 따른 자치관리기구를 구성하지 아니하는 경우에는 주택관리업자를 선정하여야 한다. 이 경우 사업주체는 입주자대표회의 및 관할 시장·군수·구청장에게 그 사실을 알려야 한다.

3. 아파트 관리의 구분

가. 공동관리와 구분관리

입주자대표회의는 아파트를 공동관리하거나 구분관리할 경우에는 다음의 사항을 입주자·사용자에게 통지하고 입주자·사용자의 서면동의를 받아, 인접한 아파트단지(임대주택단지를 포함)와 공동으로 관리하거나 500세대 이상의 단위로 나누어 관리하게 할 수 있습니다(「공동주택관리법」 제8조제1항 및 「공동주택관리법 시행규칙」 제2조제1항).

통지사항 (「공동주택관리법 시행규칙」 제2조제1항)	• 공동관리 또는 구분관리의 필요성 • 공동관리 또는 구분관리의 범위 • 공동관리 또는 구분관리에 따른 다음의 사항 • 입주자대표회의의 구성 및 운영 방안 • 아파트 관리기구의 구성 및 운영 방안 • 장기수선계획의 조정 및 장기수선충당금의 적립 및 관리 방안 • 입주자·사용자가 부담해야 하는 비용변동의 추정치 • 그 밖에 공동관리 또는 구분관리에 따라 변경될 수 있는 사항 중 입주자대표회의가 중요하다고 인정하는 사항 • ·그 밖에 관리규약으로 정하는 사항
서면동의 (「공동주택관리법 시행규칙」 제2조제2항)	·공동관리의 경우: 단지별로 입주자·사용자 과반수의 서면동의 ·구분관리의 경우: 구분관리 단위별 입주자·사용자 과반수의 서면동의. 다만, 관리규약으로 달리 정한 경우에는 그에 따름

입주자대표회의는 아파트를 공동관리하거나 구분관리할 것을 결정한 경우에는 지체 없이 그 내용을 시장·군수·구청장에게 통보해야 합니다(「공동주택관리법 시행규칙」 제2조제4항).

◆ 공동주택관리법
제8조 (공동관리와 구분관리) ① 입주자대표회의는 해당 공동주택의 관리에 필요하다고 인정하는 경우에는 국토교통부령으로 정하는 바에 따라 인접한 공동주택단지(임대주택단지를 포함한다)와 공동으로 관리하거나 500세대 이상의 단위로 나누어 관리하게 할 수 있다.

◆ 공동주택관리법 시행규칙
제2조 (공동주택의 공동관리 등) ① 입주자대표회의는 「공동주택관리법」(이하 "법"이라 한다) 제8조제1항에 따라 공동주택을 공동관리하거나 구분관리하려는 경우에는 다음 각 호의 사항을 입주자등에게 통지하고 입주자등의 서면동의를 받아야 한다. <개정 2017. 10. 18.>
    1. 공동관리 또는 구분관리의 필요성
    2. 공동관리 또는 구분관리의 범위
    3. 공동관리 또는 구분관리에 따른 다음 각 목의 사항
        가. 입주자대표회의의 구성 및 운영 방안
        나. 법 제9조에 따른 공동주택 관리기구의 구성 및 운영 방안
        다. 장기수선계획의 조정 및 법 제30조에 따른 장기수선충당금의 적립 및 관리 방안
        라. 입주자등이 부담하여야 하는 비용변동의 추정치
        마. 그 밖에 공동관리 또는 구분관리에 따라 변경될 수 있는 사항 중 입주자대표회의가 중요하다고 인정하는 사항
    4. 그 밖에 관리규약으로 정하는 사항
④ 입주자대표회의는 법 제8조제1항에 따라 공동주택을 공동관리하거나 구분관리할 것을 결정한 경우에는 지체 없이 그 내용을 시장·군수·구청장에게 통보하여야 한다. <개정 2017. 10. 18.>

(1) 공동관리 요건

공동관리는 단지별로 입주자·사용자 과반수의 서면동의를 받은 경우(임대주택단지의 경우에는 임대사업자와 임차인대표회의의 서면동의를 받은 경우를 말함)로서 「공동주택관리법 시행규칙」 제2조제3항에서 정하는 기준에 적합한 경우만 해당합니다(「공동주택관리법」 제8조제2항 및 「공동주택관리법 시행규칙」 제2조제3항).

※ 임차인대표회의: 「민간임대주택에 관한 특별법」 제52조에 따른 임차인대표회의 및 「공공주택 특별법」 제50조에 따라 준용되는 임차인대표회의를 말합니다(「공동주택관리법」 제2조제1항제21호).

※ 2010년 7월 6일 전에 이미 공동관리하고 있는 아파트에 대해서는 공동관리하는 인접한 단지기준(「공동주택관리법 시행규칙」 제2조제3항제2호)에도 불구하고 종전의 「주택법 시행규칙」(국토해양부령 제260호로 개정되기 전의 것을 말함)에 따릅니다 [「공동주택관리법 시행규칙」 부칙(제354호, 2016. 8. 12.) 제6조].

◆ 공동주택관리법

제8조 (공동관리와 구분관리) ② 제1항에 따른 공동관리는 단지별로 입주자등의 과반수의 서면동의를 받은 경우(임대주택단지의 경우에는 임대사업자와 임차인대표회의의 서면동의를 받은 경우를 말한다)로서 국토교통부령으로 정하는 기준에 적합한 경우에만 해당한다.

◆ 공동주택관리법 시행규칙

제2조 (공동주택의 공동관리 등) ③ 법 제8조제2항에서 "국토교통부령으로 정하는 기준"이란 다음 각 호의 기준을 말한다. 다만, 특별자치시장·특별자치도지사·시장·군수 또는 구청장(구청장은 자치구의 구청장을 말하며, 이하 "시장·군수·구청장"이라 한다)이 지하도, 육교, 횡단보도, 그 밖에 이와 유사한 시설의 설치를 통하여 단지 간 보행자 통행의 편리성 및 안전성이 확보되었다고 인정하는 경우에는 제2호의 기준은 적용하지 아니한다. <개정 2017. 10. 18.>

1. 공동관리하는 총세대수가 1천5백세대 이하일 것. 다만, 의무관리대상 공동주택단지와 인접한 300세대 미만의 공동주택단지를 공동으로 관리하는 경우는 제외한다.
2. 공동주택 단지 사이에 「주택법」 제2조제12호 각 목의 어느 하나에 해당하는 시설이 없을 것

(2) 관리기구

입주자대표회의 또는 관리주체는 공동주택 공용부분의 유지·보수 및 관리 등을 위하여 기술인력 및 장비를 갖추어 공동주택관리기구(자치관리기구를 포함)를 구성해야 합니다(「공동주택관리법」 제9조, 「공동주택관리법 시행령」 제6조제1항 및 별표 1).

입주자대표회의 또는 관리주체는 아파트를 공동관리하거나 구분관리하는 경우에는 공동관리 또는 구분관리 단위별로 공동주택관리기구를 구성해야 합니다(「공동주택관리법 시행령」 제6조제2항).

◆ 공동주택관리법

제9조 (공동주택관리기구) ① 입주자대표회의 또는 관리주체는 공동주택 공용부분의 유지·보수 및 관리 등을 위하여 공동주택관리기구(제6조제1항에 따른 자치관리기구를 포함한다)를 구성하여야 한다.

② 공동주택관리기구의 구성·기능·운영 등에 필요한 사항은 대통령령으로 정한다.

◆ 공동주택관리법 시행령
제6조 (공동주택관리기구의 구성·운영) ① 법 제9조제1항에 따라 공동주택관리기구는 별표 1에 따른 기술인력 및 장비를 갖추어야 한다.
② 입주자대표회의 또는 관리주체는 법 제8조에 따라 공동주택을 공동관리하거나 구분관리하는 경우에는 공동관리 또는 구분관리 단위별로 법 제9조제1항에 따른 공동주택관리기구를 구성하여야 한다.

4. 공동주택관리의 의의

일반적으로 '관리'라 함은 처분, 변경행위에 대립되는 개념으로서 물건 또는 권리의 성질을 변경시키지 아니하는 범위에서 보존·이용·개량하는 행위를 말한다

5. 공동주택관리의 특수성(단체적 공동관리)

◆ 집합건물의 소유 및 관리에 관한 법률
제5조 (구분소유자의 권리·의무 등) ① 구분소유자는 건물의 보존에 해로운 행위나 그 밖에 건물의 관리 및 사용에 관하여 구분소유자 공동의 이익에 어긋나는 행위를 하여서는 아니 된다.
② 전유부분이 주거의 용도로 분양된 것인 경우에는 구분소유자는 정당한 사유 없이 그 부분을 주거 외의 용도로 사용하거나 그 내부 벽을 철거하거나 파손하여 증축·개축하는 행위를 하여서는 아니 된다.
③ 구분소유자는 그 전유부분이나 공용부분을 보존하거나 개량하기 위하여 필요한 범위에서 다른 구분소유자의 전유부분 또는 자기의 공유(共有)에 속하지 아니하는 공용부분의 사용을 청구할 수 있다. 이 경우 다른 구분소유자가 손해를 입었을 때에는 보상하여야 한다.
④ 전유부분을 점유하는 자로서 구분소유자가 아닌 자(이하 "점유자"라 한다)에 대하여는 제1항부터 제3항까지의 규정을 준용한다.
[전문개정 2010. 3. 31.]

◆ 집합건물의 소유 및 관리에 관한 법률

제15조 (공용부분의 변경) ① 공용부분의 변경에 관한 사항은 관리단집회에서 구분소유자의 3분의 2 이상 및 의결권의 3분의 2 이상의 결의로써 결정한다. 다만, 다음 각 호의 어느 하나에 해당하는 경우에는 제38조제1항에 따른 통상의 집회결의로써 결정할 수 있다. <개정 2020. 2. 4.>
    1. 공용부분의 개량을 위한 것으로서 지나치게 많은 비용이 드는 것이 아닐 경우
    2. 「관광진흥법」 제3조제1항제2호나목에 따른 휴양 콘도미니엄업의 운영을 위한 휴양 콘도미니엄의 공용부분 변경에 관한 사항인 경우
② 제1항의 경우에 공용부분의 변경이 다른 구분소유자의 권리에 특별한 영향을 미칠 때에는 그 구분소유자의 승낙을 받아야 한다.
[전문개정 2010. 3. 31.]

6. 집합건물법과 주택법의 관계

◆ 집합건물의 소유 및 관리에 관한 법률

제6조 (건물의 설치·보존상의 흠 추정) 전유부분이 속하는 1동의 건물의 설치 또는 보존의 흠으로 인하여 다른 자에게 손해를 입힌 경우에는 그 흠은 공용부분에 존재하는 것으로 추정한다. [전문개정 2010. 3. 31.]

◆ 집합건물의 소유 및 관리에 관한 법률

제16조 (공용부분의 관리) ① 공용부분의 관리에 관한 사항은 제15조제1항 본문 및 제15조의2의 경우를 제외하고는 제38조제1항에 따른 통상의 집회결의로써 결정한다. 다만, 보존행위는 각 공유자가 할 수 있다. <개정 2020. 2. 4.>
② 구분소유자의 승낙을 받아 전유부분을 점유하는 자는 제1항 본문에 따른 집회에 참석하여 그 구분소유자의 의결권을 행사할 수 있다. 다만, 구분소유자와 점유자가 달리 정하여 관리단에 통지한 경우에는 그러하지 아니하며, 구분소유자의 권리·의무에 특별한 영향을 미치는 사항을 결정하기 위한 집회인 경우에는 점유자는 사전에 구분소유자에게 의결권 행사에 대한 동의를 받아야 한다. <신설 2012. 12. 18.>
③ 제1항 및 제2항에 규정된 사항은 규약으로써 달리 정할 수 있다. <개정 2012. 12. 18.>
④ 제1항 본문의 경우에는 제15조제2항을 준용한다. <개정 2012. 12. 18.>

[전문개정 2010. 3. 31.]

제4절 관리비, 사용료, 장기수선충당금, 잡수입 등

1. 관리비 납부 등

가. "관리비"란

"관리비"란 다음 비목의 월별금액의 합계액으로 합니다(「공동주택관리법」 제23조제2항 및 「공동주택관리법 시행령」 제23조제1항).

관리비 비목
1. 일반관리비
2. 청소비
3. 경비비
4. 소독비
5. 승강기유지비
6. 지능형 홈네트워크 설비 유지비
7. 난방비(「주택건설기준 등에 관한 규정」 제37조에 따라 난방열량을 계량하는 계량기 등이 설치된 아파트의 경우에는 그 계량에 따라 산정한 난방비를 말함)
8. 급탕비
9. 수선유지비(냉·난방시설의 청소비를 포함)
10. 위탁관리수수료
※ 비목별 세부명세는 「공동주택관리법 시행령」 별표 2에서 정하고 있습니다

◆ 공동주택관리법
제23조 (관리비 등의 납부 및 공개 등) ② 제1항에 따른 관리비의 내용 등에 필요한 사항은 대통령령으로 정한다.

◆ 공동주택관리법 시행령
제23조 (관리비 등) ① 법 제23조에 따른 관리비는 다음 각 호의 비목의 월별 금액의 합계액으로 하며, 비목별 세부명세는 별표 2와 같다.
   1. 일반관리비

2. 청소비
3. 경비비
4. 소독비
5. 승강기유지비
6. 지능형 홈네트워크 설비 유지비
7. 난방비(「주택건설기준 등에 관한 규정」 제37조에 따라 난방열량을 계량하는 계량기 등이 설치된 공동주택의 경우에는 그 계량에 따라 산정한 난방비를 말한다)
8. 급탕비
9. 수선유지비(냉방·난방시설의 청소비를 포함한다)
10. 위탁관리수수료

나. 관리비 납부

의무관리대상 아파트의 입주자·사용자는 그 아파트의 유지관리를 위하여 필요한 관리비를 관리주체에게 납부해야 합니다(「공동주택관리법」 제23조제1항).

※ 의무관리대상 아파트: 해당 아파트를 전문적으로 관리하는 자를 두고 자치 의결기구를 의무적으로 구성하여야 하는 등 일정한 의무가 부과되는 아파트를 말하며, 그 범위는 다음과 같습니다(「공동주택관리법」 제2조제1항제2호 및 「공동주택관리법 시행령」 제2조).

◆ 공동주택관리법
제23조 (관리비 등의 납부 및 공개 등) ① 의무관리대상 공동주택의 입주자등은 그 공동주택의 유지관리를 위하여 필요한 관리비를 관리주체에게 납부하여야 한다.

① 300세대 이상의 아파트
② 150세대 이상으로서 승강기가 설치된 아파트
③ 150세대 이상으로서 중앙집중식 난방방식(지역난방방식을 포함함)의 아파트
④ 「건축법」 제11조에 따른 건축허가를 받아 주택 외의 시설과 주택을 동일건축물로 건축한 건축물로서 주택이 150세대 이상인 건축물
⑤ 1.부터 4.까지에 해당하지 않는 공동주택 중 전체 입주자등의 3분의 2 이상이 서면으로 동의하여 정하는 아파트

※ 입주자: 아파트의 소유자 또는 그 소유자를 대리하는 배우자 및 직계존비속을 말합니다(「공동주택관리법」 제2조제1항제5호).

※ 사용자: 아파트를 임차하여 사용하는 자(임대주택의 임차인은 제외함) 등을 말합니다(「공동주택관리법」 제2조제1항제6호).
※ 관리주체: 아파트를 관리하는 「공동주택관리법」 제6조제1항에 따른 자치관리기구의 대표자인 아파트의 관리사무소장, 「공동주택관리법」 제13조제1항에 따라 관리업무를 인계하기 전의 사업주체, 주택관리업자 및 임대사업자, 「민간임대주택에 관한 특별법」 제2조제11호에 따른 주택임대관리업자(시설물 유지·보수·개량 및 그 밖의 주택관리 업무를 수행하는 경우에 한정함)를 말합니다(「공동주택관리법」 제2조제1항제10호).

2. 관리비예치금

가. "관리비예치금"이란?

"관리비예치금"이란 아파트 공용부분의 관리 및 운영 등에 필요한 경비를 말합니다(「공동주택관리법」 제24조제1항).

> ◆ 공동주택관리법
> 제24조 (관리비예치금) ① 관리주체는 해당 공동주택의 공용부분의 관리 및 운영 등에 필요한 경비(이하 "관리비예치금"이라 한다)를 공동주택의 소유자로부터 징수할 수 있다.

나. 관리비예치금 징수

관리주체는 해당 아파트 공용부분의 관리 및 운영 등에 필요한 경비(이하 "관리비예치금"이라 함)를 아파트 소유자로부터 징수할 수 있습니다(「공동주택관리법」 제24조제1항).

의무관리대상 아파트를 건설한 사업주체는 입주예정자의 과반수가 입주할 때까지 아파트를 직접 관리하는 경우에는 입주예정자와 관리계약을 체결하여야 하며, 그 관리계약에 따라 관리비예치금을 징수할 수 있습니다(「공동주택관리법」 제24조제3항 및 「공동주택관리법 시행령」 제24조).

※ 사업주체: 「주택법」 제15조에 따른 주택건설사업계획 또는 대지조성사업계획의 승인을 받아 그 사업을 시행하는 국가·지방자치단체, 한국토지주택공사 또는 지방공사, 「주택법」 제4조에 따라 등록한 주택건설사업자 또는 대지조성사업자 및 그 밖에 「주택법」에 따라 주택건설사업 또는 대지조성사업을 시행하는 자를 말합니다(「주택법」 제2조제10호).

> ◆ 공동주택관리법
> 제24조 (관리비예치금) ① 관리주체는 해당 공동주택의 공용부분의 관리 및 운영 등에 필요한 경비(이하 "관리비예치금"이라 한다)를 공동주택의 소유자로부터 징수할 수 있다.
> ② 관리주체는 소유자가 공동주택의 소유권을 상실한 경우에는 제1항에 따라 징수한 관리비예치금을 반환하여야 한다. 다만, 소유자가 관리비·사용료 및 장기수선충당금 등을 미납한 때에는 관리비예치금에서 정산한 후 그 잔액을 반환할 수 있다.
> ③ 관리비예치금의 징수·관리 및 운영 등에 필요한 사항은 대통령령으로 정한다.

다. 관리비예치금 반환

관리주체는 소유자가 아파트의 소유권을 상실한 경우에는 징수한 관리비예치금을 반환해야 합니다. 다만, 소유자가 관리비·사용료 및 장기수선충당금 등을 미납한 때에는 관리비예치금에서 정산한 후 그 잔액을 반환할 수 있습니다(「공동주택관리법」 제24조제2항).

> ◆ 공동주택관리법
> 제24조 (관리비예치금) ② 관리주체는 소유자가 공동주택의 소유권을 상실한 경우에는 제1항에 따라 징수한 관리비예치금을 반환하여야 한다. 다만, 소유자가 관리비·사용료 및 장기수선충당금 등을 미납한 때에는 관리비예치금에서 정산한 후 그 잔액을 반환할 수 있다.

3. 관리비 통지 및 내역 공개

가. 관리비등의 통지

관리주체는 관리비등을 통합하여 부과하는 경우에는 그 수입 및 집행세부내용을 쉽게 알 수 있도록 정리하여 입주자·사용자에게 알려주어야 합니다(「공동주택관리법 시행령」 제23조제6항).

◆ 공동주택관리법 시행령
제23조 (관리비 등) ⑥ 관리주체는 제1항부터 제5항까지의 규정에 따른 관리비 등을 통합하여 부과하는 때에는 그 수입 및 집행세부내용을 쉽게 알 수 있도록 정리하여 입주자등에게 알려주어야 한다.

나. 관리비등의 내역 공개

의무관리대상 아파트의 관리주체는 다음의 내역(항목별 산출내역을 말하며, 세대별 부과내역은 제외)을 다음 달 말일까지 해당 아파트단지의 인터넷 홈페이지(인터넷 홈페이지가 없는 경우에는 인터넷 포털을 통하여 관리주체가 운영·통제하는 유사한 기능의 웹사이트 또는 관리사무소의 게시판을 말함) 및 동별 게시판(통로별 게시판이 설치된 경우에는 이를 포함)과 국토교통부장관이 구축·운영하는 공동주택관리정보시스템에 공개해야 합니다(「공동주택관리법」 제23조제4항 본문 및 「공동주택관리법 시행령」 제23조제8항).

① 관리비
② 사용료 등
③ 장기수선충당금과 그 적립금액
④ 잡수입

※ 관리비등: 관리비, 사용료 등[전기료(공동으로 사용하는 시설의 전기료를 포함), 수도료(공동으로 사용하는 수도료를 포함), 가스사용료, 지역난방 방식인 아파트의 난방비와 급탕비, 정화조오물수수료, 생활폐기물수수료, 아파트단지 안의 건물 전체를 대상으로 하는 보험료, 입주자대표회의 운영경비, 선거관리위원회 운영경비, 텔레비전방송수신료], 장기수선충당금과 그 적립금액, 하자보수보증금과 그 밖에 해당 아파트단지에서 발생하는 모든 수입에 따른 금전(「공동주택관리법」 제25조 각 호 외, 제23조제4항, 제38조제1항 및 「공동주택관리법 시행령」 제23조제3항)

◆ 공동주택관리법
제23조 (관리비 등의 납부 및 공개 등) ④ 제1항에 따른 관리주체는 다음 각 호의 내역(항목별 산출내역을 말하며, 세대별 부과내역은 제외한다)을 대통령령으로 정하는 바에 따라 해당 공동주택단지의 인터넷 홈페이지(인터넷 홈페이지가 없는 경우에는 인터넷 포털을 통하여 관리주체가 운영·통제하는 유사한 기능의 웹사이트 또는 관리사무소의 게시판을 말한다. 이하 같다) 및 동별 게시판(통로별 게시판이 설치된 경우에는 이를 포함한다. 이하 같다)과 제88조제1항에 따라 국토교통부장관이 구축·운영하는 공동주택관리정보시스템(이하 "공동주택관리정보시스템"이라 한다)에 공개하여야 한다. 다만,

공동주택관리정보시스템에 공개하기 곤란한 경우로서 대통령령으로 정하는 경우에는 해당 공동주택단지의 인터넷 홈페이지 및 동별 게시판에만 공개할 수 있다. <개정 2019. 4. 23.>
1. 제2항에 따른 관리비
2. 제3항에 따른 사용료 등
3. 제30조제1항에 따른 장기수선충당금과 그 적립금액
4. 그 밖에 대통령령으로 정하는 사항

◆ 공동주택관리법 시행령

제23조 (관리비 등) ⑧ 제1항부터 제5항까지의 규정에 따른 관리비 등을 입주자등에게 부과한 관리주체는 법 제23조제4항에 따라 그 명세(제1항제7호·제8호 및 제3항제1호부터 제4호까지는 사용량을, 장기수선충당금은 그 적립요율 및 사용한 금액을 각각 포함한다)를 다음 달 말일까지 해당 공동주택단지의 인터넷 홈페이지 및 동별 게시판(통로별 게시판이 설치된 경우에는 이를 포함한다. 이하 같다)과 법 제88조제1항에 따른 공동주택관리정보시스템(이하 "공동주택관리정보시스템"이라 한다)에 공개해야 한다. 잡수입(재활용품의 매각 수입, 복리시설의 이용료 등 공동주택을 관리하면서 부수적으로 발생하는 수입을 말한다. 이하 같다)의 경우에도 동일한 방법으로 공개해야 한다. <개정 2019. 10. 22.>

다만, 공동주택관리정보시스템에 공개하기 곤란한 경우에는 해당 아파트단지의 인터넷 홈페이지에만 공개할 수 있습니다(「공동주택관리법」 제23조제4항 단서).
  지방자치단체의 장은 위에 따라 공동주택관리정보시스템에 공개된 관리비 등의 적정성을 확인하기 위하여 필요한 경우 관리비 등의 내역에 대한 점검을 「공동주택관리법 시행령」 제23조제11항으로 정하는 기관 또는 법인이 수행하게 할 수 있습니다. 점검 결과에 따라 관리비 등의 내역이 부적정하다고 판단되는 경우 공동주택의 입주자대표회의 및 관리주체는 개선을 권고받을 수 있습니다(「공동주택관리법」 제23조제6항·제7항).

◆ 공동주택관리법

제23조 (관리비 등의 납부 및 공개 등) ④ 제1항에 따른 관리주체는 다음 각 호의 내역(항목별 산출내역을 말하며, 세대별 부과내역은 제외한다)을 대통령령으로 정하는 바에 따라 해당 공동주택단지의 인터넷 홈페이지(인터넷 홈페이지가 없는 경우에는 인터넷 포털을 통하여 관리주체가 운영·통제하는

유사한 기능의 웹사이트 또는 관리사무소의 게시판을 말한다. 이하 같다) 및 동별 게시판(통로별 게시판이 설치된 경우에는 이를 포함한다. 이하 같다)과 제88조제1항에 따라 국토교통부장관이 구축·운영하는 공동주택관리정보시스템(이하 "공동주택관리정보시스템"이라 한다)에 공개하여야 한다. 다만, 공동주택관리정보시스템에 공개하기 곤란한 경우로서 대통령령으로 정하는 경우에는 해당 공동주택단지의 인터넷 홈페이지 및 동별 게시판에만 공개할 수 있다. <개정 2019. 4. 23.>
   1. 제2항에 따른 관리비
   2. 제3항에 따른 사용료 등
   3. 제30조제1항에 따른 장기수선충당금과 그 적립금액
   4. 그 밖에 대통령령으로 정하는 사항
⑥ 지방자치단체의 장은 제4항에 따라 공동주택관리정보시스템에 공개된 관리비 등의 적정성을 확인하기 위하여 필요한 경우 관리비 등의 내역에 대한 점검을 대통령령으로 정하는 기관 또는 법인으로 하여금 수행하게 할 수 있다. <신설 2023. 10. 24.>
⑦ 지방자치단체의 장은 제6항에 따른 점검 결과에 따라 관리비 등의 내역이 부적정하다고 판단되는 경우 공동주택의 입주자대표회의 및 관리주체에게 개선을 권고할 수 있다. <신설 2023. 10. 24.>

관리비등의 내역을 공개하지 않거나 거짓으로 공개한 자는 500만원 이하의 과태료를 부과받습니다(「공동주택관리법」 제102조제3항제5호, 「공동주택관리법 시행령」 제100조제1항 및 별표 9).

◆ 공동주택관리법
제102조 (과태료) ③ 다음 각 호의 어느 하나에 해당하는 자에게는 500만원 이하의 과태료를 부과한다. <개정 2022. 6. 10.>
   5. 제23조제4항 또는 제5항을 위반하여 관리비 등의 내역을 공개하지 아니하거나 거짓으로 공개한 자

◆ 공동주택관리법 시행령
제100조 (과태료의 부과) ① 법 제102조제4항에 따른 과태료의 부과기준은 별표 9와 같다. <개정 2023. 6. 13.>

다. 관리비등의 체납자에 대한 조치

국가 또는 지방자치단체인 관리주체가 관리하는 아파트의 장기수선충당금 또는 관리비가 체납된 경우 국가 또는 지방자치단체는 국세 또는 지방세 체납처분의 예에 따라 해당 장기수선충당금 또는 관리비를 강제징수할 수 있습니다(「공동주택관리법」 제91조).

> ◆ 공동주택관리법
> 제79조 (시험부정행위자에 대한 제재) 주택관리사보 자격시험에서 부정한 행위를 한 응시자에 대해서는 그 시험을 무효로 하고, 해당 시험 시행일부터 5년간 시험응시자격을 정지한다.

4. 장기수선계획의 수립과 조정

가. "장기수선계획"이란

"장기수선계획"이란 아파트를 오랫동안 안전하고 효율적으로 사용하기 위하여 필요한 주요 시설의 교체 및 보수 등에 관하여 수립하는 장기계획을 말합니다(「공동주택관리법」 제2조제1항제18호).

> ◆ 공동주택관리법
> 제2조 (정의) ① 이 법에서 사용하는 용어의 뜻은 다음과 같다. <개정 2019. 4. 23.>
>   18. "장기수선계획"이란 공동주택을 오랫동안 안전하고 효율적으로 사용하기 위하여 필요한 주요 시설의 교체 및 보수 등에 관하여 제29조제1항에 따라 수립하는 장기계획을 말한다.

나. 장기수선계획의 수립

다음의 아파트를 건설·공급하는 사업주체 또는 「주택법」 제66조제1항 및 제2항에 따라 리모델링을 하는 자는 「공동주택관리법 시행규칙」 별표 1에서 정하는 기준에 따라 공용부분에 대한 장기수선계획을 수립해야 하며, 이 경우 아파트의 건설비용을 고려해야 합니다(「공동주택관리법」 제29조제1항, 「공동주택관리법 시행령」 제30조 및 「공동주택관리법 시행규칙」 제7조제1항).
① 300세대 이상의 아파트
② 승강기가 설치된 아파트
③ 중앙집중식 난방방식 또는 지역난방방식의 아파트
④ 「건축법」 제11조에 따른 건축허가를 받아 주택 외의 시설과 주택을 동일 건축물로 건축한 건축물
※ 사업주체: 「주택법」 제15조에 따른 주택건설사업계획 또는 대지조성사업계획의 승인을 받아 그 사업을 시행하는 국가·지방자치단체, 한국토지주택공사 또는 지방공사, 「주택법」 제4조에 따라 등록한 주택건설사업자 또는 대지조성사업자 및 그 밖에 「주택법」에 따라 주택건설사업 또는 대지조성사업을 시행하는 자와 「건축법」 제11조에 따른 건축허가를 받아 주택 외의 시설과 주택을 동일 건축물로 건축하는 건축주를 말합니다(「주택법」 제2조제10호 및 「공동주택관리법」 제29조제1항).

◆ 공동주택관리법
제29조 (장기수선계획) ① 다음 각 호의 어느 하나에 해당하는 공동주택을 건설·공급하는 사업주체(「건축법」 제11조에 따른 건축허가를 받아 주택 외의 시설과 주택을 동일 건축물로 건축하는 건축주를 포함한다. 이하 이 조에서 같다) 또는 「주택법」 제66조제1항 및 제2항에 따라 리모델링을 하는 자는 대통령령으로 정하는 바에 따라 그 공동주택의 공용부분에 대한 장기수선계획을 수립하여 「주택법」 제49조에 따른 사용검사(제4호의 경우에는 「건축법」 제22조에 따른 사용승인을 말한다. 이하 이 조에서 같다)를 신청할 때에 사용검사권자에게 제출하고, 사용검사권자는 이를 그 공동주택의 관리주체에게 인계하여야 한다. 이 경우 사용검사권자는 사업주체 또는 리모델링을 하는 자에게 장기수선계획의 보완을 요구할 수 있다. <개정 2016. 1. 19.>
　　1. 300세대 이상의 공동주택
　　2. 승강기가 설치된 공동주택
　　3. 중앙집중식 난방방식 또는 지역난방방식의 공동주택
　　4. 「건축법」 제11조에 따른 건축허가를 받아 주택 외의 시설과 주택을 동일 건축물로 건축한 건축물

◆ 공동주택관리법 시행령
제30조 (장기수선계획의 수립) 법 제29조제1항에 따라 장기수선계획을 수립하는 자는 국토교통부령으로 정하는 기준에 따라 장기수선계획을 수립하여야 한다. 이 경우 해당 공동주택의 건설비용을 고려하여야 한다.

◆ **공동주택관리법 시행규칙**
제7조 (장기수선계획의 수립기준 등) ① 영 제30조 전단에서 "국토교통부령으로 정하는 기준"이란 별표 1에 따른 기준을 말한다.

장기수선계획을 수립하지 않거나 검토하지 않은 경우 또는 장기수선계획에 대한 검토사항을 기록하고 보관하지 않은 자는 500만원 이하의 과태료를 부과받습니다(「공동주택관리법」 제102조제3항제10호, 「공동주택관리법 시행령」 제100조제1항 및 별표 9).

장기수선계획 제출

Q. 장기수선계획 수립 시 어디에 제출하는 건가요?

A. 장기수선계획이 수립되면 「주택법」 제49조에 따른 사용검사(건축허가를 받아 주택 외의 시설과 주택을 동일 건축물로 건축한 건축물인 경우는 사용승인일 때)를 신청할 때에 사용검사권자에게 제출하고, 사용검사권자는 이를 아파트의 관리주체에게 인계해야 합니다. 이 경우 사용검사권자는 사업주체 또는 리모델링을 하는 자에게 장기수선계획의 보완을 요구할 수 있습니다.

(「공동주택관리법」 제29조제1항)

※ 관리주체: 아파트를 관리하는 「공동주택관리법」 제6조제1항에 따른 자치관리기구의 대표자인 아파트의 관리사무소장, 「공동주택관리법」 제13조제1항에 따라 관리업무를 인계하기 전의 사업주체, 주택관리업자 및 임대사업자, 「민간임대주택에 관한 특별법」 제2조제11호에 따른 주택임대관리업자(시설물 유지·보수·개량 및 그 밖의 주택관리 업무를 수행하는 경우에 한정함)를 말합니다(「공동주택관리법」 제2조제1항제10호).

◆ **공동주택관리법**
제102조 (과태료) ③ 다음 각 호의 어느 하나에 해당하는 자에게는 500만원 이하의 과태료를 부과한다. <개정 2022. 6. 10.>
　10. 제29조를 위반하여 장기수선계획을 수립하지 아니하거나 검토하지 아니한 자 또는 장기수선계획에 대한 검토사항을 기록하고 보관하지 아니한 자

◆ **공동주택관리법 시행령**
제100조 (과태료의 부과) ① 법 제102조제4항에 따른 과태료의 부과기준은 별표 9와 같다. <개정 2023. 6. 13.>

다. 장기수선계획의 조정

입주자대표회의와 관리주체는 장기수선계획을 3년마다 검토하고, 필요한 경우 이를 조정해야 하며, 수립 또는 조정된 장기수선계획에 따라 주요시설을 교체하거나 보수해야 합니다. 이 경우 입주자대표회의와 관리주체는 장기수선계획에 대한 검토사항을 기록하고 보관해야 합니다(「공동주택관리법」 제29조제2항).

※ 이를 위반하여 수립되거나 조정된 장기수선계획에 따라 주요시설을 교체하거나 보수하지 않은 자는 1,000만원의 과태료를 부과받습니다(「공동주택관리법」 제102조제2항제4호, 「공동주택관리법 시행령」 제100조제1항 및 별표 9).

> ◆ 공동주택관리법
> 제29조 (장기수선계획) ② 입주자대표회의와 관리주체는 장기수선계획을 3년마다 검토하고, 필요한 경우 이를 국토교통부령으로 정하는 바에 따라 조정하여야 하며, 수립 또는 조정된 장기수선계획에 따라 주요시설을 교체하거나 보수하여야 한다. 이 경우 입주자대표회의와 관리주체는 장기수선계획에 대한 검토사항을 기록하고 보관하여야 한다.

장기수선계획 변경
Q. 장기수선계획이 수립되면 3년이 경과하기 전에는 변경할 수 없나요? A. 입주자대표회의와 관리주체는 주요시설을 신설하는 등 관리여건상 필요하여 전체 입주자 과반수의 서면동의를 받은 경우에는 3년이 지나기 전에 장기수선계획을 조정할 수 있습니다. <div align="right">(「공동주택관리법」 제29조제3항)</div>

장기수선계획 조정은 관리주체가 조정안을 작성하고, 입주자대표회의가 의결하는 방법으로 합니다(「공동주택관리법 시행규칙」 제7조제2항).

> ◆ 공동주택관리법 시행규칙
> 제7조 (장기수선계획의 수립기준 등) ② 법 제29조제2항에 따른 장기수선계획 조정은 관리주체가 조정안을 작성하고, 입주자대표회의가 의결하는 방법으로 한다.

5. 장기수선충당금

가. 장기수선충당금의 사용 등

(1) "장기수선충당금"이란

"장기수선충당금"이란 장기수선계획에 따라 아파트의 주요 시설의 교체 및 보수에 필요한 비용을 말합니다(「공동주택관리법」 제30조제1항 참조).

◆ 공동주택관리법
제30조 (장기수선충당금의 적립) ① 관리주체는 장기수선계획에 따라 공동주택의 주요 시설의 교체 및 보수에 필요한 장기수선충당금을 해당 주택의 소유자로부터 징수하여 적립하여야 한다.

(2) 장기수선충당금 적립

관리주체는 장기수선계획에 따라 아파트의 주요 시설의 교체 및 보수에 필요한 장기수선충당금을 해당 주택의 소유자로부터 징수하여 적립해야 하며, 장기수선충당금 요율은 해당 아파트의 공용부분의 내구연한 등을 감안하여 관리규약으로 정하고, 적립금액은 장기수선계획에서 정합니다(「공동주택관리법」 제30조제1항, 제4항, 「공동주택관리법 시행령」 제31조제1항 및 제31조제4항).

월간 세대별 장기수선충당금은 다음의 계산식에 따라 산정합니다(「공동주택관리법 시행령」 제31조제3항).

월간 세대별 장기수선충당금 = [장기수선계획기간 중의 수선비총액 ÷ (총공급면적 × 12 × 계획기간(년))] × 세대당 주택공급면적

아파트 장기수선충당금 적립 기준일	
(「공동주택관리법 시행령」 제31조제6항)	
「주택법」 제49조에 따른 사용검사(아파트단지 안의 아파트 전부에 대하여 같은 조에 따른 임시 사용승인을 받은 경우에는 임시 사용승인을 말함)를 받은 날	「건축법」 제22조에 따른 사용승인(아파트단지 안의 아파트 전부에 대하여 같은 조에 따른 임시 사용승인을 받은 경우에는 임시 사용승인을 말함)을 받은 날
위의 구분에 따른 날부터 "1년이 경과한 날이 속하는 날부터 매달 적립"함	

※ 아파트 중 분양되지 않은 세대의 장기수선충당금은 사업주체가 부담해야 합니다(「공

동주택관리법 시행령」 제31조제7항).

◆ 공동주택관리법
제30조 (장기수선충당금의 적립) ① 관리주체는 장기수선계획에 따라 공동주택의 주요 시설의 교체 및 보수에 필요한 장기수선충당금을 해당 주택의 소유자로부터 징수하여 적립하여야 한다.
④ 장기수선충당금의 요율·산정방법·적립방법 및 사용절차와 사후관리 등에 필요한 사항은 대통령령으로 정한다.

◆ 공동주택관리법 시행령
제31조 (장기수선충당금의 적립 등) ① 법 제30조제4항에 따라 장기수선충당금의 요율은 해당 공동주택의 공용부분의 내구연한 등을 고려하여 관리규약으로 정한다. <개정 2021. 1. 5.>
④ 장기수선충당금의 적립금액은 장기수선계획으로 정한다. 이 경우 국토교통부장관이 주요시설의 계획적인 교체 및 보수를 위하여 최소 적립금액의 기준을 정하여 고시하는 경우에는 그에 맞아야 한다. <개정 2021. 10. 19.>

장기수선충당금을 적립하지 않은 자는 500만원의 과태료를 부과받습니다(「공동주택관리법」 제102조제3항제11호, 「공동주택관리법 시행령」 제100조제1항 및 별표 9).

◆ 공동주택관리법
제102조 (과태료) ③ 다음 각 호의 어느 하나에 해당하는 자에게는 500만원 이하의 과태료를 부과한다. <개정 2022. 6. 10.>
  11. 제30조에 따른 장기수선충당금을 적립하지 아니한 자

◆ 공동주택관리법 시행령
제100조 (과태료의 부과) ① 법 제102조제4항에 따른 과태료의 부과기준은 별표 9와 같다. <개정 2023. 6. 13.>

(3) 장기수선충당금의 사용

장기수선충당금은 관리주체가 장기수선충당금 사용계획서를 장기수선계획에 따라 작성하고 입주자대표회의의 의결을 거쳐 사용합니다(「공동주택관리법」 제30조제4항 및 「공동주택관리법 시행령」 제31조제5항).

장기수선충당금 사용의 예외
Q. 장기수선충당금은 장기수선계획에서 정하는 용도로만 사용할 수 있나요? A. 장기수선충당금의 사용은 장기수선계획에 따르지만, 입주자 과반수의 서면동의가 있는 경우에는 다음의 용도로 사용할 수 있습니다 　① 「공동주택관리법」 제45조에 따른 하자심사·분쟁조정위원회 조정등의 비용 　② 「공동주택관리법」 제48조에 따른 하자진단 및 감정에 드는 비용 　·위의 비용을 청구하는데 드는 비용 <div align="right">(「공동주택관리법」 제30조제2항)</div>

※ 입주자: 아파트의 소유자 또는 그 소유자를 대리하는 배우자 및 직계존비속을 말합니다(「공동주택관리법」 제2조제1항제5호).

◆ 공동주택관리법

제30조 (장기수선충당금의 적립) ④ 장기수선충당금의 요율·산정방법·적립방법 및 사용절차와 사후관리 등에 필요한 사항은 대통령령으로 정한다.

◆ 공동주택관리법 시행령

제31조 (장기수선충당금의 적립 등) ⑤ 법 제30조제4항에 따라 장기수선충당금은 관리주체가 다음 각 호의 사항이 포함된 장기수선충당금 사용계획서를 장기수선계획에 따라 작성하고 입주자대표회의의 의결을 거쳐 사용한다. <개정 2021. 10. 19.>
  1. 수선공사(공동주택 공용부분의 보수·교체 및 개량을 말한다. 이하 이 조에서 같다)의 명칭과 공사내용
  2. 수선공사 대상 시설의 위치 및 부위
  3. 수선공사의 설계도면 등
  4. 공사기간 및 공사방법
  5. 수선공사의 범위 및 예정공사금액
  6. 공사발주 방법 및 절차 등

[판례 1] 손해배상(기) (대법원 2021. 4. 29. 선고 2016다224879 판결)

【판시사항】

[1] 소액사건에 관하여 상고이유로 할 수 있는 '대법원의 판례에 상반되는 판단을 한 때'라는 요건을 갖추지 않았더라도 대법원이 실체법 해석·적용의 잘못에 관하여 판단할 수 있는 경우

[2] 의무관리대상 공동주택의 입주자대표회의나 관리주체가 구 주택법령 및 관리규약이 정한 사용료 등의 세대별 부담액 산정 및 징수·보관·예치·사용에 관한 납부대행 업무를 수행함에 있어 전용부분 전기사용량에 대한 납부대행액과 공용부분 전기사용량에 대한 납부대행액을 구분하여 각 납부대행액을 용도 외의 목적으로 사용할 수 있는지 여부(원칙적 소극)

【판결요지】

[1] 소액사건에서 구체적 사건에 적용할 법령의 해석에 관한 대법원 판례가 아직 없는 상황인데 같은 법령의 해석이 쟁점으로 되어 있는 다수의 소액사건이 하급심에 계속되어 있을 뿐 아니라 재판부에 따라 엇갈리는 판단을 하는 사례가 나타나고 있는 경우에는, 소액사건이라는 이유로 대법원이 법령의 해석에 관하여 판단을 하지 아니한 채 사건을 종결한다면 국민생활의 법적 안정성을 해칠 것이 우려된다. 따라서 이와 같은 특별한 사정이 있는 경우에는 소액사건에 관하여 상고이유로 할 수 있는 '대법원의 판례에 상반되는 판단을 한 때'라는 요건을 갖추지 아니하였더라도 법령해석의 통일이라는 대법원의 본질적 기능을 수행하는 차원에서 실체법 해석·적용의 잘못에 관하여 판단할 수 있다고 보아야 한다.

[2] 구 주택법(2014. 12. 31. 법률 제12959호로 개정되기 전의 것) 제45조 제3항, 구 주택법 시행령(2014. 6. 11. 대통령령 제25381호로 개정되기 전의 것) 제58조 제3항 등의 내용을 종합하면, 의무관리대상 공동주택의 입주자대표회의나 그 업무집행기관에 해당하는 관리주체는 특별한 사정이 없는 한 구 주택법령 및 관리규약이 정한 사용료 등의 세대별 부담액 산정 및 징수·보관·예치·사용에 관한 납부대행 업무를 수행함에 있어 전용부분 전기사용량에 대한 납부대행액과 공용부분 전기사용량에 대한 납부대행액을 구분하여 각 납부대행액을 용도 외의 목적으로 사용하여서는 안 된다.

나. 장기수선충당금 반환

아파트의 소유자는 장기수선충당금을 사용자가 대신하여 납부한 경우에는 그 금액을 반환해야 합니다(「공동주택관리법 시행령」 제31조제8항).
※ 사용자: 아파트를 임차하여 사용하는 자(임대주택의 임차인은 제외함) 등을 말합니다(「공동주택관리법」 제2조제1항제6호).
관리주체는 아파트의 사용자가 장기수선충당금의 납부 확인을 요구하는 경우에는 지체 없이 확인서를 발급해 주어야 합니다(「공동주택관리법 시행령」 제31조제9항).

장기수선충당금 인상 시 입주민 동의 필요 여부

Q. 정기조정으로 장기수선충당금이 인상되어 부과하려고 하는데 입주민 동의 없이 입주자대표회의의 결의로만 장기수선충당금을 인상하여 부과해도 되나요?

A. 「공동주택관리법」 제30조제1항에 따르면 관리주체는 장기수선계획에 따라 공동주택의 주요 시설의 교체 및 보수에 필요한 장기수선충당금을 해당 주택의 소유자로부터 징수하여 적립하여야 한다고 규정하고 있고, 매월 각 세대에서 납부하는 월간 세대별 장기수선충당금은 「공동주택관리법 시행령」 제31조제3항에 따라 "장기수선계획기간 중의 수선비총액/{총공급면적*12*계획기간(년)} * 세대당 주택공급면적"으로 계산됩니다. 아울러 「공동주택관리법 시행령」 제31조제1항에 따라 장기수선충당금의 요율은 관리규약으로 정하고 적립금액은 장기수선계획에서 정하도록 규정하고 있으며, 각 세대에 부과하는 월간세대별 장기수선충당금은 해당 공동주택의 관리규약에서 정한 적립요율에 따라 부과하는 것입니다. 따라서 장기수선계획 조정으로 장기수선충당금의 부과금액이 달라지는 경우라면 장기수선충당금은 조정된 장기수선계획에 따라 결정되는 것이 타당할 것으로 판단됩니다. 또한, 장기수선계획의 조정에 따라 장기수선충당금이 변경된 경우 장기수선계획의 조정이 올바른 절차를 거쳐 완료된 것이라면 추가적인 입주민의 동의를 법령에서는 요구하고 있지 않으니 참고하시기 바랍니다.

(출처: 국토교통부-중앙공동주택관리지원센터-민원상담-자주하는 질문)

◆ 공동주택관리법 시행령

제31조 (장기수선충당금의 적립 등) ⑧ 공동주택의 소유자는 장기수선충당금을 사용자가 대신하여 납부한 경우에는 그 금액을 반환하여야 한다. <개정 2021. 10. 19.>
　⑨ 관리주체는 공동주택의 사용자가 장기수선충당금의 납부 확인을 요구하는 경우에는 지체 없이 확인서를 발급해 주어야 한다. <개정 2021. 10. 19.>

6. 관리비의 집행을 위한 사업자의 선정

가. 관리비 회계 및 운영

(1) 관리비등의 계좌 관리

관리주체는 관리비등을 일정한 금융기관 중 입주자대표회의가 지정하는 금융기관에 예치하여 관리하되, 장기수선충당금은 별도의 계좌로 예치·관리해야 합니다. 이 경우 계좌는 관리사무소장의 직인 외에 입주자대표회의 회장 인감을 복수로 등록할 수 있습니다(「공동주택관리법 시행령」 제23조제7항 및 「공동주택관리법 시행규칙」 제6조의2 각 호).

※ 관리비등: 관리비, 사용료 등[전기료(공동으로 사용하는 시설의 전기료를 포함), 수도료(공동으로 사용하는 수도료를 포함), 가스사용료, 지역난방 방식인 아파트의 난방비와 급탕비, 정화조오물수수료, 생활폐기물수수료, 아파트단지 안의 건물 전체를 대상으로 하는 보험료, 입주자대표회의 운영경비, 선거관리위원회 운영경비, 텔레비전방송수신료], 장기수선충당금과 그 적립금액, 하자보수보증금과 그 밖에 해당 아파트단지에서 발생하는 모든 수입에 따른 금전(「공동주택관리법」 제25조 각 호 외, 제23조제4항, 제38조제1항 및 「공동주택관리법 시행령」 제23조제3항)

◆ 공동주택관리법 시행령

제23조 (관리비 등) ⑦ 관리주체는 제1항부터 제5항까지의 규정에 따른 관리비 등을 다음 각 호의 금융기관 중 입주자대표회의가 지정하는 금융기관에 예치하여 관리하되, 장기수선충당금은 별도의 계좌로 예치·관리하여야 한다. 이 경우 계좌는 법 제64조제5항에 따른 관리사무소장의 직인 외에 입주자대표회의의 회장 인감을 복수로 등록할 수 있다.
　　1. 「은행법」에 따른 은행
　　2. 「중소기업은행법」에 따른 중소기업은행
　　3. 「상호저축은행법」에 따른 상호저축은행
　　4. 「보험업법」에 따른 보험회사
　　5. 그 밖의 법률에 따라 금융업무를 하는 기관으로서 국토교통부령으로 정하는 기관

◆ 공동주택관리법 시행규칙

제6조의2 (관리비 등을 예치할 수 있는 금융기관의 범위) 영 제23조제7항제5호에서 "국토교통부령으로 정하는 기관"이란 다음 각 호의 기관을 말한다.

1. 「농업협동조합법」에 따른 조합, 농업협동조합중앙회 및 농협은행
2. 「수산업협동조합법」에 따른 수산업협동조합 및 수산업협동조합중앙회
3. 「신용협동조합법」에 따른 신용협동조합 및 신용협동조합중앙회
4. 「새마을금고법」에 따른 새마을금고 및 새마을금고중앙회
5. 「산림조합법」에 따른 산림조합 및 산림조합중앙회
6. 「한국주택금융공사법」에 따른 한국주택금융공사
7. 「우체국예금·보험에 관한 법률」에 따른 체신관서

[본조신설 2017. 10. 18.]

(2) 회계서류의 작성 및 보관

의무관리대상 아파트의 관리주체는 다음의 구분에 따른 기간 동안 해당 장부 및 증빙서류를 보관해야 합니다. 이 경우 관리주체는 「전자문서 및 전자거래 기본법」 제2조제2호에 따른 정보처리시스템을 통하여 장부 및 증빙서류를 작성하거나 보관할 수 있습니다(「공동주택관리법」 제27조제1항).

① 관리비등의 징수·보관·예치·집행 등 모든 거래 행위에 관하여 월별로 작성한 장부 및 그 증빙서류: 해당 회계연도 종료일부터 5년간
② 「공동주택관리법」 제7조 및 제25조에 따른 주택관리업자 및 사업자 선정 관련 증빙서류: 해당 계약 체결일부터 5년간

※ 장부 및 증빙서류를 작성 또는 보관하지 않거나 거짓으로 작성한 자는 1년 이하의 징역 또는 1천만원 이하의 벌금에 처합니다(「공동주택관리법」 제99조제1호의3).

※ 의무관리대상 아파트: 해당 아파트를 전문적으로 관리하는 자를 두고 자치 의결기구를 의무적으로 구성하여야 하는 등 일정한 의무가 부과되는 아파트를 말하며, 그 범위는 다음과 같습니다(「공동주택관리법」 제2조제1항제2호 및 「공동주택관리법 시행령」 제2조).

◆ 공동주택관리법
제27조 (회계서류 등의 작성·보관 및 공개 등) ① 의무관리대상 공동주택의 관리주체는 다음 각 호의 구분에 따른 기간 동안 해당 장부 및 증빙서류를 보관하여야 한다. 이 경우 관리주체는 「전자문서 및 전자거래 기본법」 제2조제2호에 따른 정보처리시스템을 통하여 장부 및 증빙서류를 작성하거나 보관할 수 있다. <개정 2022. 6. 10.>
  1. 관리비등의 징수·보관·예치·집행 등 모든 거래 행위에 관하여 월별로 작성한 장부 및 그 증빙서류: 해당 회계연도 종료일부터 5년간
  2. 제7조 및 제25조에 따른 주택관리업자 및 사업자 선정 관련 증빙서

류: 해당 계약 체결일부터 5년간

① 300세대 이상의 아파트
② 150세대 이상으로서 승강기가 설치된 아파트
③ 150세대 이상으로서 중앙집중식 난방방식(지역난방방식을 포함함)의 아파트
④ 「건축법」 제11조에 따른 건축허가를 받아 주택 외의 시설과 주택을 동일건축물로 건축한 건축물로서 주택이 150세대 이상인 건축물
⑤ ①부터 ④까지에 해당하지 않는 공동주택 중 전체 입주자등의 3분의 2 이상이 서면으로 동의하여 정하는 아파트

관리주체는 입주자·사용자가 장부나 증빙서류, 그 밖에 정보의 열람을 요구하거나 자기의 비용으로 복사를 요구하는 때에는 관리규약으로 정하는 바에 따라 이에 응해야 합니다. 다만, ① 사생활의 비밀 또는 자유를 침해할 우려가 있는 정보 또는 ② 공개될 경우 업무의 공정한 수행에 현저한 지장을 초래할 우려가 있는 정보를 제외하고 요구에 응해야 합니다(「공동주택관리법」 제27조제3항).

※ 장부나 증빙서류 등의 정보에 대한 열람 또는 복사의 요구에 응하지 않거나 거짓으로 응한 자는 500만원 이하의 과태료를 부과받습니다(「공동주택관리법」 제102조제3항제8호, 「공동주택관리법 시행령」 제100조제1항 및 별표 9).

◆ 공동주택관리법
제27조 (회계서류 등의 작성·보관 및 공개 등) ③ 제1항에 따른 관리주체는 입주자등이 제1항에 따른 장부나 증빙서류, 그 밖에 대통령령으로 정하는 정보의 열람을 요구하거나 자기의 비용으로 복사를 요구하는 때에는 관리규약으로 정하는 바에 따라 이에 응하여야 한다. 다만, 다음 각 호의 정보는 제외하고 요구에 응하여야 한다. <개정 2021. 8. 10.>
   1. 「개인정보 보호법」 제24조에 따른 고유식별정보 등 개인의 사생활의 비밀 또는 자유를 침해할 우려가 있는 정보
   2. 의사결정과정 또는 내부검토과정에 있는 사항 등으로서 공개될 경우 업무의 공정한 수행에 현저한 지장을 초래할 우려가 있는 정보

나. 관리비등의 집행을 위한 사업자 선정

관리주체 또는 입주자대표회의는 다음의 구분에 따라 사업자를 선정(계약의 체결을 포함)하고 집행해야 합니다(「공동주택관리법」 제25조 및 「공동주택관리법 시행령」 제25조제1항).

구분	내용
관리주체가 사업자를 선정하고 집행하는 사항	• 청소, 경비, 소독, 승강기유지, 지능형 홈네트워크, 수선·유지(냉방·난방시설의 청소를 포함), 정화조 관리, 저수조 청소, 건축물 안전진단 등을 위한 용역 및 공사 • 주민공동시설의 위탁, 물품의 구입과 매각, 잡수입의 취득(아파트의 어린이집, 다함께돌봄센터, 공동육아나눔터 임대에 따른 잡수입의 취득은 제외), 보험계약 등 국토교통부장관이 정하여 고시하는 사항
입주자대표회의가 사업자를 선정하고 집행하는 사항	• 하자보수보증금을 사용하여 보수하는 공사 • 사업주체로부터 지급받은 아파트 공용부분의 하자보수비용을 사용하여 보수하는 공사
입주자대표회의가 사업자를 선정하고 관리주체가 집행하는 사항	• 장기수선충당금을 사용하는 공사 • 전기안전관리(「전기안전관리법」 제22조제2항 및 제3항에 따라 전기설비의 안전관리에 관한 업무를 위탁 또는 대행하게 하는 경우를 말함)를 위한 용역

※ 위의 관리주체가 사업자를 선정하고 집행하는 사항 중 "국토교통부장관이 정하여 고시하는 사항"은 「주택관리업자 및 사업자 선정지침」(국토교통부고시 제2024-196호, 2024. 4. 11. 발령·시행) 제7조제2항 및 별표 7에서 정합니다.

※ 사업주체: 「주택법」 제15조에 따른 주택건설사업계획 또는 대지조성사업계획의 승인을 받아 그 사업을 시행하는 국가·지방자치단체, 한국토지주택공사 또는 지방공사, 「주택법」 제4조에 따라 등록한 주택건설사업자 또는 대지조성사업자 및 그 밖에 「주택법」에 따라 주택건설사업 또는 대지조성사업을 시행하는 자를 말합니다(「주택법」 제2조제10호).

◆ 공동주택관리법

제25조 (관리비등의 집행을 위한 사업자 선정) 의무관리대상 공동주택의 관리주체 또는 입주자대표회의가 제23조제4항제1호부터 제3호까지의 어느 하나에 해당하는 금전 또는 제38조제1항에 따른 하자보수보증금과 그 밖에 해당 공동주택단지에서 발생하는 모든 수입에 따른 금전(이하 "관리비등"이라 한다)을 집행하기 위하여 사업자를 선정하려는 경우 다음 각 호의 기준을 따라야 한다.

1. 전자입찰방식으로 사업자를 선정할 것. 다만, 선정방법 등이 전자입찰방식을 적용하기 곤란한 경우로서 국토교통부장관이 정하여 고시하는 경우에는 전자입찰방식으로 선정하지 아니할 수 있다.
2. 그 밖에 입찰의 방법 등 대통령령으로 정하는 방식을 따를 것

◆ **공동주택관리법 시행령**

제25조 (관리비등의 집행을 위한 사업자 선정) ① 법 제25조에 따라 관리주체 또는 입주자대표회의는 다음 각 호의 구분에 따라 사업자를 선정(계약의 체결을 포함한다. 이하 이 조에서 같다)하고 집행해야 한다. <개정 2017. 1. 10., 2021. 1. 5., 2021. 3. 30.>

1. 관리주체가 사업자를 선정하고 집행하는 다음 각 목의 사항
   가. 청소, 경비, 소독, 승강기유지, 지능형 홈네트워크, 수선·유지(냉방·난방시설의 청소를 포함한다)를 위한 용역 및 공사
   나. 주민공동시설의 위탁, 물품의 구입과 매각, 잡수입의 취득(제29조의3제1항 각 호의 시설의 임대에 따른 잡수입의 취득은 제외한다), 보험계약 등 국토교통부장관이 정하여 고시하는 사항
2. 입주자대표회의가 사업자를 선정하고 집행하는 다음 각 목의 사항
   가. 법 제38조제1항에 따른 하자보수보증금을 사용하여 보수하는 공사
   나. 사업주체로부터 지급받은 공동주택 공용부분의 하자보수비용을 사용하여 보수하는 공사
3. 입주자대표회의가 사업자를 선정하고 관리주체가 집행하는 다음 각 목의 사항
   가. 장기수선충당금을 사용하는 공사
   나. 전기안전관리(「전기안전관리법」 제22조제2항 및 제3항에 따라 전기설비의 안전관리에 관한 업무를 위탁 또는 대행하게 하는 경우를 말한다)를 위한 용역

관리주체 선정 입찰 참가 제한

Q. 아파트 관리업체 교체에 관한 입주민 동의서를 받아 이를 근거로 현 관리업체를 입찰에서 제외하는 내용으로 공고할 수 있나요?

A. 입주자대표회의는 계약기간이 만료된 아파트관리업자에 대해 관리규약에서 정하는 절차에 따라 입주자·사용자로부터 사전에 해당 주택관리업자의 주택관리에 대한 만족도를 청취한 결과 전체 입주자·사용자의 과반수가 서면으로 교체를 요구한 경우 해당 아파트의 관리주체 선정 입찰 참가를 제한할 수 있습니다. 따라서 우선 해당 아파트 관리규약에 필요한 절차를 정해 그에 따라 집행해야 합니다(「공동주택관리법」 제7조제2항 및 「공동주택관리법 시행령」 제5조제3항).

(출처: 국토교통부-중앙공동주택관리지원센터-민원상담-자주하는 질문)

7. 체납관리비의 승계

◆ 집합건물의 소유 및 관리에 관한 법률
제18조 (공용부분에 관하여 발생한 채권의 효력) 공유자가 공용부분에 관하여 다른 공유자에 대하여 가지는 채권은 그 특별승계인에 대하여도 행사할 수 있다. [전문개정 2010. 3. 31.]

◆ 집합건물의 소유 및 관리에 관한 법률
제28조 (규약) ③ 제1항과 제2항의 경우에 구분소유자 외의 자의 권리를 침해하지 못한다.

[판례 2] 용역비 (대법원 2007. 2. 22. 선고 2005다65821 판결)

【판시사항】

[1] 집합건물의 전 입주자가 체납한 관리비가 관리규약의 정함에 따라 그 특별승계인에게 승계되는지 여부(=공용부분에 한하여 승계)
[2] 공용부분 관리비에 대한 연체료가 특별승계인이 승계하여야 하는 공용부분 관리비에 포함되는지 여부(소극)
[3] 민법 제163조 제1호에서 3년의 단기소멸시효에 걸리는 것으로 규정한 '1년 이내의 기간으로 정한 채권'의 의미 및 1개월 단위로 지급되는 집합건물의 관리비채권이 이에 해당하는지 여부(적극)

[판례 3] 관리비등 (대법원 2008. 12. 11. 선고 2006다50420 판결)

【판시사항】

[1] 소액사건에 관하여 상고이유로 할 수 있는 '대법원의 판례에 상반되는 판단을 한 때'의 요건이 갖추어지지 않은 경우에도 대법원이 실체법 해석 적용의 잘못에 관하여 직권으로 판단할 수 있는 경우
[2] 집합건물의 소유 및 관리에 관한 법률 제18조의 입법 취지 및 구분소유권의 특별승계인에게 전(전) 구분소유자의 체납관리비를 승계하도록 한 관리규약의 효력(=공용부분 관리비에 한하여 유효)
[3] 집합건물 구분소유권의 특별승계인이 구분소유권을 다시 제3자에 이전한 경우에도, 여전

히 자신의 전(전) 구분소유자의 공용부분에 대한 체납관리비를 지급할 책임이 있는지 여부 (적극)

【판결요지】

[1] 소액사건에 있어서 구체적 사건에 적용할 법령의 해석에 관한 대법원판례가 아직 없는 상황에서 같은 법령의 해석이 쟁점으로 되어 있는 다수의 소액사건들이 하급심에 계속되어 있을 뿐 아니라 재판부에 따라 엇갈리는 판단을 하는 사례가 나타나고 있는 경우, 소액사건이라는 이유로 대법원이 그 법령의 해석에 관하여 판단을 하지 아니한 채 사건을 종결하고 만다면 국민생활의 법적 안전성을 해칠 것이 우려되므로, 이와 같은 특별한 사정이 있는 경우에는 소액사건에 관하여 상고이유로 할 수 있는 '대법원의 판례에 상반되는 판단을 한 때'의 요건을 갖추지 아니하였다고 하더라도 법령해석의 통일이라는 대법원의 본질적 기능을 수행하는 차원에서 실체법 해석 적용에 있어서의 잘못에 관하여 직권으로 판단할 수 있다.

[2] 집합건물의 소유 및 관리에 관한 법률 제18조에서는 공유자가 공용부분에 관하여 다른 공유자에 대하여 가지는 채권은 그 특별승계인에 대하여도 행사할 수 있다고 규정하고 있는데, 이는 집합건물의 공용부분은 전체 공유자의 이익에 공여하는 것이어서 공동으로 유지·관리되어야 하고 그에 대한 적정한 유지·관리를 도모하기 위하여는 소요되는 경비에 대한 공유자 간의 채권은 이를 특히 보장할 필요가 있어 공유자의 특별승계인에게 그 승계의사의 유무에 관계없이 청구할 수 있도록 하기 위하여 특별규정을 둔 것이므로, 전(전) 구분소유자의 특별승계인에게 전 구분소유자의 체납관리비를 승계하도록 한 관리규약 중 공용부분 관리비에 관한 부분은 위와 같은 규정에 터 잡은 것으로서 유효하다.

[3] 집합건물의 소유 및 관리에 관한 법률상의 특별승계인은 관리규약에 따라 집합건물의 공용부분에 대한 유지·관리에 소요되는 비용의 부담의무를 승계한다는 점에서 채무인수인으로서의 지위를 갖는데, 위 법률의 입법 취지와 채무인수의 법리에 비추어 보면 구분소유권이 순차로 양도된 경우 각 특별승계인들은 이전 구분소유권자들의 채무를 중첩적으로 인수한다고 봄이 상당하므로, 현재 구분소유권을 보유하고 있는 최종 특별승계인뿐만 아니라 그 이전의 구분소유자들도 구분소유권의 보유 여부와 상관없이 공용부분에 관한 종전 구분소유자들의 체납관리비채무를 부담한다.

[판례 4] 건물명도 (대법원 2005. 4. 29. 선고 2005다1711 판결)

【판시사항】

전대차기간 종료 후 보증금이 미반환된 상태에서 전차인이 전대차목적물을 사용·수익하지 않고 점유만을 계속하고 있는 경우라면, 비록 전대차계약상 관리비를 전차인이 부담하기로 한 특약이 있더라도 이 특약이 전대차기간 종료 이후에도 적용된다고 해석하기 어려운 점, 관리비 중 '경비'는 임차인들이 공동으로 부담하는 것으로서 점포의 사용·수익을 전제로 한다고 볼 수 있으므로 전차인이 점포를 실제로 사용·수익하지 않은 이상 경비지급의무를 부담한다고 보기 어려운 점 등 제반 사정에 비추어, 전대차기간 종료 후 명도시까지의 관리비는 전대인이 부담하여야 한다고 한 사례

제5절 하자 및 하자분쟁 관련 판례

1. 공동주택 하자담보책임의 법령

가. 집합건물의 적용

집합건물법 제9조 제1항, 민법 제671조)이었으며, 재판상 또는 재판 외의 권리행사기간으로 간주한다.

[판례 1] 하자보수금등 (대법원 2009. 5. 28. 선고 2008다86232 판결)

【판시사항】

[1] 준비서면 형식의 서면이 청구취지를 변경하는 뜻을 포함하고 있는 경우, 서면에 의한 청구취지의 변경이 있는 것으로 볼 수 있는지 여부(적극)
[2] 집합건물의 소유 및 관리에 관한 법률 제9조에 의해 준용되는 민법 제667조 내지 제671조의 수급인의 담보책임기간의 법적 성질(=제척기간)
[3] 공동주택의 입주자대표회의가 주택법 및 그 시행령에 정한 사업주체에 대한 하자보수청구권 외에 집합건물의 소유 및 관리에 관한 법률 제9조에 의한 하자담보추급권도 갖는지 여부(소극)

나. 주택법의 적용

2005 5 26 개정 전 주택법 제46조 제3항, 동법 시행령 제59조, 제62조, [별표 6], [별표 7]

[판례 2] 보험금지급청구권부존재확인 (대법원 2006. 6. 16. 선고 2005다25632 판결)

【판시사항】

[1] 구 공동주택관리령 제16조에서 규정하고 있는 하자보수기간이 하자보수청구권 행사의 제척기간인지 여부(소극)
[2] 채무이행을 최고받은 채무자가 그 이행의무의 존부 등에 대하여 조사를 해 볼 필요가 있다는 이유로 채권자에게 그 이행의 유예를 구한 경우, 민법 제174조에서 규정하고 있는 6월의 기간의 기산점
[3] 소멸시효의 완성을 주장하는 자가 원고가 되어 제기한 소에서 피고로서 응소하여 그 소송에서 적극적으로 권리를 주장하고 그것이 받아들여진 경우, 시효중단사유인 '재판상의 청구'에 해당하는지 여부(적극)

【판결요지】

[1] 구 공동주택관리령(1998. 12. 31. 대통령령 제16069호로 개정되기 전의 것) 제16조는, 제1항에서 공동주택 등에 대한 하자보수기간은 그 사용검사일부터 주요시설인 경우에는 2년 이상으로 하고 그 외의 시설인 경우에는 1년 이상으로 하되 하자보수대상인 주요시설 및 그 외의 시설의 구분 및 범위에 따른 기간은 건설교통부령으로 정한다고 한 다음, 제2항에서 '제1항의 규정에 의한 기간 내에 공동주택 등의 하자가 발생한 때'에는 입주자대표회의 등이 사업주체에 대하여 그 하자의 보수를 요구할 수 있다고 규정하고 있을 뿐, 그 기간 내에 하자보수를 요구하여야 한다거나 그 기간 동안 담보책임이 있다고 규정하고 있지는 않으므로, 위 하자보수기간을 하자보수청구권 행사의 제척기간으로 해석할 수는 없다.
[2] 소멸시효제도 특히 시효중단제도는 그 제도의 취지에 비추어 볼 때 이에 관한 기산점이나 만료점은 원권리자를 위하여 너그럽게 해석하는 것이 상당하다 할 것이므로, 민법 제174조 소정의 시효중단사유로서의 최고에 있어서 채무이행을 최고받은 채무자가 그 이행의무의 존부 등에 대하여 조사를 해 볼 필요가 있다는 이유로 채권자에 대하여 그 이행의 유예를 구한 경우에는 채권자가 그 회답을 받을 때까지는 최고의 효력이 계속된다고 보아야 하고, 따라서 같은 조에 규정된 6월의 기간은 채권자가 채무자로부터 회답을 받은 때로부터 기산되는 것이라고 해석하여야 할 것이다.
[3] 민법 제168조 제1호, 제170조 제1항에서 시효중단사유의 하나로 규정하고 있는 재판상의 청구라 함은, 통상적으로는 권리자가 원고로서 시효를 주장하는 자를 피고로 하여 소송물인 권리를 소의 형식으로 주장하는 경우를 가리키지만, 이와 반대로 시효를 주장하는 자가 원고가 되어 소를 제기한 데 대하여 피고로서 응소하여 그 소송에서 적극적으로 권리를 주장하고 그것이 받아들여진 경우도 마찬가지로 이에 포함되는 것으로 해석함이 타당하다.

다. 집합건물법과 주택법

집합건물법에 따른 하자담보책임기간이 적용되었다

[판례 3] 손해배상(기) (대법원 2004. 1. 27. 선고 2001다24891 판결)

【판시사항】

[1] 집합건물의소유및관리에관한법률 제9조의 규정 취지 및 하자담보추급권의 귀속관계(=현재의 집합건물의 소유자)
[2] 민법상 수급인의 하자담보책임에 관한 기간이 재판상 청구를 위한 출소기간인지 여부(소극)
[3] 구 주택건설촉진법 등에 의한 하자보수기간에 관한 규정이 집합건물의소유및관리에관한법률 제9조에 의한 분양자의 하자보수의무의 제척기간에 영향을 미치는지 여부(소극)

【판결요지】

[1] 집합건물의소유및관리에관한법률 제9조는 집합건물의 건축자 내지 분양자로 하여금 견고한 건물을 짓도록 유도하고 부실하게 건축된 집합건물의 소유자를 두텁게 보호하기 위하여 집합건물을 건축하여 분양하는 자의 담보책임에 관하여 수급인의 담보책임에 관한 민법 제667조 내지 제671조의 규정을 준용하는 한편 이를 강행규정화하였으며, 위 규정에 의한 하자담보추급권은 현재의 집합건물의 소유자에게 귀속한다.
[2] 민법상 수급인의 하자담보책임에 관한 기간은 제척기간으로서 재판상 또는 재판외의 권리행사기간이며 재판상 청구를 위한 출소기간이 아니다.
[3] 구 주택건설촉진법(1997. 12. 13. 법률 제5451호로 개정되기 전의 것), 구 공동주택관리령(1997. 7. 10. 대통령령 제15433호로 개정되기 전의 것), 구 공동주택관리규칙(1999. 12. 7. 건설교통부령 제219호로 개정되기 전의 것)의 관련 규정에 의하면, 공동주택의 입주자·입주자대표회의 또는 관리주체는 공사의 내용과 하자의 종류 등에 따라 1년 내지 3년(다만, 내력구조부의 결함으로 인하여 공동주택이 무너지거나 무너질 우려가 있는 경우에는 5년 또는 10년)의 범위에서 정하여진 기간 내에 발생한 하자에 대하여 사업주체에게 하자의 보수를 요구할 수 있는바, 이는 행정적인 차원에서 공동주택의 하자보수 절차·방법 및 기간 등을 정하고 하자보수보증금으로 신속하게 하자를 보수할 수 있도록 하는 기준을 정한 것으로서 위 법령에서 정하여진 기간 내에 발생한 하자에 대하여 입주자뿐만 아니라 사업주체와 별다른 법률관계를 맺지 않은 공동주택의 관리주체나 입주자대표회의도 보수를 요구할 수 있다는 취지라고 보아야 할 것이고, 아울러 집합건물의소유및관리에관한법률 부칙 제6조가 집합건물의 관리방법과 기준에 관한 구 주택건설촉진법의 특별한 규정은 그것이 집합건물의소유및관리에관한법률에 저촉하여 구분소유자의 기본적인 권리를 해하지 않는 한도에서만 효력이 있다고 규정한 점까지 고려할 때 구 주택건설촉진법 등의 관련 규정은 집합건물의소유및관리에관한법률 제9조에 의한 분양자의 구분소유자에 대한 하자보수의무의 제척기간에는 영향을 미칠 수 없다.

집합건물법 제9조에 따른 하자담보청구권과 주택법 제46조에 따른 하자담보청구권을 독립적으로 행사할 수 있다

[판례 4] 하자보수금 (대법원 2012. 7. 12. 선고 2010다108234 판결)

【판시사항】

[1] 2005. 5. 26. 법률 제7502호로 개정된 집합건물의 소유 및 관리에 관한 법률과 2005. 5. 26. 법률 제7520호로 개정된 주택법하에서 집합건물을 건축하여 분양한 자를 상대로 하자보수에 갈음하는 손해배상을 청구할 수 있는 하자의 범위 및 그 근거 규정
[2] 갑 주식회사가 건축하고 분양한 아파트에 사용검사일 전에 발생한 하자나 오시공·미시공 등의 하자 및 사용검사일부터 담보책임기간 만료일 이전에 발생한 주택법 제46조의 하자에 대하여, 입주자대표회의가 갑 회사를 상대로 하자보수에 갈음하는 손해배상을 구한 사안에서, 갑 회사는 집합건물의 소유 및 관리에 관한 법률 제9조에 따른 하자담보책임을 부담한다고 한 사례

【판결요지】

[1] 2005. 5. 26. 법률 제7502호로 개정된 집합건물의 소유 및 관리에 관한 법률(이하 '개정 집합건물법'이라 한다)과 2005. 5. 26. 법률 제7520호로 개정된 주택법(이하 '개정 주택법'이라 한다)은 입법 목적, 하자담보책임의 내용, 하자담보책임의 대상이 되는 하자의 종류와 범위, 하자담보책임을 추급할 수 있는 권리자와 의무자, 하자담보책임을 추급할 수 있는 권리의 행사기간 등을 서로 달리하고 있다. 따라서 개정 집합건물법 제9조에 따른 하자보수청구권 및 하자보수에 갈음하는 손해배상청구권과 개정 주택법 제46조에 따른 하자보수청구권 및 하자발생으로 인한 손해배상청구권은 독립적으로 행사할 수 있다. 다만 개정 집합건물법 부칙(1984. 4. 10.) 제6조 단서가 '공동주택의 담보책임에 관하여는 개정 주택법 제46조의 규정이 정하는 바에 따른다'고 규정하고 있고, 개정 주택법 제46조는 공동주택의 사용검사일 또는 사용승인일(이하 '사용검사일'이라고만 한다)부터 대통령령이 정하는 담보책임기간 안에 대통령령으로 정하는 하자가 발생한 때에 한하여 담보책임을 인정하고 있으므로, 개정 주택법 제46조에서 규정하는 하자에 대하여는 위 대통령령이 정하는 담보책임기간 안에 하자가 발생한 때에 한하여 개정 집합건물법 제9조에 따라 하자보수에 갈음하는 손해배상을 청구할 수 있고, 그 밖에 개정 주택법 제46조에서 규정하지 않는 사용검사일 전에 발생한 하자나 오시공·미시공 등의 하자에 대하여는 위 대통령령이 정하는 담보책임기간의 제한 없이 개정 집합건물법 제9조에 따라 하자보수에 갈음하는 손해배상을 청구할 수 있다.
[2] 갑 주식회사가 건축하고 분양한 아파트에 사용검사일 전에 발생한 하자나 오시공·미시공 등의 하자 및 사용검사일부터 담보책임기간 만료일 이전에 발생한 주택법 제46조의 하자에 대하여, 입주자대표회의가 갑 회사를 상대로 하자보수에 갈음하는 손해배상을 구한 사안에서, 아파트 구분소유자들은 아파트에 발생한 하자 전부에 대하여 갑 회사를 상대로 집합건물의 소유 및 관리에 관한 법률 제9조에 따라 하자보수에 갈음하는 손해배상을 청구할 수 있고, 입주자대표회의가 아파트 구분소유자들로부터 위 손해배상청구권을 양수받아 이행을 청구하고 있으므로, 갑 회사는 집합건물의 소유 및 관리에 관한 법률 제9조에

따른 하자담보책임을 부담한다고 한 사례.

2. 하자의 범위 및 하자담보책임기간

가. 하자의 범위

(1) 하자의 개념

"하자"란 공사상 잘못으로 인하여 균열·침하(沈下)·파손·들뜸·누수 등이 발생하여 건축물 또는 시설물의 안전상·기능상 또는 미관상의 지장을 초래할 정도의 결함을 의미하며, 내력구조부별 하자와 시설공사별 하자로 구분할 수 있습니다 (「공동주택관리법」 제36조제4항, 「공동주택관리법 시행령」 제37조제1호 및 제2호).

◆ 공동주택관리법
제36조 (하자담보책임) ④ 제1항의 하자(이하 "하자"라 한다)는 공사상 잘못으로 인하여 균열·침하(沈下)·파손·들뜸·누수 등이 발생하여 건축물 또는 시설물의 안전상·기능상 또는 미관상의 지장을 초래할 정도의 결함을 말하며, 그 구체적인 범위는 대통령령으로 정한다. <개정 2017. 4. 18.>

◆ 공동주택관리법 시행령
제37조 (하자의 범위) 법 제36조제4항에 따른 하자의 범위는 다음 각 호의 구분에 따른다. <개정 2017. 9. 29., 2021. 1. 5.>
  1. 내력구조부별 하자: 다음 각 목의 어느 하나에 해당하는 경우
    가. 공동주택 구조체의 일부 또는 전부가 붕괴된 경우
    나. 공동주택의 구조안전상 위험을 초래하거나 그 위험을 초래할 우려가 있는 정도의 균열·침하(沈下) 등의 결함이 발생한 경우
  2. 시설공사별 하자: 공사상의 잘못으로 인한 균열·처짐·비틀림·들뜸·침하·파손·붕괴·누수·누출·탈락, 작동 또는 기능불량, 부착·접지 또는 전선 연결 불량, 고사(枯死) 및 입상(서 있는 상태) 불량 등이 발생하여 건축물 또는 시설물의 안전상·기능상 또는 미관상의 지장을 초래할 정도의 결함이 발생한 경우

나. 내력구조부의 하자

내력구조부별 하자는 공동주택 구조체의 일부 또는 전부가 붕괴된 경우 또는 공동주택의 구조안전상 위험을 초래하거나, 그 위험을 초래할 우려가 있는 정도의 균열·침하 등의 결함이 발생한 경우를 말합니다(「공동주택관리법 시행령」 제37조제1호).

※ "내력구조부"란 「건축법」 제2조제1항제7호에 따른 건물의 주요구조부, 내력벽(耐力壁), 기둥, 바닥, 보, 지붕틀 및 주계단(主階段)을 말합니다(「공동주택관리법 시행령」 제36조제1항제1호).

◆ 공동주택관리법 시행령
제37조 (하자의 범위) 법 제36조제4항에 따른 하자의 범위는 다음 각 호의 구분에 따른다. <개정 2017. 9. 29., 2021. 1. 5.>
  1. 내력구조부별 하자: 다음 각 목의 어느 하나에 해당하는 경우
    가. 공동주택 구조체의 일부 또는 전부가 붕괴된 경우
    나. 공동주택의 구조안전상 위험을 초래하거나 그 위험을 초래할 우려가 있는 정도의 균열·침하(沈下) 등의 결함이 발생한 경우

다. 시설공사의 하자

시설공사별 하자는 공사상의 잘못으로 인한 균열·처짐·비틀림·들뜸·침하·파손·붕괴·누수·누출·탈락, 작동 또는 기능불량, 부착·접지·결선 불량, 고사 및 입상불량 등이 발생하여 건축물 또는 시설물의 안전상·기능상 또는 미관상의 지장을 초래할 정도의 결함이 발생한 경우를 말합니다(「공동주택관리법 시행령」 제37조제2호).

◆ 공동주택관리법 시행령
제37조 (하자의 범위) 법 제36조제4항에 따른 하자의 범위는 다음 각 호의 구분에 따른다. <개정 2017. 9. 29., 2021. 1. 5.>
  2. 시설공사별 하자: 공사상의 잘못으로 인한 균열·처짐·비틀림·들뜸·침하·파손·붕괴·누수·누출·탈락, 작동 또는 기능불량, 부착·접지 또는 전선 연결 불량, 고사(枯死) 및 입상(서 있는 상태) 불량 등이 발생하여 건축물 또는 시설물의 안전상·기능상 또는 미관상의 지장을 초래할 정도의 결함이 발생한 경우

3. 하자담보 책임기간

가. 손해배상책임

사업주체는 담보책임기간에 공동주택의 내력구조부에 중대한 하자가 발생한 경우에는 하자 발생으로 인한 손해를 배상할 책임이 있습니다(「공동주택관리법」 제37조제2항 전단).

※ 사업주체: 「주택법」 제15조에 따른 주택건설사업계획 또는 대지조성사업계획의 승인을 받아 그 사업을 시행하는 국가·지방자치단체, 한국토지주택공사 또는 지방공사, 「주택법」 제4조에 따라 등록한 주택건설사업자 또는 대지조성사업자 및 그 밖에 「주택법」에 따라 주택건설사업 또는 대지조성사업을 시행하는 자를 말하고, 「주택법」 제2조제10호에 따른 자, 「건축법」 제11조에 따라 건축허가를 받아 분양을 목적으로 하는 공동주택을 건축한 건축주 및 「공동주택관리법」 제35조제1항제2호에 따른 행위와 「주택법」 제66조제1항에 따른 리모델링을 수행한 시공자를 포함합니다 (「주택법」 제2조제10호 및 「공동주택관리법」 제36조제1항).

◆ 공동주택관리법
제37조 (하자보수 등) ② 사업주체는 담보책임기간에 공동주택에 하자가 발생한 경우에는 하자 발생으로 인한 손해를 배상할 책임이 있다. 이 경우 손해배상책임에 관하여는 「민법」 제667조를 준용한다. <개정 2017. 4. 18.>

나. 내력구조부별 및 지반공사의 하자담보책임기간

내력구조부별 및 지반공사의 하자담보책임기간은 10년입니다(「공동주택관리법 시행령」 제36조제1항제1호).

◆ 공동주택관리법 시행령
제36조 (담보책임기간) ① 법 제36조제3항에 따른 공동주택의 내력구조부별 및 시설공사별 담보책임기간(이하 "담보책임기간"이라 한다)은 다음 각 호와 같다. <개정 2017. 9. 29.>
   1. 내력구조부별(「건축법」 제2조제1항제7호에 따른 건물의 주요구조부를 말한다. 이하 같다) 하자에 대한 담보책임기간: 10년

다. 시설공사별 하자담보책임기간

사업주체가 보수책임을 부담하는 시설공사별 하자담보책임기간은 다음과 같습니다(「공동주택관리법 시행령」 별표 4).

구 분		기간
시설공사	세부공종	
1. 마감공사	가. 미장공사 나. 수장공사(건축물 내부 마무리 공사) 다. 도장공사 라. 도배공사 마. 타일공사 바. 석공사(건물내부 공사) 사. 옥내가구공사 아. 주방기구공사 자. 가전제품	2년
2. 옥외급수·위생 관련 공사	가. 공동구공사 나. 저수조(물탱크)공사 다. 옥외위생(정화조) 관련 공사 라. 옥외 급수 관련 공사	3년
3. 난방·냉방·환기, 공기조화 설비공사	가. 열원기기설비공사 나. 공기조화기기설비공사 다. 닥트설비공사 라. 배관설비공사 마. 보온공사 바. 자동제어설비공사 사. 온돌공사(세대매립배관 포함) 아. 냉방설비공사	
4. 급·배수 및 위생설비공사	가. 급수설비공사 나. 온수공급설비공사 다. 배수·통기설비공사 라. 위생기구설비공사 마. 철 및 보온공사 바. 특수설비공사	
5. 가스설비공사	가. 가스설비공사 나. 가스저장시설공사	
6. 목공사	가. 구조체 또는 바탕재공사 나. 수장목공사	

7. 창호공사	가. 창문틀 및 문짝공사 나. 창호철물공사 다. 창호유리공사 라. 커튼월공사
8. 조경공사	가. 식재공사 나. 조경시설물공사 다. 관수 및 배수공사 라. 조경포장공사 마. 조경부대시설공사 바. 잔디심기공사 사. 조형물공사
9. 전기 및 전력설비공사	가. 배관·배선공사 나. 피뢰침공사 다. 동력설비공사 라. 수·변전설비공사 마. 수·배전공사 바. 전기기기공사 사. 발전설비공사 아. 승강기설비공사 자. 인양기설비공사 차. 조명설비공사
10. 신재생 에너지 설비공사	가. 태양열설비공사 나. 태양광설비공사 다. 지열설비공사 라. 풍력설비공사
11. 정보통신공사	가. 통신·신호설비공사 나. TV공청설비공사 다. 감시제어설비공사 라. 가정자동화설비공사 마. 정보통신설비공사
12. 지능형 홈네트워크 설비공사	가. 홈네트워크망공사 나. 홈네트워크기기공사 다. 단지공용시스템공사
13. 소방시설공사	가. 소화설비공사 나. 제연설비공사 다. 방재설비공사 라. 자동화재탐지설비공사
14. 단열공사	벽체, 천장 및 바닥의 단열공사

15. 잡공사	가. 옥내설비공사(우편함, 무인택배시스템 등) 나. 옥외설비공사(담장, 울타리, 안내시설물 등), 금속공사	5년
16. 대지조성공사	가. 토공사 나. 석축공사 다. 옹벽공사(토목옹벽) 라. 배수공사 마. 포장공사	
17. 철근콘크리트공사	가. 일반철근콘크리트공사 나. 특수콘크리트공사 다. 프리캐스트콘크리트공사 라. 옹벽공사(건축옹벽) 마. 콘크리트공사	
18. 철골공사	가. 일반철골공사 나. 철골부대공사 다. 경량철골공사	
19. 조적공사	가. 일반벽돌공사 나. 점토벽돌공사 다. 블록공사 라. 석공사(건물외부 공사)	
20. 지붕공사	가. 지붕공사 나. 홈통 및 우수관공사	
21. 방수공사	방수공사	

비고: 기초공사·지정공사 등 「집합건물의 소유 및 관리에 관한 법률」 제9조의2제1항제1호에 따른 지반공사의 경우 담보책임기간은 10년

입주자대표회의에서 설치한 시설물의 하자담보책임기간

Q. 입주자대표회의에서 설치한 시설물의 하자담보책임기간은 어떻게 되나요?
A. 「공동주택관리법」 제36조제1항의 하자담보책임기간은 분양에 따른 사업주체의 담보책임에 대한 것이며, 입주자대표회의가 임의로 설치한 시설물은 당사자 간의 계약내용에 따라 하자보수책임과 기간이 적용되므로 「공동주택관리법」의 하자담보책임기간이 적용되지 않습니다.
 (출처: 하자관리정보시스템(www.adc.go.kr)-민원센터-자주묻는질문)

라. 담보책임기간 기산일

전유부분은 입주자에게 인도한 날부터 기산합니다(「공동주택관리법」 제36조제3항제1호).

※ 전유부분(專有部分): 구분소유권의 목적인 건물부분을 말합니다(「집합건물의 소유 및 관리에 관한 법률」 제2조제3호).

> ◆ 공동주택관리법
>
> 제36조 (하자담보책임) ③ 제1항 및 제2항에 따른 담보책임의 기간(이하 "담보책임기간"이라 한다)은 하자의 중대성, 시설물의 사용 가능 햇수 및 교체 가능성 등을 고려하여 공동주택의 내력구조부별 및 시설공사별로 10년의 범위에서 대통령령으로 정한다. 이 경우 담보책임기간은 다음 각 호의 날부터 기산한다. <개정 2016. 1. 19., 2017. 4. 18., 2020. 6. 9.>
>
> 1. 전유부분: 입주자(제2항에 따른 담보책임의 경우에는 임차인)에게 인도한 날

공용부분은 사용검사일부터 기산합니다(「공동주택관리법」 제36조제3항제2호).

※ 공용부분: 전유부분 외의 건물부분, 전유부분에 속하지 않는 건물의 부속물 및 공용부분으로 된 부속의 건물을 말합니다(「집합건물의 소유 및 관리에 관한 법률」 제2조제4호, 「집합건물의 소유 및 관리에 관한 법률」 제3조제2항 및 제3항).

> ◆ 공동주택관리법
>
> 제36조 (하자담보책임) ③ 제1항 및 제2항에 따른 담보책임의 기간(이하 "담보책임기간"이라 한다)은 하자의 중대성, 시설물의 사용 가능 햇수 및 교체 가능성 등을 고려하여 공동주택의 내력구조부별 및 시설공사별로 10년의 범위에서 대통령령으로 정한다. 이 경우 담보책임기간은 다음 각 호의 날부터 기산한다. <개정 2016. 1. 19., 2017. 4. 18., 2020. 6. 9.>
>
> 2. 공용부분: 「주택법」 제49조에 따른 사용검사일(같은 법 제49조제4항 단서에 따라 공동주택의 전부에 대하여 임시 사용승인을 받은 경우에는 그 임시 사용승인일을 말하고, 같은 법 제49조제1항 단서에 따라 분할 사용검사나 동별 사용검사를 받은 경우에는 그 분할 사용검사일 또는 동별 사용검사일을 말한다) 또는 「건축법」 제22조에 따른 공동주택의 사용승인일

4. 하자담보책임의 청구권

집합건물법은 분양자와 시공자는 구분소유자에 대하여 담보책임을 진다고 정하고 있다(제9조 제1항)

◆ 주택법
제37조 (에너지절약형 친환경주택 등의 건설기준) ① 사업주체가 제15조에 따른 사업계획승인을 받아 주택을 건설하려는 경우에는 에너지 고효율 설비기술 및 자재 적용 등 대통령령으로 정하는 바에 따라 에너지절약형 친환경주택으로 건설하여야 한다. 이 경우 사업주체는 제15조에 따른 서류에 에너지절약형 친환경주택 건설기준 적용 현황 등 대통령령으로 정하는 서류를 첨부하여야 한다.

◆ 주택법
제46조 (건축구조기술사와의 협력) ① 수직증축형 리모델링(세대수가 증가되지 아니하는 리모델링을 포함한다. 이하 같다)의 감리자는 감리업무 수행 중에 다음 각 호의 어느 하나에 해당하는 사항이 확인된 경우에는 「국가기술자격법」에 따른 건축구조기술사(해당 건축물의 리모델링 구조설계를 담당한 자를 말하며, 이하 "건축구조기술사"라 한다)의 협력을 받아야 한다. 다만, 구조설계를 담당한 건축구조기술사가 사망하는 등 대통령령으로 정하는 사유로 감리자가 협력을 받을 수 없는 경우에는 대통령령으로 정하는 건축구조기술사의 협력을 받아야 한다.
  1. 수직증축형 리모델링 허가 시 제출한 구조도 또는 구조계산서와 다르게 시공하고자 하는 경우
  2. 내력벽(耐力壁), 기둥, 바닥, 보 등 건축물의 주요 구조부에 대하여 수직증축형 리모델링 허가 시 제출한 도면보다 상세한 도면 작성이 필요한 경우
  3. 내력벽, 기둥, 바닥, 보 등 건축물의 주요 구조부의 철거 또는 보강 공사를 하는 경우로서 국토교통부령으로 정하는 경우
  4. 그 밖에 건축물의 구조에 영향을 미치는 사항으로서 국토교통부령으로 정하는 경우

◆ 주택법 시행령
제59조 (택지 매입가격의 범위 및 분양가격 공시지역) ② 사업주체는 제1항에

따른 감정평가 가액을 기준으로 택지비를 산정하려는 경우에는 시장·군수·구청장에게 「감정평가 및 감정평가사에 관한 법률」에 따른 감정평가를 요청하여야 한다. 이 경우 감정평가의 실시와 관련된 구체적인 사항은 법 제57조제3항의 감정평가의 예에 따른다. <개정 2016. 8. 31.>

[판례 5] 손해배상(기) (대법원 2004. 1. 27. 선고 2001다24891 판결)

【판시사항】

[1] 집합건물의소유및관리에관한법률 제9조의 규정 취지 및 하자담보추급권의 귀속관계(=현재의 집합건물의 소유자)
[2] 민법상 수급인의 하자담보책임에 관한 기간이 재판상 청구를 위한 출소기간인지 여부(소극)
[3] 구 주택건설촉진법 등에 의한 하자보수기간에 관한 규정이 집합건물의소유및관리에관한법률 제9조에 의한 분양자의 하자보수의무의 제척기간에 영향을 미치는지 여부(소극)

【판결요지】

[1] 집합건물의소유및관리에관한법률 제9조는 집합건물의 건축자 내지 분양자로 하여금 견고한 건물을 짓도록 유도하고 부실하게 건축된 집합건물의 소유자를 두텁게 보호하기 위하여 집합건물을 건축하여 분양하는 자의 담보책임에 관하여 수급인의 담보책임에 관한 민법 제667조 내지 제671조의 규정을 준용하는 한편 이를 강행규정화하였으며, 위 규정에 의한 하자담보추급권은 현재의 집합건물의 소유자에게 귀속한다.
[2] 민법상 수급인의 하자담보책임에 관한 기간은 제척기간으로서 재판상 또는 재판외의 권리행사기간이며 재판상 청구를 위한 출소기간이 아니다.
[3] 구 주택건설촉진법(1997. 12. 13. 법률 제5451호로 개정되기 전의 것), 구 공동주택관리령(1997. 7. 10. 대통령령 제15433호로 개정되기 전의 것), 구 공동주택관리규칙(1999. 12. 7. 건설교통부령 제219호로 개정되기 전의 것)의 관련 규정에 의하면, 공동주택의 입주자·입주자대표회의 또는 관리주체는 공사의 내용과 하자의 종류 등에 따라 1년 내지 3년(다만, 내력구조부의 결함으로 인하여 공동주택이 무너지거나 무너질 우려가 있는 경우에는 5년 또는 10년)의 범위에서 정하여진 기간 내에 발생한 하자에 대하여 사업주체에게 하자의 보수를 요구할 수 있는바, 이는 행정적인 차원에서 공동주택의 하자보수 절차·방법 및 기간 등을 정하고 하자보수보증금으로 신속하게 하자를 보수할 수 있도록 하는 기준을 정한 것으로서 위 법령에서 정하여진 기간 내에 발생한 하자에 대하여 입주자뿐만 아니라 사업주체와 별다른 법률관계를 맺지 않은 공동주택의 관리주체나 입주자대표회의도 보수를 요구할 수 있다는 취지라고 보아야 할 것이고, 아울러 집합건물의소유및관리에관한법률 부칙 제6조가 집합건물의 관리방법과 기준에 관한 구 주택건설촉진법의 특별한 규정은 그것이 집합건물의소유및관리에관한법률에 저촉하여 구분소유자의 기본적인 권리를 해하

지 않는 한도에서만 효력이 있다고 규정한 점까지 고려할 때 구 주택건설촉진법 등의 관련 규정은 집합건물의소유및관리에관한법률 제9조에 의한 분양자의 구분소유자에 대한 하자보수의무의 제척기간에는 영향을 미칠 수 없다.

[판례 6] 손해배상(기) (대법원 2006. 10. 26. 선고 2004다17993, 18002, 18019 판결)

【판시사항】
[1] 집합건물이 양도된 경우, 집합건물의 소유 및 관리에 관한 법률 제9조에 정한 하자담보추급권의 귀속관계(=현재의 집합건물의 구분소유자)
[2] 공동주택의 하자보수기간 등에 관한 구 주택건설촉진법의 규정 등이 집합건물의 소유 및 관리에 관한 법률 제9조에 의한 분양자의 하자보수의무의 제척기간에 영향을 미치는지 여부(소극)
[3] 신축한 건물의 하자로 수분양자가 받은 정신적 고통에 대하여 위자료 청구가 인정되는 경우

사업주체는 건축물 분양에 따른 담보책임에 관하여 민법 제667조부터 제671조까지의 규정을 하고 있다.

◆ 집합건물의 소유 및 관리에 관한 법률
제9조 (담보책임) ① 제1조 또는 제1조의2의 건물을 건축하여 분양한 자(이하 "분양자"라 한다)와 분양자와의 계약에 따라 건물을 건축한 자로서 대통령령으로 정하는 자(이하 "시공자"라 한다)는 구분소유자에 대하여 담보책임을 진다. 이 경우 그 담보책임에 관하여는 「민법」 제667조 및 제668조를 준용한다. <개정 2012. 12. 18.>
② 제1항에도 불구하고 시공자가 분양자에게 부담하는 담보책임에 관하여 다른 법률에 특별한 규정이 있으면 시공자는 그 법률에서 정하는 담보책임의 범위에서 구분소유자에게 제1항의 담보책임을 진다. <신설 2012. 12. 18.>
③ 제1항 및 제2항에 따른 시공자의 담보책임 중 「민법」 제667조제2항에 따른 손해배상책임은 분양자에게 회생절차개시 신청, 파산 신청, 해산, 무자력(無資力) 또는 그 밖에 이에 준하는 사유가 있는 경우에만 지며, 시공자가 이미 분양자에게 손해배상을 한 경우에는 그 범위에서 구분소유자에 대한 책임을 면(免)한다. <신설 2012. 12. 18.>
④ 분양자와 시공자의 담보책임에 관하여 이 법과 「민법」에 규정된 것보

다 매수인에게 불리한 특약은 효력이 없다. <개정 2012. 12. 18.>
[전문개정 2010. 3. 31.]

◆ 민법
제667조 (수급인의 담보책임) ① 완성된 목적물 또는 완성 전의 성취된 부분에 하자가 있는 때에는 도급인은 수급인에 대하여 상당한 기간을 정하여 그 하자의 보수를 청구할 수 있다. 그러나 하자가 중요하지 아니한 경우에 그 보수에 과다 한 비용을 요할 때에는 그러하지 아니하다.
② 도급인은 하자의 보수에 갈음하여 또는 보수와 함께 손해배상을 청구할 수 있다.

◆ 민법
제671조 (수급인의 담보책임-토지, 건물 등에 대한 특칙) ① 토지, 건물 기타 공작물의 수급인은 목적물 또는 지반공사의 하자에 대하여 인도 후 5년간 담보의 책임이 있다. 그러나 목적물이 석조, 석회조, 연와조, 금속 기타 이와 유사한 재료로 조성된 것인 때에는 그 기간을 10년으로 한다.

◆ 민법
제9조 (담보책임) ① 제1조 또는 제1조의2의 건물을 건축하여 분양한 자의 담보책임에 관하여는 민법 제667조 내지 제671조의 규정을 준용한다.
② 제1항의 분양자의 담보책임에 관하여는 민법에 규정하는 것보다 매수인을 불리하게 한 특약은 그 효력이 없다.

◆ 주택법
제46조 (건축구조기술사와의 협력) ① 수직증축형 리모델링(세대수가 증가되지 아니하는 리모델링을 포함한다. 이하 같다)의 감리자는 감리업무 수행 중에 다음 각 호의 어느 하나에 해당하는 사항이 확인된 경우에는 「국가기술자격법」에 따른 건축구조기술사(해당 건축물의 리모델링 구조설계를 담당한 자를 말하며, 이하 "건축구조기술사"라 한다)의 협력을 받아야 한다. 다만, 구조설계를 담당한 건축구조기술사가 사망하는 등 대통령령으로 정하는 사유로 감리자가 협력을 받을 수 없는 경우에는 대통령령으로 정하는 건축구조기술사의 협력을 받아야 한다.
 1. 수직증축형 리모델링 허가 시 제출한 구조도 또는 구조계산서와 다르게 시공하고자 하는 경우

> 2. 내력벽(耐力壁), 기둥, 바닥, 보 등 건축물의 주요 구조부에 대하여 수직증축형 리모델링 허가 시 제출한 도면보다 상세한 도면 작성이 필요한 경우
> 3. 내력벽, 기둥, 바닥, 보 등 건축물의 주요 구조부의 철거 또는 보강공사를 하는 경우로서 국토교통부령으로 정하는 경우
> 4. 그 밖에 건축물의 구조에 영향을 미치는 사항으로서 국토교통부령으로 정하는 경우

가. 주택법상의 하자보수청구권과 집합건물법상의 하자보수청구권의 관계

(1) 주택법령에 의한 책임

① 청구권자 : 수분양자, 입주자, 입주자대표회의, 관리권을 위임받은 관리주체
② 의무자 : 주택건설사업 시행자, 분양을 목적으로 하는 공동주택을 건축한 건축주, 공동주택 시공자
③ 권리의 내용 : 하자보수청구권, 내력구조부에 중대한 하자가 발생한 경우의 손해배상청구권, 하자보수보증금으로 직접 보수하거나 제3자에게 대행시킬 권리, 준공검사권자에게 하자조사를 하고 보수를 명하도록 요구할 권리
④ 하자의 발생시기 및 정도 : 주택법 시행령이 정한 보수책임 기간 내 발생한 하자로서 기능상, 미관상, 안전상의 지장을 초래할 정도의 하자
⑤ 하자보수책임기간 : 주택법 시행령 등이 정한 기간 (하자발생기간)

(2) 집합건물법에 의한 책임

① 청구권자 : 수분양자
② 의무자 : 집합건물을 건축하여 분양한 자
③ 권리의 내용 : 하자보수청구권·하자보수에 갈음하여 또는 그와 함께 하는 손해배상청구권
④ 하자의 발생시기 및 정도 : 인도 후 10년간 발생한 모든 하자 (중요하지 아니하고 그 보수에 과다한 비용을 요할 때에는 제외)
⑤ 하자담보책임기간 : 10년 (제척기간·하자 시 멸실, 훼손된 때에는 그 날로부터 1년

나. 주택법 및 집합건물법의 개정에 따른 하자책임의 관계

> ◆ 주택법
> 제46조 (건축구조기술사와의 협력) ① 수직증축형 리모델링(세대수가 증가되지 아니하는 리모델링을 포함한다. 이하 같다)의 감리자는 감리업무 수행 중에 다음 각 호의 어느 하나에 해당하는 사항이 확인된 경우에는 「국가기술자격법」에 따른 건축구조기술사(해당 건축물의 리모델링 구조설계를 담당한 자를 말하며, 이하 "건축구조기술사"라 한다)의 협력을 받아야 한다. 다만, 구조설계를 담당한 건축구조기술사가 사망하는 등 대통령령으로 정하는 사유로 감리자가 협력을 받을 수 없는 경우에는 대통령령으로 정하는 건축구조기술사의 협력을 받아야 한다.
> 1. 수직증축형 리모델링 허가 시 제출한 구조도 또는 구조계산서와 다르게 시공하고자 하는 경우
> 2. 내력벽(耐力壁), 기둥, 바닥, 보 등 건축물의 주요 구조부에 대하여 수직증축형 리모델링 허가 시 제출한 도면보다 상세한 도면 작성이 필요한 경우
> 3. 내력벽, 기둥, 바닥, 보 등 건축물의 주요 구조부의 철거 또는 보강 공사를 하는 경우로서 국토교통부령으로 정하는 경우
> 4. 그 밖에 건축물의 구조에 영향을 미치는 사항으로서 국토교통부령으로 정하는 경우
> ② 제1항에 따라 감리자에게 협력한 건축구조기술사는 분기별 감리보고서 및 최종 감리보고서에 감리자와 함께 서명날인하여야 한다.
> ③ 제1항에 따라 협력을 요청받은 건축구조기술사는 독립되고 공정한 입장에서 성실하게 업무를 수행하여야 한다.
> ④ 수직증축형 리모델링을 하려는 자는 제1항에 따라 감리자에게 협력한 건축구조기술사에게 적정한 대가를 지급하여야 한다.

[판례 7] 손해배상(기) (대법원 2004. 1. 27. 선고 2001다24891 판결)

【판시사항】
[1] 집합건물의소유및관리에관한법률 제9조의 규정 취지 및 하자담보추급권의 귀속관계(=현재의 집합건물의 소유자)
[2] 민법상 수급인의 하자담보책임에 관한 기간이 재판상 청구를 위한 출소기간인지 여부(소

극)
[3] 구 주택건설촉진법 등에 의한 하자보수기간에 관한 규정이 집합건물의소유및관리에관한법률 제9조에 의한 분양자의 하자보수의무의 제척기간에 영향을 미치는지 여부(소극)

【판결요지】

[1] 집합건물의소유및관리에관한법률 제9조는 집합건물의 건축자 내지 분양자로 하여금 견고한 건물을 짓도록 유도하고 부실하게 건축된 집합건물의 소유자를 두텁게 보호하기 위하여 집합건물을 건축하여 분양하는 자의 담보책임에 관하여 수급인의 담보책임에 관한 민법 제667조 내지 제671조의 규정을 준용하는 한편 이를 강행규정화하였으며, 위 규정에 의한 하자담보추급권은 현재의 집합건물의 소유자에게 귀속한다.
[2] 민법상 수급인의 하자담보책임에 관한 기간은 제척기간으로서 재판상 또는 재판외의 권리행사기간이며 재판상 청구를 위한 출소기간이 아니다.
[3] 구 주택건설촉진법(1997. 12. 13. 법률 제5451호로 개정되기 전의 것), 구 공동주택관리령(1997. 7. 10. 대통령령 제15433호로 개정되기 전의 것), 구 공동주택관리규칙(1999. 12. 7. 건설교통부령 제219호로 개정되기 전의 것)의 관련 규정에 의하면, 공동주택의 입주자·입주자대표회의 또는 관리주체는 공사의 내용과 하자의 종류 등에 따라 1년 내지 3년(다만, 내력구조부의 결함으로 인하여 공동주택이 무너지거나 무너질 우려가 있는 경우에는 5년 또는 10년)의 범위에서 정하여진 기간 내에 발생한 하자에 대하여 사업주체에게 하자의 보수를 요구할 수 있는바, 이는 행정적인 차원에서 공동주택의 하자보수 절차·방법 및 기간 등을 정하고 하자보수보증금으로 신속하게 하자를 보수할 수 있도록 하는 기준을 정한 것으로서 위 법령에서 정하여진 기간 내에 발생한 하자에 대하여 입주자뿐만 아니라 사업주체와 별다른 법률관계를 맺지 않은 공동주택의 관리주체나 입주자대표회의도 보수를 요구할 수 있다는 취지라고 보아야 할 것이고, 아울러 집합건물의소유및관리에관한법률 부칙 제6조가 집합건물의 관리방법과 기준에 관한 구 주택건설촉진법의 특별한 규정은 그것이 집합건물의소유및관리에관한법률에 저촉하여 구분소유자의 기본적인 권리를 해하지 않는 한도에서만 효력이 있다고 규정한 점까지 고려할 때 구 주택건설촉진법 등의 관련 규정은 집합건물의소유및관리에관한법률 제9조에 의한 분양자의 구분소유자에 대한 하자보수의무의 제척기간에는 영향을 미칠 수 없다.

[판례 8] 주택법제46조제1항등위헌제청 (헌법재판소 2008. 7. 31. 선고 2005헌가16 전원재판부)

【판시사항】

가. 2005. 5. 26. 주택법 개정 전에 사용검사 또는 사용승인을 얻은 공동주택의 담보책임 및 하자보수에 관하여 주택법 제46조의 하자담보책임을 적용하도록 한 주택법(2005. 5. 26. 법률 제7520호로 개정된 것) 부칙 제3항이 헌법상의 신뢰보호원칙에 위배되는지 여부(적극)

나. 주택법 제46조 제1항(2005. 5. 26. 법률 제7520호로 개정되고, 2008. 3. 21. 법률 제8974호로 개정되기 전의 것), 제3항(2005. 5. 26. 법률 제7520호로 개정된 것)에 대한 위헌제청은 재판의 전제성이 없다고 본 사례

【결정요지】

가. 주택법 부칙 제3항은 '법 시행 전에 사용검사나 사용승인을 얻은 공동주택의 담보책임이나 하자보수에 관하여는 주택법 제46조의 개정규정을 적용한다'고 하고 있어, 주택법이 시행되기 전에 사용검사나 사용승인을 받았다면 그 하자가 발생한 시점이 주택법이 시행되기 전이라 하더라도 2005. 5. 26. 개정된 주택법을 적용하도록 하였다.

그런데 신법이 시행되기 전에 이미 하자가 발생하였으나, 구법(집합건물법)에 의하면 10년의 하자담보기간 내이지만 신법에 의할 때 내력구조가 아니어서 1 내지 4년의 하자담보기간이 이미 경과된 경우, 공동주택의 소유자로서는 구법 질서 아래에서 이미 형성된 하자담보청구권이 소급적으로 박탈되는 결과가 된다. 이는 소유자가 구법에 따라 적법하게 지니고 있던 신뢰를 심각하게 침해하는 것인 반면, 개정된 주택법이 추구하는 공익은 중대한 것이라 보기는 어렵다. 따라서 신법이 시행된 이후에 하자가 발생한 경우뿐만 아니라 이미 구법 아래에서 발생한 하자까지 소급하여 신법을 적용하게 할 필요성이 크지 않다. 그러므로 구법 아래에서 하자가 발생한 경우에 공동주택 소유자들이 지녔던 신뢰이익의 보호가치, 부칙 제3항이 진정소급입법으로서 하자담보청구권을 박탈하는 점에서의 침해의 중대성, 신법을 통하여 실현하고자 하는 공익목적의 중요성 정도를 종합적으로 비교형량하여 볼 때, 부칙 제3항이 신법 시행 전에 발생한 하자에 대하여서까지 주택법을 적용하도록 한 것은 당사자의 신뢰를 헌법에 위반된 방법으로 침해하는 것으로서, 신뢰보호원칙에 위배된다.

나. 주택법 부칙 제3항이 위헌이라고 하는 이상, 신법이 시행되기 전에 하자가 발생한 당해 사건에 있어서는 개정된 주택법 제46조 제1항, 제3항이 적용되지 아니하므로, 이 사건에서 주택법 제46조 제1항, 제3항 부분은 재판의 전제성이 없어 부적법하다.

5. 하자보수책임의 관계

[판례 9] 손해배상(기) (서울고등법원 2008. 1. 8. 선고 2007나65162 판결)

【전 문】

【원고, 항소인】 원고 입주자대표회의(소송대리인 변호사 이창록)
【피고, 피항소인】 대한주택공사(소송대리인 법무법인 하나로 담당변호사 백강수)
【변론종결】 2007. 12. 4.
【제1심판결】 수원지방법원 성남지원 2007. 6. 22. 선고 2005가합5399 판결

【주 문】

1. 제1심 판결 중 아래에서 지급을 명하는 금액에 해당하는 원고 패소 부분을 취소한다.
    피고는 원고에게 224,644,273원 및 이에 대하여 2005. 8. 4.부터 2008. 1. 8.까지는 연 5%, 그 다음날부터 갚는 날까지는 연 20%의 각 비율에 의한 금액을 지급하라.
2. 원고의 나머지 항소를 기각한다.
3. 소송총비용 중 70%는 원고가, 나머지 30%는 피고가 각 부담한다.
4. 제1항의 금액 지급 부분은 가집행할 수 있다.

【청구취지 및 항소취지】

제1심 판결을 취소한다. 피고는 원고에게 798,751,676원 및 이에 대하여 소장 부본 송달 다음날부터 2007. 4. 20.자 청구취지 및 청구원인 변경 신청서 송달일까지는 연 5%, 그 다음 날부터 갚는 날까지는 연 20%의 각 비율에 의한 금액을 지급하라.

【이 유】

1. 기초사실
    이 법원이 이 부분에 설시할 판결 이유는, 제1심 판결 이유 중 해당 부분 이유 기재와 같으므로 민사소송법 제420조 본문에 의하여 이를 그대로 인용한다.
2. 원고의 주장 및 관련 법령 내용
    가. 원고의 주장
        피고가 이 사건 아파트를 신축, 분양함에 있어 설계도면과 다르게 변경시공하거나 미시공 또는 부실시공을 한 잘못으로 공용부분에 하자가 발생하였고, 하자담보책임기간 별 보수비용은 703,399,267원(10년), 181,016,356원(5년), 47,445,715원(사용검사전 하자), 14,821,147원(3년), 3,498,465원(2년), 27,921,268원(1년) 합계 978,102,218원이다. 위 금액에서 전유 부분인 후면 발코니 슬래브철근 노출로 인한 하자보수비 437,064원과 긁어내기 비용이 중복으로 계상된 옥탑부 외벽체 견출불량 시공에 대한 하자보수비 22,449,085원을 공제하면, 이 사건 아파트 공용부분에 발생한 하자의 보수비는 955,216,069원{978,102,218원 - 22,886,149원(437,064원 + 22,449,085원)}이다. 주택법 및 집합건물의 소유 및 관리에 관한 법률(이하 집합건물법이라 한다) 부칙의 개정에도 불구하고, 구분소유자는 분양자에 대하여 집합건물법 제9조에 따라 10년의 담보책임기간 안에 발생한 모든 하자에 관하여 하자보수에 갈음한 손해배상청구권이 있다. 피고는 하자보수에 갈음한 손해배상청구권을 양수받은 원고에게 이 사건 아파트 구분소유자로부터 원고가 양수받은 전유부분 지분비율에 따른 손해배상금 798,751,676원(955,216,069원 X 83.62%)을 지급할 의무가 있다.
    나. 관련 법령의 내용
        1) 주택법(2005. 5. 26. 법률 7520호로 개정된 것)
            가) 제46조 (담보책임 및 하자보수 등)
                ① 사업주체(건축법 제8조의 규정에 의하여 건축허가를 받아 분양을 목적으로 하는 공동주택을 건축한 건축주 및 제42조 제2항 제2호의 행위를 한 시공자를 포함한다. 이하 이 조에서 같다)는 건축물 분양에 따른 담보책임에 관하여 민법 제667조 내지 제671조의 규정을 준용하도록 한 「집합건물의 소유 및 관

리에 관한 법률」 제9조의 규정에 불구하고 공동주택의 사용검사일(주택단지 안의 공동주택의 전부에 대하여 임시사용승인을 얻은 경우에는 그 임시사용승인일을 말한다) 또는 건축법 제18조의 규정에 의한 공동주택의 사용승인일부터 공동주택의 내력구조부별 및 시설공사별로 10년 이내의 범위에서 대통령령이 정하는 담보책임기간 안에 공사상 잘못으로 인한 균열·침하·파손 등 대통령령으로 정하는 하자가 발생한 때에는 공동주택의 입주자 등 대통령령이 정하는 자의 청구에 따라 그 하자를 보수하여야 한다.

② 제1항의 규정에 의한 사업주체(건설산업기본법 제28조의 규정에 의하여 하자담보책임이 있는 자로서 사업주체로부터 건설공사를 일괄 도급받아 건설공사를 수행한 자가 따로 있는 경우에는 그 자를 말한다)는 대통령령이 정하는 바에 의하여 하자보수보증금을 예치하여야 한다. 다만, 국가·지방자치단체·대한주택공사 및 지방공사인 사업주체의 경우에는 그러하지 아니하다.

③ 사업주체는 제1항의 규정에 의한 담보책임기간 안에 공동주택의 내력구조부에 중대한 하자가 발생한 때에는 하자발생으로 인한 손해를 배상할 책임이 있다.

나) 부칙 (법률 제7520호, 2005. 5. 26. 공포)

① (시행일) 이 법은 공포한 날부터 시행한다.

③ (담보책임 및 하자보수에 관한 경과조치) 이 법 시행 전에 「주택법」 제29조의 규정에 의한 사용검사 또는 「건축법」 제18조의 규정에 의한 사용승인을 얻은 공동주택의 담보책임 및 하자보수에 관하여는 제46조의 개정규정을 적용한다.

2) 주택법 시행령(2005. 9. 16. 대통령령 제19053호로 개정된 것)

가) 제59조 (사업주체의 하자보수)

① 법 제46조 제1항의 규정에 의하여 사업주체(동조 제2항 본문의 규정에 의한 사업주체를 말한다. 이하 이 조와 제60조 및 제61조에서 같다)가 보수책임을 부담하는 하자의 범위, 내력구조부별 및 시설공사별 하자담보책임기간 등은 별표 6 및 별표 7과 같다.

② 법 제46조 제1항에서 "공동주택의 입주자 등 대통령령이 정하는 자"라 함은 입주자·입주자대표회의·관리주체 또는 「집합건물의 소유 및 관리에 관한 법률」에 의하여 구성된 관리단(이하 이 조에서 "입주자대표회의 등"이라 한다)을 말한다.

③ 입주자대표회의 등은 제1항의 규정에 의한 하자담보책임기간 내에 공동주택의 하자가 발생한 경우에는 사업주체에 대하여 그 하자의 보수를 요구할 수 있다. 이 경우 사업주체는 하자보수요구를 받은 날(제4항의 규정에 의하여 하자판정을 하는 경우에는 그 판정결과를 통보받은 날을 말한다. 이하 제6항에서 같다)부터 3일 이내에 그 하자를 보수하거나 보수일정을 명시한 하자보수계획을 입주자대표회의 등에 통보하여야 한다.

⑥ 입주자대표회의 등은 사업주체가 제3항 후단의 규정에 의하여 하자보수요구를 받은 날부터 3일 이내에 하자의 보수 또는 하자보수계획의 통보를 하지 아니하거나 통보한 하자보수계획에 따라 하자보수를 이행하지 아니하는 경우에는 법 제46조 제2항 본문의 규정에 의한 하자보수보증금(이하 "하자보수보증금"

이라 한다)을 사용하여 직접 보수하거나 제3자에게 보수하게 할 수 있다. 이 경우 입주자대표회의 등은 하자보수보증금의 사용내역을 사업주체에게 통보하여야 한다.

나) [별표6] 하자보수대상 하자의 범위 및 시설공사별 하자담보책임기간(제59조 제1항 관련)
   1. 하자의 범위 : 공사상의 잘못으로 인한 균열·처짐·비틀림·침하·파손·붕괴·누수·누출, 작동 또는 기능불량, 부착·접지 또는 결선 불량, 고사 및 입상불량 등이 발생하여 건축물 또는 시설물의 기능·미관 또는 안전상의 지장을 초래할 정도의 하자
   2. 시설공사별 하자담보책임기간 : 17개 항목 시설공사별로 1년 내지 3년의 하자담보책임기간을 정하고 있음 (이하 생략)

다) [별표 7] 내력구조부별 하자보수대상 하자의 범위 및 하자담보책임기간(제59조 제1항 관련)
   1. 하자의 범위
      가. 내력구조부에 발생한 결함으로 인하여 당해 공동주택이 무너진 경우
      나. 제62조 제3항의 규정에 의한 안전진단 실시결과 당해 공동주택이 무너질 우려가 있다고 판정된 경우
   2. 내력구조부별 하자보수기간
      가. 기둥·내력벽(힘을 받지 않는 조적벽 등은 제외한다) : 10년
      나. 보· 바닥 및 지붕 : 5년의 규정

3) 집합건물의 소유 및 관리에 관한 법률
   가) 제9조 (담보책임)
      ① 제1조 또는 제1조의 2의 건물을 건축하여 분양한 자의 담보책임에 관하여는 민법 제667조 내지 제671조의 규정을 준용한다. (2003. 7. 18. 개정)
      ② 제1항의 분양자의 담보책임에 관하여는 민법에 규정하는 것보다 매수인을 불리하게 한 특약은 효력이 없다.
   나) 부칙
      제6조 (주택법과의 관계) 집합주택의 관리 및 기준에 관한 주택법의 특별한 규정은 이 법에 저촉하여 구분소유자의 기본적인 권리를 해하지 않는 한 효력이 있다. 다만, 공동주택의 담보책임 및 하자보수에 관하여는 주택법 제46조의 규정이 정하는 바에 따른다. (2005. 5. 26. 개정)

3. 판단
   가. 구분소유자의 분양자에 대한 하자보수에 갈음하는 손해배상청구권의 근거
      1) 주택법 제46조 제1항은 사업주체가 입주자 등에 대하여 지는 하자보수의무와 관련한 하자발생기간 및 하자의 범위에 관하여 규정하고 있는바, 위 조항은 사업주체의 하자보수의무만을 규정하고 있으므로 위 조항에 의하여 바로 입주자 등의 사업주체에 대한 하자보수에 갈음한 손해배상청구권이 인정된다고 보기 어렵다. 또, 주택법 제46조 제3항은 내력구조부에 중대한 하자가 발생한 경우 하자로 인한 손해배상의무를 규정하고 있어, 위 조항이 일반적인 하자보수에 갈음한 손해배상청구권의 근거조

항이라고 보기도 어렵다.
2) 집합건물법 부칙 제6조는 '집합주택의 관리 및 기준에 관한 주택법의 특별한 규정은 이 법에 저촉하여 구분소유자의 기본적인 권리를 해하지 않는 한 효력이 있되, 공동주택의 담보책임 및 하자보수에 관하여는 주택법 제46조의 규정이 정하는 바에 따른다'고 규정하고 있으므로, 위 조항에 의하여 주택법 제46조 규정이 정하는 바에 따라야 하는 것은 주택법 제46조가 정한 사항에 한정된다고 보아야 한다. 앞서 본 대로, 주택법 제46조는 사업주체가 입주자 등에 대하여 지는 하자보수의무의 요건인 하자발생기간 및 하자 범위(제1항)와 내력구조부의 중대한 하자로 인한 손해배상의무(제3항)만 규정하고 있을 뿐, 하자보수에 갈음한 손해배상청구권에 관하여는 규정한 바 없으므로 위 부칙 제6조가 구분소유자의 분양자에 대한 하자보수에 갈음한 손해배상청구권에 관한 집합건물법 제9조의 적용을 배제한 것이라고 볼 수 없다.
3) 구분소유자는 분양자에 대하여 집합건물법 제9조에 의하여 적용되는 민법 제667조에 따라 하자보수에 갈음한 손해배상청구권이 있으나, 하자보수의무는 주택법 제46조 제1항, 주택법시행령 제59조 제1항에 의하여 결정되므로 하자보수에 갈음하는 손해배상이 인정되는 하자도 위 주택법 시행령에서 인정되는 것에 한한다.

나. 하자발생기간
1) 주택법 제46조 제1항은 '공동주택의 사용검사일부터 … 10년 이내의 … 담보책임기간 안에 공사상 잘못으로 인한 … 하자가 발생'한 때에 사업주체가 담보책임을 부담한다고 규정하고 있고, 위 담보책임기간이란 제척기간이 아닌 하자발생기간으로 해석된다.
2) 여기서 사용검사일을 담보책임기간의 기산일로 해석하면, 사업주체는 담보책임기간 안에 즉 사용검사일 이후에 발생한 하자에 대하여만 담보책임을 지게 되고, 이는 합리적인 이유 없이 공동주택의 구분소유자에게는 사용검사일 이전에 발생한 하자에 대한 담보추구권을 인정하지 않는 것이 되는 반면, 공동주택 아닌 집합건물의 소유자에게는 사용승인일 이전에 발생한 하자에 대한 담보추구권을 인정하는 차별을 하게 된다. 또 개정 주택법의 소급적용으로 공동주택 입주자가 종전에 집합건물법 및 민법에 따라 보유하던 사용검사일 전에 발생한 하자에 대한 담보추구권을 소급입법에 의하여 박탈하는 결과가 되며, 이는 합리적이고 정당한 이유 없이 공동주택 입주자의 재산권인 하자담보추구권을 과잉제한하게 되어 헌법에 위반될 소지가 있다.
반면, 현행 주택법 제46조 제1항은 담보책임기간의 기산점에 관한 아무런 제한을 두지 않은 채 사용검사일을 담보책임기간의 만료점을 계산하는 기준으로 정한 것일 뿐이라고 해석하면, 담보책임 있는 하자가 발생하는 시점(시점)에 대한 제한은 없게 되므로 사업주체는 사용검사일 전에 발생한 하자에 대하여도 담보책임을 지게 되므로 위헌소지를 차단할 수 있다.
헌법에 부합하는 해석방법과 헌법에 어긋나는 해석방법이 모두 가능하다면 되도록 헌법에 부합하는 해석을 취함으로써 국민의 기본권을 보호하고 법률의 효력을 지속시킬 필요가 있다. 현행 주택법 제46조 제1항 중 '사용검사일부터'는 담보책임기간의 기산점이 아니라 만료점을 계산하는 기준일 뿐이라고 풀이하는 것이 합당하다.
그렇다면, 공동주택 하자 발생일이 사용검사일 이전이냐 이후냐 여부를 불문하고 주택법시행령 별표 6, 7이 정한 기간과 범위 안에서 발생한 하자에 관하여 분양자는 구분소유자에 대하여 하자보수에 갈음한 손해배상의무가 있다.
3) 주택법시행령 제59조 제1항은 별표 6, 7에서 사업주체가 보수책임을 부담하는 하자의 범위와 하자담보책임기간을 규정하면서, 별표 6에서는 1, 2, 3년차 하자만을 규정하고, 내력구조부의 5, 10년차 하자에 관하여는 별표 7에서 무너질 염려가 있는 등의 한정된 경우에만 보수책임을 인정함으로써 명문으로 내력구조부의 하자에 대한 책임을 제한하고 있다. 위 시행령에서 정하는 경우 외에는 내력구조부의 하자라 하더라도 별표6의 구분에 따라 1년 내지 3년의 하자담보책임기간이 적용된다고 보아야 한다.

다. 원고 청구에 관한 판단
1) 제1심 감정인 소외 1의 하자감정결과, 변론 전체의 취지를 종합하면, 이 사건 아파트의 내력구조부에 존재하는 하자가 아파트가 무너질 우려가 있다고 판정될 정도에는 이르지 아니하였다고 보이고, 달리 이를 인정할 증거가 없다. 원고가 하자담보책임기간이 5년, 10년이라고 주장하는 각 하자는 그 하자가 하자담보책임기간이 1년, 2년, 3년인 하자에 해당하는지를 살펴 그에 해당하면 그 부분의 하자로 인정할 수 있을 뿐이다.
2) 하자보수에 갈음하는 손해배상금
가) 앞서 본 사실, 갑 제3호증, 갑 제4호증의 1 내지 8의 각 기재, 제1심 감정인 소외 1의 하자감정결과, 제1심 법원의 위 감정인에 대한 사실조회결과, 변론 전체의 취지를 종합하면 다음과 같은 사실을 인정할 수 있다. 이 사건 아파트에는 사용검사 이전과 이후 별표 1, 2의 각 기재와 같은 하자가 발생하여 주택의 기능, 미관 또는 안전상의 지장을 초래하고 있다. 원고는 피고에게 이 사건 아파트에 발생한 각 하자에 관하여 하자담보책임기간 내인, 1998. 4. 9. 하자담보책임기간이 1년인 하자에 대하여, 1999. 4. 7. 하자담보책임기간이 2년인 하자에 대하여, 2000. 3. 24. 하자담보책임기간이 3년인 하자에 대하여 각 하자보수를 요청하였다. 위 각 하자의 보수비용은 383,784,252원(사용검사 전 하자의 보수비 24,996,630원 + 하자담보책임기간이 1년인 하자의 보수비 28,319,111원 + 하자담보책임기간이 2년인 하자의 보수비 3,687,220원 + 하자담보책임기간이 3년인 하자의 보수비 326,781,291원)이다. 원고는 이 사건 아파트 525세대 중 439세대의 구분소유자들로부터 피고에 대하여 가지는 하자보수에 갈음하는 손해배상청구권을 양도받아 면적에 따른 양수비율이 83.62%에 해당한다.
위 인정사실에 의하면, 원고가 입주 후 피고에게 하자담보책임 기간 내에 위 각 하자에 대한 보수를 계속 요구하였으므로 위 각 하자는 하자담보책임기간 내에 발생한 것으로 추정할 수 있다.
나) 따라서 피고는 원고에게 원고가 양도받은 하자보수에 갈음하는 손해배상금 320,920,391원(383,784,252원 × 83.62%)을 지급할 의무가 있다.
3) 전체 도장을 하여야 하는지 여부
가) 원고의 주장
균열 부분에 대한 부분도장만을 한다면 기술적인 이유로 나머지 부분과 색상 및 무늬가 달라지는 등 외관상 보수의 흔적이 남게 되어 미관상의 하자는 여전히 존재하게 되고 그에 따라 이 사건 아파트의 거래가격이 하락하게 된다. 이 사건 아파트의 균열 보수는 전체를 도장하는 방법으로 하여야 한다.
  나) 판단
  균열 부분에 대한 보수방법으로 전제도장이 필요하다는 원고의 주장을 인정할 증거가 없다(제1심 감정인 소외 1의 감정결과에 의하면, 외벽 면적에 비하여 균열의 보수가 필요한 부분의 면적이 그다지 넓지 않은 것으로 보인다). 원고의 주장은 이유 없다.
라. 피고의 주장 및 판단
 1) 피고가 하자보수를 완료하여 하자가 남아 있지 않다는 주장에 대한 판단
  가) 주장
  이 사건 아파트에 1년, 2년, 3년의 하자담보책임기간 내에 발생한 하자의 보수를 완료하고 원고로부터 하자보수완료확인을 받았으므로 더 이상 하자가 남아있지 않다.
  나) 판단
  을 제1호증의 1, 2의 각 기재에 의하면, 피고는 원고로부터 이 사건 아파트에 발생한 하자담보책임기간이 1년, 2년인 하자의 보수를 요구받고, 소외 2 주식회사로 하여금 하자를 보수하게 한 후 사용검사일로부터 1년 또는 2년이 경과하거나 경과할 즈음인 1998. 7. 15.에 하자담보책임기간이 1년인 하자에 관하여, 1999. 6. 14.에 하자담보책임기간이 2년인 하자에 관하여 각 이 사건 아파트 하자 보수를 소외 2 주식회사에서 시행종료하였다는 내용의 하자보수종료확인서를 원고로부터 받은 사실을 인정할 수는 있다.
  그러나 원고가 작성한 하자보수종료확인서는 단순히 하자보수작업이 이루어져 외견상 보수를 마쳤다는 사실의 확인에 불과하여 피고가 모든 하자를 완전히 보수하여 더 이상 하자가 남아 있지 않음을 확인한 것으로 보기에는 부족하다. 피고의 주장은 이유 없다.
 2) 소멸시효 항변
  가) 주장
  이 사건 아파트에 발생한 하자 중 사용검사일 이전에 발생한 하자는 사용검사일 다음날인 1997. 5. 17.부터, 하자담보책임기간이 1년, 2년, 3년인 각 하자는 그 기간이 모두 경과한 다음날인 2000. 5. 17.부터 기산하여도 각 5년의 소멸시효기간이 경과되었다. 원고의 하자보수에 갈음하는 손해배상청구권은 시효의 완성으로 소멸되었다.
  나) 판단
   (1) 개정 주택법 시행령 제59조 제3항은, '제1항의 규정에 의한 하자담보책임기간 내에 공동주택의 하자가 발생한 경우'에는 입주자대표회의 등이 사업주체에 대하여 그 하자의 보수를 요구할 수 있다고 규정하고 있을 뿐, 그 기간 내에 하자보수를 요구하여야 한다거나 그 기간 동안 담보책임이 있다고 규정하고 있지 않으므로, 위 하자담보책임기간을 하자보수청구권 행사의 제척기간으로 해

석할 수는 없고, 하자담보책임기간은 그 문언상 하자의 발생기간을 의미하는 것일 뿐 하자보수의무의 존속기간을 의미하는 것은 아니다. 한편 소멸시효는 채권자가 권리를 행사할 수 있는 때로부터 진행하는바, 아파트 구분소유자는 아파트를 인도받은 후, 인도 후 하자가 발생한 경우에는 하자가 발생한 때부터 하자보수청구권 또는 하자보수에 갈음하는 손해배상청구권을 행사하는데 아무런 법률상 장애사유가 없으므로 그 때부터 소멸시효는 진행된다.

(2) 한편, 구분소유자의 하자보수에 갈음한 손해배상청구권은 집합건물법 제9조에 의하여 인정되는 법정책임이므로(이에 따라 분양계약자가 아닌 집합건물의 구분소유자가 분양자에게 담보책임을 물 수 있게 된다), 피고가 이 사건 아파트를 건축하여 분양한 행위가 상행위에 해당한다고 하더라도, 피고의 부실시공으로 발생한 하자 보수에 갈음한 손해배상채권은 상행위로 인한 채권이 아니다. 따라서 하자보수에 갈음하는 손해배상청구권은 5년의 상사 소멸시효가 아니라 민법 제162조 제1항에 따라 10년의 소멸시효가 적용된다.

(3) 이 사건 아파트의 구분소유자들은 피고에 대한 하자보수에 갈음한 손해배상채권은 사용검사 전 발생한 하자에 대하여는 사용검사일인 1997. 5. 16.경에 인도었다고 보이므로 그날부터, 사용검사 후 발생한 하자로서 하자담보책임기간이 1년, 2년, 3년인 각 하자에 대하여는 각 발생일로부터 10년의 소멸시효가 진행한다. 그러므로 소멸시효 기산점이 가장 빠른 사용검사일로부터 계산하더라도 그 때부터 10년의 소멸시효기간이 경과하기 전인 2005. 7. 5. 이 사건 소가 제기되었으므로(원고가 소를 제기할 당시에는 구분소유자들이 손해배상채권을 행사한 것이 아니므로 이 때 소멸시효가 중단되지 않는다 하더라도, 이 사건 아파트 525세대 중 439세대의 구분소유자들이 2006. 12. 14. 원고에게 하자보수에 갈음하는 손해배상채권을 양도한 후, 2007. 3. 14. 청구취지 및 청구원인변경 신청서를 제1심 법원에 제출하였으므로 적어도 이때에는 소멸시효가 중단되었다고 보여 결론은 같다) 하자보수에 갈음하는 손해배상채권의 소멸시효가 완성되었다는 피고의 주장은 이유 없다.

3) 허용 균열 범위내의 균열은 하자에 해당하지 않는다는 주장에 대한 판단

가) 피고의 주장

콘크리트 균열은 습도 및 온도 변화에 따라 건조 수축하는 콘크리트의 특성상 균열이 당연히 발생한다. 유해도나 환경을 고려하여 철근을 부식시킬 염려가 없고 콘크리트 구조물의 안전과 무관한 정도인 0.5㎜ 미만의 모든 균열은 허용 균열 범위 내로서 보수가 필요한 하자가 아니다.

나) 판단

허용 균열 범위 내의 균열이라 하더라도 빗물의 침투 등으로 철근이 부식되고 균열이 확산됨에 따라 구조체의 내구력이 감소하는 등 건물의 기능상, 안전상 지장을 초래할 뿐 아니라 균열이 발생한 콘크리트 외벽이 노출되는 경우 미관상으로도 좋지 않으므로, 이를 보수가 불필요한 하자라고 볼 수 없다. 제1심 감정인 소외 1의 감정결과에 의하면, 이 사건 아파트의 외벽 등에 발생한 균열은 보수가 필요한 하자인 사실이 인정된다. 피고의 주장은 이유 없다.

4) 책임의 제한 주장에 대한 판단
가) 주장
이 사건 아파트는 입주일로부터 10년이 경과하여 자연발생적인 노화현상이 존재한다. 피고는 구분소유자들의 요청에 따라 성실히 하자보수를 시행하고 하자담보책임기간이 1년, 2년, 3년, 5년이 하자에 대하여 하자보수종료확인서까지 발급받았다. 이 사건 아파트의 경우 관리상의 잘못으로 인하여 하자가 확대되었을 사정도 배제할 수 없다. 위와 같은 사정에서 손해의 공평 부담과 신의칙에 근거하여 피고가 원고에게 배상하여야 할 손해액은 40% 정도 감액되어야 한다.

나) 판단
이 사건 아파트는 사용검사일로부터 제1심 감정인 소외 1의 감정시까지 9년 정도가 경과하였고, 피고가 원고의 요청에 따라 하자담보책임기간이 1년, 2년인 하자에 대하여 하자보수종료확인서를 원고로 받은 사실은 앞서 본 바와 같고, 을 제2호증의 3 내지 5의 각 기재에 의하면, 피고는 2002. 7.경까지 소외 3 주식회사를 통해 하자담보책임기간이 5년인 하자에 관하여도 하자보수를 하고 이 사건 아파트 관리소장으로부터 작업완료확인서를 교부받은 사실이 인정된다. 한편 갑 제4호증의 7 내지 10의 각 기재, 제1심 감정인 소외 1의 감정결과에 의하면, 피고가 별표 1, 2의 각 기재 하자 중 일부를 보수한 사실은 있으나, 하자담보책임기간 내에 발생한 하자가 여전히 존재하는 사실, 원고는 피고가 하자담보책임기간이 3년인 하자에 대하여 성실한 하자보수를 하지 않자 피고에게 성실한 하자보수를 요청하였을 뿐만 아니라 2004. 6. 28.과 2004. 10. 25.에도 피고에게 피고가 하자보수를 실시한 옥상에서 여전히 누수가 발생하므로 재하자보수를 요청한 사실 또한 인정할 수 있다.

이러한 사정들과 이 사건 아파트에 시간이 경과함에 따라 자연발생적인 노화현상이 발생할 수 있는 점 등을 참작할 때, 손해의 공평 부담 및 신의칙에 비추어 피고가 배상하여야 할 손해액을 앞서 본 하자보수비용의 70%로 제한함이 상당하다.

4. 결 론
피고는 원고에게 하자보수에 갈음하는 손해배상금으로 224,644,273원(320,920,391원 × 70%) 및 이에 대하여 이 사건 소장 부본 송달 다음날인 2005. 8. 4.부터 피고가 채무의 존부 및 범위에 관하여 항쟁함이 상당한 당심 판결 선고일인 2008. 1. 8.까지는 민법이 정한 연 5%, 그 다음날부터 갚는 날까지는 소송 촉진 등에 관한 특례법이 정한 연 20%의 각 비율에 의한 지연손해금을 지급할 의무가 있다. 원고의 청구는 위 인정 범위 내에서 이유 있으므로 인용되어야 하고, 나머지 청구는 이유 없으므로 기각되어야 한다. 제1심 판결은 이와 일부 결론을 달리하여 부당하다. 원고의 항소를 일부 받아들여 피고에게 지급을 명한 금액에 해당하는 원고 패소 부분을 취소하고 위 금액의 지급을 명한다. 원고의 나머지 항소를 기각한다.

판사　김문석(재판장)　이철의　박미리

가. 개정 주택법이 적용되는 경우

공동주택의 분양자는, 집합건물법상의 하자담보책임에 관하여, 개정 주택법 제46조가 적용되지 않는 경우에는 집합건물법 제9조, 민법 제671조에 따라 공동주택의 인도일로부터 10년간 하자담보책임이 있으나, 개정 주택법 제46조가 적용되는 경우에는 주택법 시행령에 정해진 하자보수책임기간(1, 2, 3, 4년 또는 5년, 10년) 내에 발생한 하자에 대해서만 하자담보책임을 부담하게 된다.

나. 권리관계의 주체

(1) 청구권자

하자보수청구의 주체에는 ① 입주자, ② 입주자대표회의, ③ 관리주체, ④ 관리단이다.

(2) 의무자

◆ 주택법
제2조 (정의) 이 법에서 사용하는 용어의 뜻은 다음과 같다. <개정 2023. 12. 26.>
　7. "민영주택"이란 국민주택을 제외한 주택을 말한다.

◆ 건축법
제11조 (건축허가) ① 건축물을 건축하거나 대수선하려는 자는 특별자치시장·특별자치도지사 또는 시장·군수·구청장의 허가를 받아야 한다. 다만, 21층 이상의 건축물 등 대통령령으로 정하는 용도 및 규모의 건축물을 특별시나 광역시에 건축하려면 특별시장이나 광역시장의 허가를 받아야 한다. <개정 2014. 1. 14.>
② 시장·군수는 제1항에 따라 다음 각 호의 어느 하나에 해당하는 건축물의 건축을 허가하려면 미리 건축계획서와 국토교통부령으로 정하는 건축물의 용도, 규모 및 형태가 표시된 기본설계도서를 첨부하여 도지사의 승인을 받아야 한다. <개정 2013. 3. 23., 2014. 5. 28.>
　1. 제1항 단서에 해당하는 건축물. 다만, 도시환경, 광역교통 등을 고려하여 해당 도의 조례로 정하는 건축물은 제외한다.

2. 자연환경이나 수질을 보호하기 위하여 도지사가 지정·공고한 구역에 건축하는 3층 이상 또는 연면적의 합계가 1천제곱미터 이상인 건축물로서 위락시설과 숙박시설 등 대통령령으로 정하는 용도에 해당하는 건축물
3. 주거환경이나 교육환경 등 주변 환경을 보호하기 위하여 필요하다고 인정하여 도지사가 지정·공고한 구역에 건축하는 위락시설 및 숙박시설에 해당하는 건축물

③ 제1항에 따라 허가를 받으려는 자는 허가신청서에 국토교통부령으로 정하는 설계도서와 제5항 각 호에 따른 허가 등을 받거나 신고를 하기 위하여 관계 법령에서 제출하도록 의무화하고 있는 신청서 및 구비서류를 첨부하여 허가권자에게 제출하여야 한다. 다만, 국토교통부장관이 관계 행정기관의 장과 협의하여 국토교통부령으로 정하는 신청서 및 구비서류는 제21조에 따른 착공신고 전까지 제출할 수 있다. <개정 2013. 3. 23., 2015. 5. 18.>

④ 허가권자는 제1항에 따른 건축허가를 하고자 하는 때에 「건축기본법」 제25조에 따른 한국건축규정의 준수 여부를 확인하여야 한다. 다만, 다음 각 호의 어느 하나에 해당하는 경우에는 이 법이나 다른 법률에도 불구하고 건축위원회의 심의를 거쳐 건축허가를 하지 아니할 수 있다. <개정 2012. 1. 17., 2012. 10. 22., 2014. 1. 14., 2015. 5. 18., 2015. 8. 11., 2017. 4. 18., 2023. 12. 26.>

1. 위락시설이나 숙박시설에 해당하는 건축물의 건축을 허가하는 경우 해당 대지에 건축하려는 건축물의 용도·규모 또는 형태가 주거환경이나 교육환경 등 주변 환경을 고려할 때 부적합하다고 인정되는 경우
2. 「국토의 계획 및 이용에 관한 법률」 제37조제1항제4호에 따른 방재지구(이하 "방재지구"라 한다) 및 「자연재해대책법」 제12조제1항에 따른 자연재해위험개선지구 등 상습적으로 침수되거나 침수가 우려되는 대통령령으로 정하는 지역에 건축하려는 건축물에 대하여 일부 공간에 거실을 설치하는 것이 부적합하다고 인정되는 경우

⑤ 제1항에 따른 건축허가를 받으면 다음 각 호의 허가 등을 받거나 신고를 한 것으로 보며, 공장건축물의 경우에는 「산업집적활성화 및 공장설립에 관한 법률」 제13조의2와 제14조에 따라 관련 법률의 인·허가등이나 허가등을 받은 것으로 본다. <개정 2009. 6. 9., 2010. 5. 31., 2011. 5. 30., 2014. 1. 14., 2017. 1. 17., 2020. 3. 31.>
1. 제20조제3항에 따른 공사용 가설건축물의 축조신고

2. 제83조에 따른 공작물의 축조신고
3. 「국토의 계획 및 이용에 관한 법률」 제56조에 따른 개발행위허가
4. 「국토의 계획 및 이용에 관한 법률」 제86조제5항에 따른 시행자의 지정과 같은 법 제88조제2항에 따른 실시계획의 인가
5. 「산지관리법」 제14조와 제15조에 따른 산지전용허가와 산지전용신고, 같은 법 제15조의2에 따른 산지일시사용허가·신고. 다만, 보전산지인 경우에는 도시지역만 해당된다.
6. 「사도법」 제4조에 따른 사도(私道)개설허가
7. 「농지법」 제34조, 제35조 및 제43조에 따른 농지전용허가·신고 및 협의
8. 「도로법」 제36조에 따른 도로관리청이 아닌 자에 대한 도로공사 시행의 허가, 같은 법 제52조제1항에 따른 도로와 다른 시설의 연결 허가
9. 「도로법」 제61조에 따른 도로의 점용 허가
10. 「하천법」 제33조에 따른 하천점용 등의 허가
11. 「하수도법」 제27조에 따른 배수설비(配水設備)의 설치신고
12. 「하수도법」 제34조제2항에 따른 개인하수처리시설의 설치신고
13. 「수도법」 제38조에 따라 수도사업자가 지방자치단체인 경우 그 지방자치단체가 정한 조례에 따른 상수도 공급신청
14. 「전기안전관리법」 제8조에 따른 자가용전기설비 공사계획의 인가 또는 신고
15. 「물환경보전법」 제33조에 따른 수질오염물질 배출시설 설치의 허가나 신고
16. 「대기환경보전법」 제23조에 따른 대기오염물질 배출시설설치의 허가나 신고
17. 「소음·진동관리법」 제8조에 따른 소음·진동 배출시설 설치의 허가나 신고
18. 「가축분뇨의 관리 및 이용에 관한 법률」 제11조에 따른 배출시설 설치허가나 신고
19. 「자연공원법」 제23조에 따른 행위허가
20. 「도시공원 및 녹지 등에 관한 법률」 제24조에 따른 도시공원의 점용허가
21. 「토양환경보전법」 제12조에 따른 특정토양오염관리대상시설의 신고
22. 「수산자원관리법」 제52조제2항에 따른 행위의 허가

23. 「초지법」 제23조에 따른 초지전용의 허가 및 신고
⑥ 허가권자는 제5항 각 호의 어느 하나에 해당하는 사항이 다른 행정기관의 권한에 속하면 그 행정기관의 장과 미리 협의하여야 하며, 협의 요청을 받은 관계 행정기관의 장은 요청을 받은 날부터 15일 이내에 의견을 제출하여야 한다. 이 경우 관계 행정기관의 장은 제8항에 따른 처리기준이 아닌 사유를 이유로 협의를 거부할 수 없고, 협의 요청을 받은 날부터 15일 이내에 의견을 제출하지 아니하면 협의가 이루어진 것으로 본다. <개정 2017. 1. 17.>
⑦ 허가권자는 제1항에 따른 허가를 받은 자가 다음 각 호의 어느 하나에 해당하면 허가를 취소하여야 한다. 다만, 제1호에 해당하는 경우로서 정당한 사유가 있다고 인정되면 1년의 범위에서 공사의 착수기간을 연장할 수 있다. <개정 2014. 1. 14., 2017. 1. 17., 2020. 6. 9.>
  1. 허가를 받은 날부터 2년(「산업집적활성화 및 공장설립에 관한 법률」 제13조에 따라 공장의 신설·증설 또는 업종변경의 승인을 받은 공장은 3년) 이내에 공사에 착수하지 아니한 경우
  2. 제1호의 기간 이내에 공사에 착수하였으나 공사의 완료가 불가능하다고 인정되는 경우
  3. 제21조에 따른 착공신고 전에 경매 또는 공매 등으로 건축주가 대지의 소유권을 상실한 때부터 6개월이 지난 이후 공사의 착수가 불가능하다고 판단되는 경우
⑧ 제5항 각 호의 어느 하나에 해당하는 사항과 제12조제1항의 관계 법령을 관장하는 중앙행정기관의 장은 그 처리기준을 국토교통부장관에게 통보하여야 한다. 처리기준을 변경한 경우에도 또한 같다. <개정 2013. 3. 23.>
⑨ 국토교통부장관은 제8항에 따라 처리기준을 통보받은 때에는 이를 통합하여 고시하여야 한다. <개정 2013. 3. 23.>
⑩ 제4조제1항에 따른 건축위원회의 심의를 받은 자가 심의 결과를 통지 받은 날부터 2년 이내에 건축허가를 신청하지 아니하면 건축위원회 심의의 효력이 상실된다. <신설 2011. 5. 30.>
⑪ 제1항에 따라 건축허가를 받으려는 자는 해당 대지의 소유권을 확보하여야 한다. 다만, 다음 각 호의 어느 하나에 해당하는 경우에는 그러하지 아니하다. <신설 2016. 1. 19., 2017. 1. 17., 2021. 8. 10.>
  1. 건축주가 대지의 소유권을 확보하지 못하였으나 그 대지를 사용할 수 있는 권원을 확보한 경우. 다만, 분양을 목적으로 하는 공동주택은 제외한다.

2. 건축주가 건축물의 노후화 또는 구조안전 문제 등 대통령령으로 정하는 사유로 건축물을 신축·개축·재축 및 리모델링을 하기 위하여 건축물 및 해당 대지의 공유자 수의 100분의 80 이상의 동의를 얻고 동의한 공유자의 지분 합계가 전체 지분의 100분의 80 이상인 경우
3. 건축주가 제1항에 따른 건축허가를 받아 주택과 주택 외의 시설을 동일 건축물로 건축하기 위하여 「주택법」 제21조를 준용한 대지 소유 등의 권리 관계를 증명한 경우. 다만, 「주택법」 제15조제1항 각 호 외의 부분 본문에 따른 대통령령으로 정하는 호수 이상으로 건설·공급하는 경우에 한정한다.
4. 건축하려는 대지에 포함된 국유지 또는 공유지에 대하여 허가권자가 해당 토지의 관리청이 해당 토지를 건축주에게 매각하거나 양여할 것을 확인한 경우
5. 건축주가 집합건물의 공용부분을 변경하기 위하여 「집합건물의 소유 및 관리에 관한 법률」 제15조제1항에 따른 결의가 있었음을 증명한 경우
6. 건축주가 집합건물을 재건축하기 위하여 「집합건물의 소유 및 관리에 관한 법률」 제47조에 따른 결의가 있었음을 증명한 경우

다. 성립요건

(1) 공사상의 잘못으로 인한 하자

사업주체가 보수책임을 부담하는 하자는 '공사상의 잘못으로 인한; 하자에 국한한다.

◆ 주택법 시행령
제59조 (택지 매입가격의 범위 및 분양가격 공시지역) ① 법 제57조제3항제2호 각 목 외의 부분에서 "대통령령으로 정하는 범위"란 「감정평가 및 감정평가사에 관한 법률」에 따라 감정평가한 가액의 120퍼센트에 상당하는 금액 또는 「부동산 가격공시에 관한 법률」 제10조에 따른 개별공시지가의 150퍼센트에 상당하는 금액을 말한다. <개정 2016. 8. 31.>

(2) 담보책임기간 내에 발생한 하자

◆ 건축법

제22조 (건축물의 사용승인) ① 건축주가 제11조·제14조 또는 제20조제1항에 따라 허가를 받았거나 신고를 한 건축물의 건축공사를 완료[하나의 대지에 둘 이상의 건축물을 건축하는 경우 동(棟)별 공사를 완료한 경우를 포함한다]한 후 그 건축물을 사용하려면 제25조제6항에 따라 공사감리자가 작성한 감리완료보고서(같은 조 제1항에 따른 공사감리자를 지정한 경우만 해당된다)와 국토교통부령으로 정하는 공사완료도서를 첨부하여 허가권자에게 사용승인을 신청하여야 한다. <개정 2013. 3. 23., 2016. 2. 3.>

② 허가권자는 제1항에 따른 사용승인신청을 받은 경우 국토교통부령으로 정하는 기간에 다음 각 호의 사항에 대한 검사를 실시하고, 검사에 합격된 건축물에 대하여는 사용승인서를 내주어야 한다. 다만, 해당 지방자치단체의 조례로 정하는 건축물은 사용승인을 위한 검사를 실시하지 아니하고 사용승인서를 내줄 수 있다. <개정 2013. 3. 23.>

　1. 사용승인을 신청한 건축물이 이 법에 따라 허가 또는 신고한 설계도서대로 시공되었는지의 여부

　2. 감리완료보고서, 공사완료도서 등의 서류 및 도서가 적합하게 작성되었는지의 여부

③ 건축주는 제2항에 따라 사용승인을 받은 후가 아니면 건축물을 사용하거나 사용하게 할 수 없다. 다만, 다음 각 호의 어느 하나에 해당하는 경우에는 그러하지 아니하다. <개정 2013. 3. 23.>

　1. 허가권자가 제2항에 따른 기간 내에 사용승인서를 교부하지 아니한 경우

　2. 사용승인서를 교부받기 전에 공사가 완료된 부분이 건폐율, 용적률, 설비, 피난·방화 등 국토교통부령으로 정하는 기준에 적합한 경우로서 기간을 정하여 대통령령으로 정하는 바에 따라 임시로 사용의 승인을 한 경우

④ 건축주가 제2항에 따른 사용승인을 받은 경우에는 다음 각 호에 따른 사용승인·준공검사 또는 등록신청 등을 받거나 한 것으로 보며, 공장건축물의 경우에는 「산업집적활성화 및 공장설립에 관한 법률」 제14조의2에 따라 관련 법률의 검사 등을 받은 것으로 본다. <개정 2009. 1. 30., 2009. 6. 9., 2011. 4. 14., 2011. 5. 30., 2014. 1. 14., 2014. 6. 3., 2017. 1. 17., 2018. 3. 27., 2020. 3. 31., 2024. 1. 16.>

> 1. 「하수도법」 제27조에 따른 배수설비(排水設備)의 준공검사 및 같은 법 제37조에 따른 개인하수처리시설의 준공검사
> 2. 「공간정보의 구축 및 관리 등에 관한 법률」 제64조에 따른 지적공부(地籍公簿)의 변동사항 등록신청
> 3. 「승강기 안전관리법」 제28조에 따른 승강기 설치검사
> 4. 「에너지이용 합리화법」 제39조에 따른 보일러 설치검사
> 5. 「전기안전관리법」 제9조에 따른 전기설비의 사용전검사
> 6. 「정보통신공사업법」 제36조에 따른 정보통신공사의 사용전검사
> 6의2. 「기계설비법」 제15조에 따른 기계설비의 사용 전 검사
> 7. 「도로법」 제62조제2항에 따른 도로점용 공사의 준공확인
> 8. 「국토의 계획 및 이용에 관한 법률」 제62조에 따른 개발 행위의 준공검사
> 9. 「국토의 계획 및 이용에 관한 법률」 제98조에 따른 도시·군계획시설사업의 준공검사
> 10. 「물환경보전법」 제37조에 따른 수질오염물질 배출시설의 가동개시의 신고
> 11. 「대기환경보전법」 제30조에 따른 대기오염물질 배출시설의 가동개시의 신고
> 12. 삭제 <2009. 6. 9.>
> ⑤ 허가권자는 제2항에 따른 사용승인을 하는 경우 제4항 각 호의 어느 하나에 해당하는 내용이 포함되어 있으면 관계 행정기관의 장과 미리 협의하여야 한다.
> ⑥ 특별시장 또는 광역시장은 제2항에 따라 사용승인을 한 경우 지체 없이 그 사실을 군수 또는 구청장에게 알려서 건축물대장에 적게 하여야 한다. 이 경우 건축물대장에는 설계자, 대통령령으로 정하는 주요 공사의 시공자, 공사감리자를 적어야 한다.

[판례 10] 하자보수보증금 (대법원 2002. 2. 8. 선고 99다69662 판결)

【판시사항】

[1] 구 주택건설촉진법시행령 제43조의5 제1항 제1호 (가)목 소정의 의무하자보수보증계약의 약관상 보증대상이 되는 '사용검사 이후에 발생한 하자'의 의미

[2] 보증기간을 10년으로 한 공동주택의 내력구조부에 대한 의무하자보수보증계약에 있어 보증대상의 범위

【판결요지】

[1] 구 주택건설촉진법(1999. 2. 8. 법률 제5908호로 개정되기 전의 것) 제38조 제15항, 구 공동주택관리령(1998. 12. 31. 대통령령 제16069호로 개정되기 전의 것) 제17조에 따른 하자보수보증금 예치의무를 이행하기 위하여, 주택사업공제조합과 사이에 아파트 신축공사에 대하여 보증기간을 정하여 구 주택건설촉진법시행령(1999. 4. 30. 대통령령 제16283호로 개정되기 전의 것) 제43조의5 제1항 제1호 (가)목 소정의 의무하자보수보증계약을 체결하였는데, 그 보증계약의 약관에, '공제조합은 보증기간 동안 발생한 하자에 대하여 공동주택관리령에서 정한 절차에 따라 그 보수이행 청구를 받았음에도 조합원이 이를 이행하지 아니함으로써 입주자대표회의가 입은 손해를 보상하되, 사용검사 이전에 발생한 손해는 보상하지 아니한다.'고 규정되어 있는 경우, 그 보증대상이 되는 손해는 일단 위 공동주택관리령에 따라 보수를 청구할 수 있는 하자로 인한 손해이어야 할 것이므로, 결국 그 보증대상이 되는 하자는 위 공동주택관리령 제16조 및 구 공동주택관리규칙(1999. 12. 7. 건설교통부령 제219호로 개정되기 전의 것) 제11조 제1항 [별표 3]에서 규정하고 있는 하자이어야 하는바, 위 공동주택관리령 및 공동주택관리규칙에서는 하자보수대상인 시설공사의 구분 및 하자의 범위와 그 하자보수책임기간을 규정하면서, 하자보수대상 시설공사를 대지조성공사, 옥외급수위생관련공사, 지정 및 기초공사, 철근콘크리트공사 등 17개 항목으로 구분한 후, 하자보수책임기간을 1년에서 3년까지로 정하면서 기둥, 내력벽의 하자보수기간을 10년으로, 보, 바닥, 지붕의 하자보수기간을 5년으로 따로 규정하였고, 하자의 범위를 "공사상의 잘못으로 인한 균열, 처짐, 비틀림, 들뜸, 침하, 파손, 붕괴, 누수, 누출, 작동 또는 기능불량, 부착 또는 접지불량 및 결선불량, 고사 및 입상불량 등으로 건축물 또는 시설물 등의 기능상, 미관상 또는 안전상 지장을 초래할 정도의 하자"라고 규정하고 있으므로, 결국 보증대상이 되는 하자는 미시공, 변경시공 그 자체가 아니라, '공사상의 잘못으로 인하여 건축물 또는 시설물 등의 기능상, 미관상 또는 안전상 지장을 초래할 수 있는 균열, 처짐 등이 발생한 것'이라고 보아야 할 것이고, 그 공사상의 잘못이 미시공이나 변경시공이라고 할지라도 달리 볼 것은 아니라 할 것이어서, 비록 미시공이나 변경시공으로 인하여 건축물 자체에 위와 같은 균열 등이 발생할 위험성이 내재되어 있다고 할지라도 그 자체만으로 보증대상이 되는 하자가 사용검사 이전에 발생한 것이라고 볼 것은 아니라 할 것이며, 그와 같은 균열 등이 실제로 나타나서 기능상, 미관상 또는 안전상 지장을 초래하는 하자가 사용검사 후에 비로소 발생하여야 보증대상이 되고, 아울러 그 보증대상이 되는 하자는 위 공동주택관리령 및 공동주택관리규칙 소정의 하자보수의무기간을 도과하기 전에 발생한 것이어야 하고, 그 이후에 발생한 하자는 비록 그것이 의무하자보수보증계약에서 약정한 보증기간 내에 발생하였다 할지라도 그 보증대상이 되지 아니한다.

[2] 구 주택건설촉진법시행령(1999. 4. 30. 대통령령 제16283호로 개정되기 전의 것) 제43조의5 제1항 제1호 (가)목에서는, 공제조합이 행할 수 있는 하자보수보증을 의무하자보수보증과 장기하자보수보증으로 구분하고, 의무하자보수보증을 '구 공동주택관리령(1998. 12. 31. 대통령령 제16069호로 개정되기 전의 것) 제16조'의 규정에 의한 하자보수의무기간 중 발생한 하자의 보수에 대한 보증이라고 규정하고 있을 뿐, 구 주택건설촉진법(1999. 2.

8. 법률 제5908호로 개정되기 전의 것) 제38조 제16항 및 그에 따른 위 공동주택관리령 제16조의2의 규정에 의한 하자의 보수에 대한 보증으로 되어 있지 아니하고, 위 공동주택관리령 제16조와 그에 따른 시행규칙에서는 보증기간을 10년 내지 5년이라고만 규정하고 있을 뿐, 그 범위를 주택이 무너졌거나 무너질 우려가 있는 경우로 한정하고 있지 아니하므로, 보증기간을 10년으로 하여 이루어진 공제조합의 의무하자보수보증의 보증대상은 결국 내력구조부에 발생한 모든 하자라고 봄이 상당하다 하겠고, 비록 하자보수의무에 관한 위 주택건설촉진법 제38조 제14항 내지 제16항, 위 공동주택관리령 제16조의2에서 주택건설사업주체는 공동주택의 하자를 보수할 책임이 있고, 이를 담보하기 위하여 하자보수보증금을 예치하여야 할 의무가 있으며, 특히 공동주택의 내력구조부에 발생한 결함으로 인하여 당해 공동주택이 무너지거나, 혹은 안전진단 실시 결과 당해 공동주택이 무너질 우려가 있다고 판정된 경우와 같은 중대한 하자가 발생한 때에는 10년의 범위 내(기둥, 내력벽은 10년, 보, 바닥, 지붕은 5년)에서 이를 보수하고 그로 인한 손해를 배상할 책임이 있다고 규정하고 있으나, 그와 같은 규정을 둔 취지는 내력구조부의 결함과 같은 중대한 하자에 대하여는 그 위험성과 주요성에 비추어 특히 가중책임을 지게 하려는 것이지, 내력구조부에 대해서는 공동주택이 무너지거나 무너질 우려가 있는 경우와 같은 중대한 하자에 대해서만 보증책임을 부담하는 것으로 제한하려는 취지는 아니라고 해석된다.

(1) 시설공사별(주택법 시행령 제59조 제1항 [별표 6])

① 4년 : 철근콘크리트공사, 지붕 및 방수공사
② 3년 : 포장공사 기초공사, 구조용 철골공사, 온돌공사, 소화설비공사, 제연설비공사, 가스저장시설공사, 수·변전설비공사, 발전설비공사, 승강기 및 인양기설비공사, 자동화재탐지공사
③ 2년 : 토공사, 석측공사, 옹벽공사, 배수공사, 옥외급수 및 위생관련 공사, 경량철골공사, 철골부대공사, 조적공사, 구조체 또는 바탕재공사, 창문틀 및 문짝공사, 창호철물공사, 타일공사, 단열공사, 옥내가구공사, 식재공사, 조경시설물공사, 관수 및 배수공사, 조경포장공사, 조경부대시설공사, 주방기구공사, 옥내 및 옥외설비공난방.환기, 공기조화설비공사, 급.배수위생설비공사, 사스설비공사, 배관·배선공사, 피뢰침공사, 동력설비공사, 수·배전공사, 전기기기공사, 통신신호설비공사, TV 공청설비공사, 방재설비 공사, 감시제어설비공사, 가정자동화설비공사, 정보통신설비공사, 지능형 홈네트워크 설비공사
④ 1년 : 수장목공사, 유리공사, 미장공사, 수장공사, 칠공사, 도배공사, 잔디심기공사, 금속공사, 조명설비공사는 1년

라. 하자담보책임의 부담자

(1) 시공자의 하자담보책임

◆ 집합건물의 소유 및 관리에 관한 법률
제9조 (담보책임) ① 제1조 또는 제1조의2의 건물을 건축하여 분양한 자(이하 "분양자"라 한다)와 분양자와의 계약에 따라 건물을 건축한 자로서 대통령령으로 정하는 자(이하 "시공자"라 한다)는 구분소유자에 대하여 담보책임을 진다. 이 경우 그 담보책임에 관하여는 「민법」 제667조 및 제668조를 준용한다. <개정 2012. 12. 18.>
② 제1항에도 불구하고 시공자가 분양자에게 부담하는 담보책임에 관하여 다른 법률에 특별한 규정이 있으면 시공자는 그 법률에서 정하는 담보책임의 범위에서 구분소유자에게 제1항의 담보책임을 진다. <신설 2012. 12. 18.>
③ 제1항 및 제2항에 따른 시공자의 담보책임 중 「민법」 제667조제2항에 따른 손해배상책임은 분양자에게 회생절차개시 신청, 파산 신청, 해산, 무자력(無資力) 또는 그 밖에 이에 준하는 사유가 있는 경우에만 지며, 시공자가 이미 분양자에게 손해배상을 한 경우에는 그 범위에서 구분소유자에 대한 책임을 면(免)한다. <신설 2012. 12. 18.>

◆ 민법
제667조 (수급인의 담보책임) ② 도급인은 하자의 보수에 갈음하여 또는 보수와 함께 손해배상을 청구할 수 있다. <개정 2014. 12. 30.>

◆ 주택법
제37조 (주택건설사업 등에 따른 임대주택의 비율 등) ② 국토교통부장관은 법 제20조제2항에 따라 시장·군수·구청장으로부터 인수자를 지정하여 줄 것을 요청받은 경우에는 30일 이내에 인수자를 지정하여 시·도지사에게 통보하여야 한다.

[판례 11] 채권자대위 (대법원 2009. 2. 26. 선고 2008다76556 판결)

【판시사항】

채권자대위의 요건으로서 채무자의 무자력 여부를 판단할 때 제3자 명의로 소유권이전청구권 보전의 가등기가 마쳐진 부동산을 적극재산에서 제외하여야 하는지 여부(원칙적 적극)

【판결요지】

채권자가 채무자를 대위함에 있어 대위에 의하여 보전될 채권자의 채무자에 대한 권리가 금전채권인 경우에는 그 보전의 필요성 즉, 채무자가 무자력인 때에만 채권자가 채무자를 대위하여 채무자의 제3채무자에 대한 권리를 행사할 수 있는바, 채권자대위의 요건으로서의 무자력이란 채무자의 변제자력이 없음을 뜻하고 특히 임의 변제를 기대할 수 없는 경우에는 강제집행을 통한 변제가 고려되어야 하므로, 소극재산이든 적극재산이든 위와 같은 목적에 부합할 수 있는 재산인지 여부가 변제자력 유무 판단의 중요한 고려요소가 되어야 한다. 따라서 채무자의 적극재산인 부동산에 이미 제3자 명의로 소유권이전청구권보전의 가등기가 마쳐져 있는 경우에는 강제집행을 통한 변제가 사실상 불가능하므로, 그 가등기가 가등기담보 등에 관한 법률에 정한 담보가등기로서 강제집행을 통한 매각이 가능하다는 등의 특별한 사정이 없는 한, 위 부동산은 실질적으로 재산적 가치가 없어 적극재산을 산정할 때 제외하여야 한다

마. 공동주택 하자담보책임의 담보책임기간

집합건물법에 의해 준용되는 민법상의 하자담보책임기간(10년; 제척기간46)이 적용된다고 판시함

[판례 12] 보험금지급청구권부존재확인 (대법원 2006. 6. 16. 선고 2005다25632 판결)

【판시사항】

[1] 구 공동주택관리령 제16조에서 규정하고 있는 하자보수기간이 하자보수청구권 행사의 제척기간인지 여부(소극)
[2] 채무이행을 최고받은 채무자가 그 이행의무의 존부 등에 대하여 조사를 해 볼 필요가 있다는 이유로 채권자에게 그 이행의 유예를 구한 경우, 민법 제174조에서 규정하고 있는 6월의 기간의 기산점
[3] 소멸시효의 완성을 주장하는 자가 원고가 되어 제기한 소에서 피고로서 응소하여 그 소송에서 적극적으로 권리를 주장하고 그것이 받아들여진 경우, 시효중단사유인 '재판상의 청구'에 해당하는지 여부(적극)

【판결요지】

[1] 구 공동주택관리령(1998. 12. 31. 대통령령 제16069호로 개정되기 전의 것) 제16조는, 제1항에서 공동주택 등에 대한 하자보수기간은 그 사용검사일부터 주요시설인 경우에는 2년

이상으로 하고 그 외의 시설인 경우에는 1년 이상으로 하되 하자보수대상인 주요시설 및 그 외의 시설의 구분 및 범위에 따른 기간은 건설교통부령으로 정한다고 한 다음, 제2항에서 '제1항의 규정에 의한 기간 내에 공동주택 등의 하자가 발생한 때'에는 입주자대표회의 등이 사업주체에 대하여 그 하자의 보수를 요구할 수 있다고 규정하고 있을 뿐, 그 기간 내에 하자보수를 요구하여야 한다거나 그 기간 동안 담보책임이 있다고 규정하고 있지는 않으므로, 위 하자보수기간을 하자보수청구권 행사의 제척기간으로 해석할 수는 없다.

[2] 소멸시효제도 특히 시효중단제도는 그 제도의 취지에 비추어 볼 때 이에 관한 기산점이나 만료점은 원권리자를 위하여 너그럽게 해석하는 것이 상당하다 할 것이므로, 민법 제174조 소정의 시효중단사유로서의 최고에 있어서 채무이행을 최고받은 채무자가 그 이행의무의 존부 등에 대하여 조사를 해 볼 필요가 있다는 이유로 채권자에 대하여 그 이행의 유예를 구한 경우에는 채권자가 그 회답을 받을 때까지는 최고의 효력이 계속된다고 보아야 하고, 따라서 같은 조에 규정된 6월의 기간은 채권자가 채무자로부터 회답을 받은 때로부터 기산되는 것이라고 해석하여야 할 것이다.

[3] 민법 제168조 제1호, 제170조 제1항에서 시효중단사유의 하나로 규정하고 있는 재판상의 청구라 함은, 통상적으로는 권리자가 원고로서 시효를 주장하는 자를 피고로 하여 소송물인 권리를 소의 형식으로 주장하는 경우를 가리키지만, 이와 반대로 시효를 주장하는 자가 원고가 되어 소를 제기한 데 대하여 피고로서 응소하여 그 소송에서 적극적으로 권리를 주장하고 그것이 받아들여진 경우도 마찬가지로 이에 포함되는 것으로 해석함이 타당하다.

[판례 13] 하자보수금등 (대법원 2009. 5. 28. 선고 2008다86232 판결)

【판시사항】

[1] 준비서면 형식의 서면이 청구취지를 변경하는 뜻을 포함하고 있는 경우, 서면에 의한 청구취지의 변경이 있는 것으로 볼 수 있는지 여부(적극)
[2] 집합건물의 소유 및 관리에 관한 법률 제9조에 의해 준용되는 민법 제667조 내지 제671조의 수급인의 담보책임기간의 법적 성질(=제척기간)
[3] 공동주택의 입주자대표회의가 주택법 및 그 시행령에 정한 사업주체에 대한 하자보수청구권 외에 집합건물의 소유 및 관리에 관한 법률 제9조에 의한 하자담보추급권도 갖는지 여부(소극)

[판례 14] 손해배상(기) (대법원 2004. 1. 27. 선고 2001다24891 판결)

【판시사항】

[1] 집합건물의소유및관리에관한법률 제9조의 규정 취지 및 하자담보추급권의 귀속관계(=현재의 집합건물의 소유자)
[2] 민법상 수급인의 하자담보책임에 관한 기간이 재판상 청구를 위한 출소기간인지 여부(소극)
[3] 구 주택건설촉진법 등에 의한 하자보수기간에 관한 규정이 집합건물의소유및관리에관한법률 제9조에 의한 분양자의 하자보수의무의 제척기간에 영향을 미치는지 여부(소극)

【판결요지】

[1] 집합건물의소유및관리에관한법률 제9조는 집합건물의 건축자 내지 분양자로 하여금 견고한 건물을 짓도록 유도하고 부실하게 건축된 집합건물의 소유자를 두텁게 보호하기 위하여 집합건물을 건축하여 분양하는 자의 담보책임에 관하여 수급인의 담보책임에 관한 민법 제667조 내지 제671조의 규정을 준용하는 한편 이를 강행규정화하였으며, 위 규정에 의한 하자담보추급권은 현재의 집합건물의 소유자에게 귀속한다.
[2] 민법상 수급인의 하자담보책임에 관한 기간은 제척기간으로서 재판상 또는 재판외의 권리행사기간이며 재판상 청구를 위한 출소기간이 아니다.
[3] 구 주택건설촉진법(1997. 12. 13. 법률 제5451호로 개정되기 전의 것), 구 공동주택관리령(1997. 7. 10. 대통령령 제15433호로 개정되기 전의 것), 구 공동주택관리규칙(1999. 12. 7. 건설교통부령 제219호로 개정되기 전의 것)의 관련 규정에 의하면, 공동주택의 입주자·입주자대표회의 또는 관리주체는 공사의 내용과 하자의 종류 등에 따라 1년 내지 3년(다만, 내력구조부의 결함으로 인하여 공동주택이 무너지거나 무너질 우려가 있는 경우에는 5년 또는 10년)의 범위에서 정하여진 기간 내에 발생한 하자에 대하여 사업주체에게 하자의 보수를 요구할 수 있는바, 이는 행정적인 차원에서 공동주택의 하자보수 절차·방법 및 기간 등을 정하고 하자보수보증금으로 신속하게 하자를 보수할 수 있도록 하는 기준을 정한 것으로서 위 법령에서 정하여진 기간 내에 발생한 하자에 대하여 입주자뿐만 아니라 사업주체와 별다른 법률관계를 맺지 않은 공동주택의 관리주체나 입주자대표회의도 보수를 요구할 수 있다는 취지라고 보아야 할 것이고, 아울러 집합건물의소유및관리에관한법률 부칙 제6조가 집합건물의 관리방법과 기준에 관한 구 주택건설촉진법의 특별한 규정은 그것이 집합건물의소유및관리에관한법률에 저촉하여 구분소유자의 기본적인 권리를 해하지 않는 한도에서만 효력이 있다고 규정한 점까지 고려할 때 구 주택건설촉진법 등의 관련 규정은 집합건물의소유및관리에관한법률 제9조에 의한 분양자의 구분소유자에 대한 하자보수의무의 제척기간에는 영향을 미칠 수 없다.

[판례 15] 하자보수금 (대법원 2012. 7. 12. 선고 2010다108234 판결)

【판시사항】

[1] 2005. 5. 26. 법률 제7502호로 개정된 집합건물의 소유 및 관리에 관한 법률과 2005. 5. 26. 법률 제7520호로 개정된 주택법하에서 집합건물을 건축하여 분양한 자를 상대로

하자보수에 갈음하는 손해배상을 청구할 수 있는 하자의 범위 및 그 근거 규정
[2] 갑 주식회사가 건축하고 분양한 아파트에 사용검사일 전에 발생한 하자나 오시공·미시공 등의 하자 및 사용검사일부터 담보책임기간 만료일 이전에 발생한 주택법 제46조의 하자에 대하여, 입주자대표회의가 갑 회사를 상대로 하자보수에 갈음하는 손해배상을 구한 사안에서, 갑 회사는 집합건물의 소유 및 관리에 관한 법률 제9조에 따른 하자담보책임을 부담한다고 한 사례

【판결요지】

[1] 2005. 5. 26. 법률 제7502호로 개정된 집합건물의 소유 및 관리에 관한 법률(이하 '개정 집합건물법'이라 한다)과 2005. 5. 26. 법률 제7520호로 개정된 주택법(이하 '개정 주택법'이라 한다)은 입법 목적, 하자담보책임의 내용, 하자담보책임의 대상이 되는 하자의 종류와 범위, 하자담보책임을 추급할 수 있는 권리자와 의무자, 하자담보책임을 추급할 수 있는 권리의 행사기간 등을 서로 달리하고 있다. 따라서 개정 집합건물법 제9조에 따른 하자보수청구권 및 하자보수에 갈음하는 손해배상청구권과 개정 주택법 제46조에 따른 하자보수청구권 및 하자발생으로 인한 손해배상청구권은 독립적으로 행사할 수 있다. 다만 개정 집합건물법 부칙(1984. 4. 10.) 제6조 단서가 '공동주택의 담보책임에 관하여는 개정 주택법 제46조의 규정이 정하는 바에 따른다'고 규정하고 있고, 개정 주택법 제46조는 공동주택의 사용검사일 또는 사용승인일(이하 '사용검사일'이라고만 한다)부터 대통령령이 정하는 담보책임기간 안에 대통령령으로 정하는 하자가 발생한 때에 한하여 담보책임을 인정하고 있으므로, 개정 주택법 제46조에서 규정하는 하자에 대하여는 위 대통령령이 정하는 담보책임기간 안에 하자가 발생한 때에 한하여 개정 집합건물법 제9조에 따라 하자보수에 갈음하는 손해배상을 청구할 수 있고, 그 밖에 개정 주택법 제46조에서 규정하지 않는 사용검사일 전에 발생한 하자나 오시공·미시공 등의 하자에 대하여는 위 대통령령이 정하는 담보책임기간의 제한 없이 개정 집합건물법 제9조에 따라 하자보수에 갈음하는 손해배상을 청구할 수 있다.

[2] 갑 주식회사가 건축하고 분양한 아파트에 사용검사일 전에 발생한 하자나 오시공·미시공 등의 하자 및 사용검사일부터 담보책임기간 만료일 이전에 발생한 주택법 제46조의 하자에 대하여, 입주자대표회의가 갑 회사를 상대로 하자보수에 갈음하는 손해배상을 구한 사안에서, 아파트 구분소유자들은 아파트에 발생한 하자 전부에 대하여 갑 회사를 상대로 집합건물의 소유 및 관리에 관한 법률 제9조에 따라 하자보수에 갈음하는 손해배상을 청구할 수 있고, 입주자대표회의가 아파트 구분소유자들로부터 위 손해배상청구권을 양수받아 이행을 청구하고 있으므로, 갑 회사는 집합건물의 소유 및 관리에 관한 법률 제9조에 따른 하자담보책임을 부담한다고 한 사례.

[판례 16] 주택법제46조제1항등위헌제청 (헌법재판소 2008. 7. 31. 선고 2005헌가16 전원재판부)

【판시사항】

가. 2005. 5. 26. 주택법 개정 전에 사용검사 또는 사용승인을 얻은 공동주택의 담보책임 및 하자보수에 관하여 주택법 제46조의 하자담보책임을 적용하도록 한 주택법(2005. 5. 26. 법률 제7520호로 개정된 것) 부칙 제3항이 헌법상의 신뢰보호원칙에 위배되는지 여부(적극)

나. 주택법 제46조 제1항(2005. 5. 26. 법률 제7520호로 개정되고, 2008. 3. 21. 법률 제8974호로 개정되기 전의 것), 제3항(2005. 5. 26. 법률 제7520호로 개정된 것)에 대한 위헌제청은 재판의 전제성이 없다고 본 사례

【결정요지】

가. 주택법 부칙 제3항은 '법 시행 전에 사용검사나 사용승인을 얻은 공동주택의 담보책임이나 하자보수에 관하여는 주택법 제46조의 개정규정을 적용한다'고 하고 있어, 주택법이 시행되기 전에 사용검사나 사용승인을 받았다면 그 하자가 발생한 시점이 주택법이 시행되기 전이라 하더라도 2005. 5. 26. 개정된 주택법을 적용하도록 하였다.

그런데 신법이 시행되기 전에 이미 하자가 발생하였으나, 구법(집합건물법)에 의하면 10년의 하자담보기간 내이지만 신법에 의할 때 내력구조가 아니어서 1 내지 4년의 하자담보기간이 이미 경과된 경우, 공동주택의 소유자로서는 구법 질서 아래에서 이미 형성된 하자담보청구권이 소급적으로 박탈되는 결과가 된다. 이는 소유자가 구법에 따라 적법하게 지니고 있던 신뢰를 심각하게 침해하는 것인 반면, 개정된 주택법이 추구하는 공익은 중대한 것이라 보기는 어렵다. 따라서 신법이 시행된 이후에 하자가 발생한 경우뿐만 아니라 이미 구법 아래에서 발생한 하자까지 소급하여 신법을 적용하게 할 필요성이 크지 않다. 그러므로 구법 아래에서 하자가 발생한 경우에 공동주택 소유자들이 지녔던 신뢰이익의 보호가치, 부칙 제3항이 진정소급입법으로서 하자담보청구권을 박탈하는 점에서의 침해의 중대성, 신법을 통하여 실현하고자 하는 공익목적의 중요성 정도를 종합적으로 비교형량하여 볼 때, 부칙 제3항이 신법 시행 전에 발생한 하자에 대하여서까지 주택법을 적용하도록 한 것은 당사자의 신뢰를 헌법에 위반된 방법으로 침해하는 것으로서, 신뢰보호원칙에 위배된다.

나. 주택법 부칙 제3항이 위헌이라고 하는 이상, 신법이 시행되기 전에 하자가 발생한 당해 사건에 있어서는 개정된 주택법 제46조 제1항, 제3항이 적용되지 아니하므로, 이 사건에서 주택법 제46조 제1항, 제3항 부분은 재판의 전제성이 없어 부적법하다.

바. 권리행사기간으로서의 하자담보책임기간

[판례 17] 하자보수보증금등 (대법원 2011. 12. 8. 선고 2009다25111 판결)

【판시사항】

[1] 집합건물의 시공자가 구 집합건물의 소유 및 관리에 관한 법률 제9조에 의한 하자담보책임을 부담하는지 여부(원칙적 소극)
[2] 건설공사에 관한 도급계약이 상행위에 해당하는 경우 수급인의 하자담보책임의 소멸시효기간(=5년)
[3] 아파트 시공회사인 갑 건설회사와 분양회사인 을 주식회사 사이의 도급계약에 기한 하자보수에 갈음한 손해배상채권의 소멸시효가 문제된 사안에서, 위 채권은 5년의 상사시효에 걸린다고 본 원심판단을 수긍한 사례

【판결요지】

[1] 구 집합건물의 소유 및 관리에 관한 법률(2003. 7. 18. 법률 제6925호로 개정되기 전의 것, 이하 '구 집합건물법'이라 한다) 제9조는 집합건물 '분양자'의 하자담보책임에 관하여 규정하고 있을 뿐이므로, 집합건물의 시공자는 그가 분양계약에도 참여하여 분양대상인 구분건물에 대하여 분양에 따른 소유권이전의무를 부담하는 분양계약의 일방 당사자로 해석된다는 등 특별한 사정이 없는 한, 구 집합건물법 제9조에 의한 하자담보책임을 부담하는 것으로 볼 수 없다.
[2] 건설공사에 관한 도급계약이 상행위에 해당하는 경우 그 도급계약에 기한 수급인의 하자담보책임은 상법 제64조 본문에 의하여 원칙적으로 5년의 소멸시효에 걸리는 것으로 보아야 한다.
[3] 아파트 시공회사인 갑 건설회사와 분양회사인 을 주식회사 사이의 건설공사 도급계약에 기한 하자보수에 갈음한 손해배상채권의 소멸시효가 문제된 사안에서, 을 회사가 갑 회사에 갖는 위 채권은 상사채권으로서 5년의 상사시효에 걸린다고 본 원심판단을 수긍한 사례.

[판례 18] 부당이득금반환 (대법원 2012. 11. 15. 선고 2011다56491 판결)

【판시사항】

수급인의 담보책임에 기한 하자보수에 갈음하는 손해배상청구권에 대하여 소멸시효 규정이 적용되는지 여부(적극)

【판결요지】

수급인의 담보책임에 기한 하자보수에 갈음하는 손해배상청구권에 대하여는 민법 제670조 또는 제671조의 제척기간이 적용되고, 이는 법률관계의 조속한 안정을 도모하고자 하는 데에 취지가 있다. 그런데 이러한 도급인의 손해배상청구권에 대하여는 권리의 내용·성질 및 취지에 비추어 민법 제162조 제1항의 채권 소멸시효의 규정 또는 도급계약이 상행위에 해당하는 경우에는 상법 제64조의 상사시효의 규정이 적용되고, 민법 제670조 또는 제671조의 제척기간 규정으로 인하여 위 각 소멸시효 규정의 적용이 배제된다고 볼 수 없다.

[판례 19] 손해배상(기)등 (대법원 2009. 2. 26. 선고 2007다83908 판결)

【판시사항】

[1] 항소심에서 소의 교환적 변경이 있는 경우의 주문 표시
[2] 집합건물의 하자보수에 갈음한 손해배상청구권의 소멸시효기간의 기산일(=각 하자 발생시)
[3] 보증기간을 10년으로 한 공동주택의 내력구조부에 대한 의무하자보수보증계약에 있어 보증대상의 범위
[4] 주택사업공제조합이 발급한 하자보수보증서에 의하여 보증대상이 되는 하자의 보수책임기간

【판결요지】

[1] 항소심에 이르러 소가 교환적으로 변경된 경우에는 구 청구는 취하되어 그에 해당하는 제1심판결은 실효되고 신 청구만이 항소심의 심판대상이 되는 것이므로, 제1심이 원고의 청구를 일부 인용한 데 대하여 쌍방이 항소하였고 항소심이 제1심이 인용한 금액보다 추가로 인용하는 경우, 항소심은 제1심판결 중 항소심이 추가로 인용하는 부분에 해당하는 원고 패소부분을 취소한다거나 피고의 항소를 기각한다는 주문 표시를 하여서는 아니 된다.
[2] 집합건물의 하자보수에 갈음한 손해배상청구권의 소멸시효기간은 각 하자가 발생한 시점부터 별도로 진행한다.
[3] 구 주택건설촉진법 시행령(1999. 4. 30. 대통령령 제16283호로 개정되기 전의 것) 제43조의5 제1항 제1호 (가)목에서는, 주택사업공제조합이 행할 수 있는 하자보수보증을 의무하자보수보증과 장기하자보수보증으로 구분하고, 의무하자보수보증을 '구 공동주택관리령(1998. 12. 31. 대통령령 제16069호로 개정되기 전의 것) 제16조'의 규정에 의한 하자보수의무기간 중 발생한 하자의 보수에 대한 보증이라고 규정하고 있을 뿐, 구 주택건설촉진법(1999. 2. 8. 법률 제5908호로 개정되기 전의 것) 제38조 제16항 및 그에 따른 구 공동주택관리령 제16조의2의 규정에 의한 하자의 보수에 대한 보증으로 되어 있지 아니하고, 구 공동주택관리령 제16조와 그에 따른 시행규칙에서는 보증기간을 10년 내지 5년이라고만 규정하고 있을 뿐 그 범위를 주택이 무너졌거나 무너질 우려가 있는 경우로 한정하고 있지 않다. 그러므로 보증기간을 10년으로 하여 이루어진 공제조합의 의무하자보수보증의 보증대상은 결국 내력구조부에 발생한 모든 하자라고 봄이 상당하다.
[4] 사업주체가 공동주택의 사용검사권자에게 사용검사신청서를 제출하면서 주택사업공제조합으로부터 하자보수보증서를 발급받아 이를 예치한 경우, 그 하자보수보증서에 의하여 보증대상이 되는 하자의 보수책임기간도 사용검사일로부터 구 공동주택관리규칙(1999. 12. 7. 건설교통부령 219호로 개정되기 전의 것) 제11조 제1항 [별표 3]에 규정된 바와 같이 각 세부항목별로 그 규정하는 기간으로 한정된다고 보아야 한다. 설령 그 하자보수보증서에 구 공동주택관리규칙 [별표 3]에 정해진 하자보수책임기간에 관계없이 모든 하자에 대한 보증기간이 10년으로 기재되어 있다고 하더라도, 보증대상이 되는 하자는 구 공동주택

관리규칙 [별표 3]에 정해진 하자보수책임기간을 도과하기 전에 발생한 것이어야 하고, 그 이후에 발생한 하자는 비록 그것이 하자보수보증서에 기재된 보증기간 내에 발생하였다 할지라도 그 보증대상이 되지 않는다고 보아야 한다. 왜냐하면 보증인인 주택사업공제조합의 채무범위가 주채무자인 사업주체의 채무범위를 넘을 수는 없기 때문이다.

[판례 20] 손해배상(기) (대법원 2011. 3. 24. 선고 2009다34405 판결)

【판시사항】

[1] 공동주택의 담보책임 및 하자보수에 관하여 주택법 제46조를 적용하도록 개정된 집합건물의 소유 및 관리에 관한 법률 부칙(1984. 4. 10.) 제6조(2005. 5. 26. 법률 제7502호로 개정된 것)의 적용 범위(=2005. 5. 26. 이후에 사용검사 또는 사용승인을 받은 공동주택)

[2] 2005. 5. 26. 이전에 사용검사를 받은 아파트의 담보책임과 하자보수가 문제된 사안에서, 그에 관해서는 사용검사일 당시 시행 중이던 종전 규정인 구 주택건설촉진법과 구 공동주택관리령 및 구 집합건물의 소유 및 관리에 관한 법률이 적용된다고 한 사례

[3] 입주자대표회의가 공동주택을 건축·분양한 사업주체에 대하여 하자보수청구를 한 경우, 이를 입주자대표회의가 구분소유자들을 대신하여 하자보수에 갈음한 손해배상청구권을 행사한 것으로 볼 수 있는지 여부(원칙적 소극)

[4] 아파트 입주자대표회의가 자신이 직접 구 집합건물의 소유 및 관리에 관한 법률 제9조에 의한 하자보수에 갈음한 손해배상청구권을 가진다는 전제하에 소를 제기하였다가 그 후 구분소유자들에게서 위 손해배상청구권을 양도받았음을 이유로 채권양도에 의한 손해배상청구를 예비적으로 추가하자 시공회사 측이 양도받은 손해배상청구권의 제척기간 도과 항변을 한 사안에서, 입주자대표회의가 여러 차례에 걸쳐 보수공사를 요구한 적이 있다는 사정만으로 입주자대표회의가 구분소유자를 대신하여 위 손해배상청구권을 행사한 것으로 단정할 수 없다고 한 사례

【판결요지】

[1] 2005. 5. 26. 법률 제7520호로 개정된 주택법(이하 '개정 주택법'이라 한다)은 제46조 제1항에서 '사업주체는 집합건물의 분양에 따른 담보책임에 관하여 민법 제667조 내지 제671조의 규정을 준용하도록 한 집합건물의 소유 및 관리에 관한 법률 제9조의 규정에 불구하고 주택법령이 정하는 바에 따라 공동주택에 발생한 하자를 보수할 책임이 있다'고 규정하는 한편 부칙 제3항으로 '개정 주택법의 시행 전에 사용검사나 사용승인을 얻은 공동주택의 담보책임 및 하자보수에 관하여도 위 제46조의 개정 규정을 적용한다'는 규정을 두었고, 개정 주택법과 함께 2005. 5. 26. 법률 제7502호로 개정된 집합건물의 소유 및 관리에 관한 법률(이하 '개정 집합건물법'이라 한다)도 부칙(1984. 4. 10.) 제6조(2005. 5. 26. 법률 제7502호로 개정된 것)에서 '다만 공동주택의 담보책임 및 하자보수에 관하여는 주택법 제46조의 규정이 정하는 바에 따른다'는 규정을 두었다. 그런데 개정 주택법 부칙 제3항은 헌법재판소 2008. 7. 31. 선고 2005헌가16 전원재판부 결정에 의하여 위

헌·무효라고 선언됨으로써 그 효력이 상실되었고, 그 후 2010. 4. 5. 법률 제10237호로 위 부칙 규정은 '개정 주택법 시행 전에 사용검사 또는 사용승인을 얻은 공동주택의 담보책임 및 하자보수에 관하여는 제46조의 개정 규정에도 불구하고 종전의 규정에 따른다'는 내용으로 개정되었다. 이와 같은 개정 주택법 부칙 제3항에 대한 위헌결정의 취지와 개정 경과 그리고 신뢰보호 및 공평의 관념에 비추어 볼 때, 개정 집합건물법 부칙 제6조의 규정은 개정 주택법과 개정 집합건물법이 공포·시행된 2005. 5. 26. 이후에 사용검사 또는 사용승인을 받은 공동주택에 관하여만 적용된다고 보아야 한다.

[2] 2005. 5. 26. 이전에 사용검사를 받은 아파트의 담보책임과 하자보수가 문제된 사안에서, 그 아파트의 담보책임과 하자보수에 관해서는 사용검사일 당시 시행 중이던 종전 규정인 구 주택건설촉진법(1994. 1. 7. 법률 제4723호로 개정되기 전의 것)과 구 공동주택관리령(1993. 12. 2. 대통령령 제14014호로 개정되기 전의 것) 및 구 집합건물의 소유 및 관리에 관한 법률(2003. 7. 18. 법률 제6925호로 개정되기 전의 것)이 적용된다고 한 사례.

[3] 구 집합건물의 소유 및 관리에 관한 법률(2003. 7. 18. 법률 제6925호로 개정되기 전의 것) 제9조에 의한 구분소유자의 하자담보추급권과 구 주택건설촉진법(1994. 1. 7. 법률 제4723호로 개정되기 전의 것) 제38조 제14항 및 구 공동주택관리령(1993. 12. 2. 대통령령 제14014호로 개정되기 전의 것) 제16조 제2항에 의한 입주자대표회의의 하자보수청구권은 근거 법령과 입법 취지 및 권리관계의 당사자와 책임 내용 등이 서로 다른 전혀 별개의 권리이므로, 특별한 사정이 없는 한, 입주자대표회의가 공동주택을 건축·분양한 사업주체에 대하여 하자보수청구를 하였다고 하여 이를 입주자대표회의가 구분소유자들을 대신하여 하자담보추급권, 즉 하자보수에 갈음한 손해배상청구권을 행사한 것으로 볼 수는 없다. 또한 사업주체가 입주자대표회의에 대하여 구 주택건설촉진법 및 구 공동주택관리령에 의한 하자보수책임을 승인하였다고 하더라도, 이로써 사업주체가 구분소유자들에 대하여 구 집합건물의 소유 및 관리에 관한 법률에 의한 하자담보책임까지 승인하였다고 볼 수도 없다.

[4] 아파트의 입주자대표회의가 당초 자신이 직접 구 집합건물의 소유 및 관리에 관한 법률 제9조에 의한 하자보수에 갈음한 손해배상청구권을 가진다는 전제하에 손해배상을 구하는 소를 제기하였다가 그 후 구분소유자들에게서 위 손해배상청구권을 양도받았음을 이유로 채권양도에 의한 손해배상청구를 예비적으로 추가하자 시공회사 측이 양도받은 손해배상청구권의 제척기간 도과 항변을 한 사안에서, 입주자대표회의가 시공회사들에 여러 차례에 걸쳐 보수공사를 요구한 사실이 있다는 사정만으로 입주자대표회의가 구분소유자들을 대신하여 하자보수에 갈음한 손해배상청구권을 행사한 것으로 단정하여 위 제척기간 도과 항변을 배척한 원심판결에 구 집합건물의 소유 및 관리에 관한 법률(2003. 7. 18. 법률 제6925호로 개정되기 전의 것) 제9조에 규정된 하자보수에 갈음한 손해배상청구권의 행사와 제척기간에 관한 법리오해 등의 잘못이 있다고 한 사례.

[판례 21] 손해배상(기) (대법원 2012. 3. 22. 선고 2010다28840 전원합의체 판결)

【판시사항】

채권양도 통지만으로 제척기간 준수에 필요한 '권리의 재판외 행사'가 이루어졌다고 볼 수 있는지 여부(소극) 및 아파트 입주자대표회의가 하자담보추급에 의한 손해배상청구권을 가짐을 전제로 분양자를 상대로 손해배상청구소송을 제기하였다가 소송 계속 중 구분소유자들에게서 손해배상청구권을 양도받고 양도통지가 이루어진 후 양수금으로 소를 변경한 경우, 손해배상청구권이 소를 변경한 시점에 행사된 것으로 보아야 하는지 여부(원칙적 적극)

【판결요지】

[다수의견]

(가) 채권양도의 통지는 양도인이 채권이 양도되었다는 사실을 채무자에게 알리는 것에 그치는 행위이므로, 그것만으로 제척기간 준수에 필요한 권리의 재판외 행사에 해당한다고 할 수 없다.

(나) 따라서 집합건물인 아파트의 입주자대표회의가 스스로 하자담보추급에 의한 손해배상청구권을 가짐을 전제로 하여 직접 아파트의 분양자를 상대로 손해배상청구소송을 제기하였다가, 소송 계속 중에 정당한 권리자인 구분소유자들에게서 손해배상채권을 양도받고 분양자에게 통지가 마쳐진 후 그에 따라 소를 변경한 경우에는, 채권양도통지에 채권양도의 사실을 알리는 것 외에 이행을 청구하는 뜻이 별도로 덧붙여지거나 그 밖에 구분소유자들이 재판외에서 권리를 행사하였다는 등 특별한 사정이 없는 한, 위 손해배상청구권은 입주자대표회의가 위와 같이 소를 변경한 시점에 비로소 행사된 것으로 보아야 한다.

[대법관 박일환, 대법관 박병대, 대법관 김용덕의 반대의견]

(가) 채권양도의 통지는 양도인이 채무자에 대하여 당해 채권을 양도하였다는 사실을 알리는 것으로서 이론적으로는 이른바 관념의 통지에 불과하지만, 양도인으로서는 이를 통하여 자신이 채무자에 대하여 채권을 보유하고 있었던 사실과 이를 양도하여 귀속주체가 변경된 사실, 그리고 그에 따라 채무자는 이제 채무를 채권양수인에게 이행해야 할 의무를 부담한다는 사실을 함께 고지하는 것이므로, 이는 채무자에 대하여 권리의 존재와 권리를 행사하고자 하는 의사를 분명하게 표명하는 행위를 한 것으로 평가하기에 충분하다. 따라서 비록 그것이 이행청구나 최고와 같이 시효중단의 효력이 인정될 정도의 사유는 아니라고 하더라도 제척기간 준수의 효과가 부여될 수 있는 권리행사의 객관적 행위 태양이라고 인정하는 데는 부족함이 없다.

(나) 따라서 채권양도통지가 하자보수에 갈음한 손해배상청구권에 대한 제척기간 경과 전에 이루어졌다면, 양수인이 양수금 청구로 소를 변경하는 신청서를 제척기간 경과 후에 제출하였더라도 그 권리가 제척기간에 의하여 소멸되었다고 볼 것은 아니다.

사. 하자발생기간, 제척기간, 소멸시효기간

　　(1) 주택법상의 담보책임기간

[판례 22]　보험금지급청구권부존재확인 (대법원 2006. 6. 16. 선고 2005다25632 판결)

【판시사항】

[1] 구 공동주택관리령 제16조에서 규정하고 있는 하자보수기간이 하자보수청구권 행사의 제척기간인지 여부(소극)
[2] 채무이행을 최고받은 채무자가 그 이행의무의 존부 등에 대하여 조사를 해 볼 필요가 있다는 이유로 채권자에게 그 이행의 유예를 구한 경우, 민법 제174조에서 규정하고 있는 6월의 기간의 기산점
[3] 소멸시효의 완성을 주장하는 자가 원고가 되어 제기한 소에서 피고로서 응소하여 그 소송에서 적극적으로 권리를 주장하고 그것이 받아들여진 경우, 시효중단사유인 '재판상의 청구'에 해당하는지 여부(적극)

【판결요지】

[1] 구 공동주택관리령(1998. 12. 31. 대통령령 제16069호로 개정되기 전의 것) 제16조는, 제1항에서 공동주택 등에 대한 하자보수기간은 그 사용검사일부터 주요시설인 경우에는 2년 이상으로 하고 그 외의 시설인 경우에는 1년 이상으로 하되 하자보수대상인 주요시설 및 그 외의 시설의 구분 및 범위에 따른 기간은 건설교통부령으로 정한다고 한 다음, 제2항에서 '제1항의 규정에 의한 기간 내에 공동주택 등의 하자가 발생한 때'에는 입주자대표회의 등이 사업주체에 대하여 그 하자의 보수를 요구할 수 있다고 규정하고 있을 뿐, 그 기간 내에 하자보수를 요구하여야 한다거나 그 기간 동안 담보책임이 있다고 규정하고 있지는 않으므로, 위 하자보수기간을 하자보수청구권 행사의 제척기간으로 해석할 수는 없다.
[2] 소멸시효제도 특히 시효중단제도는 그 제도의 취지에 비추어 볼 때 이에 관한 기산점이나 만료점은 원권리자를 위하여 너그럽게 해석하는 것이 상당하다 할 것이므로, 민법 제174조 소정의 시효중단사유로서의 최고에 있어서 채무이행을 최고받은 채무자가 그 이행의무의 존부 등에 대하여 조사를 해 볼 필요가 있다는 이유로 채권자에 대하여 그 이행의 유예를 구한 경우에는 채권자가 그 회답을 받을 때까지는 최고의 효력이 계속된다고 보아야 하고, 따라서 같은 조에 규정된 6월의 기간은 채권자가 채무자로부터 회답을 받은 때로부터 기산되는 것이라고 해석하여야 할 것이다.
[3] 민법 제168조 제1호, 제170조 제1항에서 시효중단사유의 하나로 규정하고 있는 재판상의 청구라 함은, 통상적으로는 권리자가 원고로서 시효를 주장하는 자를 피고로 하여 소송물인 권리를 소의 형식으로 주장하는 경우를 가리키지만, 이와 반대로 시효를 주장하는 자

가 원고가 되어 소를 제기한 데 대하여 피고로서 응소하여 그 소송에서 적극적으로 권리를 주장하고 그것이 받아들여진 경우도 마찬가지로 이에 포함되는 것으로 해석함이 타당하다.

[판례 23] 손해배상(기) (대법원 2000. 6. 9. 선고 2000다15371 판결)

【판시사항】

민법상 수급인의 하자담보책임에 관한 제척기간이 재판상 청구를 위한 출소기간인지 여부(소극)

【판결요지】

민법상 수급인의 하자담보책임에 관한 기간은 제척기간으로서 재판상 또는 재판 외의 권리행사기간이며 재판상 청구를 위한 출소기간이 아니라고 할 것이다.

　　　　(2) 집합건물법상의 하자담보책임기간

　집합건물법 제9조에 의하여 준용되는 민법 제671조에 따르면 공동주택인 아파트 분양자의 담보책임기간은 '아파트의 인도일로부터 10년;이다. 판례는 민법 제671조의 하자담보책임기간을 제척기간으로서 재판상 또는 재판 외의 권리행사기간으로 보고 있다.

　　　　(3) 하자보수청구권 및 하자보증금청구권의 소멸시효

[판례 24] 하자보수보증금 (대법원 2009. 3. 12. 선고 2008다76020 판결)

【판시사항】

[1] 하자보수보증금채권의 발생 당시 시행·적용되던 법률이 개폐되거나 적용 법률이 달라지게 된 경우, 그 채권의 소멸시효 기간과 기산일을 정하는 기준이 되는 법률
[2] 구 주택건설촉진법의 개정으로 같은 법 제47조의12 제2항이 삭제되기 전인 1999. 2. 28.까지 발생한 하자보수보증금채권에 대하여는 개정 전 규정에 따라 보증기간 만료일부터 5년간의 소멸시효 기간이 적용되고, 1999. 3. 1. 이후 발생한 하자보수보증금채권에 대하여는 위 규정이 적용될 수 없고 민법 등의 규정에 따라 보증사고 발생일로부터 5년간의 소멸시효 기간이 적용된다고 한 사례
[3] 공동주택의 입주자대표회의가 하자보수보증금에 갈음하여 예치된 주택사업공제조합 발행

의 의무하자보수보증서에 기하여 하자보수청구권 또는 하자보수보증금채권을 행사하는 경우, 집합건물의 소유 및 관리에 관한 법률 제9조에 따라 10년의 제척기간이 적용되는지 여부(소극)

[4] 주택사업공제조합과 사업주체가 보증계약을 체결하면서 보증하고자 하는 하자의 내용을 정하지 않고 단지 보증기간만을 정한 경우, 보증대상이 되는 하자의 기간적 범위

[5] 주택사업공제조합과 사업주체가 보증기간이나 보증대상의 중복을 배제하기로 하는 등의 특별한 약정 없이 보증기간이 3년인 제1보증계약과 보증기간이 10년인 제2보증계약을 각각 체결한 사안에서, 하자보수책임기간이 5년 또는 10년인 하자가 제1보증계약의 보증기간 내에 발생하였다면 제1보증계약의 보증대상에도 해당한다고 한 사례

(4) 집합건물법상의 하자담보추급권

(가) 하자담보추급권 양도에 따른 양수금 청구

[판례 25] 하자보수금등 (대법원 2009. 5. 28. 선고 2009다9539 판결)

【판시사항】

[1] 소송행위를 주목적으로 하는 채권양도의 효력 및 소송신탁 여부의 판단 기준
[2] 집합건물의 소유 및 관리에 관한 법률 제9조에 정한 집합건물 분양자의 담보책임의 법적 성질(=법정 책임) 및 그에 따른 손해배상채권의 소멸시효기간(=10년)
[3] 아파트 입주자대표회의가 하자담보추급권을 가지는지 여부(소극)
[4] 집합건물이 양도된 경우 하자담보추급권의 귀속관계
[5] 민법 제667조에 정한 하자보수에 갈음하는 손해배상채무의 지체책임 발생시기

(나) 공용부분 하자에 관한 하자담보청구권

◆ 집합건물의 소유 및 관리에 관한 법률
제2조의2 (다른 법률과의 관계) 집합주택의 관리 방법과 기준, 하자담보책임에 관한 「주택법」 및 「공동주택관리법」의 특별한 규정은 이 법에 저촉되어 구분소유자의 기본적인 권리를 해치지 아니하는 범위에서 효력이 있다. <개정 2015. 8. 11.> [본조신설 2012. 12. 18.] [제목개정 2015. 8. 11.]

[판례 26] 손해배상(기) (대법원 2012. 3. 22. 선고 2010다28840 전원합의체 판결)

【판시사항】

채권양도 통지만으로 제척기간 준수에 필요한 '권리의 재판외 행사'가 이루어졌다고 볼 수 있는지 여부(소극) 및 아파트 입주자대표회의가 하자담보추급에 의한 손해배상청구권을 가짐을 전제로 분양자를 상대로 손해배상청구소송을 제기하였다가 소송 계속 중 구분소유자들에게서 손해배상청구권을 양도받고 양도통지가 이루어진 후 양수금으로 소를 변경한 경우, 손해배상청구권이 소를 변경한 시점에 행사된 것으로 보아야 하는지 여부(원칙적 적극)

【판결요지】

[다수의견] (가) 채권양도의 통지는 양도인이 채권이 양도되었다는 사실을 채무자에게 알리는 것에 그치는 행위이므로, 그것만으로 제척기간 준수에 필요한 권리의 재판외 행사에 해당한다고 할 수 없다.

(나) 따라서 집합건물인 아파트의 입주자대표회의가 스스로 하자담보추급에 의한 손해배상청구권을 가짐을 전제로 하여 직접 아파트의 분양자를 상대로 손해배상청구소송을 제기하였다가, 소송 계속 중에 정당한 권리자인 구분소유자들에게서 손해배상채권을 양도받고 분양자에게 통지가 마쳐진 후 그에 따라 소를 변경한 경우에는, 채권양도통지에 채권양도의 사실을 알리는 것 외에 이행을 청구하는 뜻이 별도로 덧붙여지거나 그 밖에 구분소유자들이 재판외에서 권리를 행사하였다는 등 특별한 사정이 없는 한, 위 손해배상청구권은 입주자대표회의가 위와 같이 소를 변경한 시점에 비로소 행사된 것으로 보아야 한다.

[대법관 박일환, 대법관 박병대, 대법관 김용덕의 반대의견] (가) 채권양도의 통지는 양도인이 채무자에 대하여 당해 채권을 양도하였다는 사실을 알리는 것으로서 이론적으로는 이른바 관념의 통지에 불과하지만, 양도인으로서는 이를 통하여 자신이 채무자에 대하여 채권을 보유하고 있었던 사실과 이를 양도하여 귀속주체가 변경된 사실, 그리고 그에 따라 채무자는 이제 채무를 채권양수인에게 이행해야 할 의무를 부담한다는 사실을 함께 고지하는 것이므로, 이는 채무자에 대하여 권리의 존재와 권리를 행사하고자 하는 의사를 분명하게 표명하는 행위를 한 것으로 평가하기에 충분하다. 따라서 비록 그것이 이행청구나 최고와 같이 시효중단의 효력이 인정될 정도의 사유는 아니라고 하더라도 제척기간 준수의 효과가 부여될 수 있는 권리행사의 객관적 행위 태양이라고 인정하는 데는 부족함이 없다.

(나) 따라서 채권양도통지가 하자보수에 갈음한 손해배상청구권에 대한 제척기간 경과 전에 이루어졌다면, 양수인이 양수금 청구로 소를 변경하는 신청서를 제척기간 경과 후에 제출하였더라도 그 권리가 제척기간에 의하여 소멸되었다고 볼 것은 아니다.

[판례 27] 손해배상(기) (대법원 2011. 3. 24. 선고 2009다34405 판결)

【판시사항】

[1] 공동주택의 담보책임 및 하자보수에 관하여 주택법 제46조를 적용하도록 개정된 집합건물의 소유 및 관리에 관한 법률 부칙(1984. 4. 10.) 제6조(2005. 5. 26. 법률 제7502호로 개정된 것)의 적용 범위(=2005. 5. 26. 이후에 사용검사 또는 사용승인을 받은 공동주택)

[2] 2005. 5. 26. 이전에 사용검사를 받은 아파트의 담보책임과 하자보수가 문제된 사안에서, 그에 관해서는 사용검사일 당시 시행 중이던 종전 규정인 구 주택건설촉진법과 구 공동주택관리령 및 구 집합건물의 소유 및 관리에 관한 법률이 적용된다고 한 사례

[3] 입주자대표회의가 공동주택을 건축·분양한 사업주체에 대하여 하자보수청구를 한 경우, 이를 입주자대표회의가 구분소유자들을 대신하여 하자보수에 갈음한 손해배상청구권을 행사한 것으로 볼 수 있는지 여부(원칙적 소극)

[4] 아파트 입주자대표회의가 자신이 직접 구 집합건물의 소유 및 관리에 관한 법률 제9조에 의한 하자보수에 갈음한 손해배상청구권을 가진다는 전제하에 소를 제기하였다가 그 후 구분소유자들에게서 위 손해배상청구권을 양도받았음을 이유로 채권양도에 의한 손해배상청구를 예비적으로 추가하자 시공회사 측이 양도받은 손해배상청구권의 제척기간 도과 항변을 한 사안에서, 입주자대표회의가 여러 차례에 걸쳐 보수공사를 요구한 적이 있다는 사정만으로 입주자대표회의가 구분소유자를 대신하여 위 손해배상청구권을 행사한 것으로 단정할 수 없다고 한 사례

【판결요지】

[1] 2005. 5. 26. 법률 제7520호로 개정된 주택법(이하 '개정 주택법'이라 한다)은 제46조 제1항에서 '사업주체는 집합건물의 분양에 따른 담보책임에 관하여 민법 제667조 내지 제671조의 규정을 준용하도록 한 집합건물의 소유 및 관리에 관한 법률 제9조의 규정에 불구하고 주택법령이 정하는 바에 따라 공동주택에 발생한 하자를 보수할 책임이 있다'고 규정하는 한편 부칙 제3항으로 '개정 주택법의 시행 전에 사용검사나 사용승인을 얻은 공동주택의 담보책임 및 하자보수에 관하여도 위 제46조의 개정 규정을 적용한다'는 규정을 두었고, 개정 주택법과 함께 2005. 5. 26. 법률 제7502호로 개정된 집합건물의 소유 및 관리에 관한 법률(이하 '개정 집합건물법'이라 한다)도 부칙(1984. 4. 10.) 제6조(2005. 5. 26. 법률 제7502호로 개정된 것)에서 '다만 공동주택의 담보책임 및 하자보수에 관하여는 주택법 제46조의 규정이 정하는 바에 따른다'는 규정을 두었다. 그런데 개정 주택법 부칙 제3항은 헌법재판소 2008. 7. 31. 선고 2005헌가16 전원재판부 결정에 의하여 위헌·무효라고 선언됨으로써 그 효력이 상실되었고, 그 후 2010. 4. 5. 법률 제10237호로 위 부칙 규정은 '개정 주택법 시행 전에 사용검사 또는 사용승인을 얻은 공동주택의 담보책임 및 하자보수에 관하여는 제46조의 개정 규정에도 불구하고 종전의 규정에 따른다'는 내용으로 개정되었다. 이와 같은 개정 주택법 부칙 제3항에 대한 위헌결정의 취지와 개정 경과 그리고 신뢰보호 및 공평의 관념에 비추어 볼 때, 개정 집합건물법 부칙 제6조의 규정은 개정 주택법과 개정 집합건물법이 공포·시행된 2005. 5. 26. 이후에 사용검사 또는 사용승인을 받은 공동주택에 관하여만 적용된다고 보아야 한다.

[2] 2005. 5. 26. 이전에 사용검사를 받은 아파트의 담보책임과 하자보수가 문제된 사안에서,

그 아파트의 담보책임과 하자보수에 관해서는 사용검사일 당시 시행 중이던 종전 규정인 구 주택건설촉진법(1994. 1. 7. 법률 제4723호로 개정되기 전의 것)과 구 공동주택관리령(1993. 12. 2. 대통령령 제14014호로 개정되기 전의 것) 및 구 집합건물의 소유 및 관리에 관한 법률(2003. 7. 18. 법률 제6925호로 개정되기 전의 것)이 적용된다고 한 사례.

[3] 구 집합건물의 소유 및 관리에 관한 법률(2003. 7. 18. 법률 제6925호로 개정되기 전의 것) 제9조에 의한 구분소유자의 하자담보추급권과 구 주택건설촉진법(1994. 1. 7. 법률 제4723호로 개정되기 전의 것) 제38조 제14항 및 구 공동주택관리령(1993. 12. 2. 대통령령 제14014호로 개정되기 전의 것) 제16조 제2항에 의한 입주자대표회의의 하자보수청구권은 근거 법령과 입법 취지 및 권리관계의 당사자와 책임 내용 등이 서로 다른 전혀 별개의 권리이므로, 특별한 사정이 없는 한, 입주자대표회의가 공동주택을 건축·분양한 사업주체에 대하여 하자보수청구를 하였다고 하여 이를 입주자대표회의가 구분소유자들을 대신하여 하자담보추급권, 즉 하자보수에 갈음한 손해배상청구권을 행사한 것으로 볼 수는 없다. 또한 사업주체가 입주자대표회의에 대하여 구 주택건설촉진법 및 구 공동주택관리령에 의한 하자보수책임을 승인하였다고 하더라도, 이로써 사업주체가 구분소유자들에 대하여 구 집합건물의 소유 및 관리에 관한 법률에 의한 하자담보책임까지 승인하였다고 볼 수도 없다.

[4] 아파트의 입주자대표회의가 당초 자신이 직접 구 집합건물의 소유 및 관리에 관한 법률 제9조에 의한 하자보수에 갈음한 손해배상청구권을 가진다는 전제하에 손해배상을 구하는 소를 제기하였다가 그 후 구분소유자들에게서 위 손해배상청구권을 양도받았음을 이유로 채권양도에 의한 손해배상청구를 예비적으로 추가하자 시공회사 측이 양도받은 손해배상청구권의 제척기간 도과 항변을 한 사안에서, 입주자대표회의가 시공회사들에 여러 차례에 걸쳐 보수공사를 요구한 사실이 있다는 사정만으로 입주자대표회의가 구분소유자들을 대신하여 하자보수에 갈음한 손해배상청구권을 행사한 것으로 단정하여 위 제척기간 도과 항변을 배척한 원심판결에 구 집합건물의 소유 및 관리에 관한 법률(2003. 7. 18. 법률 제6925호로 개정되기 전의 것) 제9조에 규정된 하자보수에 갈음한 손해배상청구권의 행사와 제척기간에 관한 법리오해 등의 잘못이 있다고 한 사례.

(다) 책임이 성질

◆ 집합건물의 소유 및 관리에 관한 법률
제9조 (담보책임) ① 제1조 또는 제1조의2의 건물을 건축하여 분양한 자(이하 "분양자"라 한다)와 분양자와의 계약에 따라 건물을 건축한 자로서 대통령령으로 정하는 자(이하 "시공자"라 한다)는 구분소유자에 대하여 담보책임을 진다. 이 경우 그 담보책임에 관하여는 「민법」 제667조 및 제668조를 준용한다. <개정 2012. 12. 18.>
② 제1항에도 불구하고 시공자가 분양자에게 부담하는 담보책임에 관하여 다른 법률에 특별한 규정이 있으면 시공자는 그 법률에서 정하는 담보책

임의 범위에서 구분소유자에게 제1항의 담보책임을 진다. <신설 2012. 12. 18.>
③ 제1항 및 제2항에 따른 시공자의 담보책임 중 「민법」 제667조제2항에 따른 손해배상책임은 분양자에게 회생절차개시 신청, 파산 신청, 해산, 무자력(無資力) 또는 그 밖에 이에 준하는 사유가 있는 경우에만 지며, 시공자가 이미 분양자에게 손해배상을 한 경우에는 그 범위에서 구분소유자에 대한 책임을 면(免)한다. <신설 2012. 12. 18.>
④ 분양자와 시공자의 담보책임에 관하여 이 법과 「민법」에 규정된 것보다 매수인에게 불리한 특약은 효력이 없다. <개정 2012. 12. 18.>
[전문개정 2010. 3. 31.]

[판례 28] 손해배상(기) (대법원 2003. 2. 11. 선고 2001다47733 판결)

【판시사항】

집합건물이 양도된 경우 집합건물의소유및관리에관한법률 제9조 소정의 하자담보추급권의 귀속관계(=현재의 집합건물의 구분소유자)

【판결요지】

집합건물의소유및관리에관한법률 제9조에 의한 하자담보추급권은 집합건물의 수분양자가 집합건물을 양도한 경우 양도 당시 양도인이 이를 행사하기 위하여 유보하였다는 등의 특별한 사정이 없는 한 현재의 집합건물의 구분소유자에게 귀속한다.

(라) 책임의 존속기간

집합건물법 제9조에 의하여 준용되는 민법 제671조에 따르면 공동주택인 아파트분양자의 담보책임기간은 아파트의 인도일로부터 10년이다.

[판례 29] 손해배상(기) (대법원 2006. 10. 26. 선고 2004다17993, 18002, 18019 판결)

【판시사항】

[1] 집합건물이 양도된 경우, 집합건물의 소유 및 관리에 관한 법률 제9조에 정한 하자담보추급권의 귀속관계(=현재의 집합건물의 구분소유자)
[2] 공동주택의 하자보수기간 등에 관한 구 주택건설촉진법의 규정 등이 집합건물의 소유 및

관리에 관한 법률 제9조에 의한 분양자의 하자보수의무의 제척기간에 영향을 미치는지 여부(소극)
[3] 신축한 건물의 하자로 수분양자가 받은 정신적 고통에 대하여 위자료 청구가 인정되는 경우

마. 권리관계의 주체 및 성립요건

(1) 권리관계의 주체

청구권자는 입주자에 한정된다고 해석하여야 할 것이고, 의무자는 사업주체라고 명시하고 있다.

(2) 성립요건

(가) '내력구조부에 중대한 하자가 발생한 경우'이어야 한다. 따라서 '내력구조부가 아닌 부분의 하자로 인한 부분'과 '내력구조부의 하자라도 중대한 하자가 아닌 경우'에는 위 규정을 적용할 수 없고, 집합건물법상외 하자담보추급권을 적용하여야 할 것이다.
(나) 이러한 하자는 '담보책임기간 내에 발생하였을 것'을 요한다. 담보책임기간은 ① 10년 : 기둥·내력벽(힘을 받지 않는 조적벽 등은 제외한다), ② 5년 : 보·바닥 및 지붕이다. 이 담보책임기간은 하자발생기간으로 해석한다는 점은 하자보수청구권과 동일하다.

바. 소멸시효의 기간 및 중단

(1) 소멸시효기간

소멸시효기간은 민법 제162조 제1항에 따라 10년이라 할 것이다.

> ◆ 민법
> 제162조 (채권, 재산권의 소멸시효) ① 채권은 10년간 행사하지 아니하면 소멸시효가 완성한다.
> ② 채권 및 소유권 이외의 재산권은 20년간 행사하지 아니하면 소멸시효가 완성한다.

(2) 소멸시효의 기산점

[판례 30] 손해배상(기)등 (대법원 2009. 2. 26. 선고 2007다83908 판결)

【판시사항】

[1] 항소심에서 소의 교환적 변경이 있는 경우의 주문 표시
[2] 집합건물의 하자보수에 갈음한 손해배상청구권의 소멸시효기간의 기산일(=각 하자 발생 시)
[3] 보증기간을 10년으로 한 공동주택의 내력구조부에 대한 의무하자보수보증계약에 있어 보증대상의 범위
[4] 주택사업공제조합이 발급한 하자보수보증서에 의하여 보증대상이 되는 하자의 보수책임기간

【판결요지】

[1] 항소심에 이르러 소가 교환적으로 변경된 경우에는 구 청구는 취하되어 그에 해당하는 제1심판결은 실효되고 신 청구만이 항소심의 심판대상이 되는 것이므로, 제1심이 원고의 청구를 일부 인용한 데 대하여 쌍방이 항소하였고 항소심이 제1심이 인용한 금액보다 추가로 인용하는 경우, 항소심은 제1심판결 중 항소심이 추가로 인용하는 부분에 해당하는 원고 패소부분을 취소한다거나 피고의 항소를 기각한다는 주문 표시를 하여서는 아니 된다.
[2] 집합건물의 하자보수에 갈음한 손해배상청구권의 소멸시효기간은 각 하자가 발생한 시점부터 별도로 진행한다.
[3] 구 주택건설촉진법 시행령(1999. 4. 30. 대통령령 제16283호로 개정되기 전의 것) 제43조의5 제1항 제1호 (가)목에서는, 주택사업공제조합이 행할 수 있는 하자보수보증을 의무하자보수보증과 장기하자보수보증으로 구분하고, 의무하자보수보증을 '구 공동주택관리령(1998. 12. 31. 대통령령 제16069호로 개정되기 전의 것) 제16조'의 규정에 의한 하자보수의무기간 중 발생한 하자의 보수에 대한 보증이라고 규정하고 있을 뿐, 구 주택건설촉진법(1999. 2. 8. 법률 제5908호로 개정되기 전의 것) 제38조 제16항 및 그에 따른 구 공동주택관리령 제16조의2의 규정에 의한 하자의 보수에 대한 보증으로 되어 있지 아니하고, 구 공동주택관리령 제16조와 그에 따른 시행규칙에서는 보증기간을 10년 내지 5년이라고만 규정하고 있을 뿐 그 범위를 주택이 무너졌거나 무너질 우려가 있는 경우로 한정하고 있지 않다. 그러므로 보증기간을 10년으로 하여 이루어진 공제조합의 의무하자보수보증의 보증대상은 결국 내력구조부에 발생한 모든 하자라고 봄이 상당하다.
[4] 사업주체가 공동주택의 사용검사권자에게 사용검사신청서를 제출하면서 주택사업공제조합으로부터 하자보수보증서를 발급받아 이를 예치한 경우, 그 하자보수보증서에 의하여 보증대상이 되는 하자의 보수책임기간도 사용검사일로부터 구 공동주택관리규칙(1999. 12. 7. 건설교통부령 219호로 개정되기 전의 것) 제11조 제1항 [별표 3]에 규정된 바와 같이 각 세부항목별로 그 규정하는 기간으로 한정된다고 보아야 한다. 설령 그 하자보수보증서

에 구 공동주택관리규칙 [별표 3]에 정해진 하자보수책임기간에 관계없이 모든 하자에 대한 보증기간이 10년으로 기재되어 있다고 하더라도, 보증대상이 되는 하자는 구 공동주택관리규칙 [별표 3]에 정해진 하자보수책임기간을 도과하기 전에 발생한 것이어야 하고, 그 이후에 발생한 하자는 비록 그것이 하자보수보증서에 기재된 보증기간 내에 발생하였다 할지라도 그 보증대상이 되지 않는다고 보아야 한다. 왜냐하면 보증인인 주택사업공제조합의 채무범위가 주채무자인 사업주체의 채무범위를 넘을 수는 없기 때문이다.

[판례 31] 하자보수보증금등 (대법원 2009. 6. 11. 선고 2008다92466 판결)

【판시사항】

[1] 아파트의 입주자대표회의가 구분소유자들 중 80% 이상으로부터 개별적으로 하자보수에 갈음하는 손해배상채권을 양수한 것을, 집합건물의 소유 및 관리에 관한 법률 제41조 제5항에 정한 관리단집회 결의요건으로서 구분소유자 5분의 4 이상의 서면결의가 있는 것으로 볼 수 없다고 한 사례
[2] 공동주택의 입주자대표회의가 주택법 및 그 시행령에 정한 사업주체에 대한 '하자보수청구권' 외에 집합건물의 소유 및 관리에 관한 법률 제9조에 의한 '하자담보추급권'도 갖는지 여부(소극)
[3] 집합건물의 하자보수에 갈음한 손해배상채권의 소멸시효기간은 각 하자가 발생한 시점부터, 민법 제671조 제1항의 제척기간은 인도한 때로부터 진행하므로, 집합건물의 입주자대표회의가 각 구분소유자들로부터 집합건물의 하자보수에 갈음한 손해배상채권을 양도받아 행사한 경우, 그 행사 시점부터 역산하여 10년의 소멸시효기간 또는 제척기간이 경과하였는지 여부를 판단하여야 한다고 한 사례

(3) 소멸시효의 중단

[판례 32] 손해배상(기) (대법원 2009. 2. 12. 선고 2008다84229 판결)

【판시사항】

[1] 공동주택에 하자가 있는 경우 입주자대표회의가 사업주체에 대하여 하자보수에 갈음한 손해배상청구권을 가지는지 여부(소극)
[2] 아파트입주자대표회의가 직접 하자보수에 갈음한 손해배상청구의 소를 제기하였다가 구분소유자들로부터 손해배상채권을 양도받아 양수금청구를 하는 것으로 청구원인을 변경한 사안에서, 소를 제기한 때가 아니라 청구원인을 변경하는 취지의 준비서면을 제출한 때에 소멸시효 중단의 효과가 발생한다고 한 사례

제6절   집합건물법상 특유의 제도

1. 재건축 및 복구

가. 재건축

(1) 재건축결의

◆ 집합건물의 소유 및 관리에 관한 법률
제41조(서면 또는 전자적 방법에 의한 결의 등) ① 이 법 또는 규약에 따라 관리단집회에서 결의할 것으로 정한 사항에 관하여 구분소유자의 4분의 3 이상 및 의결권의 4분의 3 이상이 서면이나 전자적 방법 또는 서면과 전자적 방법으로 합의하면 관리단집회를 소집하여 결의한 것으로 본다. <개정 2012. 12. 18., 2023. 3. 28.>

◆ 집합건물의 소유 및 관리에 관한 법률
제47조(재건축 결의) ① 건물 건축 후 상당한 기간이 지나 건물이 훼손되거나 일부 멸실되거나 그 밖의 사정으로 건물 가격에 비하여 지나치게 많은 수리비·복구비나 관리비용이 드는 경우 또는 부근 토지의 이용 상황의 변화나 그 밖의 사정으로 건물을 재건축하면 재건축에 드는 비용에 비하여 현저하게 효용이 증가하게 되는 경우에 관리단집회는 그 건물을 철거하여 그 대지를 구분소유권의 목적이 될 새 건물의 대지로 이용할 것을 결의할 수 있다. 다만, 재건축의 내용이 단지 내 다른 건물의 구분소유자에게 특별한 영향을 미칠 때에는 그 구분소유자의 승낙을 받아야 한다.
② 제1항의 결의는 구분소유자의 5분의 4 이상 및 의결권의 5분의 4 이상의 결의에 따른다. 다만, 「관광진흥법」 제3조제1항제2호나목에 따른 휴양 콘도미니엄업의 운영을 위한 휴양 콘도미니엄의 재건축 결의는 구분소유자의 3분의 2 이상 및 의결권의 3분의 2 이상의 결의에 따른다. <개정 2023. 3. 28.>
③ 재건축을 결의할 때에는 다음 각 호의 사항을 정하여야 한다.
　1. 새 건물의 설계 개요
　2. 건물의 철거 및 새 건물의 건축에 드는 비용을 개략적으로 산정한 금액
　3. 제2호에 규정된 비용의 분담에 관한 사항

> 4. 새 건물의 구분소유권 귀속에 관한 사항
> ④ 제3항제3호 및 제4호의 사항은 각 구분소유자 사이에 형평이 유지되도록 정하여야 한다.
> ⑤ 제1항의 결의를 위한 관리단집회의 의사록에는 결의에 대한 각 구분소유자의 찬반 의사를 적어야 한다.
>
> [전문개정 2010. 3. 31.]

[판례 1] 소유권이전등기등 (대법원 2000. 11. 10. 선고 2000다24061 판결)

【판시사항】

[1] 집합건물의소유및관리에관한법률 제48조 소정의 매도청구권은 재건축의 결의가 유효하게 성립하여야 행사할 수 있는지 여부(적극)

[2] 하나의 단지 내에 있는 여러 동의 건물 전부를 일괄하여 재건축하고자 하는 경우, 집합건물의소유및관리에관한법률 소정의 재건축 결의는 각각의 건물마다 있어야 하는지 여부(적극)

[3] 재건축의 결의가 집합건물의소유및관리에관한법률 제47조 제2항 소정의 정족수를 충족하지 못한 이후에 재건축 결의의 정족수를 완화하는 조항이 신설된 경우, 무효인 재건축 결의나 그에 기한 매도청구권의 행사가 소급하여 유효로 될 수 있는지 여부(소극)

【판결요지】

[1] 집합건물의소유및관리에관한법률 제48조 소정의 구분소유자 등의 매도청구권은 재건축의 결의가 유효하게 성립하여야 비로소 발생하는 것이므로 재건축의 결의가 법이 정한 정족수를 충족하지 못하였다는 등의 사유로 무효인 경우에는 매도청구권을 행사할 수 없다.

[2] 집합건물의소유및관리에관한법률 소정의 재건축 결의는 하나의 단지 내에 있는 여러 동의 건물 전부를 일괄하여 재건축하고자 하는 경우에도 개개의 각 건물마다 있어야 한다.

[3] 재건축의 결의가 집합건물의소유및관리에관한법률 제47조 제2항 소정의 정족수를 충족하지 못하였다면 유효한 재건축의 결의가 있다고 할 수 없고, 그 후 1999. 2. 8. 법률 제5908호로 주택건설촉진법 제44조의3 제7항이 신설되어 '주택단지 안의 각 동별 구분소유자 및 의결권의 각 3분의 2 이상의 결의와 주택단지 안의 전체 구분소유자 및 의결권의 5분의 4 이상의 결의'를 요하는 것으로 재건축 결의 정족수가 완화되었다고 하더라도 위 조항의 신설로 무효이던 종전의 재건축 결의나 그 재건축 결의에 기한 매도청구권의 행사가 소급하여 유효하게 되는 것은 아니다.

(2) 조합설립의 동의

◆ 도시 및 주거환경정비법

제2조 (정의) 이 법에서 사용하는 용어의 뜻은 다음과 같다. <개정 2023. 7. 18.>

  2. "정비사업"이란 이 법에서 정한 절차에 따라 도시기능을 회복하기 위하여 정비구역에서 정비기반시설을 정비하거나 주택 등 건축물을 개량 또는 건설하는 다음 각 목의 사업을 말한다.

    가. 주거환경개선사업: 도시저소득 주민이 집단거주하는 지역으로서 정비기반시설이 극히 열악하고 노후·불량건축물이 과도하게 밀집한 지역의 주거환경을 개선하거나 단독주택 및 다세대주택이 밀집한 지역에서 정비기반시설과 공동이용시설 확충을 통하여 주거환경을 보전·정비·개량하기 위한 사업

    나. 재개발사업: 정비기반시설이 열악하고 노후·불량건축물이 밀집한 지역에서 주거환경을 개선하거나 상업지역·공업지역 등에서 도시기능의 회복 및 상권활성화 등을 위하여 도시환경을 개선하기 위한 사업. 이 경우 다음 요건을 모두 갖추어 시행하는 재개발사업을 "공공재개발사업"이라 한다.

      1) 특별자치시장, 특별자치도지사, 시장, 군수, 자치구의 구청장(이하 "시장·군수등"이라 한다) 또는 제10호에 따른 토지주택공사등(조합과 공동으로 시행하는 경우를 포함한다)이 제24조에 따른 주거환경개선사업의 시행자, 제25조제1항 또는 제26조제1항에 따른 재개발사업의 시행자나 제28조에 따른 재개발사업의 대행자(이하 "공공재개발사업 시행자"라 한다)일 것

      2) 건설·공급되는 주택의 전체 세대수 또는 전체 연면적 중 토지등소유자 대상 분양분(제80조에 따른 지분형주택은 제외한다)을 제외한 나머지 주택의 세대수 또는 연면적의 100분의 20 이상 100분의 50 이하의 범위에서 대통령령으로 정하는 기준에 따라 특별시·광역시·특별자치시·도·특별자치도 또는 「지방자치법」 제198조에 따른 서울특별시·광역시 및 특별자치시를 제외한 인구 50만 이상 대도시(이하 "대도시"라 한다)의 조례(이하 "시·도조례"라 한다)로 정하는 비율 이상을 제80조에 따른 지분형주택, 「공공주택 특별법」에 따른 공공임대주택(이하 "공공임대주택"이라 한다) 또는 「민간임대주택에 관한 특별법」 제2조제4호에 따른 공공지원민간임대주택(이하 "공공지원민간임대주택"이라 한다)으로 건설·공급할

것. 이 경우 주택 수 산정방법 및 주택 유형별 건설비율은 대통령령으로 정한다.
다. 재건축사업: 정비기반시설은 양호하나 노후·불량건축물에 해당하는 공동주택이 밀집한 지역에서 주거환경을 개선하기 위한 사업. 이 경우 다음 요건을 모두 갖추어 시행하는 재건축사업을 "공공재건축사업"이라 한다.
1) 시장·군수등 또는 토지주택공사등(조합과 공동으로 시행하는 경우를 포함한다)이 제25조제2항 또는 제26조제1항에 따른 재건축사업의 시행자나 제28조제1항에 따른 재건축사업의 대행자(이하 "공공재건축사업 시행자"라 한다)일 것
2) 종전의 용적률, 토지면적, 기반시설 현황 등을 고려하여 대통령령으로 정하는 세대수 이상을 건설·공급할 것. 다만, 제8조제1항에 따른 정비구역의 지정권자가 「국토의 계획 및 이용에 관한 법률」 제18조에 따른 도시·군기본계획, 토지이용 현황 등 대통령령으로 정하는 불가피한 사유로 해당하는 세대수를 충족할 수 없다고 인정하는 경우에는 그러하지 아니하다.

◆ 도시 및 주거환경정비법
제8조 (정비구역의 지정) ② 제1항에도 불구하고 제26조제1항제1호 및 제27조제1항제1호에 따라 정비사업을 시행하려는 경우에는 기본계획을 수립하거나 변경하지 아니하고 정비구역을 지정할 수 있다.

◆ 도시 및 주거환경정비법
제13조 (재건축진단 결과의 적정성 검토) ① 시장·군수등(특별자치시장 및 특별자치도지사는 제외한다. 이하 이 조에서 같다)은 제12조제5항에 따라 재건축진단 결과보고서를 제출받은 경우에는 지체 없이 특별시장·광역시장·도지사에게 결정내용과 해당 재건축진단 결과보고서를 제출하여야 한다. <개정 2024. 12. 3.>

◆ 도시 및 주거환경정비법
제16조 (정비계획의 결정 및 정비구역의 지정·고시) ② 정비구역의 지정권자는 정비구역을 지정(변경지정을 포함한다. 이하 같다)하거나 정비계획을 결정(변경결정을 포함한다. 이하 같다)한 때에는 정비계획을 포함한 정비구역 지정의 내용을 해당 지방자치단체의 공보에 고시하여야 한다. 이 경우 지형

도면 고시 등에 대하여는 「토지이용규제 기본법」 제8조에 따른다. <개정 2018. 6. 12., 2020. 6. 9.>

[판례 2] 총회결의무효확인 (대법원 2005. 4. 21. 선고 2003다4969 전원합의체 판결)

【판시사항】

[1] 집합건물의소유및관리에관한법률 제49조에 의하여 의제된 합의 내용인 재건축 결의의 내용의 변경을 위한 의결정족수
[2] 재건축 결의의 내용을 변경하는 결의가 집합건물의소유및관리에관한법률 제41조 제1항에 의한 서면결의로 가능한지 여부(적극)
[3] 서면합의에 의한 재건축 결의 내용의 변경이 유효로 되기 위한 요건

【판결요지】

[1] 재건축 결의에 따라 설립된 재건축조합은 민법상의 비법인 사단에 해당하므로 그 구성원의 의사의 합의는 총회의 결의에 의할 수밖에 없다고 할 것이나, 다만 집합건물의소유및관리에관한법률 제49조에 의하여 의제된 합의 내용인 재건축 결의의 내용을 변경함에 있어서는 그것이 구성원인 조합원의 이해관계에 미치는 영향에 비추어 재건축 결의시의 의결정족수를 규정한 같은 법 제47조 제2항을 유추적용하여 조합원 5분의 4 이상의 결의가 필요하다고 할 것이다.
[2] 집합건물의소유및관리에관한법률 제41조 제1항은 "이 법 또는 규약에 의하여 관리단집회에서 결의할 것으로 정한 사항에 관하여 구분소유자 및 의결권의 각 5분의 4 이상의 서면에 의한 합의가 있는 때에는 관리단집회의 결의가 있는 것으로 본다."고 규정하고 있고, 재건축의 결의는 같은 법 제47조 제1항에 의하여 관리단집회에서 결의할 수 있는 사항이므로, 이러한 재건축의 결의는 같은 법 제41조 제1항에 의한 서면결의가 가능하다고 할 것이고, 나아가 재건축조합은 대체로 그 조합원의 수가 많고, 재건축에 대한 관심과 참여 정도가 조합원에 따라 현격한 차이가 있으며, 재건축의 과정이 장기간에 걸쳐 복잡하게 진행될 뿐만 아니라 재건축 대상인 건물이 일단 철거된 후에는 조합원의 주거지가 여러 곳으로 분산되는 등의 사정이 있음에 비추어, 재건축 결의의 내용을 변경하는 것도 같은 법 제41조 제1항을 유추적용하여 서면합의에 의할 수 있다고 할 것이다.
[3] [다수의견] 재건축 결의 내용의 변경에 집합건물의소유및관리에관한법률 제41조 제1항을 유추적용할 필요성에 관한 제반 사정들과 같은 법이 서면합의에 의한 관리단집회의 결의를 인정하면서 서면합의의 요건이나 그 절차 및 방법 등에 관하여 아무런 제한을 하고 있지 않은 점에 비추어 볼 때, 의결정족수에 영향을 미칠 우려가 있을 정도의 조합원들의 참여기회가 원천적으로 배제된 채 서면합의가 이루어지거나 조합원 5분의 4 이상의 자의에 의한 합의가 성립되었다고 인정할 수 없을 정도의 중대한 하자가 있는 등 특별한 사정이 없는 한 서면합의에 의한 재건축 결의 내용의 변경은 유효하다.
[반대의견] 서면결의는 총회를 소집, 개최함이 없이 서면에 의한 합의를 함으로써 총회의 의

결이 있는 것으로 보는 것으로서 조합원의 의사표시는 의안에 대한 찬성과 반대 내지 기권 등 어느 쪽에 대한 택일적 선택의 형식을 택할 수밖에 없고 원안을 수정하여 결의한다는 것이 사실상 불가능하여 여러 조합원의 의사를 모아 토론하는 것을 박탈하는 변칙적인 의사결정방법이 되므로 그 요건은 엄격하여야 할 것인바, 구체적으로 조합원 총회에서 일정 사항에 관하여 서면으로 결의할 것을 의결하였거나, 조합원 총회에서 충분한 토의나 설명이 이루어진 다음 그 의안에 관하여 서면에 의한 결의가 이루어지는 경우 또는 재건축의 진행과정에서 조합원들이 그 내용을 충분히 숙지하고 있는 사항에 대하여 총회소집을 포기하고 간이·신속하게 의사결정을 해야 할 긴박한 필요가 있는 등의 특별한 사정이 있어야 하고, 절차적으로도 적법하게 소집된 조합원 총회에서의 결의와 동일시할 정도가 되도록 조합원 전원에게 서면결의서가 보내져야 하고, 서면결의서에 각 의안에 대하여 찬성·반대·기권을 선택하여 기재할 수 있어야 하며, 의결권을 행사하는 조합원의 의사에 의한 것임을 인정할 수 있도록 조합원의 서명 또는 기명, 날인이 있어야 한다.

[판례 3] 소유권이전등기 (대법원 2005. 6. 24. 선고 2003다55455 판결)

【판시사항】

[1] 구 주택건설촉진법 제44조의3 제7항에 정한 '하나의 주택단지'인지 여부를 판단하는 기준은 당해 주택의 건설사업 또는 당해 주택이 건립된 부지의 대지조성사업을 할 당시 하나의 사업계획으로 승인받아 주택이 건설되거나 대지가 조성되었는지의 여부에 있다고 한 원심의 판단을 수긍한 사례

[2] 집합건물의소유및관리에관한법률 제47조 제1항 단서에 정한 '단지 내의 다른 건물의 구분소유자'의 의미

[3] 최초의 관리단집회에서 재건축에 필요한 정족수를 충족하지 못하였으나 그 후 재건축의 추진과정에서 구분소유자들이 재건축에 동의하는 취지의 서면을 별도로 제출함으로써 재건축결의 정족수를 갖추게 된 경우, 이러한 서면결의가 재건축결의로서 유효한지 여부(적극)

[4] 재건축결의에 있어서 그 결의대상의 동일성 여부의 판단 기준

[5] 집합건물의소유및관리에관한법률 제47조 제3항 제3호에 규정된 '건물의 철거 및 신건물의 건축에 소요되는 비용의 분담에 관한 사항'을 정하는 방법

[6] 하나의 단지 내에 있는 여러 동의 집합건물을 재건축함에 있어서 일부 동에 재건축결의의 요건을 갖추지 못하였지만 나머지 동에 재건축결의의 요건을 갖춘 경우, 그 나머지 동의 구분소유자 중 재건축결의에 동의하지 아니한 구분소유자에 대하여 매도청구권을 행사할 수 있는지 여부(적극)

[7] 집합건물의소유및관리에관한법률 제48조 제1항의 '최고'를 함에 있어 그 최고서에 재건축결의사항을 구체적으로 적시하지 않았지만 재건축의 추진과정에서 최고대상자들에게 널리 알려지고 그에 따라 재건축 참가의 기회가 충분히 부여되었다면, 그 참가 최고가 적법한 것으로 되는지 여부(적극)

【판결요지】

[1] 구 주택건설촉진법(2000. 1. 28. 법률 제6250호로 개정되기 전의 것) 제44조의3 제7항에 정한 '하나의 주택단지'인지 여부를 판단하는 기준은 당해 주택의 건설사업 또는 당해 주택이 건립된 부지의 대지조성사업을 할 당시 하나의 사업계획으로 승인받아 주택이 건설되거나 대지가 조성되었는지의 여부에 있다고 한 원심의 판단을 수긍한 사례.

[2] 집합건물의소유및관리에관한법률 제47조 제1항 단서는 "재건축의 내용이 단지 내의 다른 건물의 구분소유자에게 특별한 영향을 미칠 때에는 그 구분소유자의 승낙을 얻어야 한다."고 규정하고 있는바, 여기에서 '단지 내의 다른 건물의 구분소유자'란 같은 주택단지 안에서 재건축에 참여하지 아니한 다른 건물의 구분소유자를 의미하는 것으로서 다른 주택단지에 속한 건물의 구분소유자를 의미하는 것은 아니다.

[3] 당초 무효인 재건축결의가 그 후의 의결정족수를 완화하는 법령의 개정이나 일부 구분소유자의 재건축에 대한 추가동의로 유효하게 될 수는 없으나, 재건축에 동의할 것인가는 구분소유자들로서는 쉽게 결정할 수 없는 사안이라는 점과 반드시 서면에 의한 동의가 강제되는 것은 아니더라도 실무상 비법인사단으로서의 재건축조합설립을 통한 재건축의 경우 서면에 의하여 재건축동의의 의사표시가 이루어지고 있다는 점에 비추어, 유효한 재건축결의가 있었는지의 여부는 반드시 최초의 관리단집회에서의 결의에만 한정하여 볼 것은 아니고 비록 최초의 관리단집회에서의 재건축동의자가 재건축에 필요한 정족수를 충족하지 못하였다고 하더라도 그 후 이를 기초로 하여 재건축 추진과정에서 구분소유자들이 재건축에 동의하는 취지의 서면을 별도로 제출함으로써 재건축결의 정족수를 갖추게 된다면 그로써 관리단집회에서의 결의와는 별도의 재건축결의가 유효하게 성립한다고 보아야 할 경우가 있고, 그와 같은 서면결의를 함에 있어서는 따로 관리단집회를 소집·개최할 필요가 없다.

[4] 재건축에의 동의 여부를 판단하는 기본이 되는 사항인 재건축사업의 개요는 처음부터 확정짓기가 곤란하여 재건축추진위원회의 활동, 의견수렴, 재건축조합의 설립준비, 사업관계자와의 절충과 협의 등의 과정에서 단계적, 발전적으로 형성되어 사업계획의 승인단계에 이르러 건축설계나 사업계획 등이 완성되면서 비로소 구체적인 모습을 드러내는 것이 통례로서, 특히 재건축에 있어서 비용 등의 변경은 어느 정도는 피할 수 없는 것이므로, 이 경우에는 변경된 내용이 사회통념상 동일성이 인정되는가의 여부로 결의의 대상이 동일한가를 따져야 한다.

[5] 집합건물의소유및관리에관한법률 제47조 제3항에 의하면 재건축의 결의를 할 때에는 건물의 철거 및 신건물의 건축에 소요되는 비용의 분담에 관한 사항 등을 정하여야 한다고 규정하고 있는바, 위 재건축비용의 분담에 관한 사항은 구분소유자들로 하여금 상당한 비용을 부담하면서 재건축에 참가할 것인지, 아니면 시가에 의하여 구분소유권 등을 매도하고 재건축에 참가하지 않을 것인지를 선택하는 기준이 되는 것이므로 재건축결의에서 이를 누락하여서는 아니 되는 것이기는 하나, 이를 정하는 방법은 재건축의 실행단계에서 다시 비용 분담에 관한 합의를 하지 않아도 될 정도로 그 분담액 또는 산출기준을 정하면 족하다.

[6] 하나의 단지 내에 있는 여러 동의 집합건물을 재건축하는 경우에 일부 동에 재건축결의의

요건을 갖추지 못하였지만 나머지 동에 재건축결의의 요건을 갖춘 경우 그 나머지 동에 대하여는 적법한 재건축결의가 있었으므로 그 나머지 동의 구분소유자 중 재건축결의에 동의하지 아니한 구분소유자에 대하여 매도청구권을 행사할 수 있다.

[7] 집합건물의소유및관리에관한법률상 재건축결의에 찬성하지 아니하는 구분소유자에 대하여 매도청구권을 행사하기 위한 전제로서의 최고는 반드시 서면으로 하여야 하는바(집합건물의소유및관리에관한법률 제48조 제1항), 이는 최고를 받은 구분소유자가 재건축결의의 구체적 사항을 검토하여 재건축에 참가할지 여부를 판단하여야 하므로 최고서에는 재건축결의사항이 구체적으로 적시되어 있어야 하나, 다만 그러한 사항들이 재건축사업의 추진과정에서 총회의 결의나 재건축에의 참여 권유 또는 종용 등을 통하여 최고의 대상자들에게 널리 알려지고, 소송의 변론과정에서도 주장이나 입증 등을 통하여 그 내용이 알려짐에 따라 재건축 참가의 기회가 충분히 부여되었다면 그 참가 최고는 적법하다고 할 것이다.

◆ 도시 및 주거환경정비법 시행령

제5조 (기본계획의 내용) 법 제5조제1항제13호에서 "대통령령으로 정하는 사항"이란 다음 각 호의 사항을 말한다.
1. 도시관리·주택·교통정책 등 「국토의 계획 및 이용에 관한 법률」 제2조제2호의 도시·군계획과 연계된 도시·주거환경정비의 기본방향
2. 도시·주거환경정비의 목표
3. 도심기능의 활성화 및 도심공동화 방지 방안
4. 역사적 유물 및 전통건축물의 보존계획
5. 정비사업의 유형별 공공 및 민간부문의 역할
6. 정비사업의 시행을 위하여 필요한 재원조달에 관한 사항

나. 복구

◆ 집합건물의 소유 및 관리에 관한 법률

제50조 (건물이 일부 멸실된 경우의 복구) ① 건물가격의 2분의 1 이하에 상당하는 건물 부분이 멸실되었을 때에는 각 구분소유자는 멸실한 공용부분과 자기의 전유부분을 복구할 수 있다. 다만, 공용부분의 복구에 착수하기 전에 제47조제1항의 결의나 공용부분의 복구에 대한 결의가 있는 경우에는 그러하지 아니하다.
② 제1항에 따라 공용부분을 복구한 자는 다른 구분소유자에게 제12조의 지분비율에 따라 복구에 든 비용의 상환을 청구할 수 있다.
③ 제1항 및 제2항의 규정은 규약으로 달리 정할 수 있다.
④ 건물이 일부 멸실된 경우로서 제1항 본문의 경우를 제외한 경우에 관리

단집회는 구분소유자의 5분의 4 이상 및 의결권의 5분의 4 이상으로 멸실한 공용부분을 복구할 것을 결의할 수 있다.
⑤ 제4항의 결의가 있는 경우에는 제47조제5항을 준용한다.
⑥ 제4항의 결의가 있을 때에는 그 결의에 찬성한 구분소유자(그의 승계인을 포함한다) 외의 구분소유자는 결의에 찬성한 구분소유자(그의 승계인을 포함한다)에게 건물 및 그 대지에 관한 권리를 시가로 매수할 것을 청구할 수 있다.
⑦ 제4항의 경우에 건물 일부가 멸실한 날부터 6개월 이내에 같은 항 또는 제47조제1항의 결의가 없을 때에는 각 구분소유자는 다른 구분소유자에게 건물 및 그 대지에 관한 권리를 시가로 매수할 것을 청구할 수 있다.
⑧ 법원은 제2항, 제6항 및 제7항의 경우에 상환 또는 매수청구를 받은 구분소유자의 청구에 의하여 상환금 또는 대금의 지급에 관하여 적당한 기간을 허락할 수 있다. [전문개정 2010. 3. 31.]

2. 의무위반자에 대한 조치

가. 공동의 이익에 반하는 행위의 정지청구 등

◆ 집합건물의 소유 및 관리에 관한 법률
제5조 (구분소유자의 권리·의무 등) ① 구분소유자는 건물의 보존에 해로운 행위나 그 밖에 건물의 관리 및 사용에 관하여 구분소유자 공동의 이익에 어긋나는 행위를 하여서는 아니 된다.

◆ 집합건물의 소유 및 관리에 관한 법률
제43조 (공동의 이익에 어긋나는 행위의 정지청구 등) ① 구분소유자가 제5조제1항의 행위를 한 경우 또는 그 행위를 할 우려가 있는 경우에는 관리인 또는 관리단집회의 결의로 지정된 구분소유자는 구분소유자 공동의 이익을 위하여 그 행위를 정지하거나 그 행위의 결과를 제거하거나 그 행위의 예방에 필요한 조치를 할 것을 청구할 수 있다.
② 제1항에 따른 소송의 제기는 관리단집회의 결의가 있어야 한다.
③ 점유자가 제5조제4항에서 준용하는 같은 조 제1항에 규정된 행위를 한 경우 또는 그 행위를 할 우려가 있는 경우에도 제1항과 제2항을 준용한다. [전문개정 2010. 3. 31.]

나. 사용금지의 청구

◆ 집합건물의 소유 및 관리에 관한 법률
제44조 (사용금지의 청구) ① 제43조제1항의 경우에 제5조제1항에 규정된 행위로 구분소유자의 공동생활상의 장해가 현저하여 제43조제1항에 규정된 청구로는 그 장해를 제거하여 공용부분의 이용 확보나 구분소유자의 공동생활 유지를 도모함이 매우 곤란할 때에는 관리인 또는 관리단집회의 결의로 지정된 구분소유자는 소(訴)로써 적당한 기간 동안 해당 구분소유자의 전유부분 사용금지를 청구할 수 있다. <개정 2020. 2. 4.>
② 제1항의 청구는 구분소유자의 4분의 3 이상 및 의결권의 4분의 3 이상의 관리단집회 결의가 있어야 한다. <개정 2020. 2. 4.>
③ 제1항의 결의를 할 때에는 미리 해당 구분소유자에게 변명할 기회를 주어야 한다.
[전문개정 2010. 3. 31.]

다. 구분소유권의 경매

◆ 집합건물의 소유 및 관리에 관한 법률
제45조 (구분소유권의 경매) ① 구분소유자가 제5조제1항 및 제2항을 위반하거나 규약에서 정한 의무를 현저히 위반한 결과 공동생활을 유지하기 매우 곤란하게 된 경우에는 관리인 또는 관리단집회의 결의로 지정된 구분소유자는 해당 구분소유자의 전유부분 및 대지사용권의 경매를 명할 것을 법원에 청구할 수 있다.
② 제1항의 청구는 구분소유자의 4분의 3 이상 및 의결권의 4분의 3 이상의 관리단집회 결의가 있어야 한다.
③ 제2항의 결의를 할 때에는 미리 해당 구분소유자에게 변명할 기회를 주어야 한다.
④ 제1항의 청구에 따라 경매를 명한 재판이 확정되었을 때에는 그 청구를 한 자는 경매를 신청할 수 있다. 다만, 그 재판확정일부터 6개월이 지나면 그러하지 아니하다.
⑤ 제1항의 해당 구분소유자는 제4항 본문의 신청에 의한 경매에서 경락인이 되지 못한다.
[전문개정 2010. 3. 31.]

라. 전유부분의 점유자에 대한 인도청구

◆ 집합건물의 소유 및 관리에 관한 법률
제46조 (전유부분의 점유자에 대한 인도청구) ① 점유자가 제45조제1항에 따른 의무위반을 한 결과 공동생활을 유지하기 매우 곤란하게 된 경우에는 관리인 또는 관리단집회의 결의로 지정된 구분소유자는 그 전유부분을 목적으로 하는 계약의 해제 및 그 전유부분의 인도를 청구할 수 있다.
② 제1항의 경우에는 제44조제2항 및 제3항을 준용한다.
③ 제1항에 따라 전유부분을 인도받은 자는 지체 없이 그 전유부분을 점유할 권원(權原)이 있는 자에게 인도하여야 한다.
[전문개정 2010. 3. 31.]

◆ 민법
제213조 (소유물반환청구권) 소유자는 그 소유에 속한 물건을 점유한 자에 대하여 반환을 청구할 수 있다. 그러나 점유자가 그 물건을 점유할 권리가 있는 때에는 반환을 거부할 수 있다.

◆ 민법
제214조 (소유물방해제거, 방해예방청구권) 소유자는 소유권을 방해하는 자에 대하여 방해의 제거를 청구할 수 있고 소유권을 방해할 염려있는 행위를 하는 자에 대하여 그 예방이나 손해배상의 담보를 청구할 수 있다.

[판례 4] 원상복구비용 (대법원 2003. 3. 28. 선고 2003다5917 판결)

【판시사항】
[1] 소유권에 기한 방해배제청구권에 있어서 '방해'의 의미 및 그 내용
[2] 쓰레기 매립으로 조성한 토지에 소유자가 매립에 동의하지 않은 쓰레기가 매립되어 있다 하더라도 그 쓰레기가 현재 소유권에 대하여 별도의 침해를 지속하고 있다고 볼 수 없다는 이유로 소유권에 기한 방해배제청구권을 행사할 수 없다고 한 사례

【판결요지】
[1] 소유권에 기한 방해배제청구권에 있어서 '방해'라 함은 현재에도 지속되고 있는 침해를 의

미하고, 법익 침해가 과거에 일어나서 이미 종결된 경우에 해당하는 '손해'의 개념과는 다르다 할 것이어서, 소유권에 기한 방해배제청구권은 방해결과의 제거를 내용으로 하는 것이 되어서는 아니 되며(이는 손해배상의 영역에 해당한다 할 것이다) 현재 계속되고 있는 방해의 원인을 제거하는 것을 내용으로 한다.

[2] 쓰레기 매립으로 조성한 토지에 소유권자가 매립에 동의하지 않은 쓰레기가 매립되어 있다 하더라도 이는 과거의 위법한 매립공사로 인하여 생긴 결과로서 소유권자가 입은 손해에 해당한다 할 것일 뿐, 그 쓰레기가 현재 소유권에 대하여 별도의 침해를 지속하고 있다고 볼 수 없다는 이유로 소유권에 기한 방해배제청구권을 행사할 수 없다고 한 사례.

[판례 5] 소유권이전등기말소등 (대법원 1966. 7. 19. 선고 66다800 판결)

【판시사항】

공유에관한 법리를 오해한, 위법이있는 실례

【판결요지】

환지전 토지 184평중 100평을 매수한 자는 그 후 위 184평이 117평 8합으로 환지된 경우에는 그 환지된 토지의 공유자의 한사람이 되므로 그 보존행위로서 그 토지에 관한 위법한 등기명의의 말소나 그 인도를 구할 수 있다 할 것이다.

[판례 6] 부당이득금 (대법원 2021. 4. 29. 선고 2018다261889 판결)

【판시사항】

[1] 민법 제203조 제1항 단서에서 말하는 '점유자가 과실을 취득한 경우'의 의미 및 과실수취권이 없는 악의의 점유자에 대하여 위 단서 규정이 적용되는지 여부(소극)

[2] 부동산의 일부 지분 소유자가 다른 지분 소유자의 동의 없이 부동산을 다른 사람에게 임대하여 임대차보증금을 받은 경우, 부당이득 또는 불법행위가 성립하는지 여부(적극) 및 그 반환 또는 손해배상의 범위(=차임 상당액)

【판결요지】

[1] 민법 제201조 제1항은 "선의의 점유자는 점유물의 과실을 취득한다."라고 정하고, 제2항은 "악의의 점유자는 수취한 과실을 반환하여야 하며 소비하였거나 과실로 인하여 훼손 또는 수취하지 못한 경우에는 그 과실의 대가를 보상하여야 한다."라고 정하고 있다. 민법 제203조 제1항은 "점유자가 점유물을 반환할 때에는 회복자에 대하여 점유물을 보존하기 위

하여 지출한 금액 기타 필요비의 상환을 청구할 수 있다. 그러나 점유자가 과실을 취득한 경우에는 통상의 필요비는 청구하지 못한다."라고 정하고 있다. 위 규정을 체계적으로 해석하면 민법 제203조 제1항 단서에서 말하는 '점유자가 과실을 취득한 경우'란 점유자가 선의의 점유자로서 민법 제201조 제1항에 따라 과실수취권을 보유하고 있는 경우를 뜻한다고 보아야 한다. 선의의 점유자는 과실을 수취하므로 물건의 용익과 밀접한 관련을 가지는 비용인 통상의 필요비를 스스로 부담하는 것이 타당하기 때문이다. 따라서 과실수취권이 없는 악의의 점유자에 대해서는 위 단서 규정이 적용되지 않는다.

[2] 부동산의 일부 지분 소유자가 다른 지분 소유자의 동의 없이 부동산을 다른 사람에게 임대하여 임대차보증금을 받았다면, 그로 인한 수익 중 자신의 지분을 초과하는 부분은 법률상 원인 없이 취득한 부당이득이 되어 다른 지분 소유자에게 이를 반환할 의무가 있다. 또한 이러한 무단 임대행위는 다른 지분 소유자의 공유지분의 사용·수익을 침해한 불법행위가 성립되어 그 손해를 배상할 의무가 있다. 다만 그 반환 또는 배상의 범위는 부동산 임대차로 인한 차임 상당액이고 부동산의 임대차보증금 자체에 대한 다른 지분 소유자의 지분비율 상당액을 구할 수는 없다.

[판례 7] 손해배상(기) (대법원 2024. 3. 12. 선고 2023다240879 판결)

【판시사항】

[1] 공유물 보존행위의 의미 및 민법 제265조 단서에서 공유물의 보존행위를 각 공유자가 단독으로 할 수 있도록 한 취지 / 공유자 1인의 보존권 행사 결과가 다른 공유자의 이해와 충돌하는 경우, 보존권 행사를 공유물의 보존행위로 볼 수 있는지 여부(소극)

[2] 구분소유자가 공용부분에 대해 그 지분권에 기하여 권리를 행사하는 것이 다른 구분소유자들의 이익에 어긋날 수 있는 경우, 그 권리 행사는 각 구분소유자가 개별적으로 할 수 있는 보존행위가 아니라 관리단집회의 결의를 거쳐야 하는 관리행위로 보아야 하는지 여부(적극) / 집합건물의 공용부분이 적법한 용도 또는 관리방법에 어긋나게 사용되고 있어 일부 구분소유자가 방해배제청구로 원상회복을 구하더라도 다른 구분소유자들의 이익에 어긋날 수 있는 경우, 이를 관리행위로 보아서 관리단집회의 결의를 거치도록 해야 하는지 여부(적극)

【판결요지】

[1] 공유물의 보존행위는 공유물의 멸실·훼손을 방지하고 그 현상을 유지하기 위하여 하는 사실적·법률적 행위이다. 민법 제265조 단서가 이러한 공유물의 보존행위를 각 공유자가 단독으로 할 수 있도록 한 취지는 그 보존행위가 긴급을 요하는 경우가 많고 다른 공유자에게도 이익이 되는 것이 보통이기 때문이므로, 어느 공유자가 보존권을 행사하는 때에 그 행사의 결과가 다른 공유자의 이해와 충돌될 때에는 그 행사는 보존행위로 될 수 없다고

보아야 한다.

[2] 구 집합건물의 소유 및 관리에 관한 법률(2020. 2. 4. 법률 제16919호로 개정되기 전의 것, 이하 '구 집합건물법'이라 한다) 제16조 제1항은 공용부분의 관리에 관한 사항은 관리단의 통상의 집회결의로써 결정한다고 정하면서 그 단서에 보존행위는 각 공유자가 할 수 있다고 정하고 있다. 앞서 본 민법 제265조 단서의 취지, 구 집합건물법의 입법 취지와 관련 규정을 종합하여 보면, 구분소유자가 공용부분에 대해 그 지분권에 기하여 권리를 행사할 때 이것이 다른 구분소유자들의 이익에 어긋날 수 있다면 이는 각 구분소유자가 구 집합건물법 제16조 제1항 단서에 의하여 개별적으로 할 수 있는 보존행위라고 볼 수 없고 구 집합건물법 제16조 제1항 본문에 따라 관리단집회의 결의를 거쳐야 하는 관리행위라고 보아야 한다. 설령 집합건물의 공용부분이 적법한 용도 또는 관리방법에 어긋나게 사용되고 있어 일부 구분소유자가 방해배제청구로 원상회복을 구하는 경우라도 이러한 행위가 다른 구분소유자들의 이익에 어긋날 수 있다면 이를 관리행위로 보아서 관리단집회의 결의를 거치도록 하는 것이 집합건물 내 공동생활을 둘러싼 다수 구분소유자들 상호 간의 이해관계 조절을 위하여 제정된 구 집합건물법의 입법 취지에 부합하고 분쟁의 일회적인 해결을 위하여 바람직하다.

제4장 공동주택과 관련한 쟁송

제1절 공동주택의 개요

1. 공동주택관리 분쟁 조정

가. 공동주택관리 분쟁조정제도

(1) 분쟁조정

공동주택관리 분쟁(공동주택의 하자담보책임 및 하자보수 등과 관련한 분쟁은 제외)을 조정하기 위해 국토교통부에 중앙 공동주택관리 분쟁조정위원회(이하 "중앙분쟁조정위원회"라 함)를, 시·군·구(자치구를 말함)에 지방 공동주택관리 분쟁조정위원회(이하 "지방분쟁조정위원회"라 함)를 설치하여 운영하고 있습니다(「공동주택관리법」 제71조제1항 본문).

> ◆ 공동주택관리법
> 제71조 (공동주택관리 분쟁조정위원회의 설치) ① 공동주택관리 분쟁(제36조 및 제37조에 따른 공동주택의 하자담보책임 및 하자보수 등과 관련한 분쟁은 제외한다. 이하 이 장에서 같다)을 조정하기 위하여 국토교통부에 중앙 공동주택관리 분쟁조정위원회(이하 "중앙분쟁조정위원회"라 한다)를 두고, 시·군·구(자치구를 말하며, 이하 같다)에 지방 공동주택관리 분쟁조정위원회(이하 "지방분쟁조정위원회"라 한다)를 둔다. 다만, 공동주택 비율이 낮은 시·군·구로서 국토교통부장관이 인정하는 시·군·구의 경우에는 지방분쟁조정위원회를 두지 아니할 수 있다. <개정 2020. 6. 9.>

(2) 분쟁조정 대상

공동주택관리 분쟁조정위원회는 다음의 사항을 심의·조정합니다(「공동주택관리법」 제71조제2항).
① 입주자대표회의의 구성·운영 및 동별 대표자의 자격·선임·해임·임기에 관한 사항
② 공동주택관리기구의 구성·운영 등에 관한 사항

③ 관리비·사용료 및 장기수선충당금 등의 징수·사용 등에 관한 사항
④ 공동주택(공용부분만 해당)의 유지·보수·개량 등에 관한 사항
⑤ 공동주택의 리모델링에 관한 사항
⑥ 공동주택의 층간소음에 관한 사항
⑦ 혼합주택단지에서의 분쟁에 관한 사항
⑧ 다른 법령에서 공동주택관리 분쟁조정위원회가 분쟁을 심의·조정할 수 있도록 한 사항
⑨ 그 밖에 공동주택의 관리와 관련하여 분쟁의 심의·조정이 필요하다고 「공동주택관리법 시행령」 또는 시·군·구의 조례(지방분쟁조정위원회에 한정)로 정하는 사항

◆ 공동주택관리법
제71조 (공동주택관리 분쟁조정위원회의 설치) ② 공동주택관리 분쟁조정위원회는 다음 각 호의 사항을 심의·조정한다.
   1. 입주자대표회의의 구성·운영 및 동별 대표자의 자격·선임·해임·임기에 관한 사항
   2. 공동주택관리기구의 구성·운영 등에 관한 사항
   3. 관리비·사용료 및 장기수선충당금 등의 징수·사용 등에 관한 사항
   4. 공동주택(공용부분만 해당한다)의 유지·보수·개량 등에 관한 사항
   5. 공동주택의 리모델링에 관한 사항
   6. 공동주택의 층간소음에 관한 사항
   7. 혼합주택단지에서의 분쟁에 관한 사항
   8. 다른 법령에서 공동주택관리 분쟁조정위원회가 분쟁을 심의·조정할 수 있도록 한 사항
   9. 그 밖에 공동주택의 관리와 관련하여 분쟁의 심의·조정이 필요하다고 대통령령 또는 시·군·구의 조례(지방분쟁조정위원회에 한정한다)로 정하는 사항

---

(3) 분쟁조정의 신청

(가) 조정 신청

위의 분쟁조정 대상 중에서 다음에 해당하는 분쟁이 발생한 때에는 중앙 공동주택관리 분쟁조정위원회(이하 "중앙분쟁조정위원회"라 함)에 조정을 신청할 수

있습니다(「공동주택관리법」 제72조제1항, 제74조제1항 및 「공동주택관리법 시행령」 제82조의2).
① 둘 이상의 시·군·구의 관할 구역에 걸친 분쟁
② 시·군·구에 지방분쟁조정위원회가 설치되지 않은 경우 해당 시·군·구 관할 분쟁
③ 분쟁당사자가 쌍방이 합의하여 중앙분쟁조정위원회에 조정을 신청하는 분쟁
④ 500세대 이상의 공동주택단지에서 발생한 분쟁
⑤ 지방분쟁조정위원회가 스스로 조정하기 곤란하다고 결정하여 중앙분쟁조정위원회에 이송한 분쟁
⑥ 지방분쟁조정위원회는 해당 시·군·구의 관할 구역에서 발생한 분쟁 중 중앙분쟁조정위원회의 심의·조정 대상인 분쟁 외의 분쟁을 심의·조정합니다(「공동주택관리법」 제72조제2항).

◆ 공동주택관리법
제72조 (중앙·지방분쟁조정위원회의 업무 관할) ① 중앙분쟁조정위원회는 제71조제2항 각 호의 사항 중 다음 각 호의 사항을 심의·조정한다.
　1. 둘 이상의 시·군·구의 관할 구역에 걸친 분쟁
　2. 시·군·구에 지방분쟁조정위원회가 설치되지 아니한 경우 해당 시·군·구 관할 분쟁
　3. 분쟁당사자가 쌍방이 합의하여 중앙분쟁조정위원회에 조정을 신청하는 분쟁
　4. 그 밖에 중앙분쟁조정위원회에서 관할하는 것이 필요하다고 대통령령으로 정하는 분쟁

◆ 공동주택관리법 시행령
제82조의2 (중앙분쟁조정위원회의 업무 관할) 법 제72조제1항제4호에서 "그 밖에 중앙분쟁조정위원회에서 관할하는 것이 필요하다고 대통령령으로 정하는 분쟁"이란 다음 각 호의 분쟁을 말한다.
　1. 500세대 이상의 공동주택단지에서 발생한 분쟁
　2. 지방분쟁조정위원회가 스스로 조정하기 곤란하다고 결정하여 중앙분쟁조정위원회에 이송한 분쟁
[본조신설 2017. 9. 29.]

(나) 신청서류

① 조정을 신청하려는 자는 다음의 서류를 중앙분쟁조정위원회에 제출해야 합니다(「공동주택관리법」 제74조제1항 및 「공동주택관리법 시행규칙」 제34조제1항).
② 공동주택관리 분쟁조정 신청서(「공동주택관리법 시행규칙」 별지 제39호서식)
③ 당사자간 교섭경위서(공동주택관리 분쟁이 발생한 때부터 조정을 신청할 때까지 해당 분쟁사건의 당사자 간 일정별 교섭내용과 그 입증자료를 말함) 1부
④ 신청인의 신분증 사본(대리인이 신청하는 경우에는 신청인의 위임장 및 인감증명서 또는 본인서명사실확인서와 대리인의 신분증 사본을 말함) 각 1부
⑤ 입주자대표회의가 신청하는 경우에는 그 구성 신고를 증명하는 서류 1부
⑥ 관리사무소장이 신청하는 경우에는 관리사무소장 배치 및 직인 신고증명서 사본 1부
⑦ 그 밖에 조정에 참고가 될 수 있는 객관적인 자료

◆ **공동주택관리법 시행규칙**
제34조 (조정의 신청 등) ① 법 제74조제1항에 따라 조정을 신청하려는 자는 별지 제39호서식의 신청서에 다음 각 호의 서류를 첨부하여 법 제71조에 따른 중앙 공동주택관리 분쟁조정위원회(이하 "중앙분쟁조정위원회"라 한다)에 제출해야 한다. 이 경우 법 제22조에 따른 전자적 방법으로 필요한 서류를 제출할 수 있다. <개정 2021. 10. 22.>
　　1. 당사자간 교섭경위서(공동주택관리 분쟁이 발생한 때부터 조정을 신청할 때까지 해당 분쟁사건의 당사자 간 일정별 교섭내용과 그 입증자료를 말한다) 1부
　　2. 신청인의 신분증 사본(대리인이 신청하는 경우에는 신청인의 위임장 및 인감증명서 또는 「본인서명사실 확인 등에 관한 법률」 제2조제3호에 따른 본인서명사실확인서와 대리인의 신분증 사본을 말한다) 각 1부
　　3. 입주자대표회의가 신청하는 경우에는 그 구성 신고를 증명하는 서류 1부
　　4. 관리사무소장이 신청하는 경우에는 관리사무소장 배치 및 직인 신고증명서 사본 1부
　　5. 그 밖에 조정에 참고가 될 수 있는 객관적인 자료

(다) 조정신청 수수료

조정을 신청할 때에는 수입인지(「수입인지에 관한 법률」 제5조) 또는 전자적 납부(「전자정부법」 제14조) 방법에 따라 1사건당 1만원의 수수료를 납부해야 합니다[「공동주택관리법」 제74조제8항, 「공동주택관리법 시행규칙」 제35조제1항 및 「중앙 공동주택관리 분쟁 조정신청 수수료 고시」 (국토교통부 고시 제2016-552호, 2016. 8. 17. 발령·시행)].

> Q. 층간소음 관련으로 아래층과 분쟁이 생겨서 중앙분쟁조정위원회에 조정신청을 하려고 합니다. 바로 신청하면 되는건가요?
> A. 가능합니다. 다만, 공동주택관리법에 따라 관리주체인 관리사무소에 소음발생 사실을 알리고 도움을 요청하실 수 있으며, 관리사무소가 없거나 관리사무소를 통해서도 해결이 되지 않는 경우 중앙분쟁조정위원회에 신청하시기를 권장합니다.

또한, 분쟁조정 신청을 할 때 "당사자간 교섭경위서"를 제출해야 하기 때문에, 분쟁조정을 신청하기 전에 당사자 간 충분한 협의와 교섭을 통해 해당 문제를 해결하려는 노력을 하셔야 합니다.

그런 후에도 해당 문제가 해결되지 않을 때, 공동주택관리 분쟁이 발생한 때부터 조정을 신청할 때까지 해당 분쟁사건의 당사자 간 일정별 교섭내용과 그 입증자료를 첨부하여 분쟁조정을 신청하실 수 있습니다.

제2절 분쟁조정 절차

1. 분쟁조정 사건의 통지

① 중앙분쟁조정위원회는 조정의 신청을 받은 때에는 다음의 서류를 상대방에게 보내야 합니다(「공동주택관리법 시행규칙」 제34조제2항).
② 공동주택관리 분쟁조정 사건 통지서(「공동주택관리법 시행규칙」 별지 제40호서식)
③ 신청인이 제출한 공동주택관리 분쟁조정 신청서 사본
④ 공동주택관리 분쟁조정 사건 답변서 제출 서식
⑤ 위에 따른 통지를 받은 상대방은 답변서(「공동주택관리법 시행규칙」 별지 제41호서식)를 작성하여 중앙분쟁조정위원회에 제출해야 합니다(「공동주택관

리법 시행규칙」 제34조제3항).

> ◆ 공동주택관리법 시행규칙
> 제34조 (조정의 신청 등) ② 중앙분쟁조정위원회는 제1항에 따른 조정의 신청을 받은 때에는 즉시 별지 제40호서식의 통지서에 다음 각 호의 서류를 첨부하여 상대방에게 보내야 한다. <개정 2019. 10. 24.>
>   1. 신청인이 제출한 공동주택관리 분쟁조정 신청서 사본
>   2. 공동주택관리 분쟁조정 사건 답변서 제출 서식
> ③ 제2항에 따른 통지를 받은 상대방은 별지 제41호서식에 따른 답변서를 작성하여 중앙분쟁조정위원회에 제출하여야 한다.

2. 조정절차 개시

중앙분쟁조정위원회는 조정의 신청을 받은 때에는 지체 없이 조정의 절차를 개시해야 하고, 필요하다고 인정하면 당사자나 이해관계인을 중앙분쟁조정위원회에 출석하게 하여 의견을 들을 수 있습니다(「공동주택관리법」 제74조제2항).

> ◆ 공동주택관리법
> 제74조 (분쟁조정의 신청 및 조정 등) ② 중앙분쟁조정위원회는 제1항에 따라 조정의 신청을 받은 때에는 지체 없이 조정의 절차를 개시하여야 한다. 이 경우 중앙분쟁조정위원회는 필요하다고 인정하면 당사자나 이해관계인을 중앙분쟁조정위원회에 출석하게 하여 의견을 들을 수 있다.

3. 조정안 작성

중앙분쟁조정위원회는 조정절차를 개시한 날부터 30일 이내에 그 절차를 완료한 후 조정안을 작성하여 지체 없이 이를 각 당사자에게 제시해야 합니다(「공동주택관리법」 제74조제3항 본문).

다만, 부득이한 사정으로 30일 이내에 조정절차를 완료할 수 없는 경우 중앙분쟁조정위원회는 그 기간을 연장할 수 있으며, 이 경우 그 사유와 기한을 명시하여 당사자에게 서면으로 통지해야 합니다(「공동주택관리법」 제74조제3항 단서).

조정안에는 다음의 사항을 기재해야 합니다(「공동주택관리법 시행령」 제84조제1항).

제4장 공동주택과 관련한 쟁송   199

> ◆ 공동주택관리법
> 제74조 (분쟁조정의 신청 및 조정 등) ③ 중앙분쟁조정위원회는 제2항에 따른 조정절차를 개시한 날부터 30일 이내에 그 절차를 완료한 후 조정안을 작성하여 지체 없이 이를 각 당사자에게 제시하여야 한다. 다만, 부득이한 사정으로 30일 이내에 조정절차를 완료할 수 없는 경우 중앙분쟁조정위원회는 그 기간을 연장할 수 있다. 이 경우 그 사유와 기한을 명시하여 당사자에게 서면으로 통지하여야 한다.

> ◆ 공동주택관리법 시행령
> 제84조 (조정안 및 조정서의 기재사항) ① 법 제74조제3항에 따른 조정안에는 다음 각 호의 사항을 기재하여야 한다.
>   1. 사건번호와 사건명
>   2. 당사자, 선정대표자, 대리인의 주소 및 성명(법인인 경우에는 본점의 소재지 및 명칭을 말한다)
>   3. 신청취지
>   4. 조정일자
>   5. 조정이유
>   6. 조정결과

4. 사건번호와 사건명

당사자, 선정대표자, 대리인의 주소 및 성명(법인인 경우에는 본점의 소재지 및 명칭을 말함)
① 신청취지
② 조정일자
③ 조정이유
④ 조정결과

5. 조정안 수락여부 통보

조정안을 제시받은 당사자는 그 제시를 받은 날부터 30일 이내에 그 수락 여부를 중앙분쟁조정위원회에 서면으로 통보해야 하며, 이 경우 30일 이내에 의사표시가 없는 때에는 수락한 것으로 봅니다(「공동주택관리법」 제74조제4항).

◆ 공동주택관리법
제74조 (분쟁조정의 신청 및 조정 등) ④ 조정안을 제시받은 당사자는 그 제시를 받은 날부터 30일 이내에 그 수락 여부를 중앙분쟁조정위원회에 서면으로 통보하여야 한다. 이 경우 30일 이내에 의사표시가 없는 때에는 수락한 것으로 본다.

6. 조정서 작성

당사자가 조정안을 수락하거나 수락한 것으로 보는 경우 중앙분쟁조정위원회는 조정서를 작성하고, 위원장 및 각 당사자가 서명·날인한 후 조정서 정본을 지체 없이 각 당사자 또는 그 대리인에게 송달해야 합니다(「공동주택관리법」 제74조제5항 본문).

다만, 수락한 것으로 보는 경우에는 각 당사자의 서명·날인을 생략할 수 있습니다(「공동주택관리법」 제74조제5항 단서).

조정서에는 다음의 사항을 기재해야 합니다(「공동주택관리법 시행령」 제84조제2항).

◆ 공동주택관리법
제74조 (분쟁조정의 신청 및 조정 등) ⑤ 당사자가 조정안을 수락하거나 수락한 것으로 보는 경우 중앙분쟁조정위원회는 조정서를 작성하고, 위원장 및 각 당사자가 서명·날인한 후 조정서 정본을 지체 없이 각 당사자 또는 그 대리인에게 송달하여야 한다. 다만, 수락한 것으로 보는 경우에는 각 당사자의 서명·날인을 생략할 수 있다

◆ 공동주택관리법 시행령
제84조 (조정안 및 조정서의 기재사항) ② 법 제74조제5항에 따른 조정서에 기재할 사항은 다음 각 호와 같다.
1. 사건번호와 사건명
2. 당사자, 선정대표자, 대리인의 주소 및 성명(법인인 경우에는 본점의 소재지 및 명칭을 말한다)
3. 교부일자
4. 조정내용
5. 신청의 표시(신청취지 및 신청원인)

7. 사건번호와 사건명

① 당사자, 선정대표자, 대리인의 주소 및 성명(법인인 경우에는 본점의 소재지 및 명칭을 말함)
② 교부일자
③ 조정내용
④ 신청의 표시(신청취지 및 신청원인)

8. 조정서 효력

당사자가 조정안을 수락하거나 수락한 것으로 보는 때에는 그 조정서의 내용은 재판상 화해와 동일한 효력을 갖습니다(「공동주택관리법」 제74조제6항 본문).

다만, 당사자가 임의로 처분할 수 없는 사항에 관한 것은 예외로 합니다(「공동주택관리법」 제74조제6항 단서).

> ◆ 공동주택관리법
> 제74조 (분쟁조정의 신청 및 조정 등) ⑥ 당사자가 제5항에 따라 조정안을 수락하거나 수락한 것으로 보는 때에는 그 조정서의 내용은 재판상 화해와 동일한 효력을 갖는다. 다만, 당사자가 임의로 처분할 수 없는 사항에 관한 것은 그러하지 아니하다.

제3절 층간소음 분쟁

1. 층간소음 범위 및 기준

가. "층간소음"이란

"층간소음"이란 공동주택에서 뛰거나 걷는 동작에서 발생하는 소음이나 음향기기를 사용하는 등의 활동에서 발생하는 소음 등[벽간소음 등 인접한 세대 간의 소음(대각선에 위치한 세대 간의 소음 포함)을 포함]을 말합니다(「공동주택관리법」 제20조제1항 참조).

◆ 공동주택관리법

제20조 (층간소음의 방지 등) ① 공동주택의 입주자등(임대주택의 임차인을 포함한다. 이하 이 조에서 같다)은 공동주택에서 뛰거나 걷는 동작에서 발생하는 소음이나 음향기기를 사용하는 등의 활동에서 발생하는 소음 등 층간소음[벽간소음 등 인접한 세대 간의 소음(대각선에 위치한 세대 간의 소음을 포함한다)을 포함하며, 이하 "층간소음"이라 한다]으로 인하여 다른 입주자등에게 피해를 주지 아니하도록 노력하여야 한다. <개정 2017. 8. 9., 2023. 10. 24.>

나. 층간소음의 범위

공동주택 층간소음의 범위는 입주자 또는 사용자의 활동으로 발생하는 소음으로서 다른 입주자 또는 사용자에게 피해를 주는 다음의 소음으로 합니다(「공동주택관리법」 제20조제5항 및 「공동주택 층간소음의 범위와 기준에 관한 규칙」 제2조 본문).
① 직접충격 소음: 뛰거나 걷는 동작 등으로 인해 발생하는 소음
② 공기전달 소음: 텔레비전, 음향기기 등의 사용으로 인해 발생하는 소음

◆ 공동주택관리법

제20조 (층간소음의 방지 등) ⑤ 공동주택 층간소음의 범위와 기준은 국토교통부와 환경부의 공동부령으로 정한다.

Q. 윗층 화장실에서 물을 사용하는 소리가 너무 크게 들립니다. 이런 소음도 층간소음에 해당하나요?
A. 층간소음에는 입주자 또는 사용자의 활동으로 인해 발생하는 소음으로 직접충격소음, 공기전달소음이 있습니다(「공동주택 층간소음의 범위와 기준에 관한 규칙」 제2조 본문).

다만, 욕실, 화장실 및 다용도실 등에서 급수·배수로 인해 발생하는 소음은 층간소음 범위에서 제외하고 있습니다(「공동주택 층간소음의 범위와 기준에 관한 규칙」 제2조 단서).
따라서 윗층 화장실 사용으로 인해 발생하는 소음은 층간소음으로 하기 어렵습니다.

◆ 공동주택 층간소음의 범위와 기준에 관한 규칙
제2조 (층간소음의 범위) 공동주택 층간소음의 범위는 입주자 또는 사용자의 활동으로 인하여 발생하는 소음으로서 다른 입주자 또는 사용자에게 피해를 주는 다음 각 호의 소음으로 한다. 다만, 욕실, 화장실 및 다용도실 등에서 급수·배수로 인하여 발생하는 소음은 제외한다.
　　1. 직접충격 소음: 뛰거나 걷는 동작 등으로 인하여 발생하는 소음
　　2. 공기전달 소음: 텔레비전, 음향기기 등의 사용으로 인하여 발생하는 소음

다. 층간소음의 기준

공동주택의 입주자 및 사용자는 공동주택에서 발생하는 층간소음을 다음의 기준 이하가 되도록 노력해야 합니다(「공동주택 층간소음의 범위와 기준에 관한 규칙」 제3조 및 별표).

층간소음의 구분		층간소음의 기준(단위 : dB(A)]	
		주간 (06:00 ~ 22:00)	야간 (22:00 ~ 06:00)
직접충격 소음	1분간 등가소음도(Leq)	39	34
	최고소음도(Lmax)	57	52
공기전달 소음	5분간 등가소음도(Leq)	45	40

※ 1분간 및 5분간 등가소음도는 측정한 값 중 가장 높은 값으로 하며, 최고소음도는 1시간에 3회 이상 초과할 경우 그 기준을 초과한 것으로 봅니다(「공동주택 층간소음의 범위와 기준에 관한 규칙」 별표 비고 4. 및 5.).

라. 입주자·사용자의 주의

공동주택의 입주자·사용자는 공동주택에서 층간소음으로 인해 다른 입주자·사용자에게 피해를 주지 않도록 노력해야 합니다(「공동주택관리법」 제20조제1항).

◆ 공동주택관리법
제20조 (층간소음의 방지 등) ① 공동주택의 입주자등(임대주택의 임차인을 포함한다. 이하 이 조에서 같다)은 공동주택에서 뛰거나 걷는 동작에서 발생하는 소음이나 음향기기를 사용하는 등의 활동에서 발생하는 소음 등 층간소

음[벽간소음 등 인접한 세대 간의 소음(대각선에 위치한 세대 간의 소음을 포함한다)을 포함하며, 이하 "층간소음"이라 한다]으로 인하여 다른 입주자 등에게 피해를 주지 아니하도록 노력하여야 한다. <개정 2017. 8. 9., 2023. 10. 24.>

마. 층간소음 발생 시 조치

(1) 관리주체의 조치 등

층간소음으로 피해를 입은 입주자·사용자는 관리주체에게 층간소음 발생 사실을 알리고, 관리주체가 층간소음 피해를 끼친 해당 입주자·사용자에게 층간소음 발생을 중단하거나 소음차단 조치를 권고하도록 요청할 수 있습니다(「공동주택관리법」 제20조제2항 전단).

이 경우 관리주체는 사실관계 확인을 위해 세대 내 확인 등 필요한 조사를 할 수 있습니다(「공동주택관리법」 제20조제2항 후단).

층간소음 피해를 끼친 입주자·사용자는 위에 따른 관리주체의 조치 및 권고에 협조해야 합니다(「공동주택관리법」 제20조제3항).

※ "관리주체"란 공동주택을 관리하는 다음의 자를 말합니다(「공동주택관리법」 제2조제1항제10호).

◆ 공동주택관리법
제20조 (층간소음의 방지 등) ② 제1항에 따른 층간소음으로 피해를 입은 입주자등은 관리주체에게 층간소음 발생 사실을 알리고, 관리주체가 층간소음 피해를 끼친 해당 입주자등에게 층간소음 발생을 중단하거나 소음차단 조치를 권고하도록 요청할 수 있다. 이 경우 관리주체는 사실관계 확인을 위하여 세대 내 확인 등 필요한 조사를 할 수 있다. <개정 2020. 6. 9.>
③ 층간소음 피해를 끼친 입주자등은 제2항에 따른 관리주체의 조치 및 권고에 협조하여야 한다. <개정 2017. 8. 9.>

① 자치관리기구(「공동주택관리법」 제6조제1항)의 대표자인 공동주택의 관리사무소장
② 「공동주택관리법」 제13조제1항에 따라 관리업무를 인계하기 전의 사업주체
③ 주택관리업자
④ 임대사업자
⑤ 「민간임대주택에 관한 특별법」 제2조제11호에 따른 주택임대관리업자(시설

물 유지·보수·개량 및 그 밖의 주택관리 업무를 수행하는 경우에 한정)

(2) 분쟁조정 신청

위에 따른 관리주체의 조치에도 불구하고 층간소음 발생이 계속될 경우에는 층간소음 피해를 입은 입주자·사용자는 공동주택관리 분쟁조정위원회나 환경분쟁조정위원회에 조정을 신청할 수 있습니다(「공동주택관리법」 제20조제4항).

※ 분쟁조정위원회 외에도 한국환경공단에서 운영하는 "층간소음 이웃사이센터"의 상담 또는 현장진단 서비스를 통해 층간소음 갈등 해결의 도움을 받을 수 있습니다.

◆ 공동주택관리법
제20조 (층간소음의 방지 등) ④ 제2항에 따른 관리주체의 조치에도 불구하고 층간소음 발생이 계속될 경우에는 층간소음 피해를 입은 입주자등은 제7항에 따른 공동주택 층간소음관리위원회에 조정을 신청할 수 있다. <개정 2023. 10. 24., 2024. 3. 19.>

(3) 소유권방해제거 또는 손해배상 청구

층간소음 행위가 사회통념상 수인한도를 넘은 경우에는 소유권 방해의 제거를 청구하거나 손해배상을 청구할 수 있습니다(「민법」 제214조 전단 및 제750조 참조).

◆ 민법
제214조 (소유물방해제거, 방해예방청구권) 소유자는 소유권을 방해하는 자에 대하여 방해의 제거를 청구할 수 있고 소유권을 방해할 염려있는 행위를 하는 자에 대하여 그 예방이나 손해배상의 담보를 청구할 수 있다.

◆ 민법
제750조 (불법행위의 내용) 고의 또는 과실로 인한 위법행위로 타인에게 손해를 가한 자는 그 손해를 배상할 책임이 있다.

2. 층간소음 발생 시 제재

가. 경범죄 처벌

악기·라디오·텔레비전·전축·종·확성기·전동기 등의 소리를 지나치게 크게 내거나 큰소리로 떠들거나 노래를 불러 이웃을 시끄럽게 하는 경우에는 인근소란죄로 범칙금 처벌을 받을 수 있습니다(「경범죄 처벌법」 제3조제1항제21호).

> ◆ **경범죄 처벌법**
> 제3조 (경범죄의 종류) ① 다음 각 호의 어느 하나에 해당하는 사람은 10만원 이하의 벌금, 구류 또는 과료(科料)의 형으로 처벌한다. <개정 2014. 11. 19., 2017. 7. 26., 2017. 10. 24.>
> 21. (인근소란 등) 악기·라디오·텔레비전·전축·종·확성기·전동기(電動機) 등의 소리를 지나치게 크게 내거나 큰소리로 떠들거나 노래를 불러 이웃을 시끄럽게 한 사람

나. 스토킹 범죄 처벌

이웃을 괴롭히기 위해 지속적으로 층간소음을 내거나 연락을 하는 행위, 현관문에 쪽지를 남기는 행위 등을 하여 상대방에게 불안감 또는 공포심을 일으키는 경우에는 스토킹범죄로 처벌을 받을 수 있습니다(「스토킹범죄의 처벌 등에 관한 법률」 제2조제1호·제2호 및 제18조 참조).

> ◆ **스토킹범죄의 처벌 등에 관한 법률**
> 제2조 (정의) 이 법에서 사용하는 용어의 뜻은 다음과 같다. <개정 2023. 7. 11.>
> 1. "스토킹행위"란 상대방의 의사에 반(反)하여 정당한 이유 없이 다음 각 목의 어느 하나에 해당하는 행위를 하여 상대방에게 불안감 또는 공포심을 일으키는 것을 말한다.
>   가. 상대방 또는 그의 동거인, 가족(이하 "상대방등"이라 한다)에게 접근하거나 따라다니거나 진로를 막아서는 행위
>   나. 상대방등의 주거, 직장, 학교, 그 밖에 일상적으로 생활하는 장소(이하 "주거등"이라 한다) 또는 그 부근에서 기다리거나 지켜보는 행위

다. 상대방등에게 우편·전화·팩스 또는 「정보통신망 이용촉진 및 정보보호 등에 관한 법률」 제2조제1항제1호의 정보통신망(이하 "정보통신망"이라 한다)을 이용하여 물건이나 글·말·부호·음향·그림·영상·화상(이하 "물건등"이라 한다)을 도달하게 하거나 정보통신망을 이용하는 프로그램 또는 전화의 기능에 의하여 글·말·부호·음향·그림·영상·화상이 상대방등에게 나타나게 하는 행위
라. 상대방등에게 직접 또는 제3자를 통하여 물건등을 도달하게 하거나 주거등 또는 그 부근에 물건등을 두는 행위
마. 상대방등의 주거등 또는 그 부근에 놓여져 있는 물건등을 훼손하는 행위
바. 다음의 어느 하나에 해당하는 상대방등의 정보를 정보통신망을 이용하여 제3자에게 제공하거나 배포 또는 게시하는 행위
　1) 「개인정보 보호법」 제2조제1호의 개인정보
　2) 「위치정보의 보호 및 이용 등에 관한 법률」 제2조제2호의 개인위치정보
　3) 1) 또는 2)의 정보를 편집·합성 또는 가공한 정보(해당 정보주체를 식별할 수 있는 경우로 한정한다)
사. 정보통신망을 통하여 상대방등의 이름, 명칭, 사진, 영상 또는 신분에 관한 정보를 이용하여 자신이 상대방등인 것처럼 가장하는 행위

◆ 스토킹범죄의 처벌 등에 관한 법률
제18조 (스토킹범죄) ① 스토킹범죄를 저지른 사람은 3년 이하의 징역 또는 3천만원 이하의 벌금에 처한다.
② 흉기 또는 그 밖의 위험한 물건을 휴대하거나 이용하여 스토킹범죄를 저지른 사람은 5년 이하의 징역 또는 5천만원 이하의 벌금에 처한다.
③ 삭제 <2023. 7. 11.>

다. 층간소음 분쟁의 발생

※ "분쟁 사례"의 해결: 공동주택의 층간소음 분쟁에 관한 사항
Q. 소음 방지매트를 설치하고 여러 가지 노력은 하고 있지만, 계속적인 불만제기로 아래층에 사는 이웃과 감정의 골만 깊어진 상태인데요. 이런 경우, 어떻게

문제를 해결할 수 있을까요

A. 실제 이와 유사한 사례를 보면, 층간소음 문제로 집안에 층간소음방지용 매트를 시공하고 아이들에게 주의를 주었지만 아래층에서 계속적으로 항의를 하고 분쟁이 지속되면서 "중앙 공동주택관리 분쟁조정위원회"에 조정신청을 한 사례가 있었습니다.

양 당사자는 장기간 분쟁으로 상대방에 대한 불신과 불만이 팽배한 상황이었으며, 사전중재기간이 개시된 직후 당사자 간 심한 언쟁과 항의로 합의점 도출이 어려울 것으로 예상이 됐습니다.

"중앙 공동주택관리 분쟁조정위원회"에서는 위측 거주자에게는 층간소음 분쟁 특성 상 윗층 거주자로서의 책임과 노력의 중요성을 강조 및 설득하고, 아래층 거주자에게는 층간소음은 시간을 두고 점차적으로 개선되는 사항임을 충분히 설명하여, 서로 조금 더 이해하는 마음을 가지도록 권유를 하였습니다. 결국 양 당사자에 대한 적극적인 설득과 이해를 바탕으로 2주 동안의 사전중재기간을 거쳐 서로 노력과 개선의 여지를 확인하고 합의가 성립되었습니다.

이와 같이 층간소음으로 분쟁이 발생한 경우, 소송이나 법적절차를 거치지 않더라도 "중앙 공동주택관리 분쟁조정위원회" 또는 "환경분쟁조정위원회"를 통해 해결방법을 찾을 수 있습니다.

(출처: 중앙 공동주택관리 분쟁조정위원회-정보마당-분쟁유형별 대표 조정사례 참조)

라. 공동주택 층간소음 현황과 관리기준

(1) 공동주택의 정의

건축물의 벽·복도·계단이나 그 밖의 설비 등의 전부 또는 일부를 공동으로 사용하는 각 세대가 하나의 건축물 안에서 각각 독립된 주거생활을 할 수 있는 구조로 된 주택을 말한다. 공동주택의 정의와 범위는 「주택법」 제3조에서 정하고 있으며, 기숙사를 제외한 아파트, 연립주택 및 다세대주택으로 규정하고 있다.

(2) 공동주택의 분류

(가) 아파트: 주택으로 쓰는 층수가 5개 층 이상인 주택
(나) 연립주택: 주택으로 쓰는 1개 동의 바닥면적(2개 이상의 동을 지하주차장으로 연결하는 경우에는 각각의 동으로 본다) 합계가 660제곱미터를 초과하고, 층수가 4개 층 이하인 주택

(다) 다세대주택: 주택으로 쓰는 1개 동의 바닥면적 합계가 660제곱미터 이하이고, 층수가 4개 층 이하인 주택(2개 이상의 동을 지하주차장으로 연결하는 경우에는 각각의 동으로 본다)

(3) 공동주택 층간소음의 범위와 기준

「공동주택 층간소음의 범위와 기준에 관한 규칙」 제2조 에 따른 층간소음의 범위는 다음과 같다

> ◆ 공동주택 층간소음의 범위와 기준에 관한 규칙
> [시행 2023. 1. 2.] [국토교통부령 제1185호, 2023. 1. 2., 일부개정]
> **제2조 (층간소음의 범위)** 공동주택 층간소음의 범위는 입주자 또는 사용자의 활동으로 인하여 발생하는 소음으로서 다른 입주자 또는 사용자에게 피해를 주는 다음 각 호의 소음으로 한다. 다만, 욕실, 화장실 및 다용도실 등에서 급수·배수로 인하여 발생하는 소음은 제외한다.
> 1. 직접충격 소음 : 뛰거나 걷는 동작 등으로 인하여 발생하는 소음
> 2. 공기전달 소음 : 텔레비전, 음향기기 등의 사용으로 인하여 발생하는 소음

「공동주택 층간소음의 범위와 기준에 관한 규칙」 [별표] 에 따른 층간소음의 기준은 다음과 같다

◆ 층간소음의 기준

층간소음의 구분		층간소음의 기준(단위 : dB(A))	
		주간 (06:00 ~ 22:00)	야간 (22:00 ~ 06:00)
1. 제2조 제1호에 따른 직접충격 소음	1분간 등가소음도 (Leq)	43	38
	최고소음도 (Lmax)	57	52
2. 제2조제2호에 따른 공기전달 소음	5분감 등가소음도 (Leq)	45	40

1. 직접충격 소음은 1분간 등가소음도(Leq) 및 최고소음도(Lmax)로 평가하고, 공기전달 소음은 5분간 등가소음도(Leq)로 평가한다
2. 위 표의 기준에도 불구하고 「주택법」 제2조제2호에 따른 공동주택으로서

「건축법」 제11조에 따라 건축허가를 받은 공동주택과 2005년 6월 30일 이전에 「주택법」 제16조에 따라 사업승인을 받은 공동주택의 직접충격소음 기준에 대해서는 위 표 제1호에 따른 기준에 5dB(A)을 더한 값을 적용한다.
3. 층간소음의 측정방법은 「환경분야 시험·검사 등에 관한 법률」 제6조제1항제2호에 따라 환경부장관이 정하여 고시하는 소음·진동 관련 공정시험기준 중 동일 건물 내에서 사업장 소음을 측정하는 방법을 따르되, 1개 지점 이상에서 1시간 이상 측정하여야 한다
4. 1분간 등가소음도(Leq) 및 5분간 등가소음도(Leq)는 비고 제3호에 따라 측정한 값 중 가장 높은 값으로 한다.
5. 최고소음도(Lmax)는 1시간에 3회 이상 초과할 경우 그 기준을 초과한 것으로 본다

마. 층간소음 관련 법규 및 제도

(1) 공동주택관리법

◆ 공동주택관리법

제20조 (층간소음의 방지 등) ① 공동주택의 입주자등은 공동주택에서 뛰거나 걷는 동작에서 발생하는 소음이나 음향기기를 사용하는 등의 활동에서 발생하는 소음 등 층간소음[벽간소음 등 인접한 세대 간의 소음(대각선에 위치한 세대 간의 소음을 포함한다)을 포함하며, 이하 "층간소음"이라 한다]으로 인하여 다른 입주자등에게 피해를 주지 아니하도록 노력하여야 한다.
② 제1항에 따른 층간소음으로 피해를 입은 입주자등은 관리주체에게 층간소음 발생 사실을 알리고, 관리주체가 층간소음 피해를 끼친 해당 입주자등에게 층간소음 발생을 중단하거나 소음차단 조치를 권고하도록 요청할 수 있다. 이 경우 관리주체는 사실관계 확인을 위하여 세대 내 확인 등 필요한 조사를 할 수 있다.
③ 층간소음 피해를 끼친 입주자등은 제2항에 따른 관리주체의 조치 및 권고에 협조하여야 한다.
④ 제2항에 따른 관리주체의 조치에도 불구하고 층간소음 발생이 계속될 경우에는 층간소음 피해를 입은 입주자등은 제71조에 따른 공동주택관리 분쟁조정 위원회나 「환경분쟁 조정법」 제4조에 따른 환경분쟁조정위원회에 조정을 신청할 수 있다.

⑤ 공동주택 층간소음의 범위와 기준은 국토교통부와 환경부의 공동부령으로 정한다.
⑥ 관리주체는 필요한 경우 입주자등을 대상으로 층간소음의 예방, 분쟁의 조정 등을 위한 교육을 실시할 수 있다.
⑦ 입주자등은 필요한 경우 층간소음에 따른 분쟁의 예방, 조정, 교육 등을 위하여 자치적인 조직을 구성하여 운영할 수 있다..

◆ 공동주택관리법
제71조 (공동주택 분쟁조정위원회의 설치) ① 공동주택관리 분쟁(제36조 및 제37조에 따른 공동주택의 하자담보책임 및 하자보수 등과 관련한 분쟁은 제외한다. 이하 이 장에서 같다)을 조정하기 위하여 국토교통부에 중앙 공동주택관리 분쟁조정위원회(이하 "중앙분쟁조정위원회"라 한다)를 두고, 시·군·구(자치구를 말하며, 이하 같다)에 지방 공동주택관리 분쟁조정위원회(이하 "지방분쟁조정위원회"라 한다)를 둔다. 다만, 공동주택 비율이 낮은 시·군·구로서 국토교통부장관이 인정하는 시·군·구의 경우에는 지방분쟁조정위원회를 두지 아니할 수 있다.
② 공동주택관리 분쟁조정위원회는 다음 각 호의 사항을 심의·조정한다.
   6. 공동주택의 층간소음에 관한 사항

(2) 소음·진동관리법 제21조의2

◆ 소음·진동관리법
제21조의2 (층간소음기준 등) ① 환경부장관과 국토교통부장관은 공동으로 공동주택에서 발생되는 층간소음 (인접한 세대 간 소음을 포함한다. 이하 같다)으로 인한 입주자 및 사용자의 피해를 최소화하고 발생된 피해에 관한 분쟁을 해결하기 위하여 층간소음 기준을 정하여야 한다.
② 제1항에 따른 층간소음의 피해 예방 및 분쟁 해결을 위하여 필요한 경우 환경부장관은 대통령령으로 정하는 바에 따라 전문기관으로 하여금 층간소음의 측정, 피해사례의 조사·상담 및 피해조정지원을 실시하도록 할 수 있다.
③ 제1항에 따른 층간소음의 범위와 기준은 환경부와 국토교통부의 공동부령으로 정한다

(3) 층간소음 피해사례 조사·상담 등의 절차 및 방법에 관한 규정

◆ **층간소음 피해사례 조사·상담 등의 절차 및 방법에 관한 규정**
 [시행 2023. 2. 13.] [환경부고시 제2023-25호, 2023. 2. 13., 일부개정]

제1조 (목적) 이 고시는 「소음·진동관리법」(이하 "법"이라 한다) 제21조의2 제2항및 같은 법 시행령(이하 "영"이라 한다) 제3조제2항에 따라 층간소음의 측정, 피해사례의 조사·상담 및 피해조정지원에 관한 절차 및 방법 등에 관하여 필요한 사항을 정함을 목적으로 한다.

제2조(용어의 정의) 이 고시에서 사용하는 용어의 뜻은 다음 각 호와 같다.
 1. "층간소음"이란 공동주택의 위·아래층 등 인접한 세대 간에 발생한 소음을 말하며 「공동주택 층간소음의 범위와 기준에 관한 규칙」제2조에서 정한 직접충격 소음과 공기전달 소음으로 구분한다.
 2. "전문기관"이란 층간소음의 측정, 피해사례의 조사·상담 및 피해조정지원을 위하여 영 제3조제1항에서 정한 기관 및 제4조 단서에서 정한 기관을 말한다.
 3. "공동주택"이란 「주택법」제2조제3호 및 같은 법 시행령 제3조에 따른 아파트, 연립주택, 다세대주택을 말한다.
 4. "관리주체"란 「공동주택관리법」제2조제1항제10호의 각 목에서 정한 공동주택의 관리사무소장 등을 말한다.
 5. "신청세대"란 층간소음을 상담하기 위하여 전문기관에 방문상담 또는 소음측정을 신청한 입주자 및 사용자(이하 "입주자등"이라 한다)를 말한다.
 6. "상대세대"란 신청세대의 상대가 될 수 있는 세대를 말한다.
 7. "입주자대표회의"란 공동주택의 입주자등을 대표하여 관리에 관한 주요사항을 결정하기 위하여 「공동주택관리법」제14조에 따라 구성하는 자치 의결기구를 말한다.
 8. "전화상담"이란 전문기관이 입주자등과 층간소음을 상담하기 위하여 전화로 실시하는 상담을 말한다.
 9. "방문상담"이란 전문기관이 층간소음 피해사례의 조사·상담 및 피해조정지원을 위하여 현장에 방문하여 신청세대 및 상대세대 등과 실시하는 상담을 말한다.
 10. "소음측정"이란 전문기관이 「공동주택 층간소음의 범위와 기준에 관

한 규칙」 제2조에 따른 직접충격 소음 및 공기전달 소음을 측정하는 것을 말한다.
11. "층간소음정보관리시스템"이란 전문기관이 체계적이고 원활한 층간소음 관리를 위하여 구축·운영하는 정보시스템을 말한다.
12. "피해사례조사"란 전문기관이 신청세대 및 상대세대의 거주환경, 층간소음 현황 등을 조사하는 것을 말한다.
13. "피해조정지원"이란 전문기관이 피해사례조사 결과를 기초로 층간소음의 재발을 방지하기 위하여 신청세대와 상대세대에게 층간소음 저감방법 및 생활수칙 등을 제공하는 행위를 말한다.

제3조 (적용범위) 이 고시는 「주택법」 제2조제3호에 따른 공동주택과 「공동주택 층간소음의 범위와 기준에 관한 규칙」 제2조에 따른 층간소음에 대하여 적용한다.

제4조 (전문기관의 역할) 전문기관은 입주자등의 층간소음으로 인한 피해를 최소화하기 위하여 소음측정, 피해사례의 조사·상담 및 피해조정지원 등의 업무를 수행한다. 다만, 한국토지주택공사에서 공동주택을 건설한 경우에는 「공동주택관리법」 제86조제1항 본문에 따라 지정·고시된 공동주택관리 지원기구(한국토지주택공사를 말한다)가 이를 우선 수행한 경우에 한하여 전문기관이 수행할 수 있다.

제5조 (전화상담) ① 입주자등이 층간소음을 상담하기 위하여 전화상담을 요청하는 경우 전문기관은 다음 각 호의 사항을 상담할 수 있다.
1. 층간소음 저감방법 및 대응요령
2. 층간소음 관련 규정
② 전문기관은 제1항에 따른 전화상담과정에서 신청인이 방문상담을 신청하는 경우 다음 각 호의 사항을 확인하고 방문상담을 신청받을 수 있다.
1. 신청세대 및 상대세대 현황
2. 공동주택 현황
3. 층간소음 현황
③ 전문기관은 제1항 및 제2항에 따른 상담내용을 녹음하고 보관할 수 있다. 또한 상담내용은 층간소음정보관리시스템에 입력·보관할 수 있다.

제6조 (방문상담) ① 입주자등은 제5조제2항 또는 층간소음정보관리시스템을 이용하여 방문상담을 신청할 수 있으며 전문기관은 신청인이 층간소음정보

관리시스템을 이용하여 방문상담을 신청하는 경우 제5조제2항 각호의 사항을 확인할 수 있다.
② 전문기관은 제1항에 따른 방문상담 신청이 제3조에 해당하지 않거나 중복하여 신청된 경우 신청일로부터 5일이내에 신청인에게 방문상담의 대상이 아님을 통지한다.
③ 전문기관은 제1항에 따라 방문상담 신청을 받은 경우 관리주체에게 우선 상담을 실시하도록 요청한다. 다만, 관리주체가 없는 경우에는 그러하지 아니하다.
④ 관리주체는 다음 각 호의 어느 하나에 해당하는 경우 별지 제1호서식의 층간소음 방문상담 신청서에 층간소음 중재상담 보고서, 사업자등록증을 첨부하여 전문기관에 방문상담을 신청할 수 있다.
　1. 제3항 전단에 따라 상담을 실시하였음에도 층간소음 분쟁이 지속되는 경우
　2. 상대세대가 관리주체의 상담에 참여의견을 제출하지 않거나 참여하지 않은 경우로서 신청세대가 전문기관의 방문상담을 원하는 경우
⑤ 전문기관은 제1항에서 제4항까지에 따라 방문상담 신청을 받은 경우 상담 일정을 협의한 후 층간소음 현장에 방문하여 다음 각 호의 내용을 확인하고 상담을 실시할 수 있다.
　1. 신청세대 및 상대세대 현황
　2. 공동주택 현황
　3. 층간소음 현황
　4. 거주자 생활 형태 등 거주환경
　5. 다른 기관의 중재 여부 등
⑥ 전문기관은 제5항에 따라 방문상담을 실시하는 경우 그 내용을 분석하여 조정 방안 등을 제시하고 별지 제2호서식의 층간소음 방문상담 결과서를 작성하여 해당세대에게 제공할 수 있다

제7조 (소음측정) ① 제6조제5항에 따라 방문상담을 실시하였으나 층간소음으로 인한 분쟁이 지속 되는 경우에는 입주자등은 별지 제3호서식의 층간소음 측정신청서에 층간소음 발생일지를 첨부하여 전문기관에 소음측정을 신청할 수 있다.
② 제1항에 따라 신청서를 받은 전문기관은 5일 이내에 접수사실을 신청세대에게 알리고 소음측정을 실시한다. 이 경우 전문기관은 소음측정 일정을 미리 협의하고 신청세대가 소음측정 3일전까지 소음측정일의 변경을 요청하는 경우 1회에 한하여 이를 변경할 수 있다.

③ 전문기관은 소음측정을 하는 경우 신청세대에게 별지 제4호서식의 층간소음 측정동의서를 받고 측정세대 내·외부에 소음의 영향이 없으며 세대원이 거주하지 않는 환경에서 소음측정을 한다. 다만, 측정기간 동안 세대원의 출입이 필요한 경우 별지 제5호서식의 층간소음 측정기간 세대원 출입일지를 작성하여 전문기관에 제출한다.
④ 전문기관은 제3항에 따라 소음측정을 한 경우 별지 제6호서식의 층간소음 측정결과서를 작성하여 신청세대에게 제공할 수 있다.
⑤ 전문기관은 다음 각 호의 어느 하나에 해당하는 경우 소음측정을 실시하지 않을 수 있다.
 1. 같은 건으로 2회 이상 신청한 경우
 2. 소음측정 일정을 협의하기 위한 전화·문자 등의 연락이 3회 이상 되지 않는 경우
 3. 소음측정을 2회 이상 연기한 경우
 4. 협의된 소음측정일에 연락이 되지 않는 경우
 5. 제3항에 따른 층간소음 측정동의서를 제출하지 않은 경우

제8조 (소음측정방법) ① 소음측정은 「공동주택 층간소음의 범위와 기준에 관한 규칙」별표 비고 제3호에서 정하는 바에 따르되, 1개 지점 이상에서 1시간 이상 24시간 이하로 측정하여야 한다.
② 전문기관은 제1항에 따라 소음측정을 하는 경우 녹음을 실시하고 소음측정 결과를 분석할 때 이를 활용한다. 다만, 다음 각 호의 어느 하나에 해당하는 경우에는 소음측정결과를 분석하지 않을 수 있다
 1. 제7조제3항 단서에 따른 출입일지에 기록된 세대원 출입 시간대
 2. 층간소음과 관계없이 측정세대 내부에서 소음이 발생한 시간대
 3. 소음측정 시간을 초과하여 측정한 시간대
③ 층간소음 측정결과는 제1항에 따라 측정한 소음도에 「소음·진동 공정 시험기준」 중 「규제기준 중 동일건물 내 사업장 소음 측정방법」의 배경소음 보정방법을 적용하여 대상소음도를 구한다. 이 경우 배경소음은 제2항을 제외한 주간 및 야간시간대의 평균 배경소음을 말한다.

제9조 (재검토기한) ④ 전문기관은 층간소음에 대한 조사 및 연구를 위하여 제2항에 따른 녹음 음원을 활용할 수 있다. 환경부장관은 이 고시에 대하여 「훈령·예규 등의 발령 및 관리에 관한 규정」에 따라 2020년 9월 1일 기준으로 매 3년이 되는 시점(매 3년째의 8월 31일까지를 말한다)마다 그 타당성을 검토하여 개선 등의 조치를 한다.

(4) 경범죄 처벌법 제3조

◆ 경범죄 처벌법
제3조 (경범죄의 종류) ① 다음 각 호의 어느 하나에 해당하는 사람은 10만원 이하의 벌금, 구류, 또는 과료의 형으로 처벌한다.
　21. (인근소란 등) 악기·라디오·텔레비전·전축·종·확성기·전동기(電動機) 등의 소리를 지나치게 크게 내거나 큰소리로 떠들거나 노래를 불러 이웃을 시끄럽게 한 사람

바. 층간소음의 발생과 전파

(1) 층간소음의 발생

공동주택에서 발생하는 소음은 밀집된 다수의 가구에서 발생하여 다수의 가구로 전파되는 복잡한 형상을 보이고 있다. 또한 공동주택도 아파트、빌라. 다가구주택 등 다양하며, 같은 아파트도 복도식과 계단식이 달라 전파 경로가 더욱 복잡해지고 있다. 특히. 소음은 전파경로 상에서 흡수. 회절. 굴절. 반사가 혼합하여 변화하므로 소음원과 수음점의 전파경로를 확정하기가 곤란한 경우가 빈번히 발생한다.

(2) 소음의 전파경로

(가) 직접충격 소음의 전파경로

대부분의 층간소음 분쟁의 원인이 되고 있는 직접충격 소음은 건물의 바닥이나 벽체에 충격을 가하여 잔동을 발생시키고 이 진동이 건물의 바닥이나 벽체를 통하여 상하. 좌우로 전파되고 전파된 진동이 천장마감재 등 가벼운 물체를 진동시켜 소리를 발생시키는 과정을 거쳐 수음점에서 소음을 듣게 된다.- 진동의 발생 걷기, 뛰기, 물건 떨어뜨리기, 두드리기) - 진동의 증폭 (마루) - 진동의 전달 (층간 콘크리트판. 벽체) - 소리의 발생 (천장의 마감재)

(나) 공기전달 소음의 전파경로

공기전달 소음은 텔레비전이나 음향기기 소리. 악기 연주 등이 층간 개구화장실

환풍구. 주방 환풍구, 전기선배관 등를 통하여 이웃세대에 전파되어 수음점에서 소음을 듣게 된다.

(3) 층간소음의 수음

진동이 전파되어 천장의 마감재를 진동시켜 소음이 들리는 직접충격 소음이나 층간 개구를 통하여 직접 전달되는 공기전달 소음이 수음점에서 들리게 되어 층간소음에 의한 피해로 이어지게 된다.

(가) 수음점에서의 소음도

법에서 정한 층간소음의 기준은 수음점에서의 소음도를 말한다. 이 소음도는 수음점에서 공정시험 기준에 따라 측정하면 알 수 있다. 다만, 측정된 소음도는 거주자가 듣는 소음의 크기를 나타낼 뿐이며 소음원이 어디인지는 나타내지 않는다. 층간소음의 전달경로가 복잡하여 특정 소음원에서 발생한 소음이 수음점의 소음도에 어느 정도 기여했는지를 파악하기가 쉽지 않으며 특히. 오인소음의 경우 불필요한 오해를 만들 수도 있다.

(나) 거주자의 소음인식

층간소음은 야간 기준이 38dB(A)[1분 등가]인 약한 소음이며 강한 소음인 교통소음(58dBA[5분 등가])보다 100 분의 1 이하에 불과하다 교통소음에 비하여 무시할 만한 약한 층간소음이 교통소음에 비하여 민원이 많은 것은 여러 가지 이유가 있겠지만, 거주자가 특정 소음에 대한 관심도가 높아진 것 때문으로 추정된다. 즉. 특정소음에 대한 관심도가 높아지면 칵테일파티 효과(*)에 의하여 해당 소음이 잘 들리게 되고 이로 인하여 집중력 방해. 수면 방해를 유발하게 된다.

사. 층간소음의 저감 방안

(1) 층간소음의 저감 방안

(가) 층간소음 및 각종 실내소음의 저감방안은 소음원별로 다음과 같이 요약된다.
① 어린이 뛰는소리- 미취학 아동: 놀이방 및 아이의 동선에 소음저감매트 깔기- 취학아동 : 어린이용 소음저감 슬리퍼 착용- 소리의 발생 (천장의 마감재)

② 어른 발걸음소리- 슬리퍼 착용
③ 피아노 등 악기소리 - 연주시간조을- 방음시설(연주방)설치
④ 가구끄는 소리- 가구 하단에 소음 저감 패치부착
⑤ 물건 떨어뜨리는 소리- 해당위치에 러그, 매트 등 깔기
⑥ 문닫는 소리- 실내: 부딪치는 부분에 문닫힘 충격방지 패드 설치- 현관: 유압기 조절
⑦ 운동기구. 안마기. 기계음 등- 바닥에 매트 설치- 사용시간 조율
⑧ 개짖는 소리- 정숙 훈련(개짖음 방지 목걸이 등 사용)

(나) 공통적으로 야간(오후 10:00~익일 오전 6:00)에는 이웃의 수면을 방해하지 않도록 정온유지를 위해 노력해 주도록 설득한다.

(다) 위층과 아래층 모두 보복소음을 자제하여 주변에 2차적 소음피해를 예방하도록 설득한다.

(2) 층간소음의 상담 방향

층간소음의 상담은 아래와 같이 단계적으로 실시하도록 제안한다.

(가) 피해조사

현장방문 상담을 아래와 같이 단계적으로 실시하도록 제안한다.

(나) 피신청인 방문

방문상담(또는 전화상담)을 통해 소음저감노력을 파악하고 개선방안을 협의한다.

(다) 신청인 피드백

전화상담을 통하여 위층의 소음저감노력 현황과 협의한 개선 방안을 전달한다,

(라) 신청인의 수인한도 제고를 위한 상담

공동주택에서 소음을 저감하여도 여전히 생활소음이 들릴 수 있음을 인식시키고 위층에서 이웃에 대한 배려로 소음을 일부 저감시키면 수음세대에서도 이를 수용하고, 배려하는 자세를 가져야 함을 인식시킨다.

(3) 소음저감효과

사람이 소음의 변화를 느낄 수 있는 범위는 3dB 정도인 것으로 알려졌다. 위층에서 소음을 3dB 감소시키려면 소음발생량을 50% 줄여야 한다. 아래층에서 들리는 소음이 전부 위층에서 발생한 것이 아닐 수 있음을 고려하면, 위층에서 소음발생량을 50% 줄여도 아래층에 사는 소음의 변화를 겨우 인식할 수 있을 정도에 불과하다.

수인한도 제고의 한계와 중재- 신청인이 가장 듣기 싫어하는 말 중의 하나가 소음을 참으라고 권유하는 것이다.- "수음세대에서는 무조건 참으라는 말이냐?"라며 반발하는 경우가 대부분이다.- "중재와 배려는 발생세대에서 소음을 줄이도록 협조하는데서 부터 시작한다" 는 점을 강조한다.- "발생세대의 노력에 의해 소음이 감소해도 여전히 소리는 들리기 마련이며 공동주택에서는 위층 뿐 아니라 다른 세대에서 발생하는 소음도 함께 들릴 수 있음" 을 설명한다.- "발생세대에서 소음저감을 위한 노력을 하는 동안 아래층에서 수인한도를 제고하여 함께 소음을 극복하는 것임"을 강조한다.

아. 관련 서식

[서식 1] 스토킹범죄의처벌등에관한법률위반

대 법 원
제 1 부
판 결

사 건   2023도10313 스토킹범죄의처벌등에관한법률위반
피 고 인   A
상 고 인   피고인
원심판결   창원지방법원 2023. 7. 11. 선고 2022노2407 판결
판결선고   2023. 12. 14.

주 문

상고를 기각한다.

이 유

상고이유를 판단한다.

1. 구「스토킹범죄의 처벌 등에 관한 법률」(2023. 7. 11. 법률 제19518호로 개정되기 전의 것, 이하 '구 스토킹처벌법'이라 한다) 제2조 제1호는 "'스토킹행위'란 상대방의 의사에 반하여 정당한 이유 없이 상대방 또는 그의 동거인, 가족에 대하여 다음 각 목의 어느 하나에 해당하는 행위를 하여 상대방에게 불안감 또는 공포심을 일으키는 것을 말한다."라고 규정하고, 그 유형 중 하나로 '상대방 등에게 직접 또는 제3자를 통하여 글·말·부호·음향·그림·영상·화상을 도달하게 하거나 주거 등 또는 그 부근에 물건 등을 두는 행위'를 들고 있다(라. 목). 그리고 같은 조 제2호는 "'스토킹범죄'란 지속적 또는 반복적으로 스토킹행위를 하는 것을 말한다."라고 규정한다. 스토킹행위를 전제로 하는 스토킹범죄는 행위자의 어떠한 행위를 매개로 이를 인식한 상대방에게 불안감 또는 공포심을 일으킴으로써 그의 자유로운 의사결정의 자유 및 생활형성의 자유와 평온이 침해되는 것을 막고 이를 보호법익으로 하는 위험범이라고 볼 수 있으므로, 구 스토킹처벌법 제2조 제1호 각 목의 행위가 객관적·일반적으로 볼 때 이를 인식한 상대방으로 하여금 불안감 또는 공포심을 일으키기에 충분한 정도라고 평가될 수 있다면 현실적으로 상대방이 불안감 내지 공포심을 갖게 되었는지 여부와 관계없이 '스토킹행위'에 해당하고, 나아가 그와 같은 일련의 스토킹행위가 지속되거나 반복되면 '스토킹범죄'가 성립한다. 이때 구 스토킹처벌법 제2조 제1호 각 목의 행위가 객관적·일반적으로 볼 때 상대방으로 하여금 불안감 또는 공포심을 일으키기에 충분한 정도인지는 행위자와 상대방의 관계·지위·성향, 행위에 이르게 된 경위, 행위 태양, 행위자와 상대방의 언동, 주변의 상황 등 행위 전후의 여러 사정을 종합하여 객관적으로 판단하여야 한다(대법원 2023. 9. 27. 선고 2023도6411 판결 참조).

2. 원심은 판시와 같은 이유로, 이 사건 빌라 아래층에 살던 피고인이 불상의 도구로 여러 차례 벽 또는 천장을 두드려 '쿵쿵' 소리를 내어 이를 위층에 살던 피해자의 의사에 반하여 피해자에게 도달하게 한 행위가 객관적으로 불안감 또는 공포심을 일으킬 정도로 평가되는 스토킹행위에 해당한다고 보아, 이 사건 공소사실(무죄부분 제외)을 유죄로 판단한 제1심의 판단을 유지하였다.

3. 이웃 간 소음 등으로 인한 분쟁과정에서 위와 같은 행위가 발생하였다고 하여 곧바로 정당한 이유 없이 객관적·일반적으로 불안감 또는 공포심을 일으키는 '스토킹행위'에 해당한다고 단정할 수는 없다. 그러나 원심판결 이유를 위 법리와 적법하게 채택된 증거에 비추어 살펴보면, 피고인은 층간소음 기타 주변의 생활소음에 불만을 표시하며 수개월에 걸쳐 이웃들이 잠드는 시각인 늦은 밤부터 새벽 사이에 반복하여 도구로 벽을 치거나 음향기기를 트는 등으로 피해자를 비롯한 주변 이웃들에게 큰 소리가 전달되게 하였고, 피고인의 반복되는 행위로 다수의 이웃들은 수개월 내에 이사를 갈 수밖에 없었으며, 피고인은 이웃의 112 신고에 의하여 출동한 경찰관으로부터 주거지 문을 열어 줄 것을 요청받고도 '영장 들고 왔냐'고 하면서 대화 및 출입을 거부하였을 뿐만 아니라 주변 이웃들의 대화 시도를 거부하고 오히려 대화

를 시도한 이웃을 스토킹혐의로 고소하는 등 이웃 간의 분쟁을 합리적으로 해결하려 하기보다 이웃을 괴롭힐 의도로 위 행위를 한 것으로 보이는 점 등 피고인과 피해자의 관계, 구체적 행위태양 및 경위, 피고인의 언동, 행위 전후의 여러 사정들에 비추어 보면, 피고인의 위 행위는 층간소음의 원인 확인이나 해결방안 모색 등을 위한 사회통념상 합리적 범위 내의 정당한 이유 있는 행위에 해당한다고 볼 수 없고 객관적·일반적으로 상대방에게 불안감 내지 공포심을 일으키기에 충분하다고 보이며, 나아가 위와 같은 일련의 행위가 지속되거나 반복되었으므로 '스토킹범죄'를 구성한다고 본 원심의 판단은 수긍할 수 있고, 거기에 논리와 경험의 법칙을 위반하여 자유심증주의의 한계를 벗어나거나 구 스토킹처벌법 위반죄의 성립에 관한 법리를 오해함으로써 판결에 영향을 미친 잘못이 없다.

4. 그러므로 상고를 기각하기로 하여, 관여 대법관의 일치된 의견으로 주문과 같이 판결한다.

재판장   대법관   오경미 _____
주 심   대법관   김선수 _____
          대법관   노태악 _____
          대법관   서경환 _____

[서식 2] 스토킹범죄의처벌등에관한법률위반, 협박

울 산 지 방 법 원
판 결

사   건   2023고단1809   스토킹범죄의처벌등에관한법률위반, 협박
피 고 인   A (53****-1), 무직
검   사   소재환(기소), 정종일(공판)
변 호 인   변호사 신창민(국선)
판결선고   2023. 7. 21.

주 문

피고인을 징역 4개월에 처한다.
다만, 이 판결 확정일로부터 1년간 위 형의 집행을 유예한다.
피고인에게 보호관찰을 받을 것을 명한다

이 유

범 죄 사 실

피고인은 울산 남구 B 소재 ○○○호에 거주자이고, 피해자 김○○(여, 56세)은 같은 건물 ○○○호에 위치한 'C' 시설에서 발달장애인을 보호하는 사단법인 D장애인복지협회 소속 사회복지사이다.

1. 스토킹범죄의처벌등에관한법률위반

    피고인은 2022. 5. 13. 11:40경 울산 남구 B, 4층 건물 옥상에서 'C' 시설이 층간소음을 유발한다고 만연히 생각하고 이에 보복하고자 망치와 각목을 이용하여 옥상 바닥을 강하게 내리쳐 아래층인 ○○○호에 소음이 도달하게 한 것을 비롯하여 그 무렵부터 2023. 2. 22. 18:50경까지 별지 범죄일람표 기재와 같이 총 6회에 걸쳐 피해자에게 찾아가고, 소음을 전달하게 하였다.

    이로써 피고인은 지속적 또는 반복적으로 상대방의 의사에 반하여 정당한 이유 없이 피해자에 대하여 접근하였고, 말·음향 등을 도달하게 하는 행위를 하여 피해자에게 불안감 또는 공포심을 일으켰다.

2. 협박

    피고인은 2023. 2. 22. 18:50경 위 ○○○호 현관 앞에서 피해자에게 찾아가 시끄럽다면서 욕설을 하는 등 소란을 피우던 중 피해자로부터 '시끄럽게 한 적이 없다'는 취지의 반박을 듣자 화가 나 피해자에게 욕설을 하면서 주먹으로 피해자의 얼굴 방향으로 1회 휘둘러 마치 신체적인 위해를 가할 것처럼 협박을 하였다.

증거의 요지

1. 피고인의 법정진술
1. 김○○에 대한 경찰진술조서
1. 각 입건전조사보고서(피해자의 112신고 이력, 현장 임장, 피해자가 제출한 자료 첨부), 수사보고(○○빌 3, 4층 위치 도면 첨부)

법령의 적용

1. 범죄사실에 대한 해당법조 및 형의 선택

    스토킹범죄의 처벌 등에 관한 법률 제18조 제1항(스토킹행위의 점), 형법 제283조 제1항(협박의 점), 각 징역형 선택

1. 경합범가중

    형법 제37조 전단, 제38조 제1항 제2호, 제50조

1. 집행유예

    형법 제62조 제1항

1. 보호관찰

    형법 제62조의2

양형의 이유

이 사건 범행으로 인하여 피해자가 받았을 정신적 고통이 상당할 것으로 보인다. 따라서 피고인에 대하여 엄한 처벌이 필요하다고 할 것이지만, 피고인이 범행을 시인하고 더 이상 피해자에 대한 범행을 하지 않겠다고 다짐하고 있는 점, 피고인이 고령으로서 약간의 치매증상과 난청에 따른 이명을 앓고 있는 것으로 보이는 점, 그간 아무런 형사처벌을 받은 바 없는 점 등에다가 그밖에 피고인의 환경, 범행의 동기 및 수단과 결과, 범행 후의 정황 등 기록과 이 사건 변론에 나타난 여러 가지 양형의 조건을 종합하여 주문과 같이 형을 정하고, 재범 방지를 위하여 보호관찰을 받을 것을 함께 명한다.

판사   황형주   _____

제4절 입주자등과 입주자대표회의 사이의 내부적 쟁송

1. 층간소음 등 문제 해결

가. 층간소음 개념

(1) "층간소음"이란

"층간소음"이란 입주자 또는 사용자의 활동으로 인하여 발생하는 소음으로서 다른 입주자 또는 사용자에게 피해를 주는 다음의 소음을 의미합니다. 다만 욕실, 화장실 및 다용도실 등에서 급수·배수로 인하여 발생하는 소음은 제외합니다 (「공동주택관리법」 제20조제5항 및 「공동주택 층간소음의 범위와 기준에 관한 규칙」 제2조).
① 직접충격 소음: 뛰거나 걷는 동작 등으로 인하여 발생하는 소음
② 공기전달 소음: 텔레비전, 음향기기 등의 사용으로 인하여 발생하는 소음

◆ 공동주택관리법
제20조 (층간소음의 방지 등) ⑤ 공동주택 층간소음의 범위와 기준은 국토교통부와 환경부의 공동부령으로 정한다.

◆ 공동주택 층간소음의 범위와 기준에 관한 규칙
제2조 (층간소음의 범위) 공동주택 층간소음의 범위는 입주자 또는 사용자의

활동으로 인하여 발생하는 소음으로서 다른 입주자 또는 사용자에게 피해를 주는 다음 각 호의 소음으로 한다. 다만, 욕실, 화장실 및 다용도실 등에서 급수·배수로 인하여 발생하는 소음은 제외한다.
1. 직접충격 소음: 뛰거나 걷는 동작 등으로 인하여 발생하는 소음
2. 공기전달 소음: 텔레비전, 음향기기 등의 사용으로 인하여 발생하는 소음

나. 층간소음 방지 및 해결

(1) 입주자·사용자의 주의

아파트의 입주자·사용자(임대주택의 임차인을 포함)는 아파트에서 뛰거나 걷는 동작에서 발생하는 소음이나 음향기기를 사용하는 등의 활동에서 발생하는 소음 등 층간소음[벽간소음 등 인접한 세대 간의 소음(대각선에 위치한 세대 간의 소음을 포함)을 포함]으로 인하여 다른 입주자·사용자에게 피해를 주지 않도록 노력해야 합니다(「공동주택관리법」 제20조제1항).

◆ 공동주택관리법
제20조 (층간소음의 방지 등) ① 공동주택의 입주자등(임대주택의 임차인을 포함한다. 이하 이 조에서 같다)은 공동주택에서 뛰거나 걷는 동작에서 발생하는 소음이나 음향기기를 사용하는 등의 활동에서 발생하는 소음 등 층간소음[벽간소음 등 인접한 세대 간의 소음(대각선에 위치한 세대 간의 소음을 포함한다)을 포함하며, 이하 "층간소음"이라 한다]으로 인하여 다른 입주자 등에게 피해를 주지 아니하도록 노력하여야 한다. <개정 2017. 8. 9., 2023. 10. 24.>

(2) 관리주체의 조치 등

층간소음으로 피해를 입은 입주자·사용자는 관리주체에게 층간소음 발생 사실을 알리고, 관리주체가 층간소음 피해를 끼친 해당 입주자·사용자에게 층간소음 발생을 중단하거나 소음차단 조치를 권고하도록 요청할 수 있습니다. 이 경우 관리주체는 사실관계 확인을 위하여 세대 내 확인 등 필요한 조사를 할 수 있습니다(「공동주택관리법」 제20조제2항).

층간소음 피해를 끼친 입주자·사용자는 관리주체의 조치 및 권고에 협조해야

합니다(「공동주택관리법」 제20조제3항).
※ 관리주체: 공동주택을 관리하는 「공동주택관리법」 제6조제1항에 따른 자치관리기구의 대표자인 공동주택의 관리사무소장, 「공동주택관리법」 제13조제1항에 따라 관리업무를 인계하기 전의 사업주체, 주택관리업자 및 임대사업자, 「민간임대주택에 관한 특별법」 제2조제11호에 따른 주택임대관리업자(시설물 유지·보수·개량 및 그 밖의 주택관리 업무를 수행하는 경우에 한정함)를 말함(「공동주택관리법」 제2조제1항제10호).

> ◆ 공동주택관리법
> 제20조 (층간소음의 방지 등) ② 제1항에 따른 층간소음으로 피해를 입은 입주자등은 관리주체에게 층간소음 발생 사실을 알리고, 관리주체가 층간소음 피해를 끼친 해당 입주자등에게 층간소음 발생을 중단하거나 소음차단 조치를 권고하도록 요청할 수 있다. 이 경우 관리주체는 사실관계 확인을 위하여 세대 내 확인 등 필요한 조사를 할 수 있다. <개정 2020. 6. 9.>

관리주체는 필요한 경우 입주자·사용자를 대상으로 층간소음의 예방, 분쟁의 조정 등을 위한 교육을 실시할 수 있습니다(「공동주택관리법」 제20조제6항).

> ◆ 공동주택관리법
> 제20조 (층간소음의 방지 등) ⑥ 관리주체는 필요한 경우 입주자등을 대상으로 층간소음의 예방, 분쟁의 조정 등을 위한 교육을 실시할 수 있다.

입주자·사용자(임대주택의 임차인을 포함)는 층간소음에 따른 분쟁을 예방하고 조정하기 위하여 관리규약으로 정하는 바에 따라 다음의 업무를 수행하는 공동주택 층간소음관리위원회를 구성·운영할 수 있습니다. 다만, 「공동주택관리법」 제2조제1항제2호에 따른 의무관리대상 공동주택 중 「공동주택관리법 시행령」으로 정하는 규모 이상인 경우에는 공동주택 층간소음관리위원회를 구성해야 합니다(「공동주택관리법」 제20조제7항).
① 층간소음 민원의 청취 및 사실관계 확인
② 분쟁의 자율적인 중재 및 조정
③ 층간소음 예방을 위한 홍보 및 교육
④ 그 밖에 층간소음 분쟁 방지 및 예방을 위하여 관리규약으로 정하는 업무
⑤ 공동주택 층간소음관리위원회의 조정

◆ 공동주택관리법

제20조 (층간소음의 방지 등) ⑦ 입주자등은 층간소음에 따른 분쟁을 예방하고 조정하기 위하여 관리규약으로 정하는 바에 따라 다음 각 호의 업무를 수행하는 공동주택 층간소음관리위원회(이하 "층간소음관리위원회"라 한다)를 구성·운영할 수 있다. 다만, 제2조제1항제2호에 따른 의무관리대상 공동주택 중 대통령령으로 정하는 규모 이상인 경우에는 층간소음관리위원회를 구성하여야 한다. <개정 2023. 10. 24.>
   1. 층간소음 민원의 청취 및 사실관계 확인
   2. 분쟁의 자율적인 중재 및 조정
   3. 층간소음 예방을 위한 홍보 및 교육
   4. 그 밖에 층간소음 분쟁 방지 및 예방을 위하여 관리규약으로 정하는 업무

관리주체의 조치에도 불구하고 층간소음 발생이 계속될 경우에는 층간소음 피해를 입은 입주자·사용자(임대주택의 임차인을 포함)는 공동주택 층간소음관리위원회에 조정을 신청할 수 있습니다(「공동주택관리법」 제20조제4항).

◆ 공동주택관리법

제20조 (층간소음의 방지 등) ④ 제2항에 따른 관리주체의 조치에도 불구하고 층간소음 발생이 계속될 경우에는 층간소음 피해를 입은 입주자등은 제7항에 따른 공동주택 층간소음관리위원회에 조정을 신청할 수 있다. <개정 2023. 10. 24., 2024. 3. 19.>

층간소음 피해를 입은 입주자·사용자(임대주택의 임차인을 포함)는 관리주체 또는 공동주택 층간소음관리위원회의 조치에도 불구하고 층간소음 발생이 계속될 경우 공동주택관리 분쟁조정위원회나 「환경분쟁 조정 및 환경피해 구제 등에 관한 법률」 제4조에 따른 환경분쟁조정피해구제위원회에 조정을 신청할 수 있습니다(「공동주택관리법」 제20조제11항).

◆ 공동주택관리법

제20조 (층간소음의 방지 등) ⑪ 층간소음 피해를 입은 입주자등은 관리주체 또는 층간소음관리위원회의 조치에도 불구하고 층간소음 발생이 계속될 경우 제71조에 따른 공동주택관리 분쟁조정위원회나 「환경분쟁 조정법」 제4조에 따른 환경분쟁조정위원회에 조정을 신청할 수 있다. <신설 2023. 10.

24.>

층간소음 분쟁해결
Q. 윗집에서 아이가 뛰는 소리 때문에 밤에 잠을 잘 수가 없습니다. 여러 번 말했는데도 싫으면 이사를 가라는 식입니다. 어떻게 해결할 수 없을까요? A. 아파트의 층간소음 때문에 분쟁이 많이 발생하는데요. 서로 양보하고 협의하는 것이 가장 좋을 것입니다. 그러나 이러한 협의가 이루어지지 않는 경우에는 층간소음으로 피해를 입은 입주자·사용자는 관리주체에게 층간소음 발생 사실을 알리고, 관리주체가 층간소음 피해를 끼친 해당 입주자·사용자에게 층간소음 발생을 중단하거나 소음차단 조치를 권고하도록 요청할 수 있습니다(「공동주택관리법」 제20조제2항). 관리주체의 조치에도 불구하고 층간소음 발생이 계속될 경우에는 층간소음 피해를 입은 입주자·사용자(임대주택의 임차인을 포함)는 공동주택 층간소음관리위원회에 조정을 신청할 수 있습니다(「공동주택관리법」 제20조제4항).

다. 아파트 관리규약에 따른 해결

특별시장·광역시장·특별자치시장·도지사 또는 특별자치도지사가 정하는 관리규약의 준칙에는 아파트의 층간소음 및 간접흡연에 관한 사항이 포함되어야 합니다. 이 경우 아파트의 입주자·사용자가 아닌 자의 기본적인 권리를 해치는 사항이 포함되어서는 안 됩니다(「공동주택관리법」 제18조제1항 및 「공동주택관리법 시행령」 제19조제1항제22호).

◆ 공동주택관리법
제18조 (관리규약) ① 특별시장·광역시장·특별자치시장·도지사 또는 특별자치도지사(이하 "시·도지사"라 한다)는 공동주택의 입주자등을 보호하고 주거생활의 질서를 유지하기 위하여 대통령령으로 정하는 바에 따라 공동주택의 관리 또는 사용에 관하여 준거가 되는 관리규약의 준칙을 정하여야 한다.

◆ 공동주택관리법 시행령
제19조 (관리규약의 준칙) ① 법 제18조제1항에 따른 관리규약의 준칙(이하 "관리규약준칙"이라 한다)에는 다음 각 호의 사항이 포함되어야 한다. 이 경우 입주자등이 아닌 자의 기본적인 권리를 침해하는 사항이 포함되어서는 안 된다. <개정 2017. 1. 10., 2017. 8. 16., 2020. 4. 24., 2021. 1. 5.,

2021. 10. 19., 2023. 6. 13., 2024. 4. 9., 2025. 4. 15.>
1. 입주자등의 권리 및 의무(제2항에 따른 의무를 포함한다)
2. 입주자대표회의의 구성·운영(회의의 녹음·녹화·중계 및 방청에 관한 사항을 포함한다)과 그 구성원의 의무 및 책임
3. 동별 대표자의 선거구·선출절차와 해임 사유·절차 등에 관한 사항
4. 선거관리위원회의 구성·운영·업무·경비, 위원의 선임·해임 및 임기 등에 관한 사항
5. 입주자대표회의 소집절차, 임원의 해임 사유·절차 등에 관한 사항
6. 제23조제3항제8호에 따른 입주자대표회의 운영경비의 용도 및 사용금액(운영·윤리교육 수강비용을 포함한다)
7. 자치관리기구의 구성·운영 및 관리사무소장과 그 소속 직원의 자격요건·인사·보수·책임
8. 입주자대표회의 또는 관리주체가 작성·보관하는 자료의 종류 및 그 열람방법 등에 관한 사항
9. 위·수탁관리계약에 관한 사항
10. 제2항 각 호의 행위에 대한 관리주체의 동의기준
11. 법 제24조제1항에 따른 관리비예치금의 관리 및 운용방법
12. 제23조제1항부터 제5항까지의 규정에 따른 관리비 등의 세대별부담액 산정방법, 징수, 보관, 예치 및 사용절차
13. 제23조제1항부터 제5항까지의 규정에 따른 관리비 등을 납부하지 아니한 자에 대한 조치 및 가산금의 부과
14. 장기수선충당금의 요율 및 사용절차
15. 회계관리 및 회계감사에 관한 사항
16. 회계관계 임직원의 책임 및 의무(재정보증에 관한 사항을 포함한다)
17. 각종 공사 및 용역의 발주와 물품구입의 절차
18. 관리 등으로 인하여 발생한 수입의 용도 및 사용절차
19. 공동주택의 관리책임 및 비용부담
20. 관리규약을 위반한 자 및 공동생활의 질서를 문란하게 한 자에 대한 조치
21. 공동주택의 어린이집 임대계약(지방자치단체에 무상임대하는 것을 포함한다)에 대한 다음 각 목의 임차인 선정기준. 이 경우 그 기준은 「영유아보육법」 제24조제2항 각 호 외의 부분 후단에 따른 국공립어린이집 위탁체 선정관리 기준에 따라야 한다.
    가. 임차인의 신청자격
    나. 임차인 선정을 위한 심사기준
    다. 어린이집을 이용하는 입주자등 중 어린이집 임대에 동의하여야 하

　　　　　　는 비율
　　라. 임대료 및 임대기간
　　마. 그 밖에 어린이집의 적정한 임대를 위하여 필요한 사항
22. 공동주택의 층간소음 및 간접흡연에 관한 사항
23. 주민공동시설의 위탁에 따른 방법 또는 절차에 관한 사항
23의2. 제29조의2에 따라 주민공동시설을 인근 공동주택단지 입주자등도 이용할 수 있도록 허용하는 경우에 대한 다음 각 목의 기준
　　가. 입주자등 중 허용에 동의하여야 하는 비율
　　나. 이용자의 범위
　　다. 그 밖에 인근 공동주택단지 입주자등의 이용을 위하여 필요한 사항
24. 혼합주택단지의 관리에 관한 사항
25. 전자투표의 본인확인 방법에 관한 사항
26. 공동체 생활의 활성화에 관한 사항
27. 공동주택의 주차장 임대계약 등에 대한 다음 각 목의 기준
　　가. 「도시교통정비 촉진법」 제33조제1항제4호에 따른 승용차 공동이용을 위한 주차장 임대계약의 경우
　　　1) 입주자등 중 주차장의 임대에 동의하는 비율
　　　2) 임대할 수 있는 주차대수 및 위치
　　　3) 이용자의 범위
　　　4) 그 밖에 주차장의 적정한 임대를 위하여 필요한 사항
　　나. 지방자치단체와 입주자대표회의 간 체결한 협약에 따라 지방자치단체 또는 「지방공기업법」 제76조에 따라 설립된 지방공단이 직접 운영·관리하거나 위탁하여 운영·관리하는 방식으로 입주자등 외의 자에게 공동주택의 주차장을 개방하는 경우
　　　1) 입주자등 중 주차장의 개방에 동의하는 비율
　　　2) 개방할 수 있는 주차대수 및 위치
　　　3) 주차장의 개방시간
　　　4) 그 밖에 주차장의 적정한 개방을 위하여 필요한 사항
　　다. 민간에 위탁하여 운영·관리하는 방식으로 입주자등 외의 자에게 공동주택의 주차장을 개방하는 경우
　　　1) 입주자등 중 주차장의 개방에 동의하는 비율
　　　2) 개방할 수 있는 주차대수 및 위치
　　　3) 주차장의 개방시간
　　　4) 주차장 요금의 상한 및 운영수입의 사용 용도
　　　5) 그 밖에 주차장의 적정한 개방을 위하여 필요한 사항
　　라. 삭제 <2017. 8. 16.>

28. 경비원 등 근로자에 대한 괴롭힘의 금지 및 발생 시 조치에 관한 사항
29. 「주택건설기준 등에 관한 규정」 제32조의2에 따른 지능형 홈네트워크 설비(이하 "지능형 홈네트워크 설비"라 한다)의 기본적인 유지·관리에 관한 사항
30. 그 밖에 공동주택의 관리에 필요한 사항

누수로 인한 손해배상

Q. 아파트 위 층 누수로 가구에 곰팡이가 생기면 누구에게 손해배상을 청구해야 하나요?

A. 공작물 등의 점유자, 소유자의 책임에 관하여 「민법」 제758조제1항은 "공작물의 설치 또는 보존의 하자로 인하여 타인에게 손해를 가한 때에는 공작물점유자가 손해를 배상할 책임이 있다. 그러나 점유자가 손해의 방지에 필요한 주의를 해태하지 아니한 때에는 그 소유자가 손해를 배상할 책임이 있다."라고 규정하고 있습니다.

「민법」 제623조는 "임대차계약에 있어서 임대인은 목적물을 임차인에게 인도하고 계약존속 중 그 사용, 수익에 필요한 상태를 유지하게 할 의무를 부담한다."라고 임대인의 수선의무를 규정하고 있으며, 임대인이 수선의무를 부담하는 임대목적물의 파손정도에 관하여 판례는 "목적물에 파손 또는 장해가 생긴 경우 그것이 임차인이 별 비용을 들이지 아니하고도 손쉽게 고칠 수 있을 정도의 사소한 것이어서 임차인의 사용·수익을 방해할 정도의 것이 아니라면 임대인은 수선의무를 부담하지 않지만, 그것을 수선하지 아니하면 임차인이 계약에 의하여 정하여진 목적에 따라 사용·수익할 수 없는 상태로 될 정도의 것이라면 임대인은 그 수선의무를 부담한다."라고 하였습니다(대법원 1994. 12. 9. 선고 94다34692, 34708 판결, 2000. 3. 23. 선고 98두18053 판결).

하급심 판례는 "공작물의 설치·보존의 하자로 인해 1차적으로 손해를 배상할 책임이 있는 점유자가 손해방지에 필요한 주의를 게을리 하지 않은 때에는 소유자만이 책임을 지고, 이 사건에서 발생된 누수는 그 바닥에 매설된 수도 배관의 이상으로 인한 것으로 그 하자 부위 및 정도에 비추어 임차인인 피고가 별 비용을 들이지 아니하고도 쉽게 고칠 수 있을 정도의 사소한 것이라고 볼 수 없고, 임대인이 임대차계약상 지고 있는 수선의무에 따라 그 수리책임을 부담하여야 할 정도의 임대목적물의 파손에 해당되며, 임차인이 누수사실을 알게 된 즉시 임대인에게 수리를 요청했고, 임차인으로서는 바닥내부의 숨은 하자로 인한 손해발생을 미리 예견해 방지하기는 불가능했던 만큼 임차인에게 손해배상책임이 있다고 볼 수 없다."라고 하였습니다(서울지방법원 2001. 6. 27. 선고 2000나81285 판결).

<출처: 찾기쉬운 생활법령-재미있는 생활법령-솔로몬의 재판>

2. 동별 대표자의 선출·해임 등에 관한 소송

가. 동별 대표자

(1) 동별 대표자 선출 방법 등

(가) "동별 대표자"란

"동별 대표자"란 입주자대표회의의 구성원으로 동별 세대수에 비례하여 관리규약으로 정한 선거구에 따라 선출된 대표자를 말합니다(「공동주택관리법」 제14조제1항).

> ◆ 공동주택관리법
> 제14조 (입주자대표회의의 의결방법 및 의결사항 등) ① 법 제14조제10항에 따라 입주자대표회의는 입주자대표회의 구성원 과반수의 찬성으로 의결한다.
> <개정 2018. 9. 11., 2020. 4. 24., 2022. 12. 9.>

(나) 동별 대표자 선출 방법

선거구는 2개 동 이상으로 묶거나 통로나 층별로 구획하여 정할 수 있으며, 동별 대표자는 선거구별로 1명씩 선출하되 그 선출 방법은 다음의 구분에 따릅니다(「공동주택관리법」 제14조제1항 및 「공동주택관리법 시행령」 제11조제1항).

후보자가 2명 이상인 경우	후보자가 1명인 경우
해당 선거구 전체 입주자·사용자의 과반수가 투표하고 후보자 중 최다득표자를 선출	해당 선거구 전체 입주자·사용자의 과반수가 투표하고 투표자 과반수의 찬성으로 선출

선거구 입주자·사용자의 보통·평등·직접·비밀선거를 통하여 선출합니다(「공동주택관리법」 제14조제3항).

> ◆ 공동주택관리법
> 제14조 (입주자대표회의의 의결방법 및 의결사항 등) ③ 제1항 및 제2항에도 불구하고 입주자대표회의 구성원 중 사용자인 동별 대표자가 과반수인 경우

에는 법 제14조제12항에 따라 제2항제12호에 관한 사항은 의결사항에서 제외하고, 같은 항 제14호 중 장기수선계획의 수립 또는 조정에 관한 사항은 전체 입주자 과반수의 서면동의를 받아 그 동의 내용대로 의결한다. <신설 2020. 4. 24., 2022. 12. 9.>

◆ 공동주택관리법 시행령
제11조 (동별 대표자의 선출) ① 법 제14조제3항에 따라 동별 대표자(같은 조 제1항에 따른 동별 대표자를 말한다. 이하 같다)는 선거구별로 1명씩 선출하되 그 선출방법은 다음 각 호의 구분에 따른다.
1. 후보자가 2명 이상인 경우: 해당 선거구 전체 입주자등의 과반수가 투표하고 후보자 중 최다득표자를 선출
2. 후보자가 1명인 경우: 해당 선거구 전체 입주자등의 과반수가 투표하고 투표자 과반수의 찬성으로 선출

(다) 동별 대표자의 자격

동별 대표자는 입주자(입주자가 법인인 경우에는 그 대표자를 말함)가 동별 대표자 선출공고에서 정한 각종 서류 제출 마감일을 기준으로 ① 해당 아파트단지 안에서 주민등록을 마친 후 계속하여 3개월 이상 거주하고 있어야 하며(최초의 입주자대표회의를 구성하거나 「공동주택관리법」 제14조제2항 단서에 따른 입주자대표회의를 구성하기 위하여 동별 대표자를 선출하는 경우는 제외), ② 해당 선거구에 주민등록을 마친 후 거주하고 있어야 합니다(「공동주택관리법」 제14조제3항, 「공동주택관리법 시행령」 제11조제3항).
① 미성년자, 피성년후견인 및 피한정후견인
② 파산자로서 복권되지 않은 사람
③ 「공동주택관리법」 또는 「주택법」, 「민간임대주택에 관한 특별법」, 「공공주택 특별법」, 「건축법」, 「집합건물의 소유 및 관리에 관한 법률」을 위반한 범죄로 금고 이상의 실형 선고를 받고 그 집행이 끝나거나(집행이 끝난 것으로 보는 경우를 포함) 집행이 면제된 날부터 2년이 지나지 않은 사람
④ 금고 이상의 형의 집행유예선고를 받고 그 유예기간 중에 있는 사람
⑤ 「공동주택관리법」 또는 「주택법」, 「민간임대주택에 관한 특별법」, 「공공주택 특별법」, 「건축법」, 「집합건물의 소유 및 관리에 관한 법률」을 위반한 범죄로 100만원 이상의 벌금을 선고받은 후 2년이 지나지 않은 사람
⑥ 「공동주택관리법」 제15조제1항에 따른 선거관리위원회 위원(사퇴하거나 해임 또는 해촉된 사람으로서 그 남은 임기 중에 있는 사람을 포함)

⑦ 아파트의 소유자가 서면으로 위임한 대리권이 없는 소유자의 배우자나 직계존비속
⑧ 해당 아파트 관리주체의 소속 임직원과 해당 아파트 관리주체에 용역을 공급하거나 사업자로 지정된 자의 소속 임원. 이 경우 관리주체가 주택관리업자인 경우에는 해당 주택관리업자를 기준으로 판단합니다.
⑨ 해당 아파트의 동별 대표자를 사퇴한 날부터 1년(해당 동별 대표자에 대한 해임이 요구된 후 사퇴한 경우에는 2년을 말함)이 지나지 않거나 해임된 날부터 2년이 지나지 않은 사람
⑩ 「공동주택관리법」 제23조제1항부터 제5항까지의 규정에 따른 관리비 등을 최근 3개월 이상 연속하여 체납한 사람

◆ 공동주택관리법
제14조 (입주자대표회의의 의결방법 및 의결사항 등) ③ 제1항 및 제2항에도 불구하고 입주자대표회의 구성원 중 사용자인 동별 대표자가 과반수인 경우에는 법 제14조제12항에 따라 제2항제12호에 관한 사항은 의결사항에서 제외하고, 같은 항 제14호 중 장기수선계획의 수립 또는 조정에 관한 사항은 전체 입주자 과반수의 서면동의를 받아 그 동의 내용대로 의결한다. <신설 2020. 4. 24., 2022. 12. 9.>

◆ 공동주택관리법 시행령
제11조 (동별 대표자의 선출) ③ 법 제14조제3항제1호에서 "대통령령으로 정하는 기간"이란 3개월을 말한다. <개정 2020. 4. 24., 2024. 4. 9.>

동별 대표자가 될 수 있는 입주자의 요건
Q. 아들명의로 된 아파트에 거주하고 있는 부모님에게 동별 대표자격이 있나요? A. 해당 아파트의 소유자가 그 직계존속과 함께 거주하지 않더라도 소유자의 직계존속이 아들 소유의 아파트에서 주민등록을 마친 후 6개월 이상 계속 거주하고 있었다면 동별 대표자가 될 수 있습니다. (「공동주택관리법」 제14조제3항 및 「공동주택관리법 시행령」 제11조제2항)

(라) 동별 대표자의 임기

동별 대표자의 임기는 2년으로 합니다. 다만, 보궐선거 또는 재선거로 선출된 동별 대표자의 임기는 다음의 구분에 따릅니다(「공동주택관리법」 제14조제10항

및 「공동주택관리법 시행령」 제13조제1항).
① 모든 동별 대표자의 임기가 동시에 시작하는 경우: 2년
② 그 밖의 경우: 전임 임기(재선거의 경우 재선거 전에 실시한 선거에서 선출된 동별 대표자의 임기를 말함)의 남은 기간
③ 동별 대표자는 한 번만 중임할 수 있습니다. 이 경우 보궐선거 또는 재선거로 선출된 동별 대표자의 임기가 6개월 미만인 경우에는 임기의 횟수에 포함하지 않습니다(「공동주택관리법」 제14조제10항 및 「공동주택관리법 시행령」 제13조제2항).

◆ 공동주택관리법 시행령

제13조 (동별 대표자의 임기 등) ① 법 제14조제10항에 따라 동별 대표자의 임기는 2년으로 한다. 다만, 보궐선거 또는 재선거로 선출된 동별 대표자의 임기는 다음 각 호의 구분에 따른다. <개정 2018. 9. 11., 2019. 10. 22., 2020. 4. 24., 2022. 12. 9.>
1. 모든 동별 대표자의 임기가 동시에 시작하는 경우: 2년
2. 그 밖의 경우: 전임자 임기(재선거의 경우 재선거 전에 실시한 선거에서 선출된 동별 대표자의 임기를 말한다)의 남은 기간
② 법 제14조제10항에 따라 동별 대표자는 한 번만 중임할 수 있다. 이 경우 보궐선거 또는 재선거로 선출된 동별 대표자의 임기가 6개월 미만인 경우에는 임기의 횟수에 포함하지 않는다. <개정 2018. 9. 11., 2019. 10. 22., 2020. 4. 24., 2022. 12. 9.>

(마) 동별 대표자의 해임

동별 대표자는 관리규약으로 정한 사유가 있는 경우에 해당 선거구 전체 입주자·사용자의 과반수가 투표하고 투표자 과반수의 찬성으로 해임합니다(「공동주택관리법」 제14조제10항 및 「공동주택관리법 시행령」 제13조제4항제1호).

◆ 공동주택관리법 시행령

제13조 (동별 대표자의 임기 등) ④ 법 제14조제10항에 따라 동별 대표자 및 입주자대표회의의 임원은 관리규약으로 정한 사유가 있는 경우에 다음 각 호의 구분에 따른 방법으로 해임한다. <개정 2018. 9. 11., 2020. 4. 24., 2021. 10. 19., 2022. 12. 9.>
  1. 동별 대표자: 해당 선거구 전체 입주자등의 과반수가 투표하고 투표자

과반수의 찬성으로 해임

나. 원고적격

입주자등은 신청인 또는 원고로서 입주자대표회의를 상대로 본안소송을 제기하거나 임원을 상대로 직무집행정지가처분을 신청할 수 있다.

다. 본안소송에서의 피고적격

입주자등이 동별 대표자의 선출 및 해임결의외 무효확인을 구하는 본안소송의 경우 비법인 사단인 입주자대표회의는 위 본안소송에서 상대방으로서의 당사자 적격이 있다.

[판례 1] 한빛아파트동대표선출결의무효확인 (대법원 2008. 9. 25. 선고 2006다86597 판결)

【판시사항】

[1] 공동주택의 입주자대표회의가 동대표 선출결의 무효확인소송의 피고적격이 있는지 여부(적극)
[2] 임기가 만료된 입주자대표회의 구성원이 동대표 선출결의의 무효확인을 구할 소의 이익이 있는지 여부(한정 적극)
[3] 집합건물의 소유 및 관리에 관한 법률 제15조 제1항이 규정하는 관리단집회의 결의를 요하는 '공용부분의 변경'에 해당하는지 여부의 판단 방법

라. 동별 대표자·관리사무소장에 대한 해임청구소송의 허용 여부

[판례 2] 동대표해임 무효확인 (2016가합25977 동대표해임 무효확인)

사   건   2016가합25977 동대표해임 무효확인
원   고   A
피   고   B 입주자대표회의
변론종결   2017. 8. 17.
판결선고   2017. 9. 7.

주 문

1. 피고의 해임절차 진행 요청에 따라 2016. 8. 24. 실시된 원고에 대한 111동 동대표 해임결의는 무효임을 확인한다.
2. 소송비용은 피고가 부담한다.

청구취지

주문과 같다.

이 유

1. 기초사실
   가. 당사자들의 지위
      1) 원고는 2014. 6. 1.부터 서울 동대문구 B아파트(이하 '이 사건 아파트') 제6기 입주자대표회의 구성원으로서 111동 동대표직을 수행해 오던 사람이다. 원고는 2016. 4. 28. 실시된 제7기 동대표 선거에서 111동 동대표로 재선되었고, 2016. 5. 27. 실시된 제7기 입주자대표회의 임원선거를 통해 감사로 선출되었다.
      2) 피고는 이 사건 아파트의 동대표로 구성된 입주자대표회의이고, 이 사건 아파트 선거관리위원회(이하 '선관위')는 선거관련 업무를 수행하기 위하여 설치된 기구이다.
      3) 주식회사 C(이하 'C')는 이 사건 아파트의 관리를 위탁받은 주택관리업자이고, D은 C 소속 직원으로 관리사무소에서 근무하는 관리실장이다.
   나. 원고의 관리실장 D에 대한 인사조치 요구 등
      1) 관리실장 D은 2016. 5. 27. 실시된 제7기 입주자대표회의 임원선거 감사 후보자등록 접수를 받고 있었는데, 접수시간인 아침 9시가 되기 전 원고보다 먼저 와서 줄을 서고 있던 E이 구비서류를 가져오기 위해 자리를 떠났다가 돌아왔는데도 E이 원고보다 먼저 왔었다는 이유로 E에게 후보 기호 1번을 부여하였다. 원고는 E과 함께 감사로 선출되었으나, 2016. 6. 28. C 본사 사무실을 방문하여 대표이사에게, '관리실장 D이 2016. 4. 28. 실시된 이 사건 아파트 제7기 입주자대표회의 임원선거 후보자 등록 접수업무를 수행하면서, 감사 후보자의 접수순위를 조작하여 특정후보(E)를 지원하는 등 용납할 수 없는 행위를 하여 아파트 관리규약과 선거관리규정을 위반하였다'는 이유로 관리실장 D에 대한 인사조치를 요청하고, 그 무렵 C에 여러 차례 전화를 하여 동일한 요청을 하였다.
      2) 또한 원고는 같은 이유로 선관위 위원 전원의 해촉을 요구하거나 수시로 입주자대표회의 및 관리주체에 업무자료를 제출할 것을 요구하기도 하였다.
   다. 원고에 대한 해임투표
      1) 피고는 2016. 7. 19. 입주자대표회의를 개최하여 원고의 위와 같은 행위가 법령과 관리규약을 위반한 것이라는 등의 이유로 선관위에 원고에 대한 동대표 해임절차 진행을 요청하기로 의결하였다(이하 '이 사건 해임절차 진행요청 결의').
      2) 위 요청을 받은 선관위는 2016. 7. 25. 원고에게 동대표 해임절차를 진행할 예정이니 2016. 7. 27. 17:00까지 소명자료를 제출할 것을 통지하였고, 원고는 2016. 7.

27. 17:46경 이 사건 아파트 관리사무소에 소명자료를 제출하였다.
3) 선관위는 2016. 7. 29. 원고에 대한 해임투표를 방문투표 방식으로 2016. 8. 8.부터 4일간 실시하고 개표는 2016. 8. 12.에 한다고 공고하였으나 공고와 달리 투표를 실시하지 않았고, 2016. 8. 10. 원고에 대한 해임절차를 진행하되 원고가 소명자료를 46분 늦게 제출하였다는 이유로 이를 공고하지 않는다는 내용의 의결을 한 후 2016. 8. 18. 원고에 대한 해임투표를 방문투표 방식으로 2016. 8. 20.부터 4일간 아침 9시부터 저녁 9시까지 실시하고 개표는 2016. 8. 24. 아침 10시에 한다고 공고하였다.
4) 선관위는 2016. 8. 20.부터 같은 달 23.까지 4일간 이 사건 아파트 111동 입주자들을 대상으로 방문투표 방식으로 해임투표를 진행하여, 투표 종료일 다음날인 2016. 8. 24. 투표권자 과반수 투표, 투표자 과반수 찬성으로 원고가 이 사건 아파트 111동 동대표에서 해임되었다는 공고를 하였다.

라. 관련 법령 등
이 사건 관련 구 주택법 및 시행령(2016. 8. 11. 대통령령 제27444호로 전부개정되기 전의 것, 이하 같다)과 이 사건 아파트 선거관리규정 및 관리규약 중 이 사건 관련조항은 별지와 같다.
[인정근거] 다툼 없는 사실, 갑 제1 내지 4, 7, 8, 11 내지 16, 26, 27호증(가지번호 포함, 이하 같다), 을 제1 내지 9호증 및 변론 전체의 취지

2. 당사자들의 주장
가. 원고
아래와 같은 이유로 선관위가 2016. 8. 24. 원고에 대하여 한 동대표 해임결의는 무효이다.
1) 실체적 하자
원고는 감사 후보자 접수 순위와 관련하여 D의 잘못된 행동을 지적하고, C에 적절한 인사조치를 요구한 것은 정당한 것이다. 이 사건 아파트 관리규약 제20조 제1항 제1호, 구 주택법 시행령 제51조 제5항에서 정한 해임사유에 해당하지 않는다.
2) 절차적 하자
가) 이 사건 아파트 관리규약 제25조 제1항에 의하면, 입주자대표회의 회장이 입주자대표회의를 소집하고자 할 때에는 회의개최 5일 전까지 일시·장소 및 안건을 동대표에게 서면으로 통지하도록 규정하고 있음에도 피고 회장인 F은 해임절차 진행요청결의가 이루어진 2016. 7. 19.자 입주자대표회의를 소집·공고하면서 그 소집통지서에 원고와 관련하여 단순히 '법령 및 규약위반행위자 관련의 건'이라고만 명시하였을 뿐이고 구체적인 결의 안건을 미리 통지하지 아니하였다.
나) 구 주택법 및 이 사건 아파트 관리규약은 '동대표 해임'과 '입주자대표회의 임원 해임' 절차를 구분하여 규정하고 있다. 이 사건 아파트 111동 동대표이면서 동시에 입주자대표회의 감사인 원고는 동대표 해임절차가 아닌 임원해임절차(전체 입주자 등 10분의 1 이상 투표, 투표자 과반수 찬성)를 통해 해임되어야 함에도 피고는 원고를 동대표 해임절차(111동 입주자 등의 과반수 투표, 투표자 과반수

찬성)를 통해 해임하였다.
- 다) 이 사건 아파트 관리규약에 따르면 입주자대표회의 임원, 동대표에 대한 해임절차 진행을 요청받은 선관위는 해임투표 당사자에게 소명자료를 제출할 기회를 주어야 하며, 해임사유와 소명자료를 전체 입주자 등에게 투표일 20일 전(동대표의 경우 10일전)에 미리 공개하여야 한다. 선관위는 원고에 대한 해임절차 진행 및 소명자료 제출요청을 통지하면서, 원고에 대한 해임사유와 근거규정을 알려주지 아니하였고, 나아가 원고가 제출한 소명자료를 입주민들에게 공개하지 아니함으로써 원고의 소명기회 내지 권리를 침해하였다.
- 라) 동대표 내지 입주자대표회의 임원 해임을 위한 선거는 방문투표의 방식으로 진행될 수 없고, 나아가 방문투표가 이루어질 경우 후보자의 신청이 있으면 투표참관인과 함께 방문투표를 진행하여야 하는데, 선관위는 원고가 투표참관인 신고서를 제출하였음에도 참관인의 지정이나 참여 없이, 경비원이 세대를 방문하여 방문투표를 진행하였다.

나. 피고
1) 실체적 하자 주장에 대한 반박
원고는 입주자대표회의 감사 또는 동대표의 지위를 남용하여 관리업자인 C 소속 직원을 해고하도록 압력을 행사하였는바, 이는 구 주택법 시행령 제51조 제5항과 이 사건 아파트 관리규약 제14조 제2항을 위반한 행위이다. 원고에게는 이 사건 아파트 관리규약 제20조 제1항 제1호에 정한 해임사유가 있다.
2) 절차적 하자 주장에 대한 반박
- 가) 2016. 7. 19. 이 사건 해임절차 진행요청 결의를 위한 입주자대표회의 당시, 회의에 참석할 동대표 및 임원들은 모두 법령 및 규약위반행위자가 누구인지 알고 있었고 그 의미도 잘 알고 있었다. 따라서 입주자대표회의 소집 당시 결의 안건을 '법령 및 규약위반행위자 관련의 건'이라고만 표시하였더라도 적법한 안건통지가 있었던 것으로 보아야 한다.
- 나) 이 사건 아파트 관리규약 제19조 제2항은 동대표 자격을 상실할 때에는 임원자격도 자동으로 상실되는 것으로 규정하고 있다. 원고를 동대표 해임절차에 따라 해임하고, 관리규약에 따라 자동으로 원고의 임원 자격이 상실되는 것이 부당하다고 볼 수 없다.
- 다) 피고는 원고에게 소명기회를 부여하였으나, 원고가 지정된 기한 내에 소명자료를 제출하지 아니하였다. 기한을 도과하여 제출된 소명자료를 공고하지 아니한 것이 원고의 소명기회나 권리를 침해한 것으로 볼 수 없다.
- 라) 동대표를 해임함에 있어 주민들의 의사를 확인하는 것도 이 사건 아파트 선거관리규정 제32조 제1항에서 정한 "주민동의 등"에 포함되는 것으로 보아야 하고, 같은 규정 제3조 제1항은 '선거사무와 관련하여 규정에 정함이 없는 때에는 그 성질에 반하지 아니하는 범위 안에서 선관위가 필요한 사항을 정할 수 있다'고 규정하고 있으므로, 동대표 1인에 대한 해임 투표를 선관위의 결정에 따라 방문투표로 진행한 것이 위법하다고 볼 수 없다. 나아가 선관위는 원고가 투·개표 참관인으로 신청한 G에 대하여 투표 참관을 거부한 사실이 없다.

3. 판단

가. 원고가 2016. 5. 27. 실시된 제7기 입주자대표회의 임원선거 이후 2016. 6. 28. C 본사 사무실을 방문하여 대표이사에게 관리실장 D에 대한 인사조치를 요청하고, 그 무렵 C에 여러 차례 전화를 하여 동일한 요구를 한 사실을 앞서 본 바와 같고, 관리실장 D이 2016. 5. 27. 실시된 제7기 입주자대표회의 임원선거 감사 후보자 등록 과정에서 원고보다 먼저 왔던 E이 구비서류를 가져오기 위해 잠시 자리를 떠났다가 돌아왔는데도 E이 원고보다 먼저 왔다는 이유로 E에게 후보 기호 1번을 부여한 것은 잘못이다. 그러나 D이 이러한 잘못을 하였다 하더라도 원고가 입주자대표회의를 통하지 아니하고 단독으로 C 소속 직원인 D에 대한 인사조치를 C 대표이사에게 요구하는 행위는 관리규약 제14조 제1항과 관련하여 부적절하다고 볼 여지가 충분하다.

나. 그러나 이 사건 원고에 대한 해임절차에는 다음과 같은 중대한 하자가 있다.

① 입주자대표회의를 소집함에 있어 회의의 목적 사항을 기재하도록 하는 취지는 구성원이 결의를 할 사항이 사전에 무엇인가를 알아 회의 참석 여부나 결의사항에 대한 찬반의사를 미리 준비하게 하는 데 있으므로, 회의의 목적 사항은 구성원이 안건이 무엇인가를 알기에 족한 정도로 구체적으로 기재하여야 한다. 만일 회의 소집 통지에 목적 사항으로 기재하지 않은 사항에 관하여 결의한 때에는 구성원 전원이 회의에 참석하여 그 사항에 관하여 의결한 경우가 아닌 한 그 결의는 무효이다(대법원 2013. 2. 14. 선고 2010다102403 판결).

갑 제16호증, 을 제3, 4호증에 의하면, 피고는 2016. 7. 19.자 입주자대표회의를 소집함에 있어 의결 예정 안건을 '2016. 6. 관리비부과내역 심의 및 관리업무 ·사업실적(2/4분기 결산) 보고의 건, 법령 및 규약위반행위자 관련의 건'이라고만 통지하였고, 105동 대표인 정관수가 참석하지 아니한 상태에서 의결이 이루어졌음을 알 수 있다. 그런데 소집통지서에 기재된 내용만으로는 해당 입주자대표회의에서 원고에 대한 동대표 해임절차 진행요청 결의가 이루어질 것이라고 예측하기는 어렵고, 입주자대표회의의 구성원 전부가 통지되지 않은 안건을 의결한 예외적인 경우에도 해당되지 않는다. 나아가 을 제2, 18 내지 20호증(회의동영상 포함)만으로는 당시 입주자대표회의 참석자 전원이 안건의 내용에 대하여 사전에 명확히 인지하고 있었다고 보기에도 부족하다. 이 사건 해임절차 진행요청 결의에는 소집통지 등에 관하여 중대한 하자가 있다고 보아야 한다.

② 이 사건 아파트 관리규약 제20조 제4항은 해임절차 진행을 요청받은 선관위로 하여금 해임투표 당사자인 동대표에게 소명자료 제출기회를 부여하고 해임사유 및 소명자료를 해당 선거구 입주자 등에게 투표일 10일 전에 공개하도록 규정하고 있다. 이는 동대표로서의 지위를 박탈당하는 중대한 불이익을 받을 수 있는 해임 당사자로 하여금 해임사유에 대한 변명을 위하여 자신에게 이익이 되는 의견과 자료를 제출할 수 있는 기회를 보장하는 한편, 선관위가 해임 당사자로부터 제출받은 소명자료를 해당 선거구 입주자 등에게 투표절차 이전에 미리 공개함으로써 해당 선거구 입주자 등으로 하여금 해임사유를 정확하게 파악하여 적정하고 신중한 투표를 하도록 하려는 데에 그 목적이 있는 것이다. 따라서 해임절차에 있어 해임 당사자의 소명기회 내지 권리가 침해되었다면 그러한 절차에 따른 해임 역시 원칙적으로 무효

로 보아야 한다.

갑 제8, 11, 12호증, 을 제14, 15호증 및 변론 전체의 취지를 종합하면, 선관위는 언제 해임투표를 실시할 것인지 정하지도 않은 상황에서 구체적인 해임사유가 무엇인지도 원고에게 통보하지 않은 채, 2016. 7. 25. 원고에게 2016. 7. 27. 17:00까지 불과 이틀 안에 소명자료를 제출하도록 한 점, 원고는 2016. 7. 27. 17:46경 아파트 관리사무소에 소명자료를 제출하였음에도 선관위는 2016. 8. 10. 원고가 소명자료 제출기한을 도과하였다는 이유로 원고 제출의 소명자료를 입주민들에게 공고하지 아니하고 원고에 대한 해임사유만을 공고하기로 의결하였던 점, 선관위는 2016. 7. 29. 원고에 대한 해임투표를 2016. 8. 8.부터 4일간 실시한다고 처음 공고하였다가 2016. 8. 18.에 2016. 8. 20.부터 4일간 원고에 대한 해임투표를 실시한다고 재공고하였음에도 원고가 이미 제출한 소명자료에 대한 미공고 결정은 그대로 유지한 채 이 사건 해임투표를 강행하였던 점 등을 알 수 있다. 이러한 사정을 종합하면 이 사건 해임투표에 있어서 원고의 소명기회는 선관위의 위와 같은 결정에 의하여 침해된 것으로 볼 수밖에 없다.

③ 이 사건 해임투표가 방문투표 방식으로 진행된 사실은 앞서 본 바와 같다. 그러나 이 사건 아파트 선거관리규정은 원칙적인 투표방법을 '기표방법에 의한 무기명투표'로 정하고 있고(제25조 제1항), 그 절차를 '선거인이 직접 투표소에 가서 투표참관인의 참관 하에 본인 여부를 확인받은 후 선거인 명부에 서명·날인 또는 무인하고 투표용지를 받아 투표'하도록 하면서(제31조 제1항), 다만 예외적으로 '주민동의 등과 동별 대표자선거 및 임원선거에 있어 후보자가 1인인 경우에 호별방문을 통하여 찬반투표'를 하는 방문투표를 규정하고 있을 뿐이고(제32조), 동대표 해임과 관련하여서는 어떠한 방법으로 투표를 해야 하는지 규정을 두지 않고 있다. 특별한 규정이 없는 경우는 원칙으로 돌아가 '기표방법에 의한 무기명투표' 방식으로 투표를 해야 한다. 피고가 주장하는 방문투표 방식은 무기명투표 방식보다 상대적으로 공정성을 담보하기 어려운 투표 방식인바, 이는 당사자들의 이해관계가 첨예하게 대립되지 않은 경우에만 예외적으로 허용되는 것으로 보아야 하고, 후보자가 2인 이상이거나 기존 동대표를 해임하는 경우여서 당사자들의 이해관계가 첨예하게 대립하는 경우에는 허용되지 않는다고 보아야 한다. 따라서 방문투표 방식으로 원고에 대한 해임투표를 진행한 것은 위법하다.

다. 결국 2016. 8. 24. 실시된 원고에 대한 111동 동대표 해임결의는 무효이다(나머지 원고가 주장하는 무효사유에 대하여는 판단을 생략한다).

4. 결론

원고의 청구를 인용한다.

재판장 판사 최남식
　　　　판사 정경환
　　　　판사 이민영

제4장 공동주택과 관련한 쟁송   241

[판례 3] 이사장등직무집행정지및출입금지가처분 (대법원 2001. 1. 16. 선고 2000다45020 판결)

【판시사항】

[1] 형성의 소는 법률의 규정이 있는 경우에만 허용되는지 여부(적극) 및 조합의 이사장이나 이사에 대한 해임청구의 소를 본안으로 하는 직무집행정지 가처분이 허용되는지 여부(소극)

[2] 조합원이 법인인 경우, 그 법인의 대표자가 조합의 이사장, 이사 및 감사의 피선출권을 갖는지 여부(적극)

【판결요지】

[1] 기존 법률관계의 변경·형성을 목적으로 하는 형성의 소는 법률에 명문의 규정이 있는 경우에 한하여 제기할 수 있는바, 조합의 이사장 및 이사가 조합업무에 관하여 위법행위 및 정관위배행위 등을 하였다는 이유로 그 해임을 청구하는 소송은 형성의 소에 해당하는데, 이를 제기할 수 있는 법적 근거가 없으므로, 조합의 이사장 및 이사 직무집행정지 가처분은 허용될 수 없다.

[2] 조합의 정관에서 이사장, 이사 및 감사는 총회에서 조합원 중에서 선출하는 것으로 규정하고 있더라도, 그 조합원이 법인인 경우에는 그 대표자가 이사장, 이사 및 감사의 피선출권을 갖는다.

[판례 4] 조합장당선무효 (대법원 1996. 6. 25. 선고 95다50196 판결)

【판시사항】

금품제공 행위가 개입된 엽연초생산협동조합장 선거 및 그에 기한 당선인 결정을 무효라고 한 사례

【판결요지】

엽연초생산협동조합법에 임원선거시의 금품 등 제공행위를 형사처벌하거나 그로 인한 당선을 무효로 한다는 규정이 없더라도, 조합장 선거에 출마한 후보자가 당선을 목적으로 선거인들에게 금품을 제공한 행위는 선량한 풍속 기타 사회질서에 반하는 행위이고, 한편 당선인과 차순위 후보자 사이의 득표 차가 불과 2표인 점에 비추어 보면 당선인 등의 금품제공 행위는 선거 결과에도 영향을 미쳤다고 볼 수밖에 없다는 이유로, 그와 같은 반사회적 행위가 개입됨으로써 선거 결과에 영향을 준 조합장 선거 및 이를 기초로 한 당해 조합의 당선인 결정은 무효라고 한 사례.

[판례 5] 가처분이의 (대법원 2003. 12. 26. 선고 2003다11837 판결)

【판시사항】

[1] 농업협동조합의 조합장 선거에서 법령에 위반한 사유가 있는 경우 각 조합원이 그 무효의 확인을 구하는 소를 제기할 수 있는지 여부(적극)
[2] 공직선거및선거부정방지법상 선거무효소송과 당선무효소송의 법리가 농업협동조합법에 의한 당선무효확인의 소에 적용될 수 있는지 여부(소극) 및 농업협동조합법에 의한 당선무효확인의 소가 인용되기 위하여 당해 조합 선거관리위원회의 책임으로 돌릴 만한 사유를 요하는지 여부(소극)
[3] 농협협동조합의 조합장 선거에 의한 당선이 무효가 되는 경우
[4] 선거방법이 벽보로만 제한된 농업협동조합의 조합장 선거에서 상대방 후보자에 대한 허위 내지 비방의 유인물을 전 조합원에게 발송한 후보자가 유효투표의 2%의 득표차이로 조합장에 선출된 경우 제반 사정을 고려하여 위 선거가 무효라고 판단한 사례

【판결요지】

[1] 농업협동조합법 제33조 제1항은 조합원은 총회의 소집절차, 의결방법, 의결내용 또는 임원선거가 법령, 법령에 의한 행정처분 또는 정관에 위반하였다는 것을 사유로 하여 그 의결이나 선거에 따른 당선의 취소 또는 무효확인을 농림부장관에게 청구하거나 이를 청구하는 소를 제기할 수 있다고 규정하고, 같은 조 제3항에서 제1항의 규정에 의한 소에 관하여는 상법 제376조 내지 제381조의 규정을 준용한다고 규정하므로, 위 법에 근거하여 설립된 조합에서 조합장을 선출한 결의, 즉 선거에 법령에 위반한 사유가 있는 경우 각 조합원은 그 무효의 확인을 구하는 소를 제기할 수 있다.
[2] 공직선거및선거부정방지법은 선거무효소송과 당선무효소송을 나누어 원·피고 적격과 무효사유 및 소제기기간 등을 따로 규정하고 있어 공직선거및선거부정방지법상 선거무효소송과 당선무효소송의 법리는 상법상 주주총회결의무효확인의 소에 관한 규정이 준용되는 농업협동조합법에 의한 당선무효확인의 소에 적용될 수 없다고 할 것이므로, 농업협동조합법에 의한 당선무효확인의 소가 인용되기 위하여 당해 조합의 선거관리위원회가 후보자 등 제3자에 의한 선거과정상의 위법행위에 대하여 적절한 시정조치를 취함이 없이 묵인, 방치하는 등 그 책임에 돌릴 만한 사유가 따로 있을 것을 요하는 것은 아니다.
[3] 농업협동조합의 조합장 선거에 출마한 후보자 등이 당선을 목적으로 허위사실을 공표하는 등 선거의 절차에서 법령에 위반한 사유가 있는 경우 그 사정만으로 당해 선거에 의한 당선이 무효가 되는 것은 아니고, 이와 같은 법령위배의 선거운동으로 조합원들의 자유로운 판단에 의한 투표를 방해하여 선거의 기본이념인 선거의 자유와 공정을 현저히 침해하고 그로 인하여 선거의 결과에 영향을 미쳤다고 인정될 때에만 그 조합장선거 및 이를 기초로 한 당해 조합의 당선인결정은 무효이다.
[4] 선거방법이 벽보로만 제한된 농업협동조합의 조합장 선거에서 상대방 후보자에 대한 허위 내지 비방의 유인물을 투표일 1주일 전 조합원에게 발송한 후보자가 유효투표의 2%의 득

표차이로 조합장에 선출된 경우 유인물의 내용, 발송일과 투표일 사이의 시간적 간격과 상대방 후보자의 효과적인 대응방법의 유무, 당해 선거에서 가능한 선거운동의 방법 및 양 후보자의 득표차 등을 고려하여 위 선거가 무효라고 판단한 사례.

[판례 6] 직무집행정지가처분 (대법원 2000. 7. 6.자 2000마1029 결정)

【판시사항】

[1] 원양어선사와 사이에 통신장 예비원으로서의 고용계약을 체결한 경우, 전국원양수산노동조합 규약상 피선거권을 갖는 조합원(선원)에 해당하는지 여부(적극)
[2] 위원장 선거에 입후보하여 당선된 자가 선거운동 과정에서 상대후보를 비방한 경우, 상대후보와의 득표차, 그 내용의 허위, 비방, 불법성의 정도, 상대후보가 보인 반응, 그로 인하여 선거결과에 미칠 것으로 예상되는 영향의 정도 등에 비추어 선거·당선무효 사유에 해당하지 아니한다는 이유로 당선자에 대한 직무집행정지가처분신청을 기각한 원심결정을 수긍한 사례

【결정요지】

[1] 전국원양수산노동조합 규약 제10조 및 제14조 제4호의 규정을 종합하면 피선거권을 갖는 위 노동조합의 정조합원은 선장을 제외한 국적 원양어선에 종사하는 선원법상의 선원인 해원 및 예비원(승무중이 아닌 자) 중 위 규약 제10조 제2호 소정의 명예조합원과 제3호 소정의 특별조합원 이외의 자를 말하는 것으로서 반드시 승선중에 있는 자만을 의미하는 것은 아니므로, 선원고용계약을 체결하고 그 승선을 위하여 대기중인 예비원도 위 정조합원에 포함된다.
[2] 위원장 선거에 입후보하여 당선된 자가 선거운동 과정에서 상대후보를 비방한 경우, 상대후보와의 득표차, 그 내용의 허위, 비방, 불법성의 정도, 상대후보가 보인 반응, 그로 인하여 선거결과에 미칠 것으로 예상되는 영향의 정도 등에 비추어 선거·당선무효 사유에 해당하지 아니한다는 이유로 당선자에 대한 직무집행정지가처분신청을 기각한 원심결정을 수긍한 사례.

3. 관리비청구소송

가. 자치관리의 경우

[판례 7] 채무부존재확인 (대법원 2001. 9. 20. 선고 2001다8677 전원합의체 판결)

【판시사항】

아파트의 전 입주자가 체납한 관리비가 아파트 관리규약의 정함에 따라 그 특별승계인에게 승계되는지 여부(=공용부분에 한하여 승계)

【판결요지】

[다수의견] 아파트의 관리규약에서 체납관리비 채권 전체에 대하여 입주자의 지위를 승계한 자에 대하여도 행사할 수 있도록 규정하고 있다 하더라도, '관리규약이 구분소유자 이외의 자의 권리를 해하지 못한다.'고 규정하고 있는 집합건물의소유및관리에관한법률(이하 '집합건물법'이라 한다) 제28조 제3항에 비추어 볼 때, 관리규약으로 전 입주자의 체납관리비를 양수인에게 승계시키도록 하는 것은 입주자 이외의 자들과 사이의 권리·의무에 관련된 사항으로서 입주자들의 자치규범인 관리규약 제정의 한계를 벗어나는 것이고, 개인의 기본권을 침해하는 사항은 법률로 특별히 정하지 않는 한 사적 자치의 원칙에 반한다는 점 등을 고려하면, 특별승계인이 그 관리규약을 명시적, 묵시적으로 승인하지 않는 이상 그 효력이 없다고 할 것이며, 집합건물법 제42조 제1항 및 공동주택관리령 제9조 제4항의 각 규정은 공동주택의 입주자들이 공동주택의 관리·사용 등의 사항에 관하여 관리규약으로 정한 내용은 그것이 승계 이전에 제정된 것이라고 하더라도 승계인에 대하여 효력이 있다는 뜻으로서, 관리비와 관련하여서는 승계인도 입주자로서 관리규약에 따른 관리비를 납부하여야 한다는 의미일 뿐, 그 규정으로 인하여 승계인이 전 입주자의 체납관리비까지 승계하게 되는 것으로 해석할 수는 없다. 다만, 집합건물의 공용부분은 전체 공유자의 이익에 공여하는 것이어서 공동으로 유지·관리해야 하고 그에 대한 적정한 유지·관리를 도모하기 위하여는 소요되는 경비에 대한 공유자 간의 채권은 이를 특히 보장할 필요가 있어 공유자의 특별승계인에게 그 승계의사의 유무에 관계 없이 청구할 수 있도록 집합건물법 제18조에서 특별규정을 두고 있는바, 위 관리규약 중 공용부분 관리비에 관한 부분은 위 규정에 터잡은 것으로서 유효하다고 할 것이므로, 아파트의 특별승계인은 전 입주자의 체납관리비 중 공용부분에 관하여는 이를 승계하여야 한다고 봄이 타당하다.

[별개의견] 아파트 관리규약은 자치법규로서 집합건물법 제42조 제1항 및 공동주택관리령 제9조 제4항에 따라 구분소유자는 물론 그 특별승계인에게도 효력이 미치는바, 집합건물은 다수의 사람이 공동으로 소유·사용하는 건물이므로, 헌법이나 다른 법령의 규정에 어긋나지 아니하는 한, 규약을 통하여 구분소유자나 그 특별승계인의 권리에 일정한 제한을 가하는 것이 허용된다. 규약으로 '구분소유자 이외의 자'의 권리를 해하지 못하도록 한 집합건물법 제28조 제3항의 규정에서 말하는 '구분소유자'에는 규약 제정 당시의 구분소유자뿐만 아니라 규약이 제정된 뒤 구분소유자가 된 사람도 포함되므로, 규약으로 구분소유자의 특별승계인의 권리를 제한하는 것이 위 규정에 어긋나는 것이 아니다. 집합건물법 제18조는 특별승계인으로 하여금 전유부분에 관한 관리비를 승계하도록 할 수 없다는 근거규정이 될 수 없으며, 다수의견과 같이 전 입주자의 체납 관리비 중 공유부분에 관한 것만 특별승계인에게 승계된다고 보는 경우, 공유부분과 전유부분에 관한 관리비의 명확한 구분이 어려워 또다른 분쟁을 일으킬 수 있고, 전 소유자로부터 전유부분에 관한 체납 관리비의 징수가 사실상 불가능하여 그 부담이 관리비의 상승 등을 통하여 당해 전유부분과 아무런 관련이 없는 다른 구분소유자들에게 전가된다는 현실적인 문제도 발생하므로, 아파트의 전 입주자가 체납한 관리비는 공유부분과 전유부분을 구분하지 아니하고 전부 그 특별승계인에게 승계된다고 할 것이다.

[반대의견] 집합건물법 제18조가 구분소유자의 특별승계인의 채무부담을 근거지우는 규정이라고 보는 것은 입법 취지에 맞지 않는 해석이고, 집합건물법 제27조 제1항에서 관리단이 그의 재산으로 채무를 완제할 수 없는 때에는 구분소유자는 지분비율에 따라 관리단의 채무를 변제할 책임을 진다는 취지를 규정하고, 제2항에서 구분소유자의 특별승계인은 승계 전에 발생한 관리단의 채무에 관하여도 책임을 진다는 취지를 규정하고 있는 점에 비추어 볼 때, 우리 집합건물법은 승계 전의 구분소유자의 미납관리비를 공용부분의 것이든지 전유부분의 것이든지 묻지 않고 그의 특별승계인에게 개별적으로 채무부담 지우지 아니하되, 관리단의 재산으로 변제불능의 결과가 야기될 때에야 구분소유자 전원에게 분할변제책임을 지우는 제도를 택하고 있는 것으로 해석된다. 특별승계인에 대하여 승계 전 구분소유자의 관리비채무를 부담시키는 것은 일면의 구체적 타당성에 치중한 나머지 위헌적 소지가 우려되는 등 법적 안정성을 해치게 될 것이다.

4. 유해행위 및 사용금지청구소송

가. 위법한 건축행위의 유형 및 제재

(1) 건축 위반 유형

(가) 신축 및 증축

신축 및 증축이 법령에 위반되는 경우는 대체적으로 건축허가를 받거나 신고를 한 후 건축하면서 건폐율이나 용적률을 초과하는 경우, 애초부터 허가를 받지 않거나 신고를 하지 않은 경우입니다(「건축법」제80조제1항제1호 및 「건축법 시행령」제115조의3제1항).

다음은 주요 건축 위반 행위를 예시하면 다음과 같습니다.
① 나대지, 전(田) 및 답(畓) 등에 건축물을 짓거나 비닐하우스나 컨테이너 등을 설치한 경우(신축 - 허가나 신고 위반)
② 베란다에 새시(경량 철골 등)로 기둥을 세우고 지붕(조립식 패널이나 아크릴판 등)을 씌운 경우(증축 - 용적률 및 일조 등 확보를 위한 높이 제한 등, 허가나 신고 위반)
③ 커피숍 등 점포 앞에 테라스를 만들고 천막 지붕을 씌운 경우(증축 - 용적률 및 건폐율 등, 허가나 신고 위반)
④ 예식장 등 층고(방의 바닥구조체 윗면으로부터 위층 바닥구조체의 윗면까지의 높이)가 높은 층에 복층 구조를 만든 경우(증축 - 용적률 등, 허가나 신고 위반)
⑤ 건물 옥상에 옥탑방을 만들거나 계단탑 및 물탱크실 등을 주거용으로 사용하

는 경우(증축 - 용적률, 높이 제한 등, 허가나 신고 위반)
⑥ 필로티에 창고 등 용도로 임시건물을 만든 경우(증축 - 용적률 등, 허가나 신고 위반)
⑦ 다락을 주거용으로 사용하는 경우(증축 - 용적률 등, 허가나 신고 위반)
⑧ 현관이나 외부 계단 등을 비가림이나 차양을 위해 새시(경량 철골 등) 및 아크릴판으로 씌운 경우(증축 - 용적률 등, 허가나 신고 위반)
⑨ 공동주택(아파트 등) 지하주차장 진·출입로 상부에 지붕을 설치한 경우(증축 - 건폐율 등, 허가나 신고 위반)
⑩ 준공 후 발코니를 허용 기준을 초과하여 확장 공사를 한 경우(증축 - 용적률 등, 허가나 신고 위반)

◆ 건축법
제80조 (이행강제금) ① 허가권자는 제79조제1항에 따라 시정명령을 받은 후 시정기간 내에 시정명령을 이행하지 아니한 건축주등에 대하여는 그 시정명령의 이행에 필요한 상당한 이행기한을 정하여 그 기한까지 시정명령을 이행하지 아니하면 다음 각 호의 이행강제금을 부과한다. 다만, 연면적(공동주택의 경우에는 세대 면적을 기준으로 한다)이 60제곱미터 이하인 주거용 건축물과 제2호 중 주거용 건축물로서 대통령령으로 정하는 경우에는 다음 각 호의 어느 하나에 해당하는 금액의 2분의 1의 범위에서 해당 지방자치단체의 조례로 정하는 금액을 부과한다. <개정 2011. 5. 30., 2015. 8. 11., 2019. 4. 23.>
　　1. 건축물이 제55조와 제56조에 따른 건폐율이나 용적률을 초과하여 건축된 경우 또는 허가를 받지 아니하거나 신고를 하지 아니하고 건축된 경우에는 「지방세법」에 따라 해당 건축물에 적용되는 1제곱미터의 시가표준액의 100분의 50에 해당하는 금액에 위반면적을 곱한 금액 이하의 범위에서 위반 내용에 따라 대통령령으로 정하는 비율을 곱한 금액
　　2. 건축물이 제1호 외의 위반 건축물에 해당하는 경우에는 「지방세법」에 따라 그 건축물에 적용되는 시가표준액에 해당하는 금액의 100분의 10의 범위에서 위반내용에 따라 대통령령으로 정하는 금액

◆ 건축법 시행령
제115조의3 (이행강제금의 탄력적 운영) ① 법 제80조제1항제1호에서 "대통령령으로 정하는 비율"이란 다음 각 호의 구분에 따른 비율을 말한다. 다만,

> 건축조례로 다음 각 호의 비율을 낮추어 정할 수 있되, 낮추는 경우에도 그 비율은 100분의 60 이상이어야 한다.
> 1. 건폐율을 초과하여 건축한 경우: 100분의 80
> 2. 용적률을 초과하여 건축한 경우: 100분의 90
> 3. 허가를 받지 아니하고 건축한 경우: 100분의 100
> 4. 신고를 하지 아니하고 건축한 경우: 100분의 70

(나) 개축 및 재축

개축 및 재축의 허가를 받거나 신고를 한 후 종전 규모의 범위를 초과하여 건축한 경우(개축 및 재축 - 신축 허가나 신고 위반)

그러나 건축물의 동수가 감소하더라도 면적과 층수 및 높이가 증가하지 않는 경우라면 이는 종전과 동일한 규모 범위의 개축에 해당합니다(국토교통부 건축기획팀-632, 2005.10.10.).

5. 행정상 제재

가. 시정명령 등

특별시장·광역시장·특별자치시장·특별자치도지사 또는 시장·군수·구청장(이하 "허가권자"라 함)은 대지나 건축물이 「건축법」 또는 「건축법」에 따른 명령이나 처분에 위반되면 「건축법」에 따른 허가 또는 승인을 취소하거나 그 건축물의 건축주·공사시공자·현장관리인·소유자·관리자 또는 점유자(이하 "건축주등"이라 함)에게 공사의 중지를 명하거나 상당한 기간을 정하여 그 건축물의 철거·개축·증축·수선·용도변경·사용금지·사용제한, 그 밖에 필요한 조치를 명할 수 있습니다(「건축법」 제79조제1항).

허가권자는 위에 따라 허가나 승인이 취소된 건축물 또는 위 시정명령을 받고 이행하지 아니한 건축물에 대하여는 다른 법령에 따른 영업이나 그 밖의 행위를 허가·면허·인가·등록·지정 등을 하지 아니하도록 요청할 수 있습니다(「건축법」 제79조제2항 본문).

허가권자는 위 시정명령을 하는 경우 "위반건축물"이라는 표시·위반일자·위반내용 등을 건축물대장에 적어야 합니다(「건축법」 제79조제4항 및 「건축물대장의 기재 및 관리 등에 관한 규칙」 제8조제1항).

허가권자는 「건축법」 제11조(건축허가), 제14조(건축신고), 제41조(도로 굴착

부분에 대한 조치 등)와 제79조제1항(시정명령)에 따라 필요한 조치를 할 때 다음의 어느 하나에 해당하는 경우로서 「행정대집행법」 제3조제1항과 제2항에 따른 절차에 의하면 그 목적을 달성하기 곤란한 때에는 해당 절차를 거치지 아니하고 대집행할 수 있습니다(「건축법」 제85조 및 「건축법 시행령」 제119조의2).

① 재해가 발생할 위험이 절박한 경우
② 건축물의 구조 안전상 심각한 문제가 있어 붕괴 등 손괴의 위험이 예상되는 경우
③ 허가권자의 공사중지명령을 받고도 불응하여 공사를 강행하는 경우
④ 도로통행에 현저하게 지장을 주는 불법건축물인 경우
⑤ 「대기환경보전법」에 따른 대기오염물질 또는 「물환경보전법」에 따른 수질오염물질을 배출하는 건축물로서 주변 환경을 심각하게 오염시킬 우려가 있는 경우

> ◆ 건축법
> 제79조 (위반 건축물 등에 대한 조치 등) ① 허가권자는 이 법 또는 이 법에 따른 명령이나 처분에 위반되는 대지나 건축물에 대하여 이 법에 따른 허가 또는 승인을 취소하거나 그 건축물의 건축주·공사시공자·현장관리인·소유자·관리자 또는 점유자(이하 "건축주등"이라 한다)에게 공사의 중지를 명하거나 상당한 기간을 정하여 그 건축물의 해체·개축·증축·수선·용도변경·사용금지·사용제한, 그 밖에 필요한 조치를 명할 수 있다. <개정 2019. 4. 23., 2019. 4. 30.>
> ④ 허가권자는 제1항에 따른 시정명령을 하는 경우 국토교통부령으로 정하는 바에 따라 건축물대장에 위반내용을 적어야 한다. <개정 2013. 3. 23., 2016. 1. 19.>

나. 이행강제금

허가권자는 「건축법」 제79조제1항에 따라 시정명령을 받은 후 시정기간 내에 시정명령을 이행하지 아니한 건축주등에 대하여는 그 시정명령의 이행에 필요한 상당한 이행기한을 정하여 그 기한까지 시정명령을 이행하지 아니하면 다음의 이행강제금을 부과합니다(「건축법」 제80조제1항 본문).

건축물이 건폐율이나 용적률을 초과하여 건축된 경우 또는 허가를 받지 아니하거나 신고를 하지 아니하고 건축된 경우에는 「지방세법」에 따라 해당 건축

물에 적용되는 1제곱미터의 시가표준액의 100분의 50에 해당하는 금액에 위반면적을 곱한 금액 이하의 범위에서 위반 내용에 따라 다음의 비율(다만, 건축조례로 다음의 비율을 낮추어 정할 수 있되, 낮추는 경우에도 그 비율은 100분의 60 이상이어야 함)을 곱한 금액(「건축법」 제80조제1항제1호 및 「건축법 시행령」 제115조의3제1항)

- 건폐율을 초과하여 건축한 경우: 100분의 80
- 용적률을 초과하여 건축한 경우: 100분의 90
- 허가를 받지 아니하고 건축한 경우: 100분의 100
- 신고를 하지 아니하고 건축한 경우: 100분의 70

◆ 건축법

제80조 (이행강제금) ① 허가권자는 제79조제1항에 따라 시정명령을 받은 후 시정기간 내에 시정명령을 이행하지 아니한 건축주등에 대하여는 그 시정명령의 이행에 필요한 상당한 이행기한을 정하여 그 기한까지 시정명령을 이행하지 아니하면 다음 각 호의 이행강제금을 부과한다. 다만, 연면적(공동주택의 경우에는 세대 면적을 기준으로 한다)이 60제곱미터 이하인 주거용 건축물과 제2호 중 주거용 건축물로서 대통령령으로 정하는 경우에는 다음 각 호의 어느 하나에 해당하는 금액의 2분의 1의 범위에서 해당 지방자치단체의 조례로 정하는 금액을 부과한다. <개정 2011. 5. 30., 2015. 8. 11., 2019. 4. 23.>

  1. 건축물이 제55조와 제56조에 따른 건폐율이나 용적률을 초과하여 건축된 경우 또는 허가를 받지 아니하거나 신고를 하지 아니하고 건축된 경우에는 「지방세법」에 따라 해당 건축물에 적용되는 1제곱미터의 시가표준액의 100분의 50에 해당하는 금액에 위반면적을 곱한 금액 이하의 범위에서 위반 내용에 따라 대통령령으로 정하는 비율을 곱한 금액
  2. 건축물이 제1호 외의 위반 건축물에 해당하는 경우에는 「지방세법」에 따라 그 건축물에 적용되는 시가표준액에 해당하는 금액의 100분의 10의 범위에서 위반내용에 따라 대통령령으로 정하는 금액

◆ 건축법 시행령

제115조의3 (이행강제금의 탄력적 운영) ① 법 제80조제1항제1호에서 "대통령령으로 정하는 비율"이란 다음 각 호의 구분에 따른 비율을 말한다. 다만, 건축조례로 다음 각 호의 비율을 낮추어 정할 수 있되, 낮추는 경우에도 그

비율은 100분의 60 이상이어야 한다.
1. 건폐율을 초과하여 건축한 경우: 100분의 80
2. 용적률을 초과하여 건축한 경우: 100분의 90
3. 허가를 받지 아니하고 건축한 경우: 100분의 100
4. 신고를 하지 아니하고 건축한 경우: 100분의 70

(1) 「지방세법」상의 시가표준액이란?

「지방세법」에서 적용하는 토지 및 주택에 대한 시가표준액은 「부동산 가격공시에 관한 법률」에 따라 공시된 가액(價額)으로 합니다(「지방세법」 제4조제1항 본문).

다만, 개별공시지가 또는 개별주택가격이 공시되지 아니한 경우에는 특별자치시장·특별자치도지사·시장·군수 또는 구청장(자치구의 구청장을 말함)이 「지방세법」에 따라 국토교통부장관이 제공한 토지가격비준표 또는 주택가격비준표를 사용하여 산정한 가액으로 하고, 공동주택가격이 공시되지 아니한 경우에는 「지방세법 시행령」 제3조로 정하는 기준에 따라 특별자치시장·특별자치도지사·시장·군수 또는 구청장이 산정한 가액으로 합니다(「지방세법」 제4조제1항 단서).

또한 위 외의 건축물(새로 건축하여 건축 당시 개별주택가격 또는 공동주택가격이 공시되지 아니한 주택으로서 토지부분을 제외한 건축물을 포함)에 대한 시가표준액은 신축을 고려하여 정한 기준가격에 종류, 구조, 용도, 경과연수 등과 세대상별 특성을 고려하여 다음의 기준에 따라 지방자치단체의 장이 결정한 가액으로 합니다(「지방세법」 제4조제2항 및 「지방세법」 제4조제1항제1호).
- 건물의 구조별·용도별·위치별 지수
- 건물의 경과연수별 잔존가치율
- 건물의 규모·형태·특수한 부대설비 등의 유무 및 그 밖의 여건에 따른 가감산율(加減算率)

위에서 '지방자치단체의 장이 결정한 가액'은 매년 발간되는 행정안전부장관의 조정기준에 따라 산정하여 특별시장·도지사의 승인을 받아 매년 1월 1일 결정·고시합니다.

시가표준액 산출식은 아래 그림과 같습니다.

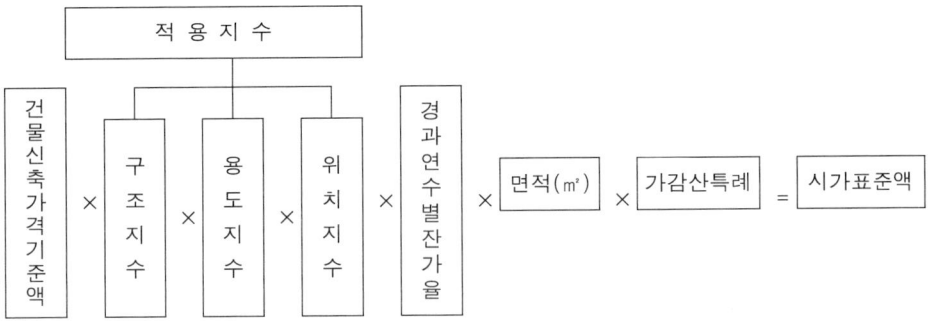

<출처: 행정안전부, 『건축물 및 기타물건 시가표준액 산정기준』, 2024. 2면 참조>

위반건축물은 허가를 받지 않거나 신고를 하지 않은 경우라서 「부동산 가격공시에 관한 법률」에 따라 공시된 가액이 없기 때문에 일반적으로 「지방세법」 제4조제2항 및 「지방세법」 제4조제1항제1호에 따른 시가표준액이 적용됩니다.

연면적(공동주택의 경우에는 세대 면적을 기준으로 함)이 60제곱미터 이하인 주거용 건축물인 경우에는 이행강제금 금액의 2분의 1의 범위에서 해당 지방자치단체의 조례로 정하는 금액을 부과합니다(「건축법」 제80조제1항 단서).

허가권자는 영리목적을 위한 위반이나 상습적 위반 등 다음의 정하는 경우에 이행강제금에 따른 금액을 100분의 100의 범위에서 해당 지방자치단체의 조례로 정하는 바에 따라 가중하여야 합니다. 다만, 위반행위 후 소유권이 변경된 경우는 제외합니다(「건축법」 제80조제2항 및 「건축법 시행령」 제115조의3제2항).

임대 등 영리를 목적으로 허가나 신고 없이 신축 또는 증축한 경우(위반면적이 50제곱미터를 초과하는 경우로 한정)

동일인이 최근 3년 내에 2회 이상 「건축법」 또는 「건축법」에 따른 명령이나 처분을 위반한 경우

위의 어느 하나와 비슷한 경우로서 건축조례로 정하는 경우

허가권자는 최초의 시정명령이 있었던 날을 기준으로 하여 1년에 2회 이내의 범위에서 해당 지방자치단체의 조례로 정하는 횟수만큼 그 시정명령이 이행될 때까지 반복하여 이행강제금을 부과·징수할 수 있습니다(「건축법」 제80조제5항).

허가권자는 이행강제금을 다음에서 정하는 바에 따라 감경할 수 있습니다. 다만, 지방자치단체의 조례로 정하는 기간까지 위반내용을 시정하지 아니한 경우는 제외합니다(「건축법」 제80조의2제1항 및 「건축법 시행령」 제115조의4제1항·제2항 본문).

축사 등 농업용·어업용 시설로서 500제곱미터(「수도권정비계획법」 제2조제1호에 따른 수도권 외의 지역에서는 1,000 제곱미터) 이하인 경우는 5분의 1을 감경

그 밖에 위반 동기, 위반 범위 및 위반 시기 등을 고려하여 다음에서 정하는 경우(「건축법」 제80조제2항의 영리 목적 등 위반에 해당하는 경우는 제외)에는 각 정해진 비율을 감경

위반 동기, 위반 범위 및 위반 시기 등	감경비율
・위반행위 후 소유권이 변경된 경우 ・임차인이 있어 현실적으로 임대기간 중에 위반내용을 시정하기 어려운 경우(「건축법」 제79조제1항에 따른 최초의 시정명령 전에 이미 임대차계약을 체결한 경우로서 해당 계약이 종료되거나 갱신되는 경우는 제외) 등 상황의 특수성이 인정되는 경우 ・위반면적이 30제곱미터 이하인 경우(「건축법 시행령」 별표 1 제1호부터 제4호까지의 규정에 따른 건축물로 한정하며, 「집합건물의 소유 및 관리에 관한 법률」의 적용을 받는 집합건축물은 제외) ・「집합건물의 소유 및 관리에 관한 법률」의 적용을 받는 집합건축물의 구분소유자가 위반한 면적이 5제곱미터 이하인 경우(「건축법 시행령」 별표 1 제2호부터 제4호까지의 규정에 따른 건축물로 한정) ・「건축법」 제22조에 따른 사용승인 당시 존재하던 위반사항으로서 사용승인 이후 확인된 경우 ・법률 제12516호 가축분뇨의 관리 및 이용에 관한 법률 일부개정법률 부칙 제9조에 따라 같은 조 제1항 각 호에 따른 기간(같은 조 제3항에 따른 환경부령으로 정하는 규모 미만의 시설의 경우 같은 항에 따른 환경부령으로 정하는 기한을 말함) 내에 「가축분뇨의 관리 및 이용에 관한 법률」 제11조에 따른 허가 또는 변경허가를 받거나 신고 또는 변경신고를 하려는 배출시설(처리시설을 포함)의 경우 ・법률 제12516호 가축분뇨의 관리 및 이용에 관한 법률 일부개정법률 부칙 제10조의2에 따라 같은 조 제1항에 따른 기한까지 환경부장관이 정하는 바에 따라 허가신청을 하였거나 신고한 배출시설(개 사육시설은 제외하되, 처리시설은 포함)의 경우	100분의75
・그 밖에 위반행위의 정도와 위반 동기 및 공중에 미치는 영향 등을 고려하여 감경이 필요한 경우로서 건축조례로 정하는 경우	건축조례로 정하는 비율

허가권자는 법률 제4381호 건축법개정법률의 시행일(1992년 6월 1일을 말함)

이전에 「건축법」 또는 「건축법」에 따른 명령이나 처분을 위반한 주거용 건축물에 관하여는 다음의 정하는 바에 따라 「건축법」 제80조에 따른 이행강제금을 감경할 수 있습니다(「건축법」 제80조의2제2항 및 「건축법 시행령」 제115조의4제3항).
① 연면적 85제곱미터 이하 주거용 건축물의 경우: 100분의 80
② 연면적 85제곱미터 초과 주거용 건축물의 경우: 100분의 60

◆ 건축법
제80조의2 (이행강제금 부과에 관한 특례) ② 허가권자는 법률 제4381호 건축법개정법률의 시행일(1992년 6월 1일을 말한다) 이전에 이 법 또는 이 법에 따른 명령이나 처분을 위반한 주거용 건축물에 관하여는 대통령령으로 정하는 바에 따라 제80조에 따른 이행강제금을 감경할 수 있다. [본조신설 2015. 8. 11.]

◆ 건축법 시행령
제115조의4 (이행강제금의 감경) ③ 법 제80조의2제2항에 따른 이행강제금의 감경 비율은 다음 각 호와 같다.
　1. 연면적 85제곱미터 이하 주거용 건축물의 경우: 100분의 80
　2. 연면적 85제곱미터 초과 주거용 건축물의 경우: 100분의 60

(2) 이행강제금의 주요 경과규정

구 「건축법」 시행 전 종전의 규정에 따라 부과되고 있는 이행강제금에 대하여는 제80조제1항·제2항 및 제5항의 개정규정에도 불구하고 종전의 규정에 따릅니다[「건축법」 부칙(법률 제16380호, 2019. 4. 23.) 제3조].

조문	개정 전 (법률 제16380호, 2019. 4. 23.)	개정 후
제80조 제1항 단서	다만, 연면적(공동주택의 경우에는 세대 면적을 기준으로 한다)이 85제곱미터 이하인 주거용 건축물과 제2호 중 주거용 건축물로서 대통령령으로 정하는 경우에는 다음 각 호의 어느 하나에 해당하는 금액의 2분의 1의 범위에서 해당 지방자치단체의 조례로 정하는 금액을 부과한다.	다만, 연면적(공동주택의 경우에는 세대 면적을 기준으로 한다)이 60제곱미터 이하인 주거용 건축물과 제2호 중 주거용 건축물로서 대통령령으로 정하는 경우에는 다음 각 호의 어느 하나에 해당하는 금액의 2분의 1의 범위에서 해당 지방자치단체의 조례로 정하는 금액을 부과한다.

제80조 제2항	허가권자는 영리목적을 위한 위반이나 상습적 위반 등 대통령령으로 정하는 경우에 제1항에 따른 금액을 100분의 50의 범위에서 가중할 수 있다.	허가권자는 영리목적을 위한 위반이나 상습적 위반 등 대통령령으로 정하는 경우에 제1항에 따른 금액을 100분의 100의 범위에서 가중할 수 있다.
제80조 제5항 단서	다만, 제1항 각 호 외의 부분 단서에 해당하면 총 부과 횟수가 5회를 넘지 아니하는 범위에서 해당 지방자치단체의 조례로 부과 횟수를 따로 정할 수 있다.	삭제

[사례 1] 이행강제금 계산 방법

Q. 베란다를 증축한 경우 이행강제금 계산 방법은?

A. 위법한 증축에 대한 이행강제금은 「지방세법」에 따라 해당 건축물에 적용되는 1제곱미터의 시가표준액의 100분의 50에 해당하는 금액에 위반면적을 곱한 금액 이하의 범위에서 위반 내용에 따른 비율을 곱한 금액(「건축법」 제80조제1항제1호 및 「건축법 시행령」 제115조의3제1항)이 됩니다.

① 시가표준액 계산하기: 1제곱미터당 시가표준액은 1제곱미터당 건물신축가격기준액 × 구조지수 × 용도지수 × 위치지수 × 경과연수별 잔가율 × 가감산 특례 × 기초공사 여부에 따른 산출비율입니다(대법원 2018. 2. 8. 선고, 2017두66633 판결, 행정안전부, 『건축물 및 기타물건 시가표준액 산정기준』 2면 참조).

② 이행강제금 계산식: 1제곱미터당 시가표준액, 위반면적, 부과 요율, 감경률 및 가중률 등을 곱합니다(「건축법」 제80조제1항, 제2항 및 제80조의2).

③ 부과요율: 신축·증축·개축·재축·이전에 해당할 때는 기본적으로 100분의 50이 되고, 여기에 85제곱미터 이하의 증축이라면 건축신고 대상이므로 100분의 70(다만, 증축으로 인해 전체 건축물의 용적률이 초과하게 된다면 100분의 90이 적용될 수 있음)입니다(「건축법」 제80조제1항제1호 및 「건축법 시행령」 제115조의3제1항).

④ 감경률: 위반행위 후에 구입하였다면 '위반행위 후 소유권이 변경된 경우'로서 100분의 75를 감경받을 수 있습니다(「건축법 시행령」 제115조의4제1항제1호 및 제2항제1호). 참고로 세대면적이 60제곱미터 이하인 주거용 건축물의 경우에는 부과금액(「건축법」 제80조제1항 단서)의 100분의 50을 감경받을 수 있습니다(「건축법 시행령」 제115조의4제2항 단서)

⑤ 이행강제금 계산 정리: 1제곱미터의 시가표준액 × 위반면적 × 100분의 50(기본 부과 요율, 「건축법」 제80조제1항제1호) × 100분의 70(건축신고 위반인 경우, 「건축법 시행령」 제115조의3제1항제4호) × 100분의 20(1992년 6월 1일 전 위반인 경우, 「건축법 시행령」 제115조의4제3항제1호)

⑥ 소규모 주택 감경률: 과거 연면적(공동주택의 경우 세대면적) 85제곱미터인 경우 이행

강제금을 50% 감경하고, 부과 횟수도 5회 이내이었으나, 2019년 4월 23일 전에 이미 이행강제금을 부과받고 있는 경우에만 적용됩니다[「건축법」 부칙(법률 제16380호, 2019. 4. 23.) 제3조].
⑦ 가중률: 만일 위법한 증축이 있는 건축물을 임대를 하게 되면 영리 목적에 해당하여 100분의 100의 가중률이 적용되어 임대하기 전보다 2배의 이행강제금이 부과될 수 있으나 위반면적이 50제곱미터 이하이면 적용되지 않습니다(「건축법」 제80조제2항 및 「건축법 시행령」 제115조의3제2항제2호).

6. 벌칙

가. 허가 위반행위에 대한 처벌

도시지역에서 「건축법」 제11조제1항(건축허가), 제55조(건폐율), 제56조(용적률)를 위반하여 건축물을 건축한 건축주 및 공사시공자는 3년 이하의 징역이나 5억원 이하의 벌금에 처해집니다(「건축법」 제108조제1항제1호).

도시지역 밖에서 「건축법」 제11조제1항(건축허가), 제55조(건폐율) 및 제56조(용적률)를 위반하여 건축물을 건축한 건축주 및 공사시공자는 2년 이하의 징역이나 1억원 이하의 벌금에 처해집니다(「건축법」 제110조제1항제1호).

◆ 건축법
제108조 (벌칙) ① 다음 각 호의 어느 하나에 해당하는 자는 3년 이하의 징역이나 5억원 이하의 벌금에 처한다. <개정 2019. 4. 23., 2020. 12. 22.>
  1. 도시지역에서 제11조제1항, 제19조제1항 및 제2항, 제47조, 제55조, 제56조, 제58조, 제60조, 제61조 또는 제77조의10을 위반하여 건축물을 건축하거나 대수선 또는 용도변경을 한 건축주 및 공사시공자

◆ 건축법
제110조 (벌칙) 다음 각 호의 어느 하나에 해당하는 자는 2년 이하의 징역 또는 1억원 이하의 벌금에 처한다. <개정 2017. 4. 18.>
  1. 도시지역 밖에서 제11조제1항, 제19조제1항 및 제2항, 제47조, 제55조, 제56조, 제58조, 제60조, 제61조, 제77조의10을 위반하여 건축물을 건축하거나 대수선 또는 용도변경을 한 건축주 및 공사시공자

나. 신고 위반행위에 대한 처벌

「건축법」 제14조(건축신고) 및 「건축법」 제20조제3항(가설건축물)에 따른 신고 또는 신청을 하지 아니하거나 거짓으로 신고하거나 신청한 자는 5천만원 이하의 벌금에 처해집니다(「건축법」 제111조제1호).

> ◆ 건축법
> 제111조 (벌칙) 다음 각 호의 어느 하나에 해당하는 자는 5천만원 이하의 벌금에 처한다. <개정 2019. 4. 23.>
> 1. 제14조, 제16조(변경신고 사항만 해당한다), 제20조제3항, 제21조제1항, 제22조제1항 또는 제83조제1항에 따른 신고 또는 신청을 하지 아니하거나 거짓으로 신고하거나 신청한 자

관리인 또는 관리단집회의 결의에 의하여 지정된 구분소유자는 관리단집회의 결의를 거쳐, ① 구분소유자등이 집합건물법 제5조 제1항의 행위를 한 경우 또는 그 행위를 할 염려가 있는 경우에는 구분소유자의 공동의 이익을 위하여 그 행위를 정지하거나 그 행위의 결과를 제거하거나 또는 그 행위의 예방에 필요한 조치를 취할 것을 청구하는 소송을 제기할 수 있다(집합건물법 제43조)

> ◆ 집합건물의 소유 및 관리에 관한 법률
> 제43조 (공동의 이익에 어긋나는 행위의 정지청구 등) ① 구분소유자가 제5조제1항의 행위를 한 경우 또는 그 행위를 할 우려가 있는 경우에는 관리인 또는 관리단집회의 결의로 지정된 구분소유자는 구분소유자 공동의 이익을 위하여 그 행위를 정지하거나 그 행위의 결과를 제거하거나 그 행위의 예방에 필요한 조치를 할 것을 청구할 수 있다.
> ② 제1항에 따른 소송의 제기는 관리단집회의 결의가 있어야 한다.
> ③ 점유자가 제5조제4항에서 준용하는 같은 조 제1항에 규정된 행위를 한 경우 또는 그 행위를 할 우려가 있는 경우에도 제1항과 제2항을 준용한다. [전문개정 2010. 3. 31.]

> ◆ 집합건물의 소유 및 관리에 관한 법률
> 제44조 (사용금지의 청구) ① 제43조제1항의 경우에 제5조제1항에 규정된 행위로 구분소유자의 공동생활상의 장해가 현저하여 제43조제1항에 규정된 청구로는 그 장해를 제거하여 공용부분의 이용 확보나 구분소유자의 공동생활

유지를 도모함이 매우 곤란할 때에는 관리인 또는 관리단집회의 결의로 지정된 구분소유자는 소(訴)로써 적당한 기간 동안 해당 구분소유자의 전유부분 사용금지를 청구할 수 있다. <개정 2020. 2. 4.>
② 제1항의 청구는 구분소유자의 4분의 3 이상 및 의결권의 4분의 3 이상의 관리단집회 결의가 있어야 한다. <개정 2020. 2. 4.>
③ 제1항의 결의를 할 때에는 미리 해당 구분소유자에게 변명할 기회를 주어야 한다.
[전문개정 2010. 3. 31.]

◆ 집합건물의 소유 및 관리에 관한 법률
제45조 (구분소유권의 경매) ① 구분소유자가 제5조제1항 및 제2항을 위반하거나 규약에서 정한 의무를 현저히 위반한 결과 공동생활을 유지하기 매우 곤란하게 된 경우에는 관리인 또는 관리단집회의 결의로 지정된 구분소유자는 해당 구분소유자의 전유부분 및 대지사용권의 경매를 명할 것을 법원에 청구할 수 있다.
② 제1항의 청구는 구분소유자의 4분의 3 이상 및 의결권의 4분의 3 이상의 관리단집회 결의가 있어야 한다.
③ 제2항의 결의를 할 때에는 미리 해당 구분소유자에게 변명할 기회를 주어야 한다.
④ 제1항의 청구에 따라 경매를 명한 재판이 확정되었을 때에는 그 청구를 한 자는 경매를 신청할 수 있다. 다만, 그 재판확정일부터 6개월이 지나면 그러하지 아니하다.
⑤ 제1항의 해당 구분소유자는 제4항 본문의 신청에 의한 경매에서 경락인이 되지 못한다.
[전문개정 2010. 3. 31.]

◆ 집합건물의 소유 및 관리에 관한 법률
제46조 (전유부분의 점유자에 대한 인도청구) ① 점유자가 제45조제1항에 따른 의무위반을 한 결과 공동생활을 유지하기 매우 곤란하게 된 경우에는 관리인 또는 관리단집회의 결의로 지정된 구분소유자는 그 전유부분을 목적으로 하는 계약의 해제 및 그 전유부분의 인도를 청구할 수 있다.
② 제1항의 경우에는 제44조제2항 및 제3항을 준용한다.
③ 제1항에 따라 전유부분을 인도받은 자는 지체 없이 그 전유부분을 점유할 권원(權原)이 있는 자에게 인도하여야 한다.

[전문개정 2010. 3. 31.]

7. 열람 및 복사청구소송

주택법 시행령에서는 공동주택의 입주자등이 입주자대표회의 회의록, 관리규약, 관리비등과 잡수입에 해당하는 정보, 관리비 등의 사업계획 및 예산안, 관리비 등의 회계감사에 해당하는 정보의 열람을 청구하거나 복사를 요구하는 때에는 관리주체는 이에 응하여야 한다고 규정하고 있다.

제5절 시공업체 등 제3자를 상대방으로 한 쟁송

1. 하자보수청구 또는 이에 갈음한 손해배상청구소송

가. 하자보수청구의 경우

[법령해석 1] 민원인 - 공동주택의 담보책임에 따른 하자보수가 행위허가의 대상인지 여부 (「공동주택관리법」 제37조제1항 등 관련)

법제처 법령해석 안건번호 18-0463 회신일자2018-11-26

1. 질의요지

「공동주택관리법」 제36조제1항에 따라 공동주택의 하자에 대하여 분양에 따른 담보책임을 지는 사업주체가 같은 법 제37조제1항에 따른 하자보수를 위해 공동주택을 대수선하는 것이 같은 법 제35조제1항에 따른 허가 대상인지?

> ※ 질의배경
> A 공동주택에는 관계 법령상 반드시 설치해야 하는 피난계단 1개소가 설치되지 않은 하자가 있음. 해당 공동주택의 입주민인 민원인은 사업주체에 대하여 피난계단의 설치 등 대수선을 수반하는 하자보수 청구를 하는 경우 「공동주택관리법」 제35조제1항에 따라 입주민의 동의를 얻어 행위허가를 받아야 하는지 국토교통부에 질의했고, 행위허가 대상이 아니라는 답변을 받자 이견이 있어 법제처에 법령해석을 요청함

2. 회답

   이 사안의 경우 허가 대상이 아닙니다.

3. 이유

「공동주택관리법」 제36조제1항에서는 같은 항 각 호의 사업주체(이하 "사업주체"라 함)는 공동주택의 하자에 대하여 분양에 따른 담보책임을 진다고 규정하고 있고 같은 법 제37조에서는 사업주체가 입주자 등의 청구에 따라 하자를 보수하도록 규정하고 있는데 이는 매매계약 또는 도급계약이라는 특정한 계약관계를 전제로 통상 그 계약상대방에 대해서 하자담보책임을 묻는 「민법」의 규정(각주: 「민법」 제580조, 제667조, 제671조 등 참조)과는 달리 공동주택을 건축하여 분양한 자 및 증축 등의 행위를 한 시공자에 대하여 건축물 또는 시설물의 안전상·기능상 또는 미관상의 지장을 초래할 정도의 결함(「공동주택관리법」 제36조제4항)이 발생한 경우 이를 보수할 특수한 법적 책임을 부과한 것입니다.(각주: 대법원 2003. 2. 11. 선고 2001다47733 판결례, 법제처 2012. 6. 1. 회신 12-0287 해석례 참조)

한편 「공동주택관리법」 제35조제1항에서는 공동주택의 입주자등(각주: 공동주택의 입주자와 사용자를 말함(「공동주택관리법」 제2조제7호).) 또는 관리주체(각주: 공동주택을 관리하는 관리사무소장 등을 말함(「공동주택관리법」 제2조제10호).)가 공동주택을 사업계획에 따른 용도 외의 용도에 사용하거나(제1호) 공동주택을 증축·개축·대수선(제2호) 또는 파손·훼손·철거(제3호)하거나 그 밖에 "공동주택의 효율적 관리에 지장을 주는 행위"(제4호)를 하려는 경우에는 특별자치시장·특별자치도지사·시장·군수·구청장(구청장은 자치구의 구청장을 말하며, 이하 "시장등"이라 함)의 허가를 받거나 시장등에게 신고를 해야 한다고 규정하고 있고, 같은 법 시행령 제35조제1항 및 별표 3 제2호에서는 공동주택의 대수선에 대하여 해당 동(棟)의 입주자 3분의 2 이상의 동의를 받은 경우 이를 허가할 수 있도록 규정하는 등 각 행위에 대한 허가 또는 신고의 기준을 정하고 있습니다.

이러한 관련 규정에 비추어 볼 때 「공동주택관리법」 제36조 및 제37조는 공동주택의 "건축"이 적정하게 이루어지지 않아 흠결이 발생한 경우 해당 공동주택을 건축·분양한 "사업주체"에게 보수 의무를 부과하는 것인 반면, 같은 법 제35조는 "입주자등 또는 관리주체"가 공동주택을 "관리 및 이용"하는 과정에서 공동주택의 효율적 관리에 지장을 줄 수 있는 행위를 하려는 경우 입주자의 동의를 받아 허가를 받거나 신고를 하도록 하여 공동생활에 지장을 주지 않도록 한 것인바, 양자는 규율 목적과 대상 및 행위주체 등을 달리 하는 별개의 제도입니다.

그리고 「공동주택관리법 시행령」 제38조에서는 입주자, 입주자대표회의, 관리주체 등의 하자보수청구(제2항)를 받은 사업주체는 하자보수청구를 받은 날로부터 15일 이내에 하자를 보수하거나 하자보수계획을 통보하도록 규정(제3항)하고 있을 뿐, 「공동주택관리법」 제35조에 따른 허가 또는 신고를 받기 위해 필요한 입주자의 동의 등 절차 진행과 관련한 별도의 규정을 두고 있지 않은바, 이러한 공동주택관리법령의 체계를 고려할 때 사업주체가 하자담보책임에 따라 공동주택을 대수선하는 행위가 「건축법」 제11조제1항에 따른 건축허가 등의 대상이 될 수 있는지 여부는 별론으로 하고 「공동주택관리법」 제35조에 따른 허가의 대상이 된다고 보기는 어렵습니다.

아울러 「공동주택관리법」 제36조 및 제37조에 따른 하자보수가 같은 법 제35조에 따른 허가 또는 신고의 대상이 된다고 본다면 공동주택에 균열·침하·파손 등이 발생하여 그 안전·기능·미관상 지장이 초래된 경우에도 같은 법 시행령 제35조제1항 및 별표 3에 따라 같은 동의 입주자 3분의 2 이상의 동의를 받지 못하면 그 하자를 보수할 수 없게 되어 해당 입주자의 재산권의 행사를 과도하게 제한하게 된다는 점도 이 사안을 해석할 때 고려해야 합니다.

<관계 법령>

- **공동주택관리법**

제35조 (행위허가 기준 등) ① 공동주택(일반인에게 분양되는 복리시설을 포함한다. 이하 이 조에서 같다)의 입주자등 또는 관리주체가 다음 각 호의 어느 하나에 해당하는 행위를 하려는 경우에는 허가 또는 신고와 관련된 면적, 세대수 또는 입주자나 입주자등의 동의 비율에 관하여 대통령령으로 정하는 기준 및 절차 등에 따라 시장·군수·구청장의 허가를 받거나 시장·군수·구청장에게 신고를 하여야 한다.
  1. 공동주택을 사업계획에 따른 용도 외의 용도에 사용하는 행위
  2. 공동주택을 증축·개축·대수선하는 행위(「주택법」에 따른 리모델링은 제외한다)
  3. 공동주택을 파손 또는 훼손하거나 해당 시설의 전부 또는 일부를 철거하는 행위(국토교통부령으로 정하는 경미한 행위는 제외한다)
  4. 그 밖에 공동주택의 효율적 관리에 지장을 주는 행위로서 대통령령으로 정하는 행위
② ~ ⑤ (생 략)

제36조 (하자담보책임) ① 다음 각 호의 사업주체(이하 이 장에서 "사업주체"라 한다)는 공동주택의 하자에 대하여 분양에 따른 담보책임(제3호 및 제4호의 시공자는 수급인의 담보책임을 말한다)을 진다.
  1. 「주택법」 제2조제10호 각 목에 따른 자
  2. 「건축법」 제11조에 따른 건축허가를 받아 분양을 목적으로 하는 공동주택을 건축한 건축주
  3. 제35조제1항제2호에 따른 행위를 한 시공자
  4. 「주택법」 제66조에 따른 리모델링을 수행한 시공자
②·③ (생 략)
④ 제1항의 하자(이하 "하자"라 한다)는 공사상 잘못으로 인하여 균열·침하(沈下)·파손·들뜸·누수 등이 발생하여 건축물 또는 시설물의 안전상·기능상 또는 미관상의 지장을 초래할 정도의 결함을 말하며, 그 구체적인 범위는 대통령령으로 정한다.

제37조 (하자보수 등) ① 사업주체(「건설산업기본법」 제28조에 따라 하자담보책임이 있는 자로서 제36조제1항에 따른 사업주체로부터 건설공사를 일괄 도급받아 건설공사를 수행한 자가 따로 있는 경우에는 그 자를 말한다. 이하 이 장에서 같다)는 담보책임기간에 하자가 발생한 경우에는 해당 공동주택의 제1호부터 제4호까지에 해당하는 자(이하 이 장에서 "입주자대표회의등"이라 한다) 또는 제5호에 해당하는 자의 청구에 따라 그 하자를 보수하여야 한다. 이 경우 하자보수의 절차 및 종료 등에 필요한 사항은 대통령령으로 정한다.
  1. 입주자
  2. 입주자대표회의
  3. 관리주체(하자보수청구 등에 관하여 입주자 또는 입주자대표회의를 대행하는 관리주체를 말

한다)
    4. 「집합건물의 소유 및 관리에 관한 법률」에 따른 관리단
    5. 공공임대주택의 임차인 또는 임차인대표회의(이하 "임차인등"이라 한다)
② ~ ④ (생 략)

[판례 1] 손해배상(기) (대법원 2003. 2. 11. 선고 2001다47733 판결)

【판시사항】

집합건물이 양도된 경우 집합건물의소유및관리에관한법률 제9조 소정의 하자담보추급권의 귀속관계(=현재의 집합건물의 구분소유자)

【판결요지】

집합건물의소유및관리에관한법률 제9조에 의한 하자담보추급권은 집합건물의 수분양자가 집합건물을 양도한 경우 양도 당시 양도인이 이를 행사하기 위하여 유보하였다는 등의 특별한 사정이 없는 한 현재의 집합건물의 구분소유자에게 귀속한다.

[판례 2] 손해배상(기) (대법원 2009. 2. 12. 선고 2008다84229 판결)

【판시사항】

[1] 공동주택에 하자가 있는 경우 입주자대표회의가 사업주체에 대하여 하자보수에 갈음한 손해배상청구권을 가지는지 여부(소극)
[2] 아파트입주자대표회의가 직접 하자보수에 갈음한 손해배상청구의 소를 제기하였다가 구분소유자들로부터 손해배상채권을 양도받아 양수금청구를 하는 것으로 청구원인을 변경한 사안에서, 소를 제기한 때가 아니라 청구원인을 변경하는 취지의 준비서면을 제출한 때에 소멸시효 중단의 효과가 발생한다고 한 사례

[판례 3] 보증채무금 (대법원 2007. 1. 26. 선고 2002다73333 판결)

【판시사항】

[1] 건설공제조합이 발행한 하자보수보증서에, 구 공동주택관리규칙 제11조 제1항 [별표 3]에 정해진 1년 또는 2년, 3년의 하자보수책임기간에 관계없이 모든 하자에 대한 보증기간이 3년으로 기재된 경우, 보증대상이 되는 하자의 범위
[2] 구 공동주택관리규칙 제11조 제1항 [별표 3]에 정해진 하자보수책임기간에 불구하고 사업주체가 사용검사권자에게 하자보수보증기간 및 하자담보책임기간이 3년으로 기재된 하자

보수보증서를 제출하였다는 사정만으로 사업주체와 하자보수청구권자 사이에 모든 하자에 대한 보수책임기간을 3년으로 연장하기로 약정한 것이라고 볼 수 있는지 여부(소극)
[3] 하자보수보증금 채권의 소멸시효 규정인 구 건설공제조합법 제39조 제3항에서 그 소멸시효의 기산일로 정한 '보증기간 만료일'이 구 공동주택관리규칙 제11조 제1항 [별표 3]에 정해진 하자보수책임기간의 만료일을 의미하는지 여부(적극)
[4] 공동주택의 입주자대표회의가 하자보수청구권을 행사하는 경우, 공동주택에 발생한 모든 하자를 특정하고 그 구체적인 내용을 밝혀 행사하여야 하는지 여부(소극)
[5] 하자보수보증약관상 건설공제조합의 보증대상이 되지 못하는 '사용검사 전에 발생한 하자'의 의미 및 미시공, 부실시공 또는 변경시공 등의 공사상 잘못이 사용검사 전에 있었으나 그로 인한 주택의 기능상, 미관상 또는 안전상의 지장이 사용검사 후에 나타나는 경우에도 '사용검사 전에 발생한 하자'에 해당하는지 여부(소극)
[6] 구 주택건설촉진법 및 구 공동주택관리령의 규정에 의하여 구성한 공동주택의 입주자대표회의의 법적 성격(=법인 아닌 사단) 및 입주자대표회의가 사업주체에 대하여 갖는 하자보수청구권의 관리·처분 방법
[7] 공동주택의 기둥·내력벽, 보·바닥·지붕에 발생한 하자가 구 주택건설촉진법 등이 정한 주요시설의 하자에 해당하는 경우, 동시에 내력구조부의 하자에도 해당할 수 있는지 여부(적극)

나. 하자보수에 갈음하는 손해배상청구의 경우

◆ 집합건물의 소유 및 관리에 관한 법률
제9조 (담보책임) ① 제1조 또는 제1조의2의 건물을 건축하여 분양한 자(이하 "분양자"라 한다)와 분양자와의 계약에 따라 건물을 건축한 자로서 대통령령으로 정하는 자(이하 "시공자"라 한다)는 구분소유자에 대하여 담보책임을 진다. 이 경우 그 담보책임에 관하여는 「민법」 제667조 및 제668조를 준용한다. <개정 2012. 12. 18.>
② 제1항에도 불구하고 시공자가 분양자에게 부담하는 담보책임에 관하여 다른 법률에 특별한 규정이 있으면 시공자는 그 법률에서 정하는 담보책임의 범위에서 구분소유자에게 제1항의 담보책임을 진다. <신설 2012. 12. 18.>
③ 제1항 및 제2항에 따른 시공자의 담보책임 중 「민법」 제667조제2항에 따른 손해배상책임은 분양자에게 회생절차개시 신청, 파산 신청, 해산, 무자력(無資力) 또는 그 밖에 이에 준하는 사유가 있는 경우에만 지며, 시공자가 이미 분양자에게 손해배상을 한 경우에는 그 범위에서 구분소유자에 대한 책임을 면(免)한다. <신설 2012. 12. 18.>
④ 분양자와 시공자의 담보책임에 관하여 이 법과 「민법」에 규정된 것보

다 매수인에게 불리한 특약은 효력이 없다. <개정 2012. 12. 18.>
[전문개정 2010. 3. 31.]

◆ 주택법
제46조 (건축구조기술사와의 협력) ① 수직증축형 리모델링(세대수가 증가되지 아니하는 리모델링을 포함한다. 이하 같다)의 감리자는 감리업무 수행 중에 다음 각 호의 어느 하나에 해당하는 사항이 확인된 경우에는 「국가기술자격법」에 따른 건축구조기술사(해당 건축물의 리모델링 구조설계를 담당한 자를 말하며, 이하 "건축구조기술사"라 한다)의 협력을 받아야 한다. 다만, 구조설계를 담당한 건축구조기술사가 사망하는 등 대통령령으로 정하는 사유로 감리자가 협력을 받을 수 없는 경우에는 대통령령으로 정하는 건축구조기술사의 협력을 받아야 한다.
   1. 수직증축형 리모델링 허가 시 제출한 구조도 또는 구조계산서와 다르게 시공하고자 하는 경우
   2. 내력벽(耐力壁), 기둥, 바닥, 보 등 건축물의 주요 구조부에 대하여 수직증축형 리모델링 허가 시 제출한 도면보다 상세한 도면 작성이 필요한 경우
   3. 내력벽, 기둥, 바닥, 보 등 건축물의 주요 구조부의 철거 또는 보강 공사를 하는 경우로서 국토교통부령으로 정하는 경우
   4. 그 밖에 건축물의 구조에 영향을 미치는 사항으로서 국토교통부령으로 정하는 경우
② 제1항에 따라 감리자에게 협력한 건축구조기술사는 분기별 감리보고서 및 최종 감리보고서에 감리자와 함께 서명날인하여야 한다.
③ 제1항에 따라 협력을 요청받은 건축구조기술사는 독립되고 공정한 입장에서 성실하게 업무를 수행하여야 한다.
④ 수직증축형 리모델링을 하려는 자는 제1항에 따라 감리자에게 협력한 건축구조기술사에게 적정한 대가를 지급하여야 한다.

◆ 주택법 시행령
제59조 (택지 매입가격의 범위 및 분양가격 공시지역) ② 사업주체는 제1항에 따른 감정평가 가액을 기준으로 택지비를 산정하려는 경우에는 시장·군수·구청장에게 「감정평가 및 감정평가사에 관한 법률」에 따른 감정평가를 요청하여야 한다. 이 경우 감정평가의 실시와 관련된 구체적인 사항은 법 제57조제3항의 감정평가의 예에 따른다. <개정 2016. 8. 31.>

[판례 4] 손해배상(기) (대법원 2003. 2. 11. 선고 2001다47733 판결)

【판시사항】

집합건물이 양도된 경우 집합건물의소유및관리에관한법률 제9조 소정의 하자담보추급권의 귀속관계(=현재의 집합건물의 구분소유자)

【판결요지】

집합건물의소유및관리에관한법률 제9조에 의한 하자담보추급권은 집합건물의 수분양자가 집합건물을 양도한 경우 양도 당시 양도인이 이를 행사하기 위하여 유보하였다는 등의 특별한 사정이 없는 한 현재의 집합건물의 구분소유자에게 귀속한다.

[판례 5] 손해배상(기) (대법원 2004. 1. 27. 선고 2001다24891 판결)

【판시사항】

[1] 집합건물의소유및관리에관한법률 제9조의 규정 취지 및 하자담보추급권의 귀속관계(=현재의 집합건물의 소유자)
[2] 민법상 수급인의 하자담보책임에 관한 기간이 재판상 청구를 위한 출소기간인지 여부(소극)
[3] 구 주택건설촉진법 등에 의한 하자보수기간에 관한 규정이 집합건물의소유및관리에관한법률 제9조에 의한 분양자의 하자보수의무의 제척기간에 영향을 미치는지 여부(소극)

【판결요지】

[1] 집합건물의소유및관리에관한법률 제9조는 집합건물의 건축자 내지 분양자로 하여금 견고한 건물을 짓도록 유도하고 부실하게 건축된 집합건물의 소유자를 두텁게 보호하기 위하여 집합건물을 건축하여 분양하는 자의 담보책임에 관하여 수급인의 담보책임에 관한 민법 제667조 내지 제671조의 규정을 준용하는 한편 이를 강행규정화하였으며, 위 규정에 의한 하자담보추급권은 현재의 집합건물의 소유자에게 귀속한다.
[2] 민법상 수급인의 하자담보책임에 관한 기간은 제척기간으로서 재판상 또는 재판외의 권리행사기간이며 재판상 청구를 위한 출소기간이 아니다.
[3] 구 주택건설촉진법(1997. 12. 13. 법률 제5451호로 개정되기 전의 것), 구 공동주택관리령(1997. 7. 10. 대통령령 제15433호로 개정되기 전의 것), 구 공동주택관리규칙(1999. 12. 7. 건설교통부령 제219호로 개정되기 전의 것)의 관련 규정에 의하면, 공동주택의 입주자·입주자대표회의 또는 관리주체는 공사의 내용과 하자의 종류 등에 따라 1년 내지 3년(다만, 내력구조부의 결함으로 인하여 공동주택이 무너지거나 무너질 우려가 있는 경우에는 5년 또는 10년)의 범위에서 정하여진 기간 내에 발생한 하자에 대하여 사업주체에게 하자

의 보수를 요구할 수 있는바, 이는 행정적인 차원에서 공동주택의 하자보수 절차·방법 및 기간 등을 정하고 하자보수보증금으로 신속하게 하자를 보수할 수 있도록 하는 기준을 정한 것으로서 위 법령에서 정하여진 기간 내에 발생한 하자에 대하여 입주자뿐만 아니라 사업주체와 별다른 법률관계를 맺지 않은 공동주택의 관리주체나 입주자대표회의도 보수를 요구할 수 있다는 취지라고 보아야 할 것이고, 아울러 집합건물의소유및관리에관한법률 부칙 제6조가 집합건물의 관리방법과 기준에 관한 구 주택건설촉진법의 특별한 규정은 그것이 집합건물의소유및관리에관한법률에 저촉하여 구분소유자의 기본적인 권리를 해하지 않는 한도에서만 효력이 있다고 규정한 점까지 고려할 때 구 주택건설촉진법 등의 관련 규정은 집합건물의소유및관리에관한법률 제9조에 의한 분양자의 구분소유자에 대한 하자보수의무의 제척기간에는 영향을 미칠 수 없다.

2. 방해배제·반환청구 또는 이와 관련된 손해배상·부당이득반환청구소송

가. 방해배제·반환청구의 경우

[판례 6] 창고등명도 (대법원 1995. 2. 28. 선고 94다9269 판결)

【판시사항】

가. 집합건물의소유및관리에관한법률 제16조 제1항 단서 및 제2항 규정의취지 및 그 보존행위의 내용과 권한행사
나. 집합건물의 어느 부분이 공용부분인지 여부를 결정하는 기준

【판결요지】

가. 집합건물의소유및관리에관한법률 제16조 제1항 단서, 제2항 규정의 취지는 규약에 달리 정함이 없는 한 집합건물의 공용부분의 현상을 유지하기 위한 보존행위는 관리행위와 구별하여 공유자인 구분소유자가 단독으로 행할 수 있도록 한 것으로, 그 보존행위의 내용은 통상의 공유관계처럼 사실상의 보존행위 뿐 아니라 지분권에 기한 방해배제청구권과 공유물의 반환청구권도 포함하여 공유자인 구분소유권자가 이를 단독으로 행할 수 있다고 풀이되는 것이고, 공유자의 위 보존행위의 권한은 관리인의 선임이 있고 없고에 관계없이 이를 행사할 수 있는 것이다.
나. 집합건물에 있어서 수개의 전유부분으로 통하는 복도, 계단 기타 구조상 구분소유자의 전원 또는 그 일부의 공용에 제공되는 건물부분은 공용부분으로서 구분소유권의 목적이 되지 않으며, 건물의 어느 부분이 구분소유자의 전원 또는 일부의 공용에 제공되는지의 여부는 소유자들 간에 특단의 합의가 없는한 그 건물의 구조에 따른 객관적인 용도에 의하여 결정되어야 할 것이다.

[판례 7] 건물명도 (대법원 1999. 5. 11. 선고 98다61746 판결)

【판시사항】

[1] 집합건물의 구분소유자들이 공용 부분 중 일부에 대하여 제3자에게 무상사용권을 부여한 경우, 그 사용권의 성질(=사용대차)
[2] 사용대차에 있어서 대주의 승낙 없이 차주의 권리를 양도받은 자가 대주에게 대항할 수 있는지 여부(소극)
[3] 집합건물의 구분소유자가 공용 부분에 대한 보존행위를 단독으로 할 수 있는지 여부(적극) 및 그 보존행위에는 지분권에 기한 방해배제청구권과 공유물반환청구권도 포함되는지 여부(적극)

【판결요지】

[1] 집합건물의 구분소유자들이 공용 부분 중 일부에 대하여 제3자에게 무상사용권을 부여한 경우, 이는 민법상 사용대차의 성질을 갖는 것으로 보아야 한다.
[2] 사용대차에 있어서 차주의 권리를 양도받은 자는 그 양도에 관한 대주의 승낙이 없으면 대주에게 대항할 수 없다.
[3] 집합건물의 구분소유자는 집합건물의소유및관리에관한법률 제16조 제1항에 의하여 공용 부분에 대한 보존행위를 단독으로 할 수 있고, 그 보존행위의 내용에는 지분권에 기한 방해배제청구권과 공유물의 반환청구권도 포함된다.

[판례 8] 손해배상(기) (대법원 2009. 2. 12. 선고 2008다84229 판결)

【판시사항】

[1] 공동주택에 하자가 있는 경우 입주자대표회의가 사업주체에 대하여 하자보수에 갈음한 손해배상청구권을 가지는지 여부(소극)
[2] 아파트입주자대표회의가 직접 하자보수에 갈음한 손해배상청구의 소를 제기하였다가 구분소유자들로부터 손해배상채권을 양도받아 양수금청구를 하는 것으로 청구원인을 변경한 사안에서, 소를 제기한 때가 아니라 청구원인을 변경하는 취지의 준비서면을 제출한 때에 소멸시효 중단의 효과가 발생한다고 한 사례

나. 손해배상·부당이득반환청구의 경우

[판례 9] 건물등철거등 (대법원 2003. 6. 24. 선고 2003다17774 판결)

【판시사항】
[1] 집합건물에 있어서 공용부분이나 구분소유자의 공유에 속하는 건물의 대지 또는 부속시설을 제3자가 불법으로 점유하는 경우에 그 제3자에 대하여 방해배제와 부당이득의 반환 등을 청구하는 법률관계의 성질과 그 권리행사의 주체와 방법
[2] 입주자대표회의가 공동주택의 구분소유자를 대리하여 공용부분 등의 구분소유권에 기초한 방해배제청구 등의 권리를 행사할 수 있다고 규정한 공동주택관리규약의 효력(=무효)

【판결요지】
[1] 집합건물에 있어서 공용부분이나 구분소유자의 공유에 속하는 건물의 대지 또는 부속시설을 제3자가 불법으로 점유하는 경우에 그 제3자에 대하여 방해배제와 부당이득의 반환 또는 손해배상을 청구하는 법률관계는 구분소유자에게 단체적으로 귀속되는 법률관계가 아니고 공용부분 등의 공유지분권에 기초한 것이어서 그와 같은 소송은 1차적으로 구분소유자가 각각 또는 전원의 이름으로 할 수 있고, 나아가 집합건물에 관하여 구분소유관계가 성립하면 동시에 법률상 당연하게 구분소유자의 전원으로 건물 및 그 대지와 부속시설의 관리에 관한 사항의 시행을 목적으로 하는 단체인 관리단이 구성되고, 관리단집회의 결의에서 관리인이 선임되면 관리인이 사업집행에 관련하여 관리단을 대표하여 그와 같은 재판상 또는 재판외의 행위를 할 수 있다.
[2] 주택건설촉진법 제38조, 공동주택관리령 제10조의 규정에 따라 성립된 입주자대표회의는 공동주택의 관리에 관한 사항을 결정하여 시행하는 등의 관리권한만을 가질 뿐으로 구분소유자에게 고유하게 귀속하는 공용부분 등의 불법 점유자에 대한 방해배제청구 등의 권리를 재판상 행사할 수 없고, 또 집합건물의소유및관리에관한법률 부칙 제6조에 따라서 집합주택의 관리방법과 기준에 관한 주택건설촉진법의 특별한 규정은 그것이 위 법률에 저촉하여 구분소유자의 기본적인 권리를 해하면 효력이 없으므로 공동주택관리규약에서 입주자대표회의가 공동주택의 구분소유자를 대리하여 공용부분 등의 구분소유권에 기초한 방해배제청구 등의 권리를 행사할 수 있다고 규정하고 있다고 하더라도 이러한 규약내용은 효력이 없다.

[판례 10] 엘피지집단공급시설소유권확인·가스공급시설의철거청구 (대법원 2007. 7. 27. 선고 2006다39270,39287 판결)

【판시사항】
[1] 특정 동산이 부동산에 부합되었는지 여부의 판단 기준
[2] 타인이 그 권원에 의하여 부속시킨 물건이 분리하여도 경제적 가치가 없는 경우, 그 부합물에 관한 소유권 귀속관계 및 경제적 가치의 판단 기준
[3] 가스공급업자가 아파트에 설치한 가스공급시설은 그 대지와 일체를 이루는 구성부분으로 부합됨으로써 그 대지 지분권을 양수한 아파트 구분소유자들의 소유로 되었고, 이 경우

가스공급업자는 아파트 입주자대표회의를 상대로 민법 제261조에 기한 부당이득반환청구를 할 수 없다고 한 사례

제6절 제3자의 소송담당

1. 구분소유자

> ◆ 집합건물의 소유 및 관리에 관한 법률
> 제43조 (공동의 이익에 어긋나는 행위의 정지청구 등) ① 구분소유자가 제5조 제1항의 행위를 한 경우 또는 그 행위를 할 우려가 있는 경우에는 관리인 또는 관리단집회의 결의로 지정된 구분소유자는 구분소유자 공동의 이익을 위하여 그 행위를 정지하거나 그 행위의 결과를 제거하거나 그 행위의 예방에 필요한 조치를 할 것을 청구할 수 있다.
> ② 제1항에 따른 소송의 제기는 관리단집회의 결의가 있어야 한다.
> ③ 점유자가 제5조제4항에서 준용하는 같은 조 제1항에 규정된 행위를 한 경우 또는 그 행위를 할 우려가 있는 경우에도 제1항과 제2항을 준용한다. [전문개정 2010. 3. 31.]

[판례 1] 소유권이전등기말소 (대법원 1987. 5. 26. 선고 86다카2478 판결)

【판시사항】

가. 집합건물에 관한 소송에 있어서 소송당사자 적격
나. 모든 구분소유 부분이 사무실로 사용되고 있는 집합건물 내에서의 독서실개설이 집합건물의소유및관리에관한법률 제43조 제1항, 제5조 제1항에 정한 행위에 해당한다고 한 사례

【판결요지】

가. 집합건물의소유및관리에관한법률 제43조 제1, 2, 3항의 규정들에 의하면 집합건물의 관리인이 관리단의 대표자로서 위 규정들에 의한 소송을 제기할 수 있을 뿐만 아니라 관리단집회의 결의에 의하여 지정받은 구분소유자도 관리단집회의 결의가 있으면 관리인과는 별도로 소송당사자가 되어 위와 같은 소송을 제기할 수 있다.
나. 모든 구분소유부분이 사무실로 사용되고 있는 빌딩내에서의 독서실의 개설과 집합건물의 소유및관리에관한법률 제43조 제1항, 제5조 제1항에 정한 건물의 보존에 해로운 행위 기타 건물의 관리 및 사용에 관하여 구분소유자의 공동이익에 반하는 행위에 해당한다고 한

사례.

2. 입주자대표회의

[판례 2] 대지인도등 (서울지법 남부지원 1997. 6. 20. 선고 96가합2607 판결 : 확정)

【판시사항】

[1] 공동주택의 입주자대표회의가 공동주택 대지 부분의 불법점유자에 대해 대지사용권에 기한 방해배제 청구를 하는 등 대외적인 권한을 행사할 수 있는 지위에 있는지 여부(소극)
[2] 공동주택의 입주자대표회의가 구분소유자들로부터 소 제기의 권한을 위임받아 소를 제기할 수 있는지 여부(소극)

【판결요지】

[1] 공동주택의 입주자대표회의는 공동주택의 관리에 관한 사항을 결정하여 시행함으로써 입주자들로부터 관리비를 징수하여 공동주택의 유지·보수 업무를 수행하고, 공동주택의 입주자들 상호간에 이해가 상반되는 문제가 발생하는 경우 그 분쟁을 조정하는 등 공동주택의 입주자 내부관계에 있어 발생하는 문제에 관한 사항을 해결하는 권한과 하자보수의무를 부담하는 사업주체에 대하여 하자보수청구권을 행사할 수 있는 권한을 가지고 있는 등 공동주택의 관리자로서 관련 법령 소정의 규정에 따른 관리 권한만을 가지고 있을 뿐, 나아가 공동주택의 대지 부분 등을 불법 점유하고 있는 자에 대하여 대지사용권에 기한 방해배제 청구를 하는 등 대외적인 권한을 행사할 수 있는 지위에는 있지 아니하다고 봄이 상당하다.
[2] 공동주택의 입주자대표회의가 구분소유자들로부터 소 제기의 권한을 위임받았다는 주장은 권리관계의 주체가 제3자에게 자기의 권리에 대해 소송수행권을 부여하는 이른바 임의적 소송담당에 해당되는 것으로, 민사소송법 제80조 소정의 변호사대리의 원칙이나 신탁법 제7조 소정의 소송신탁 금지의 원칙에 반하는 것이어서 우리 법제상 허용되지 아니한다.

3. 채권양도

[판례 3] 손해배상(기) (대법원 2006. 8. 24. 선고 2004다20807 판결)

【판시사항】

[1] 소송행위 수행을 주목적으로 하는 채권양도의 효력(무효)
[2] 구 주택건설촉진법 소정의 입주자대표회의가 하자보수추급권을 가지는지 여부(소극)

제7절 보전처분

1. 가처분

공동주택과 관련된 본안판결의 확정 전에 당사자 사이에 현재 다툼이 있는 권리관계 또는 법률관계가 존재하고 그에 관한 확정판결이 있기까지 현상의 진행을 그대로 방치한다면 권리자에게 현저한 손해 또는 급박한 위험이 발생될 수 있어 직무집행정지가처분 등 임시지위를 정하는 가처분을 법원에 신청할 수 있다.

2. 피신청인적격 · 관할

가. 피신청인적격

직무집행 정지가처분을 신청하는 경우에는 입주자대표회의가 아니라 동별대표자나 입주자대표회의 임원 개인을 상대방으로 삼아야 한다. 다만, 이 경우도 그 본안소송은 개별 동별대표자가 아닌 입주자대표회의를 상대로 제기하여야 한다.

나. 관할

◆ 민사집행법
제303조 (관할법원) 가처분의 재판은 본안의 관할법원 또는 다툼의 대상이 있는 곳을 관할하는 지방법원이 관할한다.

3. 피보전권리와 보전의 필요성

◆ 민사집행법
제300조 (가처분의 목적) ② 가처분은 다툼이 있는 권리관계에 대하여 임시의 지위를 정하기 위하여도 할 수 있다. 이 경우 가처분은 특히 계속하는 권리관계에 끼칠 현저한 손해를 피하거나 급박한 위험을 막기 위하여, 또는 그 밖의 필요한 이유가 있을 경우에 하여야 한다.

[판례 1] 이사장의직무집행정지직무대행선임가처분 (대법원 1997. 10. 14.자 97마1473 결정)

【판시사항】

단체의 대표자 선임 결의의 하자를 원인으로 하는 임시의 지위를 정하는 가처분에 있어서의 보전의 필요성에 대한 판단 기준

【결정요지】

임시의 지위를 정하는 가처분은 다툼 있는 권리관계에 관하여 그것이 본안소송에 의하여 확정되기까지의 사이에 가처분권리자가 현재의 현저한 손해를 피하거나 급박한 강포를 막기 위하여, 또는 기타 필요한 이유가 있는 때에 한하여 허용되는 응급적·잠정적 처분이고, 이러한 가처분을 필요로 하는지의 여부는 당해 가처분신청의 인용 여부에 따른 당사자 쌍방의 이해득실관계, 본안소송에 있어서의 장래의 승패의 예상, 기타의 제반 사정을 고려하여 법원의 재량에 따라 합목적적으로 결정하여야 할 것이며, 단체의 대표자 선임 결의의 하자를 원인으로 하는 가처분신청에 있어서는 장차 신청인이 본안에 승소하여 적법한 선임 결의가 있을 경우, 피신청인이 다시 대표자로 선임될 개연성이 있는지의 여부도 가처분의 필요성 여부 판단에 참작하여야 한다.

4. 직무대행자

입주자대표회의 회장 등이 법원에 의해 직무집행이 정지된 경우 법원은 회장 등의 직무를 대행할 직무대행자를 선임한다

제8절 화해와 조정

1. 일반론

조정은 법관이나 조정위원회가 분쟁관계인 사이에 개입하여 화해로 이끄는 절차를 말한다.

> ◆ 민사조정법
> 제28조 (조정의 성립) 조정은 당사자 사이에 합의된 사항을 조서에 기재함으로써 성립한다. [전문개정 2010. 3. 31.]

◆ 민사조정법

제29조 (조정의 효력) 조정은 재판상의 화해와 동일한 효력이 있다. [전문개정 2010. 3. 31.]

◆ 민법

제731조 (화해의 의의) 화해는 당사자가 상호양보하여 당사자간의 분쟁을 종지할 것을 약정함으로써 그 효력이 생긴다.

◆ 민사소송법

제220조 (화해, 청구의 포기·인낙조서의 효력) 화해, 청구의 포기·인낙을 변론조서·변론준비기일조서에 적은 때에는 그 조서는 확정판결과 같은 효력을 가진다.

[판례 1] 소유권이전등기등 (대법원 2000. 2. 22. 선고 99다62890 판결)

【판시사항】

[1] 재건축조합의 조합장에 대한 직무집행정지 및 직무대행자선임가처분결정 후 그 직무대행자에 의하여 소집된 임시총회에서 직무집행이 정지된 종전 조합장이 다시 조합장으로 선임된 경우, 종전 조합장에게 조합의 적법한 대표권이 있는지 여부(소극)
[2] 재건축조합이 이주를 거부하는 사업구역 내의 아파트 소유자 등과 사이에 해당 아파트를 감정가에 의하여 매수하기로 한 합의가 조합장 직무대행자가 할 수 있는 조합의 통상업무 범위 내에 속하는 행위라고 본 사례

【판결요지】

[1] 재건축조합의 조합장에 대하여 직무집행을 정지하고 직무대행자를 선임하는 가처분결정이 있은 후 그 직무대행자에 의하여 소집된 임시총회에서 직무집행이 정지된 종전 조합장이 다시 조합장으로 선임되었다 하더라도 위 가처분결정이 취소되지 아니한 이상 직무대행자만이 적법하게 조합을 대표할 수 있고, 다시 조합장으로 선임된 종전 조합장은 그 선임결의의 적법 여부에 관계없이 대표권을 가지지 못한다.
[2] 재건축조합이 이주를 거부하는 사업구역 내의 아파트 소유자 등과 사이에 해당 아파트를 감정가에 의하여 매수하기로 한 합의가 조합장 직무대행자가 할 수 있는 조합의 통상업무 범위 내에 속하는 행위라고 본 사례.

2. 아파트분쟁조정위원회

가. 공동주택관리분쟁조정위원회

◆ 주택법
제52조 (건축구조기술사와의 협력) ① 법 제46조제1항 각 호 외의 부분 단서에서 "구조설계를 담당한 건축구조기술사가 사망하는 등 대통령령으로 정하는 사유로 감리자가 협력을 받을 수 없는 경우"란 다음 각 호의 어느 하나에 해당하는 경우를 말한다.
  1. 구조설계를 담당한 건축구조기술사(「국가기술자격법」에 따른 건축구조기술사로서 해당 건축물의 리모델링을 담당한 자를 말한다. 이하 같다)의 사망 또는 실종으로 감리자가 협력을 받을 수 없는 경우
  2. 구조설계를 담당한 건축구조기술사의 해외 체류, 장기 입원 등으로 감리자가 즉시 협력을 받을 수 없는 경우
  3. 구조설계를 담당한 건축구조기술사가 「국가기술자격법」에 따라 국가기술자격이 취소되거나 정지되어 감리자가 협력을 받을 수 없는 경우
② 법 제46조제1항 각 호 외의 부분 단서에서 "대통령령으로 정하는 건축구조기술사"란 리모델링주택조합 등 리모델링을 하는 자(이하 이 조에서 "리모델링주택조합등"이라 한다)가 추천하는 건축구조기술사를 말한다.
③ 수직증축형 리모델링(세대수가 증가하지 아니하는 리모델링을 포함한다)의 감리자는 구조설계를 담당한 건축구조기술사가 제1항 각 호의 어느 하나에 해당하게 된 경우에는 지체 없이 리모델링주택조합등에 건축구조기술사 추천을 의뢰하여야 한다. 이 경우 추천의뢰를 받은 리모델링주택조합등은 지체 없이 건축구조기술사를 추천하여야 한다.

3. 차임 또는 보증금의 증감에 관한 분쟁

가. 차임 또는 보증금의 증액에 관한 분쟁

(1) 보증금 증액 요구와 묵시적 갱신

(가) 관련 규정

◆ 주택임대차보호법
제6조 (계약의 갱신) ① 임대인이 임대차기간이 끝나기 6개월 전부터 2개월 전까지의 기간에 임차인에게 갱신거절(更新拒絶)의 통지를 하지 아니하거나 계약조건을 변경하지 아니하면 갱신하지 아니한다는 뜻의 통지를 하지 아니한 경우에는 그 기간이 끝난 때에 전 임대차와 동일한 조건으로 다시 임대차한 것으로 본다. 임차인이 임대차기간이 끝나기 2개월 전까지 통지하지 아니한 경우에도 또한 같다. <개정 2020. 6. 9.>

◆ 주택임대차보호법
제7조 (차임 등의 증감청구권) ① 당사자는 약정한 차임이나 보증금이 임차주택에 관한 조세, 공과금, 그 밖의 부담의 증감이나 경제사정의 변동으로 인하여 적절하지 아니하게 된 때에는 장래에 대하여 그 증감을 청구할 수 있다. 이 경우 증액청구는 임대차계약 또는 약정한 차임이나 보증금의 증액이 있은 후 1년 이내에는 하지 못한다. <개정 2020. 7. 31.>

(나) 관련 판례

[판례 2] 임차보증금 (대법원 2012. 1. 27 선고 2010다59660 판결)

구 주택임대차보호법(1999. 1. 21. 법률 제5641호로 개정되기 전의 것, 이하 같다) 제4조 제1항에 "기간의 정함이 없거나 기간을 2년 미만으로 정한 임대차는 그 기간을 2년으로 본다."라고 규정하고 있고, 같은 법 제6조 제1항에 "임대인이 임대차기간 만료 전 6월부터 1월까지에 임차인에 대하여 갱신거절의 통지 또는 조건을 변경하지 아니하면 갱신하지 아니한다는 뜻의 통지를 하지 아니한 경우에는 그 기간이 만료된 때에 전임대차와 동일한 조건으로 다시 임대차한 것으로 본다. 이 경우에 임대차의 존속기간은 그 정함이 없는 것으로 본다."라고 규

정하고 있다. 따라서 위 법 제6조 제1항에 따라 임대차계약이 묵시적으로 갱신되면 그 임대차기간은 같은 법 제4조 제1항에 따라 2년으로 된다. (중략) 위 사실관계를 앞서 본 법리에 비추어 보면, 원고와 피고 사이에 이 ○○아파트에 관한 임대차계약은 유효하게 성립하였고, 그 임대차기간은 구 주택임대차보호법 제4조 제1항에 따라 2년으로 되어 묵시적으로 갱신되어 오다가 만료일이 2006. 6. 14.로 되었으며, 위 만료일로부터 1개월 내인 2006. 5. 25.자 피고의 해지 통지는 구 주택임대차보호법 제6조 제1항에 위배되어 효력이 없으므로 위 임대차계약은 2006. 6. 15. 이후에도 종전과 동일한 조건으로 2년간 갱신된 것으로 보아야 할 것이다(대법원 2012. 1. 27 선고 2010다59660 판결 참조).

(2) 기간 연장 합의 후 보증금 증액 요구

(가) 관련 규정

> ◆ 주택임대차보호법
> 제7조 (차임 등의 증감청구권) ① 당사자는 약정한 차임이나 보증금이 임차주택에 관한 조세, 공과금, 그 밖의 부담의 증감이나 경제사정의 변동으로 인하여 적절하지 아니하게 된 때에는 장래에 대하여 그 증감을 청구할 수 있다. 이 경우 증액청구는 임대차계약 또는 약정한 차임이나 보증금의 증액이 있은 후 1년 이내에는 하지 못한다. <개정 2020. 7. 31.>

> ◆ 주택임대차보호법 시행령
> 제8조 (차임 등 증액청구의 기준 등) ① 법 제7조에 따른 차임이나 보증금(이하 "차임등"이라 한다)의 증액청구는 약정한 차임등의 20분의 1의 금액을 초과하지 못한다.
> ② 제1항에 따른 증액청구는 임대차계약 또는 약정한 차임등의 증액이 있은 후 1년 이내에는 하지 못한다.

> ◆ 주택임대차보호법
> 제6조 (계약의 갱신) ① 임대인이 임대차기간이 끝나기 6개월 전부터 2개월 전까지의 기간에 임차인에게 갱신거절(更新拒絶)의 통지를 하지 아니하거나 계약조건을 변경하지 아니하면 갱신하지 아니한다는 뜻의 통지를 하지 아니한 경우에는 그 기간이 끝난 때에 전 임대차와 동일한 조건으로 다시 임대차한 것으로 본다. 임차인이 임대차기간이 끝나기 2개월 전까지 통지하지 아니한 경우에도 또한 같다. <개정 2020. 6. 9.>

(나) 관련 판례

[판례 3] 건물명도 (대법원 1993. 12. 7. 선고 93다30532 판결)

【판시사항】

임대차계약 종료 후 재계약을 하는 경우 주택임대차보호법 제7조의 적용 여부

【판결요지】

주택임대차보호법 제7조의 규정은 임대차계약의 존속중 당사자 일방이 약정한 차임 등의 증감을 청구한 때에 한하여 적용되고, 임대차계약이 종료된 후 재계약을 하거나 또는 임대차계약 종료 전이라도 당사자의 합의로 차임 등이 증액된 경우에는 적용되지 않는다.

[판례 4] 건물명도 (대법원 2002. 9. 24. 선고 2002다41633 판결

【판시사항】

주택임대차보호법에 따라 묵시적으로 갱신된 임대차계약의 존속기간

【판결요지】

주택임대차보호법 제6조 제1항에 따라 임대차계약이 묵시적으로 갱신되면 그 임대차기간은 같은 법 제6조 제2항, 제4조 제1항에 따라 2년으로 된다.

　　　　(3) 묵시적 갱신과 보증금의 증액

(가) 관련 규정

> ◆ 주택임대차보호법
> 제6조 (계약의 갱신) ① 임대인이 임대차기간이 끝나기 6개월 전부터 2개월 전까지의 기간에 임차인에게 갱신거절(更新拒絶)의 통지를 하지 아니하거나 계약조건을 변경하지 아니하면 갱신하지 아니한다는 뜻의 통지를 하지 아니한 경우에는 그 기간이 끝난 때에 전 임대차와 동일한 조건으로 다시 임대차한 것으로 본다. 임차인이 임대차기간이 끝나기 2개월 전까지 통지하지 아니한 경우에도 또한 같다. <개정 2020. 6. 9.>
> ② 제1항의 경우 임대차의 존속기간은 2년으로 본다. <개정 2009. 5. 8.>

◆ 주택임대차보호법
제7조 (차임 등의 증감청구권) ① 당사자는 약정한 차임이나 보증금이 임차주택에 관한 조세, 공과금, 그 밖의 부담의 증감이나 경제사정의 변동으로 인하여 적절하지 아니하게 된 때에는 장래에 대하여 그 증감을 청구할 수 있다. 이 경우 증액청구는 임대차계약 또는 약정한 차임이나 보증금의 증액이 있은 후 1년 이내에는 하지 못한다. <개정 2020. 7. 31.>

(나) 관련 판례

[판례 5] 건물명도 (대법원 2002. 6. 28. 선고 2002다23482 판결)

【판시사항】

[1] 처분문서에 나타난 당사자 의사의 해석방법
[2] 표의자의 진정한 의사를 알 수 없는 경우, 의사표시의 요소가 되는 효과의사(=표시상의 효과의사)
[3] 임대인이 임차인에 대하여 임대차계약 갱신거절의 의사표시를 하였다고 본 사례
[4] 임대차계약 종료 후 재계약을 하거나 임대차계약 종료 전 당사자의 합의로 차임 등이 증액된 경우 주택임대차보호법 제7조의 적용 여부(소극)

【판결요지】

[1] 처분문서는 그 성립의 진정함이 인정되는 이상 법원은 그 기재 내용을 부인할 만한 분명하고도 수긍할 수 있는 반증이 없는 한 그 처분문서에 기재되어 있는 문언대로의 의사표시의 존재 및 내용을 인정하여야 하고, 당사자 사이에 계약의 해석을 둘러싸고 이견이 있어 처분문서에 나타난 당사자의 의사해석이 문제되는 경우에는 문언의 내용, 그와 같은 약정이 이루어진 동기와 경위, 약정에 의하여 달성하려는 목적, 당사자의 진정한 의사 등을 종합적으로 고찰하여 논리와 경험칙에 따라 합리적으로 해석하여야 한다.
[2] 의사표시 해석에 있어서 당사자의 진정한 의사를 알 수 없다면, 의사표시의 요소가 되는 것은 표시행위로부터 추단되는 효과의사 즉, 표시상의 효과의사이고 표의자가 가지고 있던 내심적 효과의사가 아니므로, 당사자의 내심의 의사보다는 외부로 표시된 행위에 의하여 추단된 의사를 가지고 해석함이 상당하다.
[3] 임대인이 임대차계약기간 중에 임차인에게 인상된 임대차보증금 및 차임을 납부한 후 새로운 임대차계약을 체결하되 만약 이를 납부하지 아니하면 기존의 임대차계약을 해지하고 명도절차를 진행하겠다고 통지한 경우, 그 통지는 기존의 임대차계약 기간중의 계약해지를 의미하는 외에 장차 기존의 임대차계약상의 임대차보증금과 차임을 인상하는 것으로 그 계약조건을 변경하지 않으면 계약을 갱신하지 않겠다는 의사표시까지 포함된 것으로

본 사례.

[4] 주택임대차보호법 제7조에서 "약정한 차임 또는 보증금이 임차주택에 관한 조세·공과금 기타 부담의 증감이나 경제사정의 변동으로 인하여 상당하지 아니하게 된 때에는 당사자는 장래에 대하여 그 증감을 청구할 수 있다. 그러나 증액의 경우에는 대통령령이 정하는 기준에 따른 비율을 초과하지 못한다."고 정하고 있기는 하나, 위 규정은 임대차계약의 존속중 당사자 일방이 약정한 차임 등의 증감을 청구한 때에 한하여 적용되고, 임대차계약이 종료된 후 재계약을 하거나 또는 임대차계약 종료 전이라도 당사자의 합의로 차임 등이 증액된 경우에는 적용되지 않는다.

4. 임대차 기간에 관한 분쟁

가. 임대차 기간에 관한 분쟁

(1) 계약기간을 2년 미만으로 정한 임대차의 기간

(가) 관련 규정

> ◆ 주택임대차보호법
> 제4조 (임대차기간 등) ① 기간을 정하지 아니하거나 2년 미만으로 정한 임대차는 그 기간을 2년으로 본다. 다만, 임차인은 2년 미만으로 정한 기간이 유효함을 주장할 수 있다.

(나) 관련 판례

[판례 6] 건물명도 · 임차권존재확인 (대법원 1996. 4. 26. 선고 96다5551, 5568 판결)

【판시사항】

[1] 주택임대차보호법 제4조 제1항에 정한 최소 2년간의 임대차기간 보장 규정의 의미
[2] 임차인이 주택임대차보호법이 적용되는 주택에 관하여 2년 미만으로 정한 임대차기간의 만료를 주장할 수 있는 경우

【판결요지】

[1] 주택임대차보호법 제4조 제1항은 같은 법 제10조의 취지에 비추어 보면 임차인의 보호를 위하여 최소한 2년간의 임대차기간을 보장하여 주려는 규정이므로, 그 규정에 위반되는 당사자의 약정을 모두 무효라고 할 것은 아니고, 그 규정에 위반하는 약정이라도 임차인

에게 불리하지 않은 것은 유효하다.
[2] 임차인이 주택임대차보호법 제4조 제1항의 적용을 배제하고 2년 미만으로 정한 임대차기간의 만료를 주장할 수 있는 것은 임차인 스스로 그 약정 임대차기간이 만료되어 임대차가 종료되었음을 이유로 그 종료에 터잡은 임차보증금 반환채권 등의 권리를 행사하는 경우에 한정되고, 임차인이 2년 미만의 약정 임대차기간이 만료되고 다시 임대차가 묵시적으로 갱신되었다는 이유로 같은 법 제6조 제1항, 제4조 제1항에 따른 새로운 2년간의 임대차의 존속을 주장하는 경우까지 같은 법이 보장하고 있는 기간보다 짧은 약정 임대차기간을 주장할 수는 없다.

(2) 계약기간을 2년 미만으로 정한 임대차의 기간

(가) 관련 규정

◆ 주택임대차보호법
제4조 (임대차기간 등) ① 기간을 정하지 아니하거나 2년 미만으로 정한 임대차는 그 기간을 2년으로 본다. 다만, 임차인은 2년 미만으로 정한 기간이 유효함을 주장할 수 있다.

◆ 민법
제635조 (기간의 약정없는 임대차의 해지통고) ① 임대차기간의 약정이 없는 때에는 당사자는 언제든지 계약해지의 통고를 할 수 있다.
② 상대방이 전항의 통고를 받은 날로부터 다음 각호의 기간이 경과하면 해지의 효력이 생긴다.
   1. 토지, 건물 기타 공작물에 대하여는 임대인이 해지를 통고한 경우에는 6월, 임차인이 해지를 통고한 경우에는 1월
   2. 동산에 대하여는 5일

◆ 주택임대차보호법
제6조의2 (묵시적 갱신의 경우 계약의 해지) ① 제6조제1항에 따라 계약이 갱신된 경우 같은 조 제2항에도 불구하고 임차인은 언제든지 임대인에게 계약해지(契約解止)를 통지할 수 있다. <개정 2009. 5. 8.>
② 제1항에 따른 해지는 임대인이 그 통지를 받은 날부터 3개월이 지나면 그 효력이 발생한다.

(3) 기간을 정하지 아니한 임대차계약

(가) 관련 규정

> ◆ 주택임대차보호법
> 제4조 (임대차기간 등) ① 기간을 정하지 아니하거나 2년 미만으로 정한 임대차는 그 기간을 2년으로 본다. 다만, 임차인은 2년 미만으로 정한 기간이 유효함을 주장할 수 있다.

> ◆ 주택임대차보호법
> 제6조 (계약의 갱신) ① 임대인이 임대차기간이 끝나기 6개월 전부터 2개월 전까지의 기간에 임차인에게 갱신거절(更新拒絶)의 통지를 하지 아니하거나 계약조건을 변경하지 아니하면 갱신하지 아니한다는 뜻의 통지를 하지 아니한 경우에는 그 기간이 끝난 때에 전 임대차와 동일한 조건으로 다시 임대차한 것으로 본다. 임차인이 임대차기간이 끝나기 2개월 전까지 통지하지 아니한 경우에도 또한 같다. <개정 2020. 6. 9.>
> ② 제1항의 경우 임대차의 존속기간은 2년으로 본다. <개정 2009. 5. 8.>

> ◆ 주택임대차보호법
> 제3조 (대항력 등) ① 임대차는 그 등기(登記)가 없는 경우에도 임차인(賃借人)이 주택의 인도(引渡)와 주민등록을 마친 때에는 그 다음 날부터 제삼자에 대하여 효력이 생긴다. 이 경우 전입신고를 한 때에 주민등록이 된 것으로 본다.
> ④ 임차주택의 양수인(讓受人)(그 밖에 임대할 권리를 승계한 자를 포함한다)은 임대인(賃貸人)의 지위를 승계한 것으로 본다. <개정 2013. 8. 13.>

(나) 관련 판례

[판례 7] 건물명도 (대법원 1992. 1. 17. 선고 91다25017 판결)

【판시사항】

1989.12.30.자로 개정된 주택임대차보호법 제4조의 적용과 같은 날짜로 묵시적으로 갱신된 임대차계약의 존속기간

【판결요지】

임대차기간 만료일이 1989.12.30.인 주택임대차계약이 묵시적으로 갱신된 경우에 있어 묵시적으로 갱신된 임대차계약은 전의 임대차와 동일한 조건(존속기간은 제외)으로 다시 임대차를 한 것으로 보아야 하므로 같은 날짜인 1989.12.30.자로 개정된 주택임대차보호법의 시행 당시 존속중이던 종래의 임대차계약이 계속되는 것이 아니라 종래의 임대차계약과는 별개의 임대차계약이 그 법 시행 이후에 개시된 것이라고 보아야 할 것이고, 따라서 이에 대하여는 구 임대차보호법이 적용될 여지가 없고 개정된 주택임대차보호법 제4조의 규정이 적용되어 위 계약은 기간의 정함이 없는 임대차계약으로서 그 임대차기간은 2년으로 의제된다.

[판례 8] 주심금 (대법원 2013. 1. 17. 선고 2011다49523 전원합의체 판결)

【판시사항】

주택임대차보호법상 대항력을 갖춘 임차인의 임대차보증금반환채권이 가압류된 상태에서 임대주택이 양도된 경우, 양수인이 채권가압류의 제3채무자 지위를 승계하는지 여부(적극) 및 이 경우 가압류채권자는 양수인에 대하여만 가압류의 효력을 주장할 수 있는지 여부(적극)

【판결요지】

[다수의견] 주택임대차보호법 제3조 제3항은 같은 조 제1항이 정한 대항요건을 갖춘 임대차의 목적이 된 임대주택(이하 '임대주택'은 주택임대차보호법의 적용대상인 임대주택을 가리킨다)의 양수인은 임대인의 지위를 승계한 것으로 본다고 규정하고 있는바, 이는 법률상의 당연승계 규정으로 보아야 하므로, 임대주택이 양도된 경우에 양수인은 주택의 소유권과 결합하여 임대인의 임대차 계약상의 권리·의무 일체를 그대로 승계하며, 그 결과 양수인이 임대차보증금반환채무를 면책적으로 인수하고, 양도인은 임대차관계에서 탈퇴하여 임차인에 대한 임대차보증금반환채무를 면하게 된다. 나아가 임차인에 대하여 임대차보증금반환채무를 부담하는 임대인임을 당연한 전제로 하여 임대차보증금반환채무의 지급금지를 명령받은 제3채무자의 지위는 임대인의 지위와 분리될 수 있는 것이 아니므로, 임대주택의 양도로 임대인의 지위가 일체로 양수인에게 이전된다면 채권가압류의 제3채무자의 지위도 임대인의 지위와 함께 이전된다고 볼 수밖에 없다. 한편 주택임대차보호법상 임대주택의 양도에 양수인의 임대차보증금반환채무의 면책적 인수를 인정하는 이유는 임대주택에 관한 임대인의 의무 대부분이 그 주택의 소유자이기만 하면 이행가능하고 임차인이 같은 법에서 규정하는 대항요건을 구비하면 임대주택의 매각대금에서 임대차보증금을 우선변제받을 수 있기 때문인데, 임대주택이 양도되었음에도 양수인이 채권가압류의 제3채무자의 지위를 승계하지 않는다면 가압류권자는 장차 본집행절차에서 주택의 매각대금으로부터 우선변제를 받을 수 있는 권리를 상실하는 중대한 불이익을 입게 된다. 이러한 사정들을 고려하면, 임차인의 임대차보증금반환채권이 가압류된 상

태에서 임대주택이 양도되면 양수인이 채권가압류의 제3채무자의 지위도 승계하고, 가압류권자 또한 임대주택의 양도인이 아니라 양수인에 대하여만 위 가압류의 효력을 주장할 수 있다고 보아야 한다.

[대법관 신영철, 대법관 이인복, 대법관 이상훈, 대법관 박보영, 대법관 김신의 반대의견] 임대주택의 양도에 따른 임대차관계의 이전이 발생하기 전에 임차인의 채권자가 신청하여 임대차보증금반환채권이 압류 또는 가압류된 경우에는 주택임대차보호법 제3조 제3항에 기초한 실체법상 권리변동에도 불구하고 압류 또는 가압류에 본질적으로 내재한 처분금지 및 현상보전 효력 때문에 당사자인 집행채권자, 집행채무자, 제3채무자의 집행법상 지위는 달라지지 않는다. 우리의 민사집행법은 금전채권에 대한 집행에서 당사자의 처분행위에 의한 제3채무자 지위의 승계라는 관념을 알지 못하며 오로지 압류 또는 가압류의 처분금지효력을 통하여 집행채권자로 하여금 당사자의 처분행위에 구애받지 않고 당초 개시하거나 보전한 집행의 목적을 달성할 수 있게 할 뿐이다. 비록 임대주택의 양도에 따른 임대인 지위의 승계가 주택임대차보호법 제3조 제3항에 기초한 법률상 당연승계라고는 하나 이는 명백히 임대주택에 관한 양도계약 당사자의 처분의사에 기초한 것으로서, 다수의견은 결국 당사자의 처분행위로 인하여 집행법원이 이미 발령한 가압류명령 또는 압류명령의 수범자와 효력이 달라질 수 있다고 보는 셈인데, 우리 민사집행법이 이를 용인하고 있다고 볼 어떠한 근거도 없다. 다수의견에는 여러 가지 문제점이 있어 이에 동의할 수 없고, 상속이나 합병과 같은 당사자 지위의 포괄승계가 아닌 주택양수도로 인한 임대차보증금반환채무의 이전의 경우 이미 집행된 가압류의 제3채무자 지위는 승계되지 아니한다고 해석함이 타당하다.

(4) 1년 계약기간 후 임대차기간 종료 여부

(가) 관련 규정

> ◆ 주택임대차보호법
> 제4조 (임대차기간 등) ① 기간을 정하지 아니하거나 2년 미만으로 정한 임대차는 그 기간을 2년으로 본다. 다만, 임차인은 2년 미만으로 정한 기간이 유효함을 주장할 수 있다.

(나) 관련 판례

[판례 9] 건물명도·임차권존재확인 (대법원 1996. 4. 26. 선고 96다5551, 5568 판결)

【판시사항】

[1] 주택임대차보호법 제4조 제1항에 정한 최소 2년간의 임대차기간 보장 규정의 의미

[2] 임차인이 주택임대차보호법이 적용되는 주택에 관하여 2년 미만으로 정한 임대차기간의 만료를 주장할 수 있는 경우

【판결요지】

[1] 주택임대차보호법 제4조 제1항은 같은 법 제10조의 취지에 비추어 보면 임차인의 보호를 위하여 최소한 2년간의 임대차기간을 보장하여 주려는 규정이므로, 그 규정에 위반되는 당사자의 약정을 모두 무효라고 할 것은 아니고, 그 규정에 위반하는 약정이라도 임차인에게 불리하지 않은 것은 유효하다.

[2] 임차인이 주택임대차보호법 제4조 제1항의 적용을 배제하고 2년 미만으로 정한 임대차기간의 만료를 주장할 수 있는 것은 임차인 스스로 그 약정 임대차기간이 만료되어 임대차가 종료되었음을 이유로 그 종료에 터잡은 임차보증금 반환채권 등의 권리를 행사하는 경우에 한정되고, 임차인이 2년 미만의 약정 임대차기간이 만료되고 다시 임대차가 묵시적으로 갱신되었다는 이유로 같은 법 제6조 제1항, 제4조 제1항에 따른 새로운 2년간의 임대차의 존속을 주장하는 경우까지 같은 법이 보장하고 있는 기간보다 짧은 약정 임대차기간을 주장할 수는 없다.

(5) 임대차 계약이 묵시적 갱신된 경우 그 기간 및 중도 해지 가부

(가) 관련 규정

> ◆ 주택임대차보호법
> 제6조 (계약의 갱신) ① 임대인이 임대차기간이 끝나기 6개월 전부터 2개월 전까지의 기간에 임차인에게 갱신거절(更新拒絶)의 통지를 하지 아니하거나 계약조건을 변경하지 아니하면 갱신하지 아니한다는 뜻의 통지를 하지 아니한 경우에는 그 기간이 끝난 때에 전 임대차와 동일한 조건으로 다시 임대차한 것으로 본다. 임차인이 임대차기간이 끝나기 2개월 전까지 통지하지 아니한 경우에도 또한 같다. <개정 2020. 6. 9.>
> ② 제1항의 경우 임대차의 존속기간은 2년으로 본다. <개정 2009. 5. 8.>

> ◆ 주택임대차보호법
> 제6조의2 (묵시적 갱신의 경우 계약의 해지) ① 제6조제1항에 따라 계약이 갱신된 경우 같은 조 제2항에도 불구하고 임차인은 언제든지 임대인에게 계약해지(契約解止)를 통지할 수 있다. <개정 2009. 5. 8.>
> ② 제1항에 따른 해지는 임대인이 그 통지를 받은 날부터 3개월이 지나면 그 효력이 발생한다.

(나) 관련 판례

[판례 10] 건물명도 (대법원 1992. 1. 17. 선고 91다25017 판결)

【판시사항】

1989.12.30.자로 개정된 주택임대차보호법 제4조의 적용과 같은 날짜로 묵시적으로 갱신된 임대차계약의 존속기간

【판결요지】

임대차기간 만료일이 1989.12.30.인 주택임대차계약이 묵시적으로 갱신된 경우에 있어 묵시적으로 갱신된 임대차계약은 전의 임대차와 동일한 조건(존속기간은 제외)으로 다시 임대차를 한 것으로 보아야 하므로 같은 날짜인 1989.12.30.자로 개정된 주택임대차보호법의 시행 당시 존속중이던 종래의 임대차계약이 계속되는 것이 아니라 종래의 임대차계약과는 별개의 임대차계약이 그 법 시행 이후에 개시된 것이라고 보아야 할 것이고, 따라서 이에 대하여는 구 임대차보호법이 적용될 여지가 없고 개정된 주택임대차보호법 제4조의 규정이 적용되어 위 계약은 기간의 정함이 없는 임대차계약으로서 그 임대차기간은 2년으로 의제된다

[판례 11] 건물명도 (대법원 2002. 9. 24. 선고 2002다41633 판결)

【판시사항】

주택임대차보호법에 따라 묵시적으로 갱신된 임대차계약의 존속기간

【판결요지】

주택임대차보호법 제6조 제1항에 따라 임대차계약이 묵시적으로 갱신되면 그 임대차기간은 같은 법 제6조 제2항, 제4조 제1항에 따라 2년으로 된다.

5. 보증금 또는 임차주택의 반환에 관한 분쟁

가. 보증금 또는 임차주택의 반환에 관한 분쟁

(1) 계약 해지에 따른 보증금의 반환

(가) 관련 규정

제4장 공동주택과 관련한 쟁송   285

> ◆ 민법
> 제623조 (임대인의 의무) 임대인은 목적물을 임차인에게 인도하고 계약존속중 그 사용, 수익에 필요한 상태를 유지하게 할 의무를 부담한다.

> ◆ 민법
> 제544조 (이행지체와 해제) 당사자 일방이 그 채무를 이행하지 아니하는 때에는 상대방은 상당한 기간을 정하여 그 이행을 최고하고 그 기간내에 이행하지 아니한 때에는 계약을 해제할 수 있다. 그러나 채무자가 미리 이행하지 아니할 의사를 표시한 경우에는 최고를 요하지 아니한다.

(나) 관련 판례

[판례 12] 건물명도등 (대법원 1991. 10. 25. 선고 91다22605, 22612(반소) 판결)

【판시사항】

가. 원심에서 확장된 청구부분이 재판의 탈루에 해당하여 아직 원심에 계속되어 있다고 본 사례
나. 임대차가 종료된 후 임차인이 동시이행의 항변권에 기하여 목적물을 유치하는 경우의 임대목적물 보존에 대한 주의의무의 정도 및 그 주의의무 위반 여부에 대한 입증책임의 소재
다. 위 '나'항의 경우 임차인이 임대인 명의로 사용한 전기, 전화요금을 납부하지 않아 전기의 동력선이 끊기고, 임대인 명의의 전화가입권이 말소됨으로써 임대인이 입은 손해가 임대차보증금반환 채권액에서 공제되어야 할 손해인지 여부(적극)
라. 항소심에서 피고의 항소를 일부 받아들여 제1심판결 인용금액을 감액하는 판결을 선고하는 경우 항소심판결 선고시까지 소송촉진등에관한특례법 제3조 제1항 소정 이율을 적용할 수 있는지 여부(소극)

【판결요지】

가. 원심에서 확장된 청구에 관하여 판결주문에서조차 그 판단이 없어서 이 부분 청구가 재판의 탈루로 보여지고 아직 원심에 계속되어 있다고 본 사례.
나. 임대차 종료 후 임차인의 임차목적물 명도의무와 임대인의 연체차임 기타 명도시까지 발생한 손해배상금 등을 공제하고 남은 임대보증금반환 채무와는 동시이행의 관계에 있는 것이어서 임차인은 이를 지급받을 때까지 동시이행의 항변권에 기하여 목적물을 유치하면서 명도를 거절할 권리가 있는 것이나, 임차인은 임차목적물을 명도할 때까지는 선량한 관리자의 주의로 이를 보존할 의무가 있어, 이러한 주의의무를 위반하여 임대목적물이 멸

실, 훼손된 경우에는 그에 대한 손해를 배상할 채무가 발생하며, 임대목적물이 멸실, 훼손된 경우 임차인이 그 책임을 면하려면 그 임차건물의 보존에 관하여 선량한 관리자의 주의의무를 다하였음을 입증하여야 할 것이다.
다. 위 "나"항의 경우 임차인이 임대인 명의로 사용한 전기, 전화요금을 납부하지 않아 전기의 동력선이 끊기고, 임대인 명의의 전화가입권이 말소됨으로써 임대인이 그 전화 및 전기동력선 등의 재설치에 상당한 비용이 소요되는 등 손해를 입었다면 임차인으로서는 그 손해에 대한 배상책임을 면할 수 없으므로 이는 임대차보증금반환 채권액에서 공제되어야 한다.
라. 항소심에서 채무자의 항소를 일부 받아들여 1심 인용금액을 일부 감축하는 판결을 선고한 것이 채무자가 항소심판결 선고시까지 이행의무의 존부나 범위에 관하여 항쟁하였기 때문이고 또 그 항쟁함이 상당하다고 인정할 때에는 항소심판결 선고시까지는 소송촉진등에관한특례법 제3조 제1항 소정의 이율을 적용하여서는 안된다.

(2) 보증금 등 반환의무의 발생

(가) 관련 규정

◆ 주택임대차보호법
제6조 (계약의 갱신) ① 임대인이 임대차기간이 끝나기 6개월 전부터 2개월 전까지의 기간에 임차인에게 갱신거절(更新拒絶)의 통지를 하지 아니하거나 계약조건을 변경하지 아니하면 갱신하지 아니한다는 뜻의 통지를 하지 아니한 경우에는 그 기간이 끝난 때에 전 임대차와 동일한 조건으로 다시 임대차한 것으로 본다. 임차인이 임대차기간이 끝나기 2개월 전까지 통지하지 아니한 경우에도 또한 같다. <개정 2020. 6. 9.>

◆ 주택임대차보호법
제6조의2 (묵시적 갱신의 경우 계약의 해지) ① 제6조제1항에 따라 계약이 갱신된 경우 같은 조 제2항에도 불구하고 임차인은 언제든지 임대인에게 계약해지(契約解止)를 통지할 수 있다. <개정 2009. 5. 8.>
② 제1항에 따른 해지는 임대인이 그 통지를 받은 날부터 3개월이 지나면 그 효력이 발생한다.

(나) 관련 판례

[판례 13] 임대차계약 (수원지방법원 2017. 11. 17. 선고 2017가단18800 판결)

피고는 2009. 3. 20. 원고와 화성시 소재 대지 및 지상건물에 관하여 보증금 10,000,000원, 차임 월 3,000,000원, 임대차기간 이 사건 부동산 명도일(2009. 3. 20.)부터 24개월로 정하여 임대차계약을 체결하였고, 그 무렵 원고에게 위 보증금을 모두 지급하였다. 이후 원고와 피고는 차임을 2011년 7월경 월 3,500,000원으로, 2012년 10월경 월 4,000,000원으로 각 증액하였다. 피고는 이 사건 부동산에서 공장을 운영하다가 2013년 10월경 위 공장을 다른 곳으로 이전하였다. 민법 제639조 제1항에 의하면, 임대차기간이 만료한 후 임차인이 임차물의 사용·수익을 계속하는 경우에 임대인이 상당한 기간 내에 이의를 하지 아니한 때에는 전 임대차와 동일한 조건으로 다시 임대차한 것으로 보나, 당사자는 제635조의 규정에 의하여 해지의 통고를 할 수 있다. 민법 제635조 제2항 제1호에 의하면, 토지, 건물 기타 공작물에 대하여는 임차인이 해지를 통고한 경우 상대방이 통고받은 날로부터 1개월이 경과하면 해지의 효력이 생긴다. … (중략) … 앞서 본 것처럼 이 사건 임대차계약은 민법 제639조 제1항에 따라 묵시의 갱신이 되었고, 임차인인 피고는 2013. 12. 17. 임대인인 원고에게 위 임대차계약 해지 통고를 하여 그 무렵 도달하였으므로, 그로부터 1개월이 경과한 2014년 1월 중순경 해지의 효력이 발생하여 이 사건 임대차계약이 종료되었다고 봄이 상당하다(수원지방법원 2017. 11. 17. 선고 2017가단18800 판결 참조).

(3) 차임 미지급으로 인한 임대차 계약 해지

(가) 관련 규정

◆ 민법
제640조 (차임연체와 해지) 건물 기타 공작물의 임대차에는 임차인의 차임연체액이 2기의 차임액에 달하는 때에는 임대인은 계약을 해지할 수 있다.

(나) 관련 판례

[판례 14] 임대료등 (대법원 2012. 5. 10. 선고 2012다4633 판결)

【판시사항】
[1] 임대인 갑 주식회사와 임차인 을 주식회사 사이에 체결된 건물임대차계약이 종료되었는데도 을 회사가 임차건물을 무단으로 점유·사용하자 갑 회사가 을 회사를 상대로 부당이득 반환을 구한 사안에서, 을 회사의 갑 회사에 대한 부당이득반환채권은 특별한 사정이 없

는 한 10년의 민사소멸시효가 적용된다고 한 사례
[2] 건물소유자가 부지 부분에 관한 소유권을 상실한 경우, 건물임대차계약 종료 이후 계속 건물을 점유·사용하는 건물임차인의 토지소유자 또는 건물소유자에 대한 부당이득반환의무 유무와 그 범위

【판결요지】

[1] 임대인 갑 주식회사와 임차인 을 주식회사 사이에 체결된 건물임대차계약이 종료되었는데도 을 회사가 임차건물을 무단으로 점유·사용하자 갑 회사가 을 회사를 상대로 부당이득반환을 구한 사안에서, 을 회사는 갑 회사에 대하여 임차건물의 점유·사용으로 인한 차임 상당의 부당이득금을 반환할 의무가 있는데, 주식회사인 갑 회사, 을 회사 사이에 체결된 임대차계약은 상행위에 해당하지만 계약기간 만료를 원인으로 한 부당이득반환채권은 법률행위가 아닌 법률규정에 의하여 발생하는 것이고, 발생 경위나 원인 등에 비추어 상거래 관계에서와 같이 정형적으로나 신속하게 해결할 필요성이 있는 것도 아니므로, 특별한 사정이 없는 한 10년의 민사소멸시효가 적용된다고 한 사례.

[2] 건물에 관한 임대차계약이 종료된 이후 이를 건물임대인에게 반환하지 않고 그대로 계속 점유·사용하는 자는 점유기간 동안 건물의 사용·수익에 따른 차임 상당액을 부당이득으로 반환할 의무가 있는데, 여기서 차임 상당액을 산정할 때 통상적으로 건물을 임대하는 경우 당연히 부지 부분의 이용을 수반하는 것이고 차임 상당액 속에는 건물 차임 외에도 부지 부분 차임(지대)도 포함되므로, 건물 차임은 물론이고 부지 부분 차임도 함께 계산되어야 한다. 그리고 건물소유자가 부지 부분에 관한 소유권을 상실하였다 하여도 건물소유자는 의연 토지소유자와 관계에서는 토지 위에 있는 건물의 소유자인 관계로 건물 부지의 불법점유자라 할 것이고, 따라서 건물 부지 부분에 관한 차임 상당의 부당이득 전부에 관한 반환의무를 부담하게 되며, 건물을 점유하고 있는 건물임차인이 토지소유자에게 부지 점유자로서 부당이득반환의무를 진다고 볼 수 없다. 그러므로 건물소유자는 이러한 채무의 부담한도 내에서 건물임차인의 건물 불법점유에 상응하는 부지 부분의 사용·수익에 따른 임료 상당의 손실이 생긴 것이고, 건물에 관한 임대차계약 종료 이후 이를 계속 점유·사용하는 건물임차인은 건물소유자에 대한 관계에서 건물 부지의 사용·수익으로 인한 이득이 포함된 건물임료 상당의 부당이득을 하였다고 보아야 한다.

(4) 보증금의 반환과 주택의 인도

(가) 관련 규정

◆ 민법
제536조 (동시이행의 항변권) ① 쌍무계약의 당사자 일방은 상대방이 그 채무이행을 제공할 때 까지 자기의 채무이행을 거절할 수 있다. 그러나 상대방의 채무가 변제기에 있지 아니하는 때에는 그러하지 아니하다.

(나) 관련 판례

[판례 15] 보증금반환 (대법원 1998. 5. 29. 선고 98다6497 판결)

【판시사항】

[1] 임차인이 임대차계약 종료 후 임차목적물을 계속 점유하였으나 본래의 계약상의 목적에 따라 사용·수익하지 않은 경우, 부당이득반환의무의 성립 여부(소극)
[2] 임차인이 임대차계약 종료 후 동시이행의 항변권을 행사하여 임차목적물을 계속 점유하는 경우, 불법점유로 인한 손해배상의무를 지기 위한 요건
[3] 임차인의 비용상환청구권포기 특약이 있는 경우, 임차인이 임대차계약서상의 원상복구의무를 부담하지 않기로 하는 합의가 있었다고 본 사례

【판결요지】

[1] 법률상의 원인 없이 이득하였음을 이유로 한 부당이득의 반환에 있어 이득이라 함은 실질적인 이익을 의미하므로, 임차인이 임대차계약관계가 소멸된 이후에도 임차목적물을 계속 점유하기는 하였으나 이를 본래의 임대차계약상의 목적에 따라 사용·수익하지 아니하여 실질적인 이득을 얻은 바 없는 경우에는 그로 인하여 임대인에게 손해가 발생하였다 하더라도 임차인의 부당이득반환의무는 성립되지 않는다.
[2] 임대차계약의 종료에 의하여 발생된 임차인의 목적물반환의무와 임대인의 연체차임을 공제한 나머지 보증금의 반환의무는 동시이행의 관계에 있으므로, 임대차계약 종료 후에도 임차인이 동시이행의 항변권을 행사하여 임차건물을 계속 점유하여 온 것이라면, 임대인이 임차인에게 보증금반환의무를 이행하였다거나 현실적인 이행의 제공을 하여 임차인의 건물명도의무가 지체에 빠지는 등의 사유로 동시이행의 항변권을 상실하지 않는 이상, 임차인의 건물에 대한 점유는 불법점유라고 할 수 없으며, 따라서 임차인으로서는 이에 대한 손해배상의무도 없다.
[3] 임대차계약서에 "임차인은 임대인의 승인하에 개축 또는 변조할 수 있으나 계약대상물을 명도시에는 임차인이 일체 비용을 부담하여 원상복구하여야 함."이라는 내용이 인쇄되어 있기는 하나, 한편 계약체결 당시 특약사항으로 "보수 및 시설은 임차인이 해야 하며 앞으로도 임대인은 해주지 않는다. 임차인은 설치한 모든 시설물에 대하여 임대인에게 시설비를 요구하지 않기로 한다." 등의 약정을 한 경우, 임차인은 시설비용이나 보수비용의 상환청구권을 포기하는 대신 원상복구의무도 부담하지 않기로 하는 합의가 있었다고 보아, 임차인이 계약서의 조항에 의한 원상복구의무를 부담하지 않는다고 본 사례.

[판례 16] 부동산인도 (대전지방법원 2012. 7. 26. 선고 2012나4839(본소),2012나8824(반소) 판결)

부동산매매에 있어서는 당사자가 특히 부동산 인도와 관계없이 잔대금 지급기일을 정한 것이거나 다른 특약이 있는 등 특별한 사정이 없다면 매매부동산의 인도도 그 잔대금지급의무와 동시이행의 관계에 있다고 할 것인바(대법원 1980. 7. 8. 선고 80다725 판결 참조), 매매목적물이 부동산인 경우에 있어서 그 사용·수익권의 취득은 매수인에게 있어 매매의 중요한 효과인 점을 고려하면, 특히 토지의 경우와 달리 건물의 경우 단순히 소유권이전등기에 필요한 서류를 건네주는 것 외에 당해 건물을 비워주고 건물 열쇠를 넘겨주는 등으로 건물을 인도하는 것까지가 매도인의 의무라 할 것이다(대전지방법원 2012. 7. 26. 선고 2012나4839(본소),2012나8824(반소) 판결 참조).

(5) 보증금에서 공제할 연체차임 액수에 관한 분쟁

(가) 관련 규정

◆ 민법
제618조 (임대차의 의의) 임대차는 당사자 일방이 상대방에게 목적물을 사용, 수익하게 할 것을 약정하고 상대방이 이에 대하여 차임을 지급할 것을 약정함으로써 그 효력이 생긴다.

(나) 관련 판례

[판례 17] 점포명도등·임대차관계존재확인 (대법원 2005. 9. 28. 선고 2005다8323, 8330 판결)

【판시사항】

[1] 임대차계약에 있어 임대차보증금이 담보하는 채무가 임대차관계 종료 후 목적물 반환시 별도의 의사표시 없이 임대차보증금에서 당연히 공제되는지 여부(적극)
[2] 임대차보증금에서 공제될 차임채권 등의 발생원인에 관한 주장·증명책임의 소재(=임대인) 및 그 발생한 채권의 소멸에 관한 주장·증명책임의 소재(=임차인)

【판결요지】

[1] 임대차계약에 있어 임대차보증금은 임대차계약 종료 후 목적물을 임대인에게 명도할 때까

지 발생하는, 임대차에 따른 임차인의 모든 채무를 담보하는 것으로서, 그 피담보채무 상당액은 임대차관계의 종료 후 목적물이 반환될 때에, 특별한 사정이 없는 한, 별도의 의사표시 없이 보증금에서 당연히 공제되는 것이므로, 임대인은 임대차보증금에서 그 피담보채무를 공제한 나머지만을 임차인에게 반환할 의무가 있다.
[2] 임대차계약의 경우 임대차보증금에서 그 피담보채무 등을 공제하려면 임대인으로서는 그 피담보채무인 연체차임, 연체관리비 등을 임대차보증금에서 공제하여야 한다는 주장을 하여야 하고 나아가 그 임대차보증금에서 공제될 차임채권, 관리비채권 등의 발생원인에 관하여 주장·입증을 하여야 하는 것이며, 다만 그 발생한 채권이 변제 등의 이유로 소멸하였는지에 관하여는 임차인이 주장·입증책임을 부담한다.

(6) 보증금 잔존하는 경우에도 차임 연체로 인한 해지 가부

(가) 관련 규정

> ◆ 민법
> 제640조 (차임연체와 해지) 건물 기타 공작물의 임대차에는 임차인의 차임연체액이 2기의 차임액에 달하는 때에는 임대인은 계약을 해지할 수 있다.

(나) 관련 판례

[판례 18] 건물철거등 (대법원 1994. 9. 9. 선고 94다4417 판결)

【판시사항】
가. 임대차계약 성립을 일시 부인하였다 하여 임대차계약 해지의 의사표시를 하는 것이 금반언의 원칙에 반하는지 여부
나. 임대차보증금의 존재를 이유로 차임의 지급을 거절하거나 그 연체에 따른 채무불이행 책임을 면할 수 있는지 여부

【판결요지】
가. 임대인과 임차인 사이에 임대차계약의 기간 목적물 등에 관하여 분쟁이 있었고, 그 분쟁 중에 임대인이 임대차계약의 성립을 일시 부인한 사실이 있었다고 하더라도 그 사실만으로 2기 이상의 차임연체를 이유로 한 임대차계약 해지의 의사표시가 금반언의 원칙에 위배된다고 할 수 없다.
나. 임차인이 임대차계약을 체결할 당시 임대인에게 지급한 임대차보증금으로 연체차임 등 임대차관계에서 발생하는 임차인의 모든 채무가 담보된다 하여 임차인이 그 보증금의 존재를 이유로 차임의 지급을 거절하거나 그 연체에 따른 채무불이행 책임을 면할 수는 없다.

[판례 19] 건물철거등 (대법원 1962. 10. 11. 선고 62다496 판결)

【판시사항】

민법 제640조에 의한 계약의 해지의 경우에 최고절차의 필요여부와 매수청구권의 발생여부

【판결요지】

가. 본조에 의한 임대차계약해지의 경우에는 임대인의 최고절차가 필요 없다.
나. 본법 제640조에 의하여 임대차계약의 해지된 경우에는 임차인에게 그 지상시설에 관한 매수청구권이 없다.

(7) 임대차목적물의 반환

(가) 관련 규정

◆ 주택임대차보호법
제6조 (계약의 갱신) ① 임대인이 임대차기간이 끝나기 6개월 전부터 2개월 전까지의 기간에 임차인에게 갱신거절(更新拒絶)의 통지를 하지 아니하거나 계약조건을 변경하지 아니하면 갱신하지 아니한다는 뜻의 통지를 하지 아니한 경우에는 그 기간이 끝난 때에 전 임대차와 동일한 조건으로 다시 임대차한 것으로 본다. 임차인이 임대차기간이 끝나기 2개월 전까지 통지하지 아니한 경우에도 또한 같다. <개정 2020. 6. 9.>
② 제1항의 경우 임대차의 존속기간은 2년으로 본다. <개정 2009. 5. 8.>
③ 2기(期)의 차임액(借賃額)에 달하도록 연체하거나 그 밖에 임차인으로서의 의무를 현저히 위반한 임차인에 대하여는 제1항을 적용하지 아니한다.

(나) 관련 판례

[판례 20] 건물철거등 (대법원 1994. 9. 9. 선고 94다4417 판결)

【판시사항】

가. 임대차계약 성립을 일시 부인하였다 하여 임대차계약 해지의 의사표시를 하는 것이 금반언의 원칙에 반하는지 여부
나. 임대차보증금의 존재를 이유로 차임의 지급을 거절하거나 그 연체에 따른 채무불이행 책

임을 면할 수 있는지 여부

【판결요지】

가. 임대인과 임차인 사이에 임대차계약의 기간 목적물 등에 관하여 분쟁이 있었고, 그 분쟁 중에 임대인이 임대차계약의 성립을 일시 부인한 사실이 있었다고 하더라도 그 사실만으로 2기 이상의 차임연체를 이유로 한 임대차계약 해지의 의사표시가 금반언의 원칙에 위배된다고 할 수 없다.

나. 임차인이 임대차계약을 체결할 당시 임대인에게 지급한 임대차보증금으로 연체차임 등 임대차관계에서 발생하는 임차인의 모든 채무가 담보된다 하여 임차인이 그 보증금의 존재를 이유로 차임의 지급을 거절하거나 그 연체에 따른 채무불이행 책임을 면할 수는 없다.

(8) 잔여 보증금의 반환 및 지연손해금의 지급 (1)

(가) 관련 규정

◆ 민법
제536조 (동시이행의 항변권) ①쌍무계약의 당사자 일방은 상대방이 그 채무이행을 제공할 때 까지 자기의 채무이행을 거절할 수 있다. 그러나 상대방의 채무가 변제기에 있지 아니하는 때에는 그러하지 아니하다.

◆ 민법
제379조 (법정이율) 이자있는 채권의 이율은 다른 법률의 규정이나 당사자의 약정이 없으면 연 5푼으로 한다.

(나) 관련 판례

[판례 21] 공사대금 (대법원 2002. 10. 25. 선고 2002다43370 판결)

【판시사항】

수급인이 동시이행 관계에 있는 도급인에 대한 건물의 인도의무를 이행제공 또는 이행하지 않고 도급인에 대하여 공사대금청구를 하여 법원이 그 공사대금 및 이에 대한 건물 인도일 이후의 지연손해금을 인정하는 경우, 그 지연손해금의 적용이율

【판결요지】

쌍무계약에서 쌍방의 채무가 동시이행 관계에 있는 경우 일방의 채무의 이행기가 도래하더라

도 상대방 채무의 이행제공이 있을 때까지는 그 채무를 이행하지 않아도 이행지체의 책임을 지지 않는 것인바, 사실심 변론종결일까지 수급인이 도급인에게 건물의 인도를 위한 이행제공 또는 이행을 하였다고 볼 수 없는 경우 건물의 인도의무와 동시이행관계에 있는 공사대금 지급의무에 관하여 도급인에게 이행지체의 책임이 있다고 할 수 없으므로 위 공사대금에 대한 위 건물 인도일 이후의 지연손해금을 인정함에 있어서는 소송촉진등에관한특례법 제3조 제1항 단서에 의하여 같은 조항 본문에 정한 이율이 적용되지 아니한다.

(9) 잔여 보증금의 반환 및 지연손해금의 지급 (2)

(가) 관련 규정

> ◆ 민법
> 제379조 (법정이율) 이자있는 채권의 이율은 다른 법률의 규정이나 당사자의 약정이 없으면 연 5푼으로 한다.

> ◆ 주택임대차보호법
> 제3조의3 (임차권등기명령) ① 임대차가 끝난 후 보증금이 반환되지 아니한 경우 임차인은 임차주택의 소재지를 관할하는 지방법원·지방법원지원 또는 시·군 법원에 임차권등기명령을 신청할 수 있다. <개정 2013. 8. 13.>

(나) 관련 판례

[판례 22] 구상금 (대법원 2005. 6. 9. 선고 2005다4529 판결)

【판시사항】

임대인의 임대차보증금 반환의무와 임차인의 주택임대차보호법 제3조의3에 의한 임차권등기 말소의무가 동시이행관계에 있는지 여부(소극)

【판결요지】

주택임대차보호법 제3조의3 규정에 의한 임차권등기는 이미 임대차계약이 종료하였음에도 임대인이 그 보증금을 반환하지 않는 상태에서 경료되게 되므로, 이미 사실상 이행지체에 빠진 임대인의 임대차보증금의 반환의무와 그에 대응하는 임차인의 권리를 보전하기 위하여 새로이 경료하는 임차권등기에 대한 임차인의 말소의무를 동시이행관계에 있는 것으로 해석할 것은 아니고, 특히 위 임차권등기는 임차인으로 하여금 기왕의 대항력이나 우선변제권을 유지하도록 해 주는 담보적 기능만을 주목적으로 하는 점 등에 비추어 볼 때, 임대인의 임대차보증금의 반환의무가 임차인의 임차권등기 말소의무보다 먼저 이행되어야 할 의무이다.

6. 임차주택의 유지·수선 의무에 관한 분쟁

가. 임차주택의 유지·수선 의무에 관한 분쟁

(1) 임차주택 싱크대에 관한 수선 의무

(가) 관련 규정

> ◆ 민법
> 제623조 (임대인의 의무) 임대인은 목적물을 임차인에게 인도하고 계약존속중 그 사용, 수익에 필요한 상태를 유지하게 할 의무를 부담한다.

(나) 관련 판례

[판례 23] 임차보증금반환 (대법원 2010. 4. 29. 선고 2009다96984 판결)

변경 : 대법원 2017. 5. 18. 선고 2012다86895, 86901 전원합의체 판결에 의하여 변경

【판시사항】

[1] 임대인이 수선의무를 부담하게 되는 임대차 목적물의 파손·장해의 정도
[2] 임대차계약이 임대인의 수선의무 지체로 해지된 경우에도, 임대차의 종료 당시 반환된 임차건물이 화재로 인하여 훼손되었음을 이유로 손해배상청구를 당한 임차인이 임차건물 보존에 관하여 선량한 관리자의 주의의무를 다하였음을 증명하여야 하는지 여부(적극)

【판결요지】

[1] 임대차계약에 있어서 임대인은 임대차 목적물을, 계약 존속 중 그 사용·수익에 필요한 상태를 유지하게 할 의무(이하 '임대인의 수선의무'라 한다)를 부담하는 것이므로(민법 제623조), 목적물에 파손 또는 장해가 생긴 경우 그것이 임차인이 별 비용을 들이지 아니하고도 손쉽게 고칠 수 있을 정도의 사소한 것이어서 임차인의 사용·수익을 방해할 정도의 것이 아니라면 임대인은 수선의무를 부담하지 않지만, 그것을 수선하지 아니하면 임차인이 계약에 의하여 정하여진 목적에 따라 사용·수익할 수 없는 상태로 될 정도의 것이라면, 임대인은 그 수선의무를 부담한다 할 것이고, 이는 자신에게 귀책사유가 있는 임대차 목적물의 훼손의 경우에는 물론 자신에게 귀책사유가 없는 훼손의 경우에도 마찬가지다.
[2] 임차인의 임대차 목적물 반환의무가 이행불능이 된 경우 임차인이 그 이행불능으로 인한

손해배상책임을 면하려면 그 이행불능이 임차인의 귀책사유로 말미암은 것이 아님을 입증할 책임이 있고, 임차건물이 화재로 소훼된 경우에 있어서 그 화재의 발생원인이 불명인 때에도 임차인이 그 책임을 면하려면 그 임차건물의 보존에 관하여 선량한 관리자의 주의의무를 다하였음을 입증하여야 하는 것이며, 이러한 법리는 임대차의 종료 당시 임차목적물 반환채무가 이행불능 상태는 아니지만 반환된 임차건물이 화재로 인하여 훼손되었음을 이유로 손해배상을 구하는 경우에도 동일하게 적용되고, 나아가 그 임대차계약이 임대인의 수선의무 지체로 해지된 경우라도 마찬가지다.

(2) 임차주택 배관 동파에 관한 수선 의무 (1)

(가) 관련 규정

◆ 민법
제374조 (특정물인도채무자의 선관의무) 특정물의 인도가 채권의 목적인 때에는 채무자는 그 물건을 인도하기까지 선량한 관리자의 주의로 보존하여야 한다.

◆ 민법
제654조 (준용규정) 제610조제1항, 제615조 내지 제617조의 규정은 임대차에 이를 준용한다.

◆ 민법
제613조 (차용물의 반환시기) ① 차주는 약정시기에 차용물을 반환하여야 한다.
② 시기의 약정이 없는 경우에는 차주는 계약 또는 목적물의 성질에 의한 사용, 수익이 종료한 때에 반환하여야 한다. 그러나 사용, 수익에 족한 기간이 경과한 때에는 대주는 언제든지 계약을 해지할 수 있다.

◆ 민법
제623조 (임대인의 의무) 임대인은 목적물을 임차인에게 인도하고 계약존속중 그 사용, 수익에 필요한 상태를 유지하게 할 의무를 부담한다.

(나) 관련 판례

[판례 24] 보증금등 · 건물명도등 (대법원 1994. 12. 9. 선고 94다34692, 94다34708 판결)

【판시사항】

가. 임대인이 수선의무를 부담하게 되는 임대 목적물의 파손·장해의 정도
나. 임대인의 수선의무면제특약시 면제되는 수선의무의 범위를 명시하지 않은 경우, 수선의무 범위의 해석

【판결요지】

가. 임대차계약에 있어서 임대인은 목적물을 계약 존속 중 그 사용·수익에 필요한 상태를 유지하게 할 의무를 부담하는 것이므로, 목적물에 파손 또는 장해가 생긴 경우 그것이 임차인이 별 비용을 들이지 아니하고도 손쉽게 고칠 수 있을 정도의 사소한 것이어서 임차인의 사용·수익을 방해할 정도의 것이 아니라면 임대인은 수선의무를 부담하지 않지만, 그것을 수선하지 아니하면 임차인이 계약에 의하여 정해진 목적에 따라 사용·수익할 수 없는 상태로 될 정도의 것이라면 임대인은 그 수선의무를 부담한다.
나. '가'항의 임대인의 수선의무는 특약에 의하여 이를 면제하거나 임차인의 부담으로 돌릴 수 있으나, 그러한 특약에서 수선의무의 범위를 명시하고 있는 등의 특별한 사정이 없는 한 그러한 특약에 의하여 임대인이 수선의무를 면하거나 임차인이 그 수선의무를 부담하게 되는 것은 통상 생길 수 있는 파손의 수선 등 소규모의 수선에 한한다 할 것이고, 대파손의 수리, 건물의 주요 구성부분에 대한 대수선, 기본적 설비부분의 교체 등과 같은 대규모의 수선은 이에 포함되지 아니하고 여전히 임대인이 그 수선의무를 부담한다고 해석함이 상당하다.

[판례 25] 건물명도 · 필요비등 (대법원 2008. 3. 27. 선고 2007다91336,91343 판결)

【판시사항】

[1] 임대인이 수선의무를 부담하게 되는 임대 목적물의 파손·장해의 정도
[2] 범위를 명시하지 않고 임대인의 수선의무를 면제하는 특약을 한 경우, 이에 의하여 면제되는 수선의무의 범위

(3) 임차주택 배관 동파에 관한 수선 의무 (2)

(가) 관련 규정

◆ 민법

> 제623조 (임대인의 의무) 임대인은 목적물을 임차인에게 인도하고 계약존속중 그 사용, 수익에 필요한 상태를 유지하게 할 의무를 부담한다.

(나) 관련 기준

> ◆ 서울시 「보일러 동파 관련 주택임대차 배상책임 관련 분쟁 조정 기준(안)」
> 제2조 (동파의 책임) 보일러가 동결될 정도의 저온상태로 방치되어 동파로 파손된 경우 이는 임차인의 유책 과실로 본다. 다만 다음 각 호의 경우에는 그러하지 아니하다.
> 　　1. 임차인이 선량한 관리자의 주의의무를 다하였다는 것을 입증한 경우
> 　　2. 보일러가 동파에 취약한 위치에 있음에도 임대인이 이에 대한 보호장치를 미흡하게 하거나, 임대차계약시「공인중개사의 업무 및 부동산 거래신고에 관한 법률 시행령」제21조(중개대상물의 확인·설명)따라 중개업자가 임대차계약서 고지사항으로 임차인에게 설명하게 하지 않았거나, 별도로 주의를 환기시키지 않는 등 임대인에게 민법 제623조(임대인의 의무)를 다하지 못한 책임이 있을 경우

> ◆ 서울시 「보일러 동파 관련 주택임대차 배상책임 관련 분쟁 조정 기준(안)」
> 제6조 (배상액의 산정) ② 임차인의 과실로 동파된 보일러의 수리시에는 임차인은 수리비용 전액에 대한 배상책임을 진다. 다만 수리비용이 동파되기 직전 보일러의 화폐적 가치를 초과하는 경우에는 동파되기 직전 보일러의 화폐적 가치 범위에서만 배상책임을 진다.

> ◆ 서울시 「보일러 동파 관련 주택임대차 배상책임 관련 분쟁 조정 기준(안)」
> 제8조 (내용년수 종료시 배상책임) 임차인은 내용년수가 종료된 보일러의 동파에 대해 선량한 관리자의 주의의무를 다하였는지에 불구하고 수리 또는 교체한 비용에 대해 배상의무를지지 아니한다. 다만 임차인이 내용년수가 종료된 보일러의 상태가 양호하였다는 것과 자신에게 관리상 중과실이 있음을 인정할 경우에는 그 인정하는 범위에서 배상책임을 진다

(다) 관련 판례

[판례 26] 보증금등·건물명도등 (대법원 1994. 12. 9. 선고 94다34692, 94다34708 판결)

【판시사항】

가. 임대인이 수선의무를 부담하게 되는 임대 목적물의 파손·장해의 정도
나. 임대인의 수선의무면제특약시 면제되는 수선의무의 범위를 명시하지 않은 경우, 수선의무 범위의 해석

【판결요지】

가. 임대차계약에 있어서 임대인은 목적물을 계약 존속 중 그 사용·수익에 필요한 상태를 유지하게 할 의무를 부담하는 것이므로, 목적물에 파손 또는 장해가 생긴 경우 그것이 임차인이 별 비용을 들이지 아니하고도 손쉽게 고칠 수 있을 정도의 사소한 것이어서 임차인의 사용·수익을 방해할 정도의 것이 아니라면 임대인은 수선의무를 부담하지 않지만, 그것을 수선하지 아니하면 임차인이 계약에 의하여 정해진 목적에 따라 사용·수익할 수 없는 상태로 될 정도의 것이라면 임대인은 그 수선의무를 부담한다.
나. '가'항의 임대인의 수선의무는 특약에 의하여 이를 면제하거나 임차인의 부담으로 돌릴 수 있으나, 그러한 특약에서 수선의무의 범위를 명시하고 있는 등의 특별한 사정이 없는 한 그러한 특약에 의하여 임대인이 수선의무를 면하거나 임차인이 그 수선의무를 부담하게 되는 것은 통상 생길 수 있는 파손의 수선 등 소규모의 수선에 한한다 할 것이고, 대파손의 수리, 건물의 주요 구성부분에 대한 대수선, 기본적 설비부분의 교체 등과 같은 대규모의 수선은 이에 포함되지 아니하고 여전히 임대인이 그 수선의무를 부담한다고 해석함이 상당하다.

[판례 27] 건물명도·필요비등 (대법원 2008. 3. 27. 선고 2007다91336,91343 판결)

【판시사항】

[1] 임대인이 수선의무를 부담하게 되는 임대 목적물의 파손·장해의 정도
[2] 범위를 명시하지 않고 임대인의 수선의무를 면제하는 특약을 한 경우, 이에 의하여 면제되는 수선의무의 범위

(4) 임차주택 누수·곰팡이에 관한 수선 의무

(가) 관련 규정

◆ 민법
제623조 (임대인의 의무) 임대인은 목적물을 임차인에게 인도하고 계약존속중 그 사용, 수익에 필요한 상태를 유지하게 할 의무를 부담한다.

◆ 민법
제624조 (임대인의 보존행위, 인용의무) 임대인이 임대물의 보존에 필요한 행위를 하는 때에는 임차인은 이를 거절하지 못한다.

(나) 관련 판례

[판례 28] 보증금등 · 건물명도등 (대법원 1994. 12. 9. 선고 94다34692, 94다34708 판결)

【판시사항】

가. 임대인이 수선의무를 부담하게 되는 임대 목적물의 파손·장해의 정도
나. 임대인의 수선의무면제특약시 면제되는 수선의무의 범위를 명시하지 않은 경우, 수선의무 범위의 해석

【판결요지】

가. 임대차계약에 있어서 임대인은 목적물을 계약 존속 중 그 사용·수익에 필요한 상태를 유지하게 할 의무를 부담하는 것이므로, 목적물에 파손 또는 장해가 생긴 경우 그것이 임차인이 별 비용을 들이지 아니하고도 손쉽게 고칠 수 있을 정도의 사소한 것이어서 임차인의 사용·수익을 방해할 정도의 것이 아니라면 임대인은 수선의무를 부담하지 않지만, 그것을 수선하지 아니하면 임차인이 계약에 의하여 정해진 목적에 따라 사용·수익할 수 없는 상태로 될 정도의 것이라면 임대인은 그 수선의무를 부담한다.
나. '가'항의 임대인의 수선의무는 특약에 의하여 이를 면제하거나 임차인의 부담으로 돌릴 수 있으나, 그러한 특약에서 수선의무의 범위를 명시하고 있는 등의 특별한 사정이 없는 한 그러한 특약에 의하여 임대인이 수선의무를 면하거나 임차인이 그 수선의무를 부담하게 되는 것은 통상 생길 수 있는 파손의 수선 등 소규모의 수선에 한한다 할 것이고, 대파손의 수리, 건물의 주요 구성부분에 대한 대수선, 기본적 설비부분의 교체 등과 같은 대규모의 수선은 이에 포함되지 아니하고 여전히 임대인이 그 수선의무를 부담한다고 해석함이 상당하다.

[판례 29] 건물명도 · 필요비등 (대법원 2008. 3. 27. 선고 2007다91336,91343 판결)

제4장 공동주택과 관련한 쟁송 301

【판시사항】
[1] 임대인이 수선의무를 부담하게 되는 임대 목적물의 파손·장해의 정도
[2] 범위를 명시하지 않고 임대인의 수선의무를 면제하는 특약을 한 경우, 이에 의하여 면제되는 수선의무의 범위

(5) 수선의무의 이행 및 필요비의 상환

(가) 관련 규정

> ◆ 민법
> 제623조 (임대인의 의무) 임대인은 목적물을 임차인에게 인도하고 계약존속중 그 사용, 수익에 필요한 상태를 유지하게 할 의무를 부담한다.

> ◆ 민법
> 제626조 (임차인의 상환청구권) ①임차인이 임차물의 보존에 관한 필요비를 지출한 때에는 임대인에 대하여 그 상환을 청구할 수 있다.

(나) 관련 판례

[판례 30] 임차인의 사용수익 (대법원 2008. 3. 27 선고 2007다91336 판결)

임대차계약에 있어서 임대인은 임차목적물을 계약 존속 중 사용·수익에 필요한 상태를 유지하게 할 의무를 부담하는 것이므로, 임차목적물에 임차인이 계약에 의하여 정해진 목적에 따라 사용·수익할 수 없는 상태로 될 정도의 파손 또는 장해가 생긴 경우 그것이 임차인이 별 비용을 들이지 아니하고도 손쉽게 고칠 수 있을 정도의 사소한 것이어서 임차인의 사용·수익을 방해할 정도의 것이 아니라면 임대인은 수선의무를 부담하지 않지만, 그것을 수선하지 아니하면 임차인이 계약에 의하여 정해진 목적에 따라 사용·수익할 수 없는 상태로 될 정도의 것이라면 임대인은 그 수선의무를 부담함(대법원 2008. 3. 27 선고 2007다91336 판결)

(6) 수선의무 면제 특약

(가) 관련 규정

> ◆ 민법

> 제623조 (임대인의 의무) 임대인은 목적물을 임차인에게 인도하고 계약존속중 그 사용, 수익에 필요한 상태를 유지하게 할 의무를 부담한다.

(나) 관련 판례

[판례 31] 손해배상(기) · 건물명도 (대법원 2012. 6. 14. 선고 2010다89876,89883 판결)

【판시사항】

[1] 임대인이 수선의무를 부담하는 임대 목적물의 파손·장해 정도
[2] 임차인 갑이 가구전시장으로 임차하여 사용하던 건물 바닥에 결로현상이 발생하자 임대인 을을 상대로 임대목적물 하자에 따른 손해배상을 청구한 사안에서, 건물이 일반적 용도로 사용하는 데 하자가 없다고 단정하여 청구를 배척한 원심판결에 법리오해 등 위법이 있다고 한 사례

【판결요지】

[1] 임대차계약에서 임대인은 목적물을 계약 존속 중 사용·수익에 필요한 상태를 유지할 의무를 부담하므로, 목적물에 파손 또는 장해가 생긴 경우 그것이 임차인이 별비용을 들이지 아니하고도 손쉽게 고칠 수 있을 정도의 사소한 것이어서 임차인의 사용·수익을 방해할 정도의 것이 아니라면 임대인은 수선의무를 부담하지 않지만, 그것을 수선하지 아니하면 임차인이 계약에 의하여 정해진 목적에 따라 사용·수익할 수 없는 상태로 될 정도의 것이라면 임대인은 수선의무를 부담한다.
[2] 임차인 갑이 가구전시장으로 임차하여 사용하던 건물 바닥에 결로현상이 발생하자 임대인 을을 상대로 임대목적물 하자에 따른 손해배상을 청구한 사안에서, 감정인의 감정서 등에 비추어 위 건물에는 구조상 바닥 밑 단열과 방습조치가 되어 있지 않은 하자가 있어 여름형 결로현상이 발생할 수밖에 없고, 을은 임대차계약 체결 당시 갑이 건물을 가구전시장으로 임차한 사실을 알고 있었으므로, 갑의 요구에 따라 건물 바닥에 나타난 습기의 발생 원인을 조사하고 이를 제거하기 위하여 제습기 또는 공조시설 등을 설치하거나 바닥 공사를 하여 주는 등 조치를 취함으로써 갑이 사용·수익할 수 있는 상태를 유지하여 줄 의무가 있는데도, 이와 달리 건물이 일반적 용도로 사용하는 데 하자가 없다고 단정하여 위 청구를 배척한 원심판결에 임대차 목적물에 대한 임대인의 수선의무에 관한 법리오해 등 위법이 있다고 한 사례.

(7) 임차주택에 대한 유지·수선의무를 임차인이 부담하도록 하는 특약의 효력

(가) 관련 규정

◆ 민법
제623조 (임대인의 의무) 임대인은 목적물을 임차인에게 인도하고 계약존속중 그 사용, 수익에 필요한 상태를 유지하게 할 의무를 부담한다.

(나) 관련 판례

[판례 32] 보증금등·건물명도등 (대법원 1994. 12. 9. 선고 94다34692, 94다34708 판결)

【판시사항】

가. 임대인이 수선의무를 부담하게 되는 임대 목적물의 파손·장해의 정도
나. 임대인의 수선의무면제특약시 면제되는 수선의무의 범위를 명시하지 않은 경우, 수선의무 범위의 해석

【판결요지】

가. 임대차계약에 있어서 임대인은 목적물을 계약 존속 중 그 사용·수익에 필요한 상태를 유지하게 할 의무를 부담하는 것이므로, 목적물에 파손 또는 장해가 생긴 경우 그것이 임차인이 별 비용을 들이지 아니하고도 손쉽게 고칠 수 있을 정도의 사소한 것이어서 임차인의 사용·수익을 방해할 정도의 것이 아니라면 임대인은 수선의무를 부담하지 않지만, 그것을 수선하지 아니하면 임차인이 계약에 의하여 정해진 목적에 따라 사용·수익할 수 없는 상태로 될 정도의 것이라면 임대인은 그 수선의무를 부담한다.
나. '가'항의 임대인의 수선의무는 특약에 의하여 이를 면제하거나 임차인의 부담으로 돌릴 수 있으나, 그러한 특약에서 수선의무의 범위를 명시하고 있는 등의 특별한 사정이 없는 한 그러한 특약에 의하여 임대인이 수선의무를 면하거나 임차인이 그 수선의무를 부담하게 되는 것은 통상 생길 수 있는 파손의 수선 등 소규모의 수선에 한한다 할 것이고, 대파손의 수리, 건물의 주요 구성부분에 대한 대수선, 기본적 설비부분의 교체 등과 같은 대규모의 수선은 이에 포함되지 아니하고 여전히 임대인이 그 수선의무를 부담한다고 해석함이 상당하다.

7. 임대차계약의 이행 및 임대차계약 내용의 해석에 관한 분쟁

가. 임대차계약의 이행 및 임대차계약 내용의 해석에 관한 분쟁

(1) 임대차 기간에 관한 해석 및 차임 연체를 이유로 한 계약 해지

(가) 관련 규정

> ◆ **주택임대차보호법**
> 제4조 (임대차기간 등) ① 기간을 정하지 아니하거나 2년 미만으로 정한 임대차는 그 기간을 2년으로 본다. 다만, 임차인은 2년 미만으로 정한 기간이 유효함을 주장할 수 있다.

> ◆ **민법**
> 제640조 (차임연체와 해지) 건물 기타 공작물의 임대차에는 임차인의 차임연체액이 2기의 차임액에 달하는 때에는 임대인은 계약을 해지할 수 있다.

(나) 관련 판례

[판례 33] 건물명도·임차권존재확인 (대법원 1996. 4. 26. 선고 96다5551, 5568 판결)

【판시사항】

[1] 주택임대차보호법 제4조 제1항에 정한 최소 2년간의 임대차기간 보장 규정의 의미
[2] 임차인이 주택임대차보호법이 적용되는 주택에 관하여 2년 미만으로 정한 임대차기간의 만료를 주장할 수 있는 경우

【판결요지】

[1] 주택임대차보호법 제4조 제1항은 같은 법 제10조의 취지에 비추어 보면 임차인의 보호를 위하여 최소한 2년간의 임대차기간을 보장하여 주려는 규정이므로, 그 규정에 위반되는 당사자의 약정을 모두 무효라고 할 것은 아니고, 그 규정에 위반하는 약정이라도 임차인에게 불리하지 않은 것은 유효하다.
[2] 임차인이 주택임대차보호법 제4조 제1항의 적용을 배제하고 2년 미만으로 정한 임대차기간의 만료를 주장할 수 있는 것은 임차인 스스로 그 약정 임대차기간이 만료되어 임대차가 종료되었음을 이유로 그 종료에 터잡은 임차보증금 반환채권 등의 권리를 행사하는 경우에 한정되고, 임차인이 2년 미만의 약정 임대차기간이 만료되고 다시 임대차가 묵시적으로 갱신되었다는 이유로 같은 법 제6조 제1항, 제4조 제1항에 따른 새로운 2년간의 임대차의 존속을 주장하는 경우까지 같은 법이 보장하고 있는 기간보다 짧은 약정 임대차기간을 주장할 수는 없다.

[판례 34] 건물철거등 (대법원 1994. 9. 9. 선고 94다4417 판결)

【판시사항】

가. 임대차계약 성립을 일시 부인하였다 하여 임대차계약 해지의 의사표시를 하는 것이 금반언의 원칙에 반하는지 여부 나. 임대차보증금의 존재를 이유로 차임의 지급을 거절하거나 그 연체에 따른 채무불이행 책임을 면할 수 있는지 여부

【판결요지】

가. 임대인과 임차인 사이에 임대차계약의 기간 목적물 등에 관하여 분쟁이 있었고, 그 분쟁 중에 임대인이 임대차계약의 성립을 일시 부인한 사실이 있었다고 하더라도 그 사실만으로 2기 이상의 차임연체를 이유로 한 임대차계약 해지의 의사표시가 금반언의 원칙에 위배된다고 할 수 없다.

나. 임차인이 임대차계약을 체결할 당시 임대인에게 지급한 임대차보증금으로 연체차임 등 임대차관계에서 발생하는 임차인의 모든 채무가 담보된다 하여 임차인이 그 보증금의 존재를 이유로 차임의 지급을 거절하거나 그 연체에 따른 채무불이행 책임을 면할 수는 없다.

(2) 임차인의 사용·수익의 범위

(가) 관련 규정

◆ 민법
제610조 (차주의 사용, 수익권) ① 차주는 계약 또는 그 목적물의 성질에 의하여 정하여진 용법으로 이를 사용, 수익하여야 한다.

◆ 민법
제654조 (준용규정) 제610조제1항, 제615조 내지 제617조의 규정은 임대차에 이를 준용한다.

◆ 민법
제640조 (차임연체와 해지) 건물 기타 공작물의 임대차에는 임차인의 차임연체액이 2기의 차임액에 달하는 때에는 임대인은 계약을 해지할 수 있다.

(나) 관련 판례

[판례 35] 손해배상 (서울중앙지방법원 2013. 12. 4 선고 2013나11354 판결)

관리인에 의하여 관리되고 있는 공동주택에서 애완견 사육으로 인한 소음 등으로 인하여 극도의 스트레스를 받아 정신과 치료 피부과 치료를 받고 있는 이웃 임차인이 애완견을 키우고 있는 임차인과 임대주택의 소유자 및 그 관리인을 상대로 손해배상청구를 한 사안에서 "어떠한 행위가 위법한 가해행위로 평가되기 위해서는 그로 인한 피해의 정도가 사회통념상 일반적으로 용인되는 수인한도를 넘어야 하고, 사회통념상 수인한도를 넘었는지 여부는 피해의 정도, 피해 이익의 성질, 가해 방지 및 피해 회피의 가능성, 피해 회피를 위한 당사자의 노력 등 제반 사정을 종합적으로 고려하여 판단하여야 하는 바"라고 설시하면서 원고 청구를 배척한 바 있음(서울중앙지방법원 2013. 12. 4 선고 2013나11354 판결).

(3) 임대차 목적물 파손시 임차인 부담 특약

(가) 관련 규정

◆ 민법
제654조 (준용규정) 제610조제1항, 제615조 내지 제617조의 규정은 임대차에 이를 준용한다.

◆ 민법
제610조 (차주의 사용, 수익권) ①차주는 계약 또는 그 목적물의 성질에 의하여 정하여진 용법으로 이를 사용, 수익하여야 한다.

(나) 관련 판례

[판례 36] 구상금 (대법원 1999. 9. 21. 선고 99다36273 판결)

【판시사항】

임차건물이 원인불명 화재로 소실되어 임차물 반환채무가 이행불능이 된 경우, 그 귀책사유에 관한 입증책임의 소재(=임차인)

【판결요지】

임차인의 임차물 반환채무가 이행불능이 된 경우 임차인이 그 이행불능으로 인한 손해배상책임을 면하려면 그 이행불능이 임차인의 귀책사유로 말미암은 것이 아님을 입증할 책임이 있으며, 임차건물이 화재로 소훼된 경우에 있어서 그 화재의 발생원인이 불명인 때에도 임차인이 그 책임을 면하려면 그 임차건물의 보존에 관하여 선량한 관리자의 주의의무를 다하였음을 입증하여야 한다.

(4) 장기수선충당금 반환 주체

(가) 관련 규정

◆ 공동주택관리법
제30조 (장기수선충당금의 적립) ① 관리주체는 장기수선계획에 따라 공동주택의 주요 시설의 교체 및 보수에 필요한 장기수선충당금을 해당 주택의 소유자로부터 징수하여 적립하여야 한다.

◆ 공동주택관리법
제31조 (장기수선충당금의 적립 등) ① 법 제30조제4항에 따라 장기수선충당금의 요율은 해당 공동주택의 공용부분의 내구연한 등을 고려하여 관리규약으로 정한다. <개정 2021. 1. 5.>

◆ 민법
제162조 (채권, 재산권의 소멸시효) ① 채권은 10년간 행사하지 아니하면 소멸시효가 완성한다.

(5) 임대차 계약의 당사자 확정

(가) 관련 규정

◆ 민법
제105조 (임의규정) 법률행위의 당사자가 법령 중의 선량한 풍속 기타 사회질서에 관계없는 규정과 다른 의사를 표시한 때에는 그 의사에 의한다.

◆ 민법
제618조 (임대차의 의의) 임대차는 당사자 일방이 상대방에게 목적물을 사용, 수익하게 할 것을 약정하고 상대방이 이에 대하여 차임을 지급할 것을 약정함으로써 그 효력이 생긴다.

(나) 관련 판례

[판례 37] 주심금 (대법원 2016. 3. 10. 선고 2015다240768 판결)

【판시사항】

계약을 체결하는 행위자가 타인의 이름으로 법률행위를 한 경우, 계약당사자의 결정 방법 및 이는 종합건설업자로 등록되지 않은 수급인이 도급인과 건축도급계약을 체결하면서 당사자 합의하에 계약상 수급인 명의를 종합건설업자로 등록된 사업자로 표시하였으나 공사를 직접 시공하는 등 스스로 계약당사자가 될 의사였음이 인정되는 경우에도 마찬가지인지 여부(적극)

8. 임대차계약 갱신 및 종료에 관한 분쟁

가. 임대차계약 갱신 및 종료에 관한 분쟁

(1) 임차주택에 관한 공사 소음을 원인으로 한 계약 해지

(가) 관련 규정

> ◆ 민법
> 제623조 (임대인의 의무) 임대인은 목적물을 임차인에게 인도하고 계약존속중 그 사용, 수익에 필요한 상태를 유지하게 할 의무를 부담한다.

> ◆ 민법
> 제625조 (임차인의 의사에 반하는 보존행위와 해지권) 임대인이 임차인의 의사에 반하여 보존행위를 하는 경우에 임차인이 이로 인하여 임차의 목적을 달성할 수 없는 때에는 계약을 해지할 수 있다.

(나) 관련 판례

[판례 38] 임차보증금반환 (대법원 2010. 4. 29. 선고 2009다96984 판결)

변경 : 대법원 2017. 5. 18. 선고 2012다86895, 86901 전원합의체 판결에 의하여 변경

【판시사항】

[1] 임대인이 수선의무를 부담하게 되는 임대차 목적물의 파손·장해의 정도
[2] 임대차계약이 임대인의 수선의무 지체로 해지된 경우에도, 임대차의 종료 당시 반환된 임차건물이 화재로 인하여 훼손되었음을 이유로 손해배상청구를 당한 임차인이 임차건물 보존에 관하여 선량한 관리자의 주의의무를 다하였음을 증명하여야 하는지 여부(적극)

【판결요지】

[1] 임대차계약에 있어서 임대인은 임대차 목적물을, 계약 존속 중 그 사용·수익에 필요한 상태를 유지하게 할 의무(이하 '임대인의 수선의무'라 한다)를 부담하는 것이므로(민법 제623조), 목적물에 파손 또는 장해가 생긴 경우 그것이 임차인이 별 비용을 들이지 아니하고도 손쉽게 고칠 수 있을 정도의 사소한 것이어서 임차인의 사용·수익을 방해할 정도의 것이 아니라면 임대인은 수선의무를 부담하지 않지만, 그것을 수선하지 아니하면 임차인이 계약에 의하여 정하여진 목적에 따라 사용·수익할 수 없는 상태로 될 정도의 것이라면, 임대인은 그 수선의무를 부담한다 할 것이고, 이는 자신에게 귀책사유가 있는 임대차 목적물의 훼손의 경우에는 물론 자신에게 귀책사유가 없는 훼손의 경우에도 마찬가지다.

[2] 임차인의 임대차 목적물 반환의무가 이행불능이 된 경우 임차인이 그 이행불능으로 인한 손해배상책임을 면하려면 그 이행불능이 임차인의 귀책사유로 말미암은 것이 아님을 입증할 책임이 있고, 임차건물이 화재로 소훼된 경우에 있어서 그 화재의 발생원인이 불명인 때에도 임차인이 그 책임을 면하려면 그 임차건물의 보존에 관하여 선량한 관리자의 주의의무를 다하였음을 입증하여야 하는 것이며, 이러한 법리는 임대차의 종료 당시 임차목적물 반환채무가 이행불능 상태는 아니지만 반환된 임차건물이 화재로 인하여 훼손되었음을 이유로 손해배상을 구하는 경우에도 동일하게 적용되고, 나아가 그 임대차계약이 임대인의 수선의무 지체로 해지된 경우라도 마찬가지다.

[판례 39] 손해배상(기) (서울중앙지법 2014. 6. 20. 선고 2014나13609 판결)

【판시사항】

[1] 임대인이 임차인에게 목적물을 인도할 당시에 이미 존재하고 있었던 하자가 임대인의 수선의무의 대상이 되는지 여부(적극)
[2] 임대목적물의 하자에 대한 수선이 불가능하고 그로 인하여 임대차의 목적을 달성할 수 없는 경우, 임차인이 임대차계약의 효력을 소급적으로 소멸시키는 해제를 할 수 있는지 여부(한정 적극)
[3] 임대차 목적물에 임대인의 수선을 요하는 하자가 있는데도 임대인이 이를 모르고 있고 임차인 또한 임대인에게 지체 없이 통지하지 않은 경우, 임대인이 부담하는 손해배상책임의 범위
[4] 갑이 을로부터 임차한 다가구주택에서 거주하는 동안 심한 결로와 곰팡이 등으로 손해를

입었음을 이유로 을을 상대로 배상을 구한 사안에서, 갑이 민법 제634조의 통지의무를 제대로 이행하지 아니하였으므로 갑이 지체 없이 을에게 이를 통지하여 수선이 이루어졌다고 하더라도 피할 수 없었거나 제거될 수 없었던 기발생 손해에 대하여만 을을 상대로 손해배상청구를 할 수 있다고 한 사례

【판결요지】

[1] 임대인의 수선의무의 대상이 되는 목적물의 파손 또는 장해(이하 '하자'라고 총칭한다)는 임대차기간 중에 드러난 하자를 의미하는 것으로서 임대차기간 중에 비로소 발생한 하자에 한정되지 않고, 이미 임대인이 임차인에게 목적물을 인도할 당시에 존재하고 있었던 하자도 포함된다.

[2] 임대인이 귀책사유로 하자 있는 목적물을 인도하여 목적물 인도의무를 불완전하게 이행하거나 수선의무를 지체한 경우, 임차인은 임대인을 상대로 채무불이행에 기한 손해배상을 청구할 수 있고(민법 제390조), 임대차계약을 해지할 수도 있다. 그리고 목적물의 하자에 대한 수선이 불가능하고 그로 인하여 임대차의 목적을 달성할 수 없는 경우에는, 임차인의 해지를 기다릴 것도 없이 임대차는 곧바로 종료하게 되고, 임차인이 목적물을 인도받아 어느 정도 계속하여 목적물을 사용·수익한 경우가 아니라 목적물을 인도받은 직후라면 임대차계약의 효력을 소급적으로 소멸시키는 해제를 하는 것도 가능하다.

[3] 임대차 목적물에 임대인의 수선을 요하는 하자가 있다고 하더라도, 임대인이 이를 모르고 있고 임차인 또한 이를 임대인에게 지체 없이 통지하지 아니한 경우, 임대인이 통지를 받지 못함으로 인하여 목적물에 대한 수선을 할 수 없었던 범위 내에서는, 수선의무 불이행에 따른 손해배상책임은 물론 하자담보책임에 따른 손해배상책임도 부담하지 않는 것으로 해석함이 타당하고, 이러한 경우 임대인은, 임차인이 지체 없이 하자를 통지하여 수선이 이루어졌다고 하더라도 피할 수 없었거나 제거될 수 없었던 기발생 손해에 대하여만 책임을 부담한다.

[4] 갑이 을로부터 임차한 다가구주택에서 거주하는 동안 수시로 방과 거실의 천장에서 물방울이 고이면서 떨어지고 창문에서 물이 흘러내리며 벽지가 축축하게 젖어 있었으며, 이로 말미암아 벽지와 갑 소유의 가구, 옷, 가방 등에 곰팡이가 심하게 발생하여 손해를 입었음을 이유로 을을 상대로 배상을 구한 사안에서, 임대차 목적물에 위와 같은 현상과 곰팡이를 유발시킨 하자가 존재하였고 이로 말미암아 갑이 임대차의 목적인 주거를 위하여 사용·수익하는 것 자체가 불가능하지는 않았지만 방해는 받았으며, 위 하자는 수선이 가능하였는데 갑이 민법 제634조의 통지의무를 제대로 이행하지 아니하여 을이 목적물에 대한 수선을 할 수 없었던 상태에서 갑은 이사 나갔으므로, 갑은 을을 상대로 갑이 목적물의 하자로 인하여 임대차의 목적을 달성할 수 없었다거나 을이 수선의무를 이행하지 아니하였다는 이유로 손해배상청구를 할 수는 없고, 단지 갑이 지체 없이 을에게 이를 통지하여 수선이 이루어졌다고 하더라도 피할 수 없었거나 제거될 수 없었던 기발생 손해에 대하여만 을을 상대로 목적물 인도의무의 불완전이행에 따른 손해배상책임 내지 하자담보책임에 기한 손해배상청구를 할 수 있다고 한 사례.

(2) 임대차 갱신계약의 합의 해지

(가) 관련 규정

◆ 민법
제543조 (해지, 해제권) ① 계약 또는 법률의 규정에 의하여 당사자의 일방이나 쌍방이 해지 또는 해제의 권리가 있는 때에는 그 해지 또는 해제는 상대방에 대한 의사표시로 한다.
② 전항의 의사표시는 철회하지 못한다.

(나) 관련 판례

[판례 40] 소유권이전등기등 (대법원 2011. 2. 10. 선고 2010다77385 판결)

【판시사항】
[1] 둘 이상의 민법상 전형계약을 포괄하는 하나의 계약에서 당사자 일방의 여러 의무가 포괄하여 상대방의 여러 의무와 대가관계에 있는 경우, 양자가 동시이행관계에 있는지 여부(적극)
[2] 계약의 합의해제 또는 해제계약의 요건
[3] 이른바 '이행거절'로 인한 계약해제의 요건
[4] 갑이 을로부터 토지와 건물의 소유권을 이전받는 대가로 토지에 설정된 근저당권의 피담보채무 등을 인수하기로 약정을 하였으나, 을이 토지에 관하여 병 명의로 소유권이전등기청구권가등기를 경료한 채 위 약정에 따른 소유권이전등기를 지체하자 갑이 위 토지에 대한 가압류를 신청한 사안에서, 위 약정이 합의해제되었다거나 갑의 이행거절로 해제되었다고 볼 수 없다고 한 사례

【판결요지】
[1] 쌍무계약에서 서로 대가관계에 있는 당사자 쌍방의 의무는 원칙적으로 동시이행의 관계에 있고, 나아가 하나의 계약으로 둘 이상의 민법상의 전형계약을 포괄하는 내용의 계약을 체결한 경우에 당사자 일방의 여러 의무가 포괄하여 상대방의 여러 의무와 대가관계에 있다고 인정되면, 이러한 당사자 일방의 여러 의무와 상대방의 여러 의무는 동시이행의 관계에 있다.
[2] 계약의 합의해제 또는 해제계약은 해제권의 유무를 불문하고 계약당사자 쌍방이 합의에 의하여 기존 계약의 효력을 소멸시켜 당초부터 계약이 체결되지 않았던 것과 같은 상태로 복귀시킬 것을 내용으로 하는 새로운 계약으로서, 계약이 합의해제되기 위하여는 계약의

성립과 마찬가지로 계약의 청약과 승낙이라는 서로 대립하는 의사표시가 합치될 것(합의)을 요건으로 하는바, 이와 같은 합의가 성립하기 위하여는 쌍방당사자의 표시행위에 나타난 의사의 내용이 객관적으로 일치하여야 한다. 그리고 계약의 합의해제는 명시적으로뿐만 아니라 당사자 쌍방의 묵시적인 합의에 의하여도 할 수 있으나, 묵시적인 합의해제를 한 것으로 인정되려면 계약이 체결되어 그 일부가 이행된 상태에서 당사자 쌍방이 장기간에 걸쳐 나머지 의무를 이행하지 아니함으로써 이를 방치한 것만으로는 부족하고, 당사자 쌍방에게 계약을 실현할 의사가 없거나 계약을 포기할 의사가 있다고 볼 수 있을 정도에 이르러야 한다. 이 경우에 당사자 쌍방이 계약을 실현할 의사가 없거나 포기할 의사가 있었는지 여부는 계약이 체결된 후의 여러 가지 사정을 종합적으로 고려하여 판단하여야 한다.

[3] 채무불이행에 의한 계약해제에서 미리 이행하지 아니할 의사를 표시한 경우로서 이른바 '이행거절'로 인한 계약해제의 경우에는 상대방의 최고 및 동시이행관계에 있는 자기 채무의 이행제공을 요하지 아니하여 이행지체 시의 계약해제와 비교할 때 계약해제의 요건이 완화되어 있는바, 명시적으로 이행거절의사를 표명하는 경우 외에 계약 당시나 계약 후의 여러 사정을 종합하여 묵시적 이행거절의사를 인정하기 위하여는 그 거절의사가 정황상 분명하게 인정되어야 한다.

[4] 갑이 을로부터 토지와 건물의 소유권을 이전받는 대가로 토지에 설정된 근저당권의 피담보채무 등을 인수하기로 약정을 하였으나, 을이 토지에 관하여 병 명의로 소유권이전등기청구권가등기를 경료한 채 위 약정에 따른 소유권이전등기를 지체하자 갑이 토지에 관한 가압류를 신청한 사안에서, 갑과 을 사이에 약정을 해제하기로 하는 합의가 성립하였다거나 갑에게 계약을 실현할 의사가 없거나 계약을 포기할 의사가 있다고 볼 수 없고, 또한 가압류신청 전후의 여러 사정을 감안하면 가압류신청서를 제출한 사실만으로 갑의 이행거절의사가 명백하고 종국적으로 표시되었다고 단정하기도 어려우므로, 위 약정이 합의해제되었다거나 갑의 이행거절로 해제되었다고 볼 수 없다고 한 사례.

(3) 연장된 임대차계약의 종료 시기

(가) 관련 규정

> ◆ 주택임대차보호법
> 제4조 (임대차기간 등) ① 기간을 정하지 않은 임대차나 2년 미만으로 정한 임대차는 그 기간을 2년으로 본다. 다만 임차인은 2년 미만으로 정한 기간이 유효함을 주장할 수 있다.

(나) 관련 판례

[판례 41] 퇴직금등 (대법원 2003. 8. 19. 선고 2003다24215 판결)

【판시사항】

[1] 부관이 붙은 법률행위에 있어서 부관이 정지조건인지 불확정기한인지를 판단하는 기준
[2] 이미 부담하고 있는 채무의 변제에 관하여 일정한 사실이 부관으로 붙여진 경우 그 부관의 법적 성질(=불확정기한)

【판결요지】

[1] 부관이 붙은 법률행위에 있어서 부관에 표시된 사실이 발생하지 아니하면 채무를 이행하지 아니하여도 된다고 보는 것이 상당한 경우에는 조건으로 보아야 하고, 표시된 사실이 발생한 때에는 물론이고 반대로 발생하지 아니하는 것이 확정된 때에도 그 채무를 이행하여야 한다고 보는 것이 상당한 경우에는 표시된 사실의 발생 여부가 확정되는 것을 불확정기한으로 정한 것으로 보아야 한다.
[2] 이미 부담하고 있는 채무의 변제에 관하여 일정한 사실이 부관으로 붙여진 경우에는 특별한 사정이 없는 한 그것은 변제기를 유예한 것으로서 그 사실이 발생한 때 또는 발생하지 아니하는 것으로 확정된 때에 기한이 도래한다.

[판례 42] 투자금반환 (대법원 2009. 5. 14. 선고 2009다16643 판결)

【판시사항】

공동사업관계를 탈퇴하면서 체결한 청산약정에서 출자금반환의무의 성립과 관련하여 붙인 부관의 법적 성질을 정지조건이 아닌 불확정기한으로 보아, 부관에 정한 사유가 발생하는 때는 물론이고 상당한 기간 내에 그 사유가 발생하지 않는 때에도 그 출자금반환의무가 성립한다고 한 사례

【판결요지】

재건축사업을 추진하던 자들과 사업 진행에 필요한 운전자금을 출자하고 사업상의 이익에 참여하기로 하는 등의 공동사업계약을 체결하고 그들에게 운전자금을 지급한 자가, 그 후 사업 진행이 순조롭지 않자 공동사업관계에서 탈퇴하면서 '스폰서가 영입되거나 사업권을 넘길 경우나 사업을 진행할 때'에는 위 출자금을 반환받기로 하는 청산약정을 체결한 사안에서, 위 부관의 법적 성질을 거기서 정해진 사유가 발생하지 않는 한 언제까지라도 위 투자금을 반환할 의무가 성립하지 않는 정지조건이라기보다는 불확정기한으로 보아, 출자금반환의무는 위 약정사유가 발생하는 때는 물론이고 상당한 기간 내에 위 약정사유가 발생하지 않는 때에도 성립한다고 해석하는 것이 타당하다고 한 사례.

(4) 임대차계약의 묵시적 갱신 여부

(가) 관련 규정

> ◆ 주택임대차보호법
> 제6조 (계약의 갱신) ① 임대인이 임대차기간이 끝나기 6개월 전부터 1개월 전까지의 기간에 임차인에게 갱신거절(更新拒絶)의 통지를 하지 아니하거나 계약조건을 변경하지 아니하면 갱신하지 아니한다는 뜻의 통지를 하지 아니한 경우에는 그 기간이 끝난 때에 전 임대차와 동일한 조건으로 다시 임대차한 것으로 본다. 임차인이 임대차기간이 끝나기 1개월 전까지 통지하지 아니한 경우에도 또한 같다.
> ② 제1항의 경우 임대차의 존속기간은 2년으로 본다.

(나) 관련 판례

[판례 43] 건물명도 (대법원 2002. 9. 24. 선고 2002다41633 판결)

【판시사항】
주택임대차보호법에 따라 묵시적으로 갱신된 임대차계약의 존속기간

【판결요지】
주택임대차보호법 제6조 제1항에 따라 임대차계약이 묵시적으로 갱신되면 그 임대차기간은 같은 법 제6조 제2항, 제4조 제1항에 따라 2년으로 된다.

(5) 임대차계약 갱신 여부

(가) 관련 규정

> ◆ 주택임대차보호법
> 제4조 (임대차기간 등) ① 기간을 정하지 아니하거나 2년 미만으로 정한 임대차는 그 기간을 2년으로 본다. 다만, 임차인은 2년 미만으로 정한 기간이 유효함을 주장할 수 있다.

◆ 주택임대차보호법
제6조 (계약의 갱신) ① 임대인이 임대차기간이 끝나기 6개월 전부터 1개월 전까지의 기간에 임차인에게 갱신거절(更新拒絶)의 통지를 하지 아니하거나 계약조건을 변경하지 아니하면 갱신하지 아니한다는 뜻의 통지를 하지 아니한 경우에는 그 기간이 끝난 때에 전 임대차와 동일한 조건으로 다시 임대차한 것으로 본다. 임차인이 임대차기간이 끝나기 1개월 전까지 통지하지 아니한 경우에도 또한 같다.
② 제1항의 경우 임대차의 존속기간은 2년으로 본다.

(6) 임대인 과실없이 임차목적물 사용불능의 경우

(가) 관련 규정

◆ 민법
제623조 (임대인의 의무) 임대인은 목적물을 임차인에게 인도하고 계약존속 중 그 사용, 수익에 필요한 상태를 유지하게 할 의무를 부담한다.

◆ 민법
제627조 (일부멸실 등과 감액청구, 해지권) ① 임차물의 일부가 임차인의 과실없이 멸실 기타 사유로 인하여 사용, 수익할 수 없는 때에는 임차인은 그 부분의 비율에 의한 차임의 감액을 청구할 수 있다.
② 전항의 경우에 그 잔존 부분으로 임차의 목적을 달성할 수 없는 때에는 임차인은 계약을 해지할 수 있다.
② 전항의 규정은 대리인에게 대한 제삼자의 의사표시에 준용한다.

(나) 관련 판례

[판례 44] 건물명도등 (대법원 1991. 10. 25. 선고 91다22605, 22612(반소) 판결)

【판시사항】
가. 원심에서 확장된 청구부분이 재판의 탈루에 해당하여 아직 원심에 계속되어 있다고 본 사례
나. 임대차가 종료된 후 임차인이 동시이행의 항변권에 기하여 목적물을 유치하는 경우의 임

대목적물 보존에 대한 주의의무의 정도 및 그 주의의무 위반 여부에 대한 입증책임의 소재
다. 위 '나'항의 경우 임차인이 임대인 명의로 사용한 전기, 전화요금을 납부하지 않아 전기의 동력선이 끊기고, 임대인 명의의 전화가입권이 말소됨으로써 임대인이 입은 손해가 임대차보증금반환 채권액에서 공제되어야 할 손해인지 여부(적극)
라. 항소심에서 피고의 항소를 일부 받아들여 제1심판결 인용금액을 감액하는 판결을 선고하는 경우 항소심판결 선고시까지 소송촉진등에관한특례법 제3조 제1항 소정 이율을 적용할 수 있는지 여부(소극)

【판결요지】

가. 원심에서 확장된 청구에 관하여 판결주문에서조차 그 판단이 없어서 이 부분 청구가 재판의 탈루로 보여지고 아직 원심에 계속되어 있다고 본 사례.
나. 임대차 종료 후 임차인의 임차목적물 명도의무와 임대인의 연체차임 기타 명도시까지 발생한 손해배상금 등을 공제하고 남은 임대보증금반환 채무와는 동시이행의 관계에 있는 것이어서 임차인은 이를 지급받을 때까지 동시이행의 항변권에 기하여 목적물을 유치하면서 명도를 거절할 권리가 있는 것이나, 임차인은 임차목적물을 명도할 때까지는 선량한 관리자의 주의로 이를 보존할 의무가 있어, 이러한 주의의무를 위반하여 임대목적물이 멸실, 훼손된 경우에는 그에 대한 손해를 배상할 채무가 발생하며, 임대목적물이 멸실, 훼손된 경우 임차인이 그 책임을 면하려면 그 임차건물의 보존에 관하여 선량한 관리자의 주의의무를 다하였음을 입증하여야 할 것이다.
다. 위 "나"항의 경우 임차인이 임대인 명의로 사용한 전기, 전화요금을 납부하지 않아 전기의 동력선이 끊기고, 임대인 명의의 전화가입권이 말소됨으로써 임대인이 그 전화 및 전기동력선 등의 재설치에 상당한 비용이 소요되는 등 손해를 입었다면 임차인으로서는 그 손해에 대한 배상책임을 면할 수 없으므로 이는 임대차보증금반환 채권액에서 공제되어야 한다.
라. 항소심에서 채무자의 항소를 일부 받아들여 1심 인용금액을 일부 감축하는 판결을 선고한 것이 채무자가 항소심판결 선고시까지 이행의무의 존부나 범위에 관하여 항쟁하였기 때문이고 또 그 항쟁함이 상당하다고 인정할 때에는 항소심판결 선고시까지는 소송촉진등에관한특례법 제3조 제1항 소정의 이율을 적용하여서는 안된다.

9. 임대차계약의 불이행 등에 따른 손해배상청구에 관한 분쟁

가. 임대차계약의 불이행 등에 따른 손해배상청구에 관한 분쟁

(1) 임대인의 수선의무 불이행으로 인한 손해배상의 범위

(가) 관련 규정

◆ 민법
제623조 (임대인의 의무) 임대인은 목적물을 임차인에게 인도하고 계약존속 중 그 사용, 수익에 필요한 상태를 유지하게 할 의무를 부담한다.

◆ 민법
제390조 (채무불이행과 손해배상) 채무자가 채무의 내용에 좇은 이행을 하지 아니한 때에는 채권자는 손해배상을 청구할 수 있다. 그러나 채무자의 고의나 과실 없이 이행할 수 없게 된 때에는 그러하지 아니하다.

(나) 관련 판례

[판례 45] 손해배상(기)·건물명도 (대법원 2012. 6. 14. 선고 2010다89876,89883 판결)

【판시사항】

[1] 임대인이 수선의무를 부담하는 임대 목적물의 파손·장해 정도
[2] 임차인 갑이 가구전시장으로 임차하여 사용하던 건물 바닥에 결로현상이 발생하자 임대인 을을 상대로 임대목적물 하자에 따른 손해배상을 청구한 사안에서, 건물이 일반적 용도로 사용하는 데 하자가 없다고 단정하여 청구를 배척한 원심판결에 법리오해 등 위법이 있다고 한 사례

【판결요지】

[1] 임대차계약에서 임대인은 목적물을 계약 존속 중 사용·수익에 필요한 상태를 유지할 의무를 부담하므로, 목적물에 파손 또는 장해가 생긴 경우 그것이 임차인이 별비용을 들이지 아니하고도 손쉽게 고칠 수 있을 정도의 사소한 것이어서 임차인의 사용·수익을 방해할 정도의 것이 아니라면 임대인은 수선의무를 부담하지 않지만, 그것을 수선하지 아니하면 임차인이 계약에 의하여 정해진 목적에 따라 사용·수익할 수 없는 상태로 될 정도의 것이라면 임대인은 수선의무를 부담한다.
[2] 임차인 갑이 가구전시장으로 임차하여 사용하던 건물 바닥에 결로현상이 발생하자 임대인 을을 상대로 임대목적물 하자에 따른 손해배상을 청구한 사안에서, 감정인의 감정서 등에 비추어 위 건물에는 구조상 바닥 밑 단열과 방습조치가 되어 있지 않은 하자가 있어 여름형 결로현상이 발생할 수밖에 없고, 을은 임대차계약 체결 당시 갑이 건물을 가구전시장으로 임차한 사실을 알고 있었으므로, 갑의 요구에 따라 건물 바닥에 나타난 습기의 발생원인을 조사하고 이를 제거하기 위하여 제습기 또는 공조시설 등을 설치하거나 바닥 공사를 하여 주는 등 조치를 취함으로써 갑이 사용·수익할 수 있는 상태를 유지하여 줄 의무가 있는데도, 이와 달리 건물이 일반적 용도로 사용하는 데 하자가 없다고 단정하여 위

청구를 배척한 원심판결에 임대차 목적물에 대한 임대인의 수선의무에 관한 법리오해 등 위법이 있다고 한 사례.

[판례 46] 손해배상(기) (대법원 2004. 11. 12. 선고 2002다53865 판결)

【판시사항】

[1] 아파트 수분양자들의 정리회사에 대한 소유권이전등기청구권은 회사정리법 제208조 제7호에 정한 공익채권에 해당하고, 그 이행지체로 인한 손해배상청구권 역시 공익채권에 해당한다고 한 사례
[2] 회사정리법 제121조 제1항 제2호에 규정된 "정리절차개시 후의 불이행으로 인한 손해배상과 위약금"의 의미
[3] 계약상의 채무불이행으로 인하여 재산적 손해가 발생한 경우, 위자료를 인정하기 위한 요건
[4] 재산적 손해액의 심리·확정이 가능한데도 위자료의 명목으로 사실상 재산적 손해의 전보를 꾀하는 것이 허용되는지 여부(소극)

【판결요지】

[1] 정리회사의 관리인이 회사정리절차개시결정 이전에 아파트 분양계약을 체결한 수분양자들로부터 분양잔대금을 지급받고 그들을 입주시킨 경우, 아파트 수분양자들의 정리회사에 대한 소유권이전등기청구권은 회사정리법 제208조 제7호에 정한 공익채권에 해당하고, 그 이행지체로 인한 손해배상청구권 역시 공익채권에 해당한다고 한 사례.
[2] 회사정리법 제121조 제1항 제2호에서 "정리절차개시 후의 불이행으로 인한 손해배상과 위약금"을 후순위 정리채권으로 정하고 있으나, 여기서 규정한 손해배상금과 위약금은 정리절차개시 전부터 회사에 재산상의 청구권의 불이행이 있기 때문에 상대방에 대하여 손해배상을 지급하거나 또는 위약금을 정기적으로 지급하여야 할 관계에 있을 때 그 계속으로 정리절차개시 후에 발생하고 있는 손해배상 및 위약금 청구권을 의미한다.
[3] 일반적으로 계약상 채무불이행으로 인하여 재산적 손해가 발생한 경우, 그로 인하여 계약당사자가 받은 정신적인 고통은 재산적 손해에 대한 배상이 이루어짐으로써 회복된다고 보아야 할 것이므로, 재산적 손해의 배상만으로는 회복될 수 없는 정신적 고통을 입었다는 특별한 사정이 있고, 상대방이 이와 같은 사정을 알았거나 알 수 있었을 경우에 한하여 정신적 고통에 대한 위자료를 인정할 수 있다.
[4] 재산적 손해의 발생이 인정되는데도 입증곤란 등의 이유로 그 손해액의 확정이 불가능하여 그 배상을 받을 수 없는 경우에 이러한 사정을 위자료의 증액사유로 참작할 수는 있다고 할 것이나, 이러한 위자료의 보완적 기능은 재산적 손해의 발생이 인정되는데도 손해액의 확정이 불가능하여 그 손해 전보를 받을 수 없게 됨으로써 피해회복이 충분히 이루어지지 않는 경우에 이를 참작하여 위자료액을 증액함으로써 손해 전보의 불균형을 어느 정도 보완하고자 하는 것이므로, 그 재산적 손해액의 주장·입증 및 분류·확정이 가능한 계

제4장 공동주택과 관련한 쟁송 319

약상 채무불이행으로 인한 손해를 심리·확정함에 있어서까지 함부로 그 보완적 기능을 확장하여 편의한 방법으로 위자료의 명목 아래 다수의 계약 당사자들에 대하여 획일적으로 일정 금액의 지급을 명함으로써 사실상 재산적 손해의 전보를 꾀하는 것과 같은 일은 허용될 수 없다.

(2) 임차인이 부담하는 원상회복의무

(가) 관련 규정

> ◆ 민법
> 제654조 (준용규정) 제610조제1항, 제615조 내지 제617조의 규정은 임대차에 이를 준용한다.

> ◆ 민법
> 제615조 (차주의 원상회복의무와 철거권) 차주가 차용물을 반환하는 때에는 이를 원상에 회복하여야 한다. 이에 부속시킨 물건은 철거할 수 있다.

> ◆ 민법
> 제390조 (채무불이행과 손해배상) 채무자가 채무의 내용에 좇은 이행을 하지 아니한 때에는 채권자는 손해배상을 청구할 수 있다. 그러나 채무자의 고의나 과실없이 이행할 수 없게 된 때에는 그러하지 아니하다.

> ◆ 민법
> 제393조 (손해배상의 범위) ① 채무불이행으로 인한 손해배상은 통상의 손해를 그 한도로 한다.
> ② 특별한 사정으로 인한 손해는 채무자가 그 사정을 알았거나 알 수 있었을 때에 한하여 배상의 책임이 있다.

(나) 관련 판례

[판례 47] 임차목적물 원상회복 (서울중앙지방법원 2007. 5. 31. 선고 2005가합10027 판결)

임차인은 임대차계약이 종료한 경우에는 임차목적물을 원상에 회복하여 임대인에게 반환할 의무가 있는데, 원상으로 회복한다고 함은 사회통념상 통상적인 방법으로 사용·수익을 하여 그렇게 될 것인 상태라면 사용을 개시할 당시의 상태보다 나빠지더라도 그대로 반환하면 무방하다는 것으로, 임차인이 통상적인 사용을 한 후에 생기는 임차목적물의 상태 악화나 가치의 감소를 의미하는 통상의 손모(損耗)에 관하여는 임차인의 귀책사유가 없으므로 그 원상회복비용은 채권법의 일반원칙에 비추어 특약이 없는 한 임대인이 부담한다고 해야 한다. 즉, 임대차계약은 임차인에 의한 임차목적물의 사용과 그 대가로서 임료의 지급을 내용으로 하는 것이고, 임차목적물의 손모의 발생은 임대차라고 하는 계약의 본질상 당연하게 예정되어 있다. 이와 같은 이유로 건물의 임대차에서는 임차인이 사회통념상 통상적으로 사용한 경우에 생기는 임차목적물의 상태가 나빠지거나 또는 가치 감소를 의미하는 통상적인 손모에 관한 투하자본의 감가는 일반적으로 임대인이 감가상각비나 수선비 등의 필요경비 상당을 임료에 포함시켜 이를 지급받음으로써 회수하고 있다. 따라서 건물의 임차인에게 건물임대차에서 생기는 통상의 손모에 관해 원상회복의무를 부담시키는 것은 임차인에게 예상하지 않은 특별한 부담을 지우는 것이 되므로 임차인에게 그와 같은 원상회복의무를 부담시키기 위해서는 적어도 임차인이 원상회복을 위해 그 보수비용을 부담하게 되는 손모의 범위가 임대차계약서의 조항 자체에서 구체적으로 명시되어 있거나 그렇지 아니하고 임대차계약서에서 분명하지 않은 경우에는 임대인이 말로써 임차인에게 설명하여 임차인이 그 취지를 분명하게 인식하고 그것을 합의의 내용으로 하였다고 인정되는 등 그와 같은 취지의 특약이 명확하게 합의되어 있어야 할 필요가 있다고 해석함이 상당하다(서울중앙지방법원 2007. 5. 31. 선고 2005가합10027 판결).

(3) 임대인의 수선의무 불이행으로 인한 계약해지 및 손해배상의 범위

(가) 관련 규정

◆ 민법
제390조 (채무불이행과 손해배상) 채무자가 채무의 내용에 좇은 이행을 하지 아니한 때에는 채권자는 손해배상을 청구할 수 있다. 그러나 채무자의 고의나 과실없이 이행할 수 없게 된 때에는 그러하지 아니하다.

◆ 민법
제580조 (매도인의 하자담보책임) ① 매매의 목적물에 하자가 있는 때에는 제575조 제1항의 규정을 준용한다. 그러나 매수인이 하자있는 것을 알았거나

과실로 인하여 알지 못한 때에는 그러하지 아니하다.

◆ 민법
제575조(제한물권있는 경우와 매도인의 담보책임) ① 매매의 목적물이 지상권, 지역권, 전세권, 질권 또는 유치권의 목적이 된 경우에 매수인이 이를 알지 못한 때에는 이로 인하여 계약의 목적을 달성할 수 없는 경우에 한하여 매수인은 계약을 해제할 수 있다. 기타의 경우에는 손해배상만을 청구할 수 있다.

(나) 관련 판례

[판례 48] 손해배상(기) (서울중앙지법 2014. 6. 20. 선고 2014나13609 판결)

【판시사항】

[1] 임대인이 임차인에게 목적물을 인도할 당시에 이미 존재하고 있었던 하자가 임대인의 수선의무의 대상이 되는지 여부(적극)
[2] 임대목적물의 하자에 대한 수선이 불가능하고 그로 인하여 임대차의 목적을 달성할 수 없는 경우, 임차인이 임대차계약의 효력을 소급적으로 소멸시키는 해제를 할 수 있는지 여부(한정 적극)
[3] 임대차 목적물에 임대인의 수선을 요하는 하자가 있는데도 임대인이 이를 모르고 있고 임차인 또한 임대인에게 지체 없이 통지하지 않은 경우, 임대인이 부담하는 손해배상책임의 범위
[4] 갑이 을로부터 임차한 다가구주택에서 거주하는 동안 심한 결로와 곰팡이 등으로 손해를 입었음을 이유로 을을 상대로 배상을 구한 사안에서, 갑이 민법 제634조의 통지의무를 제대로 이행하지 아니하였으므로 갑이 지체 없이 을에게 이를 통지하여 수선이 이루어졌다고 하더라도 피할 수 없었거나 제거될 수 없었던 기발생 손해에 대하여만 을을 상대로 손해배상청구를 할 수 있다고 한 사례

【판결요지】

[1] 임대인의 수선의무의 대상이 되는 목적물의 파손 또는 장해(이하 '하자'라고 총칭한다)는 임대차기간 중에 드러난 하자를 의미하는 것으로서 임대차기간 중에 비로소 발생한 하자에 한정되지 않고, 이미 임대인이 임차인에게 목적물을 인도할 당시에 존재하고 있었던 하자도 포함된다.
[2] 임대인이 귀책사유로 하자 있는 목적물을 인도하여 목적물 인도의무를 불완전하게 이행하거나 수선의무를 지체한 경우, 임차인은 임대인을 상대로 채무불이행에 기한 손해배상을 청구할 수 있고(민법 제390조), 임대차계약을 해지할 수도 있다. 그리고 목적물의 하자에 대한 수선이 불가능하고 그로 인하여 임대차의 목적을 달성할 수 없는 경우에는, 임차인

의 해지를 기다릴 것도 없이 임대차는 곧바로 종료하게 되고, 임차인이 목적물을 인도받아 어느 정도 계속하여 목적물을 사용·수익한 경우가 아니라 목적물을 인도받은 직후라면 임대차계약의 효력을 소급적으로 소멸시키는 해제를 하는 것도 가능하다.

[3] 임대차 목적물에 임대인의 수선을 요하는 하자가 있다고 하더라도, 임대인이 이를 모르고 있고 임차인 또한 이를 임대인에게 지체 없이 통지하지 아니한 경우, 임대인이 통지를 받지 못함으로 인하여 목적물에 대한 수선을 할 수 없었던 범위 내에서는, 수선의무 불이행에 따른 손해배상책임은 물론 하자담보책임에 따른 손해배상책임도 부담하지 않는 것으로 해석함이 타당하고, 이러한 경우 임대인은, 임차인이 지체 없이 하자를 통지하여 수선이 이루어졌다고 하더라도 피할 수 없었거나 제거될 수 없었던 기발생 손해에 대하여만 책임을 부담한다.

[4] 갑이 을로부터 임차한 다가구주택에서 거주하는 동안 수시로 방과 거실의 천장에서 물방울이 고이면서 떨어지고 창문에서 물이 흘러내리며 벽지가 축축하게 젖어 있었으며, 이로 말미암아 벽지와 갑 소유의 가구, 옷, 가방 등에 곰팡이가 심하게 발생하여 손해를 입었음을 이유로 을을 상대로 배상을 구한 사안에서, 임대차 목적물에 위와 같은 현상과 곰팡이를 유발시킨 하자가 존재하였고 이로 말미암아 갑이 임대차의 목적인 주거를 위하여 사용·수익하는 것 자체가 불가능하지는 않았지만 방해는 받았으며, 위 하자는 수선이 가능하였는데 갑이 민법 제634조의 통지의무를 제대로 이행하지 아니하여 을이 목적물에 대한 수선을 할 수 없었던 상태에서 갑은 이사 나갔으므로, 갑은 을을 상대로 갑이 목적물의 하자로 인하여 임대차의 목적을 달성할 수 없었다거나 을이 수선의무를 이행하지 아니하였다는 이유로 손해배상청구를 할 수는 없고, 단지 갑이 지체 없이 을에게 이를 통지하여 수선이 이루어졌다고 하더라도 피할 수 없었거나 제거될 수 없었던 기발생 손해에 대하여만 을을 상대로 목적물 인도의무의 불완전이행에 따른 손해배상책임 내지 하자담보책임에 기한 손해배상청구를 할 수 있다고 한 사례.

(4) 임대인의 수선의무 불이행으로 인한 계약해지 및 손해배상의 범위

(가) 관련 규정

◆ 민법
제623조 (임대인의 의무) 임대인은 목적물을 임차인에게 인도하고 계약존속중 그 사용, 수익에 필요한 상태를 유지하게 할 의무를 부담한다.

◆ 민법
제580조 (매도인의 하자담보책임) ① 매매의 목적물에 하자가 있는 때에는 제575조제1항의 규정을 준용한다. 그러나 매수인이 하자있는 것을 알았거나 과실로 인하여 이를 알지 못한 때에는 그러하지 아니하다.

◆ 민법
제575조 (제한물권있는 경우와 매도인의 담보책임) ① 매매의 목적물이 지상권, 지역권, 전세권, 질권 또는 유치권의 목적이 된 경우에 매수인이 이를 알지 못한 때에는 이로 인하여 계약의 목적을 달성할 수 없는 경우에 한하여 매수인은 계약을 해제할 수 있다. 기타의 경우에는 손해배상만을 청구할 수 있다.

◆ 민법
제567조 (유상계약에의 준용) 본절의 규정은 매매이외의 유상계약에 준용한다. 그러나 그 계약의 성질이 이를 허용하지 아니하는 때에는 그러하지 아니하다.

(나) 관련 판례

[판례 49] 임차보증금반환 (대법원 2010. 4. 29. 선고 2009다96984 판결)

변경 : 대법원 2017. 5. 18. 선고 2012다86895, 86901 전원합의체 판결에 의하여 변경

【판시사항】
[1] 임대인이 수선의무를 부담하게 되는 임대차 목적물의 파손·장해의 정도
[2] 임대차계약이 임대인의 수선의무 지체로 해지된 경우에도, 임대차의 종료 당시 반환된 임차건물이 화재로 인하여 훼손되었음을 이유로 손해배상청구를 당한 임차인이 임차건물 보존에 관하여 선량한 관리자의 주의의무를 다하였음을 증명하여야 하는지 여부(적극)

【판결요지】
[1] 임대차계약에 있어서 임대인은 임대차 목적물을, 계약 존속 중 그 사용·수익에 필요한 상태를 유지하게 할 의무(이하 '임대인의 수선의무'라 한다)를 부담하는 것이므로(민법 제623조), 목적물에 파손 또는 장해가 생긴 경우 그것이 임차인이 별 비용을 들이지 아니하고도 손쉽게 고칠 수 있을 정도의 사소한 것이어서 임차인의 사용·수익을 방해할 정도의 것이 아니라면 임대인은 수선의무를 부담하지 않지만, 그것을 수선하지 아니하면 임차인이 계약에 의하여 정하여진 목적에 따라 사용·수익할 수 없는 상태로 될 정도의 것이라면, 임대인은 그 수선의무를 부담한다 할 것이고, 이는 자신에게 귀책사유가 있는 임대차 목적물의 훼손의 경우에는 물론 자신에게 귀책사유가 없는 훼손의 경우에도 마찬가지다.
[2] 임차인의 임대차 목적물 반환의무가 이행불능이 된 경우 임차인이 그 이행불능으로 인한 손해배상책임을 면하려면 그 이행불능이 임차인의 귀책사유로 말미암은 것이 아님을 입증할 책임이 있고, 임차건물이 화재로 소훼된 경우에 있어서 그 화재의 발생원인이 불명인

때에도 임차인이 그 책임을 면하려면 그 임차건물의 보존에 관하여 선량한 관리자의 주의 의무를 다하였음을 입증하여야 하는 것이며, 이러한 법리는 임대차의 종료 당시 임차목적물 반환채무가 이행불능 상태는 아니지만 반환된 임차건물이 화재로 인하여 훼손되었음을 이유로 손해배상을 구하는 경우에도 동일하게 적용되고, 나아가 그 임대차계약이 임대인의 수선의무 지체로 해지된 경우라도 마찬가지다.

(5) 원상회복의무의 불이행

(가) 관련 규정

> ◆ 민법
> 제654조 (준용규정) 제610조제1항, 제615조 내지 제617조의 규정은 임대차에 이를 준용한다.

> ◆ 민법
> 제615조 (차주의 원상회복의무와 철거권) 차주가 차용물을 반환하는 때에는 이를 원상에 회복하여야 한다. 이에 부속시킨 물건은 철거할 수 있다.

(나) 관련 판례

[판례 50] 손해배상(기) (대법원 1999. 12. 21. 선고 97다15104 판결)

【판시사항】

[1] 임대차 목적물에 대한 원상복구비가 임대차 목적물의 교환가치 감소분을 현저하게 넘는 경우의 통상손해액(=임대차 목적물의 교환가치 감소분)
[2] 임대차 목적물에 대한 원상복구비가 임대차 목적물의 시가보다 현저하게 높아 손해배상액을 교환가치 감소 부분 범위 내로 제한하는 경우, 장래 임대차 목적물을 사용·수익할 수 있었을 이익을 따로 청구할 수 있는지 여부(소극)
[3] 임차인이 임대차 종료로 인한 원상회복의무를 지체함으로써 임대인이 대신 원상회복을 완료한 경우, 임대인이 입은 손해의 범위

【판결요지】

[1] 임대차 목적물이 훼손된 경우에 그 수리나 원상복구가 불가능하다면 훼손 당시의 임대차 목적물의 교환가치가 통상의 손해일 것이고 수리나 원상복구가 가능하다면 그 수리비나 원상복구비가 통상의 손해일 것이나 그것이 임대차 목적물의 교환가치가 감소된 부분을

현저하게 넘는 경우에는 특별한 사정이 없는 한 일반적으로 경제적인 면에서 수리나 원상복구가 불능이라고 보아 형평의 원칙상 그 손해액은 임대차 목적물의 교환가치 감소 부분 범위 내로 제한되어야 한다.
[2] 임대차 목적물에 대한 원상복구비가 임대차 목적물의 시가보다 현저하게 높아 임차인의 손해배상액을 그 교환가치 감소 부분 범위 내로 제한하는 경우, 결국 그 손해액은 그 교환가치 감소 부분 및 그에 대한 지연손해금 상당액이고 장래 그 임대차 목적물을 사용·수익할 수 있었을 이익은 그 교환가치 감소 부분에 포함되어 있어 이를 따로 청구할 수 없다.
[3] 임대차 종료시 임차인의 원상회복의무 지체로 인하여 임대인이 입은 손해는 이행지체일로부터 임대인이 실제로 원상회복을 완료한 날까지의 임대료 상당액이 아니라 임대인 스스로 원상회복을 할 수 있었던 기간까지의 임대료 상당액이다.

(6) 위약금의 법률적 성질

(가) 관련 규정

> ◆ 민법
> 제398조 (배상액의 예정) ① 당사자는 채무불이행에 관한 손해배상액을 예정할 수 있다.
> ② 손해배상의 예정액이 부당히 과다한 경우에는 법원은 적당히 감액할 수 있다.
> ③ 손해배상액의 예정은 이행의 청구나 계약의 해제에 영향을 미치지 아니한다.
> ④ 위약금의 약정은 손해배상액의 예정으로 추정한다.

(나) 관련 판례

[판례 51] 보증채무금 (대법원 2000. 12. 8. 선고 2000다50350 판결)

【판시사항】
[1] 계약보증금을 손해배상액의 예정으로 약정한 경우, 채권자는 채무불이행의 사실만 증명하면 그 예정배상액을 청구할 수 있는지 여부(적극)
[2] 민법 제398조 제2항 소정의 '손해배상의 예정액이 부당히 과다한 경우'의 의미 및 그 판단 방법

【판결요지】

[1] 채무불이행으로 인한 손해배상액의 예정이 있는 경우에는 채권자는 채무불이행 사실만 증명하면 손해의 발생 및 그 액을 증명하지 아니하고 예정배상액을 청구할 수 있다.
[2] 법원이 민법 제398조 소정의 '손해배상의 예정액'을 부당히 과다하다 하여 감액하려면 채권자와 채무자의 경제적 지위, 계약의 목적과 내용, 손해배상액을 예정한 경위(동기), 채무액에 대한 예정액의 비율, 예상 손해액의 크기, 당시의 거래 관행과 경제 상태 등을 참작한 결과 손해배상 예정액의 지급이 경제적 약자의 지위에 있는 채무자에게 부당한 압박을 가하여 공정을 잃는 결과를 초래한다고 인정되는 경우라야 한다.

[판례 52] 손해배상 (대법원 1993. 1. 15. 82다36212판결, 대법원 2008. 11. 13. 2008다46906판결)

손해배상의 예정액이 부당히 과다한 경우란 채권자와 채무자의 지위, 계약의 목적 및 내용, 손해배상을 예정한 동기, 채무액에 대한 예정액의 비율, 예상손해액의 크기, 당시의 거래관행, 실제의 손해액 등 모든 사정을 참작하여 사회관념에 비추어 예정액의 지급이 경제적 약자의 지위에 있는 채무자에게 부당한 압박을 가하여 공정성을 잃는 결과를 초래한다고 인정되는 경우를 뜻하고, 손해배상의 예정액이 부당하게 과다한지 여부 내지 그에 대한 적당한 감액의 범위를 판단함에 있어서 법원은 구체적으로 판단을 하는 때, 즉 사실심의 변론종결시를 기준으로 하여 그 사이에 발생한 위와 같은 모든 사정을 종합적으로 고려하여야 하고 손해가 없다든가 손해액이 예정액보다 적다는 것만으로는 부족하다.(대법원 1993. 1. 15. 82다36212판결, 대법원 2008. 11. 13. 2008다46906판결

(7) 차임 연체에 따른 지연손해금

(가) 관련 규정

◆ 민법
제379조 (법정이율) 이자있는 채권의 이율은 다른 법률의 규정이나 당사자의 약정이 없으면 연 5분으로 한다.

(나) 관련 판례

[판례 53] 건물철거등 (대법원 1994. 9. 9. 선고 94다4417 판결)

【판시사항】

가. 임대차계약 성립을 일시 부인하였다 하여 임대차계약 해지의 의사표시를 하는 것이 금반언의 원칙에 반하는지 여부
나. 임대차보증금의 존재를 이유로 차임의 지급을 거절하거나 그 연체에 따른 채무불이행 책임을 면할 수 있는지 여부

【판결요지】

가. 임대인과 임차인 사이에 임대차계약의 기간 목적물 등에 관하여 분쟁이 있었고, 그 분쟁 중에 임대인이 임대차계약의 성립을 일시 부인한 사실이 있었다고 하더라도 그 사실만으로 2기 이상의 차임연체를 이유로 한 임대차계약 해지의 의사표시가 금반언의 원칙에 위배된다고 할 수 없다.
나. 임차인이 임대차계약을 체결할 당시 임대인에게 지급한 임대차보증금으로 연체차임 등 임대차관계에서 발생하는 임차인의 모든 채무가 담보된다 하여 임차인이 그 보증금의 존재를 이유로 차임의 지급을 거절하거나 그 연체에 따른 채무불이행 책임을 면할 수는 없다.

[판례 54] 양수금 (대법원 2014. 2. 27. 선고 2009다39233 판결)

【판시사항】

[1] 부동산 임대차보증금의 법적 성질 및 피담보채무 상당액이 임대차관계의 종료 후 목적물이 반환될 때 별도의 의사표시 없이 임대차보증금에서 당연히 공제되는지 여부(원칙적 적극) / 보증금에 의하여 담보되는 채권에 연체차임 및 그에 대한 지연손해금이 포함되는지 여부(적극)와 연체차임에 대한 지연손해금의 발생종기
[2] 상가임대차계약에서 임대차기간 중에 당사자의 일방이 차임을 변경하는 방법 및 임대인이 일방적으로 차임을 인상할 수 있고 상대방은 이의를 할 수 없다고 정한 약정의 효력(무효)

[판례 55] 보증금 (춘천지법 강릉지원 2009. 4. 24. 선고 2008나2606 판결)

이 사건 임대차 계약의 특약사항 제1조에서는 "임차인은 보증금과 차임·사용료·보험금·청소비 및 기타 부과금의 지급을 지연하는 때에는 해당 부서에 부과되는 할증금액과 계약기간에 해당하는 임대인이 지정하는 일반적으로 판결 시 정하는 법정이자를 가산한다"고 정하고 있으나, 여기서 말하는 '일반적으로 판결 시 정하는 법정이자'가 '소송촉진 등에 관한 특례

법'에서 정한 연 20%의 이율이라는 점을 인정할 증거가 없고, 오히려 위 이율은 민법에서 정한 연 5%의 법정이율을 의미한다고 봄이 상당하다(춘천지법 강릉지원 2009. 4. 24. 선고 2008나2606 판결).

제9절 구분소유권 관련 판례

1. 구분소유권의 객체가 되기 위한 요건

[판례 1] 건물명도등 (대법원 1999. 11. 9. 선고 99다46096 판결)

【판시사항】

[1] 건물의 일부분이 구분소유권의 객체가 되기 위한 요건
[2] 구분소유권의 객체로서 적합한 물리적 요건을 갖추지 못한 건물의 일부를 낙찰받은 경우, 낙찰자의 소유권 취득 여부(소극)
[3] 상가 점포가 구조상으로나 실제 이용상으로 다른 부분과 구분되지 않아 위 점포에 관한 소유권보존등기가 무효라고 한 사례

【판결요지】

[1] 1동의 건물의 일부분이 구분소유권의 객체가 될 수 있으려면 그 부분이 구조상으로나 이용상으로 다른 부분과 구분되는 독립성이 있어야 하고, 그 이용 상황 내지 이용 형태에 따라 구조상의 독립성 판단의 엄격성에 차이가 있을 수 있으나, 구조상의 독립성은 주로 소유권의 목적이 되는 객체에 대한 물적 지배의 범위를 명확히 할 필요성 때문에 요구된다고 할 것이므로 구조상의 구분에 의하여 구분소유권의 객체 범위를 확정할 수 없는 경우에는 구조상의 독립성이 있다고 할 수 없다.
[2] 구분소유권의 객체로서 적합한 물리적 요건을 갖추지 못한 건물의 일부는 그에 관한 구분소유권이 성립될 수 없는 것이어서, 건축물관리대장상 독립한 별개의 구분건물로 등재되고 등기부상에도 구분소유권의 목적으로 등기되어 있어 이러한 등기에 기초하여 경매절차가 진행되어 이를 낙찰받았다고 하더라도, 그 등기는 그 자체로 무효이므로 낙찰자는 그 소유권을 취득할 수 없다.
[3] 상가 점포가 구조상으로나 실제 이용상으로 다른 부분과 구분되지 않아 위 점포에 관한 소유권보존등기가 무효라고 한 사례.

2. 구분소유권 성립요건으로서의 구분 행위

[판례 2] 부당이득금반환 (대법원 1999. 7. 27. 선고 98다35020 판결)

【판시사항】

[1] 1동 건물의 증축 부분이 구분건물로 되기 위한 요건(=구조상·이용상의 독립성과 소유자의 구분행위) 및 소유자가 기존 건물에 마쳐진 등기를 증축한 건물의 현황과 맞추어 1동의 건물로서 건물표시변경등기를 한 경우, 이를 구분건물로 하려는 의사로 볼 수 있는지 여부(소극)
[2] 부동산의 일괄경매에서 각 부동산의 대금액을 특정할 필요가 있는 경우, 각 부동산별로 최저경매가격을 정해야 하는지 여부(적극)

【판결요지】

[1] 1동의 건물 중 구분된 각 부분이 구조상, 이용상 독립성을 가지고 있는 경우에 그 각 부분을 1개의 구분건물로 하는 것도 가능하고, 그 1동 전체를 1개의 건물로 하는 것도 가능하기 때문에, 이를 구분건물로 할 것인지 여부는 특별한 사정이 없는 한 소유자의 의사에 의하여 결정된다고 할 것이므로, 구분건물이 되기 위하여는 객관적, 물리적인 측면에서 구분건물이 구조상, 이용상의 독립성을 갖추어야 하고, 그 건물을 구분소유권의 객체로 하려는 의사표시 즉 구분행위가 있어야 하는 것으로서, 소유자가 기존 건물에 증축을 한 경우에도 증축 부분이 구조상, 이용상의 독립성을 갖추었다는 사유만으로 당연히 구분소유권이 성립된다고 할 수는 없고, 소유자의 구분행위가 있어야 비로소 구분소유권이 성립된다고 할 것이며, 이 경우에 소유자가 기존 건물에 마쳐진 등기를 이와 같이 증축한 건물의 현황과 맞추어 1동의 건물로서 증축으로 인한 건물표시변경등기를 경료한 때에는 이를 구분건물로 하지 않고 그 전체를 1동의 건물로 하려는 의사였다고 봄이 상당하다.
[2] 어느 부동산에 대하여 저당권의 효력이 미친다는 것은 그 부동산이 저당권 실행의 대상이 된다는 것과 그 부동산의 처분대가가 피담보채권의 우선변제에 충당되고 그 결과 경락인은 그 부동산에 대한 소유권을 취득하게 된다는 것을 의미하므로, 서로 다른 별개의 부동산에 대한 낙찰대금의 배당 순서를 달리하여야 한다면, 각 부동산에 대한 낙찰대금을 별도로 특정할 필요가 있다고 할 것이고, 민사소송법 제655조 제2항은 "부동산 일괄경매의 경우에 각 부동산의 대금액을 특정할 필요가 있는 때에는 그 각 대금액은 총 대금액을 각 부동산의 최저경매가격 비율에 의하여 안분한 금액으로 한다."라고 규정하고 있으므로, 일괄경매의 각 부동산별로 그 최저경매가격을 정하여 경매절차를 진행하여야 한다.

3. 지하주차장이 구분소유의 대상이 될 수 있는지 여부

[판례 3] 소유권확인등 (대법원 1995. 12. 26. 선고 94다44675 판결)

【판시사항】

[1] 집합건물인 상가건물의 지하주차장이 독립된 구분소유의 대상이 될 수 있다고 한 사례
[2] 미등기건물의 원시취득자와 그 승계취득자 사이의 합의에 의하여 직접 승계취득자 명의로 한 소유권보존등기의 효력

【판결요지】

[1] 집합건물인 상가건물의 지하주차장이 그 건물을 신축함에 있어서 건축법규에 따른 부속주차장으로 설치되기는 하였으나, 분양계약상의 특약에 의하여 그 건물을 분양받은 구분소유자들의 동의 아래 공용부분에서 제외되어 따로 분양되었고, 그 구조상으로나 이용상으로도 상가건물의 지상 및 지하실의 점포, 기관실 등과는 독립된 것으로서, 이와 분리하여 구분소유의 대상이 될 수 있다고 한 사례.

[2] 미등기건물을 등기할 때에는 소유권을 원시취득한 자 앞으로 소유권보존등기를 한 다음 이를 양수한 자 앞으로 이전등기를 함이 원칙이라 할 것이나, 원시취득자와 승계취득자 사이의 합치된 의사에 따라 그 주차장에 관하여 승계취득자 앞으로 직접 소유권보존등기를 경료하게 되었다면, 그 소유권보존등기는 실체적 권리관계에 부합되어 적법한 등기로서의 효력을 가진다.

4. 경계벽 제거와 구분등기의 효력

[판례 4] 부동산경매신청기각 (대법원 1999. 6. 2.자 98마1438 결정)

【판시사항】

인접한 구분건물 사이에 설치된 경계벽이 제거되어 각 구분건물이 구조상 및 이용상의 독립성을 상실하였으나, 각 구분건물의 위치와 면적 등을 특정할 수 있고 사회통념상 복원을 전제로 한 일시적인 것으로서 그 복원이 용이한 경우, 그 구분건물에 관한 등기의 효력(유효)

【결정요지】

인접한 구분건물 사이에 설치된 경계벽이 일정한 사유로 제거됨으로써 각 구분건물이 구분건물로서의 구조상 및 이용상의 독립성을 상실하게 되었다고 하더라도, 각 구분건물의 위치와 면적 등을 특정할 수 있고 사회통념상 그것이 구분건물로서의 복원을 전제로 한 일시적인 것일 뿐만 아니라 그 복원이 용이한 것이라면, 각 구분건물은 구분건물로서의 실체를 상실한다고 쉽게 단정할 수는 없고, 아직도 그 등기는 구분건물을 표상하는 등기로서 유효하다고 해석해야 한다.

5. 건물 1층 앞면 유리벽이 공용부분인지 여부

[판례 5] 손해배상(기) (대법원 1996. 9. 10. 선고 94다50380 판결)

【판시사항】
[1] 집합건물의 1층 앞면 유리벽을 공용부분이라고 본 사례
[2] 상가 집합건물 1층 일부 구분소유자들이 공용부분인 1층 앞면 유리벽에 자신들 점포의 개별 출입문을 개설한 경우, 1층 나머지 구분소유자들에 대한 점포의 가치하락, 영업부진으로 인한 손해배상책임을 부인한 사례

【판결요지】
[1] 집합건물에 있어서 건물의 안전이나 외관을 유지하기 위하여 필요한 지주, 지붕, 외벽, 기초공작물 등은 구조상 구분소유자 전원 또는 그 일부의 공용에 제공되는 부분으로서 구분소유권의 목적이 되지 않는다는 전제하에, 지하 3층, 지상 10층 규모의 근린생활시설인 집합건물의 1층 앞면 유리벽이 건물 전체와 1층 부분의 구조, 외관, 용도 등에 비추어 당해 건물의 안전이나 외관을 유지하기 위하여 필요한 외벽으로서 공용부분에 해당한다고 본 사례.
[2] 상가 집합건물 1층 중 전열점포의 소유자들이 중앙통로 쪽의 출입문이 있음에도 공용부분인 앞면 유리벽을 개조하여 자신들 점포의 개별 출입문을 개설하자 후열점포의 소유자들이 전열점포의 소유자들에 대하여 점포가치 하락, 영업부진 등을 이유로 손해의 배상을 구한 사안에서, 구체적 사실관계에 비추어 그러한 개별 출입문 개설행위가 바로 후열점포의 소유자들에 대한 불법행위를 구성하는 것도 아니고 또한 공용부분 임의 손상행위로 인한 통상손해는 원상회복에 필요한 수리비 상당액이라는 이유로, 후열점포 소유자들의 청구를 배척한 사례.

6. 공용부분인지 여부를 결정하는 기준

[판례 6] 창고등명도 (대법원 1995. 2. 28. 선고 94다9269 판결)

【판시사항】
가. 집합건물의소유및관리에관한법률 제16조 제1항 단서 및 제2항 규정의취지 및 그 보존행위의 내용과 권한행사
나. 집합건물의 어느 부분이 공용부분인지 여부를 결정하는 기준

【판결요지】

가. 집합건물의소유및관리에관한법률 제16조 제1항 단서, 제2항 규정의 취지는 규약에 달리 정함이 없는 한 집합건물의 공용부분의 현상을 유지하기 위한 보존행위는 관리행위와 구별하여 공유자인 구분소유자가 단독으로 행할 수 있도록 한 것으로, 그 보존행위의 내용은 통상의 공유관계처럼 사실상의 보존행위 뿐 아니라 지분권에 기한 방해배제청구권과 공유물의 반환청구권도 포함하여 공유자인 구분소유자가 이를 단독으로 행할 수 있다고 풀이되는 것이고, 공유자의 위 보존행위의 권한은 관리인의 선임이 있고 없고에 관계없이 이를 행사할 수 있는 것이다.

나. 집합건물에 있어서 수개의 전유부분으로 통하는 복도, 계단 기타 구조상 구분소유자의 전원 또는 그 일부의 공용에 제공되는 건물부분은 공용부분으로서 구분소유권의 목적이 되지 않으며, 건물의 어느 부분이 구분소유자의 전원 또는 일부의 공용에 제공되는지의 여부는 소유자들 간에 특단의 합의가 없는한 그 건물의 구조에 따른 객관적인 용도에 의하여 결정되어야 할 것이다.

7. 외벽이 공용부분인지 여부

[판례 7] 간판등철거 (대법원 1993. 6. 8. 선고 92다32272 판결)

【판시사항】

집합건물의 외벽이 구분소유권의 목적이 되는지 여부(소극)

【판결요지】

집합건물에 있어서 건물의 안전이나 외관을 유지하기 위하여 필요한 지주, 지붕, 외벽, 기초공작물 등은 구조상 구분소유자의 전원 또는 일부의 공용에 제공되는 부분으로서 구분소유권의 목적이 되지 않으며 건물의 골격을 이루는 외벽이 구분소유권자의 전원 또는 일부의 공용에 제공되는지의 여부는 그것이 1동 건물 전체의 안전이나 외관을 유지하기 위하여 필요한 부분인지의 여부에 의하여 결정되어야 할 것이고 외벽의 바깥쪽면도 외벽과 일체를 이루는 공용부분이라고 할 것이다.

8. 전유부분이 공용부분인지를 판단하는 기준 시점

[판례 8] 매매잔대금등 (대법원 1999. 9. 17. 선고 99다1345 판결)

변경 : 대법원 2013.1.17. 선고 2010다71578 전원합의체 판결에 의하여 변경

【판시사항】

집합건물의 어느 부분이 전유부분인지 공유부분인지 여부를 판단하는 기준 시점(=구분소유의 성립 시점)

【판결요지】

집합건물의소유및관리에관한법률 제53조, 제54조, 제56조, 제57조의 규정에 비추어 보면, 집합건물의 어느 부분이 전유부분인지 공용부분인지 여부는 구분소유가 성립한 시점, 즉 원칙적으로 건물 전체가 완성되어 당해 건물에 관한 건축물대장에 구분건물로 등록된 시점을 기준으로 판단하여야 하고, 그 후의 건물 개조나 이용상황의 변화 등은 전유부분인지 공용부분인지 여부에 영향을 미칠 수 없다.

9. 일부 공용부분의 판단 기준

[판례 9] 유체동산인도 (대법원 2007. 7. 12. 선고 2006다56565 판결)

【판시사항】

[1] 집합건물의 어느 부분이 전유부분인지 공용부분인지의 여부를 판단하는 기준 시점 및 그 결정 기준
[2] 아파트 대지로서 아파트 외부에 있는 지상주차장 부분은 집합건물의 공용부분이 아니라, 그 구분소유자 전원의 대지권의 목적으로서 아파트 구분소유자 전원의 공유에 속한다고 한 사례

【판결내용】

이 사건 아파트는 지상 1층의 공중목욕탕 등을 비롯한 상가들, 지상 2층부터 13층의 공동주택 부분(84세대), 그 지하에는 제11호 내지 제13호, 제15호, 제16호로 구분이 되는 상가(이하 '지하층 상가'라 한다)들로 구성되어 있는 사실, 피고는 2003. 2.경부터 지하층 상가 중 제11호 내지 제13호, 제15호에서 '(상호 생략)찜질방'을 운영하면서 공용부분인 판시 지하층 부분(이하 '이 사건 지하층 부분'이라 한다)을 위 찜질방의 카운터, 신발함, 흡연실, 휴게실, 세면실, 창고, 실내복도 등의 용도로 점유·사용하고 있는 사실, 이 사건 아파트 건축 당시부터 지하층에는 지상의 공동주택과는 별도로 판매시설 용도의 지하층 상가와 공용부분인 화장실, 보일러실, 발전실, 관리실이 있었으며, 지하층 상가는 신축 당시부터 현재까지 공동주택의 입주민들과는 무관하게 판매시설, 운동시설(볼링장), 근린생활시설(일반음식점, 단란주점, 노래연습장) 용도로 사용되어 온 사실, 지하층의 시설들 중 '계단, 화장실'은 지하층 상가의 공용부분으로, '보일러실'은 1층 공중목욕탕(반도탕)의 공용부분으로, '발전실, 관리실'은 2층 이상 공동주택의 공용부분으로 이 사건 아파트 신축 당시부터 집합건물대장에 등재되어 있을 뿐만 아니라, 실제 이 사건 아파트 지상층에서 지하층으로 내려가는 계단의 중간 부분에 설치되어 있는 화장실은 상가 입점자와 그 이용객들을 위한 시설로, 보일러실은 공중목욕탕을 운영하기 위한 시설로 이용되고 있는 사실, 이 사건 아파트 정면 1층의 중간에 설치된 현관 입구에서 계단을

따라 내려가면 관리실(지상층과 지하층의 중간 부분)이 나오고, 관리실 옆 화장실을 지나 다시 계단을 따라 지하층으로 내려가면 왼쪽에 발전실이 있어, 원고를 포함한 이 사건 아파트 공동주택의 입주자들이 발전실과 관리실로 가기 위하여 이 사건 지하층 부분을 통과하거나 이용할 필요는 없는 사실 등을 인정한 다음, 이와 같은 이 사건 아파트의 구조에 따른 객관적 용도와 이용관계, 신축 당시 공용부분과 관련한 집합건축물대장의 등재 내용 등에 비추어 보면, 원고가 철거 및 인도를 구하는 이 사건 지하층 부분은 건축 당시부터 지하층 상가 구분소유자들만의 공용에 제공된 일부공용부분에 해당한다는 이유로, 이 사건 지하층 부분이 이 사건 아파트 구분소유자 전원의 공용에 제공된 전체공용부분임을 전제로 한 원고의 이 부분 청구를 기각하였다.

위 법리 및 기록에 의하여 관계 증거들을 살펴보면, 원심의 위 인정 및 판단은 정당하고, 상고이유의 주장과 같은 집합건물의 공용부분에 관한 법리를 오해한 위법 등이 없으며, 한편 위 인정과 같은 이 사건 아파트의 구조에 따른 객관적 용도 등에 비추어 지하층 발전실에서 이 사건 아파트 공동주택으로 연결되는 가스, 수도 등의 배관이 이 사건 지하층 부분의 천정을 통과하고 있다는 사정만으로 이 사건 지하층 부분이 전체공용부분이 된다고 볼 수도 없다.

10. 관리단의 설립 절차

[판례 10] 영업금지가처분 (대법원 1996. 8. 23. 선고 94다27199 판결)

【판시사항】

[1] 집합건물의소유및관리에관한법률 소정의 관리단의 설립 절차(당연 설립) 및 관리단 해당 여부의 판단 기준
[2] 일부 구분소유자와 세입자로 구성된 상가번영회와 상가관리규약이 집합건물의소유및관리에관한법률 소정의 관리단 및 규약에 해당되지 않는다고 본 원심판결을 파기한 사례

【판결요지】

[1] 집합건물의소유및관리에관한법률 제23조 제1항 소정의 관리단은 어떠한 조직행위를 거쳐야 비로소 성립되는 단체가 아니라 구분소유관계가 성립하는 건물이 있는 경우 당연히 그 구분소유자 전원을 구성원으로 하여 성립되는 단체라 할 것이고, 구분소유자로 구성되어 있는 단체로서 같은 법 제23조 제1항의 취지에 부합하는 것이면 그 존립형식이나 명칭에 불구하고 관리단으로서의 역할을 수행할 수 있으며, 구분소유자와 구분소유자가 아닌 자로 구성된 단체라 하더라도 구분소유자만으로 구성된 관리단의 성격을 겸유할 수도 있다.
[2] 상가번영회가 비록 그 구성원에 구분소유자 아닌 세입자가 포함되어 있다 하더라도 경우에 따라서는 구분소유자만으로 구성되는 관리단으로서의 성격을 겸유할 수도 있고, 상가번영회의 상가관리규약을 제정함에 있어서도 점포당 1명씩만이 결의에 참여하였다면 세입자가 구분소유자를 대리하여 의결권을 행사하였거나 서면에 의한 결의를 하였다고 볼 여

지가 있으며 그러한 경우 그 상가관리규약은 관리단 규약으로서의 효력을 갖게 된다는 이유로, 일부 구분소유자와 세입자로 구성된 상가번영회와 그 상가관리규약이 집합건물의소유및관리에관한법률 소정의 관리단 및 규약에 해당되지 않는다고 본 원심판결을 파기한 사례.

11. 아파트의 명칭변경권

[판례 11] 아파트명칭변경거부처분취소 (서울행법 2007. 3. 16. 선고 2006구합39086 판결)

【판시사항】

[1] 건축물대장상의 건축물명칭변경신청 반려행위가 항고소송의 대상이 되는 행정처분에 해당하는지 여부(적극)
[2] 아파트 소유자에게 소유권의 권능으로서 아파트의 명칭변경권이 인정되는지 여부(원칙적 적극)
[3] 아파트 입주자대표회의가 아파트의 명칭변경권을 행사할 수 있는지 여부(한정 적극)
[4] 별도의 관리단이 조직되어 있지 않은 아파트의 입주자대표회의가 입주자 4분의 3 이상의 동의 아래 아파트 브랜드명에 대한 권리를 가진 회사로부터 명칭사용에 대한 승낙을 얻어 아파트 명칭변경을 신청하였고, 아파트 외관상 변경할 브랜드명에 부합하는 실체적 유형적 변경이 있는 경우, 관할관청으로서는 그 수리를 거부할 수 없다고 한 사례

【판결요지】

[1] 건축법 제29조에 의하여 위임된 구 건축물대장의 기재 및 관리 등에 관한 규칙(2007. 1. 16. 건설교통부령 제547호로 전문 개정되기 전의 것) 제7조 및 제8조에서 당해 건축물의 건축주 또는 소유자에게 그 건축물대장의 기재사항 중 명칭 등 건축물의 표시에 관한 사항의 변경에 대한 신청권을 부여하여 그 권리를 절차적으로 보장하고 있고, 건축물의 명칭은 건축물소유권을 제대로 행사하기 위한 전제요건으로서 건축물소유자의 실체적 권리관계에 밀접하게 관련되어 있으므로 건축물대장상의 건축물명칭변경신청 반려행위는 국민의 권리관계에 영향을 미치는 것으로서 항고소송의 대상이 되는 처분에 해당한다.
[2] 일반적으로 어떠한 물건의 이름을 정하고 변경하는 것은 소유자 기타 권리자의 권리에 속하고, 물건의 명칭(브랜드)이 가치형성의 한 요소로 작용하는 오늘날 아파트의 조경 등 외관을 친환경적으로 바꾸거나 아파트의 명칭을 시대 흐름에 맞게 아름다운 것으로 바꾸어 심미적 감각과 문화적 이미지를 부여하려는 입주자들의 욕구를 금지할 필요는 없으므로, 명칭변경을 제한하는 법령이 없고 명칭변경으로 타인의 권리 또는 이익이 침해되지 않는 한 소유권의 권능으로서 아파트 명칭변경권을 인정할 수 있다. 나아가 관련 규정을 보면, 건축법 제29조, 구 건축물대장의 기재 및 관리 등에 관한 규칙(2007. 1. 16. 건설교통부령 제547호로 전문 개정되기 전의 것) 제4조, 제7조 등에서 건축물대장에 건축물의 명칭

등을 기재하고 건축주 등이 건축물대장의 기재사항 중 건축물의 표시에 관한 사항을 변경하고자 하는 때에는 시장 등에게 건축물표시변경신청을 할 수 있으며, 이 경우 시장 등은 신청내용이 건축물 및 대지의 실제 현황과 합치되는지를 대조·확인하여야 한다고 규정하고 있는데, 한편 같은 규칙 별지 제10호 서식에서는 건축물표시변경신청서상 건축물의 '명칭'·번호, 변경 전후의 내용, 사유를 기재하도록 하고 있을 뿐이고, 같은 규칙 제2조 제1호의 사유는 '건축물의 표시에 관한 사항의 변경'의 예시적 나열이므로, 외관상 변경할 브랜드명에 부합하는 실체적 유형적 변경이 있는 경우, 아파트 소유자의 명칭변경권을 인정함이 타당하다.

[3] 아파트 명칭변경에 관한 사항은 소유권에 바탕을 둔 것으로서 집합건물의 구분소유자 전원이 당사자가 되거나 집합건물의 소유 및 관리에 관한 법률에 따라 구분소유자 전원으로 구성된 관리단이 당사자가 되어야 할 것이지만, 같은 법 제23조 제1항의 취지에 부합하는 것이라면 그 존립형식이나 명칭에 불구하고 관리단으로서의 역할을 수행할 수 있다고 할 것이므로 관리단이 입주자대표회의와 별도로 구성되어 있지 않는 한 입주자대표회의가 집합건물법상의 관리단의 역할을 수행하고 있다고 볼 것이어서, 이러한 경우 입주자대표회의는 같은 법 제15조 제1항에 따라 아파트 입주자 전체 4분의 3 이상의 동의를 얻어 관리단의 지위에서 아파트 명칭변경권을 행사할 수 있다.

[4] 별도의 관리단이 조직되어 있지 않은 아파트의 입주자대표회의가 입주자 4분의 3 이상의 동의 아래 아파트 브랜드명에 대한 권리를 가진 회사로부터 명칭사용에 대한 승낙을 얻어 아파트 명칭변경을 신청하였고, 아파트 외관상 변경할 브랜드명에 부합하는 실체적 유형적 변경이 있는 경우, 관할관청으로서는 그 수리를 거부할 수 없다고 한 사례.

12. 공용부분 등에 대한 제3자의 불법점유가 있는 경우 권리행사의 주체와 방법

[판례 12] 건물등철거등 (대법원 2003. 6. 24. 선고 2003다17774 판결)

【판시사항】

[1] 집합건물에 있어서 공용부분이나 구분소유자의 공유에 속하는 건물의 대지 또는 부속시설을 제3자가 불법으로 점유하는 경우에 그 제3자에 대하여 방해배제와 부당이득의 반환 등을 청구하는 법률관계의 성질과 그 권리행사의 주체와 방법

[2] 입주자대표회의가 공동주택의 구분소유자를 대리하여 공용부분 등의 구분소유권에 기초한 방해배제청구 등의 권리를 행사할 수 있다고 규정한 공동주택관리규약의 효력(=무효)

【판결요지】

[1] 집합건물에 있어서 공용부분이나 구분소유자의 공유에 속하는 건물의 대지 또는 부속시설을 제3자가 불법으로 점유하는 경우에 그 제3자에 대하여 방해배제와 부당이득의 반환 또

는 손해배상을 청구하는 법률관계는 구분소유자에게 단체적으로 귀속되는 법률관계가 아니고 공용부분 등의 공유지분권에 기초한 것이어서 그와 같은 소송은 1차적으로 구분소유자가 각각 또는 전원의 이름으로 할 수 있고, 나아가 집합건물에 관하여 구분소유관계가 성립하면 동시에 법률상 당연하게 구분소유자의 전원으로 건물 및 그 대지와 부속시설의 관리에 관한 사항의 시행을 목적으로 하는 단체인 관리단이 구성되고, 관리단집회의 결의에서 관리인이 선임되면 관리인이 사업집행에 관련하여 관리단을 대표하여 그와 같은 재판상 또는 재판외의 행위를 할 수 있다.
[2] 주택건설촉진법 제38조, 공동주택관리령 제10조의 규정에 따라 성립된 입주자대표회의는 공동주택의 관리에 관한 사항을 결정하여 시행하는 등의 관리권한만을 가질 뿐으로 구분소유자에게 고유하게 귀속하는 공용부분 등의 불법 점유자에 대한 방해배제청구 등의 권리를 재판상 행사할 수 없고, 또 집합건물의소유및관리에관한법률 부칙 제6조에 따라서 집합주택의 관리방법과 기준에 관한 주택건설촉진법의 특별한 규정은 그것이 위 법률에 저촉하여 구분소유자의 기본적인 권리를 해하면 효력이 없으므로 공동주택관리규약에서 입주자대표회의가 공동주택의 구분소유자를 대리하여 공용부분 등의 구분소유권에 기초한 방해배제청구 등의 권리를 행사할 수 있다고 규정하고 있다고 하더라도 이러한 규약내용은 효력이 없다.

13. 수분양자도 관리단의 구성원이 되어 의결권을 행사할 수 있는지 여부

[판례 13] 영업금지가처분 (대법원 2005. 12. 16.자 2004마515 결정)

【판시사항】

[1] 건물의 영업제한에 관한 규약을 설정하거나 변경할 수 있는 관리단은 구분소유관계가 성립하는 건물이 있는 경우 당연히 그 구분소유자 전원을 구성원으로 하여 성립되는지 여부(적극) 및 분양대금을 완납하였음에도 분양자측의 사정으로 소유권이전등기를 경료받지 못한 수분양자도 위 관리단의 구성원이 되어 의결권을 행사할 수 있는지 여부(적극)
[2] 상가의 업종제한에 관한 상가번영회칙의 제·개정에 있어 의결권을 행사한 자 중 일부가 구분소유권이전등기를 마치지 아니하거나 분양대금을 완납하지 아니한 수분양자인 경우, 이들이 상가의 구분소유자로부터 관리단 규약 설정에 관한 적법한 권한을 위임받았다고 볼 수 없는 한 의결정족수에 미달한 위 회칙은 관리단 규약으로서의 효력이 없다고 한 사례

【결정요지】

[1] 건물의 영업제한에 관한 규약을 설정하거나 변경할 수 있는 관리단은 어떠한 조직행위를 거쳐야 비로소 성립되는 단체가 아니라 구분소유관계가 성립하는 건물이 있는 경우 당연히 그 구분소유자 전원을 구성원으로 하여 성립되고, 그 의결권도 구분소유자 전원이 행사한다고 할 것이며, 여기서 구분소유자라 함은 일반적으로 구분소유권을 취득한 자(등기

부상 구분소유권자로 등기되어 있는 자)를 지칭하는 것이나, 다만 수분양자로서 분양대금을 완납하였음에도 분양자측의 사정으로 소유권이전등기를 경료받지 못한 경우와 같은 특별한 사정이 있는 경우에는 이러한 수분양자도 구분소유자에 준하는 것으로 보아 관리단의 구성원이 되어 의결권을 행사할 수 있다.

[2] 상가의 업종제한에 관한 상가번영회칙의 제·개정에 있어 의결권을 행사한 자 중 일부가 구분소유권의 미취득자 및 분양대금을 완납하지 아니한 수분양자인 경우, 이들이 상가의 구분소유자로부터 관리단 규약 설정에 관한 적법한 권한을 위임받았다고 볼 수 없는 한 의결정족수에 미달한 위 회칙은 관리단 규약으로서의 효력이 없다고 한 사례.

14. 옥외광고물 설치를 위한 구분소유자 동의 요건

[판례 14] 옥외광고물설치허가취소처분등취소 (대법원 1996. 10. 25. 선고 95누14190 판결)

【판시사항】

[1] 공동대표이사 중 1인이 작성해 준 동의서가 옥외광고물표시 허가신청시 요구되는 건물소유자의 승낙서류에 해당하는지 여부(한정적극)
[2] 집합건물의 옥탑 광고물표시 허가를 위하여 승낙을 필요로 하는 구분소유자의 수와 지분비율(각 5분의 4)
[3] 수익적 행정처분의 하자가 당사자의 사실은폐나 기타 사위의 신청행위에 기인하는 경우, 그 처분의 취소를 위하여 이익형량이 필요한지 여부(소극)
[4] 집합건물인 사실을 은폐하고 옥외광고물표시 허가를 받았다가 구분소유자의 승낙서류 보완 지시조차 이행하지 아니하여 그 허가가 취소된 경우, 그 취소에 재량권 남용이 없다고 본 사례

【판결요지】

[1] 회사의 공동대표이사 2명 중 1명이 단독으로 동의한 것이라면 특별한 사정이 없는 한 이를 회사의 동의라고 볼 수 없으나, 다만 나머지 1명의 대표이사가 그로 하여금 건물의 관리에 관한 대표행위를 단독으로 하도록 용인 내지 방임하였고 또한 상대방이 그에게 단독으로 회사를 대표할 권한이 있다고 믿은 선의의 제3자에 해당한다면 이를 회사의 동의로 볼 수 있다.
[2] 집합건물의소유및관리에관한법률 제16조, 제23조, 제32조, 제33조, 제35조, 제37조, 제38조, 제41조의 규정을 종합해 보면, 집합건물의 공유부분에 광고물을 표시하는 내용의 광고물표시 허가를 받기 위하여는 구분소유자들 전원으로부터 그 승낙서류를 받아야 하는 것은 아니지만, 구분소유자들 전원으로 법률상 당연히 구성되는 관리단의 정기집회, 임시집회, 전원소집집회에서 구분소유자 및 의결권의 각 과반수에 의한 승낙결의를 받거나(광고물의 표시는 공유부분의 관리에 관한 사항이라 할 것이므로) 그러한 관리단집회의 결의로

간주되는 구분소유자 및 의결권의 각 5분의 4 이상의 서면합의를 받아야 한다.
[3] 행정처분에 하자가 있음을 이유로 처분청이 이를 취소하는 경우에도 그 처분이 국민에게 권리나 이익을 부여하는 수익적 처분인 때에는 그 처분을 취소하여야 할 공익상의 필요와 그 취소로 인하여 당사자가 입게 될 불이익을 비교교량한 후 공익상의 필요가 당사자가 입을 불이익을 정당화할 만큼 강한 경우에 한하여 취소할 수 있는 것이지만, 그 처분의 하자가 당사자의 사실은폐나 기타 사위의 방법에 의한 신청행위에 기인한 것이라면 당사자는 그 처분에 의한 이익이 위법하게 취득되었음을 알아 그 취소가능성도 예상하고 있었다고 할 것이므로, 그 자신이 위 처분에 관한 신뢰이익을 원용할 수 없음은 물론 행정청이 이를 고려하지 아니하였다고 하여도 재량권의 남용이 되지 아니한다.
[4] 집합건물인 사실을 은폐하고 구분소유자의 승낙서류를 첨부하지 아니한 채 옥외광고물표시 허가를 받았다가, 뒤에 행정청으로부터 그 승낙서류의 보완을 지시받고도 제대로 보완하지 아니하여 허가를 취소당하였다면, 수익적 처분의 취소에 관한 재량권 남용이 있다고 할 수 없다고 본 사례.

15. 공용부분을 전유부분으로 변경하기 위한 요건

[판례 15] 소유권보존등기말소 (대법원 1992. 4. 24. 선고 92다3151 판결)

【판시사항】

가. 구분소유건물의 공용부분을 전유부분으로 변경함에 필요한 요건
나. 경락받아 소유권을 취득하였다는 전유부분이 구분소유의 목적이 될 수 있는 구조상 및 이용상의 독립성을 갖추지 못한 건물의 일부분에 불과하여 구분소유권의 목적으로 등기되었더라도 그 소유권을 취득할 수 없다고 한 사례

【판결요지】

가. 구분소유의 목적인 건물의 일부를 전유부분으로 볼 수 있기 위하여는 그 건물부분이 구조상으로나 이용상으로 다른 부분과 독립되어 있을 것을 요하고, 한편 구분소유건물의 공용부분을 전유부분으로 변경하기 위하여는 위와 같은 요건을 갖추는 외에 집합건물의소유및관리에관한법률 제15조에 따른 구분소유자들의 집회결의와 그 공용부분의 변경으로 특별한 영향을 받게 되는 구분소유자의 승낙을 얻어야 한다.
나. 갑이 경락받아 소유권을 취득하였다는 전유부분은 이를 공용부분과 구분, 격리시킬 수 있는 시설이 처음부터 또는 적어도 갑이 경락받을 당시에는 존재하지 않은 상태에 있었고, 이에 대한 경매절차에서도 감정인은 위 전유부분과 면적은 같으나 위치는 전혀 다르게 구획된 부분을 경매목적물로 삼아 시가감정을 하고 이에 기초하여 경매절차가 진행되어 갑에게 경락되기에 이르렀다면, 위 전유부분은 경락받은 시점에서는 구분소유의 목적이 될 수 있는 구조상 및 이용상의 독립성을 갖추지 못한 건물의 일부에 불과한 것이어서 이에 관한 구분소유권은 존재할 수 없는 것이고, 등기부상 이것이 구분소유권의 목적으로 등기

되어 있었다 하더라도 이는 존재하지 아니하거나 멸실된 건물에 관한 등기와 다를 바 없어 그 자체로 무효이므로, 갑은 그 소유권을 취득할 수 없다고 한 사례.

16. 체납 관리비 승계

[판례 16] 채무부존재확인및손해배상 · 채무부존재확인등 (대법원 2006. 6. 29. 선고 2004다3598,3604 판결)

【판시사항】

[1] 집합건물의 소유 및 관리에 관한 법률 제18조의 입법 취지 및 전(前) 구분소유자의 특별승계인에게 전 구분소유자의 체납관리비를 승계하도록 한 관리규약의 효력(=공용부분 관리비에 한하여 유효)
[2] 집합건물의 전(前) 구분소유자의 특정승계인에게 승계되는 공용부분 관리비의 범위 및 공용부분 관리비에 대한 연체료가 특별승계인에게 승계되는 공용부분 관리비에 포함되는지 여부(소극)
[3] 상가건물의 관리규약상 관리비 중 일반관리비, 장부기장료, 위탁수수료, 화재보험료, 청소비, 수선유지비 등이 전(前) 구분소유자의 특별승계인에게 승계되는 공용부분 관리비에 포함된다고 한 사례
[4] 집합건물의 관리단이 전(前) 구분소유자의 특별승계인에게 특별승계인이 승계한 공용부분 관리비 등 전 구분소유자가 체납한 관리비의 징수를 위해 단전·단수 등의 조치를 취한 사안에서, 관리단의 위 사용방해행위가 불법행위를 구성한다고 한 사례
[5] 집합건물의 관리단 등 관리주체의 불법적인 사용방해행위로 인하여 건물의 구분소유자가 그 건물을 사용·수익하지 못한 경우, 구분소유자가 그 기간 동안 발생한 관리비채무를 부담하는지 여부(소극)

【판결요지】

[1] 집합건물의 소유 및 관리에 관한 법률 제18조에서는 공유자가 공용부분에 관하여 다른 공유자에 대하여 가지는 채권은 그 특별승계인에 대하여도 행사할 수 있다고 규정하고 있는데, 이는 집합건물의 공용부분은 전체 공유자의 이익에 공여하는 것이어서 공동으로 유지·관리되어야 하고 그에 대한 적정한 유지·관리를 도모하기 위하여는 소요되는 경비에 대한 공유자 간의 채권은 이를 특히 보장할 필요가 있어 공유자의 특별승계인에게 그 승계의사의 유무에 관계없이 청구할 수 있도록 하기 위하여 특별규정을 둔 것이므로, 전(前) 구분소유자의 특별승계인에게 전 구분소유자의 체납관리비를 승계하도록 한 관리규약 중 공용부분 관리비에 관한 부분은 위와 같은 규정에 터 잡은 것으로 유효하다.
[2] 집합건물의 전(前) 구분소유자의 특정승계인에게 승계되는 공용부분 관리비에는 집합건물의 공용부분 그 자체의 직접적인 유지·관리를 위하여 지출되는 비용뿐만 아니라, 전유부분

을 포함한 집합건물 전체의 유지·관리를 위해 지출되는 비용 가운데에서도 입주자 전체의 공동의 이익을 위하여 집합건물을 통일적으로 유지·관리해야 할 필요가 있어 이를 일률적으로 지출하지 않으면 안 되는 성격의 비용은 그것이 입주자 각자의 개별적인 이익을 위하여 현실적·구체적으로 귀속되는 부분에 사용되는 비용으로 명확히 구분될 수 있는 것이 아니라면, 모두 이에 포함되는 것으로 봄이 상당하다. 한편, 관리비 납부를 연체할 경우 부과되는 연체료는 위약벌의 일종이고, 전(전) 구분소유자의 특별승계인이 체납된 공용부분 관리비를 승계한다고 하여 전 구분소유자가 관리비 납부를 연체함으로 인해 이미 발생하게 된 법률효과까지 그대로 승계하는 것은 아니라 할 것이어서, 공용부분 관리비에 대한 연체료는 특별승계인에게 승계되는 공용부분 관리비에 포함되지 않는다.
[3] 상가건물의 관리규약상 관리비 중 일반관리비, 장부기장료, 위탁수수료, 화재보험료, 청소비, 수선유지비 등은, 모두 입주자 전체의 공동의 이익을 위하여 집합건물을 통일적으로 유지·관리해야 할 필요에 의해 일률적으로 지출되지 않으면 안 되는 성격의 비용에 해당하는 것으로 인정되고, 그것이 입주자 각자의 개별적인 이익을 위하여 현실적·구체적으로 귀속되는 부분에 사용되는 비용으로 명확히 구분될 수 있는 것이라고 볼 만한 사정을 찾아볼 수 없는 이상, 전(전) 구분소유자의 특별승계인에게 승계되는 공용부분 관리비로 보아야 한다고 한 사례.
[4] 집합건물의 관리단이 전(전) 구분소유자의 특별승계인에게 특별승계인이 승계한 공용부분 관리비 등 전 구분소유자가 체납한 관리비의 징수를 위해 단전·단수 등의 조치를 취한 사안에서, 관리단의 위 사용방해행위가 불법행위를 구성한다고 한 사례.
[5] 집합건물의 관리단 등 관리주체의 위법한 단전·단수 및 엘리베이터 운행정지 조치 등 불법적인 사용방해행위로 인하여 건물의 구분소유자가 그 건물을 사용·수익하지 못하였다면, 그 구분소유자로서는 관리단에 대해 그 기간 동안 발생한 관리비채무를 부담하지 않는다고 보아야 한다.

17. 체납 관리비 승계

[판례 17] 채무부존재확인 (대법원 2001. 9. 20. 선고 2001다8677 전원합의체 판결)

【판시사항】

아파트의 전 입주자가 체납한 관리비가 아파트 관리규약의 정함에 따라 그 특별승계인에게 승계되는지 여부(=공용부분에 한하여 승계)

【판결요지】

[다수의견] 아파트의 관리규약에서 체납관리비 채권 전체에 대하여 입주자의 지위를 승계한 자에 대하여도 행사할 수 있도록 규정하고 있다 하더라도, '관리규약이 구분소유자 이외의 자의 권리를 해하지 못한다.'고 규정하고 있는 집합건물의소유및관리에관한법률(이하 '집합건물법'이라 한다) 제28조 제3항에 비추어 볼 때, 관리규약으로 전 입주자의 체납관리비를 양수인

에게 승계시키도록 하는 것은 입주자 이외의 자들과 사이의 권리·의무에 관련된 사항으로서 입주자들의 자치규범인 관리규약 제정의 한계를 벗어나는 것이고, 개인의 기본권을 침해하는 사항은 법률로 특별히 정하지 않는 한 사적 자치의 원칙에 반한다는 점 등을 고려하면, 특별승계인이 그 관리규약을 명시적, 묵시적으로 승인하지 않는 이상 그 효력이 없다고 할 것이며, 집합건물법 제42조 제1항 및 공동주택관리령 제9조 제4항의 각 규정은 공동주택의 입주자들이 공동주택의 관리·사용 등의 사항에 관하여 관리규약으로 정한 내용은 그것이 승계 이전에 제정된 것이라고 하더라도 승계인에 대하여 효력이 있다는 뜻으로서, 관리비와 관련하여서는 승계인도 입주자로서 관리규약에 따른 관리비를 납부하여야 한다는 의미일 뿐, 그 규정으로 인하여 승계인이 전 입주자의 체납관리비까지 승계하게 되는 것으로 해석할 수는 없다. 다만, 집합건물의 공용부분은 전체 공유자의 이익에 공여하는 것이어서 공동으로 유지·관리해야 하고 그에 대한 적정한 유지·관리를 도모하기 위하여는 소요되는 경비에 대한 공유자 간의 채권은 이를 특히 보장할 필요가 있어 공유자의 특별승계인에게 그 승계의사의 유무에 관계없이 청구할 수 있도록 집합건물법 제18조에서 특별규정을 두고 있는바, 위 관리규약 중 공용부분 관리비에 관한 부분은 위 규정에 터잡은 것으로서 유효하다고 할 것이므로, 아파트의 특별승계인은 전 입주자의 체납관리비 중 공용부분에 관하여는 이를 승계하여야 한다고 봄이 타당하다.

[별개의견] 아파트 관리규약은 자치법규로서 집합건물법 제42조 제1항 및 공동주택관리령 제9조 제4항에 따라 구분소유자는 물론 그 특별승계인에게도 효력이 미치는바, 집합건물은 다수의 사람이 공동으로 소유·사용하는 건물이므로, 헌법이나 다른 법령의 규정에 어긋나지 아니하는 한, 규약을 통하여 구분소유자나 그 특별승계인의 권리에 일정한 제한을 가하는 것이 허용된다. 규약으로 '구분소유자 이외의 자'의 권리를 해하지 못하도록 한 집합건물법 제28조 제3항의 규정에서 말하는 '구분소유자'에는 규약 제정 당시의 구분소유자뿐만 아니라 규약이 제정된 뒤 구분소유자가 된 사람도 포함되므로, 규약으로 구분소유자의 특별승계인의 권리를 제한하는 것이 위 규정에 어긋나는 것이 아니다. 집합건물법 제18조는 특별승계인으로 하여금 전유부분에 관한 관리비를 승계하도록 할 수 없다는 근거규정이 될 수 없으며, 다수의견과 같이 전 입주자의 체납 관리비 중 공유부분에 관한 것만 특별승계인에게 승계된다고 보는 경우, 공유부분과 전유부분에 관한 관리비의 명확한 구분이 어려워 또다른 분쟁을 일으킬 수 있고, 전 소유자로부터 전유부분에 관한 체납 관리비의 징수가 사실상 불가능하여 그 부담이 관리비의 상승 등을 통하여 당해 전유부분과 아무런 관련이 없는 다른 구분소유자들에게 전가된다는 현실적인 문제도 발생하므로, 아파트의 전 입주자가 체납한 관리비는 공유부분과 전유부분을 구분하지 아니하고 전부 그 특별승계인에게 승계된다고 할 것이다.

[반대의견] 집합건물법 제18조가 구분소유자의 특별승계인의 채무부담을 근거지우는 규정이라고 보는 것은 입법 취지에 맞지 않는 해석이고, 집합건물법 제27조 제1항에서 관리단이 그의 재산으로 채무를 완제할 수 없는 때에는 구분소유자는 지분비율에 따라 관리단의 채무를 변제할 책임을 진다는 취지를 규정하고, 제2항에서 구분소유자의 특별승계인은 승계 전에 발생한 관리단의 채무에 관하여도 책임을 진다는 취지를 규정하고 있는 점에 비추어 볼 때, 우리 집합건물법은 승계 전의 구분소유자의 미납관리비를 공용부분의 것이든지 전유부분의 것이든지 묻지 않고 그의 특별승계인에게 개별적으로 채무부담 지우지 아니하되, 관리단의 재산으로 변제불능의 결과가 야기될 때에야 구분소유자 전원에게 분할변제책임을 지우는 제도를 택하고

있는 것으로 해석된다. 특별승계인에 대하여 승계 전 구분소유자의 관리비채무를 부담시키는 것은 일면의 구체적 타당성에 치중한 나머지 위헌적 소지가 우려되는 등 법적 안정성을 해치게 될 것이다.

18. 전유부분 용도 변경

[판례 18] 용도변경신고서반려처분취소 (대법원 2007. 6. 1. 선고 2005두17201 판결)

【판시사항】

[1] 건축물의 용도변경신고가 건축기준에 적합한 경우, 행정청이 관계 법령에 없는 다른 사유로 그 수리를 거부할 수 있는지 여부(소극)
[2] 상가건물의 구분소유자가 해당 전유부분에 대한 용도변경행위를 하기 위해서는, 집합건물의 소유 및 관리에 관한 법률 제5조 제1항에 의하여 다른 구분소유자들과 함께 하거나 그들의 동의를 얻어야 하는지 여부(소극)
[3] '제2종 근린생활시설'인 상가건물의 해당 전유부분을 '교육연구 및 복지시설'로 변경하는 내용의 용도변경신고를 반려한 처분은 법률적 근거 없이 용도변경을 제약한 것으로서 위법하다고 한 사례

【판결요지】

[1] 구 건축법(2005. 11. 8. 법률 제7696호로 개정되기 전의 것) 제14조의 규정 취지 등에 비추어 볼 때, 건축물의 용도변경신고가 변경하고자 하는 용도의 건축기준에 적합한 이상 행정청으로서는 관계 법령이 정하지 않은 다른 사유를 내세워 그 용도변경신고의 수리를 거부할 수 없다고 해석함이 상당하다.
[2] 집합건물의 소유 및 관리에 관한 법률 제5조 제1항은 "구분소유자는 건물의 보존에 해로운 행위 기타 건물의 관리 및 사용에 관하여 구분소유자의 공동의 이익에 반하는 행위를 하여서는 아니 된다"고 규정하고 있으나, 그 취지가 집합건물인 상가건물의 구분소유자가 해당 전유부분에 대한 용도변경행위를 함에 있어 다른 구분소유자들과 함께 하여야 한다거나 그들의 동의를 얻어야 한다는 것까지 포함한다고 볼 수 없다.
[3] '제2종 근린생활시설'인 상가건물의 해당 전유부분을 '교육연구 및 복지시설'로 변경하는 내용의 용도변경신고를 상가건물의 다른 부분까지 용도변경신고가 되어야 한다는 사유로 반려한 처분은 법률적 근거 없이 용도변경을 제약한 것으로서 위법하다고 한 사례.

19. 공동의 이익에 반하는지 여부

[판례 19] 소유권이전등기말소 (대법원 1987. 5. 26. 선고 86다카2478 판결)

【판시사항】

가. 집합건물에 관한 소송에 있어서 소송당사자 적격
나. 모든 구분소유 부분이 사무실로 사용되고 있는 집합건물 내에서의 독서실개설이 집합건물의소유및관리에관한법률 제43조 제1항, 제5조 제1항에 정한 행위에 해당한다고 한 사례

【판결요지】

가. 집합건물의소유및관리에관한법률 제43조 제1, 2, 3항의 규정들에 의하면 집합건물의 관리인이 관리단의 대표자로서 위 규정들에 의한 소송을 제기할 수 있을 뿐만 아니라 관리단집회의 결의에 의하여 지정받은 구분소유자도 관리단집회의 결의가 있으면 관리인과는 별도로 소송당사자가 되어 위와 같은 소송을 제기할 수 있다.
나. 모든 구분소유부분이 사무실로 사용되고 있는 빌딩내에서의 독서실의 개설과 집합건물의 소유및관리에관한법률 제43조 제1항, 제5조 제1항에 정한 건물의 보존에 해로운 행위 기타 건물의 관리 및 사용에 관하여 구분소유자의 공동이익에 반하는 행위에 해당한다고 한 사례.

20. 규약에 의한 업종제한

[판례 20] 영업행위금지 (대법원 2006. 10. 12. 선고 2006다36004 판결)

【판시사항】

[1] 집합건물의 소유 및 관리에 관한 법률상의 관리단이 정한 규약의 위임규정에 근거하여 작성된 층별 회칙의 업종제한규정이 같은 법 제42조에 정한 '규약'으로서 해당 층의 구분소유자의 특별승계인 및 임차인 등에 대하여 효력을 미친다고 본 사례
[2] 업종제한에 관한 관리단 규약을 새로 설정하는 경우, 집합건물의 소유 및 관리에 관한 법률 제29조 제1항 후문의 '일부의 구분소유자의 권리에 특별한 영향을 미칠 때'에 해당하는지 여부(소극)

【판결요지】

[1] 집합건물의 소유 및 관리에 관한 법률상의 관리단이 정한 규약의 위임규정에 근거하여 작성된 층별 번영회의 회칙이 같은 법 제29조 제1항 전문에 따라 해당 층 구분소유자 및 의

결권의 4분의 3 이상의 찬성을 얻은 점, 관리단 규약에서 업종제한에 관한 자세한 사항을 층별 번영회에서 정하도록 위임한 것은 해당 층 구분소유자들의 이해관계 조정을 위한 층별 번영회의 회칙에 대하여 다른 층의 구분소유자들이 동의하여 이를 관리단 규약의 내용으로 받아들이겠다는 취지인 점 등에 비추어 볼 때, 층별 번영회의 회칙의 업종제한규정이 같은 법 제42조에 정한 '규약'의 일부로서 효력을 가지므로 해당 층의 구분소유자의 특별승계인 및 임차인 등에 대하여 효력을 미친다고 본 사례.

[2] 업종제한에 관한 관리단 규약을 새로 설정하는 경우, 그로 인하여 구분소유자들이 소유권 행사에 다소 제약을 받는 등 그 권리에 영향을 미친다고 하더라도 이는 모든 구분소유자들에게 동일하게 영향을 미치는 것이고, 특별한 사정이 없는 한 집합건물의 소유 및 관리에 관한 법률 제29조 제1항 후문의 '일부의 구분소유자의 권리에 특별한 영향을 미칠 때'에 해당하지 않는다.

21. 재건축 결의

[판례 21] 총회결의무효확인 (대법원 2005. 4. 21. 선고 2003다4969 전원합의체 판결)

【판시사항】

[1] 집합건물의소유및관리에관한법률 제49조에 의하여 의제된 합의 내용인 재건축 결의의 내용의 변경을 위한 의결정족수
[2] 재건축 결의의 내용을 변경하는 결의가 집합건물의소유및관리에관한법률 제41조 제1항에 의한 서면결의로 가능한지 여부(적극)
[3] 서면합의에 의한 재건축 결의 내용의 변경이 유효로 되기 위한 요건

【판결요지】

[1] 재건축 결의에 따라 설립된 재건축조합은 민법상의 비법인 사단에 해당하므로 그 구성원의 의사의 합의는 총회의 결의에 의할 수밖에 없다고 할 것이나, 다만 집합건물의소유및관리에관한법률 제49조에 의하여 의제된 합의 내용인 재건축 결의의 내용을 변경함에 있어서는 그것이 구성원인 조합원의 이해관계에 미치는 영향에 비추어 재건축 결의시의 의결정족수를 규정한 같은 법 제47조 제2항을 유추적용하여 조합원 5분의 4 이상의 결의가 필요하다고 할 것이다.

[2] 집합건물의소유및관리에관한법률 제41조 제1항은 "이 법 또는 규약에 의하여 관리단집회에서 결의할 것으로 정한 사항에 관하여 구분소유자 및 의결권의 각 5분의 4 이상의 서면에 의한 합의가 있는 때에는 관리단집회의 결의가 있는 것으로 본다."고 규정하고 있고, 재건축의 결의는 같은 법 제47조 제1항에 의하여 관리단집회에서 결의할 수 있는 사항이므로, 이러한 재건축의 결의는 같은 법 제41조 제1항에 의한 서면결의가 가능하다고 할 것이고, 나아가 재건축조합은 대체로 그 조합원의 수가 많고, 재건축에 대한 관심과 참여 정도가 조합원에 따라 현격한 차이가 있으며, 재건축의 과정이 장기간에 걸쳐 복잡하게

진행될 뿐만 아니라 재건축 대상인 건물이 일단 철거된 후에는 조합원의 주거지가 여러 곳으로 분산되는 등의 사정이 있음에 비추어, 재건축 결의의 내용을 변경하는 것도 같은 법 제41조 제1항을 유추적용하여 서면합의에 의할 수 있다고 할 것이다.

[3] [다수의견] 재건축 결의 내용의 변경에 집합건물의소유및관리에관한법률 제41조 제1항을 유추적용할 필요성에 관한 제반 사정들과 같은 법이 서면합의에 의한 관리단집회의 결의를 인정하면서 서면합의의 요건이나 그 절차 및 방법 등에 관하여 아무런 제한을 하고 있지 않은 점에 비추어 볼 때, 의결정족수에 영향을 미칠 우려가 있을 정도의 조합원들의 참여기회가 원천적으로 배제된 채 서면합의가 이루어지거나 조합원 5분의 4 이상의 자의에 의한 합의가 성립되었다고 인정할 수 없을 정도의 중대한 하자가 있는 등 특별한 사정이 없는 한 서면합의에 의한 재건축 결의 내용의 변경은 유효하다.

[반대의견] 서면결의는 총회를 소집, 개최함이 없이 서면에 의한 합의를 함으로써 총회의 의결이 있는 것으로 보는 것으로서 조합원의 의사표시는 의안에 대한 찬성과 반대 내지 기권 등 어느 쪽에 대한 택일적 선택의 형식을 택할 수밖에 없고 원안을 수정하여 결의한다는 것이 사실상 불가능하여 여러 조합원의 의사를 모아 토론하는 것을 박탈하는 변칙적인 의사결정방법이 되므로 그 요건은 엄격하여야 할 것인바, 구체적으로 조합원 총회에서 일정 사항에 관하여 서면으로 결의할 것을 의결하였거나, 조합원 총회에서 충분한 토의나 설명이 이루어진 다음 그 의안에 관하여 서면에 의한 결의가 이루어지는 경우 또는 재건축의 진행과정에서 조합원들이 그 내용을 충분히 숙지하고 있는 사항에 대하여 총회소집을 포기하고 간이·신속하게 의사결정을 해야 할 긴박한 필요가 있는 등의 특별한 사정이 있어야 하고, 절차적으로도 적법하게 소집된 조합원 총회에서의 결의와 동일시할 정도가 되도록 조합원 전원에게 서면결의서가 보내져야 하고, 서면결의서에 각 의안에 대하여 찬성·반대·기권을 선택하여 기재할 수 있어야 하며, 의결권을 행사하는 조합원의 의사에 의한 것임을 인정할 수 있도록 조합원의 서명 또는 기명, 날인이 있어야 한다.

22. 막다른 도로의 위치 지정 및 건축법상 도로 여부

[판례 22] 건축허가신청반려처분취소 (대법원 1999.02.09 선고 98두12802 판결)

【판시사항】

[1] 막다른 골목길을 유일한 통행로로 하고 있는 부지에 대한 건축허가나 준공검사가 있는 경우, 위 골목길에 대한 도로로서의 위치 지정이 있었던 것으로 추정할 수 있는지 여부(소극)

[2] 막다른 골목길이 오래 전부터 인근 주민들의 통행로로 사용되어 온 경우, 건축법상의 도로가 되었다고 할 수 있는지 여부(한정 소극)

【판결요지】

[1] 건축법 제36조, 제37조에 따라 건축선에 의한 건축제한이 적용되는 도로는 건축법 제2조

제11호에서 정의하는 도로, 즉 관계 법령의 규정에 의하여 신설 또는 변경에 관한 고시가 된 도로나 건축 허가 또는 신고시 시장·군수·구청장이 그 위치를 지정한 도로만을 가리킨다고 할 것인바, 도로로서의 위치 지정이 있게 되면 그 도로부지 소유자들은 건축법에 따른 토지사용상의 제한을 받게 되므로 그 위치 지정은 도로의 구간, 연장, 폭 및 위치 등을 특정하여 명시적으로 행하여져야 하고, 따라서 막다른 골목길을 유일한 통행로로 하고 있는 부지에 대한 건축 허가 또는 신고나 준공검사가 있었다 하더라도 건축법 제33조 제1항이 건축물의 대지는 2m 이상을 도로에 접하여야 한다고 규정하고 있음을 들어 위 골목길에 대한 도로로서의 위치 지정이 있었던 것으로 추정할 수 없다.

[2] 막다른 골목길이 오래 전부터 인근 주민들의 통행로로 사용되어 왔다고 하더라도 그것이 폭 4m 이상으로서 1975. 12. 31. 법률 제2852호 건축법 중 개정법률 시행일인 1976. 2. 1. 전에 이미 주민들의 통행로로 이용되고 있어서 위 개정법률 부칙 제2항에 의하여 도로로 보는 것을 제외하고는 건축법상의 도로가 되었다고 할 수 없다. (1999. 2. 9. 98두12802 판결)

23. 건축허가 및 준공검사 취소 등에 대한 거부처분 취소

[판례 23] 건축허가및준공검사취소등에대한거부처분취소 (대법원 1999.12.07 선고 97누17568 판결)

【판시사항】

[1] 행정청이 국민의 신청에 대하여 한 거부행위가 항고소송의 대상인 행정처분이 되기 위한 요건
[2] 부작위위법확인의 소의 요건
[3] 국민이 행정청에 대하여 제3자에 대한 건축허가와 준공검사의 취소 및 제3자 소유의 건축물에 대한 철거명령을 요구할 수 있는 법규상 또는 조리상 권리가 있는지 여부(소극)

【판결요지】

[1] 국민의 신청에 대한 행정청의 거부행위가 항고소송의 대상이 되는 행정처분에 해당하기 위하여는 국민이 행정청에 대하여 그 신청에 따른 행정행위를 하여 줄 것을 요구할 수 있는 법규상 또는 조리상의 권리가 있어야 한다.
[2] 부작위위법확인의 소에 있어 당사자가 행정청에 대하여 어떠한 행정행위를 하여 줄 것을 요구할 수 있는 법규상 또는 조리상 권리를 갖고 있지 아니한 경우에는 원고적격이 없거나 항고소송의 대상인 위법한 부작위가 있다고 볼 수 없어 그 부작위위법확인의 소는 부적법하다.
[3] 구 건축법(1999. 2. 8. 법률 제5895호로 개정되기 전의 것) 및 기타 관계 법령에 국민이 행정청에 대하여 제3자에 대한 건축허가의 취소나 준공검사의 취소 또는 제3자 소유의 건

축물에 대한 철거 등의 조치를 요구할 수 있다는 취지의 규정이 없고, 같은 법 제69조 제1항 및 제70조 제1항은 각 조항 소정의 사유가 있는 경우에 시장·군수·구청장에게 건축허가 등을 취소하거나 건축물의 철거 등 필요한 조치를 명할 수 있는 권한 내지 권능을 부여한 것에 불과할 뿐, 시장·군수·구청장에게 그러한 의무가 있음을 규정한 것은 아니므로 위 조항들도 그 근거 규정이 될 수 없으며, 그 밖에 조리상 이러한 권리가 인정된다고 볼 수도 없다.

24. 기타 통행에 지장이 없는 경우에 대한 건축허가 판단기준

[판례 24] 건축허가신청불허가처분취소 (대법원 1999.06.25 선고 98두18299 판결)

【판시사항】

[1] 구 건축법 제33조 제1항이 건축물 대지의 접도의무를 규정한 취지 및 같은 항 단서 소정의 '기타 통행에 지장이 없는 경우'에 해당하는지 여부의 판단 기준
[2] 토지가 건축법 소정의 도로에 접해 있지는 않지만 하상도로나 제방위의 도로를 이용하여 간선도로로 진입할 수 있는 경우, 구 건축법 제33조 제1항 단서 소정의 '기타 통행에 지장이 없는 경우'에 해당한다고 한 사례

【판결요지】

[1] 구 건축법(1999. 2. 8. 법률 제5895호로 개정되기 전의 것) 제33조 제1항에는 건축물의 대지는 2m 이상을 도로에 접하여야 한다. 다만 건축물의 주위에 대통령령에 정하는 공지가 있거나 기타 통행에 지장이 없는 경우에는 그러하지 아니하다고 규정하고 있고, 건축법에서 위와 같은 건축물 대지의 접도의무를 규정한 취지는 건축물의 이용자로 하여금 교통상·피난상·방화상·위생상 안전한 상태를 유지·보존케 하기 위하여 건축물의 대지와 도로와의 관계를 특별히 규제하여 도로에 접하지 아니하는 토지에는 건축물을 건축하는 행위를 허용하지 않으려는 데에 있다 할 것이므로, 같은 법 제33조 제1항 단서 소정의 『기타 통행에 지장이 없는 경우』에 해당하는지를 판단함에 있어서는 위와 같은 건축물 대지의 접도의무를 규정하고 있는 취지를 고려하여 건축허가 대상 건축물의 종류와 규모, 대지가 접하고 있는 시설물의 종류 등 구체적인 사정을 고려하여 개별적으로 판단하여야 할 것이다.
[2] 토지가 건축법 소정의 도로에 접해 있지는 않지만 하상도로나 제방 위의 도로를 이용하여 간선도로로 진입할 수 있는 경우, 구 건축법 제33조 제1항 단서 소정의 『기타 통행에 지장이 없는 경우』에 해당한다고 한 사례.

25. 공정이 80%정도 진척된 건물을 건축허가취소 처분에 대한 판단

[판례 25] 건축허가취소처분취소 (대법원 1977.09.28 선고 76누243 판결)

【판시사항】

건축허가취소가 재량권 남용이라고 한 사례

[판결요지]

건축허가 사항을 어기고 행정당국의 10여 차례에 걸친 시정지시 등에 불응하고 건축공사를 감행한 것이 공공복리를 침해하였다고 하나 그 위반사항이 중대한 것이 아닐 뿐 아니라 그 공정이 80%정도 진척된 건물을 건축허가취소 처분한 것은 재량권 남용이다.

26. 청문절차를 거치지 않은 건축허가 취소처분의 적부

[판례 26] 건축허가취소처분취소 (대법원 1990. 1. 25. 선고 89누5607 판결)

【판시사항】

청문절차를 거치지 않은 건축허가 취소처분의 적부

【판결요지】

시장 또는 군수가 미리 청문절차를 거치지 아니한 채 건축허가를 취소한 처분은 건축법 제42조의3 단서 소정의 예외적인 경우가 아닌한 위법한 것이다.

27. 위반사항이 중대하지 아니한 불법 개축에 대한 건축허가취소 처분 판단

[판례 27] 건축허가취소처분취소 (대법원 1991.11.08 선고 90누10100 판결)

【판시사항】

건물1,2층의 대수선허가만을 받아 개축하는 등 건축법을 위반하였으나, 위반사항이 중대하지 아니한 점 및 그 동기, 개축으로 건물의 안전도 등이 향상된 점등을 고려하여 건축허가취소처분이 재량권의 남용에 해당한다고 본 사례

【판결요지】

원고가 건물 중 1,2층에 대하여 대수선허가만을 받았음에도 불구하고 그 범위를 넘어 개축하는 등 건축법을 위반하였으나, 위반사항이 중대하지 아니하며 그 동기가 경계 밖을 침범한 기존 건물의 벽을 헐어 건물을 경계선 안으로 끌어들임에 있어 오래된 기존 건물의 안전성이 문제되어 보다 더 튼튼한 철근콘크리트조로 시공할 수밖에 없었던 점, 이와 같은 개축으로 건물의 안전도 등이 크게 향상된 점 및 그 공사비가 1억여원이 투입된 점을 고려해 볼 때, 만약 건축허가의 취소로 건물이 철거된다면 원고가 입을 손해가 너무 크고 이는 국민 경제적으로도 바람직한 일이 못되므로 피고의 건축허가취소처분은 그 재량권을 남용한 위법이 있다고 본 사례.

28. 건축법 소정의 이격거리를 두지 아니한 건축공사가 완료된 허가 취소 판단

[판례 28] 건축허가취소 (대법원 1992.04.24 선고 91누11131 판결)

【판시사항】

[1] 위법한 행정처분을 취소한다 하더라도 그 원상회복이 불가능 한 경우 그 취소를 구할 소의 이익 유무(소극)
[2] 건축허가가 건축법소정의 이격 거리를 두지 아니하고 건축물을 건축하도록 되어 있어 위법하다 하더라도 이미 건축공사가 완료되었다면 인접한 대지의 소유자로서는 위 건축허가처분의 취소를 구할 소의 이익이 없다고 한 사례

【판결요지】

[1] 위법한 행정처분의 취소를 구하는 소는 위법한 처분에 의하여 발생한 위법상태를 배제하여 원상으로 회복시키고 그 처분으로 침해되거나 방해받은 권리와 이익을 보호 구제하고자 하는 소송이므로 비록 그 위법한 처분을 취소한다 하더라도 원상회복이 불가능한 경우에는 그 취소를 구할 이익이 없다.
[2] 건축허가가 건축법 소정의 이격거리를 두지 아니하고 건축물을 건축하도록 되어 있어 위법하다 하더라도 그 건축허가에 기하여 건축공사가 완료되었다면 그 건축허가를 받은 대지와 접한 대지의 소유자인 원고가 위 건축허가처분의 취소를 받아 이격거리를 확보할 단계는 지났으며 민사소송으로 위 건축물 등의 철거를 구하는 데 있어서도 위 처분의 취소가 필요한 것이 아니므로 원고로서는 위 처분의 취소를 구할 법률상의 이익이 없다고 한 사례.

29. 공사착수의 의미

[판례 29] 건축허가취소처분취소 (대법원 1994.12.02 선고 94누7058 판결)

【판시사항】

건축법 제8조제8항에 있어서 공사착수의 의미

【판결요지】

건축허가를 받은 후 토지상의 창고와 부속건물을 철거하고 분진을 방지하기위한 가설울타리공사를 하다가 공사를 중지하였고, 건물의 신축을 위한 굴착공사에는 착수하지 아니하였다면, 건축법 제8조 제8항 등 관계명령의 규정내용에 비추어 볼 때 건물의 신축공사에 착수하였다고 볼 수 없다.

30. 건축허가권자가 관계법령에서 정하는 제한사유 이외의 사유로 그 허가신청을 거부 여부

[판례 30] 건축허가신청반려처분취소 (대법원 1995.12.12 선고 95누9051 판결)

【판시사항】

[1] 건축허가권자가 관계법령에서 정하는 제한사유 이외의 사유를 들어 그 허가신청을 거부할 수 있는지 여부
[2] 자연경관훼손 및 주변환경의 오염과 농촌지역의 주변정서에 부정적인 영향을 끼치고 농촌지역에 퇴폐분위기를 조성할 우려가 있다는 등의 사유를 들어 숙박시설건축을 불허 할 수는 없다고 본 사례
[3] 항고소송에서 당초처분의 근거로 삼은 사유와 동일성이 인정되지 않는 사실을 처분사유로 주장할 수 있는지 여부

【판결요지】

[1] 건축허가권자는 건축허가신청이 건축법, 도시계획법 등 관계 법규에서 정하는 어떠한 제한에 배치되지 않는 이상 당연히 같은 법조에서 정하는 건축허가를 하여야 하고 위 관계 법규에서 정하는 제한사유 이외의 사유를 들어 거부할 수는 없다.
[2] 건축허가신청이 건축법, 도시계획법 등 관계 법규에서 정하는 건축허가 제한 사유에 해당하지 않는 이상 행정청이 자연경관 훼손 및 주변환경의 오염과 농촌지역의 주변정서에 부정적인 영향을 끼치고 농촌지역에 퇴폐분위기를 조성할 우려가 있다는 등의 사유를 들어 숙박시설 건축을 불허할 수는 없다고 본 사례.

[3] 행정처분의 취소를 구하는 항고소송에 있어서는 실질적 법치주의와 행정처분의 상대방인 국민에 대한 신뢰보호라는 견지에서 처분청은 당초 처분의 근거로 삼은 사유와 기본적 사실관계에 있어서 동일성이 인정되는 한도 내에서만 새로운 처분사유를 추가하거나 변경할 수 있을 뿐 기본적 사실관계와 동일성이 인정되지 않는 별개의 사실을 들어 처분사유로 주장하는 것은 허용되지 아니하며 법원으로서도 당초의 처분사유와 기본적 사실관계의 동일성이 없는 사실은 처분사유로 인정할 수 없다.

31. 건폐율 위반하여 건축허가가 이루어진 경우, 행정청은 언제든지 그 허가를 취소할 수 있는지 여부

[판례 31] 건축허가취소처분취소 (대법원 1995.02.28 선고 94누12180 판결)

【판시사항】

[1] 건폐율에 관한 규정에 위반하여 건축허가가 이루어진 경우, 행정청은 언제든지 그 허가를 취소할 수 있는지 여부
[2] '[1]'항 건축허가의 취소처분이 재량권 일탈이라고 한 원심판결을 그 취소로 인하여 얻을 공익과 그로 인해 생길 당사자의 불이익의 교량을 그르친 위법이 있다는 이유로 파기한 사례

【판결요지】

[1] 건축관계 법령 상 건폐율에 관한 규정을 둔 것은 당해 토지와 인근토지의 이용관계를 조절하고, 토지의 규모나 도로사정 등을 고려하여 토지의 적정한 이용을 확보하기 위한 데 있다고 할 것인바, 이러한 건폐율에 관한 규정에 위반하여 건축허가가 이루어졌다면, 행정청으로서는 언제든지 이를 취소할 수 있고, 다만 그 취소로 인하여 확보되는 공익보다 상대방의 불이익이 더 큰 경우에만 취소가 허용되지 아니한다.
[2] 건폐율에 관한 규정에 위반하여 이루어진 건축허가의 취소처분이 재량권 일탈이라고 한 원심판결을 그 취소로 인하여 얻을 공익과 그로 인해 생길 당사자의 불이익의 교량을 그르친 위법이 있다는 이유로 파기한 사례.

32. 질변경된 토지에 지적법 소정의 등록전환 절차를 불이행을 이유로 건축허가신청을 거부 여부

[판례 32] 건축허가거부처분취소 (대법원 1995. 10. 13. 선고 94누14247 판결)

【판시사항】

[1] 건축허가권자의 건축허가신청에 관한 재량범위
[2] 형질변경된 토지에 관하여 지적법 소정의 등록전환 절차를 불이행을 이유로 그 지상건축물의 건축허가신청을 거부할 수 있는지 여부

【판결요지】

[1] 건축허가권자는 건축허가신청이 건축법, 도시계획법 등 관계 법규에서 정하는 어떠한 제한에 배치되지 않는 이상 당연히 같은 법률에 의한 소정의 건축허가를 하여야 하므로 법률상의 근거 없이 그 신청이 관계 법규에서 정한 제한에 배치되는지 여부에 대한 심사를 거부할 수 없고, 심사결과 그 신청이 법정요건에 합치하는 경우에는 특별한 사정이 없는 한 이를 허가하여야 하며, 공익상 필요가 없음에도 불구하고 요건을 갖춘 자에 대한 허가를 관계 법령에서 정하는 제한사유 이외의 사유를 들어 거부할 수는 없다.
[2] 지적법에 의한 등록전환이나 지목변경 또는 분할 등의 지적정리절차를 이행하지 아니한 대지상에 건축물의 건축허가신청이 있는 경우, 관할관청으로서는 토지를 지적공부에 등록하는 절차와 이에 따르는 지적측량 및 그 정리에 관한 사항을 규정함으로써 효율적인 토지관리와 소유권의 보호에 기여함을 목적으로 한 지적법의 취지 등에 비추어 건축허가의 신청내용이 건축법, 도시계획법 등 관계 법령의 제한규정에 배치되는지 여부를 심사하여 건축허가 여부를 결정하여야 하고, 토지형질변경 내용대로 등록전환측량이 선행(정리)되지 않았다는 이유만으로 건축허가신청서를 반려할 수는 없다.

33. 법령에 위반되는 경우에는 건축허가 내용대로 완공된 건축물의 준공 거부 여부

[판례 33] 준공신청서반려처분취소 (대법원 1992.04.10 선고 91누5358 판결)

【판시사항】

가. 준공검사처분의 법적성질
나. 건축허가 자체가 건축관계 법령에 위반되는 하자가 있는 경우에는 건축허가 내용대로 완공된 건축물이라 하더라도 그 준공을 거부할 수 있는지 여부
다. 건축허가를 취소할 수 있는 요건과 건축허가에 하자가 있음을 이유로 준공을 거부하기위한 요건
라. 구청장이한 취락구조개선주택개량지시가 건축허가에 준한다고 한 사례
마. 대지의 소유, 사용권이 확보되지 아니한 상태에서 해준 건축허가의 적부(소극)
바. 일부대지의 소유. 사용권을 확보하지 아니한 상태에서 건물이 건축되었지만 건축허가 경위와 기존관계 형성기관, 법규위반의 정도와 책임소재 등 제반사정을 종합하여 볼 때 준공신고서 반려처분이 위법하다고 한 사례

【판결요지】

가. 준공검사처분은 건축허가를 받아 건축한 건물이 건축허가사항대로 건축행정목적에 적합한 가의 여부를 확인하고, 준공검사필증을 교부하여 줌으로써 허가받은 자로 하여금 건축한 건물을 사용, 수익할 수 있게 하는 법률효과를 발생시키는 것이다.

나. 허가관청은 특단의 사정이 없는 한 건축허가내용대로 완공된 건축물의준공을 거부할 수 없다고 하겠으나, 만약 건축허가 자체가 건축관계 법령에 위반되는 하자가 있는 경우에는 비록 건축허가내용대로 완공된 건축물이라 하더라도 위법한 건축물이 되는 것으로서 그 하자의 정도에 따라 건축허가를 취소할 수 있음은 물론 그 준공도 거부할 수 있다고 하여야 할 것이다.

다. 건축허가를 받게 되면 그 허가를 기초로 하여 일정한 사실관계와 법률관계를 형성하게 되므로 그 허가를 취소함에 있어서는 수 허가자가 입게 될 불이익과 건축행정상의 공익 및 제3자의 이익과 허가조건 위반의 정도를 비교 교량하여 개인적 이익을 희생시켜도 부득이 하다고 인정되는 경우가 아니면 함부로 그 허가를 취소할 수 없는 것이므로 건축주가 건축허가내용대로 완공하였으나 건축허가 자체에 하자가 있어서 위법한 건축물이라는 이유로 허가관청이 준공을 거부하려면 건축허가의 취소에 있어서와 같은 조리상의 제약이 따른다고 할 것이고, 만약 당해 건축허가를 취소할 수 없는 특별한 사정이 있는 경우라면 그 준공도 거부할 수 없다고 할 것이다.

라. 구청장이 한 취락구조개선 주택개량지시서가 그 형식과 내용에 있어 건축허가서와 유사하고 구청장이 건축허가를 할 수 있는 권한을 가진 자라는점에 미루어 위 주택개량지시가 건축허가에 준한다고 한 사례.

마. 대지의 소유, 사용권을 확보하지 못하고 있는 주택은 건축법규에 위반되는 건축물임에 틀림없으므로 당초 대지의 소유, 사용권이 확보되지 아니한 상태에서 건축허가를 해 준 경우 이러한 건축허가에는 하자가 있다 할 것이다.

바. 허가관청이 당초 도시계획사업에 의거 택지를 수용해 주겠다고 하면서 주택의 건축을 지시하였다가 일방적으로 위 도시계획사업을 취소하였고, 그 후에도 공유자 3분의 2 이상의 사용 승낙을 받으면 준공검사를 해 주겠다고 약속한 바도 있을 뿐 아니라, 주택을 완공한 후 이미 10년 이상 사실상 거주해 왔으며 주택의 대지 353제곱미터 중 약 5제곱미터만 소유권을 확보하지 못하고 있는 점 등 건축허가경위와 기존관계형성기관, 법규위반의 정도와 책임소재 등 제반 사정을 종합해 볼 때, 위 건축허가를 취소한다거나 건축허가에 하자가 있다는 이유로 준공검사를 거부한다면 그로 인하여 건축주가 입게 될 불이익이 건축행정상의 공익 및 대지 소유자의 불이익에 비해 월등히 클 뿐만 아니라 신뢰의 원칙에도 위배되는 결과가 되므로 허용될 수 없다 하여 준공신고서 반려처분이 위법하다고 한 사례.

34. 기부채납의무를 이행하지 않았음을 이유로 한 건축물에 대한 준공거부처분 여부

[판례 34] 도시계획사업시행 허가처분 (1992.11.27.선고 92누10364 판결)

【판시사항】

건축물에 인접한 도로의 개설을 위한 도시계획사업 시행허가처분은 건축물에 대한 건축허가처분과는 별개의 행정처분이므로 사업시행허가를 함에 있어 조건으로 내세운 기부채납의무를 이행하지 않았음을 이유로 한 건축물에 대한 준공거부처분은 건축법에 근거 없이 이루어진 것으로서 위법하다고 한 사례

【판결요지】

건축물에 인접한 도로의 개설을 위한 도시계획사업시행허가처분은 건축물에 대한 건축허가처분과는 별개의 행정처분이므로 사업시행허가를 함에 있어 조건으로 내세운 기부채납의무를 이행하지 않았음을 이유로 한 건축물에 대한준공거부처분은 건축법에 근거 없이 이루어진 것으로서 위법하다고 한 사례.

35. 인접건물 소유자에게 건물준공처분의 무효 확인이나 취소 여부

[판례 35] 건축물준공검사처분무효확인 (대법원 1993.11.09 선고 93누13988 판결)

【판시사항】

가. 건물 준공처분의 법적성질
나. 인접건물 소유자에게 건물준공처분의 무효 확인이나 취소를 구할 법률상 이익이 있는지 여부

【판결요지】

가. 건물준공처분은 건축허가를 받아 건축된 건물이 건축허가사항대로 건축행정목적에 적합한 가의 여부를 확인하고 준공검사필증을 교부하여 줌으로써 허가받은 자로 하여금 건축한 건물을 사용, 수익할 수 있게 하는 법률효과를 발생시키는 것에 불과하다.
나. 처분의 무효 등 확인소송이나 취소소송은 처분의 무효 등 확인이나 취소를 구할 법률상 이익이 있는 자만이 제기할 수 있다고 할 것이어서 신축한 건물이 무단증평, 이격거리위반, 베란다돌출, 무단구조변경 등 건축법에 위반하여 시공됨으로써 인접주택 소유자의 사생활과 일조권을 침해하고 있다고 하더라도, 인접건물 소유자들로서는 위 건물준공처분의

무효 확인이나 취소를 구할 법률상 이익이 없다.

36. 여러 필지의 토지를 '일단의 토지'로 하여 개발계획에 변경시 소유자 동의 여부

[판례 36] 건축허가변경신청반려처분취소 (대법원 2003. 8. 22. 선고 2001두10400 판결)

【판시사항】

여러 필지의 토지를 '일단의 토지'로 하여 개발계획에 따라 순차 건축에 착수하는 건물에 대하여 건축주가 그 건축허가 변경신청을 하는 경우, 예정된 전체 건축물 가운데 일부가 먼저 완성되어 분양받은 '그 일단의 토지'의 일부의 소유자들의 동의를 받아야 하는지 여부(소극)

【판결요지】

축산물도매시장 등의 입지를 위하여 여러 필지의 토지를 '일단의 토지'로 하여 용도지역 및 용도지구를 준도시지역 및 시설용지지구로 변경하는 내용의 국토이용계획변경과 축산물도매시장 등의 시설부지로 개발하는 내용의 개발계획승인에 따라 개발계획에 맞추어 단계적으로 건축공사를 진행하는 경우라 하더라도 특별한 사정이 없는 한 '그 일단의 토지'를 구 건축법(2000. 1. 28. 법률 제6247호로 개정되기 전의 것) 제2조 제1항 제1호단서, 같은 법시행령(2000. 6. 27. 대통령령 제16874호로 개정되기 전의 것) 제3조소정의 '하나의 대지'로 할 수 있는 토지라고 볼 수 없으므로, 여러 필지의 토지를 '일단의 토지'로 하여 개발계획에 따라 단계적으로 건물을 건축하는 경우, 예정된 전체 건축물 가운데 일부가 먼저 완성되어 그 분양받은 자들에게 그 부지에 대하여 분양면적에 상응한 지분소유권이전등기를 마쳐줌으로써 그들이 '그 일단의 토지'의 일부에 대한 소유자로 되었다 하더라도, 그 개발계획에 따라 이후 순차 건축에 착수하는 건물에 대하여 건축주가 그 건축허가 변경신청을 할 때에는 특별한 사정이 없는 한 당해 건물의 부지의 소유자가 아닌 '그 일단의 토지'의 일부의 소유자들의 동의를 받을 필요는 없다고 해석함이 상당하다.

37. 장례식장 등 현저히 부적합한 건축허가시 인근 주민들의 민원 이유로 반려 여부

[판례 37] 건축허가신청반려처분취소 (대법원 2002. 7. 26. 선고 2000두9762 판결)

【판시사항】

장례식장의 건축이 인근 토지나 주변 건축물의 이용현황에 비추어 현저히 부적합한 용도의 건축물을 건축하는 경우에 해당하지 않음에도 인근 주민들의 민원이 있다는 사정만으로 건축

허가신청을 반려한 것은 위법하다고 판단한 원심판결을 수긍한 사례

【판결요지】

장례식장을 건축하는 것이 구, 건축법(1999. 2. 8. 법률 제5895호로 개정되기 전의 것) 제8조 제4항, 같은 법 시행령(1999. 4. 30. 대통령령 제16284호로 개정되기 전의 것) 제8조 제6항 제3호소정의 인근 토지나 주변 건축물의 이용현황에 비추어 현저히 부적합한 용도의 건축물을 건축하는 경우에 해당하는 것으로 볼 수 없음에도, 건축허가신청을 불허할 사유가 되지 않는 인근 주민들의 민원이 있다는 사정만으로 건축허가신청을 반려한 처분은 법령의 근거 없이 이루어진 것으로 위법하다고 판단한 원심판결을 수긍한 사례.

38. 주위토지통행권이 인정되는 경우, 그 통행로의 폭과 위치 및 무상통행권

[판례 38] 토지인도 (대법원 2002.05.31 선고 2002다9202 판결)

【판시사항】

[1] 민법 제219조소정의 주위토지통행권이 인정되는 경우, 그 통행로의 폭과 위치를 정함에 있어 고려할 사항
[2] 무상주위통행권에 관한민법 제220조의 규정이 분할자 또는 일부 양도의 당사자가 무상주위통행권에 기하여 이미 통로를 개설해 놓은 후의 포위된 토지 또는 피 통행지의 특정승계인에게도 적용되는지 여부(소극)
[3] 구 건축법 제2조 제11호 (나)목에 의한 도로로 지정된 경우 건축허가 등을 받은 사람이나 그 도로의 통행자에게 사법상 통행권이 인정되는지 여부(소극)

【판결요지】

[1] 민법 제219조에 규정된 주위토지통행권은 공로와의 사이에 그 용도에 필요한 통로가 없는 토지의 이용이라는 공익목적을 위하여 피통행지 소유자의 손해를 무릅쓰고 특별히 인정되는 것이므로, 그 통행로의 폭이나 위치 등을 정함에 있어서는 피통행지의 소유자에게 가장 손해가 적게 되는 방법이 고려되어야 할 것이나, 최소한 통행권자가 그 소유 토지를 이용하는 데 필요한 범위는 허용되어야 하며, 어느 정도를 필요한 범위로 볼 것인가는 구체적인 사안에서 사회통념에 따라 쌍방 토지의 지형적, 위치적 형상 및 이용관계, 부근의 지리상황, 상린지 이용자의 이해득실 기타 제반 사정을 기초로 판단하여야 한다.
[2] 무상주위통행권에 관한민법 제220조의 규정은 토지의 직접 분할자 또는 일부 양도의 당사자 사이에만 적용되고 포위된 토지 또는 피 통행지의 특정승계인에게는 적용되지 않는 바, 이러한 법리는 분할자 또는 일부 양도의 당사자가 무상주위통행권에 기하여 이미 통로를 개설해 놓은 다음 특정승계가 이루어진 경우라 하더라도 마찬가지라 할 것이다.
[3] 구 건축법(1994. 12. 22. 법률 제4816호로 개정되기 전의 것) 제2조 제11호 (나)목의 도로, 즉 '건축허가 또는 신고시 시장, 군수, 구청장(자치구의 구청장에 한한다)이 위치를 지

정한 도로'로 지정되었다고 해서 건축허가 등을 받은 사람이나 그 도로를 통행하여 온 사람에게 그 도로를 자유로 통행할 수 있는 사법상의 권리가 부여되는 것은 아니다.

39. 상세계획상의 획지 안에서 구분된 필지 간의 합병된 토지에서 건축 허용 여부

[판례 39] 행정처분의 적법 여부 (2002두4464 판결)

【판시사항】

[1] 상세계획상의 획지 안에서 구분된 필지 간의 합병이나 그 합병된 토지상에서의 건축이 허용되는지 여부(적극)
[2] 상세계획구역 안에서 필지를 합병할 수 있도록 하는 내용의 상세계획의 변경이 없다는 이유로 건축불허가처분을 한 것이 재량권을 일탈·남용한 것이라고 한 사례
[3] 행정처분의 적법 여부 판단의 기준시점(=처분시)

【판결요지】

[1] 구 도시계획법 제20조의3(2000. 1. 28. 법률 제6243호로 전문 개정되기 전의 것), 구 택지개발촉진법(2002. 2. 4. 법률 제6655호로 개정되기 전의 것) 제9조 제2항, 제16조 제3항의 규정을 종합하면, 택지개발예정지구를 상세계획구역으로 지정하여 상세계획에 따라 택지개발사업을 실시·관리하도록 하는 입법 취지는 택지개발예정지구 안의 건축물의 용도와 규모, 건폐율, 용적률, 높이 등을 제한함으로써 도시의 기능·미관 및 환경을 효율적으로 유지·관리하여 도시의 균형 있고 합리적인 발전을 꾀하려는 데 있고, 상세계획에서 획지(계획적인 개발 또는 정비를 위하여 구획된 일단의 토지를 말한다)의 규모를 정하도록 한 이유는 획지의 규모가 과대하거나 과소하여 경제적 손실과 환경의 질적 저하를 초래하지 않도록 하여 토지이용을 합리화함으로써 상세계획의 목적을 달성하려는 데 있으므로, 상세계획의 본질적인 취지에 위배되지 않는 이상 당해 획지 안에서 구분된 필지 간의 합병이나 그 합병된 토지상에서의 건축이 허용된다.
[2] 상세계획구역 안에서 필지를 합병할 수 있도록 하는 내용의 상세계획의 변경이 없다는 이유로 건축불허가처분을 한 것이 재량권을 일탈·남용한 것이라고 한 사례.
[3] 행정처분의 적법 여부는 특별한 사정이 없는 한 그 처분이 있을 때의 법령과 사실상태를 기준으로 하여 판단하여야 한다.

40. 계단에 철제 기둥을 세우고 그 위에 투명 P.C로 외벽과 지붕을 만든 경우 증축여부

[판례 40] 건축법위반 (대법원 2000.01.21 선고 99도4695 판결)

【판시사항】

당초 건축면적에는 포함되어 있었지만 바닥면적에는 산입되지 아니한 상가건물 뒷편의 철제로 된 외부계단에 철제 기둥을 세우고 그 위에 투명 P.C로 외벽과 지붕을 만든 경우, 건축법상의 '증축'에 해당하는지 여부(적극)

【판결요지】

건축법시행령 제2조 제1항 제2호에 의하면, 『증축』이라 함은 기존 건축물이 있는 대지안에서 건축물의 건축면적, 연면적 또는 높이를 증가시키는 것을 말한다고 규정하고, 제119조 제1항에 의하면, 『건축면적』은 건축물의 외벽의 중심선으로 둘러싸인 부분의 수평투영면적으로 하고(제2호 본문), 『바닥면적』은 건축물의 각 층 또는 그 일부로서 벽·기둥 기타 이와 유사한 구획의 중심선으로 둘러싸인 부분의 수평투영면적으로 하되(제3호 본문), 승강기탑· 계단탑 … 기타 이와 유사한 것 …은 바닥면적에 산입하지 아니하며{제3호 (마)목}, 『연면적』은 하나의 건축물의 각 층의 바닥면적의 합계로 한다(제4호 본문)고 규정하는바, 당초 건축면적에는 포함되어 있었지만 바닥면적에는 산입되지 아니한 상가건물 뒷편의 철제로 된 외부계단에 철제 기둥을 세우고 그 위에 투명 P.C로 외벽과 지붕을 만들었다면, 이는 건축법시행령 제119조 제1항 제3호의 바닥면적에 포함되어 연면적이 증가하게 되는 것이므로, 건축법상의 증축에 해당한다.

41. 도로 안의 건축제한에 관하여 규정한 구 건축법 제34조 소정의 '도로'의 의미

[판례 41] 건축법위반 (대법원 1999.07.27 선고 99도697 판결)

【판시사항】

도로 안의 건축제한에 관하여 규정한 구 건축법 제34조 소정의 '도로'의 의미

【판결요지】

도로 안의 건축제한에 관하여 규정한 구 건축법 제34조에서 말하는 도로는 같은 법 제2조 제11호에서 정의한 건축법상의 도로를 의미하는 것으로 보행 및 자동차통행이 가능한 너비 4m

이상의 도로이거나 지형적 조건으로 자동차통행이 불가능하거나 막다른 도로인 경우에는 대통령령이 정하는 구조 및 너비를 갖춘 도로로서 관계 법령에 의하여 도로로 고시되거나 시장·군수 등이 도로로 지정한 도로이어야 한다.

42. 건축법을 오해한 담당공무원의 잘못된 변경신고의 내용과 어긋나는 건축행위를 한 경우

[판례 42] 건축법위반 (대법원 1991.06.14 선고 91도514 판결)

【판시사항】

[1] 건축허가변경신고 및 그 수리행위가 건축법을 오해한 담당공무원의 잘못된 종용에도 기인하여 이루어지고, 피고인은 담당공무원의 종용 이 건축법령에 어긋난다는 도청건축과 소속공무원 및 건물신축에 관여한 건축사의 견해가 옳다고 믿고 위 변경신고의 내용과 어긋나는 건축행위를 한 경우, 법률의 착오에 해당하여 책임을 면하는지 여부(소극)

[2] 위 '[1]'항의 구청장의 건축허가변경신고수리행위가 위법하다하여 적법한 변경신고절차 없이 이와 어긋나는 행위를 한 경우 건축법위반의 죄책을 면하는지 여부(소극)

【판결요지】

[1] 건축허가 변경신고 및 그 수리행위가 건축법상 『도로』에 해당하지 아니하고 자연발생적인 통행로에 불과한 것을 건축법상 『도로』에 해당한다고 오해한 담당공무원의 종용에도 기인하여 이루어지고, 피고인은 담당공무원의 종용이 건축법령에 어긋난다는 도청 건축과 소속공무원 및 건물신축에 관여한 건축사의 견해가 옳다고 믿고 위 변경신고의 내용과 어긋나는 건축행위를 한 경우, 설사 피고인이 위와 같은 경위로 자기의 행위가 죄가 되지 아니한다고 믿었다 하더라도 이러한 경우에는 누구에게도 그 위법의 인식을 기대할 수 없다고 단정할 수 없으므로 건축법 위반의 죄책을 면할 수 없다.

[2] 위 '[1]'항의 구청장의 건축허가 변경신고 수리행위가 위법하다 하여도 당연무효라고 까지는 할 수 없으니 행정쟁송의 절차에 따라 그 위법을 다툼은 별론으로 하고 적법한 변경신고절차 없이 이와 어긋나는 행위를 한 이상 건축법 위반의 죄책을 면할 수 없다.

43. 건축선위반 건축물시정 지시취소

[판례 43] 건축선위반건축물시정지시취소 (대법원 2002.11.08 선고 2001두1512 판결)

【판시사항】

[1] 행정청의 행위에 대한 신뢰보호 원칙의 적용요건으로서 '행정청의 견해표명이 정당하다고 신뢰한 데에 대하여 그 개인에게 귀책사유가 없어야한다'는 것의 의미와 그 판단 기준
[2] 건축주와 그로부터 건축설계를 위임받은 건축사가 상세계획지침에 의한 건축한계선의 제한이 있다는 사실을 간과한 채 건축설계를 하고 이를 토대로 건축물의 신축 및 증축허가를 받은 경우, 그 신축 및 증축허가가 정당하다고 신뢰한 데에 귀책사유가 있다고 한 사례
[3] 건축허가 내용대로 상당한 정도로 공사가 진행된 상태에서 건축법이나 도시계획법에 위반되는 하자가 발견되었다는 이유로 건축물의 일부분의 철거를 명할 수 있는 경우

【판결요지】

[1] 일반적으로 행정상의 법률관계에 있어서 행정청의 행위에 대하여 신뢰보호의 원칙이 적용되기 위하여는, 첫째 행정청이 개인에 대하여 신뢰의 대상이 되는 공적인 견해표명을 하여야 하고, 둘째 행정청의 견해표명이 정당하다고 신뢰한 데에 대하여 그 개인에게 귀책사유가 없어야 하며, 셋째 그 개인이 그 견해표명을 신뢰하고 이에 상응하는 어떠한 행위를 하였어야 하고, 넷째 행정청이 그 견해표명에 반하는 처분을 함으로써 그 견해표명을 신뢰한 개인의 이익이 침해되는 결과가 초래되어야 하며, 마지막으로 위 견해표명에 따른 행정처분을 할 경우 이로 인하여 공익 또는 제3자의 정당한 이익을 현저히 해할 우려가 있는 경우가 아니어야 하는바, 둘째 요건에서 말하는 귀책사유라 함은 행정청의 견해표명의 하자가 상대방 등 관계자의 사실은폐나 기타 사위의 방법에 의한 신청행위 등 부정행위에 기인한 것이거나 그러한 부정행위가 없다고 하더라도 하자가 있음을 알았거나 중대한 과실로 알지 못한 경우 등을 의미한다고 해석함이 상당하고, 귀책사유의 유무는 상대방과 그로부터 신청행위를 위임받은 수임인 등 관계자 모두를 기준으로 판단하여야 한다.
[2] 건축주와 그로부터 건축설계를 위임받은 건축사가 상세계획지침에 의한 건축한계선의 제한이 있다는 사실을 간과한 채 건축설계를 하고 이를 토대로 건축물의 신축 및 증축허가를 받은 경우, 그 신축 및 증축허가가 정당하다고 신뢰한 데에 귀책사유가 있다고 한 사례.
[3] 건축주가 건축허가 내용대로 공사를 상당한 정도로 진행하였는데, 나중에 건축법이나 도시계획법에 위반되는 하자가 발견되었다는 이유로 그 일부분의 철거를 명할 수 있기 위하여는 그 건축허가를 기초로 하여 형성된 사실관계 및 법률관계를 고려하여 건축주가 입게 될 불이익과 건축행정이나 도시계획행정상의 공익, 제3자의 이익, 건축법이나 도시계획법 위반의 정도를 비교·교량하여 건축주의 이익을 희생시켜도 부득이하다고 인정되는 경우라야 한다.

44. "맞벽은 방화벽으로 축조하여야 한다."는 규정의 취지 및 이에 위반 여부

[판례 44] 건축공사금지등 (대법원 2001.10.23 선고 2001다45195 판결)

【판시사항】

1. 건축법 제50조의2 제1항 제1호 소정의 '맞벽으로 하여 건축하는 경우'의 의미

2. 건축법시행령 제81조 제3항의 "맞벽은 방화벽으로 축조하여야 한다."는 규정의 취지 및 이에 위반한 경우 민법 제242조가 적용되는지 여부(소극)

[판결요지]

1. 건축법 제50조의2 제1항 제1호에서 말하는 '맞벽으로 하여 건축하는 경우'라 함은 서로 마주 보는 건축물의 벽이 존재하는 경우뿐만 아니라, 이 사건과 같이 상업지역에서 어느 일방 토지소유자가 나대지인 인접토지와의 경계선으로부터 50cm의 이격거리를 두지 아니하고 건축물을 건축하는 경우도 포함된다고 봄이 합목적적이라고 할 것이고, 토지소유자는 그 소유권이 미치는 토지 전부를 사용할 수 있음이 원칙이나 상린관계로 인하여 민법 제242조의 제한을 받게 된 것이므로 국민의 재산권 보장이라는 관점에서도 상업지역에서는 민법 제242조가 적용되지 아니한다고 해석함이 상당하다.
2. 건축법시행령 제81조 제3항에서 "맞벽은 방화벽으로 축조하여야 한다"고 규정한 취지는 민법 제242조에 의한 이격거리의 제한을 폐지하는 대신 건축물의 유지·관리를 위한 방화목적을 고려하여 맞벽을 방화벽으로 건축하도록 제한을 가하고 있는 것으로 볼 것이어서 이에 위반한 경우 건축법에 따른 제재를 받는 것은 별론으로 하고 민법 제242조의 적용을 받게 되는 것은 아니다.

45. 소유자가 다르게된 건물 철거의 합의가 있는 경우, 건물 소유자의 법정지상권 취득 여부

[판례 45] 건물철거등 (대법원 1999.12.10 선고 98다58467 판결)

【판시사항】

[1] 토지와 건물이 동일한 소유자에게 속하였다가 매매 기타 원인으로 인하여 양자의 소유자가 다르게 되었으나 당사자 사이에 건물 철거의 합의가 있는 경우, 건물 소유자의 관습상의 법정지상권 취득 여부(소극)
[2] 건물 철거의 합의에 관습상의 법정지상권의 발생을 배제하는 효력을 인정하기 위한 요건
[3] 토지와 건물의 소유자가 토지만을 타인에게 증여한 후 구 건물을 철거하되 그 지상에 자신의 이름으로 건물을 다시 신축하기로 합의한 경우, 그 건물 철거의 합의는 건물 소유자가 토지의 계속 사용을 그만두고자 하는 내용의 합의로 볼 수 없어 관습상의 법정지상권의 발생을 배제하는 효력이 인정되지 않는다고 한 사례

【판결요지】

[1] 토지와 건물이 동일한 소유자에게 속하였다가 건물 또는 토지가 매매 기타 원인으로 인하여 양자의 소유자가 다르게 되었더라도, 당사자 사이에 그 건물을 철거하기로 하는 합의가 있었던 경우에는 건물 소유자는 토지 소유자에 대하여 그 건물을 위한 관습상의 법정지상권을 취득할 수 없다.

[2] 건물 철거의 합의가 관습상의 법정지상권 발생의 소극적 요건이 되는 이유는 그러한 합의가 없을 때라야 토지와 건물의 소유자가 달라진 후에도 건물 소유자로 하여금 그 건물의 소유를 위하여 토지를 계속 사용케 하려는 묵시적 합의가 있는 것으로 볼 수 있다는 데 있고, 한편 관습상의 법정지상권은 타인의 토지 위에 건물을 소유하는 것을 본질적 내용으로 하는 권리가 아니라, 건물의 소유를 위하여 타인의 토지를 사용하는 것을 본질적 내용으로 하는 권리여서, 위에서 말하는 '묵시적 합의'라는 당사자의 추정 의사는 건물의 소유를 위하여 '토지를 계속 사용한다'는 데 중점이 있는 의사라 할 것이므로, 건물 철거의 합의에 위와 같은 묵시적 합의를 깨뜨리는 효력, 즉 관습상의 법정지상권의 발생을 배제하는 효력을 인정할 수 있기 위하여서는, 단지 형식적으로 건물을 철거한다는 내용만이 아니라 건물을 철거함으로써 토지의 계속 사용을 그만두고자 하는 당사자의 의사가 그 합의에 의하여 인정될 수 있어야 한다.
[3] 토지와 건물의 소유자가 토지만을 타인에게 증여한 후 구 건물을 철거하되 그 지상에 자신의 이름으로 건물을 다시 신축하기로 합의한 경우, 그 건물 철거의 합의는 건물 소유자가 토지의 계속 사용을 그만두고자 하는 내용의 합의로 볼 수 없어 관습상의 법정지상권의 발생을 배제하는 효력이 인정되지 않는다고 한 사례.

46. 건축물철거 대집행 계고처분 취소

[판례 46] 건축물철거대집행계고처분취소 (대법원 1999.04.27 선고 97누6780 판결)

【판시사항】

[1] 공동주택관리규칙 제4조의2 소정의 신고대상인 건축행위를 하고자 할 경우, 적법한 요건을 갖춘 신고 이외에 행정청의 수리처분을 요하는지 여부(소극) 및 그 신고를 받은 행정청이 관계 법령상의 사유 이외의 사유를 들어 수리를 거부할 수 있는지 여부(소극)
[2] 적법한 건축물에 대한 철거명령의 효력(당연 무효) 및 그 후행행위인 대집행계고처분의 효력(당연 무효)

【판결요지】

[1] 주택건설촉진법 제38조 제2항 단서, 공동주택관리령 제6조 제1항 및 제2항, 공동주택관리규칙 제4조 및 제4조의2의 각 규정들에 의하면, 공동주택 및 부대시설·복리시설의 소유자·입주자·사용자 및 관리주체가 건설부령이 정하는 경미한 사항으로서 신고대상인 건축물의 건축행위를 하고자 할 경우에는 그 관계 법령에 정해진 적법한 요건을 갖춘 신고만을 하면 그와 같은 건축행위를 할 수 있고, 행정청의 수리처분 등 별단의 조처를 기다릴 필요가 없다고 할 것이며, 또한 이와 같은 신고를 받은 행정청으로서는 그 신고가 같은 법 및 그 시행령 등 관계 법령에 신고만으로 건축할 수 있는 경우에 해당하는 여부 및 그 구비서류 등이 갖추어져 있는지 여부 등을 심사하여 그것이 법규정에 부합하는 이상 이를

수리하여야 하고, 같은 법 규정에 정하지 아니한 사유를 심사하여 이를 이유로 신고수리를 거부할 수는 없다.
[2] 적법한 건축물에 대한 철거명령은 그 하자가 중대하고 명백하여 당연무효라고 할 것이고, 그 후행행위인 건축물철거 대집행계고처분 역시 당연무효라고 할 것이다.

47. 도로미확보 등 시정지시처분 등 취소

[판례 47] 도로미확보등시정지시처분등취소 (대법원 1995.03.14 선고 94누11552 판결)

【판시사항】

막다른 골목길을 유일한 통행로로 하고 있는 부지에 대한 건축허가나 그 부지상 건축물에 대한 준공검사가 있는 경우, 그 골목길에 대하여 도로로서의 위치지정이 있었던 것으로 보거나 지정처분이 있었음이 추정된다고 할 수 있는지 여부

【판결요지】

건축법 제36조, 제37조에 따라 건축선에 의한 건축제한이 적용되는 건축법제2조 제11호 소정의 "막다른 도로"는 같은 조에서 정의하는 도로, 즉 미리 관계법령에 의하여 도로로 고시되거나 건축허가시 시장 또는 군수가 그 위치를 지정한 도로만을 가리킨다고 할 것인바, 그 "도로"로서의 위치 지정이 있게 되면 그 도로부지 소유자들은 건축법에 따른 토지사용상의 제한을 받게 되므로 그 위치 지정은 도로의 구간, 연장, 폭 및 위치 등을 특정하여 명시적으로 행하여져야 하고, 따라서 막다른 골목길을 유일한 통행로로 하고 있는 부지에 대한 건축허가나 그 부지상 건축물에 대한 준공검사가 있었다 하더라도 건축법 제33조 제1항이 건축물의 대지는 2m 이상을 도로에 접하여야 한다 라고 규정하고 있음을 들어 위 골목길에 대한 도로로서의 위치 지정이 있었던 것으로 보거나 지정처분이 있었음이 추정된다고 할 수는 없다.

48. 증축한 부분이 구조상·이용상으로 기존 건물과 구분되는 독립성이 있는 경우 소유권 객체여부

[판례 48] 건물명도등 (대법원 1999.07.27 선고 99다14518 판결)

【판시사항】

임차인이 임차한 건물에 그 권원에 의하여 증축한 부분이 구조상·이용상으로 기존 건물과 구분되는 독립성이 있는 경우, 그 증축 부분이 독립한 소유권의 객체가 될 수 있는지 여부(적극)

【판결요지】

임차인이 임차한 건물에 그 권원에 의하여 증축을 한 경우에 증축된 부분이 부합으로 인하여 기존 건물의 구성 부분이 된 때에는 증축된 부분에 별개의 소유권이 성립할 수 없으나, 증축된 부분이 구조상으로나 이용상으로 기존 건물과 구분되는 독립성이 있는 때에는 구분소유권이 성립하여 증축된 부분은 독립한 소유권의 객체가 된다.

49. 건물의 일부분이 구분소유권의 객체가 되기 위한 요건

[판례 49] 건물명도등 (대법원 1999.11.09 선고 99다46096 판결)

【판시사항】

[1] 건물의 일부분이 구분소유권의 객체가 되기 위한 요건
[2] 구분소유권의 객체로서 적합한 물리적 요건을 갖추지 못한 건물의 일부를 낙찰받은 경우, 낙찰자의 소유권 취득 여부(소극)
[3] 상가 점포가 구조상으로나 실제 이용상으로 다른 부분과 구분되지 않아 위 점포에 관한 소유권보존등기가 무효라고 한 사례

【판결요지】

[1] 1동의 건물의 일부분이 구분소유권의 객체가 될 수 있으려면 그 부분이 구조상으로나 이용상으로 다른 부분과 구분되는 독립성이 있어야 하고, 그 이용 상황 내지 이용 형태에 따라 구조상의 독립성 판단의 엄격성에 차이가 있을 수 있으나, 구조상의 독립성은 주로 소유권의 목적이 되는 객체에 대한 물적 지배의 범위를 명확히 할 필요성 때문에 요구된다고 할 것이므로 구조상의 구분에 의하여 구분소유권의 객체 범위를 확정할 수 없는 경우에는 구조상의 독립성이 있다고 할 수 없다.
[2] 구분소유권의 객체로서 적합한 물리적 요건을 갖추지 못한 건물의 일부는 그에 관한 구분소유권이 성립될 수 없는 것이어서, 건축물관리대장상 독립한 별개의 구분 건물로 등재되고 등기부상에도 구분소유권의 목적으로 등기되어 있어 이러한 등기에 기초하여 경매절차가 진행되어 이를 낙찰 받았다고 하더라도, 그 등기는 그 자체로 무효이므로 낙찰자는 그 소유권을 취득할 수 없다.
[3] 상가 점포가 구조상으로나 실제 이용상으로 다른 부분과 구분되지 않아 위 점포에 관한 소유권보존등기가 무효라고 한 사례.

50. 미등기 무허가건물의 양수인에게 소유권 내지는 소유권에 준하는 관습상물권이 있는지 여부

[판례 50] 건물명도등 (대법원 1999.03.23 선고 98다59118 판결)

【판시사항】

[1] 미등기 무허가건물의 양수인에게 소유권 내지는 소유권에 준하는 관습상물권이 있는지 여부(소극)
[2] 점유이전금지가처분결정 이후 가처분 채무자로부터 점유를 이전받은 제3자에 대하여 가처분채권자가 가처분 자체의 효력으로 직접 퇴거를 강제할 수 있는지 여부(소극)

【판결요지】

[1] 미등기 무허가건물의 양수인이라 할지라도 그 소유권이전등기를 경료받지 않는 한 건물에 대한 소유권을 취득할 수 없고, 그러한 건물의 취득자에게 소유권에 준하는 관습상의 물권이 있다고 볼 수 없다.
[2] 점유이전금지가처분은 그 목적물의 점유이전을 금지하는 것으로서, 그럼에도 불구하고 점유가 이전되었을 때에는 가처분채무자는 가처분채권자에 대한 관계에 있어서 여전히 그 점유자의 지위에 있다는 의미로서의 당사자항정의 효력이 인정될 뿐이므로, 가처분 이후에 매매나 임대차 등에 기하여 가처분채무자로부터 점유를 이전받은 제3자에 대하여 가처분채권자가 가처분 자체의 효력으로 직접 퇴거를 강제할 수는 없고, 가처분채권자로서는 본안판결의 집행단계에서 승계집행문을 부여받아서 그 제3자의 점유를 배제할 수 있을 뿐이다.

51. 토지를 증여시 소유권이전등기의 말소를 청구 여부 및 법령외 사유를 들어 허가를 거부 여부

[판례 51] 소유권이전등기말소 (대법원 1995.06.13 선고 94다56883 판결)

【판시사항】

가. 기속행위나 기속적재량행위에 붙인 부관의 효력
나. 건축허가권자가 관계법령에서 정하는 이외의 사유를 들어 허가를 거부할 수 있는지 여부
다. 건축허가를 하면서 일정 토지를 기부채납 하도록 한 허가조건의 효력
라. 무효인 건축허가조건을 유효한 것으로 믿고 토지를 증여하였더라도 이는 동기의 착오에 불과하여 그 소유권이전등기의 말소를 청구할 수 없다고 한 사례

【판결요지】

가. 일반적으로 기속행위나 기속적 재량행위에는 부관을 붙일 수 없고 가사 부관을 붙였다 하더라도 무효이다.
나. 건축법 소정의 건축허가권자는 건축허가신청이 건축법, 도시계획법등 관계 법규에서 정하는 어떠한 제한에 배치되지 않는 이상 당연히 같은 법조 소정의 건축허가를 하여야 하므로, 법률상의 근거 없이 그 신청이 관계 법규에서 정한 제한에 배치되는지의 여부에 대한 심사를 거부할 수 없고, 심사결과 그 신청이 법정요건에 합치하는 경우에는 특별한 사정이 없는 한 이를 허가하여야 하며, 공익상 필요가 없음에도 불구하고 요건을 갖춘 자에 대한 허가를 관계 법령에서 정하는 제한사유 이외의 사유를 들어 거부할 수 없다.
다. 건축허가를 하면서 일정 토지를 기부채납 하도록 하는 내용의 허가조건은 부관을 붙일 수 없는 기속행위 내지 기속적 재량행위이므로 건축허가에 붙인 부관은 법령상 아무런 근거가 없는 부관이어서 무효이다.
라. "다"항의 허가조건이 무효라고 하더라도 그 부관 및 본체인 건축허가자체의 효력이 문제됨은 별론으로 하고, 허가신청대행자가 그 소유인 토지를 허가관청에게 기부채납함에 있어 위 허가조건은 증여의사표시를 하게 된 하나의 동기 내지 연유에 불과한 것이고, 위 허가신청대행자가 건축허가를 받은 토지의 일부를 반드시 허가관청에 기부 채납하여야 한다는 법령상의 근거규정이 없음에도 불구하고 위 허가조건의 내용에 따라 위 토지를 기부채납하여야만 허가신청인들이 시공한 건축물의 준공검사가 나오는 것으로 믿고 증여계약을 체결하여 허가관청인 시 앞으로 위 토지에 관하여 소유권이전등기를 경료하여 주었다면 이는 일종의 동기의 착오로서 그 허가조건상의 하자가 허가신청대행자의 증여의사표시 자체에 직접 영향을 미치는 것은 아니므로, 이를 이유로 하여 위 시 명의의 소유권이전등기의 말소를 청구할 수는 없다고 한 사례.

52. 도로의 통행자에게 도로에 관한 통행권 또는 통행방해배제청구권이 인정 여부

[판례 52] 통행방해배제 (대법원 1995.11.07 선고 95다2203 판결)

【판시사항】

건축법제2조제11호 나목에 의한 도로지정만으로써 건축허가 등을 받은 사람이나 그 도로의 통행자에게 도로에 관한 통행권 또는 통행방해배제청구권이 인정되는지 여부

【판결요지】

건축법 제2조 제11호 나목의 도로, 즉 '건축허가 또는 신고시 시장, 군수,구청장(자치구의 구청장에 한한다)이 위치를 지정한 도로'로 지정되었다고 해서 건축허가 등을 받은 사람이나 그 도로를 통행하여 온 사람에게 그 도로를 자유로 통행하고 제3자가 그 도로의 사용을 방해하

는 경우에는 그 방해의 배제를 구할 수 있는 사법상의 권리가 부여되는 것은 아니다.
(95.11.7선고 95다2203판결)

53. 건축물의 무허가 용도변경행위에 관한 처벌규정인 구 건축법 제48조 규정 부분위헌 제청

[판례 53] 건축물의 무허가 용도변경 (2000. 1. 27. 98헌가9)

【판시사항】

[1] 재심사유가 없음에도 법원의 재심개시결정이 확정됨으로써 어떤 법률조항이 재판의 전제가 된 경우 재판의 전제성 충족 여부(적극)
[2] 건축물의 무허가 용도변경행위에 관한 처벌규정인 건축법(1991. 5. 31. 법률 제4381호로 전문개정되기 전의 것) 제54조 제1항 중 제48조 규정에 의한 제5조 제1항 부분의 위헌 여부(적극)

[결정요지]

[1] 재심개시결정이 확정되면 법원으로서는 비록 재심사유가 없었다 하더라도 그 사건에 대해 다시 심판하여야 하며 이후 재심개시결정의 효력은 상소심에서도 이를 다툴 수 없다. 따라서 이 사건 법률조항의 위헌여부가 재판의 전제가 된 이상 법원의 위헌심판제청은 적법하다 할 것이다. 재판관 김문희, 재판관 이영모의 각하의견 재심공판절차에서 공소장의 적용법조에 대한 위헌 여부심판제청은 형사소송법 제420조에 열거된 재심이유에 의하여 재심개시결정을 한 때에는 가능하나, 이 사건처럼 헌법재판소법 제47조, 제75조 제7항에 의하여 재심개시결정을 한 경우에는 공소장의 적용법조에 대한 위헌여부심판의 제청은 허용할 수 없는 것으로 해석된다. 재심개시결정이 확정되었더라도 유·무죄를 가리는 재심공판절차에서 그 판단의 정당성을 심사하게 되므로 재심개시결정에 대한 검사의 즉시항고 여부는 이 사건 결론을 좌우할 사정이 되지 아니한다.
[2] 건축물의 용도변경행위에 관하여 구 건축법 제48조는 이를 대통령령이 정하는 바에 따른다고만 규정하고 있을 뿐, 건축물의 용도제한에 관한 사항은 모두 대통령령에 백지위임하고 있어서 일반인의 입장에서 보면 위 법률조항만으로는 실제로 대통령령에 위임되는 사항을 미리 예측하여 자신의 용도변경행위가 건축으로 보아 허가를 받아야 하는 용도변경행위인지 여부를 도저히 알 수가 없다 할 것이다. 그러므로 구 건축법 제54조 제1항 중 제48조의 규정에 의하여 허가 없이 한 대통령령이 정하는 용도변경행위를 건축으로 보아 처벌하는 것은 이에 관련된 법조항 전체를 유기적·체계적으로 종합 판단하더라도 그 위임내용을 예측할 수 없는 경우로서 결국 그 구체적인 내용을 하위법령인 대통령령에 백지위임하고 있는 것이라 하지 않을 수 없으므로, 이와 같은 위임입법은 범죄의 구성요건 규정을 위임한 부분에 관한 한 죄형법정주의를 규정한 헌법 제12조 제1항 후문 및 제13조 제1

항 전단과 위임입법의 한계를 규정한 헌법 제75조에 위반된다 할 것이다.

54. 제3자 소유의 건축물에 대한 철거명령을 요구할 수 있는 권리 여부

【판시사항】
[1] 행정청이 국민의 신청에 대하여 한 거부행위가 항고소송의 대상인 행정처분이 되기 위한 요건
[2] 부작위위법확인의 소의 요건
[3] 국민이 행정청에 대하여 제3자에 대한 건축허가와 준공검사의 취소 및 제3자 소유의 건축물에 대한 철거명령을 요구할 수 있는 법규상 또는 조리상 권리가 있는지 여부(소극)

【판결요지】
[1] 국민의 신청에 대한 행정청의 거부행위가 항고소송의 대상이 되는 행정처분에 해당하기 위하여는 국민이 행정청에 대하여 그 신청에 따른 행정행위를 하여 줄 것을 요구할 수 있는 법규상 또는 조리상의 권리가 있어야 한다.
[2] 부작위위법확인의 소에 있어 당사자가 행정청에 대하여 어떠한 행정행위를 하여 줄 것을 요구할 수 있는 법규상 또는 조리상 권리를 갖고 있지 아니한 경우에는 원고적격이 없거나 항고소송의 대상인 위법한 부작위가 있다고 볼 수 없어 그 부작위위법확인의 소는 부적법하다.
[3] 구 건축법(1999. 2. 8. 법률 제5895호로 개정되기 전의 것) 및 기타 관계 법령에 국민이 행정청에 대하여 제3자에 대한 건축허가의 취소나 준공검사의 취소 또는 제3자 소유의 건축물에 대한 철거 등의 조치를 요구할 수 있다는 취지의 규정이 없고, 같은 법 제69조 제1항 및 제70조 제1항은 각 조항 소정의 사유가 있는 경우에 시장·군수·구청장에게 건축허가 등을 취소하거나 건축물의 철거 등 필요한 조치를 명할 수 있는 권한 내지 권능을 부여한 것에 불과할 뿐, 시장·군수·구청장에게 그러한 의무가 있음을 규정한 것은 아니므로 위 조항들도 그 근거 규정이 될 수 없으며, 그 밖에 조리상 이러한 권리가 인정된다고 볼 수도 없다.

55. 주유소 설치허가신청을 관계 법령상의 제한 이외의 중대한 공익상 필요 이유로 거부 여부

【판시사항】
[1] 주유소 설치허가신청을 관계 법령상의 제한 이외의 중대한 공익상의 필요를 이유로 거부할 수 있는지 여부(적극)
[2] 석유사업법령에 따른 주유소 허가의 기준을 갖춘 자가 건축법 등 다른 법령 소정의 주유소 설치 기준을 별도로 갖추지 아니한 경우, 적법한 허가를 할 수 있는지 여부

[3] 석유판매업허가신청에 대하여 "주유소 건축 예정 토지에 관하여 도시계획법 제4조 및 구 토지의형질변경등행위허가기준등에관한규칙에 의거하여 행위제한을 추진하고 있다."는 당초의 불허가처분사유와 항고소송에서 주장한 위 신청이 토지형질변경허가의 요건을 갖추지 못하였다는 사유 및 도심의 환경보전의 공익상 필요라는 사유는 기본적 사실관계의 동일성이 있다고 한 사례

[4] 구 토지의형질변경등행위허가기준등에관한규칙 제4조 제2항에 의한 허가제한지역의 고시 여부가 토지형질변경허가 여부를 결정하는 요건인지여부(소극)

【판결요지】

[1] 주유소 설치허가권자는 주유소 설치허가신청이 관계 법령에서 정하는 제한에 배치되지 않는 경우에는 특별한 사정이 없는 한 이를 허가하여야 하고, 관계 법규에서 정하는 제한사유 이외의 사유를 들어 허가를 거부할 수는 없는 것이나, 심사결과 관계 법령상의 제한 이외의 중대한 공익상의 필요가 있는 경우에는 그 허가를 거부할 수 있다.

[2] 주유소 설치에 관한 제한을 규정하고 있는 관계 법령에는 구 석유사업법(1995. 12. 29. 법률 제5092호로 전문 개정되기 전의 것), 구 석유사업법시행령(1996. 12. 31. 대통령령 제15230호로 전문 개정되기 전의 것) 및 그 시행령의 위임을 받은 시·도지사의 고시뿐만이 있는 것이 아니고, 건축법, 도시계획법, 소방법, 주택건설촉진법 등도 주유소 설치 기준을 별도로 규정하고 있으며, 주유소 허가에 있어서 입법목적, 규정사항, 적용범위 등에 비추어 석유사업법령이 건축법 등에 우선하여 배타적으로 적용되는 관계에 있다고는 해석되지 아니하므로 석유사업법령에 따른 주유소 허가의 기준을 갖춘 자라 할지라도 건축법 등 다른 법령 소정의 주유소 설치 기준을 별도로 갖추지 아니하는 이상 적법한 주유소 허가를 할 수 없다.

[3] 석유판매업허가신청에 대하여 "주유소 건축 예정 토지에 관하여 도시계획법 제4조 및 구 토지의형질변경등행위허가기준등에관한규칙에 의거하여 행위제한을 추진하고 있다."는 당초의 불허가처분사유와 항고소송에서 주장한 위 신청이 토지형질변경허가의 요건을 갖추지 못하였다는 사유 및 도심의 환경보전의 공익상 필요라는 사유는 기본적 사실관계의 동일성이 있다고 한 사례.

[4] 도시계획법 제4조 제1항, 제7항의 위임에 따른 구 토지의형질변경등행위허가기준등에관한규칙(1998. 6. 5. 건설교통부령 제143호로 개정되기 전의 것) 제4조 제1항 제1호 소정의 '녹지지역으로서 당해 사업의 시행으로 인하여 주변의 환경·풍치·미관 등이 크게 손상될 우려가 있는 지역'에 있는 토지에 해당한다면 같은 규칙 제4조 제2항에 규정된 고시 여부는 토지형질변경허가 여부를 결정하는 요건이 되지 아니한다.

56. 형질변경불허가 사유나 농지전용불허가 사유를 들고 있는 경우

【판시사항】

건축불허가처분을 하면서 건축불허가 사유 외에 형질변경불허가 사유나 농지전용불허가 사유를 들고 있는 경우, 그 건축불허가처분에 관한 쟁송에서 형질변경불허가 사유나 농지전용불허

가 사유에 관하여도 다툴 수 있는지 여부(적극) 및 별개의 형질변경불허가처분이나 농지전용 불허가처분에 관한쟁송을 제기하지 아니하였을 때 형질변경불허가 사유나 농지전용불허가 사유에 관하여 불가쟁력이 발생하는지 여부(소극)

【판결요지】

구 건축법(1999. 2. 8. 법률 제5895호로 개정되기 전의 것) 제8조 제1항, 제3항, 제5항에 의하면, 건축허가를 받은 경우에는 구 도시계획법(2000. 1. 28. 법률 제6243호로 전문 개정되기 전의 것) 제4조에 의한 토지의 형질변경허가나 농지법 제36조에 의한 농지전용허가 등을 받은 것으로 보며, 한편 건축허가권자가 건축허가를 하고자 하는 경우 당해 용도·규모 또는 형태의 건축물을 그 건축하고자 하는 대지에 건축하는 것이 건축법 관련 규정이나 같은 도시계획법 제4조, 농지법 제36조 등 관계 법령의 규정에 적합한지의 여부를 검토하여야 하는 것일 뿐, 건축불허가처분을 하면서 그 처분사유로 건축불허가 사유뿐만 아니라 형질변경불허가 사유나 농지전용불허가 사유를 들고 있다고 하여 그 건축불허가처분 외에 별개로 형질변경불허가처분이나 농지전용불허가처분이 존재하는 것이 아니므로, 그 건축불허가처분을 받은 사람은 그 건축불허가처분에 관한 쟁송에서 건축법상의 건축불허가 사유뿐만 아니라 같은 도시계획법상의 형질변경불허가 사유나 농지법상의 농지전용불허가 사유에 관하여도 다툴 수 있는 것이지, 그 건축불허가처분에 관한 쟁송과는 별개로 형질변경불허가처분이나 농지전용불허가처분에 관한 쟁송을 제기하여 이를 다투어야 하는 것은 아니며, 그러한 쟁송을 제기하지 아니하였어도 형질변경불허가 사유나 농지전용불허가 사유에 관하여 불가쟁력이 생기지 아니한다.

57. 타 법령에 의한 이유로 반려한 건축허가에 대한 타 법령다툼

【판시사항】

건축불허가처분을 하면서 건축불허가 사유 외에 형질변경불허가 사유나 농지전용불허가 사유를 들고 있는 경우, 그 건축불허가처분에 관한 쟁송에서 형질변경불허가 사유나 농지전용불허가 사유에 관하여도 다툴 수 있는지 여부(적극) 및 별개의 형질변경 불허가처분이나 농지전용불허가처분에 관한 쟁송을 제기하지 아니하였을 때 형질변경불허가 사유나 농지전용불허가 사유에 관하여 불가쟁력이 발생하는지 여부(소극)

【판결요지】

구 건축법(1999. 2. 8. 법률 제5895호로 개정되기 전의 것) 제8조 제1항, 제3항, 제5항에 의하면, 건축허가를 받은 경우에는 구 도시계획법(2000. 1. 28. 법률 제6243호로 전문 개정되기 전의 것) 제4조에 의한 토지의 형질변경허가나 농지법 제36조에 의한 농지전용허가 등을 받은 것으로 보며, 한편 건축허가권자가 건축허가를 하고자 하는 경우 당해용도·규모 또는 형태의 건축물을 그 건축하고자 하는 대지에 건축하는 것이 건축법 관련 규정이나 같은 도시계획법 제4조, 농지법 제36조 등 관계 법령의 규정에 적합한지의 여부를 검토하여야 하는 것일 뿐, 건축불허가처분을 하면서 그 처분사유로 건축불허가 사유뿐만 아니라 형질변경불허가 사유나 농지전용불허가 사유를 들고 있다고 하여 그 건축불허가처분 외에 별개로 형질변경불가처분이나 농지전용불허가처분이 존재하는 것이 아니므로, 그 건축불허가처분을 받은 사람은 그 건축불허가처분에 관한 쟁송에서 건축법상의 건축불허가 사유뿐만 아니라 같은 도시계획법 상의 형질변경불허가 사유나 농지법상의 농지전용불허가 사유에 관하여도 다툴 수 있는 것이 지, 그 건축불허가처분에 관한 쟁송과는 별개로 형질변경불허가처분이나 농지전용불허가처분 에 관한 쟁송을 제기하여 이를 다투어야 하는 것은 아니며, 그러한 쟁송을 제기하지 아니하였 어도 형질변경불허가 사유나 농지전용불허가 사유에 관하여 불가쟁력이 생기지 아니한다.

58. 일조방해 행위가 사회통념상 수인한도를 넘었는지 여부에 관한 판단기준

【판시사항】

[1] 일조방해 행위가 사법상 위법한 가해행위로 평가되기 위한 요건
[2] 일조방해에 대한 공법적 규제의 사법적 의미 및 건물 신축이 건축당시의 공법적 규제에 형식적으로 적합하다고 하더라도 현실적인 일조방해의 정도가 현저하게 커 사회통념상 수 인한도를 넘는 경우, 위법행위로 평가되는지 여부(적극)
[3] 일조 방해행위가 사회통념상 수인한도를 넘었는지 여부에 관한 판단기준
[4] 도시계획법상 일반상업지역 내에서의 주상복합아파트의 건축으로 인하여 발생한 인접한 다른 주상복합아파트에 대한 일조권 등의 침해가 제반 사정에 비추어 수인한도 내에 있다 고 본 사례

【판결요지】

[1] 건물의 신축으로 인하여 그 이웃 토지상의 거주자가 직사광선이 차단되는 불이익을 받은 경우에 그 신축행위가 정당한 권리행사로서의 범위를 벗어나 사법상 위법한 가해행위로 평가되기 위해서는 그 일조방해의 정도가 사회통념상 일반적으로 인용하는 수인한도를 넘 어야 한다.
[2] 건축법 등 관계 법령에 일조방해에 관한 직접적인 단속법규가 있다면 그 법규에 적합한지 여부가 사법상 위법성을 판단함에 있어서 중요한 판단자료가 될 것이지만, 이러한 공법적 규제에 의하여 확보하고자 하는 일조는 원래 사법상 보호되는 일조권을 공법적인 면에서 도 가능한 한 보증하려는 것으로서 특별한 사정이 없는 한 일조권 보호를 위한 최소한도 의 기준으로 봄이 상당하고, 구체적인 경우에 있어서는 어떠한 건물 신축이 건축 당시의 공법적 규제에 형식적으로 적합하다고 하더라도 현실적인 일조방해의 정도가 현저하게 커 사회통념상 수인한도를 넘은 경우에는 위법행위로 평가될 수 있다.
[3] 일조방해 행위가 사회통념상 수인한도를 넘었는지 여부는 피해의 정도, 피해이익의 성질 및 그에 대한 사회적 평가, 가해 건물의 용도, 지역성, 토지이용의 선후관계, 가해 방지 및 피해 회피의 가능성, 공법적 규제의 위반 여부, 교섭 경과 등 모든 사정을 종합적으로 고려하여 판단하여야 하고, 건축 후에 신설된 일조권에 관한 새로운 공법적 규제 역시 이 러한 위법성의 평가에 있어서 중요한 자료가 될 수 있다.
[4] 도시계획법상 일반상업지역 내에서의 주상복합아파트의 건축으로 인하여 발생한 인접한 다른 주상복합아파트에 대한 일조권 등의 침해가 제반 사정에 비추어 수인한도 내에 있다

고 본 사례.

59. 향후주거지역이 예정된 지역안의건축허가거부의 위법성

【주 문】

상고를 기각한다. 상고비용은 피고의 부담으로 한다.

【이 유】

상고이유를 판단한다. 원심판결 이유에 의하면 원심은, 원고가 이 사건 토지 위에 지하 1층, 지상 6층인 일반숙박시설(호텔)의 건축허가신청을 한 데 대하여 피고가 00시 건축위원회 심의 결과 부결된 사안과 동일한 것으로서 이 사건 토지는 구 건축법(1995. 1. 5. 법률 제4919호로 개정된 후 1999. 2. 8. 법률 제5895호로 개정되기 전의 것, 이하 '법'이라고 한다) 제8조 제4항, 법시행령(1995. 12. 30. 대통령령 제14891호로 개정된 후 1999. 4. 30. 대통령령 제16284호로 개정되기 전의 것, 이하 '시행령'이라고 한다) 제8조 제6항의 규정에 의하여 00시 건축심의지정·공고지역에 위치하고 있고 00시 도시기본계획상 주거지역으로 변경될 예정지로 토지이용계획이 불합리하며 신축중인 00고등학교가 약 500m의 가시권에 있는 등 인근 주민의 정서 및 주변환경에 부적합하다는 이유로 불 허가처분한 사실을 인정한 후, 시행령 제8조 제6항 제1호는 자연경관이나 도시경관의 보호가 필요한 경우에 건축허가를 제한할 수 있는 규정인데 피고가 내세운 처분사유는 모두 자연경관이나 도시경관의 보호와는 관계없는 사항이고, 이 사건 토지가 장차 주거지역으로 변경될 예정이어서 토지이용계획이 불합리하다든가 인근 주민의 정서에 부적합하다는 사유는 시행령 제8조 제6항 제3호의 건축불허가 사유에도 해당하지 아니하며, 이 사건 토지 주변에 주유소, 골프연습장, 창고 등이 있고 주택가는 형성되어 있지 아니한 현황에 비추어 신축중인 고등학교가 500m 떨어진 곳에 있다는 것만으로는 이 사건 숙박시설의 건축이 인근 토지 및 토지현황에 비추어 현저히 부적합한 용도의 건축물을 건축하는 경우에 해당한다고도 볼 수 없고 그 밖에 건축위원회에서 당해 건축물의 건축이 부적합하다고 심의하였다는 사유만으로는 건축허가신청을 거부할 수 없다고 판단하고는 이 사건 불허가처분을 취소하였다. 기록과 관계 법령에 비추어 보면 위와 같은 원심의 판단은 정당한 것으로 수긍이 가고, 거기에 건축허가 요건에 관한 법리오해의 위법이 없다. 상고이유의 주장은 받아들일 수 없다.그러므로 상고를 기각하고 상고비용은 패소자의 부담으로 하기로 하여 관여 법관의 일치된 의견으로 주문과 같이 판결한다.

60. 시정명령을 받은 후 설계변경신청을 하여 그 허가가 날 수 있는 경우 이행강제금을 부과 여부

【판시사항】

[1] 건축법 제69조제1항에 의한 시정명령을 받은 후 아직 시정하지 않았으나 설계변경신청을

하여 그 허가가 날 수 있는 경우에도, 이행강제금을 부과 할 수 있는지 여부
[2] 구 건축법을 적용하여 과태료에 처할 것을 개정건축법을 적용하여 이행강제금에 처한 조치의 위법 여부

【판결요지】

[1] 건축법 제69조 제1항 또는 구 건축법(1991. 5. 31. 법률 제4381호로 전문 개정되기 전의 것) 제42조 제1항에 의한 시정명령을 받은 후 시정하지 아니한 건축주 등에 대하여는, 설사 설계변경 신청을 하여 설계변경 허가가 날 수 있는 경우라고 하더라도, 적법하게 허가가 나지 않은 이상 개정 건축법 제83조 제1항에 의하여 이행강제금(구 건축법이 적용되는 사안에서는 구 건축법 제56조의2 제1항에 의하여 과태료)을 부과할 수 있다.

[2] 건축법상의 이행강제금에 관한 규정은 시정명령 불이행을 이유로 한 구 건축법(1991. 5. 31. 법률 제4381호로 전문 개정되기 전의 것)상의 과태료에 관한 규정을 개선한 것이기는 하나, 그 최고한도 및 부과횟수 등에 있어서 차이가 있으므로, 위반행위를 한 시기가 개정 건축법이 시행되기 전이라서 구 건축법 제56조의2 제1항을 적용하여 과태료에 처할 것을 개정 건축법 제83조 제1항을 적용하여 이행강제금에 처하였다면 위법하다.

61. 무허가용도변경에 대한 이행강제금 부과사건

【사건의 배경】

건축법 제8조 제1항에 의하면 도시계획구역 등 특정된 지역 내에서 건물을 신축하거나 대수선하려는 사람 혹은 그 이외의 지역에서 일정규모 이상의 건물을 신축하거나 대수선하려는 사람은 미리 관계당국의 허가를 얻도록 되어 있고, 동법 제14조는 ‚건축물의 용도를 변경하는 행위는 대통령령이 정하는 바에 의하여 이를 건축물의 건축으로 본다‛라고 규정함으로써, 결국 건축물의 용도변경행위도 대통령령이 정하는 일정한 경우에는 관계당국의 허가를 얻도록 되어 있다.

한편 동법 제69조 제1항은 관계당국은 위법 건축물의 소유자 등에 대하여 철거·개축 등 여러 가지 필요한 시정명령을 할 수 있도록 규정하고, 동법 제83조 제1항은 시정명령을 이행하지 않는 위법 건축물의 소유자 등에 대하여는 일정한 금액의 이행강제금을 부과하도록 규정하고 있다.

청구인은 용도가 근린생활시설로 지정된 그 소유건물의 9층 부분을 당국의 허가 없이 교회로 용도를 변경하여 사용하면서 옥상에 10m 높이의 철탑을 무단 축조하였다. 이에 관계당국은 청구인에게 철탑을 철거하고 9층 부분의 용도를 원상회복하도록 시정명령을 내렸으나, 청구인이 이에 응하지 않자 일정금액의 이행강제금을 부과하였다. 청구인은 이에 불복하여 법원에 제소하였고 법원은 직권으로 위 건축법 제14조에 대한 위헌심판을 헌법재판소에 제청하였다.

【결정의 주요내용】

헌법재판소는 관여 재판관 전원의 일치로 건축법 제14조가 위임입법의 한계를 규정한 헌법의 규정에 위반된다고 결정하였는바, 그 이유의 요지는 다음과 같다.

헌법 제75조는 권력분립주의, 의회주의 내지 법치주의의 기본원리에 입각하여 대통령령은 "법률에서 구체적으로 범위를 정하여 위임받은 사항"에 관하여만 발할 수 있다고 한정함으로써 위임입법의 범위와 한계를 제시하고 있다. 여기에서 "법률에서 구체적으로 범위를 정하여 위임받은 사항"이라 함은, 법률에 이미 대통령령으로 규정될 내용 및 범위의 기본사항이 구체적으로 규정되어 있어서 누구라도 당해 법률로부터 대통령령에 규정될 내용의 대강을 예측할 수 있어야 한다는 것을 의미한다. 위임입법의 위와 같은 구체성 내지 예측가능성의 요구정도는 문제된 법률이 의도하는 규제대상의 종류와 성질에 따라 달라질 것이지만, 특히 처벌법규 등 국민의 권리와 자유에 중대한 영향을 미치는 사안의 위임에 관해서는 특히 긴급한 필요가 있거나 미리 법률로써 자세히 정할 수 없는 부득이한 사정이 있는 경우 등에 한정되어야 한다. 이행강제금은 위법건축물에 대한 시정명령 이행확보 수단으로서, 국민의 자유와 권리를 제한한다는 의미에서 행정상 간접강제의 일종인 이른바 侵益的 행정행위에 속하고, 처벌법규의 위임에 관한 엄격한 기준은 이와 같은 침익적 행정행위의 경우에도 마찬가지로 적용되어야 할 것이며, 이행강제금 부과의 전제가 되는 시정명령도 그 요건이 법률로써 엄격히 정해져야 한다. 그런데 건축법 제14조는 건축물의 용도제한에 관한 사항을 모두 하위법령에 백지위임한 관계로, 일반인의 입장에서 보면 위 조항만으로는 실제로 하위법령인 대통령령의 위임사항을 예측하여 자신의 용도변경행위가 건축으로 간주되어 허가를 받아야 하는 용도변경행위인지 여부를 도저히 알 수가 없을 뿐만 아니라, 위 조항이 규정하는 바와 같이 건축물의 용도변경행위를 전부 대통령령에 위임하여야 할 위임의 긴급한 필요나 미리 법률로써 자세히 정할 수 없는 부득이한 사정도 전혀 찾아볼 수 없다.

그러므로 이 사건 법률조항을 적용하여 허가 없이 한 대통령령이 정하는 용도변경행위를 건축으로 보아 시정명령을 내리고, 이행강제금을 부과하는 것은, 위임입법의 한계를 규정한 헌법 제75조에 위반된다.

62. 무허가 건축물에 식품위생법상 영업허가를 받을 수 있는지 여부

【판시사항】

[1] 건축물에 관하여 건축물대장이 작성되고 그에 기한 소유권보존등기가 경료된 경우, 건축물이 가지는 건축관련 법령상의 위법사항이 치유되는지 여부(소극)
[2] 식품위생법상 영업허가를 받기 위한 물적 시설요건을 갖추었으나 그 물적 시설이 건축관련 법규에 위반되는 경우, 영업허가를 받을 수 있는지 여부(소극)
[3] 행정청의 행위에 대하여 신뢰보호의 원칙이 적용되기 위한 요건

【판결요지】

[1] 건축물대장은 건축허가 또는 신고의 대상이 아닌 건축물에 대하여도 당사자의 기재요청에 의하여 행정사무집행의 편의와 사실증명의 자료로 삼기 위하여 작성되는 것이고, 한편 보존등기는 미등기 부동산에 관하여 최초로 행하여지는 등기로서 단지 그 소유권을 공시하는 것이므로, 어느 건축물에 관하여 건축물대장이 작성되고 아울러 그에 기하여 소유권보존등기가 경료되었다고 하더라도 그로 인하여 당해 건축물이 가지는 건축관련 법령상의

위법사항까지 치유되는 것은 아니라고 할 것이다.
[2] 식품위생법 제24조 제1항, 제21조 제1항 제3호, 같은 법 시행규칙 제20조 [별표 9] 업종별시설기준 제8항의 각 규정에 의하면, 식품접객업의 영업허가를 받기 위하여 갖추어야 할 영업장·조리장·화장실 등과 같은 여러 물적 시설에 관한 시설기준을 규정하고 있는바, 여기서 말하는 시설기준은 그 대상이 되는 물적 시설이 당연히 건축관련 법규에 적합할 것을 전제로 하는 것이므로, 식품접객업의 영업허가를 신청한 당해 건축물이 하천법 제45조 소정의 허가를 받지 아니한 무허가 건물이라고 한다면, 비록 그 건물이 식품위생법이 규정하는 물적 시설요건을 갖추었다고 하더라도 적법한 식품접객업의 영업허가를 받을 수 없다.
[3] 일반적으로 행정상의 법률관계 있어서 행정청의 행위에 대하여 신뢰보호의 원칙이 적용되기 위하여는, 첫째 행정청이 개인에 대하여 신뢰의 대상이 되는 공적인 견해표명을 하여야 하고, 둘째 행정청의 견해표명이 정당하다고 신뢰한 데에 대하여 그 개인에게 귀책사유가 없어야 하며, 셋째 그 개인이 그 견해표명을 신뢰하고 이에 어떠한 행위를 하였어야 하고, 넷째 행정청이 위 견해표명에 반하는 처분을 함으로써 그 견해표명을 신뢰한 개인의 이익이 침해되는 결과가 초래되어야 하며, 어떠한 행정처분이 이러한 요건을 충족할 때에는, 공익 또는 제3자의 정당한 이익을 현저히 해할 우려가 있는 경우가 아닌 한, 신뢰보호의 원칙에 반하는 행위로서 위법하게 된다. [대법원]

63. 일조방해 행위가 사법상 위법한 가해행위로 평가되기 위한 요건

【판시사항】

[1] 일조방해 행위가 사법상 위법한 가해행위로 평가되기 위한 요건
[2] 일조방해에 대한 공법적 규제의 사법적 의미 및 건물 신축이 건축당시의 공법적 규제에 형식적으로 적합하다고 하더라도 현실적인 일조방해의 정도가 현저하게 커 사회통념상 수인한도를 넘는 경우, 위법행위로 평가되는지 여부(적극)
[3] 일조방해 행위가 사회통념상 수인한도를 넘었는지 여부에 관한 판단기준
[4] 도시계획법상 일반상업지역 내에서의 주상복합아파트의 건축으로 인하여 발생한 인접한 다른 주상복합아파트에 대한 일조권 등의 침해가 제반 사정에 비추어 수인한도 내에 있다고 본 사례

【판결요지】

[1] 건물의 신축으로 인하여 그 이웃 토지상의 거주자가 직사광선이 차단되는 불이익을 받은 경우에 그 신축행위가 정당한 권리행사로서의 범위를 벗어나 사법상 위법한 가해행위로 평가되기 위해서는 그 일조방해의 정도가 사회통념상 일반적으로 인용하는 수인한도를 넘어야 한다.
[2] 건축법 등 관계 법령에 일조방해에 관한 직접적인 단속법규가 있다면 그 법규에 적합한지 여부가 사법상 위법성을 판단함에 있어서 중요한 판단자료가 될 것이지만, 이러한 공법적 규제에 의하여 확보하고자 하는 일조는 원래 사법상 보호되는 일조권을 공법적인 면에서

도 가능한 한 보증하려는 것으로서 특별한 사정이 없는 한 일조권 보호를 위한 최소한도의 기준으로 봄이 상당하고, 구체적인 경우에 있어서는 어떠한 건물 신축이 건축 당시의 공법적 규제에 형식적으로 적합하다고 하더라도 현실적인 일조방해의 정도가 현저하게 커 사회통념상 수인한도를 넘은 경우에는 위법행위로 평가될 수 있다.
[3] 일조방해 행위가 사회통념상 수인한도를 넘었는지 여부는 피해의 정도, 피해이익의 성질 및 그에 대한 사회적 평가, 가해 건물의 용도, 지역성, 토지이용의 선후관계, 가해 방지 및 피해 회피의 가능성, 공법적 규제의 위반 여부, 교섭 경과 등 모든 사정을 종합적으로 고려하여 판단하여야 하고, 건축 후에 신설된 일조권에 관한 새로운 공법적 규제 역시 이러한 위법성의 평가에 있어서 중요한 자료가 될 수 있다.
[4] 도시계획법상 일반상업지역 내에서의 주상복합아파트의 건축으로 인하여 발생한 인접한 다른 주상복합아파트에 대한 일조권 등의 침해가 제반 사정에 비추어 수인한도 내에 있다고 본 사례.

64. 일조방해 행위가 수인한도를 넘었는지 여부

◇ 일조방해행위가 수인한도를 넘었는지 여부를 판단하기 위한 지역성 판단의 요소 와 이미 기존 건물에 의하여 일조방해를 받고 있는 경우 수인한도의 판단 방법
◇ 쾌적하고 건강한 생활에 필요한 생활이익으로서 법적 보호의 대상이 되는 주거의 일조는 현재 살고 있는 지역주민을 보호하기 위한 것이므로 일조방해 행위가 수인한도를 넘었는지 여부를 판단하기 위한 지역성은 그 지역의 토지이용 현황과 실태를 바탕으로 지역의 변화 가능성과 변화의 속도 그리고 지역주민들의 의식 등을 고려하여 결정하여야 할 것이고, 바람직한 지역 정비로 토지의 경제적·효율적 이용과 공공의 복리증진을 도모하기 위한 도시계획법 등 공법에 의한 지역의 지정은 그 변화 가능성 등을 예측하는 지역성 판단의 요소가 된다고 할 것이다. 또한 구체적인 수인한도를 판단함에 있어서, 일조 피해를 받는 건물이 이미 기존 건물에 의하여 일조 방해를 받고 있는 경우에는 그 일조 방해의 정도와 신축 건물에 의한 일조 방해와의 관련성 등도 고려하여 신축 건물에 의한 일조 방해가 수인한도를 넘었는지 여부를 판단하여야 할 것이다.

65. 일조권관련 참고자료(중앙대 법대 김 종보교수 의견)

【사안의 설명】
원고는 (롯데)아파트입주자들로서 주택건설촉진법에 의한 사업계획승인을 통해 적법하게 건축되는 인접아파트(대주아파트)에 의해 일조권 등이 침해받고 있음을 이유로 손해배상을 청구하였다. 이에 대해 고등법원에서는 "동지 일을 기준으로 오전 9시부터 오후 3시까지 사이의 6시간 중 일조시간이 연속하여 2시간 이상 확보되지 아니하는 일조방해의 경우에는 수인한도를 넘는 다"고 판단함으로써 원고가 승소하였으며, 대법원도 원심법원의 입장을 지지함으로써 원고가 최종적으로 승소하고 있다.

【법원이 채택한 일조기준】

건축법시행령에는 공동주택이 하나의 대지 내에서 건축되는 경우, 동지일 기준으로 2시간이내의 일조가 확보되면 높이제한을 하지 않도록 하고 있는 규정이 있다(건축법 시행령 제86조 제2항 2호 단서). 이 조문은 원칙적으로 공동주택을 건축하는 경우 동일한 대지안에서 공동주택간의 거리제한을 위한 조문이며, 다른 대지와의 인동거리에 대한 제한규정은 아니다. 그럼에도 불구하고 우리 법원은 이 조문을 넓게 해석하여 민사상 불법행위판단의 기준으로 삼고 있는 것이다.

【행정법상의 일조권과 민법상의 일조권】

이 사안은 행정법적으로는 위법성이 보이지 않는 적법한 건축행위에 대하여 민사상 손해배상책임을 인정하고 있는 사안이라는 점에서 매우 의미가 큰 판결이다. 건축법, 도시계획법 등은 공공의 이익을 위하여 국민의 기본권을 제한하는 법률이며, 일조권에 관한 건축허가요건 또한 국민(건축주)의 기본권을 제한하는 조문에 해당된다.

행정법규에 의해 허용되는 행위는 법질서 전체의 차원에서 적법한 것으로 보는 것이 일반적으로 타당한 것임에도 불구하고, 일조권과 관련하여 대법원은 민사법이 보는 일조권과 건축행정법이 보는 일조권간의 불일치를 명시적으로 인정하고 있다. 이는 우리 건축행정법규가 일조권에 관한 사회적 수요에 충분히 대처해 오지 못하고, 분쟁해결의 기능을 다하지 못하고 있다는 것을 우리 법원이 받아들여 국민 개개인의 손해를 민사법의 테두리에서나마 해결하고자 한 것이라 해석하여야 한다.

【일조권과 관련된 이해관계인】

일조권과 관련된 건축행정법의 조문을 엄격하게 조이면, 건축주와 건설업자들이 매우 궁지에 몰리게 된다. 인접지 토지소유자를 위해 일조권규정이 엄격해지면, 건축물의 높이와 이격거리에 대한 제한이 높아져 건축이 매우 곤란하거나, 심지어는 불가능해질 수 있기 때문이다. 다른 한편 일조권에 대한 행정법적인 규제를 지금처럼 소홀히 하는 경우 이웃들의 피해가 높아져, 일조와 관련된 분쟁은 계속되고, 행정법과 민사법의 괴리가 매우 심해지게 될 것이다. 그 결과로서 일조와 관련된 분쟁이 행정소송을 통해 해결될 수 있는 길이 점점 좁아지게 될 것이다.

【일조권침해와 취소소송】

유의하여야 할 점은 대법원이 손해배상에 너그럽다고 해서, 건축허가로 인하여 완성된 건축물의 철거 등에도 적극적인 입장은 아니라는 점이다. 대법원은 일조권이 침해됨을 인정하면서도, 건축물이 이미 완공된 경우, 건축주가 받아낸 사용승인에 대하여 취소소송으로 다투는 것은 허용하지 않고 있다(협의의 소익이 없다는 이유로, 대법원 96누9768 판결). 물론 건축물이 완공된 경우 건축허가취소소송도 허용하지 않는다(대법원 91누11131 판결). 다만 아직 건축물이 완공되기 전의 건축허가취소소송을 허용할 것인가에 대한 대법원의 명시적인 입장은 없다.

66. 사실상도로와 건축허가

[1] 어느 토지의 일부가 오래전부터 사실상의 도로로 사용되어 왔고 인근주민들이 그 위에 시멘트포장까지 하였더라도 이러한 사유만으로 위 토지부분이 건축법상의 도로로 되었다고 할 수 없고, 또한 건축허가신청인은 신청당시 그 대지의 일부가 사실상 도로로 사용되고 있음을 허가관청에 신고할 의무가 있는 것은 아니므로 신청인이 사전에 이를 신고하지 아니하였거나 이로 인하여 허가관청이 그 토지부분을 도로로 지정할 기회를 갖지 못한 채 건축허가를 해 주었더라도 그 건축허가에 어떤 하자가 있다고 할 수 없다.

[2] 사실상의 도로 위에 건축을 신축할 경우 인근주민이 노폭 1미터 정도의 협소한 우회도로를 사용할 수밖에 없게 되어 주위토지통행권을 보장한 민법 제219조에 위반된다고 하더라도 이것은 위 도로소유자와 주민들 간에 민사절차에 의하여 해결되어야 할 문제이지 이를 이유로 일단 적법하게 행하여진 건축허가를 취소할 수는 없다고 할 것이다.

67. 조망이익이 법적인 보호대상이 되기 위한 요건 및 조망이익에 대한 침해가 사회통념상 한도 여부

조망이익은 원칙적으로 특정의 장소가 그 장소로부터 외부를 조망함에 있어 특별한 가치를 가지고 있고, 그와 같은 조망이익의 향유를 하나의 중요한 목적으로 하여 그 장소에 건물이 건축된 경우와 같이 당해 건물의 소유자나 점유자가 그 건물로부터 향유하는 조망이익이 사회통념상 독자의 이익으로 승인되어야 할 정도로 중요성을 갖는다고 인정되는 경우에 비로소 법적인 보호의 대상이 되는 것이라고 할 것이고, 그와 같은 정도에 이르지 못하는 조망이익의 경우에는 특별한 사정이 없는 한 법적인 보호의 대상이 될 수 없다고 할 것이다.

그리고 조망이익이 법적인 보호의 대상이 되는 경우에 이를 침해하는 행위가 사법상 위법한 가해행위로 평가되기 위해서는 조망이익의 침해 정도가 사회통념상 일반적으로 인용하는 수인한도를 넘어야 하고, 그 수인한도를 넘었는지 여부는, 조망의 대상이 되는 경관의 내용과 피해건물이 입지하고 있는 지역에 있어서 건조물의 전체적 상황 등의 사정을 포함한 넓은 의미에서의 지역성, 피해건물의 위치 및 구조와 조망상황, 특히 조망과의 관계에서의 건물의 건축·사용목적 등 피해건물의 상황, 주관적 성격이 강한 것인지 여부와 여관·식당 등의 영업과 같이 경제적 이익과 밀접하게 결부되어 있는지 여부 등 당해 조망이익의 내용, 가해건물의 위치 및 구조와 조망방해의 상황 및 건축·사용목적 등 가해건물의 상황, 가해건물 건축의 경위, 조망방해를 회피할 수 있는 가능성의 유무, 조망방해에 관하여 가해자 측이 해의(害意)를 가졌는지의 유무, 조망이익이 피해이익으로서 보호가 필요한 정도 등 모든 사정을 종합적으로 고려하여 판단하여야 한다.

68. 신고 없이 옥내 주차장을 슈퍼마켓으로 용도변경 한 행위를 건축법 위반 여부

【판시사항】

관할관청에 대한 신고 없이 바닥면적이 100㎡를 초과하지 아니하는 옥내 주차장을 슈퍼마켓으로 용도변경 한 행위를 건축법위반으로 처벌할 수 있는지 여부

【판결요지】

건축법 14조 및 동법 시행령 14조는 사용승인을 얻은 건축물의 용도를 변경하고자 하는 자는 대통령령이 정하는 바에 따라 관할 관청에 신고하여야 하지만, 동일한 시설군에 해당하는 건축물의 용도를 변경하고자 하는 경우에는 바닥면적의 합계가 100㎡를 초과하지 아니하면 신고 없이 용도변경을 할 수 있다고 규정하고 있으므로, 이 사건 옥내주차장 72.05㎡ 가량을 슈퍼마켓으로 고쳐 건축물의 용도를 변경한 행위는 주차장법위반으로 처벌할 수 있지만 건축법위반으로는 처벌할 수 없다. 그리고 무단으로 주차장의 용도를 변경한 행위를 처벌하는 주차장법위반죄와 건축법위반죄는 상상적 경합관계에 있다.

69. 건축물이 완공된 후에도 시정명령을 할 수 있는 지

【판시사항】

건축법상 위법건축물 완공 후에도 시정명령을 할 수 있는지 여부(적극) 및 그 불이행에 대한 이행강제금의 부과가 헌법 제37조 제2항에 위배되는지 여부(소극)

【판결요지】

이행강제금은 국민의 자유와 권리를 제한한다는 의미에서 행정상 간접강제의 일종인 이른바 침익적 행정행위에 속하기는 하나, 위법건축물의 방치를 막고자 행정청이 시정조치를 명하였음에도 건축주 등이 이를 이행하지 아니한 경우에 행정명령의 실효성을 확보하기 위하여 시정명령 이행시까지 지속적으로 부과함으로써 건축물의 안전과 기능, 미관을 향상시켜 공공복리의 증진을 도모하기 위한 것이므로 그 목적의 정당성이 인정된다 할 것이고, 공무원들이 위법건축물임을 알지 못하여 공사 도중에 시정명령이 내려지지 않아 위법건축물이 완공되었다 하더라도, 공공복리의 증진이라는 위 목적의 달성을 위해서는 완공 후에라도 위법건축물임을 알게 된 이상 시정명령을 할 수 있다고 보아야 할 것이며, 만약 완공 후에는 시정명령을 할 수 없다면 위법건축물을 축조한 자가 일단 건물이 완공되었다는 이유만으로 그 시정을 거부할 수 있는 결과를 초래하게 될 것이므로, 공사기간 중에 위법건축물임을 알지 못하여 시정명령을 하지 않고 있다가 완공 후에 이러한 사실을 알고 시정명령을 하였다고 하여 부당하다고 볼 수는 없고, 시정명령을 내릴 수 있는 시점을 공사 도중이나 특정 시점까지만 할 수 있다고 정해두지 아니하였다고 하여 그 침해의 필요성이 없음에도 국민의 자유와 권리를 침해하고 있다거나, 국민의 자유와 권리에 대한 본질적인 내용을 침해한 것이라고 볼 수는 없다 할 것

이므로, 건축법 제83조 제1항 및 제69조 제1항에서 시정명령을 내리도록 규정하면서 그 발령시기를 규정하지 아니한 것이 헌법 제37조 제2항에 위반된다고도 볼 수 없다.

70. 허가 없이 건축물 용도변경 사건

【사건의 배경】

이 사건은 건축법 제78조 제1항의 처벌대상 중에는 동법 제14조의 규정에 의하여 허가 없이 건축물의 용도를 변경한 경우도 포함되는데 그 대상이 대통령령에 백지위임되어 있다는 이유로 위헌 결정한 사건이다.

건축법(1991. 5. 31. 법률 제4381호로 전문개정된 것) 제14조 제1항은 건축물의 용도를 변경하는 행위는 대통령령이 정하는 바에 의하여 건축으로 본다고 규정하고, 동법 제78조 제1항은 도시계획구역안에서 동법 제8조 제1항에 따른 시장·군수·구청장의 허가 없이 건축물을 건축하는 행위 등에 대하여 3년 이하의 징역 또는 5천만원 이하의 벌금에 처하도록 규정하고 있었다.

청구인은 그 소유의 건축물의 용도를 허가 없이 변경한 행위로 건축법 제14조 및 제78조 제1항에 의하여 서울형사지방법원으로부터 벌금 200만원의 약식명령을 받고 이에 불복하여 정식재판을 청구하면서 백지위임한 위 법률조항에 의해서 처벌받았다고 주장하고 이에 대하여 위헌법률심판제청을 신청하였으나 동 법원으로부터 기각되자 헌법소원심판을 청구하였다.

【결정의 주요내용】

헌법재판소는 건축법 제78조 제1항 중 14조의 규정에 의한 제8조 제1항 부분이 다음과 같이 죄형법정주의를 규정한 헌법 제12조 제1항 후문 및 제13조 제1항 전단과 위임입법의 한계를 규정한 헌법 제75조에 위반된다고 결정하였다.

범죄와 형벌에 관한 사항에 있어서도 위임입법의 근거와 한계에 관한 헌법 제75조는 적용되는 것이나 법률에 의한 처벌법규의 위임은 헌법이 특히 인권을 최대한 보장하기 위하여 죄형법정주의와 적법절차를 규정하고 법률에 의한 처벌을 강조하고 있는 기본권보장 우위사상에 비추어 바람직하지 못한 일이므로 그 요건과 범위가 보다 엄격하게 제한적으로 적용되어야 한다. 따라서 처벌법규의 위임을 하기 위하여는 첫째, 특히 긴급한 필요가 있거나 미리 법률로써 자세히 정할 수 없는 부득이한 사정이 있는 경우에 한정되어야 하며, 둘째, 이러한 경우에도 법률에서 범죄의 구성요건은 처벌대상행위가 어떠한 것일 것이라고 예측할 수 있을 정도로 구체적으로 정하고, 셋째, 형벌의 종류 및 그 상한과 폭을 명백히 규정하여야 하되 위임입법의 예측가능성의 유무를 판단함에 있어서는 당해 특정조항 하나만을 가지고 판단할 것이 아니고 관련 법조항 전체를 유기적·체계적으로 종합하여 판단하여야 한다.

그런데 건축법은 건축물의 용도제한에 관하여 그 내용을 아무런 구체적인 기준이나 범위를 정함이 없이 이를 하위법령인 대통령령이나 조례에 백지위임하고 있고 건축물의 용도변경행위에 관하여도 건축법 제14조는 이를 대통령령이 정하는 바에 따른다고만 규정하고 있을 뿐이며 건축물의 용도제한에 관한 사항도 모두 하위법령에 백지위임되어 있어서 일반인의 입장에서 보면 건축법 제14조만으로는 실제로 하위법령인 대통령령의 규정내용을 미리 예측하여 자신의 용도변경행위가 건축으로 보아 허가를 받아야 하는 용도변경행위인지 여부를 알 수 없다.

따라서 건축법 제14조는 구체적인 내용을 하위법령에 백지위임하고 있는 것이므로 이와 같은 위임입법은 범죄의 구성요건의 규정을 위임한 부분에 관한 한 죄형법정주의를 규정한 헌법 제12조 제1항 후문 및 제13조 제1항 전단과 위임입법의 한계를 일탈한 것으로 헌법에 위반된다.

【사후경과】

건축물 용도변경에 관한 헌법재판소의 결정은 이해 관련인들이 많았으므로 그 여파도 매우 컸다. 이 결정이후 국회는 1997년 12월 13일 법률 제5450호로 건축법을 개정하여 동법 제14조에 용도변경의 종류에 대한 11가지의 예를 명시적으로 규정함으로써 백지위임의 여지를 막았다. 동 조항에 의해 용도변경의 시설군으로 분류된 것은 주거시설군, 관람집회시설군, 영업·업무시설군, 숙박시설군, 교육시설군, 공장·산업시설군, 위험물저장 및 처리시설군, 의료 및 의료시설군, 판매유통시설군, 여객운송시설군, 기타 대통령령으로 정하는 시설군 등이다.

71. 공사감리자가 작성·제출하는 공사감리보고서의 허위작성 여부에 관한 판단기준

【판시사항】

공사감리자가 작성·제출하는 공사감리보고서의 허위작성 여부에 관한 판단기준

【판결요지】

구 건축법(1999. 2. 8. 법률 제5895호로 개정되기 전의 것) 제21조 제5항에 의하여 공사감리자가 작성·제출하는 감리중간보고서와 감리완료보고서에는 시공자를 기재하도록 요구되어 있지 않고, 위 각 보고서의 "법령에의 적합 여부" 또는 "감리의견"란에는 같은 법 제2조 제1항 제15호, 같은 법 시행령(1999. 4. 30.대통령령 제16284호로 개정되기 전의 것) 제19조 제6항 제3호, 같은 법 시행규칙(1999. 5. 11. 건설교통부령 제189호로 개정되기 전의 것) 제19조의2에 규정된 본래적인 공사감리업무 수행의 결과로서의 공사감리자의 의견이나 판단을 기재하면 되는 것이고, 공사감리자가 당해 공사를 감리함에 있어서 발견한 일체의 건축법 기타 관계 법령 위반행위의 유무에 관한 공사감리자의 판단과 의견까지 기재하여야 하는 것은 아니다.

72. 도로와 접하는 면의 폭이 미달함이 발견시 건축공사 중지명령 취소 여부

【판시사항】

적법한 건축허가를 받아 건물의 골조 및 외벽공사를 마친 상태에서 건축물의대지가 도로와 접하는 면의 폭이 건축법시행령 제63조제1항의 규정이 정한기준에 미달함이 발견되어 한 건축공사 중지명령이 재량권의 일탈 내지 남용에 해당한다고 본 사례

【판결요지】

적법한 건축허가를 받아 공사가 진행되던 중에 인접대지 소유자의 진정으로 건축물의 대지가 도로와 접하는 면의 폭이 건축법시행령 제63조 제1항의 규정이 정한 기준에 미달함이 발견되었으나, 이미 많은 금액의 공사비를 투입하여 골조 및 외벽공사를 마친 상태이었으므로 건축공사를 중지시키게 되면 건축주에게 커다란 불이익을 입히게 되는 반면 건물의 완공으로 인하여 적정한 생활환경보호 상 심각하게 나쁜 영향을 주는 것이라고 보여지지 아니하고, 건물에 관한 공사를 계속하게 하는 것이 심히 공익을 해치는 것이라고 할 수 없다 하여 건축공사 중지 명령이 재량권의 일탈 내지 남용에 해당한다고 본 사례.

[판례 54] 위자료 (전주지방법원 2020. 4. 22. 선고 2019나6372 판결)

【전 문】

【원고, 항 소 인】원고
【피고, 피항소인】피고 1 외 2인
【제1심판결】전주지방법원 2019. 6. 20. 선고 2018가소48440 판결
【변론종결】2020. 4. 2.

【주 문】

1. 원고의 피고들에 대한 항소를 모두 기각한다.
2. 항소비용은 원고가 부담한다.

【청구취지 및 항소취지】

청구취지

원고에게, 피고 2는 5,000,000원, 피고 1은 3,000,000원, 피고 3은 1,000,000원 및 각 이에 대하여 이 사건 소장 부본 송달 다음날부터 다 갚는 날까지 연 15%의 비율로 계산한 돈을 지급하라.

항소취지

제1심 판결 중 아래에서 지급을 명하는 원고 패소 부분을 취소한다. 원고에게, 피고 2는 5,000,000원 및 이에 대하여 이 사건 소장 부본 송달 다음날부터 2019. 5. 31.까지는 연 15%의, 그 다음날부터 다 갚는 날까지는 연 12%의, 피고 1은 3,000,000원, 피고 3은 1,000,000원 및 각 이에 대하여 이 사건 소장 부본 송달 다음날부터 다 갚는 날까지 연 15%의 각 비율로 계산한 돈을 지급하라.

【이 유】

1. 당사자의
    주장
    가. 원고

피고들은 2018. 2. 14. 아파트 단지 내에서 현수막을 설치하는 원고를 동영상 촬영하고, 위 동영상을 관리소장과 동대표 14명에게 전송하였다. 또한 피고 2는 2018. 4. 9. '층간소음이 심하다'고 하면서 원고를 찾아와 휴대전화로 동영상을 촬영하였다. 피고들은 위와 같이 원고의 초상권을 침해하였으므로, 이로 인한 손해배상책임이 있다.

나. 피고들
원고는 아파트 관리사무소에 신고하지 않고 불법적으로 현수막을 설치하였고, 피고들은 이러한 불법행위를 막고 정당한 처리를 위하여 관리소장과 동대표들에게 알렸다. 피고들은 원고의 초상권을 침해하지 않았거나 위법성이 조각된다.

2. 인정사실
가. 당사자의 지위
원고는 전주시 (주소 생략) 소재 ○○○아파트(이하 '이 사건 아파트'라 한다)의 입주자이고, 피고 1은 이 사건 아파트 입주자대표회의 회장이며, 피고 2는 부녀회장이고, 피고 3은 입주자이다.

나. 현수막 게시 행위 촬영
1) 원고는 2018. 2. 14. 이 사건 아파트 단지 내에 '53억 공사(장기수선 조정)와 경비초소 통폐합 공사에 입주민들께서 동의하시면 관리비 폭탄으로 등골이 휘어 아파트 값 떨어집니다. 275세대 △△△주1) 회원 및 입주민 일동'이라는 현수막을 게시하였다.
피고 3은 관리사무소에 신고되지 않은 현수막을 게시하던 중인 원고를 발견하고 이를 중지하라고 하였고, 원고는 위 요청을 거절하면서 욕설을 하였다. 피고 2는 피고 3과 말다툼하고 있는 원고에 대한 동영상을 촬영하여 피고 1에게 전송하였고, 피고 1은 관리소장과 동대표 14명에게 위 동영상을 전송하였다.

다. 폭행 행위 촬영
1) 피고 2는 이 사건 아파트 (동, 호수 1 생략)에 거주하고 있는데, 2018. 4. 9. 21:30 경 원고가 거주하는 이 사건 아파트 (동, 호수 2 생략)을 찾아가 층간소음에 대해 항의하였다.
2) 피고 2는 아래와 같은 원고의 행위를 휴대전화 동영상으로 촬영하였다.
원고의 처가 사진을 찍는다고 말하자, 원고는 피고 2의 휴대전화를 내리쳐 바닥에 떨어뜨렸다. 피고 2가 '그러시지 마세요'라고 하면서 피고 2의 남편을 공격하려는 원고를 말리자, 원고는 피고 2의 팔을 쳐내고 손을 붙잡고 들어올리며 비틀었다. 원고는 '씨발놈아'라고 욕설을 하고, 피고 2가 원고로부터 폭행을 당하면서 비명을 질렀으며, 원고는 '씨발년이'라는 욕설을 하고 피고 2를 주먹으로 때리려고 하였는데, 원고의 처가 원고의 손목을 붙잡고 말렸다.
3) 원고는 2018. 7. 24. 전주지방법원으로부터 '원고가 피고 2에게 2주간의 치료를 요하는 다발성염좌상 등을 가하였다'는 범죄사실로 벌금 50만 원의 약식명령을 받았고, 정식재판을 청구하였으나 이를 취하하였다.
[인정근거] 갑 제1, 2, 3호증, 을 1, 2, 3호증, 변론 전체의 취지

3. 판단
가. 초상권 침해 여부

사람은 누구나 자신의 얼굴 기타 사회통념상 특정인임을 식별할 수 있는 신체적 특징에 관하여 함부로 촬영 또는 그림묘사되거나 공표되지 아니하며 영리적으로 이용당하지 아니할 권리를 가지는데, 이러한 초상권은 인간의 존엄과 가치에 관한 헌법 제10조, 사생활의 비밀과 자유에 관한 헌법 제17조에 의하여 보장되는 것으로서 초상권에 대한 부당한 침해는 불법행위를 구성하고, 그 침해는 그것이 공개된 장소에서 이루어졌다거나 민사소송의 증거를 수집할 목적으로 이루어졌다는 사유만으로 정당화되지 아니한다(대법원 2006. 10. 13. 선고 2004다16280, 2013. 6. 27. 선고 2012다31628 판결 참조). 따라서 피고 2가 2회에 걸쳐 원고를 촬영한 행위는 원고의 초상권을 침해한 행위에 해당한다.

나. 위법성 조각 여부

1) 현수막 게시 행위 촬영 부분

공동주택관리법 시행령 제19조 제2항 제3호에 의하면, 입주자등은 공동주택에 광고물·표지물 또는 표지를 부착하는 행위를 하려는 경우에는 관리주체의 동의를 받아야 한다고 되어 있는바, 원고는 관리주체의 동의를 받지 않은 채로 무단으로 현수막을 설치하였다(원고는 관리주체의 동의를 받으려는 시도조차 하지 않았다).

또한 원고가 게시한 현수막의 내용은 관리주체의 이 사건 아파트 관리방법에 관한 반대의 의사표시로서 자신의 주장과 견해를 이 사건 아파트 입주자들에게 널리 알리기 위한 것이고, 이러한 공적 논의의 장에 나선 사람은 사진 촬영이나 공표에 묵시적으로 동의하였거나 포기하였다고 볼 수도 있고, 원고에 대한 동영상이 관리주체의 구성원에 해당하는 관리소장 및 동대표들에게만 제한적으로 전송되었는바, 이로 인하여 원고의 초상권이 일부 침해되는 측면이 있다고 하더라도 이는 그 행위 목적의 정당성, 수단·방법의 보충성과 상당성 등을 참작할 때 원고가 수인하여야 하는 범위 내에 속한다고 할 것이므로, 피고들의 행위는 그 위법성이 조각된다고 할 것이다.

2) 폭행 행위 촬영 부분

피고 2는 층간소음 문제로 분쟁이 있어 감정이 격해지는 경우 원고가 욕설을 하거나 폭력을 행사할 가능성이 있으므로, 이에 대한 형사절차와 관련하여 증거를 수집·보전하고 전후 사정에 관한 자료를 수집하기 위해서 촬영할 필요가 있었는바, 피고 2의 촬영행위는 형사절차상 증거보전의 필요성 및 긴급성, 방법의 상당성이 인정되므로 사회상규에 위배되지 아니하는 행위로서 위법성이 조각된다.

4. 결론

그렇다면, 원고의 피고들에 대한 청구는 모두 이유 없어 기각할 것인바, 제1심 판결은 이와 결론을 같이하여 정당하므로, 원고의 피고들에 대한 항소는 모두 이유 없어 기각하기로 하여 주문과 같이 판결한다.

판사 오창민(재판장) 조지환 나상훈

[판례 55] 손해배상(기) (인천지법 2007. 11. 22. 선고 2005가합6248 판결)

【판시사항】

향(向)이나 조망에 따라 분양가격을 차별화하여 책정하고 이를 광고·설명한 다음 아파트를 사전 분양한 경우, 조망에 관한 사항은 분양계약의 내용을 이루게 되므로 분양회사는 인접 학교의 신축으로 광고·설명되었던 조망이익을 향유하지 못하게 된 수분양자들에게 채무불이행에 따른 손해배상책임을 부담하고, 그 손해액은 수분양자들이 조망이익 향수를 이유로 추가 지급한 분양대금 상당액이라고 한 사례

【판결요지】

향(向)이나 조망에 따라 분양가격을 차별화하여 책정하고 이를 광고·설명한 다음 아파트를 사전 분양한 경우, 조망에 관한 사항은 분양계약의 내용을 이루게 되므로 분양회사는 인접 학교의 신축으로 광고·설명되었던 조망이익을 향유하지 못하게 된 수분양자들에게 채무불이행에 따른 손해배상책임을 부담하고, 그 손해액은 수분양자들이 조망이익 향수를 이유로 추가 지급한 분양대금 상당액이라고 한 사례.

【참조조문】

민법 제390조, 제393조

【전 문】

【원 고】 원고 1외 24인 (소송대리인 법무법인 해미르 담당변호사 이진욱외 1인)
【피 고】 대림산업 주식회사외 1인 (소송대리인 법무법인 동명 담당변호사 전우석)
【변론종결】 2007. 7. 19.

【주 문】

1. 피고 나누리아름건설 주식회사는 원고 21을 제외한 나머지 각 원고들에게 별지 원고별 청구내역의 해당 인용금액란 기재 각 돈 및 이에 대하여 2005. 5. 13.부터 2007. 11. 22.까지는 연 5%의, 그 다음날부터 다 갚는 날까지는 연 20%의 각 비율로 계산한 돈을 지급하라.
2. 원고 21을 제외한 나머지 원고들의 피고 나누리아름건설 주식회사에 대한 각 나머지 주위적 청구 및 예비적 청구, 피고 대림산업 주식회사에 대한 각 주위적 청구 및 예비적 청구, 원고 21의 피고들에 대한 각 주위적 청구 및 예비적 청구를 각 기각한다.
3. 소송비용 중 원고 21을 제외한 나머지 원고들과 피고 나누리아름건설 주식회사 사이에 생긴 부분의 40%는 원고 21을 제외한 나머지 원고들이, 60%는 피고 나누리아름건설 주식회사가 각 부담하고, 피고 대림산업 주식회사 사이에 생긴 부분은 원고 21을 제외한 나머지 원고들이 부담하며, 원고 21과 피고들 사이에 생긴 부분은 원고 21이 부담한다.
4. 제1항은 가집행할 수 있다.

【청구취지】

주위적 및 예비적으로, 피고들은 연대하여 각 원고들에게 별지 원고별 청구내역의 해당 청구금액란 기재 각 돈 및 이에 대하여 이 사건 소장 부본 최종 송달 다음날부터 다 갚는 날까지 연 20%의 비율로 계산한 돈을 지급하라.

【이 유】

1. 기초 사실

가. 피고 대림산업 주식회사(이하 '피고 대림산업'이라 한다)은 피고 나누리아름건설 주식회사(이하 '피고 나누리아름건설'이라 한다)로부터 인천 서구 (이하 생략) 소재 인천 원당 e-편한세상아파트(이하 '이 사건 아파트'라 한다)의 신축공사를 수급하여 시공하였다.

나. 피고 나누리아름건설은 2002. 5. 18.경 이 사건 아파트의 모델하우스를 개관하고, 같은 해 6. 19.경부터 청약을 접수하여 사전 분양을 시작하는 한편, 그 무렵부터 이 사건 아파트의 신축공사에 착수하였다.

다. 피고 나누리아름건설은 이 사건 아파트를 분양할 당시 카탈로그, 팸플릿, 안내문 등을 통해 아파트 주변에 푸른 숲이 있다는 광고와 함께 아래 〈표〉 기재와 같이 향(向)이나 조망을 이유로 가격을 차별화하여 책정하였음을 홍보하였다.

〈표〉

평형	동별/층별 구분		분양금액(원)
26,016	서향/비조망(106동)	1층	99,100,000
		2층	101,200,000
		기준층	106,500,000
	동향/조망 (107동)	1층	106,400,000
		2층	108,700,000
		기준층	114,400,000
34,307	남향/비조망(101동 3, 4라인, 102동)	1층	131,500,000
		2층	134,400,000
		기준층	141,400,000
	남향/사선조망(101동 1, 2라인)	1층	135,200,000
		2층	138,200,000
		기준층	145,400,000
	남향/조망(104동, 105동)	1층	141,200,000
		2층	144,200,000
		기준층	151,800,000
	동향/조망(103동)	1층	131,500,000
		2층	134,400,000
		기준층	141,400,000

라. 이에 원고들은 위와 같이 차별화된 가격에 따라 2002. 6.경부터 2004. 10.경 사이에 피고 나누리아름건설로부터 이 사건 아파트 중 별지 원고별 청구내역의 해당 '동 및 호수'란 기재 각 세대를 분양받거나 수분양자로부터 분양권을 양수하여 분양계약상의 수분양자 지위를 승계하여 입주하였다.

마. 인천광역시는 1999. 6. 23.자 및 2001. 8. 25.자 도시계획결정에 따라 이 사건 아파트의 동쪽에 인접하여 (명칭 생략)중·고등학교(이하 '이 사건 학교'라 한다)를 신축하였는데, (명칭 생략)중학교의 경우 2003. 12. 29.경 설계를 확정하고, 2004. 4. 26.경 착공하여, 2005. 2.경 완공하였으며, (명칭 생략)고등학교의 경우 2004. 2. 4.경 설계를 확정하고, 2004. 5. 13.경 착공하여, 2005. 12.경 완공하였다.

바. (명칭 생략)중학교 교사(校舍)는 5층 높이에 불과하지만, 이 사건 아파트보다 학교의 부지가 높고(이 사건 아파트와 (명칭 생략)중학교 부지 사이에 약 5m 높이의 축대가 설치되어 있다), 이 사건 아파트보다 학교 교사의 층간 높이가 높아서, 결국 (명칭 생략)중학교 교사는 이 사건 아파트의 10층 정도의 높이에 이르게 되어, 원고 21을 제외한 나머지 원고들이 분양받은 101동 및 103동의 1층 내지 9층에서는 이 사건 학교의 교사로 인해 인접한 산을 조망할 수 없게 되었다.

사. 소외 1은 이 사건 소가 제기된 후인 2007. 2. 20. 사망하였는데, 그 자녀들 중 원고 18이 망인의 피고들에 대한 손해배상청구권을 단독으로 상속하였다.

[인정 근거] 다툼 없는 사실, 갑 제1, 2, 3, 4, 6, 7, 8, 14호증, 을가 제1호증, 을나 제1, 2, 5, 6호증(가지번호 있는 것은 가지번호 포함)의 각 기재 또는 영상, 이 법원의 현장검증 결과, 변론 전체의 취지.

2. 판 단
  가. 원고들의 피고 나누리아름건설에 대한 청구에 관한 판단
    (1) 원고 21을 제외한 나머지 원고들
      (가) 주위적 청구원인 : 채무불이행에 따른 손해배상
        ① 조망 미확보
          살피건대, 아파트를 사전 분양받는 사람들은 아파트의 시설, 환경 등에 관한 분양자의 광고 및 설명을 신뢰하여 분양계약 체결 여부를 결정할 수밖에 없는 점, 일반적으로 조망 여부에 따라 분양가격을 달리하는 경우가 드문데도 불구하고, 피고 나누리아름건설이 향 및 조망을 이유로 분양가격을 차별화하여 가격을 책정하고 카탈로그, 팸플릿, 안내문 등을 통해 이러한 취지로 광고 및 설명을 한 점, 이에 따라 이 사건 아파트 중 101동 1, 2호 라인 및 103동의 경우 기타의 환경이나 시설이 동일한 다른 라인 또는 동에 비하여 분양가격이 높게 책정되었음에도 불구하고, 원고들은 이를 감수한 채 분양계약을 체결한 점 등을 종합하여 보면, 비록 피고 나누리아름건설이 카탈로그 등에 "본 배치도 및 조경도는 소비자의 이해를 돕기 위한 것으로 실제와 차이가 있을 수 있습니다."라는 문구를 삽입하여 두었다 하더라도, 위 피고가 분양 당시 광고 및 설명한 조망에 관한 사항은 분양계약의 내용을 이루고 있는 것으로 봄이 상당하고, 이에 따라 피고 나누리아름건설은 101동 1, 2호 라인을 분양받은 원고들에게는 사선조망을, 103동을 분양받은 원고들에게는 완전조망을 각 확

보하여 주어야 할 분양계약상의 의무가 있다고 보아야 할 것인데, 앞서 본 바와 같이 이 사건 학교의 신축으로 인해 원고 21을 제외한 나머지 원고들에게 사선조망 또는 완전조망을 확보하여 주지 못하였으므로, 위 원고들에게 이로 인한 손해를 배상할 의무가 있다.

이에 대하여 피고 나누리아름건설은, 이 사건 아파트를 분양할 당시에는 이 사건 학교 교사의 구체적인 위치, 높이, 형태 등을 알지 못하였고, 이 사건 학교의 신축공사에 관여할 수 없었으며, 원고들도 분양 당시 이 사건 아파트 인근에 학교가 신축될 것이라는 사정을 알고 있었으므로, 위 피고에게 과실이 없거나, 원고들에게 손해가 없다는 취지로 다툰다.

그러나 앞서 본 바와 같은 이 사건 분양계약의 체결 경위 등에 비추어 보면, 위 피고는 원고들과의 분양계약에서 조망이익을 향유할 수 있다는 것을 계약내용으로 한 것으로 보아야 하는 점, 그런데 위 피고는 이 사건 학교의 신축으로 인해 조망이익을 향유하지 못할 수도 있다는 점을 설명하지 않은 채 조망을 이유로 분양가격을 높게 책정한 이상 신의칙상의 설명 내지 고지의무를 다하지 못하였다고 보아야 하는 점 등을 종합하여 보면, 위 피고가 내세우는 사정만으로는 위 피고에게 과실이 없다고 하기 어렵고, 위 원고들이 조망이익을 고려하여 동일한 여건의 다른 라인 또는 동에 비하여 높은 분양가격을 감수하였음에도 조망이익을 향유할 수 없게 된 이상 위 원고들에게 손해가 발생하였다고 보아야 한다.

또한, 피고 나누리아름건설은, 원고들이 내세우는 조망이익이 법적인 보호대상이 될 가치가 있다고 보기 어렵고, 이 사건 학교의 신축으로 인한 조망이익의 침해가 수인한도를 넘었다고 보기도 어려우므로, 조망이익의 미확보가 위법하지 않다는 취지로 주장하지만, 위 조망이익이 위 원고들과 피고 나누리아름건설 사이의 분양계약의 내용을 이루고 있어서 피고 나누리아름건설이 위 원고들에게 사선조망 또는 완전조망을 확보하여 줄 의무를 부담하는 이 사건에서는 위 피고가 내세우는 사정만으로는 위 피고의 채무불이행이 위법하지 않다고 볼 수 없다.

나아가서 위 피고가 위 원고들에게 분양계약에 따라 사선조망 또는 완전조망을 확보하여 주어야 할 의무를 이행하지 못함으로써 위 원고들에게 배상하여야 할 손해액은 위 원고들이 위 피고에게 사선조망 또는 완전조망에 따른 이익 향수를 이유로 추가 지급한 분양대금 상당액이라고 보아야 할 것이다.

우선 101동 1, 2호 라인을 분양받은 원고들은, 위 <표>에서 본 바와 같이 같은 동 3, 4호 라인과 다른 조건에서는 동일한데도 사선조망을 이유로 그 분양가격에서 비조망인 3, 4호 라인보다 1층의 경우 3,700,000원(= 135,200,000원 - 131,500,000원), 2층의 경우 3,800,000원(= 138,200,000원 - 134,400,000원), 나머지 층의 경우 4,000,000원(= 145,400,000원 - 141,400,000원)을 더 많이 지급하였으므로, 위 차액 상당의 손해를 입었다고 봄이 상당하다.

다음으로 103동을 분양받은 원고들에 관하여 보건대, 위 <표>에서 본 바와 같이, 남향이고 비조망인 101동 3, 4호 라인 및 102동과 동향이고 조망인 103동의 분양가격이 같으므로, 분양 당시 조망과 비조망의 가격 차이는 남향과 동향의 가격 차이와 같았던 것으로 봄이 상당한데, 남향과 동향의 분양가격 차이는, 남향이고 조망인 104동 및 105동의 분양가격과 동향이고 조망인 103동의 분양가격을 비교하여 봄으로써 알 수 있다고 보이는바, 그 차이는 1층의 경우 9,700,000원(= 141,200,000원 - 131,500,000원), 2층의 경우 9,800,000원(= 144,200,000원 - 134,400,000원), 나머지 층의 경우 10,400,000원(= 151,800,000원 - 141,400,000원)이므로, 결국 103동을 분양받은 원고들은 조망을 이유로 위 피고에게 위 차액 상당을 더 지급함으로써 그 금액만큼 손해를 입었다고 봄이 상당하다.

따라서 피고 나누리아름건설은 원고 21을 제외한 나머지 원고들에게 별지 원고별 청구내역의 해당 '인용금액'란 기재와 같이 채무불이행에 따른 손해배상으로 이 사건 아파트 중 101동 1, 2호 라인의 1층을 분양받은 원고 22에게 손해금 3,700,000원, 2층을 분양받은 원고 1, 원고 2에게 각 3,800,000원, 나머지 층을 분양받은 원고 3, 4, 5, 6, 7, 8, 9, 10, 11, 12, 23에게 각 4,000,000원, 103동의 1층을 분양받은 원고 13에게 9,700,000원, 2층을 분양받은 원고 14에게 9,800,000원, 나머지 층을 분양받은 원고 15, 16, 17, 18, 19, 20, 24, 25에게 각 10,400,000원 및 이에 대하여 위 원고들에 대한 조망 확보 의무가 이행불능으로 된 이후로서 위 원고들이 구하는 바에 따라 이 사건 소장 부본 최종 송달 다음날임이 기록상 분명한 2005. 5. 13.부터 위 피고가 이행의무의 존재와 범위에 관하여 항쟁함이 상당한 이 판결 선고일인 2007. 11. 22.까지는 민법에 정해진 연 5%의, 그 다음날부터 다 갚는 날까지는 소송촉진 등에 관한 특례법에 정해진 연 20%의 각 비율로 계산한 지연손해금을 지급할 의무가 있다.

② 기타 손해

원고 21을 제외한 나머지 원고들은, 피고 나누리아름건설이 이 사건 학교의 신축공사로 인한 분진, 소음, 일조 방해, 이 사건 학교 개교 이후 학생들의 소음, 체육활동으로 인한 먼지, 사생활 침해 등의 손해를 배상할 의무가 있다고 주장하나, 위 원고들과 위 피고 사이의 분양계약상 위 피고가 위와 같은 손해를 방지할 의무가 있음을 인정할 아무런 증거가 없다.

(나) 예비적 청구원인 : 하자담보책임 또는 불법행위책임

원고 21을 제외한 나머지 원고들은, 위 원고들이 분양받은 아파트에는 이 사건 학교의 신축공사로 인한 분진, 소음, 일조 방해, 이 사건 학교 개교 이후 학생들의 소음, 체육활동으로 인한 먼지, 사생활 침해 등의 하자가 존재한다고 주장하면서, 피고 나누리아름건설에 대하여 하자담보책임에 따른 손해배상을 구하므로 살피건대, 위 원고들의 주장과 같이 이 사건 학교의 신축공사 과정 또는 개교 후에 다소간의 소음, 분진 등의 문제가 있다 하더라도, 그로 인해 위 원고들이 분양받은 아파트가 거래통념상 기대되는 객관적 성질·성능을 결여하기에 이르렀다거나, 위 원고들과 위 피고 사이의 분양계약에서 예정되었거나 위 피고가 보증한

성질을 결여하기에 이르렀는지에 대하여는 증인 소외 2의 증언만으로는 이를 인정하기에 부족하고, 달리 이를 인정할 증거가 없다.

또한, 위 원고들은 위 피고가 인천광역시의 이 사건 학교 신축공사로 인한 분진, 소음, 일조 방해, 이 사건 학교 개교 이후 학생들의 소음, 체육활동으로 인한 먼지, 사생활 침해 등에 대하여 불법행위로 인한 손해배상의 의무가 있다는 취지의 주장도 하므로 살피건대, 위 피고에게 인천광역시의 공사로 인한 분진, 소음, 학생들의 소음 등을 방지할 작위의무가 있다거나, 위 분진, 소음 등이 사회통념상 수인한도를 넘어 위법한 가해행위에 이르렀다는 점을 인정할 증거가 없다.

(2) 원고 21

　(가) 주위적 청구원인 : 채무불이행에 따른 손해배상

　　원고 21은, 피고 나누리아름건설이 위 원고에게 분양계약상의 조망 확보 의무 불이행, 이 사건 학교의 신축공사로 인한 분진, 소음, 일조 방해, 이 사건 학교 개교 이후 학생들의 소음, 체육활동으로 인한 먼지, 사생활 침해 등에 따른 손해를 배상할 의무가 있다고 주장한다.

　　살피건대, 이 사건 아파트 중 원고 21이 분양받아 입주한 103동 1501호가 이 사건 학교로 인해 조망을 확보하지 못하게 되었다는 점을 인정할 아무런 증거가 없고, 오히려 앞서 인정한 사실들, 즉 원고 21이 분양받아 입주한 곳은 이 사건 아파트 중 103동의 15층에 위치한 1501호인 사실, 이 사건 아파트에 인접한 (명칭 생략)중학교 교사는 위 아파트의 10층 정도의 높이에 불과한 사실 등에 비추어 보면, 위 원고가 분양받은 아파트는 조망에 지장이 없을 것으로 보인다.

　　또한, 원고 21과 위 피고 사이의 분양계약상 위 피고가 이 사건 학교의 신축공사로 인한 분진, 소음, 일조 방해, 이 사건 학교 개교 이후 학생들의 소음, 체육활동으로 인한 먼지, 사생활 침해 등의 손해를 방지할 의무가 있음을 인정할 아무런 증거가 없다.

　(나) 예비적 청구원인 : 하자담보책임 또는 불법행위책임

　　원고 21은, 피고 나누리아름건설로부터 분양받은 아파트에는 조망이 확보되지 않는 하자와 이 사건 학교의 신축공사로 인한 분진, 소음, 일조 방해, 이 사건 학교 개교 이후 학생들의 소음, 체육활동으로 인한 먼지, 사생활 침해 등의 하자가 존재한다고 주장하나, 앞서 본 바와 같이 이 사건 아파트에 위 원고 주장의 하자가 존재함을 인정할 증거가 없다.

　　또한, 원고 21은, 위 피고는 위 원고에게 분양한 아파트가 조망이 확보되지 않음에도 불구하고 그것이 확보되는 것처럼 기망하여, 위 원고로부터 높은 분양대금을 받았으므로, 불법행위에 기한 손해배상의무가 있다고 주장하나, 앞서 본 바와 같이 위 원고가 분양받은 아파트가 조망이 확보되지 않는다는 점을 인정할 아무런 증거가 없다.

　　또한, 원고 21은, 위 피고가 인천광역시의 이 사건 학교 신축공사로 인한 분진, 소음, 일조 방해, 이 사건 학교 개교 이후 학생들의 소음, 체육활동으로 인한 먼지, 사생활 침해 등에 대하여 불법행위로 인한 손해배상의 의무가 있다는 취지의 주장도 하므로 살피건대, 위 피고에게 인천광역시의 공사로 인한 분진, 소음, 학

생들의 소음 등을 방지할 작위의무가 있다거나, 위 분진, 소음 등이 사회통념상 수인한도를 넘어 위법한 가해행위에 이르렀다는 점을 인정할 아무런 증거가 없다.
  나. 원고들의 피고 대림산업에 대한 청구에 관한 판단
    (1) 주위적 청구원인 : 채무불이행에 따른 손해배상
      원고들은 피고 대림산업도 피고 나누리아름건설과 연대하여 채무불이행에 따른 손해배상의무가 있다고 주장하나, 피고 대림산업이 원고들과 분양계약을 체결하였거나 피고 나누리아름건설의 분양계약상 채무를 보증하는 등 분양계약에 따른 의무를 부담하였다는 점을 인정할 아무런 증거가 없다.
    (2) 예비적 청구원인 : 하자담보책임 또는 불법행위책임
      원고들은, 피고 대림산업이 단순한 수급인이 아니라 피고 나누리아름건설과 함께 사실상의 공동 사업주체이므로, 원고들이 분양받은 아파트에 존재하는 다음과 같은 하자들, 즉 조망이 확보되지 않는 하자와 이 사건 학교의 신축공사로 인한 분진, 소음, 일조 방해, 이 사건 학교 개교 이후 학생들의 소음, 체육활동으로 인한 먼지, 사생활 침해 등의 하자에 대한 담보책임을 부담한다고 주장하나, 을가 제3호증의 기재만으로는 피고 대림산업이 사실상의 공동 사업주체에 해당한다고 인정하기에 부족하고, 앞서 본 바와 같이 피고 대림산업이 원고들에 대하여 분양계약에 따른 의무를 부담한다는 점을 인정할 아무런 증거가 없다.
      또한, 원고들은 피고 대림산업은 원고들에게 분양된 아파트가 조망이 확보되지 않음에도 불구하고, 조망이 확보되는 것처럼 원고들을 기망하여, 원고들로부터 높은 분양대금을 받았으므로, 불법행위에 기한 손해배상의무가 있다고 주장하나, 피고 대림산업은 이 사건 아파트 신축공사를 시행한 수급인에 불과한바, 피고 대림산업이 원고들을 기망하였다는 점을 인정할 증거가 없다.
      또한, 원고들은 위 피고가 인천광역시의 이 사건 학교 신축공사로 인한 분진, 소음, 일조 방해, 이 사건 학교 개교 이후 학생들의 소음, 체육활동으로 인한 먼지, 사생활 침해 등에 대하여 불법행위로 인한 손해배상의 의무가 있다는 취지의 주장도 하므로 살피건대, 위 피고에게 인천광역시의 공사로 인한 분진, 소음, 학생들의 소음 등을 방지할 작위의무가 있다거나, 위 분진, 소음 등이 사회통념상 수인한도를 넘어 위법한 가해행위에 이르렀다는 점을 인정할 아무런 증거가 없다.
3. 결 론
  그렇다면 원고 21을 제외한 나머지 원고들의 피고 나누리아름건설에 대한 주위적 청구는 위 인정 범위 내에서 이유 있어 인용하고, 나머지 주위적 청구 및 예비적 청구, 피고 대림산업에 대한 주위적 청구 및 예비적 청구, 원고 21의 피고들에 대한 주위적 청구 및 예비적 청구는 이유 없어 각 기각하며, 소송비용의 부담에 관하여는 민사소송법 제98조, 제101조, 제102조를, 가집행선고에 관하여는 같은 법 제213조를 각 적용하여 주문과 같이 판결한다.
[별 지 1] 원고 명단 : 생략

판사 이은애(재판장) 서삼희 조순표

[판례 56] 보증금반환 (서울북부지법 2024. 5. 21. 선고 2023가단124967 판결)

【판시사항】

갑과 임대차계약을 체결하고 갑 소유 아파트에 입주한 을이 위층 세대와의 층간소음 문제를 이유로 갑에게 임대차계약의 합의해지를 요구하였다가 거절당하자, 입주 후 지속적으로 '공동주택 층간소음의 범위와 기준에 관한 규칙'이 정한 기준을 초과하는 층간소음이 발생하여 임차인이 정신적 고통을 받고 있는데도 임대인인 갑이 아무런 조치를 취하지 않아 계약 존속 중 사용·수익에 필요한 상태를 유지하게 할 의무와 수선의무를 위반하였다며 갑을 상대로 임대차계약을 해지한다는 의사표시를 하고 보증금 반환을 구한 사안에서, 층간소음과 같은 외부적 요인과 관련된 장해는 관련 법령에서 정한 기준에 따라 사용·수익의 장해 여부나 수선 필요성을 판단하여야 하는데, 구 '주택건설기준 등에 관한 규정'에서 정한 기준은 공동주택 소유자에게 부과되는 의무가 아니고, '공동주택 층간소음의 범위와 기준에 관한 규칙'에서 정한 기준은 공동주택이 준수하여야 할 물적 기준이라고 볼 수 없으므로, 임대인인 갑이 임차목적물을 사용·수익하게 할 의무나 수선의무를 위반하였다고 볼 수 없다는 이유로 을의 청구를 기각한 사례

【판결요지】

갑과 임대차계약을 체결하고 갑 소유 아파트에 입주한 을이 위층 세대와의 층간소음 문제를 이유로 갑에게 임대차계약의 합의해지를 요구하였다가 거절당하자, 입주 후 지속적으로 '공동주택 층간소음의 범위와 기준에 관한 규칙'이 정한 기준을 초과하는 층간소음이 발생하여 임차인이 정신적 고통을 받고 있는데도 임대인인 갑이 아무런 조치를 취하지 않아 계약 존속 중 사용·수익에 필요한 상태를 유지하게 할 의무와 수선의무를 위반하였다며 갑을 상대로 임대차계약을 해지한다는 의사표시를 하고 보증금 반환을 구한 사안이다.

임대인에게는 임대차 존속기간 중 목적물을 임차인의 사용·수익에 필요한 상태로 유지시킬 적극적 의무와 임차목적물의 파손이나 기타 장해가 발생하여 임차인이 임차목적물을 사용·수익하지 못할 경우 이를 수선할 의무가 있다고 한 다음, 층간소음과 같은 외부적 요인과 관련된 장해는 임차목적물의 성능과 관련된 것이므로 관련 법령에서 정한 기준이 있다면 이를 기준으로 사용·수익의 장해 여부나 수선 필요성을 판단하여야 하는데, 구 주택건설촉진법(2003. 5. 29. 법률 제6916호 주택법으로 전부 개정되기 전의 것) 제31조에 근거하여 시행된 구 '주택건설기준 등에 관한 규정'(2005. 6. 30. 대통령령 제18929호로 개정되기 전의 것) 제14조 제3항에서 정한 층간소음 관련 기준은 공동주택을 건설·공급하는 사업주체에 부과된 건축기준으로서 공동주택 소유자에게 부과되는 의무가 아니고, 공동주택관리법 제20조 제5항에 따라 제정된 '공동주택 층간소음의 범위와 기준에 관한 규칙' 제3조 [별표]에서 정한 기준은 공동주택 사용자 사이에 준수하여 행위기준이지 공동주택이 준수하여야 할 물적 기준이라고 볼 수 없으므로, 임대인인 갑이 임차목적물을 사용·수익하게 할 의무나 수선의무를 위반하였다고 볼 수 없다는 이유로 을의 청구를 기각한 사례이다.

【참조조문】

민법 제623조, 구 주택건설촉진법(2003. 5. 29. 법률 제6916호 주택법으로 전부 개정되기 전의 것) 제31조(현행 주택법 제35조 참조), 공동주택관리법 제2조 제1항 제7호, 제20조, 구 주택건설기준 등에 관한 규정(2005. 6. 30. 대통령령 제18929호로 개정되기 전의 것) 제14조 제3항(현행 제14조의2 제2호 참조), 공동주택 층간소음의 범위와 기준에 관한 규칙 제3조 [별표]

【전 문】

【원 고】 원고 (소송대리인 변호사 김태현)
【피 고】 피고 (소송대리인 변호사 최동식)
【변론종결】 2024. 4. 16.

【주 문】

원고의 청구를 기각한다. 소송비용은 원고가 부담한다.

【청구취지】

피고는 원고로부터 별지1 기재 부동산을 인도받음과 동시에 원고에게 480,000,000원을 지급하라.

【이 유】

1. 기초 사실
    가. 원고는 2022. 6. 21.경 피고와 별지1 기재 아파트(이하 '이 사건 아파트'라고 한다)를 임차보증금 4억 8,000만 원, 기간 2022. 8. 7.부터 2024. 8. 7.까지로 정하여 임대차계약을 체결하고, 위 아파트에 입주하였다.
    나. 원고는 입주 직후부터 위층과의 층간소음 문제로 아파트 관리사무소, 피고 등에게 괴로움을 호소하며 대책을 요청하였고, 이에 피고는 관리사무소와 위층 거주자에게 연락을 시도하였으며, 관리사무소도 위층 거주자에게 층간소음 민원 발생사실을 전달하며 수회 주의를 요청하였다.
    다. 원고는 2023. 3.경 층간소음 문제로 피고에게 임대차계약 합의해지를 요청하였으나 피고가 거부하자 2023. 4. 10. 계약 존속 중 사용·수익에 필요한 상태를 유지하게 할 의무 위반과 수선유지 의무 위반을 이유로 임대차계약을 해지한다는 의사표시가 기재된 내용증명을 발송하였고, 위 내용증명은 그 무렵 피고에게 도달하였다.
    [인정 근거] 다툼 없는 사실, 갑 제1 내지 4호증, 갑 제10호증의 각 기재(가지번호 포함), 변론 전체의 취지

2. 판단
    가. 당사자들의 주장 요지
        (1) 원고
            이 사건 아파트에 입주 후 위층 세대에서 지속적으로 층간소음이 발생하고 있고, 층간소음의 정도는 「공동주택 층간소음의 범위와 기준에 관한 규칙」이 정한 기준을 초과하고 있으며, 이에 원고는 층간소음으로 인한 스트레스 등의 정신적 고통으로 인해 다른 오피스텔을 임차하기까지 하였다. 그럼에도 피고는 이에 대한 아무런 조

치를 취하지 아니하였는바, 이는 임차인으로 하여금 임차목적물을 사용·수익하게 할 의무를 이행하지 아니하고 임차목적물의 수선의무를 위반한 것으로서 이로 인해 임대차계약의 목적 달성이 불가능하게 되었는바, 이에 임대차계약을 해지하였으므로 피고는 이 사건 아파트를 인도받음과 동시에 임차보증금을 반환할 의무가 있다.
(2) 피고
원고가 임차하기 전 이 사건 아파트에서 7년간 거주한 전 임차인은 위층 거주자와 2년 7개월가량 함께 위층과 아래층을 사용하였는데, 해당 기간 층간소음을 이유로 민원을 제기한 적이 없는 점에 비추어 보면, 이 사건 아파트에서 수인한도를 넘는 층간소음이 발생하였다고 볼 수 없으므로, 피고가 수선의무를 위반하거나 목적물을 사용·수익하게 할 의무를 위반하였다고 볼 수 없다.

나. 판단
(1) 임대인은 임대차 존속기간 중 목적물을 임차인의 사용·수익에 필요한 상태로 유지시킬 적극적 의무가 있고(민법 제623조), 임차인이 임차목적물의 파손이나 기타 장해가 발생하여 사용·수익하지 못할 경우에는 임대인에게 이를 수선할 의무가 있는바, 파손과 같은 직접적인 물적 장해가 아닌 층간소음과 같은 외부적 요인과 관련된 장해는 임차목적물의 성능과 관련된 것이므로, 관련 법령에서 정한 기준이 있다면 해당 기준을 충족하고 있는지 여부 등을 기준으로 사용·수익의 장해 여부나 수선 필요성을 판단하여야 한다.
(2) 그런데 층간소음과 관련하여 공동주택이 충족하여야 할 기준은 구 주택건설촉진법(2003. 5. 29. 법률 제6916호 주택법으로 전부 개정되기 전의 것) 제31조에 근거하여 2003. 4. 22. 시행된 구 「주택건설기준 등에 관한 규정」(2005. 6. 30. 대통령령 제18929호로 개정되기 전의 것) 제14조 제3항이 '공동주택의 바닥은 각 층간 바닥충격음이 경량충격음은 58데시벨 이하, 중량충격음은 50데시벨 이하가 되도록 하여야 한다.'고 규정하여 처음으로 그 기준을 제시하였는데, 위 기준은 공동주택을 건설·공급하는 사업주체에 부과된 건축기준으로서 공동주택 소유자에게 부과되는 의무가 아니고, 이 사건 아파트는 위 규정이 신설되기 이전인 1988. 12.경 사용승인을 받은 아파트로서 해당 기준이 적용된다고 볼 수도 없으므로, 이 사건 아파트가 위 법령의 기준을 미달하여 건축되었다고 볼 수도 없다. 따라서 이 사건 아파트가 관련 법령 등의 기준에 위반되어 사용·수익에 장해가 있다거나 수선이 필요할 정도에 이르렀다고 단정할 수 없다.
(3) 한편 공동주택관리법 제20조는 '공동주택의 입주자 등은 공동주택에서 뛰거나 걷는 동작에서 발생하는 소음이나 음향기기를 사용하는 등의 활동에서 발생하는 소음 등 층간소음으로 인하여 다른 입주자 등에게 피해를 주지 아니하도록 노력하여야 한다.'고 정하고 있고(제1항), '층간소음으로 피해를 입은 입주자 등은 관리주체에 층간소음 발생 사실을 알리고, 관리주체가 층간소음 피해를 끼친 해당 입주자 등에게 층간소음 발생을 중단하거나 소음차단 조치를 권고하도록 요청할 수 있으며'(제2항), '층간소음 피해를 끼친 입주자 등은 관리주체의 조치 및 권고에 협조하여야 한다.'(제3항)고 정하고, 여기서 "입주자 등"이란 입주자와 사용자를 말하며(같은 법 제2조 제1항 제7호), '공동주택의 층간소음의 범위와 기준'을 국토교통부

와 환경부의 공동부령으로 정하도록 하고 있고(제20조 제5항), 이에 따라 제정된 「공동주택 층간소음의 범위와 기준에 관한 규칙」 제3조는 '공동주택의 입주자 및 사용자는 공동주택에서 발생하는 층간소음을 [별표]에 따른 기준 이하가 되도록 노력하여야 한다.'고 정하고 있으며, [별표]는 별지2 기재와 같다.

위와 같이 공동주택관리법은 공동주택 내에서 다른 입주자 등에게 층간소음 등으로 인한 피해를 주지 아니하도록 노력하여야 할 의무를 '입주자와 사용자'에게 부과하고, 이에 관한 분쟁해결을 위해 층간소음 피해를 유발한 입주자에게 필요한 조치를 권고할 수 있는 권한을 관리주체에 부여하고 있으나, 공동주택 소유자에 대해서는 별다른 규정을 두고 있지 아니하다. 이는 층간소음 분쟁이 공동주택의 사용관계에 따른 분쟁이지 소유관계를 직접 원인으로 하여 발생하는 분쟁은 아니어서 공동주택의 사용 주체만을 분쟁 당사자로 보아 이에 관한 법적 규율을 한 것으로 보인다. 따라서 「공동주택 층간소음의 범위와 기준에 관한 규칙」[별표] 기준이 정하고 있는 층간소음 기준은 공동주택 사용자 사이에 준수하여야 할 행위기준을 말하는 것이지 공동주택이 준수하여야 할 물적 기준이라고 볼 수도 없다.

(4) 나아가 구 「주택건설기준 등에 관한 규정」과 「공동주택 층간소음의 범위와 기준에 관한 규칙」 등이 층간소음에 관한 건축물의 일응의 기준이 된다고 하더라도, 원고가 제출한 증거만으로는 위층에서 발생하는 층간소음이 위 관련 법령이 정하는 기준을 초과한다고 인정하기에 부족하고 달리 이를 인정할 증거가 없다.

(5) 따라서 원고의 주장은 받아들이기 어렵다.

3. 결론

그렇다면 원고의 청구는 이유 없으므로 이를 기각하기로 하여 주문과 같이 판결한다.

[별 지 1] 부동산 목록: 생략
[별 지 2] 공동주택 층간소음의 범위와 기준에 관한 규칙: 생략

판사　정용석

[판례 57] 장기수선충당금균등부과처분취소 (서울남부지법 2019. 12. 17. 선고 2019가단 11986 판결)

【판시사항】

갑 아파트의 입주자대표회의가 전체 입주자에게 '설문조사와 주민총회를 거쳐 입주민들의 의견을 수렴한 결과 승강기를 전면 교체하고, 필요한 예산은 장기수선충당금을 한시적으로 인상하여 적립하자는 다수의 의견에 따라 장기수선계획을 조정하여 추진하려고 하였으나, 1, 2층 입주자들이 승강기 교체비용을 차등 부과하여야 한다고 주장하고 있다. 국토교통부와 관할구청에 질의하였는데, 승강기는 아파트 공용시설물이고 공용시설물을 보수·교체하는 데 필요한 장기수선충당금은 균등 부과하는 것이 원칙이라는 회신을 받았다. 다른 아파트들도 대부분 균

등 부과하고 있다'는 내용의 안내문과 함께 균등 부과와 차등 부과에 대하여 찬반 의견을 묻는 동의서를 배부한 다음, 동의서를 제출한 입주자 중 다수로부터 균등 부과에 찬성하는 의견을 받아 1, 2층 입주자를 포함한 전체 입주자에게 주택공급면적에 따라 장기수선충당금을 균등하게 인상한 관리비의 납부 통지를 하자, 1, 2층 입주자 을이 1, 2층 입주자의 반대가 있었는데도 적법한 절차를 거치지 않고 승강기를 이용하지 않는 1, 2층 입주자에게 승강기 교체 관련 장기수선충당금을 균등 부과하는 것은 부당하다며 입주자대표회의를 상대로 장기수선충당금 균등부과처분의 취소를 구한 사안에서, 입주자대표회의가 을을 포함한 1, 2층 입주자의 입장, 입주자들 사이의 의견 대립, 균등 부과와 차등 부과의 장단점, 다른 아파트의 사례 등을 입주자들에게 충분히 알린 후 추가적인 의견 수렴이나 동의를 받는 등의 절차를 거치지 않은 채 1, 2층 입주자에게도 장기수선충당금을 주택공급면적에 따라 균등 부과하기로 결정하고, 이에 따라 을에게 장기수선충당금을 인상하여 부과한 것은 위법하다고 한 사례

【판결요지】

갑 아파트의 입주자대표회의가 전체 입주자에게 '설문조사와 주민총회를 거쳐 입주민들의 의견을 수렴한 결과 승강기를 전면 교체하고, 필요한 예산은 장기수선충당금을 한시적으로 인상하여 적립하자는 다수의 의견에 따라 장기수선계획을 조정하여 추진하려고 하였으나, 1, 2층 입주자들이 승강기 교체비용을 차등 부과하여야 한다고 주장하고 있다. 국토교통부와 관할구청에 질의하였는데, 승강기는 아파트 공용시설물이고 공용시설물을 보수·교체하는 데 필요한 장기수선충당금은 균등 부과하는 것이 원칙이라는 회신을 받았다. 다른 아파트들도 대부분 균등 부과하고 있다'는 내용의 안내문과 함께 균등 부과와 차등 부과에 대하여 찬반 의견을 묻는 동의서를 배부한 다음, 동의서를 제출한 입주자 중 다수로부터 균등 부과에 찬성하는 의견을 받아 1, 2층 입주자를 포함한 전체 입주자에게 주택공급면적에 따라 장기수선충당금을 균등하게 인상한 관리비의 납부 통지를 하자, 1, 2층 입주자 을이 1, 2층 입주자의 반대가 있었는데도 적법한 절차를 거치지 않고 승강기를 이용하지 않는 1, 2층 입주자에게 승강기 교체 관련 장기수선충당금을 균등 부과하는 것은 부당하다며 입주자대표회의를 상대로 장기수선충당금 균등부과처분의 취소를 구한 사안이다.

입주자대표회의는 승강기 교체를 위한 장기수선충당금 부담 비율 문제에 관하여 1, 2층 입주자와 3층 이상 입주자 사이에 첨예한 대립이 있음을 잘 알고 있었고, 입주자들의 의견을 들어 투명하고 공정하게 결정하지 않을 경우 분쟁이 발생할 수 있다는 사실을 예측할 수 있었으며, 1, 2층 입주자들이 자신들은 승강기를 이용하지 않아 승강기 교체를 위한 장기수선충당금을 균등 부과하는 것은 부당하다는 취지의 주장은 상당한 설득력이 있으므로, 이러한 사정을 충분히 고려하여 승강기 교체를 위한 장기수선충당금 부담 비율을 결정하였어야 했던 점, 위 안내문의 내용과 형식을 보면, 마치 공용부분 보수·교체비용에 필요한 장기수선충당금은 균등 부과가 원칙이고 대부분의 아파트가 균등 부과하고 있는데, 을을 포함한 1, 2층 입주자가 자신들이 이용하지 않는다는 이유로 차등 부과를 주장하고 있다는 취지로 읽히나, 입주자대표회의가 제시한 국토교통부 질의응답 자료에 따르면 '공동주택관리법에서는 공용부분의 효율적인 관리와 수선유지를 위하여 장기수선충당금을 지분 비율에 따라 부담하도록 규정하고 있다. 1, 2층 입주자에 대한 승강기 유지비 감면에 대해서는 주택법령에 별도로 정한 바가 없으므로, 입주자 등의 의견을 합리적으로 반영해 감면 여부와 얼마를 감면할지 등을 관리규약에 정해

운용하면 될 것으로 사료된다'는 것인 점, 입주자대표회의가 을을 포함한 1, 2층 입주자 주장의 구체적 내용과 합리성, 차등 부과하는 다른 아파트의 사례 등을 안내문에 함께 적었다면 다른 결과가 나왔을 가능성을 배제할 수 없고, 오히려 위와 같은 안내문에도 불구하고 많은 세대가 차등 부과를 선택한 것은 이에 대하여 상당한 공감대가 있음을 나타낸 것인 점, 공동주택관리법 제30조 제4항, 같은 법 시행령 제30조, 같은 법 시행규칙 제7조 제1항 [별표 1] 7. '월간 세대별 장기수선충당금 산정방법' 및 갑 아파트의 관리규약은 세대당 주택공급면적을 기준으로 장기수선충당금을 산정하도록 정하고 있고, 입주자대표회의의 균등 부과 결정은 이에 부합하나, 위와 같은 법령보다 입주자들의 자치 규약이 우선 적용되므로 입주자들이 장기수선충당금 부담 비율을 세대별로 달리 정할 수 있는 점 등 제반 사정에 비추어 보면, 입주자대표회의가 을을 포함한 1, 2층 입주자의 입장, 입주자들 사이의 의견 대립, 균등 부과와 차등 부과의 장·단점, 다른 아파트의 사례 등을 입주자들에게 충분히 알린 후 추가적인 의견 수렴이나 동의를 받는 등의 절차를 거치지 않은 채 1, 2층 입주자에게도 장기수선충당금을 주택공급면적에 따라 균등 부과하기로 결정하고, 이에 따라 을에게 장기수선충당금을 인상하여 부과한 것은 위법하다고 한 사례이다.

【참조조문】

공동주택관리법 제2조 제1항 제8호, 제3조, 제17조 제2항, 제18조, 제30조 제4항, 공동주택관리법 시행령 제30조, 공동주택관리법 시행규칙 제7조 제1항 [별표 1]

【전 문】

【원 고】 원고
【피 고】 ○○○○아파트입주자대표회의
【변론종결】 2019. 11. 12.

【주 문】

1. 피고가 2019. 5. 22. 원고에게 부과한 장기수선충당금 50,000원 중 인상분 30,000원은, 원고가 피고에게 지급할 의무가 없음을 확인한다.
2. 소송비용은 피고가 부담한다.

【청구취지】

주문과 같다.

【이 유】

1. 기초 사실
    가. 피고는 서울 양천구 (주소 생략)에 있는 '○○○○아파트'(이하 '이 사건 아파트'라 한다)의 입주자등의 대표로 구성된 입주자대표회의이다. 이 사건 아파트는 1994. 12.경 준공되었고, 4개동, 299세대로 이루어져 있다.
    나. 피고는 입주자대표회의를 거쳐 2019. 1. 16. 이 사건 아파트의 입주자 298세대(해외여행 중인 1세대 제외)에게 승강기 교체와 관련한 안내문, 설문서를 발송하였다. 그중 231세대가 피고에게 설문서를 제출하였고, 그 결과는 '교체방법: 일부교체 67세대, 전

부교체 150세대, 자금확보: 충당금 인상 117세대, 승강기충당금 별도 적립 92세대, 주요 의견: 1, 2층 세대 제외 또는 차등부담 등'이다.
다. 피고는 2019. 2. 8. '입주자 총회 일시: 2019. 2. 14. 19:00, 장소: 이 사건 아파트 후문 △△상가 3층 □□□□교회 예배실, 안건: 승강기 교체에 관한 건, 승강기 교체비용 부과에 관한 건(균등 부과, 차등 부과) 등'으로 입주자 총회 공고를 하였다. 개최된 총회에서 1, 2층 세대에 승강기 교체를 위한 장기수선충당금을 부과할지, 부과한다면 그 비율 등에 관하여 토론이 있었으나, 52세대만이 참석하여 의결에 이르지는 못하였다.
라. 피고는 전체 입주자 의견을 묻기로 하고 2019. 3. 5. 입주자에게 아래와 같은 안내문과 동의서를 배부하였다. 279세대가 동의서를 제출하였는데, 142세대가 균등 부과를, 120세대가 차등 부과를 선택하였다.

[안내문]
설문조사와 주민총회를 거쳐 소유자들의 의견을 수렴한 결과 승강기를 전면 교체하고, 필요한 예산은 장기수선충당금을 2만 원에서 5만 원으로 한시적으로 인상하여 적립하자는 다수의 의견에 따라 장기수선계획을 2022. 5.로 조정하여 추진하려 하였으나, 1, 2층 48세대 소유자들이 승강기 교체비용을 차등 부과하여야 한다고 주장합니다.
이에 피고가 국토교통부 주택건설공급과와 양천구청 주택과에 질의한바, 그 회신에 의하면, 승강기는 아파트 공용시설물이므로 1, 2층에서 사용하지 않는다 할지라도 직간접적인 이익을 보고 있으며, 공용시설물을 보수·교체하는 데 필요한 장기수선충당금을 차등 부과해서는 안 되고 균등 부과하는 것이 원칙이라는 회신은 물론, 대부분의 아파트에서도 공용부분 보수 교체를 위한 장기수선충당금은 균등하게 부과하고 있습니다.
1, 2층 소유자 주장을 참작하여 소유자들께서 주민화합과 냉철한 판단으로 합리적인 차원에서 이번 동의에 적극 참여하여 주시길 바랍니다. 입주자 과반수 동의가 필요하므로 동의서의 해당란에 빠짐없이 O표를 하여 보내주시기 바랍니다.

[동의서]
동의내용
4. 충당금 부과 비율(2항목 중 하나만 선택)
  가. 균등 부과: 찬성, 반대
  나. 차등 부과(1층 50%, 2층 60%): 찬성, 반대

마. 피고는 입주자대표회의를 거쳐 2019. 4. 2. 입주자에게 장기수선충당금을 2만 원에서 5만 원으로 5년간 인상하고 전체 입주자에게 동일하게 부과하겠다고 통보하였다. 피고는 2019. 5. 22. 원고에게 장기수선충당금을 2만 원에서 5만 원으로 인상한 관리비 납부 통지를 하였다. 이 사건 아파트 1, 2층 입주자 대부분은 장기수선충당금 균등 인상에 반대하는 입장이고, 그중 43세대는 원고의 소제기에 동의한다는 취지의 사실확인서를 작성하여 주었다.

[인정 근거] 다툼 없는 사실, 갑 제1, 4, 6, 9, 10호증, 을 제1 내지 8, 12호증의 각 기재, 변론 전체의 취지

2. 청구원인에 관한 판단
   가. 당사자 주장의 요지
      (1) 원고
         피고는 1, 2층 입주자의 반대가 있었음에도 적법한 절차를 거치지 않고 다른 층 입주자와 마찬가지로 1, 2층 입주자의 승강기 교체 관련 장기수선충당금을 2만 원에서 5만 원으로 인상하였다. 승강기를 이용하지 않는 1, 2층 입주자에게도 승강기 교체 관련 장기수선충당금을 균등 부과하는 것은 부당하다.
      (2) 피고
         관련 법령과 그에 따른 피고의 규약은 장기수선충당금은 세대당 주택공급면적에 따라 부과하도록 정하고 있다. 피고는 관련 법령과 규약에 따라 1, 2층 입주자에게도 주택공급면적에 따라 장기수선충당금을 부과하였을 뿐이다. 또한 피고는 투명하고 공정한 절차를 거쳐 1, 2층 입주자에게 장기수선충당금을 균등 부과하기로 정하였다.
   나. 판단
      앞서 인정한 사실, 을 제1, 4, 10호증의 각 기재와 변론 전체의 취지에 의하여 인정할 수 있는 아래와 같은 이유로, 피고가 1, 2층 입주자에게도 장기수선충당금을 주택공급면적에 따라 부과하기로 결정하고 그에 따라 원고에게 장기수선충당금을 인상하여 부과한 것은 위법하다고 본다. 따라서 피고가 2019. 5. 22. 원고에게 부과한 장기수선충당금 5만 원 중 인상분 3만 원은, 원고가 피고에게 지급할 의무가 없다.
      (1) 우리나라 많은 사람들이 공동주택에 거주하고 있고, 공동주택의 관리비, 사용료, 장기수선충당금 등 공동주택 관리와 관련된 비용은 과거보다 늘어나는 등 공동주택 관리의 중요성은 커지고 있다. 특히 노후된 공동주택일수록 공동주택 관리와 관련된 비용이 크고, 그에 따라 많은 분쟁이 발생하고 있다. 많은 사람들이 공동주택에서 오랫동안 안전하고 편안하게 거주하기 위해서는 국가와 지방자치단체는 물론, 관리주체, 입주자 등도 함께 노력하여야 하고, 입주자 등은 이웃을 배려하여야 한다(공동주택관리법 제3조 참조).
      피고는 공동주택의 입주자 등을 대표하여 관리에 관한 주요사항을 결정하기 위하여 구성된 자치 의결기구이다(공동주택관리법 제2조 제1항 제8호). 피고는 관리에 관한 주요사항을 결정함에 있어 입주자 등의 권리와 의무를 충분히 고려하여 신중하게 결정하여야 한다. 피고는 공동주택의 관리에 관한 관계 법령, 관리규약의 준칙에 관한 사항뿐 아니라, 입주민 간 분쟁도 고려하여 관리에 관한 주요사항을 결정하여야 한다(공동주택관리법 제17조 제2항 참조).
      (2) 피고는 최초 입주자 298세대에게 안내문과 설문서를 발송한 결과 '1, 2층 세대 제외 또는 차등 부담' 의견을 받게 되었다(위 1. 나.항 참조). 2019. 1. 29. 통(반)장 회의 결과 균등 부과 6명, 차등 부과 3명의 의견을 받았으며, 피고의 임시회의 결과 균등 부과 2명, 차등 부과 2명의 의견이 있었다(을 제4호증). 그 후 2019. 2. 4. 입주자 총회를 통해 균등 부과, 차등 부과에 관하여 입주자들 사이에 의견 대립이 심하다는 사실을 확인하였다(위 1. 다.항 참조, 을 제6호증). 그러자 피고는 입주

자들에게 안내문과 동의서를 배부하였고, 그 결과 142세대가 균등 부과를, 120세대가 차등 부과를 선택하여(위 1. 라.항 참조), 균등 부과하기로 정하였다. 균등 부과는 전체 입주자를 대상으로 종전 2만 원의 장기수선충당금을 5만 원으로 인상하는 안이다.

위와 같은 사실을 종합하면, 피고는 승강기 교체를 위한 장기수선충당금 부담 비율 문제에 관하여 입주자들 사이(1, 2층 입주자와 3층 이상 입주자)에 첨예한 대립이 있었음을 잘 알고 있었고, 투명하고 공정하게 입주자의 의견을 듣지 않고 그에 관하여 결정할 경우 입주자들 사이에 분쟁이 발생할 수 있다는 사실을 예측할 수 있었다. 또한 원고를 포함한 1, 2층 입주자의 주장, 즉 승강기를 이용하지 않으므로 승강기 교체를 위한 장기수선충당금을 균등 부과하는 것은 부당하다는 취지의 주장은 승강기가 공용부분임을 감안하여도 상당한 설득력이 있다. 즉, 이 사건 아파트는 지하주차장이 없기 때문에 1층 입주자가 승강기를 직간접 이용한다는 것은 생각하기 어렵고, 2층 입주자는 승강기를 이용하더라도 3층 이상 입주자에 비하여 낮은 빈도로 이용할 것으로 예상된다. 따라서 피고는 그와 같은 사정을 충분히 고려하여 승강기 교체를 위한 장기수선충당금 부담 비율을 결정하였어야 한다.

피고는 입주자에게 보낸 안내문에 "승강기는 아파트 공용시설물이다. 국토교통부 주택건설공급과와 양천구청에 질의한바 공용시설물을 보수·교체하는 데 필요한 장기수선충당금을 차등 부과해서는 안 되고 균등 부과하는 것이 원칙이라는 회신이 있었다."라는 부분에 빨간색 밑줄을 그어 강조하였고, "대부분의 아파트에서도 공용부분 보수 교체를 위한 장기수선충당금은 균등하게 부과하고 있다."라고 적었다(위 1. 라.항 참조). 그러면서 피고는 원고를 포함한 1, 2층 입주자의 주장에 관하여 "1, 2층 입주자가 승강기를 한 번도 사용한 적 없는데 승강기 교체비용을 똑같이 부과해서는 안 되고, 일부 다른 아파트에서도 승강기 교체비용을 차등 부과한 사례가 있으므로 우리 아파트도 차등 부과해야 한다고 주장한다."라고 적었다.

이와 같은 안내문의 내용과 형식을 보면, 마치 공용부분 보수·교체비용에 필요한 장기수선충당금은 균등 부과가 원칙이고 대부분의 아파트가 균등 부과하고 있는데, 원고를 포함한 1, 2층 입주자가 자신들이 이용하지 않는다는 이유로 차등 부과를 주장하고 있다는 취지로 읽힌다. 그런데 피고가 제시한 국토교통부 질의응답 자료(을 제10호증)에 의하면, "공동주택관리법에서는 공용부분의 효율적인 관리와 수선 유지를 위하여 장기수선충당금을 지분 비율에 따라 부담하도록 규정하고 있다. 1, 2층 입주자에 대한 승강기 유지비 감면에 대해서는 주택법령에 별도로 정한 바가 없으므로, 입주자 등의 의견을 합리적으로 반영해 감면 여부와 얼마를 감면할지 등을 관리규약에 정해 운용하면 될 것으로 사료된다."라는 것이다.

위 안내문과 설문서 배부 결과 142세대가 균등 부과를, 120세대가 차등 부과를 선택하였는데, 피고가 원고를 포함한 1, 2층 입주자 주장의 구체적 내용과 합리성, 차등 부과하는 다른 아파트의 사례 등을 안내문에 함께 적었다면 그와 다른 결과가 나왔을 가능성을 배제할 수 없다. 오히려 위와 같은 안내문에도 불구하고 120세대가 차등 부과를 선택한 것은 입주자들 사이에서도 차등 부과에 상당한 공감대가 있다는 사실을 나타낸다. 사정이 이러하다면, 입주자들의 대표인 피고로서는 원고를 포함한 1, 2층 입주자의 입장, 입주자들 사이의 의견 대립, 균등 부과와 차등 부과의 장단점, 다른 아파트의 사례 등을 입주자들에게 충분히 알린 후 추가적인 의견 수렴 등의 절차를 거쳐 합리적인 결정을 하였어야 한다. 그럼에도 피고는 추가적인 의견 수렴이나 동의를 받지 않고 위 설문 결과를 토대로 균등 부과를 결정하였다.

(3) 피고는, 승강기를 교체할지 여부는 입주자 과반의 결의가 필요하나, 장기수선충당금을 세대별로 어떻게 부과할지 여부는 입주자 의결사항이 아님에도 일부 입주자의 의견을 반영하여 입주자의 동의를 받은 것이라 주장한다.

승강기 교체 여부는 공용부분의 관리에 관한 사항에 해당하여 입주자 과반수로써 의결한다(집합건물의 소유 및 관리에 관한 법률 제16조 제1항, 제38조 제1항). 피고가 승강기 교체 여부에 관하여 입주자 과반수 동의를 얻은 사실은 앞서 본 바와 같다(위 1. 나.항 참조).

또한 공동주택관리법 제30조 제4항, 같은 법 시행령 제30조, 같은 법 시행규칙 제7조 제1항 [별표 1] 7. '월간 세대별 장기수선충당금 주2)

산정방법', 피고의 관리규약은 세대당 주택공급면적을 기준으로 장기수선충당금을 산정하도록 정하고 있고, 피고의 균등 부과 결정은 그에 부합한다.

(주2)

> 공동주택관리법
> 제30조 (장기수선충당금의 적립) ④ 장기수선충당금의 요율·산정방법·적립방법 및 사용절차와 사후관리 등에 필요한 사항은 대통령령으로 정한다.
>
> 공동주택관리법 시행령
> 제30조 (장기수선계획의 수립) 법 제29조 제1항에 따라 장기수선계획을 수립하는 자는 국토교통부령으로 정하는 기준에 따라 장기수선계획을 수립하여야 한다. 이 경우 해당 공동주택의 건설비용을 고려하여야 한다.
>
> 공동주택관리법 시행규칙
> 제7조 (장기수선계획의 수립기준 등) ① 영 제30조 전단에서 "국토교통부령으로 정하는 기준"이란 [별표 1]에 따른 기준을 말한다.

> [별표 1]
> 7. 월간 세대별 장기수선충당금 산정방법
>
> $$\text{월간 세대별 장기수선충당금} = \frac{\text{장기수선계획기간 중의 수선비총액}}{\text{총공급면적} \times 12 \times \text{계획기간(년)}} \times \text{세대당 주택공급면적}$$

그러나 위와 같은 법령과 규약에도 불구하고 입주자들은 장기수선충당금 부담 비율을 세대별로 달리 정할 수 있다. 장기수선충당금 부담 비율은 위와 같은 법령보다 입주자들의 자치 규약이 우선 적용되고, 그 규약은 입주자들이 변경할 수 있기 때문이다. 또한 위와 같은 법령과 규약은 일반적인 공용부분(입주자가 공동으로 이용할 것으로 예상되는 주차장, 계단, 건물의 외벽 등)의 보수·유지를 위한 장기수선충당금을 예정하여 규정된 것이고, 구체적인 사정, 즉 이 사건과 같이 사실상 일부 입주자가 사용하지 않거나 다른 입주자에 비하여 적게 사용할 것이 예상되는 경우까지 예정하여 규정된 것은 아니다. 피고는 법령과 규약에 정한 내용만 고려할 것이 아니라 위와 같은 구체적인 사정까지도 고려하여 합리적인 결정을 하여야 한다. 피고는 입주자 등을 대표하여 관리에 관한 주요사항을 결정하는 자치 의결기구이기 때문이다.

승강기 노후로 인한 교체비용의 부담은 원고를 포함한 1, 2층 입주자와 3층 이상 입주자의 이해관계가 다르다. 한편 보수가 필요한 공용부분마다 입주자의 사용빈도, 편익 등을 고려하여 장기수선충당금의 부담 비율을 정하는 것은, 사실상 어려울 뿐 아니라 바람직하다고 할 수도 없다. 공동주택의 공용부분은 입주자 등이 함께 이용하거나 이용할 수 있는 부분이고 입주자는 그러한 사실을 잘 알고 입주한 것이기 때문에, 결국 승강기 노후로 인한 교체비용의 부담 비율 역시 입주자의 다수 의견으로 정해질 수밖에 없다.

그러나 이 사건 아파트의 1, 2층 입주자는 48세대이고, 3층 이상 입주자는 251세대이므로, 충분한 논의나 설명 없이 입주자의 의견을 물을 경우 다수는 균등 부과에 동의할 것으로 예측된다. 또한 앞서 본 바와 같이 피고는 장기수선충당금 비율에 관하여 입주자들 사이에 심각한 대립이 있음을 알고서도 입주자들에게 적절하지 않은 안내문을 보냈다. 그럼에도 입주자 120세대가 차등 부과를 선택하였다.

이러한 점을 모두 고려하면, 피고가 위와 같은 법령과 규약에 따라 장기수선충당금을 균등 부과하기로 결정하였더라도 적법하다고 단정할 것이 아니라, 입주자 대표들로 구성된 피고가 입주자 등의 권리와 의무, 입주자 간 분쟁 등을 충분히 고려하였는지도 장기수선충당금 균등 부과 결정의 적법 여부에 고려되어야 한다. 그런데 위 2)항과 같이 피고가 그 의무를 충실히 하였다고 보기 어렵다.

(4) 원고가 피고의 균등 부과에 따라 장기수선충당금을 납부한다면 5년간 180만 원(= 인상분 3만 원 × 12개월 × 5년)을 납부하게 되고, 그중 40%만 납부한다면 72만 원(= 인상분 12,000원 × 12개월 × 5년)을 납부하게 된다. 1층 입주자인 원고에 대한 승강기 교체를 위한 장기수선충당금을 면제하거나 다른 입주자의 40%만 부과한다면, 원고는 5년 동안 다른 입주자에 비하여 180만 원 또는 108만 원(= 180만 원 - 72만 원)의 장기수선충당금을 덜 내게 된다. 원고 역시 공동주택인 이 사건 아파트의 입주자일 뿐 아니라 위와 같이 부담할 금액이 크지 않다는 이유로, 원고로 하여금 무조건 다수의 의사에 따라야 한다고 할 것은 아니다. 그와 같이 다수의 의사에 따라야 한다고 하려면, 공용부분의 사용빈도 등을 조사하여 차등 부과하는 것은 어렵다는 등의 균등 부과의 필요성과 원고를 포함한 1, 2층 입주자들이 승강기를 전혀 이용하지 않거나 낮은 빈도로 이용한다는 특별한 사정에 관하여 입주자들 사이에 충분한 의견 교환과 논의가 이루어져야 한다.

3. 결론

이 사건 청구는 이유 있으므로 인용하기로 하여 주문과 같이 판결한다.

판사 이광열

주 1) 입주자란 공동주택의 소유자 또는 그 소유자를 대리하는 배우자 및 직계존비속을 말하고, 입주자 등이란 입주자와 공동주택을 임차하여 사용하는 사람 등을 말한다(공동주택관리법 제2조 제1항 제5호, 제6호, 제7호).

[판례 58] 대지인도등 (서울지법 남부지원 1997. 6. 20. 선고 96가합2607 판결 : 확정)

【판시사항】

[1] 공동주택의 입주자대표회의가 공동주택 대지 부분의 불법점유자에 대해 대지사용권에 기한 방해배제 청구를 하는 등 대외적인 권한을 행사할 수 있는 지위에 있는지 여부(소극)

[2] 공동주택의 입주자대표회의가 구분소유자들로부터 소 제기의 권한을 위임받아 소를 제기할 수 있는지 여부(소극)

【판결요지】

[1] 공동주택의 입주자대표회의는 공동주택의 관리에 관한 사항을 결정하여 시행함으로써 입주자들로부터 관리비를 징수하여 공동주택의 유지·보수 업무를 수행하고, 공동주택의 입주자들 상호간에 이해가 상반되는 문제가 발생하는 경우 그 분쟁을 조정하는 등 공동주택의 입주자 내부관계에 있어 발생하는 문제에 관한 사항을 해결하는 권한과 하자보수의무를 부담하는 사업주체에 대하여 하자보수청구권을 행사할 수 있는 권한을 가지고 있는 등 공동주택의 관리자로서 관련 법령 소정의 규정에 따른 관리 권한만을 가지고 있을 뿐, 나아가 공동주택의 대지 부분 등을 불법 점유하고 있는 자에 대하여 대지사용권에 기한 방해배제 청구를 하는 등 대외적인 권한을 행사할 수 있는 지위에는 있지 아니하다고 봄이 상당하다.

[2] 공동주택의 입주자대표회의가 구분소유자들로부터 소 제기의 권한을 위임받았다는 주장은 권리관계의 주체가 제3자에게 자기의 권리에 대해 소송수행권을 부여하는 이른바 임의적 소송담당에 해당되는 것으로, 민사소송법 제80조 소정의 변호사대리의 원칙이나 신탁법 제7조 소정의 소송신탁 금지의 원칙에 반하는 것이어서 우리 법제상 허용되지 아니한다.

【참조조문】

[1] 민법 제214조, 주택건설촉진법 제38조, 공동주택관리령 제3조, 제10조, 집합건물의소유및관리에관한법률 부칙 제6조 [2] 민사소송법 제80조 제1항, 신탁법 제7조

【전 문】

【원 고】 ○○아파트 입주자대표회(소송대리인 변호사 최원길)
【피 고】 피고 외 1인 (소송대리인 변호사 이신섭)

【주 문】

1. 원고의 피고들에 대한 이 사건 청구를 각 기각한다.
2. 소송비용은 원고의 부담으로 한다.

【청구취지】

피고들은 원고에게, 서울 마포구 성산동 (지번 생략) 대 137,451.3㎡ 중 별지 도면 표시 1, 2, ㄹ, 3, 4, 20, 19, 18, 17, 16, 15, 13, 14, 1의 각 점을 순차로 연결한 선내 ⑭ 부분 화단 160.5㎡ 및 같은 도면 표시 8, 9, 10, 11, 12, 13, 15, 16, 17, 18, 19, 20, 4, 5, 6, 7, 8의 각 점을 순차로 연결한 선내 ㉮ 부분 1,361.2㎡ 중 23, 24, 25, 26, 27, 28, 21, 22, 23의 각 점을 순차로 연결한 선내 에이(A) 부분 건물 대지 470.2㎡와 유원장 529.8㎡를 제외한 나머지 부분 361.2㎡를 인도하고, 연대하여 원고에게 1993. 2. 8.부터 1994. 2. 7.까지는 월 금 2,890,218원, 그 다음날부터 1995. 2. 7.까지는 월 금 2,994,558원, 그 다음날부터 1996. 2. 7.까지는 월 금 3,815,426원, 그 다음날부터 위 대지 인도시까지는 월 금 2,999,775원의 각 비율에 의한 금원을 지급하라는 판결.

【이 유】

1. 원고는, 이 사건 청구원인으로, 피고들이 서울 ○○아파트 단지에서 유치원을 공동으로 경영하는 자들로서 그 단지인 서울 마포구 성산동 (지번 생략) 대 137,451.3㎡ 중 1,000㎡에 해당하는 부분의 소유 지분만을 가지고 있음에도 불구하고, 실제로는 무려 1,521.2㎡를 점유함으로써 위 아파트 단지 내의 구분소유자들의 대지사용권을 침해하고 있으니, 위 아파트의 관리를 담당하는 원고로서는 피고들에 대하여 그들의 각 해당 소유 지분을 초과하여 점유하는 셈이 되는 청구취지 기재 부분의 인도를 구하고 아울러 그 점유 개시일인 1993. 2. 8.부터 위 점유로 인한 차임 상당의 부당이득의 반환을 구한다고 주장한다.

먼저 원고가 이 사건 청구를 할 권원이 있는지 여부에 관하여 본다.

집합건물의소유및관리에관한법률 부칙 제6조에 의하면, 집합주택의 관리 방법과 기준에 관한 주택건설촉진법의 특별한 규정은 그것이 위 법에 저촉하여 구분소유자의 기본적인 권리를 해하지 않는 한 효력이 있다고 규정되어 있는바(집합건물의소유및관리에관한법률 제51조, 제52조에 의하면 아파트 단지를 관리하기 위하여는 단지관리단을 구성할 수 있고 단지관리단집회에 의하여 단지관리단규약을 정하고 관리인을 둘 수 있도록 되어 있으나 그 단지관리단의 구성은 당연설립이 아닌 임의적 설립이다.), 주택건설촉진법과 위 법의 규정에 의하여 공동주택의 관리에 관하여 필요한 사항을 정함을 목적으로 한 공동주택관리령의 관계 규정에 의하면, 공동주택의 소유자·입주자·사용자·입주자대표회의 및 관리주체(공동주택을 관리하는 입주자로 구성된 자치관리기구·주택관리업자·사업주체를 말한다. 위 법 제3조 제4호)는 대통령령이 정하는 바에 의하여 공동주택을 관리하여야 하는바(위 법 제38조 제1항), 위 령 제7조 각 호의 1에 해당하는 공동주택은 입주자가 자치적으로 관리하는 것을 원칙으로 하되(위 법 제38조 제4항, 제6항, 제9항 등), 입주자는 동별 세대 수에 비례한 대표자를 선출하여 그 선출된 동별 대표자로 입주자대표회의를 구성하고 당해 공동주택의 관리 방법을 결정하여야 하는데(위 법 제38조 제7항 및 위 령 제10조 제1항), 아파트 입주자대표회의는 ① 입주자를 대표하여 입주자들 전원에 대하여 적용되는 관리규약 개정안의 제안 및 공동주택의 관리에 필요한 제 규정의 제정 및 개정 ② 관리비 예산의 확정, 사용료의 기준, 감사의 요구와 결산의 처리 ③ 단지 안의 전기·도로·상하수도·주차장·가스 설비·냉난방 설비 및 승강기 등의 유지 및 운영 기준 ④ 자치관리를 하는 경우 자치관리기구의 직원의 임면 ⑤ 공동주택의 공용 부분, 공동주택의 입주자의 공동소유인 부대시설 및 복리시설의 보수·대체 및 개량 ⑥ 입주자 상호간에 이해가 상반되는 사항 및 ⑦ 기타 관리규약으로 정하는 사항을 결정하고(위 령 제10조 제6항), 자치관리 기구를 지휘·감독할 권한을 가지며(위 령 제11조 제2항), 위 법에 의하여 주택건설사업을 시행하는 자인 위 법 제3조 제5호 소정의 사업주체에 대하여 공동주택에 발생한 하자의 보수를 요구하고, 자신의 명의로 하자보수보증금을 예치, 보관할 수 있으며, 나아가 원고의 관리규약(갑 제18호증)에 의하면 원고는 위 령 제10조 제6항 각 호 소정의 사항 외에 관리규약 위반자 및 공동생활의 질서 문란 행위자에 대한 조치, 기성 게시판 이외의 장소에 광고물 또는 표지물의 설치 및 부착행위에 대한 동의, 입주자 30인 이상의 연명으로 제안하는 사항 등을 의결하는 것으로 규정되어 있다.

위와 같은 법규의 내용 및 취지를 종합하여 볼 때, 공동주택의 입주자대표회의는 공동주택의 관리에 관한 사항을 결정하여 시행함으로써 공동주택의 입주자들로부터 관리비를 징수하여 공동주택의 유지, 보수 업무를 수행하고, 공동주택의 입주자들 상호간에 이해가 상반되는 문제가 발생하는 경우 그 분쟁을 조정하는 등 공동주택의 입주자 내부관계에 있어 발생하는 문제에 관한 사항을 해결하는 권한과 하자보수의무를 부담하는 사업주체에 대하여 하자보수청구권을 행사할 수 있는 권한을 가지고 있는 등 공동주택의 관리자로서 그 법 소정의 규정에 따른 관리권한만을 가지고 있을 뿐, 나아가 공동주택의 대지 부분 등을 불법 점유하고 있는 자에 대하여 대지사용권에 기한 방해배제 청구를 하는 등 대외적인 권한을 행사할 수 있는 지위에는 있지 아니하다고 봄이 상당하다 할 것이다.

2. 원고는, 나아가, 그가 위 아파트의 구분소유자 중 대다수에 의하여 선출된 동 대표로 구성되어 있으므로 위 구분소유자들의 권한을 대리하여 행사할 수 있거나 또는 위 구분소유자 중의 1인으로부터 그 소유권 행사와 관련된 이 사건 소를 제기할 권한을 위임받았으니 이 사건 청구를 할 수 있는 지위에 있다는 취지로 주장하나, 이는 권리관계의 주체가 제3자에게 자기의 권리에 대해 소송수행권을 부여하는 이른바 임의적 소송담당에 해당되는 것으로, 민사소송법 제80조 소정의 변호사 대리의 원칙이나 신탁법 제7조의 소정의 소송신탁 금지의 원칙에 반하는 것이어서 우리 법제상 허용되지 아니하므로, 원고의 위 주장은 더 나아가 살펴볼 필요 없이 이유 없다.

3. 그렇다면, 원고에게 아파트 단지 내의 구분소유자들이 가지는 대지사용권에 기한 타인에 대한 방해배제 청구를 할 수 있는 권한을 가지고 있음을 전제로 하는, 원고의 피고들에 대한 이 사건 청구는 더 나아가 살펴볼 필요 없이 모두 이유 없어 이를 각 기각하고, 소송비용의 부담에 관하여는 민사소송법 제89조를 적용하여 주문과 같이 판결한다.

판사 윤병각(재판장) 이정렬 김태의

[판례 59] 임시총회결의무효확인 (서울지법 서부지원 2001. 11. 7. 선고 2001가합3955 판결 : 확정)

【판시사항】
[1] 주택개량재개발조합의 아파트건축사업시행에 필요한 경비에 해당하는 추가부담금을 조합원이 분양받은 조합아파트의 분양면적과 관계없이 분양 조합원 1세대당 일률적으로 동일한 금액을 부담하도록 하는 총회결의는 사업시행에 필요한 경비를 분양기준가액 비율에 따라 공평하게 부담한다고 규정한 조합 정관 규정에 반하여 무효라고 한 사례
[2] 재개발조합이 정관에 가청산에 관한 규정을 두고 조합원과 사이에 가청산에 관한 합의를 한 경우, 현행 도시재개발법상 유효한지 여부(적극)
[3] 재개발조합 아파트를 분양받은 조합원이 일정 기간 내에 가청산에 따른 분양계약을 체결하지 않는 경우 당해 조합원에 대하여 현금 청산을 하고 그 분양분을 일반분양으로 변경하기로 하는 주택개량재개발조합 총회결의는 무효하고 한 사례

【판결요지】
[1] 주택개량재개발조합의 아파트건축사업시행에 필요한 경비에 해당하는 추가부담금을 조합원이 분양받은 조합아파트의 분양면적과 관계없이 분양 조합원 1세대당 일률적으로 동일한 금액을 부담하도록 하는 총회결의는 사업시행에 필요한 경비를 분양기준가액 비율에 따라 공평하게 부담한다고 규정한 조합 정관 규정에 반하여 무효라고 한 사례.
[2] 1995. 12. 29. 법률 제5116호로 전문 개정된 도시재개발법에 의하여 분양처분 고시 이전 청산금 징수를 가능하게 하는 '가청산' 제도가 폐지되었으나, 신법이 가청산에 관한 근거 규정을 삭제한 이유는 재개발조합이 가청산에 관한 구법의 규정에도 불구하고 행정처분의 형식으로 가청산금을 부과·징수하는 예는 거의 없었고, 오히려 대부분의 경우 조합원들과 분양계약을 체결하여 그 분양계약을 이행하는 형식으로 가청산금을 징수하여 온 현실을 고려한 것인 점, 가청산을 하지 않고 분양처분 후에 청산을 한다고 하더라도 청산이 분양처분 후로 늦어지는 만큼 시공회사에게 지급할 건축대금의 이자 또한 늘어날 것이어서 가청산을 금지한다고 하여 조합원들에게 어떤 이익이 된다고 볼 수 없는 점, 구 도시재개발법(1995. 12. 29. 법률 제5116호로 전문 개정되기 전의 것) 제53조 제2항은 조합이 가청산을 한 경우에도 분양처분 고시 후에 다시 청산을 하도록 규정하고 있었는데, 신법 시행 후 만약 조합이 단체 내부의 규약에 따라 가청산을 한다고 하더라도 분양처분의 고시 후에 그러한 가청산의 내용을 포함하여 신법 제42조의 규정에 의하여 청산을 다시 하여야 하게 되므로 미리 가청산을 한다고 하여 분양처분 고시 후의 청산이란 과정을 생략할 수 있는 것은 아니어서 신법의 청산에 관한 규정을 잠탈하거나 가청산을 허용할 경우 거래질서가 어지럽게 된다고도 볼 수 없는 점 등에 비추어 보면, 가청산 제도를 폐지한 신법의 개정 취지는 어떠한 형식에 의하건 가청산금의 수수를 절대적으로 금지하는 취지는 아니라고 할 것이고, 다만 가청산에 관한 근거규정이 삭제됨으로 말미암아 재개발조합이 행정처분의 형식으로 가청산금을 부과하는 것이 불가능하게 되었을 뿐이라 할 것이므로, 정관에 가청산에 관한 규정을 두고 그 정관의 범위 안에서 조합과 조합원이 계약으로 가청산에 관한 합의를 하였다면 그러한 합의는 신법에서도 허용되는 것으로서 유효하다.
[3] 재개발조합 아파트를 분양받은 조합원이 일정 기간 내에 가청산에 따른 분양계약을 체결하지 않는 경우 당해 조합원에 대하여 현금 청산을 하고 그 분양분을 일반분양으로 변경

하기로 하는 주택개량재개발조합 총회결의는 조합원 강제가입주의와 관리처분계획에 따른 분양처분을 하도록 규정하고 있는 도시재개발법의 규정 취지에 비추어 볼 때 조합원의 고유한 권리를 박탈하는 것으로서 허용되지 않으므로, 무효라고 한 사례.

【참조조문】

[1] 도시재개발법 제18조, 제20조, 도시재개발법시행령 제21조 [2] 구 도시재개발법(1995. 12. 29. 법률 제5116호로 전문 개정되기 전의 것) 제45조(현행 삭제), 제53조 제2항(현행 삭제), 도시재개발법 제42조 [3] 도시재개발법 제2조 제2호, 제14조, 제35조, 제38조 제3항, 도시재개발법시행령 제43조 제2호

【전 문】

【원 고】 이지현 외 64인 (소송대리인 변호사 김장홍)

【피 고】 수색 제2구역 제1지구 주택개량재개발조합 (소송대리인 법무법인 새한양 담당변호사 반헌수)

【주 문】

1. 피고의 2001. 3. 16.자 및 2001. 7. 27.자 임시총회에서 조합원들에 대한 추가부담금을 금 1,000만 원씩으로 확정한 결의와 가청산 분양계약을 체결하지 않는 조합원 몫의 분양분에 대한 일반분양 결의는 각 무효임을 확인한다.
2. 원고들의 나머지 청구를 모두 기각한다.
3. 소송비용은 이를 2분하여 그 1은 원고들의, 나머지는 피고의 각 부담으로 한다.

【청구취지】

주문 제1항과 같은 판결 및 피고의 1999. 3. 12.자 임시총회에서 분양설계 및 관리처분계획안, 공사단가에 대한 결의, 운영예산 결산 및 새 예산 결의와 피고의 2001. 3. 16.자 임시총회에서 당시 조합장 배기중을 불신임하고, 박규종을 새 조합장으로 선출한 결의는 각 무효임을 확인한다는 판결.

【이 유】

1. 1999. 3. 12.자 결의무효확인청구에 대한 판단

  가. 기초 사실

  아래 사실은 갑 제1 내지 5호증, 갑 제6호증의 1, 2, 갑 제7호증의 각 기재에 변론의 전취지를 종합하면 이를 인정할 수 있고, 반증이 없다.

  (1) 피고 조합은 도시재개발법에 의하여 서울 은평구 수색 1동 일원 444필지 56,377㎡를 사업시행구역으로 하여 1993. 9. 9. 은평구청장으로부터 조합설립인가를 받은 주택개량재개발조합이고, 원고들은 피고 조합의 조합원들이다.

  (2) 피고 조합은 위 재개발사업시행에 따른 시공회사로 지정된 주식회사 건영(이하 '건영'이라 한다)과 공사단가(건축비)를 평당 금 1,960,000원으로 하되, 그 외 이주비, 설계비, 조합운영비, 사업추진비 등 사업과 관련한 부대비용 일체를 건영이 대여형태로 선 투자하기로 하는 시공계약을 체결하였다.

(3) 그런데 위 공사를 시공하여 기초단계(이주비 일부를 포함한 사업비로 금 187억 상당을 소요한 상태였다.)에 있던 건영이 경영악화로 1997. 초경 부도가 나면서 공사가 중단되는 등 재개발사업에 차질이 빚어짐에 따라 피고 조합은 조합원들의 의견을 모아 시공회사를 변경하기로 하고, 1996. 10. 12. 임시총회를 개최하여 대림산업 주식회사(이하 '대림산업'이라 한다)를 시공회사로 변경하는 결의를 하고, 1997. 4. 7. 대림산업과 공사단가(건축비)를 평당 금 2,080,000원(건설교통부에서 발표하는 표준건축비 변동률을 적용하여 공사단가를 조정하기로 하였다.)으로 정하고, 전 시공사인 건영에 대한 해결비용 1,500,000,000원을 대림산업이 부담하기로 하는 공사도급계약을 체결하였다.

(4) 피고 조합은 1999. 3. 12. 개최된 제6차 임시총회에서 분양설계 및 관리처분계획의 기준안과 공사단가를 2,420,000원으로 증액하는 안 및 운영예산 결산 및 새 예산을 안건으로 상정하여 결의하였다.

나. 원고들의 주장

원고들은, 위 각 결의는 의결정족수가 부족한 것으로서 총회의 결의방법이 법령에 위반하거나 현저하게 부당한 결의로서 무효라고 주장한다.

다. 판 단

(1) 분양설계 및 관리처분계획의 기준안과 공사단가를 2,420,000원으로 증액하는 안에 관하여 갑 제1, 3호증, 을 제4호증의 1 내지 19, 을 제13호증의 각 기재와 증인 김재욱의 증언에 변론의 전취지를 종합하면 위 임시총회는 그날 14 : 00경 전체조합원 약 500명 중 직접 또는 대리참석자가 385명, 서면결의서 제출자(다수의견에 동의하는 조건으로 제출된 것임)가 17명으로 모두 402명이 참석하여 첫 번째 안건인 분양설계 및 관리처분계획의 기준안과 공사단가를 2,420,000원으로 증액하는 안(이하 '첫 번째 안건'이라 한다)에 대한 심의에 들어가 분양설계 및 관리처분계획의 기준안에 대한 설명을 책자 유인물로 대체하고 바로 투표에 들어가자는 안을 거수로서 찬반을 물은 결과 찬성 197명, 반대 23명으로 나타나 그 설명을 책자로 대체하기로 하고 바로 투표를 실시한 사실, 투표 결과 첫 번째 안건에 대하여 실제 투표한 205표 중 13표에 기표 방법상 문제가 있어 판정을 보류하고 집계결과에 포함시키지 아니한 사실, 당시 사용된 투표용지에는 (1안) 관리처분 수정안(분양설계 및 관리처분계획의 기준안을 의미한다) 동의(찬성을 의미한다)란과 (2안) 관리처분 수정안 반대, 대림과 계약해지란으로 구분되어 있었는데, 기표 방법상 문제가 있는 위 13표를 구체적으로 보면 (1안) 기표란에 펜으로 'o' 표시한 것이 4표, (을 제4호증의 6, 7, 8, 10 참조), (1안) 기표란에 붓대롱으로 기표하고, 또 펜으로 'o' 표시한 것이 2표(을 제4호증의 9, 14 참조), (1안) 기표란에 붓대롱으로 재차 기표한 것이 1표(을 제4호증의 11 참조), (1안) 글자 부분에 붓대롱으로 한 번 또는 두 번 기표한 것이 각 1표(을 제4호증의 12, 15 참조), (1안) 글자 옆 여백 부분에 붓대롱으로 기표한 것이 1표(을 제4호증의 16 참조), (1안) 기표란에 펜으로 'o' 표시하고, (2안) 기표란에 '×' 표시한 것이 1표(을 제4호증의 13 참조), (1안) 기표란에 붓대롱으로 기표하고, (2안) 기표란에 붓대롱으로 기표함과 동시에 펜으로 '×' 표시한 것이 1표(을 제4호증의 17 참조), (1안) 기표란에 무인한 것이 1표(을 제4호증의 18 참조)인 사실,

그런데 당시 조합장인 박규종은 집계한 투표결과를 발표하면서 "오늘 참석인원이 402명, 투표인원은 205명입니다. 그 중에서 찬성표가 서면결의서 17표를 포함하여 198표, 잠정결과… 그러므로 관리처분계획안 및 공사단가 의결건은 투표인원 과반수 이상의 찬성으로 통과되었음을 선포합니다"라고 가결을 선포한 사실, 한편 피고 조합의 정관(이하 '정관'이라 한다) 제18조 제1항은 총회의 의사는 조합원 과반수의 출석과 출석 조합원 과반수의 찬성으로 의결한다라고, 제18조 제3항은 각 조합원의 결의권은 평등하며 조합원은 서면 또는 대리인으로 결의권을 행사할 수 있다. 이 경우 당해 조합원을 제1항의 규정에 의한 출석으로 본다라고 각 규정하고 있으나, 구체적인 의결방식 즉, 투표방법이나 집계에 관하여는 아무런 규정이 없는 사실을 인정할 수 있고, 갑 제9, 13호증의 각 기재와 증인 김성영의 증언은 위 인정에 방해가 되지 아니하며 달리 반증이 없는바, 그렇다면 위 13표 중 (1안) 기표란에 붓대롱으로 기표하고, (2안) 기표란에 붓대롱으로 기표함과 동시에 펜으로 'x' 표시하여 (1)안과 (2)안 중 어느 안에 투표한 것인지 불명확한 1표를 제외한 12표는 (1안)에 기표한 의사가 분명하게 나타나 있는 이상 투표자의 의사를 존중하여 유효한 것으로 보아야 할 것이므로 위 12표를 포함하여 집계하면 결국 첫 번째 안건은 조합원 중 과반수가 넘는 402명이 출석하여 그 중 과반수인 210명(198표＋12표)의 찬성에 의하여 결의가 이루어진 것이고, 달리 위 결의의 방법이 법령에 위반하거나 현저하게 부당한 것임을 인정할 아무런 증거가 없으므로 원고들의 위 주장은 이유 없다(조합장 박종규가 가결을 선포할 당시 찬성표를 198표로 발표한 것은 기표 방법상 문제가 있어 판정이 보류된 위 13표를 집계결과에 포함시키지 않고 한 것이므로 결의의 효력에는 영향이 없다고 할 것이다).

(2) 운영예산 결산 및 새 예산 안에 관하여

갑 제1호증의 기재에 변론의 전취지를 종합하면 위 첫 번째 안건에 대한 결의가 이루어진 후 전체조합원 과반수가 출석한 가운데 조합장 박규종이 운영예산 결산 및 새 예산 의결건에 관해서는 유인물로 대체해서 통과시켜 달라고 하여 대다수 조합원이 박수로서 호응하자 가결되었음을 선포한 사실을 인정할 수 있고 반증이 없는 바, 총회의 결의는 그 구성원들이 결의사항에 대하여 찬부를 표명함으로써 행해지는 것으로 그 결의방법이 반드시 거수, 기립, 투표 등의 방법에 국한되는 것이 아니므로 조합장이 상정 안건에 대하여 통과시켜 달라고 하여 참석조합원 대다수가 박수로써 호응하고 그에 대하여 반대하는 의사의 표명이 전혀 없었다면 그 결의는 적법하게 이루어진 것이라고 할 것이고, 달리 위 결의의 방법이 법령에 위반하거나 현저하게 부당한 것임을 인정할 아무런 증거가 없으므로 원고들의 위 주장도 이유 없다.

2. 2001. 3. 16.자 및 2001. 7. 27.자 결의무효확인청구에 대한 판단

가. 기초 사실

아래 사실은 갑 제11호증, 을 제5, 10, 13호증의 각 기재와 증인 김재욱의 증언에 변론의 전취지를 종합하면 이를 인정할 수 있고, 갑 제13호증의 기재와 증인 김성영의 증언은 위 인정에 방해가 되지 아니하며, 달리 반증이 없다.

(1) 피고 조합은 2001. 3. 16. 개최된 제10차 임시총회에서 조합원 윤창경이 사회를 보

는 가운데 당시 조합장 배기중이 개회를 선언하고, 조합장 인사말을 한 다음 경과보고, 감사보고를 마치고, 안건심의에 들어가 출석한 조합원들이 조합장 배기중의 불신임 및 해임안을 상정하여 결의하여 줄 것을 요구하자, 배기중이 자신에 대한 불신임 및 해임안을 상정하여 상정된 조합장 불신임 결의를 하겠다고 생각하는 조합원은 기립해 달라고 요구하였는데 참석조합원 대다수가 기립하자 배기중은 상정된 불신임 및 해임안이 안건으로 채택된 것으로 선포하고 곧바로 조합장 불신임안에 대한 찬반을 거수로 물어 거수 결과 참석조합원 총 363명 중 찬성 244명, 기권 109명으로 불신임 및 해임결의가 이루어졌음을 선포하였다.

(2) 위 불신임 및 해임결의 후 배기중은 계속 총회의 의사를 진행하여 조합원 정해송을 임시의장으로 선임한 다음 정해송에게 의사진행권을 넘겨주었고, 그 후 정해송이 총회의 의사를 진행하여 박규종을 새 조합장으로 선출하였다.

(3) 그 후 새 조합장으로 선출된 박규종이 결산보고 및 새 예산심의 결의건, 관리처분 무효확정소송건, 비점유지에 대한 소송건 등의 순서로 심의의결을 진행한 다음, 당시까지 재개발 아파트분양계약을 체결하지 않고 있던 미계약 조합원(이하 '미계약자'라 한다)에 대한 처리안(일정 기간까지 분양계약을 체결하지 않는 미계약자는 청산조합원으로 하고 미계약자에게 배정된 아파트를 일반분양으로 처분하는 방안)을 참석조합원의 동의와 재청을 받아 안건으로 채택한 다음 그 안건에 대한 의견을 물어 조합원들의 박수를 받아 가결되었음을 선포한 다음, 위 결의에서 미계약자가 분양계약을 체결할 일정 기간이 정해지지 않았음을 뒤늦게 발견하고, 다시 그 기간을 2001. 4. 30.까지로 정하는 안에 대한 찬반을 거수로 물어 거수 결과 참석조합원 총 360명 중 찬성 209명으로 가결되었음을 선포하였다.

(4) 한편, 박규종은 분양 아파트 1세대당 1,000만 원 이외에는 조합원들이 추가부담하지 않기로 하는데 반대하는 조합원은 거수해 달라고 요구하여 아무도 거수하는 조합원이 없자, 다시 공사추가부담금을 분양 아파트 1세대당 1,000만 원으로 확정하는 안에 대한 찬반을 거수로 물어 거수 결과 참석조합원 총 363명 중 찬성 227명으로 통과되었음을 선포하였다.

(5) 피고 조합은 2001. 7. 27. 개최된 제11차 임시총회에서 당초 관리처분계획인가 시 공동주택(재개발 아파트)을 분양받기로 계획되었으나 계획된 분양대상 조합원 중 입주만료일 2001. 9. 30.까지 분양계약체결 및 분양계약체결시까지 분양대금을 완납하지 않은 조합원의 경우에는 분양받을 의사가 없는 것으로 간주하여 분양계획을 취소하고 제1항 규정에 따라 현금청산하며 당해 조합원에게 배정되었던 공동주택은 체비시설로 정하여 제2장 제10절 규정에 따라 처분하기로 한다(즉, 2001. 9. 30.까지 분양계약체결 및 분양대금완납을 하지 않는 미계약자는 청산조합원으로 하고 미계약자에게 배정된 아파트를 일반분양으로 처분한다는 의미이다.)는 내용과 분양아파트 1세대당 1,000만 원 추가부담금 이외에 입주 후 추가부담금이 발생하더라도 더 이상의 추가부담금은 징수하지 않고 시공회사에서 부담하기로 한다는 내용이 담긴 분양설계 및 관리처분계획의 기준변경안에 대한 찬반을 거수로 물어 거수 결과 참석조합원 총 273명(실제참석자 229명, 서면결의자 44명) 중 찬성 191명(서면결의 불포함)으로 위 분양설계 및 관리처분계획의 기준변경안을 가결하였다.

나. 본안전 항변에 대한 판단

피고 조합은, 피고 조합이 2001. 7. 27. 적법하게 개최된 임시총회에서 2001. 3. 16.자 임시총회에서 한 이 결의(조합원들에 대한 추가부담금을 1,000만 원씩으로 확정하는 결의, 가청산 분양계약을 체결하지 않는 조합원 몫의 분양 아파트를 일반분양으로 변경한다는 결의)를 추인 또는 변경하여 결의하였으므로 2001. 3. 16.자 임시총회 결의가 무효라고 할지라도 이에 대하여 확인을 구하는 것은 과거의 법률관계 내지 관리관계의 확인을 구하는 것에 불과하여 권리보호의 요건을 결여한 것으로서 부적법하다고 주장한다. 살피건대, 피고 조합이 2001. 7. 27.자 임시총회에서 결의한 분양설계 및 관리처분계획의 기준변경안에 포함된 조합원들에 대한 추가부담금을 1,000만 원씩으로 확정한다는 결의와 가청산 분양계약을 체결하지 않는 조합원 몫의 분양 아파트를 일반분양으로 변경한다는 결의가 무효임은 아래에서 보는 바와 같으므로 위 결의가 유효함을 전제로 하는 피고 조합의 본안전 항변은 이유 없다.

다. 원고들의 주장에 대한 판단

원고들은, 위 2001. 3. 16.자 임시총회가 그 결의 과정에 하자가 있고, 위 2001. 3. 16.자 및 2001. 7. 27.자 결의 내용에도 조합원들의 평등권 등을 침해한 위법이 있어 위 각 결의는 무효라고 주장하는바, 아래에서 원고들의 주장을 차례로 살펴보기로 한다.

(1) 2001. 3. 16.자 임시총회 결의 과정의 하자

(가) 원고들의 주장

원고들은, 2001. 3. 16.자 임시총회에서 이루어진 이 사건 결의는 첫째 위 임시총회에서 안건을 상정하거나 회의를 진행할 자격이 없는 윤창경이 조합장 배기중의 사회를 가로막고 일방적으로 총회를 진행하면서 "배기중을 불신임하자"며 이를 안건으로 상정하고 표결에 붙여 배기중을 해임한 다음 박규종을 새 조합장으로 선출하였고, 이러한 무효인 결의에 의해 선출된 조합장 박규종에 의해 진행된 위 임시총회에서 이루어진 것이고, 둘째 총회에서 결의할 안건을 미리 게시, 공고 및 통지하도록 규정한 정관에 반하여 이루어진 것이고, 셋째 위 임시총회 참석인원 300명 중 대리참석자 160명은 위임받은 사항인 이미 통지된 임시총회 안건을 벗어나서 조합원들로부터 위임받은 의안과 관계없이 그 범위를 일탈하여 결의를 하였고, 넷째 위 결의 중 조합원들에 대한 추가부담금을 1,000만 원씩으로 확정하는 결의, 가청산 분양계약을 체결하지 않는 조합원 몫의 분양 아파트를 일반분양으로 처분한다는 결의는 의결정족수인 조합원 과반수의 출석이 이루어지지 않은 상황에서 100여 명만이 회의장에 남아 결의를 한 것으로서 의결정족수에 미달한 것이므로 무효라고 주장한다.

(나) 판단

원고들의 첫째 주장에 관하여 살피건대, 갑 제3호증의 기재에 변론의 전취지를 종합하면 정관 제12조 제1항에는 조합장이 총회의 의장이 된다라고, 제12조 제10항에는 조합장의 유고시에는 이사 중에서 부조합장, 총무이사, 조합장이 지정한 이사의 순으로 그 직무를 대행한다라고 각 규정되어 있는 사실, 윤창경은 2000. 5. 29. 피고 조합 이사직을 사임하고, 2000. 8. 17. 그 사임등기가 경료된 사실을 인정할 수 있고 반증이 없으나, 윤창경이 조합장 배기중의 사회를 가로막고 일방적으로 총회를 진행하면서 "배기중을 불신임하자"며 이를 안건으로 상정하고 표결에 붙여 배기중을 해임한 다음 박규종을 새 조합장으로 선출하였다는 점에 대하여는 이를 인정할 아무런 증거가 없으며, 오히려 위 임시총회에서 당시 조합장 배기중이 의장으로서 자신에 대한 조합장 불신임 및 해임안을 상정하여 결의하고(윤창경은 단지 배기중의 의사진행을 보조하여 사회를 보았을 뿐이다), 이어서 정해송을 임시의장으로 선임한 다음 정해송에게 의사진행권을 넘겨주었고, 정해송이 임시의장으로서 의사를 진행하여 박규종을 새 조합장으로 선출하였음은 위에서 본 바와 같은바, 위 인정 사실에 의하면 배기중을 불신임 및 해임하고, 박규종을 새 조합장으로 선출한 결의는 적법하다고 할 것이고, 원고들의 둘째 주장에 관하여 살피건대, 갑 제3, 11호증의 각 기재에 변론의 전취지를 종합하면, 정관 제16조 제6항은 총회의 소집은 집회 7일 전에 그 목적, 안건, 일시 및 장소를 조합사무소의 게시판에 게시 및 서울특별시 내에서 발행되는 1개지 이상의 일간 신문에 공고하고, 조합원에게 등기우편으로 발송하도록 규정하고 있는 사실, 피고 조합은 위 임시총회의 안건으로 결산보고 및 새 예산심의 결의건, 관리처분 무효 확정 소송건, 비 점유지에 대한 소송건 등을 각 조합원에게 통지한 사실을 인정할 수 있고 반증이 없으며, 한편 위 임시총회에서 미리 게시, 공고 및 통지하지도 않은 안건(조합장 배기중을 불신임하고 박규종을 새 조합장으로 선출하는 안건, 조합원들에 대한 추가부담금을 1,000만 원씩으로 확정하는 안건, 가청산 분양계약을 체결하지 않는 조합원 몫의 분양 아파트를 일반분양으로 변경하는 안건)을 상정하여 결의한 사실은 위에서 본 바와 같으나, 한편 정관 제17조 제2항에는 총회는 소집시 통지한 사항에 관하여서만 결의하되, 총회시 의안으로 채택된 경우 사항을 결의할 수 있다라고 규정하고 있고(총회는 피고 조합의 최고의결기관인 점 및 정관에서 소집시 통지한 사항 외에도 의안으로 채택하여 결의할 수 있도록 예외규정을 둔 점을 고려하면 총회는 회의의 기본 목적사항과의 관련이나 일상적인 운영을 위하여 필요한 여부를 불문하고 의안으로 채택하여 결의할 수 있다고 보아야 할 것이다), 이 사건 결의는 위 정관 규정에 따라 이루어진 것으로 적법하다고 할 것이고, 원고들의 셋째 주장에 관하여 살피건대, 을 제5호증의 기재에 변론의 전취지를 종합하면 위 임시총회 당시 실제참석자 330명 중 약 160명이 대리참석자인 사실을 인정할 수 있고 반증이 없으며, 위 임시총회에서 이루어진 이 사건 결의가 조합원들에게 미리 통지되지 않은 안건이었던 사실은 위에서 본 바와 같으나, 나아가 대리참석자들이 위임받은 의안과 관계없이 그 범위를 일탈하여 이 사건 결의를 하였다는 점은 이를 인정할 아무런 증거가 없으며, 원고들의 넷째 주장에 관하여 살피건대, 증인 김재욱의 증언만으로는 이를 인정하기에 부족하고, 달리 이를 인정할 증거가 없으며, 오히려 위 각 결의는 조합원 과반수의 출석과 출석 조합원 과반수의 찬성에 의하여 이루어진 사실은 위에서 본 바와 같으므로 원고들의 위 주장은 모두 이유 없다.

(2) 2001. 3. 16.자 및 2001. 7. 27.자 임시총회 결의 내용의 하자

 (가) 원고들은, 위 각 임시총회에서 이루어진 조합원이 취득하는 아파트 평수와 관계없이 누구나 일률적으로 1,000만 원씩을 추가부담하게 하는 결의는 정관 제32조

제2항(부과금은 정관 제56조 제1항 규정에 의한 분양기준가액 비율에 따라 공평하게 부담한다.)을 위반한 것으로서 평등의 원칙에 반하여 무효라고 주장한다.

살피건대, 을 제10호증의 기재에 변론의 전취지를 종합하면 위 추가부담금 합계 4,890,000,000원(1,000만 원×분양대상 조합원 489명)은 피고 조합이 건영에 부담할 이자 3,169,600,000원, 측량비 2,000만 원, 인입공사비 5억 원, 국공유지대부료 10억 원, 등기비 2억 원 등에 사용될 경비인 사실을 인정할 수 있고, 도시재개발법(이하 '법'이라 한다) 제42조 제1항은 대지 또는 건축시설을 분양받은 자가 종전에 소유하고 있던 토지 또는 건축물의 가격과 분양받은 대지 또는 건축시설의 가격에 차이가 있을 때에는 시행자는 분양처분의 고시가 있은 후에 그 차액에 상당하는 금액을 징수하거나 지급하여야 한다라고, 법시행령 제45조는 법 제42조 제1항의 규정에 의한 분양받은 대지 또는 건축시설의 가격은 제1항의 규정에 의하여 산정한 종전의 토지 또는 건축물의 가격에 다음 각 호의 비용을 가산하여 정한다. 제1호 재개발사업의 조사·측량·설계 및 감리에 소요된 비용, 제2호 대지조성공사비 및 건축시설공사비와 그 부대시설공사비, 제3호 재개발사업의 관리에 소요된 비용(등기비용, 인건비, 통신비 및 사무용품비, 이자 기타 필요한 경비를 말한다.)라고 각 규정하고 있으므로 위 추가부담금은 분양받은 대지 또는 건축시설의 가격을 산정함에 있어서 종전의 토지 또는 건축물의 가격에 가산되어야 하는 위 법시행령 각 호 소정의 비용에 해당하는 것이고, 한편 갑 제3호증의 기재에 의하면 정관 제32조 제1항은 조합은 사업시행에 필요한 경비를 조합원에게 부과하여 징수할 수 있다라고, 제32조 제2항은 부과금은 정관 제56조 제1항 규정에 의한 분양기준가액 비율에 따라 공평하게 부담한다라고 각 규정하고 있는 바, 그렇다면 사업시행에 필요한 경비에 해당하는 추가부담금을 분양기준가액 비율이 아닌 분양 조합원 1세대당 일률적으로 금 1,000만 원씩 부담하게 하는 내용의 결의는 위 정관 규정에 반하여 무효라고 할 것이므로 원고들의 위 주장은 이유 있다.

(나) 원고들은, 위 각 임시총회에서 일정 기간까지(2001. 3. 16.자 결의 : 2001. 4. 30.까지, 2001. 7. 27.자 결의 : 2001. 9. 30.까지) 분양계약을 체결하지 않은 조합원의 분양분을 일반분양으로 변경하는 결의는 그 실질에 있어서 신법이 금지하고 있는 분양처분 고시 이전 청산금 징수를 가능하게 하기 위한 것으로 현행법상 허용되지 않는 가청산을 강제하여 개인의 재산권을 본질적으로 침해하는 것으로서 무효라고 주장한다.

살피건대, 1995. 12. 29. 전문 개정된 도시재개발법(법률 제5116호, 이하 '신법'이라 한다)에 의하여 "가청산 제도"가 폐지되었으나, 신법이 가청산에 관한 근거규정을 삭제한 이유는 재개발조합이 가청산에 관한 구법의 규정에도 불구하고 행정처분의 형식으로 가청산금을 부과·징수하는 예는 거의 없었고, 오히려 대부분의 경우 조합원들과 분양계약을 체결하여 그 분양계약을 이행하는 형식으로 가청산금을 징수하여 온 현실을 고려한 것인 점, 가청산을 하지 않고 분양처분 후에 청산을 한다고 하더라도 청산이 분양처분 후로 늦어지는 만큼 시공회사에게 지급할 건축대금의 이자 또한 늘어날 것이어서 가청산을 금지한다고 하여 조합원들에게 어떤 이익이 된다고 볼 수 없는 점, 구법 제53조 제2항은 조합이 가청산을 한 경우에도 분양처분 고시 후에 다시 청산을 하도록 규정하고 있었는데, 신법 시행 후 만약 조합이 단체 내부의 규약에 따라 가청산을 한다고 하더라도 분양처분의 고시 후에 그러한 가청산의 내용을 포함하여 신법 제42조의 규정에 의하여 청산을 다시 하여야 하게 되므로 미리 가청산을 한다고 하여 분양처분 고시 후의 청산이란 과정을 생략할 수 있는 것은 아니어서 신법의 청산에 관한 규정을 잠탈하거나 가청산을 허용할 경우 거래질서가 어지럽게 된다고도 볼 수 없는 점 등에 비추어 보면, 가청산 제도를 폐지한 신법의 개정 취지는 어떠한 형식에 의하건 가청산금의 수수를 절대적으로 금지하는 취지는 아니라고 할 것이고, 다만 가청산에 관한 근거규정이 삭제됨으로 말미암아 재개발조합이 행정처분의 형식으로 가청산금을 부과하는 것이 불가능하게 되었을 뿐이라 할 것이므로, 정관에 가청산에 관한 규정을 두고 그 정관의 범위 안에서 조합과 조합원이 계약으로 가청산에 관한 합의를 하였다면 그러한 합의는 신법에서도 허용되는 것으로서 유효하다고 할 것이고, 이 사건에서 피고 조합은 정관 제50조에 가청산 규정을 두고 있으므로 이에 기초하여 피고 조합이 조합원들과 개별적으로 체결하는 분양계약은 유효하다 할 것이나, 한편 법 제35조 제2항은 관리처분계획의 내용, 관리처분의 방법·기준, 재산의 평가 등에 관하여 필요한 사항은 대통령령이 정하는 범위 안에서 시·도의 조례로 정한다고 규정하고 있고, 이에 따른 법시행령 제43조는 법 제35조 제2항에서 대통령령이 정하는 범위라 함은 다음 각 호와 같다. 다만, 토지 등의 소유자 또는 조합원 전원의 동의가 있는 때에는 이 기준에 의하지 아니할 수 있다고 규정한 다음, 그 제2호는 시행구역 안의 토지 또는 건축물의 소유자에 대하여 대지 및 건축시설을 분양하는 때에는 그에게 분양권이 주어지도록 규정하고 있으며, 법 제38조 제3항에는 시행자는 재개발사업이 완료되었을 때에는 관리처분계획대로 분양처분을 하도록 규정하고 있고, 정관 제65조 제9항은 건축시설 및 대지를 분양받은 자가 청산금을 납부하지 아니한 경우에도 분양 건축시설 및 그 대지에 대하여 제6항의 규정에 의하여 등기를 신청하여야 하며 등기된 건축시설 및 그 대지에 가압류 등의 방법으로 채권을 확보하도록 하여야 한다고 규정하고 있고, 재개발조합은 재개발구역 안에서 토지의 합리적이고 효율적인 고도이용과 도시기능을 회복하기 위하여(법 제2조 제2호) 법이 정하는 바에 의하여 행정당국으로부터 조합의 설립과 재개발사업의 시행에 관하여 인가를 받아 설립되는 법인으로서, 재개발구역 안의 토지 등의 소유자와 지상권자는 당연히 당해 조합의 조합원이 되는 강제가입제를 취하고 있으므로, 그 조합원은 설립인가시를 기준으로 하여 법 제14조 및 정관의 규정에 의하여 확정되고, 그 후 조합원의 지위에 양도 등의 사유가 발생한 경우에는 정관이 정하는 바에 따라 그 범위 내에서만 조합원의 변경이 가능한 것으로 보아야 하는 점 등에 비추어 볼 때, 가청산의 일종인 분양계약의 체결을 강제하는 것과 같은 효과를 갖는 내용의 일정 기간(2001. 4. 30. 또는 2001. 9. 30.)까지 분양계약을 체결하지 않은 조합원에 대하여 현금 청산을 하고, 그 분양분을 일반분양으로 변경하는 결의는 조합원의 고유한 권리(재개발 아파트를 분양받을 권리)를 박탈하는 것으로서 총회결의로서도 허용되지 않는다고 할 것이고, 따라서 위 각 결의는 무효라고 할 것이므로 원고들의 위 주장은 이유 있다.

3. 결론

그렇다면 원고들의 이 사건 청구 중 피고 조합의 2001. 3. 16.자 및 2001. 7. 21.자 임시총회에서 조합원들에 대한 추가부담금을 1,000만 원씩으로 확정하는 결의와 가청산 분양계약을 체결하지 않는 조합원 몫의 분양분에 대한 일반분양 결의는 그 결의 내용에 하자가 있어 각 무효라 할 것이고, 피고 조합이 위 각 결의가 유효하다고 다투고 있는 이상 원고들로서는 그 확인을 구할 이익이 있다 할 것이므로, 원고들의 이 부분 청구는 이유 있어 이를 인용하고, 나머지 청구는 이유 없어 이를 기각하기로 하여 주문과 같이 판결한다.

판사 김기동(재판장) 이성호 문병찬

[판례 60] 총회결의무효확인 (서울고법 2001. 12. 6. 선고 2001나12081 판결 : 확정)

【판시사항】

빌라 소유자들이 기존 아파트 재건축조합의 조합원으로 가입하면서 기존 아파트와는 별도로 빌라부지 위에 아파트를 추가로 건축하고 건축비는 빌라 소유자들이 건설회사와 별도로 체결한 약정에 의하여 부담하기로 한 경우, 추가부담금에 대한 배분 결의는 기존의 아파트 소유 조합원들과는 별개로 빌라 소유 조합원들의 추가부담금 배분에 관한 특별결의가 필요하다고 한 사례

【판결요지】

빌라 소유자들이 기존 아파트 재건축조합의 조합원으로 가입하면서 기존 아파트와는 별도로 빌라부지 위에 아파트를 추가로 건축하고 건축비는 빌라 소유자들이 건설회사와 별도로 체결한 약정에 의하여 부담하기로 한 경우, 기존 아파트에 관한 재건축 결의와 빌라 소유 조합원들 소유의 빌라에 관한 재건축 결의가 별도로 존재한다고 보아야 하므로 추가부담금에 대한 배분 결의도 기존의 아파트 소유 조합원들과는 별개로 빌라 소유 조합원들의 추가부담금 배분에 관한 특별결의가 필요하다고 한 사례.

【참조조문】

[1] 집합건물의소유및관리에관한법률 제41조, 제47조

【참조판결】

[1] 대법원 1998. 3. 13. 선고 97다41868 판결(공1998상, 1022)
대법원 2000. 6. 23. 선고 99다63084 판결(공2000하, 1741)
대법원 2000. 11. 10. 선고 2000다24061 판결(공2001상, 12)

【전 문】

【원고, 피항소인】 이중헌 외 38인 (소송대리인 김태윤 외 1인)
【피고, 항 소 인】 동원아파트재건축조합 (소송대리인 변호사 홍석한 외 1인)
【원심판결】 서울지법 2001. 1. 31. 선고 99가합38526 판결

【주 문】
1. 피고의 항소를 기각한다.
2. 항소비용은 피고의 부담으로 한다.

【청구취지 및 항소취지】
1. 청구취지
  피고가 1999. 4. 8.자 조합원임시총회에서 한 추가부담금(104억 원) 배분방법결의는 무효임을 확인한다.
2. 항소취지
  원심판결을 취소한다. 원고의 청구를 기각한다.

【이 유】
1. 원심판결의 인용
  이 법원이 이 사건에 관하여 설시할 이유는 원심판결문 "3. 판단"의 말미에 다음과 같은 판단을 추가하는 외에는 원심판결의 이유란 기재와 같으므로, 민사소송법 제390조에 의하여 이를 그대로 인용한다.
2. 추가 판단
  피고는 당심에 이르러, 설사 1999. 4. 8.자 임시조합원총회에서의 배분방법결의가 특별다수의 정족수를 충족하지 못하여 무효라고 하더라도 이 사건 원심판결 선고 후인 2001. 2. 20. 개최된 대의원 총회에서 104억 원의 추가부담금 배분에 관하여 집합건물의소유및관리에관한법률 제41조의 규정에 의한 서면결의의 방법에 의하여 결의하기로 하여 그에 따라 전조합원을 상대로 서면결의를 한 결과 조합원 519명 중 428명(82.46%)의 찬성으로 전용면적에 따라 균등배분하기로 결의하였으므로 1999. 4. 8.자 임시조합원총회에서의 결의방법의 하자는 치유되었다고 주장한다.
  살피건대, 앞서 본 바와 같이 이 사건 추가부담금에 대한 배분결의는 비용의 분담에 관한 사항을 변경하는 경우로서 재건축결의시와 마찬가지로 특별다수의 정족수 요건을 구비하여야 하고, 집합건물의소유및관리에관한법률 소정의 재건축결의는 하나의 단지 내에 여러 동의 건물 전부를 일괄하여 재건축하고자 하는 경우에도 개개의 각 건물마다 있어야 하는 점(대법원 2000. 11. 10. 선고 2000다24061 판결)을 아울러 고려하면, 이 사건과 같이 원고들이 피고의 조합원으로 가입하기로 하면서 기존의 동원아파트와는 별도로 원고들 소유의 빌라부지 위에 아파트 39세대를 추가로 건축하고 건축비는 원고들이 건설회사인 진로건설과 별도로 체결한 약정에 의하여 부담하며 피고의 조합원으로 가입한 이후에도 피고는 원고들과 위 진로건설의 약정을 인정하고 어떠한 개입도 하지 않기로 하였으며, 원고들이 조합원에 추가됨으로 인하여 개정한 정관에도 사업시행을 위하여 필요한 공사비 및 부대비용 등은 별도의 약정에 의하여 피고 또는 시공사가 조달하되 동원아파트 소유 조합원과 빌라 소유 조합원은 각각 다른 약정에 따르기로 규정한 경우에 있어서는 기존의 동원아파트에

관한 재건축의 결의와 원고들 소유의 빌라에 관한 재건축의 결의가 별도로 존재한다고 보아야 한다.

따라서 이 사건 추가부담금에 대한 배분 결의도 기존의 동원아파트 소유 조합원들과는 별개로 원고들의 추가부담금 배분에 관한 특별결의가 있어야 할 것이며, 설사 개정된 정관이 조합은 사업시행에 필요한 비용에 충당하기 위하여 조합원에게 경비를 부과 징수할 수 있으며 부과금은 사업시행구역 안의 주택 등의 면적 제반 요건을 종합적으로 고려하여 공평하게 부과하여야 한다고 규정하고 있다 하더라도, 이는 동원아파트 소유 조합원들과 빌라 소유 조합원들이 별도의 사업조건에 의한다는 전제하에 각각 그들 내부에 있어서 전용면적 등을 고려하여 공평하게 부담금을 배부하도록 정한 것에 불과할 뿐 원고들을 기존의 동원아파트 소유 조합원들과 동일하게 취급하여 전용면적에 비례하여 부담금을 배분하도록 정한 것이라고 보기 어렵다.

그러므로 위 서면결의를 함에 있어서 기존의 동원아파트 소유 조합원들과는 별개로 원고들의 추가부담금 배분에 관한 특별결의가 있었는지에 관하여 보면, 을 제10호증의 1, 2, 을 제11호증의 1, 2, 을 제12호증, 을 제13호증의 1 내지 9의 각 기재만으로는 이 사건 추가부담금의 배분과 관련하여 피고가 피고 조합원 전체의 서면에 의한 결의를 얻었을 뿐 원고들의 추가부담금 배분에 관한 특별결의를 얻었음을 인정하기에 부족하고 달리 이를 인정할 증거가 없으므로 피고의 위 주장도 이유 없다.

3. 결 론

그렇다면 피고의 항소는 이유 없어 이를 기각하기로 하여 주문과 같이 판결한다.

판사　채영수(재판장) 정진경 권기훈

[판례 61] 공사금지가처분 (부산고법 1999. 4. 29. 선고 98나10656 판결 : 상고기각)

【판시사항】

[1] 경관이 조망되지 않는 평지에 고층건물을 축조하여 너른 지역을 조망할 수 있게 된 경우, 다른 고층건물의 건축에 대하여 조망권을 주장할 수 있는지 여부(소극)
[2] 사법상의 권리로서의 환경권을 인정하는 명문의 규정이 없는 경우, 환경권에 기하여 직접 방해배제청구권을 인정할 수 있는지 여부(소극)
[3] 건물 신축행위의 위법성을 평가함에 있어 고려하여야 할 피해이익의 공공성의 내용
[4] 아파트 단지와 폭 15m의 도로를 사이에 두고 있는 일반상업지역에 고층의 주상복합건물을 신축하더라도 그로 인한 아파트 입주자들의 일조·조망 피해는 수인할 한도 내의 것이라고 본 사례

【판결요지】

[1] 보통의 지역에 인공적으로 특별한 시설 즉, 경관이 조망되지 않는 평지에 고층건물을 축조하여 너른 지역을 조망할 수 있게 된 경우 등에는 다른 고층건물의 건축에 의하여 조망

방해를 받더라도 조망권을 주장할 수 없다.
[2] 환경권에 관한 헌법 제35조의 규정만으로는 개개의 국민에게 직접으로 구체적인 사법상의 권리가 부여되어 있는 것이라고 보기는 어렵고, 사법상의 권리로서의 환경권이 인정되려면 그에 관한 명문의 법률규정이 있거나 관계 법령의 규정 취지 및 조리에 비추어 권리의 주체, 대상, 내용, 행사방법 등이 구체적으로 정립될 수 있어야 하는 것이므로, 이러한 구체적인 법령상의 근거가 없는 이상, 환경적 이익이 침해되었다는 이유로 막바로 환경권을 근거로 그 침해행위의 금지를 구할 수는 없다.
[3] 개인의 사권의 보호를 중심으로 하는 민사상의 가처분재판에 있어서, 특별한 사정이 없는 한, 공공 내지 일반인의 이익이나 환경적 이익 등 공중 또는 제3자의 이익은 그 성질상 이를 다른 개인이 그 가처분의 근거로 되는 피보전권리로 삼을 수 없고(이러한 일반인 또는 시민 내지 주민들의 이익 즉, 공공성에 대한 배려는, 일차적으로는 공공의 이익을 위하여 봉사하는 것을 임무로 하는 공무원들의 공무집행, 가령 이 사건의 경우 도시설계심의, 교통영향평가심의 및 건축허가심의 등의 과정에서 고려될 것이고, 2차적으로는 행정법원에서 그 당부를 판단함에 있어서 고려할 사항이지, 민사소송에서 가릴 성질의 것이라고 보기는 어렵다.), 물론, 건물 신축행위가 정당한 권리행사로서의 범위를 벗어나 사법상 타인에 대한 위법한 가해행위에 해당하는지를 평가함에 있어서, 피해이익의 공공성도 판단하여야 한다고 하지만 이 때의 공공성이라는 것은, 예컨대 피해 건물이 학교·병원이라는 경우와 같이 그 자체의 용도의 공공성과 같은 구체적인 것이지 제3자인 일반인들에 대한 공공성을 가리키는 것이 아니다.
[4] 아파트 단지와 폭 15m의 도로를 사이에 두고 있는 일반상업지역에 고층의 주상복합건물을 신축하더라도 그로 인한 아파트 입주자들의 일조·조망 피해는 수인할 한도 내의 것이라고 본 사례.

【참조조문】

[1] 민법 제211조, 제214조, 민사소송법 제714조 [2] 헌법 제35조 [3] 민사소송법 제714조 [4] 민법 제211조, 제214조, 민사소송법 제714조

【참조판례】

[2] 대법원 1995. 5. 23.자 94마2218 결정(공1995하, 2236)
대법원 1999. 7. 27. 선고 98다47528 판결(공1999하, 1755)

【전 문】

【신청인, 피항소인】 윤행자 외 117인 (소송대리인 변호사 강동규)
【피신청인, 항소인】 고려산업개발 주식회사 외 1인 (소송대리인 법무법인 국제종합법률사무소 담당변호사 이원철 외 2인)
【원심판결】 부산지법 1998. 9. 15. 선고 97카합9776 판결

【주 문】

1. 원심판결을 취소한다.
2. 신청인들의 신청을 기각한다

3. 소송비용은 1, 2심을 통하여 이를 5분하여 그 2는 피신청인들의, 나머지는 신청인들의 각 부담으로 한다.

【신청취지】

피신청인들은 부산 해운대구 우동 1432 대 6,700㎡, 같은 동 1432의 1 대 6,933.2㎡ 및 같은 동 1432의 2 대 6,668㎡ 지상에 20층 이상의 건물을 축조하거나 이를 위하여 위 토지들을 사용하여서는 아니된다.

【항소취지】

주문과 같다.

【이 유】

1. 기초 사실

아래 사실은 당사자 사이에 다툼이 없거나 소갑 제1, 2호증의 각 1, 2, 3, 소갑 제3, 8호증, 소갑 제5, 11, 20, 30호증의 각 1, 2, 소갑 제6호증의 1 내지 5, 소갑 제7호증의 1 내지 6, 소갑 제22호증의 1 내지 4, 소을 제2, 8호증, 소을 제3호증의 3, 소을 제5, 12호증의 각 1, 2, 소을 제7호증의 1 내지 8의 각 기재와 당심 증인 맹봉호의 증언, 원심법원의 현장검증 결과, 원심 및 이 법원의 부산광역시장·부산광역시 해운대구청장에 대한 각 사실조회 결과에 변론의 전취지를 종합하여 인정할 수 있고, 반대 소명자료 없다.

가. (1) 신청인들은 1990. 12.경 부산 해운대구 우1동 1430 지상에 건립된 대우마리나 2차 아파트 203동과 206동의 각 호(이하 이를 '피해 아파트'라 하고, 위 대지를 '피해 아파트 부지'라 한다)를 분양받아 1992. 3.경 입주한 이래 현재까지 거주하는 자들이고,

(2) 피해 아파트는, 각 동이 15층으로 그 높이가 45m 가량되며, 거의 동향(정동에서 20°가량 남쪽으로 기울어짐)인 반면, 별지 제1도면(건물현황도)에서 보는 바와 같이 같은 단지 내의 201, 202, 204, 205, 207동이나 그 서쪽에 있는 대우마리나 1차·경동마리나 아파트 단지의 대부분의 아파트는 남향으로 건립되어 있고,

(3) 피해 아파트 부지는 별지 제2도면(도시계획지정현황)의 A 표시 부분으로 도시계획상 용도지역이 주거지역으로 지정되어 있다.

나. 피해 아파트 앞쪽 즉, 동쪽에 피해 아파트 부지 경계와 폭 15m의 도로를 사이에 두고 부산광역시(이하 그냥 '부산시'라 한다) 소유의 신청취지 기재의 토지(별지 제2도면 표시 B 부분, 이하 '이 사건 토지'라 한다)가 있는데, 이 토지는 도시계획상 용도지역이 일반상업지역으로, 용도지구가 도시설계지구로 각 지정되어 있다.

다. 피신청인 고려산업개발 주식회사(이하 '피신청인 고려산업개발'이라 한다)는 토목, 건축공사업 및 주택사업 등을 목적으로 하는 회사이고, 피신청인 주식회사 목화종합건설은 주택건설, 임대 및 분양업 등을 목적으로 하는 회사인바, 피신청인들은 1996. 10. 22. 부산시로부터 대금을 분할지급하는 조건으로 대금 365억 5백만 원에 이 사건 토지를 매수하고 그 대금의 일부를 지급한 후 부산시의 사용승낙하에 그 지상에 별지 제1도면의 배치와 같이 아래 마.항 판시와 같은 규모, 용도 등의 6개동의 초고층의 주상복합(주상복합건물, 이들은 이 건물을 '현대다이너스티 21'이라고 부른다, 이하 '이 사건 건

물'이라 한다)을 신축하기로 하였다.
라. 이에 따라 피신청인들은, (1) 부산시로부터, 1997. 4. 18. 도시설계승인(부산시 건축위원회), 같은 해 5. 9. 에너지절약심의 통과(동 에너지분과위원회), 같은 해 6. 13. 구조심의 통과(동 구조분과위원회), 같은 달 30. 교통영향평가승인을 받는 등 관계 법령이 요구하는 제반 사전심의절차를 거치고, (2) 같은 해 10. 23. 관할 해운대구청장으로부터 건축주를 피신청인들, 시공자를 피신청인 고려산업개발로 한 아래 마.항 판시의 건물에 관한 건축허가를 얻고, 이어서 같은 해 12. 2. 신축공사 착공신고를 하였다.
마. 피신청인들이 신축하려고 하는 이 사건 건물의 규모, 용도 등은 다음과 같다.
   (1) 지상의 건물 높이가 최소 67.5m, 최고 110.3m에 이르는 각기 독립한 탑상형의 6 개동 건물들 즉, A동 32층, B-1동 36층, B-2동 37층, B-3동 25층, C동 28층, 오피스텔(O/T) 18층이 별지 제1도면과 같이 배치되고, 지하층은 전체가 하나로 연결된 5층이다.
   (2) 주용도는 공동주택, 판매시설, 업무시설, 운동시설인데, 지하층은 주로 주차장, 판매시설이, 1, 2층은 판매시설, 업무시설, 운동시설이, 지상 3층부터 오피스텔은 업무시설이, 공동주택은 50 내지 75평형 규모의 총 600세대의 대형 공동주택이 지어지도록 되어 있다(주상비율은 67.37% : 32.63%).
   (3) 건폐율은 39.12%, 용적률은 627.94%, 건축면적은 7,941.655㎡, 연면적은 209,856.049㎡, 지하면적은 82,376.522㎡이고, 구조는 철근콘크리트 벽식구조, 철골철근콘크리트 구조이다.
바. 피해 아파트 부지와 이 사건 토지는 모두 수영만 매립공사에 의하여 조성된 토지 중 일부인데, 수영만 매립공사는, 부산시가 요트경기장·국제적 위락단지건설, 택지난 해소 등을 위하여 1982. 7. 27. 매립사업승인을 얻어 신청외 주식회사 대우로 하여금 매립공사를 시공토록 한 것으로, 1988. 4. 23. 준공하였으며, 이 매립공사로 조성된 총면적 34만 평 중 상업지역은 160,665평(요트경기장 40,868평, 도시설계지구 119,797평), 주거지역은 179,335평이며, 위 도시설계지구 내의 상업지역에 대하여는, 개별적인 개발행위의 합리적 규제(예컨대, 도로변 건축한계선 지정, 공공 조경공간의 확보, 보행자전용공간의 확보, 건폐율과 용적률 등의 제한 등) 등에 의하여 다른 상업지역보다 그 규제를 강화함으로써 효율적인 토지 이용, 쾌적한 도시환경조성과 해운대 자연경관과 조화되는 도시개발을 위하여 부산시가 건설부장관의 승인을 얻어 수영만매립지 상업지역 도시설계 시행기준을 마련하여 시행하고 있고, 위 주거지역에는 대부분 아파트가 들어섰다.
사. 이 사건 토지는 해운대해수욕장 길목의 요충지에 위치하고 있고, 이 사건 토지의 남북변을 동서로 진행하는 두 도로는 부산시 내에서 해운대해수욕장, 동백섬으로 들어가는 주요 진입로이다.
아. 해운대해수욕장 일대는 관광진흥법 제2조에 의하여 관광지로 지정되어 있고, 1994. 8. 31.에는 같은 법 제23조의2에 의하여 관광특구로 지정되었는데, 특히 솔밭유원지와 동백섬은 도시공원법 제22조 제2호 소정의 근린공원으로도 지정되어 있다.
자. 피해 아파트의 입주민들은 이 사건 건물의 건립계획에 관한 정보를 알게 되자 1997. 9.경부터 고층건물건립반대 대책위원회 등의 이름으로, 건축허가 관련 관청인 부산시와

해운대구청 및 건축 당사자인 피신청인들에게, 피해 아파트의 일조권·조망권·숙면권·사생활 침해, 소음·분진, 환경파괴 등을 들어 이 사건 건물과 같은 고층건물의 건립을 반대하며 그 시정을 촉구하는 등으로 이 사건 건물에 관한 건축허가를 저지하려다가 좌절되자, 같은 해 11. 10. 부산시장에게, "부산시의 환경을 무시한 조건 없는 매각행위에 대하여 우리 주민 모두는 수단과 방법을 가리지 않고서라도 해운대를 살리는 데 최선을 다할 것을 거듭 알려드립니다."라는 내용의 통고를 한 후 같은 해 12. 19. 이 사건 가처분신청을 하였다.

2. 신청인들의 주장 및 이에 대한 판단
   가. 신청인들 주장의 요지
      (1) 신청인들은, 이 사건 토지 위에 이 사건 건물과 같은 규모, 용도의 건물이 건립될 경우 아래 (2)(가)항 판시와 같은 이익 내지는 권리를 침해당하게 될 것이므로, 아래 (2)(나)항 판시와 같은 권리에 기하여 피신청인들의 이 사건 건물의 건축행위를 저지할 수 있다면서, 피신청인들을 상대로, 이 사건 건물의 신축공사 중 20층 이상의 건축행위에 대한 금지를 구하는 이 사건 가처분신청을 하고 있다.
      (2) 즉, 신청인들이 내세우는 이 사건 가처분의 근거에 관한 주장은, (가) 피침해이익에 관한 주장으로, ① 초고층의 이 사건 건물이 신축되면, 피해 아파트의 입주자인 신청인들은 그들이 종래 누려오던 일조권(일조권)과 천혜의 경승지인 해운대해수욕장, 동백섬 및 푸른 바다에 대한 조망권(조망권) 등을 침해당하는 피해를 입게 되고, ② 공사기간 동안, 신청인들은 그 과정에서 발생하는 소음, 진동, 분진 등 각종 공해에 시달리게 되고, 지하 5층까지 깊이 지하를 굴착할 경우 그로 인하여 피해 아파트의 안전도 위협받게 되며, ③ ㉮ 이 사건 건물의 완공 후에는 과다한 교통량이 유발되어 그로 말미암아 그 일대가 극심한 교통체증, 소음, 매연 등에 노출될 것이고, ㉯ 이 사건 건물의 구조나 용도, 높이 등에 비추어 주변 건물과의 사이에 부조화가 생기고, 그 결과 도시미관을 해치게 되며, 여기다가 위 ㉮항 판시와 같은 환경 피해 등으로 인하여 종국적으로는 해운대해수욕장이 천혜의 경승지로서 갖는 가치 내지는 이 지역의 장기적인 환경가치나 이익이 심하게 훼손 당하게 되는데, 이러한 피해들은 모두 금전배상만으로는 그 권리구제의 목적을 달성할 수 없을 정도로 수인(수인)의 한도를 넘는다는 취지이고, (나) 피보전권리에 관한 주장으로, ① 신청인들이 침해당하게 되는 위와 같은 각종 권리, 이익 등은, 신청인들의 거주지에 대한 소유권의 한 내용이라고 볼 수 있고, ② 그렇지 않다고 하더라도 헌법 제35조 소정의 환경권의 한 내용으로서의 이른바 주거환경권 또는 헌법 제10조 소정의 인간으로서의 존엄과 가치 및 행복추구권에 근거한 인격권의 한 내용으로서 법적 보호의 대상이 된다는 취지이다.
   나. 판 단
      (1) 일조권 침해에 관하여
         (가) 일조의 확보는 인간의 복지향상 및 건강유지에 필수적인 생활이익으로서 법적 보호의 대상이 된다고 볼 것이고, 이 경우 법률상으로는 거주지 소유권으로부터 파생되는 권리 또는 일반적 인격권의 한 내용으로 볼 수 있으므로, 그 일조권이 제3자로부터 침해된 경우에는, 그 피해의 정도가 사회생활상 일반적으로 수인할

한도를 초과하고, 그것이 손해배상 등의 방법으로 사후적으로 회복되기 어렵다면, 이를 보전하기 위한 임시조치로 가해자의 침해행위의 금지를 구하는 가처분을 구할 수 있다고 할 것이다.

(나) 나아가, 이 사건에 관하여 살피건대, 아래에서 판시하는 바와 같이 피해 아파트가 먼저 건립되었고, 이 사건 건물이 건립될 경우 피해 아파트에 어느 정도 일조피해가 발생할 것임은 이를 부정할 수 없으나, 이 사건의 경우, 아래에서 판시하는 바와 같은 이유로, 그 피해의 정도가 신청인들의 수인한도를 초과한다고 보기 어려워 일조권을 근거로 한 신청인들의 주장은 받아들일 수 없다.

① 우선, 이 사건 건물이 피해 아파트에 미치게 될 구체적인 일조피해의 정도에 관하여 살피건대, 소갑 제34호증, 소을 제19호증의 각 기재에 변론의 전취지를 종합하면, 이 사건 건물이 건립될 경우, 동짓날(태양의 고도가 가장 낮고 일조시간이 가장 짧으므로 이 날을 기준으로 하여 검토한다)에 이 사건 건물 때문에 피해 아파트에 생기는 그림자는, ㉮ 09:00∼15:00 사이에, 1) 203동의 경우, 그 1호 라인(가장 남쪽)의 각 세대들은 전혀 영향을 받지 않고, 2호 라인은 1시간, 3호 라인은 1시간 40분, 4호 라인은 2시간 20분 동안 그림자가 발생하며, 2) 206동의 경우, 그 1호 라인은 2시간 20분, 2호 라인은 2시간 40분 내지 3시간, 3호 라인은 1시간 40분 내지 3시간, 4호 라인(가장 북쪽)은 2시간 내지 3시간 20분 동안 그림자가 발생하고, ㉯ 08:00∼16:00 사이에, 1) 203동의 경우, 그 1호 라인은 20분, 2호 라인은 2시간, 3호 라인은 2시간 40분, 4호 라인은 3시간 20분 동안 그림자가 발생하며, 2) 206동의 경우, 그 1호 라인은 3시간 20분, 2호 라인은 3시간 40분 내지 4시간, 3호 라인은 2시간 40분 내지 4시간, 4호 라인은 3시간 내지 4시간 20분의 그림자가 발생하고, 또한 피해아파트 중 남쪽라인은 이 사건 건물의 층고 변화에 별다른 영향을 받지 아니하나 북쪽 라인은 그 층고 변화에 영향을 받을 뿐 아니라 고층건축일 경우에는 햇빛이 들어오더라도 그 입사각이 커져서 광선투과율이 줄어드는 사실을 인정할 수 있어, 이 사건 건물이 건립될 경우 그 건물 때문에 피해아파트가 상당한 정도의 일조피해를 입게 될 것으로 보이기는 한다.

② 그러나 위 1.항 판시의 소명자료와 변론의 전취지에 의하면, 이 사건 건물이, 일조에 관한 단속법규인 건축법 제53조, 동 시행령 제86조, 부산광역시건축조례 제46조 제2항 제1호의 규정에 위반하지 않고, 또한 용적률·건폐율에 있어서 건축관계 법령에 위반이 없음이 소명되고, 위 1.항 판시 사실에 나타난 다음과 같은 사정 즉, 피해 아파트는 주거지역에 건립된 아파트이고 이 사건 건물은 상업지역에 건립될 주상복합건물인 점, 피해 아파트만 유독 동향 즉, 이 사건 토지 쪽을 향하여 건립되어 있는 점, 이 사건 건물 중 피해 아파트에 가장 가까운 B-3동 및 C동은 각기 25층, 28층이고 이 사건 건물 중 가장 고층인 37층 건물은 이 사건 토지의 가운데에 위치한 B-2동이며 6개동이 모두 탑상형인 점, 건축관계 법령, 부산시건축조례의 각 규정과 그 밖에 참고가 될 외국의 사례들{예컨대, 일본국의 건축기준법 제56조, 제56조의2, 동법 [별표 3](이른바 신일영규제) 등}을 종합하여 판단해 보면, 주거지역에 건립된 아파트 등 공동주택 간에

일조가 문제되는 경우에는 동지일을 기준으로 09:00부터 15:00까지 사이의 6시간 중 일조시간이 연속하여 2시간 이상 확보되는 경우 또는 동지일을 기준으로 08:00부터 16:00까지 사이의 8시간 중 일조시간이 통틀어서 최소 4시간 정도 확보되는 경우에는 이를 수인하여야 하고, 위 두 가지 중 어느 것에도 속하지 아니하는 일조피해의 경우에는 수인한도를 넘는다고 봄이 상당하다고 할 수 있는 점, 위 1.항 판시 사실에 나타난 사정과 소을 제13호증의 1, 2의 각 기재에 변론의 전취지를 종합하면, 신청인들은 피해 아파트와 인접한 이 사건 토지가 도시계획상 상업지역으로 용도지정되어 있었음을 입주 당시부터 알았거나 알 수 있었다고 보이는데(당시 이 사건 토지가 고도제한에 묶여 있었다는 사정만 가지고는 신청인들이 이 사건 토지상에 건물이 건축되지 않거나 일조피해가 전혀 없을 정도의 낮은 건물이 건축되는 데 그칠 것으로 알고 있었다고 보기도 어렵다), 이 사건 토지가 건물 신축 없이 나대지로 유지되어야 할 특별한 사정이 없는 이 사건에 있어서 신청인들은 이 사건 토지 위에 건물이 건립되리라는 것을 예상하고 피해 아파트에 입주한 것이라고 봄이 상당한 점 등 모든 사정을 종합하면, 피해 아파트가 이 사건 건물로부터 받게 될 것으로 보이는 일조피해는 수인한도 내의 것이라고 볼 것이다.

(2) 조망권 침해에 관하여

(가) 조망은 주거환경을 좌우하는 영향요소로서 기능하고, 해운대가 풍부한 자연환경 자원이 분포되어 있는 지역임은 공지의 사실이며, 원심 법원의 현장검증 결과에 변론의 전취지를 종합하면, 이 사건 건물이 건립될 경우 신청인들이 누리던 조망의 상당 부분이 침해되리라는 것을 부정할 수는 없다.

(나) 그러나 과연 신청인들에게 그들이 주장하는 바와 같은 조망권이 인정되는지도 문제(왜냐하면, 보통의 지역에 인공적으로 특별한 시설 즉, 경관이 조망되지 않는 평지에 고층건물을 축조하여 너른 지역을 조망할 수 있게 된 경우 등에는 다른 고층건물의 건축에 의하여 조망방해를 받더라도 조망권을 주장할 수 없을 것이다)거니와 설사 그러한 조망권이 인정된다 하더라도, 위 (가)항 판시의 소명자료에 의하면, 피해 아파트에서 바라볼 수 있는 해운대의 경관 중 이 사건 건물에 가려 그 조망에 방해를 받으리라고 보이는 것은 동백섬과 솔밭유원지의 일부 및 해운대 앞 바다의 일부에 불과하고, 이 사건 건물로 해운대해수욕장 자체에 대한 조망이 침해당한다고 보기에 충분한 소명자료는 없으며, 오히려, 위 소명자료에 의하면, 이 사건 건물이 아니더라도 피해 아파트에서는, 인근에 있는 기존의 다른 건물들(특히 오션타워 및 그랜드호텔) 때문에 모래사장을 비롯한 해운대해수욕장의 전경이 보이지 않는 사실이 소명되는바, 이러한 사정에다가 위 (1)(나) ②항 판시의, 이 사건 토지가 영구히 나대지로 방치될 곳이 아니라 상업지역으로서 고층건물이 들어설 곳으로 예정되어 있었고, 그러한 사정을 신청인들이 벌써 알고 있었던 점을 종합하여, 위에서 인정한 조망피해의 정도를 판단하면, 위와 같은 내용 또는 정도의 조망제한으로 인한 신청인들의 피해는 수인한도를 현저히 넘는 피해라고 보기도 어렵고, 달리 그렇게 보기에 충분한 소명자료가 없으므로, 조망권을 근거로 한 신청인들의 주장은 받아들일 수 없다.

(3) 그 밖의 피해에 관하여
 (가) 건물신축공사 과정에서 발생하는 소음, 진동, 분진 및 지하굴착 등으로 인한 신청인들 소유 건물의 피해에 관한 주장에 대하여 살피건대, 소 을 제15, 16, 17호 증의 각 기재와 당심 증인 맹봉호의 증언에 변론의 전취지를 종합하면, 피신청인들은 1997. 10.경 토목구조기술사들을 동원하여 이 사건 건물 신축공사중 발생할 수 있는 소음, 진동, 먼지, 인근 건물의 균열 및 지반 침하 등에 관하여 조사, 분석하고, 그 결과 진동은 건축법규 기준에 못 미치나 소음은 기준을 약간 초과하는 것으로 나타나자 소음발생지역 및 소음피해 예상지역에 6m 높이의 방음벽을 설치하고 그 중간에도 별도 방음막을 설치하기로 하였고, 공사차량 출입구를 피해 아파트로부터 100m 이상 떨어진 지점에 설치하며 현장 내에서의 공사차량의 운행속도를 시속 20km 이내로 제한하고 공사부지 경계선상 3곳 이상의 지점에 계측소를 설치하여 이들 수치가 건축법상의 기준치 이하가 유지되도록 관리하기로 한 사실, 또한 굴착공사로 인하여 발생할 수 있는 인접 건물의 피해에 대하여 토목구조 기술사의 검토를 통하여 이를 예방하는 공법을 설계 및 시공계획에 반영하여 두고 있으며 SCW(Soil Cement Wall) 공법과 H-Pile+토류판 공법을 적용하고 버팀공법으로는 어스 앵커 시스템(Earth Anchor System)을 채택하여 지하굴착에 따른 붕괴위험과 주변지반의 부동침하, 압밀침하를 방지하기로 한 사실, 또한 공사중의 먼지 비산을 막기 위하여 공사현장 내 주도로는 미리 포장을 하여 사용하고 차량진입로에 자동세륜기를 설치하며 살수차 및 이동용 살수기를 이용하여 수시로 물을 뿌려 먼지발생을 방지하기로 정해 둔 사실을 인정할 수 있는바, 위와 같은 조치에도 불구하고 신청인들에게 수인한도를 현저히 초과하는 정도의 피해를 주는 소음, 진동, 먼지, 건물 균열 및 지반 침하가 발생한다거나 피신청인들이 위와 같은 조치를 제대로 시행하지 아니할 것이라는 점을 인정하기에 충분한 소명자료가 없는 이 사건에 있어서, 그러한 점을 근거로 한 신청인들의 위 주장은 이유 없다.
 (나) 교통량 과다유발에 따른 교통장애에 관하여 살피건대, 이 사건 건물이 완공될 경우 그 주변의 교통량이 상당히 증가할 것임은 경험칙상 명백하나, 위 1.라.항 판시와 같이 이 사건 건물의 건립과 관련한 교통영향평가심의에서 승인이 이루어진 사실이 인정되는 반면, 그 건립시 피해 아파트 주변에 야기되는 교통혼잡이 신청인들의 수인한도를 현저히 초과할 정도로 극심하리라는 점에 관한 충분한 소명자료가 없으니(소갑 제10호증의 1의 기재만으로는 부족하다), 이 점에 대한 신청인들 주장 역시 이유 없다.
(4) 환경권 침해에 관하여
 위 가.(2)항 판시의 신청인들 주장 중에는 이 사건 가처분의 근거로 구체적인 환경권을 들고 있는 것으로도 보이나, 환경권에 관한 헌법 제35조의 규정만으로는 개개의 국민에게 직접으로 구체적인 사법상의 권리가 부여되어 있는 것이라고 보기는 어렵고, 사법상의 권리로서의 환경권이 인정되려면 그에 관한 명문의 법률규정이 있거나 관계 법령의 규정 취지 및 조리에 비추어 권리의 주체, 대상, 내용, 행사방법 등이 구체적으로 정립될 수 있어야 하는 것이므로(대법원 1995. 5. 23.자 94마2218 결정),

이러한 구체적인 법령상의 근거가 없는 이상, 환경적 이익이 침해되었다는 이유로 막바로 환경권을 근거로 그 침해행위의 금지를 구할 수는 없다고 할 것이고, 따라서 신청인들의 이 부분 주장도 이유 없다.

(5) 공공 또는 일반공중의 이익에 관하여

(가) 신청인들의 주장을 살펴보면, 그 주장 중에는, 해운대 일대의 다른 지점으로부터 해운대해수욕장을 바라보는, 일반인들의 조망권이 침해된다거나{위 (2)항 관련}, 교통혼잡 때문에 일반인들이 피해를 입게 된다고 하고{위 (3)(나)항 관련}, 이 사건 건물의 건립으로 해운대해수욕장이 천혜의 경승지로서 갖는 가치를 심하게 훼손당하는 등 해운대 일대에 환경파괴가 초래될 것이라면서, 이러한 공공 또는 일반공중의 이익을 바로 이 사건 가처분의 근거로 삼거나 적어도 그 가처분의 당부를 판단함에 있어서 충분히 반영하여야 한다는 취지의 주장도 포함되어 있는 것으로 보인다.

(나) 살피건대, 위 1.항 판시의 소명자료 및 소 갑 제22호증의 1 내지 4의 각 기재에 변론의 전취지를 종합하면, 이 사건 건물이 건립되면, 그 위치, 규모, 용도, 높이 등으로 보아 해운대해수욕장 등에 대한 일반인의 조망이 더러 방해를 받게 되고, 교통혼잡으로 인한 피해가 발생하는 일이 생길 수 있으며, 이 사건 건물에 대한 건축허가는 1995. 2.에 마련한 해운대구청의 관광종합개발계획의 개발방향에도 맞지 아니하며(왜냐하면, 수영만 매립지 내 도시설계지구에는 최고의 대규모 인공위락·유희·문화복지·유통·전문숙박시설이 들어서도록 하고, 완충녹지공간을 확보하여 해양을 배경으로 한 독특한 유희공간을 창출하는 것으로 계획되어 있다), 상업지역인 관광지에 주상복합건물의 형식을 빌려 최고급의 공동주택을 신축하는 점 및 해운대가 관광지로서 차지하는 비중, 이 사건 건물의 건축허가 과정에서 그 건물의 위치, 구조, 규모, 용도 등에 비추어 허가 관청 및 시공 당사자와 시민 내지 적어도 인근 주민들과의 사이에 의견교환이 충분치 못했던 게 아닌가 하는 의문이 드는 점 등을 감안하면, 일반공중의 입장에서, 공공의 이익을 내세울 경우 이 사건 건물에 대한 건축허가의 상당성에 상당한 의문을 제기할 수 있을 법도 하다.

그러나 개인의 사권의 보호를 중심으로 하는 민사상의 가처분재판에 있어서 특별한 사정이 없는 한, 그러한 공공 내지 일반인의 이익이나 환경적 이익 등 공중 또는 제3자의 이익은 그 성질상 이를 다른 개인이 그 가처분의 근거로 되는 피보전권리로 삼을 수 없고(이러한 일반인 또는 시민 내지 주민들의 이익 즉, 공공성에 대한 배려는, 일차적으로는 공공의 이익을 위하여 봉사하는 것을 임무로 하는 공무원들의 공무집행, 가령 이 사건의 경우 도시설계심의, 교통영향평가심의 및 건축허가심의 등의 과정에서 고려될 것이고, 2차적으로는 행정법원에서 그 당부를 판단함에 있어서 고려할 사항이지, 민사소송에서 가릴 성질의 것이라고 보기는 어렵다), 물론, 건물 신축행위가 정당한 권리행사로서의 범위를 벗어나 사법상 타인에 대한 위법한 가해행위에 해당하는지를 평가함에 있어서, 피해이익의 공공성도 판단하여야 한다고 하지만 이 때의 공공성이라는 것은, 예컨대, 피해 건물이 학교·병원이라는 경우와 같이 그 자체의 용도의 공공성과 같은 구체적인 것이지 제3자인 일반인들에 대한 공공성을 가리키는 것이 아니라고 할 것이다.
(다) 따라서 공공의 이익 등을 근거로 내세운 신청인들의 주장은 받아들이지 아니한다.

3. 결 론

그렇다면 신청인들의 이 사건 신청은 이유 없어 이를 기각할 것인바, 원심판결은 이와 결론을 달리하여 신청인들의 신청을 인용하고 있어 부당하므로, 이를 취소하고 신청인들의 신청을 기각하기로 하여 주문과 같이 판결한다.

판사 강문종(재판장) 문형배 전원열

[판례 62] 부당이득금 (광주지법 1999. 4. 2. 선고 98가합9108 판결 : 항소)

【판시사항】

공동주택 용지공급협약상 매수인의 귀책사유로 위 협약이 해제될 경우 매수인이 지급한 매매선수금 중 10%에 해당하는 금액이 위약금으로서 매도인에게 귀속될 뿐만 아니라 매도인이 입은 손해에 대하여 별도의 배상의무를 지기로 약정한 경우, 위 위약금은 위약벌의 성질을 갖는 것으로 봄이 상당하고, 위 약정은 약관규제에관한법률에 위반하여 무효라고 한 사례

【판결요지】

공동주택 용지공급협약상 매수인의 귀책사유로 위 협약이 해제되었을 때 매수인이 지급한 매매선수금의 10%에 해당하는 금액이 위약금으로서 매도인에게 귀속될 뿐만 아니라, 매수인은 이로 인하여 매도인이 입은 손해에 대하여도 배상의무를 면하지 못하는 것으로 정하고 있는 경우, 일반적으로 위약금의 약정은 손해배상액의 예정으로 추정되지만 위와 같은 위약금 약정의 성격은 통상 매매계약에 있어서의 손해배상의 예정이 아니라, 매수인이 계약위반시 매도인에게 손해배상책임을 지는 것과는 별도로 이를 매도인에게 귀속시킴으로써 매수인에게 제재를 가함과 동시에 매수인의 계약이행을 간접적으로 강제하는 작용을 하는 이른바 위약벌의 성질을 가진 것이라고 봄이 상당하고, 위 공동주택 용지공급협약은 매도인이 다수의 고객에 대하여 계약내용을 일률적으로 적용하기 위하여 미리 마련한 용지공급협약서에 의해 이루어졌으므로 약관의규제에관한법률 제2조 제2항의 약관에 해당하는데, 매매선수금의 10%는 통상적인 거래에 있어서는 손해배상예정액으로 정하는 금원에 상당하여 위약금으로는 다액이고, 협약해제시 매도인이 매수인에게 반환하는 금액에 대하여는 이자를 지급하지 아니한다고 되어 있을 뿐만 아니라 고객인 매수인의 귀책사유로 협약이 해제될 경우 매수인은 매매선수금의 10%를 몰수당하는 외에 매도인이 입은 손해까지 배상하여야 하는 반면 매도인의 귀책사유로 협약이 해제될 경우에는 손해배상액의 예정 또는 위약벌에 관한 규정이 전혀 없는 점에 비추어 볼 때, 이러한 위약금 및 이자면제약관은 고객인 매수인에게 일방적으로 부당하게 불리한 조항으로서 공정을 잃은 것으로 추정되어 신의성실의 원칙에 반하거나, 또는 계약 해제시 고객이 원상회복청구권을 부당하게 포기하도록 하는 조항으로서 같은 법 제6조 제1항, 제2항 제1호 또는 제9조 제3호에 위반되어 무효라고 봄이 상당하다고 한 사례.

【참조조문】

민법 제398조 제4항, 민법 제741조, 약관의규제에관한법률 제2조 제2항, 제6조 제1항, 제2항 제1호, 제8조, 제9조 제3호

【참조판례】

대법원 1994. 5. 10. 선고 93다30082 판결(공1994, 1641)
대법원 1996. 9. 10. 선고 96다19758 판결(공1996하, 3009)
대법원 1998. 4. 24. 선고 97다56969 판결
대법원 1998. 12. 23. 선고 97다40131 판결(공1999상, 220)
대법원 1999. 3. 26. 선고 98다33260 판결(공1999상, 769)

【전 문】

【원 고】 주식회사 호반건설 (소송대리인 변호사 박도영)
【피 고】 광주광역시 (소송대리인 변호사 심란섭)

【주 문】

1. 피고는 원고에게 금 492,250,000원 및 이에 대하여 1998. 3. 25.부터 1999. 4. 2.까지는 연 5%, 그 다음날부터 다 갚을 때까지는 연 25%의 각 비율에 의한 돈을 지급하라.
2. 원고의 나머지 청구를 기각한다.
3. 소송비용은 피고의 부담으로 한다.
4. 제1항은 가집행할 수 있다.

【청구취지】

피고는 원고에게 금 492,250,000원 및 이에 대하여 1998. 3. 25.부터 이 사건 소장부본 송달일까지는 연 5%의, 그 다음날부터 다 갚을 때까지는 연 25%의 각 비율에 의한 돈을 지급하라.

【이 유】

1. 기초 사실

다음 사실은 당사자 사이에 다툼이 없거나 갑 제1, 2호증, 갑 제3호증의 1, 2, 3, 갑 제4호증의 1, 갑 제5호증의 1, 2, 3, 8, 9, 을 제3, 4, 5, 7, 8, 9호증, 을 제10호증의 1, 2, 을 제11, 13호증의 각 기재와 증인 이준호의 증언에 변론의 전취지를 종합하여 인정할 수 있고 반증이 없다.

가. 원고는 소외 주식회사 청전(이하 소외 회사라고 한다)과 공동으로 1996. 11. 30. 피고와 사이에 피고가 시행하는 광주신가지구 택지개발시행지구 D-1 블록 공동주택용지 8,272평에 관하여 매매선수금 9,845,000,000원에 용지공급협약(이하 '이 사건 협약'이라고 한다)을 체결하면서 매매선수금은 6회에 걸쳐 분납하되 4회까지는 매매선수금의 20%씩을, 5, 6회에는 나머지 10%씩을 지급하기로 약정하였다.

나. 원고와 소외 회사는 1997. 7. 14. 피고와 매수인의 귀책사유에 의해 사업수행이 곤란하

여 피고에게 협약해제 요청을 할 때 피고가 이에 응하기로 하고, 협약의 해제시점은 해제요청서를 발송한 때로 하기로 하는 내용의 추가계약을 체결하였다.
다. 원고와 소외 회사는 피고에게 협약체결 당일과 1997. 3. 29.에 1, 2회 선수금으로 각 금 1,969,000,000원(원고의 몫 984,500,000원)을 납입하였고, 3, 4회 선수금에 관하여는 원고와 소외 회사, 피고 및 소외 한국주택은행(이하 '소외 은행'이라고 한다) 사이에 원고와 소외 회사가 소외 은행으로부터 위 선수금 상당액을 대출받고 위 은행은 이를 피고에게 직접 납입하되 이에 대한 이자는 원고와 소외 회사가 부담하며, 이 사건 협약이 해제될 경우에는 피고가 소외 은행으로부터 납입받은 선수금과 그 이자를 소외 은행에게 반환하여 주기로 약정한 다음 소외 은행은 같은 해 7. 29.과 11. 29.에 선수금으로 각 금 1,969,000,000원을 피고에게 납입하였다.
라. 소외 회사가 1998. 3. 3. 최종 부도처리되자 소외 은행은 원고와 소외 회사에게 이 사건 협약의 해제를 요구하였고 원고는 단독으로 이 사건 협약을 이행할 수 없어 해제에 동의하였으며, 소외 은행은 1998. 3. 4. 위 1997. 7. 14.자 약정에 따라 원고와 소외 회사로부터 작성받은 협약해제요청서를 피고에게 발송하여 피고는 1998. 3. 24. 납입받은 선수금 중 원고의 지분에 해당하는 금 3,938,000,000원에서 소외 은행이 납입한 선수금 및 그 이자 합계 금 1,991,656,990원을 소외 은행에게 지급한 후 이 사건 협약의 매매선수금 중 원고의 지분에 해당하는 금 4,922,500,000원의 10%인 금 492,250,000원을 위약금으로 공제한 나머지 금 1,454,093,010원을 원고에게 반환하였다.
마. 이 사건 협약이 해제될 당시 피고는 위 공동주택용지인 D-1 블록에 대한 부지조성공사를 약 62% 정도 시행하였다.
2. 당사자의 주장에 대한 판단
가. 당사자의 주장
원고는 이 사건 협약은 약관의규제에관한법률(이하 '위 법률'이라고 한다)에서 정한 약관에 해당되고 위 협약 제17조 제4항은 위약벌을 규정한 것으로 통상의 거래에 있어서의 손해배상예정액을 초과하여 위약벌로는 과다한 금액을 몰수할 수 있다고 규정하고 있음에 반하여 같은 조 제3항에서는 계약해제로 인하여 원고에게 손해가 발생하였다고 하더라도 그 손해의 배상을 구할 수 없도록 규정하고 있어 위 조항들은 고객인 원고에 대하여 부당하게 불리한 조항으로서 공정을 잃은 것으로 추정되어 신의성실의 원칙에 반하거나 계약해제시 고객의 원상회복청구권을 부당하게 포기하도록 하는 조항으로서 위 법률 제6조, 제8조, 제9조 제3호에 위반되어 무효이므로 피고는 원고에게 위 매매선수금의 10%인 금 492,250,000원을 부당이득으로서 반환할 의무가 있다고 주장하고, 이에 대하여 피고는 위 협약 제17조 제4항은 손해배상액의 예정 조항으로서 일반거래관행상 계약 해제로 인한 손해배상예정액은 총 매매대금의 10%로 정하고 있고, 이 사건 택지개발사업비는 대부분 택지분양금으로 충당하기로 계획되어 있는데, 원고와 같은 다수의 분양자가 피고와 체결한 용지공급협약을 중도에 해제하고 납부한 용지매매대금을 전액 반환받아 갈 경우 피고로서는 위 택지개발사업의 시행에 막대한 지장을 받게 될 것이므로 위 용지매매계약의 해제의 남용을 방지할 목적으로 이 사건 위약금 조항을 마련한 것이므로 위 위약금조항이 원고에게 과중한 손해배상의무를 부담시키는 것이거나 신의성실의 원칙에 반하여 공정을 잃은 것이라고 볼 수 없다고 다툰다.
나. 이 사건 위약금조항의 법적 성격

갑 제1호증의 기재에 의하면 원고와 피고는 이 사건 협약을 체결하면서 ① 이 협약이 원고의 귀책사유로 해제되었을 때에는 원고는 즉시 목적용지를 이 협약체결일 당시의 원상대로 회복하여 피고에게 인도하여야 한다(협약 제17조 제2항). ② 피고가 위와 같은 사유로 이 협약을 해제하였을 경우 원고가 협약의 해제로 인하여 손해를 입었다 하더라도 그 손해는 이를 배상하지 아니한다(위 제3항). ③ 이 협약이 원고의 귀책사유로 해제되었을 때에는 피고는 원고로부터 수납한 선수금 중 전체 매매대금의 10%에 해당하는 금액을 피고에게 귀속하고 이를 공제한 금액은 재정여건을 감안하여 3월 이내에 반환한다. 이 경우 반환금에 대한 이자는 부담하지 않는다(위 제4항). ④ 피고에 대한 선수금의 귀속은 협약 해제로 인하여 피고가 입은 손해에 대한 원고의 배상의무를 면제하는 것은 아니다(위 제5항)는 내용의 약정을 한 사실이 인정되는바, 일반적으로 위약금의 약정은 손해배상액의 예정으로 추정되지만 위 협약 제17조 제4, 5항의 내용은 협약이 해제되었을 때 원고가 지급한 매매선수금의 10%가 피고에게 귀속될 뿐만 아니라, 원고는 협약 해제로 인하여 피고가 입은 손해에 대하여도 배상의무를 면하지 못하는 것으로 정하고 있으므로 위와 같은 이 사건 위약금 약정의 성격은 통상 매매계약에 있어서의 손해배상의 예정이 아니라, 원고가 계약 위반시 피고에게 손해배상책임을 지는 것과는 별도로 이를 피고에게 귀속시킴으로써 원고에게 제재를 가함과 동시에 원고의 계약 이행을 간접적으로 강제하는 작용을 하는 이른바 위약벌의 성질을 가진 것이라고 봄이 상당하다.

(2) 이 사건 위약금 조항이 약관의규제에관한법률에 위반되는지 여부

갑 제1호증의 기재에 변론의 전취지를 종합하면 이 사건 협약은 피고가 다수의 고객에 대하여 계약내용을 일률적으로 적용하기 위하여 미리 마련한 용지공급협약서에 의해 이루어진 사실이 인정되므로 이 사건 협약은 위 법률 제2조 제2항의 약관에 해당한다고 할 것이다.

그런데 위 법률 제6조는 "신의성실에 반하여 공정을 잃은 약관조항은 무효이다(제1항). 약관에 다음 각 호의 1에 해당하는 내용을 정하고 있는 경우에는 당해 약관조항은 공정을 잃은 것으로 추정한다(제2항)."고 규정하면서 그 제1호로서 '고객에 대하여 부당하게 불리한 조항'을 들고 있고, 제8조는 "고객에 대하여 부당하게 과중한 지연손해금 등의 손해배상의무를 부담시키는 약관조항은 무효로 한다."고 규정하고 있으며, 제9조는 "계약의 해제·해지에 관하여 정하고 있는 약관의 내용 중 다음 각 호의 1에 해당되는 내용을 정하고 있는 조항은 이를 무효로 한다."고 규정하면서 그 제3호로서 '계약의 해제 또는 해지로 인한 고객의 원상회복의무를 상당한 이유 없이 과중하게 부담시키거나 원상회복청구권을 부당하게 포기하도록 하는 조항'을 들고 있는바, 위 매매선수금의 10%는 통상적인 거래에 있어서는 손해배상예정액으로 정하는 금원에 상당하여 위약금으로는 다액이고, 협약 해제시 피고가 원고에게 반환하는 금액에 대하여는 이자를 지급하지 아니한다고 되어 있을 뿐만 아니라 고객인 원고는 채무불이행으로 인하여 매매선수금의 10%를 몰수당하는 외에 피고가 입은 손해까지 배상하여야 하는 반면 매도인인 피고의 귀책사유로 인하여 협약이 해제될 경우에는 손해배상액의 예정 또는 위약벌에

관한 규정이 전혀 없고, 한편 이 사건에 있어서는 원고와 공동으로 협약을 체결한 소외 회사의 부도로 원고 혼자서는 토지를 매수할 수 없어 매매선수금의 80%를 지급한 상태에서 부득이하게 이 사건 협약 해제에 동의할 수밖에 없었던 사정 등을 종합하여 보면, 비록 위 위약금조항이 피고 주장과 같은 기능을 수행하기 위한 정책적 배려에서 운영되고 있는 것이라고 볼 수는 있지만 원고와 같은 매수인이 협약을 해제하더라도 피고는 새로운 매수인과 재계약을 할 수 있고 이 사건 협약해제 당시 부지 조성도 완공되지 않은 상태였으므로 이로 인하여 피고에게 특별히 현저한 손해가 발생한 것으로 보이지 아니하므로 이 사건 위약금 및 이자면제 약관은 고객인 원고에게 일방적으로 부당하게 불리한 조항으로서 공정을 잃은 것으로 추정되어 신의성실의 원칙에 반하거나, 또는 계약 해제시 고객이 원상회복청구권을 부당하게 포기하도록 하는 조항으로서 위 법률 제6조 제1항, 제2항 제1호 또는 제9조 제3호에 위반되어 무효라고 봄이 상당하다.

그러므로 피고가 무효인 이 사건 약관 조항에 터잡아 위 매매선수금의 10%를 피고에게 귀속시킨 행위는 무효라 할 것이고 이로써 피고는 법률상 원인 없이 위 선수금 상당의 이득을 얻고 반면에 원고는 동액 상당의 손해를 입었다 할 것이므로, 피고는 원고에게 위 매매선수금의 10%와 이에 대한 그 이자 상당액을 부당이득으로 반환할 의무가 있다 할 것이다.

3. 결 론

그렇다면 피고는 원고에게 금 492,250,000원 및 이에 대하여 이 사건 협약 해제일 이후로서 원고가 구하는 바에 따라 1998. 3. 25.부터 피고가 그 지급의무의 존부 및 범위에 관하여 항쟁함이 상당하다고 인정되는 이 사건 판결선고일인 1999. 4. 2.까지는 민법에 정한 연 5%의, 그 다음날부터 다 갚을 때까지는 소송촉진등에관한특례법에 정한 연 25%의 각 비율에 의한 지연손해금을 지급할 의무가 있다고 할 것이므로, 원고의 이 사건 청구는 위 인정범위 내에서 이유 있어 이를 인용하고 나머지 청구는 이유 없으므로 이를 기각한다.

판사 김용일(재판장) 윤태식 문혜정

[판례 63] 건물명도 (서울지법 1999. 1. 13. 선고 98나18178 판결 : 상고기각)

【판시사항】

주택임대차보호법상의 대항력과 우선변제권을 겸유하고 있는 임차인이 경매절차에서 배당요구를 하여 보증금 전액을 배당받은 경우, 임차인에 대한 배당표가 확정된 후 임차인의 임차주택에 대한 점유는 법률상 원인 없는 점유로 되는지 여부(적극)

【판결요지】

주택임대차보호법상 대항력과 우선변제권의 두 가지 권리를 겸유하고 있는 임차인이 우선변제권을 선택하여 임차주택에 대하여 진행되고 있는 경매절차에서 보증금에 대하여 배당요구를 한 경우 그 경매절차에서 보증금 전액을 배당받을 수 있다면 특별한 사정이 없는 한 임차인이 경매절차에서 보증금 상당의 배당금을 지급받을 수 있는 때, 즉 임차인에 대한 배당표가 확정될 때까지는 경락인에 대하여 임차주택의 명도를 거절할 수 있다 할 것이므로, 그 때까지 임차인의 임차주택에 관한 점유는 법률상 원인 없는 점유라고 할 수 없어, 그 점유로 인한 부당이득반환의무를 지지 않으나, 임차인에 대한 배당표가 확정됨으로써 임차인은 보증금반환채무의 이행의 제공을 받은 셈이 되어 배당표 확정 후의 점유는 경락인에 대하여 법률상 원인 없는 점유로 된다 할 것이므로, 그 점유 사용으로 인한 부당이득반환의무를 부담하게 된다.

【참조조문】

주택임대차보호법 제3조, 제3조의2 제1항, 제4조 제2항, 민법 제536조 제1항, 제741조

【참조판례】

대법원 1997. 9. 29. 선고 97다11195 판결(공1997하, 2856)
대법원 1998. 7. 10. 선고 98다15545 판결(공1998하, 2093)

【전 문】

【원고, 피항소인 겸 부대항소인】 홍각표 (소송대리인 변호사 이용열)
【피고, 항소인 겸 부대피항소인】 신병한 (소송대리인 변호사 민홍석)
【원심판결】 서울지법 1998. 2. 19. 선고 96가단178822 판결

【주 문】

1. 원심판결의 금원 지급 부분 중 금 7,194,000원을 초과하여 지급을 명한 피고 패소 부분을 취소하고, 위 취소 부분에 해당하는 원고의 청구를 기각한다.
2. 피고의 나머지 항소 및 원고의 주위적 청구에 관한 당심에서의 확장청구(원고의 부대항소)를 각 기각한다.
3. 당심에서 추가된 예비적 청구에 기하여, 피고는 원고에게 금 1,578,975원을 지급하라.
4. 가지급물의 반환으로, 원고는 피고에게 금 13,806,000원 및 이에 대한 1998. 9. 24.부터 1999. 1. 13.까지 연 5푼, 그 다음날부터 완제일까지 연 2할 5푼의 각 비율에 의한 금원을 지급하라.
5. 피고의 나머지 가지급물반환신청을 기각한다.
6. 소송 총비용(가집행물 반환신청 비용 포함)은 이를 3분하여 그 2는 원고의, 나머지는 피고의 각 부담으로 한다.
7. 제3, 4항은 가집행할 수 있다.

【청구취지】

주위적 청구 : 피고는 원고에게, 별지목록 기재 건물을 명도하고, 금 25,798,000원을 지급하라는 취지의 판결.
주위적 청구 중 금 18,604,000원 청구 부분에 관한 예비적 청구 : 주문 제3항과 같다(피고는 당심에 이르러 주위적 청구 중 금원청구 부분에 관한 청구취지를 확장하고, 위 예비적 청구를 추가하였다).

제4장 공동주택과 관련한 쟁송

【항소취지】

원심판결을 취소한다. 원고의 청구를 기각한다.

【부대항소취지】

피고는 원고에게 금 3,811,699원을 지급하라.

【가지급물반환 신청취지】

원고는 피고에게 금 21,000,000원 및 이에 대한 이 사건 가
지급물반환신청서 부본 송달 다음날부터 완제일까지 연 2할 5푼의 비율에 의한 금원을 지급
하라.

【이　유】

1. 기초 사실

   아래 사실은 당사자 사이에 다툼이 없거나, 갑 제1 내지 4호증, 을 제1, 2, 3호증, 을 제4호증의 1, 2의 각 기재에 변론의 전취지를 종합하여 이를 인정할 수 있다.

   가. 피고는 1994. 4. 30. 소외 박성식으로부터 위 박성식 소유의 별지목록 기재 부동산(이하 '이 사건 부동산'이라 한다)을 전세보증금 90,000,000원, 기간 같은 날부터 1년간으로 정하여 전세 임차한 다음, 같은 해 5. 3. 위 부동산의 소재지에 주민등록 전입신고를 마치고, 같은 해 5. 26. 임대차계약서에 확정일자를 받았다.

   나. 원고는 위 박성식에게 금 200,000,000원을 대여하면서 그 담보를 위하여 1994. 6. 17. 이 사건 부동산에 관하여 채권최고액 금 150,000,000원으로 된 1순위 근저당권설정등기와 채권최고액 금 75,000,000원으로 된 2순위 근저당권설정등기를 경료받았다.

   다. 원고는 그 후 위 박성식으로부터 위 차용금채무를 변제받지 못하자, 1995. 6. 22. 위 각 근저당권에 기하여 서울지방법원 95타경25795호로 부동산임의경매 신청을 하여 경매개시결정을 받고, 이에 따라 진행된 경매절차에서 1996. 4. 1. 이 사건 부동산을 대금 130,000,000원에 낙찰받고 그 무렵 위 낙찰대금을 완납한 다음, 1996. 6. 25. 이 사건 부동산에 관하여 원고 명의로 소유권이전등기를 경료하였다.

   라. 한편, 피고는 위 경매절차에서 주택임대차보호법 제3조의2 소정의 우선변제권 있는 주택임차인으로서 배당요구를 하였고, 경매법원은 1996. 5. 16. 배당기일에서 그 매각대금 및 지연이자와 보증금이자의 합계액에서 집행비용을 공제한 나머지 금 127,180,557원을 실제 배당할 금액으로 하여, 제1순위로 피고에게 위 임대차보증금 90,000,000원을, 2순위로 원고에게 나머지 금 37,180,557원을 각 배당하는 내용으로 된 배당표를 작성하였다.

   마. 원고는 위 배당기일에 위 배당표에 대한 이의를 한 다음, 피고를 상대로 서울지방법원 96가합33315호로 배당이의의 소를 제기하였으나 1997. 9. 26. 원고 패소판결을 선고받고, 같은 해 10. 19. 위 판결이 확정되었다.

   바. 한편, 피고는 이 사건 가집행 선고부 원심판결에 기하여 1998. 4. 24. 원고에게 이 사건 부동산을 명도하였다.

2. 주위적 청구에 관한 판단

가. 원고의 주장
　　원고는 이 사건 주위적 청구로서 피고에 대하여 이 사건 부동산의 명도와 원고 명의로 소유권이전등기를 마친 다음날인 1996. 6. 26.부터 위 명도완료일인 1998. 4. 24.까지 피고가 이 사건 부동산을 점유·사용함으로 인한 차임 상당의 부당이득의 반환을 구한다.
나. 판　단
　　(1) 주택임대차보호법상 대항력과 우선변제권의 두가지 권리를 겸유하고 있는 임차인이 우선변제권을 선택하여 임차주택에 대하여 진행되고 있는 경매절차에서 보증금에 대하여 배당요구를 한 경우 그 경매절차에서 보증금 전액을 배당받을 수 있다면 특별한 사정이 없는 한 임차인이 경매절차에서 보증금 상당의 배당금을 지급받을 수 있는 때, 즉 임차인에 대한 배당표가 확정될 때까지는 경락인에 대하여 임차주택의 명도를 거절할 수 있다 할 것이므로(대법원 1997. 9. 29. 선고 97다11195 판결 참조), 그 때까지 임차인의 임차주택에 관한 점유는 법률상 원인 없는 점유라고 할 수 없어, 그 점유로 인한 부당이득반환의무를 지지 않는다 할 것이나, 임차인에 대한 배당표가 확정됨으로써 임차인은 보증금반환채무의 이행의 제공을 받은 셈이 되어 배당표 확정 후의 점유는 경락인에 대하여 법률상 원인 없는 점유로 된다 할 것이므로, 그 점유·사용으로 인한 부당이득반환의무를 부담하게 된다고 할 것이다.
　　(2) 그러므로 위 배당표가 확정된 이상, 피고는 원고에게 이 사건 부동산을 명도하고, 위 배당표가 확정된 다음날인 1997. 10. 20.부터 이 사건 건물의 명도일인 1998. 4. 24.까지 이 사건 건물을 점유·사용함으로 인한 차임 상당의 부당이득을 지급할 의무가 있다 할 것인데, 당심 감정인 표영선의 임료감정 결과에 변론의 전취지를 종합하면, 1997. 10. 20.부터 1998. 4. 24.까지 이 사건 건물에 관한 보증금 없는 차임은 금 7,194,000원인 사실을 인정할 수 있으므로, 피고는 원고에게 위 점유로 인한 부당이득으로서 금 7,194,000원을 지급할 의무가 있다 할 것이다.

3. 예비적 청구에 관한 판단
　　한편, 앞서 든 각 증거들과 갑 제5호증의 기재에 변론의 전취지를 더하여 보면, 경매법원은 위 배당이의의 소가 제기됨으로 인하여 1996. 6. 26.경 위 낙찰대금 중 위 전세보증금에 해당하는 금 90,000,000원을 공탁하였고, 피고는 위 배당이의의 소의 확정 후인 1998. 4. 24.경 위 전세보증금을 수령하면서 그 이자 금 2,189,556원을 함께 수령한 사실을 인정할 수 있는바, 앞서 본 바와 같이 피고가 위 배당표 확정일까지는 이 사건 부동산을 적법하게 점유·사용함으로써 원고에 대하여 부당이득반환의무를 부담하지 않는 이상, 그 때까지 위 공탁된 전세보증금 상당의 금원에 대하여 발생한 이자 부분까지 취득하여서는 아니된다고 봄이 상당하다 할 것이므로, 위 공탁된 금 90,000,000원에 대하여 공탁일인 1996. 6. 26.부터 위 수령일인 1998. 4. 24.까지 667일간의 이자 금 2,189,556원 중 위 배당표 확정일인 1997. 10. 19.까지 481일간의 이자 금 1,578,975원(2,189,556원×481/667)은 이 사건 부동산의 소유자인 원고에게 부당이득금으로서 반환되어야 할 것이다.

4. 가지급물반환신청에 관한 판단
　　을 제4호증의 3의 기재에 변론의 전취지를 모아보면, 원고는 집행력 있는 이 사건 원심판결 정본에 기하여 1998. 3. 31. 서울지방법원 98타기5774, 5775호로 피고의 대한민국에 대한 배당금채권 중 금 21,000,000원 부분에 관하여 채권압류 및 전부명령을 받아 그 무렵 위 명령이 확정되자, 대한민국으로부터 위 전부금 21,000,000원을 지급받은 사실을 인정할 수 있고, 원고의 주위적 청구 중 금원청구 부분에 관하여 당심에서 인정하는 금액은 아래 제5항에서 보는 바와 같이 금 7,194,000원이 되어, 원심판결 중 금원지급 부분이 당심에서 일부 취소되므로, 그 취소 부분에 관한 가집행선고도 당심판결 선고로 인하여 일부 실효된다고 할 것이니, 원고가 가지급물로서 수령한 위 금 21,000,000원 중 당심에서 인용하는 위 금 7,194,000원을 공제한 나머지 금 13,806,000원은 원인 없이 지급받은 것이 된다 할 것이다.

5. 결 론

그렇다면 주위적 청구에 기하여 피고는 원고에게, 이 사건 부동산을 명도하고 금 7,194,000원을 지급할 의무가 있으므로, 원고의 주위적 청구는 위 인정범위 내에서 이유 있어 이를 인용하고, 나머지 주위적 청구는 이유 없어 이를 기각할 것인바, 원심판결의 금원지급 부분 중 이와 일부 결론을 달리 한 피고 패소 부분은 부당하므로 이를 취소하고, 그 취소 부분에 해당하는 원고의 청구를 기각하고, 피고의 나머지 항소 및 원고의 주위적 청구에 관한 확장청구(원고의 부대항소)는 모두 이유 없으므로 이를 각 기각하며, 당심에서 추가된 예비적 청구에 기하여, 피고는 원고에게 금 1,578,975원을 지급할 의무가 있으므로, 원고의 예비적 청구는 이유 있어 이를 인용하되, 피고의 가지급물 반환신청에 따라, 원고는 피고에게 금 13,806,000원 및 이에 대하여 피고가 구하는 이 사건 가지급물 반환신청서 부본 송달 다음날임이 기록상 명백한 1998. 9. 24.부터 원고가 그 이행의무의 범위에 관하여 항쟁함이 상당한 당심 판결 선고일인 1999. 1. 13.까지는 민법 소정의 연 5푼, 그 다음날부터 완제일까지는 소송촉진등에관한특례법 소정의 연 2할 5푼의 비율에 의한 지연손해금을 지급할 의무가 있으므로, 피고의 이 사건 가지급물 반환신청은 위 인정범위 내에서 이유 있어 이를 인용하고, 나머지 신청은 이유 없어 이를 기각하기로 하여, 주문과 같이 판결한다.

판사 백현기(재판장) 배형원 박영재

[판례 64] 부당이득금 (광주지법 1999. 6. 18. 선고 98가합7355 판결 : 항소)

【판시사항】

[1] 주택건설사업자가 임대할 목적으로 전용면적 60㎡ 이하인 5세대 이상의 공동주택을 건축하기 위하여 취득한 토지가 광주광역시세감면조례 제15조 소정의 취득세와 등록세 감면대상인지 여부(적극)

[2] 지방세 감면대상인 토지를 취득하고 관할 관청에 지방세 면제 요청을 하였으나 거부되자 과세 대상 토지에 대한 신속한 소유권이전등기의 필요성과 자진신고납부 해태에 따른 가산세의 부담을 회피하기 위하여 부득이 자진신고납부를 한 경우, 그 신고행위를 당연무효

로 본 사례

【판결요지】

[1] 광주광역시세감면조례(1996. 10. 12. 개정된 것과 1997. 4. 15. 개정된 것) 제15조에 의하면, 주택건설사업자 등이 임대할 목적으로 공동주택을 건축하는 경우와 매입임대업자가 건축주 또는 건설임대사업자로부터 최초로 승계취득하는 경우에 그 전용면적이 40㎡를 초과하고 60㎡ 이하인 5세대 이상의 임대주택용 공동주택 및 그 부속토지에 대하여 취득세 및 등록세를 면제하도록 되어 있는바, 그 감면조례의 취지는 임대주택의 공급을 확대함으로써 서민들의 주거환경을 안정시키기 위하여 임대주택건설 및 매입임대주택에 대한 지방세를 감면하고자 하는 것으로서, 그 조례에 의하면 임대업자가 임대할 목적으로 이미 건축된 일정한 규모와 세대의 공동주택을 승계취득하는 경우와 함께 주택건설사업자 등이 임대할 목적으로 그와 같은 공동주택을 건축하는 경우에도 그 공동주택 및 부속토지에 대한 세금을 면제하도록 되어 있으므로, 주택건설사업자가 임대할 목적으로 60㎡ 이하의 공동주택을 건축하기 위하여 부속토지를 취득하는 경우에 있어서도 취득세와 등록세가 면제되고, 다만 그 후 이를 임대 이외의 용도로 사용하는 경우에는 그 세금을 추징하는 것으로 보아야 한다.

[2] 지방세 감면대상인 토지를 취득하고 관할 관청에 대하여 취득세 및 등록세의 면제 요청을 하였으나 관할 관청이 그 면제를 거부하자 과세 대상 토지에 대한 신속한 소유권이전등기의 필요성과 자진신고납부 해태에 따른 가산세의 부담을 회피하기 위하여 부득이 자진신고납부를 한 경우, 지방세법상 납세의무자에게 과오납금환부신청권이 인정되지 아니하여 행정소송에 의한 구제방법이 인정되지 아니하므로 민사소송에 의하여 그 취득세 및 등록세액의 반환을 청구할 필요가 있고, 그 취득세 및 등록세의 자진신고행위에는 조세채무의 확정력을 인정할 여지가 없는 중대하고 명백한 하자가 있어 당연무효라고 할 것이므로, 지방자치단체는 납세의무자로부터 법률상 원인 없이 그 취득세 및 등록세액을 수령함으로써 동액 상당의 이득을 얻고 그로 인하여 납세의무자에게 동액 상당의 손해를 입혔다고 할 것이어서, 이를 납세의무자에게 반환할 의무가 있다고 한 사례.

【참조조문】

[1] 구 지방세법(1998. 12. 28. 법률 제5598호로 개정되기 전의 것) 제7조, 제9조, 광주광역시세감면조례(1996. 10. 12. 개정된 것과 1997. 4. 15. 개정된 것) 제15조 [2] 민법 제741조, 행정소송법 제19조

【참조판례】

[2] 대법원 1996. 2. 23. 선고 95다51960 판결(공1996상, 1075)
대법원 1996. 8. 23. 선고 95다44917 판결(공1996하, 2829)

【전 문】

【원 고】 주식회사 호반건설 (소송대리인 변호사 박도영)
【피 고】 광주광역시 외 1인 (소송대리인 변호사 심란섭)
【주 문】

1. 원고에게, 피고 광주광역시는 금 319,786,520원, 피고 대한민국은 금 50,470,090원 및 각 이에 대하여 1998. 6. 17.부터 1999. 6. 18.까지는 연 5%의, 그 다음날부터 다 갚는 날까지는 연 25%의 각 비율에 의한 돈을 지급하라.
2. 원고의 나머지 청구를 각 기각한다.
3. 소송비용은 피고들의 부담으로 한다.
4. 위 제1항은 가집행할 수 있다.

【청구취지】

원고에게, 피고 광주광역시는 금 319,786,520원, 피고 대한민국은 금 50,470,090원 및 각 이에 대하여 이 사건 소장 부본 송달일 다음날부터 다 갚는 날까지 연 25%의 비율에 의한 돈을 지급하라.

【이 유】

1. 기초 사실

다음 사실은 당사자 사이에 다툼이 없거나 갑 제1호증의 1 내지 5, 갑 제2 내지 5호증의 각 1 내지 3, 갑 제6호증의 1 내지 4, 갑 제7 내지 9호증의 각 1 내지 3, 갑 제10호증의 1 내지 10, 갑 제11호증의 1 내지 3, 갑 제12, 16, 21호증의 각 1, 2, 갑 제13호증의 1, 2, 3, 갑 제14호증의 각 기재와 증인 김경희의 증언에 변론의 전취지를 종합하여 이를 인정할 수 있고 달리 반증이 없다.

가. 원고는 주택건설업 및 부대사업을 목적사업으로 1989. 3. 17. 설립된 법인으로서 전용면적 60㎡ 이하인 5세대 이상의 아파트를 건축하여 임대할 목적으로 1997. 1. 6. 소외 미라보건설 주식회사와 사이에 광주 광산구 비아동 114의 5 임야 3,853㎡ 외 20필지 토지를 대금 5,700,697,010원(잔금지급일 1997. 1. 21.)에, 같은 동 113의 4 대 401㎡ 외 7필지 토지를 대금 728,127,120원(잔금지급일 1997. 1. 21.)에, 같은 동 113 전 288㎡ 외 1필지를 대금 71,175,870원(잔금지급일 1997. 3. 11.)에, 1997. 7. 15. 소외 송동효와 사이에 같은 동 148의 17 답 78㎡를 대금 24,000,000원(잔금지급 1997. 9. 12.)에, 같은 날 소외 정경자와 사이에 같은 동 115의 5 도로 10㎡와 같은 동 117의 8 도로 30㎡를 대금 12,000,000원(잔금지급일 1997. 9. 12.)에, 같은 날 소외 비아농업협동조합과 사이에 같은 동 117의 6 전 236㎡와 같은 동 117의 10 도로 20㎡를 대금 77,000,000원(잔금지급일 1997. 9. 12.)에, 같은 날 소외 강양옥 외 1인과 사이에 같은 동 115의 6 답 243㎡를 대금 74,000,000원(잔금지급일 1997. 9. 12.)에, 1997. 9. 30. 소외 박금례와 사이에 같은 동 73의 2 대 33㎡ 및 그 지상 단층 건물 2동을 대금 30,000,000원(잔금지급일 1997. 10. 30.)에, 1997. 11. 19. 소외 황상연과 사이에 같은 동 115의 7 대 64㎡를 대금 26,600,000원(잔금지급일 1997. 12. 19.)에 각 매수하기로 하는 부동산 매매계약을 체결하였다.

나. 원고는 주택건설촉진법 및 같은법시행규칙 등 관련 법규에 따라 위 토지들 위에 37.83㎡ 아파트 220세대, 39.68㎡ 아파트 227세대, 59.88㎡ 아파트 504세대를 건축하기 위하여 1995. 10. 7. 소외 광주광역시장으로부터 주택건설사업계획승인을 받았다가 1997. 3. 21. 당초 부지 면적 24,156㎡를 24,139㎡로, 당초 건축 연면적 75,794.36㎡

를 75,902.36㎡로 변경하는 내용의 주택건설사업계획 변경승인을 받은 다음 1997. 3. 24. 위 광주광역시장으로부터 임대아파트입주자공고승인을 받은 후 1997. 4. 7. 위 아파트의 입주신청자들과 사이에 임대주택공급계약을 체결하고, 1998. 9. 14. 위 아파트 건축공사를 완공하여 그 무렵 위 광주광역시장으로부터 주택건설사업사용검사필증을 교부받았다.

다. 원고는 관할관청인 소외 광주광역시 광산구청에 대하여 원고가 매수한 위 토지에 대한 취득세와 등록세 등이 조례에 의하여 면제됨을 주장하였으나 위 광주광역시 광산구청은 이에 관하여 광주광역시에 대한 질의를 거쳐 이를 부인하면서 위 세금의 자진납부를 요구하였고 이에 원고는 위 주택건설사업의 승인과 위 매수토지에 대한 소유권이전등기를 하려면 취득세와 등록세를 납부하여야 하는 데다가 자진신고납부 해태에 따른 가산세의 부담을 피하기 위하여 위 부동산 매수에 관한 취득세와 등록세 등의 신고를 한 후 위 광산구청장의 세금 부과에 따라 위 가.의 부동산 매수에 따른 취득세 합계 금 134,871,980원과 등록세 합계 금 184,914,540원 및 이에 부가되는 국세인 농어촌특별세(취득세액의 100분의 10) 합계 금 13,487,190원과 교육세(등록세액의 100분의 20) 합계 금 36,982,900원을 납부기한 내에 납부하면서도 1997. 4.경에는 서면으로 그 당시까지 납부하였던 위 취득세 등의 면제신청과 환급신청을 하였다.

라. 원고 등이 가입된 대한주택건설사업협회 광주 전남지회는 1998. 4.경 광주광역시에 임대주택건설용지의 취득에 따른 취득세와 등록세 환급신청을 하였으나 같은 해 5.경 거부통보를 받았다.

2. 당사자의 주장 및 이에 대한 판단

가. 원고는, 이 사건 각 세금은 광주광역시세감면조례에 의하여 면제되어야 하고 원고의 이에 대한 자진신고납부 행위에는 조세채무의 확정력을 인정할 여지가 없는 중대하고 명백한 하자가 있어 위 자진신고 납부행위는 당연무효임에도 법률상 원인 없이 피고 광주광역시가 위 취득세와 등록세를, 피고 대한민국이 위 농어촌특별세와 교육세를 각 수령하였으므로 피고들은 원고에게 위 세액 상당액을 부당이득으로 반환하여야 한다고 주장하고 이에 대하여 피고들은 위 각 조세의 자진신고 행위는 광주광역시세감면조례에 따른 것으로서 정당하다고 다툰다.

나. 관련 규정에 대한 검토

(1) 구 지방세법(1998. 12. 28. 법률 제5598호로 개정되기 전의 것) 제7조 제1항에 의하면 지방자치단체는 공익상 기타의 사유로 인하여 과세를 부적당하다고 인정할 때에는 과세하지 아니할 수 있고, 같은 법 제9조에 의하면 제7조 및 제8조의 규정에 의하여 지방자치단체가 과세면제, 불균일 과세 또는 일부 과세를 하도록 하고자 할 때에는 내무부장관의 허가를 얻어 당해 지방자치단체의 조례로 정하도록 되어 있다.

(2) 피고 광주광역시는 1995. 1. 20. 위 지방세법 제7조 및 제9조에 근거하여 광주광역시세감면조례를 조례 제2495호로 제정, 공포한 다음 1996. 10. 12. 위 조례를 개정, 공포하였는데 개정된 조례(제2637호) 제15조에는 공공단체·주택건설사업자·주택건설촉진법 제44조 제3항의 규정에 의한 고용자 및 임대주택법 제2조의 규정에 의한 임대사업자가 임대할 목적으로 전용면적 60㎡ 이하인 5세대 이상의 공동주택을 건축하거나 승계취득하는 경우에는 다음 각 호에 정하는 바에 따라 지방세를 감면

한다고 규정되어 있고 같은 조 제1, 2호에는 전용면적 60㎡ 이하와 40㎡ 이하로 구분하여 60㎡ 이하의 임대주택용 공동주택 및 그 부속토지를 취득하는 경우에는 취득세 및 등록세를 면제하되 임대할 목적으로 취득한 후 임대 이외의 용도로 사용하는 경우에는 면제된 취득세와 등록세를 추징한다고 규정되어 있으며, 다시 1997. 4. 15. 위 조례를 개정, 공포하였는데 개정된 조례(제2703호) 제15조 제1항에는 공공단체·주택건설사업자·주택건설촉진법 제44조 제3항의 규정에 의한 고용자 및 임대주택법 제2조의 규정에 의한 임대사업자가 임대할 목적으로 전용면적 60㎡ 이하인 5세대 이상의 공동주택을 건축하거나 임대 목적으로 건축한 공동주택(그 부속토지를 포함한다)을 매입임대업자가 건축주 또는 건설임대사업자로부터 최초로 승계취득하는 경우에는 다음 각 호에 정하는 바에 따라 지방세를 감면한다고 규정되어 있고 같은 항 제1, 2호에 의하면 전용면적 40㎡ 이하와 60㎡로 구분하여 60㎡ 이하의 임대주택용 공동주택 및 그 부속토지를 취득하는 경우에는 취득세 및 등록세를 면제하되 임대할 목적으로 취득한 후 임대 이외의 용도로 사용하는 경우에는 면제된 취득세와 등록세를 추징한다고 규정되어 있다.

(3) 구 지방세법 제104조 제8호에는 취득이라 함은 매매, 교환, 증여, 기부 및 법인에 대한 현물출자, 건축… 기타 이와 유사한 취득으로서 원시취득, 승계취득 또는 유상, 무상을 불문한 일체의 취득을 말한다고 규정되어 있으며, 제105조 제1항에는 취득세는 부동산의 취득에 대하여 당해 취득물건 소재지의 도에서 그 취득자에게 부과한다고 규정되어 있고, 제2항에는 부동산의 취득에 있어서는 민법 등 관계 법령의 규정에 의한 등기, 등록 등을 이행하지 아니한 경우라도 사실상으로 취득한 때에는 각각 취득한 것으로 보고 당해 취득물건의 소유자 또는 양수인을 각각 취득자로 한다고 규정되어 있으며, 구 지방세법시행령 제73조 제1항(1998. 12. 31. 영 제15892호로 개정되기 전의 것)에는 취득의 시기에 관하여 유상승계취득의 경우에는 그 계약상의 잔금지급일(계약상 잔금지급일이 명시되지 아니한 경우에는 계약일로부터 30일이 경과되는 날)에 취득한 것으로 보되, 다만 잔금을 계약상의 지급일 전에 사실상 지급한 경우에는 그 사실상의 잔금지급일에 취득한 것으로 보도록 규정되어 있다.

(4) 한편, 농어촌특별세는 농어업의 경쟁력 강화와 농어촌 산업기반시설의 확충 및 농어촌 지역개발사업을 위하여 필요한 재원을 확보함을 목적으로 한 국세로서 지방세법에 의한 취득세의 납부의무자의 경우 그가 납부하여야 할 취득세액의 100분의 10 상당의 세액을 그 취득세를 신고, 납부하는 때에 함께 신고, 납부하여야 하는 부가세이고(농어촌특별세법 제1조, 제3조 제5호, 제5조 제1항 제6호, 제7조 제1항), 교육세는 교육의 질적 향상을 도모하기 위하여 필요한 교육재정의 확충에 소요되는 재원을 확보함을 목적으로 한 국세로서 지방세법에 의한 등록세 납세의무자의 경우 그가 납부하여야 할 등록세액의 100분의 20 상당의 세액을 그 등록세를 신고, 납부하는 때에 함께 신고, 납부하여야 하는 부가세이다(교육세법 제1조, 제3조 제5호, 제5조 제1항 제5호, 제9조 제2항).

다. 판 단

(1) 취득세 및 등록세에 관하여 본다.

(가) 먼저 이 사건 토지의 취득이 위 지방세법 규정과 피고 광주광역시 조례에 의하여 취득세 및 등록세의 면제대상에 해당되는지 여부에 관하여 보건대, 이 사건 토지의 취득 당시 시행되고 있던 광주광역시세감면조례(1996. 10. 12. 개정된 것과 1997. 4. 15. 개정된 것) 제15조에 의하면, 주택건설사업자 등이 임대할 목적으로 공동주택을 건축하는 경우와 매입임대업자가 건축주 또는 건설임대사업자로부터 최초로 승계취득하는 경우에 그 전용면적이 40㎡를 초과하고 60㎡ 이하인 5세대 이상의 임대주택용 공동주택 및 그 부속토지에 대하여 취득세 및 등록세를 면제하도록 되어 있는바, 위 감면조례의 취지는 임대주택의 공급을 확대함으로써 서민들의 주거환경을 안정시키기 위하여 임대주택건설 및 매입임대주택에 대한 지방세를 감면하고자 하는 것으로서 위 조례에 의하면 임대업자가 임대할 목적으로 이미 건축된 일정한 규모와 세대의 공동주택을 승계취득하는 경우와 함께 주택건설사업자 등이 임대할 목적으로 그와 같은 공동주택을 건축하는 경우에도 그 공동주택 및 부속토지에 대한 세금을 면제하도록 되어 있으므로 주택건설사업자가 임대할 목적으로 60㎡ 이하의 공동주택을 건축하기 위하여 부속토지를 취득하는 경우에 있어서도 취득세와 등록세가 면제되고 다만 그 후 이를 임대 이외의 용도로 사용하는 경우에는 위 세금을 추징하게 되는 것으로 보아야 할 것이다(만약 그렇게 보지 아니한다면 임대할 목적으로 공동주택을 건축하는 경우에는 토지를 취득할 당시에 아직 주택이 건축되어 있지 아니하므로 먼저 공동주택을 건축한 후에 그 부속토지를 취득하는 경우 외에는 공동주택을 건축한 후에 그 주택에 대하여만 세금을 감면받을 수 있게 되고 그 부속토지에 대한 세금이 감면되는 경우는 있을 수 없게 되어 임대주택용 공동주택을 건축하는 경우에도 공동주택과 그 부속토지에 대한 세금을 감면하도록 정한 위 조례 제15조 제1, 2호의 의미가 없게 된다).

나아가 원고가 위 감면조례에 해당하는 공동주택을 건축하기 위하여 이 사건 토지를 취득한 후 소외 광주광역시장으로부터 주택건설사업계획승인 및 임대아파트 입주자모집공고승인을 받은 후 입주자들과 사이에 임대주택공급계약을 체결하고 1998. 9. 14. 위 광주광역시장으로부터 주택건설사업사용검사필증을 교부받은 사실은 앞에서 인정한 바와 같으므로, 결국 이 사건 토지는 위 감면조례의 부속토지에 해당되어 취득세와 등록세가 면제된다고 보아야 할 것이다.

(나) 다음으로 위 취득세, 등록세의 자진신고 행위가 당연무효인지의 여부에 관하여 보건대, 취득세, 등록세와 같은 신고납부 방식의 조세에 있어서는 원칙적으로 납세의무자가 스스로 과세표준과 세액을 정하여 신고하는 행위에 의하여 조세의무가 구체적으로 확정되고 그 납부행위는 신고에 의하여 확정된 구체적 조세채무의 이행으로 하는 것이며 국가나 지방자치단체는 그와 같이 확정된 조세채권에 기하여 납부된 세액을 보유하는 것이므로, 납세의무자의 신고행위가 중대하고 명백한 하자로 인하여 당연무효로 되지 않는 한 그것이 바로 부당이득에 해당한다고 할 수 없고, 그 하자가 중대하고 명백하여 당연 무효라고 하기 위하여는 당해 과세처분 등의 근거가 되는 법규의 목적, 의미, 기능 및 이에 대한 법적 구제수단 등을 목적론적으로 고찰함과 동시에 과세처분 등에 이르게 된 구체적 사정과 하자

의 내용을 개별적으로 파악하여 합리적으로 판단하여야 할 것인데, 원고가 이 사건 자진신고납부에 앞서 그 취득세와 등록세가 위 조례에 의한 면제대상임을 주장하여 관할 관청인 위 광주광역시 광산구청에 대하여 취득세 및 등록세 면제요청을 하였으나 위 광주광역시 광산구청이 그 면제를 거부하였고 이에 원고가 이 사건 토지에 대한 신속한 소유권이전등기의 필요와 자진신고납부 해태에 따른 가산세의 부담을 회피하기 위하여 부득이 자진신고납부를 한 사실은 앞에서 인정한 바와 같고, 이와 같은 경우 지방세법상 납세의무자에게 과오납금환부신청권이 인정되지 아니하여 행정소송에 의한 구제방법이 인정되지 아니하므로 그 구제수단으로 바로 이 사건 민사소송에 의하여 위 취득세 및 등록세액의 반환을 청구하게 된 것으로서 이 사건에서 위 취득세 및 등록세의 자진신고행위에는 조세채무의 확정력을 인정할 여지가 없는 중대하고 명백한 하자가 있어 위 신고행위는 당연무효라고 할 것이고, 따라서 피고 광주광역시는 원고로부터 법률상 원인 없이 위 취득세 및 등록세액을 수령함으로써 동액 상당의 이득을 얻고 그로 인하여 원고에게 동액 상당의 손해를 입혔다고 할 것이므로 이를 원고에게 반환할 의무가 있다.

(2) 농어촌특별세 및 교육세에 대하여 본다.

농어촌특별세는 취득세에 대한 부가세이고, 교육세는 등록세에 대한 부가세로서 국세인데 이 사건에서 농어촌특별세 및 교육세납부의 전제가 되는 취득세와 등록세가 면제되어야 함은 앞에서 본 바와 같으므로 위 농어촌특별세와 교육세의 자진신고납부행위도 당연무효라고 할 것이어서 피고 대한민국은 원고로부터 법률상 원인없이 위 농어촌특별세 및 교육세액을 수령함으로써 동액 상당의 이득을 얻고 그로 인하여 원고에게 동액 상당의 손해를 입혔다고 할 것이므로 이를 원고에게 반환할 의무가 있다.

3. 결 론

그렇다면 원고에게, 피고 광주광역시는 위 취득세 금 134,871,980원과 등록세 금 184,914,540원의 합계 금 319,786,520원을, 피고 대한민국은 위 농어촌특별세 금 13,487,190원과 교육세 금 36,982,900원의 합계 금 50,470,090원 및 각 이에 대하여 이 사건 소장 부본 송달일 다음날임이 기록상 명백한 1998. 6. 17.부터 이 사건 판결 선고일인 1999. 6. 18.까지는 민법에 정한 연 5%의, 그 다음날부터 다 갚는 날까지는 소송촉진등에관한특례법에 정한 연 25%의 각 비율에 의한 지연손해금(이 판결선고일까지는 피고가 그 이행의무의 존부에 관하여 항쟁함이 상당하다고 인정되므로 위 특례법에 정한 지연손해금의 청구는 받아들이지 아니한다.)을 지급할 의무가 있다 할 것이므로, 원고의 이 사건 청구는 위 인정범위 내에서 이유 있어 이를 인용하고, 나머지 청구는 이유 없어 이를 기각하기로 하여 주문과 같이 판결한다.

판사 김용일(재판장) 윤태식 김학수

[판례 65] 매매대금등 (서울지법 2000. 9. 21. 선고 2000나101 판결 : 확정)

【판시사항】

아파트 분양계약에서 수분양자의 귀책사유로 계약이 해제되는 경우에 위약금을 분양자에게 귀속시키는 외에 연체료를 추가로 공제하도록 규정한 조항을 약관의규제에관한법률에 위반하여 무효라고 본 사례

【판결요지】

수분양자가 중도금 납부를 지체하면 분양자는 그에 대한 이자금 상당의 손해를 입게 된다고 할 것이나, 계약상 총 공급금액의 10%를 위약금으로 분양자에게 귀속시키기로 한 점, 분양자로서는 수분양자의 위약시 계약을 해제하고 다른 사람과 다시 계약을 체결함으로써 위 손해를 줄일 수 있는 점, 연체료는 본래 계약의 존속을 전제로 그 이행지체에 대한 책임을 묻는 성질의 것인 점, 기타 당사자의 지위, 계약의 목적과 내용, 손해배상액을 예정한 동기와 경위, 손해배상 예정액의 비율, 예상 손해액의 크기, 그 밖의 거래관행 등 여러 사정에 비추어 볼 때, 수분양자의 귀책사유로 계약이 해제되는 경우에 위약금을 분양자에게 귀속시키는 외에 연체료를 추가로 공제하도록 규정한 계약 조항은 고객에 대하여 부당하게 과중한 손해배상의무를 부담시키거나 분양자와 같은 사업자에게 계약의 해제로 인한 원상회복의무를 부당하게 경감하는 조항으로서 신의성실의 원칙에 반하여 공정을 잃은 약관 조항에 해당하여 무효라고 본 사례.

【참조조문】

[1] 약관의규제에관한법률 제8조, 제9조

【전 문】

【원고, 항 소 인】주식회사 세방유통 (소송대리인 변호사 노승두)
【피고, 피항소인】주식회사 신영 (소송대리인 변호사 천성국)
【원심판결】서울지법 1999. 12. 1. 선고 99가단177608 판결

【주 문】

1. 원심판결 중 아래에서 지급을 명하는 부분에 해당하는 원고 패소 부분을 취소한다.
2. 피고는 원고에게 금 17,923,000원 및 이에 대하여 1999. 8. 4.부터 2000. 9. 21.까지 연 5%, 그 다음날부터 완제일까지 연 25%의 각 비율에 의한 금원을 지급하라.
3. 원고의 나머지 항소를 기각한다.
4. 소송 총비용 중 2/5는 원고의, 나머지는 피고의 각 부담으로 한다.
5. 제2항은 가집행할 수 있다.

【청구취지 및 항소취지】

원심판결을 취소한다. 피고는 원고에게 금 29,871,000원 및 이에 대하여 이 사건 소장부본

송달 다음날부터 완제일까지 연 25%의 비율에 의한 금원을 지급하라.

【이 유】

1. 기초 사실

   [증 거] 갑 제1 내지 9호증(이하 모두 가지번호 포함), 을 제1 내지 4호증, 당심 증인 소외 1(일부 증언), 한라건설 주식회사, 성남시장에 대한 각 사실조회

   가. 원고는 1997. 7. 5. 피고와 사이에, 피고가 시행사, 한라건설 주식회사(이하 '한라건설'이라 한다)가 시공 및 보증사로 건축하는 성남시 분당구 구미동 18지상 시그마 II 오피스텔 비(B)동 ○층 △호를 총 공급금액 금 119,484,000원에 매수하는 계약(이하 '이 사건 계약'이라 한다)을 약관("시그마 II 공급계약서", 이하 '계약서'라 한다)에 의하여 체결하고, 피고에게 계약당일 계약금 11,948,000원, 1997. 11. 10., 1998. 3. 10., 1998. 7. 10., 1998. 11. 10., 1999. 3. 10. 각 1 내지 5차 중도금으로 각 금 17,923,000원, 입주시에 잔금 17,921,000원을 각 지급하기로 하고, 위 계약금 및 1차 중도금을 각 그 약정기일에 지급하였다.

   나. 이 사건 계약에 의하면, 원고가 중도금 및 잔금을 약정기일 내에 납부하지 못할 경우에는 그 체납액에 대하여 연 17%의 연체요율(시중은행 일반대출 연체금리)을 적용하여 연체일수에 따라 산정된 연체료를 납부하여야 하고(계약서 제2조 제2항), 피고는 원고가 계속해서 중도금 3회분을 체납하였을 경우 1회 이상 최고한 후 이 사건 계약을 해제할 수 있으며(계약서 제3조 제1항), 이러한 사유로 계약이 해제되었을 경우 원고가 납부한 대금 중 총 공급금액의 10%를 위약금으로 피고에게 귀속처리하고 차감액은 원고에게 환불하되(계약서 제4조 본문), 미납된 연체료는 추가로 공제하기로 하였다(계약서 제4조 단서).

   다. 한라건설이 1997. 12. 초경 부도를 내고 위 건물 건축공사를 일시 중단하자, 원고는 1997. 12. 23. 피고에게 '삼성, 대우, 현대 등 계열사의 신용보증회사 발행의 계약이행보증서(금 1억 5천만 원 상당)를 1998. 1. 10.까지 보완하지 않으면 이 사건 계약을 해제하겠다.'는 내용의 통지를 하였고, 1998. 3. 3. 피고에게 이 사건 계약을 해제한다고 재차 통지하여 이는 그 무렵 피고에게 도달되었다.

   라. 한라건설은 부도 후 곧바로 서울지방법원 동부지원에 화의 신청을 하여 회사 경영을 정상화시키고 공사를 계속하였고, 1998. 5. 7.에 위 법원 97거13호로 화의개시결정을 받아 1998. 9. 16. 화의인가결정을 받은 후 현재는 화의에서 벗어났으며, 같은 달 24일경에는 위 건물의 공정 중 43.5% 정도를 완성하였다가 1999. 8. 26.경 위 건물을 완공하여 사용승인을 받았고, 1999. 9. 15.부터 입주가 시작되었다.

   마. 피고는 1999. 3. 13. 원고에게 미납금 최고통지를 한 후, 한라건설과 함께 1999. 9. 8. 원고에게 이 사건 계약을 해제한다고 통지하여 이는 그 무렵 원고에게 도달되었다.

   바. 피고는 소외 2에게 위 오피스텔 ○층 △호를 매도하고 1999. 11. 5. 그 소유권이전등기를 경료해 주었다.

2. 이 사건 계약의 해제

   가. 원고의 주장

      (1) 원고는, 피고가 위 건물을 1999. 4. 또는 늦어도 1999. 6.경까지는 완공하기로 약

정하였음에도 1999. 8. 26.에야 완공하였으므로 그 이행지체를 이유로 이 사건 계약을 해제한다고 주장한다.

살피건대, 위 주장에 부합하는 듯한 당심 증인 소외 1의 일부 증언은 믿지 아니하고 달리 이를 인정할 증거가 없으며, 오히려 갑 제7, 8호증의 각 기재에 의하면, 피고는 1997. 4. 18. 한라건설에게 위 건물의 신축공사를 도급주고, 공사기간은 착공 후 22개월로 하되 지질상태 등에 따라 상호 협의하여 조정하기로 하였는데, 위 건물 예정 공정표에는 1999. 8. 말경이 준공시기로 되어 있고, 피고가 1997. 4.경 성남시장에게 제출한 배수설비 설치 및 사용개시 신고서에도 준공 예정일이 1999. 8.경으로 되어 있으며, 피고는 1997. 8. 12. 건축허가를 받아 같은 달 22. 착공신고를 한 후 같은 달 28. 공사에 착수하였고, 피고와 한라건설은 1998. 11. 9. 공사기간을 1999. 9. 13.경까지로 연장하였다가 1999. 8. 26. 위 건물을 완공한 사실을 인정할 수 있으므로 위 건물의 준공 예정 시기는 1999. 8. 내지 1999. 9.경이라고 봄이 상당하고, 따라서 피고가 그 이행을 지체하였다고 할 수 없으니 위 주장은 이유 없다.

(2) 원고는, 시공사 겸 보증사인 한라건설이 부도를 내고 공사를 중단하여 이 사건 계약 성립 당시의 사정에 현저한 변경이 생겼으므로 이 사건 계약을 해제하였다고 주장한다.

살피건대, 위 기초 사실에 의하면 한라건설이 1997. 12. 초경 부도를 내고 공사를 일시중단한 사실은 인정되나, 당시 한라건설은 화의절차 진행중이었고, 그 후 곧바로 공사를 재개하여 분양계약 당시 예정하였던 1999. 8. 말경 위 건물을 완공한 점에 비추어 볼 때, 위 부도 및 공사의 일시 중단만으로 당시 이 사건 계약을 해제하여야 할 정도의 사정변경이 있었다고 보기 어렵다 할 것이므로 위 주장은 이유 없다.

(3) 원고는, 1998. 2. 28.경 또는 1998. 5. 26. 및 같은 달 26.경 피고와 합의해제를 하였다고 주장하므로 살피건대, 이에 부합하는 듯한 당심 증인 소외 1의 일부 증언은 믿지 아니하고 달리 이를 인정할 증거가 없으므로 위 주장도 이유 없다.

(4) 원고는, 피고가 위 ○층 △호를 타인에게 매도하고 등기를 경료해 주어 이 사건 계약이 이행불능이 되었으므로 이 사건 계약을 해제한다고 주장하므로 살피건대, 위 기초 사실에 의하면 피고는 소외 2에게 위 ○층 △호를 매도하고 1999. 11. 5. 그 소유권이전등기를 경료해 준 사실은 인정되나, 아래에서 보는 것처럼 이 사건 계약은 위 이전등기 경료 이전인 1999. 9. 13.경 피고의 해제 의사표시에 의하여 이미 해제되었으므로 이 사건 계약의 존속을 전제로 하는 위 주장도 이유 없다.

나. 피고의 주장

(1) 피고는 원고의 중도금 납부 지체를 이유로 이 사건 계약을 해제하였다고 주장하므로 살피건대, 위 기초 사실에 의하면, 원고가 2 내지 5회분 중도금 납부를 지체하자, 피고는 원고에게 1999. 3. 13. 미납금 최고통지를 한 후, 1999. 9. 13. 이 사건 계약을 해제한다고 통지하였으므로, 그 무렵 이 사건 계약은 적법하게 해제되었다고 할 것이다.

(2) 이에 대하여 원고는, 중도금과 그 납부일자는 위 공사의 진척도에 따라 정한 것이므로 각 중도금의 지급과 공사의 진척은 동시이행의 관계에 있음을 전제로, 2차 중

도금 일자인 1998. 3. 10.에는 피고가 위 건물의 전 공정 중 40%(계약금 10%, 1, 2차 중도금 각 15%)를 완성하여야 함에도 이에 미달하였는바, 피고는 동시이행 관계에 있는 자신의 채무를 이행하지 아니한 상태에서 피고의 중도금 납부 지체를 이유로 이 사건 계약을 해제할 수 없으므로 위 해제는 부적법하여 효력이 없다고 주장한다.

그러나 이 사건에서 각 중도금의 지급과 공사의 진척이 동시이행 관계에 있다는 점을 인정할 아무런 증거가 없고, 오히려 위 인정 사실에 의하면 원고의 각 중도금 지급의무는 피고의 공사 완공에 앞서 이행하여야 할 선이행 의무라고 할 것이므로 원고의 위 주장은 더 나아가 살펴볼 필요 없이 이유 없다.

나아가 원고의 위 주장 속에는 민법 제536조 제2항의 강학상 불안의 항변을 포함하고 있는 것으로 보더라도, 위 인정 사실에 의하면 한라건설이 1997. 12. 초경 부도를 내고 일시 공사를 중단한 적은 있으나 화의 절차를 통하여 회사 경영을 정상화시키면서 곧바로 공사를 계속하여 계약 당시 예상했던 공정과 큰 차질 없이 공사를 진행함으로써 예정된 시기에 공사를 완공한 것인바, 위 각 중도금 지급기일에 있어 선이행 의무자인 원고가 시공사인 한라건설의 신용불안이나 재산상태의 악화 등의 사정으로 반대 급부를 이행받을 수 없는 사정변경이 생겼다고 할 수 없으므로, 원고에게 위 각 중도금의 지급을 거절할 수 있는 불안의 항변권이 있었다고 할 수 없으니, 결국 원고의 위 주장은 어느 모로 보나 이유 없음에 돌아간다.

3. 원상회복

가. 이 사건 계약이 해제되었으므로 특별한 사정이 없는 한 그 원상회복으로 피고는 원고에게 원고가 납입한 계약금 및 1차 중도금 합계 금 29,871,000원(= 11,948,000원 + 17,923,000원)을 반환할 의무가 있다.

나. 피고는 위약금으로 총 공급금액의 10%를 공제하여야 한다고 주장하므로 살피건대, 원고가 중도금을 납부하지 아니하여 이 사건 계약이 해제되었고, 이러한 경우 총 공급금액 금 119,484,000원의 10%를 위약금으로 피고에게 귀속시키기로 약정한 사실은 위에서 본 바와 같으므로, 금 11,948,000원(피고가 구하는 바에 따라 천 원 미만 버림)이 위약금으로 공제되어야 한다. 따라서 위 주장은 이유 있다.

다. 피고는 또한 중도금 납입 지체에 따른 연체료로 시중은행 일반대출 연체금리에 상당한 19% 또는 25%의 연체율로 계산한 금 11,387,100원을 공제하여야 한다고 주장하고, 이에 대하여 원고는 이러한 약정은 "약관의규제에관한법률(이하 '약관법'이라 한다)"에 위반하여 무효라고 주장한다

살피건대, 약관에 따라 이루어진 이 사건 계약에서 원고가 중도금의 납입을 지체하여 이 사건 계약이 해제되는 경우에도 시중은행 일반대출 연체금리에 상당한 연체요율을 적용한 연체료를 추가로 공제하기로 약정한 사실은 위에서 본 바와 같다.

약관법 제8조는 "고객에 대하여 부당하게 과중한 지연손해금 등의 손해배상의무를 부담시키는 약관조항은 이를 무효로 한다."고 규정하고 있고, 제9조는 "계약의 해제·해지에 관하여 정하고 있는 약관의 내용 중 다음 각 호의 1에 해당되는 내용을 정하고 있는 조항은 이를 무효로 한다."고 규정하면서 그 제4호에 "계약의 해제·해지로 인한 사업자의 원상회복의무나 손해배상의무를 부당하게 경감하는 조항"을 들고 있다.

이 사건의 경우 원고가 중도금 납부를 지체하면 피고는 그에 대한 이자금 상당의 손해를 입게 된다고 할 것이나, 이 사건 계약상 총 공급금액의 10%를 위약금으로 피고에게 귀속시키기로 한 점, 피고로서는 원고의 위약시 이 사건 계약을 해제하고 다른 사람과 다시 계약을 체결함으로써 위 손해를 줄일 수 있는 점, 연체료는 본래 계약의 존속을 전제로 그 이행지체에 대한 책임을 묻는 성질의 것인 점, 기타 당사자의 지위, 이 사건 계약의 목적과 내용, 손해배상액을 예정한 동기와 경위, 손해배상 예정액의 비율, 예상 손해액의 크기, 그 밖의 거래관행 등 여러 사정에 비추어 볼 때, 이 사건 약관의 고객이라고 할 수 있는 매수인의 귀책사유로 계약이 해제되는 경우에 위약금을 피고에게 귀속시키는 외에 연체료를 추가로 공제하도록 규정한 계약서 제4조 단서 조항은 고객에 대하여 부당하게 과중한 손해배상의무를 부담시키거나 피고와 같은 사업자에게 계약의 해제로 인한 원상회복 의무를 부당하게 경감하는 조항으로서 신의성실의 원칙에 반하여 공정을 잃은 약관 조항에 해당하여 **무효**라 할 것이다.

따라서 원고의 주장이 이유 있으므로, 결국 연체료의 공제를 주장하는 피고의 위 주장은 이유 없음에 돌아간다

라. 피고는 또한 금 6,727,500원을 공탁하였으므로 위 금원도 공제되어야 한다고 주장한다. 살피건대, 을 제5호증의 기재에 의하면 피고가 2000. 3. 2. 원고를 피공탁자로 하여 이 사건 계약 해제로 인하여 원고에게 반환할 금원으로, 원고가 납부한 금원 중 위약금과 연체료 금 11,387,100원을 공제한 금 6,727,500원을 공탁한 사실은 인정된다. 그러나 변제 공탁이 유효하려면 채무 전부에 대한 변제의 제공 및 채무 전액에 대한 공탁이 있어야 하고, 채무 전액이 아닌 일부에 대한 공탁은 그 부족액이 아주 근소하다는 등의 특별한 사정이 있는 경우를 제외하고는 채권자가 이를 수락하지 않는 한 그 공탁 부분에 관하여서도 채무소멸의 효과가 발생하지 않는바, 피고가 원고에게 원상회복으로 반환하여야 할 채무액은 금 17,923,000원(= 납입대금 29,871,000원 - 위약금 11,948,000원)이어서 위 공탁은 일부 공탁이 되어 채무소멸의 효과가 발생하지 아니하므로 위 주장도 이유 없다.

4. 결 론

그렇다면 피고는 원고에게 금 17,923,000원 및 이에 대하여 원고가 구하는 바에 따라 이 사건 소장부본 송달 다음날인 1999. 8. 4.부터 피고가 그 이행의무의 존부 및 범위에 관하여 항쟁함이 상당하다고 인정되는 이 판결 선고일인 2000. 9. 21.까지 민법상의 연 5%, 그 다음날부터 완제일까지 소송촉진등에관한특례법상의 연 25%의 각 비율에 의한 지연손해금을 지급할 의무가 있으므로, 원고의 청구는 위 인정범위 내에서 이유 있어 인용하고 나머지 청구는 이유 없어 기각할 것인바, 원심판결 중 이와 일부 결론을 달리하는 부분은 부당하여 취소하고 원고의 나머지 항소를 기각한다.

판사 강용현(재판장) 박재우 박재우

[판례 66] 손해배상(기) (서울지법 동부지원 2000. 2. 17. 선고 99가단22374 판결 : 확정)

【판시사항】

아파트 1동의 공용부분인 외벽에서 빗물이 새어들어 윗층의 바닥임과 동시에 아래층의 천장을 이루고 있는 슬래브를 타고 아래층의 천장 등에 누수로 나타난 경우, 그 윗층 전유부분의 설치 또는 보존상의 하자로 인한 것으로 볼 수 없다고 한 사례

【판결요지】

아파트 1동의 공용부분인 외벽에서 빗물이 새어들어 윗층의 바닥임과 동시에 아래층의 천장을 이루고 있는 슬래브를 타고 아래층의 천장 등에 누수로 나타난 경우, 그 윗층 전유부분의 설치 또는 보존상의 하자로 인한 것으로 볼 수 없다고 한 사례.

【참조조문】

[1] 민법 제215조, 제758조, 집합건물의소유및관리에관한법률 제3조, 제6조

【참조판례】

대법원 1993. 6. 8. 선고 92다32272 판결(공1993하, 1997)
대법원 1995. 2. 28. 선고 94다9269 판결(공1995상, 1447)
대법원 1996. 9. 10. 선고 94다50380 판결(공1996하, 2989)

【전 문】

【원 고】 원고 (소송대리인 변호사 박영배)
【피 고】 피고

【주 문】

1. 원고의 청구를 기각한다.
2. 소송비용은 원고의 부담으로 한다.

【청구취지】

피고는 원고에게 28,346,280원과 이에 대하여 이 사건 소장부본이 송달된 다음날부터 갚는 날까지 연 25%의 비율로 계산한 돈을 지급하라는 판결.

【이 유】

1. 인정되는 기초 사실

다음의 사실은 당사자 사이에 다툼이 없거나 갑 제1, 2호증의 각 1, 2, 갑 제3, 4호증, 갑 제5호증의 1 내지 17, 을 제1호증의 1, 2, 3, 을 제2, 3호증의 각 기재와 이 법원의 현장검증결과, 감정인에 대한 사실조회결과 및 감정인 소외 1의 감정결과를 종합하여 이를 인정할 수 있고 반증 없다.

가. 원고는 1996. 4. 29.경부터 서울 성동구 (이하 생략) 아파트 ○○○동 1405호 123.51

㎡를 소유·점유하고 있고, 피고는 1997. 1. 28.경부터 그 바로 위에 위치한 위 ○○○동 1505호를 소유·점유하고 있으며, 위 ○○○동은 1991. 1. 9. 그 소유권보존등기가 마쳐졌다.

나. 위 1405호의 안방, 거실, 침실 1(현관과 거실 사이의 방) 등의 천장에 1996년 여름부터 누수가 있어 1997. 7.경부터 원·피고 사이에 이를 둘러싸고 분쟁이 발생하여 그 원인을 발견하기 위해 1998년 여름에는 1505호의 발코니 바닥높임공사가 원인인지를 진단하고 또한 1505호의 배관누수 등을 점검하며 입주자대표회의도 관여하여 관리사무소에서 1505호의 발코니 외벽의 균열 등을 보수하였으나 뚜렷한 누수원인을 발견하지 못하고 따라서 처치도 완료하지 못하였다.

다. 위 1505호는 전 소유자인 소외 2가 1991년경 그 전면의 발코니와 안방, 거실, 침실 1 등 사이의 경계를 이루는 조적 및 창호 구조의 벽체를 헐어낸 다음 위 발코니의 타일 마감 바닥을 위 안방과 같은 높이로 높여서 온돌마감을 하여 방으로 변경하고(이하 '이 사건 발코니 확장공사'라 한다.), 또한 식당과 홀 사이 등 일부 내벽을 헐어 공간을 넓히는 구조변경공사를 하였으며, 위와 같은 발코니 바닥높임공사(방넓힘공사)는 위 1405호도 포함한 위 ○○○동의 여러 세대에서 하였다.

라. 현재 위 1405호는 안방, 거실, 침실 1, 발코니, 창고의 각 천장과 벽체 등에 곰팡이가 끼고 벽지에 얼룩이 지며 바닥 마루판이 썩는 등 누수의 흔적을 남기고 있고, 발코니 천장 슬래브에 일부 균열이 발견되며 장마철 등에 특히 누수의 정도가 심한 상태이다.

마. 감정인(건축사)은 위 누수의 원인으로 위 1505호의 안방과 그 화장실은 위 1405호의 바로 옆인 1404호의 지붕층 벽체, 바닥슬래브, 파라펫 난간 등의 균열, 방수 파손 및 접합부 마감불량 등을, 거실은 전면 창호 주변의 마감불량과 이 사건 발코니 확장공사로 인한 하중증가에 따른 균열, 방수파손 및 드레인 부분 방수처리 미흡 등을, 침실 1은 위 발코니확장공사로 인한 하중증가에 따른 균열, 방수파손 및 드레인 부분 방수처리 미흡 등을, 발코니 천장의 균열은 기존 시공미흡과 위 발코니확장공사로 인한 하중증가 등을 각 들고, 위 안방과 그 화장실의 누수는 위 발코니확장공사와 직접적인 관계가 없으나 위 거실과 침실 1의 누수는 위 발코니확장공사시 발생한 취약부 및 균열부 위 하자가 점점 진행되고 드레인 부분 방수처리 미흡 등이 누수로 나타났는데, 위 발코니확장공사가 위 거실 및 침실 1의 누수에 미친 영향은 75% 정도라고 감정하였다.

2. 당사자의 주장 및 이에 대한 판단

원고는, 위와 같은 위 1405호의 누수는 피고가 위 1505호의 발코니 슬래브에 관하여 아래층에 영향을 주지 않도록 적정한 하중을 유지하고 방수조치를 하는 등 보존·관리를 철저히 하지 아니한 공작물(위 1505호 아파트)의 설치·보존상의 하자로 인한 것이므로 피고는 이에 대한 손해배상으로서 원고에게 위 하자보수비용 8,346,280원(5,032,592원 + 3,313,688원)과 원고의 정신적 고통에 대한 위자료로 20,000,000원, 합계 28,346,280 원을 지급하여야 한다고 주장하고, 피고는 위 누수는 불량시공에 의한 위 아파트 전체의 문제일 뿐 위 발코니확장공사와는 아무런 관계가 없다고 다툰다.

그러므로 살피건대, 위 ○○○동의 건축년도, 위 1405호 및 1505호의 위 ○○○동에서의 위치, 위 누수의 형태 및 정도와 경로, 위 발코니확장공사시기와 누수시기 등을 종합하여 보면, 위 1405호의 누수는 위 1505호 등의 외벽에서 빗물이 새어들어 위 1405호와 1505

호 사이의 슬래브(1405호의 천장임과 동시에 1505호의 바닥이다) 또는 위 1405호의 천장을 타고 흘러 위와 같이 1405호의 천장 등에 누수로 나타났다고 볼 것이다. 감정인은 위 거실과 침실 1의 누수 원인으로 위 발코니확장공사로 인한 하중증가에 따른 균열, 방수파손 및 드레인 부분 방수처리 미흡 등을 들고 있으나 위 감정결과에 의하더라도 빗물은 외벽에서 새어들어 오는 것이고, 일단 새어들어 온 다음에 위 슬래브를 타고 옆으로 흐르거나 슬래브의 균열부를 타고 밑으로 흘러내리는 것을 들어 누수의 원인이라고 할 수는 없다. 즉, 빗물이 새어드는 것은 위 아파트 중 외부에 노출된 외벽의 하자로 인한 것이고 그 새어든 빗물의 이동경로가 되었다고 하여 이를 그 구조물의 하자라고는 단정할 수 없다. 더구나 건축에 있어 종방향의 방수시공만을 할 뿐 횡방향의 방수시공을 하거나 외부에 노출되지 않는 층사이의 슬래브에 대한 방수시공은 하지 않는 것이 일반적인 점에 비추어 보면 더욱 그렇다(공동주택 또는 집합건물의 특수한 문제로서 누수가 윗층의 배관누수인 경우에는 별 문제이지만 물이 위에서 아래로 흐르는 것은 물리적 현상임에도 불구하고 아래층의 누수는 당연히 윗층의 책임이라고 단정할 수 없는 것이다). 따라서 위 감정결과 중 위 누수 원인에 대한 부분은 믿지 아니하고, 달리 위 1405호의 누수가 1505호 전유부분의 설치·보존상의 하자로 인한 것임을 인정할 아무런 증거가 없으므로 원고의 위 주장은 이유 없다.

따라서 위 1405호 누수는 위 ○○○동 외벽 부분의 하자로 인한 것이라 할 것이고, 위와 같은 공동주택의 외벽은 그 건물의 외관이나 안전을 유지하기 위하여 필요한 부분으로서 구조상 공용부분이라 할 것(대법원 1993. 6. 8. 선고 92다32272 판결, 1996. 9. 10. 선고 94다50380 판결 등 참조)이며, 위 1505호의 외벽은 위 ○○○동 구분소유자 전원의 공용에 제공되는 부분이라 할 것이다. 그리고 공용부분의 하자로 인하여 발생한 손해는 그 공용부분의 소유자 전원의 책임에 돌아가므로 결국 이를 구성원으로 하는 입주자대표회의 또는 관리단에게 책임이 있다고 볼 것이다(이와 같이 보는 것이 공동주택 또는 집합건물의 성질에 맞고, 더구나 집합건물의소유및관리에관한법률 제6조는 "전유부분이 속하는 1동의 건물의 설치 또는 보존의 하자로 인하여 타인에게 손해를 가한 때에는 그 하자는 공용부분에 존재하는 것으로 추정한다."고 규정하여 하자가 전유부분에 있는지 공용부분에 있는지 분명하지 아니한 경우에는 공용부분에 있는 것으로 추정하고 있다).

그렇다면 원고의 이 사건 청구는 이유 없어 기각하고, 소송비용의 부담에 관하여는 민사소송법 제89조를 적용하여 주문과 같이 판결한다.

판사　신용석

[판례 67] 부당이득금반환 (부산지법 2000. 1. 14. 선고 99나9599 판결 : 확정)

【판시사항】

건설회사가 아파트를 분양하면서 수분양자와 사이에 그 소유권이전절차는 수분양자의 비용으로 하기로 약정한 후 그 아파트에 관하여 건설회사 명의의 소유권보존등기를 거쳐 수분양자 명의의 소유권이전등기를 경료하면서 수분양자에게 그 소유권보존등기 비용과 소유권이전등기

비용을 구분하지 아니한 채 전체 등기비용을 부담시킨 경우, 건설회사는 수분양자에게 그 등기비용 중 소유권보존등기에 소요된 비용 상당액을 부당이득으로서 반환할 의무가 있다고 본 사례

【판결요지】

건설회사가 아파트를 분양하면서 수분양자와 사이에 그 소유권이전절차는 수분양자의 비용으로 하기로 약정한 후 그 아파트에 관하여 건설회사 명의의 소유권보존등기를 거쳐 수분양자 명의의 소유권이전등기를 경료하면서 수분양자에게 그 소유권보존등기 비용과 소유권이전등기 비용을 구분하지 아니한 채 전체 등기비용을 부담시킨 경우, 건설회사는 수분양자에게 그 등기비용 중 소유권보존등기에 소요된 비용 상당액을 부당이득으로서 반환할 의무가 있다고 본 사례.

【참조조문】

[1] 민법 제741조

【전 문】

【원고, 항 소 인】 원고
【피고, 피항소인】 엘지건설 주식회사
【원심판결】 부산지법 동부지원 1999. 5. 27. 선고 98가소119153 판결

【주 문】

1. 원심판결 중 아래에서 지급을 명하는 부분에 해당하는 원고 패소 부분을 취소한다.
   피고는 원고에게 금 66,634원 및 이에 대한 1998. 12. 23.부터 2000. 1. 14.까지는 연 5%의, 그 다음날부터 완제일까지는 연 25%의 각 비율에 의한 금원을 지급하라.
2. 원고의 나머지 항소를 기각한다.
3. 소송비용은 1, 2심 모두 이를 2분하여 그 1은 원고의, 나머지는 피고의 각 부담으로 한다.
4. 제1항의 금원지급부분은 가집행할 수 있다.

【청구취지 및 항소취지】

원심판결을 취소한다. 피고는 원고에게 금 140,000원 및 이에 대한 이 사건 소장부본 송달 다음날부터 완제일까지 연 25%의 비율에 의한 금원을 지급하라.

【이 유】

1. 원고는 피고 회사가 건축, 분양한 부산 사상구 (주소 생략)(이하 '이사건 부동산'이라 한다)를 분양받은 수분양자로서 이 사건 부동산에 관한 소유권이전등기신청의 법무사보수로 그 등기신청을 위임받은 법무사에게 금 140,000원을 지급하였는바, 피고 회사는 원고에게 이 사건 부동산에 관한 소유권이전등기를 경료해 주어야 할 등기의무자로서 위 법무사보수를 부담할 의무가 있음에도 이를 원고가 지출하게 하여 위 보수액 상당의 부당이득을 취득하였으므로 위 금 140,000원 및 이에 대한 지연손해금을 반환할 의무가 있다고 주장한다.
살피건대, 갑 제1호증 내지 갑 제5호증, 갑 제9호증의 각 기재에 변론의 전취지를 종합하

면, 원고와 피고 회사는 1993. 12. 1. 이 사건 부동산에 관하여 분양계약을 체결하고 그 후 원고가 그 분양대금을 완납한 사실, 이 사건 부동산에 관하여 1996. 12. 18. 피고 회사 명의의 소유권보존등기가, 1997. 2. 28. 원고 명의의 소유권이전등기가 각 경료된 사실, 위 소유권이전등기는 원고와 피고 회사가 법무사인 소외인에게 위 소유권이전등기의 신청절차를 위임하여 이루어졌는데, 원고는 1997. 2. 19. 이 사건 부동산에 관한 소유권이전등기의 법무사 보수로 위 소외인에게 금 140,000원을 지급한 사실을 각 인정할 수 있고 반증 없다. 그런데 피고 회사가 위 소유권이전등기의 등기의무자라 하여 그 법무사보수까지도 당연히 부담할 의무가 있다고 볼 수는 없고, 위 이전등기에 관한 법무사보수는 원칙적으로 원고와 피고 회사 사이의 위 분양계약에 의하여 결정되는 것이며, 위에서 본 증거에 의하면 위 분양계약 제6조에서 이 사건 부동산에 대한 소유권이전절차는 원고의 비용으로 하여야 하는 것으로 규정하고 있는 사실을 인정할 수 있는바{원고는 위 분양계약조항은 피고 회사가 대기업으로서의 우월적인 지위를 남용하여 일방적으로 정한 것으로서 무효라는 취지로 주장하나, 공정거래위원회가 정한 아파트표준공급계약서(기록 제293정)도 소유권이전등기절차는 수분양자의 비용으로 할 것으로 규정하고 있는 점 등에 비추어 보면 위 조항의 내용이 부당하다고 볼 수는 없다.}, 이에 의하면 위 소유권이전등기에 관한 법무사보수 역시 원고가 부담하기로 약정되었다 할 것이므로, 소유권이전등기에 관한 법무사보수가 피고 회사의 부담임을 전제로 한 원고의 위 주장은 이유 없다.

2. 다음으로 원고는, 이 사건 부동산에 관한 소유권이전등기절차는 피고 회사와 같은 대기업에 있어 그리 어려울 것이 없는 일이므로, 피고 회사는 이 사건 부동산에 관한 분양 당사자로서 굳이 법무사에게 소유권이전등기절차를 위임할 필요 없이 스스로 이를 이행하거나, 수분양자인 원고에게 법무사를 통하지 않고도 소유권이전등기절차의 이행이 가능하다는 사실을 고지하고 법무사를 통하지 않고 등기할 수 있도록 협조하였어야 하는데도 이러한 번거로움을 면할 목적으로 사실상 특정 법무사의 위임을 강요하여 원고로 하여금 법무사보수를 지출하게 함으로써, 스스로 소유권이전등기절차를 이행하거나 원고의 소유권이전등기절차 이행에 협조하여 줄 의무를 면하여 위 법무사보수액 상당의 부당이득을 취득하였다고 주장한다.

살피건대, 피고 회사가 원고에게 특정 법무사를 통한 등기절차의 이행을 사실상 강요하였다는 점을 인정할 아무런 증거가 없고, 오히려 원고가 법무사에의 위임 여부를 선택할 수 있었음에도 피고 회사와 함께 이 사건 부동산에 관한 소유권이전등기절차를 법무사에게 위임한 사실은 위에서 본 바와 같을 뿐만 아니라(원고는 법무사의 위임이 원고의 진정한 의사에 의한 것이 아니라고 주장하나 이를 인정할 아무런 증거가 없고, 법무사 위임장상의 원고 인장의 날인이 원고의 승낙에 따라 원고의 처에 의하여 이루어진 것임은 원고도 인정하고 있다.), 당심의 부산지방법무사회장에 대한 사실조회결과에 의하면, 아파트를 분양받은 경우의 소유권이전등기절차는, 먼저 등기부등본을 열람하여 이전등기하고자 하는 부분의 이상 유무를 확인하고, 보존등기필증, 분양계약서(원인증서), 건축물대장, 토지대장등본, 토지가격확인서, 주민등록등본 또는 법인등기부등본, 양도소득세신고필증 등을 구비하여 이전등기신청서 5통을 작성한 후, 관할구청의 토지관리과에서 분양계약서의 검인을 받고, 등록세, 교육세를 자진신고, 납부한 후 그 통지서와 대법원등기신청증지, 소정의 인지를 신청서와 원인증서 여백에 첨부하여 관할 등기소에 제출하고, 등기완료 후 등기소로부터 등기필증을 교부받는 순서로 이루어지는 사실을 인정할 수 있고 달리 반증 없다. 그러므로 위 절차의 내용에 비추어 볼 때 피고 회사가 이를 손쉽게 처리할 수 있다거나 이를 법무사에게 위임한 것이 합리성을 결여한 것이라고 보기는 어렵고, 원고나 피고 회사로서도 신속하고 정확한 등기절차의 이행과 당사자가 이를 직접 이행하게 될 경우의 번거로움을 피하기 위하여 그 전문가인 법무사를 선임할 필요성이 있다고 보여지며, 한편 피고 회사에게 위 분양계약의 내용 이외에 법무사를 통하지 않고 등기절차를 이행하는 것이 가능하다는 사실까지 고지할 의무가 있다고 보기는 어려우므로 원고의 위 주장 역시 이유 없다.

3. 마지막으로 원고는, 이 사건 부동산에 관한 보존등기는 피고 회사의 위임에 따라 위 소외인에 의하여 경료되었는바, 그 법무사보수는 피고 회사가 부담하여야 할 것인데도 위 소외인은 이를 이전등기에 관한 법무사보수에 함께 계산하여 청구하고 이를 원고가 지급하여 피고 회사가 그 지급의무를 면함으로써 피고 회사는 그 금액만큼의 부당이득을 취득하였다고 주장한다.

살피건대, 이 사건 부동산에 관한 보존등기의 법무사보수는 특약이 없는 한 보존등기로 인하여 소유자로서 등기될 자인 피고 회사가 부담하여야 할 것인바, 위 분양계약서 제6조가 보존등기비용까지 원고에게 부담시키는 취지라고 보기는 어렵고, 한편 위 보존등기절차가 피고 회사의 위임에 따라 위 소외인에 의하여 이루어진 것이고 그 법무사보수가 위 이전등기에 관한 법무사보수에 포함되어 원고에게 청구된 것이라는 사실은 피고 회사가 변론에서 이를 명백히 다투지 아니하므로 이를 자백한 것으로 볼 것이므로, 피고 회사는 원고가 지출한 위 법무사보수 중 보존등기에 관한 보수 상당을 반환할 의무가 있다.

나아가 그 금액에 관하여 보건대, 이는 원고가 지출한 위 법무사보수 중 신축아파트의 소유권보존등기 및 소유권이전등기에 소요되는 법무사보수의 합계액에서 소유권보존등기에 소요되는 보수가 차지하는 비율 상당액이라 할 것인바, 위 부산지방법무사회장에 대한 사실조회결과에 의하면, 신축아파트의 각 세대별 소유권보존등기에 소요되는 법무사보수는 기본보수 금 40,000원, 열람료 금 4,000원, 등록세대행비용 금 20,000원, 대지권이 있는 경우의 가산금 30,000원, 도면작성료 금 5,000원 등 합계 금 99,000원이고, 소유권이전등기에 소요되는 법무사보수는 기본보수 금 45,000원, 열람료 금 4,000원, 원인증서작성비용 금 20,000원, 원인증서검인비용 금 20,000원, 등록세대행비용 금 20,000원 등 합계 금 109,000원인 사실을 인정할 수 있고 달리 반증 없으므로, 결국 원고가 지급한 위 법무사보수 중 소유권보존등기에 관한 법무사보수는 금 66,634원{금 140,000원×99,000/(99,000+109,000), 원 미만 버림}이 된다.

4. 그렇다면 피고 회사는 원고에게 금 66,634원 및 이에 대하여 원고가 위 등기신청비용을 지출한 이후로서 이 사건 소장부본 송달 다음날임이 기록상 명백한 1998. 12. 23.부터 당심판결선고일인 2000. 1. 14.까지는 민법 소정의 연 5%의, 그 다음날부터 완제일까지는 소송촉진등에관한특례법 소정의 연 25%의 각 비율에 의한 금원을 지급할 의무가 있다 할 것이므로 원고의 청구는 위 인정 범위 내에서 이유 있어 이를 인용하고 나머지는 이유 없어 이를 기각할 것인바, 원심판결 중 위 인정 금원에 관한 부분은 부당하므로 이를 취소하고 피고 회사에 대하여 원고에게 위 인정 금원의 지급을 명하기로 하며, 원고의 나머지 항소는 이유 없어 이를 기각하기로 하여 주문과 같이 판결한다.

판사   박창현(재판장) 견종철 견종철

[판례 68] 이주비 (서울지법 2000. 6. 22. 선고 2000나309 판결 : 확정)

【판시사항】

서울특별시주택개량재개발사업업무지침 및 공공용지의취득및손실보상에관한특례법시행규칙 소정의 주거대책비의 지급대상인 세입자에 해당되는지 여부의 판단 기준

【판결요지】

서울특별시주택개량재개발사업업무지침 및 공공용지의취득및손실보상에관한특례법시행규칙은 주거대책비의 지급대상인 세입자에 대하여 사업시행 지정고시일 현재 3개월 이상 당해 재개발구역 내에 거주한 자로서 공공사업의 시행으로 인하여 이주하게 되는 주거용 건물의 세입자로 규정하고 있을 뿐 같은 지침에서 규정하는 재개발임대주택 입주대상 세입자의 요건과 같이 주민등록에 등재될 것을 요건으로 하고 있지는 않으므로, 위와 같은 요건에 해당되기만 하면 그 기간 동안 그 재개발구역 내에 주민등록이 등재되어 있지 않았더라도 주거대책비의 지급대상인 세입자에 해당하고. 가사 같은 지침의 관계 규정이 주민등록에 등재될 것을 요한다고 해석된다고 하더라도 같은 지침은 같은 시행규칙에 의한 세입자에 대한 주거대책비의 지급을 구체적으로 시행하기 위한 업무처리기준을 정한 것에 불과하므로 계속주거요건을 전적으로 주민등록의 등재에 의하여만 판단할 수 없는바, 주민등록상으로 다른 지역에 일시 전출하였다가 다시 전입하였더라도 재개발사업 지정고시일 3개월 전부터 사업시행일까지 그 구역 내에 실제로 거주하여 왔다면 주거대책비의 지급대상인 세입자에 해당한다.

【참조조문】

[1] 공공용지의취득및손실보상에관한특례법시행규칙 제30조의2

【전   문】

【원고, 항 소 인】원고
【피고, 피항소인】월곡구역 주택재개발조합
【원심판결】서울지법 1999. 11. 17. 선고 99가소644140 판결

【주 문】

1. 원심판결 중 제2항에서 지급을 명하는 돈에 해당하는 원고 패소 부분을 취소한다.
2. 피고는 원고에게 금 5,027,400원을 지급하라.
3. 원고의 나머지 항소를 기각한다.
4. 소송비용은 이를 20분하여 그 1은 원고의, 나머지는 피고의 각 부담으로 한다.
5. 제2항은 가집행할 수 있다.

【청구취지 및 항소취지】

원심판결을 취소한다. 피고는 원고에게 금 5,200,000원을 지급하라.

【이 유】

1. 인정 사실
    가. 원고는 4인 가족의 세대주로 1968. 10.경부터 서울 성북구 하월곡4동에 거주하여 오다가 1990. 5. 13. 서울 노원구 월계동으로 전출한 후, 다시 1994. 11. 7. 하월곡4동으로 전입하여 거주해 오면서 1996. 9. 4. 서울 도봉구 방학동으로 주민등록상으로만 전출신고를 하였다가 같은 해 10. 2. 하월곡4동으로 전입신고를 하였으나, 실제로는 현재까지 계속 하월곡4동에 거주하고 있는 주거용 건물의 세입자이다.
    나. 피고 조합은 서울시의 주택개량재개발사업 시행계획에 따라 1996. 4. 5. 재개발구역으로 지정고시된 월곡4동 재개발사업(이하 '이 사건 재개발사업'이라고 한다)을 위하여 도시재개발법 및 같은법시행령에 근거하여 같은 해 9. 6. 설립된 조합으로써, 1998. 2. 19. 재개발사업 시행인가를 받았다.
    다. 서울특별시주택개량재개발사업업무지침(이하 '재개발사업업무지침'이라고 한다) 제23조 제3항 제1호는 "구역 내 세입자 중 공공용지의취득및손실보상에관한특례법시행규칙 제30조의2 규정에 해당하는 세입자에게는 동 규칙이 정한 주거대책비를 지급하여야 한다.", 제2호는 "제1호 규정에 의한 주거대책비 지급대상 세입자 중 당해 구역 합동재개발사업을 위한 최초 사업계획결정고시가 있는 날 현재 당해 구역 안에서 3월 이상 주민등록 등재된 무주택 세대로서 재개발사업으로 이주하게 되는 주거용 건물의 세입자 중 다음에 해당하는 경우는 제1호 규정의 주거대책비와 제3호 규정에 따라 건립되는 재개발임대주택 입주권 중 택일 할 수 있다."라고 규정하고 있고, 공공용지의취득및손실보상에관한특례법시행규칙 제30조의2는 "공공사업을 위한 관계 법령에 의한 공시 등이 있은 날 현재 당해 지역 안에서 3월 이상 거주한 자로서 공공사업의 시행으로 인하여 이주하게 되는 주거용 건물의 세입자에 대하여는 가족수에 따라 3월분의 주거대책비(재정경제원장관이 조사, 발표하는 도시근로자 평균가계지출비를 기준으로 산정한다.)를 지급한다. 다만, 다른 법령에 의하여 주택입주권을 받았거나 무허가건물 등에 입주한 세입자에 대하여는 그러하지 아니하다."라고 규정하고 있다.
    라. 피고 조합은 위 재개발사업업무지침 및 공공용지의취득및손실보상에관한특례법시행규칙에 따라 이 사건 재개발사업으로 인하여 이주하게 된 세입자들에게 세대원의 수에 따른 주거대책비를 지급하였다.

    [증 거] 갑 제1호증 내지 제4호증, 제5호증의 1, 2, 제6호증, 제7호증의 1 내지 9의 각 기재, 변론의 전취지

2. 당사자들의 주장에 대한 판단
    가. 당사자들의 주장
        원고는 이 사건 청구원인으로, 원고가 재개발사업업무지침 및 공공용지의취득및손실보상에관한특례법시행규칙에 따른 주거대책비 지급대상인 세입자에 해당하므로 청구취지 기재의 주거대책비의 지급을 구한다고 주장하고, 이에 대하여 피고는, 재개발사업업무지침등에 따른 주거대책비 지급대상인 세입자는 재개발구역의 지정고시일 현재 3개월 이상 위 재개발구역 내에 거주한 자로 사업시행으로 인한 이주시까지 당해 구역에 계

속 거주한 세대여야 하고, 이 경우 거주 여부는 주민등록에 등재된 내용을 기준으로 하게 되어 있는데, 원고는 사업시행일 이전인 1996. 9. 4. 위 재개발구역 외의 지역으로 전출하였다가 같은 해 10. 2. 다시 전입하여 주거대책비 지급 자격요건을 갖추지 못하였으므로 원고의 청구에 응할 수 없다고 주장한다.

  나. 판 단
    (1) 이에 원고가 이 사건 재개발사업으로 인하여 이주하게 되는 세입자에게 지급하는 주거대책비의 지급대상에 해당하는지에 관하여 본다.
      살피건대, 앞서 본 바와 같이 재개발사업업무지침 및 공공용지의취득및손실보상에관한특례법시행규칙은 주거대책비의 지급대상인 세입자에 대하여 사업시행 지정고시일 현재 3개월 이상 당해 재개발구역 내에 거주한 자로서 공공사업의 시행으로 인하여 이주하게 되는 주거용 건물의 세입자로 규정하고 있을 뿐 재개발사업업무지침 제23조 제3항 제2호에서 규정하는 재개발임대주택 입주대상 세입자의 요건과 같이 주민등록에 등재될 것을 요건으로 하고 있지는 아니한바, 위 인정 사실에 의하면 원고는 사업시행 지정고시일인 1996. 4. 5. 당시 3개월 이상 위 재개발구역 내에 거주한 자로서 위 재개발사업의 시행으로 인하여 이주하게 된 주거용 건물의 세입자이므로 주거대책비 지급대상인 세입자라고 할 것이다.
      또한, 가사 피고의 주장과 같이 재개발사업업무지침 제23조 제3항 제2호가 주거대책비의 지급대상 세입자의 요건에도 적용되어 주민등록에 등재될 것을 요한다고 하더라도, 위 재개발사업업무지침이 공공용지의취득및손실보상에관한특례법시행규칙 제30조의2에 의한 세입자에 대한 주거대책비 지급을 구체적으로 시행하기 위한 업무처리상의 기준을 정한 것에 불과한 것이라고 할 것이므로 위 주민등록상 등재는 실제로 재개발사업구역 내의 계속거주사실에 대한 가장 중요한 소명자료에 해당한다고 할 것이지만 계속거주요건을 전적으로 이것만을 기준으로 판단하여서는 아니될 것인바, 앞서 본 바와 같이 비록 원고가 일시적으로 주민등록상으로 다른 지역에 전출하였다가 다시 전입한 바 있더라도 재개발사업지정고시일 3개월 전부터 사업시행일까지 위 재개발구역 내에 실제로 계속 거주하여 와 위 규칙 제30조의2가 정한 주거대책비 지급대상인 세입자에 해당하는 이상 재개발사업업무지침상 주거대책비 지급대상인 세입자에 해당한다고 보아야 할 것이다.
    (2) 따라서 피고는 원고에게 위 주거대책비를 지급할 의무가 있는바, 나아가 그 구체적인 수액에 관하여 보면, 변론의 전취지에 의하면 피고 조합이 이 사건 재개발사업을 시행함에 있어 도시근로자 평균가계지출비를 기준으로 산정한 주거대책비가 4인 가족인 세대의 경우 금 5,027,400원인 사실을 인정할 수 있고, 반증이 없다.

3. 결 론
  따라서 피고는 원고에게 주거대책비 금 5,027,400원을 지급할 의무가 있으므로 원고의 이 사건 청구는 위 인정범위 내에서 이유 있어 인용하고, 나머지 청구는 이유 없어 이를 기각할 것인바, 원심판결은 이와 결론을 일부 달리 하여 부당하므로 원심판결 중 위에서 지급을 명하는 부분에 해당하는 원고 패소 부분을 취소하여 피고에게 위 돈의 지급을 명하고, 원고의 나머지 항소는 이유 없어 이를 기각한다.

판사 강용현(재판장) 강상진 강상진

[판례 69] 소유권이전등기절차이행 (대구지법 2001. 3. 20. 선고 2000가합9004 판결 : 항소)

【판시사항】

공동주택의 공용부분인 공동대피소로 건축된 부분을 주거용 및 사무용 건물로 개조하여 주거 및 사무소로 사용한 경우, 구분소유의 목적이 되는지 여부(소극)

【판결요지】

집합건물의소유및관리에관한법률 제3조 제1항, 제10조 제1항 및 제13조 등의 규정에 의하여 집합건물 중 구조상 구분소유자의 전원 또는 일부의 공용에 제공되는 건물부분은 구분소유자 전원의 공유에 속할 뿐 구분소유의 목적이 될 수 없고 구분소유자들이 전유부분과 분리하여 처분할 수도 없으므로, 건물의 일부가 준공 당시부터 이미 구조와 용도상은 물론 법규상으로도 다세대주택 구분소유자 전원을 위한 공동대피소로 건축되었다면 이를 독립한 구분소유의 목적으로 삼을 수 없고, 그 구조를 변경하여 주거용 및 사무실로 사용하여 왔고 특정인의 소유로 하기로 구분소유자들 사이에 합의가 이루어졌으며 그에 관하여 소유권보존등기가 경료되어 있다는 등의 사정이 있다 하여 달리 볼 바는 아니다.

【참조조문】

[1] 민법 제215조, 집합건물의소유및관리에관한법률 제3조 제1항, 제10조 제1항, 제13조

【참조판례】

대법원 1984. 2. 14. 선고 82다카1014 판결(공1984, 498)
대법원 1992. 4. 10. 선고 91다46151 판결(공1992, 1549)
대법원 1995. 3. 3. 선고 94다4691 판결(공1995상, 1558)
대법원 1995. 12. 26. 선고 94다44675 판결(공1996상, 520)

【전 문】

【원 고】 최장원 (소송대리인 법무법인 대구하나로 담당변호사 정재형 외 2인)
【피 고】 최병호 외 2인 (소송대리인 변호사 정건진)

【주 문】

1. 원고의 청구를 모두 기각한다.
2. 소송비용은 원고의 부담으로 한다.

【청구취지】

원고에게, 피고 최병호, 최윤석은 별지목록 제1항, 제2항 기재 각 부동산에 대한 각 1/2지분에 관하여, 피고 최봉영은 같은 목록 제3항 기재 부동산에 관하여 각 2000. 8. 22. 명의신탁 해

지를 원인으로 한 소유권이전등기절차를 이행하라는 판결

【이　유】

1. 기초 사실

   아래의 각 사실은 당사자 사이에 다툼이 없거나, 갑 제1호증의 1, 2, 3, 갑 제2호증의 1, 갑 제9호증의 1, 2, 3의 각 기재와 증인 김용만의 증언에 변론의 전취지를 종합하면 이를 인정할 수 있고, 달리 반증이 없다.

   가. 원고는 1987. 다세대주택을 건축하기 위하여 피고 최봉영으로부터 대구 수성구 범어동 48-3, 48-21, 48-18 및 48-20 대지를 매수하였다.

   나. 원고는 위 48-20 대지 지상에 다세대주택 1개동(이하 '가동'이라 한다), 위 48-3 및 48-21 대지 지상에 다세대주택 1개동(이하 '나동'이라 한다), 위 48-18 대지 지상에 다세대주택 1개동(이하 '다동'이라 한다)을 각 건축한 다음, 1988. 4. 22. 집합건물로 소유권보존등기를 경료함에 있어 가동은 피고 최봉호 명의로, 나동과 다동은 각 1/2지분씩을 피고 최병호, 최윤석 명의로 각 소유권보존등기를 경료하고 분양자들에게 분양하였다.

   다. 가동, 나동, 다동은 모두 지상 3층, 지하 1층이고 각 동은 5세대씩으로 구성되어 있으며, 각 동의 지하층 부분 22.32㎡는 지하대피소로 용도를 정하여 건축허가와 준공검사를 받았다.

   라. 그런데 원고는 각 동의 지하층 부분에 대하여도 건축물관리대장상 독립된 구분소유 건물로 등재하고(다만, 용도는 대피소로 되어 있다), 가동의 지하층 부분은 별지목록 제3항 기재 부동산으로, 나동의 지하층 부분은 같은 목록 제1항 기재 부동산으로, 다동의 지하층 부분은 같은 목록 제2항 기재 부동산으로 각 소유권보존등기를 경료하였는데, 같은 목록 제1항, 제2항 기재 각 부동산은 각 1/2지분씩 피고 최병호, 최윤석 명의로, 같은 목록 제3항 기재 부동산은 피고 최봉영 명의로 각 등기되어 있다.

   마. 다세대주택 분양 당시 별지목록 제1항, 제3항 기재 각 부동산은 원고가 사무실로 사용하고, 같은 목록 제2항 기재 부동산은 성명불상자가 주거용으로 사용하였는데, 현재는 같은 목록 제3항 기재 부동산은 원고 부부가 주거용으로, 같은 목록 제1항 기재 부동산은 원고의 자녀들이 주거용으로, 같은 목록 제2항 기재 부동산은 원고가 사무실로 각 사용하고 있다.

2. 원고의 주장

   원고는, 각 동의 지하층 부분은 원고가 주거용 및 사무실로 사용하면서 원고의 소유로 하기로 피고들과 합의하였고, 이에 따라 피고들 명의로 소유권보존등기를 경료하였으며, 소유권보존등기 당시부터 지금까지 독립된 용도로 점유·사용하여 왔고, 이와 같은 상태를 다른 구분소유자들이 용인하여 왔으므로 별지목록 기재 각 부동산(이하 '이 사건 각 부동산'이라 한다)은 독립된 구분소유의 목적이 될 수 있다 할 것이고, 피고들 명의의 등기는 명의신탁등기에 해당하는데 원고가 2000. 8. 22. 제1차 변론기일에 명의신탁 해지의 의사를 표시하였으므로, 피고들은 청구취지 기재와 같이 원고에게 소유권이전등기를 경료할 의무가 있다고 주장한다.

3. 판 단

먼저 이 사건 각 부동산이 독립된 구분소유의 목적이 될 수 있는지 여부에 관하여 살펴본다.

가. 위 인정 사실에 의하면 이 사건 각 부동산은 지하대피소로 용도를 정하여 건축허가와 준공검사를 받았고, 건축물관리대장 및 등기부상 용도가 대피소로 등재되어 있으므로, 적어도 준공 당시에는 다세대주택 구분소유자 전원의 공용에 제공되는 공동대피소로서의 구조를 갖추고 있었다고 봄이 상당하고, 처음부터 구조와 용도가 다세대주택 지상층 15세대와 현실적이고 실용적인 연관관계 없이 독립된 구분소유 건물로 준공된 것으로 볼 수는 없다.

나. 또한, 위 다세대주택 건축 당시 시행되던 구 건축법(1991. 5. 31. 법률 제4381호로 개정되기 전의 것) 제2조 제5호, 제22조의3, 제23조, 같은법시행령 제47조, 제48조와 구 민방위기본법(1988. 8. 5. 법률 제4017호로 개정되기 전의 것) 제14조, 같은법시행령 제14조, 같은법시행규칙 제14조 등에 의하면, 위 다세대주택에는 주민들의 공동대피시설인 지하층의 설치가 강제되어 있었음을 알 수 있으므로, 이 사건 각 부동산은 법규상으로도 구분소유자 전원의 공용에 제공되는 부분이었다.

다. 이 사건 각 부동산이 이와 같이 준공 당시부터 이미 구조와 용도상은 물론 법규상으로도 위 다세대주택 구분소유자 전원을 위한 공동대피소로 건축되었다면, 집합건물의소유및관리에관한법률 제3조 제1항, 제10조 제1항 및 제13조 등의 규정에 의하여 집합건물 중 구조상 구분소유자의 전원 또는 일부의 공용에 제공되는 건물부분은 구분소유자 전원의 공유에 속할 뿐 구분소유의 목적이 될 수 없고, 구분소유자들이 전유부분과 분리하여 처분할 수도 없으므로, 이 사건 각 부동산은 독립하여 구분소유의 목적이 될 수 없고, 원고가 구조를 변경하여 주거용 및 사무실로 사용하여 왔고 원고의 소유로 하기로 피고들과 합의하였으며 이 사건 각 부동산에 관하여 소유권보존등기가 경료되어 있다는 등의 사정이 있다 하여 달리 볼 바 아니다(대법원 1992. 4. 10. 선고 91다46151 판결 참조).

4. 결 론

그렇다면 이 사건 각 부동산이 독립된 구분소유의 목적이 될 수 있음을 전제로 하는 원고의 이 사건 청구는 더 나아가 살펴볼 필요 없이 이유 없어 이를 모두 기각하기로 하여 주문과 같이 판결한다.

판사 이종석(재판장) 이주헌 허명욱

[판례 70] 하자보증금 (부산고법 2001. 6. 15. 선고 2000나4906 판결 : 확정)

【판시사항】

[1] 주택건설촉진법 제38조 제14항, 공동주택관리령 제16조에 따라 사업주체가 공동주택의 입주자대표회의 등에게 부담하는 하자보수책임기간의 의미 및 집합건물의소유및관리에관한법률 제9조의 담보책임과의 관계

[2] 균열보수 후 그 흔적을 지우기 위한 재도장 비용 중 하자보수비용으로 인정되는 범위에 관한 사례

【판결요지】

[1] 주택건설촉진법 제38조 제14항과 공동주택관리령 제16조 제1항, 구 공동주택관리규칙 (1999. 12. 7. 건설교통부령 제219호로 개정되기 전의 것) 제11조 제1항은 사업주체가 분양한 공동주택 등에 대한 하자보수책임기간을 준공일로부터 하자보수대상인 시설공사에 따라 1년 내지 3년(다만, 기둥·내력벽은 10년, 보·바닥·지붕은 5년)으로 규정하고 있으나, 위 각 규정은 공동주택의 여러 가지 특성을 감안하여 입주자 뿐만 아니라 공동주택의 분양 등과 관련하여 사업주체와는 별다른 법률관계를 맺지 않은 공동주택의 관리주체나 입주자대표회의 등에도 공동주택에 대한 하자보수청구권과 일정한 경우 사업주체가 예치한 하자보수보증금에 대한 권리를 인정하고, 한편, 준공검사권자에게는 행정적 차원에서 하자의 판정과 보수에 관여하도록 하여 결국 위 입주자대표회의 등으로 하여금 하자보수보증금으로 신속하게 하자를 보수할 수 있도록 하는 최소한의 기준을 정한 것으로, 민법이 정한 견고한 건물수급인의 10년간의 하자담보책임을 준용하는 집합건물의소유및관리에관한법률 제9조의 규정이 공동주택의 개별 분양당사자 사이에서 수분양자가 분양자에 대하여 가지는 하자보수청구권과 손해배상청구권을 규율하는 것과는 그 하자보수청구 내지 보증금청구의 주체, 청구대상, 규율대상인 하자의 발생시기 및 하자범위와 정도, 제척기간을 정한 것인지의 여부와 그 기간, 행정기관의 관여 여부 등에 있어서 많은 차이를 보이는 바, 따라서 그와 같은 입법목적이나 비교적 단기간의 하자보수책임기간을 규정한 취지, 특히 공동주택관리령 제16조 제2항 규정의 문면 등에 비추어 볼 때 위 기간은 그 기간 내에 발생한 하자에 대하여는 사업주체에게 보수책임이 있다는 것을 선언한 '하자의 발생기간'을 뜻하는 것으로 보아야 할 뿐, 하자보수청구권의 행사기간을 정하고 있는 것이라고는 볼 수 없다.

[2] 아파트 외벽과 지하주차장 등 공용부분의 경우, 그 균열보수부분에 대하여만 도장을 하게 되면 외관상 보수의 흔적이 남게 되고 그에 따라 아파트의 거래가격 또한 하락하게 될 것임이 경험칙상 인정되므로, 이는 공동주택관리령 등이 정하는 하자보수대상시설공사로서 미관상 지장을 초래할 정도의 하자라 할 것이어서 아파트 단지 전체의 외벽과 주차장 부분의 재도장 비용도 하자보수비용에 산입하되, 도색대상인 공용부분의 전체면적에 비하여 균열보수부분이 극히 작은 점과 준공 이후의 시간경과 등을 감안할 때 공평의 원칙상 그 비용 중 절반은 아파트의 입주자 측에서 부담함이 상당한 반면, 세대별 전유부분 중 발코니 등의 내벽과 천장부분 균열의 경우, 이들 부분의 도색 여부는 외관상 드러나지 않고, 아파트생활의 실제상 위 발코니 등의 부분에 출입하는 빈도와 시간 등에 비추어 그들 구성원들에게조차도 미관상 뚜렷한 지장을 주리라고 보기는 어려울 뿐 아니라, 아파트 준공일로부터 이미 약 9년의 시간이 경과하여 균열보수가 없더라도 그 자체로 추가도색을 할 상당한 개연성이 엿보이는 점 등을 고려한다면 위 균열부분 보수비용에 전유부분의 내벽과 천정 전체의 도색공사비용을 포함시키는 것은 상당하지 않고, 균열보수부분을 20cm 폭으로 도장하는 데 드는 비용만을 하자와 상당인과관계 있는 손해라고 본 사례.

【참조조문】

[1] 주택건설촉진법 제38조 제14항, 공동주택관리령 제16조 제1항, 제2항, 구 공동주택관리규칙(1999. 12. 7. 건설교통부령 제219호로 개정되기 전의 것) 제11조 제1항, 민법 제671조, 집합건물의소유및관리에관한법률 제9조 [2] 주택건설촉진법 제38조 제14항, 공동주택관리령 제16조 제1항, 제2항, 구 공동주택관리규칙(1999. 12. 7. 건설교통부령 제219호로 개정되기 전의 것) 제11조 제1항

【전 문】

【원고, 피항소인】 대방대동아파트 입주자대표회의 (소송대리인 변호사 이기현 외 1인)
【피고, 항 소 인】 건설공제조합 (소송대리인 변호사 강재현 외 2인)
【원심판결】 창원지법 2000. 3. 24. 선고 97가합5, 176 판결

【주 문】

1. 원심판결을 다음과 같이 변경한다.
    가. 피고는 원고에게 1,725,995,550원과 이에 대한 1996. 10. 19.부터 2001. 6. 15.까지 연 5%, 그 다음날부터 다 갚는 날까지 연 25%의 각 비율에 의한 돈을 지급하라.
    나. 원고의 나머지 청구를 기각한다.
    다. 위 가.항은 가집행할 수 있다.
2. 소송 총비용 중 90%는 피고가, 나머지는 원고가 각 부담한다.

【청구취지】

피고는 원고에게 1,725,995,550원과 이에 대한 이 사건 소장 송달 다음날부터 다 갚는 날까지 연 25%의 비율에 의한 돈을 지급하라.

【항소취지】

원심판결을 취소한다. 원고의 청구를 기각한다.

【이 유】

1. 본안전항변에 대한 판단
    가. 피고의 주장
        창원시 대방동 대방지구 27블럭 대 60,927㎡ 지상 대방대동아파트(13개동 1,835세대, 이하 '이 사건 아파트'라 한다)의 입주자대표회의인 원고가 그 사업주체인 주식회사 대동주택(이하 '대동주택'이라 한다)의 시공상 잘못으로 인한 하자를 주장하여 피고에 대하여 보증책임을 묻는 데 대하여, 피고는 다음과 같은 사정을 들어 이 사건 소가 부적법하다고 다툰다.
        (1) 원고의 대표자자격으로 이 사건 소를 제기한 김호기는 이 사건 아파트의 공동주택관리규약상의 절차를 거쳐 선출된 바 없어 제소권한이 없다.
        (2) 이 사건 소는 위 규약상 요구되는 입주자 3분의 2 이상의 찬성 의결을 거치지 않고 제기되었다.
        (3) 이 사건 소는 하자보수보증금청구에 반대하고 있는 일부 입주자들의 의사에 반하여 제기되었다.

(4) 이 사건 소는 공동주택관리령이 정한 하자보수책임기간이 도과한 후에 제기되었다.
(5) 원고(또는 김호기)가 위 규약과 공동주택관리령(1998. 12. 31. 대통령령 제16069호로 개정되기 전의 것)에 반하여 입주자 등으로부터 이 사건 소송비용 1억 1,460만 원을 징수하거나 이 사건 아파트의 관리비잉여금 1,860만 원을 소송비용으로 유용하였다.

나. 판 단
(1) 김호기의 대표권 흠결을 다투는 (1)항 주장 부분
갑 제7호증의 1 내지 4, 을 제26호증과 변론의 전취지에 의하면, 이 사건 아파트의 입주자대표회의 회장은 그 관리규약상 동별 입주자의 투표 등으로 동별대표자들을 선출한 후에 동별대표자들로 구성되는 입주자대표회의에서 3분의 2 참석, 과반수 찬성으로 선출하도록 되어 있는데, 김호기는 1995. 12.경 위와 같은 절차에 따라 구성된 이 사건 아파트의 입주자대표회의에서 출석 및 의결정족수에 따라 회장으로 적법하게 선출된 사실을 인정할 수 있고, 반증 없을 뿐만 아니라, 갑 제8 내지 11호증, 제12호증의 1 내지 6에 변론의 전취지에 의하면 김호기 이후 이춘석, 김명헌을 거쳐 위 규약 소정 절차에 따라 적법하게 선출된 현 회장 차휘정이 김호기 등에 의한 이전의 소송수행에 별달리 이의하지 않고 있으므로, 위 (1)항 주장은 어느 모로 보나 이유 없다.

(2) 규약상의 입주자 의결을 거치지 않았다거나 일부 입주자의 반대가 있다는 (2), (3)항 주장 부분
이 사건 청구는 공동주택의 하자와 관련하여 입주자대표회의가 사업주체를 보증한 피고에 대하여 하자보수보증금을 청구하고 있는 것으로서 공용시설 등의 증(신)축, 변경 등에 관하여 입주자 3분의 2의 찬성의결을 요건으로 규정한 원고의 공동주택관리규약 제10조가 적용될 사안이라 볼 수 없다.

(3) 하자보수책임기간이 도과되었다는 (4)항 주장 부분
(가) 아래에서 보는 바와 같이 이 사건 아파트는 이 사건 제소시로부터 약 4년 전인 1992. 9. 28. 준공되었고, 한편, 주택건설촉진법 제38조 제14항과 공동주택관리령 제16조 제1항, 공동주택관리규칙(1999. 12. 7. 건설교통부령 제219호로 삭제되기 전의 것) 제11조 제1항은 사업주체가 분양한 공동주택 등에 대한 하자보수책임기간을 그 준공일로부터 하자보수대상인 시설공사에 따라 1년 내지 3년(다만, 기둥·내력벽은 10년, 보·바닥·지붕은 5년)으로 규정하고 있다. 그런데 위 각 규정은 공동주택의 여러 가지 특성을 감안하여, 입주자 뿐만 아니라, 공동주택의 분양 등과 관련하여 사업주체와는 별다른 법률관계를 맺지 않은 공동주택의 관리주체나 입주자대표회의 등에도 공동주택에 대한 하자보수청구권과 일정한 경우 사업주체가 예치한 하자보수보증금에 대한 권리를 인정하고 한편, 준공검사권자에게는 행정적 차원에서 하자의 판정과 보수에 관여하도록 하여 결국 위 입주자대표회의 등으로 하여금 하자보수보증금으로 신속하게 하자를 보수할 수 있도록 하는 최소한의 기준을 정한 것으로, 민법이 정한 견고한 건물수급인의 10년간의 하자담보책임을 준용하는 집합건물법의 규정이 공동주택의 개별 분양당사자 사이에서 수분양자가 분양자에 대하여 가지는 하자보수청구권과 손해배상청구권을 규율하는

것과는 그 하자보수청구 내지 보증금청구의 주체, 청구대상, 규율대상인 하자의 발생시기 및 하자범위와 정도, 제척기간을 정한 것인지의 여부와 그 기간, 행정기관의 관여 여부 등에 있어서 많은 차이를 보인다.

(나) 따라서 그와 같은 입법목적이나 비교적 단기간의 하자보수책임기간을 규정한 취지, 특히 공동주택관리령 제16조 제2항 규정의 문면 등에 비추어 볼 때 위 기간은 그 기간 내에 발생한 하자에 대하여는 사업주체에게 보수책임이 있다는 것을 선언한 '하자의 발생기간'을 뜻하는 것으로 보아야 할 뿐 하자보수청구권의 행사기간을 정하고 있는 것이라고는 볼 수 없다.

가사, 위 하자보수책임기간을 입주자대표회의가 공동주택관리령 등에 의한 하자보수보증금청구권을 행사하기 위한 제척기간으로 본다 할지라도, 이는 재판상 청구를 위한 출소기간이 아니라 재판상 또는 재판 외의 권리행사기간이라 할 것이고 한편, 건설에 관한 전문적 지식이 없는 입주자들의 단체에 불과한 원고에 대하여 이 사건 아파트의 하자에 해당하는 부실시공 부분과 미시공 부분을 공동주택관리령 등의 정한 바에 따라 구체적으로 특정하여 그 하자보수기간 내에 보수청구를 할 것까지 요구할 수는 없다 할 것이므로 아래에서 보는 바와 같이 원고가 1993. 8. 1.경부터 대동주택 측에 이 사건 아파트의 전유부분과 공용부분에 발생한 개략적인 하자를 지적하고 그 보수를 요구한 이상 이 사건 아파트의 전반적 하자에 대한 포괄적인 권리행사를 하였다고 봄이 상당하므로 위 (4)항 주장은 결국 어느 모로 보나 이유 없다.

(4) 규약 등을 위반하여 소송비용을 징수하거나 관리비를 유용하였다는 (5)항 주장 부분

위 주장 사정들만으로는 이 사건 소가 부적법하다고 볼 사유가 되지 않으므로, 실제로 그러한 사정이 있는지 여부를 살필 필요 없이 위 주장은 이유 없다.

2. 이 사건 하자보수보증금청구에 대한 판단

가. 인정 사실

아래 각 사실은 당사자 사이에 다툼이 없거나 갑 제1, 4호증, 제2호증의 1 내지 6, 제3호증의 1, 2, 이계훈의 증언, 검증결과와 이영학, 이회성의 각 감정결과 및 위 감정인들에 대한 사실조회결과에 변론의 전취지를 더하여 인정한다.

(1) 대동주택은 이 사건 아파트를 신축, 분양하여 1992. 9. 28. 준공한 건축주이고, 원고는 주택건설촉진법 제3조 제4호, 제38조 제1항, 공동주택관리령 제10조가 정한 바에 따라 이 사건 아파트의 입주자들이 구성한 입주자대표회의이다.

(2) 대동주택은 1992. 9. 16. 공동주택관리령 제17조의 규정에 따라 이 사건 아파트에 대한 피고 발행의 하자보수보증서{보증금액 1,725,995,550원, 하자보수책임기간 및 보증기간을 같은 날로부터 3년간(1995. 9. 15.까지)}를 원고 명의로 예치하였다.

(3) 그런데 이 사건 아파트의 공용부분과 원고가 하자보수보증금지급을 구하는 1,368세대의 전유부분에는 아래 나.항에서 판단하는 당사자 사이의 주요 쟁점인 하자부분 등 별지 1., 2. 목록 하자내역 기재와 같이 당초의 사업계획승인시 제출된 설계도서(사업승인도면)과 다르게 시공하거나 일부 미시공된 부분 등의 하자(이하 '이 사건 하자'라 한다)를 포함하여 부실시공이나 미시공 부분이 있었고, 이에 원고(와 그 전신인 이 사건 아파트의 자치관리위원회)는 1993. 8. 1.경부터 수차례에 걸쳐 대동주

택에게 그러한 하자가 있음을 지적하며 그 보수를 요구하였으나 대동주택은 일부 하자 부분의 보수에만 응하여 현재 이 사건 하자가 남아 있다(위 인정 범위를 넘어 이 사건 아파트의 공용부분에 ① 각동 주현관 바닥 경사로 조면 처리 불량, ② 106동에서 110동 사이 경사면 토사 유실, ③ 복지관 주위 보도블록 배수불량, ④ 일부 동 지선도로와 경계석과의 높이차 부족, ⑤ 테니스장 주위 배수로 배수불량, ⑥ 조경수 부족, ⑦ 일부 동 보일러 연도 잘못 시공, ⑧ 일부 동 배연설비 작동불량, ⑨ 지하대피소 바닥 방수와 보호몰탈 균열 등과 전유부분에 ① 일부 평형 알루미늄 창호 개폐불량, ② 일부 평형 측벽세대 부부욕실 결로, ③ 욕실 양변기 고정 부실 등의 하자가 있음을 전제로 하는 원고 주장은 받아들이지 않는다).

그 후 원고측에서는 1995. 3. 7. 이 사건 아파트의 준공검사권자인 창원시장에게 이 사건 하자의 발생과 대동주택측의 하자보수불이행사실을 통보하였고, 창원시장은 원고 주장 하자의 조사 판정 후 같은 해 8. 30. 대동주택에게 같은 해 9. 14.까지 원고측 요청에 따른 하자보수계획을 제출하고 이 사건 하자를 보수할 것을 명하였으나 대동주택은 위 명령에 따른 하자보수를 이행하지 않았다.

(4) 이 사건 하자는 대동주택의 시공상 잘못으로 이 사건 아파트의 준공 당시부터 발생하였던 것이거나 공동주택관리령과 동 규칙이 정하는 하자보수책임기간 내에 이미 발생하였던 것이고 위 영과 규칙이 정하는 하자보수대상시설에 관련되며 기능상, 미관상 또는 안전상 지장을 초래할 정도의 것으로서 그 보수비용 상당액은 각 별지 1., 2. 목록 해당 부분 기재와 같다.

나. 주요쟁점인 하자 주장에 대한 판단

아래에서는 이 사건 하자 중 특히 당사자들 간의 뚜렷한 쟁점사항에 해당하는 하자의 구체적 내용과 그 보수비용 및 산정기준 등에 관하여만 덧붙여 판단한다{다만, 아래 기재된 하자보수비용 등은 직접공사비만을 표시한 것으로, 그에 대한 공과잡비(이윤, 일반관리비 등)와 부가가치세는 포함되어 있지 않다}.

(1) 공용부분

 (가) 외부균열보수와 발코니난간 재도장(별지 1. 목록 1.항. 별지 8.항 지하수조 간벽균열에 대한 하자보수비용에 대하여도 같이 판단한다.)

① 균열부분 보수공사내역과 그 비용은 감정인 이희성의 감정결과를 따른다(합계 282,903,947원, 인젝션실링 물량을 4,857m로 보며, 보수공사의 단가는 2 내지 4개 업체의 일위대가를 평균한 점에서 보다 신빙성이 있다고 판단된다).

② 균열보수 후 아파트 외벽, 지하주차장 벽과 천장등에 행할 도색공사(대동주택이 미시공한 이 사건 아파트 외벽의 상층부 동별 표식부분을 포함한다.)의 범위에 대하여 본다.

앞서 본 바와 같이 보수대상인 이 사건 아파트 공용부분의 균열부분 총연장은 4,857m에 이르면서 13개동 외벽과 지하주차장 전체에 산재되어 있으므로 그 균열보수부분에 대하여만 도장을 하게 되면 나머지 부분과의 색상 및 무늬가 달라지는 등으로 외관상 보수의 흔적이 남게 되고 그에 따라 이 사건 아파트의 거래가격 또한 하락하게 될 것임이 경험칙상 인정되므로 이는 공동주택관리령 등이 정하는 하자보수대상시설공사로서 미관상 지장을 초래할 정도의 하자라 할 것이고, 이 사건 아파트가 준공 후 제소시까지 4년여, 이 사건 변론종결시까지 약 9년 가까이 경과하였다는 사정만으로는 이 사건 제소가 없었더라도 재도장을 하였을 것이거나 향후 재도장하리라고 단정할 사유가 되지도 않으므로, 이 사건 아파트 단지 전체의 외벽과 주차장 등 부분의 재도장 비용도 하자보수비용에 산입하기로 하되, 그 도장공사비용의 산정은 그 재료비와 노무비의 단가 산정에 있어 1997년경의 물가자료와 적산자료를 평균하여 산출한 이희성의 감정결과를 따른다. 다만, 앞서 본 바와 같은 사정들 즉 이 사건 아파트의 외벽과 주차장 등 도색 대상인 공용부분의 전체면적에 비하여 균열보수부분이 극히 작은 점과 준공 이후의 시간경과 등을 감안할 때 공평의 원칙상 그 비용 중 절반은 이 사건 아파트의 입주자들 측에서 부담함이 상당하다고 보여지므로 위 도장공사비용 326,371,364원 중 피고가 보증책임을 지는 부분을 그 절반인 163,185,682원으로 한정한다(이와 마찬가지로 별지 1. 목록 8.항 지하수조 간벽 균열에 대한 하자보수비용 또한 이희성의 감정결과에 따른 균열보수비용 1,264,371원과 도장공사비용 3,926,999원 중 절반인 1,962,499원의 합계 3,227,870원으로 본다).

(나) 낙서방지용 페인트 미시공(별지 1. 목록 11.항)

대동주택측에서 설계도서상의 낙서방지용 페인트 대신 기능상 다소 장애가 있는 수성페인트로 변경시공하였으나, 보다 쉽게 오염된다는 단점 외에는 기능상 별다른 차이가 없으며 그러한 오염의 점에서도 이미 준공 후 상당기간이 경과한 점에서 이희성의 감정결과에 의한 공사비 차액 상당 2,577,467원을 하자보수비용으로 본다.

(2) 전유부분

(가) 내부균열(별지 2. 목록 1.항)

① 균열부분 보수공사내역과 그 비용은 감정인 이희성의 감정결과를 따른다(합계 84,834,922원, 앞서 본 바와 같이 보수공사의 단가를 2 내지 4개 업체의 일위대가를 평균한 점에서 보다 신빙성이 있다고 판단된다).

② 균열보수 후 시행할 도색공사의 범위에 대하여 본다.

각 평형별 및 세대별로 다소간의 차이는 있으나 보수를 요하는 세대별 전유부분 중 거실, 방, 주방, 욕실 등(이 부분은 미장 후 벽지나 타일로 마감되는 부분이므로 도색을 요하지 않는다.)을 제외하고 도색공사를 요하는 부분, 즉 발코니 등의 내벽과 천정부분의 면적은 22평형의 경우 약 40㎡이고, 47평형의 경우 약 87㎡에 이르는 데 반하여 세대별 균열부분의 총연장은 대략 0.6m에서 5.5m 범위 내로서 총면적 중 차지하는 비중이 극히 미미하다. 한편, 이들 부분의 도색 여부는 공용부분인 아파트 외벽이나 주차장의 벽, 천장들과는 달리 외관상 드러나지 않고 결국, 각 전유부분의 세대 구성원 외의 자에게는 미관상, 기능상 지장을 주지도 않으며, 아파트생활의 실제상 위 발코니 등의 부분에 출입하는 빈도와 시간 등에 비추어 그들 구성원들에게조차도 미관상 뚜렷한 지장을 주리라고 보기는 어렵다. 이에 더하여 앞서 본 바와 같이 이 사건 아파트의 준공일로부터 이미 약 9년의 시간이 경과하여 균열보수가 없더라도 그 자체로 추가도색을 할 상당한 개연성이 엿보이는 점에다 위 균열은 그 대부분이 근본내력 구조체의 균열현상이 아니라 신축건물이 안정되어지는 동안 발생할 수 있는 단순균열이거나 온도변화에 의한 자연균열의 성격이 강한 점까지 고려한다면 위 균열부분 보수비용에 전유부분의 내벽과 천정 전체의 도색공사비용(이 사건 원고들 전체 세대인 1,368세대분의 그것이 313,022,507원에 이르러 균열보수 공사비용의 4배 가까이에 이른다.)을 포함시키는 것은 상당하지 않다고 보며, 따라서 균열보수부분을 20cm폭으로 도장하는 데 드는 별지 7. 목록 도장공사비란 기재 각 해당 비용만을 이 사건 하자와 상당인과관계 있는 손해로 본다(수분양자인 원고 등은 또, 13개동에 산재한 951세대 전유부분의 내벽과 천장 균열부분을 도색함에 있어 단순히 도색면적에 면적당 재료비와 노무비를 곱하여 도색공사비용을 산출함은 부당하다고 다투나, 도색 부분이 위 주장과 같이 산재하여 있는 점을 고려한 공사비용에 대하여 원고측에서 별다른 입증을 하지 못하고 있는 이 사건에 있어서는 위와 같은 방법으로 도색공사비용을 산출하는 것이 그리 부당하다고 볼 수 없다).

(나) 하자보수 후 현장정리청소비용(별지 2. 목록 13.항)

이와 유사한 공종을 포함하는 철근콘크리트조 신축공사시의 현장정리청소비용에 관한 이희성의 감정결과(철근콘크리트 신축공사시의 현장정리비 단가 5,389원/㎡의 20% 적용)를 적용한다.

(3) 원고 주장 중 지하대피소 바닥의 균열·들뜸 부분에 대한 판단

(가) 원고는 이 사건 아파트의 13개동 지하대피소 바닥의 보호몰탈이 균열되거나 들뜨는 등의 하자가 있어 그 보수(액체방수 및 보호몰탈 재시공)가 필요하다고 주장한다.

(나) 그러나 앞서 든 증거들에 의하면 이 사건 아파트의 준공시점으로부터 5년 여가 경과한 원심의 현장검증시와 원심 감정인 이영학의 감정시 위 지하대피소 중 일부의 벽체부분에 방수층과 보호몰탈의 들뜸과 탈락현상이 지적된 데 반하여 바닥부분에 대하여는 위 주장과 같은 하자가 있음이 인지되었거나 조사된 바 없었다가 그로부터 3년 여가 지난 당심 감정인 이희성의 감정시점에서 위 주장 하자가 외부적으로 발현된 것으로 보인다{감정서(2)권, 259쪽 이하에 편철된 사진 등 참조}. 그런데 공동주택관리령 등에서 규정하고 있는 하자의 발생이란 이에 관한 각 규정의 내용과 각 하자별 보수책임기간을 달리 정하고 있는 점 등에 비추어 볼 때, 그것이 위 보수책임기간 내에 외부적으로 이미 발현되었거나 그렇지 않다 하더라도 내부적으로 하자가 생성되고 있음이 사회통념상 인지가능한 상태에 있는 경우만을 의미한다고 보아야 할 것인바, 앞서 본 위 주장과 같은 지하대피소 바닥의 균열과 들뜸현상의 발생경과 등에 비추어 그것이 대동주택의 시공상 잘못을 원인으로, 공동주택관리령 등이 정하는 5년의 하자보수책임기간 내에 발생하였다고 보기는 어렵다고 할 것이므로 이 부분 주장은 이유 없다.

다. 피고의 하자보수보증금 지급의무

앞서 본 바와 같이 대동주택이 원고측의 이 사건 하자의 보수요구에 불응하면서 창원시장의 보수명령을 불이행하였고, 별지 1. 목록 기재의 공용부분 하자보수공사비(각 부가가치세를 포함한 금액임) 970,758,377원과 2. 목록 기재의 전유부분 하자보수공사비 985,455,655원의 합계 1,956,214,032원이 대동주택이 원고측에 예치한 보증서상의 피

고의 보증금액을 초과하는 이상 원고가 공동주택관리령 제16조 제5항 규정에 의하여 이 사건 하자를 보수(또는 제3자로 하여금 대행하게)하기 위하여 구하는 바에 따라, 피고는 원고에게 위 보증금과 그에 대한 이 사건 소장 송달 이후의 법정 지연손해금을 지급할 의무가 있다(이에 반하여, 실제로 하자를 보수한 후라야만 이 사건 보증금을 청구할 수 있다는 취지의 피고 주장은 받아들이지 않는다. 다만, 피고로서는 그 지급의무의 존부와 범위에 대하여 항쟁할 상당한 이유가 있다고 판단된다).

3. 결 론

그렇다면 피고는 원고에게 위 하자보수보증금 1,725,995,550원과 이에 대한 1996. 10. 19.부터 이 판결 선고일까지 연 5%, 그 다음날부터 다 갚는 날까지 연 25%의 각 비율에 의한 돈을 지급하여야 할 것인데, 원심판결은 이와 일부 결론을 달리하여 부당하므로 이를 탓하는 피고의 항소 일부를 받아들여 주문과 같이 변경한다.

판사 이홍권(재판장) 김상국 강후원

[판례 71] 대지인도등 (서울지법 남부지원 1997. 6. 20. 선고 96가합2607 판결 : 확정)

【판시사항】

[1] 공동주택의 입주자대표회의가 공동주택 대지 부분의 불법점유자에 대해 대지사용권에 기한 방해배제 청구를 하는 등 대외적인 권한을 행사할 수 있는 지위에 있는지 여부(소극)

[2] 공동주택의 입주자대표회의가 구분소유자들로부터 소 제기의 권한을 위임받아 소를 제기할 수 있는지 여부(소극)

【판결요지】

[1] 공동주택의 입주자대표회의는 공동주택의 관리에 관한 사항을 결정하여 시행함으로써 입주자들로부터 관리비를 징수하여 공동주택의 유지·보수 업무를 수행하고, 공동주택의 입주자들 상호간에 이해가 상반되는 문제가 발생하는 경우 그 분쟁을 조정하는 등 공동주택의 입주자 내부관계에 있어 발생하는 문제에 관한 사항을 해결하는 권한과 하자보수의무를 부담하는 사업주체에 대하여 하자보수청구권을 행사할 수 있는 권한을 가지고 있는 등 공동주택의 관리자로서 관련 법령 소정의 규정에 따른 관리 권한만을 가지고 있을 뿐, 나아가 공동주택의 대지 부분 등을 불법 점유하고 있는 자에 대하여 대지사용권에 기한 방해배제 청구를 하는 등 대외적인 권한을 행사할 수 있는 지위에는 있지 아니하다고 봄이 상당하다.

[2] 공동주택의 입주자대표회의가 구분소유자들로부터 소 제기의 권한을 위임받았다는 주장은 권리관계의 주체가 제3자에게 자기의 권리에 대해 소송수행권을 부여하는 이른바 임의적 소송담당에 해당되는 것으로, 민사소송법 제80조 소정의 변호사대리의 원칙이나 신탁법 제7조 소정의 소송신탁 금지의 원칙에 반하는 것이어서 우리 법제상 허용되지 아니한다.

【참조조문】

[1] 민법 제214조, 주택건설촉진법 제38조, 공동주택관리령 제3조, 제10조, 집합건물의소유및관리에관한법률 부칙 제6조 [2] 민사소송법 제80조 제1항, 신탁법 제7조

【전 문】

【원 고】 ○○아파트 입주자대표회(소송대리인 변호사 최원길)
【피 고】 피고 외 1인 (소송대리인 변호사 이신섭)

【주 문】

1. 원고의 피고들에 대한 이 사건 청구를 각 기각한다.
2. 소송비용은 원고의 부담으로 한다.

【청구취지】

피고들은 원고에게, 서울 마포구 성산동 (지번 생략) 대 137,451.3㎡ 중 별지 도면 표시 1, 2, ㄹ, 3, 4, 20, 19, 18, 17, 16, 15, 13, 14, 1의 각 점을 순차로 연결한 선내 ㉯ 부분 화단 160.5㎡ 및 같은 도면 표시 8, 9, 10, 11, 12, 13, 15, 16, 17, 18, 19, 20, 4, 5, 6, 7, 8의 각 점을 순차로 연결한 선내 ㉮ 부분 1,361.2㎡ 중 23, 24, 25, 26, 27, 28, 21, 22, 23의 각 점을 순차로 연결한 선내 에이(A) 부분 건물 대지 470.2㎡와 유원장 529.8㎡를 제외한 나머지 부분 361.2㎡를 인도하고, 연대하여 원고에게 1993. 2. 8.부터 1994. 2. 7.까지는 월 금 2,890,218원, 그 다음날부터 1995. 2. 7.까지는 월 금 2,994,558원, 그 다음날부터 1996. 2. 7.까지는 월 금 3,815,426원, 그 다음날부터 위 대지 인도시까지는 월 금 2,999,775원의 각 비율에 의한 금원을 지급하라는 판결.

【이 유】

1. 원고는, 이 사건 청구원인으로, 피고들이 서울 ○○아파트 단지에서 유치원을 공동으로 경영하는 자들로서 그 단지인 서울 마포구 성산동 (지번 생략) 대 137,451.3㎡ 중 1,000㎡에 해당하는 부분의 소유 지분만을 가지고 있음에도 불구하고, 실제로는 무려 1,521.2㎡를 점유함으로써 위 아파트 단지 내의 구분소유자들의 대지사용권을 침해하고 있으니, 위 아파트의 관리를 담당하는 원고로서는 피고들에 대하여 그들의 각 해당 소유 지분을 초과하여 점유하는 셈이 되는 청구취지 기재 부분의 인도를 구하고 아울러 그 점유 개시일 1993. 2. 8.부터 위 점유로 인한 차임 상당의 부당이득의 반환을 구한다고 주장한다.
먼저 원고가 이 사건 청구를 할 권원이 있는지 여부에 관하여 본다.
집합건물의소유및관리에관한법률 부칙 제6조에 의하면, 집합주택의 관리 방법과 기준에 관한 주택건설촉진법의 특별한 규정은 그것이 위 법에 저촉하여 구분소유자의 기본적인 권리를 해하지 않는 한 효력이 있다고 규정되어 있는바(집합건물의소유및관리에관한법률 제51조, 제52조에 의하면 아파트 단지를 관리하기 위하여는 단지관리단을 구성할 수 있고 단지관리단집회에 의하여 단지관리단규약을 정하고 관리인을 둘 수 있도록 되어 있으나 그 단지관리단의 구성은 당연설립이 아닌 임의적 설립이다.), 주택건설촉진법과 위 법의 규정에 의하여 공동주택의 관리에 관하여 필요한 사항을 정함을 목적으로 한 공동주택관리령의 관계 규정에 의하면, 공동주택의 소유자·입주자·사용자·입주자대표회의 및 관리주체(공동주택을 관리하는 입주자로 구성된 자치관리기구·주택관리업자·사업주체를 말한다. 위 법 제3조

제4호)는 대통령령이 정하는 바에 의하여 공동주택을 관리하여야 하는바(위 법 제38조 제1항), 위 령 제7조 각 호의 1에 해당하는 공동주택은 입주자가 자치적으로 관리하는 것을 원칙으로 하되(위 법 제38조 제4항, 제6항, 제9항 등), 입주자는 동별 세대 수에 비례한 대표자를 선출하여 그 선출된 동별 대표자로 입주자대표회의를 구성하고 당해 공동주택의 관리 방법을 결정하여야 하는데(위 법 제38조 제7항 및 위 령 제10조 제1항), 아파트 입주자대표회의는 ① 입주자를 대표하여 입주자들 전원에 대하여 적용되는 관리규약 개정안의 제안 및 공동주택의 관리에 필요한 제 규정의 제정 및 개정 ② 관리비 예산의 확정, 사용료의 기준, 감사의 요구와 결산의 처리 ③ 단지 안의 전기·도로·상하수도·주차장·가스 설비·냉난방 설비 및 승강기 등의 유지 및 운영 기준 ④ 자치관리를 하는 경우 자치관리기구의 직원의 임면 ⑤ 공동주택의 공용 부분, 공동주택의 입주자의 공동소유인 부대시설 및 복리시설의 보수·대체 및 개량 ⑥ 입주자 상호간에 이해가 상반되는 사항 및 ⑦ 기타 관리규약으로 정하는 사항을 결정하고(위 령 제10조 제6항), 자치관리 기구를 지휘·감독할 권한을 가지며(위 령 제11조 제2항), 위 법에 의하여 주택건설사업을 시행하는 자인 위 법 제3조 제5호 소정의 사업주체에 대하여 공동주택에 발생한 하자의 보수를 요구하고, 자신의 명의로 하자보수보증금을 예치, 보관할 수 있으며, 나아가 원고의 관리규약(갑 제18호증)에 의하면 원고는 위 령 제10조 제6항 각 호 소정의 사항 외에 관리규약 위반자 및 공동생활의 질서 문란 행위자에 대한 조치, 기성 게시판 이외의 장소에 광고물 또는 표지물의 설치 및 부착행위에 대한 동의, 입주자 30인 이상의 연명으로 제안하는 사항 등을 의결하는 것으로 규정되어 있다.

위와 같은 법규의 내용 및 취지를 종합하여 볼 때, 공동주택의 입주자대표회의는 공동주택의 관리에 관한 사항을 결정하여 시행함으로써 공동주택의 입주자들로부터 관리비를 징수하여 공동주택의 유지, 보수 업무를 수행하고, 공동주택의 입주자들 상호간에 이해가 상반되는 문제가 발생하는 경우 그 분쟁을 조정하는 등 공동주택의 입주자 내부관계에 있어 발생하는 문제에 관한 사항을 해결하는 권한과 하자보수의무를 부담하는 사업주체에 대하여 하자보수청구권을 행사할 수 있는 권한을 가지고 있는 등 공동주택의 관리자로서 그 법 소정의 규정에 따른 관리권한만을 가지고 있을 뿐, 나아가 공동주택의 대지 부분 등을 불법점유하고 있는 자에 대하여 대지사용권에 기한 방해배제 청구를 하는 등 대외적인 권한을 행사할 수 있는 지위에는 있지 아니하다고 봄이 상당하다 할 것이다.

2. 원고는, 나아가, 그가 위 아파트의 구분소유자 중 대다수에 의하여 선출된 동 대표로 구성되어 있으므로 위 구분소유자들의 권한을 대리하여 행사할 수 있거나 또는 위 구분소유자 중의 1인으로부터 그 소유권 행사와 관련된 이 사건 소를 제기할 권한을 위임받았으니 이 사건 청구를 할 수 있는 지위에 있다는 취지로 주장하나, 이는 권리관계의 주체가 제3자에게 자기의 권리에 대해 소송수행권을 부여하는 이른바 임의적 소송담당에 해당되는 것으로, 민사소송법 제80조 소정의 변호사 대리의 원칙이나 신탁법 제7조의 소정의 소송신탁 금지의 원칙에 반하는 것이어서 우리 법제상 허용되지 아니하므로, 원고의 위 주장은 더 나아가 살펴볼 필요 없이 이유 없다.

3. 그렇다면, 원고에게 아파트 단지 내의 구분소유자들이 가지는 대지사용권에 기한 타인에 대한 방해배제 청구를 할 수 있는 권한을 가지고 있음을 전제로 하는, 원고의 피고들에 대한 이 사건 청구는 더 나아가 살펴볼 필요 없이 모두 이유 없어 이를 각 기각하고, 소송비

용의 부담에 관하여는 민사소송법 제89조를 적용하여 주문과 같이 판결한다.

판사 윤병각(재판장) 이정렬 김태의

[판례 72] 보상금수령권확인 (전주지법 1997. 5. 16. 선고 96가합9163 판결 : 확정)

【판시사항】

공탁된 토지수용보상금청구권에 대한 토지의 후순위 근저당권자의 압류 및 전부명령이 있은 후에 토지의 선순위 근저당권자가 다시 압류한 경우의 우선 순위(=선순위 근저당권자 우선)

【판결요지】

공탁된 토지수용보상금청구권에 대한 당해 토지의 후순위 근저당권자의 압류 및 전부명령이 있은 후에 그 토지의 선순위 근저당권자가 다시 압류한 경우, 그 보상금이 공탁된 이상 그 보상금은 여전히 특정성이 유지되고 있어 선순위 근저당권자가 물상대위권을 행사함에 지장이 없다고 보여지고, 나아가 후순위 근저당권자의 전부명령은 선순위 근저당권자를 해하는 것으로서 선순위 근저당권자와의 관계에 있어서는 무효이므로, 선순위 근저당권자에게 그 보상금의 수령권이 있다.

【참조조문】

민법 제342조, 제370조, 민사소송법 제563조

【참조판례】

대법원 1987. 5. 26.자 86다카1058 결정(공1987, 1053)

【전 문】

【원 고】 원고 주식회사 (소송대리인 변호사 박치수)
【피 고】 피고 1 외 1인 (소송대리인 변호사 소순장)

【주 문】

1. 소외 대한주택공사가 1996. 11. 30.자로 수용한 피고 2 소유의 전주시 덕진구 송천동 (지번 1 생략) 답 1,448㎡에 대한 손실보상금 331,592,000원 중 금 156,000,000원의 수령권이 원고에게 있음을 확인한다.
2. 소송비용은 피고들의 부담으로 한다.

【청구취지】

주문과 같다.

【이 유】

1. 기초 사실

아래의 각 사실은 원고와 피고 2 사이에서는 민사소송법 제139조에 의하여 위 피고가 이를 자백한 것으로 볼 것이고, 원고와 피고 1 사이에서는 갑 제1, 2, 6 내지 10호증, 갑 제3, 5호증의 각 1, 2, 갑 제4호증의 1 내지 4, 을 제5, 6호증의 각 기재 및 증인 소외 1의 증언에 변론의 전취지를 종합하여 이를 인정할 수 있고 반증 없다.

가. 피고 2는 1994. 2. 18. 원고와 사이에 소외 2가 장차 원고에게 부담하게 될 모든 채무를 금 156,000,000원을 한도로 담보하기로 하는 내용의 근저당권설정계약을 체결하고 위 피고 소유의 전주시 덕진구 송천동 (지번 1 생략) 답 1,448㎡(이하 '이 사건 토지'라 한다)에 관하여 당원 같은 날 접수 제11910호로 채무자 위 소외 2, 채권최고액 금 156,000,000원으로 하는 제1번 근저당권설정등기를 경료하였다.

나. 그 후 위 소외 2는 1995. 6. 20. 소외 3이 원고로부터 금 50,000,000원을 차용함에 있어 그 차용원리금 지급채무를 연대보증한 바 있고, 또한 그 자신이 1996. 9. 20. 원고로부터 합계 금 133,000,000원(=금 120,000,000원+금 13,000,000원)을 차용하기도 하였다.

다. 한편 소외 대한주택공사는 이 사건 토지를 포함한 전주시 덕진구 송천동 (지번 2 생략) 일대 123,661㎡ 지상에 아파트 단지를 조성하기로 하여 1996. 1. 12. 전라북도지사로부터 주택건설사업계획을 승인받은 다음(전라북도 고시 제1995-289호) 이 사건 토지를 취득하기 위하여 소유자인 피고 2와 협의하였으나 협의가 성립되지 않아 중앙토지수용위원회에 수용재결을 신청하였고, 이에 대하여 같은 위원회는 같은 해 10. 21. 이 사건 토지를 손실보상금 331,592,000원에 수용하되, 그 시기는 같은 해 11. 30.로 한다고 재결하였다.

라. 그러자 이 사건 토지에 관하여 당원 1995. 8. 8. 접수 제62123호로 채권최고액 금 250,000,000원의 제2번 근저당권설정등기와 당원 같은 해 12. 19. 접수 제102717호로 채권최고액 금 50,000,000원의 제3번 근저당권설정등기를 경료한 바 있는 피고 1은 위 각 근저당권자로서 물상대위권을 행사하여 같은 해 10. 31. 당원 96타기3701, 3702호로 피고 2의 위 보상금청구권에 대하여 금 264,000,000원을 청구금액으로 한 채권압류 및 전부명령을 받아 그 명령이 같은 해 11. 17. 확정되었고, 그 후 위 제1번 근저당권자인 원고도 같은 해 11. 23. 물상대위권을 행사하기 위하여 당원 96타기4055호로 위 보상금청구권을 압류하였다.

마. 위 대한주택공사는 위와 같이 위 보상금청구권이 압류되자 같은 달 30. 채권자불확지를 이유로 위 보상금 331,592,000원을 당원 96금제1966호로 피공탁자를 원고 또는 피고 1 혹은 피고 2로 하여 공탁하였다.

2. 당사자들의 주장에 대한 판단

원고는, 원고가 위 보상금청구권을 압류하기 전에 후순위 근저당권자인 피고 1이 위 보상금청구권에 대하여 채권압류 및 전부명령을 받았다 하더라도 그 우열관계는 본래의 권리의 우선 순위에 따라야 할 것이므로 위 보상금 중 위 제1번 근저당권에 의해 담보되는 원고의 채권에 해당하는 금 156,000,000원{=금 133,000,000원(피고 2에 대한 대여금)+금 23,000,000원(소외 3에 대한 대여금 50,000,000원 중 일부)}에 대하여는 수령권이 원고에게 있다고 주장하고, 이에 대하여 피고들은 원고의 압류 전에 피고가 위 보상금청구권 중 금 264,000,000원에 대하여 채권압류 및 전부명령을 받아 그 명령이 확정된 이상 그 부분에 해당하는 보상금청구권은 이미 피고 1에게 이전되었다 할 것이므로 원고에게 우선권이 없다는 취지로 다툰다.

살피건대, 토지수용법 제69조가 담보물권의 목적물이 수용되었을 경우 보상금에 대하여 당해 담보물권을 행사하기 위한 요건으로서 그 지불 전에 압류할 것을 요구하는 이유는 보상금이 소유자의 일반 재산에 혼입되기 전까지, 즉 특정성이 유지되고 보전되고 있는 한도 안에서 우선변제권을 인정하고자 함에 있고, 나아가 토지수용에 있어 기업자가 보상금을 변제공탁하였다 하더라도 이 공탁금이 출급되어 수용 대상 부동산 소유자의 일반 재산에 혼입되기 전까지는 토지수용법 제69조 단서가 규정하는 지불이 있었다고 할 수 없다 함이 법리이므로(대법원 1992. 7. 10. 선고 92마380, 381 결정 참조), 위 대한주택공사가 보상금을 위와 같이 공탁한 이상 원고가 이를 압류하기 전에 비록 피고 1이 위 보상금청구권에 대하여 압류 및 전부명령을 받았다 하더라도 위 보상금은 여전히 특정성이 유지되고 있어 원고가 물상대위권을 행사함에 지장이 없다고 보여지고, 나아가 피고 1의 위 전부명령은 선순위 근저당권자인 원고를 해하는 것으로서 원고와의 관계에 있어서는 무효라 할 것이므로 위 보상금 중 제1번 근저당권자인 원고의 채권에 해당하는 금 156,000,000원에 대하여는 그 수령권이 원고에게 있다 할 것이다.

3. 결 론

그렇다면, 원고의 이 사건 청구는 이유 있을 뿐만 아니라, 확인의 이익도 있다 할 것이므로 이를 인용하기로 하고 소송비용은 패소자인 피고들의 부담으로 하여 주문과 같이 판결한다.

판사 김용헌(재판장) 차문호 조윤희

[판례 73] 계약금반환 (인천지법 1997. 5. 30. 선고 96나5353 판결 : 상고기각)

【판시사항】

아파트가 이중 분양된 후 주택건설사업자가 파산한 경우, 주택분양보증을 한 주택사업공제조합이 채권자 불확지를 이유로 한 공탁으로써 정당한 분양계약자에 대한 계약금 반환의무를 면할 수 있는지 여부(소극)

【판결요지】

일반적으로 채권자 불확지를 원인으로 하는 공탁은 객관적으로 채권자가 존재하고 있으나 채무자가 선량한 관리자의 주의를 다하여도 주관적으로 채권자가 누구인지 알 수 없는 경우에 하는 것으로서 채권자임을 주장하는 자들 사이의 선택을 전제로 하는 것인데, 계약금의 반환을 청구하는 분양계약자가 주택건설사업자와 정당한 분양계약을 체결하고 계약금 등을 납부한 이상 그가 이중으로 분양계약을 체결한 자인지의 여부를 불문하고 주택건설사업자가 파산한 경우에는 그 분양계약자에 대한 주택사업공제조합의 계약금 반환의무는 발생하는 것이어서, 채권자 불확지를 원인으로 하는 주택사업공제조합의 변제공탁은 그 효력을 발생할 수 없다.

【참조조문】

민법 제487조, 주택건설촉진법 제47조의12

【전 문】

【원고, 피항소인】 원고
【피고, 항 소 인】 주택사업공제조합(소송대리인 법무법인 제일국제법률 담당변호사 박기웅)
【원심판결】 인천지법 1996. 8. 20. 선고 96가소97966 판결
【대법원결정】 대법원 1997. 9. 8.자 97다26685 결정

【주 문】

1. 제1심판결 중 피고에 대하여 원고에게 금 5,000,000원 및 이에 대한 1996. 8. 6.부터 1997. 5. 30.까지는 연 5푼, 그 다음날부터 완제일까지는 연 2할 5푼의 각 비율에 위한 금원을 초과하여 지급하도록 명한 피고 패소 부분을 취소하고 그 취소 부분에 해당하는 원고의 청구를 기각한다.
2. 피고의 나머지 항소를 기각한다.
3. 소송비용은 제1, 2심 모두 피고의 부담으로 한다.

【청구취지】

피고는 원고에게 금 5,000,000원 및 이에 대한 이 사건 소장부본 송달 다음날부터 완제일까지 연 2할 5푼의 비율에 의한 금원을 지급하라는 판결.

【항소취지】

제1심판결을 취소하고 원고의 청구를 기각한다라는 판결.

【이 유】

원고가 1996. 3. 16. 소외 주식회사(이하 소외 회사라 한다)와의 사이에 소외 회사가 인천 (이하 생략) 외 5필지 지상에 건축하는 (동이름 생략)(이름 생략)아파트 24.30평형 512호(이하 이 사건 아파트라 한다)를 분양받기로 하는 계약을 체결하고 같은 날 금 5,000,000원을 계약금으로 지급한 사실, 한편 피고는 주택건설사업자의 주택 건설 사업상의 제반 의무 이행에 필요한 각종 보증 등을 행할 목적으로 주택건설촉진법 제47조의6에 근거하여 설립된 법인으로서 조합원인 주택건설사업자가 파산 등으로 분양계약에 따른 각종 채무의 이행을 하지 못할 경우에 주택건설사업자를 대신하여 분양계약자에 대하여 기납부된 계약금 및 중도금을 환급하거나 당해 주택을 분양하는 업무를 행하고 있는데, 소외 회사는 1995. 10. 18.경 피고 조합의 조합원으로 가입하여 피고 조합이 소외 회사의 계약금 등 환급이나 분양 이행채무를 보증한 사실, 그런데 소외 회사는 1996. 4. 20. 부도가 발생하여 위 아파트의 신축, 분양의무를 이행할 수 없게 된 사실은 당사자 사이에 다툼이 없거나 성립에 다툼이 없는 갑 제1호증(분양대금 납부내역), 을 제7호증(주택분양보증서)의 각 기재에 변론의 전취지를 보태어 보면 이를 인정할 수 있고 반증이 없으므로, 특별한 사정이 없는 한 소외 회사가 위 주택 분양의무를 불이행함으로써 보증인인 피고는 주택건설촉진법 제47조의12 제1항에 의한 원고의 청구에

따라(갑 제2호증) 소외 회사를 위하여 원고에게 위 지급된 계약금 5,000,000원을 반환할 의무가 있다고 할 것이다.

이에 대하여 피고는, 피고 법인의 설립 취지 및 주택분양보증제도의 성격 등에 비추어 볼 때 주택분양보증은 주택건설촉진법 제32조에 근거한 주택공급에관한규칙에서 정하고 있는 주택의 공급 조건, 방법 및 절차 등에 따라 정당하게 분양계약을 체결하고 분양대금을 납부한 정당한 수분양자들에 대해서만 그 보증금액의 한도 내에서 계약금 및 중도금의 환급 등을 이행할 의무가 있다고 할 것인데, 소외인이 원고가 분양계약을 체결하기 이전인 1991. 1. 6. 이미 이 사건 아파트에 관하여 소외 회사와 분양계약을 체결한 바 있어 원고는 이 사건 아파트에 대한 유일한 정당한 수분양자라 할 수 없으므로 피고에 대하여 계약금의 반환을 청구할 권리가 없다는 취지의 주장을 하므로 살피건대, 주택이 없는 국민에게 주택을 공급하는 등 국민의 주거 생활의 안정을 도모하고 주거 수준의 향상을 기하기 위하여 주택의 건설, 공급과 이를 위한 자금의 조달, 운용 등에 관하여 규정하고 있는 주택건설촉진법에 기하여 설립된 피고 법인의 설립 목적 등에 비추어 볼 때 경제적 약자로서 내집 마련을 위하여 주택건설사업자와 분양계약을 체결하는 원고와 같은 무주택자에게 분양받으려 하는 아파트에 관하여 이미 분양계약을 체결한 자가 있는지 여부에 관하여까지 일일이 조사한 다음에 분양계약을 체결할 의무가 있다고 볼 아무런 근거가 없을 뿐만 아니라 그러한 의무를 지우는 것은 경제적 정의 관념이나 1차적으로는 주택건설사업자, 최종적으로는 피고 법인을 믿고 분양계약을 체결한 무주택자의 신뢰에도 반하는 것으로서 허용될 수 없는 것이므로, 가사 원고가 분양받은 이 사건 아파트를 이중으로 분양받은 위 소외인이 있다 하더라도 피고는 주택건설사업자와 주택공급에관한규칙에 정해진 바에 따라 정당한 분양계약을 체결하고 계약금 등을 납입한 분양계약자인 원고에게 그 계약금 등을 반환할 의무가 있다고 할 것이고(소외인도 원고에게 계약금 등의 반환을 별도로 구하고 있는데, 피고로서는 위 소외인이 정당한 수분양자가 아님을 주장·입증하여 그 지급의무를 다툴 수 있고, 만일 피고가 위 소송에서 패소함으로써 이중 지급하게 되어 손해를 입게 되는 경우에는 궁극적으로 조합원인 주택건설사업자에 책임을 물을 수밖에 없다.) 따라서 피고의 위 주장은 지급 거절사유가 될 수 없어 이를 받아들일 수 없다.

다음으로 피고는, 이 사건 아파트가 원고 및 소외인에게 이중으로 분양됨으로 인하여 피고는 누가 진정한 채권자인지를 알 수 없게 되었고 이에 원고가 반환을 청구하는 금 5,000,000원을 채권자 불확지를 원인으로 하여 변제공탁하였으므로 피고의 계약금 반환의무는 소멸하였다는 취지로 주장하므로 살피건대, 일반적으로 채권자 불확지를 원인으로 하는 공탁은 객관적으로 채권자가 존재하고 있으나 채무자가 선량한 관리자의 주의를 다하여도 주관적으로 채권자가 누구인지 알 수 없는 경우에 하는 것으로서 채권자임을 주장하는 자들 사이의 선택을 전제로 하는 것이라 할 것인데, 이 사건의 경우에는 앞에서 이미 살펴본 바와 같이 계약금의 반환을 청구하는 원고가 주택건설사업자와 정당한 분양계약을 체결하고 계약금 등을 납부한 이상 그가 이중으로 분양계약을 체결한 자인지의 여부를 불문하고 원고에 대한 피고의 계약금 반환의무는 발생하는 것이어서 채권자 불확지를 원인으로 하는 피고의 변제공탁은 그 효력을 발생할 수 없는 것이라 할 것이므로, 위 주장은 그 자체로 이유 없다.

그렇다면, 피고는 원고에게 위 금 5,000,000원 및 이에 대하여 원고가 구하는 바에 따라 이 사건 소장부본 송달 다음날임이 기록상 명백한 1996. 8. 6.부터 이 사건 판결 선고일까지는 민법 소정의 연 5푼의, 그 다음날부터 완제일까지는 소송촉진등에관한특례법 소정의 연 2할

5푼의 각 비율에 의한 지연손해금을 지급할 의무가 있으므로(피고가 그 이행의무인 존부에 관하여 항쟁할 상당한 이유가 있다고 인정되므로 당심판결 선고일까지는 위 특례법 소정의 비율에 의한 지연손해금을 인정하지 아니한다.) 원고의 이 사건 청구는 위 인정 범위 내에서 이유 있어 이를 인용하고 나머지 지연손해금 청구는 이유 없어 기각하여야 할 것인바, 제1심 판결은 이와 결론을 일부 달리하므로 위에서 지급을 명한 금원을 초과하여 지급을 명한 피고 패소 부분을 취소하고 그 부분에 해당하는 원고의 청구를 기각하며 피고의 나머지 항소는 이유 없어 이를 기각하기로 하고, 소송비용의 부담에 관하여는 민사소송법 제96조, 제89조, 제92조 단서를 적용하여 주문과 같이 판결한다.

판사 김대휘(재판장) 김기영 문수생

[판례 74] 총회결의무효확인 (서울지법 동부지원 1997. 6. 27. 선고 97가합2953 판결 : 항소)

【판시사항】

재건축조합 결성 이후 비용 분담을 정한 관리처분안의 의결정족수

【판결요지】

재건축 결의에 있어서 구분소유자와 의결권의 5분의 4라는 특별다수의 결의를 요하는 것이 강행규정이고, 그 재건축 결의에서 정하도록 한 사항 중에 하나인 재건축 비용 분담에 관한 사항은 분담액 자체를 명시할 필요는 없으나 재건축 참가자가 확정될 경우에는 자동적으로 그 부담 비율이 정해지도록 하는 비용 분담 결정 방법을 뜻하는 것이라고 볼 것인데, 그와 같은 사항을 재건축 결의시 정하도록 한 취지는 비용 분담에 있어서 불이익한 취급을 받는 구분소유자에게 재건축 결의를 반대할 기회를 보장하고 참가를 희망하는 자에 대하여는 가능한 한 참가의 기회를 부여하기 위한 것이므로, 그와 같은 취지에 비추어 재건축조합의 재건축 결의 당시 장차 조합원이 될 구분소유자들의 재건축 비용 분담에 관하여 아무런 정한 바가 없었다면, 재건축 결의시의 그와 같은 하자를 치유하기 위하여는 재건축조합 결성 이후 비용 분담을 정한 관리처분안을 결의함에 있어서도 특별한 사정이 없는 한 그와 같은 특별다수의 정족수는 준용되어야 한다.

【참조조문】

집합건물의소유및관리에관한법률 제47조

【전 문】

【원 고】 원고 1 외 49인 (소송대리인 법무법인 중앙국제법률특허사무소 담당변호사 함준표 외 2인)
【피 고】 ○○재건축주택조합 (소송대리인 변호사 조동섭 외 1인)

【주 문】
1. 피고가 1997. 2. 15.자 임시총회에서 한 관리처분안(조합원비용분담안) 결의는 무효임을 확인한다.
2. 소송비용은 피고의 부담으로 한다.

【청구취지】

주문과 같다.

【이 유】

1. 기초 사실

다음과 같은 사실은 당사자 사이에 다툼이 없거나, 갑 제2호증(을 제1호증과 같다), 갑 제4호증(을 제6호증과 같다), 갑 제5호증(을 제2호증과 같다), 갑 제6호증(을 제3호증과 같다), 갑 제56호증의 1, 2, 갑 제62호증, 갑 제63호증, 을 제4호증의 1, 2, 을 제12호증의 1, 2, 3, 을 제35호증, 을 제43호증, 을 제44호증, 을 제45호증의 각 기재에 변론의 전취지를 종합하면 이를 인정할 수 있고 반증 없다.

가. 피고 조합은 서울 광진구 자양동 (지번 생략) 일대에 소재하는 노후한 ○○연립주택 7개동 143세대를 철거하고 그 대지 8,828.07㎡ 지상에 12 내지 25층짜리 아파트 4개동 322세대 및 부대 건물을 신축하기 위하여 1994. 2. 24. 관할 구청인 광진구청으로부터 조합설립인가를 받은 재건축조합으로서 집행기관인 조합장(대표자) 1인을 비롯한 총무, 감사, 의결기관인 총회 및 이사회와 조합원 및 조합 기관의 권리 의무, 조합 사업의 내용, 해산 등을 규정한 조합규약을 두고 있다.

나. 피고 조합이 신축하는 위 322세대의 아파트는, 23.39평형(이하 '23평형'이라고만 한다)이 133세대, 28.04평형(이하 '28평형'이라고만 한다)이 19세대, 33.12평형(전용 면적 84.33㎡ + 주거 공용 면적 24.68㎡ + 기타 공용 면적 1.86㎡ = 공급 총 면적 111.37㎡, 이하 '33평A형'이라고만 한다)이 70세대, 33.09평형이 50세대(이하 위 33.12평형과 33.09평형을 통합하여 '33평형'이라고 한다)이 120세대, 44.63평형(전용 면적 114.28㎡ + 주거 공용 면적 33.26㎡ + 기타 공용 면적 2.51㎡ = 공급 총 면적 150.05㎡, 이하 '45평형'이라고만 한다) 50세대로 이루어질 계획인데, 그 중 23평형을 분양받은 피고 조합원은 1명, 28평형은 2명, 33평형은 90명이고, 45평형 50세대는 비조합원들에게 일반 분양하지 아니하고 모두 조합원들에게 분양되었는데 원고들이 이를 분양받은 자들이다.

다. 피고 조합원들이 위와 같이 신축할 아파트를 분양받은 경위는 다음과 같다.

(1) 피고 조합원들 중 90명 가량이 45평형을 분양받기를 원하여 경합이 심하자 피고 조합은 1995. 9. 27. 경합이 없는 33평형과 나머지 작은 평형에 대한 동, 호수를 먼저 추첨하고, 45평형에 대하여는 추후 그 분양 순위를 정하는 방법을 논하기로 결의한 뒤 같은 해 10. 7. 45평형은 그 분양받기를 지원한 조합원들에 대한 다음과 같은 요소를 포함한 평점을 산출하여 그 평점에 따라 50명을 선출한 뒤 동, 호수를 추첨하기로 결의하였다.

(2) 위 45평형 분양 순위를 결정하기 위한 평점제의 요소는 3가지로서 ① 투자 지분 다소(구연립주택 29평형을 출자한 경우 10점, 23평형을 출자한 경우 7.5점, 18평형

을 출자한 경우 2.5점) ② 이 사건 재건축 결의 이래 피고 조합원들 대상으로 3번에 걸쳐 시행한 희망 평형 설문조사에서 45평형을 희망한 횟수(3회 희망의 경우 5점, 2회 희망한 경우 2.5점, 1회 희망한 경우 0점) ③ 구연립주택의 거주 연한(최장 5점에서 최단 0.5점)이었다.

(3) 같은 해 10. 8 위와 같은 결의들에 따라 피고 조합은 33평형에 대한 동, 호수 추첨을 하게 되었는데 당초부터 33평형을 지원한 53명과 그 전날 45평형 분양 순위를 위와 같은 평점제에 의하기로 결정됨에 따라 이에 기해서는 분양받기가 어렵다고 판단한 조합원들 26명도 33평형으로 지원을 변경하여 동, 호수 추첨하기를 원하자 위 53명과 위 26명은 이른바 로얄 층(저층과 고층을 제외한 중간 층)을 우선적으로 분양받기 위하여 대립하였고, 결국에는 위 53명에게 약간의 우선권(원하는 범위 층에서 우선 추첨받을 수 있는 자격)을 주는 방법으로 위 지원자들 사이에 타협이 이루어져 동, 호수 추첨을 하게 되었고, 그 뒤 45평형 분양에서 평점이 낮아 탈락한 조합원들은 33평형의 잔여 세대에 대하여 분양을 받게 되었다(다만, 경합이 전혀 없었던 23평형과 28평형 선택자들은 원하는 동, 호수를 분양해 주었다).

(4) 한편, 같은 날 45평형을 지원한 조합원들은 위와 같은 평점으로 채점하여 순위를 정하여 50명(이 사건 원고들이다)을 선별하였는데 당시 피고 조합의 임원 23명 중 19명이 본인 또는 그 가족 명의로 45평형을 분양받았다.

(5) 45평형을 분양받은 위 50명은 같은 달 11. 모여 이른바 비로얄 층 1 내지 4층 및 25층을 분양받은 조합원들에게 분양가를 감해 주기로 하되 이에 해당하는 10명은 평점제의 점수에 의하여 후순위부터 선정하고, 피고 조합 회장단 3명은 원하는 동, 호수를 우선 지명하며, 피고 조합의 임원 중 3명은 이른바 로얄 층인 5 내지 20층 범위에서 우선 추첨하기로 결의한 뒤 동, 호수 추첨을 위 방법에 의거하여 실시하였다.

라. 그러나, 피고 조합은 재건축 결의 당시는 물론이거니와 위와 같이 조합원들에게 분양될 아파트의 평형, 동, 호수를 결정할 때까지도 분양받은 평형에 따른 비용의 분담 방법에 대하여는 정한 바가 없었다.

마. 피고 조합은 위와 같이 조합원들에 대한 분양 평형 및 동, 호수가 결정된 뒤 1996. 1.경 다음과 같은 내용으로 관리처분안을 마련하여 1996. 2. 14. 임시총회를 개최하여 표결에 부쳤으나 조합원들 중 다수를 점하고 있는 33평형 조합원들의 반대에 부딪혀 부결되었다.

(1) 표준건축비를 기준으로 산정한 재건축아파트 전체 분양금액(관할 구청에 신고된 일반 분양금액+15% 선택사양 가격을 부가한 피고 조합원 분양금액)＝금 40,311,222,000원
(2) 평당 분양가(전체 분양대금÷총 분양 평수 13,074평)＝금 3,083,312원
(3) 재건축 총 비용(공사비＋기타 비용)＝금 26,437,000,000원
(4) 재건축 사업 이익 (전체 분양대금 － 총 비용)＝금 13,874,222,000원
(5) 평수로 환산한 사업 이익(재건축 사업 이익÷평당 분양가)＝4,499평
(6) 재건축 이익지수(평수로 환산한 사업 이익÷구연립주택의 총 평수 3,072평)＝1.4645

(7) 조합원별 현물 출자액 = 구연립주택 평수×1.4645×평당 분양가
(8) 조합원별 분담금 = 평형별 분양가 - 조합원별 현물 출자액
(9) 위와 같은 방법에 따라 기존 29평형에 거주하던 조합원이 45평형을 분양받을 경우 분담금은 약 금 61,084,000원이고, 기존 23평형에 거주하던 조합원이 33평형을 분양받을 경우 분담금은 약 금 33,533,000원이다(그러나 이러한 방법에 따른 계산에 의하더라도 그 후 상당한 시간이 경과하였고, 시공 회사의 공사대금 증가로 인하여 분담금의 약간의 증액은 불가피하다).

바. 그 뒤 피고 조합의 조합원들은 1996. 6. 7. 피고 조합의 기존의 임원들을 모두 해임하고, 33평형을 분양받은 조합원들로만 구성된 임원진을 선출함에 따라 피고 조합의 조합장 역시 소외 최웅에서 소외 배석상으로 변경되었다.

사. 임원진을 개편한 피고 조합은 이 사건 재건축아파트가 완공될 경우 33평형보다 45평형의 평당 가액이 훨씬 높고, 아파트의 경우 평당 교환 가치는 평수에 증가에 따라 누진적으로 증가한다고 보고 재건축 이익의 공평한 분배를 이유로 이 사건 아파트의 완공될 때의 시가를 2개의 사설 감정기관에 감정을 의뢰한 뒤 산술 평균한 가액에서 분양 원가(부가가치세 별도)를 공제한 금액을 부가 가치 차액으로 정하되 그 중 40%를 45평형을 분양 받은 원고들에게 전가시키는 다음과 같은 내용의 관리처분안(이하 '이 사건 관리처분안'이라고만 한다)을 1997. 2. 15. 143명의 조합원들 중 113명이 참석한 임시총회에서 찬성 69명, 반대 31명으로 가결시켰다.

(1) 분양 기준 가액(청산 기준액)
= 사업계획 승인일 현재 소유한 종전 소유 토지 가액×비례율
(가) 종전 토지의 가액은 한국감정원과 중앙감정원에서 평가한 금액의 산술 평균 가액으로 하며, 건축물의 가격은 노후인 건물로서 평가하지 아니한다.
(나) 비례율 = (재건축사업 시행 구역 내 사업 완료 후 대지 및 건축 시설의 총 추산액 - 총 사업비)÷위 구역 내 종전 대지의 총 평가액
(다) 그런데 이 사건 재건축사업의 경우 비례율은 87.27%이다.
(라) 따라서 종전 29평형 소유 조합원의 분양 기준 가액은 금 123,058,594원 (종전 토지 평가액 금 141,003,422원×0.8727)이고, 종전 23평형(종전 23평형도 이 사건 재건축아파트 33평형과 마찬가지로 분양 면적에 약간의 차이가 있는 3가지 종류가 있었던 것으로 보이나, 가장 그 수가 많은 출자 대지 면적 67.481㎡인 경우를 기준으로 계산한다.)
소유 조합원의 분양 기준 가액은 금 97,627,729원(금 111,864,140원×0.8727)이다.

(2) 분양 가액 (분양 원가) = 택지비 + 표준 건축비 + 주차장 분양가 + 15% 선택 사양에 대한 공사비
(가) 택지비는 한국감정원과 중앙감정원에서 평가한 금액의 평균 금액과 아남기술 공사에서 산정한 택지비 가산 항목(암석 지반 공사비, 차수벽 공사비, 지장물 철거비, 간선 시설 설치비)을 합한 것으로서 평당 택지비는 금 1,990,766원이다. 따라서 33평A형의 경우 택지비는 금 56,159,000(금 1,990,766원×대지 지분 28.21평, 금 1,000원 미만 버림, 이하 계산에서도 마찬가지임)원이고, 45평형의 경우 택지비는

금 75,649,000(금 1,990,766원×대지지분 38평)원이다.
(나) 표준건축비는 주택 분양가 원가 연동제 시행 지침에 의한다. 이에 따른 ㎡당 단가는 33평A형은 금 535,425원이고, 45평형은 금 503,250원(부가가치세 별도)이므로 (건립 규모가 15층 이하의 경우는 그 금액에 차이가 있으나 1명의 조합원이 분양받은 23평형이 있는 동(棟)만이 15층 이하의 규모이고, 나머지 전 조합원이 분양받은 아파트는 16층 이상 규모이므로 위 각 단가는 후자 규모 건물에 관한 금액이며, 이는 아래 지하 주차장 분양 금액에 대하여도 마찬가지이다.) 33평A형의 경우 건축비는 59,630,000원(금 535,425원×공급 총 면적 111.37㎡)이고, 45평형의 경우 건축비는 75,512,000원(금 503,250원×공급 총 면적 150.05㎡)이다.
(다) 지하 주차장 분양 면적은 33평A형의 경우 31.67㎡이고, 45평형의 경우 42.66㎡이며 ㎡ 당 단가는 33평A형은 금 428,340원 45평형은 금 402,600원(부가가치세는 별도)이므로 이에 따른 지하 주차장 건축비는 33평A형의 경우 금 13,565,000원, 45평형의 경우 금 17,174,000원이다.
(라) 조합원이 분양받는 모든 아파트에 대하여 15%의 선택 사양을 추가하여 시공하고 있으므로 이에 대한 공사비는 33평A형의 경우 위 금액은 금 7,984,000원이고, 45평형의 경우 위 금액은 금 10,027,000원이다.
(마) 결과적으로 볼 때 33평A형의 경우 분양 가액은 금 137,338,000원(택지비 금 56,159,000원+건축비 금 59,630,000원+지하 주차장 건축비 금 13,565,000원+선택 사양 공사비 금 7,984,000원)이고 45평형의 경우 분양 원가는 금 178,362,000원(택지비 금 75,649,000원+건축비 금 75,512,000원+지하 주차장 건축비 금 17,174,000원+선택 사양 공사비 금 10,027,000원)이다.

(3) 층별, 위치별, 평형별 부가 가치 차액에 대한 부담 및 배분
 (가) 부가 가치의 평가 : 소외 나라감정평가법인과 제일감정평가법인에서 평가한 금액을 산술 평균한다.
 (나) 부가 가치액
   =위 2개 기관의 부가 가치의 평가액의 산술 평균액－분양가(부가가치세 별도)
 (다) 분양되는 아파트 중 24, 25층(고층)과 1 내지 4층(저층)은 비로얄 층으로, 나머지 각 층은 로얄 층으로 본다.
 (라) 45평형 분양자의 부가 가치 차액의 산정
   1) 45평형과 33평형의 로얄 층만을 대비하여 기준 차액으로 정하고 비로얄 층은 기준으로 정한 로얄 층에 효용 지수를 곱하여 대비한다.
   2) 45평형 로얄 층 수분양자의 부담 기준 차액(금 130,288,300원)
    =45평형 로얄 층 부가 가치의 산술 평균액(금 189,020,500원)
    －33평형 로얄 층 부가 가치의 산술 평가액(금 58,732,200원)
   3) 실제 45평형 로얄 층 수분양자의 부담액(금 52,115,320원)
    =부담 기준 차액×적용률(40%)
   4) 적용률은 45평형을 분양받은 조합원들의 입주 시기에 따른 이자 부담을 고려한 것이다.
   5) 실제 45평형 비로얄 층 수분양자의 부담액=로얄 층 부담액×효용 지수

따라서 25층의 경우 금 47,554,000월(금 52,115,320원×0.91), 24층의 경우 금 49,084,000원(금 52,115,320원×0.94), 4층의 경우 금 47,065,000원(금 52,115,320원×0.90), 3층의 경우 금 45,535,000원(금 52,115,320원×0.87), 2층의 경우 금 43,495,000원(금 52,115,320원×0.83), 1층의 경우 금 41,454,000원(금 52,115,320원×0.80)이다.

(마) 45평형의 부가 가치 부담액의 분배

1) 위 (라)항 계산에 따른 45평형 수분양자들이 부담하는 부가 가치 총액은 금 2,528,744,000원이다.
2) 33평형의 수분양자들 중 로얄 층을 분양받은 87명에게는 위 부가 가치를 안분하여 세대당 금 27,080,855원을 분배하고, 비로얄 층을 분양받은 3명에게는 그 부가 가치증가액이 로얄 층에 미치지 못하는 점을 감안하여 위 금액 보다 약간 많은 금액을 분배하였다.
3) 조합원 중 23평형을 분양받은 1명, 28평형을 분양받은 2명에게는 33평형의 로얄 층을 분양받은 금액과 동일한 금액을 분배하였다.

(4) 위와 같은 계산 방식에 따라 종전 29평형의 연립주택을 소유하였던 피고 조합원이 45평형 로얄 층을 분양받는 경우 분담금은 금 107,418,000원(분양 가액 금 178,362,000원 + 부가 가치 차액 금 52,115,000원 - 분양 기준 가액 금 123,058,594원)이고, 종전 23평형(출자 대지 면적 67.481㎡'인 경우를 기준)의 연립주택을 소유하고 있던 피고 조합원이 33평A형 로얄 층을 분양받는 경우 분담금은 금 12,629,000원(분양가액 금 137,338,000원 - 분배된 부가 가치 차액 금 27,080,855원 - 분양 기준 가액 금 97,627,729원)이다.

2. 주장 및 판단

원고들은 이 사건 관리처분안은 그 결의에 있어서 절차상 하자가 있을 뿐만 아니라 그 내용에 있어서도 조합원들 사이에 현저히 형평성을 상실하여 무효라고 주장하므로, 먼저 이 사건 관리처분안 결의에 있어서의 절차상 하자에 관하여 본다.

가. 이 사건 관리처분안 결의에는 다수결의 원칙이 적용되지 아니한다는 주장

원고들은 먼저, 집합건물의소유및관리에관한법률(이하, '집합건물법'이라고만 한다) 제47조 제4항, 제3항에 의하면 재건축 결의시에는 향후 조합원이 될 구분소유자의 비용 분담에 관한 사항을 정리하여야 하고, 이는 구분소유자 간의 형평이 유지되도록 정해져야 한다고 규정되어 있어 다수결에 의한 결의는 무의미하고, 더욱이 피고 조합 규약 제30조(1)의 라. 항은 "조합원 분담금은 별도 약정에 의하여 정한다."라고 규정되어 있으므로 당초 재건축 결의시 정하여야 했을 비용 분담에 관하여는 조합총회에서 조합원 과반수의 출석, 재적 인원의 과반수의 찬성이라는 다수결의 방식으로 정할 수 없고, 이해가 상반된 조합원들 사이에 합의에 의하여 결정되어야 한다고 주장한다.

앞서 인정된 사실에 의하면 피고 조합은 민법상 조합이 아니라 비법인 사단에 해당한다고 할 것이므로 특별한 사정이 없는 한 피고 조합의 의사 결정은 비록 그 요구되는 의결정족수에 관하여는 별론으로 하고 조합 내 의결기관(총회 또는 이사회 등)의 결의라는 단체 법적인 방법에 의하지 않을 수 없고, 한편 조합규약(갑 제2호증) 중 제30조(1)의 라.항에 의하면 "사업 시행 수임자가 조달한 공사비 등 사업 경비는 조합원 144

세대에게 분양되는 세대를 제외한 아파트 및 상가 분양 수입금과 조합원 분담금을 공사비로 충당하고, 조합원 분담금은 별도 약정에 의한다."라고 규정되어 있고, 위 규약 제25조(비용 부담)에 의하면 "사업 시행 비용은 등록된 주택건설사업자(사업 시행 수임자)와 별도 약정에 따르고 조합원은 토지만 출자하기로 한다."라고도 규정되어 있는바, 위 '별도 약정'은 이를 조합원들 사이에서의 내부적인 약정으로 보기는 어렵고 피고 조합과 사업 시행 수임자(시공회사)와 사이의 약정이라 봄이 합당하다고 할 것이므로 원고의 위 주장은 어느 모로 보나 이유 없다.

나. 이 사건 관리처분안 결의는 의결정족수가 미달되었다는 주장

(1) 원고는 다음으로, 조합원의 비용 분담에 관한 결의가 다수결에 의한다 할지라도 집합건물법 제47조 제2항에 의하면 재건축의 결의는 구분소유자 및 의결권의 5분의 4 이상의 다수에 의한 결의에 의하도록 규정되어 있고, 같은 조 제3항에 의하면 재건축 결의를 할 때에는 비용의 분담에 관한 사항도 결의하도록 규정되어 있는바 위 각 규정의 입법 취지에 비추어 이 사건 관리처분안과 같은 비용분담의 결의는 조합원 5분의 4의 의결정족수가 충족되어야 한다고 주장한다.

살피건대, 집합건물법은 건물이 건축 후 상당한 기간이 경과되어 건물이 훼손 또는 일부 멸실되거나 그 밖의 사정에 의하여 건물의 가격에 비하여 과다한 수선·복구비나 관리 비용이 소요되는 경우 또는 부근 토지의 이용 상황의 변화나 그 밖의 사정에 의하여 건물을 재건축하면 그에 소요되는 비용에 비하여 현저한 효용의 증가가 있게 되는 경우와 같이 건물을 유지하는 것 자체가 객관적으로 불합리하다고 판단되는 경우에 한하여, 소수의 구분 소유자들의 반대가 있더라도 소수자들의 의사와 상관없이 다만 시가에 따른 보상을 통하여 그들의 이익도 배려하면서(집합건물법 제47조 제4항) 소수자들의 재산권에 제한을 가하기 위하여 구분소유자 및 의결권의 각 5분의 4 이상의 찬성에 의한 특별 다수에 따른 집회 결의라는 다수결의 원리를 도입함으로써 절대 다수의 희망에 의하여 재건축을 강제하게 하고 있으므로 위 5분의 4의 의결정족수의 요건은 강행규정이라 할 것이고, 위 재건축 결의에서 정하도록 한 사항 중에 하나인 재건축 비용 분담에 관한 사항은 분담액 자체를 명시할 필요는 없으나 재건축 참가자가 확정될 경우에는 자동적으로 그 부담 비율이 정해지도록 하는 비용 분담 결정 방법을 뜻하는 것이라고 볼 것인데 이와 같은 사항을 재건축 결의시 정하도록 한 취지는 비용 분담에 있어서 불이익한 취급을 받는 구분소유자에게 재건축 결의를 반대할 기회를 보장하고 참가를 희망하는 자에 대하여는 가능한 한 참가의 기회를 부여하기 위한 것이므로 이를 정하지 아니한 재건축 결의는 특별한 사정이 없는 한 무효라 할 것이다.

따라서 재건축 결의에 있어서 구분소유자와 의결권의 5분의 4라는 특별다수의 결의를 요하는 것이 강행규정이고, 그 결의시에 재건축 비용 분담에 관하여 정하여야 하는 위와 같은 취지에 비추어 피고 조합의 재건축 결의 당시 장차 조합원이 될 구분소유자들의 재건축 비용 분담에 관하여 아무런 정한 바가 없었던 이 사건에 있어서 재건축 결의시의 위와 같은 하자를 치유하기 위하여는 재건축조합 결성 이후 비용 분담을 정한 관리처분안을 결의함에 있어서도 특별한 사정이 없는 한 위와 같은 특별다수의 정족수는 준용되어야 한다고 할 것이다.

(2) 이에 대하여 피고 조합은 다음과 같이 주장한다.
  (가) 이른바 5분의 4라는 특별다수의 의결정족수가 요구되는 시점은 개개의 구분 소유자들을 재건축조합이라는 단체에 가입시키는 단계, 즉 재건축조합 자체가 결성되기 전의 구분소유자들 사이에 이루어지는 재건축 결의시일 뿐이고, 재건축 결의 당시 비용 분담에 관하여 아무런 정함이 없음에도 불구하고, 재건축을 찬성하여 재건축조합에 가입한 구분소유자들은 비용 분담에 관하여 비법인 사단의 구성원으로서 단체법적 통제를 받은 조합원들 간의 내부적 의사 결정 절차에 위임하였다고 볼 것이므로 조합규약이나 법령에 특별히 정하는 바가 없는 한 조합원의 5분의 4라는 특별다수의 정족수가 요구되지 아니한다고 주장한다.
  살피건대, 집합건물의 구분소유자들만이 재건축 결의를 할 수 있으므로(집합건물법 제47조) 재건축조합 설립 후 지형 여건·주변의 환경으로 보아 사업 시행상의 불가피한 경우에 단독주택·다세대주택 등을 일부 포함시켜 그 소유자들을 재건축조합의 조합원으로 받아들인 경우(주택건설촉진법시행령 제4조의2 제1항 단서)나 재건축에 반대하여 자신의 구분 소유권이 매도 청구되어 재건축조합원이 되지 못한 구분소유자들이 있어 가사 재건축 결의 당시의 구분소유자들과 관리처분 결의 당시의 조합원들의 구성이 다소 다를 수 있다 하더라도 앞서 본 바와 같은 비용 분담에 관한 특별다수의 의결정족수 규정의 취지에 비추어 볼 때 그 준용 여부를 달리 볼 것은 아니므로 피고 조합의 위 주장은 이유 없다. {만약 그렇게 보지 아니한다면 재건축 결의시 특별다수에 의하여 결의된 비용 분담 방법을 조합 설립 후 일반 정족수에 따라 변경한 수도 있을 것이고 이와 같은 문제는 집합건물법 제47조 제4항 소정의 비용 분담의 형평성의 담보로써 해결된다고 볼 수 없으며, 더욱이 이 사건의 경우 갑 제1호증, 갑 제2호증, 을 제37호증의 각 기재에 변론의 전취지를 보태어 보면, 143세대 중 최초 설립인가시인 1994. 2. 24. 132명의 조합원으로 인가받았으나, 1995. 1. 23. 9명의 조합원을 추가하고 18명의 조합원의 승계 변경(집합건물법 제49조는 조합원의 승계인은 재건축 결의의 내용에 따른 재건축에 합의한 것으로 의제하므로 승계인은 당초 재건축을 결의한 주체와 동일하게 보아야 한다.) 되었으며, 같은 해 4. 4.에는 2명의 조합원이 추가되었고, 인근의 단독주택이나 다세대주택 소유자들을 조합원으로 수용하지도 아니하여 사실상으로도 재건축 결의 당시의 구분소유자와 관리처분안 결의 당시의 조합원들의 구성도 동일한 사실이 엿보인다}.
  (나) 다음으로 원고들은 재건축 결의 당시 비용 분담에 관하여 정하지 아니한 점에 대하여 이의를 제기하거나 이를 이유로 재건축에 반대할 수 있었음에도 불구하고 재건축에 적극 찬성한 뒤 사업계획 승인 후 재건축아파트의 신축이 상당 부분 진행된 이 시점에 이르러 비용 분담에 관하여 위와 같은 특별다수의 정족수의 결의가 요구된다고 주장하는 것은 신의칙에 반한다고 주장한다.
  살피건대, 재건축 결의시 비용 분담에 관하여 정하여 하는 위 집합건물법 규정이 강행법규임에도 불구하고 피고 조합이 이를 위반하여 재건축 결의시 비용 분담에 관한 방법을 정지하지 아니한 사실은 앞서 본 바와 같은바, 강행법규를 위반하여 효력이 없는 이 사건 재건축 결의에 있어서의 위와 같은 하자가 시간의 경과에 의하여 치유된다고도 볼 수 없을 뿐만 아니라 이 사건 재건축 결의가 강행법규를 위반하였다는 점을 들어 이 사건 관리처분안에 특별다수의 정족수를 요구하는 주장은 위 하자의 치유를 위한 것이라 할 수 있고, 그 주장하는 시기가 사업계획 승인 후 상당한 시간이 경과하였다고 하여 이를 바로 신의칙 위반이라고 단정할 수도 없으므로 피고 조합의 위 주장 역시 이유 없다.

(다) 마지막으로 이 사건 재건축 결의 당시에 구분소유자들 사이의 비용 분담이 정하여지지 아니한 하자가 있다고 하더라도 그와 같은 하자는 적법한 절차에 따라 이 사건 관리처분안이 가결됨으로써 치유되었다고 주장한다.

살피건대, 원고들이 무효의 확인을 구하는 대상은 비용 분담을 정하지 아니한 재건축 결의가 아니고, 바로 이 사건 관리처분안에 대한 결의이므로 피고의 위 주장은 그 자체에서 이유 없다.

3. 그렇다면 피고 조합의 1997. 2. 15.자 이 사건 관리처분안에 관한 결의는 법령이 정한 의결정족수를 갖추지 못한 결의로서 더 나아가 그 형평성 여부(가사 이 사건 관리처분안이 적법한 의결정족수에 의하여 결의되었다 하더라도 이 사건 관리처분안이 전제하고 있는 '부가 가치'라는 개념은 완공도 하기 전에 미리 각종의 인자를 가중치까지 고려하여 산정한 것으로서 합당하다고 보기 어렵고, 위 1. 사. (3) (마)항 기재에서 보듯이 부가 가치 차액을 전가시키는 기준율을 40%로 정한 객관적이고 합리적인 근거로 없을 뿐만 아니라, 부가 가치 차액을 평형별로 분배함에 있어서도 33평형의 비로얄 층을 분양받은 3인의 조합원의 대하여는 효용 지수 개념을 도입하여 같은 평형의 로얄 층을 분양받은 87명보다 많은 부가 가치 차액을 분배하였으므로 피고 조합원 중 23평형을 분양받은 1명과 28평형을 분양받은 2명에 대하여는 피고 조합이 주장하는 대로라도 45평형을 분양받은 원고들과의 부가 가치 차액이 33평형의 비로얄 층을 분양받은 위 3명의 경우보다 많을 것이어서 그들에게 더 많은 부가 가치 차액을 분배하여야 할 것인데 33평형의 로얄 층에게 분배한 부가 가치 차액만을 분배하였음은 결국 이 사건 관리처분안은 오로지 33평형을 분양받은 조합원들만을 위한 것으로밖에 볼 수 없어 그 형평성을 갖추었다고 보기도 어렵다.)에 나아가 판단할 필요도 없이 그 무효를 면치 못한다 할 것인데 피고 조합이 이를 다투는 이상 원고들로서는 그 확인을 구할 이익도 있다고 인정되므로 이를 구하는 원고들의 이 사건 청구는 이유 있어 인용하기로 하여 주문과 같이 판결한다.

판사 이윤승(재판장) 이현 전우진

[판례 75] 관리비청구 (서울지법 1997. 6. 13. 선고 96나33630 판결 : 확정)

【판시사항】

주택건설촉진법 등에 따라 구성된 '아파트 자치관리기구'의 당사자능력 유무(소극)

【판결요지】

주택건설촉진법 제38조 제8항 및 공동주택관리령 제13조에 따라 구성된 '아파트 자치관리기구'는 입주자대표회의의 지휘와 감독을 받으면서 관리비 징수 등 아파트 관리에 관한 업무를 실무적으로 집행할 뿐 독립적인 의사결정기관을 가지고 있지 아니하고, 대표자인 관리사무소장도 입주자대표회의에서 임명되며 그 구성원도 입주자대표회의에서 임명되는 직원들에 불과하므로 비법인 사단으로서 당사자능력을 가지고 있다고 볼 수 없다.

【참조조문】

민사소송법 제48조, 주택건설촉진법 제38조 제8항, 공동주택관리령 제11조

【전 문】

【원고, 피항소인】 ○○아파트 자치관리기구
【피고, 항 소 인】 피고
【원심판결】 서울지법 1996. 6. 25. 선고 96가소91394 판결

【주 문】

1. 제1심판결을 취소한다.
2. 이 사건 소를 각하한다.
3. 소송총비용은 원고의 부담으로 한다.

【청구취지】

피고는 원고에게 금 3,935,020원 및 이 중 금 3,287,410원에 대한 이 사건 소장부본 송달 익일부터 완제일까지 연 2할 5푼의 비율에 의한 금원을 지급하라는 판결.

【항소취지】

제1심판결을 취소한다. 원고의 청구를 기각한다라는 판결.

【이 유】

1. 당사자 확정의 문제

이 사건 기록에 의하면, 소장의 원고 표시란에는 '○○아파트 자치관리기구 대표 소외인'으로 기재되어 있고, 그 옆에 위 아파트 관리사무소장의 직인이 날인되어 있으며, 이 사건 청구의 내용도 위 아파트의 관리비를 체납한 아파트 입주자인 피고에 대하여 그 연체된 관리비의 지급을 구하는 것인데, 제1심법원은 이 사건 원고의 표시를 '○○아파트 자치관리기구 대표 소외인'으로 하여 변론을 진행하고 변론종결 후 판결을 선고함에 있어서는 원고 표시를 자연인인 '소외인'으로만 기재하여 원고 전부 승소의 판결을 선고하였으며, 이에 대하여 피고가 역시 원고(피항소인) 표시를 '소외인'으로만 기재하여 이 사건 항소를 제기하였음이 분명하다.

먼저 이 사건의 원고가 '○○아파트 자치관리기구'인지 자연인 '소외인'인지에 관하여 보건대, 당사자는 소장에 기재된 표시 및 청구의 내용과 원인 사실 등 소장의 전취지를 합리적으로 해석하여 확정하여야 하는 것인바, 앞서 본 이 사건 소장의 원고 표시란 기재, 이 사건 청구의 내용 등을 종합하여 검토하여 볼 때, 위 원고 표시란 기재 중 '○○아파트 자치

관리기구 대표'라는 표시는 단순한 상호나 자격을 나타내기 위하여 기재한 것이 아니고, 피고에 대하여 지급을 구하는 금원을 위 '○○아파트 자치관리기구'에 귀속시키려는 의도로 기재된 것이라고 할 것이고, 위 '소외인'도 당심에 이르러 같은 취지로 진술하면서 계속하여 위 자치관리기구의 대표자 자격으로 소송을 수행하고 있으므로 이 사건 소는 '○○아파트 자치관리기구'가 제기한 것으로 보아야 할 것이다.

2. 아파트 자치관리기구의 당사자능력

나아가 과연 이 사건 원고 '○○아파트 자치관리기구'가 당사자능력을 갖춘 비법인 사단에 해당하는지에 관하여 살피건대, 비법인 사단이란 일정한 목적을 가지고 의사결정기관과 집행기관을 두어 독자적인 사회 활동을 하는 다수인의 결합체를 말하는 것으로서, 구성원의 자격, 의사결정 방법 및 대의 선출 방법 등 단체로서의 조직을 갖추고 있어야 할 것인바, 갑 제1, 2호증의 각 기재에 변론의 전취지를 종합하면 (1) 원고 '○○아파트 자치관리기구'는 ○○아파트 입주자들이 구성한 같은 아파트 입주자대표회의의 신청에 따라 관할 강남구청으로부터 1995. 8. 26. 주택건설촉진법 제38조 제8항 및 공동주택관리령 제13조에 의거, 위 아파트의 자치 관리를 위하여 인가받은 공동주택 자치관리기구인 사실, (2) 1995. 11. 30. 개정된 위 아파트 관리규약에 의하면 ① 위 입주자대표회의가 각 동의 대표자로 구성되어 아파트 관리규약의 개정, 아파트 관리에 필요한 제 규정의 제정 및 개정, 관리비 예산, 부대시설의 사용료 기준 등을 결정하는 반면(제19조 제1항), ② 원고 '○○아파트 자치관리기구'는 위 입주자대표회의의 지휘·감독을 받으면서, 관리비 및 사용료의 징수 등 관리규약이 정하는 사항과 입주자대표회의에서 결정한 사항을 집행하고(제24조, 제25조 제1항), ③ 그 대표자인 관리사무소장을 비롯한 직원들은 입주자대표회의에 의하여 임명되며(제19조 제1항 제4호), ④ 입주자대표회의의 구성원은 위 아파트 자치관리기구의 직원을 겸임할 수 없도록(제22조 제5항) 규정되어 있는 사실을 각 인정할 수 있는바, 위 인정 사실에 의하면 원고 '○○아파트 자치관리기구'는 입주자대표회의의 지휘와 감독을 받으면서 관리비 징수 등 위 아파트의 관리에 관한 업무를 실무적으로 집행할 뿐 독립적인 의사결정기관을 가지고 있지 아니하고, 대표자인 관리사무소장도 입주자대표회의에서 임명되며, 그 구성원도 입주자대표회의에서 임명되는 직원들에 불과하므로 비법인 사단으로서 당사자능력을 가지고 있다고 볼 수 없다.

3. 결 론

그렇다면, 당사자능력이 없는 원고에 의하여 제기된 이 사건 소는 부적법하다 할 것인바, 이와 결론을 달리하여 이 사건 원고를 자연인 '소외인'으로 보고 그 청구를 인용한 제1심판결은 부적법하므로 이를 취소하고, 이 사건 소를 각하하기로 하며, 소송총비용은 패소자인 원고의 부담으로 하여 주문과 같이 판결한다.

판사 김정술(재판장) 안정호 김유진

[판례 76] 공사금지가처분 (광주고법 1998. 12. 3.자 98라208 결정 : 확정)

【판시사항】

공사수급인이 도급인을 상대로 수급인의 공사방해금지 내지 도급인의 공사금지를 구할 수 있는지 여부(소극)

【결정요지】

공사도급인이 적법한 해제사유가 없음에도 불구하고 공사도급계약이 해제되었다고 주장하면서 수급인으로서의 지위를 부인하고 있다고 하더라도 수급인에게 수급인의 공사방해금지 내지 도급인의 공사금지를 구할 수 있는 배타적인 지위를 부여할 수는 없을 뿐만 아니라, 도급인의 위약으로 인한 수급인의 구제는 궁극적으로는 손해배상의 문제로 귀착될 것이어서 특정 행위의 금지를 구할 만한 보전의 필요성이 있다고 보기도 어렵다.

【참조조문】

민사소송법 제714조

【전 문】

【신청인, 항 고 인】 주식회사 대림건설 (소송대리인 법무법인 호남종합법률사무소 담당변호사 김성길)
【피신청인, 상대방】 학교법인 학산학원 외 1인 (피신청인들의 소송대리인 변호사 황규표)
【원심결정】 전주지법 1998. 9. 25.자 98카합1388 결정

【주 문】

1. 신청인의 항고를 기각한다.
2. 항고비용은 신청인의 부담으로 한다.

【신청취지】

피신청인들은 전북 고창읍 교촌리 295 지상에 고창여자 중학교 교사를 신축하는 공사(이하 이 사건 신축공사라고 한다)를 하여서는 아니되고, 제3자로 하여금 이 사건 신축공사를 하게 하여서도 아니된다. 피신청인들은 신청인의 이 사건 신축공사를 방해하여서는 아니된다.

【이 유】

이 사건 신청취지의 요지는, 신청인은 1996. 12. 27. 피신청인 학교법인 학산학원 산하 고창여자 중학교장과 사이에 신청인이 이 사건 신축공사를 공사대금 1,586,950,000원에 도급받아 시공하기로 하는 내용의 공사도급계약(이하 이 사건 계약이라고 한다)을 체결하고, 이 사건 신축공사를 시행할 모든 준비를 갖추고 있었는데, 위 고창여자 중학교장은 전라북도 교육청으로부터 위 교사에 대한 재설계 지시를 받아 신청인과의 기존 계약으로는 공사를 추진할 수 없다는 이유를 내세워 일방적으로 1998. 6. 17. 신청인에 대하여 이 사건 계약을 해제한다는 취지의 통지를 한 후, 소외 동서종합건설 주식회사와 사이에 이 사건 신축공사에 관하여

다시 도급계약을 체결하고 위 회사로 하여금 위 신축공사를 진행케 하면서 신청인을 배제시키고 있는바, 이와 같은 피신청인들(피신청인 이창헌은 현재의 고창여자 중학교장 직무대리임)의 위법행위가 중단되지 않을 경우 신청인에게 회복할 수 없는 손해가 발생할 우려가 있으므로 신청취지와 같은 결정을 구한다는 것이다.

그러나 가사 피신청인들이 적법한 해제사유가 없음에도 불구하고 이 사건 계약이 해제되었다고 주장하면서 신청인의 수급인으로서의 지위를 부인하고 있다고 하더라도 수급인에 불과한 신청인에게 신청취지와 같은 행위를 구할 수 있는 배타적인 지위를 부여할 수는 없을 뿐만 아니라, 피신청인들의 위약으로 인한 신청인의 구제는 궁극적으로는 손해배상의 문제로 귀착될 것이어서 신청취지와 같이 특정 행위의 금지를 구할 만한 보전의 필요성이 있다고 보기는 어렵고, 달리 보전의 필요성이 있다는 점에 대한 소명이 없다.

그렇다면 이 사건 신청은 이유 없어 이를 기각할 것인바, 원심결정은 이와 결론을 같이 하여 정당하므로, 이 사건 항고는 이유 없어 이를 기각하기로 하여 주문과 같이 결정한다.

판사 이태운(재판장) 김인겸 노만경

[판례 77] 조합원정기총회결의부존재확인 (서울지법 1997. 10. 23. 선고 96가합80519 판결 : 항소)

【판시사항】

주택조합의 정기총회에서 재건축사업에 반대한 조합원에게 신축아파트 추첨권을 주지 않기로 한 결의의 효력(무효)

【판결요지】

주택조합의 정기총회에서 재건축사업에 반대한 조합원들에게 신축아파트 추첨권을 주지 않기로 한 결의는 조합원의 기본적인 권리를 침해하는 것으로서 그 효력을 인정할 수 없으며, 또 신축아파트를 배정함에 있어 추첨에 의하지 아니하고 조합원들이 입주를 희망하는 아파트의 동, 층, 호수를 임의로 선택하여 지정하도록 한 결의 역시 정관의 규정에 위배되는 것일 뿐만 아니라 그 내용이 현저하게 불공정한 경우에 해당하여 무효이다.

【참조조문】

민법 제104조, 제68조

【전 문】

【원 고】 원고 1외 4인(소송대리인 변호사 황계룡)
【피 고】 ○○○아파트 재건축주택조합(소송대리인 변호사 엄운용)
【주 문】

1. 피고가 1996. 6. 24.자 정기총회에서 피고 조합의 재건축사업에 반대한 조합원들에게는 신

축아파트 추첨권을 주지 않기로 한 결의와 조합원들이 신축아파트의 동, 층, 호수를 임의로 지정하여 추첨하도록 한 결의는 무효임을 확인한다.
2. 소송비용은 피고의 부담으로 한다.

【청구취지】

주문과 같다.

【이 유】

1. 기초사실

아래 각 사실은 당사자 사이에 다툼이 없거나, 갑 제1 내지 5호증, 갑 제6호증의 1, 2, 3, 을 제1호증의 각 기재 또는 영상과 증인 소외 1, 소외 2, 소외 3의 각 증언에 변론의 전취지를 종합하면 이를 인정할 수 있고, 반증이 없다.

가. 피고는 서울 용산구 (지번 생략) 외 6필지 지상의 ○○○아파트 5 내지 10동의 재건축사업을 시행할 목적으로 1991. 11. 6. 서울 용산구청장으로부터 조합설립인가를 받아 설립된 주택건설촉진법상의 재건축조합이고, 원고들은 피고 조합의 조합원들이다.

나. 피고 조합은 1994. 8. 11. 용산구청장으로부터 주택건설 사업계획승인을 받았는데, 그 무렵 원고들을 포함한 일부 조합원들은 용산구청장 앞으로 피고 조합에게 사업계획승인을 내 주지 말라는 내용의 진정서를 제출하는 등 피고 조합의 재건축사업에 반대하였다.

다. 한편, 피고 조합의 정관에 의하면 조합원에게 분양하는 아파트의 동, 층, 호수 결정은 공개추첨에 의하도록 되어 있으나(정관 제25조 제1항), 피고는 1996. 6. 24. 정기총회를 소집하여 조합원들이 입주할 신축아파트의 배정을 하면서, 우선 피고 조합이 사업계획승인을 얻으려고 할 당시 구청에 진정서를 내는 등의 방법으로 피고 조합의 재건축사업에 반대한 조합원들에게는 신축아파트 추첨권을 주지 않기로 결의하고, 추첨권이 있는 조합원들 중에서는 임원들이 가장 먼저, 그리고 나머지 조합원들은 구아파트에서 퇴거한 순서대로{일자가 동일할 경우에는 폐전(수도, 가스관의 폐쇄) 신고를 먼저 한 조합원이 우선하는 것으로 하였음} 추첨을 하기로 결정한 다음, 추첨 방법에 관하여는 신축아파트의 동, 층, 호수별로 칸이 나뉘어져 있는 백지의 대형 게시판에 조합원들이 입주 희망 아파트를 임의로 지정하여 해당칸에 자신의 이름과 구아파트의 동, 층, 호수를 적어 넣도록 결의한 다음 이러한 방법에 따라 신축아파트를 배정하였다.

2. 판 단

피고가 위 1996. 6. 24.자 정기총회에서 피고 조합의 재건축사업에 반대한 조합원들에게 신축아파트 추첨권을 주지 않기로 한 결의는 조합원의 기본적인 권리를 침해하는 것으로서 그 효력을 인정할 수 없으며, 또, 신축아파트를 배정함에 있어 추첨에 의하지 아니하고 조합원들이 입주를 희망하는 아파트의 동, 층, 호수를 임의로 선택하여 지정하도록 한 결의 역시 정관의 규정에 위배되는 것일 뿐만 아니라 그 내용이 현저하게 불공정한 경우에 해당하여 무효임을 면하지 못한다 할 것이다.

3. 결 론

그렇다면, 피고가 위 총회의 결의가 유효하다고 다투고 있는 이상 원고들로서도 그 무효확인을 구할 이익이 있다 할 것이므로, 원고들의 이 사건 청구는 이유 있어 이를 인용하고, 소송비용의 부담에 관하여는 민사소송법 제89조를 적용하여 주문과 같이 판결한다.

판사   조대현(재판장) 남성민 김종기

[판례 78] 분양대금 (인천지법 1997. 8. 19. 선고 97가합5677 판결 : 확정)

【판시사항】

주택사업공제조합의 주택분양보증에 따른 책임의 범위

【판결요지】

주택사업공제조합이 주택분양보증을 한 경우 조합의 설립목적, 주택분양보증의 내용, 구 주택공급에관한규칙(1995. 2. 11. 건설교통부령 제6호로 개정되기 전의 것) 제18조에서 분양대금을 청약금, 계약금, 중도금, 잔금으로 구분하여 그 납입시기를 엄격히 규정하고 있는 취지 등에 비추어, 조합은 같은 규칙에서 정하고 있는 주택의 공급조건, 방법 및 절차 등에 따라 정당하게 분양계약을 체결하고 특히 같은 규칙 제18조에서 정하고 있는 시기에 따른 구분지급의 원칙에 따라 분양대금을 납부한 정당한 수분양자들의 계약금 및 중도금의 환급을 보증하는 것이라고 할 것이고, 수분양자가 분양실적이 부진한 분양회사의 권유에 따라 분양공고 및 분양계약서상의 중도금 및 잔금 납입시기 및 할인율보다 훨씬 앞선 시기에 훨씬 낮은 할인율에 따라 할인된 금액을 중도금 및 잔금으로 일시 납입한 행위는 정당한 수분양자로서의 납입행위라고 할 수 없으므로 조합의 보증책임의 범위는 수분양자로서의 정당한 납입금에 한정한다.

【참조조문】

주택건설촉진법 제47조의6, 제32조, 주택건설촉진법시행령 제43조의5 제1항 제4호 (가)목, 구 주택공급에관한규칙(1995. 2. 11. 건설교통부령 제6호로 개정되기 전의 것) 제18조

【전   문】

【원   고】 원고(소송대리인 변호사 이복중)
【피   고】 주택사업공제조합(소송대리인 동화법무법인외 1인)

【주   문】

1. 피고는 원고에게 금 18,822,000원 및 이에 대한 1997. 4. 17.부터 같은 해 8. 19.까지는 연 5푼, 그 다음날부터 완제일까지는 연 2할 5푼의 각 비율에 의한 금원을 지급하라.
2. 원고의 나머지 청구를 기각한다.
3. 소송비용은 이를 3분하여 그 중 1은 피고의, 나머지는 원고의 각 부담으로 한다.
4. 제1항은 가집행할 수 있다.

【청구취지】

피고는 원고에게 금 53,362,896원 및 이에 대한 이 사건 소장부본 송달익일부터 완제일까지 연 2할 5푼의 비율에 의한 금원을 지급하라는 판결.

【이 유】

1. 기초사실

   피고는 주택건설사업자로 등록된 자들을 조합원으로 하여 그들의 주택건설사업상의 의무이행에 필요한 각종 보증 등을 행할 목적으로 주택건축촉진법 제47조의6에 근거하여 설립된 공제조합으로서, 1994. 6. 2. 피고의 조합원인 소외 1 주식회사(이하 소외 회사라 한다)가 인천 중구 선린동 (지번 1 생략), (지번 2 생략) 양지상에 1994. 2. 착공하여 1996. 1. 사용검사 예정으로 신축하는 ○○아파트의 수분양자들에 대하여 소외 회사가 파산 등의 사유로 위 아파트에 대한 수분양자들과의 분양계약을 이행하지 못할 경우 수분양자들이 납부한 계약금 및 중도금을 환급하여 주기로 하는 내용의 주택건설촉진법시행령 제43조의5 제1항 제4호 (가)목의 규정에 의한 주택분양보증을 하였고, 소외 회사는 1994. 3.초 입주자 모집공고를 하고 같은 달 10.경부터 공급신청을 받아 위 아파트에 대한 분양계약을 체결하여 왔으나 같은 해 12.초 부도를 내어 위 아파트신축공사를 중단한 사실은 당사자 사이에 다툼이 없다.

2. 원고의 주장에 대한 판단

   가. 원고의 주장

   원고는, 원고가 소외 회사와 분양계약을 체결하고 합계 금 53,362,896원의 분양대금을 완납하였는데, 소외 회사에 부도가 발생하여 위 계약의 이행을 받지 못하게 되었으므로, 피고는 위 주택분양보증에 따라 원고에게 위 분양대금을 환급할 의무가 있다고 주장한다.

   나. 판 단

   갑 제1호증, 갑 제2호증의 1 내지 9의 각 기재와 증인 소외 2의 증언에 변론의 전취지를 보태어 보면, 원고의 딸인 소외 2는 1994. 9.말경 서울 동대문구 창신동 소재 소외 회사의 분양사무소에서 원고를 대리하여 소외 회사의 분양 담당 직원인 소외 3과 위 ○○아파트 1동 1009호에 관하여 총분양대금을 57,838,000원으로 하여 계약금 12,548,000원은 계약 당일에, 중도금은 6회에 걸쳐 매회 금 6,274,000원씩을 지급하되 1회 중도금은 같은 해 8. 21., 2회 중도금은 같은 해 11. 21., 3회 중도금은 1995. 2. 21., 4회 중도금은 같은 해 5. 21., 5회 중도금은 같은 해 8. 21., 6회 중도금은 같은 해 11. 21.에 각 지급하기로 하고, 잔금 7,646,000원은 입주시에 지급하기로 하는 내용의 분양계약을 체결하고, 계약 당일에 위 계약금 및 이미 납기일이 경과된 1회 중도금의 합계 금 18,822,000원을 위 소외 3에게 지급한 사실(다만 계약당일은 계약금 및 1회 중도금에 대한 간이영수증만 교부받은 후 분양계약서는 뒤에서 보는 바와 같이 2회 내지 6회 중도금을 지급한 1994. 10. 27.자로 작성하였다.), 한편 위 분양계약의 내용에 따르면 수분양자가 분양대금을 위 납기일에 앞서 미리 지급할 경우 소외 회사는 연 11.5%의 비율에 의한 할인율에 선납일수를 곱한 금액을 감액하여 주기로 되어 있으나 위 소외 3이 위 소외 2에게 소외 회사의 위 아파트 분양실적이 저조하여 중도금과 잔금을 선납할 경우 그보다 높은 연 15%의 할인율에 따라 대금을 감액하여 준다고 하면서 분양대금의 선납을 권유하자, 위 소외 2는 위 아파트에 대한 터파기 공사가 진행중인 1994. 10. 27. 위 분양사무소에서 위 소외 3에게 1회 내지 5회 중도금 전액 및 6회 중도금의 일부로서 위 연 15%의 할인율에 따라 감액된 합계 금 26,178,000원을 지급하고, 같은 해 11.경 위 분양사무소에서 위 소외 3이 자리를 비운 사이에 소외 회사의 여직원 성명불상자에게 위 6회 중도금의 잔액 및 잔금으로서 위 연 15%의 할인율에 따라 감액된 합계 금 8,362,896원을 지급한 사실을 각 인정할 수 있고, 반증이 없다.

살피건대, 피고 조합은 주택이 없는 국민의 주거생활의 안정을 도모하고 국민의 주거수준의 향상을 기하기 위하여 주택의 건설·공급과 이를 위한 자금의 조달·운영 등에 관한 사항을 규정하고 있는 주택건설촉진법을 근거로 주택건설사업자들의 위 법에 따른 주택건설사업상의 제반 의무이행에 필요한 각종 보증 등을 행할 목적으로 설립되어 위 법률시행령의 규정에 따라 위 주택분양보증을 한 점과 위 법률 제32조에 근거하여 주택의 공급조건·방법 및 절차 등에 관한 사항을 규정하고 있는 주택공급에관한규칙(1995. 2. 11. 건설교통부령 제6호로 개정되기 전의 것) 제18조에서 사업주체는 입주자로부터 입주금을 청약금·계약금·중도금·잔금으로 구분하여 받아야 하고(제1항), 청약금은 입주자 모집시에, 계약금은 입주자를 선정하여 입주하게 될 주택의 동·호수를 결정한 날로부터 7일이 경과한 후 계약시에 받아야 하며(제2항), 중도금은 당해 아파트의 옥상층의 철근배치가 완료된 때를 기준으로 하여 전후 각 2회 이상으로 분할하여 받아야 하고, 잔금은 입주시나 준공일을 기준으로 받아야 한다(제2항, 제3항 제1호)고 규정하고 있는 점 등에 비추어 볼때, 피고의 위 주택분양보증은 위 규칙에서 정하고 있는 주택의 공급조건·방법 및 절차 등에 따라 정당하게 분양계약을 체결하고 특히 위 규칙 제18조에서 정하고 있는 시기에 따른 구분지급의 원칙에 따라 분양대금을 납부한 정당한 수분양자들의 계약금 및 중도금의 환급을 보증하는 것이라고 할 것인바, 원고가 위 계약체결 당시인 1994. 9.말경에 계약금과 함께 위 모집공고 및 계약에 따른 납입기일이 이미 경과한 1회 중도금을 일시에 납입한 것은 정당한 수분양자로서 이를 납부한 것이라고 볼 수 있으나, 모집공고 및 계약상의 지급 기일에 훨씬 앞서는 같은 해 10. 27. 및 11.경 위 구분지급원칙에 위배하여 분양계약상의 할인율보다 높은 연 15%의 할인율에 의하여 감액된 금액으로 2회 이후의 중도금 및 잔금을 일시에 납입한 것은 정당한 수분양자로서의 납입행위라고 볼 수 없으므로 결국 피고의 원고에 대한 보증책임의 범위는 정당한 수분양자로서의 납입행위에 해당하는 계약금 및 1회 중도금의 합계금 18,822,000원(금 12,548,000원 + 금 6,274,000원)에 한정된다 할 것이다.

3. 결 론

그렇다면 피고는 원고에게 위 금 18,822,000원 및 이에 대하여 원고가 구하는 바에 따라 이 사건 소장부본이 피고에게 송달된 다음날임이 기록상 명백한 1997. 4. 17.부터 피고가 그 이행의무의 존부 및 범위에 관하여 항쟁함이 상당하다고 인정되는 이 판결 선고일인 같은 해 8. 19.까지는 민법 소정의 연 5푼, 그 다음날부터 완제일까지는 소송촉진등에관한특례법 소정의 연 2할 5푼의 각 비율에 의한 지연손해금을 각 지급할 의무가 있다고 할 것이므로 원고의 이 사건 청구는 위 인정 범위 내에서 이유 있어 이를 인용하고 나머지 청구는 이유 없어 이를 기각하기로 하여 주문과 같이 판결한다.

판사   김택수(재판장) 연운희 정강찬

[판례 79] 위약금 (부산지법 1995. 8. 11. 선고 94가합2131 판결 : 항소)

【판시사항】

[1] 아파트 분양시 자재 품질, 하자 내용 및 미분양 사실을 고지하지 않은 것만으로는 기망행위에 해당하지 않는다고 한 사례
[2] 위 [1]항의 사유를 손해배상예정액의 감액사유로 인정한 사례

【판결요지】

[1] 대한주택공사가 근로자복지아파트를 분양하면서 일반 분양아파트보다 저렴한 건축재를 사용하여 설계시공하고도 동일한 분양가격을 적용하고, 또한 부실시공으로 발생한 하자내용 및 미분양 사실을 명시하지 않고 일반 분양공고를 하였다는 사정만으로는 수분양자를 기망했다고 보기 어렵다고 한 사례.
[2] 위 [1]항의 사유는 분양계약의 취소나 해제사유에 해당하지는 않더라도 손해배상액의 예정으로 인정되는 매수인의 위약금을 산정함에 있어서는 참작되어야 한다는 이유로 그 위약금을 감액한 사례.

【참조조문】

[1] 민법 제110조, /[2] 민법 제398조 제2항

【참조판례】

[2] 대법원 1991. 3. 27. 선고 90다14478 판결(공1991, 1265)

【전   문】

【원   고】 최인락 외 33인 (소송대리인 변호사 문재인 외 2인)
【피   고】 대한주택공사 (소송대리인 변호사 권연상)

【주   문】

1. 피고는 별지(2) 목록기재 원고들에게 같은 목록 인용금액란 기재 각 금원, 별지(3) 목록기재 원고들에게 같은 목록 인용금액란 기재 각 금원 및 위 각 금원에 대한 1994. 2. 22.부터 1995. 8. 11.까지 연 5푼, 그 다음날부터 다 갚을 때까지 연 2할 5푼의 각 비율에 의한 금원을 각 지급하라.
2. 원고들의 나머지 각 청구를 기각한다.
3. 소송비용 중 별지(2) 목록 기재 원고들과 피고 사이에 생긴 부분은 이를 2분하여 그 1은 피고의, 나머지는 위 원고들의, 별지(3) 목록 기재 원고들과 피고 사이에 생긴 부분은 이를 5분하여 그 2는 피고의, 나머지는 위 원고들의 각 부담으로 한다.

4. 제1항은 가집행할 수 있다.

【청구취지】

피고는 원고들에게 별지(2), (3) 목록 청구금액란 기재 각 금원과 위 각 금원에 대한 이 사건 소장송달 다음날부터 다 갚을 때까지 연 2할 5푼의 비율에 의한 금원을 각 지급하라.

【이 유】

1. 기초사실

   다음과 같은 사실들은 당사자 사이에 다툼이 없거나, 갑 제1호증의 1 내지 25, 갑 제2호증의 1 내지 9, 갑 제3호증의 1 내지 7, 갑 제4호증의 4, 6, 7, 13, 14, 을 제1호증의 1 내지 34, 을 제11호증의 1 내지 34에 변론의 전취지를 종합하면 이를 인정할 수 있다.

   가. 별지(2) 목록기재 원고들은 무주택근로자들로서 그들이 근무하는 기업체의 구성원 자격으로 1992. 8.경 피고가 시공한 부산 영도구 동삼 1동 택지개발 3지구 근로자복지아파트(이하 이 사건 아파트라고 한다) 중 같은 목록 기재의 아파트 동·호수를 분양받아 그 계약금 및 중도금을 각 불입하였고, 별지(3) 목록기재 원고들은 같은 해 12.경 이 사건 아파트 중 일부 세대를 일반 분양한다는 내용의 공고를 보고 그 시경 분양신청을 하여 같은 목록기재와 같이 위 아파트 동·호수를 분양받아 그 계약금 및 중도금을 각 불입하였다.

   나. 원고들은 1993. 10. 및 11.경 위 분양계약을 각 해제하고 분양금액의 100분의 10에 해당하는 금원을 공제한 각 금원을 환불받았다.

   다. 위 아파트 분양계약서 제8조 제3항은 같은 조 제4항에서 정한 사유, 즉 피분양자를 포함한 세대구성원이 해외로 이주하거나 또는 2년 이상 해외에 체류하고자 출국하는 경우 피분양자의 사망 또는 실종선고로 그 재산상속인이 분양계약 해제를 요구하는 경우 근무 또는 생업상의 사유로 세대주를 포함한 세대구성원 전원이 다른 행정구역으로 퇴거하고자 하는 경우 세대주의 질병치료를 위하여 세대구성원 전원이 다른 행정구역으로 이전하는 경우 이외의 사유로 피분양자가 계약해제를 요구하여 계약을 해제하였을 때에는 위약금으로 주택가격(분양가격)의 100분의 10에 해당하는 금액을 분양자 즉 피고에게 납부하여야 한다고 규정하고 있으며, 같은 조 제5항은 분양자는 분양계약이 해제되었을 때 피분양자가 기불입한 입주금 등에서 제3항의 위약금을 공제하고 환불할 수 있다고 규정하고 있다.

2. 별지(2) 목록기재 원고들의 청구에 대한 판단

   가. 주위적 청구

   별지(2) 목록기재 원고들은 주위적 청구원인으로서, 근로자복지아파트는 근로자의 복지 향상을 목적으로 건립된 아파트이므로 위 원고들은 근로자복지아파트가 당연히 일반분양아파트보다 가격조건이나 기타 분양조건에서 유리할 것으로 믿고 분양을 희망하였는데, 실제로는 이 사건 아파트는 피고가 같은 택지개발지구 안에 같은 시기에 건축하여 분양한 같은 평형의 일반 분양아파트보다 적은 공사비로 건축되어 그 시설 및 자재면에서 훨씬 열등함에도(피고는 이 사건 아파트를 4등급, 일반 분양아파트를 3등급으로 분류하였는데 4등급의 경우 3등급에 비해 공사비가 적게 투입된다) 피고는 이 사건 아파트를 일반 분양아파트보다 오히려 비싼 가격에 분양하여 위 원고들을 기망하였으므로 위 원고들은 이를 이유로 위 분양계약을 취소하고 피고가 위약금 명목으로 공제한 각 금원의 반환을 구한다고 주장한다.

살피건대, 갑 제3호증의 1 내지 7, 갑 제4호증의 3, 8, 29, 갑 제5호증의 1 내지 14, 이 법원의 감사원장에 대한 사실조회, 증인 전상무에 의하면, 이 사건 아파트의 분양가가 일반 분양아파트의 분양가보다 각 호당 금 100,000원 정도 비싸면서도 두 아파트는 외관과 구조에 있어서 여러 가지 차이가 있는데 그 내용을 살펴보면 먼저 외관상 일반 분양아파트는 엘리베이터가 외부형인데 이 사건 아파트는 내부형으로 되어 있고, 일반 분양아파트는 비상계단이 외벽에 설치되어 있는데 이 사건 아파트는 내부에 설치되어 있으며, 이 사건 아파트는 그 복도가 아파트의 끝부분까지 설치되어 있지 않고, 구조면에서는 일반 분양아파트는 욕실이 타일식으로 시공되고 욕탕과 세면대의 수도꼭지가 별도로 설치되어 있는 반면 이 사건 아파트의 욕실은 조립식(U.B.R)구조이고 욕탕과 세면대의 수도꼭지도 1대로 설치되어 있으며, 일반 분양아파트의 외부창틀은 칼라 하이새시로 되어 있는데 이 사건 아파트는 세라멘트처리를 하고, 일반 분양아파트에는 발코니 수도꼭지와 천정반자돌림이 있으나 이 사건 아파트에는 그것들이 설치되어 있지 않았으며, 이 사건 아파트의 벽을 석고보드로 시공하면서 벽과 벽 사이에 방음, 방수자재를 전혀 넣지 않는 등 이 사건 아파트가 그 외관과 구조에 있어서 상대적으로 열등한 것으로 인정되고, 감사원의 감사에 의해 피고는 이 사건 아파트의 분양가격을 일반 분양아파트보다 저가로 결정하기 위하여 호당 금 381,112원 내지 금 917,549원 상당의 저렴한 마감재 및 시설물로 설계시공하였으면서도 일반 분양아파트와 동일한 평당 분양가를 적용한 점이 적발되어 감사원으로부터 적정한 보상조치를 하도록 권고받은 사실이 있으며, 위 원고들은 1993. 10.경 이 사건 아파트에 입주할 예정이었는데 같은 해 9.초 아파트 사전점검 통보를 받고 각자 분양받은 아파트를 둘러 보았을 때 위에서 본 바와 같이 저급한 자재를 쓰고 부실하게 시공하여 아파트 벽에 누수현상이 있고 엘리베이터 인접 세대에 소음이 심하게 나는 등 하자가 있었던 사실을 각 인정할 수 있으나, 반면에 설계상 일반 분양아파트의 경우 이 사건 아파트와 달리 1층 중앙부 위에 통과구간(일명, 피로티)을 두게 되어 2개 호수의 주택이 빠지게 됨으로써 전체 공사비의 감소요인이 있었고, 피고가 이 사건 아파트의 분양공고를 하면서 그 시설물의 종류나 자재의 품질에 대하여 일반 분양아파트와 비교하여 구체적으로 언급하지 않았던 점 등에 비추어 위 인정사실만으로는 피고가 분양계약 당시 위 원고들을 적극적으로 기망하여 분양계약을 체결하였다고 보기는 어렵고 달리 이를 인정할만한 증거가 없다.(이 사건에서와 같은 아파트의 부실시공문제는 기본적으로 매매목적물에 대한 하자담보책임이나 손해배상의 문제로 규율될 성질의 것이다.)

나. 예비적 청구

위 원고들은 예비적 청구원인으로서, 위 위약금조항은 위 원고들의 채무불이행에 대한 손해배상액의 예정에 해당하는데 그 액수가 과다함으로 감액되어야 한다고 주장한다.

살피건대, 손해배상예정액의 감액제도는 국가가 계약당사자들 사이의 실질적 불평 등을 제거하고 공정을 보장하기 위하여 그 계약의 내용에 간섭하는데 그 취지가 있다 할 것인데, 위 채택한 증거들과 갑 제4호증의 13, 14, 증인 황금돌에 변론의 전취지를 종합하면, 위 가항에서 인정한 바와 같이 이 사건 아파트는 일반 분양아파트에 비하여 그 분양가가 더 높았음에도 상대적으로 질이 낮은 마감재와 시설물이 사용되어 건물에 여러 가지 하자가 발생한 사실, 이 점이 감사원의 감사에 적발되어 피고는 감사원으로부터 이 사건 아파트와 일반 분양아파트의 설계상 마감재 차액 금 1,196,000,000원에 대한 보상조치를 하도록 권고받고 입주자들과 협의하여 일부 마감재를 보완시공하고 복도새시 보완, 조경수 설치, 지하수개발 등을 하여 주기로 약정한 사실을 인정할 수 있는바 비록 위와 같은 하자의 존재가 계약해제사유에까지 이르지는 못한다고 하더라도 위 위약금 산정에는 참작되어야 할 것이고, 여기에다가 원래 근로자복지아파트란 공공기관인 피고가 무주택근로자에게 서민주택을 공급하여 근로자의 복지향상을 도모한다는 공공목적의 달성을 위하여 건립하는 아파트로서 일반적으로 그 분양조건이 다른 일반 분양아파트에 비하여 유리할 것으로 신뢰할만한 사정이 있는 점 및 피고는 이 사건 아파트 중 많은 세대가 미분양되자 이를 일반 분양아파트로 전환하여 다시 분양한 바 있어 위 원고들의 분양계약해제가 피고에게 특히 현저한 손해를 발생시킨 것으로는 보여지지 아니하는 점 등을 아울러 살펴보면, 이 사건 손해배상의 예정액은 지나치게 과다하여 부당하다고 인정되므로 이를 위 원고들에 대한 각 분양대금의 5% 상당 금원으로 감액하고 그 나머지 금원은 피고가 위 원고들에게 반환함이 상당하다고 할 것인바, 그 각 금원을 산정하면 별지(2) 목록 인용금액란 기재 각 금원이 된다.

3. 별지(3) 목록 기재 원고들의 청구에 대한 판단

가. 주위적 청구

별지(3) 목록 기재 원고들은, 피고는 이 사건 아파트 중 분양되지 않은 잔여 세대를 분양하면서 분양광고에서 그 사실을 명시하여야 함에도 이를 명시하지 않고 마치 일반아파트를 신규분양하는 것처럼 광고하여 이를 믿은 위 원고들과 이 사건 분양계약을 체결하였던 것이므로, 위 원고들은 피고의 위 기망행위를 이유로 이 사건 분양계약을 취소하고 피고가 위약금으로 공제한 각 금원의 반환를 구한다고 주장한다.

그러므로 살피건대 갑 제4호증의 13, 14에 의하면 피고가 1992. 12.경 근로자복지아파트의 미분양세대를 분양하면서 그 미분양 사실을 명시하지 않은 채 일반 분양한다는 내용의 분양공고를 한 사실을 인정할 수 있으나, 피고가 공급하는 주택이 근로자복지아파트인가 아니면 일반 분양아파트인가 하는 것은 그 공급대상에 따른 구별일 뿐 그에 따라 아파트의 품질이 달라지는 것은 아니고 아파트를 분양함에 있어 그것이 미분양세대인지 여부는 계약의 요소가 아닌 부수적인 사항일 뿐 아니라 그와 같은 내용은 수분양자가 사전에 쉽게 확인할 수 있는 내용이므로 이를 명시하지 않았다고 하여 기망행위가 있었다고 보기는 어렵다고 할 것이다.(다만 위와 같은 계약체결 경위를 아래의 위약금에 대한 감액사유로 참작하기로 한다.)

따라서 이를 이유로 한 위 원고들의 청구는 이유가 없다.

나. 예비적 청구

한편 위 원고들도 이 사건 위약금은 과다함으로 감액되어야 한다고 주장하므로 살피건대, 위에서 채택한 증거들에 의하면, 위 별지(2) 목록 기재 원고들에 대한 청구에서 살펴 본 바와 같이 이 사건 아파트에 여러 가지 하자가 발생한 사실이 인정되는바, 그와 같은 하자의 존재 및 피고가 이 사건 아파트의 분양공고를 함에 있어 그것이 근로자복지아파트의 미분양세대라는 점을 제대로 공고하지 아니한 사정 등을 아울러 참작할 때 손해배상액의 예정으로 인정되는 이 사건 위약금 약정은 지나치게 과다하여 부당하다고 인정되므로 이를 위 원고들에 대한 각 분양대금의 6% 상당의 금원으로 감액하고 그 나머지 금원은 피고가 위 원고들에게 반환함이 상당하다고 할 것인바, 그 각 금원을 산정하면 별지(3) 목록 인용금액란 기재 각 금원이 된다.

4. 결 론

그렇다면, 피고는 별지(2) 목록 기재 원고들에게 같은 목록 인용금액란 기재 각 금원, 별지(3) 목록 기재 원고들에게 같은 목록 인용금액란 기재 각 금원 및 각 이에 대한 소장송달 다음날부터 이 사건 판결선고일까지 민법 소정의, 그 다음날부터 다 갚을 때까지 소송촉진등에관한특례법 소정의 각 비율에 의한 금원을 지급할 의무가 있으므로 원고들의 각 청구는 위 인정범위 내에서 이유 있어 이를 인용하고, 나머지 각 청구는 이유 없어 이를 기각하기로 하여 주문과 같이 판결한다.[별지 1 생략][별지 2 생략][별지 3생략]

판사 임승순(재판장) 조준연 김진현

[판례 80] 지체상금등 (부산고법 1995. 9. 21. 선고 94나5007 판결 : 상고기각)

【판시사항】

[1] 아파트분양계약시 입주자의 중도금지체에 대한 연체료약정은 있으나 분양자의 지체상금약정은 없는 경우, 분양자가 입주를 지연시킴에 따른 지체상금의 지급책임 여부(적극)
[2] [1]의 경우, 중도금을 일부 미납한 자에게도 이미 지급한 중도금에 대해서는 지체상금이 발생하는지 여부(적극)
[3] 입주예정일까지 입주시키지 못한 경우, 입주예정일 경과 후의 미납중도금에 대한 연체료의 발생 여부(소극)

【판결요지】

[1] 아파트분양계약시 계약서에 입주자가 약정된 중도금납부일에 중도금납입을 연체하는 경우 연체료를 납부할 것을 규정하면서 주택건설업자가 입주예정일까지 아파트건축을 완성하여 분양자들을 입주시키지 못한 경우에 대한 지체상금의 약정이 규정되어 있지 않더라도 공평의 원칙상 주택공급규칙의 규정과 같이 납입된 중도금에 대한 연체이율을 적용한 연체이자 상당의 지체상금을 지급함이 타당하다.
[2] 아파트공급업자의 원래의 채무가 아파트의 인도라는 분할할 수 없는 채무임에도 아파트건설, 공급계약과 대금지급의 특수성을 고려하여 지체상금의 내용을 원고들이 지급한 중도금에 대한 연체요율에 따른 이자상당액이라고 규정하여 입주자들의 채무와 대응하여 책임범위를 분할하여 놓은 이상 입주자들이 일부의 중도금 지급의무를 불이행했다 하더라도 공급업자는 이에 대응하는 범위에서만 지체의 책임을 면하는 것이며 이미 지급한 중도금에 대하여까지 지체의 책임을 면할 수 없고 이에 대한 지체상금을 지급하여야 한다.

[3] 쌍무계약에 있어서 선이행의무를 부담하는 당사자도 자기의 선이행의무를 이행하지 아니하고 있는 사이에 상대방의 채무가 이행기가 도래하면 그 때부터 쌍방이 동시이행의 항변권을 갖게 되는 바, 아파트분양계약에 있어서 공급업자가 입주예정일까지 입주자들을 입주시키지 못했으므로 그 이후부터는 당사자 쌍방의 채무는 기한의 정함이 없는 채무가 되었고, 동시이행 항변권의 이론상 공급업자가 자기의 채무를 이행하지 아니한 채 이행기를 도과한 이후부터는 중도금에 대한 연체료를 받을 수 없는 것이고 이미 받은 연체료는 부당이득금으로 반환하여야 한다.

【참조조문】

민법 제398조, 제536조, 제741조

【참조판례】

[3] 대법원 1991. 12. 10. 선고 91다33056 판결(공1992, 490)
대법원 1995. 8. 22. 선고 95다1521 판결(공1995하, 3241)

【전 문】

【원고, 항소인】 한창헌 외 9인 (소송대리인 변호사 문재인 외 3인)
【원고, 항소인 겸 피항소인】 박혜숙 외 25인 (소송대리인 변호사 문재인 외 3인)
【원고, 피항소인】 박승환 외 36인(소송대리인 변호사 문재인 외 3인)
【피고, 피항소인 겸 항소인】 신익개발 주식회사 (소송대리인 변호사 석용진)
【원심판결】 부산지법 1994. 4. 26. 선고 93가합2592 판결
【대법원판결】 대법원 1996. 5. 10. 선고 95다46739 판결

【주 문】

1. 가. 원고 한창헌, 정희자, 김태순, 최중효, 김학균, 강홍윤, 손정희에 대한 원심판결 중 아래에서 지급을 명하는 같은 원고들의 패소부분을 취소한다.
   나. 피고는 원고 한창헌에게 금 2,429,938원, 같은 정희자에게 금 6,393,731원, 같은 김태순에게 금 3,888,290원, 같은 최중효에게 금 2,204,990원, 같은 김학균에게 금 4,659,066원, 같은 강홍윤에게 금 4,374,060원, 같은 손정희에게 금 2,353,727원 및 각 이에 대한 1993. 2. 18.부터 1995. 9. 21.까지는 연 5푼의 그 다음날부터 다 갚을 때까지는 연 2할 5푼의 각 비율에 의한 금원을 각 지급하라.
   다. 위 원고들의 나머지 항소를 기각한다.
2. 원고 이수오에 대한 원심판결 중 피고 패소부분을 취소하고 그 부분에 대한 같은 원고의 청구 및 같은 원고의 항소를 모두 기각한다.
3. 원고 윤수원, 조용하, 이찬호의 항소 및 피고의 원고 양재상, 이명언에 대한 항소를 모두 기각한다.
4. 가. 위 원고들을 제외한 나머지 원고들에 대한 원심판결을 아래와 같이 변경한다.
   나. 피고는 원고 박혜숙에게 금 4,082,408원, 같은 박승환에게 금 4,450,909원, 같은 이성태에게 금 4,997,404원, 같은 박정욱에게 금 4,997,404원, 같은 김춘광에게 금 4,877,728원, 같은 여철수에게 금 3,366,395원, 같은 정인섭에게 금 2,956,958원, 같

제4장 공동주택과 관련한 쟁송 497

   은 성장현에게 금 4,654,391원, 같은 남규하에게 금 4,504,612원, 같은 최종하에게 금 4,437,038원, 같은 채천석에게 금 4,834,399원, 같은 이종담에게 금 4,816,245원, 같은 이원철에게 금 6,076,983원, 같은 강민자에게 금 6,580,079원, 같은 박인식에게 금 5,688,770원, 같은 강영조에게 금 5,559,645, 같은 원용숙에게 금 5,901,811원, 같은 김종현에게 금 2,497,053원, 같은 박상옥에게 금 5,609,866원, 같은 김홍렬에게 금 5,609,433원, 같은 이중권에게 금 3,859,901원, 같은 하오호에게 금 5,673,976원, 같은 김용석에게 금 5,859,778원, 같은 임봉순에게 금 5,464,486원, 같은 신건목에게 금 5,640,407원, 같은 제우일에게 금 4,488,890원, 같은 곽영섭에게 금 283,170원, 같은 손정기에게 금 5,213,054원, 같은 문재인에게 금 5,648,086원, 같은 왕돈명에게 금 6,838,609원, 같은 한옥례에게 금 4,519,018원, 같은 김정완에게 금 3,285,331원, 같은 노인수에게 금 3,310,951원, 같은 김진만에게 금 3,404,000원, 같은 정선옥에게 금 3,328,696원, 같은 문선우에 금 3,257,309원, 같은 선우남일에게 금 1,668,345원, 같은 박태수에게 금 2,878,258원, 같은 이진익에게 금 4,393,431원, 같은 김재경에게 금 5,333,766원, 같은 김재용에게 금 5,055,896원, 같은 이대현에게 금 5,529,999원, 같은 오정만에게 금 3,098,589원, 같은 오매자에게 금 3,231,144원, 같은 권인규에게 금 3,502,328원, 같은 황귀복에게 금 2,689,638원, 같은 김구원에게 금 3,139,371원, 같은 김홍기에게 금 3,274,718원, 같은 이용화에게 금 3,288,349원, 같은 강봉구에게 금 3,599,715원, 같은 박정관에게 금 3,204,678원, 같은 한정문에게 금 3,121,440원, 같은 설재석에게 금 3,270,077원, 같은 권순엽에게 금 2,914,546원, 같은 최재봉에게 금 3,178,870원, 같은 김종철에게 금 3,156,675원, 같은 유호수에게 금 2,935,915원, 같은 김성수에게 금 3,321,041원, 같은 이인우에게 금 3,332,965원, 같은 백구흠에게 금 3,406,158원 및 위 각 금원에 대한 1993. 2. 18.부터 1995. 9. 21.까지는 연 5푼의, 그 다음날부터 다 갚을 때까지는 연 2할 5푼의 각 비율에 의한 금원을 각 지급하라.
   다. 위 원고들의 나머지 청구를 각 기각한다.
5. 소송비용 중 원고 이수오와 피고 사이에서 생긴 소송비용은 1, 2심을 합하여 모두 같은 원고의 부담으로 하고, 원고 한창헌, 정희자, 김태순, 최중효, 김학균, 강홍윤, 손정희와 피고 사이에서 생긴 것은 1, 2심을 합하여 모두 피고의 부담으로 하고, 원고 윤수원, 조용하, 이찬호의 항소비용은 같은 원고들의 피고의 원고 양재상, 이명언에 대한 항소비용은 피고의 각 부담으로 하며, 위 원고들을 제외한 나머지 원고들과 피고 사이에서 생긴 소송비용은 1, 2심을 합하여 이를 2등분하여 그 1은 같은 원고들의 나머지는 피고의 각 부담으로 한다.
6. 위 1.의 나.항 및 4.의 나.항은 가집행할 수 있다.

【청구취지】

피고는 원고 박혜숙에게 금 5,316,000원, 같은 박승환에게 금 6,252,000원, 같은 이성태에게 금 6,486,000원, 같은 박정욱에게 금 6,769,000원, 같은 김춘광에게 금 6,290,000원, 같은 여철수에게 금 5,088,000원, 같은 정인섭에게 금 5,898,000원, 같은 성장현에게 금 5,718,000원, 같은 남규하에게 금 7,648,000원, 같은 양재상, 이명언에게 각 금 3,765,000원, 같은 최종하에게 금 6,355,000원, 같은 채천석에게 금 8,466,000원, 같은 이종담에게 금 6,638,000원, 같은 한창헌에게 금 5,975,000원, 같은 이원철에게 금 7,697,000원, 같은 정희자에게 금 8,951,000원, 같은 강민자에게 금 8,607,000원, 같은 박인식에게 금 7,167,000원, 같은 강영조에게 금 7,309,000원, 같은 원용숙에게 금 7,534,000원, 같은 이수오에게 금 7,248,000원, 같은 김종현에게 금 7,408,000원, 같은 박상옥에게 금 7,953,000원, 같은 김흥렬에게 금 7,581,000원, 같은 이중권에게 금 4,845,000원, 같은 하오호에게 금 9,638,000원, 같은 김용석에게 금 6,826,000원, 같은 임봉순에게 금 8,771,000원, 같은 김태순에게 금 5,982,000원, 같은 신건목에게 금 7,556,000원, 같은 제우일에게 금 9,638,000원, 같은 곽영섭에게 금 6,877,000원, 같은 윤수원에게 금 5,096,000원, 같은 손정기에게 금 7,383,000원, 같은 문재인에게 금 8,201,000원, 같은 왕돈명에게 금 8,548,000원, 같은 한옥례에게 금 7,009,000원, 같은 조용하에게 금 8,397,000원, 같은 김정완에게 금 4,417,000원, 같은 노인수에게 금 5,864,000원, 같은 최중효에게 금 3,855,000원, 같은 김진만에게 금 4,334,000원, 같은 정선옥에게 금 4,160,000원, 같은 문선우에게 금 4,134,000원, 같은 선우남일에게 금 4,206,000원, 같은 박태수에게 금 4,311,000원, 같은 김학균에게 금 6,923,000원, 같은 이찬호에게 금 6,061,000원, 같은 강흥윤에게 금 6,811,000원, 같은 이진익에게 금 5,957,000원, 같은 김재경에게 금 6,057,000원, 같은 김재용에게 금 6,678,000원, 같은 이대현에게 금 6,648,000원, 같은 오정만에게 금 4,366,000원, 같은 오매자에게 금 4,282,000원, 같은 권인규에게 금 4,162,000원, 같은 황귀복에게 금 4,186,000원, 같은 김구원에게 금 4,100,000원, 같은 김홍기에게 금 4,183,000원, 같은 이용화에게 금 5,571,000원, 같은 강봉구에게 금 4,478,000원, 같은 박정관에게 금 3,867,000원, 같은 한정문에게 금 3,365,000원, 같은 설재석에게 금 4,283,000원, 같은 권순엽에게 금 3,709,000원, 같은 손정희에게 금 3,414,000원, 같은 최재봉에게 금 4,842,000원, 같은 김종철에게 금 3,956,000원, 같은 유호수에게 금 3,868,000원, 같은 김성수에게 금 5,696,000원, 같은 이인우에게 금 5,066,000원, 같은 백구흠에게 금 4,138,000원 및 위 각 금원에 대한 이 사건 소장부본 송달 다음날부터 다 갚을때까지 연 2할 5푼의 비율에 의한 금원을 지급하라.

【항소취지】

아래 원고들의 항소취지 ; 원심판결 중 아래 원고들 패소부분을 취소한다. 피고는 원고 박혜숙에게 금 4,828,519원, 같은 여철수에게 금 5,028,730원, 같은 성장현에게 금 4,151,196원, 같은 한창헌에게 금 5,975,000원, 같은 정희자에게 금 8,951,000원, 같은 원용숙에게 금 4,569,296원, 같은 이수오에게 금 6,192,494원, 같은 김종현에게 금 3,191,720원, 같은 이중권에게 금 4,028,396원, 같은 김용석에게 금 4,102,224, 김태순에게 금 5,982,000원, 같은 신건목에게 금 7,232,577원, 같은 제우일에게 금 1,199,880원, 같은 곽영섭에게 금 6,596,574원, 같은 윤수원에게 금 5,096,000원, 같은 조용하에게 금 8,397,000원, 같은 최중효에게 금 3,855,000원, 같은 김진만에게 금 3,551,728원, 같은 문선우에게 금 2,876,555원, 같은 선우남일에게 금 1,696,531원, 같은 박태수에게 금 3,685,115원, 같은 김학균에게 금 6,923,000원, 같은 이찬호에게 금 6,061,000원, 같은 강흥윤에게 금 6,811,000원, 같은 이진익에게 금 5,365,000원, 같은 김재경에게 금 3,620,000원, 같은 이대현에게 금 3,986,375원, 같은 권인규에게 금 2,547,870원, 같은 김구원에게 금 3,519,161원, 같은 김홍기에게 금 1,447,483원, 같은 강봉구에게 금 998,505원, 같은 박정관에게 금 2,342,878원, 같은 한정문에게 금 1,087,789, 같은 설재석에게 금 3,357,952원, 같은 손정희에게 금 3,414,000원, 같은 백구흠에게 금 2,362,960원 및 이에 대한 소장부본 송달부터 다음날부터 완제일까지는 연 2할 5푼의 비율에 의한 금원을 각 지급하라.

피고의 항소취지 ; 원심판결 중 원고 한창헌, 정희자, 김태순, 윤수원, 조용하, 최중효, 김학균, 이찬호, 강홍윤, 손정희를 제외한 나머지 원고들에 대한 부분을 취소하고, 동 원고들의 청구를 기각한다.

【이 유】

1. 인정사실

　가. 피고는 1989. 3. 29. 관할관청인 부산 사하구청장으로부터 부산 사하구 당리동 407 지상에 착공예정일을 1989. 7. 10. 준공예정일을 1990. 12. 31.로 하여 12층의 당리신익빌라아파트(이하 이 사건 아파트라 한다)를 건설하기로 하는 내용의 사업계획을 승인받고, 입주자모집공고를 하지 아니한 채 1989. 7. 10.경부터 이 사건 아파트를 원고들에게 분양하였다. 다만 원고 김춘광, 이종담, 이수오, 하오호, 제우일, 곽영섭, 윤수원, 손정기, 노인수, 이진익, 이대현, 한정문, 유호수, 조용하, 이찬호는 최초분양자들로부터 승계하였고, 원고 김학균은 1990. 8. 3. 분양받았다.

　나. 원고들은 피고로부터 이 사건 아파트 중 별지 제1목록 기재와 같이 각 1세대씩(다만 원고 양재상, 이명언은 1동 507호를 공동 분양받음)을 별지 제1목록 기재 분양대금으로 분양받으면서, 계약금 및 중도금은 별지 제1목록 기재 계약금 및 중도금지급약정일에, 잔금은 입주와 동시에 각 지급하기로 하되, 입주예정일은 분양계약서에 명시되어 있지 아니하고 피고가 지정하여 원고들에게 통보하기로 약정하였는데, 다만 피고의 직원들은 원고들의 문의에 대하여 위 준공예정일 1990. 12. 31.경 입주가 가능하다고 대답하였다.

　다. 또 원고들과 피고는, 원고들이 위 중도금 및 잔금을 납부기한 내에 납입하지 못할 때에는 연체일수에 대하여 연체금액에 연 18%의 요율을 적용하여 산출한 연체료를 납부하기로 약정한 반면, 피고의 입주지연에 대한 지체상금 약정은 분양계약서에 명시되어 있지 않다.

　라. 피고는 1989. 7. 22.과 1990. 8. 22. 2차례에 걸쳐 설계를 변경하면서 당초 1990. 12. 30.로 된 준공예정일을 1991. 8. 31.로 변경하였고, 그러고도 공사가 지연되어 1991. 8.경에 이르러서야 원고들을 비롯한 아파트 입주자들에게 1991. 9. 15.부터 같은 해 10. 14.까지 사이에 입주할 것을 통보하였고, 이에 따라 원고들은 분양대금의 잔금을 지급하면서 별지 제1목록 입주일란 기재 입주일에 이 사건 아파트에 각 입주하였다.

　마. 피고가 이 사건 아파트의 준공검사를 마친 것은 1992. 1. 24.인데, 피고가 원고들에게 입주통고를 한 1991. 9. 15. 당시 이 사건 아파트는 거주에 큰 불편이 없을 정도로 완성되어 있었으나 준공검사가 늦어진 것은 외부의 조경공사 등이 미비되었기 때문이고, 준공검사 전의 임시사용승인을 받지는 아니하였다.

　바. 한편 원고 문선우, 김재경은 실제 입주한 날인 1991. 10. 2.과 같은 달 4.에 중도금의 전부 또는 연체료를 지급하였다. 나머지 원고들은 별지 제1목록 지급일란 및 지급액란

기재와 같이 계약금, 중도금 및 잔금을, 일부 중도금지급을 연체한 원고들은 별지 제1
목록 기재와 같이 실제 입주할 무렵 해당 계약금 및 중도금 또는 연체료를 포함한 금
원을 함께 지급하였다.(원고 제우일은 1, 2회 중도금에 대한 연체료로 금 750,000원과
450,000원을 피고에게 지급하였다고 주장하나 이를 인정할 증거가 없으므로 위 주장
은 이유 없다. 또 원고 여철수는 4회 중도금에 대한 연체료 2,430,000원을 지불하였
다고 주장하고 갑 제4호증의 2의 기재도 이와 부합하는 듯하나, 을 제4호증의 1의 기
재와 증인 한규회의 증언에 의하면 위 원고는 납부한 연체료 중 1,300,000원을 잔금으
로 충당하기로 피고와 합의한 사실을 인정할 수 있으므로 위 원고가 4회 중도금에 대
하여 납부한 연체료는 금 1,130,000원이다.)

(증 거)

갑 제1호증의 1 내지 72, 갑 제2호증, 갑 제4호증의 1, 갑 제5호증, 갑 제6호증의 1, 2, 갑 제8호증의 1, 갑 제9호증, 갑 제10호증의 2, 갑 제11, 12호증, 갑 제13호증의 1 내지 4, 갑 제14호증의 1, 3, 갑 제15호증, 갑 제17, 18호증, 갑 제19호증의 1 내지 7, 갑 제20호증의 1 내지 3, 갑 제21 내지 23호증, 을 제1호증의 1, 2, 을 제2호증의 1 내지 22, 을 제9호증의 1, 2의 각 기재, 원심증인 홍석천, 김영두, 한규회, 당심증인 김은미, 김두헌의 각 일부증언, 원심 법원의 부산직할시사하구청장에 대한 사실조회 결과, 변론의 전취지

2. 피고의 지체상금 지급책임

가. 지체상금의 발생

아파트 분양계약은 집단적으로, 아파트가 건축되기 전에 이루어지고 또 대부분의 분양
대금이 건물이 완성되어 인도되기 전에 건축업자에게 지급되기 때문에 경제적 약자인
수분양자를 보호할 필요가 있다.

이에 주택건설촉진법 제32조(1994. 1. 7. 개정 전의 것)는 사업주체는 주택의 공급질서
를 유지하기 위하여 건설부장관이 정하는 주택의 공급조건, 방법 및 절차 등에 따라 주
택을 공급하여야 한다고 규정하고, 제52조에서 이에 위반하면 1년 이하의 징역 또는
500만 원 이하의 벌금에 처하도록 하고 있고, 그 위임을 받은 건설부령인 주택공급에
관한규칙에서는 사업주체는 입주자 모집공고시 입주예정일을 일간신문에 공고하여야
하고(제9조 제1항), 주택의 공급계약을 함에 있어서 중도금을 기한 내에 납부하지 아니
할 경우에는 금융기관에서 적용하는 연체금리의 범위 내에서 일정률의 연체요율에 따
라 산정하는 연체료를 납부할 것을 계약조건으로 할 수 있고(제19조 제2항), 대신 사업
주체가 공급공고에서 정한 입주예정일 내에 입주시키지 못할 경우에는 이미 납부한 중
도금에 대하여 같은 연체요율을 적용한 지체상금을 입주자에게 지급하거나 주택잔금에
서 이를 공제하여야 한다(제19조 제3항)고 규정하고 있다.

따라서 비록 이 사건 분양계약서에는 위와 같은 지체상금의 규정이 포함되어 있지 않
다고 하더라도 피고가 입주예정일을 지키지 못했다면 수분양자인 원고들에게 그 지체
로 인한 손해배상책임을 부담해야 함은 당연한 법리이고, 원고들의 중도금의 납입지체
에 대한 연체금의 규정이 포함되어 있고 이는 손해배상액의 예정이라 할 것이므로 피
고의 이행지체에 대하여도 위 규칙이 정한 바와 같이 이미 납입한 중도금에 대하여 중
도금 지체의 경우 적용할 연체요율에 따른 지체상금을 지급하게 하는 것이 공평의 관
념이나 신의칙상 타당하고, 또 당사자의 의사에도 부합한다고 할 것이다.

나. 피고의 이행지체의 시기
  (1) 원고들과 피고는 피고가 입주예정일을 지정하기로 약정하였으므로 위 입주예정일은 소위 불확정기한에 해당한다 할 것인바, 이러한 경우 피고의 의사에 따라 기한의 도래가 확정되게 되어 있다하여 피고가 자의로 그 기한의 도래를 결정할 수는 없는 것이고, 피고로서는 아파트건설에 소요되는 기간, 계약 당시 이 사건 아파트 건축공사 진척상황 등 제반사정으로 미루어 당사자 사이에 객관적으로 공평한 입주일자를 지정하여 통고하여야 할 의무를 부담하는 것이므로, 적정한 입주일자를 지정하여 통고하지 않은 이상 그 일자의 도과로 아파트 공급의 지체책임을 지게 된다 할 것이다.
  (2) 위 규칙 제7조(1990. 5. 26. 개정전의 것)는 사업주체는 당해 주택의 건축공정이 일정한 기준 이상에 도달하여야 입주자를 모집할 수 있으며(제1항), 당해 분양대상인 주택의 입주자모집공고에서 정한 분양계약 개시일로부터 기산하여 1년의 범위 안에서 입주일자를 정하여야 하되, 다만 13층 이상의 아파트인 경우에는 1년에 12층을 넘는 매층당 1월을 더한 기간의 범위 내에서 입주일자를 정할 수 있다고(제5항) 규정하고 있고, 추가분양자를 제외한 나머지 분양자들에 대한 중도금 완납일이 늦어도 1990. 6. 20.인 점에 비추어 보면, 늦어도 피고가 이 사건 아파트를 분양하기 시작한 때로부터 1년 5개월이 지난 날이고 당초 준공예정일로서 원고들이 구하는 1990. 12. 31.을 당사자사이에 공평한 입주예정일로 보아야 할 것이다.
  (3) 분양계약이 늦은 경우
    피고는 원고 김학균의 경우 다른 원고들보다 1년 정도 늦게 1990. 8. 3. 분양계약을 체결하였던바, 동인과의 관계에서는 다른 원고들과 같이 입주예정일을 1990. 12. 31.로는 볼 수 없고 별도로 판단해야 할 것인데, 계약체결 시점 등을 참작해 볼 때 위 원고가 실제로 입주한 날 이전에 당사자 사이에 공평한 입주예정일이 도래한 것으로는 보기 어려우므로 동인에 대하여는 지체상금을 지급할 수 없다고 주장하고(피고는 원고 조용하, 이찬호에 대해서도 같은 주장을 하나 동인들은 당초의 분양자로부터 승계하여 분양받았음은 위에서 이미 인정한 바와 같다) 갑 제1호증의 47의 기재에 의하면 동 원고가 위 일자에 분양계약을 체결한 사실은 인정할 수 있으나 같은 호증의 기재 및 변론의 전취지를 종합하면 같은 원고는 같은 크기의 아파트를 금 63,309,000원에 분양받은 다른 원고들에 비하여 훨씬 비싼가격인 금 81,866,000원에 분양받았고 잔금 15,000,000원을 제외한 계약금, 중도금을 계약일 이전의 날짜로 지급약정한 사실이 인정되는바, 위 원고가 다른 원고들보다 늦게 분양받아 대금을 늦게 내는 대가를 피고는 충분히 지급받은 셈이므로 입주예정일과 이를 지키지 못함에 대한 손해배상인 지체상금은 다른 원고들과 같이 취급하는 것이 공평하고 당사자의 의사에도 부합한다고 할 것이다. 그리고 동인이 계약금 명목으로 지급한 금 30,000,000원은, 그 중 같은 평형의 다른 아파트를 분양받은 사람들이 납입한 계약금인 금 3,467,000원만 계약금으로 처리하고 나머지 금 26,533,000원은 중도금으로 취급하여 지체상금을 산정함이 타당하다.
다. 피고의 이행지체의 종료시점(지체상금의 종기)
  이에 대하여 피고는 피고가 이 사건 아파트를 완공하여 원고들에게 입주지정통보를 한

1991. 9. 15.에 피고의 이행의 제공이 있은 것이라 할 것이니 이때에 지체가 종료했다고 주장하고, 원고들은 위 일자까지 이 사건 아파트는 전기, 수도 가스 등의 내부공사가 완성되지 못해 입주한 원고들도 불편한 상태로 생활하였고 따라서 이는 적법한 이행의 제공이 될 수 없으며 이를 완성하여 준공검사를 받은 1992. 1. 24.이 지체종료일이라고 주장한다.

살피건대 원고들의 주장에 부합하는 듯한 원심증인 홍석천의 증언은 이를 믿지 아니하고 달리 이를 인정할 증거가 없고 준공검사가 늦어진 이유는 위에서 이미 인정한 바와 같은바, 원고들이 입주하여 거주하기에 큰 불편이 없다면 외부의 조경공사의 일부 등이 미비되고 행정적인 적법절차를 거치지 아니했다 하더라도 피고의 위 입주통고를 계약내용에 따른 이행의 제공으로 봄이 상당하다 하겠으므로(아파트분양의 일반관행으로 볼 때에도 그렇다) 원고들의 위 주장은 이유 없고 피고의 주장이 일응 타당하다 할 것이나, 다만 피고가 입주가능시점으로 통고한 1991. 9. 15.에 원고들을 포함한 아파트 수분양자 전원이 입주하는 것은 현실적으로 불가능하여 원고들이 모두 위 일자에 입주하고자 하여도 피고는 이를 이행할 수 없었음이 분명하므로 위 일자에 피고의 지체책임이 종료한다고 볼 수는 없고 위 통고에 따라 입주한 원고들에 대하여는 그 입주한 때에 입주하지 못한 원고들에 대하여는 피고가 입주기한으로 정한 같은 해 10. 14.(이 한 달간의 입주기간은 상당하다고 인정된다)에 지체책임이 종료된다고 볼 것이다.

3. 원·피고의 주장과 판단
  가. 중도금 일부의 미납자에 대한 지체상금 발생 여부
    (1) 피고의 주장
      피고는 피고가 입주예정일을 지키지 못하였다 하더라도 원고 박혜숙, 성장현, 한창헌, 정희자, 이중권, 김용석, 신건목, 윤수원, 최중효, 김진만, 문선우, 강홍윤, 이진익, 김재경, 이대현, 권인규, 김구원, 설재석, 손정희, 백구홈 등은 피고가 입주일을 지정할 때까지 중도금을 완납하지 아니하였는 바, 지체상금은 성질상 이행지체로 인한 지연손해금이고 피고와 원고들 사이의 이 사건 아파트분양계약은 쌍무계약이라 볼 것이므로 원고들과 피고의 쌍방채무는 이행기일이 지남으로써 그때부터 쌍방 이행기일의 정함이 없는 채무가 되었고, 이러한 경우 양 당사자는 동시이행의 항변권을 취득하고 당사자 중 일방이 자기의 채무이행을 제공하고 상대방에 대하여 그 채무의 이행을 최고함으로써 비로소 상대방이 지체에 빠진다고 할 것이므로 위 원고들은 그들이 중도금을 완납했을 때로부터 지체상금을 청구할 수 있을 뿐이라고 주장한다.
    (2) 판단
      살피건대, 동시이행의 항변권이 존재하는 경우에는 당사자의 일방은 상대방이 그 의무를 이행하기까지는 자기의 채무이행도 거절할 수 있는 것이니 역으로 자기의 채무의 이행을 제공하지 않고는 상대방의 채무를 지체에 빠지게 할 수 없는 것은 피고의 주장과 같다고 하더라도 일방의 채무가 일부만 불이행된 채 있는 경우에도 상대방은 항상 그 전부의 이행을 거절할 수 있고 지체책임을 지지 않는 것이라고 할 수는 없다. 즉, 동시이행항변권의 담보적 기능만을 본다면 일방의 채무의 전부의 이행이 있기까지 상대방은 그 채무의 전부의 이행을 거절할 수 있고 불이행으로 인한 지체책임을 부담하지 않는다고 하는 것이 담보불가분의 원칙에 비추어 타당하다 할 수도 있겠으나 원래 동시이행항변권이 공평의 관념에서 출발한 것이고 이는 양 채무가 대등한 비중으로 대가관계를 이루고 있다는 것이 전제가 된 것이라 할 것이므로 일방의 채무의 불이행으로 인한 상대방채무의 불이행의 경우의 지체책임 불성립의 문제도 쌍방채무가 서로 대가관계를 이루는 범위 내로 한정시켜 처리하는 것이 공평하고, 따라서 쌍방의 채무가 분할채무이고 일방이 일부의 채무를 불이행하고 있는 경우에 상대방의 채무의 불이행의 경우 지체책임의 면제효과는 그 불이행한 일부의 채무에 대응하는 대가관계의 범위 내에 있는 채무에 한정되는 것이 원칙이라고 보아야 할 것이다.(대법원 1991. 12. 10. 선고 91다33056 판결 참조).

이 사건 아파트분양계약을 보면 원고들의 대금납입채무는 계약금과 여러 차례(4 내지 5회)의 중도금과 잔금으로 분할되어 있어 피고의 아파트 완성, 인도채무와 원고들의 대급지급채무는 전체로서 대등한 비중으로 대가관계를 이루고 있으나 개개의 중도금 납입채무는 피고의 아파트 완성, 인도채무와 대등한 비중으로 대가관계를 이루고 있지 아니하다. 따라서 원고들의 채무가 분할적이고 그 일부의 불이행이 있다면 피고의 채무이행거절의 권능이나 불이행에 대한 책임도 관념적으로는 이에 대응하여 분할된다고 보는 것이 공평의 원칙에 부합된다고 볼 것이고, 이러한 관점에서 피고의 원래의 채무가 아파트의 인도라는 분할할 수 없는 채무임에도 아파트건설, 공급계약과 대금지급의 특수성을 고려하여 지체상금의 내용을 원고들이 지급한 중도금에 대한 연체요율에 따른 이자상당액이라고 규정하여 원고들의 채무와 대응하여 책임범위를 분할하여 놓은 이상 원고들이 일부의 중도금 지급의무를 불이행했다 하더라도 피고는 이에 대응하는 범위에서만 지체의 책임을 면하는 것이며(이 경우는 미납중도금에 대하여서만 지체상금을 지급하지 않는 것이다) 이미 지급한 중도금에 대하여까지 지체의 책임을 면할 수는 없고 이에 대한 지체상금을 지급하여야 할 것이다.(피고의 위 주장대로라면 중도금을 연체한 원고들이 위 입주예정일이 경과한 이후에 연체된 중도금을 이행제공하면서 피고의 아파트 완성, 인도의무의 이행을 최고한다면 피고는 지체책임을 진다고 보아야 할 것인데 피고로서는 원고들이 최고한다고 하여 아파트를 금방 완성할 수 있는 것이 아니므로 원고들이 이행제공한 위 중도금을 수령할 수 없을 것이고 이는 원고들도 충분히 알 수 있는 상황이니 원고들은 현실적으로 중도금을 지급하지 않으면서 이행제공과 최고라는 형식만 취함으로써 피고를 지체에 빠지게 할 수 있다는 것이 되어 이 점에서도 매우 불합리하다.)

결국 입주예정일까지 중도금의 전부를 납부하지 못한 원고들에 대하여도 이미 납부한 중도금에 대하여는 위 입주예정일부터 또는 그 이후에 납부한 중도금에 대하여는 중도금 납부일부터 위 지체종료일까지 이를 완납한 원고들과 마찬가지로 지체상금을 지급함이 타당하다.

나. 입주예정일 경과 후의 미납중도금에 대한 연체료 발생 여부

피고는 원고들이 분양계약시에 중도금을 지체하는 경우에는 연체료를 지급하기로 약정하였음을 근거로 위 입주예정일인 1990. 12. 31. 이후에 원고들로부터 중도금을 수령하면서 1991. 1. 1. 이후분을 포함하여 중도금 수령일자까지 계산한 연체료를 받았다.

그러나 쌍무계약에 있어서 선이행의무를 부담하는 당사자도 자기의 선이행의무를 이행하지 아니하고 있는 사이에 상대방의 채무가 이행기가 도래하면 그 때부터는 쌍방이

동시이행의 항변권을 갖게되는 바, 이 사건 아파트 분양계약에 있어서 피고가 위 입주예정일까지 원고들을 입주시키지 못했으므로 그 이후부터는 원고들과 피고의 쌍방의 채무는 기한의 정함이 없는 채무가 되었고 위에서 본 동시이행항변권의 이론상 피고가 자기의 채무를 이행하지 아니한 채 이행기를 도과한 1991. 1. 1. 이후부터는 중도금에 대한 연체료를 지급받을 수 없는 것이고 이미 받은 연체료는 부당이득금으로 반환하여야 할 것이다.

피고는 원고들이 위 연체료를 지급한 것은 비채변제가 되어 반환을 구할 수 없다고 주장하나 원고들이 위 연체료를 지급할 때 그 지급의무가 없음을 알았다고 볼 증거가 없고 또 위에서 든 증거들에 의하면 피고는 원고들이 위 연체료를 지급하지 아니하면 입주를 거부하여 그 지급이 불가피하였던 것을 인정할 수 있으므로 위 주장은 이유 없다.

다. 미납연체료 면제주장

원고들은 피고가 분양대금과 중도금 등을 모두 완납한 입주자에 대하여만 입주를 허용하였으므로 원고들 가운데 연체료 지급채무가 남은 사람은 아무도 없으며 혹 미지급분이 남아 있는 경우에는 피고와 면제하기로 합의하였고, 만일 연체료 지급채무가 있다하더라도 이제와서 청구함은 신의칙에 위반된다고 주장하므로 살피건대, 피고가 연체료를 납입하지 아니한 원고들에게 그 지급을 면제하기로 합의하였다는 점은 이를 인정할 증거가 없으며, 피고의 연체료청구가 신의칙에 반한다고 볼 근거도 없으므로 원고들의 위 주장은 이유 없다.

4. 지체상금의 감액

피고의 지체상금지급의무는 그 성질이 이행지체로 인한 손해배상의무이고 연 18%의 연체이율을 적용하여 산정한 위 지체상금액은 손해배상액의 예정의 성질을 갖는다 할 것인데, 위에서 든 증거들과 당심증인 정맹식의 증언에 변론의 전취지를 종합하면 1989년경 정부에서 주택 200만호 건설정책을 발표하여 추진함으로써 분당, 일산 신도시 건설을 비롯하여 주택건설사업이 전국적으로 일시에 일어나 이 사건 아파트를 건설할 무렵에 철근, 시멘트 등의 건축자재가 품귀현상을 빚고 건설인력이 모자라 아파트공사에 많은 애로가 있었던 사정이 인정되고 반면 원고들이 이 사건 아파트 분양계약을 체결할 때는 이 사건 아파트공사가 착공도 되기 전이었던 사실도 인정되는 바, 위와 같은 이 사건 아파트건설의 애로사항을 참작하고 원고들로서도 아파트공사기간이 외부적 사정으로 다소 연장될 수도 있다는 것이 예상불가능한 것이 아니므로 위와 같은 중도금 지급이 선이행의무를 부담하는 계약을 체결한 것 자체에 과실이 있다고도 할 수 있는 점을 참작하면 위와 같이 산정하여 인정되는 피고의 지체상금액을 20%정도 감액함이 민법 제398조 제2항의 취지나 공평의 관념에 비추어 상당하다고 보여진다.(피고는 위와 같은 사정이 불가항력이어서 피고의 책임이 면제되어야 한다고 주장하나 이를 불가항력이라 볼 수는 없으므로 위 주장은 이유 없다.)

5. 계 산

가. 지체상금

위에서 본 바와 같이 원고들이 이미 납입한 중도금에 대하여 입주예정일 다음날인 1991. 1. 1.부터(이 이후에 지급된 중도금에 대하여는 중도금 지급일부터) 입주통고일 마지막 날인 1991. 10. 14.까지(그 전에 입주한 사람은 입주일까지) 연 18%의 비율에 의하여 지체상금을 산정하면 별지 2목록 기재 지체금란 기재와 같고, 이에 20%를 감액하여 계산하면 같은 목록 산정액란 기재와 같다.
  나. 연체료 부당이득 부분
    (1) 앞서 든 증거에 의하면, 피고는 원고 박혜숙 등 별지 제3목록 기재 원고들로부터 1990. 12. 31.이 지남으로써 쌍방 이행지체에 빠진 이후에 중도금을 수령하면서 1991. 1. 1. 이후 분을 포함하여 연 18%의 비율에 의한 같은 목록 기재 지급액과 같이 연체료를 받은 사실을 인정할 수 있는바, 위 1991. 1. 1.분 이후의 연체료는 피고가 법률상 원인 없이 이득한 금원이므로 이를 위 원고들에게 반환할 의무가 있다.
    (2) 계산 : 같은 목록 부당이득액란 기재 각 금원(같은 목록 지급액란 기재 각 금원과 같이 위 원고들이 납입한 연체료 중 같은 목록 연체료란 기재와 같은 1990. 12. 31. 이전 분의 연체료를 뺀 나머지로서 위 원고들이 구하는 금액)
  다. 미납연체료
    (1) 피고는 원고들 중 약정한 중도금 지급날짜를 넘긴 원고들에 대하여는 위 약정 연체금을 상계한 나머지만을 지급하겠다고 주장한다.
    살피건대, 앞서 본 바와 같이 1991. 1. 1.부터 중도금 완납일까지의 중도금에 대해서는 연체료가 발생하지 않으나, 그 이전에는 약정에 따라 연체료가 발생한다 할 것인데(다만 원고 이성태, 박정욱은 그들이 주장하듯 각 그 중도금 기일 중 1989. 12. 10.과 1990. 2. 25.이 일요일이므로 그 다음날 납입한 중도금에 대하여는 연체료채무가 발생하지 않는다), 앞서 본 증거들에 의하면 그 기간에 미지급 연체료 잔액은 별지 제2목록 기재 연체료란 중 잔액란(원 미만 버림) 기재와 같고, 그 연체료를 미납한 원고들의 연체료지급의무와 피고의 지체상금지급의무 및 부당이득금반환의무는 상계적상에 있다 할 것이므로 피고는 앞서 본 지체상금 및 부당이득금에서 위 미지급 연체료를 뺀 잔액을 해당 원고들에게 지급할 의무가 있다 할 것이다.
    (2) 원고 조용하, 이찬호는 그들이 1990. 11. 12.경 당초의 분양자들로부터 분양계약을 승계하면서 피고와의 사이에 새로이 분양계약서를 작성하였고 이때 당초의 분양자들이 미납하였던 연체료를 면제받았다고 주장하나 이를 인정할 증거가 없으므로 위 주장은 이유 없다.
  라. 결국 피고는 원고들에게 위 지체상금 산정액에서 부당이득금을 더하고 미납 연체료를 공제한 잔액인 별지 제2목록 인용액란 기재 금액을 지급할 의무가 있다.
6. 결 론
  그렇다면 피고는 원고 박혜숙에게 금 4,082,408원, 같은 박승환에게 금 4,450,909원, 같은 이성태에게 금 4,997,404원, 같은 박정욱에게 금 4,997,404원, 같은 김춘광에게 금 4,877,728원, 같은 여철수에게 금 3,366,395원, 같은 정인섭에게 금 2,956,958원, 같은 성장현에게 금 4,654,391원, 같은 남규하에게 금 4,504,612원, 같은 최종하에게 금 4,437,038원, 같은 채천석에게 금 4,834,399원, 같은 이종담에게 금 4,816,245원, 같은 한창헌에게 금 2,429,938원, 같은 이원철에게 금 6,076,983원, 같은 정희자에게 금 6,393,731원, 같은 강민자에게 금 6,580,079원, 같은 박인식에게 금 5,688,770원, 같은 강영조에게 금 5,559,645원, 같은 원용숙에게 금 5,901,811원, 같은 김종현에게 금 2,497,053원, 같은 박상옥에게 금 5,609,866원, 같은 김홍렬에게 금 5,609,433원, 같은 이중권에게 금 3,859,901원, 같은 하오호에게 금 5,673,976원, 같은 김용석에게 금

5,859,778원, 같은 임봉순에게 금 5,464,486원, 같은 김태순에게 금 3,888,290원, 같은 신건목에게 금 5,640,407원, 같은 제우일에게 금 4,488,890원, 같은 곽영섭에게 금 283,170원, 같은 손정기에게 금 5,213,054원, 같은 문재인에게 금 5,648,086원, 같은 왕돈명에게 금 6,838,609원, 같은 한옥례에게 금 4,519,018원, 같은 김정완에게 금 3,285,331원, 같은 노인수에게 금 3,310,951원, 같은 최중효에게 금 2,204,990원, 같은 김진만에게 금 3,404,000원, 같은 정선옥에게 금 3,328,696원, 같은 문선우에게 금 3,257,309원, 같은 선우남일에게 금 1,668,345원, 같은 박태수에게 금 2,878,258원, 같은 김학균에게 금 4,659,066원, 같은 강홍윤에게 금 4,374,060원, 같은 이진익에게 금 4,393,431원, 같은 김재경에게 금 5,333,766원, 같은 김재용에게 금 5,055,896원, 같은 이대현에게 금 5,529,999원, 같은 오정만에게 금 3,098,589원, 같은 오매자에게 금 3,231,144원, 같은 권인규에게 금 3,502,328원, 같은 황귀복에게 금 2,689,638원, 같은 김구원에게 금 3,139,371원, 같은 김홍기에게 금 3,274,718원, 같은 이용화에게 금 3,288,349원, 같은 강봉구에게 금 3,599,715원, 같은 박정관에게 금 3,204,678원, 같은 한정문에게 금 3,121,440원, 같은 설재석에게 금 3,270,077원, 같은 권순엽에게 금 2,914,546원, 같은 순정희에게 금 2,353,727원, 같은 최재봉에게 금 3,178,870원, 같은 김종철에게 금 3,156,675원, 같은 유호수에게 금 2,935,915원, 같은 김성수에게 금 3,321,041원, 같은 이인우에게 금 3,332,965원, 같은 백구흠에게 금 3,406,158원 및 위 각 금원에 대한 이 사건 소장송달 익일임이 기록상 명백한 1993. 2. 18.부터 1995. 9. 21.까지는 연 5푼의, 그 다음날부터 다 갚을 때까지는 연 2할 5푼의 각 비율에 의한 금원을 각 지급할 의무가 있다 할 것이므로 위 원고들의 청구는 위 인정범위 내에서 이유 있어 이를 인용하고 나머지는 이유 없으므로 기각할 것이며, 원고 이수오, 윤수원, 조용하, 이찬호의 경우는 미납된 연체료가 피고의 지체상금보다 많아 동인들의 청구를 기각할 것인바, 원고 한창헌, 정희자, 이수오, 김태순, 최중효, 김학균, 강홍윤, 손정희에 대한 원심판결 중 위 인정금액에 해당하는 같은 원고들 패소부분은 부당하므로 이를 취소하여 피고에 대하여 그 지급을 명하고 같은 원고들의 나머지 항소는 이유 없으므로 이를 각 기각하며, 원고 이수오에 대한 원심판결 중 피고 패소부분을 취소하고 그 부분에 대한 같은 원고의 청구와 같은 원고의 항소를 모두 기각하고, 원고 윤수원, 조용하, 이찬호에 대한 원심판결은 정당하고 같은 원고들의 항소는 이유 없고 또 원고 양재상, 이명언에 대한 피고의 항소도 이유 없으므로 이를 각 기각하고(원고 양재상, 이명언에 대하여는 같은 원고들에게 인용된 금액이 위 인정과 같아 1심 인용 금액보다 많으나 동 원고들이 항소나 부대항소를 제기하지 아니하였고 피고만이 항소하였으므로 불이익변경금지원칙에 따라 피고의 항소를 기각함에 그친다) 그 나머지 원고들에 대한 원심판결은 부당하므로 그 중 원고 여철수, 성장현, 원용숙, 이중권, 김용석, 신건목, 곽영섭, 김진만, 문선우, 박태수, 이진익, 김재경, 이대현, 권인규, 김구원, 김홍기, 강봉구, 박정관, 한정문, 설재석, 백구흠에 대하여는 동 원고들의 항소를 받아들여, 그 나머지 원고들에 대하여는 피고의 항소를 받아들여 이를 변경하여 피고에 대하여 위 인용금액의 지급을 명하고 같은 원고들의 나머지 청구를 각 기각하기로 하여 주문과 같이 판결한다.[별지 생략]

판사 변동걸(재판장) 이동준 이수철

[판례 81] 관리비등 (서울지법 1995. 10. 13. 선고 95나19781 판결 : 상고)

【판시사항】

임차인이 오피스텔관리규정에 따라 특별수선충당금 및 환경개선부담금을 부담하는지 여부(소극)

【판결요지】

임대차계약 체결 당시 특별히 오피스텔관리규정의 내용을 임대차계약의 내용으로 포함시킨다거나 임차인이 그 관리규정을 준수할 것을 약정하지 않는 한 그 관리규정은 제3자인 임차인에 대하여 효력이 미치지 아니하고, 그 관리규정에서 전세입자 및 임차인도 적용범위에 포함되는 것으로 규정되어 있어도 마찬가지이므로, 오피스텔의 소유자는 오피스텔 관리규정만을 근거로 임차인에 대하여 특별수선충당금 및 환경개선부담금의 지급을 구할 수 없다.

【참조조문】

민법 제618조

【전 문】

【원고, 피항소인】 노기영 (소송대리인 변호사 김성곤)
【피고, 항 소 인】 김경희 (소송대리인 변호사 김석보)
【원심판결】 서울지법 1995. 4. 26. 선고 94가소387169 판결

【주 문】

1. 원심판결을 취소한다.
2. 원고의 청구(당심에서 확장된 부분 포함)를 기각한다.
3. 소송비용은 제1, 2심 모두 원고의 부담으로 한다.

【청구취지】

피고는 원고에게 금 6,976,939원 및 위 금원 중 금 4,247,750원에 대하여는 1995. 2. 26.부터 금 2,729,189원에 대하여는 1995. 7. 29.자 청구취지 및 청구원인 변경신청서 부본 송달 다음날부터 각 완제일까지 연 2할 5푼의 비율에 의한 금원을 지급하라는 판결(원고는 당심에서 청구취지를 확장하였다.)

【항소취지】

주문과 같다.

【이 유】

1. 다음의 각 사실은 당사자 사이에 다툼이 없거나 성립에 다툼이 없는 갑 제1호증(임대차계약서), 원심 및 당심증인 노태형의 증언에 의하여 진정성립이 인정되는 갑 제3호증(청구서), 변론의 전취지에 의하여 진정성립이 인정되는 갑 제5호증의 1 내지 3(각 산출내역)의

각 기재와 당심법원의 제주시장에 대한 사실조회 결과에 변론의 전취지를 종합하면 이를 인정할 수 있고 반증이 없다.

가. 원고는 제주시 노형동 905의 3 소재 제주하와이 오피스텔(이하 '본건 오피스텔'이라 한다)의 지하 1층 253.31평의 소유자로서, 피고와 사이에 위 지하 1층을 임대보증금 150,000,000원, 임대기간 1991. 12. 20.부터 1993. 12. 20.까지, 사용목적 목욕탕업으로 정하여 피고에게 임대하기로 하는 임대차계약을 체결하였고, 피고는 위 계약기간 동안 위 장소에서 목욕탕을 운영하여 왔다.

나. 피고가 본건 오피스텔의 지하 1층에서 위와 같이 목욕탕을 운영하는 동안 위 지하 1층 목욕탕 부분에 대하여 부과된 관리비 및 기타 비용 중, 1993. 4. 1.부터 같은 해 12. 20.까지의 기간에 해당하는 특별수선충당금(매월 금 178,380원) 합계 금 1,545,960원과 1992. 7. 21.부터 1994. 12. 20.까지의 기간에 해당하는 환경개선부담금 합계 금 5,430,979원(= 1992. 7. 21.부터 같은 해 12. 31.까지 금 111,916원 + 1993. 1. 1.부터 같은 해 6. 30.까지 금 2,701,790원 + 1993. 7. 1.부터 같은 해 12. 20.까지 금 2,617,273원) 등 합계 금 6,976,939원(= 1,545,960원 + 5,430,979원)이 납부되지 아니하였다.

2. 원고는 이 사건 청구원인으로, 원고와 피고간의 위 임대차계약 및 본건 오피스텔의 관리규정에 기하여 피고에 대하여 위 미납된 특별수선충당금 및 환경개선부담금 상당 금원의 지급을 구하므로 살피건대, 위 갑 제1, 3호증, 갑 제2호증(관리규정), 을 제2호증(관리규약)의 각 기재와 위 노태형의 일부 증언만으로는 원고와 피고간에 피고가 본건 오피스텔의 지하 1층을 임차하여 목욕탕으로 사용하는 기간 동안 위 지하 1층 목욕탕 부분에 대하여 부과되는 관리비 및 공동사용비(전기 및 수도요금) 이외에 위와 같은 특별수선충당금 및 환경개선부담금을 피고가 부담하기로 약정하였음을 인정하기에 부족하고 달리 이를 인정할 증거가 없으므로, 원고의 위 주장은 이유 없다.

원고가 증거로 제출한 본건 오피스텔 관리규정(갑 제2호증이다)과 피고가 증거로 제출한 본건 오피스텔 관리규정(을 제2호증이다)은 그 규정내용에 차이가 있고, 구체적으로 어느 관리규정이 어느 시기에 적용되는 것인가에 관하여는 분명치 않은데, 위 갑 제2호증의 기재에 의하면 위 지하 1층을 임차하여 목욕탕으로 사용하여 온 피고가 그 사용기간 동안에 대한 위 특별수선충당금을 부담할 책임이 있는 듯이 볼 여지가 있으나, 원고와 피고간의 이 사건 임대차계약 체결 당시에 본건 오피스텔 관리규정(갑 제2호증)의 내용을 위 임대차계약의 내용으로 포함시킨다거나 피고가 위 관리규정의 내용을 준수할 것을 약정하였음을 인정할 아무런 증거가 없어 위 관리규정은 피고에 대하여는 효력이 없다고 할 것이므로(위 관리규정 제3조 및 부칙에서 이 규정은 전세입자 및 임차자에게도 적용된다고 규정하고 있으나, 실제로 관리규정의 약정 당사자도 아니고 별도의 약정으로 위 관리규정의 내용을 준수하기로 약정하지도 아니한 제3자에 대하여 위 관리규정의 효력이 미친다고 볼 수는 없다), 다른 특별한 사정이 없는 한, 위 관리규정만을 근거로 피고에 대하여 위 특별수선충당금의 부담책임을 인정할 수는 없다.

3. 원고는 또한, 위 특별수선충당금 및 환경개선부담금의 성질상 이는 당연히 그 건물 부분의 소유자가 아니라 실제로 이를 점유, 사용한 사용자가 부담하여야 할 비용이며 실제로도 사용자가 그 비용을 부담하는 것이 관례로 되어 있으므로 위 지하 1층 목욕탕 부분의 사용자인 피고에 대하여 위 금액 상당 금원의 지급을 구한다는 취지의 주장을 하므로 살피건대,

위 갑 제2호증의 기재에 의하면 본건 오피스텔 관리규정 제2조에서 '입주자'라 함은 소유권의 목적으로 오피스텔의 전유부분의 소유자를 말하고, '사용자'라 함은 입주자 이외의 자로서 오피스텔 내에 상주하는 자를 의미한다고 규정하고, 제57조에서 공동건물의 장기수선에 관한 기준에서 정하는 바에 따라 공용부분에 대한 장기수선 계획에 의하여 매월 입주자 또는 사용자별로 특별수선충당금을 부담하여야 한다고 규정하고 있는 점 및 환경개선비용부담법 제9조에 의하면 환경처장관은 유통, 소비과정에서 환경오염물질의 다량 배출로 인하여 환경오염의 직접적인 원인이 되는 건물 기타 시설물(이하 '시설물'이라 한다)의 소유자 또는 점유자로부터 환경개선부담금을 부과, 징수하도록 규정되어 있고, 같은법시행령 제5조에 의하면 시설물에 대한 환경개선부담금의 부과대상자는 부과기준일 현재 당해 시설물을 소유하고 있는 자로 하되 동일한 시설물을 공동 또는 분할하여 소유하고 있는 경우에는 각각 그 소유지분에 따라 개선부담금을 부담하고, 다만 소유자를 알 수 없는 경우에는 그 점유자가 개선부담금을 부담하도록 규정하고 있는 점 등에 비추어 볼 때 공동건물의 전유부분에 대한 소유자(임대인)와 사용자(임차인) 사이에 별도의 약정이 없더라도 당연히 사용자(임차인)가 그 부분에 대한 특별수선충당금 및 환경개선부담금을 부담하여야 한다고 보기는 어렵고, 사용자가 특별수선충당금 및 환경개선부담금을 부담하는 것이 관례라는 원고의 주장에 부합하는 듯한 위 노태형의 일부 증언은 믿기 어렵고 달리 이를 인정할 만한 아무런 증거가 없으므로, 원고의 위 주장도 이유 없다.

4. 따라서, 원고의 이 사건 청구는 이유 없어 이를 기각할 것인바, 이와 결론을 달리한 원심판결은 부당하므로 이를 취소하여 원고의 청구(당심에서 확장된 부분 포함)를 기각하기로 하고, 소송비용의 부담에 관하여는 민사소송법 제96조, 제89조를 적용하여 주문과 같이 판결한다.

판사 박준수(재판장) 노만경 강승준

[판례 82] 공유물분할 (서울고법 1996. 9. 10. 선고 95나10589 판결 : 상고)

【판시사항】

[1] 집합건물의 대지 부분과 그 밖의 토지가 인접하여 있고 그 토지 전부가 구분건물의 소유자와 그 밖의 자의 공유로 있는 경우의 공유물 분할 방법
[2] 공유물분할의 기준인 공유자의 지분비율을 등기부 기재와 달리 인정할 수 있는지 여부(적극)
[3] 복수의 공유자가 각 일단이 되어 여전히 공유자로 남는 방법으로 현물분할을 하되 지분비율에 따른 과부족을 현금으로 조정하는 경우의 채권·채무관계의 법적 성질

【판결요지】

[1] 원래 분할의 대상이 되는 공유물이 다수의 부동산인 경우라도 그 부동산들을 일괄하여 분할의 대상으로 하고, 분할 후의 각각의 부분을 각 공유자의 단독소유로 하는 것도 현물분

할의 한 방법으로 허용된다고 봄이 상당하며, 집합건물의 대지인 토지 부분과 그 밖의 토지가 인접하여 있고 그 토지 전부가 구분건물의 소유자와 그 밖의 자의 공유로 있는 경우에는 집합건물의 대지인 토지 부분과 그 밖의 토지 부분으로 현물분할할 수 있으나, 다만 각 공유자가 취득하는 현물의 가격과 지분의 가액에 과부족이 생기지 않도록 하는 합리적인 현물분할 방법이 없고 그렇다고 하여 경매를 명하여 대금분할을 하는 것은 더욱 불합리한 경우와 같은 특별한 사정이 있는 등 일정한 요건이 갖추어진 경우에는 공유자 상호간에 금전으로 경제적 가치의 과부족을 조정하여 분할을 하는 것도 현물분할의 한 형태로서 허용된다 할 것이며, 여러 사람이 공유하는 물건을 현물분할하는 경우에는 분할청구자의 지분한도 안에서 현물분할을 하고 분할을 원하지 않는 나머지 공유자는 공유자로 남는 방법도 허용될 수 있다.

[2] 공유물분할의 소에 있어서 공유물분할청구권이 인정되는 경우에는 공유관계나 그 객체인 물건의 형상이나 위치, 이용상황이나 경제적 가치등 제반 사정을 종합한 합리적인 방법으로 지분에 따른 가액(교환가치)의 비율에 의하여 분할을 명하여야 하는 것이므로, 공유물분할의 기준은 결국 공유자의 지분비율에 의하여야 할 것인바, 공유자간에 있어서의 공유지분권의 포기는 공유의 탄력성으로 인하여 지분이전등기 없이도 상대방에 대하여 주장할 수 있다.

[3] 공유물분할에 있어서 분할 후의 각 토지에 대하여 이해관계가 일치하는 복수의 공유자가 각각 일단이 되어 여전히 공유자로 남으면서 경제적 가치의 과부족을 조정하기 위하여 공유관계가 유지되는 어느 일방이 공유관계가 유지되는 상대방측에게 초과취득 부분의 대가를 금전으로 지급하는 경우에는 그 관계는 성질상 불가분채권·채무의 관계에 있다고 봄이 상당하다.

【참조조문】

[1] 민법 제269조 [2] 민법 제269조 [3] 민법 제269조, 제409조, 제411조

【참조판례】

[1] 대법원 1990. 8. 28. 선고 90다카7620 판결(공1990, 2015)
대법원 1991. 11. 12. 선고 91다27228 판결(공1992, 102)

【전 문】

【원고, 피항소인】 서일모 외 7인 (소송대리인 동일종합법무법인 담당변호사 서철모 외 4인)

【피고, 항 소 인】 김병연 외 57인 (소송대리인 변호사 김충진)

【원심판결】 서울민사지법 1995. 2. 10. 선고 94가합17692 판결

【주 문】

1. 제1심판결을 다음과 같이 변경한다.
2. 별지 제2 부동산목록 기재 각 토지에 관하여, 그 중 제5, 6항 기재 토지는 별지 제4 분할 후 공유지분 내역표 제1항 기재 각 지분비율에 의하여 원고들의 공유로, 같은 부동산목록 제1, 2, 3, 4항 기재 토지는 별지 제4 분할 후 공유지분 내역표 제2항 기재 각 지분비율에 의하여 피고들의 공유로 각 분할한다.

3. 원고들은 각자 피고들에게 금 186,943,664원 및 이에 대하여 이 사건 판결확정일 다음날부터 완제일까지 연 5푼의 비율에 의한 금원을 지급하라.
4. 소송비용은 제1, 2심을 합하여 이를 5분한 후 그 1은 원고들의, 나머지는 피고들의 각 부담으로 한다.

【청구취지】

별지 제2 부동산목록 기재 각 토지를, 그 중 같은 목록 제5, 6항 기재 토지는 원고들의 공유로, 같은 목록 제1 내지 4항 기재 토지는 피고들의 공유로 각 분할한다.

【항소취지】

제1심판결을 취소하고, 원고들의 청구를 기각한다.

【이　유】

1. 기초사실

다음의 사실은 당사자 사이에 다툼이 없거나, 갑 제1호증의 1 내지 6, 갑 제2 내지 6호증, 갑 제9호증의 1 내지 45, 을 제1호증의 1, 2, 을 제2, 3, 4호증, 을 제7호증의 1 내지 55, 을 제8호증의 7 내지 55, 을 제9호증의 1 내지 40, 을 제14호증의 1 내지 27의 각 기재와 변론의 전취지를 종합하여 인정할 수 있고 반증 없다.

가. 환지 전의 안양시 관양동 278의 1 전 6,645㎡(이하 이 사건 '환지 전 구토지'라 한다)는 원고 김충기를 제외한 나머지 원고들과 소외 서정용, 김병수 등 9인이 동 지상에 아파트를 건축하기 위하여 구입하여 1978. 8. 25. 위 9인 공동 명의로 등기를 마친 공유토지였다.

나. 위 9인의 이 사건 환지 전 구토지 소유자들은(당초에는 원고 서일모, 박양화, 서천모, 최수작, 서돈모와 소외 서정용 6인 명의로 건축허가를 받았으나 1979. 4. 3.자로 나머지 토지 공유자들도 건축주로 추가되었다. 이하에서는 위 9인의 건축주를 건축주들이라 한다) 1978. 9. 13. 안양시로부터 이 사건 환지 전 구토지 중 3420.88㎡를 대지면적으로 하고 건축면적을 1200.62㎡, 연건평을 3993.72㎡로 하는 4동의 아파트(합계 48세대)와 1동의 상가 및 관리실 건물을 신축하기 위한 건축허가를 받고 2차의 설계변경을 거쳐 건축면적을 1161.72㎡, 연건평을 3877.1㎡로 변경하고 대지면적은 동일하게 하여 4동의 아파트와 상가건물(이하 이 사건 아파트라 한다)을 건축한 뒤 1979. 11. 28. 준공검사를 마쳤다.

다. 위 건축주들은 1979. 4. 29.부터 1981. 3. 17.까지 사이에 이 사건 아파트 및 상가를 모두 분양하고 1982. 4. 21.까지 사이에 이 사건 아파트의 대지로서 이 사건 환지 전 구토지에 관하여 별지 3 내역표의 세대별 해당 지분표시 기재와 같이 최초 수분양자들에게 각 공유지분 이전등기를 하여 주어(피고들 중 일부만이 최초 수분양자이고 나머지는 모두 최초 수분양자들로부터 전전매수하고 지분소유권 이전등기를 경료한 자들이다) 결국 이 사건 환지 전 구토지에 관하여 수분양자들에게 합계 6,645분의 3974.164 공유지분을 이전하여 주었고, 위 건축주들 명의로는 별지 3 내역표의 지분표시(단 원고 김충기로 표시된 지분은 건축주 중 1인인 소외 서정용 명의로 남아 있다가 1986. 2. 24. 소외 최기철의 명의로 이전된 후 1987. 10. 21. 원고 김충기 명의로 이전되었다)

기재와 같이 합계 6,645분의 2670.836 공유지분이 남게 되었다.
라. 당초 이 사건 환지 전 구토지에 대하여는 도시계획법에 의한 도시계획의 일환으로 이 사건 아파트의 남북으로 폭 8m의 도로시설이 예정되어 있어 이 사건 환지 전 구토지 중 위 도시계획도로 사이에 이 사건 아파트가 위치하도록 설계를 하여 건축허가를 받았다.
마. 그런데 소외 안양시는 1978. 4. 13.경 위 환지 전 구토지 일대에 대하여 토지구획정리사업을 위한 도시계획시설결정을 하고 1978. 6. 2. 경기도에 안양토지구획정리사업 제7, 8지구 지정신청을 하여 1978. 9. 26. 건설부장관 명의로 이 사건 토지를 포함한 일대의 토지에 관하여 안양 제7지구 토지구획정리사업지구로 결정고시가 된 후 1978. 12. 20.자로 안양시로부터 각 관할 동장 등 앞으로 구획정리사업 예정지구 내의 건축행위 등을 제한하는 지시가 시행되고, 1979. 1. 3. 건설부로부터 안양시를 사업시행자로 하는 안양시 제7, 8지구 토지구획정리사업 시행명령이 있자, 안양시에서는 사업시행자로서 토지구획정리사업 계획을 수립하고 사전공람을 거쳐 1979. 9. 14. 사업시행인가 신청을 하여 1979. 11. 29.자로 토지구획정리사업 시행인가가 되었고, 이에 안양시에서는 1980. 2. 5.경 환지계획을 수립하여 사전 공람을 거쳐 1980. 3. 18. 환지예정지지정인가 신청을 하여 1980. 4. 22.자로 환지예정지 지정인가가 되자 1980. 4. 29. 이를 공고하고 수차례의 환지계획변경 등을 거쳐 1989. 10. 23.자로 환지처분을 한 후 그 무렵 위 환지처분을 공고함으로써 사업시행이 종료되었다.
바. 위 토지구획정리사업 과정에서 이 사건 환지 전 구토지에 대하여는 이 사건 아파트의 내부를 열십자(+) 모양으로 관통하는 폭 8m의 도로시설이 설치되는 것으로 토지구획정리사업 계획이 수립되면서 이 사건 아파트 4동을 중심으로 위 도로에 접하여 동서남북의 네방향으로 30브럭 1롯트 833.8㎡, 31브럭 1롯트 1086.5㎡, 34브럭 2롯트 325㎡, 35브럭 3롯트 1652.7㎡ 등 합계 3898.1㎡의 환지예정지가 지정되었는데, 1983. 5. 21.경 건축주들과 이 사건 아파트 수분양자들의 합의로 환지예정지 분할신청을 하여 31브럭 1롯트는 31브럭 1-1롯트 533.50㎡와 31브럭 1-2롯트 553.1㎡로, 35브럭 3롯트는 35브럭 3-1롯트 649.2㎡와 35브럭 3-2롯트 1003.5㎡로 분할되면서 이 사건 환지 전 구토지는 35브럭 3-2롯트에 해당하는 관양동 278의 10 전 1,635㎡, 31브럭 1-2롯트에 해당하는 관양동 278의 11 전 1,036㎡, 나머지 환지예정지에 해당하는 관양동 278의 1 전 3,974㎡로 분할되었다.
사. 그 후 위 환지 전 구토지에 대하여 환지처분이 확정되면서 35브럭 3-1롯트는 별지 제2목록 1.항기재 토지로, 34브럭 2롯트는 별지 제2목록 2.항기재 토지로, 31브럭 1-1롯트는 별지 제2목록 3.항기재 토지로, 30브럭 1롯트는 별지 제2목록 4.항기재 토지로, 35브럭 3-2롯트는 별지 제2목록 5.항기재 토지로, 31브럭 1-2롯트는 별지 제2목록 6.항기재 토지로(환지확정된 면적의 합계는 3887.4㎡임, 이하 위 환지 후의 각 토지를 이 사건 토지라 한다) 각 환지확정되었다.
아. 이 사건 아파트의 분양과 그에 따른 이 사건 환지 전 구토지에 대한 위 지분이전등기가 있은 후 그에 기초하여 이 사건 아파트의 소유자들 및 건축주 중 각 일부가 변경되어 이 사건 각 토지에 관하여는 별지 3 분할전 공유지분 내역표 기재와 같이 원고들 및 피고들 명의의 각 공유지분등기가 경료되었다.

자. 원고 김충기를 제외한 나머지 원고들과 소외 서정용은 이 사건 환지예정지에 대하여 1983. 8.경 수원지방법원 83가합1293호로 그 당시의 이 사건 아파트 소유자들을 상대로 하여 공유물분할 청구 소송을 제기하였고, 위 소송의 피고들은 그에 대한 반소로서 같은 법원 84가합231호로 위 건축주들은 환지예정지 권리면적이 건축허가 상의 대지면적인 3420.88㎡이 될 수 있는 분량의 환지 전 구토지의 해당 지분(환지예정지 면적인 3898.1㎡를 기준으로 역산하면 환지 전 구토지의 6645분의 5831.494 지분이 된다)을 수분양자들에게 매도하였음에도 그에 대한 지분이전등기 과정에서 이 사건 환지 전 구토지의 6645분의 3974.164 지분만을 이전등기하였으므로 그 부족 지분에 대하여 수분양자들에게 각 매매를 원인으로 한 소유권이전등기를 경료할 의무가 있다고 주장하며 이 사건 환지 전 구토지에 대한 지분소유권 이전등기 청구 소송을 제기하였으나, 1984. 6. 26. 위 본소에 대하여는 환지확정 전의 환지예정지 상태에서는 환지예정지에 대한 공유물분할은 물론 종전 토지에 대한 공유물분할도 청구할 수 없다는 이유로, 위 반소에 대하여는 위 소송의 피고들의 주장을 인정할 증거가 없다는 이유로 본소, 반소 모두를 기각하는 판결이 선고되었고, 위 판결은 항소제기 기간의 경과로 그대로 확정되었다.

차. 그 후 위와 같이 환지처분이 확정되자 원고들은 1990. 10.경 다시 그 당시의 지분소유권자들을 상대로 수원지방법원 90가합4641호로 이 사건 각 토지에 대한 공유물분할 청구 소송을 제기하여 1992. 1. 30. 별지 2 부동산목록 제5, 6항 기재 토지를 원고들만의 공유로, 별지 2 부동산목록 제1 내지 4항 기재 토지에 대하여는 수분양자들만의 공유로 하는 현물분할을 명하는 원고들 승소판결이 선고되었으나, 위 사건의 항소심인 서울고등법원 92나20639 계속중인 1993. 12. 9. 원고들이 착오로 위 사건의 1심 피고들 중 이준영, 김상전, 박노기, 양형승, 남재우에 대하여 그 당시의 소유권자로 등재되어 있지 않다며 소를 취하하자 1994. 2. 18. 위 취하된 피고들도 공유자로서 인정되고 그 외에도 소송당사자로 하지 아니한 다른 공유자들이 있음에도 이들을 당사자로 하지 아니하고 공유물분할 청구 소송을 제기한 것이어서 부적법하다는 이유로 위 사건의 제1심판결을 취소하고 원고들의 소를 각하한다는 판결이 선고되었고, 위 판결도 그대로 확정되었다.

2. 공유물분할청구권의 존부에 관한 판단
　가. 피고들의 당사자 적격
　　　갑 제1호증의 1 내지 6의 각 기재에 의하면, 별지 2 부동산목록 제5, 6항 기재 각 부동산 중 6645분의 72 지분에 관하여는 소외 망 이형길 명의의 공유지분등기가 경료되어 있고, 피고 김윤숙은 1991. 8. 20. 별지 2 부동산목록 제1 내지 4항 기재 각 부동산 중 자신의 6645분의 72 지분을 소외 안석동에게 매도하고 같은 해 9. 30. 위 지분에 관하여 위 안석동 명의의 지분전부이전등기를 경료하여 주었고, 피고 이연희는 1992. 4. 15. 같은 부동산 중 자신의 6645분의 72 지분을 소외 최죽자에게 매도하고 같은 해 5. 19. 위 지분에 관하여 위 최죽자 명의의 지분전부이전등기를 경료하여 주었으며, 피고 유경호는 1993. 6. 25. 같은 부동산 중 자신의 6645분의 65 지분을 소외 문재옥에게 매도하고 같은 해 7. 27. 위 지분에 관하여 위 문재옥 명의의 지분전부이전등기를 경료하여 준 사실 및 피고 김종구는 1986. 6. 10. 같은 부동산 중 자신의

6645분의 72 지분에 관하여 소외 주식회사 영동상호신용금고와 사이에 근저당권설정계약을 체결하고 같은 날 위 지분에 관하여 채권최고액 금 29,000,000원, 채무자 피고 김종구, 연대채무자 주식회사 세웅어패럴, 근저당권자 소외 주식회사 영동상호신용금고 명의의 근저당권설정등기를 경료하여 주었는데 1993. 2. 4. 위 소외 주식회사 영동상호신용금고의 임의경매신청에 의하여 위 지분에 관하여 임의경매 절차가 개시되고 위 절차에서 같은 해 6. 10. 소외 윤석우에게 위 지분이 경락되어 같은 해 7. 16. 위 지분에 관하여 위 윤석우 명의의 지분전부이전등기가 경료된 사실이 인정되어, 원고들의 이 사건 공유물분할 청구는 일부 공유자를 당사자에서 누락시키거나 공유자 아닌 자를 피고로 한 것 같은 외관을 보인다.

그러나 갑 제1호증의 1 내지 6, 갑 제2, 3호증의 각 기재와 변론의 전취지에 의하면, 소외 망 이형길은 1991. 6. 16. 사망하고 피고 윤점순이 위 망인의 재산을 협의분할에 의하여 단독으로 상속한 사실이 인정되므로 피고 윤점순이 그 소유권자라 할 것이고, 피고 김윤숙, 이연희, 유경호에 대하여는 원고들이 위 각 매도처분 이전인 1990. 9. 28. 수원지방법원으로부터 공유물분할청구권을 피보전권리로 하여 위 피고들을 피신청인으로 한 처분금지가처분결정을 받았고, 피고 김종구에 대하여는 피고 김종구의 위 근저당권설정행위 이전인 1983. 8. 11. 수원지방법원으로부터 위 피고를 피신청인으로 한 같은 처분금지가처분결정을 받은 사실을 인정할 수 있는바, 그렇다면 위 각 가처분의 채권자들인 원고들에 대한 관계에서는 피고 김윤숙, 이연희, 유경호, 김종구 등으로부터 그 각 지분을 매수하였거나 경락받은 소외 안석동, 최죽자, 문재옥, 윤석우 등은 위 피고들의 위와 같은 각 지분매도, 근저당권설정 및 이에 기한 경락의 효력을 주장할 수 없다 할 것이므로, 이 사건에서는 위 각 소외인들 명의의 각 지분전부이전등기의 경료에도 불구하고 위 피고들을 상대방으로 한 이 사건 공유물분할 청구는 적법하다 할 것이다.

나. 공유물 분할 청구권의 발생

위 인정 사실에 의하면, 이 사건 각 토지는 원고들과 피고들이 별지 3 분할전 공유지분 내역표 기재의 각 지분비율로 공유하고 있는 것으로 추정된다 할 것이고, 이 사건 각 토지의 공유물분할에 관하여 협의가 성립되지 아니하고 있음은 변론의 전취지에 의하여 명백하므로 원고들은 위 공유지분권에 기하여 피고들을 상대로 재판상의 공유물분할청구권을 가진다 할 것이다.

다. 피고들의 항변에 관한 판단

(1) 재소금지 등을 이유로 한 주장

피고들은, 원고들이 피고들 중 이준영, 김상전, 박노기, 양형승, 남재우에 대하여 수원지방법원 90가합4641 및 서울고등법원 92나20639로 이 사건과 동일한 소송을 제기하였다가 제1심의 종국판결이 있은 후에 위 피고들에 대한 소를 취하한 바 있으므로 위 피고들에 대하여는 다시 동일한 소를 제기할 수 없음에도 위 피고들을 상대로 다시 동일한 내용의 이 사건 소를 제기한 것이므로 위 피고들 5명에 대한 이 사건 소는 부적법하여 각하되어야 하고, 위 피고들 5명에 대한 소가 부적법하여 유지될 수 없는 것인 만큼 결국 나머지 피고들에 대한 이 사건 소도 공유자 전원을 상대로 제기하지 아니한 것이 되어 부적법하다고 주장한다.

그러나 재소금지는 본안에 대한 종국판결이 있은 후에 소를 취하하여 종국판결의 효력을 발생시키지 않은 채 소송을 종료시킨 경우에 법원의 종국판결을 농락하는 것에 대한 제재를 가함과 동시에 남소를 방지하고자 하는 공익적 요청에 그 취지가 있는 것이므로, 앞서 본 바와 같이 제1심에서의 종국판결이 있었으나 원고들의 착오로 일부 피고들에 대한 소를 취하하여 항소심에서 본안의 제1심판결을 취소하고 소를 각하한다는 판결이 선고된 경우에는 결국 본안의 제1심판결이 없던 것으로 된다 할 것이고, 그렇지 않다 하더라도 원고들은 위 제1심판결을 무력화시키기 위하여 소를 취하한 것이 아니고 또 이 사건 소를 다시 제기하여야 할 권리보호의 이익과 필요성이 있다고 인정되어 이 사건 소가 남소에 해당한다고 할 수는 없으므로 피고들의 위 주장은 이유 없다.

(2) 원고들의 지분 등기가 무효라는 주장

피고들은, 이 사건 아파트의 건축주들은 1979. 1. 3. 소외 안양시가 경기도로부터 이 사건 환지 전 구토지 일대에 대한 안양 제7지구 토지구획정리사업의 시행명령을 받게 되자 이 사건 아파트 부지가 감평될 것을 예상하고 환지 후에도 위 아파트 대지의 건축허가 상의 면적을 확보하기 위하여 이 사건 환지 전 구토지의 공유자 중 최초에 건축주에 포함되어 있지 아니하던 원고 박기철, 전길술과 소외 김병수 등을 건축주로 추가하였고, 또 위 아파트의 건축허가신청 당시의 도시계획에 의하면 이 사건 아파트 부지의 남북외곽으로 각 8m 도로가 나도록 계획되어 있어 그 사이에 이 사건 아파트의 부지 3420.88㎡가 위치하도록 설계를 하고 건축허가를 받았는데 1979. 8. 25.부터 같은 해 9. 10.까지 위 토지구획정리사업 시행에 관한 계획결정 및 사업시행신청에 따른 사전공람시에 이 사건 아파트 부지의 외곽을 지나도록 계획되어 있던 위 도로가 이 사건 아파트의 4개동 가운데를 열십자 형태로 지나도록 변경되자 건축주들은 이 사건 환지 전 구토지 6,645㎡ 전체를 이 사건 아파트 대지로 하여야 위 아파트 건축허가 면적인 3420.88㎡를 확보할 수 있게 되었으며, 이에 앞서 건축주들이 1978. 7.경 이 사건 환지 전 구토지 전체 약 2,000평을 전소유자로부터 매수하였다가 그 중 1,200평만 건축허가가 나고 나머지는 건축허가가 나지 아니하자 위 토지 중 앞서 본 건축허가를 받은 부분을 제외한 나머지 부분에 대한 매매계약을 해약하였으나 1979. 8.경 위 토지구획정리사업으로 위 해약한 토지 부분이 아파트 대지로 다시 필요하게 되었다면서 전소유자에게 다시 매도할 것을 요청하여 토지 대금으로 이 사건 아파트 다동 중 5세대를 대물변제하기로 하고 위 토지소유자인 소외 백승원으로부터 위 해약하였던 토지 부분을 다시 매수하였으며, 건축법상 건폐율 등의 규정과 토지구획정리사업법 제2조 제2항, 제62조 제2항 등의 규정 등에 비추어 이미 적법하게 건축허가를 받아 준공된 아파트의 대지가 토지구획정리사업에 의하여 감보될 수는 없으므로 이 사건 아파트의 건축허가 및 준공당시의 대지면적인 3420.88㎡는 환지예정지의 권리면적으로 보아야 할 뿐 아니라 또 환지경위를 보더라도 이 사건 각 토지는 전부가 이 사건 아파트의 부지로서만 환지된 것이고, 아울러 위 건축주들은 이 사건 아파트를 분양할 때에 최초의 수분양자들에게 분양계약서를 작성하여 주면서 계약서에 기재된 각 평형에 따른 대지면적 20평, 25평, 30평은 이 사건 토지에 관하여 실시중인 토지구획정리사업에 의한 환지처분에 의하여 감보되고 남는 실제평수(환지예정지 또는 환지평수)라고 하였던바 있는데, 정작 그 이전등기시에는 수분양자들에게 이 사건 환지 전 구토지를 기준으로 지분이전등기를 할 수밖에 없는 점을 이용하여 매도한 지분의 일부인 총 6645분의 3974.164 지분에 관하여서만 이전등기를 경료하고 등기부상 건축주들의 지분을 남겨두었던 것인바, 이상과 같은 제반 사정들을 종합하여 볼 때 이 사건 아파트의 최초 분양계약시 건축주들은 이 사건 환지 전 구토지의 소유권 전부(즉 이 사건 환지 전 구토지에 대한 환지 후 토지 전부)를 수분양자들에게 매도한 것이며, 그렇지 않다 하더라도 최소한 위 토지구획정리사업에 의한 환지처분에 의하여 감보되고 남을 실제 면적을 기준으로 건축허가 상의 대지평수인 3420.88㎡를 위 아파트의 최초 수분양자들에게 매도한 것이라 할 것이므로, 이 사건 토지에 대하여 원고들 명의로 남아 있는 지분의 등기는 건축주들이 최초 분양계약시 이미 매도한 토지 부분에 관한 것으로서 건축주들과 수분양자들이 등기시에 착오로 누락시킨 것일 뿐 그 실체가 남아 있지 않는 공허한 지분을 표시한 것이므로 정정되어야 하거나 실체상 권리가 없는 것이어서 말소되어야 할 무효의 등기이므로 원고들의 지분이 유효함을 전제로 한 원고들의 이 사건 공유물분할 청구는 형평의 원칙이나 신의성실의 원칙에 비추어 부당하다고 주장한다.

원고들은 이에 대하여 피고들의 위 주장은 사실과 다른 것일 뿐 아니라 위 수원지방법원 84가합231 판결에서의 주장과 같은 것으로서 위 판결의 기판력에 비추어도 받아들여질 수 없는 것이라고 다툰다.

그러므로 먼저 피고들의 위 주장이 위 수원지방법원 84가합231 판결의 기판력에 저촉되는 것인지에 대하여 보건대, 앞서 본 바에 의하면 수원지방법원 84가합231(83가합1293 사건의 반소) 소유권이전등기 청구소송에서 위 사건의 당사자인 그 당시의 이 사건 아파트 수분양자들은 건축주들이 이 사건 환지 전 구토지에 대한 환지예정지 권리면적이 건축허가 상의 대지면적인 3420.88㎡이 될 수 있는 분량의 환지 전 구토지의 해당 지분을 수분양자들에게 매도하였음에도 그에 대한 지분이전등기 과정에서 환지 전 구토지의 6645분의 3974.164 지분만을 이전등기하였으므로 그 부족 지분에 대하여 수분양자들에게 각 매매를 원인으로 한 소유권이전등기를 경료할 의무가 있다고 주장하며 소유권이전등기를 구하였다가 증거 부족으로 패소 확정된 사실 및 이 사건의 피고들은 위 종전 사건의 피고들이거나 그 사건의 피고들로부터 소송물인 권리의무를 승계한 자들인 사실은 인정할 수 있다. 그런데 소유권이전등기소송의 기판력은 그 소송에서 주장한 청구원인에 따른 소유권이전등기청구권에만 미치는 것인바, 피고들의 이 사건에서의 주장은 피고들이 건축주들에 대하여 매매를 원인으로 한 소유권이전등기청구권이 있음을 이유로 원고들의 이 사건 청구가 부당하다는 것이 아니라 이 사건 토지에 대한 원고들의 등기부상 지분이 등기상의 착오로 그 실체가 남아 있지 않는 공허한 지분을 표시한 것이므로 정정되어야 하거나 실체상 권리가 없는 것이어서 말소되어야 할 무효의 등기라는 이유를 내세우고 있으므로 위 전소송의 기판력에 저촉되지 않는다 할 것이다.

나아가 피고들의 위 주장에 대하여 살피건대, 건축주들이 이 사건 아파트의 건축허가 후 건축주 3인을 추가한 사실과, 이 사건 아파트 건축허가 당시 이 사건 아파트 부지의 외곽에 나기로 계획되어 있던 도로가 피고들 주장과 같은 경위로 이 사건 아파트 부지의 중앙에 열십자 형태로 나기로 계획이 변경된 사실은 앞서 본 바와 같이 인정되고, 을 제10호증의 기재에 의하면 건축주들이 이 사건 환지 전 구토지의 일부에 관한 매매계약을 해약하였다가 이를 다시 매수한 사실은 이를 인정할 수 있으나, 나아가 건축주들이 최초의 수분양자들에게 이 사건 아파트를 분양함에 있어 분양계약서에 표시한 위 대지면적이 환지 전 종전토지의 면적이 아닌 환지예정지 또는 환지면적으로서 위 수분양자들에게 매도한 토지 지분의 합계가 환지 전 구토지 전부였다거나 최소한 환지 후의 면적을 기준으로 이 사건 아파트 대지면적 3420.88㎡가 확보될 수 있는 분량의 환지 전 구토지의 해당 지분이었음에도 건축주들이 아파트 대지에 관한 이전등기시에 수분양자들에게 이 사건 환지 전 구토지를 기준으로 지분이전등기를 할 수밖에 없는 점을 이용하여 매도한 지분의 일부인 총 6645분의 3974.164 지분에 관하여서만 이전등기를 경료하고 등기부상 건축주들의 지분을 남겨 두었던 것이고 또 이 사건 각 토지 전부가 아파트 부지만에 대한 환지라는 위 주장 사실에 관하여는 이에 부합하는 듯한 을 제8호증의 56, 58, 을 제15호증의 1 내지 24, 을 제21호증의 1, 2, 3의 각 기재는 이를 선뜻 믿기 어렵고, 을 제7호증의 49, 52, 을 제8호증의 7 내지 55(갑 제9호증의 1 내지 45와 같다), 을 제21호증의 4, 5, 을 제22호증의 1 내지 5의 각 기재나 당심증인 최화영의 증언만으로는 이를 인정하기에 부족하고 달리 이를 인정할 증거가 없으며, 오히려 앞서 본 바에 의하면 이 사건 아파트에 대한 건축허가(1978. 9. 13.자)는 이 사건 토지를 포함한 일대의 토지에 관한 토지구획정리사업지구 결정고시(1978. 9. 26.자)가 있기 전에 이루어졌고 토지구획정리사업 시행인가(1979. 11. 29.자)가 있기 전에 그 준공검사(1979. 11. 28.자)까지 마쳤으며, 갑 제9호증의 1 내지 45의 각 기재에 의하면 이 사건 아파트의 최초의 수분양자 대부분이(총 45명 중 42명) 위 환지예정지 지정공고(1980. 4. 29.자) 이전에 위 건축주들로부터 이 사건 아파트를 분양받은 사실을 인정할 수 있는바, 이에 의하면 위 최초 수분양자들은 이 사건 아파트의 건축과정과 일부 병행진행된 위 토지구획정리사업과는 무관하게 이 사건 환지 전 구토지의 지분을 일정 평수로 표시하여 매수한 것이라 할 것이고, 위 건축주들이 이 사건 아파트의 건축과정과 일부 병행진행된 위 토지구획정리사업의 시행으로 이 사건 환지 전 구토지가 감보환지될 것을 예상하고 있었다 하더라도 그것만으로는 피고들의 위 주장 사실을 추인하기에 부족하다.

(3) 원고들의 지분등기는 명의신탁에 의하여 경료된 것이라는 주장

피고들은, 설령 이 사건 각 토지에 관한 원고들의 지분등기가 유효한 것이라 하더라도 앞서 주장한 제반 사정을 종합하여 볼 때 최소한 이 사건 각 토지 중 건축허가상의 대지 평수인 3420.88㎡ 부분에 대한 만큼은 피고들로부터 원고들에게 명의신탁되어진 것에 불과하고 이에 피고들은 1994. 10. 20.자 준비서면의 진술로 위 부분에 대한 명의신탁을 해지하는 바이므로 원고들의 이 사건 공유물분할 청구는 부당하다고 주장한다.

그러나, 피고들의 앞서 본 주장과 같은 사유만으로 원고들의 지분 중 건축허가 상의 대지 평수인 3420.88㎡에 관한 지분이 당초 피고들에게 속한 것인데 피고들로부터 원고들에게 명의신탁되어진 것이라고 볼 수는 없는 것이고 달리 이를 인정할 아무런 증거가 없으므로 피고들의 위 주장 역시 이유 없다.

(4) 집합건물 대지의 공유물분할 청구 금지를 이유로 한 주장

피고들은, 원고들이 이 사건 각 토지의 적법한 공유지분권자라 하더라도 이 사건 각 토지는 집합건물인 이 사건 아파트의 대지이므로 집합건물의소유및관리에관한법률 제8조에 의하여 공유물분할 청구가 불가능하다고 주장한다.

살피건대, 위 법 제8조에 의하면 "대지 위에 구분소유권의 목적인 건물이 속하는 1동의 건물이 있을 때에는 그 대지의 공유자는 그 건물의 사용에 필요한 범위 내의 대지에 대하여는 분할을 청구하지 못한다."라고 규정되어 있는바, 위 규정 자체에 의하더라도 구분건물의 소유자와 그 밖의 자의 공유인 토지에 대하여는 집합건물의 사용에 필요한 범위 내의 대지 부분에 한하여 분할을 할 수 없을 뿐 그 외의 토지에 대하여는 분할을 할 수 있다고 할 것이다.

그러므로 이 사건 각 토지가 집합건물인 이 사건 아파트의 사용에 필요한 범위 내의 토지에 속하는가에 대하여 살피건대, 갑 제5호증, 갑 제8호증의 3, 5, 을 제14호증의 13 내지 17의 각 기재와 변론의 전취지에 의하면, 이 사건 각 토지 중 별지 2목록 1. 내지 4.항 기재 토지는 이 사건 아파트의 부지로 사용되고 있으나, 별지 2목록 5항, 6항 기재 토지는 이 사건 아파트가 준공된 이래 나대지 상태로 방치되어 온 사실, 원고들과 이 사건 아파트 수분양자들 사이에 공유지분권에 대한 분쟁이 생기면서 1983. 5.경에는 건축주들과 이 사건 아파트 소유자들 사이에 별지 2목록 5항, 6항 기재의 토지에 해당하는 환지예정지 상의 권리면적에 대하여 건축주들이 금 27,000,000원을 아파트 소유자 집단에게 지급하면 아파트 소유자들이 그에 대한 소유권을 주장하지 아니하기로 1차 합의가 되어 환지예정지 분할신청을 하여 별지 2목록 5항, 6항 기재 토지에 해당하는 환지예정지가 분할되기까지 하였으나, 그 후 일부 아파트 소유자들의 반대로 위 1차 합의가 무효화 된 사실, 이후 이 사건 아파트 소유자들은 별지 2목록 5항, 6항 기재 토지를 소외 성명불상자에게 임대하였다가 이 사건 소송 도중인 일자불상경 이를 반환받아 그 지상에 주차장과 어린이놀이터 등을 설치하고 있는 사실을 인정할 수 있고 반증이 없는바, 위 인정 사실에 비추어 보면 이 사건 각 토지 중 별지 2목록 1. 내지 4.항 기재 토지는 이 사건 아파트의 사용에 필요한 대지이므로 그 부분에 대하여는 공유물분할을 할 수 없다 할 것이나, 별지 2목록 5항, 6항 기재 토지는 이 사건 아파트의 사용에 필요한 대지라고는 할 수 없다고 봄이 상당하고, 원래 분할의 대상이 되는 공유물이 다수의 부동산인 경우라도 위 부동산들을 일괄하여 분할의 대상으로 하고, 분할 후의 각각의 부분을 각 공유자의 단독소유로 하는 것도 현물분할의 한 방법으로 허용된다고 봄이 상당하며, 집합건물의 대지인 토지 부분과 그 밖의 토지가 인접하여 있고 그 토지 전부가 구분건물의 소유자와 그 밖의 자의 공유로 있는 경우에는 집합건물의 대지인 토지 부분과 그 밖의 토지부분으로 분할할 수 있다고 할 것이므로 피고들의 주장은 이유 없다.

3. 공유물분할의 기준

공유물분할의 소에 있어서 공유물분할청구권이 인정되는 경우에는 공유관계나 그 객체인 물건의 형상이나 위치, 이용상황이나 경제적 가치 등 제반 사정을 종합한 합리적인 방법으로 지분에 따른 가액(교환가치)의 비율에 의하여 분할을 명하여야 하는 것이므로, 공유물분할의 기준은 결국 공유자의 지분비율에 의하여야 할 것이다.

나아가 이 사건에 있어서의 지분비율에 대하여 보건대, 위에서 인정한 사실에 의하면 이 사건 각 토지에 대한 원고들의 지분 합계는 6645분의 2670.836이고, 피고들의 지분 합계는 6645분의 3974.164 라고 할 것이나, 원고들은 이 사건 공유물분할 청구의 지분비율로 이 사건 각 토지에 대한 각 6645분의 2267.869 지분권만을 주장하면서 그 나머지는 공유지분권을 포기하여 이를 피고들의 지분권으로 인정할 의사를 명백히 하고 있는바(1994. 5. 14.자 청구원인 일부정정 및 보완신청서 참조), 공유자간에 있어서의 공유지분권의 포기는 공유의 탄력성으로 인하여 지분이전등기 없이도 상대방에 대하여 주장할 수 있는 것이므로 결국 이 사건에 있어서 공유물분할의 기준이 되는 지분비율은 '원고들 지분합계 : 피고들 지분합계 = 2267.869/6645 : 4377.131/6645'이 된다 할 것이다.

4. 공유물의 분할방법

　가. 이 사건 토지의 위치, 이용상황, 가격

　　다음의 사실은 당사자 사이에 다툼이 없거나 갑 제5호증, 갑 제8호증의 2, 3, 4, 5, 을 제8호증의 64, 65의 각 기재와 변론의 전취지를 종합하여 인정할 수 있고 반증이 없다.

　　(1) 이 사건 각 토지 중 별지 제2 부동산목록 제1, 2, 3, 4항 기재 토지는 이 사건 아파트 4개동의 각 부지로 사용되고 있고, 같은 목록 제5, 6항 기재 토지는 나대지 상태에서 피고들측이 성명불상자에게 임대하는 등 직접 사용하고 있지 않다가 이 사건 소송도중인 일자불상경 이를 회수하여 아파트의 주차장 및 어린이놀이터 등의 시설을 하고 있는 중이다.

　　(2) 같은 목록 제1, 2, 3, 4항 기재 토지는 각 아파트 단지를 열십자로 관통하는 노폭 8m 도로와 접하여 있고, 같은 목록 제5항 기재 토지는 같은 목록 제1항 기재 토지에 연이어 있으면서 북서쪽으로 노폭 6m의 도로와 접하여 있으며, 같은 목록 제6항 기재 토지는 같은 목록 제3항 기재 토지에 연이어 있으면서 서쪽과 남쪽 두면이 노폭 8m의 도로와 접하여 있고, 이 사건 각 토지들의 주위는 근린상가, 주택, 학교 등으로 형성된 지역으로 이 사건 각 토지들의 시가는 가격차이가 없이 모두 ㎡당 금 862,000원(다툼이 없는 사실)이다.

　나. 판 단

　　살피건대, 현물분할이 가능하고 또 그 필요도 있으며 분할로 인하여 현저히 그 가액이 감손될 염려도 없고 다만 각 공유자가 취득하는 현물의 가격과 지분의 가액에 과부족이 생기지 않도록 하는 합리적인 현물분할 방법이 없고 그렇다고 하여 경매를 명하여 대금분할을 하는 것은 더욱 불합리한 경우와 같은 특별한 사정이 있는 등 일정한 요건이 갖추어진 경우에는 공유자 상호간에 금전으로 경제적 가치의 과부족을 조정하여 분할을 하는 것도 현물분할의 한 형태로서 허용된다 할 것이며, 여러 사람이 공유하는 물건을 현물분할하는 경우에는 분할청구자의 지분한도 안에서 현물분할을 하고 분할을 원하지 않는 나머지 공유자는 공유자로 남는 방법도 허용될 수 있는 것인바(대법원 1990. 8. 28. 선고 90다카7620 판결, 1991. 11. 12. 선고 91다27228 판결 참조), 위 인정 사실에 의하면 이 사건 각 토지는 현물분할이 가능하고 그 필요성도 있다 할 것이나, 위 인정된 지분비율에 따라 현물분할을 하려면 우선 집합건물의소유및관리에관한법률 제8조에 따라 이 사건 아파트 부지인 별지 제2 목록 제1, 2, 3, 4항 기재 토지를 일단으로 하여 피고들의 공유로 하여야 하는데 그렇게 하더라도 피고들의 지분비율에 미치지 아니하므로(이 사건 각 토지에 대하여 피고들의 지분비율에 상응하는 면적은 합계 2560.672㎡가 되나 위 4필지 토지의 합계는 2343.8㎡이어서 216.872㎡가 부족하게 된다) 그 부족분에 대하여 같은 목록 제5항 또는 6항 기재 토지 중에서 이 사건 아파트 부지에 인접한 부분을 피고들의 공유로 현물분할 하는 방법을 택할 수밖에 없게 되나, 한편 이 사건 아파트가 단지 내 열십자 도로를 기준으로 동서남북의 4개 방향으로 분리된 4필지의 지상에 각 위치한 4개동으로 이루어져 있는 관계로 별지 제2 목록 제5항 또는 제6항 기재 토지와 인접한 아파트 부지는 같은 목록 제1항과 제3항 기재 토지밖에 없어 그 어느 방법을 택하더라도 아파트 소유자들인 피고들의 이해관계를 합리적으로 조정할 수가 없게 되고 또 설령 기존 아파트 부지에 인접하여 부족분만큼을 더한다 하더라도 앞서 본 바와 같은 이 사건 아파트의 각 위치, 이용상황, 건물의 상태 등 이 사건 기록에 나타난 제반 사정에 비추어 볼 때 그 효용은 크지 아니하리라고 보여지므로 각 공유자가 취득하는 현물의 가격과 지분의 가액에 과부족이 생기지 않도록 하는 이상적인 현물분할은 어렵다 할 것이다.

따라서 이 사건 각 토지의 분할은 기존의 아파트 부지인 별지 제2 목록 제1, 2, 3, 4항 기재 토지를 아파트 소유자들인 피고들의 공유로 하고, 같은 목록 제5, 6항 기재 토지는 원고들의 소유로 하되, 그로 인하여 원고들이 원고들의 지분비율에 따른 경제적 가치를 넘어서 얻게 되는 초과분에 대하여는 피고들에게 금전으로 그 대가를 지급하여 과부족을 조정하는 방법에 의한 분할을 하는 것이 가장 합리적이라 할 것이다.

다. 가액보상액

위 인정 사실에 의하면, 이 사건 각 토지에 대하여 공유물분할 청구 기준으로서 원고들이 가진 공유지분은 합계 6645분의 2267.869이고, 이 사건 각 토지들의 시가는 모두 동일하므로 이 사건 각 토지의 전체면적(3887.4㎡)을 기준으로 하면 원고들이 본래 가져야 할 현물은 1326.728㎡(3887.4㎡×2267.869/6645)에 해당하는 부분임에도 위 분할 결과 원고들은 별지 제2 목록 제5, 6항 기재 토지의 면적 합계 1543.6㎡(1000.1+543.5)를 현물로 취득하게 되어 216.872㎡(1543.6-1326.728)에 해당하는 공유지분 가액 이상의 현물을 초과 취득하게 되었으므로 원고들은 위 초과 부분의 대가를 피고들에게 지급하여야 할 것인바, 이 사건 각 토지의 시가는 모두 ㎡당 금 862,000원인 사실은 앞서 본 바와 같으므로 원고들이 피고들에게 지급하여야 할 금원은 금 186,943,664원(216.872㎡×862,000원)이 된다.

다만 공유물분할에 있어서 이 사건과 같이 분할 후의 각 토지에 대하여 이해관계가 일치하는 복수의 공유자가 각각 일단이 되어 여전히 공유자로 남으면서 경제적 가치의 과부족을 조정하기 위하여 공유관계가 유지되는 어느 일방이 공유관계가 유지되는 상대방측에게 초과취득 부분의 대가를 금전으로 지급하는 경우에는 그 관계는 성질상 불가분채권·채무의 관계에 있다고 봄이 상당하고, 나아가 공평의 견지에서 이 사건 판결확정일 다음날부터 완제일까지 민법 소정의 연 5푼의 비율에 의한 금원을 지급할 의무가 있다 할 것이다.

5. 결 론

그렇다면, 이 사건 각 토지에 관하여, 그 중 별지 제2 목록 제5, 6항 기재 토지는 별지 제4 분할 후 공유지분 내역표 제1항 기재 각 지분비율에 의하여 원고들의 공유로, 같은 목록 제1, 2, 3, 4항 기재 토지는 별지 제4 분할 후 공유지분 내역표 제2항 기재 각 지분비율에 의하여 피고들의 공유로 각 분할하고, 위 분할에 따른 과부족 정산금으로써 원고들은 각자 피고들에게 금 186,943,664원 및 이에 대하여 이 사건 판결확정일 다음날부터 완제일까지 민법 소정의 연 5푼의 비율에 의한 금원을 지급할 의무가 있다 할 것인데, 제1심판결은 이와 결론을 달리하여 부당하므로 피고들의 항소를 일부 받아들여 제1심판결을 주문과 같이 변경하기로 하고, 소송비용의 부담에 관하여는 민사소송법 제95조, 제96조, 제89조, 제92조, 제93조를 적용하여 주문과 같이 판결한다.

[별지 생략]

판사　이근웅(재판장)　주한일　김상근

[판례 83] 건물명도등·부동산소유권이전등기 (광주지법 1996. 7. 24. 선고 94가단14624, 95가단42992 판결 : 확정)

【판시사항】

[1] 집합건물의소유및관리에관한법률이 단지관계에 있는 수 동의 구분소유자 상호간의 대지사용권에 대한 법률관계에도 적용되는지 여부(적극)
[2] 집합건물의 건축 전 각 전유부분의 면적비율에 대응한 대지 지분을 정하여 이를 대지사용권으로 예정한 경우, 그 비율에 응한 대지 지분을 소유해야만 대지사용권을 취득하는지 여부(적극)
[3] 집합건물의소유및관리에관한법률 제7조 소정의 매수청구권을 행사하기 위해서는 그 대상 전유부분의 철거 집행이 가능해야 하는지 여부(소극)
[4] 전유부분에 대한 대지사용권이 본래부터 없었던 경우, 다른 전유부분의 대지사용권이 아닌 대지 지분을 양수하여도 대지사용권을 취득하는지 여부(적극)

【판결요지】

[1] 집합건물의소유및관리에관한법률은 구분소유관계를 주로 1동의 건물을 기준으로 하여 규정하고 있으나, 각 동의 건물에 관하여 구분소유관계가 성립하고 있는 이상 단지관계에 있는 수 동의 구분소유자 상호간의 대지사용권에 관한 법률관계도 1동의 건물의 구분소유자들간의 관계와 동일하게 해석해야 한다.
[2] 1동의 건물 또는 1필지의 대지 위에 축조되어 단지를 이루는 여러 동의 건물의 구분소유자들이 건물의 대지를 공유하고 있는 경우, 각 구분소유자는 별도의 규약이 존재하는 등의 특별한 사정이 없는 한 그 대지에 관하여 가지는 공유지분의 비율에 관계없이 그 건물의 대지 전부를 용도에 따라 사용할 수 있는 적법한 권원을 가지는 것이어서, 단지를 이루는 여러 동의 구분소유자들 중의 일부가 각 전유부분의 면적비율에 대응한 대지공유지분에 못미치는 지분을 소유하고 있다고 하더라도 그 구분소유자에게 대지사용권이 없다고 할 수는 없으나, 건물을 건축하기 전부터 각 전유부분의 면적비율에 대응한 대지 지분을

정하여 전유부분의 개수만큼의 지분을 만들어 이를 각 전유부분의 대지사용권으로 할 것으로 예정한 경우에는, 각 전유부분의 면적비율에 응한 대지 지분을 소유하여야만 대지사용권을 취득한다고 해석해야 한다.

[3] 집합건물의소유및관리에관한법률 제7조 소정의 매수청구권을 행사할 수 있는 '전유부분 철거를 구할 권리를 가진 자'란 전유부분의 철거청구권을 행사할 수 있는 지위에 있는 자이면 족하고, 그 자에 의하여 실제로 어느 전유부분의 철거집행이 가능한지 여부는 그 자격요건을 가리는 데 참작할 사유가 아니다.

[4] 구분건물의 전유부분을 위한 대지사용권이란 구분소유자가 전유부분을 소유하기 위하여 건물의 대지에 대하여 가지는 권리를 말하고, 일단 대지사용권이 된 대지 지분은 그 전유부분과 일체로서만 처분할 수 있으며, 이에 반하는 대지사용권의 처분은 특별한 사정이 없는 한 무효이어서 대지 지분이 어느 전유부분에 대한 대지사용권이 되기 위하여는 전유부분의 소유자가 이를 대지사용권으로 하여야 하고, 일단 대지 지분이 어느 전유부분에 대한 대지사용권으로 되었을 경우에는 그 전유부분만의 양수인은 그 전유부분의 대지사용권에 속했던 대지 지분을 취득하지 아니하면 대지사용권을 취득하지 못한 것이 되지만, 어느 전유부분에 대하여 본래부터 대지사용권이 없었던 경우에는 다른 전유부분의 대지사용권이 아닌 대지 지분을 양수하여도 대지사용권을 유효하게 취득한다.

【참조조문】

[1] 집합건물의소유및관리에관한법률 제1조 [2] 집합건물의소유및관리에관한법률 제21조 [3] 집합건물의소유및관리에관한법률 제7조 [4] 집합건물의소유및관리에관한법률 제20조

【참조판례】

[1][2] 대법원 1995. 3. 14. 선고 93다60144 판결(공1995상, 1598)

【전 문】

【원고(반소피고)】 김재호 (소송대리인 변호사 이정희)
【피고(반소원고)】 강윤수 외 1인 (소송대리인 변호사 박철환)

【주 문】

1. 원고(반소피고)에게,
    가. 피고(반소원고) 강윤수는,
        (1) 별지 목록 기재 제1부동산을 명도하고,
        (2) 금 4,000,000원 및 이에 대한 1996. 7. 25.부터 완제일까지 연 2할 5푼의 비율에 의한 금원과 1995. 4. 6.부터 별지 목록 기재 제1부동산의 명도완료일까지 월 금 80,000원씩을 지급하라.
    나. 피고(반소원고) 박윤한은, 금 4,094,684원 및 그 중 금 4,000,000원에 대하여 1996. 7. 25.부터 완제일까지 연 2할 5푼의 비율에 의한 금원을 지급하라.
2. 원고(반소피고)는 피고(반소원고) 박윤한으로부터 금 12,000,000원을 지급받음과 상환으로 피고(반소원고) 박윤한에게 별지 목록 기재 제2부동산에 관하여 1995. 5. 12. 매매를 원인으로 한 소유권이전등기절차를 이행하라.

3. 원고(반소피고)의 피고(반소원고) 박윤한에 대한 나머지 본소청구 및 피고(반소원고) 강윤수의 반소청구를 각 기각한다.
4. 소송비용은 본소, 반소를 통하여 원고(반소피고)와 피고(반소원고) 강윤수 사이에서는 같은 피고(반소원고)의, 원고(반소피고)와 피고(반소원고) 박윤한 사이에서는 이를 3등분하여 그 2는 원고(반소피고)의, 나머지는 같은 피고(반소원고)의 각 부담으로 한다.
5. 제1항은 가집행할 수 있다.

【청구취지】

본소 : 원고(반소피고, 이하 원고라고 한다)에게, 피고(반소원고, 이하 피고라고 한다) 강윤수는 별지 목록 기재 제1부동산을, 피고(반소원고, 이하 피고라고 한다) 박윤한은 별지 목록 기재 제2부동산을 각 명도하고, 피고들은 각 금 4,000,000원 및 각 이에 대한 이 사건 판결선고 다음날부터 완제일까지 각 연 2할 5푼의 비율에 의한 금원과 1995. 4. 6.부터 별지 목록 기재 각 부동산을 명도완료할 때까지 각 월 금 80,000원씩의 비율에 의한 금원을 지급하라. 소송비용은 피고들의 부담으로 한다라는 판결 및 가집행선고.

반소 : 원고는 피고 강윤수로부터 금 12,500,000원, 같은 박윤한으로부터 금 12,000,000원을 각 지급받음과 상환으로 피고 강윤수에게 별지 목록 기재 제1부동산에 관하여, 피고 박윤한에게 별지 목록 기재 제2부동산에 관하여 각 1995. 5. 12. 또는 1995. 11. 21. 매매(피고 강윤수는 1994. 8. 26.자 매매를 원인으로 하여서도 선택적으로 구한다)를 원인으로 한 각 소유권이전등기절차를 이행하라. 소송비용은 원고의 부담으로 한다라는 판결.

【이 유】

본소 및 반소청구를 함께 판단한다.

1. 기초사실

가. 다음 사실은 당사자 사이에 다툼이 없거나, 갑 제5호증의 1, 2(각 등기부등본), 갑 제6, 7호증의 각 1, 2(각 채권양도통지서 및 채권양도서)의 각 기재 및 증인 송덕환의 증언에 변론의 전취지를 종합하면 인정되고, 반증이 없다.

별지 목록 기재 각 부동산(이하 이 사건 각 아파트라 한다)에 관하여 각 광주지방법원 광산등기소 1990. 4. 6. 접수 제8117호로 1988. 7. 15.자 경락을 원인으로 한 소외 정종권 명의의 소유권이전등기가 경료되었다가, 같은 목록 기재 제1부동산(이하 이 사건 105호라고 한다)에 관하여는 같은 등기소 1994. 8. 29. 접수 제22606호로 같은 달 26일 매매를 원인으로 한, 같은 목록 기재 제2부동산(이하 이 사건 202호라고 한다)에 관하여는 같은 등기소 위 같은 날 접수 제22607호로 같은 날 매매를 원인으로 한 각 원고 명의의 소유권이전등기가 경료되어 있다.

피고 강윤수는 이 사건 105호를, 피고 박윤한은 이 사건 202호를 각 1990. 4. 6. 이전부터 점유·사용하여 오고 있다.

위 정종권은 이 사건 각 아파트에 관하여 자신 명의의 소유권이전등기가 경료되어 있던 1990. 4. 6.부터 1994. 8. 28.까지의 기간 동안 피고들이 이 사건 각 아파트를 점유·사용함으로써 얻은 임료 상당의 이득을 피고들의 부당이득으로 인정하여 1995. 2. 5.자로 원고에게 양도하고, 같은 달 8일 그 채권양도사실을 피고들에게 각 내용증명우편으로 통지하였으며 그 통지는 그 무렵 피고들에게 도달되었다.
2. 원고의 본소청구 및 피고들의 항변과 반소청구에 관한 판단
　가. 이에 원고는 이 사건 본소청구로서 피고들은 이 사건 각 아파트의 소유자인 원고에게 피고 강윤수는 이 사건 105호를, 같은 박윤한은 이 사건 202호를 각 명도할 의무가 있고, 피고들이 각 해당 아파트를 점유·사용함으로써 그 임료 상당의 이득을 얻고 위 정종권에 대하여는 1990. 4. 6.부터 1994. 8. 28.까지, 원고에 대하여는 1994. 8. 29.부터 각 명도완료일까지 같은 금액 상당의 손해를 입게 하였다고 할 것이며, 원고는 위 정종권의 부당이득반환채권을 양수하였으므로 피고들은 원고에게 위 임료 상당의 이득 전액을 부당이득으로서 반환할 의무가 있다고 주장하고, 이에 대하여 피고들은 원고의 위 본소청구에 관한 항변 및 반소청구원인사실로서, 원고는 이 사건 각 아파트에 대한 집합건물의소유및관리에관한법률(이하 집합건물법이라 한다)상의 대지사용권을 가지지 아니한 구분소유자이어서 피고들은 이 사건 각 아파트의 대지에 관한 공유자로서 같은 법 제7조에 의하여, 피고 강윤수는 이 사건 105호에 대하여, 같은 박윤한은 이 사건 202호에 대하여 원고에게 각 매수청구권을 행사하였으므로 원고의 명도청구 및 위 매수청구권 행사 이후의 부당이득반환청구는 부당하며, 나아가 원고는 피고들로부터 그 시가 상당 금원을 지급받음과 상환으로 피고 강윤수에게 이 사건 105호에 관하여, 같은 박윤한에게 이 사건 202호에 관하여 각 소유권이전등기절차를 이행할 의무가 있다고 주장한다.

　그러므로 함께 살피건대, 위 갑 제5호증의 1, 2와 갑 제2호증의 1, 2(각 판결) 및 갑 제11호증(등기부등본)의 각 기재에 변론의 전취지를 종합하면, 이 사건 각 아파트는 피고들을 포함한 무주택자 96명이 소외 한일주택조합을 구성하여 지역조합으로서 설립인가를 받고 위 조합의 조합장이 주택건설사업계획승인을 받아 광주 광산구 신가동 879의 1 대 4,226.9㎡(이하 이 사건 대지라고 한다) 지상에 3동의 아파트를 건축하였는바, 위 아파트의 각 동은 한 단지를 구성하여 단지 내의 대지(법정대지 및 규약상 대지 포함)와 경비실 등의 부속건물이 건물구분소유자들의 공동소유(다만 일부 구분소유자들은 지분권이 없다)에 속하고 각 동은 4층 건물이며 각 동마다 32세대(합계 96세대)이고 각 세대의 전유 부분 면적은 동일하며 이 사건 105호는 제1동에 속하고 이 사건 202호는 제3동에 속하는 사실, 위 조합은 위 아파트 3동을 건축하여 전유부분인 각 아파트에 관하여는 조합 명의로 소유권보존등기를 마쳤다가 분양받은 조합원들에게 각 소유권이전등기를 경료하여 주었으나, 피고들을 비롯한 일부 조합원들에 대하여는 그들의 분양대금의 일부 미납 등으로 인하여 그들이 분양받은 아파트(피고 강윤수는 이 사건 105호, 같은 박윤한은 이 사건 202호)에 관한 소유권이전등기를 경료하여 주지 아니하고 있던 중에 위 아파트 공사대금채권자인 소외 이식범에 의하여 이 사건 각 아파트 전유부분에 관하여 강제경매가 신청되고 그 경매절차에서 위 정종권이 모두(이 사건 각 아파트를 포함하여 4세대를 경락받았다) 경락받아 그 명의로 소유권이전등기를 경료하였다가 원고에게 매도함으로써 위와 같이 원고 명의의 소유권이전등기가 경료된 사실, 한편 이 사건 대지에 관하여는 위 조합원들이 이를 위 한일아파트의 대지로 하기 위하여 그들의 자금으로 매수하고 위 조합원의 총수를 분모로 하여 각 아파트를 분양받은 조합원들에게 1개의 전유부분에 대하여 96분의 1지분씩 공유등기를 하기로 약

정함에 따라 피고 강윤수는 위 같은 등기소 1986. 10. 31. 접수 제15080호로, 같은 박윤한은 같은 등기소 1986. 9. 27. 접수 제13171호로 각 96분의 1지분에 관한 소유권이전등기를 경료한 사실, 그런데 위 조합은 위 한일아파트의 각 전유부분에 관하여 그 명의의 소유권보존등기를 경료하면서도 이 사건 대지에 관하여는 전유부분과 소유자가 다를 뿐만 아니라 지분소유자 전원의 이해관계 불일치 등으로 인하여 대지권등기를 경료하지 못하여 그 후 전유부분과 대지지분권의 매매가 일체적으로 공시되지 못하였으며 대지지분권이 없는 전유부분 소유자가 26세대 가량에 이른 사실, 위 한일아파트 전유부분들에 관하여는 대지에 관한 소유권 이외의 대지사용권이 성립된 바 없는 사실, 위 정종권은 위와 같이 이 사건 각 아파트를 경락받고 이 사건 대지에 관한 지분을 취득하지 아니한 채 원고에게 그대로 양도한 사실, 그런데 이 사건 소송과정에서 피고들이 이 사건 각 아파트에 관하여 매수청구권을 행사하려는 의사를 내비치자 원고는 1994. 9. 26. 이 사건 105호의 대지사용권으로 할 의사로 소외 오세복의 이 사건 대지에 관한 96분의 1지분을 매수하여 위 같은 등기소 1994. 10. 8. 접수 제25306호로 원고 명의의 소유권이전등기를 경료하고, 1995. 11. 30. 이 사건 202호의 대지사용권으로 할 의사로 소외 송덕환의 지분을 매수하여 같은 등기소 1995. 12. 11. 접수 제44465호로 그 명의의 소유권이전등기를 경료한 사실을 인정할 수 있고 반증이 없으며, 한편 피고들은 원고에게 이 사건 1995. 4. 26.자 준비서면으로 이 사건 105호에 대하여 피고 강윤수가, 이 사건 202호에 대하여 피고 박윤한이 각 매수청구한다는 의사표시를 하고, 그 준비서면이 같은 해 5. 12. 원고에게 송달된 사실은 기록상 명백하다.

집합건물법 제7조는 "대지사용권을 가지지 아니한 구분소유자가 있을 때에는 그 전유부분의 철거를 구할 권리를 가진 자는 그 구분소유자에 대하여 구분소유권을 시가로 매도할 것을 청구할 수 있다."고 규정하고 있고, 같은 법은 구분소유관계를 주로 1동의 건물을 기준으로 하여 규정하고 있으나 각 동의 건물에 관하여 구분소유관계가 성립하고 있는 이상 단지관계에 있는 수동의 구분소유자 상호간의 대지사용권에 관한 법률관계도 1동의 건물의 구분소유자들간의 관계와 동일하게 해석해야 할 것이며, 위 인정 사실에 의하면, 한일아파트의 각 동은 각 세대부분을 구분하여 별개의 부동산으로 소유하는 구분건물로 이루어져 집합건물법상의 구분소유관계가 성립되어 있고, 3동 전체는 1필지의 대지 위에 축조된 여러 동의 건물이 단지관계를 이루고 있다고 할 것이어서, 이 사건 각 아파트는 그 속하는 동은 서로 다르더라도 대지사용권에 관한 한 1동의 구분소유자들간의 관계와 동일하게 다루어져야 할 것인 바, 위와 같은 사실관계 및 법률을 근거로 먼저 피고 박윤한에 대하여 보면, 피고 박윤한은 이 사건 대지 중 96분의 1지분에 관한 소유권을 가진 공유자의 1인이므로 전유부분의 철거를 구할 권리를 가진 자이고, 원고는 피고 박윤한의 이 사건 202호에 대한 매수청구의사표시가 도달한 1995. 5. 12.에(피고 박윤한은 이 사건 청구취지 및 원인변경신청서가 도달한 1995. 11. 21.자 매매도 선택적 청구권원으로 주장하고 있으나 매수청구권은 형성권이므로 일단 행사한 다음에는 철회할 수 없다고 할 것이어서 위 피고의 권리는 선행된 의사표시를 원인으로 하여 성립한다.) 전유부분인 이 사건 202호에 대한 대지지분권을 비롯한 아무런 대지사용권을 가지지 아니하였으므로 같은 날 원고와 피고 박윤한 사이에 이에 관한 매매유사의 법률관계가 형성되었다고 할 것이어서 원고는 이를 원인으로 피고 박윤한에게 이 사건 202호에 관한 소유권이전등기절차를 이행해 주어야 할 지위에 서게 되었고 따라서 같은 피고에게 명도청구를 할 수 없게 되었다고 할 것이기 때문에, 결국 원고의 피고 박윤한에 대한 명도청구와 위 매수청구의사표시 도달일부터의 부당이득반환 본소청구는 이유 없고, 피고 박윤한의 반소청구는 이유 있으나, 피고 강윤수에 대하여 보면, 같은 피고의 위 매수청구의사표시가 도달된 1995. 5. 12.에 원고는 이미 이 사건 105호에 관한 대지사용권인 대지지분을 취득하였으므로 피고 강윤수의 위 매수청구의사표시는 효력이 없다고 할 것이어서 원고의 같은 피고에 대한 본소청구는 이유 있고, 같은 피고의 반소청구는 이유 없다.

나. 원고의 나머지 주장에 대한 판단

(1) 원고는, 자신이 위 오세복의 대지지분을 매수한 것은 주로 이 사건 105호의 대지사용권으로 하겠다는 의사로 매수한 것은 사실이지만 이 사건 202호에 대한 대지사용권도 겸한다는 의사도 있었으므로 위 오세복의 지분은 이 사건 202호에 대한 대지사용권도 겸한다고 볼 수 있기 때문에 피고 박윤한은 매수청구권을 행사할 수 없다고 주장하므로 살피건대, 1동의 건물 또는 1필지의 대지 위에 축조되어 단지를 이루는 여러 동의 건물의 구분소유자들이 건물의 대지를 공유하고 있는 경우 각 구분소유자는 별도의 규약이 존재하는 등의 특별한 사정이 없는 한 그 대지에 관하여 가지는 공유지분의 비율에 관계없이 그 건물의 대지 전부를 용도에 따라 사용할 수 있는 적법한 권원을 가진다(대법원 1995. 3. 14. 선고 93다60144 판결)고 할 것이어서 단지를 이루는 여러 동의 구분소유자들 중의 일부가 각 전유부분의 면적비율에 대응한 대지공유지분에 못미치는 지분을 소유하고 있다고 하더라도 그 구분소유자에게 대지사용권이 없다고 할 수는 없으나, 이 사건의 경우와 같이 건물을 건축하기 전부터 각 전유부분의 면적비율에 대응한 대지지분을 정하여 전유부분의 개수만큼의 지분을 만들어 이를 각 전유부분의 대지사용권으로 할 것으로 예정한 경우에는 각 전유부분의 면적비율에 응한 대지지분을 소유하여야만 대지사용권을 취득한다고 해석해야 할 것이다. 이와 같이 해석하지 아니하면 집합건물법이 추구하는 전유부분과 대지사용권의 일체성의 원칙에 반할 뿐만 아니라 전유부분 성립 당시부터 예정되어 있는 1개의 전유부분의 면적비율에 해당하는 대지지분만을 취득한 채 여러 개의 전유부분을 소유하면서도 매수청구를 피할 수 있는 지위에 서게 되는 것은 정의관념에도 반한다고 할 것이다. 이는 대지지분권자가 부당이득반환청구권을 행사할 수 있다고 해서 위와 달리 해석할 수는 없다고 본다. 따라서 원고의 위 주장은 이유 없다.

(2) 원고는, 다층구분건물의 경우에는 단층구분건물의 경우와는 달리 어느 구분소유자에게 대지사용권이 없다고 하여 그 철거를 허용하게 되면 그 윗층의 건물이 모두 무너져 버리는 등의 불합리한 점이 있으므로 대지의 단독소유자 또는 공유자라고 할지라도 다층 구분 건물 중 어느 전유부분의 철거를 구할 수는 없다고 할 것이어서 피고 박윤한은 다층건물인 이 사건 202호의 철거를 구할 수 있는 자에 해당하지 아니한다고 주장하나, 원고의 주장과 같은 불합리한 점을 해소하고 건물 철거로부터 오는 사회·경제적 손실 등을 줄이기 위하여 건물의 철거를 구할 수 있는 지위에 있는 자에게 위와 같은 매수청구권을 인정한 것이며, 집합건물법 제7조 소정의

매수청구권을 행사할 수 있는 '전유부분 철거를 구할 권리를 가진 자'란 전유부분의 철거청구권을 행사할 수 있는 지위에 있는 자이면 족하고 그 자에 의하여 실제로 어느 전유부분의 철거집행이 가능한지 여부는 그 자격요건을 가리는 데 참작할 사유가 아니며, 매수청구권은 철거집행을 전제로 한 권리가 아니므로 원고의 위 주장도 이유 없다.

(3) 원고는, 위 한일주택조합은 비록 조합이라는 명칭을 가지고 있는 단체이긴 하지만, 조합원들이 주택 마련이라는 고유의 목적을 가지고 사단적 성격을 가지는 규약을 만들어 이에 근거하여 의사결정기관 및 집행기관이 대표자를 두는 등의 조직을 갖추고 있고, 기관의 의결이나 업무집행방법이 다수결의 원칙에 의하여 행해지며, 구성원의 가입, 탈퇴 등으로 인한 변경에 관계없이 단체 그 자체가 존속되고, 그 조직에 의하여 대표의 방법, 총회나 이사회 등의 운영, 자본의 구성, 재산의 관리 기타 단체로서의 주요사항이 확정되어 있는 등 비법인사단으로서의 실체를 가지고 있으므로, 위 주택조합은 민법상의 조합이 아니라 비법인사단임이 명백하다고 할 것이며, 위 대지는 위 주택조합의 구성원인 각 조합원들이 위 주택조합의 구성목적과는 별도로 조합원들 자신을 위하여 조합원들의 별도 출연으로 매입한 것이 아니라, 위 주택조합의 고유목적을 위하여 위 주택조합이 일시에 매입한 것이고, 또 위 주택조합은 비법인사단이므로 비록 위 대지가 위 주택조합 명의로 소유권이전등기가 되어 있지 아니하고 그 구성원들 명의로 지분등기가 되어 있다고 하더라도 위 대지의 소유관계는 등기명의인들의 공유 내지 합유가 아니라 위 주택조합 재산으로서 조합원 전원의 총유로 귀속된다 할 것이고, 이 사건 아파트가 위 주택조합의 재산으로서 조합원 전원의 총유였으므로, 위 정종권이 이 사건 각 아파트를 경락을 받았을 때 위 정종권은 위 대지에 대하여 소위 관습에 의한 법정지상권을 취득하였다 할 것이고 원고는 이를 그대로 이어받았으므로 이 사건 105호에 대하여서도 대지사용권이 있다고 주장한다.

그러므로 살피건대, 관습법상 법정지상권은 대지와 건물이 동일한 소유자의 소유에 속하였다가 그 건물 또는 대지가 매매 또는 그 외의 원인으로 인해 소유자를 달리하게 되는 경우에 성립하는바, 위 갑 제2호증의 1, 2(각 판결)의 각 기재에 의하면, 위 한일주택조합이 원고 주장과 같은 권리능력 없는 사단인 사실 및 위 조합에 의하여 신축된 위 아파트 96세대가 각 수분양자들에게 소유권이전등기되기 전까지는 같은 조합의 총유재산에 속하였던 사실은 인정되나, 이 사건 대지를 위 조합에서 일괄 구입하여 피고들을 포함한 조합원들 공동명의로 등기하였다는 사실만으로 피고들의 공유지분을 포함한 이 사건 대지가 위 조합 조합원들의 총유였다고 단정할 수는 없고 달리 이를 인정할 아무런 증거가 없으므로, 이 사건 대지도 위 조합의 총유였음을 전제로 한 원고의 위 주장은 나아가 살펴볼 필요 없이 이유 없다.

(4) 원고는 가사 이 사건 대지가 지분등기명의인들의 공유라고 하더라도 등기명의인들이 아파트 신축허가신청 당시 토지사용을 승낙하였기 때문에 그 승낙에 기초하여 건축된 건물을 경락받은 위 정종권과 이를 양수한 원고는 이 사건 대지를 사용할 권원이 있다고 할 것이므로 그 철거를 구하는 것은 신의칙에 위배된다 할 것이어서 피고 박윤한은 이 사건 202호의 철거를 구할 지위에 있지 아니하다고 주장하나, 원

고 주장의 위와 같은 사실만으로는 대지공유지분권자인 피고 박윤한이 전유부분의 철거를 구할 지위에 서는 것이 신의칙에 반한다고 할 수 없으므로 원고의 위 주장은 그 자체에서 이유 없다.

다. 피고 강윤수의 나머지 주장에 대한 판단

(1) 피고 강윤수는, 가사 자신의 위 1995. 5. 12.자 및 같은 해 11. 21.자 매수청구가 받아들여지지 아니한다고 하더라도 그는 1994. 8. 26. 원고에게 송달된 준비서면(같은 달 24일자로 접수됨)으로 이 사건 105호에 대한 매도청구권을 최초로 행사하였고 그 때 원고는 이에 대한 대지사용권도 취득하지 아니한 처지였으므로 원고는 같은 피고에게 1994. 8. 26. 매매를 원인으로 한 소유권이전등기절차를 이행할 의무가 있다고 주장하므로 살피건대, 피고 강윤수가 위 일시에 이 사건 105호에 대한 매수청구권을 행사한 것은 기록상 명백하나, 위에서 본 바와 같이 원고는 위 매수청구의사표시가 도달할 당시에 이에 관한 소유자가 아니었으므로 위 매도청구의사표시는 소유자 아닌 자에 대한 것으로 그 효력이 없다고 할 것이므로 같은 피고의 위 주장은 이유 없다.

(2) 피고 강윤수는 또 위 오세복은 이 사건 105호를 분양받은 자가 아니므로 원고가 매수한 위 오세복의 대지지분은 분양 당시 이 사건 105호의 대지사용권이 아니었고 위 105호의 대지사용권은 자신이 소유하고 있는 대지지분만이 해당하므로 원고는 이에 관한 대지사용권을 취득하지 못하였다고 주장하나, 구분건물의 전유부분을 위한 대지사용권이란, 구분소유자가 전유부분을 소유하기 위하여 건물의 대지에 대하여 가지는 권리를 말하고, 일단 대지사용권이 된 대지지분은 그 전유부분과 일체로서만 처분할 수 있으며 이에 반하는 대지사용권의 처분은 특별한 사정이 없는 한 무효라고 할 것이어서(집합건물법 제20조), 대지지분이 어느 전유부분에 대한 대지사용권이 되기 위하여는 전유부분의 소유자가 이를 대지사용권으로 하여야 하고(즉 전유부분의 소유자가 대지사용권으로 할 의사로 대지지분을 소유해야 하므로 전유부분과 대지지분의 소유자가 일단 동일인에게 귀속되어야 한다), 일단 대지지분이 어느 전유부분에 대한 대지사용권으로 되었을 경우에는 그 전유부분만의 양수인은 그 전유부분의 대지사용권에 속했던 대지지분을 취득하지 아니하면 대지사용권을 취득하지 못한 것이 되지만(물론 이는 대지지분이 대지사용권인 이 사건의 경우에 해당하는 것이다), 어느 전유부분에 대하여 본래부터 대지사용권이 없었던 경우에는 다른 전유부분의 대지사용권이 아닌 대지지분을 양수하여도 대지사용권을 유효하게 취득한다고 할 것이기 때문에, 피고 강윤수의 대지지분이 이 사건 105호의 대지사용권이었다고 하기 위하여는 피고 강윤수가 이 사건 105호 전유부분의 소유권을 취득하여 이를 대지사용권으로 했어야 할 것인데 같은 피고는 그 소유권을 취득한 바가 없어서 피고 강윤수의 대지지분만이 이 사건 105호의 대지사용권임을 전제로 한 같은 피고의 위 주장 또한 이유 없다.

3. 부당이득의 범위

나아가 부당이득의 범위에 관하여 살피건대, 앞에서 인정한 사실에 의하면, 피고들은 이 사건 각 아파트에 관하여 위 정종권 명의로 소유권이전등기가 된 1990. 4. 6.부터 피고 강윤수는 이를 명도할 때까지, 같은 박윤한은 매도청구의사표시가 도달하기 전날인 1995. 5.

11.까지 피고 강윤수는 이 사건 105호를, 같은 박윤한은 이 사건 202호를 주택으로 점유·사용함으로써 얻은 임료 상당의 부당이득을 원고에게 반환할 의무가 있다 할 것이다(이 사건 202호에 관한 매매의 효과가 발생한 날부터는 이에 대한 사용·수익은 매매계약에 의하여 인도받은 목적물에 관한 것이라 할 것이므로 민법 제587조에 의하여 그 임료 상당 수익권은 피고 박윤한에게 속한다고 할 것이어서 원고의 피고 박윤한에 대한 1995. 5. 12.부터의 부당이득반환 청구는 이유 없다).

나아가 피고들이 반환하여야 할 부당이득의 수액에 관하여 보건대, 이 법원의 전일감정평가사무소에 대한 임료감정촉탁결과에 의하면, 이 사건 대지부분을 제외한 이 사건 각 아파트에 관한 임료 상당액은 1990. 4. 6.부터 1991. 4. 5.까지 각 합계 금 640,000원, 1991. 4. 6.부터 1992. 4. 5.까지 각 금 720,000원, 1992. 4. 6.부터 1993. 4. 5.까지 각 금 800,000원, 1993. 4. 6.부터 1994. 4. 5.까지 각 금 880,000원, 1994. 4. 6.부터 1995. 4. 5.까지 각 금 960,000원인 사실을 인정할 수 있고 특별한 사정이 없는 한 그 이후의 임료도 위 최후기간의 임료보다는 낮지 않을 것으로 추인되며, 피고들이 원고에게 반환하여야 할 부당이득액은 피고 강윤수가 금 4,000,000원(640,000원+720,000원+800,000원+880,000원+960,000원)과 1995. 4. 6.부터 이 사건 105호의 명도완료일까지 월 금 80,000원씩이고, 피고 박윤한이 금 4,094,684원{금 4,000,000원(1990. 4. 6.부터 1995. 4. 5.까지 부당이득의 합계)+금 94,684원(960,000원×36/365, 원 미만은 버림 : 1995. 4. 6.부터 같은 해 5. 11.까지의 부당이득)}이 된다.

4. 피고 박윤한의 소유권이전등기청구 반소부분에 관한 판단

피고 박윤한의 매수청구권 행사에 의하여 이 사건 202호에 관해 1995. 5. 12.자로 매매유사한 법률관계가 발생하였고, 이 법원의 대한감정평가법인 호남지사장에 대한 시가감정촉탁결과에 의하면 피고 박윤한의 위 매수청구권 행사시기에 근접한 1994. 11. 12.부터 같은 달 11. 21.까지를 기준으로 한 이 사건 202호 건물 자체만의 시가(그 부지에 귀속되는 부분 공제)는 금 12,000,000원인 사실 인정되고, 이에 대한 장소적 이익 등 건물 자체 이외의 가격 참작사유가 없는 사실은 당사자간에 다툼이 없으므로, 위 매매유사의 법률관계가 발생할 당시 이 사건 202호의 시가는 위 금 12,000,000원이라 할 것이어서 원고는 피고 박윤한으로부터 위 금원을 지급받음과 상환으로 같은 피고에게 이 사건 202호에 대해 1995. 5. 12.자 매매를 원인으로 한 소유권이전등기절차를 이행할 의무가 있다고 할 것이다.

5. 결 론

그렇다면, 원고에게, 피고 강윤수는 이 사건 105호를 명도하고, 위 부당이득금 4,000,000원 및 이에 대하여 원고가 구하는 이 사건 판결 선고 다음날인 1996. 7. 25.부터 완제일까지 연 2할 5푼의 비율에 의한 지연손해금과 1995. 4. 6.부터 이 사건 105호의 명도완료일까지 월 금 80,000원씩의 부당이득금을 지급할 의무가 있고, 피고 박윤한은 위 부당이득금 4,094,684원 및 그 중 금 4,000,000원에 대하여 원고가 구하는 이 사건 판결선고 다음날인 1996. 7. 25.부터 완제일까지 연 2할 5푼의 비율에 의한 지연손해금을 지급할 의무가 있으며, 원고는 피고 박윤한으로부터 금 12,000,000원을 지급받음과 상환으로 같은 피고에게 이 사건 202호에 관하여 1995. 5. 12. 매매를 원인으로 한 소유권이전등기절차를 이행할 의무가 있으므로 이를 모두 인용하고, 원고의 피고 박윤한에 대한 나머지 본소청구 및 피고 강윤수의 반소청구는 이유 없어 이를 모두 기각하며, 소송비용은 민사소송법 제89

조, 제92조를, 가집행선고에 관하여는 같은 법 제199조를 각 적용하여 주문과 같이 판결한다.
[별지 생략]

판사 김정만

[판례 84] 부동산매도청구 (인천지법 1996. 9. 13. 선고 96가합3469 판결 : 항소기각・상고)

【판시사항】

구분소유관계에 있는 수 동의 건물이 단지관계를 이루고 있는 경우, 그 단지 전체를 대상으로 한 재건축 결의의 요건

【판결요지】

구분소유관계에 있는 수 동의 건물이 단지관계를 이루고 있는 경우 각 동별 구분소유자들은 단지관리단을 구성하여 그 단지 전체를 대상으로 한 재건축 사업을 추진할 수 있으나, 그 재건축 결의는 단지 전체의 구분소유자 및 의결권의 각 5분의 4 이상의 다수에 의한 결의만으로는 부족하고, 각 동별로 구성되는 관리단집회에서 구분소유자 및 의결권의 각 5분의 4 이상의 다수에 의한 재건축의 결의가 있어야 유효하고, 또한 이러한 특별다수에 의한 재건축의 결의는 집합건물의소유및관리에관한법률 제48조 제1항 소정의 최고를 하기 전까지 구비하여야 하며, 그 때까지 각 동마다 이러한 특별다수에 의한 결의의 요건을 충족하지 못한 경우에는 그 재건축 결의는 전부 무효로 되어 같은 조 제3항 소정의 매도청구권은 발생하지 아니한다.

【참조조문】

집합건물의소유및관리에관한법률 제47조, 제48조, 제49조

【전 문】

【원 고】 부성연립 재건축조합 (소송대리인 변호사 장희목)
【피 고】 김영진 외 17인 (소송대리인 변호사 안창권)
【제2심판결】 서울고법 1996. 10. 28. 선고 96나41993 판결

【주 문】

1. 원고의 청구를 모두 기각한다.
2. 소송비용은 원고의 부담으로 한다.

【청구취지】

원고에게, 피고 김영진은 별지 제1목록 기재 1. 부동산에 관하여, 피고 박인영은 같은 제1목록 기재 2. 부동산에 관하여, 피고 하행길, 정철교, 정순화, 정순자는 같은 제1목록 기재 3. 부동산에 관하여, 피고 김쌍용은 별지 제2목록 기재 1. 부동산에 관하여, 피고 신용문은 같은 제2

목록 기재 2. 부동산에 관하여, 피고 엄재숙은 같은 제2목록 기재 3. 부동산에 관하여, 피고 김민진은 별지 제3목록 기재 1. 부동산에 관하여, 피고 김민자는 같은 제3목록 기재 2. 부동산에 관하여, 피고 전준기는 같은 제3목록 기재 3. 부동산에 관하여, 피고 김진배는 같은 제3목록 기재 4. 부동산에 관하여, 피고 최재구는 별지 제4목록 기재 1. 부동산에 관하여, 피고 신정원은 같은 제4목록 기재 2. 부동산에 관하여, 피고 이태백은 같은 제4목록 기재 3. 4. 부동산에 관하여, 피고 김말선은 같은 제4목록 기재 5. 부동산에 관하여, 피고 채중기는 같은 제4목록 기재 6. 부동산에 관하여, 각 이 사건 소장 부본 송달 일자 매매를 원인으로 한 소유권이전등기절차를 각 이행하고, 위 각 해당 부동산을 각 명도하라는 판결

【이　유】

1. 기초 사실

다음 사실은 당사자 사이에 다툼이 없거나, 갑 제2호증의 1 내지 18(각 건축물관리대장), 갑 제3호증의 1, 2(각 토지대장), 갑 제4호증(조합설립인가필증), 갑 제5호증(조합규약), 갑 제6호증의 1 내지 14(각 조합회의록), 갑 제7호증(조합원명부) 갑 제10호증의 1 내지 17(최고통지서), 갑 제11호증의 1 내지 17(2차 최고통지서), 갑 제12호증의 1 내지 17(최고통지서), 갑 제13호증의 1(제적등본), 2, 3(각 호적등본), 갑 제14호증의 1 내지 94(각 등기부등본), 갑 제16호증의 1(조합설립변경인가신청), 갑 제18호증의 1(조합설립변경인가통보), 2(조합설립변경인가필증), 3(조합원명부), 갑 제19호증(주택건설사업계획사전결정통지서), 갑 제20호증(주택건설사업계획승인통보)의 각 기재, 증인 김도희의 증언 및 이 법원의 검증 결과에 변론의 전취지를 종합하면 인정할 수 있다.

가. 인천 남구 주안5동 15의 38 및 같은 번지의 39 지상에 하나의 단지로 조성된 부성연립주택 5개동 94세대(가동과 나동은 각 24세대, 다동은 14세대, 라동과 마동은 각 16세대이다)가 건립되어 있는데, 통장인 소외 김종달이 주축이 된 위 5개동의 주택 소유자(구분소유자)들이 1991. 2. 10.경 총회를 열어 건축된 지 오래되고 잦은 침수로 노후 불량한 위 연립주택 5개동을 모두 철거하고 그 자리에 새로운 공동주택(아파트) 등을 재건축하기로 뜻을 모은 다음, 재건축조합 설립 추진 위원회를 결성하고 위원장을 비롯한 임원단을 구성하여 위 추진위원회를 중심으로 조합 규약의 작성 등 재건축 사업을 추진한 끝에, 구분소유자 93명(피고 이태백이 2세대를 소유하고 있다) 중 조합 규약에 따른 재건축 사업에 동의한 75세대의 주택 소유자들(가동 24세대, 나동 19세대, 다동 10세대, 라동 12세대, 마동 10세대)을 조합원으로 한 원고 조합을 결성하고, 1995. 9. 4. 관할 인천 남구청장으로부터 주택조합의 설립 인가를 받았다.

나. 그러나 위 연립주택 '나'동 중 202호 주택(별지 제1목록 1. 기재 부동산)의 소유자인 피고 김영진, 205호 주택(같은 제1목록 2.기재 부동산)의 소유자인 피고 박인영, 302호 주택(같은 제1목록 기재 3. 부동산)의 공동 소유자인 피고 하행길, 정철교, 정순화, 정순자, 305호 주택의 소유자인 소외 안옥순, 306호 주택의 소유자인 소외 황기호, '다'동 중 103호 주택의 소유자인 소외 배창희, 107호 주택(별지 제2목록 기재 1. 부동산)의 소유자인 피고 김쌍용, 202호 주택(같은 제2목록 기재 2. 부동산)의 소유자인 피고 신용문, 207호 주택(같은 제2목록 기재 3. 부동산)의 소유자인 피고 엄재숙, '라'동 중 101호 주택(별지 제3목록 기재 1. 부동산)의 소유자인 피고 김민진, 103호 주택(같은 제

3목록 기재 2. 부동산)의 소유자인 피고 김민자, 105호 주택(같은 제3목록 기재 3. 부동산)의 소유자인 피고 전준기, 207호 주택(같은 제3목록 기재 4. 부동산)의 소유자인 피고 김진배, '마'동 중 103호 주택(별지 제4목록 기재 1. 부동산)의 소유자인 피고 최재구, 104호 주택(같은 제4목록 기재 2. 부동산)의 소유자인 피고 신정원, 107호와 108호 주택(같은 제4목록 기재 3. 4. 부동산)의 소유자인 피고 이태백, 201호 주택(같은 제4목록 기재 5. 부동산)의 소유자인 피고 김말선, 206호 주택(같은 제4목록 기재 6. 부동산)의 소유자인 피고 채중기 등 19인의 주택 소유자들은 위 조합 규약에 따른 재건축에 반대하여 1995. 9. 4.까지 원고 조합에 가입하지 아니하였다.

다. 원고 조합은 1995. 11. 15. 재건축사업에 찬성하지 않은 피고들 및 위 안옥순, 황기호, 배창희에 대하여 원고 조합에 가입하여 재건축에 참가할 것을 권유하는 최고서를 발송한 것을 비롯하여, 1995. 12. 11. 및 1996. 1. 22. 등 3차에 걸쳐 재건축 사업 참가 여부의 최고를 하였으나, 피고들 및 위 안옥순 외 2인은 최고서를 받은 날부터 2월 이내에 재건축 사업에 참가하겠다는 명백한 의사를 회답하지 아니하였다(다만, 소외 이양노가 1996. 2. 5. 위 배창희로부터 다동 103호에 대한 소유권을 이전받아 이 사건 소 제기 전에 원고 조합에 추가로 가입하였고, 소외 최광일이 1996. 3. 19. 위 안옥순으로부터 나동 305호에 대한 소유권을, 소외 황숙규가 1996. 5. 7. 위 황기호로부터 나동 306호에 대한 소유권을 각 이전받아 이 사건 소송 계속 중에 원고 조합에 추가로 가입함에 따라, 원고 조합은 1996. 5.경 조합원을 68인으로 한 조합설립 변경인가 신청을 하여 1996. 6. 8. 위 남구청장으로부터 위 변경인가를 받았다).

라. 한편, 원고 조합은 1996. 7. 9. 인천 남구청장으로부터 위 재건축사업에 필요한 주택건설 사업계획 승인을 받았다.

2. 주장에 대한 판단

가. 당사자들의 주장

원고 조합은, '집합건물의소유및관리에관한법률'(이하 집합건물법이라고 약칭한다) 제47조, 제48조에 의하면, 집합건물의 구분소유자는 그 5분의 4 이상의 찬성으로 재건축사업을 추진할 수 있고, 이때 구분소유자 중 재건축에 불참하는 자가 있는 경우에는 재건축에 참가한 구분 소유자측에서 재건축에 참가하지 아니한 구분소유자에 대하여 구분소유권 등을 시가에 따라 매도할 것을 청구하여 매매를 성립시킬 수 있는데, 이 사건 부성연립주택 5개동의 구분소유자 93인 중 그 5분의 4 이상인 75인이 재건축 사업 결의를 하고 위 사업을 추진하기 위하여 원고 조합을 설립하여 재건축조합 설립 인가를 받은 다음, 원고 조합 명의로 1996. 1. 22.까지 3차에 걸쳐 위 재건축에 참가하지 아니한 피고들에 대하여 재건축 참가 여부의 최고를 하였으나 피고들이 2개월 이내에 참가 의사를 회답하지 아니하였기 때문에, 원고 조합은 피고들에게 이 사건 소장 부본의 송달로 매도청구권을 행사하고, 이에 따른 매매의 효력에 터잡아 피고들에게 각자의 소유 주택에 관한 소유권이전등기와 그 명도를 구한다고 주장한다.

이에 대하여 피고들은, 이 사건 재건축 결의는, 적법한 관리단집회의 소집절차를 거치지 않았고, 집합건물법 제47조 제3항 소정의 재건축 계획의 개요에 관한 사항을 정하지 않았으며, 각 동별로 구분소유자 및 의결권의 각 5분의 4 이상의 다수에 의한 결의의 요건을 충족하지 못한 것이어서 무효일 뿐만 아니라, 재건축 참가 여부에 대한 적법한 최고 절차를 거치지 않았기 때문에, 원고 조합의 피고들에 대한 매도청구권 행사는 무효라고 주장한다.
나. 판단(특별다수결의의 요건 충족 여부)
(1) 집합건물법 제47조는, "건물 건축 후 상당한 기간이 경과되어 건물이 훼손 또는 일부 멸실되거나 그 밖의 사정에 의하여 건물의 가격에 비하여 과다한 수선·복구비나 관리비용이 소요되는 경우 또는 부근 토지의 이용상황의 변화나 그 밖의 사정에 의하여 건물을 재건축하면 그에 소요되는 비용에 비하여 현저한 효용의 증가가 있게 되는 경우 관리단집회는 그 건물을 철거하여 그 대지를 구분소유권의 목적이 될 신 건물의 대지로 이용할 것을 결의할 수 있다. 다만 재건축의 내용이 단지 내의 다른 건물의 구분소유자에게 특별한 영향을 미칠 때에는 그 구분소유자의 승인을 얻어야 한다(제1항). 제1항의 결의는 구분소유자 및 의결권의 각 5분의 4 이상의 다수에 의한 결의에 의한다(제2항)."고 규정하고 있는바, 여기서 '구분소유자 및 의결권의 각 5분의 4 이상'이라고 하는 것은 구분소유자의 정수(두수)와 그 각 구분소유자가 갖는 전유부분의 면적의 비율에 의하여 정하여지는 의결권(같은 법 제37조 제1항, 제12조) 쌍방에 관하여 각각 5분의 4 이상을 의미한다 할 것이다.

그런데 집합건물법은 원칙적으로 1동의 건물을 단위로 하여 그 건물 및 대지와 부속시설에 대하여 적용되는 것으로서, '구분소유권'은 1동의 건물 중 구조상 구분된 수개의 부분이 독립한 건물로서 사용될 수 있을 때에 그 각 건물부분을 목적으로 하는 소유권(같은 법 제2조 제1호, 제1조)이고, '구분소유자'는 구분소유권을 가지는 자를 말하며, 1동의 건물에 대하여 위와 같은 구분소유관계가 성립되면 구분소유자 전원을 구성원으로 하여 건물 및 그 대지와 부속시설의 관리에 관한 사업의 시행을 목적으로 하는 관리단이 당연히 설립되고(같은 법 제23조 제1항), 관리단집회는 관리인이 소집하나(같은 법 제32조, 제33조 제1항), 관리인이 없는 때에는 구분소유자 및 의결권의 5분의 1 이상을 가진 자가 소집할 수 있으며(같은 법 제33조 제4항), 관리단집회를 소집하고자 할 때에는 집회일 일주일 전에 회의의 목적사항을 명시하여 각 구분소유자에게 통지하여야 하되(법 제34조 제1항), 구분소유자 전원의 동의가 있는 때에는 소집절차를 거치지 아니할 수 있는 것이지만, 반면 관리단집회의 결의가 있다고 보기 위하여는 이러한 소집권자에 의한 소집절차를 거치거나 구분소유자 전원의 동의가 있어 소집절차를 생략한 채 소집된 집회가 반드시 개최되어야 하는 것은 아니고, 구분소유자 및 의결권의 각 5분의 4 이상의 서면에 의한 합의가 있는 때에는 관리단집회의 결의가 있는 것으로 간주하게 되는 것이며(같은 법 제41조 제1항), 한편 이러한 1동의 건물 및 대지와 부속시설 외에도 수 동의 건물이 단지관계를 이루고 그 단지 내의 토지 또는 부속시설이 그 건물의 소유자(전유부분이 있는 건물에 있어서는 구분소유자)의 전부나 일부의 공동소유로 되어 있는 때에는 이들 소유자는 그 단지 내의 토지 또는 부속 시설의 공동관리를 위하여 그 전체의 공유자들로써 단지관리단을 구성할 수 있고, 단지관리단은 단지관리단의 구성원이 속하는 각 관리단의 사업의 전부 또는 일부를 그 사업목적으로 할 수 있되, 다만 이 경우 각 관리단의 구성원 및 의결권의 4분의 3 이상의 다수에 의한 관리단집회의 결의가 있어야 하는바(같은 법 제51조), 이와 같은 집합건물법의 여러 규정들을 종합하면, 구분 소유관계에 있는 수 동의 건물이 단지관계를 이루고 있는 경우 각 동별 구분소유자들은 단지관리단을 구성하여 그 단지 전체를 대상으로 한 재건축 사업을 추진할 수 있다 하겠으나, 그 재건축 결의는 단지 전체의 구분소유자 및 의결권의 각 5분의 4 이상의 다수에 의한 결의만으로는 부족하고, 각 동별로 구성되는 관리단집회에서 구분소유자 및 의결권의 각 5분의 4 이상의 다수에 의한 재건축의 결의가 있어야 유효하다 할 것이며, 또한 이러한 특별다수에 의한 재건축의 결의는 집합건물법 제48조 제1항 소정의 최고를 하기 전까지 구비하여야 하고, 그 때까지 각 동마다 이러한 특별다수에 의한 결의의 요건을 충족하지 못한 경우에는 위 재건축 결의는 전부 무효로 되어, 그 결과 매도청구권은 발생하지 아니하게 되어 이것을 행사하여도 아무런 효력이 생기지 않는다 할 것이다.

(2) 그러므로 우선, 원고 조합이 재건축에 찬성하지 않은 피고들에게 원고 조합에 가입하여 재건축에 참가할 것을 권유하는 최고서를 최후로 발송한 1996. 1. 22.까지 재건축에 동의한 주택소유자들의 수가 각 동마다 그 구분소유자 및 의결권의 각 5분의 4 이상에 해당하는지 여부에 관하여 살펴보건대, 앞서 인정한 사실에 의하면, 구분소유자의 정수가 '나'동은 24인이므로 20인(24인×0.8) 이상의 구분소유자가, '다'동은 14인이므로 12인(14인×0.8) 이상의 구분소유자가, '라'동은 16인이므로 13인(16인×0.8) 이상의 구분소유자가, '마'동은 15인이므로 12인(15인×0.8) 이상의 구분소유자가 각 위 재건축에 동의하여야 할 것인데, 위 1996. 1. 22.까지 재건축에 동의한 구분소유자의 수를 보면 '나'동은 19인, '다'동은 10인, '라'동은 12인, '마'동은 10인에 불과하여 따로 의결권에 관한 부분까지 살펴보지 않더라도 모두 재건축 결의의 유효정족수에 미달함이 명백하다 할 것이다.

(3) 따라서, 위 '나'동 내지 '마'동은 재건축에 관한 특별다수결의의 절차가 정당하게 행사되지 아니하여 이에 대한 재건축 결의는 무효라고 할 것이고, 따라서 재건축 결의가 유효하게 성립하였음을 전제로 하여 원고 조합이 피고들에게 3차에 걸쳐 원고 조합의 결의 내용에 따른 재건축에의 참가 여부를 회답할 것을 최고하고, 이 사건 소장 부본의 송달로써 피고들의 소유 주택에 관하여 매도청구권을 행사하였더라도, 위 최고와 매도청구권의 행사는 적법한 절차에 따른 것이라고 할 수 없어 아무런 효력을 발생할 수 없다 할 것이므로, 결국 원고 조합의 위 주장은 다른 점에 관하여 살펴볼 필요 없이 이유 없다 할 것이다.

3. 결 론

그렇다면, 원고의 이 사건 청구는 모두 이유 없어 기각하기로 하여 주문과 같이 판결한다.

[별지 생략]

판사 김숙(재판장) 김영학 고창후

[판례 85] 소유권이전등기등 (대구지법 1996. 8. 22. 선고 95가합31182 판결 : 항소(화해))

【판시사항】

[1] 주거용 건물을 개조한 상가 부분에 대하여 주거 부분을 주기로 한 아파트 재건축 결의가 유효하다고 한 사례
[2] 재건축 참여 여부에 대한 수차례의 최고가 있은 경우, 집합건물의소유및관리에관한법률 제48조 제4항 소정의 '최고기간 만료일'의 기준이 되는 최고

【판결요지】

[1] 원래 주거용이었던 건물을 상가로 개조한 것에 대하여 주거 부분을 주기로 하는 내용의 재건축 결의를 하였다는 점만으로는 그 결의의 효력을 부인할 만큼 형평성을 잃은 것이라고 보기 어렵다.
[2] 재건축 참여 여부에 대한 수차례의 최고가 있은 경우, 집합건물의소유및관리에관한법률 제48조 제4항의 규정에 의한 '최고기간 만료일로부터'의 기준이 되는 최고는 최종적으로 이루어진 최고로 보아야 한다.

【참조조문】

[1] 집합건물의소유및관리에관한법률 제47조 제4항 [2] 집합건물의소유및관리에관한법률 제48조

【전 문】

【원 고】 해바라기맨션 재건축조합 (소송대리인 변호사 박승규)
【피 고】 고재우 외 8인 (소송대리인 변호사 배기원 외 2인)
【제2심판결】 대구고법 1997. 4. 23. 화해 96나6098 사건

【주 문】

1. 원고에게,
   가. 피고 고재우, 같은 신중열은 원고로부터 각 금 94,000,000원을 지급받음과 동시에 별지 목록(1) 기재 부동산에 대한 각 2분의 1지분에 관하여 피고 고재우는 1996. 1. 11., 피고 신중열은 같은 달 10. 매매를 원인으로 한 소유권이전등기절차를 이행하고, 위 피고들 및 피고 조응래는 위 부동산을 명도하고,
   나. 피고 정왕숭은 원고로부터 금 188,000,000원을 지급받음과 동시에 별지 목록(2) 기재 부동산에 관하여 1996. 1. 10. 매매를 원인으로 한 소유권이전등기절차를 이행하고, 위 피고 및 피고 김정자는 위 부동산을 명도하고,
   다. 피고 조구현은 원고로부터 금 130,000,000원을 지급받음과 동시에 별지 목록(3) 기재 부동산에 관하여 같은 날 매매를 원인으로 한 소유권이전등기절차를 이행하고, 위 피고 및 피고 도경희는 위 부동산을 명도하고,
   라. 피고 송정순은 원고로부터 금 150,000,000원을 지급받음과 동시에 별지 목록(4) 기재

부동산에 관하여 같은 날 매매를 원인으로 한 소유권이전등기절차를 이행하고, 위 금원을 지급받는 날로부터 3개월 이내에 위 부동산을 명도하고,
마. 피고 이병순은 원고로부터 금 150,000,000원을 지급받음과 동시에 별지 목록(5) 기재 부동산에 관하여 같은 날 매매를 원인으로 한 소유권이전등기절차를 이행하고, 위 부동산을 명도하라.
2. 원고의 피고 송정순에 대한 나머지 청구를 기각한다.
3. 소송비용은 피고들의 부담으로 한다.

【청구취지】

주문 제1.의 가., 나., 다., 마항, 제3항과 같은 판결 및 피고 송정순은 원고로부터 금 150,000,000원을 지급받음과 동시에 별지 목록(4) 기재 부동산에 관하여 이 사건 소장부본 송달일자 매매를 원인으로 한 소유권이전등기절차를 이행하고, 위 부동산을 명도하라는 판결과 각 명도부분에 관한 가집행선고

【이 유】

1. 기초사실

원고의 다음과 같은 주장사실에 대하여, 피고 도경희는 민사소송법 제139조에 의하여 이를 자백한 것으로 볼 것이며, 원고와 나머지 피고들과의 사이에서는 당사자 사이에 다툼이 없거나, 갑 제1 내지 4, 11 내지 15호증, 갑 제5호증의 1 내지 4, 갑 제6호증의 1 내지 4, 갑 제7호증의 1 내지 4, 갑 제8호증의 1 내지 5의 각 기재와 증인 나정배의 증언에 이 법원의 감정인 손철호에 대한 시가감정촉탁결과 및 변론의 전취지를 보태어 이를 인정할 수 있고, 반증 없다.

가. 대구 북구 칠성동 2가 302의 136. 지상에 소재한 해바라기아파트 2개동 및 부대시설은 1978년경 건립된 후, 상당한 기간의 경과로 노후·훼손되고 그 관리에도 과다한 비용이 소요됨에 따라, 1995. 4. 15. 그 구분소유자 및 의결권의 각 5분의 4 이상의 결의에 의하여 위 아파트를 철거하고, 그 자리에 새로운 주상복합건물을 건축하여 35평형을 소유하고 있는 구분소유자들에게는 45평형 주거부분을, 40평형을 소유하고 있는 구분소유자들에게는 50평형 주거부분을 주기로 한 다음, 위 재건축사업의 시행을 위하여 위 결의에 찬성하는 구분소유자들을 조합원으로 하는 원고 조합이 결성되었다.

나. 그런데, 위 재건축 대상 아파트 중 이 사건 각 부동산을 소유하는 구분소유자들인 피고 고재우, 같은 신중열, 같은 정왕숭, 같은 조구현, 같은 송정순, 같은 이병순이 위 재건축의 결의에 찬성하지 아니하자, 원고 조합은 위 피고들에게 1차로 1995. 7. 26.경, 최종적으로 같은 해 9. 23.경 위 재건축사업에의 참가 여부에 대한 회답을 서면으로 최고하여 각 그 무렵 위 피고들이 이를 각 수령하였는데, 이에 대하여 위 피고들은 위 최종 최고일로부터 2월이 경과하도록 회답하지 아니함에 따라 임원들의 결의와 조합원들의 동의를 받은 원고 조합은 피고들에게 이 사건 소장부본의 송달로써 그들 소유인 이 사건 각 부동산을 시가에 따라 원고 조합에 매도할 것을 청구하기에 이르렀다.

다. 그리고 같은 목록(1) 기재 부동산은 피고 조응래가, 같은 목록(2) 기재 부동산은 피고 김정자가, 같은 목록(3) 기재 부동산은 피고 도경희가 위 각 구분소유자들로부터 각 임

차하여 점유하고 있다.
라. 한편, 위 피고들에게 이 사건 소장부본이 송달된 무렵인 1996. 1. 당시 이 사건 각 부동산의 시가는, 별지 목록(1), (2) 기재 각 부동산이 각 금 188,000,000원, 같은 목록 (3) 기재 부동산이 금 130,000,000원, 같은 목록 (4), (5) 기재 각 부동산이 각 금 150,000,000원이다.

2. 원고의 주장에 대한 판단

위 인정 사실에 의하면, 원고 조합은 집합건물의소유및관리에관한법률 제48조 제1항 내지 제4항에 의하여 피고 고재우, 같은 신중열, 같은 정왕숭, 같은 조구현, 같은 송정순, 같은 이병순에 대하여 이 사건 각 부동산을 시가에 따라 매도할 것을 청구할 수 있는 권리를 취득하였다 할 것이므로, 원고 조합이 이 사건 소장부본의 송달로써 그 매도청구권을 행사한 날인 피고 고재우에 대하여는 1996. 1. 11.에, 위 나머지 피고들에 대하여는 각 같은 달 10.에 위 피고들이 원고 조합에 이 사건 각 부동산을 그 당시의 위 각 시가에 따라 매도하는 계약이 성립되었다 하겠고, 이 사건 각 부동산에 관한 원고 조합의 매매대금 지급의무와, 별지 목록 기재 각 부동산에 관한 위 피고들의 그 소유권이전 및 명도의무와 같은 목록(1) 내지 (3) 기재 각 부동산을 임차하여 점유하고 있는 피고 조응래, 같은 김정자, 같은 도경희의 명도의무는 각각 동시이행관계에 있다 할 것이다.

3. 피고들의 주장에 대한 판단

가. 피고 고재우, 같은 신중열, 같은 정왕숭의 주장에 대한 판단

위 피고들은, 구건물을 철거하고 신건물을 짓는 재건축의 결의는 신건물의 구분소유권의 귀속에 관하여 구분소유자간 형평이 유지되도록 하여야 할 것인데도 원고 조합은 시공자인 소외 시대종합건설 주식회사와 재건축공동사업계약을 체결하여 이 건 대지상에 주상복합건물을 신축하기로 하였으면서도 유일하게 상가를 소유하고 있는 위 피고들에게 상가 부분을 주지 아니하고 주거 부분을 주도록 하는 내용의 재건축 결의를 하여 현저하게 부당한 대우를 하고 있으므로 위 피고들이 원고 조합의 재건축 결의에 동의하지 아니한 것에 정당한 사유가 있다고 주장하므로 살피건대, 위 피고들에게 상가가 아닌 주거 부분을 주도록 하는 내용의 원고 조합의 재건축 결의가 있었다는 점은 위에서 본 바와 같으나, 한편, 갑 제10호증의 1, 2의 각 기재와 증인 나정배의 증언에 변론의 전취지를 보태면, 이 사건 아파트는 원래 전부 주거용이었는데 피고 고재우, 신중열이 그 소유인 별지 목록(1) 기재 부동산을 개조하여 슈퍼로 사용하고 있고, 피고 정왕숭도 그 소유인 별지 목록(2) 기재 부동산을 개조하여 식당으로 사용하고 있는 사실을 인정할 수 있고, 반증이 없는바, 원래 주거용이었던 건물을 상가로 개조한 것에 대하여 주거 부분을 주기로 하는 내용의 재건축 결의를 하였다는 점만으로는 그 결의의 효력을 부인할 만큼 형평성을 잃은 것이라고 보기 어려우므로 위 주장은 이유 없다.

나. 피고 송정순의 주장에 대한 판단

피고 송정순은, 원고 조합이 1995. 4. 12.에 1차로, 같은 해 7. 26.에 2차로, 같은 해 9. 23.에 3차로 위 피고에게 서면으로 재건축 결의에의 참가 여부를 최고하였는데, 원고 조합의 재건축 결의일이 같은 해 4. 15. 또는 4. 17.이므로 위 각 최고 중 재건축 결의일 이후인 같은 해 7. 26.을 위 피고에 대한 최고로 보아야 할 것이고, 그로부터 2개월 내인 같은 해 9. 26.까지 사이에 위 피고에게 재건축 결의에 의한 매도청구를

하지 아니하였으므로 결국 최고기간 경과 후 2개월 이내에 매도청구를 한 자가 없는 때에 해당하여 피고에 대한 관계에 있어 재건축 결의는 구속력이 상실되었다고 주장하므로 살피건대, 집합건물의소유및관리에관한법률 제48조에 의하면 집합건물에 관한 재건축의 결의가 있는 때에는 그 결의에 찬성하지 아니한 구분소유자에 대하여 재건축에의 참가 여부에 대한 회답을 서면으로 최고하여야 하고, 최고를 받은 구분소유자는 최고수령일로부터 2월 이내에 회답하여야 하는데 회답하지 아니한 경우에는 참가하지 아니한 것으로 보며, 매수청구권의 행사는 위 최고기간(2개월)만료일로부터 2월 이내에 행사하도록 되어 있으며, 또한, 위와 같은 규정의 취지는 집합건물의 재건축 결의는 집합건물의 구분소유자 개개인에 따라서는 전재산과 관련된 중요한 사항이어서 절차를 명확히 하는 한편 충분히 숙고할 기회를 주는 데 목적이 있는 것이라고 보아야 할 것이므로, 재건축 결의에의 참가 여부에 대한 수차례의 최고가 있는 경우 위 규정에 의한 '최고기간 만료일로부터'의 기준이 되는 최고는 최종적으로 이루어진 최고로 보아야 할 것인데, 원고의 매도청구권의 의사표시가 기재된 이 사건 소장부본이 최고기간만료일로부터 2개월이 경과되지 아니한 1996. 1. 10.에 위 피고에게 도달하였음은 기록상 명백하므로 위 주장은 이유 없다.

4. 결 론

그렇다면, 원고 조합으로부터 매매대금으로, 피고 고재우, 같은 신중열은 각 금 94,000,000원을 지급받음과 동시에 별지 목록(1) 기재 부동산에 대한 각 2분의 1지분에 관하여 각 주문 기재 일자 매매를 원인으로 한 각 지분소유권이전등기절차를 이행하고 위 피고들과 피고 조응래는 위 부동산을 명도할 의무가 있고, 피고 정왕승은 금 188,000,000원을 지급받음과 동시에 별지 목록(2) 기재 부동산에 관하여 주문 기재 일자 매매를 원인으로 한 소유권이전등기절차를 이행하고 위 피고와 피고 김정자는 위 부동산을 명도할 의무가 있고, 피고 조구현은 금 130,000,000원을 지급받음과 동시에 별지 목록(3) 기재 부동산에 관하여 같은 날 매매를 원인으로 한 소유권이전등기절차를 이행하고 위 피고와 피고 도경희는 위 부동산을 명도할 의무가 있고, 피고 이병순은 금 150,000,000원을 지급받음과 동시에 별지 목록(5) 기재 부동산에 관하여 같은 날 매매를 원인으로 한 소유권이전등기절차를 이행하고 위 부동산을 명도할 의무가 있고, 피고 송정순은 금 150,000,000원을 지급받음과 동시에 별지 목록(4) 기재 부동산에 관하여 같은 날 매매를 원인으로 한 소유권이전등기절차를 이행하고 위 부동산을 명도할 의무가 있으나, 피고 송정순에게는 집합건물의소유및관리에관한법률 제48조 제5항에 정한 사유가 있어 위 금원을 지급받는 날로부터 3개월간의 명도기간을 허여함이 상당하다 할 것이므로, 원고 조합의 이 사건 각 청구는 위 인정범위 내에서 이유 있어 이를 인용하고, 피고 송정순에 대한 나머지 청구는 이유 없어 이를 기각하기로 하며, 소송비용의 부담에 관하여는 민사소송법 제89조, 제92조 단서, 제93조를 적용하고, 위 각 명도부분에 관한 가집행선고는 붙이지 아니하기로 하여 주문과 같이 판결한다.

판사 김중수(재판장) 김각연 이병삼

[판례 86] 부동산인도가처분 (대구고법 1996. 10. 16. 선고 95나7087 판결 : 확정)

【판시사항】

방해금지 가처분 후에 그 가처분 명령의 내용을 폐지·변경 또는 그 집행의 제거를 목적으로 하는 후행 가처분의 적법 여부(소극)

【판결요지】

일정한 행위에 대한 방해의 금지를 명하는 유형의 1차 가처분은 단지 상대방에 대하여 일정한 방해행위의 금지를 명하는 것에 그치는 것이 아니고 상대방으로 하여금 가처분을 신청한 사람이 일정한 행위를 하는 것을 잠정적으로 인용·감수하도록 하는 것을 전제로 한 것으로서 그러한 내용을 포함하여 발령된 것으로 보아야 하므로, 가처분을 신청한 사람은 상대방으로부터 실력에 의하여서만이 아니라 법적 수단인 가처분에 의하여서도 방해받지 아니하고 일정한 행위를 할 수 있는 법률상의 지위를 임시로 부여받는 것이므로, 적어도 동일한 당사자 사이에 있어 후행 가처분이 선행 가처분 명령의 내용을 폐지·변경 또는 그 집행의 제거를 목적으로 하는 것으로 인정될 때에는 가처분 제도의 기능을 유지한다는 점에서 보아 후행 가처분을 위법하다고 보아야 한다.

【참조조문】

민사소송법 제714조 제1항

【전 문】

【신청인, 항소인 겸 피항소인】 일성개발 주식회사 (소송대리인 변호사 최재호)
【피신청인, 피항소인 겸 항소인】 범양건영 주식회사 (소송대리인 법무법인 태평양 담당변호사 이재식 외 2인)
【원심판결】 대구지법 김천지원 1995. 11. 17. 선고 95가합141 판결

【주 문】

1. 원심판결을 취소한다.
2. 신청인의 신청을 각하한다.
3. 신청인의 항소를 기각한다.
4. 소송비용은 1, 2심을 통하여 모두 신청인의 부담으로 한다.

【신청취지】

피신청인의 별지 목록 기재의 각 부동산에 대한 점유를 풀고 신청인이 위임하는 집달관에게 그 보관을 명한다. 집달관은 신청인에게 건축현장을 인계하여 신청인으로 하여금 위 각 부동산에 대한 건축을 속행하게 하여야 한다. 피신청인은 신청인 또는 신청인이 위임한 건축회사가 시공하는 건축행위를 방해하여서는 아니된다. 집달관은 위 취지를 공시하기 위하여 적당한 방법을 취하여야 한다.

【항소취지】

신청인 : 원심판결 중 "신청인이 피신청인에게 보증으로 2,000,000,000원을 공탁하는 것을 조건으로"라는 문구를 삭제하는 외에는 신청취지와 같다.
피신청인 : 주문과 같다.

【이 유】

1. 바탕되는 사실

아래의 사실은 당사자 사이에 다툼이 없거나, 소갑 제1호증, 소갑 제2호증의 1, 2, 소갑 제3호증의 1 내지 3, 소갑 제5호증의 1, 2, 소갑 제6호증의 1, 2, 소갑 제7호증의 1, 2, 소갑 제8호증의 1, 2, 5, 7, 소갑 제9호증의 1, 2, 소갑 제11호증의 1 내지 7, 소갑 제12호증의 1 내지 9, 소갑 제13호증의 1 내지 7, 소갑 제14호증의 1 내지 21, 소갑 제15호증의 1 내지 6, 소갑 제22호증의 1 내지 4, 소을 제1호증, 소을 제5호증, 소을 제13 내지 19호증, 소을 제23호증의 각 기재와 원심증인 손원규, 한화섭의 각 증언에 원심법원의 현장검증결과 및 변론의 전취지를 보태보면 소명된다.

가. 신청외 주식회사 풍성(이하 신청외 회사라 한다)은 구미시 공단동 253 대 3,413㎡와 같은 동 253의 1 대 1,322㎡를 매수하여 그 지상에 풍성월드쇼핑프라자를 건축하기 위하여 1991. 2. 27. 피신청인에게 별지 목록 기재의 지하 3층, 지상 7층의 판매시설, 근린생활시설 및 운동시설과 높이 41.46㎡의 철골조 주차타워(이하 이 사건 건물이라 한다)에 대한 공사(이하 이 사건 공사라 한다)를 공사대금 16,500,000,000원과 이에 대한 부가가치세 1,650,000,000원을 포함한 합계 18,150,000,000원에 도급주었다.

나. 신청외 회사와 피신청인은 위 도급계약을 체결하면서 공사기간은 1991. 2. 28.부터 1992. 10. 31.까지, 하자보수보증금율은 2%, 지체상금율은 1/1,000일, 대금지급방법은 기성부분에 대한 검사를 거쳐 산출한 기성금액을 9회에 걸쳐 지급하기로 하며 공사대금을 지체할 경우 지급기일 다음날부터 지급하는 날까지 시중은행의 연체이율에 의한 지연이자를 지급하기로 약정하였다.

다. 신청외 회사는 위 도급계약체결 이전인 1991. 1.경부터 위 풍성월드쇼핑프라자의 점포를 일반에게 분양하여 총 점포 372개 중 313개를 분양하고 수분양자 304명으로부터 분양대금으로 합계 18,200,000,000원을 지급받았다.

라. 그런데 피신청인이 신청외 회사에 대하여 이 사건 공사 도급계약에 의한 기성고에 따른 공사대금의 지급을 요구하자, 신청외 회사는 1992. 6. 23. 이 사건 건물이 있는 대지에 대하여 채권최고액 5,000,000,000원의 근저당권을 설정하여 주고, 부가가치세를 포함하여 공사대금의 일부로 피신청인에게 합계 8,333,309,360원만을 지급한 채 공사기성에 따른 대금을 제 때에 지급하지 아니하고, 이 사건 건물에 하자가 많다는 등의 이유를 들어 나머지 공사대금의 지급을 거절하였고, 이에 피신청인은 1992. 7. 1.경 그 때까지의 공사대금완불을 요구하며 이 사건 공사를 중단하기에 이르렀으며, 더구나 같은 해 9.경에는 신청외 회사가 부도가 나게 됨으로써 공사가 완전히 중단되었다.

마. 이 사건 공사가 오랫동안 중단된 채 공사가 진행되지 아니하자 위 풍성월드쇼핑프라자의 수분양자들은 분양자대책위원회를 조직하여 신청외 회사와 피신청인 사이에 공사재

개를 위하여 노력하던 중 1993. 10. 30.경 위 3자 사이에, 신청외 회사는 피신청인에게 미분양 점포 39개를 양도하고, 피신청인은 같은 해 11. 9.부터 이 사건 공사를 재개하여 1994. 9. 15. 준공하기로 하며, 분양자대책위원회에서는 정상적인 공사진행이 되면 그 진척도에 따라 준공시까지 공사대금으로 4차례에 걸쳐 합계 800,000,000원을 피신청인에게 직접 지급하기로 약정하고, 피신청인은 1993. 11. 3.경 이 사건 공사를 재개하였다.

바. 그러나 피신청인은 신청외 회사가 위 공사재개약정에 따른 공사대금을 지급하지 아니한다는 이유로, 신청외 회사는 피신청인이 정상적으로 공사를 진행하지 아니할 뿐 아니라 이 사건 건물에 하자가 많다는 이유로, 서로 공사대금의 지급과 정상적인 공사진행 및 하자보수를 수차례 요구하면서 대립을 거듭하던 끝에 피신청인은 1994. 10. 9.경 다시 이 사건 공사의 중단을 통보하기에 이르렀고, 이에 대항하여 신청외 회사는 같은 해 11. 7.경 피신청인에 대하여 이 사건 공사 도급계약의 해지통보를 한 이래 지금까지 공사가 진행되지 아니하고 있다.

사. 그러자 위 분양자대책위원회는 1995. 1. 11.경 신청인 회사를 설립하여 같은 해 1. 16. 신청외 회사로부터 이 사건 공사와 관련한 일체의 권한을 위임받아 같은 해 1. 18. 건축주명의를 신청외 회사에서 신청인으로, 공사 시공자를 피신청인에서 신청외 태흥종합건설 주식회사로 변경신고를 하고, 이 사건 공사를 위 태흥종합건설 주식회사에 도급주어 다시 공사를 진행하려 하자 피신청인과의 사이에 이 사건 건물의 점유를 둘러싸고 분쟁이 생기게 되었다.

아. 그러자 피신청인은 1995. 2. 11. 신청인과 신청외 회사 및 위 태흥종합건설 주식회사를 상대로 대구지방법원 김천지원 95카합51호로 이 사건 건물에 대한 유치권 및 점유권에 기한 점유방해배제청구권을 피보전권리로 하여 점유방해금지가처분신청을 하여 위 지원으로부터 같은 해 3. 17.자로 "신청인과 신청외 회사 및 위 태흥종합건설 주식회사는 실력으로써 이 사건 건물에 들어가거나 기타 피신청인의 이 사건 건물에 대한 점유사용을 방해하여서는 아니된다. 집달관은 위 취지를 적당한 방법으로 공시하여야 한다."는 내용의 점유방해금지가처분결정을 받아 피신청인이 지금까지 이 사건 건물을 점유해 오고 있다.

2. 신청인의 주장

신청인은 이 사건 가처분 신청에 대한 피보전권리와 그 보전의 필요성에 관하여 아래와 같이 주장한다.

가. 피보전권리

신청외 회사는 이 사건 공사의 도급인으로서 도급계약에 따라 피신청인에게 공사대금을 지급함과 동시에 피신청인으로부터 이 사건 건물을 인도받을 수 있는 권리를 가진 자이고, 위 분양자대책위원회는 위 1993. 10. 30.자 약정에 의하여 신청외 회사를 대신하여 공사대금을 피신청인에게 직불하기로 한 후, 위 분양자대책위원회가 신청인 회사를 설립하여 이 사건 공사와 관련한 권한 일체와 함께 이 사건 공사의 건축주명의를 신청외 회사에서 신청인으로 변경하는 것에 대하여 신청외 회사로부터 동의를 받았으므로 신청인은 이 사건 공사의 도급인 신청외 회사의 지위를 승계한 자라 할 것인데, 이 사건 공사 도급계약이 해지되었으므로 피신청인은 이 사건 공사 도급계약의 도급인의 지위를 승계한 신청인으로부터 이 사건 공사의 기성고 부분에 해당하는 공사대금을 지급받음과 동시에 신청인에게 이 사건 건물을 인도할 의무가 있다.

　나. 보전의 필요성

　　신청인은 풍성월드쇼핑프라자 점포의 300명이 넘는 수분양자들이 설립한 회사로서 위 수분양자들은 분양대금으로 신청외 회사에게 모두 18,200,000,000원이나 지급하였는데 이 사건 공사가 준공예정일보다 무려 3년이나 지나도록 공사가 중단되어 현재까지 공사가 완성되지 아니한 탓으로 수분양자들로서는 분양대금을 지급하고서도 점포를 분양받지 못하고 이로 인하여 3년 이상이나 장사를 하지 못함으로써 막대한 손해를 입고 있으며 앞으로도 계속하여 손해를 입을 가능성이 매우 높은데다 위 풍성월드쇼핑프라자의 규모, 이 사건 공사의 기성비율, 완공시까지의 기간 및 비용, 공사가 중단됨으로 위 수분양자들이 입는 손해의 정도 등 제반사정을 감안하여 보면, 신청인이 본안승소판결을 기다림이 없이 즉시 피신청인에 대하여 이 사건 건물의 인도와 아울러 이 사건 공사속행에 대한 방해금지를 구할 긴급한 필요가 있다.

3. 가처분의 저촉 문제에 대한 판단

　가. 가처분의 저촉

　　피신청인이 1995. 3. 17.자로 신청인과 신청외 회사 및 위 태흥종합건설 주식회사를 상대로 하여 이 사건 건물에 대한 점유방해금지가처분결정(이하 1차 가처분이라 한다)을 받은 사실은 위 1. 아.항에서 본 바와 같고, 신청인은 같은 해 4. 1.자로 피신청인을 상대방으로 하여 1차 가처분에 저촉되는 신청취지와 같은 이 사건 가처분신청(이하 2차 가처분이라 한다)을 하고 있다.

　나. 1차 가처분의 효력

　　일정한 행위에 대한 방해의 금지를 명하는 유형의 1차 가처분은 단지 상대방에 대하여 일정한 방해행위의 금지를 명하는 것에 그치는 것이 아니고 상대방으로 하여금 가처분을 신청한 사람이 일정한 행위를 하는 것을 잠정적으로 인용·감수하도록 하는 것을 전제로 한 것으로서 그러한 내용을 포함하여 발령된 것으로 보아야 할 것이므로 가처분을 신청한 사람은 상대방으로부터 실력에 의하여서만이 아니라 법적 수단인 가처분에 의하여서도 방해받지 아니하고 일정한 행위를 할 수 있는 법률상의 지위를 임시로 부여받는 것이라 할 것이다.

　다. 2차 가처분의 위법성

　　적어도 동일한 당사자 사이에 있어 후행 가처분이 선행 가처분 명령의 내용을 폐지·변경 또는 그 집행의 제거를 목적으로 하는 것으로 인정될 때에는 가처분 제도의 기능을 유지한다는 점에서 보아 후행 가처분을 위법하다고 보아야 할 것인데, 신청인은 피신청인의 신청인에 대한 1995. 3. 17.자 1차 가처분 자체에 대하여는 이의를 제기하여 다투거나 본안을 제기하라는 제소명령도 하지 아니한 채, 같은 해 4. 1.자로 1차 가처분을 폐지·변경하거나 그 집행의 제거를 목적으로 하는 2차 가처분 신청을 하고 있다 할 것이다.

4. 결 론

　그렇다면 신청인의 피신청인에 대한 이 사건 2차 가처분은 1차 가처분과 사이의 내용이나 그 신청 시기 등에 비추어 부적법하므로 나머지 점에 관하여 더 나아가 살필 필요 없이 이를 각하하여야 할 것인바, 원심판결은 이와 결론을 달리하여 부당하므로 피신청인의 항소를 받아들여 이를 취소하고 신청인의 이 사건 가처분 신청을 각하하며, 2차 가처분이 적법함을 전제로 보증보험증권에 의한 담보제공을 명하여 달라는 원심판결에 대한 신청인의 항소는 이유 없으므로 이를 기각하고, 소송비용은 1, 2심을 통하여 모두 패소자인 신청인의 부담으로 하여 주문과 같이 판결한다.

[별지 생략]

판사 이광렬(재판장) 주호영 김제식

[판례 87] 제3자이의 (서울북부지법 2008. 11. 21. 선고 2008가합2337 판결)

【판시사항】

집합건물의 전유부분과 대지지분에 관하여 소유권 취득의 실질적 요건을 갖추었지만 대지지분에 관하여는 아직 소유권이전등기를 마치지 못한 수분양자 등이, 집합건물의 대지에 관한 강제집행이 권리남용에 해당하여 허용되지 않는 경우에 그 배제를 위하여 제3자이의의 소를 제기할 수 있는지 여부(적극)

【판결요지】

집합건물의 건축자로부터 전유부분과 대지지분을 함께 분양의 형식으로 매수하여 그 대금을 모두 지급함으로써 소유권 취득의 실질적 요건은 갖추었지만 전유부분에 관한 소유권이전등기만 마치고 대지지분에 관하여는 아직 소유권이전등기를 마치지 못한 수분양자는 집합건물의 소유 및 관리에 관한 법률 제2조 제6호에 정한 구분소유자가 전유부분을 소유하기 위하여 건물의 대지에 대하여 가지는 권리인 대지사용권을 가지고, 수분양자로부터 전유부분과 대지지분을 다시 매수하거나 증여 등의 방법으로 양수하거나 전전 양수한 자 역시 당초 수분양자가 가졌던 이러한 대지사용권을 취득하므로, 집합건물의 대지에 관한 강제집행이 권리남용에 해당하여 허용되지 않는 경우 위 수분양자 등은 이로써 강제집행 신청인에게 대항할 수 있어 강제집행의 배제를 구하기 위하여 그 신청인을 상대로 제3자이의의 소를 제기할 수 있다.

【참조조문】

민사집행법 제48조 제1항, 집합건물의 소유 및 관리에 관한 법률 제2조 제6호, 제20조

【참조판례】

대법원 2000. 11. 16. 선고 98다45652, 45669 전원합의체 판결(공2001상, 39)

【전 문】

【원 고】 원고 1외 458인(소송대리인 변호사 박영훈)
【피 고】 피고 주식회사(소송대리인 법무법인 화우 담당변호사 정진수외 1인)
【변론종결】 2008. 10. 17.

【주   문】

1. 피고가 소외 1 주식회사에 대한 서울중앙지방법원 1999. 5. 4. 선고 98가단221058호 판결의 집행력 있는 정본에 기하여 2007. 10. 16. 별지 부동산 목록 기재 각 부동산에 대하여 한 강제집행을 불허한다.
2. 이 법원이 2008카기385호 강제집행정지 신청사건에 관하여 2008. 4. 16. 한 강제집행정지결정을 인가한다.
3. 소송비용은 피고가 부담한다.
4. 제2항은 가집행할 수 있다.

【청구취지】

주문과 같다.

【이   유】

1. 기초 사실

다음의 사실은 당사자 사이에 다툼이 없거나, 갑 제1호증의 1 내지 11, 갑 제2, 3, 4, 6, 7, 8, 10호증, 갑 제9호증의 1, 2의 각 기재에 변론 전체의 취지를 종합하면 이를 인정할 수 있다.

가. 소외 1 주식회사는 주택건설사업을 시행할 목적으로 1994. 1. 8. 별지 부동산 목록 제1 내지 11항 기재 각 부동산(이하 순차로 '이 사건 제1 내지 11부동산'이라 한다)에 관하여 소유권이전등기를 마친 다음, 1995. 5. 31. 소외 2 주식회사와 사이에 이 사건 제1 내지 11부동산 지상에 아파트를 신축하는 공사를 소외 2 주식회사가 시공하기로 하는 공사계약을 체결하였다.

나. 소외 1 주식회사는 노원구청장으로부터 1995. 6. 12. 이 사건 제1 내지 11부동산 지상에 453세대의 아파트(이하 '이 사건 아파트'라 한다)를 신축하는 내용의 주택건설사업계획 승인을 받은 다음, 1995. 6. 26. 입주자모집공고승인을 받았다.

다. 소외 2 주식회사가 1999년 4월경 이 사건 아파트의 신축공사를 완공하자, 소외 1 주식회사는 1999. 5. 15.경 이 사건 아파트에 대한 임시사용승인을 받아 분양대금을 완납한 수분양자들을 이 사건 아파트에 입주시켰으나, 사업계획승인조건 중 사업부지 내 구유지 매입 및 도로부지 기부채납 등 일부 사항을 이행하지 못하여 현재까지 사용승인을 받지 못하고 있다.

라. 원고들은 소외 1 주식회사로부터 이 사건 아파트의 전유부분 및 그 대지지분을 분양받은 수분양자이거나 수분양자로부터 이 사건 아파트의 전유부분 및 그 대지지분을 양도 또는 전전 양도받은 자로서 이 사건 아파트의 전유부분에 관하여는 소유권이전등기를 마쳤지만, 이 사건 제1 내지 11부동산에 대한 대지지분에 관하여는 소유권이전등기를 마치지 못하였다.

마. 구 주택건설촉진법(2003. 5. 29. 법률 제6916호 주택법으로 전문 개정되기 전의 것, 이하 '구 주택건설촉진법'이라 한다) 제32조의3 제3항은, 사업주체는 입주자모집공고승인신청 전에 당해 주택건설대지는 당해 주택을 공급받는 자들의 동의 없이는 양도 또는 제한물권을 설정하거나 압류·가압류·가처분 등이 될 수 없는 재산임을 소유권등기에

부기등기하여야 한다고 규정하고, 제4항은, 제3항의 규정에 의한 부기등기일 후에 당해 대지를 양수 또는 제한물권을 설정받거나 압류·가압류·가처분 등을 한 경우에는 그 효력을 무효로 한다고 규정하고 있는데, 이 사건 제1 내지 5, 7 내지 11부동산에 관하여 2003. 5. 30. 구 주택건설촉진법 제32조의3 제3항에서 정한 금지사항 부기등기(이하 '이 사건 부기등기'라 한다)가 마쳐졌다.

바. 한편, 주식회사 소외 3 주식회사는 1997. 11. 5. 소외 4에게 1,336,800,000원의 어음할인대출을 하여 주면서 소외 4로부터 소외 1 주식회사 발행의 액면금 1,000,000,000원권 약속어음 1장과 액면금 500,000,000원권 약속어음 1장을 배서양도받았다.

사. 소외 3 주식회사는 소외 1 주식회사에 대한 1,336,800,000원의 어음금채권을 피보전권리로 하여 소외 1 주식회사를 상대로 이 법원 97카단24274호로 소외 1 주식회사 소유의 이 사건 제1 내지 11부동산에 대하여 가압류신청을 하여, 1997. 12. 20. 이 법원으로부터 이 사건 제1 내지 11부동산을 가압류한다는 내용의 가압류결정(이하 '이 사건 가압류결정'이라 한다)을 받았다.

아. 그 후 소외 3 주식회사는 소외 1 주식회사를 상대로 서울중앙지방법원 98가단221058호로 어음금 청구소송을 제기하여, 위 법원이 1999. 5. 4. 소외 1 주식회사는 소외 3 주식회사에게 1,336,800,000원 및 이에 대하여 1997. 11. 15.부터 1998. 9. 16.까지는 연 6%, 그 다음날부터 다 갚는 날까지는 연 25%의 각 비율에 의한 금원을 지급하라는 판결을 선고하여, 위 판결이 1999. 5. 28. 확정되었다.

자. 피고는 2004. 8. 18. 소외 5 주식회사와 사이에 소외 3 주식회사의 매각대상채권의 입찰 및 권리양도양수 업무를 소외 5 주식회사가 대행하기로 하는 내용의 컨설팅계약을 체결하였다.

차. 소외 5 주식회사는 위 컨설팅계약에 따라 2004. 8. 19. 소외 3 주식회사로부터 위 서울중앙지방법원 98가단221058호 판결에 의한 채권을 포함하여 소외 3 주식회사의 소외 4에 관한 4,145,754,406원(원금 1,814,796,908원 + 이자 2,330,957,498원)의 채권을 양도받은 다음, 2004. 9. 10. 피고에게 위 4,145,754,406원의 채권을 대금 13,382,378원에 양도하였다.

카. 피고는 2007. 10. 12. 위 서울중앙지방법원 98가단221058호 판결의 집행력 있는 정본에 기하여 이 법원 2007타경23487호로 이 사건 제1 내지 11부동산에 대하여 부동산강제경매신청을 하여, 2007. 10. 16. 이 법원으로부터 이 사건 가압류를 본압류로 전이하는 강제경매개시결정을 받았다.

타. 원고들은 2008. 3. 31. 이 사건 소송을 제기함과 아울러 이 법원 2008카기385호로 위 서울중앙지방법원 98가단221058호 판결의 집행력 있는 정본에 기하여 2007. 10. 16. 이 사건 제1 내지 11부동산에 대하여 한 강제집행의 정지를 구하는 신청을 하여, 2008. 4. 16. 이 사건 판결선고시까지 위 강제집행을 정지한다는 결정을 받았다.

2. 강제집행의 허용 여부

가. 권리남용 여부

확정판결에 기한 집행이 현저히 부당하고 상대방으로 하여금 그 집행을 수인하도록 하는 것이 정의에 반함이 명백하여 사회생활상 용인할 수 없다고 인정되는 경우에는 그 집행은 권리남용으로서 허용되지 아니한다(대법원 1997. 9. 12. 선고 96다4862 판결 참조).

이 사건에 관하여 보건대, 갑 제1호증의 1 내지 11, 갑 제3, 10호증의 각 기재에 변론 전체의 취지를 종합하여 인정되는 다음과 같은 사정, 즉 ① 소외 1 주식회사가 이 사건 아파트를 신축하는 주택건설사업을 진행하다가 부도를 내어 소외 2 주식회사가 위 주택건설사업의 진행을 실질적으로 대행하게 되었고, 그 과정에서 소외 1 주식회사로부터 이 사건 아파트의 전유부분 및 그 대지지분을 분양받은 수분양자들은 소외 2 주식회사의 시공책임을 신뢰하여 분양대금을 성실하게 완납하고 1999. 5. 15.경 임시사용승인에 따라 입주하여 현재까지 9년 이상 거주하여 온 점, ② 소외 3 주식회사는 이 사건 가압류결정을 받은 다음 위 서울중앙지방법원 98가단221058호로 어음금 청구소송을 제기하여 승소판결을 선고받아 그 판결이 1999. 5. 28. 확정되었음에도 강제집행 등 권리행사를 하지 아니하였을 뿐만 아니라, 소외 1 주식회사의 다른 채권자들도 피고가 강제집행을 신청할 때까지 이 사건 아파트의 부지인 이 사건 제1 내지 11부동산에 대하여 강제집행 등을 통한 직접적인 권리행사를 하지 아니하였는데, 그 배경에는 소외 1 주식회사의 채권자들 사이에 분양계약에 따라 시공사에 협력하여 분양대금을 성실하게 완납하고 입주한 수분양자들의 분양권 확보에 관한 신뢰를 보호하여 권리행사를 자제하는 데 대한 묵시적 양해 내지 배려가 형성되어 있다고 볼 여지가 있는 점, ③ 피고는 채권매매 및 중개·자산관리 등을 목적으로 하는 회사로서 이 사건 아파트의 분양 및 입주관계에 대하여 잘 알 수 있는 지위에 있는 점, ④ 그럼에도 피고는 2005. 9. 29. 위 서울중앙지방법원 98가단221058호 판결의 집행력 있는 정본에 기하여 이 법원 2005타경30153호로 이 사건 아파트의 일부 전유부분에 대하여 부동산강제경매를 신청하면서 그 신청서에 위 일부 전유부분이 마치 분양되지 아니한 것처럼 허위로 기재한 점, ⑤ 그러자 위 일부 전유부분의 소유자들이 피고를 상대로 이 법원 2006가합221호로 위 강제집행의 불허를 구하는 제3자이의 청구소송을 제기하여 2006. 4. 20. 패소판결을 선고받고, 이에 불복하여 서울고등법원 2006나46522호로 항소를 제기하여, 위 법원이 2007. 2. 16. 위 제1심판결을 취소하고 위 일부 전유부분의 소유자들의 청구를 인용하는 판결을 선고하였으며, 피고가 이에 불복하여 대법원 2007다20396호로 상고를 제기하였으나, 대법원은 2007. 8. 23. 피고의 위 강제집행이 신의성실의 원칙이나 공평의 관념에 위배되어 허용될 수 없다는 이유로 피고의 상고를 기각하는 판결을 선고하여 위 판결이 확정된 점, ⑥ 위 제3자이의 청구소송에서 패소확정되자, 피고는 비로소 원고들이 이 사건 제1 내지 11부동산에 관하여 소유권이전등기를 마치지 못하였음을 기화로 2007. 10. 12. 이 사건 제1 내지 11부동산에 대하여 다시 강제집행을 신청한 점, ⑦ 피고는 2004. 9. 10. 소외 5 주식회사로부터 위 서울중앙지방법원 98가단221058호 판결에 의한 채권을 포함하여 소외 3 주식회사의 소외 4에 관한 4,145,754,406원(원금 1,814,796,908원 + 이자 2,330,957,498원)의 채권을 불과 13,382,378원에 양수하였는데, 이 법원 2006가합221호 제3자이의 청구소송의 계속중 위 일부 전유부분의 소유자들 일부로부터 위 양수대금 13,382,378원의 6배를 초과하는 85,000,000원을 지급받은 점, ⑧ 이 사건 제1 내지 5, 7 내지 11부동산에 관하여 2003. 5. 30. 이 사건 부기등기가 마쳐짐으로써 이 사건 제1 내지 5, 7 내지 11부동산에 대하여 소외 1 주식회사의 채권자들의 권리행사가 제한되어 원칙적으로 압류를 할 수 없음에도, 소외 3 주식회사가 그 권리행사를 자제해 온 이 사건 가압류결정이 있음을 기화로 피고가 2007. 10. 16. 이 사건 제1 내지 11부동산에 관하여 이 사건 가압류를 본압류로 전이하는 강제경매개시결정을 받은 점 등에 비추어 보면, 피고가 이 사건 가압류결정을 이용하여 한 강제집행은 현저히 부당하고 원고들로 하여금 그 집행을 수인하도록 하는 것이 정의에 반함이 명백하여 사회생활상 용인할 수 없다고 봄이 상당하므로 위 강제집행은 권리남용으로서 허용되지 아니한다.

나. 원고들이 제3자이의 소를 제기할 수 있는지 여부

(1) 집합건물의 건축자로부터 전유부분과 대지지분을 함께 분양의 형식으로 매수하여 그 대금을 모두 지급함으로써 소유권 취득의 실질적 요건은 갖추었지만 전유부분에 관한 소유권이전등기만 마치고 대지지분에 관하여는 아직 소유권이전등기를 마치지 못한 자는 매매계약의 효력으로써 전유부분의 소유를 위하여 건물의 대지를 점유·사용할 권리가 있고, 매수인의 지위에서 가지는 이러한 점유·사용권은 단순한 점유권과는 차원을 달리하는 본권으로서 집합건물의 소유 및 관리에 관한 법률 제2조 제6호에서 정한 구분소유자가 전유부분을 소유하기 위하여 건물의 대지에 대하여 가지는 권리인 대지사용권에 해당한다 할 것이고, 수분양자로부터 전유부분과 대지지분을 다시 매수하거나 증여 등의 방법으로 양수받거나 전전 양수받은 자 역시 당초 수분양자가 가졌던 이러한 대지사용권을 취득하는바(대법원 2000. 11. 16. 선고 98다45652, 45669 전원합의체 판결 참조), 앞서 본 바와 같이, 소외 1 주식회사로부터 이 사건 아파트의 전유부분 및 그 대지지분을 분양받은 수분양자이거나 수분양자로부터 이 사건 아파트의 전유부분 및 그 대지지분을 양도 또는 전전 양도받은 원고들은 이 사건 제1 내지 11부동산에 대하여 대지사용권을 가진다 할 것이다.

(2) 한편, 피고가 이 사건 가압류결정을 이용하여 한 강제집행이 권리남용에 해당하여 허용되지 아니함은 앞서 본 바와 같고, 특히 구 주택건설촉진법 제32조의3의 규정취지는 입주자모집공고승인 후에 주택을 공급받는 자들을 보호하기 위하여 원칙적으로 그 승인 이전에 주택건설대지에 관한 금지사항 부기등기를 마치도록 하고, 그 후에는 주택을 공급받는 자들의 동의가 없는 한 주택건설대지에 관한 처분행위를 금지하는 한편, 처분금지의 대상이 되는 처분행위에 의한 물권변동의 효력 내지 압류·가압류·가처분 등의 효력을 부정하는 것이어서, 금지사항 부기등기가 마쳐진 주택건설대지에 관하여는 처분금지의 대상이 되는 처분행위를 원인으로 한 등기 내지 압류·가압류·가처분 등이 허용될 수 없는바(대법원 2004. 11. 26. 선고 2004다46649 판결 참조), 앞서 본 바와 같이, 비록 이 사건 제1 내지 11부동산에 관하여 1997. 12. 20. 이 사건 가압류결정이 있고, 이 사건 제1 내지 5, 7 내지 11부동산에 관하여 2003. 5. 30. 이 사건 부기등기가 마쳐진 이후인 2007. 10. 16. 이 사건 제1 내지 11부동산에 관하여 이 사건 가압류를 본압류로 전이하는 강제경매개시결정이 있었지만, 이 사건 가압류결정을 이용하여 한 강제집행이 권리남용에 해당하는 이상 이 사건 가압류결정에 터잡은 이 사건 제1 내지 5, 7 내지 11부동산에 대한 강제집행은 이 점에 있어서도 허용될 수 없다.

(3) 따라서 이 사건 제1 내지 11부동산에 대하여 대지사용권을 가지고 있는 원고들로서는 이로써 피고에게 대항할 수 있어 위 강제집행의 배제를 구하기 위하여 피고를

상대로 제3자이의의 소를 제기할 수 있다고 봄이 상당하므로, 피고가 소외 1 주식회사에 대한 위 서울중앙지방법원 98가단221058호 판결의 집행력 있는 정본에 기하여 2007. 10. 16. 이 사건 제1 내지 11부동산에 대하여 한 강제집행은 불허되어야 한다.

3. 결 론

그렇다면 원고들의 이 사건 청구는 이유 있으므로 이를 모두 인용하기로 하여 주문과 같이 판결한다.

[별 지] 부동산 목록 : (생략)

판사 이재영(재판장) 성원제 심현주

[판례 88] 채무부존재확인 (서울고법 2008. 11. 27. 선고 2008나33513 판결)

【판시사항】

[1] 공익사업의 시행자가 이주자들을 위한 이주대책으로서 이주정착지에 택지를 조성하거나 그 지상에 주택을 건설하여 공급하는 경우, 이주자들에게 분양받을 택지의 소지(소지)가격, 택지조성비, 건축원가 이외의 비용을 부담시킬 수 있는지 여부(소극)

[2] 공익사업의 시행자가 이주대책의 일환으로 민간건설회사가 건축하여 분양하는 아파트를 특별공급받게 하는 경우, 그 아파트의 공급가격 결정에 관하여 공익사업을 위한 토지 등의 취득 및 보상에 관한 법률 제78조 제4항이 적용될 수 있는지 여부(소극)

【판결요지】

[1] 공익사업을 위한 토지 등의 취득 및 보상에 관한 법률 제78조 제1항, 제4항에 따라 사업시행자가 이주자들을 위한 이주대책으로서 이주정착지에 택지를 조성하거나 그 지상에 주택을 건설하여 공급하는 경우, 그 이주정착지에 대한 도로, 급수 및 배수시설 기타 공공시설 등 당해 지역조건에 따른 생활기본시설을 설치하여야 함은 물론 그 공공시설 등의 설치비용은 사업시행자가 부담하는 것으로서 이를 이주자들에게 전가할 수 없으며, 이주자들에게는 다만 분양받을 택지의 소지(소지)가격 및 택지조성비, 그리고 그 지상에 주택을 건설하여 공급하는 경우 건축원가만을 부담시킬 수 있다.

[2] 공익사업의 시행자가 그 소유 주택 또는 토지 등이 공익사업에 따른 도로구역에 편입됨에 따라 생활근거지를 잃게 된 사람들에 대한 이주대책으로 새로운 이주택지를 조성하여 공급하는 대신, 이주대책대상자의 적극적인 요구에 의하여 민간건설회사가 건축하여 분양하는 아파트를 특별공급받거나 이주정착금을 수령하도록 선택의 기회를 제공하였고, 그에 따라 이주대책대상자들이 일반분양가와 동일한 분양가로 위 아파트의 특별공급을 신청한 사안에서, 그와 같은 주택의 특별공급은 공익사업을 위한 토지 등의 취득 및 보상에 관한 법률 제78조 제1항에서 정한 이주대책에 갈음하는 성질을 가지는 점, 사업시행자가 민간건설회사의 분양가격 결정에 있어 어떤 영향력도 행사할 수 없는 점, 이주대책대상자에게

공급되는 민영주택의 부지가 같은 법 제78조 제4항에서 말하는 '이주정착지'에 해당한다고 볼 수 없는 점, 사업시행자는 특별공급주택의 수량, 특별공급대상자의 선정 등에 있어 재량을 가지는 점, 위 아파트의 특별공급이 주택법 및 주택공급에 관한 규칙과 같이 공익사업을 위한 토지 등의 취득 및 보상에 관한 법률과 별도의 법령에 터 잡아 이루어진 점 등에 비추어 보아 위 아파트 공급가격의 결정에 관하여 같은 법 제78조 제4항이 적용될 여지가 없다.

【참조조문】

[1] 공익사업을 위한 토지 등의 취득 및 보상에 관한 법률 제78조 제1항, 제4항 [2] 공익사업을 위한 토지 등의 취득 및 보상에 관한 법률 제78조 제1항, 제4항, 공익사업을 위한 토지 등의 취득 및 보상에 관한 법률 시행령 제40조, 제41조, 공익사업을 위한 토지 등의 취득 및 보상에 관한 법률 시행규칙 제53조, 주택공급에 관한 규칙 제19조 제1항 제3호 (바)목, 제2항

【참조판례】

[1] 대법원 1994. 5. 24. 선고 92다35783 전원합의체 판결(공1994하, 1779)
대법원 2002. 3. 15. 선고 2001다67126 판결(공2002상, 886)

【전 문】

【원고, 항 소 인】 원고 1외 20인(소송대리인 법무법인 산하 담당변호사 이민종)
【피고, 피항소인】 피고 1 주식회사외 1인(소송대리인 법무법인 효원외 1인)
【제1심판결】 수원지법 성남지원 2008. 1. 30. 선고 2006가합10756
【변론종결】 2008. 10. 30.

【주 문】

1. 원고들의 항소를 모두 기각한다.
2. 항소비용은 원고들의 부담으로 한다.

【청구취지 및 항소취지】

제1심판결을 취소하고, 주위적으로, 피고 1 주식회사는 원고들에게 별지 계산표 ⑫항 각 청구금액란 기재 금원 및 위 각 금원에 대하여 제1심판결이 선고된 다음날부터 다 갚는 날까지 연 20%의 비율에 의한 금원을 지급하고, 예비적으로, 피고 성남시는 원고들에게 같은 계산표 ⑫항 각 청구금액란 기재 각 금원 및 위 각 금원에 대하여 제1심판결이 선고된 다음날부터 다 갚는 날까지 연 20%의 비율로 계산한 돈을 지급하라는 판결.

【이 유】

1. 기초 사실

아래 각 사실은 당사자들 사이에 다툼이 없거나, 갑 제1호증 내지 갑 제23호증, 을나 제4, 5, 7, 8, 11호증, 을나 제6, 9, 10호증의 각 1, 2의 각 기재에 변론 전체의 취지를 종합하면 이를 인정할 수 있다.

가. 당사자의 지위

원고들은 성남시 수정구 태평3동과 신흥동 일대에 있는 건물에 거주하는 주민들이고, 피고 1 주식회사(이하 '피고 회사'라고 한다)는 성남시 판교택지 개발지구 15-1 블록에 위 택지개발사업의 시행으로 건립되는 ○○○○○아파트(이하 '이 사건 아파트'라고 한다)를 건축하여 분양하는 회사이며, 피고 성남시(이하 '피고시'라고 한다)는 원고들이 거주하는 위 일대에 공원로 확장공사(이하 '이 사건 공익사업'이라고 한다)를 시행한 자치단체이다.

나. 피고시의 이 사건 공익사업의 시행과 이주대책공고

피고시는 2006. 2. 6. 성남시고시 제2006-14호로 피고시 중원구 중동에 있는 공원터널에서 같은 구 태평동 소재 현충탑에 이르는 1.6㎞ 구간의 공원로를 6차선에서 8차선으로 확장하는 내용의 이 사건 공익사업을 하기로 결정하였고, 2006. 3. 21. 위 공사의 도로구역에 편입됨에 따라 그 소유 주택 또는 토지 등이 수용됨으로써 생활근거지를 잃게 된 원고들에게 공익사업을 위한 토지 등의 취득 및 보상에 관한 법률(이하 '공익사업법'이라고 한다)에서 정한 이주대책과 관련하여 공익사업법 제70조, 동법 시행령 제40조 및 주택공급에 관한 규칙 제19조 등을 근거로, ① 이주대책 기준일을 2006. 2. 6.로 정하고, ② 이주대책의 내용으로 가옥소유자의 경우 성남판교택지개발지구 내 85㎡ 이하 분양아파트입주권 또는 이주정착금을, 세입자의 경우 위 지구 내 60㎡ 이하 분양아파트입주권 또는 주거이전비 중 하나를 선택하도록 하며, ③ 이주대상자 신청기간을 2006. 3. 28.부터 같은 해 4. 3.까지로 정하고, ④ 이주대책대상자 신청을 완료한 사람에 한하여 위 분양아파트 입주권에 대한 특별공급을 신청할 수 있고, 특별공급 신청을 하는 사람은 2006. 4. 12.부터 같은 달 13.까지 대한주택공사에 특별공급신청을 하여야 한다는 등의 내용으로 이 사건 공익사업과 관련한 이주대책공고를 하였다.

다. 원고들의 특별공급신청과 분양계약의 체결

원고들은 위 이주대책공고에 따른 이주대책대상자로 결정된 후 위 분양아파트 입주권에 대한 특별공급신청을 하였고, 2006. 5. 10.부터 2006. 5. 15.까지 사이에 분양자인 피고 회사와 사이에 성남판교택지개발지구 내 위 피고 회사가 건설·분양하는 아파트 중 1세대씩(이하 '이 사건 각 아파트'라고 한다)에 관하여 그 분양대금을 일반분양가와 동일한 별지 계산표 ⑨항 계약서상 분양금액란 기재 각 금액으로 하여 각 아파트분양계약을 체결한 후, 별지 계산표 ⑩항 기지급 분양금란 기재 각 금액을 위 각 분양계약에 따른 분양대금으로 지급하였고, 한편 피고시는 원고들과 달리 특별공급신청을 하지 않고 이주정착금의 지급을 원한 이주대책대상자 15명에게는 1세대당 금 500만 원 또는 금 1,000만 원의 이주정착금을 지급하였다.

라. 특별공급의 경위 및 판교신도시 아파트에 대한 일반분양 실태

원고들을 비롯하여 이 사건 공익사업으로 인하여 주거용 건축물 등이 철거되는 해당 주민들은 2005. 8.경부터 피고시를 상대로 집단적인 시위를 벌이며 이주대책으로 많은 시세차익이 예상되는 판교지역의 아파트에 관한 특별분양권을 강력히 요청하였고, 결국 피고시는 새로운 이주택지를 조성하여 공급하는 대신 위와 같이 이 사건 각 아파트에 관한 특별분양권을 알선하는 방식을 취하였으며, 그 후 판교신도시에 건립되는 중소형 아파트에 대한 일반분양을 실시한 결과 지극히 높은 분양경쟁률을 보였고 특히 피고 회사가 공급한 이 사건 아파트의 경우에 일반분양 1,040가구분에 대하여 228,194명의

청약자가 몰렸으며, 당첨자들의 경우 금 1억 원 이상의 프리미엄을 누리게 되었다.
2. 당사자의 주장
 원고들은, 주위적으로는, 피고 회사가 사업시행자인 피고시로부터 주택의 특별공급을 요청받은 자로서 공익사업법 제78조 제4항에 따라 이주정착지에 대한 도로·급수시설·배수시설 그 밖의 공공시설 등 당해 지역조건에 따른 생활기본시설에 필요한 비용을 부담하여야 함에도 원고들과 이 사건 각 분양계약을 체결함에 있어 일반분양가와 동일한 금액을 분양대금으로 정하였는바, 이 사건 분양대금 중 별지 계산표 ⑧항 정당한 분양금액란 기재 각 금원을 초과한 부분은 강행규정인 위 공익사업법 제78조 제4항에 위반하여 무효이고 따라서 피고 회사는 그 초과 금액 중 일부인 별지 계산표 ⑫항 청구금액란 기재 각 금원 및 이에 대한 지연손해금을 원고들에게 반환할 의무가 있고, 예비적으로는 가사 피고 회사에 이러한 금전지급의무가 인정되지 않는다고 한다면, 피고시는 사업시행자로서 공익사업법 제78조 제4항에 따라 원고들에게 위 계산과 같은 돈을 부당이득으로 반환할 의무가 있다고 주장한다.
 이에 대하여 주위적 피고인 피고 회사는 자신은 공익사업법상의 시행자가 아니므로 원고들의 청구에 응할 수 없다고 다투고, 예비적 피고인 피고시는 ① 주택법에 따른 주택의 특별공급과 공익사업법에 따른 이주대책이나 이주정착금의 지급은 서로 갈음하는 관계에 있으므로, 주택법에 따른 주택의 특별공급을 선택한 경우 주택법 관련 규정의 적용을 받아 공익사업법 제74조 제4항의 적용이 배제되고, ② 그렇지 않다고 하더라도 원고들은 자신의 선택에 따라 이 사건 특별공급을 신청하였고 그로 인하여 이주정착금을 선택한 경우보다 훨씬 많은 경제적 이익을 얻었음에도 이 사건 청구를 하는 것은 신의칙에 반한 권리남용에 해당하므로 원고들의 청구에 응할 수 없다고 주장한다.
3. 쟁점에 대한 판단
 가. 피고 회사에 대한 청구에 관하여(이주대책에 따른 비용부담의 주체 여부)
  살피건대, 원고들은 공익사업법 규정에 근거하여 피고 회사에 대하여 부당이득금의 반환을 구하나, 공익사업법 제78조 소정의 이주대책의 수립·실시의무를 지는 주체는 사업시행자인데 피고 회사는 이 사건 공익사업의 시행자가 아니라 피고시로부터 이주대책 대상자인 원고들에게 주택을 특별공급할 것을 요청받아 원고들과 이 사건 각 분양계약을 체결한 것에 불과하고, 또 뒤에서 보는 바와 같은 이유로 이 사건 분양계약이 무효라고 보기도 어려우므로, 원고들의 이 부분 주장은 더 나아가 살펴볼 필요 없이 이유 없다.
 나. 피고시에 대한 청구에 관하여
  (1) 문제의 제기
   공익사업법 제78조 제1항은 '사업시행자는 공익사업의 시행으로 인하여 주거용 건축물을 제공함에 따라 생활의 근거를 상실하게 되는 자를 위하여 대통령령이 정하는 바에 따라 이주대책을 수립·실시하거나 이주정착금을 지급하여야 한다'라고 규정하고 있고, 또한 같은 법조 제4항은 "이주대책의 내용에는 이주정착지에 대한 도로·급수시설·배수시설 그 밖의 공공시설 등 당해 지역조건에 따른 생활기본시설이 포함되어야 하며, 이에 필요한 비용은 사업시행자의 부담으로 한다. 다만, 행정청이 아닌 사업시행자가 이주대책을 수립·실시하는 경우에 지방자치단체는 비용의 일부를 보조할 수 있다"고 규정함으로써 사업시행자는 이주자들을 위한 이주대책으로서 이주정착지에 택지를 조성하거나 그 지상에 주택을 건설하여 공급하는 경우 그 이주정착지에 대한 도로, 급수 및 배수시설 기타 공공시설 등 당해 지역조건에 따른 생활기본시설을 설치하여야 함은 물론 그 공공시설 등의 설치비용은 사업시행자가 부담하는 것으로서 이를 이주자들에게 전가할 수 없는 것이며, 이주자들에게는 다만 분양받을 택지의 소지가격 및 택지조성비, 그리고 그 지상에 주택을 건설하여 공급하는 경우 건축원가만을 부담시킬 수 있다고 할 것이고(대법원 1994. 5. 24. 선고 92다35783 판결, 대법원 2002. 3. 15. 선고 2001다67126 판결 등 참조), 한편 같은 법 시행령 제40조 제2항 단서에서 "사업시행자가 택지개발촉진법 또는 주택법 등 관계 법령에 의하여 이주대책대상자에게 택지 또는 주택을 공급한 경우(사업시행자의 알선에 의하여 공급한 경우를 포함한다)에는 이주대책을 수립·시행한 것으로 본다"고 규정하고 있으며, 주택공급에 관한 규칙 제19조 제1항 제3호 (바)목에 의하면 사업주체가 국민주택 등의 주택을 건설하여 공급하는 경우에 공익사업법 제4조에 따른 공익사업의 시행을 위하여 철거되는 주택이 철거되는 경우에는 국민주택 등을 특별공급할 수 있는 반면, 같은 조 제2항에 의하면 이 사건 아파트와 같이 민영주택을 건설하는 데에 있어서는 공익사업법 제4조에 따른 공익사업의 시행을 위하여 철거되는 주택이 철거되는 경우는 특별공급대상에 포함되지 않도록 규정하고 있으며, 다른 한편 피고시는 위 성남시 고시 제2006-14호로 한 이주대책 공고에서 이 사건 공익사업에 따라 철거되는 건축물의 소유자로 하여금 일정한 경우 성남판교택지개발지구내 85㎡ 이하 분양아파트입주권 또는 이주정착금 중 한 가지를 선택하도록 고지하였음은 앞에서 본 바와 같다.

이렇게 볼 때, 이 사건의 쟁점은 위와 같이 예비적 피고가 이 사건 공익사업의 사업시행자로서 그 소유 주택 또는 토지 등이 위 공사에 따른 도로구역에 편입됨에 따라 생활근거지를 잃게 된 원고들에 대한 이주대책으로 새로운 이주택지를 조성하여 공급하는 대신, 원고들로 하여금 분양자인 주위적 피고로부터 성남판교택지개발지구 내에 건립될 이 사건 아파트를 특별공급받거나 이주정착금을 수령하도록 선택의 기회를 제공하여 원고들이 이 사건 아파트의 특별공급을 신청한 경우에도, 사업시행자가 이주대책으로서 이주정착지에 택지를 조성하거나 그 지상에 주택을 건설하여 공급하는 경우와 마찬가지로 이주자들에게는 분양받을 택지의 소지가격 및 택지조성비, 그리고 그 지상에 주택을 건설하여 공급하는 경우 건축원가만을 부담시킬 수 있을 뿐인지 여부에 있다고 할 것이다.

(2) 판 단

살피건대, ① 공익사업법 시행령 제40조 제2항에서 사업시행자가 주택법에 의하여 이주대책대상자에게 주택을 공급한 경우에는 이주대책을 수립·실시한 것으로 간주하고 있는데, 그와 같은 주택의 특별공급은 공익사업법 제78조 제1항에서 정한 이주대책에 갈음하는 성질을 가지는 점(대법원 2007. 11. 29. 선고 2006두8495 판결 참조), ② 사업시행자가 이주정착지에 택지를 조성하거나 그 지상에 주택을 건설하여 공급하는 경우와 달리 민간건설회사가 건축하여 분양하는 주택의 특별분양을 알선하는 경우에는 이주대책대상자에게 필요비용만 부담하게 함으로써 발생하는 손실을 개발이익을 통해 보전할 수 없을 뿐만 아니라 민간건설회사의 분양가격 결정에 있어 어떤 영향력도 행사할 수 없는 점, ③ 이 사건과 같이 사업시행자인 피고시의 알선에 의하여 이주대책대상자에게 민영주택이 공급되는 경우에는 그 주택의 부지가 법문상 이주대책의 실시로 건설되는 공익사업법 제78조 제4항에서 말하는 "이주정착지"에 해당한다고 볼 수 없는 점, ④ 공익사업법 제78조 제1항 및 같은 법 시행령 제40조 제2항에 의하여 실시되는 이주대책은 공공사업의 시행으로 생활근거를 상실하게 되는 자를 위하여 이주자에게 대물적 보상으로 보상금을 지급하는 이외에 일종의 생활보상으로 이주정착지의 택지를 분양하도록 하는 것이지만 무조건적으로 이주대책의 시행이 강제되는 것이 아니라 사업시행자는 특별공급주택의 수량, 특별공급대상자의 선정 등에 있어 재량을 가지는 점(대법원 1995. 10. 12. 선고 94누11279 판결 등 참조), ⑤ 공익사업법 제78조 제1항, 같은 법 시행령 제40조 제2항, 제41조 및 같은 법 시행규칙 제53조의 각 규정에 의하면, 사업시행자가 인근에 택지 조성에 적합한 토지가 없는 등의 이유로 이주대책을 수립·실시하지 아니하는 경우나 이주대책대상자가 이주정착지가 아닌 다른 지역으로 이주하고자 하는 경우에는 이주정착금을 지급할 수 있으며 그 이주정착금은 보상대상인 주거용 건축물에 대한 평가액의 30%에 해당하는 금액으로 하되, 그 금액이 금 5백만 원 미만인 경우에는 금 5백만 원으로 하고, 금 1천만 원을 초과하는 경우에는 금 1천만 원으로 하도록 규정되어 있으며, 원고들은 가옥소유자로서 한결같이 이주정착금을 선택하지 않고 이 사건 각 아파트에 관한 특별분양권을 선택한 점, ⑥ 원고들을 비롯하여 위 공원로 확장공사로 인하여 주거용 건축물 등이 철거되는 해당 주민들이 예비적 피고를 상대로 집단적인 시위를 벌이며 분양경쟁률이 지극히 높았던 판교지역의 아파트에 대한 특별분양권을 요구하는 바람에 결국 예비적 피고는 새로운 이주택지를 조성하여 공급하는 대신 주택법상의 특별분양요건을 갖추지 못하였음에도 불구하고 이 사건 각 아파트에 관하여 일반인에 우선하여 특별히 공급받을 수 있는 특별분양권을 알선하게 된 점, ⑦ 이 사건 각 아파트는 분양 후 금 1억 원 이상의 시세차익을 얻게 되었으며 원고들로서는 이주정착금을 지급받는 것에 비하여 훨씬 많은 경제적 이익을 얻은 점 등을 감안할 때, 원고들의 적극적인 요구에 의하여 이 사건 아파트에 관한 특별분양권이 이주대책에 갈음하여 이주정착금과 선택적으로 제공되었고, 원고들이 그 중 위 특별분양권을 선택하였으며, 이 사건 아파트에 대한 특별공급은 그 수량, 공급대상자의 선정, 아파트 가격의 결정 등은 주택법 및 주택공급에 관한 규칙과 같이 공익사업법과 별도의 법령에 터 잡아 이루어진 것인 이상, 비록 이주대책의 일환으로 이 사건 아파트에 관한 특별분양권이 제공되었다고 할지라도 그 공급가격의 결정에 관하여 공익사업법 제78조 제4항이 적용될 여지가 없다고 할 것이다.

따라서 이와 달리 이 사건 아파트의 공급에도 사업시행자인 피고시가 생활기본시설의 구축에 필요한 비용을 부담하여야 함을 전제로 하는 원고들의 주장은 더 나아가 판단할 필요 없이 받아들일 수 없다고 할 것이다.

3. 결 론

그렇다면 원고들의 피고 회사에 대한 주위적 청구 및 피고시에 대한 예비적 청구는 모두 이유 없으므로 이를 기각하여야 할 것인바, 이와 결론을 같이하는 제1심판결은 정당하므로 원고의 항소를 기각하기로 하여 주문과 같이 판결한다.
[별 지] 계산표 : (생략)

판사   곽종훈(재판장) 조양희 문수생

[판례 89] 임시입주자대표회의결의무효확인 (부산지법 2008. 12. 12. 선고 2008가합13756 판결)

【판시사항】

[1] 입주자대표회의의 지원을 받아 자율적으로 결성된 아파트 부녀회의 법적 성질
[2] 부녀회가 입주자대표회의의 요구에 따른 일정한 수익금의 처리에 관한 결산보고 등의 의무를 이행하지 않았다 하더라도, 관련 법규나 근거규정이 없는 이상 입주자대표회의가 독립적 자생단체인 부녀회를 해산할 권한을 가진다고는 할 수 없다고 한 사례

【판결요지】

[1] 아파트에 거주하는 주부를 회원으로 구성되어 회칙과 임원을 두고 아파트 내에서 그 입주민을 위한 봉사활동 등을 하는 부녀회는 법인 아닌 사단의 실체를 갖는데, 입주자대표회의가 관련 법규나 관리규약에 근거하여 그 하부조직 내지 부속조직으로 설립한 것이 아니라 아파트의 주부들에 의하여 자율적으로 결성된 이상 입주자대표회의로부터 독립한 법적 지위를 가지는 자생자치단체라고 할 것이고, 입주자대표회의가 그 자율적 결성을 지원하였다는 사정만으로 달리 볼 수 없다.
[2] 부녀회가 입주자대표회의의 요구에 따라 일정한 수익금의 처리에 관한 결산을 보고하여 이를 승인받거나 그에 대한 감사에 응할 의무를 지고 있음에도 이를 이행하지 않았던 사안에서, 입주자대표회의로서는 이를 사유로 위임과 유사한 부녀회와의 법률관계를 해지하고, 만약 부녀회가 입주자대표회의의 이익을 위하여 사용하여야 할 일정한 수익금을 자기를 위하여 소비한 때에는 민법 제685조의 규정을 준용하여 그 손해의 배상 등을 구할 수 있음은 별론으로 하더라도, 관련 법규나 입주자대표회의 관리규약에 부녀회 해산에 관한 아무런 근거규정이 없는 이상 위와 같은 사유를 들어 독립적 자생단체인 부녀회를 해산할 권한을 가진다고는 할 수 없다고 한 사례.

【참조조문】

[1] 민법 제31조 [2] 민법 제31조, 제683조, 제685조

【전 문】

【원 고】 원고
【피 고】 피고 입주자대표회의
【변론종결】 2008. 11. 14.

【주 문】
1. 피고의 2007. 10. 8.자 임시입주자대표회의에서 한 부녀회 해산결의는 무효임을 확인한다.
2. 소송비용은 피고의 부담으로 한다.

【청구취지】

주문과 같다.

【이 유】

1. 기초 사실

다음의 사실은 당사자 사이에 다툼이 없거나, 갑 제2, 3, 4, 7 내지 10호증, 갑 제11호증의 1 내지 4, 을 제1 내지 17, 22, 24, 26, 27, 28호증의 각 기재에 변론 전체의 취지를 종합하면 이를 인정할 수 있다.

가. 피고는 부산 부산진구 당감2동 (지번 생략) 소재 ○○○○○○아파트(이하 '이 사건 아파트'라 한다)의 동대표 14명으로 구성된 입주자대표회의이고, 원고는 2002. 11. 11.경 결성된 이 사건 아파트의 부녀회(이하 '이 사건 부녀회'라 한다)에서 위 결성 당시부터 2004. 11.경까지는 회장직을 맡았고 그 이후로는 감사직을 맡고 있는 이 사건 부녀회의 회원이다.

나. 이 사건 부녀회는 이 사건 아파트 입주민을 위한 봉사활동 등을 목적으로 이 사건 아파트에 거주하는 주부들 가운데 최초 참여한 16명이 자율적으로 결성한 단체로서, 그 후 자체 회칙과 임원(회장, 부회장, 총무, 감사)을 두고 23명의 회원이 활동해 왔다.

다. 한편, 피고는 이 사건 부녀회의 결성에 즈음하여 원고 등 몇몇 주부들에게 그 결성을 주도해 줄 것을 권유하면서 원고 등을 대신하여 '이 사건 아파트에 거주하는 주부 전체를 대상으로 부녀회 가입을 신청받고 그 신청자들로 임시회의를 열어 부녀회 임원을 뽑는 등의 절차를 거쳐 부녀회를 구성하고자 한다'는 내용의 공고를 내는 등으로 부녀회 구성을 지원하였다.

라. 아울러 피고는 이 사건 부녀회 결성 직후 개최한 2002. 11. 29.자 입주자대표회의 정기회의를 통하여 재활용품 판매수익금을 이 사건 부녀회에 맡겨 그 봉사활동의 재원으로 사용하도록 하되 이 사건 부녀회로 하여금 그 결산 내역을 보고하도록 하였다.

마. 이에 따라 이 사건 부녀회는 2003년도에 재활용품 판매수익금을 재원으로 화단가꾸기, 경로잔치 등의 봉사활동을 벌이고 그해 연말 피고에게 그 결산 내역을 보고하였으나, 2004. 1.부터 2007. 6.까지는 그 결산보고를 하지 않았다.

바. 이에 피고는 2007. 7.경부터 이 사건 부녀회에 대한 외부감사를 결의하고 수차례에 걸쳐 이 사건 부녀회에 그 회원명단, 회계장부, 통장 등의 제출을 요구하였으나, 이 사건 부녀회가 이에 응하지 않자 이를 사유로 2007. 10. 8. 입주자대표회의 임시회의를 개최하여 이 사건 부녀회의 해산을 결의하였다(이하 '이 사건 결의'라 한다).

사. 이 사건 아파트 관리규약 제23조 제1항 제9의 나호에서는 '단지 안의 공동주택 관리와 관련이 있는 자생단체 등(노인정, 부녀회, 어머니회, 청년회, 테니스동호회 등)의 운영기준 또는 이용기준의 제정·운영에 관한 사항'을, 같은 항 제16호에서는 '자생단체의 단지 내 행사의 동의 및 상행위와 수익사업의 수익금처리와 사용에 대한 승인 및 감

사'를 피고의 의결사항으로 규정하고 있다.
2. 주장 및 판단
　가. 당사자의 주장
　　　원고는, 이 사건 부녀회는 피고와는 성격과 업무를 달리하는 독립적인 자생단체로서 관련 법규나 이 사건 아파트 관리규약 어디에도 피고가 이 사건 부녀회를 해산시킬 수 있는 근거규정이 없으므로 이 사건 결의는 무효라고 주장한다.
　　　이에 대하여 피고는, 이 사건 부녀회는 이 사건 아파트 입주민의 공동재산인 재활용품 판매수익금을 사용하고 있으므로 이 사건 아파트 관리규약 제23조 제1항 제9의 나호, 제16호에 따라 피고에게 그 결산 내역을 보고하고 이에 대한 승인 및 감사를 받아야 할 의무가 있음에도 이를 거부하였으므로, 이 사건 결의는 정당하다고 주장한다.
　나. 판 단
　　　위 인정 사실에 의하면, 이 사건 부녀회는 이 사건 아파트에 거주하는 주부를 회원으로 구성되어 회칙과 임원을 두고 이 사건 아파트 내에서 그 입주민을 위한 봉사활동 등을 해 왔으므로 법인 아닌 사단의 실체를 갖는데, 피고가 관련 법규나 관리규약에 근거하여 그 하부조직 내지 부속조직으로 설립한 것이 아니라 이 사건 아파트의 주부들에 의하여 자율적으로 결성된 이상 피고로부터 독립한 법적 지위를 가지는 자생자치단체라고 할 것이고, 앞서 본 바와 같이 피고가 그 자율적 결성을 지원하였다는 사정만으로 이를 달리 볼 수 없다.
　　　나아가 피고와 이 사건 부녀회 사이의 법률관계에 관하여 보건대, 앞서 인정한 사실에 의하면, 이 사건 부녀회는 이 사건 아파트 입주민 등을 위한 봉사활동을 목적으로 설립되어 주로 화단관리, 경로잔치 등과 같이 아파트의 관리 및 입주민의 복지 등 피고의 본래 업무와 관련된 활동을 하여 왔고, 피고는 입주민의 공동재산인 재활용품 판매수익금을 이 사건 부녀회에 맡겨 위와 같은 활동의 재원으로 사용하게 하고 이 사건 부녀회로 하여금 그 결산 내역을 보고하도록 하여 왔음을 알 수 있으므로, 피고와 이 사건 부녀회 사이에는 피고가 이 사건 부녀회에게 재활용품 판매수익금을 아파트 관리 및 입주민 복지와 관련한 업무에 사용하도록 위탁하는 내용의 위임과 유사한 법률관계가 성립되었다고 봄이 상당하고, 따라서 이 사건 아파트 관리규약에 이를 규율하는 별도 규정이나 피고와 이 사건 부녀회 사이에 그에 관한 특약이 없는 한 위 법률관계에는 민법의 위임에 관한 규정이 준용된다고 할 것이다(이 사건 부녀회는 피고와 독립한 자생자치단체이긴 하나 이 사건 아파트의 주민들로 구성되어 그 관리에 관련된 업무를 수행하는 이상 그 범위 내에서는 이 사건 아파트 관리규약의 규정에 따라야 하고 또 이를 묵시적으로 승인하였다고도 볼 수 있다).
　　　그런데 피고의 관리규약 제23조 제1항 제16호에서는 피고가 부녀회와 같은 자생단체의 수익금처리와 사용에 대하여 승인 및 감사를 할 수 있도록 규정하고 있을 뿐 아니라, 위임에 관한 민법 제683조에서도 위임인의 청구가 있는 경우 수임인으로 하여금 위임사무의 처리상황을 보고하도록 규정하고 있으므로, 이 사건 부녀회는 피고의 요구에 따라 재활용품 판매수익금의 처리에 관한 결산을 보고하여 이를 승인받거나 그에 대한 감사에 응할 의무가 있다.
　　　다만, 이 사건 부녀회가 이러한 의무를 이행하지 않는 경우, 피고로서는 이를 사유로 위임과 유사한 이 사건 부녀회와의 법률관계를 해지하고, 만약 이 사건 부녀회가 피고의 이익을 위하여 사용하여야 할 재활용품 판매수익금을 자기를 위하여 소비한 때에는 민법 제685조의 규정을 준용하여 그 손해의 배상 등을 구할 수 있음은 별론으로 하더라도, 관련 법규나 피고의 관리규약에 부녀회 해산에 관한 아무런 근거규정이 없는 이상 위와 같은 사유를 들어 독립적 자생단체인 이 사건 부녀회를 해산할 권한을 가진다고는 할 수 없다.

따라서 이 사건 부녀회를 해산하는 피고의 이 사건 결의는 아무런 권한 없이 이루어진 것이어서 무효이고, 이 사건 결의에 의하여 이 사건 부녀회 회원 및 그 감사로서의 법률상 지위에 불안·위험이 초래되거나 초래될 염려가 있는 원고로서는 그 무효의 확인을 구할 법률상 이익이 있다.

3. 결 론

그렇다면 이 사건 결의의 무효확인을 구하는 원고의 이 사건 청구는 이유 있어 이를 인용하기로 하여 주문과 같이 판결한다.

판사 장준현(재판장) 김형률 장은영

[판례 90] 건물명도등 (서울동부지법 2009. 6. 26. 선고 2008가합13140 판결)

【판시사항】

[1] 민법 제320조 제1항에서 유치권의 피담보채권으로 규정하는 '그 물건에 관하여 생긴 채권'의 범위 및 유치권의 불가분성이 그 목적물이 분할 가능하거나 수개의 물건인 경우에도 적용되는지 여부(원칙적 적극)

[2] 아파트 신축공사를 도급받은 시공사가 공사대금 잔액을 지급받기 위하여 아파트 한 세대를 점유하여 유치권을 행사한 사안에서, 아파트 공급계약 체결 당시 분양대금이 완납된 세대에 대하여 유치권을 행사하지 않기로 하는 묵시적인 특별 합의가 있었음이 인정되므로 위 유치권의 피담보채권의 범위는 해당 세대의 미지급 분양대금에 한정된다고 본 사례

【판결요지】

[1] 민법 제320조 제1항에서 규정하는 '그 물건에 관하여 생긴 채권'은 유치권 제도 본래의 취지인 공평의 원칙에 특히 반하지 않는 한 채권이 목적물 자체로부터 발생한 경우는 물론이고 채권이 목적물의 반환청구권과 동일한 법률관계나 사실관계로부터 발생한 경우도 포함하고, 민법 제321조는 "유치권자는 채권 전부의 변제를 받을 때까지 유치물 전부에 대하여 그 권리를 행사할 수 있다"고 규정하고 있으므로, 유치물은 그 각 부분으로써 피담보채권의 전부를 담보하며, 이와 같은 유치권의 불가분성은 그 목적물이 분할 가능하거나 수개의 물건인 경우에도 적용됨이 원칙이다. 그러나 한편, 유치권은 당사자 사이의 합의에 의하여 얼마든지 포기할 수 있으므로, 채권 발생이 여러 개의 물건과 사이에 견련관계가 인정된다 하더라도 당사자 사이에 그 물건의 하나에 관하여 직접 관련되어 발생한

채권에 한하여 유치권을 인정하기로 하는 특별한 합의가 있는 경우에는 유치권의 행사는 그 범위로 제한되고, 위와 같은 합의는 명시적인 것은 물론 묵시적인 것으로도 가능하다.
[2] 아파트 신축공사를 도급받은 시공사가 공사대금 잔액을 지급받기 위하여 아파트 한 세대를 점유하여 유치권을 행사한 사안에서, 아파트 공급계약 체결 당시 시공사가 각 수분양자로부터 해당 세대의 분양대금을 전액 지급받으면 그 세대를 인도하여 주기로 함으로써 다른 세대에 관하여 발생한 공사대금 채권을 확보한다는 명목으로 분양대금이 완납된 세대에 대하여 유치권을 행사하지 않기로 하는 묵시적인 특별 합의가 있었음이 인정되므로 위 유치권의 피담보채권의 범위는 해당 세대의 미지급 분양대금에 한정된다고 본 사례.

【참조조문】

[1] 민법 제105조, 제320조 제1항, 제321조 [2] 민법 제105조, 제320조 제1항, 제321조

【참조판례】

[1] 대법원 2007. 9. 7. 선고 2005다16942 판결(공2007하, 1553)

【전 문】

【원 고】 원고 (소송대리인 법무법인 세양 담당변호사 박병휴)
【피 고】 피고 1 주식회사외 1인 (소송대리인 변호사 박노원외 1인)
【변론종결】 2009. 4. 17.

【주 문】

1. 피고 1 주식회사는 원고로부터 21,148,400원을 지급받음과 동시에 원고에게 별지 목록 기재 부동산을 인도하라.
2. 피고 2 주식회사는 피고 1 주식회사로부터 11억 86,650,800원을 지급받음과 동시에 원고에게 별지 목록 기재 부동산을 인도하라.
3. 원고의 피고들에 대한 나머지 청구를 모두 기각한다.
4. 소송비용 중 1/2은 피고들이, 나머지는 원고가 각 부담한다.
5. 제1, 2항은 가집행할 수 있다.

【청구취지】

피고들은 연대하여 원고에게 별지 목록 기재 부동산을 인도하고, 2억 46,621,800원 및 이에 대하여 2009. 3. 25.부터 갚는 날까지 연 20%의 비율로 계산한 돈과 2009. 3. 25.부터 위 부동산 인도완료일까지 연 2억 37,313,380원의 비율로 계산한 돈을 지급하라.

【이 유】

1. 기초 사실

가. 피고 1 주식회사는 2003. 12. 16. 피고 2 주식회사와 사이에, 피고 1 주식회사가 시행자로서 서울 송파구 (이하 생략) 외 5필지 지상에 신축, 분양하는 지하 3층, 지상 20층 규모의 공동주택인 '○○ 아파트'(이하 '이 사건 아파트'라 한다)의 신축공사에 관하여 공사금액 154억 2,300원(부가가치세 별도)의 가계약을 체결한 다음, 2005. 5. 18. 공

사대금 210억 81,662,200원(부가가치세 별도)[평당 460만 원, 이후 2007. 11. 19. 최종 공사금액 217억 17,413,546원(부가가치세 별도)으로 증액되었다]의 본 도급계약을 체결하면서, 위 공사대금의 지급이 지연될 경우 연 12%의 비율로 계산한 연체이자를 가산 지급하기로 약정하였다. 이에 피고 2 주식회사는 2005. 5. 12. 위 공사에 착공하여 2007. 11. 26.경 완공한 다음, 이 사건 아파트에 관하여 사용승인을 받았고, 이후 2007. 12. 26. 피고 1 주식회사 명의로 소유권보존등기를 경료하여 주었다.

나. 원고는 2005. 6. 28.경 피고 1 주식회사와 사이에, 이 사건 아파트 중 별지 목록 기재 부동산(이하 '2002호'라고 한다)을 아래와 같이 분양대금 17억 40,718,000원에 분양 받기로 하는 내용의 ○○ 아파트 공급계약(이하 '이 사건 계약'이라 한다)을 체결하였는데, 피고 2 주식회사는 위 시공사 지위에서 위 계약서에 기명, 날인하였다.

  (1) 분양대금은 17억 40,718,000원으로 하고, 원고는 1회 계약금 1억 74,071,800원은 계약시에, 2회 계약금 1억 74,071,800원은 2005. 9. 15.에, 1차 중도금 1억 74,071,800원은 2006. 1. 15.에, 2차 중도금 1억 74,071,800원은 2006. 5. 15.에, 3차 중도금 1억 74,071,800원은 2006. 9. 15.에, 4차 중도금 1억 74,071,800원은 2007. 1. 15.에, 5차 중도금 1억 74,071,800원은 2007. 5. 15.에, 6차 중도금 1억 74,071,800원은 2007. 9. 15.에, 잔금 3억 48,143,600원은 입주 지정일에 각 납부하되, 피고 1 주식회사가 지정한 은행의 계좌(조흥은행 : 생략, 예금주 : 피고 2 주식회사)에 무통장 입금의 방법으로 납부하여야 하며, 피고 1 주식회사의 직원은 공급금액을 직접 수납하지 않고 원고가 무통장 입금증이 없을 경우에는 공급금액이 납부된 것으로 인정받을 수 없다(공급계약서 제1조 제1항, 제2항, 제6항).

  (2) 입주예정기일 : 2007. 11.(공급계약서 제2조)

  (3) 원고는 중도금 및 잔금 지급을 지연하였을 경우 그 연체일수에 다음의 연체요율을 적용한 연체료를 납부하여야 한다. 즉 연체요율은 1개월 미만 연체시에는 연 10.59%, 1개월 이상 3개월 미만 연체시에는 연 13.59%, 3개월 초과 6개월 이하 연체시에는 연 14.59%, 6개월 이상 연체시에는 연 15.59%로 한다. 피고 1 주식회사는 공급계약서에 정한 입주예정기일에 입주를 시키지 못할 경우에는 기납부한 계약금 및 중도금에 대하여 위 연체요율에 의거하여 원고에게 지체보상금을 지급하거나 공급금액 잔여금액에서 공제한다(공급계약서 제11조 제1, 3항).

다. 이후 원고는 피고 2 주식회사 명의의 위 분양대금 입금계좌에 2005. 6. 28. 1차 계약금 1억 74,071,800원, 2005. 7. 5. 2차 계약금 1억 74,071,800원, 2006. 3. 14. 1차 중도금 1억 74,071,800원 등 합계 5억 22,215,400원을 입금하였다.

라. 피고 1 주식회사는 2008. 1. 7. 원고에게 이 사건 아파트 2002호에 관하여 2005. 6. 28. 매매계약을 원인으로 한 소유권이전등기를 경료하였는데, 피고 2 주식회사는 피고 1 주식회사로부터 위 아파트 공사대금을 일부 지급받지 못하였으므로 공사대금을 전부 지급받을 때까지 유치권을 행사한다고 주장하면서 2008. 1. 8. 위 2002호의 현관에 쇠파이프를 용접하여 장애물을 설치한 후 원고를 포함한 다른 사람의 출입을 금하는 방식으로 현재까지 위 2002호를 배타적으로 점유, 관리하여 오고 있다.

마. 한편, 피고 1 주식회사는 동우개발 주식회사를 이 사건 아파트의 관리업체로 지정하였고, 이에 위 회사는 2007. 12. 1.부터 2008. 1. 15.까지 45일간을 입주지정기간으로 공

고하였다.

[인정 근거 : 갑 제1 내지 5호증, 을가 제1, 2, 3호증, 을나 제1호증(각 가지번호 포함)의 각 기재 및 증인 소외 1, 소외 2의 각 일부 증언, 변론 전체의 취지]

2. 피고 1 주식회사에 대한 청구에 관한 판단

가. 당사자의 주장 및 쟁점의 정리

(1) 원고의 주장

원고는 위 2002호의 분양대금 17억 40,718,000원 중 5억 22,215,400원은 위 피고 2 주식회사 명의의 계좌로 입금하였고, 10억 원은 원고의 아버지인 소외 1이 피고 1 주식회사에 대하여 가지고 있던 토지 매매대금 채권 10억 원과 상계하였으며, 1억 65,502,600원은 2008. 1. 8. 피고 1 주식회사에게 이를 지급하였다. 또한, 원고가 나머지 분양대금인 5,300만 원(17억 40,718,000원 - 5억 22,215,400원 - 10억 원 - 1억 65,502,600원)을 실제로 지급하지는 않았으나, ① 위 2002호에는 31,851,600원 상당의 미시공 부분 및 하자가 있고, ② 위 2002호의 인도지연으로 위 입주지정기일 만기인 2008. 1. 15.부터 원고가 구하는 2009. 3. 24.까지 공급계약서 제11조 제1항, 제3항에 따라 아래에서 보는 바와 같은 지체보상금 2억 67,770,200원이 발생하였으므로, 이를 위 5,300만 원에서 각 공제하면 원고의 위 분양 잔대금은 모두 소멸하였고, 따라서 피고 1 주식회사는 원고에게 위 2002호를 인도하고, 2009. 3. 24.까지 발생한 지체보상금 잔액 2억 46,621,800원[2억 67,770,200원 - (분양잔금 53,000,000원 - 미시공 부분 및 하자 보수비용 31,851,600원)]과 2009. 3. 25.부터 위 2002호의 인도완료일까지 연 2억 37,313,380원(15억 22,215,400원 × 0.1559)의 비율로 계산한 지체보상금을 지급할 의무가 있다.

순번	기지급 분양대금(원)	시기	종기	기간일수	연체이율	지체보상금(원)
1	1522215400	2008.1.15.	2008.2.13.	30	0.1059	13,249,530
2	1522215400	2008.2.14.	2008.4.13.	60	0.1359	34,005,875
3	1522215400	2008.4.14.	2008.7.13.	91	0.1459	55,370,689
4	1522215400	2008.7.14.	2009.3.24.	254	0.1559	165,144,106
합계	?	?	?	?	?	267,770,200

한편, 원고가 2008. 3. 21. 피고 1 주식회사로부터 2008. 1. 8.자 1억 65,502,600원을 반환받은 것은 사실이나, 이는 피고 1 주식회사가 원고와 사이에, 2002호가 이 사건 아파트의 최상층에 위치한다는 이유로 다른 호수보다 분양가액을 500만 원 내지 700만 원 높게 책정하는 대신 위 2002호에 설치하기로 약정한 '16평 규모의 다락방'을 설치하지 아니한 때문에 위 다락방설치 공사대금으로 위 금액 상당을 원고의 분양대금에서 공제하기로 합의한 때문이었으므로, 위 반환금액을 원고의 지급액에서 공제할 수 없다.

(2) 피고 1 주식회사의 주장

피고 1 주식회사는 원고로부터 2002호의 분양대금 17억 40,718,000원 중 5억 22,215,400원은 실제 지급받고, 10억 원은 원고의 아버지가 피고 1 주식회사에 대하여 갖는 이 사건 아파트 부지의 매매 잔금 10억 원과 상계처리하는 방식으로 이를 지급받았다. 피고 1 주식회사가 2008. 1. 8. 원고로부터 위 분양대금 중 1억 65,502,600원을 송금받은 바 있으나, 이후 원고가 이를 직접 피고 2 주식회사에게 공탁하겠다고 하여 위 1억 65,502,600원을 반환하였으므로, 결국 원고로부터 15억 22,215,400원만 지급받은 셈이 되어 미지급 분양대금은 2억 18,502,600원이 되었다 (17억 40,718,000원 - 15억 22,215,400원). 또한, 피고 1 주식회사는 원고에게 위 2002호에 다락방을 설치하여 준다고 약정한 바 없을 뿐만 아니라, 위 다락방 공사비용이 원고의 분양대금에 반영된 바도 없으며, 1억 65,502,600원 만큼을 위 다락방 공사비용으로 공제하기로 합의한 바 없다. 그리고 위 2002호의 바닥을 '대리석' 마루로 시공하기로 하였으나, 원고의 요청으로 '마루'로 대체하면서 그로 인한 공사비용을 원고가 전액 부담하기로 하였으므로 피고 1 주식회사에게 위 마루 부분의 미시공에 따른 손해배상책임이 있다고 할 수 없고, 원고가 주장하는 하자 부분은 이를 모두 인정할 수 없다. 결국, 원고가 위 분양대금 중 2억 18,502,600원을 지급하지 않고 있는 이상 피고 1 주식회사는 원고에게 위 2002호를 인도할 의무가 없고, 따라서 원고가 주장하는 지체보상금도 발생하지 않았다.

(3) 쟁점의 정리

따라서 이 사건 쟁점은 ① 피고 1 주식회사각 원고에게 2002호에 다락방 공사를 하여 주기로 약정하였는지 및 위 다락방 공사대금이 이 사건 계약상의 분양대금에 포함되는 것인지 여부, ② 피고 1 주식회사각 원고에게 1억 65,502,600원을 반환한 것이 위 2002호 분양대금 중 다락방 공사대금에 해당하는 부분을 감액하기로 합의한 것에 따른 것인지, 아니면 원고의 요구로 분양대금 수령처인 피고 2 주식회사에게 이를 공탁하겠다고 하여 임시로 반환한 것인지 여부, ③ 위 2002호에 미시공 부분이나 하자가 있는지 여부 및 그 공사금액, 특히 마루시공을 하지 아니한 것이 원고의 요구에 의한 것인지, 아니면 피고들의 미시공 때문인지 여부 및 위 마루시공에 따른 공사비를 전액 원고가 부담하기로 하여 위 공사비를 위 분양대금에서 공제하여야 하는지 여부라고 할 것이다.

나. 다락방의 시공약정 여부

먼저, 피고 1 주식회사가 2002호의 분양계약 당시 다락방 공사를 하여 주기로 약정하였는지 여부 및 다락방 공사대금이 이 사건 계약상의 분양대금에 포함되어 있는지 여부에 관하여 살피건대, 갑 제14호증, 갑 제15호증의 1, 2, 3의 각 기재에 변론 전체의 취지를 종합하면, 피고 1 주식회사는 이 사건 아파트의 분양 당시 평당 1,800만 원 내지 2,000만 원 정도의 가격에 분양가격을 하였는데, 2002호 및 2001호는 이 사건 아파트의 최상층에 위치하는 구조상 '16평 규모의 다락방'을 더 설치해 주는 조건으로 분양가를 평당 600만 원씩 증액하여 평당 2,500만 원 정도로 산정하여 이를 분양한 사실을 인정할 수 있고, 이에 어긋나는 증인 소외 2의 일부 증언 및 을가 제3호증의 일부 기재는 믿지 아니하며, 달리 반증 없다.

따라서 피고 1 주식회사는 원고에게 위 2002호에 대하여 다락방을 별도로 시공해 주기로 약정하였다 할 것이다.

다. 1억 65,502,600원의 반환경위

갑 제5호증의 5, 갑 제6, 8호증, 갑 제16호증의 1, 2, 3, 을가 제3호증의 각 기재 및 증인 소외 2의 일부 증언에 변론 전체의 취지를 종합하면, 원고가 2008. 1. 8. 피고 1 주식회사 명의의 계좌로 분양대금 중 1억 65,502,600원을 송금한 사실, 그런데 피고 1 주식회사는 피고 2 주식회사와 사이에 합의가 이루어지지 아니하여 2002호에 다락방을 설치하지 못하게 되자, 원고의 아버지 소외 1의 요구로 2008. 3. 21. 원고 명의의 계좌로 3회에 걸쳐 합계 1억 65,502,600원을 송금하여 반환한 사실, 한편 소외 1은 피고 1 주식회사에게 140억 원 정도를 대여해 준 후 2003. 3. 12. 이 사건 아파트의 부지에 관하여 각 근저당권설정등기를 경료받았는데, 피고 1 주식회사가 위 대여금을 변제하지 못하자 위 근저당권에 기한 임의경매를 신청하고 그 경매절차에서 2004. 10. 22. 위 각 토지를 낙찰받은 사실, 이후 소외 1은 2005. 2. 23. 피고 1 주식회사에게 위 각 토지를 230억 원에 다시 매도하고 그 소유권이전등기를 경료하여 주었으나 위 매매대금 중 10억 원을 지급받지 못하였고, 이에 피고 1 주식회사의 대표이사 소외 3과 위 소외 2는 2005. 2. 23. 소외 1에게 위 10억 원을 연대 지급하기로 하는 각서를 작성하면서 위 각 토지 지상에 피고 2 주식회사를 시공사로 하여 피고 1 주식회사가 시행사로서 주상복합아파트를 신축할 때 맨 위층의 아파트를 분양해 주고 그 분양대금과 위 미지급된 토지대금 10억 원을 상계하여 대체할 수 있기로 약정하였고, 위 같은 날 피고 1 주식회사 및 소외 2는 소외 1에게 액면 10억 원의 약속어음을 발행하여 교부한 사실, 그 후 원고가 2005. 6. 28. 피고 1 주식회사와 사이에 이 사건 계약을 체결하게 되자, 피고 1 주식회사 및 소외 2는 원고에게 피고 2 주식회사의 동의가 없더라도 위 2002호의 분양대금에서 10억 원을 상계처리하기로 하는 별도의 약정서를 작성하여 교부한 사실을 인정할 수 있고, 이에 어긋나는 증인 소외 2의 일부 증언은 믿지 아니하며, 달리 반증 없다.

살피건대, 위 인정 사실과 시행사인 피고 1 주식회사가 일단 지급받은 아파트 분양대금을 수분양자인 원고에게 다시 반환한다는 것이 매우 이례적으로 보이는 것인 점, 소외 1과 소외 2는 2003.경부터 이 사건 아파트 부지와 관련하여 금전거래가 있었고 피고 1 주식회사가 소외 1에 대하여 10억 원의 매매대금채무를 부담하고 있었으므로 소외 1 및 원고가 피고 1 주식회사 및 소외 2에 대하여 우월적인 지위를 가지고 있었던 것으로 보이는 점, 이 사건 계약상 피고 1 주식회사는 아파트 분양대금에 대한 관리권이 전혀 없었고 피고 2 주식회사만이 정당한 수납처로 정해져 있었으므로, 수분양자가 피고 1 주식회사에게 직접 분양대금을 지급하는 것으로 피고 2 주식회사에게 법률상 대항할 수 없었음에도, 피고 1 주식회사가 피고 2 주식회사의 의사와 무관하게 원고에 대한 분양대금 10억 원을 자동채권으로 피고 1 주식회사의 소외 1에 대한 10억 원의 토지대금 채권과 상계처리하기로 하는 등으로 수분양자인 원고에 대한 관계에서는 분양대금의 책정에 관하여 폭넓은 권한을 행사해 온 것으로 보이는 점, 피고 1 주식회사가 원고가 분양받은 2002호에 다락방을 설치하여 주기로 약정하였다가 이를 이행하지 아니하였고, 그 무렵 위 1억 65,502,600원이 반환된 점 등의 제반 사정에 비추어 보면, 피고 1 주식회사는 원고와의 사이에서 위 2002호에 다락방 설치공사를 해 주기로 하였다가, 위 설치공사가 못하게 되자, 원고의 분양대금을 위 1억 65,502,600원 만큼 감액하기로 합의하여 이를 원고에게 반환하였다고 판단된다.

라. 미시공 부분 및 하자 여부

감정인 소외 4의 감정 결과 및 이 법원의 위 감정인에 대한 사실조회 결과에 변론 전체의 취지를 종합하면, 원고가 분양받은 2002호에 현재 별지 미시공 및 하자 내역서 기재와 같은 미시공 부분 및 하자가 있고, 위 미시공 부분의 시공 및 하자의 보수를 위하여 합계 31,851,600원 상당이 소요되는 사실을 인정할 수 있으므로, 특별한 사정이 없는 한 위 금액 상당은 원고의 분양대금에서 공제되어야 한다.

나아가 2002호 거실 바닥의 미시공 부분 상당 공사대금이 원고의 분양대금에서 공제되어야 하는지 여부에 관하여 본다.

을가 제2호증의 1, 2, 을가 제3호증, 을나 제7호증(입주자 사전점검표, 원고는 위 입주자 사전점검표 말미에 기재된 소외 1이 원고를 대리하여 서명한 사실은 인정하나, 2007. 11. 10. 사전점검을 위해 2002호를 방문하였다가 소외 5 현장소장이 위 입주자 사전점검표에 서명한 후에만 출입이 허용된다고 하여 내용의 기재가 없는 백지 상태의 입주자 사전점검표에 서명을 하였는데, 추후 피고들 측 직원이 임의로 위 백지 부분을 보충하였으므로, 위 서류는 증거능력이 없다고 주장한다. 살피건대, 소외 1이 2002호에 출입하기 위한 목적으로 내용이 백지 상태인 위 입주자 사전점검표에 서명하였다는 것은 위 입주자 사전점검표의 작성 취지에 비추어 매우 이례적인 것에 속하므로, 백지 상태에서 서명했다는 점에 대하여 합리적인 이유와 증거가 뒷받침되어야 할 것인데, 증인 소외 1의 일부 증언만으로는 이를 인정하기에 부족하고 달리 그 정황을 인정할 증거가 없으므로, 위 입주자 사전점검표는 그 문서 전체의 진정성립이 추정된다)의 각 기재 및 증인 소외 2의 일부 증언에 변론 전체의 취지를 종합하면, 위 2002호를 포함한 이 사건 아파트의 거실 바닥은 원래 크리마마필 대리석으로 시공하도록 설계되었는데, 소외 1이 위 2002호 공사현장에 자주 방문하여 피고들에게 '대리석은 물기가 있으면 미끄러지고 그릇이 떨어지면 깨져 못쓰게 되므로 직접 원목마루를 깔겠으니 시공하지 말라'고 하여 피고들 직원들이 위 입주자 사전점검표에 '마루깔기는 입주자 조회장님(소외 1)이 방, 거실 전체 입주자 시공예정 2007. 11. 14.'이라고 기재하고 실제로 방, 거실 부분의 마감 공사를 하지 아니한 사실을 인정할 수 있으나, 위와 같이 원고 측이 방, 거실 바닥에 관하여 직접 시공하기로 하였다 하더라도, 원고 측의 직접 시공으로 인한 공사비의 감소 부분은 특별한 사정이 없는 한 분양대금에서 정산되어야 할 것으로 보이므로, 위 인정 사실만으로는 원고 측이 위 거실 및 방 바닥을 대리석으로 시공하지 않고 마루로 시공함으로 인하여 발생한 공사비의 차액까지 부담하기로 약정했다고 단정할 수 없고, 달리 이를 인정할 증거가 없으므로, 피고 1 주식회사의 위 부분 주장은 결국 이유 없다.

원고는, 2002호의 거실을 '이중창'으로 시공하기로 하였으나 실제로는 '홑창'으로 시공되었으므로, 그 부분에 대한 공사비 차액도 분양대금에서 공제되어야 한다고 주장하나, 위 거실창을 '이중창'으로 시공하기로 약정하였음을 인정할 증거가 없고, 오히려 을가 제2호증의 3, 을가 제3호증의 각 기재에 변론 전체의 취지를 종합하면, 위 2002호 거실창은 당초부터 '홑창'으로 설계된 사실을 인정할 수 있으므로, 원고의 위 주장은 이유 없다.

마. 소결

따라서 원고는 피고 1 주식회사에게 위 2002호 분양대금에서 위 지급된 분양대금 등을 공제한 21,148,400원(17억 40,718,000원 - 5억 22,215,400원 - 10억 원 - 1억 65,502,600원 - 31,851,600원)을 지급하지 아니하고 있다고 할 것이므로, 피고 1 주식회사는 위 분양잔금을 지급받을 때까지 위 2002호의 인도를 거절할 수 있으므로 원고로부터 이를 지급받음과 동시에 원고에게 이를 인도할 의무가 있고, 이에 위 분양대금을 전액 지급하였음을 전제로 한 원고의 지체보상금 청구는 더 나아가 살필 필요 없이 이유 없다.

3. 피고 2 주식회사에 대한 청구에 관한 판단
   가. 분양계약의 당사자로서의 청구
      (1) 당사자의 주장
         (가) 원고
            피고 2 주식회사는 이 사건 아파트 분양사업의 공동시행사로서 피고 1 주식회사와 함께 원고에게 2002호를 공급하기로 하는 내용의 이 사건 계약을 체결하였는바, 그 이후 원고가 앞서 주장한 바와 같이 그 분양대금을 전액 납부하였으므로, 피고 2 주식회사는 피고 1 주식회사와 연대하여 원고에게 위 2002호를 인도하고, 위 인도 지연에 따른 2009. 3. 24.까지의 지체보상금 2억 46,621,800원 및 2009. 3. 25.부터 위 인도 완료일까지 연 2억 37,313,380원의 비율로 계산한 지체보상금을 지급할 의무가 있다.
         (나) 피고 2 주식회사
            피고 2 주식회사는 이 사건 아파트 분양사업의 공동시행사가 아니라 시공사에 불과하였는바, 이에 이 사건 계약에 기하여 원고에 대하여 직접 분양계약상의 의무를 부담하지 아니하므로, 설령 원고가 분양대금을 전액 지급하였다 하더라도 원고에게 위 2002호를 인도할 의무가 없고, 따라서 이를 전제로 한 원고의 청구에 응할 수 없다.
      (2) 판단
         피고 2 주식회사가 원고와 피고 1 주식회사 사이의 이 사건 계약서에 이 사건 아파트의 시공사로서 기명, 날인한 사실은 앞서 본 바와 같으나, 앞서 본 이 사건 계약의 내용에 비추어 보면 위 인정 사실만으로는 피고 2 주식회사가 피고 1 주식회사와 이 사건 아파트 공사에 대한 공동시행사 지위에서 2002호에 관하여 원고와 사이에 직접 분양계약을 체결하였다고 단정하기에 부족하고, 달리 이를 인정할 증거가 없으므로, 이를 전제로 한 원고의 이 부분 주장은 더 나아가 살필 필요 없이 이유 없다.
   나. 건물 소유자로서의 청구
      (1) 건물인도청구에 대한 판단
         (가) 원고가 2002호의 소유자로서 그 점유자인 피고 2 주식회사에게 위 2002호의 인도를 구함에 대하여, 피고 2 주식회사는 피고 1 주식회사로부터 이 사건 아파트 공사대금 잔액을 지급받지 못하고 있으므로 위 잔액을 지급받을 때까지 위 2002호에 대한 유치권을 행사하므로 원고의 위 청구에 응할 수 없다고 항변한다. 갑 제5호증의 1 내지 4, 을나 제3, 8호증의 각 기재에 변론 전체의 취지를 종합하면, 피고 2 주식회사는 이 사건 아파트의 공사대금 중 원고가 분양받은 2002호와 관련하여서는 그 분양대금 17억 40,718,000원 중 5억 22,215,600원만을

원고로부터 직접 입금받았을 뿐 나머지 12억 18,502,600원은 이를 지급받지 못한 사실, 피고 2 주식회사는 피고 1 주식회사로부터 위 아파트 공사를 최종 공사금액 217억 17,413,546원에 도급받았는바, 이 사건 소송과정에서는 2008. 10. 31.경 현재 피고 1 주식회사로부터 지급받지 못한 위 공사대금이 55억 21,222,443원 상당에 이른다고 주장하고 있는 사실을 인정할 수 있고, 피고 2 주식회사가 현재 위 2002호를 점유하고 있음은 앞서 본 바와 같다.

살피건대, 민법 제320조 제1항은 "타인의 물건 또는 유가증권을 점유한 자는 그 물건이나 유가증권에 관하여 생긴 채권이 변제기에 있는 경우에는 변제를 받을 때까지 그 물건 또는 유가증권을 유치할 권리가 있다."고 규정하고 있는바, 여기서 '그 물건에 관하여 생긴 채권'이라 함은, 위 유치권 제도 본래의 취지인 공평의 원칙에 특히 반하지 않는 한, 채권이 목적물 자체로부터 발생한 경우는 물론이고 채권이 목적물의 반환청구권과 동일한 법률관계나 사실관계로부터 발생한 경우도 포함한다고 할 것이고, 민법 제321조는 "유치권자는 채권 전부의 변제를 받을 때까지 유치물 전부에 대하여 그 권리를 행사할 수 있다."고 규정하고 있으므로, 유치물은 그 각 부분으로써 피담보채권의 전부를 담보한다고 할 것이며, 이와 같은 유치권의 불가분성은 그 목적물이 분할 가능하거나 수개의 물건인 경우에도 적용된다고 봄이 원칙이다.

그러나 한편, 유치권은 당사자 사이의 합의에 의하여 얼마든지 포기할 수 있는 것이므로, 채권 발생이 여러 개의 물건과 사이에 견련관계가 인정된다 하더라도 당사자 사이에 그 물건의 하나에 관하여 직접 관련되어 발생한 채권에 한하여 유치권을 인정하기로 하는 특별한 합의가 있는 경우에는 유치권의 행사는 그 범위로 제한된다고 할 것이고, 위와 같은 합의는 명시적인 것은 물론 묵시적인 것으로도 가능하다.

이 사건에 관하여 보건대, 피고 2 주식회사가 피고 1 주식회사 및 원고 사이에 작성된 이 사건 계약서에 이 사건 아파트 공사의 시공사로서 기명, 날인하였는데, 위 계약서에 의하면, 수분양자인 원고는 2002호의 분양대금을 시공사인 피고 2 주식회사의 계좌에 전액 입금하여야 하고, 그 계좌에 입금되지 아니한 분양대금은 피고들, 특히 피고 2 주식회사에 대하여 유효한 분양대금의 지급으로 인정되지 않는다는 취지가 규정되어 있는 사실은 앞서 본 바와 같고, 갑 제10, 23호증, 을나 제2호증의 1, 2의 각 기재 및 증인 소외 1의 일부 증언에 변론 전체의 취지를 종합하면, 피고 1 주식회사는 2005. 2. 23.경 소외 6 주식회사 및 소외 7 주식회사와 사이에, 피고 1 주식회사가 위 회사들로부터 합계 260억 원을 대출받아 이 사건 아파트 부지 등을 확보하여 이 사건 아파트를 신축하기로 하는 대출계약을 체결한 후, 위 대출금을 이 사건 아파트 부지 구입대금 및 사업비 등으로 지출한 사실, 피고 1 주식회사는 위 대출금과 이 사건 아파트 분양대금 외에는 별다른 자력이 없어 위 각 분양대금으로 이 사건 아파트 공사대금을 지급해 온 사실, 피고 2 주식회사는 피고 1 주식회사로부터 이 사건 아파트 공사대금의 일부를 지급받지 못한 상태에 있었음에도 위 2002호를 제외한 나머지 세대에 대하여는 그 수분양자들이 해당 분양대금을 전부 납입하자 위에서 주장하는 공사대금 채권에 기한 유치권을 행사하지 아니하고 위 수분양자들에게 해당 세대를 각 인도하여 왔고, 이에 현재 이 사건 아파트 중 유치권을 주장하고 있는 세대는 원고가 분양받은 2002호뿐인 사실을 인정할 수 있는바, 위 인정 사실에 앞서 본 사실관계를 종합하여 보면, 피고 2 주식회사는 이 사건 계약 당시 이 사건 아파트의 수분양자들과 사이에, 각 수분양자로부터 해당 세대의 분양대금을 피고 2 주식회사 명의의 입금계좌로 전액 지급받으면 그 세대를 인도하여 주기로 함으로써 원고를 포함하는 수분양자들과 사이에서 다른 세대에 관하여 발생한 공사대금 채권의 확보한다는 명목으로 분양대금이 완납된 세대에 대하여 유치권을 행사하지 않기로 하는 묵시적인 특별 합의를 하였다고 봄이 상당하다.

나아가 피고 2 주식회사가 2002호에 주장할 수 있는 유치권의 피담보채권의 범위에 관하여 보건대, 원고가 피고 2 주식회사의 계좌에 위 2002호의 분양대금 17억 40,718,000원 중 5억 22,215,600원을 직접 입금한 사실 및 위 2002호에 미시공 부분 및 하자가 있고, 위 미시공 부분 등을 위하여 31,851,600원 상당의 공사비가 소요되는 사실은 앞서 본 바와 같으므로, 특별한 사정이 없는 한 위 2002호의 분양대금 중 5억 54,067,200원(5억 22,215,600원 + 31,851,600원)에 해당하는 금액은 변제되었거나 위 공사비 상당의 손해배상채권에 기한 원고의 상계의 의사표시에 따라 소멸하였다 할 것이다.

이에 대하여 원고는, 피고 2 주식회사가 앞서 본 소외 1의 피고 1 주식회사에 대한 매매대금 채권 10억 원과 피고 1 주식회사의 원고에 대한 분양대금 채권을 대등액에서 상계처리하는 것에 동의한 바 있으므로, 위 10억 원의 상계로써 피고 2 주식회사에 대항할 수 있다고 주장하나, 갑 제2호증의 1 내지 18, 갑 제12호증의 1, 2, 갑 제14, 23호증의 각 기재만으로는 피고 2 주식회사가 위 10억 원의 상계처리에 동의함으로써 위 금액 상당의 유치권을 포기하기로 하였다고 단정할 수 없고(위 상계처리는 원고 및 소외 1과 피고 1 주식회사 사이에서만 이루어진 것이므로, 특별한 사정이 없는 한 피고 2 주식회사에 대하여 이를 주장할 수 없다), 달리 피고 2 주식회사가 10억 원 상당을 지급받았거나, 2002호에 관하여 위 금액 상당의 유치권을 포기하기로 하였다고 인정할 증거도 없으므로, 원고의 위 주장은 이유 없다.

따라서 피고 2 주식회사가 원고에게 위 2002호에 관하여 행사할 수 있는 유치권의 피담보채권 범위는 그 분양대금 중 원고로부터 직접 변제받거나 상계주장에 의해 소멸한 액수를 공제한 11억 86,650,800원(17억 40,718,000원 - 5억 54,067,200원)에 한정된다 할 것이므로, 설령 피고 2 주식회사가 피고 1 주식회사에 대하여 이 사건 아파트 공사대금으로서 위 금액을 초과하는 채권을 가지고 있다 하더라도 위 피고의 유치권 항변은 위 인정 범위 내에서만 이유가 있고, 결국 피고 2 주식회사는 피고 1 주식회사로부터 위 11억 86,650,800원을 지급받음과 동시에 원고에게 위 2002호를 인도할 의무가 있다.

(나) 원고는, 피고 1 주식회사가 2008. 3. 31. 피고 2 주식회사와 사이에, 이 사건 아파트 공사대금에 관하여 정산 합의하고 그 합의사항을 모두 이행하였으므로, 피고 2 주식회사의 2002호에 대한 유치권이 소멸하였다고 주장한다.

살피건대, 갑 제12, 19호증의 각 1, 2, 을나 제3, 8호증의 각 기재 및 증인 소외 2의 일부 증언에 변론 전체의 취지를 종합하면, 피고 2 주식회사와 피고 1 주식회사 및 소외 2는 2008. 3. 31. 이 사건 아파트 공사대금의 정산에 관한 협의를 하면서 '피고 1 주식회사와 연대보증인 소외 2가 피고 2 주식회사에게 위 공사대금으로 32억 5,000만 원을 지급하되, ① 18억 원의 지급에 갈음하여 이 사건 아파트 상가 201호, 202호를 대물로 피고 2 주식회사에게 이전하고(위 상가를 28억 원으로 평가하되, 대출금 10억 원은 피고 2 주식회사가 인수한다), ② 5억 원의 지급에 갈음하여 피고 1 주식회사는 서울동부지방법원 (공탁번호 생략)으로 공탁된 5억 원을 회수하여 이를 피고 2 주식회사에게 지급하며, ③ 4억 5,000만 원의 지급에 갈음하여 피고 2 주식회사가 유치권을 행사하고 있던 10세대(201호, 202호, 401호, 501호, 702호, 901호, 1102호, 1803호, 2001호 및 2002호)의 분양대금 일부인 4억 5,000만 원(그 중 2002호의 금액은 5,000만 원이다)을 피고 2 주식회사에게 지급하고, ④ 나머지 5억 원의 지급을 담보하기 위하여 연대보증인 소외 2가 액면 5억 원의 약속어음 공정증서를 발행하되 1년 내에 위 5억 원을 지급하면 위 약속어음 공정증서에 기하여 강제집행하지 않기로 하고, 위 합의에 따른 이행이 완료된 이후에는 이 사건 아파트의 사업비 정산과 관련된 금전관계에 대하여 어떠한 이의도 제기하지 아니하기로 한다'는 내용의 합의서(갑 제12호증의 1, 이하 위 합의서에 기한 합의를 '이 사건 정산합의'라 한다)를 작성한 사실, 그 이후 피고 1 주식회사와 소외 2는 위 정산합의에서 정한 바대로 피고 2 주식회사의 요구에 따라 ① 이 사건 아파트 상가 201호, 202호에 관하여 각 소유권이전등기를 마쳐주었고, ② 서울동부지방법원 (공탁번호 생략)으로 마친 공탁금 5억 원을 회수하여 이를 지급하였으며, ③ 원고 소유의 2002호를 제외한 나머지 세대의 수분양자들로부터 그 분양대금 합계 4억 원을 지급받아 지급하였고, ④ 소외 2가 액면 5억 원의 약속어음 공정증서를 발행함으로써 위 합의사항을 대부분 이행한 사실을 인정할 수 있으나, 한편 갑 제12호증의 1, 2의 각 기재에 변론 전체의 취지를 종합하면, 피고들 및 소외 2는 이 사건 정산합의 당시 '본 합의서 내용 중 피고 1 주식회사와 소외 2의 이행사항이 1주일 내로 이행되지 않을 경우 본 합의서는 무효로 한다'고 하였는데(제3조 제5항), 피고 1 주식회사는 현재까지 피고 2 주식회사에게 2002호의 분양대금 중 5,000만 원을 지급하지 않고 있고, 소외 2 역시 약속어음 공정증서를 작성한 위 5억 원을 지급하지 않고 있는 사실을 인정할 수 있으므로, 특별한 사정이 없는 이상 위 정산합의는 그 효력이 없게 되었다 할 것이다.

다만, 갑 제17호증의 기재 및 변론 전체의 취지를 종합하면, 원고가 2008. 8. 29. 피고 2 주식회사를 상대로 서울동부지방법원 2008가소213916 손해배상청구의 소를 제기한 다음, 피고 2 주식회사가 원고 소유의 2002호에 관하여 받은 부동산가압류신청이 위법하다고 주장하자, 피고 2 주식회사가 2008. 9. 9. 원고에게 '위 손해배상청구의 소를 취하할 경우 위 2002호에 관한 부동산가압류의 집행해제신청에 동의하겠다'는 취지의 내용증명 우편을 보내면서, '귀하의 미납 잔금 5,000만 원으로 인하여 소유권이전절차가 지연되고 있으며, 이로 인한 연체료가 부과된다'는 취지로 통보한 사실을 인정할 수 있으나, 이 사건 정산합의는 피고들 사이에 이루어진 것이므로 그들 사이의 법률관계를 규율하는 것이어서 그 효력 유무와 원고 및 피고 1 주식회사 내지 피고 2 주식회사 사이에 발생한 위 2002호의 분양대금 납부의무와는 직접적인 관련이 없을 뿐만 아니라, 위 내용증명 우편은 피고 2 주식회사가 위 통고 당시 피고 1 주식회사와의 위 정산합의를 존중하여 원고가 5,000만 원을 지급하면 위 2002호에 관한 부동산가압류 집행을 해제하여 위 2002호에 대한 유치권을 포기할 의사가 있음을 원고에게 표명한 것에 불과하다고 할 것인데, 이후 원고가 이에 따른 피고 2 주식회사의 제의를 거절하여 위 손해배상소송을 계속 진행하고, 나아가 이 사건 소송에 이르렀으므로, 원고로서는 피고들 사이의 이 사건 정산합의나 피고 2 주식회사의 위 내용증명 우편에 의하여 위 2002호에 대한 유치권의 피담보채무가 5,000만 원으로 제한되었다고 주장할 수는 없다고 할 것이고, 따라서 이 점에 관한 원고의 주장도 이유 없다.

(2) 지체보상금청구에 대한 판단

원고는, 피고 2 주식회사가 정당한 사유 없이 2002호를 무단 점유함으로써 원고의 소유권을 침해하고 있으므로, 그 불법행위에 기한 손해배상으로 피고 1 주식회사와 연대하여 위 2002호에 관하여 발생한 기왕의 지체보상금 2억 46,621,800원 및 2009. 3. 25.부터 위 2002호의 인도완료일까지 연 2억 37,313,380원의 비율로 계산한 지체보상금을 지급할 의무가 있다고 주장하나, 피고 2 주식회사가 위 2002호를 무단점유하고 있음을 인정할 아무런 증거가 없고, 오히려 피고 2 주식회사는 위 2002호에 관한 적법한 유치권에 의하여 이를 점유하고 있음은 앞서 본 바이므로, 원고의 위 주장은 더 나아가 살필 필요 없이 이유 없다.

4. 결론

그렇다면 원고의 피고들에 대한 청구는 위 인정 범위 내에서 이유 있어 인용하고, 그 나머지 청구는 모두 이유 없어 모두 기각한다.

[[별 지 1] 부동산 목록 : 생략]
[[별 지 2] 미시공 및 하자 내역서 : 생략]

판사   노만경(재판장) 정찬우 김정환

[판례 91] 손해배상(기) (서울중앙지법 2009. 9. 4. 선고 2009가합49365 판결)

【판시사항】

[1] 주택개량재개발조합은 조합원에 대하여 갖는 재개발사업의 시행으로 신축·분양한 아파트와 관련한 징수금 채권 등을 상환받을 때까지 아파트를 유치할 권리를 갖는다고 한 사례
[2] 유치권 행사중인 아파트를 강제경매절차에서 취득한 자가 아파트 소유자를 상대로 법원에 인도명령을 신청하여 아파트를 인도받아 점유하고 있는 경우, 유치권자가 점유물반환청구

권을 행사하지 않고 유치권 상실에 대한 손해배상으로 미변제 피보전채권액 상당을 구하는 것은 허용되지 않는다고 한 사례

【판결요지】
[1] 구 도시개발법(2002. 12. 30. 법률 제6852호 도시 및 주거환경정비법 부칙 제2조로 폐지)에 의하여 설립된 주택개량재개발조합이 조합원에 대하여 갖는 재개발사업의 시행으로 신축·분양한 아파트와 관련한 징수금 채권 등은 그 아파트와 견련관계가 있고, 조합이 채권 등을 담보하기 위해 아파트의 인도를 거절하고 출입문을 시정하여 열쇠를 보관하는 한편, 유치권을 행사하고 있다는 내용의 경고문을 아파트의 출입문에 게시하였다면, 조합은 타인의 지배를 배제하고 사회통념상 아파트를 사실상 지배하여 점유를 취득하였다고 봄이 상당하므로 징수금 채권 등을 상환받을 때까지 아파트를 유치할 권리를 갖는다고 한 사례.
[2] 유치권 행사중인 아파트를 강제경매절차에서 취득한 자가 아파트 소유자를 상대로 법원에 인도명령을 신청하여 아파트를 인도받아 점유하고 있는 경우, 유치권자가 점유물반환청구권을 행사하지 않고 유치권 상실에 대한 손해배상으로 미변제 피보전채권액 상당을 구하는 것은 허용되지 않는다고 한 사례.

【참조조문】
[1] 민법 제320조 [2] 민법 제192조 제2항, 제204조 제1항, 제320조, 제328조, 민사집행법 제91조

【전 문】
【원 고】 원고 주택개량재개발조합 (소송대리인 법무법인 천지인 담당변호사 유철균)
【피 고】 피고 1외 2인 (소송대리인 법무법인 한승 담당변호사 이홍수)
【변론종결】 2009. 8. 21.

【주 문】
1. 원고의 피고들에 대한 청구를 모두 기각한다.
2. 소송비용은 원고가 부담한다.

【청구취지】
피고들은 연대하여 원고에게 359,168,496원 및 이에 대한 2009. 3. 13.부터 이 판결 선고일까지는 연 5%, 그 다음날부터 다 갚는 날까지는 연 20%의 각 비율에 의한 금원을 지급하라.

【이 유】
1. 기초사실
 가. 원고는 서울 관악구 봉천동 산 (이하 지번 1 생략) 외 644필지 지상의 재개발사업을 시행하기 위해 위 사업구역 내의 토지소유자 등을 조합원으로 하여 구 도시재개발법(2002. 12. 30. 법률 제6852호로 제정되어 2003. 7. 1.부터 시행된 도시 및 주거환경정비법에 의하여 폐지되기 전의 것, 이하 '법'이라 한다)에 의하여 설립되어 사업시행

인가를 받은 주택개량재개발조합으로서 현재 청산절차중에 있다.
나. 원고는 소외 1 주식회사와 소외 2 주식회사를 시공자로 선정하여 ○○아파트를 신축하였고, 1998. 2. 3. 원고의 조합원인 망 소외 3에게 위 ○○아파트 128동 1302호(이하 '이 사건 아파트'라고 한다)를 아래와 같이 청산금(징수금) 87,438,942원[1]에 분양하였다.
   (1) 망 소외 3은 1998. 2. 3. 계약금 17,486,000원, 1998. 7. 3. 1차 중도금 8,743,000원, 1998. 12. 3. 2차 중도금 8,743,000원, 1999. 5. 3. 3차 중도금 8,743,000원, 1999. 10. 3. 4차 중도금 8,743,000원, 2000. 3. 3. 5차 중도금 8,743,000원, 2000. 8. 3. 6차 중도금 8,743,000, 입주시 잔금 17,494,942원을 납부한다.
   (2) 망 소외 3은 조합정관에 의해 징수금을 시행사인 원고와 시공사가 공동으로 개설한 계좌에 납부하여야 하며, 지정기일에 납부를 연체할 경우 징수금납부은행의 일반자금대출 연체료율을 가산하여 납부하여야 한다.
   (3) 망 소외 3은 징수금을 기일 내에 완납하고 원고가 요구한 제반 서류를 제출한 후 입주일이 명시된 원고 및 시공사 명의의 입주증을 발급받는다.
다. 망 소외 3은 이 사건 아파트의 분양과 관련하여 ① 이 사건 아파트의 징수금 중 2차 중도금 이후 분 합계 48,801,942원, ② 이 사건 아파트의 시공사 또는 관할구청에 납부하여야 할 시유지 계약금 및 불하대금, 시유지 균등배분금 및 토지, 건물 등록세, 교육세 등의 세금과 이주비 합계 167,399,846원을 납부하지 아니하여 원고가 위 각 금원을 망 소외 3을 대신하여 납부하였다. 한편, 위 각 금원에 대한 2003. 12. 18.까지의 지연손해금은 60,585,405원이다.
라. 원고는 위 ○○아파트가 완공되자 2003. 9. 20. 이 사건 아파트에 관하여 망 소외 3의 명의로 소유권보존등기를 마치는 한편, 망 소외 3에 대한 징수금 등 원리금채권을 담보하기 위해 이 사건 아파트의 인도를 거절하고 그 출입문을 시정하고 열쇠를 보관하였다.
마. 망 소외 3은 1999. 2. 11. 사망하였고, 망 소외 4를 제외한 나머지 상속인들은 모두 상속포기신청을 하여 수리되었고, 이에 망 소외 4가 망 소외 3의 유일한 상속인이 되었다. 망 소외 4가 2002. 12. 15. 사망하자 망 소외 4의 부모인 소외 5, 소외 6이 공동상속인이 되었다가 수원지방법원 안산지원 2006느단167호로 한정승인신고를 하여, 2006. 3. 2. 한정승인신고가 수리되었다.
바. 원고는 서울중앙지방법원 2006가합68518호로 소외 5, 소외 6을 상대로 망 소외 3이 미납한 분양대금 등의 지급을 구하는 소를 제기하였고, 2006. 12. 12. 이 법원으로부터 " 소외 5, 소외 6은 망 소외 4로부터 상속받은 재산의 범위 안에서, 원고에게 각 138,369,164원 및 이에 대한 2003. 12. 19.부터 2006. 8. 22.까지는 연 5%, 그 다음 날부터 다 갚는 날까지는 연 20%의 각 비율에 의한 금원을 지급한다"는 취지의 화해권고결정을 고지받아, 화해권고결정이 2006. 12. 30. 그 내용대로 확정되었다.
사. 원고는 위 화해권고결정에 기하여 이 사건 아파트에 대하여 서울중앙지방법원에 강제경매를 신청하여(2008타경9755호), 이 법원은 2008. 4. 4. 강제경매개시결정을 하였

---

[1] 이후 75,030,942원으로 감액되었다.

고, 같은 날 강제경매개시결정 기입등기가 경료되었다.
- 아. 원고는 2008. 4. 18. 이 법원에 위 화해권고결정으로 확정된 징수금 등 채권액 276,738,328원 및 이에 대한 2008. 4. 18.까지의 지연손해금의 합계 417,040,869원, 아파트관리비 10,065,580원, 유리샷시비용 3,600,300원, 대위등기비용 8,101,300원의 합계 438,808,049원(=417,040,869원 + 10,065,580원 + 3,600,300원 + 8,101,300원)을 피담보채권으로 하여 이 사건 아파트에 관하여 유치권 신고를 하였고, 이 사건 아파트의 출입문에 이러한 사실을 알리는 공고문을 게시하였다.
- 자. 이 사건 아파트는 감정가 6억 2,000만 원으로 평가되어 위 강제경매절차가 진행되었으나 3차 경매까지 유찰되었고, 2009. 2. 19. 제4차 경매기일에서 피고들이 380,001,000원에 최고가 매수신고를 하여 2009. 2. 26. 이 법원으로부터 매각허가 결정을 받았다.
- 차. 피고들은 2009. 3. 10. 이 법원에 매각대금을 완납하고 서울중앙지방법원 2009타기650호로 이 사건 아파트의 소유자인 소외 5, 소외 6을 상대로 인도명령을 신청하여, 이 법원으로부터 2009. 3. 11. 인도명령결정을 받았고, 위 인도명령이 2009. 3. 13. 소외 5, 소외 6에게 송달되자 2009. 3. 19. 위 인도명령에 기하여 집행관으로부터 이 사건 아파트를 인도받아 이 사건 아파트의 점유를 취득하였다.

[인정 근거 : 다툼 없는 사실, 갑 제1호증의 1 내지 제7호증의 3, 제10호증 내지 제15호증, 제18호증의 1, 27, 제20호증, 제22호증의 1, 2, 을 제2호증의 각 기재, 변론 전체의 취지]

2. 원고의 주장

피고들은 원고가 이 사건 아파트에 관하여 유치권을 행사하고 있다는 사실을 잘 알면서도 이 사건 아파트의 점유자가 아닌 소외 5, 소외 6을 상대로 인도명령을 받고 이를 집행하여 이 사건 아파트의 점유를 취득함으로써, 원고의 유치권을 소멸케 하였으므로, 피고들은 연대하여 원고에게 민법 제204조 제1항 또는 민법 제760조에 의하여 이 사건 아파트에 관한 유치권 소멸에 따른 손해배상으로서 유치권의 피담보채권액 438,808,049원에서 원고가 위 강제경매절차에서 배당받은 금원인 79,639,504원을 공제한 나머지 359,168,496원(438,808,049원 - 79,639,504원[2])을 배상할 의무가 있다.

3. 판 단

가. 유치권의 성립 여부

(1) 유치권과 피담보채권 사이의 견련관계 인정 여부

살피건대, 갑 제1호증의 1, 2, 제5호증의 각 기재에 변론 전체의 취지를 종합하면, 위 화해권고결정으로 확정된 징수금 등 채권액 276,738,328원 및 이에 대한 2008. 4. 18.까지의 지연손해금이 합계 417,040,869원인 사실, 원고가 2008. 3. 31. 이 사건 아파트에 관한 2001. 8.분부터 2008. 2.분까지의 관리비 10,065,580원을 납부하였고, 2008. 1. 10. 이 사건 아파트에 관한 유리샷시비용으로 3,600,300원을 지출한 사실, 원고가 이 사건 아파트에 관한 대위등기비용으로 8,101,300원을 지출한 사실을 인정할 수 있다.

또한, 갑 제1호증의 1, 2, 제18호증의 2 내지 제19호증의 4의 각 기재에 변론 전체의

---

[2] 계산하면 359,168,545원이나 원고는 359,168,496원만 구하고 있다.

취지를 종합하면, 원고의 조합정관에서 조합은 사업에 필요한 경비를 충당하기 위하여 조합원으로부터 경비를 부과·징수할 수 있고, 조합원은 부과금 및 청산금을 납부할 의무가 있으며, 조합은 분양기준가액과 분양받은 대지 또는 건축시설과 사이에 차액이 있을 때에는 그 차액을 조합원으로부터 징수할 수 있다고 규정하고 있는 사실(제8조, 제32조, 제64조), 원고와 시공사, 망 소외 3 사이에 체결된 이 사건 아파트의 분양계약에 따라 조합원은 징수금을 완납한 후에야 이 사건 아파트에 입주할 수 있는 사실, 망 소외 3이 원고와 관할구청 등에 납부하여야 할 시유지 계약금 및 불하대금, 시유지 균등배분금, 이주비, 세금 등은 조합의 사업에 필요한 경비의 성격을 지니고 있으며, 조합원은 이러한 경비를 지급한 후에야 이 사건 아파트에 입주할 수 있는 사실 등을 인정할 수 있는바, 위 인정사실에 의하면 위 화해권고결정으로 확정된 이 사건 아파트의 징수금 중 2차 중도금 이후 분 합계 48,801,942원과 ② 이 사건 아파트의 시공사 또는 관할구청에 납부하여야 할 시유지 계약금 및 불하대금, 시유지 균등배분금 및 토지, 건물 등록세, 교육세 등의 세금과 이주비 합계 167,399,846원 및 위 각 금원에 대한 지연손해금채권은 이 사건 아파트에 관한 망 소외 3의 인도청구권과 동일한 법률관계로부터 발생한 것으로서, 또한 이 사건 아파트에 관한 관리비, 유리샷시비용, 대위등기비용은 목적물 자체로부터 발생한 비용으로서, 위 징수금 등에 대한 채권 및 위 각 비용에 대한 상환청구권과 이 사건 아파트 사이에는 견련관계가 있다.

(2) 피고들의 점유

앞서 본 바와 같이, 원고가 이 사건 아파트에 관하여 생긴 징수금 채권 등을 담보하기 위하여 2003. 9. 20.경부터 이 사건 아파트의 출입문을 시정하여 그 열쇠를 보관하는 한편, 2008. 4. 28. 원고가 유치권을 행사하고 있다는 내용의 경고문을 이 사건 아파트의 출입문에 게시하였다면, 원고는 타인의 지배를 배제하고 사회관념상 이 사건 아파트를 사실상 지배하여 이 사건 아파트의 점유를 취득하였다고 봄이 상당하므로, 망 소외 3으로부터 위 징수금 채권 등을 변제받을 때까지 이 사건 아파트를 유치할 권리를 가진다.

한편, 피고들은 원고가 이 사건 아파트에 관한 강제경매개시결정 기입등기가 경료되어 압류의 효력이 발생한 이후에 이 사건 아파트를 점유하기 시작하였으므로 압류의 처분금지효에 저촉되어 이 사건 아파트의 매수인인 피고들에게 유치권으로 대항할 수 없다고 주장하나, 원고가 이 사건 아파트를 2003. 9. 20.경부터 출입문을 시정하고 그 열쇠를 보관하는 방식으로 점유하였음은 앞서 본 바와 같으므로, 피고들의 위 주장은 이유 없다.

(3) 소 결

따라서 원고는 위 화해권고결정으로 확정된 징수금 등 채권액 276,738,328원 및 이에 대한 2008. 4. 18.까지의 지연손해금의 합계 417,040,869원, 아파트관리비 10,065,580원, 유리샷시비용 3,600,300원, 대위등기비용 8,101,300원의 합계 438,808,049원(= 417,040,869원 + 10,065,580원 + 3,600,300원 + 8,101,300원)을 상환받을 때까지 이 사건 아파트를 유치할 권리가 있다.

나. 피고들의 고의, 과실 여부

앞서 인정한 기초사실 및 갑 제6, 8, 10, 20호증, 을 제2호증의 각 기재에 변론 전체의 취지를 종합하여 인정할 수 있는 다음과 같은 사정을 종합하여 보면(특히 피고들이 이 사건 아파트를 매각받게 된 경위 및 점유를 취득한 방법에 비추어 보면), 피고들로서는 원고가 이 사건 아파트에 관하여 유치권을 행사하고 있음을 알면서도 이 사건 아파트의 점유를 취득하였다고 봄이 상당하다.

(1) 원고는 2008. 4. 28. 경매법원에 유치권행사의 신고를 하고 이 사건 아파트의 출입문에 이와 같은 내용의 경고문을 게시하였다.

(2) 원고는 2009. 2. 24. 경매법원에 낙찰허가기일의 출석에 갈음한 진술서를 통해 피고들이 유치권을 인수할 경우 부담이 클 수 있다는 의견서를 제출하였다.

(3) 피고들은 2009. 2. 27. 경매기록을 열람, 복사하여 원고의 유치권 신고사실을 확인하였다.

(4) 피고들은 2009. 2. 19. 제4차 경매기일에서 최초 감정평가액인 6억 2,000만 원보다 원고 주장의 유치권 상실에 따른 손해액에 가까운 3억 4,000만 원 정도가 적은 380,001,000원에 최고가입찰자로 결정되었다.

(5) 피고들은 유치권자라고 주장하는 원고에게 이에 대한 문의도 하지 않은 채 이 사건 아파트의 소유자인 소외 5, 소외 6을 상대로 인도명령을 신청하여 법원으로부터 인도명령을 받아 집행관을 통하여 이를 집행하였다.

다. 손해배상책임

그런데 원고는 이 사건 아파트에 관한 유치권 소멸에 따른 손해배상으로서 유치권의 피담보채권액 438,808,049원에서 원고가 위 강제경매절차에서 배당받은 금원인 79,639,504원을 공제한 나머지 359,168,496원(438,808,049원 - 79,639,504원)을 구하고 있다.

살피건대, 원고는 민법 제204조 제1항에 의하여 피고들을 상대로 점유 침탈에 대한 손해배상을 구할 수 있으나, 그 손해배상의 범위에 관하여 보면 점유자가 점유물반환청구권을 행사하여 물건의 점유를 회수한 때에는 점유권은 애초부터 소멸하지 않고 존속한 것으로 되고(민법 제192조 제2항), 민사집행법 제91조는 매수인은 유치권자에게 그 유치권으로 담보하는 채권을 변제할 책임이 있다고 규정하고 있는바, 여기에서 '변제할 책임이 있다'는 의미는 부동산상의 부담을 승계한다는 취지로서 인적 채무까지 인수한다는 취지는 아니므로, 유치권자는 매수인에 대하여 그 피담보채권의 변제가 있을 때까지 유치목적물인 부동산의 인도를 거절할 수 있을 뿐이고 피담보채권의 변제를 청구할 수는 없으므로(대법원 1996. 8. 23. 선고 95다8713호 판결 등 참조), 유치권자가 점유물반환청구권을 행사하여 점유를 회복할 수 있는 경우에 유치권의 잠정적인 상실로 인한 손해액은 유치권자가 그 유치목적물을 점유함으로써 얻을 수 있는 이익 이상을 초과하여 유치권의 피담보채권액 상당으로 인정될 수 없다.

그런데 이 사건에 관하여 보건대, 원고가 이 사건 아파트를 점유하면서 징수금채권 등 피담보채권의 보전을 목적으로 유치권을 행사하고 있었고, 피고들이 원고의 유치권 행사 사실을 알면서도 이 사건 아파트를 인도받아 현재 점유하고 있는 사실은 앞서 본 바와 같으므로, 원고는 피고들을 상대로 점유물반환청구권을 행사하여 이 사건 아파트의 반환을 구할 수 있고 이로써 점유를 회수한 때에는 원고의 유치권은 여전히 그 효력이[3) 유지된다.

따라서 원고가 피고들을 상대로 유치권에 기하여 점유물반환청구권을 행사할 수 있는지는 별론으로 하고, 점유물반환청구권의 행사가 가능한 상태에서 유치권 상실에 대한 손해배상으로서 미변제 피보전채권액 상당을 구하는 이 사건 청구는 이유 없고, 달리 원고가 이 사건 아파트에 관한 점유의 일시적인 상실로 인하여 입은 손해액에 대한 구체적인 주장·입증이 없는 이상 원고의 손해배상청구는 이유[4]없다.

4. 결 론

그렇다면 원고의 피고들에 대한 이 사건 청구는 모두 이유 없으므로 기각하기로 하여 주문과 같이 판결한다.

판사 김수천(재판장) 이지현 김희진

[판례 92] 환급이행금지가처분 (서울남부지법 2009. 9. 15.자 2009카합881 결정)

【판시사항】

아파트 건축공사의 시행자와 분양보증계약을 체결한 대한주택보증 주식회사가 보증사고로 인정하여 수분양자에게 입주금의 납부중지 등을 통보하기 이전이라 하더라도, 객관적·실질적으로 볼 때 시행자가 분양계약을 이행하는 것이 사회통념상 불가능하게 된 이후에 이를 이유로 분양계약을 해제한 수분양자는 분양보증계약의 보증대상에 포함된다고 한 사례

【결정요지】

아파트 건축공사의 시행자와 분양보증계약을 체결한 대한주택보증 주식회사가 주상복합주택 분양보증계약에서 '보증사고 전에 분양계약의 해제 또는 해지로 인하여 주채무자가 보증채권자에게 반환하여야 할 입주금'에 대하여 면책약관을 둔 사안에서, 위 면책약관에서 말하는 '보증사고'는 '시행자가 분양계약을 이행할 수 없음이 객관적으로 밝혀진 때'를 뜻하는 것으로, 대한주택보증 주식회사가 그와 같이 인정하여 수분양자에게 입주금의 납부중지 등을 통보하기 이전이라 하더라도 객관적·실질적으로 볼 때 시행자가 분양계약을 이행하는 것이 사회통념상 불가능하게 된 이후에 시행자의 귀책사유로 인한 분양계약 불이행을 이유로 분양계약을 해제한 수분양자는 위 분양보증계약의 보증대상에 포함된다고 한 사례.

---

3) 따라서 피고들이 자신들의 점유하에 있던 이 사건 아파트를 제3자에게 처분·인도하고 그 목적물에 관하여 소유권이전등기까지 경료하여 그 제3자로 하여금 목적물에 관한 완전한 소유권을 취득하게 하여 버림으로써 목적물에 관한 소유권이나 점유를 환원시킬 수 없는 새로운 사태가 만들어진 경우, 그 때 비로소 원고는 매수인인 피고들을 상대로 점유물반환청구권을 행사하여 목적물의 점유를 회복할 수 없는 결과를 초래하여 원고의 점유를 침탈하고 유치권을 확정적으로 상실하게 하는 불법행위에 대한 손해배상으로서 유치권의 피담보채권액 상당을 구할 수 있을 것이다.
4) 통상 부동산의 점유사용으로 인한 이득액은 그 부동산의 차임 상당액이라고 할 것이고, 부동산의 점유 상실로 인한 손해액 역시 그 부동산의 차임 상당액이라고 봄이 상당하나, 유치권자는 유치권에 기하여 부동산을 점유하고 있더라도 소유자에 대하여 그 점유기간 동안의 이득액을 부당이득으로 반환하여야 할 것이다.

【참조조문】
주택법 제77조, 주택법 시행령 제106조 제1항 제1호 (가)목, 약관의 규제에 관한 법률 제5조
【전　문】
【신 청 인】 신청인 주식회사 (소송대리인 법무법인 원 담당변호사 박종문외 2인)
【피신청인】 대한주택보증 주식회사 (소송대리인 법무법인 대구하나로 담당변호사 남호진)
【보조참가인】 참가인 1외 101인 (소송대리인 법무법인 법고을 담당변호사 최용석)
【주　문】
1. 이 사건 신청을 모두 기각한다.
2. 소송비용은 보조참가로 인한 비용을 포함하여 모두 신청인이 부담한다.
【신청취지】
[주위적 신청취지]
1. 피신청인은 소외 1 주식회사가 울산 남구 (이하 생략) 외 7필지(이하 '이 사건 사업부지'라 한다)에서 건축중인 지하 8층, 지상 32층 규모의 '○○' 주상복합아파트(이하 '이 사건 아파트'라 한다)와 관련하여, 그 수분양자들에게 분양보증채무 이행방법으로서 '환급이행'을 하여서는 아니 된다.
2. 피신청인은 이 사건 아파트와 관련하여 분양보증채무 이행방법의 선택 또는 결정을 위한 제반 절차를 진행하여서는 아니 된다.
[예비적 신청취지]
1. 피신청인은 이 사건 아파트와 관련하여, 그 수분양자들 중 2009. 7. 8. 이전에 분양계약을 해제한 수분양자들에게 분양보증채무 이행방법으로서 '환급이행'을 하여서는 아니 된다.
2. 피신청인은 이 사건 아파트와 관련하여 분양보증채무 이행방법의 선택 또는 결정을 위한 제반 절차를 진행하여서는 아니 된다.
【이　유】
1. 사건의 개요
기록과 심문 전체의 취지에 의하면 다음 각 사실이 소명된다.
　가. 공사도급계약의 체결
　　　이 사건 아파트 건축공사의 시행자인 소외 1 주식회사는 2005. 4. 14. 신청인과 사이에 이 사건 아파트 건축에 관한 공사도급계약을 체결하고, 2005. 4. 22. 울산광역시장으로부터 이 사건 아파트 건축허가를 받았다(한편, 허가조건에 의하면 소외 1 주식회사는 사용승인 신청 이전까지 이 사건 사업부지 중 보도가 설치되는 부분을 울산광역시에 기부채납하여야 한다).
　나. 주상복합주택 분양보증계약의 체결
　　　소외 1 주식회사는 2005. 6. 24. 피신청인(주택건설에 대한 각종 보증을 함으로써 주택분양계약자를 보호하고 주택건설을 촉진하며 국민의 주거복지 향상 등에 기여하기 위하여 주택법 제76조에 따라 설립된 법인이다)과 사이에, 보증금액을 '1,071억 1,649

만 6,000원', 보증기간을 '입주자모집공고승인일부터 소유권보존등기일까지', 보증채권자를 '입주예정자'로 각 정하여 다음과 같은 내용의 주상복합주택 분양보증계약을 체결하였다(이는 수분양자를 제3자로 하는 제3자를 위한 계약에 해당한다. 이하 '이 사건 분양보증계약'이라 한다). 그리고 이때 신청인은 이 사건 분양보증계약에 따라 소외 1 주식회사가 피신청인에 대하여 부담하는 구상금채무 등 모든 채무를 연대보증하였다.
[주상복합주택 분양보증약관(2004. 9. 14. 개정된 것, 이하 '이 사건 분양보증약관'이라 한다)]

> 제1조 (용어의 정의) 이 약관에서 사용하는 용어의 정의는 다음과 같습니다.
>   3. '보증채권자'라 함은 주채무자의 보증서에 기재된 사업에 대하여 주상복합주택(주택 이외의 일반에게 분양하는 시설을 포함한다. 이하 같다) 분양계약을 체결한 자(분양권양수자를 포함한다)를 말합니다.
>   5. '보증사고'라 함은 다음 각 목의 1의 사유로 인하여 보증회사가 보증채권자에게 입주금의 납부중지 또는 입주금납부계좌의 변경을 통보한 때를 말합니다. 이 경우 보증회사는 보증서에 기재된 사업의 입주자모집공고를 한 일간지(공고를 한 일간지가 2개 이상인 경우에는 그 중 1개 일간지를 말한다)에 게재함으로써 통보에 갈음할 수 있습니다.
>   가. 주채무자가 부도·파산 등으로 주상복합주택분양계약(이하 '분양계약'이라 한다)을 이행할 수 없다고 보증회사가 인정하는 경우
>   나. 감리자가 확인한 실행공정률이 예정공정률(주채무자가 감리자에게 제출하는 예정공정표상의 공정률을 말한다. 이하 같다)보다 25%P 이상 미달하여 보증채권자의 이행청구가 있는 경우
>   6. '입주금'이라 함은 주채무자가 보증채권자로부터 받는 계약금과 중도금 및 잔금을 말합니다.
> 제2조 (보증채무의 성립) 보증회사의 보증채무는 주채무자가 보증서발급일부터 30일 이내에 입주자모집공고승인을 얻은 때(복리시설의 경우에는 보증서를 발급한 때를 말한다)에 유효하게 성립하는 것으로 하며, 분양계약일부터 효력을 발생합니다.
> 제3조(보증채무의 내용) ① 보증사고가 발생한 경우 보증회사는 당해 주택의 분양이행 또는 납부한 계약금 및 중도금의 환급책임을 부담합니다.
> 제4조 (보증이행 대상이 아닌 채무 및 잔여입주금 등의 납부) ① 보증회사는 다음 각 호의 1에 해당하는 채무에 대하여는 보증채무를 이행하지 아니합니다.
>   12. 보증사고 전에 분양계약의 해제 또는 해지로 인하여 주채무자가 보증채권자에게 반환하여야 할 입주금 (이하 '이 사건 면책약관'이라 한다)
> 제8조 (보증채무의5) 이행방법) ① 보증회사는 보증사고일부터 3월(단, 주채무자가 화의·회사정리절차개시를 신청한 경우에는 보증사고일부터 6월) 이내에 보증채무이행방법(분양이행 또는 환급이행)을 결정하고, 그 사실을 보증채권자에게 지체 없이 서면으로 통지합니다. 다만, 분양이행의 경우에는 공고로 갈음할 수 있습니다.

---

5) 이 조항은 2007. 3. 7. 다음과 같이 개정되었다. 제8조(보증채무의 이행방법) ① 보증회사는 보증사고가 발생한 경우에는 보증채권자에게 보증채무이행방법(당해 건축물의 분양이행 또는 납부한 계약금 및 중도금의 환급이행) 선택에 대하여 지체 없이 서면으로 최고합니다. 다만, 시공자·공동사업주체 또는 회생절차개시를 신청한 주채무자 등(이하 '시공자 등'이라 한다)이 분양이행을 원하는 경우에는 시공자 등이 분양계약을 이행할 수 있는지 여부를 보증회사가 결정할 때까지 그

② 보증회사가 분양이행으로 보증채무를 이행하는 경우에는 보증회사가 선정하는 등록업자가 당해 공사를 승계시공합니다. 이 경우 보증채권자는 환급이행을 요구할 수 없습니다.
③ 제1항의 환급이행결정통지서를 수령한 보증채권자는 보증회사의 환급이행결정통지서 발송일부터 1월 이내에 보증회사가 수령할 수 있도록 환급이행에 대한 동의 여부를 보증회사에게 서면으로 회신하여야 합니다. 이 경우 회신기한까지 회신이 없거나 회신기한을 경과한 경우에는 환급이행결정에 동의한 것으로 봅니다.
④ 보증회사의 환급이행결정통지서를 수령한 보증채권자의 3분의 2 이상이 환급이행결정에 동의한 경우에는 환급이행으로 확정되며, 그러하지 아니할 경우에는 분양이행으로 확정됩니다.

다. 분양계약의 체결

소외 1 주식회사는 2005. 7.경 입주자모집공고승인을 받아 그 무렵부터 이 사건 아파트의 분양을 시작하여 아파트[6] 188세대 중 135세대를 분양하였는데(피신청인 보조참가인들은 이 사건 아파트 수분양자들 중 일부이다), 그 분양계약서에는 다음과 같은 내용이 포함되어 있다(이하 '이 사건 분양계약'이라 한다).

○ 입주예정일 : 2008. 8.경 (공정에 따라 다소 변경될 경우 추후 개별 통보키로 함)
○ 수분양자는 소외 1 주식회사의 귀책사유로 인해 입주예정일부터 3개월 이내에 입주할 수 없게 되는 경우 본 계약을 해제할 수 있다. (제2조 제3항)
○ 보증사고가 발생한 경우 대한주택보증(주)은 당해 주택의 분양이행 또는 납부한 계약금 및 중도금의 환급책임을 부담한다(제8조 제1항 제1호). 그러나 대한주택보증

최고를 유보할 수 있습니다. ② 제1항의 최고통지서를 수령한 보증채권자는 보증회사의 최고통지서 발송일부터 1월 이내에 보증채무이행방법을 선택하여 보증회사에 서면으로 발송하여야 합니다. 이 경우 회신기한까지 회신이 없거나 그 기한을 경과한 경우에는 보증회사에 보증채무이행방법에 대한 선택권을 위임한 것으로 봅니다. ③ 보증회사의 최고통지서를 수령한 보증채권자의 3분의 2 이상이 환급이행으로 선택한 경우에는 환급이행으로, 그 이외의 경우에는 제2항에 의하여 위임된 선택권을 포함하여 보증회사에서 분양이행 또는 환급이행으로 결정합니다. 이 경우 동일한 건축허가에 대하여 발급된 하나 이상의 보증은 하나의 보증으로 보아 보증채무이행방법을 결정합니다. ④ 제1항 내지 제3항에도 불구하고 현저한 분양률 저조 등의 사유로 환급이행이 불가피하다고 보증회사가 인정하는 경우에는 환급이행으로 결정하며, 시공자 등이 분양계약을 이행할 수 있다고 보증회사가 인정하는 경우에는 분양이행으로 결정합니다. ⑤ 보증회사는 보증사고일부터 3월(단, 주채무자가 회생절차개시를 신청한 경우에는 보증사고일부터 6월) 이내에 제3항 및 제4항에 의거하여 보증채무이행방법을 결정하고, 그 사실을 보증채권자에게 지체 없이 서면으로 통지합니다. ⑥ 제3항 및 제4항에 따라 보증채무이행방법이 분양이행으로 결정된 경우 보증채권자는 환급이행을 요구할 수 없으며, 환급이행으로 결정된 경우 보증채권자는 분양이행을 요구할 수 없습니다. ⑦ 보증회사는 보증채무이행방법을 환급이행으로 결정한 경우에는 그 결정일부터 1월 이내에 이미 납부한 계약금 및 중도금 중에서 제4조 제1항의 보증이행 대상이 아닌 채무를 제외한 금액을 지급합니다. ⑧ 보증채무이행방법이 분양이행으로 결정된 경우에는 보증회사가 선정하는 자가 당해 공사를 승계시공합니다. 이 경우 보증채권자는 제4조 제2항의 잔여입주금 등을 보증회사에게 납부하여야 합니다. ⑨, ⑩ (생략)

6) 이 밖에 상가 57세대도 있다.

(주)은 '보증사고 전에 분양계약의 해제 또는 해지로 인하여 주채무자가 보증채권자에게 반환하여야 할 입주금'에 대하여는 보증채무를 이행하지 아니한다. [제8조 제2항 제1호 (12)목]

라. 일부 수분양자들의 분양계약 해제

소외 1 주식회사는 입주예정일인 2008. 8. 말경부터 3개월이 지나도록 이 사건 아파트를 완공하지 못하였고, 이에 2008. 12. 5.경부터 2009. 5.경까지 아파트 수분양자 135세대 중 112세대(이하 '이 사건 해제수분양자'라 한다)가 이 사건 분양계약 제2조 제3항에 의해 이 사건 분양계약을 해제하였다.

마. 피신청인의 보증사고 발생 처리

(1) 소외 1 주식회사의 소유이던 이 사건 사업부지는 2005. 6. 23. 피신청인 앞으로 신탁을 원인으로 한 소유권이전등기가 마쳐진 상태였는데, 이 사건 해제수분양자들을 포함한 소외 1 주식회사에 대한 채권자들은 2008. 12.경부터 2009. 7.경까지 사이에 소외 1 주식회사를 채무자로, 피신청인을 제3채무자로 하여 '소외 1 주식회사가 피신청인에게 갖는 이 사건 사업부지에 관한 신탁종료 등을 원인으로 한 소유권이전등기청구권'에 대하여 다수의 가압류 집행을 하였다. 또한, 소외 1 주식회사로부터 400억 원이 넘는 기성 공사대금을 지급받지 못한 신청인은 소외 1 주식회사를 상대로 민법 제666조 소정의 저당권설정청구권을 피보전권리로 하여 자사가 수급인으로서 시공한 이 사건 아파트 '건물'에 대하여 처분금지가처분을 신청하여 2009. 3. 20. 처분금지가처분등기가 마쳐졌다(이 과정에서 법원의 촉탁으로 위 건물에 관하여 소외 1 주식회사 명의로 소유권보존등기가 마쳐졌다).

(2) 피신청인은 2008. 12. 초부터 수분양자 보호를 위해 소외 1 주식회사와 신청인에게 여러 번에 걸쳐 공사이행을 촉구하고 위 가압류, 가처분 등을 해결할 것을 요구하였으나, 그 이행이 되지 않자 결국 2009. 7. 8. 시행자인 소외 1 주식회사가 더는 이 사건 분양계약을 이행할 수 없다고 인정하고 이 사건 분양보증약관 제1조 제5항 (가)목에 의해 보증사고 발생 처리를 한 다음 이 사건 아파트 수분양자들에게 입주금의 납부중지를 통보하였다.

바. 피신청인의 환급이행 결정

(1) 그 뒤 피신청인은 시공자인 신청인의 분양이행 요청에 따라 신청인이 이 사건 분양계약을 이행할 수 있는지 여부를 심사하였으나, 수분양자들 중 대다수가 이 사건 분양계약을 해제한 점을 고려하여 결국 2009. 8. 12. 신청인에게 계속사업 부적격 통지를 하고, 2009. 8. 13. 이 사건 아파트 수분양자 135세대 모두에게 회신기한을 2009. 9. 12.로 정하여 보증채무이행방법(분양이행 또는 환급이행) 선택을 최고하였다.

(2) 그 결과 2009. 8. 21. 기준으로, 위 최고를 받은 수분양자들 중 101세대가 피신청인에게 보증채무이행방법을 선택하여 회신하였는데, 모두 환급이행을 선택하였다. 이에 따라 피신청인은 2009. 9. 1. 보증채무이행방법을 환급이행으로 확정하여 이 사건 아파트 수분양자들에게 환급이행 안내문을 발송하였다.

사. 한편, 이 사건 아파트 건축공사의 공정률은 2009. 4. 30. 기준으로 98.12%, 2009. 6. 30. 기준으로 99.24%로서 현재 사실상 완공된 상태이다.

아. 분양보증 관련 법령

> **주택법**
> 제77조 (업무) ① 대한주택보증 주식회사는 그 목적을 달성하기 위하여 다음 각 호의 업무를 수행한다.
>   1. 사업주체가 건설·공급하는 주택에 대한 분양보증, 하자보수보증 그 밖에 대통령령이 정하는 보증업무
>
> **주택법 시행령**
> 제106조 (보증의 종류와 보증료) ① 법 제77조 제1항 제1호에 따라 대한주택보증 주식회사가 행할 수 있는 보증의 종류는 다음 각 호와 같다.
>   1. 분양보증 : 사업주체(제12조에 따른 공동사업주체를 포함한다)가 법 제16조 제1항 본문에 따라 사업계획의 승인을 받아 건설하는 주택(부대시설 및 복리시설을 포함한다. 이하 이 조에서 같다) 또는 제15조 제2항에 따라 사업계획의 승인을 받지 아니하고 20세대 이상의 주택과 주택 외의 시설을 동일건축물로 건축하는 경우에 행하는 다음 각 목의 보증[제15조 제2항에 따라 사업계획의 승인을 받지 아니하고 20세대 이상의 주택과 주택 외의 시설을 동일건축물로 건축하는 경우에는 (가)목의 보증만 해당한다]
>   가. 주택분양보증 : 사업주체가 파산 등의 사유로 분양계약을 이행할 수 없게 되는 경우 해당 주택의 분양(사용검사 또는 건축법 제22조에 따른 사용승인과 소유권보존등기를 포함한다)의 이행 또는 납부한 계약금 및 중도금의 환급[입주자의 3분의 2 이상이 원하는 경우만 해당한다. 이하 (나)목에서 같다]을 책임지는 보증

2. 피보전권리에 관한 판단
  가. 피신청인의 환급이행 결정이 무효인지 여부
    (1) 신청인의 주장 요지
      첫째, 보증사고 전에 분양계약을 해제한 수분양자는 이 사건 면책약관에 의해 이 사건 분양보증계약의 보증대상에서 제외되는바, 이 사건 해제수분양자들은 피신청인이 보증사고 발생을 통지한 2009. 7. 8. 이전에 이미 분양계약을 해제하였으므로 보증대상에서 제외된다. 그럼에도, 피신청인은 이와 같이 보증채권자에 해당하지 않는 수분양자들에게도 보증채무이행방법 선택을 최고한 다음 그 2/3 이상의 의사에 따라 환급이행을 결정하였으므로, 이는 주택법 시행령 제106조 제1항 제1호 (가)목, 이 사건 분양보증약관 제1조 제3호, 제4조 제1항 제12호, 제8조 제4항에 위배되어 무효이다.
      둘째, 설령 피신청인의 환급이행 결정이 위 각 규정에 위배되지 않는다고 하더라도, ① 분양보증채무의 이행방법은 분양이행이 원칙이라 할 것인데 이 사건 아파트 건축공사는 사실상 완공상태이므로 피신청인이 시행자인 소외 1 주식회사로부터 사업주체 지위를 승계하여 분양이행을 하는 데 큰 어려움이 없는 점, ② 피신청인은 보증사고 발생을 통지한 이후 분양이행을 전제로 신청인에게 이 사건 아파트 건축·분양사업에 관한 자구계획 마련 및 분양이행에 필요한 관련 자료의 제출을 요구한 점, ③ 피신청인이 수분양자들에게 환급이행을 하는 경우 소외 1 주식회사와 신청인에 대하여 구상권을 행사해야 할 것인데, 소외 1 주식회사는 사실상 무자력인 데다가 신청인으로부터 구상권의 만족을 얻는 데에도 상당한 시간과 비용이 소요될 것이므로, 결국 고도

의 공익적 성격을 가진 피신청인에게 막대한 손해가 생길 수 있는 점 등에 비추어 보면, 피신청인이 보증채무이행방법을 분양이행이 아닌 환급이행으로 결정한 것은 분양보증 제도의 취지에 어긋나고 보증채무이행방법 결정권을 남용한 것이므로 무효이다.

(2) 판단

신청인의 첫 번째 주장에 관하여 본다. 우선 이 사건 분양보증약관 제8조 제4항은 "보증회사의 환급이행결정통지서를 수령한 보증채권자의 3분의 2 이상이 환급이행결정에 동의한 경우에는 환급이행으로 확정되며"라고 규정하고 있는바, 이 사건 분양보증계약의 보증대상에 해당하지 않는 자가 분양보증의 이행방법에 관해 동의권 또는 선택권을 갖는 것은 부당하므로 여기서 말하는 '보증채권자'에는 분양계약을 체결한 자 중 보증대상에서 제외되는 자, 예컨대 대물변제, 차명, 이중계약 등 정상계약자가 아닌 자(이 사건 분양보증약관 제4조 제1항 제2호), 보증서 발급 이전에 분양계약을 체결한 자(이 사건 분양보증약관 제4조 제1항 제3호) 등은 포함되지 않는다고 할 것이다. 그러나 뒤에서 보듯이 이 사건 해제수분양자들은 이 사건 면책약관에서 말하는 '보증사고 전에 해제한 수분양자'에 해당한다고 할 수 없어 이 사건 분양보증계약의 보증대상에 포함된다고 할 것이므로, 피신청인이 이 사건 해제수분양자들을 포함한 모든 수분양자들에게 보증채무이행방법 선택을 최고한 다음 그들 2/3 이상의 의사에 따라 환급이행을 결정한 것이 주택법 시행령 및 이 사건 분양보증약관에 정하여진 절차를 위반하였다고 할 수 없다. 따라서 신청인의 위 주장은 이유 없다.

다음으로 신청인의 두 번째 주장에 관하여 보건대, 기록과 심문 전체의 취지에 의하여 소명되는 제반 사정, 특히 다음과 같은 사정에 비추어 보면 신청인이 주장하는 사유만으로는 피신청인의 환급이행 결정이 보증채무이행방법 결정권을 남용한 것으로서 무효라고 할 수 없으므로 신청인의 위 주장도 이유 없다.

① 이 사건 분양보증약관에 의하면 피신청인은 보증채무의 이행방법을 결정할 재량권을 가지고 있고, 주택법 시행령 제106조 제1항 제1호 (가)목도 입주자의 2/3 이상이 환급이행을 원하는 경우에는 피신청인에게 보증채무 이행방법을 결정할 수 있는 재량권을 부여한 것으로 볼 수 있으므로, 분양보증의 보증대상이 되는 수분양자의 2/3 이상이 환급이행을 원함에 따라 피신청인이 환급이행으로 결정하였다면 특별한 사정이 없는 한 그 결정은 존중되어야 한다.

② 피신청인이 보증사고 발생을 통지한 이후 신청인에게 이 사건 아파트 건축·분양사업에 관한 자구계획 마련 및 분양이행에 필요한 관련 자료의 제출을 요구한 것은, 2007. 3. 7. 개정된 주상복합주택 분양보증약관 제8조 제1항 단서에 의한 신청인의 계속사업 요청에 따라 신청인이 과연 이 사건 분양계약을 이행할 수 있는지 여부를 심사하기 위한 것이었으므로, 그것이 신청인에게 보증채무이행방법을 분양이행으로 결정하겠다는 신뢰를 부여한 것으로 볼 수는 없다.

③ 피신청인이 환급이행을 하는 경우 소외 1 주식회사와 신청인으로부터 사실상 구상권의 만족을 얻지 못하여 막대한 손해가 생길 것이라고 단정하기 어렵고, 설령 그러한 위험이 있다고 하더라도 이는 피신청인 스스로 인수한 것이기 때문에 신청인이 이러한 사정을 들어 피신청인의 환급이행 결정을 탓할 수는 없다고 할 것이다. 이는 피신청인이 주택분양계약자를 보호하고 주택건설을 촉진하며 국민의 주

거복지 향상 등에 기여하기 위하여 주택법에 따라 설립된 법인이라 하더라도 기본적으로 마찬가지이다.

④ 이 사건 아파트의 수분양자 135세대 중 112세대가 3개월 이상 입주 지연을 이유로 분양계약을 해제한 상황에서, 피신청인이 보증채무이행방법을 분양이행으로 결정하게 되면 이 사건 해제수분양자들은 보증의 이익을 포기하거나 혹은 어쩔 수 없이 분양계약을 유지해야 하는 부당한 결과가 생긴다.

나. 이 사건 해제수분양자에 대한 환급이행에 관하여 신청인이 피신청인에게 구상의무를 부담하는지 여부

(1) 당사자의 주장 요지

(가) 신청인

보증사고 전에 분양계약을 해제한 수분양자는 이 사건 면책약관에 의해 이 사건 분양보증계약의 보증대상에서 제외되는바, 이 사건 해제수분양자들은 피신청인이 보증사고 발생을 통지한 2009. 7. 8. 이전에 이미 분양계약을 해제하였으므로 보증대상에서 제외된다. 따라서 피신청인이 이 사건 해제수분양자들에게 환급이행을 하더라도 그 부분에 관하여는 신청인은 피신청인에게 구상의무를 부담하지 않는다.

(나) 피신청인과 보조참가인

첫째, 이 사건 면책약관에서 말하는 '보증사고'라 함은 '시행자가 분양계약을 이행할 수 없다고 피신청인이 인정하여 수분양자들에게 입주금의 납부중지 등을 통보한 때'가 아니라 '시행자가 분양계약을 이행할 수 없음이 객관적으로 밝혀진 때' 또는 '그러한 사실의 기초가 되는 시행자의 분양계약 불이행이 발생한 때'를 의미하는 것인바, 이 사건의 경우 입주예정일부터 3개월이 경과한 2008. 11. 말경에는 소외 1 주식회사의 분양계약 이행불능의 기초가 되는 분양계약 이행지체가 발생하였고, 그 뒤 2008. 12. 중순경에는 객관적으로 보아 소외 1 주식회사가 분양계약을 이행할 수 없는 상태가 되었다고 볼 것이므로, 그 이후에 분양계약을 해제한 이 사건 해제수분양자들은 이 사건 면책약관의 적용을 받지 않는다.

둘째, 이 사건 면책약관에서 말하는 '해제'라 함은 '수분양자의 귀책사유로 인한 시행자의 해제'만을 의미한다고 할 것인바, 이 사건 해제수분양자들은 시행자의 3개월 이상 입주 지연을 이유로 이 사건 분양계약 제2조 제3항에 따라 해제권을 행사한 것이므로 이 사건 면책약관의 적용을 받지 않는다. 만약 이 사건 면책약관에서 말하는 '해제'가 '시행자의 귀책사유로 인한 수분양자의 해제'까지 포함하는 것이라면, 이 사건 면책약관은 약관의 규제에 관한 법률에 위배되어 무효이다.

(2) 판단

(가) 이 사건 면책약관에서 말하는 '보증사고'의 의미

약관은 다수의 고객과 사이에 일률적으로 그에 의하여 체결되는 각각의 계약에서 동일하게 그 내용이 된다. 이 점을 고려하면, 약관의 해석은 모든 고객이 같은 법률관계에 따르게 되도록(약관의 규제에 관한 법률 제5조 제1항 후단이 약관은 "고객에 따라 다르게 해석되어서는 아니 된다"고 명시적으로 규정하는 것은 그러한 취지이다) 일반적인 제3자의 입장에서 객관적으로 행하여져야 한다. 그러므로 특히 약관조항의 해석에서는, 물론 정도의 문제이기는 하나, 의사표시 일반의 해

석에서보다 그 문언에 상대적으로 더욱 무게를 두지 않을 수 없다(대법원 2009. 7. 9. 선고 2008다88221 판결).

이러한 관점에서 보건대, 이 사건 분양보증약관 제1조 제5호 (가)목은 '보증사고'의 정의에 관하여 '주채무자가 부도·파산 등으로 분양계약을 이행할 수 없다고 보증회사가 인정하여 보증채권자에게 입주금의 납부중지 등을 통보한 때'라고 규정하고 있으므로, 이 사건 면책약관에서 말하는 '보증사고' 역시 이와 같이 해석하는 것이 일단 이 사건 분양보증약관의 문언과 체계에는 부합한다고 볼 수 있다. 그러나 한편, 약관은 신의성실의 원칙에 따라 공정하게 해석되어야 하고(약관의 규제에 관한 법률 제5조 제1항 전단), 약관의 뜻이 명백하지 아니한 경우에는 고객에게 유리하게 해석되어야 하며(약관의 규제에 관한 법률 제5조 제2항), 특히 면책약관은 약관을 계약의 내용으로 할 것을 제안한 사업자에게 더욱 엄격하게 해석하여야 하므로, 이러한 관점에서 위 '보증사고'의 의미를 제한해석할 수 있는지에 관하여 본다.

살피건대, 다음의 점을 종합해 보면 이 사건 면책약관에서 말하는 '보증사고'는 '시행자가 분양계약을 이행할 수 없음이 객관적으로 밝혀진 때'를 뜻하는 것으로, 바꾸어 말하면 피신청인이 그와 같이 인정하여 수분양자에게 입주금의 납부중지 등을 통보하기 이전이라 하더라도 객관적·실질적으로 볼 때 시행자가 분양계약을 이행하는 것이 사회통념상 불가능하게 된 경우에는 이 사건 면책약관에서 말하는 '보증사고'가 발생한 것으로 해석하는 것이[7] 타당하다.

① 주택법 시행령 제106조 제1항 제1호 (가)목은 '주택분양보증'의 의미에 관하여 '사업주체가 파산 등의 사유로 분양계약을 이행할 수 없게 되는 경우 해당 주택의 분양(사용검사 또는 건축법 제22조에 따른 사용승인과 소유권보존등기를 포함한다)의 이행 또는 납부한 계약금 및 중도금의 환급[입주자의 3분의 2 이상이 원하는 경우만 해당한다. 이하 (나)목에서 같다]을 책임지는 보증'이라고 규정하고 있는바, 이에 의하면 분양보증에서의 보증사고는 원래 시행자가 '파산 등의 사유로 분양계약을 이행할 수 없게 되는 경우'를 뜻하는 것임을 알 수 있다. 따라서 이 사건 면책약관에서 말하는 '보증사고'를 위와 같이 해석하는 것은 이 사건 분양보증약관의 상위 법규라 할 수 있는 주택법 시행령의 규정 내용에 부합한다.

② 주택법에 의한 분양보증 제도의 1차적인 목적은 주택에 관한 분양계약자를 보호하기 위한 것이므로 이른바 선의의 수분양자에 해당하는 한 분양보증의 보증대상에 포함시키는 것이 제도의 취지에 부합한다고 할 것인바, 시행자와 정상적인 분양계약을 체결하였으나 이후 시행자가 분양계약을 이행할 수 없음이 객관적으로 밝혀지자 분양계약을 해제한 수분양자는, 설령 피신청인의 보증사고 발생 처리 및 수분양자들에 대한 입주금의 납부중지 등의 통지 이전에 해제권을 행사하였다고 하더라도 여전히 분양보증의 보증대상에 포함되어야 할

---

[7] 이러한 해석은 이 사건 분양보증약관 제3조 제1항에서 말하는 '보증사고'에 관하여도 그대로 적용된다.

선의의 수분양자에 해당한다고 할[8] 것이다.
③ 만약 이 사건 면책약관에서 말하는 '보증사고'가 이 사건 분양보증약관 제1조 제5호에 규정된 대로 '시행자가 분양계약을 이행할 수 없다고 피신청인이 인정하여 수분양자들에게 입주금의 납부중지 등을 통보한 때'를 뜻하는 것이라면, 객관적·실질적으로 볼 때 시행자가 분양계약을 이행하는 것이 사회통념상 불가능하게 되어 주택법 시행령이 예정한 보증사고가 발생한 경우에도, 수분양자는 분양보증의 보호를 받기 위해서는 피신청인이 보증사고로 인정하여 수분양자들에게 입주금의 납부중지 등의 통보를 할 때까지 분양계약을 해제하여서는 아니 되는바, 이는 수분양자의 해제권 행사의 시기를 부당하게 제약하는 것이 된다(객관적·실질적으로 볼 때 시행자가 분양계약을 이행하는 것이 사회통념상 불가능하게 되었다면 그 뒤에는 수분양자의 해제권 행사를 제한할 어떠한 정당한 이유도 찾기[9] 어렵다
④ 이 사건 분양보증약관 제1조 제5호 (가)목이 '보증사고'의 정의를 '주채무자가 부도·파산 등으로 분양계약을 이행할 수 없다고 보증회사가 인정하여 보증채권자에게 입주금의 납부중지 등을 통보한 때'라고 규정하고 있는 것은, 보증사고일을 객관적으로 특정함으로써 피신청인의 보증채무 이행과 관련된 업무의 편의를 도모하기 위한 것일 뿐이므로 이 사건 면책조항에서 말하는 '보증사고'의 의미를 해석함에 있어 반드시 그에 따라야 한다고 할 수는[10] 없다.

[한편, 피신청인은 이 사건 면책약관에서 말하는 '보증사고'를 '시행자의 분양계약 이행불능의 기초가 되는 분양계약 불이행이 발생한 때'로 제한해석해야 한다는 주장도 하고 있으나, 피신청인의 분양보증은 시행자의 모든 분양계약 불이행을 담보하는 것이 아니라 오직 시행자가 '파산 등의 사유로 분양계약을

---

[8] 대법원 1999. 12. 10. 선고 98다4200 판결은 비록 이 사건 면책약관이 신설되기 이전의 사안에 관한 것이기는 하지만 "구 주택건설촉진법(1999. 2. 8. 법률 제5908호로 개정되기 전의 것) 제47조의6의 규정에 의하여 설립된 피고 주택사업공제조합(이하 '피고 조합'이라고 한다)이 그 조합원인 주택건설사업자가 건설·분양하는 주택에 대하여 분양보증을 하였으나 후에 주택분양계약이 합의해제되어 주택건설사업자가 수분양자에게 이미 지급된 계약금 및 중도금을 반환하기로 약정한 경우, 합의해제가 사실상 주택건설사업자의 채무불이행을 원인으로 하는 것이고, 반환의 범위 역시 당초에 피고 조합이 보증한 범위 내의 것이라면 피고 조합은 합의해제 약정상의 반환채무에 관하여도 보증책임이 있다고 봄이 상당하다."라고 판시한 바 있는데, 이 역시 같은 취지로 보인다.
[9] 이와 달리, 단지 시행자가 분양계약을 불이행하고 있을 뿐 아직 시행자에 의한 분양계약 이행이 사회통념상 불능의 정도에 이르지 않은 경우에는 재분양으로 인한 피신청인의 중복책임 발생 위험을 방지하고 사태가 보증사고로 비화하는 것을 막기 위해 수분양자의 해제권 행사를 일정 부분 제한할 필요가 있다고 볼 수도 있다.
[10] 참고로, 공정거래위원회는 이 사건 분양보증약관 제1조 제5호 (가)목 중 '보증회사가 인정하는 경우' 부분은 보증사고의 조건 또는 그 성취 여부를 보증회사가 자의적이고 주관적으로 결정할 수 있도록 하고 있으므로 신의성실의 원칙에 반하여 공정을 잃은 약관조항으로서 약관의 규제에 관한 법률 제6조 제1항에 의해 무효라고 판단하고, 2009. 7. 27. 피신청인에게 그 시정을 권고하였다.

이행할 수 없게 되는 경우'만을 담보하는 것인 점[주택법 시행령 제106조 제1항 제1호 (가)목]에 비추어 보면, 위와 같은 제한해석은 이 사건 분양보증약관의 문언과 체계에 현저히 어긋날 뿐만 아니라 주택법 시행령이 예정한 분양보증에서의 보증사고 개념과도 조화되지 않으므로 허용되지 않는다고 할 것이겠다 (시행자가 분양계약을 이행할 수 없는 객관적인 사실이 발생함으로 인하여 피신청인의 분양보증 이행의무가 구체적으로 발생하기 이전에 미리 시행자의 분양계약 불이행을 이유로 분양계약을 해제한 수분양자는 오직 시행자로부터 분양대금을 반환받겠다는 뜻으로 볼 수밖에 없다). 뿐만 아니라, 이 사건 면책약관에서 말하는 '보증사고'의 의미를 위와 같이 제한해석함으로써 피신청인의 분양보증책임을 인정하는 것은 시행자의 보증수수료를 재원으로 하여 인수되는 피신청인의 분양보증책임을 합리적인 이유 없이 확대시켜 결과적으로 주택건축·분양사업 시행자 전체에 불이익으로 돌아가게 된다.]

(나) 이 사건 면책약관에서 말하는 '해제'의 의미

앞서 보았듯이 약관조항의 해석에서는 의사표시 일반의 해석에서보다 그 문언에 상대적으로 더욱 무게를 두지 않을 수 없는바, 이 사건 면책약관에서 말하는 '해제'의 의미를 피신청인의 주장과 같이 '수분양자의 귀책사유로 인한 시행자의 해제'만을 뜻하는 것으로 제한해석하는 것은 주택법 등 관련 법령 및 이 사건 분양보증약관 어디에서도 그 근거를 찾을 수 없을 뿐만 아니라 그와 같이 해석하여야 할 정당한 근거도 없다.

이에 대하여, 시행자의 귀책사유로 인한 분양계약 불이행을 이유로 분양계약을 적법하게 해제한 수분양자는 분양보증의 보증대상이 되어야 할 선의의 수분양자에 해당하므로 위와 같은 제한해석이 필요하다는 견해가 있을 수 있으나, 앞서 보았듯이 피신청인의 분양보증은 시행자의 모든 분양계약 불이행을 담보하는 것이 아니라 오직 시행자가 '파산 등의 사유로 분양계약을 이행할 수 없게 되는 경우'만을 담보하는 것이므로, 이러한 보증사고 발생 이전에 스스로 분양계약을 해제한 수분양자를 분양보증의 보증대상에 포함하는 것이 반드시 분양보증 제도의 취지에 부합하는 것이라고 할 수도 없다. 마찬가지 이유에서 이 사건 면책약관에서 말하는 '해제'가 '시행자의 귀책사유로 인한 수분양자의 해제'까지 포함하는 것이라고 하여 이 사건 면책약관이 약관의 규제에 관한 법률에 위배된다고 할 수도 없다.

따라서 이 사건 면책약관에서 말하는 '해제'는 그 문언 그대로 귀책사유가 누구에게 있는지, 해제권을 누가 행사했는지 묻지 않고 약정해제, 법정해제, 합의해제 등 분양계약이 해제된 모든 경우를 포함하는 것으로 해석하는 것이 타당하다.

(다) 이 사건의 경우

그렇다면 이 사건 면책약관에 의해 이 사건 분양보증계약의 보증대상에서 제외되는 수분양자는, 시행자인 소외 1 주식회사가 분양계약을 이행할 수 없게 되었음이 객관적으로 밝혀지기 이전에 이 사건 분양계약을 해제한 자로 한정된다고 할 것이다.

그러므로 이 사건에서 소외 1 주식회사가 분양계약을 이행할 수 없게 되었음이 객관적으로 밝혀진 때가 언제인지에 관하여 보건대, 기록과 심문 전체의 취지에 의하여 소명되는 다음의 사정, 즉 ① 소외 1 주식회사는 2005. 7.부터 이 사건 아파트 188세대, 상가 57세대를 분양하기 시작하였는데 분양률이 약 70%에 그쳐 2008. 5.경부터는 시공자인 신청인에게 기성 공사대금을 지급하지 못하였고, 그 금액은 2008. 11. 말 기준으로 400억 원을 초과하고 있었던 점, ② 소외 1 주식회사는 이러한 사정 등으로 인한 공사 지연으로 인해 입주예정일부터[11] 3개월이 되는 2008. 11. 말이 경과하도록 수분양자들에게 이 사건 분양계약을 이행하지 못한 점, ③ 그런데 당시는 아파트 경기 침체로 인해 미분양 세대의 추가 분양을 기대하기 어려웠을 뿐만 아니라 미분양 세대에 관한 장래 분양수입금은 이미 대출 금융기관에 담보로 제공된 상태여서, 소외 1 주식회사는 미분양 세대의 분양수입금으로 신청인에 대한 공사대금채무를 변제할 수도 없는 상황이었고, 그 밖에 이를 변제할 자력이 거의 없었던 것으로 보이는 점, ④ 그래서 소외 1 주식회사는 신청인의 협조 없이는 잔여공사를 이행할 수 없는 상황이었음에도, 신청인으로 하여금 잔여공사를 이행하게 하도록 진지한 노력을 하지 않고, 오히려 공사 지연의 잘못을 신청인 탓으로 돌리며 나중에는 신청인에게 거액의 손해배상을 요구하는 등 잔여공사 이행의 의지가 없는 것으로 보이는 행동을 한 점, ⑤ 소외 2 주식회사는 2008. 12. 15. 소외 1 주식회사에 대한 22억 2,000만 원의 공사대금채권을 보전하기 위해 채무자를 소외 1 주식회사, 제3채무자를 피신청인으로 하여 소외 1 주식회사가 제3채무자에게 갖는 이 사건 사업부지에 관한 소유권이전등기청구권에 대하여 가압류를 신청하여 2008. 12. 22. 그 결정을 받았는데, 소외 1 주식회사는 2009. 1. 6. 그 결정정본을 송달받고도 이에 대하여 다투지 않았고(신청인이 2009. 4. 8. 소외 1 주식회사를 위해 보조참가하여 가압류이의신청을 하였으나, 2009. 7. 10. 가압류인가결정이 내려졌다), 그 이후에도 소외 1 주식회사를 채무자로 하여 이 사건 사업부지에 관한 소유권이전등기청구권에 대하여 다수의 가압류가 집행된 점(앞서 보았듯이 이 사건 아파트에 관하여 사용승인을 받기 위해서는 이 사건 사업부지 중 보도가 설치되는 부분을 사용승인 신청 전에 울산광역시에 기부채납해야 하는데, 위 각 가압류 집행이 해제되지 않으면 그 이행이 불가능하다) 등에 비추어 보면, 늦어도 2008. 11. 말경에 이르러서는 객관적·실질적으로 볼 때 시행자인 소외 1 주식회사가 이 사건 분양계약을 이행하는 것이 사회통념상 불가능하게 되었다고 봄이 상당하다.

따라서 그 이후에 이 사건 분양계약을 해제한 이 사건 해제수분양자들은 다른 보증대상 제외사유에 해당하는 등의 특별한 사정이 없는 한 이 사건 분양보증계약의 보증대상에 포함된다고 할 것이므로, 피신청인이 이 사건 해제수분양자들에게 환급이행을 하는 경우 신청인은 피신청인에게 이에 관한 구상의무를 부담한다고 하겠다.

---

11) 앞서 보았듯이 이 사건 분양계약 제2조 제3항에 의하면, 수분양자는 소외 1 주식회사의 귀책사유로 인해 입주예정일부터 3개월 이내에 입주할 수 없게 되는 경우에는 이 사건 분양계약을 해제할 수 있는 권리를 갖는다.

3. 결론

그렇다면 이 사건 신청은 모두 피보전권리가 소명되지 않아 이유 없으므로 이를 기각한다.

판사 윤준(재판장) 이정희 노재호

[판례 93] 건물명도 (수원지법 2009. 4. 29. 선고 2008나27056 판결)

【판시사항】

임차인이 부담하기로 한 부가가치세액이 상가건물 임대차보호법 제2조 제2항에 정한 '차임'에 포함되는지 여부(소극)

【판결요지】

임차인이 부담하기로 한 부가가치세액이 상가건물 임대차보호법 제2조 제2항에 정한 '차임'에 포함되는지 여부에 관하여 보건대, 부가가치세법 제2조, 제13조, 제15조에 의하면 임차인에게 상가건물을 임대함으로써 임대용역을 공급하고 차임을 지급받는 임대사업자는 과세관청을 대신하여 임차인으로부터 부가가치세를 징수하여 이를 국가에 납부할 의무가 있는바, 임대차계약의 당사자들이 차임을 정하면서 '부가세 별도'라는 약정을 하였다면 특별한 사정이 없는 한 임대용역에 관한 부가가치세의 납부의무자가 임차인이라는 점, 약정한 차임에 위 부가가치세액이 포함된 것은 아니라는 점, 나아가 임대인이 임차인으로부터 위 부가가치세액을 별도로 거래징수할 것이라는 점 등을 확인하는 의미로 해석함이 상당하고, 임대인과 임차인이 이러한 약정을 하였다고 하여 정해진 차임 외에 위 부가가치세액을 상가건물 임대차보호법 제2조 제2항에 정한 '차임'에 포함시킬 이유는 없다.

【참조조문】

상가건물 임대차보호법 제2조 제2항, 상가건물 임대차보호법 시행령(2008. 8. 21. 대통령령 제20970호로 개정되기 전의 것) 제2조, 부가가치세법 제2조, 제13조, 제15조

【전　문】

【원고, 피항소인】원고 (소송대리인 법무법인 다울 담당변호사 이춘우)
【피고, 항 소 인】피고 (소송대리인 변호사 최광석)
【제1심판결】수원지법 안산지원 2008. 11. 6. 선고 2008가단20027 판결
【변론종결】2009. 4. 8.

【주　문】

1. 제1심판결을 취소한다.
2. 원고의 청구를 기각한다.
3. 소송총비용은 원고가 부담한다.

【청구취지 및 항소취지】

1. 청구취지
   피고는 2008. 5. 31.까지 원고에게 별지 목록 기재 부동산을 명도하라.
2. 항소취지
   주문과 같다.

【이　유】

원고는 이 사건 청구원인으로, 원고로부터 별지 목록 기재 건물을 임대차보증금 5,000만 원, 월 차임 90만 원(부가세 별도)에 임차하여 사용하고 있던 피고가 2008. 3. 17. 원고에게 '상가건물 임대차보호법 제10조에 따라 위 임대차계약의 갱신을 청구한다'는 취지의 통지서를 보냈으나, 상가건물 임대차보호법 제2조 제2항, 같은 법 시행령(2008. 8. 21. 대통령령 제20970호로 개정되기 전의 것) 제2조는 차임의 100배에 해당하는 금액과 임대차보증금액의 합계액이 1억 4,000만 원을 초과하는 건물에 관한 임대차계약에 대하여는 상가건물임대차보호법의 적용이 없다고 정하고 있는바, 여기에서 말하는 차임에는 임차인이 부담하기로 한 부가가치세액도 포함되고, 따라서 원·피고 사이의 임대차계약(이하 '이 사건 임대차'라 한다)은 위 합계액이 1억 4,900만 원[= 보증금 5,000만 원 + {(차임 90만 원 + 부가세 9만 원) × 100}]에 달하여 상가건물 임대차보호법의 적용대상이 아니므로, 피고는 위 임대차기간이 만료되었음을 원인으로 원고에게 별지 목록 기재 건물을 인도할 의무가 있다고 주장한다.

그러므로 임차인이 부담하기로 한 부가가치세액이 상가건물 임대차보호법 제2조 제2항에 정한 '차임'에 포함되는지 여부에 관하여 보건대, 부가가치세법 제2조, 제13조, 제15조에 의하면 임차인에게 상가건물을 임대함으로써 임대용역을 공급하고 차임을 지급받는 임대 사업자는 과세관청을 대신하여 임차인으로부터 부가가치세를 징수(이하 '거래징수'라 한다)하여 이를 국가에 납부할 의무가 있는바, 임대차계약의 당사자들이 차임을 정하면서 '부가세 별도'라는 약정을 하였다면 특별한 사정이 없는 한 이는 임대용역에 관한 부가가치세의 납부의무자가 임차인이라는 점, 약정한 차임에 위 부가가치세액이 포함된 것은 아니라는 점, 나아가 임대인이 임차인으로부터 위 부가가치세액을 별도로 거래징수할 것이라는 점 등을 확인하는 의미로 해석함이 상당하고, 임대인과 임차인이 이러한 약정을 하였다고 하여 정해진 차임 외에 위 부가가치세액을 상가건물 임대차보호법 제2조 제2항에 정한 '차임'에 포함시킬 이유는 없으므로, 이와 다른 전제에 선 원고의 위 주장은 이유 없다.

그렇다면 원고의 이 사건 청구는 이유 없어 이를 기각하여야 할 것인바, 제1심판결은 이와 결론을 달리하여 부당하므로, 피고의 항소를 받아들여 제1심판결을 취소하고, 원고의 청구를 기각하기로 하여 주문과 같이 판결한다.

[[별 지] 부동산 목록 : (생략)]

판사　최종두(재판장)　이탄희　조영은

[판례 94] 특별수선충당금 (광주지법 2011. 7. 21. 선고 2010가합9087 판결)

【판시사항】

[1] 임대사업자가 임대의무기간이 경과한 후 건설임대주택을 분양 전환하는 경우 입주자대표회의에 현실적으로 관리권을 인계하는 전날까지 특별수선충당금을 적립하여야 하는지 여부(적극)
[2] 특별수선충당금의 산정 기준이 되는 '주택공급면적'이 전유면적과 공용면적을 모두 포함하는 개념인지 여부(적극)
[3] 임대사업자가 관리권을 인계할 때까지 실제 적립한 특별수선충당금이 법령에 규정된 기준에 부족한 경우 이를 추가로 지급하여야 하는지 여부(적극)

【판결요지】

[1] 임대주택의 임대사업자는 구 임대주택법(2003. 5. 29. 법률 제6916호로 개정되기 전의 것, 이하 '구 임대주택법'이라 한다) 및 구 임대주택법 시행령(2004. 3. 17. 대통령령 제18312호로 개정되기 전의 것)에 따라 특별수선충당금을 적립하여야 하고, 임대의무기간이 경과한 후 건설임대주택을 분양 전환하는 경우에는 특별수선충당금을 최초로 구성되는 입주자대표회의에 인계하여야 한다. 다만 관계 법령상 임대사업자가 특별수선충당금의 적립을 언제까지 하여야 하는지가 다소 불분명하나, 임대사업자는 현실적으로 관리권을 인계하는 전날까지 충당금을 적립하여야 한다고 해석함이 타당하다. 구 임대주택법(2003. 5. 29. 법률 제6916호로 개정되기 전의 것, 이하 '구 주택법'이라 한다) 제3조에 의하면 "임대주택의 건설·공급 및 관리에 관하여 이 법에 정하지 아니한 사항에 대하여는 주택건설촉진법 및 주택임대차보호법을 적용한다."라고 규정하여 임대주택법이 주택법의 특별법적 성격을 가지는 점을 명시하고 있는데, 구 주택법(2003. 12. 31. 법률 제7030호로 개정되기 전의 것) 제51조 제1항에 의하면 관리주체는 장기수선계획에 의하여 공동주택의 주요시설의 교체 및 보수에 필요한 장기수선충당금을 당해 주택의 소유자로부터 징수하여 적립하여야 하고, 구 주택법 제2조 제12호 (라)목에 의하면 관리주체에는 임대주택법에 의한 임대사업자가 포함된다. 즉 관리주체인 임대사업자는 임대주택법에 의한 특별수선충당금뿐만 아니라 주택법에 의한 장기수선충당금(목적은 특별수선충당금과 같다)을 징수, 적립해야 할 법적 근거가 있고, 임대주택의 일부 또는 전부가 분양 전환된 경우 그때부터 일체의 특별수선충당금 또는 장기수선충당금을 징수, 적립할 의무가 소멸된다고 해석할 수는 없다. 집합건물의 하자는 많은 사람의 신체의 안전 및 생활의 안정을 위협하고, 시간이 경과할수록 건물의 수선유지에 필요한 소요액이 기하급수적으로 증가하게 된다는 특징이 있어 건물의 하자 보수가 적기에 이루어질 수 있도록 적정한 금액의 수선충당금이 적립되어야 할 필요성이 매우 큰데, 이는 집합건물이 존재하는 한 변함없이 인정되는 것이며, 임대주택의 분양 전환 과정에서 입주자대표회의가 구성되기 이전의 기간 또한 마찬가지이다. 물론 위 기간 동안 수선충당금의 최종 부담자는 각 세대, 즉 소유자라고 할 것이지만, 그들 스스로가 수선 충당금을 적립하여 입주자대표회의에 인계할 수는 없는 것이므로, 위

징수, 적립의무는 현실적으로 아파트를 관리하고 있는 자, 즉 임대사업자가 부담한다고 볼 수밖에 없다.

[2] 구 임대주택법(2003. 5. 29. 법률 제6916호로 개정되기 전의 것) 제17조의3, 구 임대주택법 시행령(2004. 3. 17. 대통령령 제18312호로 개정되기 전의 것) 제15조의3, 구 임대주택법 시행규칙(2004. 3. 22. 건설교통부령 제396호로 개정되기 전의 것) 제3조의3 [별표 1]에 따르면, 특별수선충당금은 최초의 사업계획 승인 당시 건설교통부장관이 정하는 표준건축비에 대한 일정 비율로 정해지고, 표준건축비는 건설교통부 고시에 의한 ㎡당 금액을 '주택공급면적'에 적용하여 산출하도록 되어 있다. 그런데 구 주택공급에 관한 규칙(2003. 12. 15. 건설교통부령 제382호로 개정되기 전의 것) 등 관련 규정은 공급면적을 공용면적과 전용면적으로 구분하고, 다시 공용면적을 주거공용면적과 기타 공용면적으로 세분화하는 규정형식을 취하고 있으므로, '주택공급면적'은 전유면적과 공용면적을 모두 포함하는 상위의 개념이라고 보아야 하고, 특별수선충당금을 산정함에 있어서 전유면적을 제외할 근거는 없다. 특별수선충당금의 산정 근거가 되는 표준건축비를 어떠한 기준으로 정할 것인지는 특별수선충당금이 건물의 보수에 충분한 재원이 될 수 있도록 정책적으로 정하는 문제이지 반드시 사용 대상 부분에 어떠한 요율을 곱하여 정해야만 하는 것이 아니다. 즉 특별수선충당금의 사용 대상에 전유부분이 포함되지 않는다고 하여 반드시 적립 금액의 산정 방식도 전유부분을 제외한 면적을 기준으로 하여야 한다고 볼 수는 없다.

[3] 특별수선충당금의 최종 부담자가 각 주택의 소유자라고 하더라도 이를 징수, 적립할 의무는 관리자에게 있고, 관리자는 법령에 따라 징수, 적립한 특별수선충당금을 새로운 관리자에게 인계해 줄 의무가 있으므로, 임대사업자가 관리권을 인계할 때까지 실제 적립한 특별수선충당금을 전액 지급함으로써 위 의무를 다하였다고 볼 수 없고, 법령에 규정된 적립 의무에 부족한 금액을 추가로 지급할 의무가 있다.

【참조조문】

[1] 구 임대주택법(2003. 5. 29. 법률 제6916호로 개정되기 전의 것) 제3조(현행 제3조 참조), 제17조의3(현행 제31조 참조), 구 임대주택법 시행령(2004. 3. 17. 대통령령 제18312호로 개정되기 전의 것) 제15조의3(현행 제30조 참조), 구 임대주택법 시행규칙(2004. 3. 22. 건설교통부령 제396호로 개정되기 전의 것) 제3조의3 [별표 1](현행 제9조 [별표 1] 참조), 구 주택법(2003. 12. 31. 법률 제7030호로 개정되기 전의 것) 제2조 제12호 (라)목[현행 제2조 제14호 (라)목 참조], 제51조 제1항, 주택법 시행령 제66조 제1항 [2] 구 임대주택법(2003. 5. 29. 법률 제6916호로 개정되기 전의 것) 제3조(현행 제3조 참조), 제17조의3(현행 제31조 참조), 구 임대주택법 시행령(2004. 3. 17. 대통령령 제18312호로 개정되기 전의 것) 제15조의3(현행 제30조 참조), 구 임대주택법 시행규칙(2004. 3. 22. 건설교통부령 제396호로 개정되기 전의 것) 제3조의3 [별표 1](현행 제9조 [별표 1] 참조), 구 주택공급에 관한 규칙(2003. 12. 15. 건설교통부령 제382호로 개정되기 전의 것) 제2조 제10호, 제8조 제5항(현행 제8조 제7항 참조), 제27조 제5항 제2호, 구 건축법 시행령(2004. 5. 29. 대통령령 제18404호로 개정되기 전의 것) 제119조 제1항 제3호 [3] 구 임대주택법(2003. 5. 29. 법률 제6916호로 개정되기 전의 것) 제3조(현행 제3조 참조), 제17조의3(현행 제31조 참조), 구 임대주택법 시행령(2004. 3. 17. 대통령령 제18312호로 개정되기 전의 것) 제15조의3(현행 제30조 참조),

구 임대주택법 시행규칙(2004. 3. 22. 건설교통부령 제396호로 개정되기 전의 것) 제3조의3 [별표 1](현행 제9조 [별표 1] 참조)

【참조판례】

[1] 헌법재판소 2008. 9. 25. 선고 2005헌바81 전원재판부 결정(헌공144, 1260)

【전   문】

【원   고】 금호5차호반리젠시빌아파트 입주자대표회의 (소송대리인 변호사 이상갑 외 1인)
【피   고】 리젠시빌 주식회사 (소송대리인 법무법인 덕수 담당변호사 길기관 외 2인)
【변론종결】 2011. 6. 23.

【주   문】

1. 피고는 원고에게 360,386,289원 및 이에 대하여 2010. 9. 8.부터 다 갚는 날까지 연 20%의 비율에 의한 금원을 지급하라.
2. 소송비용은 피고의 부담으로 한다.
3. 제1항은 가집행할 수 있다.

【청구취지】

주문과 같다.

【이   유】

1. 기초 사실 및 관계 법령
   가. 피고는 2001. 7. 4. 광주 서구 금호동 809 지상에 금호5차호반리젠시빌아파트 8개동 35.36평형 701세대(이하 '이 사건 아파트'라 한다)의 신축에 관한 사업계획승인을 받은 후, 2002년경 위 아파트를 완공하여 2002. 11. 29. 임대주택으로 사용검사를 받고, 임대주택법상의 임대사업자로서 위 아파트를 관리해 왔다.
   나. 그 후 피고는 이 사건 아파트 중 367세대를 2006. 11. 30. 기준으로 분양 전환하였고(임대주택법상의 임대의무기간은 원칙적으로 5년이나, 임대의무기간의 1/2이 경과한 경우 임대사업자와 임차인이 임대주택의 분양 전환에 합의하여 매각할 수 있도록 되어 있다. 이하 위 분양 세대를 '조기분양세대'라고 한다), 임대의무기간이 경과한 2008. 10. 30. 나머지 334세대를 분양 전환하였다.
   다. 한편 원고는 2009. 10.경 이 사건 아파트의 입주자들이 아파트 관리를 위하여 임대주택법에 근거하여 구성한 단체로서, 2009. 12. 11. 위 아파트에 관한 관리업무를 피고로부터 인계받았다. 피고는 2010. 1. 8. 원고에게 그동안 적립한 특별수선충당금 117,117,331원을 인계하였다.
   라. 이 사건과 관련한 구 임대주택법(2003. 5. 29. 법률 제6916호로 개정되기 전의 것, 이하 같다), 같은 법 시행령(2004. 3. 17. 대통령령 제18312호로 개정되기 전의 것), 같은 법 시행규칙(2004. 3. 22. 건설교통부령 제396호로 개정되기 전의 것)의 해당 규정은 다음과 같다.

[구 임대주택법]
제17조의3 (특별수선충당금의 적립 등) ① 제17조 제1항의 규정에 의한 임대주택의 임대사업자는 주요시설의 교체 및 보수에 필요한 특별수선충당금을 적립하여야 한다.
② 임대사업자는 임대의무기간이 경과한 후 건설임대주택을 분양 전환하는 경우에는 제1항의 규정에 의하여 적립한 특별수선충당금을 주택건설촉진법 제38조의 규정에 의하여 최초로 구성되는 입주자대표회의에 인계하여야 한다.
③ 특별수선충당금의 요율, 사용절차, 사후관리와 적립방법 등에 관하여 필요한 사항은 대통령령으로 정한다.
④ (생략)

[구 임대주택법 시행령]
제15조의3 (특별수선충당금의 요율·사용절차 등) ① 법 제17조 제1항의 규정에 의한 임대주택을 건설한 임대사업자는 당해 임대주택의 공용부분과 부대시설 및 복리시설(분양된 시설을 제외한다)에 대한 장기수선계획을 수립하여 사용검사를 신청하는 때에 이를 제출하여야 하며, 임대기간 중 당해 임대주택단지 안에 있는 관리사무소에 이를 비치하여야 한다.
② 제1항의 규정에 의한 장기수선계획은 건설교통부령이 정하는 기준에 따라야 한다.
③ 법 제17조의3 제3항의 규정에 의한 특별수선충당금(이하 '특별수선충당금'이라 한다)은 사용검사 후 1년이 경과한 날부터 매월 적립하되, 적립요율은 다음 각 호의 1과 같다.
　1. 제9조 제1항 제1호의 임대주택은 건축비(주택법 제16조의 규정에 의한 최초의 사업계획승인 당시 건설교통부장관이 정하는 표준건축비를 말한다. 이하 같다)의 1만분의 4
　2. 제9조 제1항 제2호의 임대주택은 건축비의 1만분의 3
　3. 제9조 제1항 제3호의 임대주택(주 1)은 건축비의 1만분의 1.5(주 2)
④ ～ ⑥ (생략)

[구 임대주택법 시행규칙]
[별표 1]
2.의 라. 건축비 및 택지비
(1) 건축비
　(가) 건축비의 상한가격은 건설교통부장관이 따로 고시하는 가격(이하 '표준건축비'라 한다)으로 한다.
　(나), (다) (생략)
　(라) 사업계획승인권자로부터 최초 입주자모집공고에 포함하여 승인을 얻은 지하층 면적(지하주차장 면적을 포함한다) 중 지상층 바닥면적 합계의 15분의 1까지는 표준건축비의 100%를 인정하고, 나머지 부분에 대하여는 표준건축비의 80%에 상당하는 금액을 건축비로 인정할 수 있다.
　(마), (바) (생략)

주 1) 임대주택
주 2) 1.5

마. 한편 건설교통부장관이 정하는 '표준건축비'는 건설교통부 고시 제2000-196호에 의한 ㎡당 금액을 '주택공급면적'에 적용하여 산출하도록 되어 있다.

[인정 근거] 다툼이 없는 사실, 갑 제1 내지 3호증의 각 기재, 변론 전체의 취지
2. 당사자의 주장
　가. 원고 주장의 요지
　　피고는 이 사건 아파트에 대한 관리업무를 원고에게 인계하기 전 위 아파트의 관리 주체로서 사용검사 후 1년이 경과한 후부터 관리업무를 인계할 때까지 관련 법령에 규정된 특별수선충당금(또는 장기수선충당금)을 적립하여야 하는바, 위 적립금의 산정 기준이 되는 '주택공급면적'은 아파트의 공유면적뿐 아니라 전유면적까지 포함시켜야 하고, 적립기간 및 대상 또한 피고가 현실적으로 관리하고 있는 기간, 세대를 모두 포함하여야 한다. 이러한 기준에 따라 원고에게 인계할 특별수선충당금을 산정하면 총 477,503,620원이 됨에도 피고는 원고에게 117,117,311원만 지급하였으므로, 나머지 360,386,289원을 추가로 지급하여야 한다.
　나. 피고 주장의 요지
　　피고의 특별수선충당금 적립의무의 종기(종기)는 분양 전환일을 기준으로 삼아야 하므로 조기분양 세대의 경우 2006. 11. 30., 나머지 세대의 경우 2008. 10. 30.까지만 위 수선충당금을 적립할 의무가 있고, 위 적립금의 산정 기준이 되는 '주택공급면적' 또한 관계 법령의 해석에 의하면 공용면적만을 대상으로 하여야 하며, 나아가 설령 피고가 적립, 인계한 수선충당금이 법령에 정해진 기준에 부족하다고 하더라도 이는 궁극적으로 각 세대가 부담할 성질의 것이므로 현실적으로 적립한 금원 전부를 인계해 준 피고에게 부족분의 지급을 구할 권원은 없다(부족분이 있더라도 이를 각 세대에게 청구하여야 한다는 취지의 주장으로 해석된다).
3. 쟁점의 정리
　당사자들의 주장을 비교하면 이 사건의 쟁점을 다음과 같이 정리할 수 있다.
　① 피고는 사용 검사 후 1년이 경과한 날부터 언제까지 특별수선충당금을 적립하여야 하는가. 각 세대의 분양 전환일까지인가(피고 주장), 아니면 현실적으로 관리권을 인계하는 때까지인가(원고 주장).
　② 특별수선충당금의 산정 기준이 되는 '주택공급면적'은 공용면적만을 의미하는가(피고 주장), 아니면 전유면적을 포함하는 개념인가(원고 주장).
　③ 피고가 관리권을 인계할 때까지 실제 적립한 특별수선충당금을 전액 지급하였다면 이로써 의무를 다한 것이 되는가(피고 주장), 아니면 법령에 규정된 적립 의무에 부족한 금액을 추가로 지급할 의무가 있는가(원고 주장).
4. 특별수선충당금 적립의 종기(쟁점 ①)
　가. 앞서 본 바와 같이 임대주택의 임대사업자는 구 임대주택법 및 시행령에 따라 특별수선충당금을 적립하여야 하고, 임대의무기간이 경과한 후 건설임대주택을 분양 전환하는 경우에는 위 특별수선충당금을 최초로 구성되는 입주자대표회의에 인계하여야 한다.
　　다만 관계 법령상 임대사업자가 특별수선충당금의 적립을 언제까지 하여야 하는지가 다소 불분명한 것이 문제이나, 아래에서 살펴보는 바와 같이 임대사업자는 원고의 주장과 같이 현실적으로 관리권을 인계하는 전날까지 위 충당금을 적립하여야 한다고 해석함이 타당하다.
　나. 구 임대주택법 제3조에 의하면 "임대주택의 건설·공급 및 관리에 관하여 이 법에 정하

지 아니한 사항에 대하여는 주택건설촉진법(2003. 5. 29. 주택법으로 전부 개정됨) 및 주택임대차보호법을 적용한다."라고 규정하여 임대주택법이 주택법의 특별법적 성격을 가지는 점을 명시하고 있는데, 한편 구 주택법(2003. 12. 31. 법률 제7030호로 개정되기 전의 것) 제51조 제1항에 의하면 관리주체는 장기수선계획에 의하여 공동주택의 주요시설의 교체 및 보수에 필요한 장기수선충당금을 당해 주택의 소유자로부터 징수하여 적립하여야 하고, 같은 법 제2조 제12호 (라)목에 의하면 관리주체에는 임대주택법에 의한 임대사업자가 포함된다.
　　즉 관리주체인 임대사업자 또한 임대주택법에 의한 특별수선충당금뿐만 아니라 주택법에 의한 장기수선충당금(목적은 특별수선충당금과 같다고 할 것이다)을 징수, 적립해야 할 법적 근거가 있다고 보아야 하며, 피고의 주장과 같이 자신이 관리하고 있는 임대주택의 일부 또는 전부가 분양 전환된 경우 그때부터 일체의 특별수선충당금 또는 장기수선충당금을 징수, 적립할 의무가 소멸된다고 해석할 수는 없다.
다. 집합건물의 하자는 많은 사람의 신체의 안전 및 생활의 안정을 위협하고, 시간이 경과할수록 건물의 수선유지에 필요한 소요액이 기하급수적으로 증가하게 된다는 특징이 있어 건물의 하자 보수가 적기에 이루어질 수 있도록 적정한 금액의 수선충당금이 적립되어야 할 필요성이 매우 큰바(헌법재판소 2008. 9. 25. 선고 2005헌바81 전원재판부 결정 참조), 이는 집합건물이 존재하는 한 변함없이 인정되는 것이며, 임대주택의 분양 전환 과정에서 입주자대표회의가 구성되기 이전의 기간 또한 마찬가지이다. 물론 위 기간 동안 수선충당금의 최종 부담자는 각 세대, 즉 소유자라고 할 것이지만, 그들 스스로가 수선 충당금을 적립하여 입주자대표회의에 이를 인계할 수는 없는 것이므로, 위 징수, 적립의무는 현실적으로 아파트를 관리하고 있는 자, 즉 피고가 부담한다고 볼 수밖에 없다.
라. 위와 같이 보지 않을 경우 임대주택이 분양 전환된 후 입주자대표회의에 관리권이 인계될 때까지는 수선충당금을 징수, 적립할 주체가 없게 되며, 특히 이 사건과 같이 일부 세대가 조기분양된 후 약 3년이 경과한 후에야 관리권이 인계된 경우 그 부당함이 두드러진다고 하겠다. 또한 위 기간 동안 각 세대 소유자의 변경이 있을 수도 있는데, 나중에 관리권을 인계받은 입주자대표회의가 관리권 인계 이전의 수선충당금 부담자를 찾아내어 이를 징수, 적립한다는 것은 용이한 일이 아니다. 따라서 수선충당금 적립의 실효성 측면에서 보더라도 현실적으로 위 기간 동안 이 사건 아파트를 관리한 피고가 위 수선충당금의 징수, 적립 의무를 부담한다고 보는 것이 타당하다.
마. 또한 2010. 7. 6. 대통령령 제22254호로 개정된 주택법 시행령 제66조 제1항은 "임대를 목적으로 하여 건설한 공동주택을 분양 전환한 이후 관리업무를 인계하기 전까지의 장기수선충당금 요율은 임대주택법 시행령 제30조 제3항에 따른 특별수선충당금 적립 요율에 따라야 한다."고 규정하여 '분양 전환 이후 관리업무를 인계하기 전'에도 수선충당금을 적립하여야 함을 명백히 하였는바, 이러한 법령 개정 또한 위와 같은 해석의 타당성을 뒷받침해 주고 있다고 하겠다.
바. 결론적으로 위 쟁점에 관한 원고의 주장을 받아들인다(다만 이 사건 임대아파트의 각 분양 전환 이후부터 원고에게 관리권을 인계하기 전까지는 원칙적으로 임대주택법령에 규정된 특별수선충당금 규정이 아닌 주택법령에 규정된 장기수선충당금 규정이 적용되

어야 할 것인바, 이에 대해서는 뒤에서 따로 보기로 한다).
5. '주택공급면적'의 해석(쟁점 ②)
    가. 특별수선충당금은 앞에서 본 바와 같이 최초의 사업계획승인 당시 건설교통부장관이 정하는 표준건축비에 대한 일정 비율로 정해지고, 위 표준건축비는 위 건설교통부 고시에 의한 ㎡당 금액을 '주택공급면적'에 적용하여 산출하도록 되어 있다.
    구 주택공급에 관한 규칙(2003. 12. 15. 건설교통부령 제382호로 개정되기 전의 것, 이하 같다) 제2조 제10호에 의하면 '주택공급면적'이라 함은 사업주체가 공급하는 주택의 면적으로서 건축법 시행령 규정에 의한 바닥면적에 산입되는 면적을 말하는데 위 구 건축법 시행령(2004. 5. 29. 대통령령 제18404호로 개정되기 전의 것) 제119조 제1항 제3호는 바닥면적에 대하여 '건축물의 각 층 또는 그 일부로서 벽·기둥 기타 이와 유사한 구획의 중심선으로 둘러싸인 부분의 수평투영면적으로 한다'고 규정하고 있고, 한편 위 구 주택공급에 관한 규칙 제8조 제5항은 '입주자모집공고를 함에 있어 공동주택의 공급면적을 세대별로 표시하는 경우에는 공용면적과 전용면적으로 구분하여 표시하되, 이 경우 공급면적은 전용면적과 주거공용면적 이하로 표시하고 주거 공용면적을 제외한 지하층·관리사무소·노인정 등 기타 공용면적은 이와 따로 표시하여야 한다'고 규정하며, 동 규칙 제27조 제5항 제2호도 주택공급계약서에는 '호당 또는 세대당 주택공급면적 및 대지면적이 포함되어야 하되, 공동주택의 경우에는 주택공급면적을 전용면적·주거 공용면적 및 기타 공용면적으로 구분표시하여야 한다'고 규정하여, 공급면적을 공용면적과 전용면적으로 구분하고, 다시 공용면적을 주거 공용면적과 기타 공용면적으로 세분화하는 규정형식을 취하고 있다.
    위 각 규정에 비추어 보면 '주택공급면적'은 전유면적과 공용면적을 모두 포함하는 상위의 개념이라고 보아야 할 것이므로, 특별수선충당금을 산정함에 있어서 피고의 주장과 같이 전유면적을 제외할 근거는 없다고 할 것이다.
    나. 이에 대하여 피고는 구 임대주택법 제17조의3 제1항이 '주요시설의 교체 및 보수에 필요한 특별수선충당금을 적립해야 한다'고 규정하고 있고, 주요시설에는 전용면적이 제외되므로 표준건축비를 산정하기 위한 면적에 전용면적은 제외되어야 한다고 주장한다. 요컨대 특별수선충당금은 공용면적에 위치한 시설의 교체 및 보수에 사용되는 것이니 그 금액을 산정함에 있어서도 공용면적을 기준으로 삼아야 한다는 취지이다.
    그러나 특별수선충당금의 산정 근거가 되는 표준건축비를 어떠한 기준으로 정할 것인지는 위 수선충당금이 건물의 보수에 충분한 재원이 될 수 있도록 정책적으로 정하는 문제이지 반드시 그 사용 대상 부분에 어떠한 요율을 곱하여 정해야만 하는 것이 아니다. 즉 위 특별수선충당금의 사용 대상에 전유부분이 포함되지 않는다고 하여 반드시 그 적립금액의 산정 방식도 전유부분을 제외한 면적을 기준으로 하여야 한다고 볼 수는 없다. 이와 관련하여 원고는 "입법 기술상 전용면적까지 포함하여 적립요율을 1만분의 1로 정할 수도 있고, 아니면 공용면적만을 기준으로 1만분의 2로 정할 수도 있는 것이다."고 주장하고 있는바, 이는 타당한 견해이다.
    다. 결론적으로 '주택공급면적'의 개념을 별다른 근거도 없이 피고와 같이 축소 해석할 수는 없는 것이므로, 위 쟁점에 관한 원고의 주장을 받아들인다.
6. 징수하지 아니한 특별수선충당금의 인계 의무(쟁점 ③)

앞서 제4항에서 본 바와 같이 특별수선충당금의 최종 부담자가 각 주택의 소유자라고 하더라도 이를 징수, 적립할 의무는 관리자에게 있고, 위 관리자는 법령에 따라 징수, 적립한 위 수선충당금을 새로운 관리자에게 인계해 줄 의무가 있다.

피고는 관할관청으로부터 특별수선충당금 관리에 대하여 감독을 받으므로, 관할관청이 시정명령 등을 통하여 문제를 제기하지 않는 한 추가로 수선충당금 부족분을 보전할 의무는 없다는 취지이나, 관련 법령 규정이 단순한 단속규정에 머문다고 볼 수는 없으므로 피고가 주장하는 사정만으로 위 부족분에 대한 피고의 위 의무가 면제된다고 볼 수 없다.

위 쟁점에 관하여서도 원고의 주장을 받아들이기로 한다.

7. 특별수선충당금의 구체적 계산

가. 쟁점에 관한 판단을 종합하면 피고는 사용검사 후 1년이 경과한 후부터 관리업무를 인계하기 전날까지 전유면적과 공유면적을 모두 포함한 '주택공급면적'을 기준으로 산정한 특별수선충당금(또는 장기수선충당금)에서 이미 원고에게 지급한 금액을 뺀 부족분을 추가로 지급하여야 한다.

나. 다만 앞에서도 언급한 바와 같이 구 주택법은 구 임대주택법과 달리 '특별수선충당금'이 아닌 '장기수선충당금'이라는 개념을 사용하고 있으므로, 각 분양 전환 이후에는 원칙적으로 특별수선충당금이 아닌 장기수선충당금을 징수, 적립하여야 한다.

이에 관한 구 주택법 시행령(2007. 3. 16. 대통령령 제19936호로 개정되기 전의 것) 제66조 제1항은 '장기수선충당금의 요율은 당해 공동주택의 공용부분의 내구연한 등을 감안하여 관리규약으로 정하고, 적립금액은 장기수선계획에서 정한다'고 규정하고 있는데, 이 사건 아파트의 관리규약에 위 요율에 관한 특별한 규정이 없다는 점은 당사자 사이에 명백한 다툼이 없고, 한편 갑 제4, 5호증의 기재 및 변론 전체의 취지에 의하면 이 사건 아파트의 장기수선계획상 월 수선금 합계액이 26,680,140원으로 정해져 있는 사실을 인정할 수 있다.

그런데 위 장기수선계획에 정해진 월 수선금은 아래에서 인정하는 이 사건 아파트의 특별수선충당금보다 다액인바, 이에 대하여 원고가 분양 전환 이후 기간에 대하여도 특별수선충당금 산정 기준을 적용할 것을 주장하고 있으므로 여기서는 이에 따르기로 한다(위 제4의 마.항에서 본 바와 같이 2010. 7. 6. 주택법 시행령 개정으로 장기수선충당금 요율과 특별수선충당금 요율이 일치하게 되었으므로 이 문제는 이제 입법적으로 해결되었다). 그렇다면 이 사건 아파트 전체 세대에 대하여 분양 전환 전후를 불문하고 전체 적립 의무기간에 대하여 특별수선충당금 산정 기준을 적용하는 셈이 된다.

다. 한편 이 사건 아파트의 전체 면적, 즉 제5항에서 인정한 바와 같이 전유면적과 공용면적을 포함한 주택공급면적을 기준으로 할 때, 2003. 11. 29.부터 2005. 9. 15.까지(표준건축비의 1만분의 1.5가 적용되는 기간이다)의 특별수선충당금 매월 적립금액이 8,611,678원이고, 위 이후부터 위 인계일 전날까지(표준건축비의 1만분의 1이 적용되는 기간이다) 매월 적립금액이 5,741,118원인 사실은 당사자 사이에 다툼이 없다. 이를 근거로 피고가 적립하였어야 할 특별수선충당금을 계산하면 아래와 같다.

(1) 2003. 11. 29.~2003. 11. 30. : 574,111원(= 8,611,678원 × 2/30개월)
(2) 2003. 12. 1.~2005. 8. 31. : 180,845,238원(= 8,611,678원 × 21개월)
(3) 2005. 9. 1.~2005. 9. 15. : 4,305,839원(= 8,611,678원 × 15/30개월)

⑷ 2005. 9. 16.~2005. 9. 30. : 2,870,559원(= 5,741,118원 × 15/30개월)
⑸ 2005. 10. 1.~2009. 11. 30. : 287,055,900원(= 5,741,118원 × 50개월)
⑹ 2009. 12. 1.~2009. 12. 10. : 1,851,973원(= 5,741,118원 × 10/30개월)
⑺ 위 합계 : 477,503,620원

8. 결론

그렇다면 피고는 원고에게 인계하여야 할 특별수선충당금 477,503,620원에서 이미 지급한 117,117,331원을 뺀 나머지 360,386,289원 및 이에 대하여 원고가 구하는 바에 따라 이 사건 소장부본이 송달된 다음날인 2010. 9. 8.부터 다 갚는 날까지 소송촉진 등에 관한 법률에 정한 연 20%의 비율에 의한 금원을 지급할 의무가 있으므로, 원고의 청구를 인용하기로 한다.

판사 윤상도(재판장) 김용신 박주영

주 1) 이 사건 아파트가 여기에 해당한다.
주 2) 2005. 9. 16. 위 시행령의 개정으로 '1만분의 1'로 하향 조정되었다.

제5장 관련 서식

제1절 집합건물 관리가이드

1. 집합건물의 유형 및 관리에 관련된 법률

가. 집합건물의 의의

한동의 건물이지만, 여러 개의 건물부분이 구분소유권의 객체가 되는 건물

나. 집합건물의 유형

(1) 주거용 집합건물

- 다세대 주택 : 1동의 면적이 660 m^2 이하 + 4층 이하
- 연립주택 : 1동의 면적이 660 m^2 초과 + 4층 이하
- 아파트 : 주택으로 쓰는 층수가 5개 층 이상인 주택
- 도시형 생활주택- 300세대 미만의 국민주택규모(주거전용면적 85 m^2 이하)- 원룸형 주택, 단지형 연립주택, 단지형 다세대 주택 등

(2) 상업용 집합건물

- 집합건물인 대규모점포
  - 판매시설 3,000 m^2 이상의 점포
  - 복합쇼핑몰, 쇼핑센터, 전문점 등
- 그 밖의 상업용 집합건물
  - 판매시설 3,000 m^2 미만의 점포
  - 소규모 쇼핑센터

(3) 근린생활시설

- 주택가와 인접하여 생활에 편리를 주는 시설
- 병원, 소매점, 학원, 서점, 음식점 등이 입점

- 「공동주택관리법」
  - 주로 아래의 의무관리대상 공동주택에 적용됨
    1. 300세대 이상의 공동주택
    2. 150세대 이상으로서 승강기가 설치된 공동주택
    3. 150세대 이상으로서 중앙집중식 난방방식(지역난방방식을 포함한다)의 공동주택
    4. 「건축법」 제11조에 따른 건축허가를 받아 주택 외의 시설과 주택을 동일 건축물로 건축한 건축물로서 주택이 150세대 이상인 건축물
    5. 가목부터 라목까지에 해당하지 아니하는 공동주택 중 입주자등이 대통령령으로 정하는 기준에 따라 동의하여 정하는 공동주택
  - 비의무관리대상 공동주택의 관리에 대해서는 집합건물법이 적용됨

2. 수인의무를 명하는 가처분이란

"수인의무를 명하는 가처분"이란 채무자에게 부작위 의무(어떤 일정한 행위를 하지 않을 의무)를 명하는 보전처분으로 채권자의 권리행사를 방해하고 있거나 방해할 우려가 있을 때 그 방해배제청구권 또는 방해예방청구권의 보전을 위해 행하는 가처분으로 임시의 지위를 정하기 위한 가처분입니다(법원행정처, 법원실무제요 민사집행Ⅳ).

※ 구체적인 예로 공사방해금지가처분, 통행방해금지가처분, 점유방해금지가처분 등이 있습니다.

3. 신청서 작성

수인의무를 명하는 가처분의 신청서를 작성하려는 자는 신청서에 ① 당사자(대리인이 있는 경우 대리인 포함), ② 목적물의 가액, 피보전권리 및 목적물의 표시 ③ 신청의 취지, ④ 신청의 이유, ⑤ 관할법원, ⑥ 소명방법 및 ⑦ 작성한 날짜를 기재하고, 당사자 또는 대리인의 기명날인 또는 서명을 해야 합니다(「민사집행법」 제23조제1항, 제301조, 제279조, 「민사집행규칙」 제203조제2항, 「민사소송법」 제249조 및 제274조).

4. 신청취지

소장의 청구취지에 상응하는 것으로 가처분에 의해 구하려는 보전처분의 내용

을 말하며, 권리의 보전을 위해 필요한 내용을 적습니다(「민사집행규칙」 제203조제2항).

[기재례] 통행방해금지가처분의 경우

신 청 취 지

피신청인은 신청인이 별지 목록 기재 토지 중 별지 도면 표시 ①, ②, ③, ①의 각 점을 순차적으로 연결한 선내 ㉮ 부분을 통로로서 사용함을 방해하여서는 아니 된다.
라는 재판을 구합니다.

또는

피신청인은 별지 목록 기재 토지 중 별지 도면 표시 ①, ②, ③, ①의 각 점을 순차로 연결한 선내 ㉮ 부분의 통로에 통행함을 방해하는 철책이나 그 밖의 공작물을 설치하여 신청인의 통행을 방해하여서는 아니 된다.
라는 재판을 구합니다.

[기재례] 공사방해금지가처분(점유의 해제 포함)의 경우

신 청 취 지

1. 피신청인은 별지 목록 기재 건물에 대한 점유를 풀고 이를 신청인이 위임하는 집행관에게 인도하여야 한다.
2. 피신청인은 신청인이 위 건물 중 별지 도면 표시 ①, ②, ③, ①의 각 점을 순차로 연결한 선내 ㉮ 층계부분을 수리하는 것을 방해하여서는 아니 된다.
3. 집행관은 신청인이 위 수리공사를 함을 허용하고 피신청인에 대하여 위 공사를 방해하지 않는 범위 내에서 위 건물의 사용을 허용하여야 한다.
4. 집행관은 위 취지를 적당한 방법으로 공시하여야 한다.
라는 재판을 구합니다.

[서식 1] 신고서(구분소유자)

신고서(구분소유자)				
○○오피스텔의 구분소유권 취득/상실을 아래와 같이 신고합니다. 　　　　　　　　　신고인　　　　(인) 　　　　　　　○○오피스텔 관리단 귀하				
대상	오피스텔 ○○호			
구분소유권을 취득한 자	성 명		전화번호	
	주 소			
	차량번호	(차종 :　　　　)		
구분소유권 변동일				
구분소유권 변동원인				
※ 개인정보법 제15조, 제17조, 제23조, 제24조 1. 개인정보 수집·이용의 목적 : 온라인투표, 체납관리 및 비상시 연락 2. 개인정보의 처리 및 보유기간 : 입주일로부터 관리비등의 정산을 완료하고 퇴거한 날까지 3. 개인정보의 제3자 제공 -제공 받는 자 : 한국전력공사, 가스공급사, 경찰서, 법원, 지방자치단체 등 -제공 받는 자의 이용목적 : 관리비등의 체납자에 대한 조치 등 4. 개인정보 이용 항목 : 성명, 생년월일, 주소, 연락처, 영상 등 5. 비동의시 불이익 : 개인정보의 취급·수집·이용·제공 등에 부동의 하실 경우 비상시(차량파손, 급배수 누출 또는 화재 등) 적시에 필요한 조치 등을 받지 못해 피해를 받을 수 있습니다. 　　　　　　　　　　년　　월　　일 - 개인정보취급 및 개인정보의 수집·이용·제공 등의 내용에 대하여 동의합니다. 　　　　　　20 . . .　　동의자　　(서명:　　　　　) 　　▶ 개인정보 취급자 :　　　　　(서명:　　　　　)				

주) 1. 입주자 신고서와 개인정보보호
　　　관리인은 구분소유자나 임차인이 입주할 때 다음과 같은 양식의 신고서를 받아두어야 함

[서식 2] 신고서(전세권자, 임차권자)

신 고 서 (임차인)				
○○오피스텔의 구분소유권 취득/상실을 아래와 같이 신고합니다. 신고인　　(인) ○○오피스텔 관리단 귀하				
대상	오피스텔 ○○호			
전세권·임차권을 취득한 자	성 명	(인)	전화번호	
	주 소			
	차량번호	(차종 :　　　)		
전세권·임차권 기간					
구분소유권 변동원인					
※ 개인정보법 제15조, 제17조, 제23조, 제24조 1. 개인정보 수집·이용의 목적 : 온라인투표, 체납관리 및 비상시 연락 2. 개인정보의 처리 및 보유기간 : 입주일로부터 관리비등의 정산을 완료하고 퇴거한 날까지 3. 개인정보의 제3자 제공 - 제공 받는 자 : 한국전력공사, 가스공급사, 경찰서, 법원, 지방자치단체 등 - 제공 받는 자의 이용목적 : 관리비등의 체납자에 대한 조치 등 4. 개인정보 이용 항목 : 성명, 생년월일, 주소, 연락처, 영상 등 5. 비동의시 불이익 : 개인정보의 취급·수집·이용·제공 등에 부동의 하실 경우 비상시(차량파손, 급배수 누출 또는 화재 등) 적시에 필요한 조치 등을 받지 못해 피해를 받을 수 있습니다. 　　　　　　　　년　월　일 - 개인정보취급 및 개인정보의 수집·이용·제공 등의 내용에 대하여 동의합니다. 　　　　　20 . . .　동의자　　(서명:　　　　) 　▶ 개인정보 취급자 :　　　(서명:　　　　)				

[서식 3] 관리단집회 소집절차

임시관리단집회 소집청구 동의서

관리단 소집청구 동의인 ○○○
　　　　　　　　　　　　○○시 ○○구 ○○동 ○○오피스텔 101호

관리단 소집청구 대표자 ○○○
　　　　　　　　　　　　○○시 ○○구 ○○동 ○○오피스텔 202호

동 의 내 용

다음의 사항을 결의하기 위한 집합건물법 제33조 제2항에 따른 관리단 집회의 소집청구

제1호 안건 : 관리인 선출의 건	제2호 안건 : 위탁관리계약 체결의 건
제3호 안건 : 옥상중계기 설치에 관한 건	제4호 안건 : 규약개정의 건

20 년   월 일

소집청구자 대표 ○○○ 귀하

[서식 4] 임시관리단집회 소집허가신청서

임시관리단집회 소집허가신청서

신 청 인   ○○○
             ○○시 ○○구 ○○동 ○○오피스텔 101호

사건본인   ○○오피스텔관리단
             ○○시 ○○구 ○○동 ○○
             대표자 관리인

신 청 취 지

신청인에 대하여 관리인해임을 목적사항으로 하는 사건본인의 임시관리단집회를 소집할 것을 허가한다.
라는 재판을 구합니다.

신 청 이 유

1. 신청인은 _____ 소재한 건물 (이하, '이 사건 건물'이라 함) 제101호의 소유권자로서 위 사건본인 관리단의 구성원입니다. 사건본인은 별지 1과 같이 이 사건 건물의 구분소유자 전원으로 구성된 관리단입니다.
2. 신청은 2017. 5. 1. 위 위 건물 구분소유자 100명의 서명을 받아 사건본인에게 관리인해임을 회의의 목적사항으로 하는 임시관리단집회 소집을 신청하였으나 사건본인은 현재까지 아무런 조치를 취하지 않고 있습니다.
3. 이에 신청인은 집합건물의 소유 및 관리에 관한 법률 제23조 제3항에 따라 귀원에 위 집회의 소집을 허가하여 줄 것을 신청합니다.

소 명 방 법

첨 부 서 류

1. 신청인 명단   1통
2. 임시관리단집회 소집요구서   1통

○○지방법원 ○○지원 귀중

주) 1. 임시관리단 집회소집허가신청
   가. 임시관리단집회
      ● 임시관리단집회를 소집해야 하는 경우
         - 관리인이 관리단 집회가 필요하다고 인정한 경우
         - 구분소유자의 1/5 이상이 집회의 목적사항을 구체적으로 밝혀 관리인에게 요청한 경우
      ● 관리인이 관리단 집회를 개최하지 않으면 구분소유자가 법원의 허가를 받아 집회소집 가능(비송사건절차법 제34조 참조)
         - 관리인이 없는 경우에는 구분소유자의 1/5 이상이 관리단 집회를 소집할 수 있음
   나. 관련규정
      ● 임시관리단 집회의 소집절차에 대해서는 비송사건절차법 제34조 참조

[서식 5] 임시관리단집회 소집청구 동의서

임시관리단집회 소집청구 동의서

관리단 소집청구 동의인   ○○○
　　　　　　　　　　　　○○시 ○○구 ○○동 ○○오피스텔 101호

관리단 소집청구 대표자   ○○○
　　　　　　　　　　　　○○시 ○○구 ○○동 ○○오피스텔 202호

동 의 내 용

다음의 사항을 결의하기 위한 집합건물법 제33조 제2항에 따른 관리단 집회의 소집청구

제1호 안건 : 관리인 선출의 건	제2호 안건 : 위탁관리계약 체결의 건
제3호 안건 : 옥상중계기 설치에 관한 건	제4호 안건 : 규약개정의 건

20 년 월 일

소집청구자 대표 ○○○ 귀하

주) 구분소유자의 1/5 이상이 임시관리단 집회의 소집청구에 동의한다는 내용의 동의서입니다. 동의서를 징수하여 신청인 명단을 작성해야 합니다.

[서식 6] ○○관리단집회 소집요구서

○○관리단집회 소집요구서

신 청 인　　○○○
　　　　　　○○시 ○○구 ○○동 ○○오피스텔 101호

피신청인　　○○오피스텔 관리단
　　　　　　○○시 ○○구 ○○동 ○○
　　　　　　대표자 관리인

요 구 사 항

청구인은 관리단 집회의 소집을 요구하는 ○○명의 구분소유자로부터 동의를 얻었으므로 구분소유자의 1/5 이상이며, 「집합건물의 소유 및 관리에 관한 법률」 제33조 제2항에 따라 ○○오피스텔 관리단 관리인 ○○○에게 다음과 같은 안건에 대한 결의를 위하여 관리단 집회를 소집할 것을 청구합니다.

다 음

1. 집회의 목적사항(안건)

제1호 안건 : 관리인 선출의 건	제2호 안건 : 위탁관리계약 체결의 건
제3호 안건 : 옥상중계기 설치에 관한 건	제4호 안건 : 규약개정의 건

2. 소집이유
　　규약에 규정된 바에 따라 관리위원회를 구성하고, 위탁관리계약의 체결과 옥상중계기 설치 등 공용부분에 관리에 관한 사항을 정해야 할 필요가 있음

관리단집회 소집청구자 대표 ○○○

주) 구분소유자 1/5 이상이 관리인에게 관리단집회의 개최를 요구하는 소집요구서입니다.

[서식 7] 관리단집회 소집통지서

○○관리단집회 소집통지서

○○관리단 구분소유자 및 임차인 여러분의 건강과 행복이 함께 하시길 기원합니다. ○○, ○○(안건명) 등에 관하여 아래와 같이 ([정기] 또는 [임시])관리단 집회를 개최하고자 합니다. 많은 참석 부탁드리며, 참석이 어려운 분들은 아래의 방법을 참고하셔서 대리인, 서면, [전자적 방법*]에 의해서 의결권을 행사하기 바랍니다.

1. 일시 : ○○○○년 ○○월 ○○일(○요일) ○○:○○
2. 장소 : ○○강당
3. 집회의 목적사항(안건)

제1호 안건 : 관리인 선출의 건	제2호 안건 : 위탁관리계약 체결의 건
제3호 안건 : 옥상중계기 설치에 관한 건	제4호 안건 : 규약개정의 건

4. 참석대상 : 구분소유자 및 점유자
   ※ 점유자는 구분소유자로부터 위임을 받은 경우가 아니라면 제4호 안건에 대해서는 의결권을 행사할 수 없습니다.
5. 의결방법
   제1호에서 제3호 안건 : 구분소유자 및 의결권의 과반수 동의
   제4호 안건 : 구분소유자 및 의결권의 3/4 이상 동의

> ※ 의결권은 서면이나 [전자적 방법**] 또는 대리인을 통하여 행사할 수 있습니다.
> ※ 대리인에게 위임하시는 경우에 한 명의 대리인이 구분소유자 및 의결권의 과반수 이상을 대리할 수 없습니다.
> ※ 서면에 의해서 의결권을 행사하시는 분들은 동봉한 서면결의서를 작성하여 ○○관리단 사무소(주소 : ○○시 ○○구 ○○로 ○○, ○○관리사무소장, 전화번호 : ○○-○○○-○○○○)로 집회일인 ○○○○년 ○○월 ○○일(○요일) ○○:○○까지 제출해 주시기 바랍니다

5. 지참물
   (1) 신분증(대리인의 경우에는 동봉한 양식에 따른 위임장 및 본인신분증 사본)

> ※ 구분소유자가 대리인으로 선임하여 동봉한 양식에 따른 위임장을 미리 관리단에 통지한 경우에는 별도로 위임장을 제출하지 않아도 됩니다.
> ※ 임차인이 구분소유자를 대리하여 제4호 안건에 대해서 의결권을 행사하는 경우에는 구분소유자의 위임장을 제시하여야 합니다.

   (2) 하나의 전유부분을 공유하고 있는 경우에는 공유지분 과반수의 위임장
6. 문의처 : [○○관리단 사무소]*** 또는 [(구분소유자들이 관리단 집회를 소집하는 경우) 구분소유자 ○○○] 전화번호와 이메일, 주소기재

[○○관리단 관리인 ○○○] 또는 [집회소집 구분소유자 대표 ○○○]

주) 1. 전자적 방법은 본인인증절차를 통한 전자투표의 경우에 가능하며, 그 밖의 전자적 방법은 규약의 정함이 있어야 합니다. 만약 규약의 정함이 없다면 전자적 방법은 삭제해야 합니다.
2. 전자적 방법에 관하여 규약의 정함이 있는 경우에만 기재하면 되고, 정관의 정함이 있는 경우에는 정관에서 허용하고 있는 전자적 방법에 대해서 규정을 하면 됩니다.
3. 구분소유자들이 관리단 집회를 소집하는 경우에는 관리단소집구분소유자 대표와 그 아래에 소집에 동의한 구분소유자 명단을 표시하면 됩니다.

[서식 8] ○○관리단집회 의결권 위임장

○○관리단집회 의결권 위임장

1. 위임인(의결권자)

성명	(서명 또는 인)	구분	소유자( ) 임차인( )
호수	동 호	생년월일	
주소		연락처	010-○○○○-○○○○

2. 수임인

성명	(서명 또는 인)	생년월일	
주소		연락처	010-○○○○-○○○○

3. 위임내용

위임인은 ○○○○년 ○월 ○일 개최되는 ○○관리단 집회에서 수임인에게 아래의 결의사항에 대해서 의결권 행사를 위임합니다.

<위임사항>

제1호 안건 : 관리인 선출의 건
제2호 안건 : ○○관리회사와 위탁계약체결의 건
제3호 안건 : 옥상에 중계기 설치에 관한 건
제4호 안건 : 규약개정의 건

○○○○년 ○월 ○일

○○관리단 귀중

[서식 9] ○○관리단집회 서면 결의서

○○관리단집회 서면 결의서

본인은 아래의 결의사항에 대해서 내용을 충분히 숙지하고 검토하였으며 서면으로 의결권을 행사합니다.

1. 의결권자*

성명	(서명 또는 인)	구분	소유자(　) 임차인(　)
호수	동　　　호	생년월일	
주소		연락처	010-○○○○-○○○○

※ 하나의 전유부분을 여러 명이 공유하고 있는 경우에는 찬성하는 공유자의 명의로 모두 기재하고 해당 공유자들의 지분이 과반수를 넘어야 합니다.
※ 법인이 구분소유자인 경우에는 법인명과 대표자명을 기재하고 법인직인을 날인해야 합니다.

2. 결의사항(해당칸에 ○표시를 해 주세요)

제1호 안건 관리인 선출의 건	후보자	기호1번 ○○○	기호2번 ○○○	기호3번 ○○○	기호4번 ○○○
	투표				
제2호 안건 ○○관리회사의 위탁계약체결의 건	찬성			반대	
제3호 안건 육상중계기 설치에 관한 건	찬성			반대	
제4호 안건 규약개정의 건	찬성			반대	

○○○○년 ○월 ○일

○○관리단 귀중

[서식 10] ○○관리단집회 투표용지

○○관리단집회 투표용지

1. 의결권자*

성명	(서명 또는 인)	구분	소유자( ) 임차인( )
호수	동 호	생년월일	
주소		연락처	010-○○○○-○○○○

※ 하나의 전유부분을 여러 명이 공유하고 있는 경우에는 찬성하는 공유자의 명의로 모두 기재하고 해당 공유자들의 지분이 과반수를 넘어야 합니다.
※ 법인이 구분소유자인 경우에는 법인명과 대표자명을 기재하고 법인직인을 날인해야 합니다.

2. 결의사항(해당칸에 ○표시를 해 주세요)

제1호 안건 관리인 선출의 건	후보자	기호1번 ○○○	기호2번 ○○○	기호3번 ○○○	기호4번 ○○○
	투표				
제2호 안건 ○○관리회사의 위탁계약체결의 건	찬성			반대	
제3호 안건 육상중계기 설치에 관한 건	찬성			반대	
제4호 안건 규약개정의 건	찬성			반대	

○○○○년 ○월 ○일   ○○관리단

[서식 11] 관리단집회 의사록

관리단집회 의사록

1. 일시 : ○○○○년 ○○월 ○○일(○요일) ○○:○○
2. 장소 : ○○강당
3. 집회의 목적사항(안건)
   제1호 안건 : 관리인 선출의 건 제2호 안건 : 위탁관리계약 체결의 건
   제3호 안건 : 옥상에 중계기 설치에 관한 건 제4호 안건 : 규약개정의 건
4. 참석자 : <별첨1> 참석자 명단 참조
5. 집회의 의장 : 관리단 대표자(관리인) ○○○
6. 회의내용

제1호 안건 관리인 선출의 건	전체 구분소유자 ○명 중에서 ○명의 동의(의결권을 행사하는 임차인은 구분소유자의 수에 포함시킴)와 전체 의결권 중에서 ○%의 동의를 얻어 기호 ○번 ○○○가 관리인으로 선출됨
제2호 안건 ○○관리회사의 위탁계약체결의 건	전체 구분소유자 ○명 중에서 ○명의 동의(의결권을 행사하는 임차인은 구분소유자의 수에 포함시킴)와 전체 의결권 중에서 ○%의 동의를 얻어 위탁관리계약을 체결할 것을 결의함
제3호 안건 육상중계기 설치에 관한 건	전체 구분소유자 ○명 중에서 ○명의 동의(의결권을 행사하는 임차인은 구분소유자의 수에 포함시킴)와 전체 의결권 중에서 ○%의 동의를 얻어 옥상중계기를 설치하기로 결의함
제4호 안건 규약개정의 건	전체 구분소유자 ○명 중에서 ○명의 동의와 전체 의결권 중에서 ○%의 동의를 얻어 구분소유자 및 의결권의 3/4 이상의 동의를 얻지 못하였으므로 부결됨

○○○○년 ○○월 ○○일

의　　　장 : ○○○　(인/서명)
구분소유자 : ○○○　(인/서명)
구분소유자 : ○○○　(인/서명)

주) 1. 관리단 집회 결의취소의 소
　　<집합건물법>
　　제42조의2(결의취소의 소) 구분소유자는 다음 각 호의 어느 하나에 해당하는 경우에는 집회 결의 사실을 안 날부터 6개월 이내에, 결의한 날부터 1년 이내에 결의취소의 소를 제기할 수 있다.
　　　1. 집회의 소집 절차나 결의 방법이 법령 또는 규약에 위반되거나 현저하게 불공정한 경우

    2. 결의 내용이 법령 또는 규약에 위배되는 경우
 2. 결의취소 사유
   - 집회의 소집절차나 결의방법이 법령이나 규약에 위반되거나 현저하게 불공정한 경우
   - 결의 내용이 법령이나 규약에 위배되는 경우
 3. 당사자
   - 원고 : 구분소유자
   - 피고 : 관리단
 4. 제척기간
   관리단집회 결의 사실을 안 날로부터 6개월, 결의한 날로부터 1년 이내에 결의취소의 소를 제기해야 함
 5. 결의의 하자와 가처분
   - 결의취소의 소를 제기하는 경우에 임시적으로 결의의 집행을 막기 위해서 가처분을 신청할 수 있음
   - 가처분의 종류
     - 직무집행정지가처분(관리인 선임을 위한 결의를 취소하는 소를 제기하는 경우)
     - 직무대행자선임가처분(직무집행정지가처분을 신청하는 경우)
     - 공사중지가처분
     - 결의효력정지가처분 등(해임결의를 취소하는 소를 제기하는 경우)

[서식 12] 관리단 집회 결의 취소청구의 소

소　장

원　　고　　○○○
　　　　　　주소
피　　고　　○○오피스텔 관리단
　　　　　　주소
　　　　　　대표자 관리인 ○○○

관리단 집회 결의 취소청구의 소

청 구 취 지

1. 피고가 2000.○○.○○.자 관리단집회에서 한 규약제정결의 및 관리인선출결의를 취소한다.
2. 소송비용은 피고의 부담으로 한다.
라는 판결을 구함.

청 구 원 인

1. 원고는 ○○시 ○○구 ○○동 ○○ ○○오피스텔 제401호의 구분소유자이고, 피고는 ○○시 ○○구 ○○동 ○○ ○○오피스텔관리단입니다.
2. 피고는 ○○오피스텔 ○○호에서 관리단 집회를 소집하고 규약제정을 위한 결의와 관리인 선출을 위한 결의를 한 바 있습니다. 그런데 피고는 관리단 집회일 2주 전에 관리단 집회를 소집하기 위한 소집통지를 하지 않았고, 집회일 1주일 전에 소집통지를 하면서 집회에서 결의할 안건을 통지하지 아니하는 등 위법을 저지른 사실이 있습니다.
3. 따라서 원고는 관리단 집회의 소집절차가 집합건물법을 위반하였음을 이유로 이건 청구에 이르게 되었습니다.

입 증 방 법

1. 고유번호증　　　　　　　　　　　갑 제1호증
1. 사업자등록증　　　　　　　　　　갑 제2호증
1. 관리단 집회 결의사항　　　　　　갑 제3호증

첨 부 서 류

```
                                    2000.  .  .

                            위 원고 : ○○○


  ○○지방법원 ○○지원 귀중
```

주) 1. 관리단 집회 결의 부존재와 무효 확인의 소
　　　집회의 소집절차와 결의의 성립과정에 있어서 흠결이 중대하고 명백하여 결의 자체가 존재하는 것으로 볼 수 없는 경우
　　　　- 소집절차의 중대하고 명백한 흠결 : 집회의 소집을 위한 통지가 없는 경우
　　　　• 결의성립과정의 중대하고 명백한 흠결 : 결의정족수를 충족하지 못한 경우
　　2. 관리단집회 결의의 무효
　　　결의내용이 법령이나 규약에 위반되는 경우
　　3. 결의부존재 또는 무효 확인의 소
　　　　• 원고 : 구분소유자 또는 이해관계인
　　　　• 피고 : 관리단
　　4. 결의의 하자와 가처분
　　　　• 결의의 무효나 부존재 확인의 소를 제기하는 경우에 임시적으로 결의의 집행을 막기 위해서 가처분을 신청할 수 있음
　　　　• 가처분의 종류
　　　　- 직무집행정지가처분(관리인 선출을 위한 결의의 부존재를 확인하는 소를 제기한 경우)
　　　　- 직무대행자선임가처분(직무집행정지가처분을 신청한 경우)
　　　　- 공사중지가처분(공용부분 변경을 위한 결의의 부존재 또는 무효를 확인하는 소를 제기한 경우)
　　　　- 결의효력정지가처분(관리인해임결의의 부존재를 확인하는 소를 제기한 경우) 등

[서식 13] 관리단 집회 부존재 확인의 소

소 장

원 고   ○○○
   주소
피 고   ○○오피스텔 관리단
   주소
   대표자 관리인 ○○○

관리단 집회 부존재 확인의 소

청 구 취 지

1. 피고가 2000.○○.○○.자 관리단집회에서 한 규약제정결의 및 관리인선출결의는 존재하지 아니함을 확인한다.
2. 소송비용은 피고의 부담으로 한다.
라는 판결을 구함.

청 구 원 인

1. 원고는 ○○시 ○○구 ○○동 ○○ ○○오피스텔 제401호의 구분소유자이고, 피고는 ○○시 ○○구 ○○동 ○○ ○○오피스텔관리단입니다.
2. 피고는 ○○오피스텔 ○○호에서 관리단 집회를 소집하고 규약제정을 위한 결의와 관리인 선출을 위한 결의를 한 바 있습니다. 그런데 피고는 규약의 제정을 위한 구분소유자 및 의결권의 3/4 이상의 동의와 관리인 선출을 위한 구분소유자 및 의결권의 과반수 동의가 없었음에도 불구하고 유효하게 관리단 집회의 결의가 있었던 것으로 관리단 집회의 결과를 공지하였습니다.
3. 따라서 원고는 위 관리단 집회결의의 부존재 확인을 구하기 위하여 본소에 이르렀습니다.

입 증 방 법

1. 고유번호증   갑 제1호증
1. 사업자등록증   갑 제2호증
1. 관리단 집회 결의사항   갑 제3호증

첨 부 서 류

                                    2000. . .

                              위 원고 : ○○○

○○지방법원 ○○지원 귀중

[서식 14] 관리단 집회 의사록

관 리 단 집 회 의 사 록

○○○○년 ○○월 ○○일 오후 ○시 ○○시 ○○구 ○○○ ○○○ ○○오피스텔 ○○○호에서 관리단 집회를 개최하다.

구분소유자수   ○○○ 명   참석구분소유자   ○○ 명

관리인을 대행하여 관리단집회를 소집한 구분소유자 중에서 연장자인 ○○○이 의장석에 등단하여 본 집회가 적법하게 성립되었음을 알리고 개회를 선언한 후 다음 의안을 부의하고 심의를 구하다.

의안 : 관리인 선임에 관한 건

의장 ○○○은 출석한 구분소유자 ○○ 명이 찬성하였고 찬성한 구분소유자의 의결권이 ○○%에 이르렀으므로 관리인 선임을 위한 결의가 성립하였고 구분소유자 ○○○을 관리인으로 선임하다.

선임된 관리인은 즉석에서 그 취임을 승낙하다.

관리인이 선출됨에 따라, 의장 ○○○이 의장석을 떠나고, 관리인이 의장석에 등단하여 폐회를 선언하다.(종료시간 ○○시 ○○분)

위 의사의 경과요령과 결과를 명백히 하기 위하여 이 의사록을 작성하고 의장과 출석한 구분소유자 ○○○와 ○○○가 기명날인하다.

○○○○년   ○○월   ○○일

○○오피스텔 관리단

관리인 　　 ○ ○ ○ ㊞
구분소유자　○ ○ ○ ㊞
구분소유자　○ ○ ○ ㊞

[서식 15] 층간소음 민원 기록일지 (관리사무소)

층간소음 민원 기록일지

접수번호			접수일자		
신청인	성 명				
	동호수				
	연락처	(자 택) (휴대폰) (이메일)			
층간소음 현황	층간 주거현황 (상대 세대)				
	소음피해 시 간 대				
	소음내용 (복수체크 가능)	아이들 뛰는 소리	발걸음 소리	가구 끄는 소리	문, 창문 소리
		기계소리 및 악기소리	반려동물 소리	기타( )	
	피해내용				
항의여부	직접 항의	여부(O / X), 횟수(회)			
	관리사무소를 통한 항의	여부(O / X), 횟수(회)			
최우선 요구사항					
조치사항					
년 월 일 OOO 아파트 관리사무소					
				작성자	

※ 위 서식은 예시로서 단지의 자체 규약·규정 따라 다르게 정할 수 있음
□ 층간소음 조정신청서 (단지내 층간소음관리위원회)

[서식 16] 층간소음 분쟁조정 신청서

층간소음 분쟁조정 신청서				
※ 색상이 어두운 란은 신청인이 작성하지 않습니다.				
접수번호		접수일자		처리기간 30일 연장하는 경우 그 기간
신 청 인	성 명		생년월일	
	동 호 수			
	연 락 처	(자 택) (휴대폰) (이메일)		
층간소음 현 황	층간 주거현황 (상대 세대)				
	소음피해 시 간 대				
	소음내용				
피해내용 및 경과	※ 피해를 입은 사실과 과정을 구체적으로 기재 ※ 기재란이 부족한 경우에는 별지 사용			
최 우 선 요구사항	 ※ 기재란이 부족한 경우에는 별지 사용			
공동주택관리법 제20조 및 ○○○○관리규약(또는 운영규정) ○○조에 따라 층간소음 분쟁조정을 신청합니다. 년 월 일 ○○○ 아파트 층간소음관리위원회 귀중				

※ 위 서식은 예시로서 단지의 자체 규약·규정 따라 다르게 정할 수 있음
※ 접수자는 분쟁조정 신청 내용이 피신청인에게 통지됨을 신청인에게 안내

[서식 17] 분쟁조정 사건 통지서 (단지내 층간소음 관리위원회)

<table>
<tr><td colspan="3" align="center">층간소음 분쟁조정 사건 통지서</td></tr>
<tr><td rowspan="2">받는 사람
(피신청인)</td><td>성 명</td><td></td></tr>
<tr><td>동 호 수</td><td></td></tr>
<tr><td rowspan="4">사건내용</td><td>사건번호</td><td></td></tr>
<tr><td>해당세대</td><td></td></tr>
<tr><td>신 청 인</td><td></td></tr>
<tr><td>신청요지</td><td></td></tr>
<tr><td colspan="3">신청인이 위 사건내용과 같이 층간소음 분쟁조정을 신청하였기에 ㅇㅇㅇㅇ관리규약(또는 운영규정) ㅇㅇ조에 따라 통지하오니 피신청인은 신청내용에 대한 답변서를 작성하여 이 통지서를 받을 날로부터 10일 이내(특별한 사정이 있는 경우 소명 필요)에 위원회에 제출하시기 바랍니다.

붙 임 : 층간소음 분쟁조정 사건 답변서 제출서식 1부

 년　월　일
ㅇㅇㅇ 아파트 층간소음관리위원회 (인)</td></tr>
</table>

※ 위 서식은 예시로서 단지의 자체 규약·규정 따라 다르게 정할 수 있음

[서식 18] 분쟁조정 사건 답변서 (단지내 층간소음 관리위원회)

<table>
<tr><th colspan="3">층간소음 분쟁조정 사건 답변서</th></tr>
<tr><td rowspan="2">사 건</td><td>사건번호</td><td></td></tr>
<tr><td>신 청 인</td><td></td></tr>
<tr><td rowspan="6">제출자</td><td rowspan="2">피신청인</td><td>성 명</td><td></td></tr>
<tr><td>주 소
(연락처)</td><td>(연락처 :   )</td></tr>
<tr><td rowspan="4">대리인
(선임 시)</td><td>성 명</td><td></td></tr>
<tr><td>주 소
(연락처)</td><td>(연락처 :   )</td></tr>
<tr><td>관 계</td><td></td></tr>
<tr><td colspan="2">답변내용

※ 기재란이 부족한 경우에는 별지 사용</td></tr>
<tr><td rowspan="2" colspan="2">분쟁조정신청에
응하는지 여부</td><td colspan="2">1. 조정에 참석하겠습니다.</td><td>참석 시 O표를 합니다.</td></tr>
<tr><td colspan="2">2. 조정에 불응하겠습니다.</td><td>불응 시 O표를 합니다.</td></tr>
<tr><td colspan="5">위와 같이 답변서를 제출합니다.

첨부서류 1. 대리인은 그 대리권을 증명하는 서류 1부
　　　　 2. 증거서류 등 필요한 자료 1부

　　　　　　　　　　　　년　　　월　　　일

OOO 아파트 층간소음관리위원회 귀중</td></tr>
</table>

※ 위 서식은 예시로서 단지의 자체 규약·규정 따라 다르게 정할 수 있음

[서식 19] 층간소음 관리위원회 회의록 (단지내 층간소음 관리위원회)

층간소음 관리위원회 회의록	
회의명	※ 회의의 정식명칭을 기재 예) OOO 아파트 층간소음 관리위원회 제OO차 회의
일시 및 장소	※ 회의가 개최된 일시와 장소를 기재
참석자	※ 참석자(배석자 포함)의 성명과 직위를 기재
상정안건	※ 회의에 상정된 안건 명을 순서대로 기재
발언내용	※ 상정안건별로 참석자의 발언내용을 정리하여 기재
회의결과	※ 회의에서 결정된 사항 기재, 표결이 있는 경우 표결결과도 기재
기타	※ 기타 회의 운영과 관련하여 참고사항이 있을 경우 기재

※ 위 서식은 예시로서 단지의 자체 규약·규정 따라 다르게 정할 수 있음

[서식 20] 위탁자지위확인의 소

대 법 원
제 1 부
판 결

사　　　　건	2024두52427 위탁자지위확인의 소
원고, 피상고인	원고 1 외 6인
	원고들 소송대리인 법무법인 율맥
	담당변호사 심창주
피고, 상 고 인	○○○신탁 주식회사
	소송대리인 변호사 김조영 외 1인
원 심 판 결	서울고등법원 2024. 7. 25. 선고 2023누52934 판결
판 결 선 고	2025. 2. 20

주　문

상고를 모두 기각한다.
상고비용은 피고가 부담한다

이　유

상고이유를 판단한다.
1. 위탁자 지위의 확인을 구하는 소송형태에 관한 판단
　가. 「도시 및 주거환경정비법」(이하 '도시정비법'이라 한다) 제25조 제2항은 재개발사업 또는 재건축사업을 조합이 시행하는 것을 원칙으로 하면서 제27조 제1항 각 호의 어느 하나에 해당하는 때에는 「사회기반시설에 대한 민간투자법」 제2조 제12호에 따른 민관합동법인 또는 신탁업자로서 대통령령으로 정하는 요건을 갖춘 자를 사업시행자로 지정하여 정비사업을 시행할 수 있도록 하고 있다.
　나. 도시정비법상 재건축사업이나 재개발사업의 사업시행자가 조합인 경우 조합과 토지등소유자 사이에 조합원 지위에 관하여 분쟁이 발생하면 토지등소유자는 조합을 상대로 공법상의 당사자소송에 의하여 그 조합원 자격의 확인을 구할 수 있다(대법원 1996. 2. 15. 선고 94다31235 전원합의체 판결 등 참조). 이에 반해 도시정비법상 재개발사업이나 재건축사업의 사업시행자가 도시정비법 제27조 제1항에 따른 신탁업자인 경우에는 사업시행을 위한 조합이 설립되지 않으므로 조합원의 지위가 예정되어 있지 않으나, 도시정비법 제39조 제1항은 재개발사업 또는 재건축사업의 사업시행자가 신탁업자인 경우에는 위탁자가 앞서 본 조합원에 해당한다고 규정하고 있다. 따라서 도시정비법 제27조 제1항에 따라

신탁업자가 사업시행자인 재개발사업 또는 재건축사업에서 신탁업자와 토지등소유자 사이에 '위탁자'의 지위에 관한 분쟁이 발생하는 경우, 토지등소유자는 사업시행자인 신탁업자를 상대로 마찬가지로 공법상 당사자소송에 의하여 앞서 본 '조합원' 개념에 대응되는 '위탁자' 지위의 확인을 구하는 소를 제기할 수 있다고 보아야 한다.

다. 피고는 도시정비법 제2조 제9호에서 신탁업자가 사업시행자로 지정된 경우 '토지등소유자가 정비사업을 목적으로 신탁업자에게 신탁한 토지 또는 건축물에 대하여는 위탁자를 토지등소유자로 본다'고 규정하고 있음을 근거로 토지등소유자가 토지 또는 건축물을 신탁업자에게 실제 신탁하지 않은 이상 그 토지등소유자를 '위탁자'의 지위에 있다고 볼 수 없다고 주장한다.

그러나 도시정비법 제2조 제9호의 위 규정은 도시정비법상 '토지등소유자'의 개념이 정비구역에 위치한 토지 또는 건축물의 소유자를 의미하는데, 신탁업자가 사업시행자로 지정되어 토지등소유자가 토지 또는 건축물에 관하여 수탁자 앞으로 신탁을 원인으로 한 소유권이전등기를 마치게 되면 대내외적으로 소유권이 수탁자에게 완전히 이전되므로(대법원 2002. 4. 12. 선고 2000다70460 판결 등 참조), 신탁을 원인으로 한 소유권이전등기에도 불구하고 여전히 위탁자가 도시정비법상 토지등소유자의 지위를 갖는다는 것을 확인하는 규정으로 해석된다.

또한, 도시정비법 제39조 제1항은 재건축사업 또는 재개발사업의 사업시행자가 신탁업자인 경우 위탁자는 토지등소유자로 한다고 규정하고 있어서 위탁자의 지위가 반드시 신탁업자와 신탁계약을 체결하였다거나 신탁을 원인으로 한 소유권이전등기를 마친 토지등소유자로 제한하고 있지 않다. 원고들이 피고와 신탁계약을 체결하였거나 신탁을 원인으로 한 소유권이전등기를 마치지 않은 이상 위탁자 지위의 확인을 구할 수 없다는 취지의 피고의 주장은 받아들일 수 없다.

라. 이와 같은 원심의 판단은 정당하고, 거기에 상고이유 주장과 같이 도시정비법상 위탁자 개념에 관한 법리를 오해하는 등의 잘못이 없다.

2. 원심의 구분소유권 인정에 관한 판단

원심은 그 채택 증거를 종합하여 판시와 같은 사실을 인정한 다음, 이 사건 상가를 구성하는 6개 점포에 대하여 해당 점포가 개별적으로 매매가 이루어지기 시작한 1984년경부터 구조상·이용상 독립성을 갖추고 구분소유권의 객체로 하려는 구분행위도 있었다고 볼 수 있다는 이유로 그 무렵부터 그 개별 점포를 구분소유권의 대상으로 하는 구분소유가 성립하였다고 판단하였다.

관련 법리와 기록에 비추어 살펴보면, 이와 같은 원심의 판단은 정당하고, 거기에 상고이유 주장과 같이 구분소유권 성립에 관한 심리미진의 잘못이 있다고 볼 수 없다.

3. 분양신청권과 형평성에 관한 판단

원심은, 「서울특별시 도시 및 주거환경정비 조례」가 다가구주택이 다세대주택으로 전환되어 구분등기가 된 경우 분양대상자를 제한하고 있다고 하나, 다가구주택에 관한 건축법 규정의 내용이나 취지 및 범위는 이 사건 상가에 적용되는 「집합건물의 소유 및 관리에 관한 법률」에서 구분소유를 인정하는 요건이나 그 효과, 입법 취지와 국면을 달리하므로, 이 사건 상가에 관하여 구분소유적 공유관계를 유지하던 원고들에게 복수의 위탁자의 지위를 인정할 것인지를 판단하면서 다가구주택과의 형평성을 고려하여야 한다고 볼 수 없다고 판단하였다.
관련 법리와 기록에 비추어 살펴보면, 이와 같은 원심의 판단은 정당하고 거기에 상고이유 주장과 같이 다가구주택에서 분양대상자와의 형평성에 관한 법리를 오해한 잘못이 없다.

4. 결론
상고를 기각하고, 상고비용은 패소자가 부담하기로 하여, 관여 대법관의 일치된 의견으로 주문과 같이 판결한다.

재판장 대법관 노태악
대법관 서경환
주 심 대법관 신숙희
대법관 노경필

[서식 21] 아파트수분양권확인등

대 법 원
제 3 부
판 결

사　　　　건	2020두36724　아파트수분양권확인등
원고, 상고인	원고
피고, 피상고인	온천4구역 주택재개발정비사업조합
	소송대리인 법무법인 조운
	담당변호사 박일규 외 2인
원 심 판 결	부산고등법원 2020. 2. 12. 선고 2019누23845 판결
판 결 선 고	2023. 2. 23.

주 문

상고를 기각한다.
상고비용은 원고가 부담한다

이 유

상고이유(상고이유서 제출기간 경과 후에 제출된 상고이유보충서는 상고이유를 보충하는 범위에서)를 판단한다.

1. 제1, 2, 3상고이유에 대하여
   가. 구 도시 및 주거환경정비법(2017. 2. 8. 법률 제14567호로 전부개정되기 전의 것, 이하 '구 도시정비법'이라 한다) 제19조 제1항은 "정비사업(시장·군수 또는 주택공사 등이 시행하는 정비사업을 제외한다)의 조합원은 토지등소유자(주택재건축사업의 경우에는 주택재건축사업에 동의한 자에 한한다)로 하되, 다음 각 호의 어느 하나에 해당하는 때에는 그 수인을 대표하는 1인을 조합원으로 본다."라고 규정하면서, 제1호에서 '토지 또는 건축물의 소유권과 지상권이 수인의 공유에 속하는 때'를, 제2호에서 '수인의 토지등소유자가 1세대에 속하는 때(이 경우 동일한 세대별 주민등록표 상에 등재되어 있지 아니한 배우자 및 미혼인 20세 미만의 직계비속은 1세대로 보며, 1세대로 구성된 수인의 토지등소유자가 조합설립인가 후 세대를 분리하여 동일한 세대에 속하지 아니하는 때에도 이혼 및 20세 이상 자녀의 분가를 제외하고는 1세대로 본다)'를, 제3호에서 '조합설립인가 후 1인의 토지등소유자로부터 토지 또는 건축물의 소유권이나 지상권을 양수하여 수인이 소유하게 된 때'를 규정하고 있다. 한편, 구 도시정비법 제48조 제2항 제6호는 관리처분계획의 내용에 관하여, "1세대 또는 1인이 하나 이상의 주택 또는 토지를 소유한 경우 1주택을 공급하고, 같은 세대에 속하지 아니하는 2인 이상이 1주택 또는 1토지를 공유한 경우에는 1주택만 공급한다."라고 규정하고 있다.

   구 도시정비법 제19조 및 제48조 제2항 제6호는 2009. 2. 6. 법률 제9444호로 개정되었다. 종래에는 '토지 또는 건축물의 소유권과 지상권이 수인의 공유에 속하는 때'에만 조합원의 자격을 제한하였으므로, 조합설립인가 후 세대분리나 토지 또는 건축물 소유권 등의 양수로 인해 조합원이 증가하여 정비사업의 사업성이 저하되는 등 기존 조합원의 재산권 보호에 미흡한 측면이 있었다. 이에 2009. 2. 6. 개정된 구 도시정비법 제19조 및 제48조 제2항 제6호는 일정한 경우 수인의 토지등소유자에게 1인의 조합원 지위만 부여함과 동시에 분양대상 자격도 제한함으로써 투기세력 유입에 의한 정비사업의 사업성 저하를 방지하고 기존 조합원의 재산권을 보호하고 있다.

   이와 같은 구 도시정비법의 규정 내용과 취지, 체계 등을 종합하여 보면, 주택재개발사업 조합설립인가 후 1인의 토지등소유자로부터 정비구역 안에 소재한 토지 또는 건축물의 소유권을 양수하여 수인이 소유하게 된 경우에는 원칙적으로 그 전원이 1인의 조합원으로서 1인의 분양대상자 지위를 가진다고 보아야 한다.

   나. 원심은, 제1심 공동원고 ○○○은 이 사건 정비사업 구역 내 부산 동래구 (주소 생략) 집합건물 중 13세대를 소유하다가, 피고의 조합설립인가 후 그중 12세대의 소유권을 원고 등 12인에게 양도한 사실을 인정한 다음, 위 ○○○과 원고 등 12인은 1인의 조합원 지위에서 1인의 분양대상자 지위를 가진다고 판단하였다.

   다. 앞서 본 법리에 비추어 살펴보면, 원심의 판단은 정당하고, 거기에 상고이유 주장과 같이 분양대상자의 판단기준에 관한 법리를 오해하는 등으로 판결에 영향을 미친 잘못이 없다.

2. 제4상고이유에 대하여

이 부분 상고이유는 상고심에 이르러 비로소 내세우는 새로운 주장이므로 적법한 상고이유가 되지 못한다.

3. 제5상고이유에 대하여

원심은 판시와 같은 이유로, 이 사건 주택의 구분소유자들이 분양신청기간이 만료될 때까지 대표조합원을 선임하지 아니한 채 각자 단독 명의로 분양신청을 하고, 그 신청서에 본인을 제외한 나머지 구분소유자들의 성명을 기재하거나 그들의 신청서를 첨부하지도 아니한 것은 구 도시정비법 규정 및 피고의 정관 규정에 어긋나 적법한 분양신청으로 볼 수 없고, 분양신청기간이 만료된 후 이 사건 관리처분계획의 효력을 다투는 이 사건 소송계속 중 원심 선정자 △△△을 대표조합원으로 선임하였다고 하여 이와 달리 볼 수는 없으므로, 이 사건 주택의 구분소유자들은 모두 현금청산대상자가 된다고 판단하였다.

관련 법리와 기록에 비추어 살펴보면, 이러한 원심의 판단에 상고이유 주장과 같이 법리를 오해하여 판결에 영향을 미친 잘못이 없다.

4. 결론

그러므로 상고를 기각하고 상고비용은 패소자가 부담하도록 하여, 관여 대법관의 일치된 의견으로 주문과 같이 판결한다.

재판장　대법관　안철상
　　　　대법관　노정희
주　심　대법관　이흥구
　　　　대법관　오석준

[서식 22] 관리처분계획인가 일부취소 등

대 법 원
제 3 행정부
판 결

사　　　　건　　2022누49313 관리처분계획인가 일부취소 등
원고, 상고인　　1. A
　　　　　　　　2. B
　　　　　　　　3. C
피고, 피상고인　D조합
제1심 판결　　　서울행정법원 2022. 5. 20. 선고 2020구합75538 판결
변 론 종 결　　 2023. 6. 1.
판 결 선 고　　 2023. 7. 13.

주　　문

1. 제1심판결 중 원고들에 대한 부분을 취소하고, 그 취소 부분에 해당하는 원고들의 소를 모두 각하한다.
2. 소송총비용은 원고들이 부담한다.

청구취지 및 항소취치

제1심판결 중 원고들에 대한 부분을 취소한다. 피고가 2020. 6. 10. 서울특별시 EE구청장으로부터 인가받은 관리처분계획(변경) 중 원고들에 관한 부분을 취소한다.[12]

이　　유

1. 기초사실 및 처분의 경위
　가. 당사자들의 지위
　　　1) 피고는 서울 E 일대에서 주택재개발정비사업(이하 '이 사건 정비사업'이라 한다)을 시행하기 위하여 2009. 4. 27. 서울특별시 EE구청장(이하 'EE구청장'이라 한다)으로부터 설립인가를 받아 2009. 5. 4. 설립등기를 마친 주택재개발정비사업조합이다.
　　　2) 원고들은 이 사건 정비사업구역 내에 부동산을 소유하던 사람들로서, 원고 A은 서울 F(이하 'F'으로만 표시하기로 한다) G 대지와 주택, 원고 B은 H 외

---

[12] 제1심 공동원고 K, L은 2022. 6. 2. 원고들과 함께 항소를 제기하였으나, 2022. 6. 21. 항소를 취하하였다.

1필지 지상 다세대주택 중 제지하층 제1호, 원고 C은 I주택 제J호를 각 소유하였다.

나. 이 사건 정비사업의 진행 과정

1) 피고는 EE구청장으로부터 2012. 7. 30. 사업시행인가를, 2014. 6. 26. 사업시행변경인가를 각 받았다.

2) 피고는 2014. 6. 30. 분양신청기간을 2014. 7. 7.부터 2014. 9. 4.까지로 정하여 분양신청 공고를 한 후, 2014. 9. 5. 분양신청기간을 2014. 9. 5.부터 2014. 9. 24.까지로 연장하여 추가 분양신청 공고를 하였는데, 조합원들에게 분양신청기간을 연장한다는 취지의 통지를 따로 하지 않았다.

3) 피고는 2016. 9. 24. 조합원 총회에서 관리처분계획안을 의결한 뒤 2017. 5. 1. EE구청장으로부터 관리처분계획(이하 '2017. 5. 1.자 관리처분계획'이라 한다)에 대하여 인가를 받았는데, 위 관리처분계획에는 분양신청을 하지 않은 원고들이 현금청산대상자로 분류되어 있었다.

4) 이후 피고는 EE구청장으로부터 ① 2017. 7. 27. 사업시행기간을 '사업시행인가일로부터 60개월'에서 '사업시행인가일로부터 120개월'로 변경하는 등을 내용으로 하는 사업시행변경인가를 받았고, ② 2019. 7. 25. 사업비 변경 등을 내용으로 하는 사업시행변경인가를 받았으며, ③ 2020. 2. 6. 정비기반시설, 분양 및 보류지 규모 등의 분양계획, 아파트 평형 등에 관한 변경을 내용으로 하여 사업시행변경인가를 받았다.

5) 한편 피고는 2019. 4. 6. '사업시행계획(변경인가)신청 의결의 건'과 '조합원 분양 규모 변경' 등을 안건으로 하여 조합원 총회를 진행하여 위 각 안건이 모두 의결되자, 조합원들에게 분양규모 변경신청을 안내한 뒤 2019. 10. 23.부터 2019. 11. 6.까지 조합원들로부터 분양규모 변경신청을 받았고, 2020. 5. 26. 조합원 총회에서 관리처분계획 변경안에 관한 의결을 거쳐 2020. 6. 10. EE구청장으로부터 관리처분계획(변경) (이하 '이 사건 관리처분계획'이라 한다)에 대하여 인가를 받았다.

6) 이 사건 관리처분계획은 2017. 5. 1.자 관리처분계획과 비교하여 세대수, 주택규모 등 핵심적인 사항에 관하여는 변경 없이 정비기반시설, 분양 및 보류지 규모 등의 분양계획, 아파트 평형 등에 관하여 일부 변경이 이루어졌다. 위 두 개의 관리처분계획을 비교한 주요 내용은 아래 표 기재와 같다.

항목	2017. 5. 1. 자 관리처분계획	이 사건 관리처분계획
계획면적	66.062㎡	65,977㎡
총 소요 사업비	389,792,322,000원	470,648,896,000원
주택 동수/세대수	15동/1,223세대	15동/1,223세대
주택 건축 연면적	175,652.07㎡	179,089.48㎡
상가 건축 연면적	3,444.99㎡	3,483.19㎡

상가 호수	47호	56호
신설 정비기반시설	18,346㎡ (도로 15,311㎡, 공원 1,502㎡, 광장 1,077㎡, 학교 456㎡)	18,203㎡ (도로 15,323㎡, 공원 1,502㎡, 광장 1,001㎡, 학교 377㎡)
권리자별 관리처분	분양 : 504인 청산, 수용 또는 협의매수 : 56인	분양 : 493인 청산, 수용 또는 협의매수 : 54인

7) 그 후 피고는 2020. 11. 16.부터 2020. 11. 20.까지 분양신청을 한 조합원들을 상대로 분양계약 체결절차를 진행하였다.

다. 원고들의 2017. 5. 1.자 관리처분계획 무효확인 등 소송 경과

1) 원고 A의 경우

가) 원고 A은, 2017. 5. 1.자 관리처분계획은 피고가 원고 A에게 분양신청기간 연장 사실을 통지하지 않는 등 분양신청에 관한 일체의 사항을 개별적으로 통지하지 않은 중대·명백한 하자가 있어 무효임을 주장하면서, 피고를 상대로 2017. 5. 1.자 관리처분계획 중 원고 A을 현금청산대상자로 정한 부분의 무효확인을 구하는 소를 제기하였고(서울행정법원 2018구합66357호), 위 법원은 2019. 3. 29. '피고가 분양신청기간을 연장하면서 그 사실을 원고 A을 비롯한 모든 조합원들에게 개별적으로 통지하지 않은 것은 관리처분계획의 수립을 위한 필수적인 절차를 위반한 것으로서 그 하자가 중대·명백하다'는 이유를 들어 원고 A의 청구를 인용하는 판결을 선고하였다.

나) 이에 대하여 피고가 불복하여 항소하였는데, 항소심 법원은 2019. 9. 26. '분양신청 통지가 원고 A에게 도달되었다고 추정할 수 있고, 피고가 원고 A 등 조합원들에게 개별적으로 분양신청기간이 연장되었다는 내용의 통지를 하지 않기는 하였으나, 구 「도시 및 주거환경정비법」(2017. 2. 8. 법률 제14567호로 개정되기 전의 것) 제46조 제1항 제1문의 문언만으로는 분양신청기간을 연장하는 경우에도 이를 다시 개별적으로 통지하여야 하는지 명확하지 않고 하급심의 해석이 엇갈리는 상황이므로, 분양신청기간 연장 통지를 하지 않은 것이 위법하다고 하더라도 그 하자가 2017. 5. 1.자 관리처분계획을 무효로 할 정도로 중대·명백하다고 볼 수는 없다'는 등의 이유로 제1심판결을 취소하고 원고 A의 청구를 기각하는 내용의 판결을 선고하였으며(서울고등법원 2019누40194호), 위 판결은 상고심에서 2020. 1. 9. 심리불속행 기각됨으로써(대법원 2019두55811호) 확정되었다.

2) 원고 B의 경우

가) 원고 B은, 2017. 5. 1.자 관리처분계획은 피고가 원고 B에게 최초 분양신청에 관한 통지와 분양신청기간 연장 통지를 하지 않는 등 하자가 있다고 주장하면서, 피고를 상대로 주위적으로 2017. 5. 1.자 관리처분계획의 무효확인을 구하고 예비적으로 그 취소를 구하는 소를 제기하였는

데(서울행정법원 2018구합68629호), 위 법원은 2019. 2. 1. '피고가 분양신청기간을 연장하면서 그 사실을 원고 B을 비롯한 모든 조합원들에게 개별적으로 통지하지 않은 것은 관리처분계획의 수립을 위한 필수적인 절차를 위반한 것으로서 그 하자가 중대·명백하다'는 이유를 들어 원고 B의 주위적 청구를 인용하는 판결을 선고하였다.

나) 이에 피고가 불복하여 항소하였는데, 항소심 법원은 2019. 9. 26. '① 개략적인 부담금 내역 및 최초 분양신청기간을 통지하지 않은 하자와 관련해서는 해당 내용이 명시된 분양신청 안내문이 원고 B에게 적법하게 송달되었다는 이유로, ② 분양신청기간 연장을 통지하지 않은 하자와 관련해서는 원고 A이 제기한 위 소송의 항소심 판결과 같은 이유[위 1)의 나)항]로, ③ 피고의 2016. 9. 24.자 조합 총회 하자와 관련해서는 피고가 2016. 8. 26. 각 조합원에게 관리처분총회 자료집을 등기우편으로 발송하였다는 이유로' 제1심판결을 취소하고 원고 B의 주위적 청구를 기각하는 한편, 예비적 청구 부분은 제소기간 도과를 이유로 각하하는 내용의 판결을 선고하였으며(서울고등법원 2019누35871호), 위 판결은 상고심에서 2020. 1. 30. 심리불속행 기각되어(대법원 2019두55736호) 확정되었다(이하 '원고 B의 2017. 5. 1.자 관리처분계획 관련 소송'이라 한다).

3) 원고 C의 경우

원고 C도, 2017. 5. 1.자 관리처분계획은 피고가 원고 C에게 분양신청기간 연장 통지를 포함하여 분양신청에 관한 통지를 하지 않는 등 중대·명백한 하자가 있어 무효라고 주장하면서, 피고를 상대로 2017. 5. 1.자 관리처분계획 중 원고 C을 현금청산대상자로 정한 부분의 무효확인을 구하는 소를 제기하였는데(서울행정법원 2018구합3752호), 위 법원은 2019. 11. 13. '원고 C에게 분양신청 안내문이 개시일에 임박하여 발송되었다는 사정만으로 2017. 5. 1.자 관리처분계획에 하자가 있다고 볼 수는 없고, 피고가 분양신청기간을 연장하면서 그 사실을 원고 C을 비롯한 모든 조합원들에게 개별적으로 통지하지 않은 것은 관리처분계획의 수립을 위한 필수적인 절차를 위반한 것으로서 그 하자가 중대하기는 하나, 분양신청기간 연장을 통지하여야 하는지 명확하지 않고 하급심의 해석이 엇갈리는 상황이므로 그 하자가 명백하다고 보기는 어렵다'는 등의 이유로 원고 C의 청구를 기각하는 판결을 선고하였다. 이에 대하여 원고 C이 불복하여 항소하였으나 2020. 6. 11. 항소가 기각되었고(서울고등법원 2019누66875호), 위 판결은 그 무렵 확정되었다.

라. 원고들의 분양신청서 등 송부

원고들은 이 사건 관리처분계획이 인가될 무렵인 2020. 5. 하순경부터 2020. 6. 초순경까지 피고에게 분양신청서 및 분양신청 희망규모 의견서를 보냈다.

【인정근거】 다툼 없는 사실, 갑 제1 내지 5, 8, 11 내지 14, 16, 17, 19호증(가지번호 있는 것은 가지번호 포함, 이하 같다), 을 제1 내지 3, 7 내지 9호증의 각 기재, 변론 전체의 취지

2. 원고들의 주장 요지
    가. 분양신청기간 연장 미통지에 따른 이 사건 관리처분계획의 절차적 하자 2017. 5. 1.자 관리처분계획에는, 피고가 2014. 9. 5. 분양신청기간을 2014. 9. 5.부터 2014. 9. 24.까지로 연장하면서 원고들을 비롯한 조합원들에게 분양신청기간이 위와 같이 연장된다는 내용의 개별적 통지를 하지 않은 중대한 하자가 있다. 그런데 피고가 EE구청장으로부터 이 사건 관리처분계획에 대한 인가를 받음으로써 당초의 관리처분계획인 2017. 5. 1.자 관리처분계획의 효력이 상실됨으로써 원고들이 분양신청기간 연장 통지를 받지 못한 하자는 이 사건 관리처분계획에 독자적인 절차상 하자로 존재하거나, 2017. 5. 1.자 관리처분계획에 구속되어 이 사건 관리처분계획이 수립된 이상 위와 같은 절차상 하자가 이 사건 관리처분계획에 승계된다. 따라서 이 사건 관리처분계획 중 원고들에 관한 부분은 위법하여 취소되어야 한다.
    나. 비례의 원칙 위반 내지는 재량권 불행사에 따른 재량권 일탈·남용
        1) 구「도시 및 주거환경정비법」(2021. 3. 16. 법률 제17943호로 개정되기 전의 것, 이하 '구 도시정비법'이라 한다) 제72조 제4항, 제5항의 입법 취지는 분양신청 완료 후 정비사업 규모가 변동되어 사업시행계획을 재수립하는 경우 분양신청을 하지 않아 현금청산자가 된 토지등소유자에게도 적극적인 재분양을 허용하고자 함에 있는데, 기존의 사업시행계획 내용이 실질적으로 변경되는 등 토지등소유자로 하여금 현금청산자의 지위를 그대로 유지하게 하는 것이 비례의 원칙에 반하는 사정이 있는 경우 조합으로서는 다시 분양신청절차를 진행할 의무가 있다. 비록 원고들이 2017. 5. 1.자 관리처분계획에서 현금청산대상자로 분류되기는 하였으나, 이후 중대한 내용의 변경을 원인으로 수차례 사업시행계획에 대한 변경인가가 이루어졌고, 이 사건 관리처분계획에서는 정비기반시설, 분양 또는 보류지의 규모, 아파트 평형 등도 변경되었다. 이와 같이 사업시행계획에 중대한 변경이 발생한 경우 피고는 분양신청절차를 다시 진행할 의무가 있음에도 이를 이행하지 않았고, 2017. 5. 1.자 관리처분계획의 위법성을 인식하고 있었음에도 위 관리처분계획의 변경에 따른 새로운 관리처분계획 수립 방법으로 재분양절차를 거치는 대신 조합원들에게 분양규모 변경신청을 받는 방법을 택하였다. 따라서 분양신청절차를 다시 진행하지 않고 이루어진 이 사건 관리처분계획 중 원고들에 관한 부분은 위법하다.
        2) 설령 재분양절차를 거칠지 여부에 관하여 피고에게 폭넓은 재량이 인정된다고 하더라도, 피고 정관 제45조 제5항에 의할 때 원고들이 2017. 5. 1.자 관리처분계획인가에 따른 분양계약을 체결하지 않은 다른 조합원들과 동일한 지위에 있음에도, 원고들을 배제하고 이 사건 관리처분계획을 수립한 것은 그 소유권을 침해함으로써 재량권을 일탈·남용한 것이다.
        더욱이 2017. 5. 1.자 관리처분계획에 앞서 본 절차상 하자가 존재하여 보호할 공익이 없고, 피고가 그 하자에 대하여 인식하고 있기도 하였으므로, 사업시행계획 변경과 이 사건 관리처분계획 수립 과정에서 충분히 재분양절차

를 진행하거나 반드시 재분양절차가 아니더라도 다른 방법을 통하여 위법상태를 시정하고 원고들에 대한 재산권 보전 조치를 취할 수 있었다. 따라서 이 사건 관리처분계획 중 원고들에 관한 부분에는 피고가 재량권을 행사하지 않은 위법이 있다.

3. 관계 법령

별지 기재와 같다.

4. 본안 전 항변에 대한 판단

가. 피고의 본안 전 항변 요지

원고들은 분양신청을 하지 않거나 분양계약을 체결하지 않겠다는 명백한 의사를 표시하여 현금청산대상자가 되었고, 수용재결 내지 이의재결을 거쳐 손실보상금 공탁까지 이루어졌으므로, 조합원으로서의 지위를 상실하였으며 그 지위를 회복할 방법도 없다. 따라서 원고들에게 분양신청 기회가 다시 부여되는 것이 아닌 이상, 원고들로서는 이 사건 관리처분계획을 다툴 법률상 이익이 없다.

나. 인정사실

다음 각 사실은 당사자 사이에 다툼이 없거나 이 법원에 현저하고, 앞서 든 증거들과 갑 제10, 20, 22호증, 을 제5, 6, 10, 14호증의 각 기재 및 변론 전체의 취지를 종합하여 인정된다.

1) 피고가 이 사건 정비사업구역 내 토지의 취득 및 물건의 이전을 위하여 원고들과 협의하였으나 협의가 성립되지 아니하자 수용재결을 신청하였다. 이에 서울특별시지방토지수용위원회는 2018. 7. 27. 원고 A 소유의 G 대지와 주택을 270,520,550원, 원고 B 소유의 H 외 1필지 지상 다세대주택 중 제지하층 제1호를 127,879,420원, 원고 C 소유의 I주택 제J호를 203,637,670원에 각 수용하고, 수용개시일을 2018. 9. 14.로 하는 수용재결(이하 '이 사건 수용재결'이라 한다)을 하였으며, 피고가 위 손실보상금을 공탁하였다.[13]

2) 이 사건 수용재결에 대하여 원고 A은 이의신청을 하지 않은 반면, 원고 B, C은 2018. 8. 31. 중앙토지수용위원회에 이의신청을 하였다. 이에 중앙토지수용위원회는 2019. 3. 28. 원고 B에 대한 손실보상금을 131,523,320원으로, 원고 C에 대한 손실보상금을 208,311,680원으로 각 증액하는 내용의 이의재결을 하였고, 피고가 원고 B을 피공탁자로 하여 추가 손실보상금 3,643,900원, 원고 C을 피공탁자로 하여 추가 손실보상금 4,674,010원을 각 공탁하였다.

3) 그 후 원고 B은 피고를 상대로 서울행정법원 2019구단59724호로 손실보상금 증액을 구하는 소를 제기하여 이 사건 변론종결일 현재 제1심법원에 소송이 계속 중에 있다. 그리고 원고 B은 서울특별시지방토지수용위원회를 상대로 서울행정법원 2019구합64013호로 주위적으로 이 사건 수용재결의 무효확인을 구하고 예비적으로 이 사건 수용재결의 취소를 구하는 소를 제기하였

---

13) 원고들이 이 사건 정비사업구역 내에 소유하고 있던 토지 및 건물에 관하여는 2018. 10. 12. 수용을 원인으로 피고 명의로 소유권이전등기가 마쳐졌고, 이후 그 지상 건물은 멸실되었다.

는데, 2022. 11. 25. 위 법원에서 패소 판결을 선고받았고, 이에 불복하여 항소함으로써 이 사건 변론종결일 현재 서울고등법원 2023누33575호로 항소심 소송이 계속 중이다.

4) 또한 원고 C은 피고를 상대로 서울행정법원 2019구단62447호로 손실보상금 증액을 구하는 소를 제기하여 2021. 4. 22. 위 법원에서 일부 승소 판결을 선고받았다. 다만 원고 C이 이에 불복하여 항소함으로써 2022. 10. 21. 항소심 법원에서 '피고는 원고 C에게 29,670,470원 및 이에 대한 지연손해금을 지급하라'는 판결을 선고받았고(서울고등법원 2021누46867호), 그 무렵 위 판결이 확정되었다. 그에 따라 피고는 손실보상금 증액분을 공탁하였다.

5) 한편 피고의 정관 중 주요 내용은 아래와 같[14]다.

제7조 (권리·의무에 관한 사항의 고지·공지방법) ① 조합은 조합원의 권리·의무에 관한 사항(변동사항을 포함한다. 이하 같다)을 조합원 및 이해관계인에게 성실히 고지·공고하여야 한다.
② 제1항의 고지·공고방법은 이 정관에서 따로 정하는 경우를 제외하고는 다음 각 호의 방법에 따른다.
  1. 관련 조합원에게 등기우편으로 개별 고지하여야 하며, 등기우편이 주소불명, 수취거절 등의 사유로 반송되는 경우에는 1회에 한하여 일반우편으로 추가 발송한다.
  2. 조합원이 쉽게 접할 수 있는 일정한 장소의 게시판(이하 "게시판"이라 한다)에 14일 이상 공고하고 게시판에 게시한 날부터 3월 이상 조합사무소에 관련서류와 도면 등을 비치하여 조합원이 열람할 수 있도록 한다
  3. 또한, 인터넷 홈페이지에 이를 게시하여야 한다. 다만, 특정인의 권리에 관계되거나 외부에 공개하는 것이 곤란한 경우에는 그 요지만을 게시할 수 있다.
  4. 제1호의 등기우편이 발송되고 제2호의 게시판에 공고가 있는 날부터 고지·공고된 것으로 본다.

제10조 (조합원의 권리·의무) ③ 조합원이 그 권리를 양도하거나 주소 또는 인감을 변경하였을 경우에는 그 양수자 또는 변경 당사자는 그 행위의 종료일로부터 14일 이내에 조합에 그 변경내용을 신고하여야 한다. 이 경우 신고하지 아니하여 발생하는 불이익 등에 대하여 해당 조합원은 조합에 이의를 제기할 수 없다.

제11조(조합원 자격의 상실) ② 제26조 제1항의 분양신청기한 내에 분양신청을 아니한 자는 조합원자격이 상실된다.

제44조 (분양통지 및 공고 등) 조합은 사업시행인가의 고시가 있는 날부터 21일 이내에 다음 각 호의 사항을 토지등소유자에게 통지하고, 해당지역에 발간되는(2 또는 1) 이상의 일간신문에 공고하여야 한다. 이 경우 제9호의 사항은 통지하지 아니하고, 제3호 및 제6호의 사항은 공고하지 아니한다. (이하 각 호 생략)

제45조 (분양신청 등) ① 제44조 제4호의 분양신청기간은 그 통지한 날부터 30일 이상 60일 이내로 한다. 다만, 조합은 관리처분계획의 수립에 지장이 없다고 판단하는 경우에는 분양신청기간을 20일 범위 이내에서 연장할 수 있다.
③ 제1항 및 제2항의 규정에 의하면 분양신청서를 우편으로 제출하고자 할 경우에는 그 신청서가 분양신청기간 내에 발송된 것임을 증명할 수 있도록 등기우편 등으로 제출하여야 한다.

---

[14] 2020. 5. 26. 피고의 조합원 총회에서 개정된 것으로 아래 정관에서 '조합'은 피고를 가리킨다

> ④ 조합은 조합원이 다음 각 호의 1에 해당하는 경우에는 관리처분계획 인가를 받은 날의 다음 날로부터 90일 이내에 현금으로 청산한다. 그 금액은 관할구청장이 추천하는 감정평가업자 2 이상이 평가한 금액을 산술평균하여 산정한다.
> 1. 분양신청을 하지 아니한 자
> 2. 분양신청기간 종료 이전에 분양신청을 철회한 자
> 3. 법 제48조에 의거 인가된 관리처분계획에 의하여 분양대상에서 제외된 자
> ⑤ 조합원은 관리처분 계획인가 60일 이내에 분양계약체결을 하여야 하며 분양계약체결을 하지 않는 경우 제4항의 규정에 준용한다.
> ⑤ 분양계약 미계결자는 분양계약 마감일의 익일을 기준으로 하여 조합에서 대납한 기 발생된 해당 조합원의 이주비 금융비용 전액을 종전자산평가액에서 공젱하고, 현금청산자가 된 시점까지 발생한 정비사업비도 종전자산비율로 청산금에서 공제한 후 지급한다.
> **제49조 (조합원 분양 및 주택공급기준 등)** ① 영 제52조 제1항 제3호에 따라 사업으로 건립되는 공동주택의 분양대상자는 관리처분계획 기준일 현재 다음 각 호의 어느 하나에 해당하는 토지등소유자로 한다.
> 1. 종전의 건축물 중 주택(기존무허가건축물로서 사실상 주거용으로 사용되고 있는 건축물을 포함한다)을 소유한 자
> (이하 나머지 각 호 생략)

다. 판단
　　1) 관련 법리
　　　관리처분계획은 정비사업의 시행 결과 조성되는 대지 또는 건축물의 권리귀속에 관한 사항과 조합원의 비용 분담에 관한 사항 등을 정함으로써 조합원의 재산상 권리·의무 등에 구체적이고 직접적 영향을 미치는 구속적 행정계획으로서(대법원 2009. 9. 17. 선고 2007다2428 전원합의체 판결 참조), 관리처분계획의 내용에 대하여 다툴 수 있는 자는 그에 따라 권리·의무에 직접적·구체적인 영향을 받는 해당 재개발조합의 조합원이어야 한다.
　　　따라서 재개발조합이 재결신청을 하고, 토지수용위원회가 이에 기하여 금전보상의 재결을 하여 그 재결이 확정되면, 토지 및 건물을 수용당한 조합원은 토지 및 건물에 대한 소유권을 상실하고, 재개발조합의 조합원 지위도 상실하게 되므로, 더 이상 관리처분계획의 취소를 구할 법률상 이익이 없다(대법원 2011. 1. 27. 선고 2008두14340 판결 등 참조). 또한 분양신청기간에 분양신청을 하지 아니하였거나 분양신청을 철회하여 조합 정관에 따라 조합원 자격을 상실한 경우에는 이와 별도로 관리처분계획의 취소를 구할 이익이 없다(대법원 2011. 12. 8. 선고 2008두18342 판결 등 참조).
　　2) 구체적 판단
　　　가) 원고 A, C의 소의 적법 여부
　　　　위 인정사실에 의하면, 원고 A은 이 사건 수용재결에 대하여 이의신청을 하지 아니하였고, 원고 C은 이 사건 수용재결에 대하여 이의신청을 한 뒤 이의재결이 이루어지자 손실보상금 증액 청구의 소를 제기하였으나

보상금이 일부 증액되는 내용의 판결이 확정됨으로써 원고 A, C이 이 사건 정비사업구역 내에 소유하고 있던 토지와 건물에 대하여는 재결이 확정되었다. 따라서 피고는 위 토지와 건물에 관한 소유권을 취득하고, 반대로 원고 A, C은 위 토지 및 건물에 관한 소유권을 상실함으로써 피고의 조합원 지위도 잃게 되었다고 봄이 타당하다.

결국 원고 A, C은 이 사건 관리처분계획상의 권리관계에 관하여 어떠한 영향을 받을 개연성이 없어졌으므로, 이 사건 관리처분계획의 취소를 구할 법률상 이익이 없다.

나) 원고 B의 소의 적법 여부

앞서 본 것처럼 원고 B은 이 사건 수용재결에 대하여 이의신청을 하고 이의재결이 이루어지자, 피고를 상대로 손실보상금 증액 청구의 소를 제기하여 현재 서울행정법원 2019구단59724호로 소송이 계속 중이고, 서울특별시지방토지수용위원회를 상대로 이 사건 수용재결의 무효확인 등을 구하는 소를 제기하여 현재 서울고등법원 2023누33575호로 소송이 계속 중이기는 하다.

그러나 앞서 인정한 사실에 앞서 든 증거들과 변론 전체의 취지를 더하여 알 수 있는 다음과 같은 사정들, 즉 원고 B의 2017. 5. 1.자 관리처분계획 관련 소송의 경과 및 2017. 5. 1.자 관리처분계획과 이 사건 관리처분계획의 관계 등에 비추어 보면, 설령 원고 B이 이 사건에서 2017. 5. 1.자 관리처분계획에 분양신청기간 연장 통지에 관한 하자가 있어 분양신청을 하지 못하였고 그러한 하자가 이 사건 관리처분계획에 승계된다고 주장하는 한편, 2017. 5. 1.자 관리처분계획 이후 중대한 사업변경이 있었음에도 피고가 다시 분양신청절차를 이행하지 않은 것이 위법하다고 주장하더라도, 피고의 조합원 지위를 상실한 원고 B이 이 사건 소송을 통해 그 지위를 회복할 수 있다고 보기 어려워 이 사건 관리처분계획의 취소를 구할 법률상 이익이 있다고 볼 수 없다.

(1) 행정행위에는 공정력과 불가쟁력이 있으므로, 설령 그것에 위법의 하자가 있다고 하더라도 그 하자가 중대하고도 명백하여 그 행정행위를 당연 무효로 보아야 할 경우가 아니라면 행정행위가 행정소송이나 다른 행정행위에 의하여 적법하게 취소되지 아니하는 한 단순히 그러한 위법사유가 있다는 것만으로는 누구도 그 효력을 부인할 수 없다. 그 경우 행정처분의 취소를 구할 수 있는 법령상의 불복기간이 도과한 후에는 당사자가 특별한 사정이 없는 한 그 행정처분의 효력을 다툴 수 없다(대법원 1991. 4. 23. 선고 90누8756 판결, 대법원 2009. 7. 23. 선고 2008두15626 판결 등 참조).

원고 B의 2017. 5. 1.자 관리처분계획 관련 소송 중 주위적 청구 부분에 관한 확정판결에 따라 위 관리처분계획이 당연 무효가 아니라는 점에 관하여는 기판력이 발생하였으므로, 원고 B으로서는 위 관리처분계획에 중대·명백한 하자가 있다는 주장을 할 수 없다. 다만 원고 B의 2017. 5. 1.자 관리처분계획 관련 소송 중 예비적 청구 부분에 관한 확정판결에 따른 기판력은 위 관리처분계획의 취소를 구한 부분이 제소기간 도과로 인한 소송요건이 흠결되었다는 점에 관하여만 미치기는 하나, 이로 인하여 위 관리처분계획에는 공정력과 불가쟁력이 발생하였다. 이른바 행정행위의 공정력이란 행정행위가 위법하더라도 취소되지 않는 한 유효한 것으로 통용되는 효력을 의미하는데(대법원 1994. 4. 12. 선고 93누21088 판결 등 참조), 행정행위의 공정력은 판결의 기판력과 같은 효력은 아니지만 그 공정력의 객관적 범위에 속하는 행정행위의 하자가 취소사유에 불과한 때에는 그 처분이 취소되지 않는 한 처분의 효력을 부정할 수 없으므로(대법원 2010. 4. 29. 선고 2007다12012 판결 등 참조), 원고 B을 비롯하여 아무도 2017. 5. 1.자 관리처분계획에 분양신청기간 연장을 개별적으로 통지하지 않은 하자가 있다는 이유로 그 효과를 부정하지 못하게 된다.

(2) 구 도시정비법 제74조 제1항에 따르면, 사업시행자가 관리처분계획을 수립하는 경우뿐 아니라 이를 변경·중지 또는 폐지하고자 하는 경우에도 분양신청의 현황을 기초로 분양설계, 분양대상자의 주소 및 성명, 분양대상자별 분양예정인 대지 또는 건축물의 추산액, 분양대상자별 종전의 토지 또는 건축물의 명세 및 사업시행인가의 고시가 있은 날을 기준으로 한 가격, 정비사업비의 추산액 및 그에 따른 조합원 분담규모 및 부담시기, 분양대상자의 종전 토지 또는 건축물에 관한 소유권 외의 권리명세, 세입자별 손실보상을 위한 권리명세 및 그 평가액, 그 밖에 정비사업과 관련한 권리 등에 대하여 대통령령으로 정하는 사항을 포함하여 시장·군수의 인가를 받아야 하고, 다만 대통령령이 정하는 경미한 사항을 변경하고자 하는 때에는 시장·군수에게 신고하여야 한다.

그런데 피고는 EE구청장으로부터 2017. 5. 1.자 관리처분계획을 변경한 이 사건 관리처분계획에 관하여 인가를 받았는바, 이 사건 관리처분계획이 2017. 5. 1.자 관리처분계획에 비하여 총 소요 사업비가 약 20% 증가하였고, 계획면적이나 설계, 분양계획 등이 모두 변경된 점, 피고는 2017. 5. 1.자 관리처분계획을 의결한 2016. 9. 24. 조합원 총회 이후 약 3년 8개월이 지난 2020. 5. 26. 이 사건 관리처분계획을 의결하기 위한 조합원 총회를 개최하였고, 위 조합원 총회 사이에 세 차례에 걸쳐 사업시행계획을 변경하기도 한 점 등을 고려하면, 이 사건 관리처분계획에 따른 변경이 구 도시정비법령에 따른 경미한 사항의 변경에 해당한다고 볼 수는 없다. 다만 앞서 본 것처럼 이 사건 관리처분계획을 2017. 5. 1.자 관리처분계획과 비교해 볼 때, 단순히 경미한 사항이 변경된 것은 아니라고 하더라도 세대수나 주택규모 등에서는 변경이 없고, 분양대상자와 현금청산대상자의 구성, 계획면적이나 설계, 분양계획 등에서 큰 차이가 없으며, 원고들이 현금청산대상자로 분류된 것은 여전히 동일하다. 이러한 사정들을 고려하면, 종전 관리처분계획인 2017. 5. 1.자 관리처분계획을 대체하는 새로운 관리처분계획인 이 사건 관리처분계획의 수립 효과로서 2017. 5. 1.자 관리처분계획은 장래를 향하여 효력을 상실하였고, 달리 이 사건 관리처분계획이 2017. 5. 1.자 관리처분계획의 하자를 시정하여 보완하는 방법으로 수립되었다고 보기 어려운 이상, 2017. 5. 1.자 관리처분계획이 소급적으로 무효가 되지 않으며, 하자의 승계가 문제될 여지도 없다.

(3) 더욱이 아래 5.의 나.항에서 보는 것처럼 피고는 이 사건 정비사업에 관하여 폭넓은 재량을 가지고 있으므로 이 사건 관리처분계획을 수립하면서 원고 B에게 다시 분양신청절차를 이행해야 할 의무가 있다고 볼 수 없다. 따라서 이미 분양신청을 하지 아니하여 피고의 조합원 지위를 상실한 원고 B으로서는 이 사건 관리처분계획의 위법을 다투어 그 지위를 회복한다고 보기도 어렵다.

라. 소결

따라서 원고들의 소는 모두 부적법하고, 이를 지적하는 피고의 본안 전 항변은 이유 있다.

5. 본안에 대한 판단(가정적 판단)

만일 원고들이 이 사건 관리처분계획의 적법 여부를 다툴 법률상 이익이 있다고 볼 경우 그 청구의 당부에 관하여 가정적으로 살펴본다.

가. 분양신청기간 연장 미통지에 따른 이 사건 관리처분계획의 절차적 하자 여부 앞서 본 것처럼 2017. 5. 1.자 관리처분계획이 효력을 상실하고, 이 사건 관리처분계획이 이를 대체한 이상 두 개의 관리처분계획이 연속해서 이루어지는 선행처분과 후행처분의 관계에 있다고 보기 어렵다. 설령 2017. 5. 1.자 관리처분계획에 분양신청기간 연장 통지를 하지 않은 하자가 있다고 하더라도, 그러한 하자를 무효라고 볼 정도로 중대하고도 명백한 것이 아닌 한, 위 관리처분계획의 하자가 이 사건 관리처분계획에 승계된다고 할 수도 없다. 따라서 원고들의 이 부분 주장은 받아들이지 않는다.

나. 비례의 원칙 위반 내지는 재량권 불행사에 따른 재량권 일탈·남용 여부

위 인정사실 및 앞서 든 증거들에 변론 전체의 취지를 더하여 알 수 있는 다음과 같은 사정들을 종합하여 보면, 피고가 사업시행계획 변경 후 다시 분양신청절차를 진행하지 않고 종전의 분양신청 현황을 기초로 이 사건 관리처분계획을 수립한 것이 비례의 원칙을 위반하였다거나 재량권을 행사하지 아니하여 재량권을 일탈·남용한 위법이 있다고 보기 어렵다. 따라서 원고들의 이 부분 주장도 받아들이지 않는다.

1) 주택재개발정비사업의 사업시행계획을 변경하는 이유는 정비사업 시행 중에 발생한 경제적, 사회적 사정변경에 대응하여 정비사업을 계속 원활하게 진행하기 위함이고, 정비사업이 주택 및 근린생활시설 등을 분양대상자에게 공급

하는 것을 주된 내용으로 하므로 그와 같은 변경의 필요성이 있음은 당연하다. 그러나 사업시행계획이 변경될 때마다 조합원 전원을 상대로 다시 분양신청을 받아야 한다면 그 자체로도 매우 긴 기간이 소요될 뿐만 아니라 그때마다 조합원의 구성이 달라짐으로써 조합원 지위에 관한 분쟁이 새롭게 발생할 위험도 있는바, 이는 재개발사업의 공익적 성격에 부합하지 아니하므로 제한될 필요가 있다.

이에 구 도시정비법 제72조 제4항은 '사업시행자는 분양신청기간 종료 후 사업시행계획인가의 변경(경미한 사항의 변경은 제외한다)으로 세대수 또는 주택규모가 달라지는 경우 분양공고 등의 절차를 다시 거칠 수 있다'고 규정하고 있고, 같은 조 제5항은 '사업시행자는 정관 등으로 정하고 있거나 총회의 의결을 거친 경우 분양신청을 하지 아니한 자, 분양신청기간 종료 이전에 분양신청을 철회한 자에 해당하는 토지등소유자에게 분양신청을 다시 하게 할 수 있다'고 규정하고 있다.

위 규정의 문언과 취지 등에 비추어 보면, 당초 사업시행계획이 수립·인가된 후 그 계획이 변경(주요 부분이 실질적으로 변경된 경우를 포함)되었다는 사정만으로 사업시행자가 조합원 전원을 상대로 반드시 분양신청절차를 다시 거쳐야 하는 의무를 부담하지는 않고, 세대수 또는 주택규모가 달라지는 때에 분양신청절차를 거칠 수 있되, 재분양절차를 진행할 것인지 여부는 사업시행자의 재량에 맡겨져 있다고 봄이 타당하다. 이 사건의 경우 사업시행계획이 사업기간, 정비사업비, 분양계획 등에서 변경되기는 하였으나, 구 도시정비법 제72조 제4항이 정하고 있는 '세대수 또는 주택규모'에는 변경이 없으므로 분양절차를 다시 거칠 수 있는 경우에 해당하지 않는다.

2) 이에 대하여 원고들은 피고가 2017. 5. 1.자 관리처분계획 이후 이 사건 관리처분계획이 있었던 2020. 6. 10.까지 분양신청을 한 조합원들도 분양계약을 체결하지 않은 상태였고, 피고의 정관 제45조 제5항에 따르면 분양계약을 체결하지 않은 조합원과 분양신청을 하지 않은 원고들의 법적 지위는 동일하므로, 원고들을 분양신청절차에서 제외한 것은 위법하다고 주장한다. 그러나 피고 정관의 위 조항은 분양계약을 체결하지 않은 조합원의 경우 현금청산의 대상이 된다는 취지로 규정한 것이므로, 이를 근거로 분양계약을 체결하지 않은 조합원과 기존의 현금청산대상자의 지위가 동일하다고 볼 수는 없다.

3) 또한 원고들은 피고가 2017. 5. 1.자 관리처분계획이 위법하다는 것을 인지하였음에도 다시 분양신청절차를 진행하지 아니한 채 조합원들을 상대로 재분양신청과 실질적으로 동일한 분양규모 변경신청을 진행한 것이 비례의 원칙에 위반된다고 주장한다. 그러나 피고가 진행한 분양규모 변경신청은 기존 조합원들에게 주택의 규모와 2주택 공급희망 여부에 관한 선택권을 부여하는 것으로 다시 분양신청절차를 진행하는 것과 실질적으로 동일하다고 볼 수 없을 뿐만 아니라, 재분양절차를 거치지 않고 분양규모 변경신청 절차를 거친 것이 비례의 원칙에 위반된다고 보기도 어렵다.

4) 한편 원고들은 관리처분계획을 다시 수립할 필요 없이 4개의 보류지 중 3개

를 배정하는 등 간이한 절차를 통해 위법상태를 시정할 수 있고, 이로 인하여 침해되는 공익도 존재하지 않는다는 취지로도 주장한다. 구 도시정비법 제79조 제4항에 따르면, 사업시행자는 분양신청을 받은 후 잔여분이 있는 경우에는 정관 등 또는 사업시행계획으로 정하는 목적을 위하여 그 잔여분을 보류지(건축물 포함)로 정하거나 조합원 또는 토지등소유자 이외의 자에게 분양할 수 있기는 하지만, 구 도시정비법 제74조 제1항 제9호, 구 「도시 및 주거환경정비법 시행령」(2020. 6. 23. 대통령령 제30797호로 개정되기 전의 것) 제62조 제2호는 관리처분계획에서 정할 사항의 하나로 보류지의 처분방법을 규정하고 있고, 관리처분계획에서 정한 보류지 처분방법을 변경하려면 원칙적으로 총회 결의를 거쳐야 한다. 이러한 사정들에 비추어 볼 때, 피고가 원고들에게 보류지를 배정하는 것이 간이한 절차라고 보기 어렵고, 보류지 배정 등의 조치를 취하지 않았다고 하여 재량권을 일탈·남용한 위법이 있다고 볼 수도 없다.

5) 나아가 주택재개발정비사업은 정비기반시설이 열악하고 노후·불량건축물이 밀집한 지역에서 주거환경을 개선하기 위한 사업으로, 이해관계가 상충되는 토지등소유자의 개별적이고 구체적인 이익을 조정할 수 있도록 사업시행자에게 상당한 재량권이 부여되고, 그 과정에서 토지등소유자의 재산권에 대한 제한이 어느 정도 발생할 여지가 있다. 그런데 주택재개발정비사업은 도시환경이 개선되고 주거생활의 질이 높아지는 등 공익사업으로서의 측면이 강하고, 구 도시정비법이 분양신청을 하지 않은 토지등소유자에 대하여 협의 또는 수용에 의한 보상을 받을 수 있는 절차 등도 마련하고 있다. 더욱이 다수의 이해관계가 얽혀있는 주택재개발정비사업의 특성에 비추어 볼 때, 재분양신청절차로 말미암아 혼란이 발생할 것으로 보이기도 한다. 그 밖에 이 사건 정비사업의 현재 진행 상황과 원고들에게 최초 분양신청기간 통지가 적법하게 이루어진 것으로 보이는 점 등을 함께 고려하여 보면, 설령 2017. 5. 1.자 관리처분계획에 분양신청기간 연장이 개별적으로 통지되지 않은 하자가 있다고 하더라도, 그러한 사정만으로 피고가 분양신청절차를 다시 거치지 않거나 원고들에 대하여 재분양신청절차와 유사한 조치를 취하지 않은 채 이 사건 관리처분변경계획을 수립하여 인가받은 것이 재량권 불행사로서 사회통념상 현저하게 타당성을 잃었다거나 비례의 원칙에 위반된다고 볼 수 없다.

다. 소결

따라서 원고들에게 이 사건 관리처분계획을 다툴 법률상 이익이 있다고 가정하더라도 이 사건 관리처분계획 중 원고들에 관한 부분은 적법하고, 원고들의 주장은 모두 받아들일 수 없다.

6. 결론

그렇다면 원고들의 소는 부적법하므로 이를 각하할 것인데, 제1심판결 중 원고들에 대한 부분은 이와 결론을 달리하여 부당하므로, 이를 취소하고 그 취소 부분에 해당하는 원고들의 소를 모두 각하하기로 하여 주문과 같이 판결한다

재판장 판사 함상훈
　　　　판사 표현덕
　　　　판사 박영욱

[서식 23] 입주권지위확인

서울행정법원
제 3 부
판 결

사　　건　2008구합44044 입주권지위확인
원　　고　○○○
피　　고　에스에이치공사
변론종결　2009. 2. 6.
판결선고　2009. 2. 27.

주　문

1. 이 사건 소를 각하한다.
2. 소송비용은 원고가 부담한다.

청 구 취 지

피고는 소외인에게 은평뉴타운 제3-2지구 도시개발사업지구내에 건립중인 아파트의 입주권이 있음을 확인한다는 판결

이　유

1. 기초사실

　가. 건설교통부장관은 2003. 12. 30. 서울 은평구 진관내·외동, 구파발동 일대 3,593,000㎡ 은평뉴타운 지구(이하 '은평뉴타운'이라고 한다)에 관하여 도시개발구역지정을 승인하였고, 서울특별시장은 2004. 2. 25. 서울특별시 고시 제2004-58호로 은평뉴타운 도시개발구역지정 및 개발계획을 승인하였다.

　나. 피고 공사(서울특별시 도시개발공사에서 2004. 3. 17. 현재 명칭으로 변경되었다)는 2002. 11. 25. 서울특별시공고 제2002-1330호로 은평뉴타운 도시개발사업(이하 '이 사건 사업'이라고 한다)과 관련하여 공공용지의 취득 및 손실보상에

관한 특례법(2002. 2. 4. 법률 제6656호로 제정된 공익사업을 위한 토지 등의 취득 및 보상에 관한 법률 부칙 제2조에 의하여 폐지되었음) 제8조의 규정에 따라 이주대책 기준일을 '2002. 11. 20.'로 정하여 공고하였다.

다. 피고는 2004. 10. 19. 이 사건 사업으로 주거 및 생활근거를 상실하는 은평뉴타운 내 주택 등 소유자에 대하여 다음과 같은 내용의 이주대책을 수립하여 공고하였다

[은평뉴타운 이주대책기준]

무허가주택 소유자	기준일 이전부터 사업구역내 무허가건축물관리대장에 주거용으로 등재된 무허가건축물을 소유하고 협의계약체결일(협의자) 또는 수용재결일(미협의자)까지 당해 주택에 계속 거주한 자에게는 사업구역내 전용면적 60㎡ 이하 분양아파트를 공급한다. 단, 보상에 협의하고 자진이주한 자에게는 사업구역내 전용면적 85㎡ 이하의 분양아파트를 공급한다.

라. 서울 은평구 진관외동 ○○○ 소재 단독주택(이하, '이 사건 무허가건물'이라고 한다)은 원래 무허가건물로서 망 ○○○의 소유였는데 망 ○○○의 처인 소외인이 2003. 7. 15. 원고에게, 원고는 2004. 5. 13. ○○○에게, ○○○은 2005. 2. 24. ○○○에게 순차로 매도하였다.

마. 이에 따라 이 사건 무허가건물에 관한 대장상 소유자명의는 최초등재자 망 ○○○로부터 1987. 4. 15. 소외인 명의로, 2003. 7. 15. 원고 명의로, 2004. 5. 31. ○○○ 명의로, 2005. 2. 24. ○○○ 명의로 각 변경되었다.

바. 그런데 이 사건 무허가건물에 관하여 망 ○○○의 채권자인 ○○○의 가압류신청에 따라 1980. 3. 15. 망 ○○○ 명의로 소유권보존등기와 함께 채권자 ○○○ 명의로 가압류기입등기가 마쳐졌다가 1980. 4. 4. 위 가압류의 해제로 가압류기입등기가 말소되었으며, 1982. 4. 30. 채권자 ○○○ 명의로 소유권이전청구권가등기가 마쳐졌다.

사. 한편, 이 사건 무허가건물은 이 사건 사업을 위해 2006. 11. 10. 수용되어 재개발사업시행인 피고 공사는 2006. 12. 20. 수용보상금 31,978,000원을 보상금수령자의 불확지를 이유로 ○○○ 또는 망 ○○○를 피공탁자로 하여 공탁하였고, 현재 위 건물은 철거되었다.

아. 망 ○○○는 1983. 12. 8. 사망하였는데 상속인으로 처인 소외인, 자녀로 ○○○, ○○○, ○○○, ○○○, ○○○, ○○○, ○○○가 있으나 그 중 3명의 상속인들이 미국으로 입양되어 현재 소재불명이다.

[인정근거 : 다툼 없는 사실, 갑1 내지 8호증, 을 1 내지 5호증의 각 기재, 변론 전체의 취지]

2. 이 사건 소의 적법 여부에 대한 판단

원고는, 망 ○○○의 사실상 유일한 상속인인 소외인이 이 사건 무허가건물의 소유

자로서 피고가 수립한 위 이주대책에 의하여 피고가 건축하는 아파트 입주권을 취득하였음을 전제로 원고의 소외인에 대한 입주권지위양도청구권 내지 손해배상청구권을 피보전채권으로 하여 소외인을 대위하여 피고에 대하여 은평뉴타운 내 건립중인 아파트 입주권의 확인을 구한다.

직권으로 살피건대, 공공용지의 취득 및 손실보상에 관한 특례법 제8조 제1항이 사업시행자에게 이주대책의 수립·실시의무를 부과하고 있다고 하여 그 규정 자체만에 의하여 이주자에게 사업시행자가 수립한 이주대책상의 택지분양권이나 아파트 입주권 등을 받을 수 있는 구체적인 권리(수분양권)가 직접 발생하는 것이라고는 볼 수 없으며, 사업시행자가 이주대책에 관한 구체적인 계획을 수립하여 이를 해당자에게 통지 내지 공고한 후, 이주자가 수분양권을 취득하기를 희망하여 이주대책에 정한 절차에 따라 사업시행자에게 이주대책대상자 선정신청을 하고 사업시행자가 이를 받아들여 이주대책대상자로 확인·결정하여야만 비로소 구체적인 수분양권이 발생하게 된다. 그러므로 수분양권의 취득을 희망하는 이주자가 한 분양신청에 대하여 사업시행자가 그 대상자가 아니라고 하여 위 확인·결정 등의 처분을 하지 않고 이를 제외하거나 또는 원하는 내용의 분양대상자로 결정하지 아니한 경우, 이주자에게 원하는 내용의 구체적 수분양권이 직접 발생한 것이라고 볼 수 없어서, 그 처분이 위법한 것이라면 이주자는 사업시행자를 상대로 그 처분의 취소를 구하는 항고소송을 제기할 수 있을 뿐, 곧바로 사업시행자를 대상으로 민사소송 또는 공법상 당사자소송으로 수분양권의 확인 등을 청구하는 소송을 제기하는 것은 허용될 수 없다(대법원 1994. 5. 24. 선고 92다35783 전원합의체 판결 등 참조).

원고는 아직 구체적인 권리가 발생하지 아니한 상태에서 공법상 당사자소송으로 피고에 대하여 아파트 입주권의 확인을 구하고 있음이 명백하므로 이 사건 소는 부적법하다.

3. 결론

그렇다면, 이 사건 소는 이를 각하한다.

재판장 판사 김종필 _____
판사 김정중 _____
판사 김희철 전출로 인하여 서명날인 불능
재판장 _____

[서식 24] 관리비

서울북부지방법원
제 2 민 사 부
판 결

사　　　건	2022나31533 관리비
원고, 피항소인	A 주식회사
피고, 항 소 인	B
	소송대리인 법무법인(유한) 한길
	담당변호사 장현길
제 1 심 판 결	서울북부지방법원 2022. 1. 27. 선고 2021가소387157 판결
변 론 종 결	2024. 12. 19.
판 결 선 고	2025. 1. 16.

주　문

1. 제1심판결을 취소한다.
2. 이 사건 소 중 관리비 청구 부분을 각하하고, 이 법원에서 선택적으로 추가한 나머지 청구를 기각한다.
3. 소송총비용은 원고가 부담한다.

청구취지 및 항소취지

1. 청구취지

　피고는 원고에게 15,767,408원과 이에 대하여 2021. 7. 22.부터 다 갚는 날까지 연 12%의 비율로 계산한 돈을 지급하라(원고는 관리비로써 위 돈을 청구하다가 이 법원에 이르러 공과금에 대하여는 대위납부에 기한 청구, 일반관리비에 대하여는 도급에 따른 용역대금 청구를 선택적 청구권원으로 추가하였다).

2. 항소취지

　제1심판결을 취소한다. 원고의 청구를 기각한다.

이　유

1. 기초사실

　가. C 주식회사(이하 'C'이라 한다)는 시행사로서 서울 중랑구 D 소재 지하 2층, 지상 5층 E 건물(이하 'E'라 한다)을 신축한 후 2015. 12. 7. 원고와 건물관리계약(이하 '이 사건 관리계약'이라 한다)을 체결하였다. C은 E에 관하여 서울북부지방법원 등기국 2016. 3. 24. 접수 제23554호로 소유권보존등기를 마쳤다.

나. E건물 F, G 내지 H, I 내지 J, K 내지 L, M 내지 N호 임대인 또는 임차인으로 구성된 'E 상가연합회'('E 상가번영회'라는 명칭도 혼용한 것으로 보인다)는 2017. 3. 15. 원고에게 이 사건 관리계약을 해지하고 자체관리할 것임을 통보하는 취지의 내용증명을 보냈고, 위 내용증명은 그 무렵 원고에게 도달하였다.

다. E건물 O, P 내지 Q, G, R 내지 H, I 내지 J, K 내지 L, M 내지 N호 소유자 또는 입점자들은 2019. 6. 27.경 'E 자체관리준비위원회'를 구성하고, '2년 전 철수 요구를 하였다가 원고가 철수 요구의 법적 자격 미비, 미입점 호실에 대한 관리비 미회수로 인한 어려움을 호소하여 계약기간(2018. 12. 7.)까지 정리할 시간을 주기로 하였으나, 계약기간이 지난 이후에도 철수하지 않고 있으면서 부실관리를 하고 있으니 원고를 퇴출하고 자체관리를 진행한다'는 내용의 서면에 서명하였다.

라. 원고는 2019. 9. 6.부터 E의 건물관리를 중단하고, E 상가연합회와 사이에 인수인계서를 작성하였으며, E 관리단은 그 무렵부터 2020. 3.경까지는 직접 건물관리를 하였고, 2020. 3.경부터 2021. 12.경까지는 주식회사 S와, 2022. 3.경부터는 주식회사 T과 각 건물관리계약을 체결하여 건물관리를 위탁하였다.

마. 피고는 2016. 5.경 E건물 M 내지 U호를, 2017. 3.경 E건물 V, L호를 각 임차하여 2019. 9. 이후까지 사용하였다.

바. E는 현재 관리단이 구성되어 활동 중이다.

[인정근거] 다툼 없는 사실, 갑 제3, 4, 8, 9호증, 을 제1 내지 3, 10, 12, 13, 19, 25호증(가지번호 있는 것은 가지번호 포함)의 각 기재, 변론 전체의 취지

2. 원고 청구원인의 요지

피고는 아래 표와 같이 피고가 임차한 E건물 V, L, M 내지 U호에 대하여 피고가 E 상가연합회에 납부한 2,778,802원을 안분하여 상계하고(원고 2021. 12. 22.자 준비서면 3, 4쪽 참조) 남은 관리비 합계 15,767,408원을 미납하였다

호실	체납기간	체납금액		상계금	소계
		원 금	연체료		
V	2019. 3. 1. ~ 2019. 9. 6.	2,644,270	270,690	614130	2,300,830
L		2,791,820	277,600	780260	2,289,160
M		2,417,610	248,880	550500	2,115,990
W		2,647,080	272,410	604040	2,315,450
X		3,941,710	391,520	131352	4,201,878
U		2,395,960	246,660	98520	2,544,100
합 계		16,838,450	1,707,760	2778802	15,767,408

원고는 C로부터 관리비를 징수할 수 있는 권한을 부여받았으므로 피고는 원고에게 위 관리비를 지급할 의무가 있다. 또는 위 관리비 중 전기요금, 수도요금 등 공과금은 원고가 E에 부과된 공과금을 대납한 것이므로 피고는 원고에게 원고가 대납한

공과금 상당액을 반환하여야 하고, 일반관리비 부분은 이 사건 관리계약 제11조에 따라 관리용역에 대한 도급대금이므로 피고는 원고에게 이를 지급할 의무가 있다.

3. 이 사건 소 중 관리비 청구 부분의 적법 여부에 관한 판단(본안전 항변)

   가. 당사자의 주장

   1) 원고의 주장

   E 상가연합회는 2017. 3. 15. 원고에게 관리계약의 해지를 통보하였으나, E 상가연합회는 구 집합건물의 소유 및 관리에 관한 법률(2020. 2. 4. 법률 제16919호로 개정되기 전의 것, 이하 '구 집합건물법'이라 한다)상 관리단이라고 할 수 없으므로, 관리계약을 해지할 권한이 없다.

   구 집합건물법 제25조 제1항에 의하면 관리인은 다음 각 호의 행위를 할 권한과 의무를 가지고, 같은 항 제2호는 '공용부분의 관리비용 등 관리단의 사무 집행을 위한 비용과 분담금을 각 구분소유자에게 청구·수령하는 행위 및 그 금원을 관리하는 행위'를, 제3호는 '관리단의 사업 시행과 관련하여 관리단을 대표하여 하는 재판상 또는 재판 외의 행위'를 각 규정하고 있다. 위와 같은 행위를 할 수 있는 권한은 구 집합건물법에 의해 선임된 관리인에게 있는데, 원고의 피고에 대한 관리비 청구권이 발생할 당시까지 E에 관리인이 없었으므로 원고는 피고에게 관리비를 청구할 수 있는 당사자적격이 있다.

   2) 피고의 주장

   구 집합건물법상 관리비 부과·징수 권한은 관리단이 가지는 것이므로, 관리업무의 근거가 된 관리위탁계약이 종료하거나 관리업무 권한이 제3자에게 넘어간 이후 위탁관리회사는 구분소유자 등에 대하여 직접 관리비를 청구할 권한이 없고, 이는 관리업무를 수행했던 기간의 체납관리비에 관하여서도 마찬가지이다. 이 사건 관리계약이 해지되었으므로 원고는 피고를 상대로 이 사건 건물에 관한 관리비를 청구할 권한이 없다.

   나. 관련 법리

   1) 구 집합건물법 제9조의3 제1항은 "분양자는 관리단이 관리를 개시할 때까지 선량한 관리자의 주의로 건물과 대지 및 부속시설을 관리하여야 한다"라고 규정하고 있다.

   2) 집합건물법 제23조 제1항은 "건물에 대하여 구분소유 관계가 성립되면 구분소유자 전원을 구성원으로 하여 건물과 그 대지 및 부속시설의 관리에 관한 사업의 시행을 목적으로 하는 관리단이 설립된다."라고 규정하고 있으므로, 관리단은 어떠한 조직행위를 거쳐야 비로소 성립되는 단체가 아니라 구분소유관계가 성립하는 건물이 있는 경우 당연히 그 구분소유자 전원을 구성원으로 하여 성립되는 단체이다. 집합건물의 분양이 개시되고 입주가 이루어져서 공동관리의 필요가 생긴 때에는 그 당시의 미분양된 전유부분의 구분소유자를 포함한 구분소유자 전원을 구성원으로 하는 관리단이 설립된다(대법원 2002. 12. 27. 선고 2002다45284 판결 참조).

   3) 집합건물의 관리단이 관리비의 부과·징수를 포함한 관리업무를 위탁관리회사에 포괄적으로 위임한 경우에는, 통상적으로 관리비에 관한 재판상 청구를 할 수

있는 권한도 함께 수여한 것으로 볼 수 있다. 이 경우 위탁관리회사가 관리업무를 수행하는 과정에서 체납관리비를 추심하기 위하여 직접 자기 이름으로 관리비에 관한 재판상 청구를 하는 것은 임의적 소송신탁에 해당한다. 그러나 다수의 구분소유자가 집합건물의 관리에 관한 비용 등을 공동으로 부담하고 공용부분을 효율적으로 관리하기 위하여 구분소유자로 구성된 관리단이 전문관리업체에 건물 관리업무를 위임하여 수행하도록 하는 것은 합리적인 이유와 필요가 있고, 그러한 관리방식이 일반적인 거래현실이며, 관리비의 징수는 업무수행에 당연히 수반되는 필수적인 요소이다. 이러한 점 등을 고려해 보면 관리단으로부터 집합건물의 관리업무를 위임받은 위탁관리회사는 특별한 사정이 없는 한 구분소유자 등을 상대로 자기 이름으로 소를 제기하여 관리비를 청구할 당사자적격이 있다(대법원 2016. 12. 15. 선고 2014다87885, 87892 판결, 대법원 2018. 5. 15. 선고 2018다201290 판결 등 참조). 그러나 이 경우에도 실체적인 법률관계에서 관리비 채권의 귀속주체가 여전히 집합건물의 관리단인 이상, 집합건물의 관리업무를 위탁관리회사에 위임한 근거인 관리위탁계약이 종료한 이후에는 임의적 소송신탁을 금지하는 본래의 원칙으로 돌아가, 위탁관리회사는 관리단으로부터 채권을 양수하였다는 등의 특별한 사정이 없는 한 구분소유자 등을 상대로 자기 이름으로 관리비를 청구할 당사자적격이 없고, 이는 기왕에 관리업무를 수행했던 기간에 해당하는 체납관리비를 청구하는 경우도 마찬가지이다.

다. 판단
1) E를 신축하여 원시취득한 C은 2015. 12. 7. 원고와 이 사건 관리계약을 체결하고, 2016. 3. 24. E에 대한 소유권보존등기를 경료한 사실, 원고가 2019. 9. 6. 이후 E건물 관리를 중단한 사실은 앞서 본 바와 같다.
2) 위 법리에 비추어 보면, 원고는 2019. 9. 6. 인수인계서를 작성하고 E의 건물 관리를 중단하였으므로 적어도 이 시점 이후로는 이 사건 관리계약이 종료되었다고 보아야 하고, 현재 E의 관리단이 성립되어 활동 중임은 앞서 본 바와 같다. 따라서 이 사건 관리계약이 종료되어 위탁관리회사로서의 지위를 상실한 원고는 구분소유자 등을 상대로 자기 이름으로 관리비를 청구할 당사자적격이 없다. 이는 기왕에 관리업무를 수행했던 기간에 해당하는 체납관리비를 청구하는 경우에도 마찬가지이므로, 원고는 이 사건 소 제기 당시 피고에게 이 사건 관리계약이 종료되기 전에 발생한 관리비를 청구할 당사자적격이 없다. 이를 다투는 피고의 본안전 항변은 이유 있으므로, 이 사건 소 중 관리비 청구 부분은 부적법하다.

4. 원고의 나머지 청구에 관한 판단
가. 원고는 E에 대한 위탁관리를 하는 동안 E에 부과된 공과금을 대신 납부하였으므로 이를 피고가 반환하여야 한다고 주장한다. 그러나 ① 원고는 이 사건 관리계약에 따라 E 관리업무를 수행하며 공과금을 납부한 점, ② 공과금은 E 전체에 부과되는 점, ③ 관리단은 어떠한 조직행위를 거쳐야 비로소 성립되는 단체가 아니라 구분소유관계가 성립하는 건물이 있는 경우 당연히 그 구분소유자 전

원을 구성원으로 하여 성립되는 단체인 점 등을 고려하면, 원고가 E 일부 호실의 임차인인 피고를 대신하여 공과금을 납부하였다고 보기 어렵고, 이를 전제로 한 원고의 이 부분 청구는 받아들이지 않는다.

나. 원고는 일반관리비 부분을 이 사건 관리계약 제11조에 따라 피고에게 청구하고 있다. 갑 제3호증의 기재에 의하면 이 사건 관리계약 제11조에 "일반관리비 도급금액은 평당(3.3058㎡) 4,000원으로 한다."라고 규정되어 있는 사실이 인정된다. 그러나 이 사건 관리계약은 C과 원고가 체결한 건물관리 위탁계약이므로 이 사건 관리계약을 근거로 하여 원고가 피고에게 일반관리비를 청구할 수 있다고 볼 수 없다. 원고는 이 사건 관리계약에 따른 관리행위를 통해 피고가 이 사건 관리계약 제11조에서 정한 일반관리비 상당의 이익을 얻었으므로 이를 반환하여야 한다는 취지로 주장하기도 하나, 계약상 급부가 계약의 상대방뿐만 아니라 제3자의 이익으로 된 경우라 하더라도 급부를 한 계약당사자가 제3자에 대하여 직접 부당이득 반환을 청구할 수는 없으므로(대법원 2010. 6. 24. 선고 2010다9269 판결 등 참조), 원고의 이 부분 청구도 받아들이지 않는다.

5. 결론

그렇다면 이 사건 소 중 관리비 청구 부분은 부적법하여 각하하여야 하는데 제1심판결은 이와 결론을 달리하여 부당하다. 제1심판결을 취소하여 이 사건 소 중 관리비 청구 부분을 각하하고, 원고가 이 법원에서 선택적으로 추가한 나머지 청구 부분은 이유 없어 기각하기로 하여 주문과 같이 판결한다.

재판장   판사   장용범
          판사   김민순
          판사   이슬아

[서식 25] 접근금지 가처분

대 법 원
제 2 부
결 정

사　　　건　　　2020마7677 접근금지 가처분
채권자, 상대방　　채권자
　　　　　　　　　소송대리인 법무법인 유안
　　　　　　　　　담당변호사 이태환
채무자, 재항고인　채무자
원 심 결 정　　　부산고등법원 2020. 10. 23.자 (창원)2020라10061 결정

주　　문

재항고를 기각한다.
재항고비용은 채무자가 부담한다.

이　　유

재항고이유를 판단한다.

1. 사건의 경위
　　원심결정 이유와 기록에 의하면 다음과 같은 사실을 알 수 있다.
　가. 공동주택 위층에 사는 채권자는 아래층에 사는 채무자를 상대로, 자신의 주거지에 대한 접근 및 전화를 걸거나 문자메시지 등을 보내는 행위 등을 금지하는 내용의 접근금지 가처분 신청을 하면서 만약 이를 위반할 경우 위반행위 당 100만 원씩의 지급을 명하는 간접강제를 함께 신청하였다.
　나. 제1심은, 공동주택 아래층에 사는 채무자가 층간소음을 낸다는 불만으로 2020. 5. 초순경 위층에 사는 채권자에게 약 1~2분 간격으로 수십 차례 전화를 걸고, 비방하거나 조롱하는 내용이 담긴 수십 통의 문자메시지를 보낸 사실, 채무자가 자신의 집 천장을 두드릴 뿐만 아니라 채권자의 집 현관문 앞에 자주 나타나 서성거리거나 라면을 끓여 먹는 등의 행동을 한 사실 등이 소명되고, 이러한 항의 표시는 층간소음에 대한 정당한 권리행사를 넘어 채권자의 인격권 및 평온한 사생활을 추구할 권리를 침해하는 것이라고 판단하여 침해행위 정지·방지 등의 금지청구권이 피보전권리가 됨을 전제로 접근금지 가처분 신청을 인용하였다.
　다. 원심은 채무자가 제1심 가처분결정을 받고도 여전히 채권자의 집을 찾아가거나 문자메시지를 보내는 등 같은 행위를 반복하고 있는 사정 등에 비추어, 이후에도 가처분에서 명한 금지사항을 반복할 개연성이 있다고 판단하여, 위반행위 1회당 30만 원씩의 지급을 명하는 간접강제 결정을 하였다.

2. 판단
 가. 관련 법리
  1) 공동주택의 아래층 거주자가 위층 거주자에게 층간소음에 항의하는 행위가 정당한 권리행사로서의 범위를 벗어나 사법상 위법한 가해행위로 평가되기 위해서는 그 이익침해의 정도가 사회통념상 일반적으로 인용하는 수인한도를 넘어야 한다 할 것이고, 사회통념상 수인한도를 넘었는지 여부는 피해의 정도, 피해이익의 성질 및 그에 대한 사회적 평가, 건물의 구조 및 용도, 지역성, 건물 이용의 선후관계, 가해방지 및 피해회피의 가능성, 공법적 규제의 위반 여부, 교섭 경과 등 모든 사정을 종합적으로 고려하여 판단하여야 한다(대법원 2003. 11. 14. 선고 2003다28989 판결 등 참조).
  2) 인격권은 그 성질상 일단 침해된 후의 구제수단(금전배상이나 명예회복 처분 등)만으로는 그 피해의 완전한 회복이 어렵고 손해전보의 실효성을 기대하기 어려우므로, 인격권 침해에 대하여는 사전(예방적) 구제수단으로 침해행위 정지·방지 등의 금지청구권도 인정된다(대법원 1996. 4. 12. 선고 93다40614, 40621 판결 등 참조). 그리고 그러한 금지청구권이 인정되기 위해서는 민법상 불법행위로 인정되는 인격권 침해행위가 계속되어 금전배상을 명하는 것만으로는 피해자 구제의 실효성을 기대하기 어렵고 침해행위의 금지로 인하여 보호되는 피해자의 이익과 그로 인한 가해자의 불이익을 비교·교량할 때 피해자의 이익이 더 큰 경우여야 한다(대법원 2014. 5. 29. 선고 2011다31225 판결 등 참조).
  3) 부작위채무에 관하여 판결절차의 변론종결 당시에 보아 부작위채무를 명하는 집행권원이 성립하더라도 채무자가 이를 단기간 내에 위반할 개연성이 있고, 또한 판결절차에서 민사집행법 제261조에 의하여 명할 적정한 배상액을 산정할 수 있는 경우에는 판결절차에서도 채무불이행에 대한 간접강제를 할 수 있다(대법원 2021. 7. 22. 선고 2020다248124 전원합의체 판결 등 참조). 이러한 법리는 가처분결정에서도 마찬가지이다(대법원 2008. 12. 24.자 2008마1608 결정, 대법원 2013. 2. 14. 선고 2012다26398 판결 등 참조).
 나. 위와 같은 법리에 비추어 살펴보면, 원심의 판단에 재항고이유 주장과 같은 간접강제의 요건 등에 관한 법령위반의 잘못이 없다.
3. 결론
 그러므로 재항고를 기각하고 재항고비용은 패소자가 부담하도록 하여, 관여의 일치된 의견으로 주문과 같이 결정한다.

2021. 9. 30.

대법관 재판장 대법관 천대엽
대법관 조재연
주 심 대법관 민유숙
대법관 이동원

[서식 26] 미수관리비

대 법 원
제 3 부
판 결

사　　　　건　　2019다229516　미수관리비
원고, 상고인　　주식회사 비앤비종합자산관리
　　　　　　　원고, 상고인의 소송수계신청인　　강희자산관리 주식회사
　　　　　　　원고들 소송대리인 공증인가 법무법인 온누리
　　　　　　　담당변호사 양진영 외 6인
피고, 피상고인　피고
　　　　　　　소송대리인 변호사 김성웅
원 심 판 결　　수원지방법원 2019. 4. 4. 선고 2018나67466 판결
판 결 선 고　　2022. 5. 13.

주　　문
원심판결을 파기하고, 사건을 수원지방법원에 환송한다.

이　　유
상고이유(상고이유서 제출기간이 지난 뒤에 제출된 참고서면은 이를 보충하는 범위에서)를 판단한다.
1. 가. 집합건물의 관리업무를 담당할 권한과 의무는 관리단과 관리인에게 있고(집합건물의 소유 및 관리에 관한 법률 제23조의2, 제25조), 관리단이나 관리인은 집합건물을 공평하고 효율적으로 관리하기 위하여 전문적인 위탁관리업자와 관리위탁계약을 체결하고 건물 관리업무를 수행하게 할 수 있다. 이 경우 위탁관리업자의 관리업무의 권한과 범위는 관리위탁계약에서 정한 바에 따르나 관리비의 부과·징수를 포함한 포괄적인 관리업무를 위탁관리업자에게 위탁하는 것이 통상적이므로, 여기에는 관리비에 관한 재판상 청구 권한을 수여하는 것도 포함되었다고 봄이 타당하다. 이러한 관리업무를 위탁받은 위탁관리업자가 관리업무를 수행하면서 구분소유자 등의 체납 관리비를 추심하기 위하여 직접 자기 이름으로 관리비에 관한 재판상 청구를 하는 것은 임의적 소송신탁에 해당하지만, 집합건물 관리업무의 성격과 거래현실 등을 고려하면 이는 특별한 사정이 없는 한 허용되어야 하고, 이때 위탁관리업자는 관리비를 청구할 당사자적격이 있다고 보아야 한다(대법원 2016. 12. 15. 선고 2014다87885, 87892 판결 등 참조).

나. 관리비징수 업무를 위탁받은 위탁관리업자는 민사소송법 제237조 제1항에서 정한 '일정한 자격에 의하여 자기의 이름으로 남을 위하여 소송당사자가 된 사람'에 해당한다. 따라서 위탁관리업자가 구분소유자 등을 상대로 관리비청구 소송을 수행하던 중 관리위탁계약이 종료되어 그 자격을 잃게 되면 소송절차는 중단되고, 같은 자격을 가진 새로운 위탁관리업자가 소송절차를 수계하거나 새로운 위탁관리업자가 없으면 관리단이나 관리인이 직접 소송절차를 수계하여야 한다(민사소송법 제237조 제1항). 다만 소송대리인이 있는 경우에는 관리위탁계약이 종료하더라도 소송절차가 중단되지 않는다(민사소송법 제238조).

2. 가. 원심판결 이유와 기록에 비추어 알 수 있는 이 사건 소송의 경과는 다음과 같다.
   1) 원고는 집합건물인 이 사건 건물의 관리단과 이 사건 건물의 관리업무에 관하여 관리위탁계약을 체결한 위탁관리업자이다. 원고는 2015. 4. 27. 구분소유자인 피고를 상대로 체납한 관리비의 지급을 구하는 이 사건 소를 제기하여 소송을 수행하던 중 2016. 11. 25. 관리위탁계약이 종료되었다.
   2) 제1심은 이 사건 소가 당사자적격이 없는 자에 의하여 제기된 소로서 부적법하다는 이유로 각하하였다. 또한 이 사건 건물 관리단의 소송수계신청도 민사소송법 제237조 제1항이 적용되는 사유가 아니라는 이유로 받아들이지 않았다.
   3) 원심 소송 진행 중 원고 소송수계신청인은 2018. 10. 30. 새롭게 관리위탁계약을 체결한 위탁관리업자라고 주장하면서 소송수계신청을 하였다. 원심은 제1심과 같은 이유로 원고의 항소와 원고 소송수계신청인의 소송수계신청을 기각하였다.
   4) 원고는 2018. 2. 2. 소송대리인을 선임하였지만 이때는 이미 관리위탁계약이 종료되었으므로 원고에게 적법한 소송대리인은 없었다.
   나. 원심의 판단을 앞서 본 법리에 비추어 살펴본다.
   1) 원고는 관리위탁계약에 따라 피고를 상대로 관리비청구 소송을 수행할 당사자적격이 있었지만 2016. 11. 25. 관리위탁계약의 종료로 당사자적격을 상실하였다. 이는 민사소송법 제237조 제1항에서 정한 일정한 자격에 의하여 자기 이름으로 남을 위하여 소송당사자가 된 사람이 그 자격을 잃은 경우에 해당한다. 원고에게 적법한 소송대리인이 선임되지 않았다면 관리위탁계약의 종료로 이 사건 소송절차의 중단사유가 발생하므로, 그 자격을 가진 새로운 위탁관리업자나 관리단의 소송수계가 있어야 소송절차를 진행할 수 있게 된다.
   2) 사정이 이러하다면, 원심으로서는 소송절차 중단 여부를 확인하고, 소송절차가 중단되었다면 원고 소송수계신청인을 조사하여 원고와 같은 자격을 가진 사람이라면 소송절차가 계속 진행될 수 있도록 하였어야 했다. 그런데도 원심은 이 사건에 민사소송법 제237조 제1항이 적용되지 않는다는 이유로 이 사건 소를 각하한 제1심판결을 그대로 유지하고 원고 소송수계신청인의 소송수계신청도 기각하였다.
   3) 이러한 원심의 판단에는 민사소송법 제237조 제1항에 따른 소송절차의 중단과 수계에 관한 법리를 오해하여 판결에 영향을 미친 잘못이 있다. 이를 지적하는

상고이유 주장은 이유 있다.
3. 그러므로 원심판결을 파기하고 사건을 다시 심리·판단하도록 원심법원에 환송하기로 하여, 관여 대법관의 일치된 의견으로 주문과 같이 판결한다.

　　　　　　　　　재판장　　　대법관　　이흥구
　　　　　　　　　　　　　　　대법관　　김재형
　　　　　　　　　주　심　　　대법관　　안철상
　　　　　　　　　　　　　　　대법관　　노정희

제2절 관련 규정·규칙

[규칙 1] 공동주택관리정보시스템 운영 관리규정

공동주택관리정보시스템 운영 관리규정

[시행 2024. 1. 1.] [국토교통부고시 제2023-862호, 2023. 12. 22., 일부개정]

제1장 총 칙

제1조 (목적) 이 규정은 「공동주택관리법」 제88조 및 「공동주택관리법 시행령」 제93조에 따라 공동주택관리정보시스템(K-apt)의 구축·운영 등에 필요한 사항을 정함을 목적으로 한다.

제2조 (정의) 이 규정에서 사용하는 용어의 뜻은 다음과 같다.
1. "공동주택관리정보시스템(K-apt, 이하 '시스템'이라 한다)"이란 공동주택 관리와 관련된 정보를 전산화하고 통합·관리하기 위하여 「공동주택관리법」(이하 "법"이라 한다) 제88조제1항에 따라 구축한 시스템을 말한다.
2. "시스템 운영"이란 시스템의 구축, 운용, 개선, 폐지 등 운영 전반에 관한 사항을 총칭한다.
3. "전자입찰시스템"이란 「주택관리업자 및 사업자 선정지침」 제3조제1항 제1호에 따른 전자입찰시스템을 말한다.
4. "공동주택관리정보"란 단지정보, 관리비정보, 유지관리이력정보, 입찰정보, 에너지사용정보, 회계감사보고서, 주택인도일 등 공동주택 관리와 관련하여 시스템에 등록·저장·관리되는 일체의 정보를 말한다.
5. "운영기관"이란 법 제89조제2항제8호에 따라 국토교통부장관이 시스템의 구축·운영을 위탁한 한국부동산원을 말한다.
6. "관리주체등"이란 법 제2조제1항제10호의 관리주체와 「집합건물의 소유 및 관리에 관한 법률」에 따른 관리단의 관리인을 말한다.
7. "시스템 가입자"란 시스템 이용을 위하여 아이디, 패스워드를 부여받은 관리주체등·입주자대표회의와 사업자등을 말한다.
8. "사업자등"이란 시스템에 가입을 한 주택관리업자 및 공사·용역 등 사업자를 말한다.
9. "백업(Back-up)"이란 프로그램 또는 전산자료가 파괴·변조될 경우를 대비하여 다른 전자매체에 복사 또는 관리하는 것을 말한다.

10. "장애(Incident)"란 프로그램에 의한 계획된 시스템의 기능저하, 오류, 고장 또는 예상하지 못한 원인으로 일어나는 시스템의 지연 또는 오작동 등을 말한다.

제3조 (적용 범위) ① 공동주택관리정보의 통합관리·정보공유에 관하여는 다른 법령에 특별한 규정이 있는 경우를 제외하고는 이 규정을 적용한다.
② 전자입찰시스템의 운영·유지·개선 관리에 관하여는 「주택관리업자 및 사업자 선정지침」에 규정되어 있는 경우를 제외하고는 이 규정을 적용한다.

제4조 (관련 규정 및 절차 등의 숙지) 사업자등이 시스템을 이용 시 공동주택관리법령 및 이에 따른 고시, 이용약관, 공지사항, 안내서 등을 숙지·준수하여야 하며, 이에 따르지 아니하여 발생하는 불이익에 대한 책임은 시스템 가입자에게 있다.

제2장 시스템 구축 및 운영

제5조 (시스템의 설치·운영 등) ① 국토교통부장관은 시스템의 주전산기를 운영기관에 설치·운영할 수 있다.
② 운영기관의 장은 매년 12월말까지 다음 연도 시스템 운영·유지보수를 위한 운영계획을 수립하여야 한다.

제6조 (업무범위) ① 운영기관이 수행하여야 할 업무는 다음과 같다.
  1. 시스템의 운영·유지·개선 관리에 관한 사항
  2. 시스템의 이용 및 아이디, 패스워드 발급에 관한 사항
  3. 시스템의 보안 관리에 관한 사항
  4. 공동주택관리정보의 수집·관리에 관한 사항
  5. 시스템 이용에 대한 교육에 관한 사항
  6. 그 밖에 시스템 및 공동주택관리정보에 관하여 국토교통부장관이 필요하다고 인정하는 사항
  7. 기타 제1호부터 제6호까지에 딸린 사항 또는 관련 업무
② 운영기관의 장은 시스템을 효율적이고 안정적으로 수행할 수 있도록 운영관리자를 지정하고, 필요한 인력을 확보하여야 한다.

제7조 (서비스 운영 중단) ① 운영기관의 장은 다음 각 호의 어느 하나에 해당하는 경우에는 시스템 서비스의 전부 또는 일부를 중단할 수 있다.
  1. 시스템 기능 개선을 위해 점검이 필요한 경우

2. 장애 복구 등을 위해 서비스의 제공을 중단할 필요가 있는 경우
3. 천재지변으로 서비스를 중단할 필요가 있을 경우
4. 기타 시스템 전산자료 등을 보호하기 위해 서비스 중단이 불가피하다고 판단되는 경우

② 제1항제1호의 경우는 업무에 지장이 없는 시간대에 수행하여야 하며, 서비스의 전부 또는 일부가 중단될 경우 운영관리자는 사전에 중단사유, 중단시간 등의 안내정보를 시스템에 게시하여야 한다.

③ 전자입찰시스템 다운 등 운영관리자가 통제할 수 없는 시스템 장애로 전자입찰시스템 운영이 중단된 경우, 운영관리자는 관리주체등 또는 입주자대표회의와 협의하여 전자입찰업무를 처리할 수 있다.

④ 운영관리자는 제3항의 장애로 입찰관련 서류의 접수나 입찰진행이 불가능한 경우에 사실을 인지하는 즉시 공지하고, 별표 1에 따라 입찰서 제출 마감일을 일괄 연기하여야 하며, 연기한 내용을 공지하여야 한다.

⑤ 사업자등은 제4항에 따른 공지 내용을 확인하여야 한다

⑥ 제4항에 따라 입찰 중에 시스템 장애발생으로 입찰이 연기된 경우, 시스템 장애발생 이전에 이루어진 입찰은 연기된 입찰에 유효하게 접수된 것으로 보며 다시 제출할 수 없다.

제8조 (유지보수 용역) ① 운영기관의 장은 시스템의 안정적인 운영 및 성능관리를 위하여 외부 전문 업체와 별도의 유지보수 또는 관리에 관한 용역계약을 체결할 수 있다.

② 제1항에 따라 용역계약을 체결한 경우 운영기관의 장은 시스템의 효율 및 응답속도 등을 최적의 상태로 유지하기 위하여 유지보수 업체에게 주기적으로 성능 분석을 실시하도록 하고, 발견된 문제점을 조치하거나 개선하도록 하여야 한다.

제9조 (정보제공 변경) ① 운영기관의 장은 관련 법령의 개정으로 업무범위가 변경되거나 이용자 편리성 제고 및 운영의 효율성을 위하여 필요한 경우 새로운 정보를 제공하거나 제공 형식을 변경하여 시스템을 운영할 수 있다.

② 운영기관의 장은 이용자로부터 새로운 정보 제공 또는 제공 형식 변경 등의 요구가 있을 때에는 이를 검토하여 반영할 수 있다.

제10조 (예산 지원) 국토교통부장관은 시스템의 개선 및 운영과 관련하여 필요한 예산을 운영기관에게 지원할 수 있다.

제3장 시스템 가입자 관리 등

제11조 (시스템 이용 신청) ① 관리주체등은 공동주택의 사용검사일(「건축법」에 의한 사용승인일을 포함한다) 또는 법 제10조의2제1항에 따른 의무관리대상 공동주택 전환신고가 수리된 날로부터 60일 이내에 별지 제1호 서식(전자문서를 포함한다. 이하같다)에 따라 시스템 이용 신청을 하여야 한다.
② 제1항에 따른 시스템 이용 신청은 공동주택단지별로 하여야 한다. 다만, 다음 각 호의 경우에는 각 호에서 정하는 방법에 따른다.
  1. 법 제8조제1항에 따라 공동관리를 하는 경우에는 하나의 관리주체로 시스템 이용 신청
  2. 법 제8조제1항에 따라 주택단지를 구분관리 하는 경우에는 각각의 관리주체별로 시스템 이용 신청
③ 입주자대표회의는 전자입찰시스템을 이용하기 위하여 별지 제1호서식에 따라 시스템 이용 신청을 할 수 있다.
④ 운영관리자는 제1항부터 제3항까지에 따라 신청한 서류를 확인하여 이상이 없는 경우에는 즉시 아이디와 패스워드를 부여하여야 한다.
⑤ 국토교통부장관 또는 운영기관의 장은 제1항에 따른 기간 내에 시스템 이용 신청을 하지 않은 공동주택단지의 관리주체등에 대하여 시스템 이용 신청을 촉구하는 등 필요한 조치를 취할 수 있다.

제12조 (시스템 이용 변경) ① 관리사무소장 또는 입주자대표회의 회장이 변경된 경우, 변경된 관리사무소장 또는 입주자대표회의 회장은 시스템에 변경 등록을 하고, 그 자격을 증명할 수 있는 서류를 운영기관의 장에게 제출하여야 한다.
② 운영관리자는 제1항에 따라 제출한 서류를 확인하고 필요한 조치를 취하여야 한다.

제13조 (사업자등의 시스템 이용) ① 사업자등이 전자입찰시스템을 이용하기 위해서는 시스템에 가입을 하여야 한다.
② 운영관리자는 제1항에 따라 제출한 서류를 확인하고 가입을 승인하거나 서류의 보완을 요청하는 등 필요한 조치를 취할 수 있다.
③ 사업자등은 시스템 가입 시 제공한 정보가 변경되는 경우, 시스템에서 해당 정보를 변경하여야 한다.

제14조 (시스템 탈퇴) ① 의무관리대상 공동주택의 관리주체등은 다음 각 호의 경우 외에는 시스템에서 탈퇴할 수 없다.
  1. 철거·멸실 등으로 공동주택의 전부가 없어진 경우
  2. 법 제10조의2제4항에 따라 의무관리대상 공동주택 제외신고가 수리된 경우
② 입주자대표회의 또는 사업자등은 언제든지 시스템을 탈퇴 할 수 있다. 다만,

입주자대표회의 또는 사업자등의 탈퇴는 이미 성립된 전자입찰에는 영향을 미치지 않는다.

제4장 정보의 공개 및 관리 등

제15조 (정보의 공개) ① 의무관리대상 공동주택의 관리주체는 다음 각 호의 정보를 시스템에 공개하여야 한다.
   1. 「공동주택관리법 시행령」(이하 "영"이라 한다) 제23조에 따른 관리비등(잡수입을 포함한다. 이하 같다)의 내역
   2. 입찰공고 및 선정결과 내용 등 입찰정보
   3. 영 제32조 및 「공동주택관리법 시행규칙」 제10조제2항에 따라 공용부분에 관한 시설의 교체 및 유지보수, 하자보수 등을 한 경우 그 실적
   4. 그 밖에 다른 법령에서 정하는 내용
② 제1항제1호의 경우 의무관리대상 공동주택의 관리주체는 입주자등에게 관리비 등을 부과한 달을 기준으로 다음 달 말일까지 공동주택단지별 관리비 등의 내역을 시스템에 공개하여야 한다.
③ 의무관리대상 공동주택의 감사인은 법 제26조제6항에 따라 회계감사 완료일부터 1개월 이내에 회계감사의 결과를 시스템에 공개하여야 한다.
④ 관리주체등은 사업주체로부터 주택인도증서를 인계받은 날로부터 30일 이내에 인도일을 시스템에 공개하여야 한다.
⑤ 운영기관의 장은 제1항제1호의 관리비 미입력단지가 발생할 경우에는 해당 지자체에 통보하여 관리비 입력을 촉구할 수 있다.
⑥ 관리비 등 공개 단가 산정 시 면적 기준은 「주택공급에 관한 규칙」 제21조제5항에 따른 주거전용면적으로 한다.
⑦ 운영기관의 장은 정보수요의 충족을 위해 제6항의 주거전용면적 외의 기준에 의한 관리비 단가를 추가 공개할 수 있다.

제16조 (사유입력 등) 관리주체등은 제15조제1항부터 제5항까지에 따라 정보공개를 하는 경우, 다음 각 호에 해당하면 그 사유를 입력하여야 한다.
   1. 제15조제1항제1호에 따라 시스템에 입력한 관리비 등의 정보를 수정하는 경우
   2. 그 밖에 입력정보 신뢰성 확보를 위하여 필요한 경우

제17조 (정보제공) ① 운영기관의 장은 공동주택관리의 효율성을 제고하기 위하여 관리비 비교 등 각종 통계정보를 관련기관이나 단체 등에 제공할 수 있다.
② 운영기관의 장은 시스템에서 공개되는 공동주택관리정보를 관련기관이나 단

체 등에 제공하기 위해서는 국토교통부장관과 협의하여야 한다.

제18조 (정보보관 등) ① 운영기관의 장은 다음 각 호의 구분에 따른 기간 동안 정보를 보관하여야 한다.
   1. 단지 기본정보, 관리비 정보, 회계감사결과 정보 : 영구
   2. 유지관리 이력 정보 : 10년 이상
   3. 입찰정보, 그 밖의 정보 : 5년 이상
② 운영기관의 장은 철거·멸실 등으로 공동주택의 전부 또는 일부가 없어지거나 법 제10조의2제4항에 따라 의무관리대상 공동주택 제외신고가 수리된 경우 해당 공동주택의 관리주체등 또는 입주자대표회의에 부여한 아이디와 패스워드를 사용하지 못하도록 하고, 해당 공동주택의 공동주택관리정보를 공개하지 않도록 하는 등 필요한 조치를 취할 수 있다.
③ 제1항의 규정에도 불구하고 운영기관의 장은 해당 공동주택의 공동주택관리정보를 공동주택의 전부가 없어진 날 또는 법 제10조의2제4항에 따라 의무관리대상 공동주택 제외신고가 수리된 날로부터 5년간 보관하여야 한다.

제19조 (행정사항) ① 국토교통부장관 및 운영기관의 장은 공동주택관리정보 공개 업무의 원활한 수행을 위하여 필요한 자료를 관련 기관·단체 등 관계기관에 필요한 정보 제공 등의 협조를 요청할 수 있다.
② 운영기관의 장은 효율적인 정보 공개 및 신뢰도 향상을 위하여 관계기관, 관리주체등에게 홍보 및 교육을 할 수 있다.
③ 운영기관의 장은 이 규정외에 시스템의 운영에 관한 세부사항을 국토교통부장관과 협의하여 정할 수 있다.

제5장 보안 및 정보보호

제20조 (보안) ① 운영기관의 장은 시스템에 의하여 관리되는 전산자료 및 데이터베이스의 위조·변조·훼손·멸실 또는 전자적 침해행위의 방지를 위한 보안대책을 수립하고, 운영관리자로 하여금 이를 점검하도록 하여야 한다.
② 해킹 등 사이버테러에 대비하기 위하여 운영관리자는 분기별로 비밀번호(password)를 변경 하는 등 시스템 보안을 위해 필요한 조치를 하여야 한다.
③ 운영기관의 장은 시스템 가입자가 조회할 수 있는 정보를 시스템 구축 취지에 부합하는 필요한 범위로 한정하여 시스템을 설정·운영하여야 한다.

제21조 (백업) ① 운영기관의 장은 전산자료의 파괴·변조에 대비하여 정기적으로 관련 자료를 백업하여야 한다.

② 제1항의 백업자료는 도난·훼손·멸실되지 않도록 유지 관리하여야 한다.

제22조 (장애복구) ① 운영기관의 장은 장애가 발생한 경우에는 장애요인에 대하여 필요한 조치를 취하고, 장애발생 및 복구사항을 별지 제2호서식의 장애일지에 기록 유지하여야 한다.

② 운영기관의 장은 이용자로부터 시스템 또는 전산자료의 이상 상태를 통보 받거나 이상이 발견된 경우에는 즉시 점검하고, 장애발생시 신속히 복구하여 이용자의 불편을 최소화하여야 한다.

제23조 (정보보호 등의 의무) ① 운영기관의 장은 「개인정보보호법」 등에 따라 시스템에 입력된 제반 자료에 대한 정보보호 활동을 이행하여야 한다.

② 운영관리자(용역계약 등에 따라 해당업무를 수임한 자 또는 그 사용인을 포함한다)는 정당한 이유가 있는 경우를 제외하고, 직무상 알게 된 개인정보에 관한 사항을 누설하거나 타인의 정보를 제공하는 등 부정하게 사용하여서는 아니 된다.

③ 운영기관의 장은 제2항에 따른 비밀 준수 의무자에 대하여 별지 제3호서식의 보안각서를 작성·제출하도록 하여야 한다.

제6장 보 칙

제24조 (재검토기한) 국토교통부장관은 「훈령·예규 등의 발령 및 관리에 관한 규정」에 따라 이 고시에 대하여 2022년 1월 1일 기준으로 매3년이 되는 시점(매3년째의 12월 31일까지를 말한다)마다 그 타당성을 검토하여 개선 등의 조치를 하여야 한다.

부 칙 <제2016-580호,2016.9.2.>

제1조 (시행일) 이 고시는 발령한 날부터 시행한다.

부 칙 <제2019-737호,2019.12.17.>

이 고시는 발령한 날부터 시행한다.

부 칙 <제2020-343호,2020.4.24.>

이 고시는 발령한 날부터 시행한다.

부　칙 <제2021-1495호, 2021.12.30.>

이 고시는 2022년 3월 1일부터 시행한다.

부　칙 <제2023-862호, 2023.12.22.>

이 고시는 2024년 1월 1일부터 시행한다.

[별표 1] 전자입찰시스템 장애 발생 시 전자입찰 자동연기공고 기준

전자입찰시스템 장애 발생 시 전자입찰 자동연기공고 기준
(제7조제4항 관련)

1. 장애시간

장애시간은 운영관리자가 전자입찰시스템에 공지한 장애발생시각부터 장애복구 완료시각까지의 시간으로 한다.

2. 자동연기 대상

입찰서 제출 마감일시가 도래하기 전에 시스템에 장애가 발생한 입찰

3. 자동연기공고 기준

가. 입찰서 제출 마감 4시간 전까지 장애가 복구된 경우에는 입찰서 제출 마감일시에 변동이 없다.
나. 다음 1)부터 2)까지에 해당하는 경우에는 입찰서 제출 마감일시를 장애복구일시로부터 24시간 연장한다.
   1) 입찰서 제출 마감 4시간 전부터 마감 2시간 전 사이에 장애가 30분 이상 발생한 경우
   2) 입찰서 제출 마감 2시간 전 이후에 장애가 발생한 경우

[별지 제1호서식] 공동주택관리정보시스템 이용([ ]신규/[ ]재발급) 신청서 <개정 2021. 12. 30>

공동주택관리정보시스템 이용([ ]신규/[ ]재발급) 신청서

※ 색상이 어두운 칸은 신청인이 적지 아니하며, [ ]에는 해당되는 곳에 √표를 합니다.   (앞쪽)

접수번호			접수일시		처리기간	즉시
구분			[ ] 관리사무소장(관리인 포함) [ ] 입주자대표회의 회장			
신청인	관리사무소장(관리인)	성 명		생년월일		
		주 소	(연락처 :)			
		자격구분	[ ] 주택관리사 [ ] 주택관리사보 [ ] 해당없음			
		자격번호	제 호 (발급자 :)			
		취 득 일	년 월 일			
	입주자대표회의회장	성 명		생년월일		
		주 소	(연락처 :)			
		임 기	년 월 일 ~ 년 월 일까지(년)			
단지현황		단 지 명				
		단지주소	(전화 :)			
		세 대 수	세대	승강기 유무	대 또는 ( )	
		난방방식		사용검사일	년 월 일	
		관리방법	자치관리	자치관리개시(변경)일 : 년 월 일		
			위탁관리(주택관리업자)	상호 :		
				주소 :		
발급사항			아이디 및 패스워드 : [ ] 아이디 / [ ] 패스워드			
			재발급의 경우 사유 :			

「공동주택관리정보시스템 운영관리 규정」 제11조제1항, 제3항에 따라 위와 같이 신청합니다.

년   월   일

신청인   (서명 또는 인)

한국부동산원장 귀하

| 첨부서류 | 1. 공동주택단지의 고유번호증 또는 사업자등록증 사본 1부
2. 주택관리사(보)자격증 사본 1부(주민등록번호 뒷자리 삭제)
3. 관리사무소장 배치 및 직인 신고증명서 또는 변경신고증명서 사본 1부
4. 사용검사 확인증·임시사용승인서 사본 또는 건축물대장 1부
5. 지방자치단체의 입주자대표회의 구성(변경) 신고 수리통지서 사본 1부
6. 그 밖에 신청자격을 증명할 수 있는 서류 각 1부 | 수수료

없음 |

210mm×297mm[백상지 80g/㎡]

(뒤쪽)

유의사항

1. 첨부서류 중 '공동주택단지의 고유번호증 또는 사업자등록증', '사용검사 확인증·임시사용승인서 사본 또는 건축물대장'은 공통적으로 제출하여야 하는 서류입니다.
2. 첨부서류 중 '사용검사 확인증'·'임시사용승인서'는 「주택법」 시행규칙 제21조 제2항에 따라 사용검사권자가 발급한 사용검사 확인증·임시사용승인서를 의미합니다.
3. 첨부서류 중 '관리사무소장 배치 및 직인 신고증명서 또는 변경신고증명서'는 「공동주택관리법」 시행규칙 제30조제5항에 따라 주택관리사단체에서 발급한 증명서를 의미하며, 관리사무소장(관리인)이 시스템 이용 신청을 할 경우 제출하여야 합니다.
4. 첨부서류 중 '지방자치단체의 입주자대표회의 구성(변경) 신고 수리통지서'는 입주자대표회의의 회장이 시스템 이용 신청을 할 경우 제출하여야 합니다.
5. 첨부서류 중 제2호, 제3호, 제5호의 서류가 없는 경우 그 밖에 신청자격을 증명할 수 있는 서류를 제출하여야 합니다.

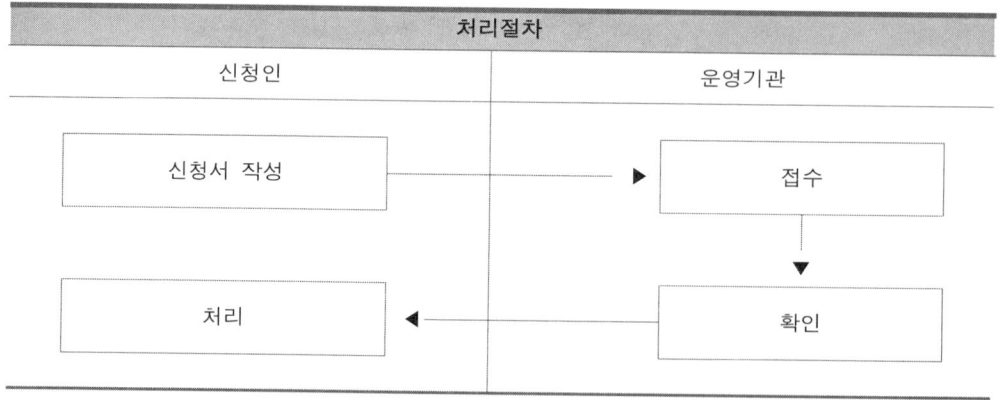

210mm×297mm[백상지 80g/㎡]

[별지 제2호서식] 공동주택관리정보시스템 장애일지 (제22조 제1항 관련)

공동주택관리정보시스템 장애일지

결재	담당자	○○장	○○장

1. 발생일시	년 월 일 시 분
2. 복구일시	년 월 일 시 분(총 복구 소요시간: 분)
3. 발생원인	
4. 발생내용	
5. 복구 및 조치 내용	

[별지 제3호서식] 보안각서 <개정 2021.12.30>

보안각서

1. 기 관 명:

2. 담당부서명:

3. 성　　　명:　　　　　　　　　　　　(생년월일:　　　　　　　)

　본인은 공동주택관리정보시스템을 구축·운영·관리함에 있어 직무상 취득한 개인정보에 관한 사항 등을 외부에 누설 또는 유출·도용하지 않을 것을 것이며, 관련 정보를 규정대로 해당 목적에만 사용하겠습니다. 만약 이를 위반하였을 경우에는 보안관련 제반 법규에 따른 처벌을 감수할 것을 서약합니다(다만,「부패방지 및 국민권익위원회의 설치와 운영에 관한 법률」제55조에 따른 부패행위의 신고 및「공익신고자 보호법」제6조에 따른 공익신고 등의 경우 비밀준수 의무를 위반하지 않은 것으로 봄).

년　　　월　　　일

소속직원 성명　　　　　　(서명 또는 인)

한국부동산원장 귀하

210mm×297mm[백상지 80g/㎡]

[규칙 2] 공동주택 층간소음의 범위와 기준에 관한 규칙 (약칭: 공동주택층간소음규칙)

공동주택 층간소음의 범위와 기준에 관한 규칙

[시행 2023. 1. 2.] [국토교통부령 제1185호, 2023. 1. 2., 일부개정]
[시행 2023. 1. 2.] [환경부령 제1019호, 2023. 1. 2., 일부개정]

제1조 (목적) 이 규칙은 「소음·진동관리법」 제21조의2제3항 및 「공동주택관리법」 제20조제5항에 따라 공동주택 층간소음의 범위와 기준을 규정함을 목적으로 한다. <개정 2023. 1. 2.>

제2조 (층간소음의 범위) 공동주택 층간소음의 범위는 입주자 또는 사용자의 활동으로 인하여 발생하는 소음으로서 다른 입주자 또는 사용자에게 피해를 주는 다음 각 호의 소음으로 한다. 다만, 욕실, 화장실 및 다용도실 등에서 급수·배수로 인하여 발생하는 소음은 제외한다.
  1. 직접충격 소음: 뛰거나 걷는 동작 등으로 인하여 발생하는 소음
  2. 공기전달 소음: 텔레비전, 음향기기 등의 사용으로 인하여 발생하는 소음

제3조 (층간소음의 기준) 공동주택의 입주자 및 사용자는 공동주택에서 발생하는 층간소음을 별표에 따른 기준 이하가 되도록 노력하여야 한다.

부 칙 <국토교통부령 제97호, 환경부령 제559호, 2014. 6. 3.>

이 규칙은 공포한 날부터 시행한다.

부 칙 <국토교통부령 제1185호, 환경부령 제1019호, 2023. 1. 2.>

이 규칙은 공포한 날부터 시행한다.

[별표] 층간소음의 기준(제3조 관련) <개정 2023. 1. 2.>

층간소음의 기준(제3조 관련)

층간소음의 구분		층간소음의 기준[단위: dB(A)]	
		주간 (06:00 ~ 22:00)	야간 (22:00 ~ 06:00)
1. 제2조제1호에 따른 직접충격 소음	1분간 등가소음도 (Leq)	39	34
	최고소음도 (Lmax)	57	52
2. 제2조제2호에 따른 공기전달 소음	5분간 등가소음도 (Leq)	45	40

비고
1. 직접충격 소음은 1분간 등가소음도(Leq) 및 최고소음도(Lmax)로 평가하고, 공기전달 소음은 5분간 등가소음도(Leq)로 평가한다.
2. 위 표의 기준에도 불구하고 「공동주택관리법」 제2조제1항제1호가목에 따른 공동주택으로서 「건축법」 제11조에 따라 건축허가를 받은 공동주택과 2005년 6월 30일 이전에 「주택법」 제15조에 따라 사업승인을 받은 공동주택의 직접충격 소음 기준에 대해서는 2024년 12월 31일까지는 위 표 제1호에 따른 기준에 5dB(A)을 더한 값을 적용하고, 2025년 1월 1일부터는 2dB(A)을 더한 값을 적용한다.
3. 층간소음의 측정방법은 「환경분야 시험·검사 등에 관한 법률」 제6조제1항제2호에 따른 소음·진동 분야의 공정시험기준에 따른다.
4. 1분간 등가소음도(Leq) 및 5분간 등가소음도(Leq)는 비고 제3호에 따라 측정한 값 중 가장 높은 값으로 한다.
5. 최고소음도(Lmax)는 1시간에 3회 이상 초과할 경우 그 기준을 초과한 것으로 본다.

[규칙 3] ○○○○집합건물 관리규약

○○○○집합건물 관리규약

제1장 총 칙

제1조 (목적) 이 규약은 「집합건물의 소유 및 관리에 관한 법률」(이하 "법"이라 한다)의 적용을 받는 ○○특별시/○○광역시/○○도 ○○시 ○○구 ○○로○○길 ○○ 소재 ○○○○(※ 집합건물이름을 기재하세요)의 건물과 대지 및 부속시설의 관리 또는 사용에 필요한 사항을 규정함을 목적으로 한다.

제2조 (정의) 규약에서 사용하는 용어의 정의는 다음 각 호와 같다.
 1. "구분소유자"란 법 제2조제2호의 구분소유자를 말한다.
 2. "점유자"란 구분소유자의 승낙을 받아 전유부분을 점유하는 자를 말한다.
 3. "구분소유자등"이란 제1호의 구분소유자 및 제2호의 점유자를 말한다.
 4. "전유부분"이란 법 제2조제3호의 전유부분을 말한다.
 5. "공용부분"이란 법 제2조제4호의 공용부분을 말한다.
 6. "공용부분등"이란 제5호의 공용부분 및 부속시설을 말한다.
 7. "일부공용부분"이란 법 제10조제1항 단서에 따라 일부의 구분소유자만이 공용하도록 제공된 것임이 명백한 공용부분을 말한다.
 8. "대지"란 법 제2조제5호의 건물의 대지를 말한다.
 9. "전용사용권"이란 대지 및 공용부분 등의 일부를 특정 구분소유자가 배타적으로 사용할 수 있는 권리를 말한다.
 10. "전용사용부분"이란 전용사용권의 대상이 되는 대지 및 공용부분 등의 일부를 말한다.
 11. "관리단"은 법 제23조제1항에 따라 설립된 관리단을 말한다.
 12. "관리인"은 법 제24조에 따라 선임된 관리인을 말한다.
 13. 그 밖에 용어는 법에서 사용하는 용어의 정의와 같다.

제3조 (적용범위) 이 규약은 별표 1에 기재된 대지, 건물 및 부속시설(이하 "관리대상물"이라 한다)의 관리 및 사용에 관하여 적용한다.

제4조 (규약 등의 효력) ① 규약과 관리단집회의 결의는 구분소유자의 지위를 승계한 자에 대하여도 효력이 있다.
 ② 점유자는 구분소유자가 관리대상물의 사용과 관련하여 규약과 관리단집회의 결의에 따라 부담하는 의무와 동일한 의무를 진다.- 1

제5조 (규약의 설정·변경·폐지) ① 규약의 설정·변경 및 폐지는 관리단집회에서 구분소유자의 4분의 3 이상 및 의결권의 4분의 3 이상의 찬성을 받아야 한다. 이 경우 규약의 설정·변경 및 폐지가 일부 구분소유자의 권리에 특별한 영향을 미칠 때에는 그 구분소유자의 승낙을 받아야 한다.
② 구분소유자의 5분의 1 이상은 규약의 설정·변경 및 폐지를 위한 안건을 관리단집회에서 발의할 수 있다.

제6조 (대지와 공용부분등의 귀속) ① 관리대상물 중 대지와 부속시설, 공용부분은 전체 구분소유자의 공유로 한다.
② 일부공용부분은 이를 공용하는 구분소유자들의 공유로 한다.
③ 구분소유자들의 공유지분은 별표 2와 같다.

제7조 (지방자치단체 등과의 협정 준수) 구분소유자등은 관리단이 지방자치단체 또는 다른 주민과 체결한 협정을 성실히 준수하여야 한다.

제8조 (규약의 보충) 관리단은 관리단집회의 결의로 관리단집회의 운영, 회계 관리 및 주차장 이용·흡연·동물 관리 등 관리대상물의 사용 등에 관한 세칙 등을 정할 수 있다.

제9조 (법령에 따른 규약의 변경) 관계 법령이 개정되어 규약을 변경하여야 하는 경우, 관리단집회에서 규약을 변경하지 않더라도 규약의 내용이 관계 법령의 내용과 같이 변경된 것으로 본다.

제2장 집합건물의 사용·수익

제10조 (전유부분의 사용) 구분소유자등은 전유부분을 주거용으로 사용하여야 하며, 다른 용도로 사용하여서는 아니 된다.

제11조 (전유부분의 내부공사) ① 전유부분을 수선하려는 경우, 구분소유자는 관리인에게 서면으로 통지하여야 한다.
② 제1항의 공사를 위하여 공용부분에 대해 공사가 수반되는 때에는 법 제15조 및 제16조에 따라 관리단집회의 결의를 거쳐야 한다.
③ 제1항의 통지를 하거나 제2항의 결의를 받고자 할 경우, 구분소유자는 관리인 또는 관리단집회에 설계도, 시방서 또는 공사일정표 등 공사내역을 제출하여야 한다.

④ 제1항 및 제2항의 공사를 하는 경우, 구분소유자는 다른 구분소유자등에게 입히는 피해를 최소화할 수 있는 방법을 선택하여야 한다.
⑤ 제1항에 따라 통지받거나 제2항에 따라 결의한 내용대로 공사가 진행되고 있는지 여부를 확인하기 위하여 필요한 경우, 관리인(관리인의 위임을 받은 자를 포함한다)은 전유부분을 출입할 수 있다. 이 경우 구분소유자는 정당한 이유가 없는 한 출입을 거부할 수 없고, 정당한 이유 없이 출입을 거부한 경우 그로 인한 손해를 배상하여야 한다.

제12조 (전유부분의 임대) 구분소유자는 타인에게 전유부분을 임대하는 경우, 관리대상물의 사용에 관한 규약과 세칙을 준수한다는 내용의 임차인 의무규정을 임대차계약의 내용으로 포함하여야 하며, 임차인으로 하여금 관리단에 관리대상물의 사용에 관한 규약과 세칙을 준수하겠다는 서약서를 제출하도록 하여야 한다.

제13조 (대지와 공용부분등의 사용) 구분소유자등은 대지와 공용부분등을 그 용도에 따라 사용하여야 하며, 다른 구분소유자등의 사용을 방해하여서는 아니 된다.

제14조 (전용사용권) ① 구분소유자는 별표 3에 규정된 바와 같이 베란다, 주거용 건물 앞 대지와 옥상 등 전용사용부분에 대하여 전용사용권을 가진다.
② 주거용 건물 앞 대지와 옥상에 대해 전용사용권을 가지고 있는 자는 사용세칙이 정하는 바에 따라 관리단에 사용료를 납부하여야 한다.
③ 점유자는 구분소유자의 전용사용부분을 전용사용할 수 있다.

제15조 (주차장의 사용) ① 구분소유자등은 분양계약과 규약에서 달리 정하지 않는 한 주거생활에 필요한 범위에서 주차장을 사용할 수 있다.
② 제1항의 규정에도 불구하고 관리단은 특정 구분소유자등과 주차장 사용에 관하여 별도의 계약을 체결할 수 있고, 계약에 따라 주차장을 사용하는 구분소유자등은 관리단에 사용료를 납부하여야 한다. 이 경우 관리단은 체결된 계약 내용을 공고하여야 한다.
③ 구분소유자등이 전유부분을 양도 또는 임대한 경우, 특별한 약정이 없는 한 종전의 주차장 사용에 관한 계약은 효력을 상실한다.
④ 관리단은 주차장 사용의 정도를 고려하여 구분소유자등의 주차장 사용료를 달리 정할 수 있다.
⑤ 구분소유자등이 아닌 자가 주차장을 사용하는 경우, 관리단은 주차장 사용료를 징수할 수 있다.

제16조 (대지와 공용부분등의 임대) ① 관리단은 구분소유자등의 사용을 방해하지 않는 범위에서 특정 구분소유자등이나 제3자에게 대지와 공용부분등을 임대할

수 있다.

② 대지와 공용부분등의 임차인은 규약에 따른 사용방법을 준수하여야 한다.

제17조 (층간소음) ① 구분소유자등은 층간소음으로 인하여 이웃에게 피해를 끼치지 않도록 노력하여야 한다.

② 관리단은 층간소음 예방과 분쟁 조정 등을 위하여 관리단집회의 결의로 "층간소음 방지 및 분쟁해결에 관한 세칙"을 정하여야 한다. - 3

제3장 집합건물의 관리

제18조 (구분소유자등의 책임) 구분소유자등은 항상 적정하게 관리대상물을 관리하여 그 가치와 기능이 유지, 증진될 수 있도록 노력하여야 한다.

제19조 (대지와 공용부분등의 관리) ① 대지와 공용부분등의 관리는 관리단의 책임과 부담으로 한다. 다만, 전용사용부분의 통상적인 사용에 따른 관리는 전용사용권을 가지는 구분소유자의 책임과 부담으로 한다.

② 전유부분에 속하는 시설 중 대지 또는 공용부분등과 부합되어 훼손하지 않고 분리할 수 없거나 분리에 과다한 비용이 필요하여 대지 또는 공용부분등과 일체로 관리할 필요가 있는 시설은 관리단이 관리할 수 있다.

제20조 (전유부분에 부속된 공용부분의 개량) 전유부분에 부속된 공용부분의 성능(방재, 방범, 위생, 방음, 단열 등) 향상을 위한 개량공사는 관리단의 책임과 부담으로 공사계획을 수립하여 수행하여야 한다.

제21조 (전유부분의 출입) ① 제19조제2항의 시설관리를 위하여 필요한 경우 또는 제20조의 개량공사를 위하여 필요한 경우, 관리인(관리인의 위임을 받은 자를 포함)은 전유부분을 출입할 수 있다.

② 제1항의 경우 구분소유자등은 정당한 이유가 없는 한 출입을 거부할 수 없고, 정당한 이유 없이 출입을 거부한 경우 그로 인하여 발생한 손해를 배상하여야 한다.

③ 제1항에 따른 출입을 마친 경우, 관리인(관리인의 위임을 받은 자를 포함)은 지체 없이 전유부분을 원상으로 복구하여야 한다.

제22조 (보험계약의 체결) ① 관리단은 법령에서 의무적으로 가입하도록 한 보험 및 그 밖의 관리대상물에서 발생하는 안전사고에 대비하여 구분소유자등의 피해보상을 위한 보험에 가입하여야 한다.

② 관리인은 제1항에 따른 보험계약의 체결 및 보험금의 청구·수령에 대하여 각 구분소유자등을 대리한다.
③ 관리단은 위험시설을 설치하고자 하는 구분소유자등에게 개별 보험가입을 요구할 수 있고, 정당한 이유 없이 개별 보험가입을 거부한 구분소유자등에게 위험시설의 설치 중단 및 제거를 청구할 수 있다.
④ 관리단은 위험시설을 설치한 구분소유자등에게 위험시설을 설치함으로써 증가된 보험료를 구상할 수 있다.

제4장 관리단

제23조 (관리단의 구성) ① 구분소유자들은 주거용 건물의 관리 및 사용에 관한 공동의 이익을 위하여 구분소유자 전원을 구성원으로 한 관리단을 구성한다.
② 구분소유자의 지위는 전유부분의 소유권이전등기를 하였을 때 취득한다. 다만, 전유부분을 최초로 분양받은 자는 소유권이전등기를 하기 전이라도 분양대금을 완납하고 전유부분을 인도받은 경우에는 구분소유자의 지위를 취득한 것으로 본다.

제24조 (신고의무) ① 구분소유자의 지위를 취득하거나 상실한 자는 별표 4 양식의 신고서를 작성하여 관리단에 제출하여야 한다.
② 점유자의 지위를 취득하거나 상실한 자는 별표 5 양식의 신고서를 작성하여 관리단에 제출하여야 한다. 다만, 점유자의 지위를 상실한 자가 신고서를 작성하여 제출하지 않는 경우 구분소유자가 이를 대신 할 수 있다.

제25조 (일부관리단) ① 일부공용부분을 공용하는 구분소유자는 법 제28조제2항에 따라 별도의 규약을 가진 관리단(이하 "일부관리단"이라 한다)을 구성할 수 있다.
② 제1항의 일부관리단은 관리단에 일부관리단의 규약과 관리인, 구성원인 구분소유자를 신고하여야 한다.

제26조 (관리단과 일부관리단의 관계) 일부관리단은 관리단의 규약과 관리단집회의 결의에 반하지 않는 범위에서 일부공용부분을 관리할 수 있다.

제27조 (관리단의 사무소) ① 관리단의 사무소는 관리대상물 내에 둔다. 다만, 관리단집회의 결의로 다른 곳에 둘 수 있다.
② 관리단의 사무소가 두 개 이상인 경우 주된 사무소의 소재지를 관리단의 주소로 본다.

③ 관리인은 구분소유자등이 쉽게 식별할 수 있는 건물 내의 적당한 장소에 관리단의 사무소 소재지를 게시하여야 한다. 관리단의 인터넷 홈페이지가 있는 경우 인터넷 홈페이지에도 이를 게시하여야 한다.

제28조 (관리단의 권한) ① 관리단은 다음 각 호의 사무를 수행한다.
1. 제5조에 따른 규약의 설정·변경·폐지
2. 제8조, 제79조에 따른 세칙, 회계세칙의 설정·변경·폐지
3. 제14조제2항에 따른 전용사용부분 사용료의 징수
4. 제15조제2항, 제4항, 제5항에 따른 주차장 사용계약의 체결 및 주차장 사용료의 징수
5. 제16조에 따른 대지와 공용부분등의 임대
6. 제19조에 따른 대지와 공용부분등의 관리
7. 제20조에 따른 전유부분에 부속된 공용부분의 개량공사- 5
8. 제22조에 따른 보험계약의 체결
9. 제24조에 따른 구분소유자등의 신고 접수
10. 제25조제2항에 따른 일부관리단의 신고 접수
11. 제29조제2항에 따른 공용부분등의 보존행위에 관한 필요한 조치
12. 제32조에 따른 공동의 이익에 어긋나는 행위에 대한 시정권고 및 필요한 조치
13. 제33조에 따른 자료의 보관 및 열람, 등본 발급
14. 제35조에 따른 직원의 고용 및 제36조에 따른 직무교육지원
15. 제37조, 제38조에 따른 관리단 사무의 위탁 및 관리위탁계약의 체결
16. 제52조에 따른 관리인의 선임 또는 해임
17. 제69조제4항, 제70조에 따른 관리비, 수선적립금, 사용료의 징수·지출·적립
18. 제70조제1항에 따른 수선계획의 수립
19. 제76조에 따른 예산안과 결산결과보고서의 검토
20. 제77조에 따른 회계감사의 실시
21. 그 밖에 주거용 건물의 관리를 위하여 필요한 사항

② 관리단은 법 제23조의2에 따라 선량한 관리자의 주의로 제1항의 사무를 수행하여야 한다.

제29조 (공용부분등의 보존행위) ① 구분소유자등은 공용부분등의 보존행위를 하는 경우 관리인에게 미리 보존행위의 내용과 방법을 통지하여야 한다. 다만, 긴급을 요하는 때에는 보존행위를 한 후 지체 없이 이를 알려야 한다.

② 관리단은 구분소유자등으로부터 제1항의 통지를 받은 후 직접 보존행위를 하는 등 필요한 조치를 할 수 있다.

제30조 (공용부분등의 변경) ① 법 제15조, 제19조에 따라 공용부분등을 변경하는 경우, 관리인은 미리 공용부분등의 변경을 위한 계획서를 작성하여야 한다.
 ② 제1항의 계획서에는 공사예정액, 구분소유자들의 비용부담, 공사업체 선정방법, 공사기간, 공사절차 등이 포함되어야 한다.
 ③ 관리단은 구분소유자에게 적정한 방법으로 제1항의 계획서를 미리 공지하여야 한다.
 ④ 관리단은 제1항의 계획서에 따라 ○원 이상의 공사·용역을 발주하는 경우 공개경쟁 입찰의 절차 및 방식에 따라 공사계약을 체결하여야 한다.

> 【참고】 ※ 공개경쟁 입찰로 계약을 체결하여야 하는 공사금액은 각 건물의 용도, 규모 등 구체적 사정을 고려하여 결정하여야 합니다.

제31조 (권리변동 있는 공용부분등의 변경) ① 법 제15조의2에 따라 건물의 노후화 억제 또는 기능 향상 등을 위하여 구분소유권 및 대지사용권의 범위나 내용에 변동을 일으키는 공용부분등의 변경의 경우, 관리인은 미리 공용부분등의 변경을 위한 계획서를 작성하여야 한다.
 ② 제1항의 계획서에는 다음 각 호의 사항이 포함되어야 한다.
  1. 설계의 개요- 6
  2. 예상 공사 기간 및 예상 비용(특별한 손실에 대한 전보 비용을 포함한다)
  3. 제2호에 따른 비용의 분담 방법
  4. 변경된 부분의 용도
  5. 전유부분 수의 증감이 발생하는 경우에는 변경된 부분의 귀속에 관한 사항
  6. 전유부분이나 공용부분의 면적에 증감이 발생하는 경우에는 변경된 부분의 귀속에 관한 사항
  7. 대지사용권의 변경에 관한 사항
  8. (※ 그 밖의 필요한 사항을 기입하고 없으면 제8호는 삭제해 주세요.)

제32조 (관리단의 시정권고 등) 구분소유자등이 건물의 보존에 해로운 행위나 그 밖에 건물의 관리 및 사용에 관하여 구분소유자등의 공동의 이익에 어긋나는 행위를 할 경우, 관리단은 구분소유자등에게 시정을 권고하고 필요한 조치를 할 수 있다.

제33조 (자료의 보관 및 열람 등) ① 관리단이 보관해야 하는 자료는 다음 각 호와 같다.
  1. 정기 관리단집회의 소집에 관한 자료
  2. 규약과 각종 세칙

3. 관리단집회의 의사록(제51조제4항의 녹화물 또는 녹음물을 포함한다)
4. 제75조의 관리비, 수선적립금, 사용료, 잡수입의 징수, 지출, 적립 현황과 관련된 회계서류
5. 제77조제1항의 수선계획서
6. 제84조에 따른 회계감사 보고서
7. 관리위탁계약(관리인의 선임·해임에 관한 계약을 포함한다) 등 관리단이 체결한 계약의 계약서
8. 제30조, 제31조에 따른 공용부분등의 변경을 위한 계획서
9. 구분소유자명부
10. 그 밖에 관리단의 사무에 필요한 자료

② 관리인은 관리단의 사무 집행을 위한 비용과 분담금 등 금원의 징수·보관·사용·관리 등 모든 거래행위에 관하여 장부를 월별로 작성하여 그 증빙서류와 함께 해당 회계연도 종료일부터 5년간 보관하여야 한다.

③ 구분소유자등은 별표 6 서식에 따른 서면으로 제1항 기재 자료와 제2항의 장부나 증빙서류의 열람을 청구하거나 자기 비용으로 등본의 발급을 청구할 수 있다. 다만 관리인은 다음 각 호의 정보를 제외하고 이에 응하여야 한다.
  1. 「개인정보 보호법」 제24조에 따른 고유식별정보 등 개인의 사생활의 비밀 또는 자유를 침해할 우려가 있는 정보
  2. 의사결정 과정 또는 내부검토 과정에 있는 사항 등으로서 공개될 경우 업무의 공정한 수행에 현저한 지장을 초래할 우려가 있는 정보

④ 이해관계인은 별표 6 서식에 따른 서면으로 규약, 각종 세칙 또는 관리단집회 의사록 등의 열람을 청구하거나 자기 비용으로 등본의 발급을 청구할 수 있다.

제34조 (기관 및 임원) 관리단은 관리단집회와 관리인 이외에 다음 각 호의 기관을 둘 수 있다.

② 관리인, 부관리인, 감사를 관리단의 임원으로 한다.
  1. 감사
  2. 선거관리위원회

제35조 (직원 및 시설 등) ① 관리단은 관계 법령에 따라 자격을 가진 인력을 직원으로 고용할 수 있고, 필요한 시설과 장비를 갖추어야 한다.

② 관리인, 부관리인, 감사 본인이나 그 배우자, 직계존비속은 관리단의 직원으로 고용될 수 없다.

③ 관리단은 필요한 경우 외부 전문인력의 상담이나 조언, 지도, 그 밖에 지원을 받을 수 있다.

④ 관리단 임원은 경비원, 미화원, 관리단의 직원 등 근로자의 처우개선과 인권

존중을 위하여 노력하여야 하며, 근로자에게 업무 이외의 부당한 지시를 하거나 명령을 하여서는 아니 된다.

제36조 (직무교육 등) 관리단은 관리단 임원 및 직원이 법령에서 정한 교육이나 전문기관이 실시하는 직무교육을 받을 수 있도록 지원할 수 있다.

제37조 (사무의 위탁) 관리단은 관리단집회의 결의에 따라 제3자에게 관리단의 사무를 위탁할 수 있다.

제38조 (관리위탁계약의 체결) ① 제37조에 따라 관리단 사무를 위탁하기로 한 경우, 관리단은 위탁관리회사 등과 관리위탁계약을 체결하여야 한다.
② 제1항의 계약금액이 ○원 이상인 경우 공개경쟁 입찰의 절차 및 방식에 따라 관리위탁계약을 체결하여야 한다.

【참고】 ※ 공개경쟁 입찰로 계약을 체결하여야 하는 계약금액은 건물의 용도, 규모 등 구체적 사정을 고려하여 결정하여야 합니다.

제5장 관리단집회

제39조 (관리단집회의 권한) 관리단의 사무는 법 또는 규약으로 관리인에게 위임한 사항 외에는 관리단집회의 결의에 따라 수행한다.

제40조 (소집권자 등) ① 관리인은 매년 회계연도 종료 후 3개월 이내에 정기 관리단집회를 소집하여야 한다.
② 관리인은 필요하다고 인정할 때에는 임시 관리단집회를 소집할 수 있다.
③ 다음 각 호의 청구가 있은 후 1주일 내에 관리인은 청구일부터 2주일 이내의 날을 관리단집회일로 하는 소집통지 절차를 밟아야 한다.
  1. 구분소유자의 5분의 1 이상이 회의의 목적사항을 구체적으로 밝혀 관리단집회의 소집을 청구하는 경우
  2. 감사를 둔 경우 감사가 관리단의 사무를 감사한 후 법령 또는 규약 위반사항에 관한 보고를 회의의 목적사항으로 밝혀 관리단집회의 소집을 청구하는 경우
④ 제3항에도 불구하고 1주일 내에 관리인이 관리단집회의 소집통지 절차를 밟지 아니하면 소집을 청구한 구분소유자는 법원의 허가를 받아 관리단집회를 소집할 수 있다.

제41조 (소집절차) ① 관리인은 관리단집회를 소집하려면 관리단집회일 1주일 전

에 각 구분소유자에게 다음 각 호의 사항이 포함된 통지서를 발송하고, 구분소유자들이 쉽게 식별할 수 있는 건물 내의 적당한 장소에 게시하여야 한다. 관리단의 인터넷 홈페이지가 있는 경우 인터넷 홈페이지에도 이를 게시하여야 한다.
  1. 회의의 일시, 장소 및 목적사항
  2. 회의의 목적사항이 공용부분의 변경(법 제15조제1항), 권리변동이 있는 공용부분의 변경(법 제15조의2제1항), 규약의 설정·변경·폐지(법 제29조제1항), 건물의 재건축(법 제47조제1항), 건물의 복구(법 제50조제4항)인 경우
    가. 의결이 필요한 이유
    나. 공사계획, 각 구분소유자의 비용부담내역 및 재원조달계획(공용부분의 변경, 권리변동 있는 공용부분의 변경, 건물의 재건축, 건물의 복구 시)
    다. 규약안(규약의 설정·변경·폐지 시)
  3. 서면으로 의결권을 행사할 경우, 서면의 제출 장소, 제출 기간, 서면의 양식 등 서면 의결권 행사에 필요한 자료
  4. 전자적 방식으로 의결권을 행사할 경우 전자투표를 할 인터넷 주소, 전자투표를 할 기간, 그 밖에 구분소유자의 전자투표에 필요한 기술적인 사항
  5. 의결권을 대리행사하는 경우 대리권을 증명하는 서면의 제출 방법, 그 밖에 대리행사에 필요한 사항
  6. 회의결과의 공고방법
② 제1항의 통지서는 구분소유자의 전유부분으로 발송한다. 다만, 구분소유자가 관리단에 제24조제1항에 따라 다른 주소지를 신고한 경우에는 신고한 주소지로 발송한다.
③ 공용부분의 관리(법 제16조제2항), 관리인의 선임 또는 해임(법 제24조제4항), 회계감사의 실시여부와 관련하여 점유자가 의결권을 행사할 수 있는 경우(법 제26조의2제2항)에 관리인은 점유자에게도 전유부분으로 제1항의 통지서를 발송하여야 한다.
④ 관리단집회는 구분소유자 전원이 동의하면 소집절차를 거치지 아니하고 소집할 수 있다.
⑤ 관리단집회는 구분소유자등에게 통지한 사항에 관하여만 결의할 수 있다. 다만, 제4항에 따른 관리단집회에서는 그러하지 아니하다.

제42조 (개의 및 의결 정족수) ① 다음 각 호의 경우 관리단집회는 구분소유자의 3분의 2 이상 및 의결권의 3분의 2 이상으로 의결한다.
  1. 법 제15조제1항 본문 및 법 제19조에 따른 대지 및 공용부분등의 변경- 9
  2. 법 제26조의2제1항에 따른 회계감사의 미실시
  3. 그 밖에 관리단집회에서 정한 사항
② 다음 각 호의 경우 관리단집회는 구분소유자의 4분의 3 이상 및 의결권의 4분의 3 이상으로 의결한다.

1. 법 제29조제1항에 따른 규약의 설정·변경·폐지
2. 법 제44조제1항, 제2항에 따른 사용금지의 청구
3. 법 제45조제1항, 제2항에 따른 구분소유권 경매의 청구
4. 법 제46조제1항, 제2항에 따른 계약의 해제 및 전유부분의 인도 청구
5. 그 밖에 관리단집회에서 정한 사항

③ 다음 각 호의 경우 관리단집회는 구분소유자의 5분의 4 이상 및 의결권의 5분의 4 이상으로 의결한다.
1. 법 제15조의2 및 법 제19조에 따른 권리변동이 있는 공용부분등의 변경
2. 법 제47조제1항, 제2항에 따른 재건축 결의
3. 법 제50조제4항에 따른 멸실한 공용부분의 복구
4. 그 밖에 관리단집회에서 정한 사항

④ 제1항부터 제3항까지 각 호 이외의 경우, 관리단집회는 구분소유자의 과반수 및 의결권의 과반수로써 의결한다.

⑤ 관리단집회를 소집한 결과 관리단집회에 출석한 구분소유자의 수가 의결 정족수에 미달하는 경우 관리단집회를 재소집하여야 한다.

⑥ 법 제38조제2항에 따라 서면이나 전자적 방법 또는 서면과 전자적 방법(이하 "서면·전자적 방법 등"이라 한다)에 의한 결의와 관리단집회의 결의를 병행하기로 한 경우 서면·전자적 방법으로 의결권을 행사한 자도 출석한 것으로 간주한다.

제43조 (의결권) ① 각 구분소유자의 의결권은 별표 7과 같다.
② 구분소유자 1인이 2개 이상의 전유부분을 소유하더라도 하나의 의결권만을 가지며, 구분소유자 수를 산정함에 있어서 구분소유자 1인으로 본다.
③ 전유부분을 여럿이 공유하는 경우에 공유자는 관리단집회에서 의결권을 행사할 1인을 정한다.
④ 구분소유자는 서면이나 전자적 방법 또는 대리인을 통하여 의결권을 행사할 수 있다.

제44조 (점유자의 의결권 행사) ① 점유자는 공용부분의 관리(법 제16조제2항), 관리인의 선임 또는 해임(법 제24조제4항), 회계감사의 실시여부(법 제26조의2제2항, 제3항)에 관하여 구분소유자의 의결권을 행사할 수 있다. 다만, 다음 각 호의 어느 하나에 해당하는 경우에는 그러하지 아니하다.
1. 구분소유자와 점유자의 합의로 구분소유자가 의결권을 행사하기로 정하여 관리단에 통지한 경우
2. 구분소유자의 권리·의무에 특별한 영향을 미치는 공용부분의 관리행위에 관하여 점유자가 사전에 구분소유자의 동의를 받지 못한 경우
3. 관리인의 선임 또는 해임, 회계감사의 실시여부에 관하여 구분소유자가 관

리단집회 이전에 직접 의결권을 행사할 것을 관리단에 통지한 경우
② 동일한 전유부분의 점유자가 여럿인 경우에는 해당 구분소유자의 의결권을 행사할 1명을 정하여 관리단에 통지하여야 한다.
③ 여러 개의 전유부분을 소유한 구분소유자가 하나 이상의 전유부분을 점유하고 있는 경우 구분소유자만 의결권을 행사할 수 있다.
④ 여러 개의 전유부분을 소유한 구분소유자가 전유부분을 모두 점유하고 있지 않는 경우 점유자들은 의결권을 행사할 1명을 정하여 관리단에 통지하여야 한다.

제45조 (점유자의 의견진술 등) ① 점유자는 집회의 목적사항에 관하여 이해관계가 있는 경우에는 집회에 출석하여 의견을 진술할 수 있다.
② 관리인 또는 제40조제4항의 구분소유자는 필요하다고 인정하는 경우 관리단집회의 의결권이 없는 자로 하여금 집회에 참석하여 의견을 진술하도록 허용할 수 있다.

제46조 (서면에 의한 의결권 행사) 서면에 의한 의결권 행사는 관리단집회의 결의 전까지 할 수 있다.

제47조 (전자적 방법에 의한 의결권 행사) ① 법 제38조제2항에 따라 의결권을 전자적 방법으로 행사(이하 "전자투표"라 한다)하는 경우에 구분소유자는 다음 각 호의 어느 하나에 해당하는 방법으로 본인확인을 거쳐 전자투표를 하여야 한다.
 1. 휴대전화를 통한 본인인증 등 「정보통신망 이용촉진 및 정보보호 등에 관한 법률」 제23조의3에 따른 본인확인기관에서 제공하는 본인확인의 방법
 2. 「전자서명법」 제2조제2호에 따른 전자서명 또는 같은 법 제2조제6호에 따른 인증서를 통한 본인확인의 방법
 3. 이메일 또는 휴대전화 문자 등 「전자서명법」 제2조제1호에 따른 전자문서를 제출하는 방법
② 전자투표는 관리단집회일 전날까지 하여야 한다.
③ 관리단은 전자투표를 관리하는 기관을 지정하여 본인 확인 등 의결권 행사 절차의 운영을 위탁할 수 있다.

제48조 (대리인에 의한 의결권 행사) ① 대리인은 의결권을 행사하기 이전에 의장에게 대리권을 증명하는 서면을 제출하여야 한다.
② 대리인 1인이 수인의 구분소유자를 대리하는 경우에는 구분소유자의 과반수 또는 의결권의 과반수 이상을 대리할 수 없다.

제49조 (서면 또는 전자적 방법에 의한 결의) ① 법 또는 규약에 따라 관리단집회

에서 결의할 것으로 정한 사항에 관하여 구분소유자의 4분의 3 이상 및 의결권의 4분의 3 이상이 서면이나 전자적 방법 또는 서면과 전자적 방법으로 합의하면 관리단집회에서 결의한 것으로 본다.
② 제1항에도 불구하고 권리변동 있는 공용부분의 변경(법 제15조의2제1항 본문), 재건축 결의(법 제47조제2항 본문) 및 건물가격의 2분의 1을 초과하는 건물부분이 멸실한 경우의 복구(법 제50조제4항)의 경우에는 구분소유자의 5분의 4 이상 및 의결권의 5분의 4 이상이 서면이나 전자적 방법 또는 서면과 전자적 방법으로 합의하면 관리단집회를 소집하여 결의한 것으로 본다.

제50조 (집회의 운영) ① 관리인은 관리단집회의 의장이 된다. 다만, 제40조제4항에 따라 관리단집회가 소집된 경우, 법원의 허가를 받은 구분소유자는 관리단집회의 의장이 된다.
② 제1항에 해당하는 자가 2인 이상인 경우 관리단집회의 의장은 상호 합의로 결정하고, 상호 합의가 이루어지지 않으면 연장자가 관리단집회의 의장이 된다.
③ 관리단집회의 의장은 집회의 질서를 유지하고 의사를 정리하며, 고의로 의사진행을 방해하는 등 집회의 질서를 문란하게 하는 자에 대하여 발언의 제한, 퇴장 등 필요한 조치를 할 수 있다.

제51조 (의사록) ① 관리단집회의 의장은 집회가 끝난 후 관리단집회의 의사에 관하여 서면(전자문서를 포함한다)으로 의사록을 작성하여야 한다.
② 의사록에는 다음 각 호의 사항을 기재하여야 한다.
  1. 회의 일시, 장소 및 목적사항
  2. 참가자 명단(서면이나 전자적 방법, 대리인에 의해 의결권을 행사한 경우를 포함한다)
  3. 상정안건 및 상정안건에 대한 발언내용, 의결결과
  4. 법 제15조의2에 따른 권리변동이 있는 공용부분의 변경과 법 제47조에 따른 재건축에 관한 결의에 있어서 각 구분소유자의 찬반의 의사
  5. 그 밖에 관리단집회 의장이 필요하다고 인정한 사항
③ 의사록은 관리단집회 의장과 의결권을 행사한 구분소유자 2인 이상이 서명날인 하여야 한다.
④ 관리단집회의 의장이 필요하다고 인정하는 경우, 의장은 관리단집회를 녹화 또는 녹음하거나 구분소유자등에게 실시간으로 중계할 수 있다.
⑤ 관리인은 관리단집회를 소집하면서 명시한 방법에 따라 관리단집회의 결과를 지체 없이 공고하여야 한다.

제6장 관리인 및 관리단 임원

제52조 (관리인의 선임 등) ① 관리인은 관리단집회의 결의로 선임되거나 해임된다.
② 관리인의 임기는 2년이며, 연임하거나 중임할 수 있다.
③ 관리인은 감사와 선거관리위원을 겸직할 수 없다.

제53조 (관리인의 해임청구) 다음 각 호의 어느 하나에 해당하는 경우 구분소유자는 법 제24조제5항에 따라 관리인의 해임을 법원에 청구할 수 있다.
1. 고의 또는 중대한 과실로 관리대상물을 멸실·훼손하여 구분소유자등에게 손해를 가한 경우
2. 관리비, 수선적립금 등 관리단의 수입을 횡령한 경우- 12
3. 위탁관리회사 등의 선정 과정에서 입찰정보를 누설하는 등 입찰의 공정을 훼손하거나 금품을 수수한 경우
4. 그 밖에 관리인에게 부정한 행위나 직무를 수행하기에 적합하지 아니한 사정이 있는 경우

제54조 (관리인의 자격) 다음 각 호의 어느 하나에 해당하는 사람은 관리인이 될 수 없다.
1. 미성년자, 피성년후견인
2. 파산선고를 받은 자로서 복권되지 않은 사람
3. 금고 이상의 형을 선고받고 그 집행이 끝나거나 그 집행을 받지 않기로 확정된 후 5년이 지나지 않은 사람(과실범은 제외한다)
4. 금고 이상의 형을 선고받고 그 집행유예 기간이 끝난 날부터 2년이 지나지 않은 사람(과실범은 제외한다)
5. 집합건물의 관리와 관련하여 벌금 100만원 이상의 형을 선고받은 후 5년이 지나지 않은 사람
6. 관리위탁계약 등 관리단의 사무와 관련하여 관리단과 계약을 체결한 자 또는 그 임직원
7. 관리단에 매달 납부하여야 할 분담금을 3개월 연속하여 체납한 사람

제55조 (관리인의 직무대행) ① 관리인이 부득이한 사유로 일시적으로 직무를 수행할 수 없는 경우, 부관리인이 관리인의 직무를 대행한다.
② 부관리인이 없거나 직무를 대행할 수 없는 경우, 관리단집회의 결의로 직무대행자를 선임할 수 있다.

제56조 (관리인의 주의의무 등) ① 관리인은 주거용 건물의 관리 및 사용에 관한 공동이익을 위하여 선량한 관리자의 주의로 관리단의 사무를 집행하여야 한다.
② 관리인은 관리단집회의 결의에 따라 필요한 경비와 보수를 지급받을 수 있다.

제57조 (관리인의 권한과 의무) ① 관리인은 제28조제1항의 관리단 사무를 집행할 권한과 의무를 가진다.
② 관리인은 제1항에 따른 관리단의 사무 집행과 관련하여 관리단을 대표하여 재판상 또는 재판 외의 행위를 할 수 있다. 다만, 관리인의 대표권은 관리단집회의 결의로 제한할 수 있다.
③ 관리인의 권한과 의무에 관하여 규약에서 정하지 않은 사항에 관하여는 민법상 위임에 관한 규정을 준용한다.

제58조 (자문위원회의 설치) ① 관리인은 필요하다고 인정할 때에는 제28조제1항의 관리단 사무를 집행하기 위한 범위에서 특정한 문제를 자문하기 위하여 다음 각 호의 자문위원회를 둘 수 있다.
 1. 회계자문위원회
 2. 법무자문위원회
 3. 그 밖에 관리인이 필요하다고 인정하는 자문위원회
② 관리인은 관리단집회에 제1항에 따른 자문 결과를 보고하여야 한다.- 13

제59조 (관리인의 보고의무) ① 법 제26조 제1항에 따라 관리인이 보고해야 하는 사무는 다음 각 호와 같다.
 1. 관리단의 사무 집행을 위한 분담금액과 비용의 산정방법, 징수·지출·적립 내역에 관한 사항
 2. 제1호 이외에 관리단이 얻은 수입 및 사용내역에 관한 사항
 3. 관리위탁계약 등 관리단이 체결하는 계약의 당사자 선정과정 및 계약조건에 관한 사항
 4. 규약 및 규약에 기초하여 만든 규정의 설정·변경·폐지에 관한 사항
 5. 관리단 임직원의 변동에 관한 사항
 6. 대지, 공용부분 및 부속시설의 보존, 관리, 변경에 관한 사항
 7. 관리단을 대표한 재판상 행위에 관한 사항
 8. 제77조제1항에 따른 회계감사를 받은 경우 감사보고서 등 회계감사의 결과에 관한 사항
 9. 그 밖에 규약 또는 규약에 기초하여 만든 규정이나 관리단집회의 결의에서 정하는 사항
② 관리인은 위 제1항의 보고사항을 구분소유자등이 쉽게 식별할 수 있는 건물 내의 적당한 장소에 게시하여야 한다. 관리단의 인터넷 홈페이지가 있는 경우

인터넷 홈페이지에도 이를 게시하여야 한다.
③ 관리인은 매월 1회 구분소유자 및 점유자에게 관리단의 사무집행을 위한 분담금액과 비용의 산정방법을 서면으로 보고하여야 한다.
④ 관리인은 법 제32조에 따른 정기 관리단집회에 출석하여 관리단이 수행한 사무의 주요내용과 예·결산 내역을 보고하여야 한다.

제60조 (관리단 사무의 인수인계) 관리인이 변경된 경우, 전임 관리인은 후임 관리인에게 제33조제1항의 자료와 그 밖에 관리단의 사무에 필요한 물건을 전부 교부하는 등 후임 관리인이 관리단 사무를 원활히 수행할 수 있도록 협력하여야 한다.

제61조 (관리단 임원의 선임 등) ① 부관리인과 감사는 관리단집회의 결의로 선임되거나 해임된다.
② 감사는 구분소유자 중에서 선임한다.
③ 부관리인과 감사의 임기는 2년으로 하며, 연임할 수 있다.
④ 부관리인과 감사의 주의의무와 보수에 관하여는 제56조를 준용한다.

제62조 (감사의 권한과 의무) ① 감사는 관리단의 사무와 회계를 감사하며, 관리단집회에 감사결과보고서를 제출하여야 한다.
② 감사는 관리인에게 제1항의 감사를 위하여 필요한 자료의 제공을 요구할 수 있다.
③ 관리단의 사무집행 또는 회계관리가 법령 또는 규약을 위반하였음을 발견한 경우, 감사는 관리인에게 제40조제3항제3호에 따라 관리단집회의 소집을 청구할 수 있다.
④ 감사는 관리단집회에 출석하여 의견을 진술할 수 있다.
⑤ 구분소유자의 10분의 1 이상이 관리단의 사무집행 또는 회계관리를 특정하여 감사를 요청한 경우, 감사는 이에 대한 감사를 실시한 후 감사를 요청한 구분소유자에게 감사 결과를 통지하여야 한다.

제7장 선거관리위원회

제63조 (선거관리위원회 구성) ① 선거관리위원회는 구분소유자 중에서 선출된 3인 이상 7인 이내의 위원으로 구성한다.
② 선거관리위원회의 위원은 다음 각 호의 자 중 관리단집회의 결의로 선출한다.
  1. 관리인이 추천한 자
  2. 구분소유자의 20분의 1 이상(최소 5인 이상)이 추천한 자

③ 제2항제2호에 따른 추천권자가 관리인으로부터 선거관리위원 추천 통보를 받은 날부터 7일 이내에 추천을 하지 않거나 추천한 사람이 선거관리위원 정원의 2배를 초과하지 않은 때에는 관리인은 구분소유자등 중에서 희망하는 자를 공개모집하여 추천할 수 있다.
④ 제2항에도 불구하고 선거관리위원회가 구성되지 않은 경우에는 시장·군수 또는 구청장은 구분소유자 중에서 학식과 사회경험이 풍부한 자를 위원으로 위촉할 수 있다.
⑤ 위원장은 선거관리위원회 위원 중에서 위원들의 투표로 선출한다.

제64조 (임기 및 자격상실 등) ① 선거관리위원회 위원의 임기는 선출 또는 위촉받은 날부터 2년으로 하되 연임할 수 있으며, 위원장의 임기는 그 위원의 임기가 만료되는 날까지로 한다.
② 선거관리위원은 구분소유자 지위를 상실한 때 그 자격을 상실한다.
③ 다음 각 호의 어느 하나에 해당하는 사람은 선거관리위원회 위원이 될 수 없다.
  1. 제54조 각 호의 어느 하나에 해당하는 사람
  2. 관리인, 부관리인 및 감사 본인이나 그 배우자, 직계존비속
④ 선거관리위원회 위원은 관리인, 부관리인 및 감사를 겸직할 수 없다.

제65조 (업무) 선거관리위원회는 다음 각 호의 업무를 수행한다.
  1. 선거관리규정의 제정·개정. 다만 관리단집회의 승인을 받아야 한다.
  2. 관리인, 부관리인 및 감사의 선출 및 해임에 관한 선거관리
  3. 관리인, 부관리인 및 감사의 법 또는 규약에서 정한 결격사유 유무 확인
  4. 관리단집회의 결의를 투표의 방식으로 하는 경우 그 투·개표업무
  5. 관리인, 부관리인 및 감사에 대한 당선확인 및 당선증 교부
  6. 관리인, 부관리인 및 감사의 사퇴 접수·처리
  7. 그 밖에 선거관리에 관한 업무

제66조 (운영 등) ① 위원장은 선거관리위원회를 대표하고, 그 업무를 총괄한다.
② 위원장이 부득이한 사유로 직무를 수행할 수 없는 경우에는 위원 중 과반수 결의로 그 직무를 대행할 자를 선출한다.
③ 위원이 궐위된 경우에는 60일 이내에 다시 선출 또는 위촉한다. 보궐위원의 임기는 전임자의 잔여임기로 한다.
④ 위원장은 선거관리위원회의 회의에 관하여 회의록을 작성하고, 위원장 및 위원 2명 이상이 서명날인 한 후 관리인이 보관하도록 하여야 한다.
⑤ 이해관계인은 관리인에게 별표 6 서식에 따른 서면으로 선거관리위원회 의사록의 열람을 청구하거나 자기 비용으로 등본의 발급을 청구할 수 있다.

제67조 (선거관리위원의 해임 등) ① 선거관리위원이 직무를 유기하거나 법령 및 규약을 위반한 경우, 구분소유자 10분의 1 이상이 발의하고 관리단집회의 결의로 해임할 수 있다.
② 위원장은 정당한 사유 없이 3회 연속하여 회의에 출석하지 아니한 자를 해임할 수 있다.

제8장 회 계

제68조 (관리단의 수입) ① 관리단의 수입은 다음 각 호와 같다.
  1. 관리비
  2. 수선적립금
  3. 사용료
  4. 잡수입
② 관리비와 수선적립금은 구분하여 회계처리 하여야 한다.

제69조 (관리비등) ① 관리비는 다음 각 호의 경비를 말하며 항목별 세부명세는 별표 8과 같다.
  1. 일반관리비
  2. 청소비
  3. 경비비
  4. 소독비
  5. 승강기유지비
  6. 지능형 홈네트워크 설비 유지비
  7. 난방비
  8. 급탕비
  9. 수선유지비(난방시설의 청소비를 포함한다)
  10. 위탁관리수수료
② 관리단은 구분소유자등의 편의를 위하여 징수권자를 대행하여 다음 각 호의 사용료를 관리비와 함께 징수하여 징수권자에게 납부할 수 있다.
  1. 전기료(공동으로 사용하는 시설의 전기료를 포함한다)
  2. 수도료(공동으로 사용하는 수도료를 포함한다)
  3. 가스사용료- 16
  4. 지역난방 방식인 주거용 건물의 난방비와 급탕비
  5. 분뇨 처리 수수료
  6. 폐기물 처리 수수료

7. 건물 전체를 대상으로 하는 보험료
　　8. 관리단 운영경비
　　9. 선거관리위원회 운영경비
③ 관리비는 별표 9에 따라 산정하며, 사용료는 별표 10에 따라 산정한다.
④ 구분소유자는 관리단에 주거용 건물의 유지·관리에 필요한 관리비와 사용료(한다 "관리비등"이라 한다)를 납부하여야 한다.
⑤ 점유자는 전유부분의 점유기간 동안 발생한 관리비등에 대하여 구분소유자와 연대하여 책임을 진다.

제70조 (수선적립금) ① 관리단은 관리단집회의 결의로 건물이나 대지 또는 부속시설의 교체 및 보수에 관한 수선계획을 수립하며, 수선계획에는 다음 각 호의 사항이 포함되어야 한다.
　　1. 계획기간
　　2. 외벽 보수, 옥상 방수, 급수관·배수관 교체, 창·현관문 등의 개량 등 수선대상 및 수선방법
　　3. 수선대상별 예상 수선주기
　　4. 계획기간 내 수선비용 추산액 및 산출근거
　　5. 수선계획의 재검토주기
　　6. 수선적립금의 사용절차
　　7. 그 밖에 관리단집회의 결의에 따라 수선계획에 포함하기로 한 사항
② 수선적립금은 법 제12조에 따른 구분소유자의 지분 비율에 따라 산출하여 징수하고, 관리단이 존속하는 동안 매달 적립한다.
③ 수선적립금은 대지, 공용부분등과 관련하여 관리단집회의 결의를 거쳐 다음 각 호의 용도로 사용할 수 있다.
　　1. 관리단이 스스로 수립한 수선계획에 따른 조사 및 수선공사(보수, 교체 및 개량공사)
　　2. 자연재해 등 예상하지 못했던 사유로 인하여 필요하게 된 수선공사
　　3. 제1호 또는 제2호의 용도로 사용하기 위하여 빌린 돈의 변제

제71조 (관리비 예치방법 등) 관리단은 관리비등과 수선적립금을 「은행법」 제2조제1항제2호에 따른 은행 또는 우체국에 관리단의 명의로 계좌를 개설하여 예치하여 관리하여야 한다.
② 관리단은 수선적립금을 관리비등과 구분하여 징수하여야 한다.
③ 구분소유자가 관리비등과 수선적립금을 체납한 경우 구분소유자의 지위를 승계한 자가 이를 부담하여야 한다. 다만, 관리비등의 경우에는 공용부분의 관리비등에 한정한다.

제72조 (잡수입) ① 제14조에 따른 전용사용부분 사용료, 제15조에 따른 주차장 사용료 및 제16조에 따른 대지와 공용부분등 임대료, 그 밖에 주거용 건물의 관리 등으로 인하여 발생한 수입은 잡수입으로 한다.- 17
    ② 제1항의 잡수입은 관리비 예산 총액의 ○%까지 관리비로 충당하고, 나머지는 수선적립금으로 적립한다.

제73조 (관리비등의 징수) ① 관리단은 관리비등을 징수하기 위하여 납기일 10일 전까지 구분소유자등에게 다음 각 호의 사항을 명시한 고지서를 교부하여야 한다.
    1. 전유부분의 표시
    2. 관리비등의 산정기간, 비목별·세부내역별 금액 및 산정방법
    3. 납부기한 및 연체료
    4. 납부방법(납부할 예금계좌번호 등)
    ② 관리비등의 산정기간은 매월 1일부터 말일까지로 한다. 다만, 사용료의 산정기간은 사용료 징수권자와 체결한 계약을 따를 수 있다.
    ③ 관리비등의 납부기한은 다음 달 말일까지로 한다. 다만, 납기일이 공휴일인 경우 그 다음날까지로 한다.
    ④ 구분소유자등이 납부기한까지 관리비등을 납부하지 아니한 경우, 관리단은 구분소유자등에게 제1항에 따라 고지한 연체료 및 연체로 인한 손해배상금(소송비용, 추심비용 등 포함)을 청구할 수 있다.
    ⑤ 제4항 및 연체로 인한 손해배상금은 관리비 예산 총액의 ○%까지 관리비로 충당하고, 나머지는 수선적립금으로 적립한다.

제74조 (관리비등의 연체료) 관리비등을 기한 내에 납부하지 아니한 구분소유자등에 대하여는 별표 11의 이율에 따른 가산금을 부과한다.

제75조 (회계연도) 관리단의 회계연도는 매년 1월 1일부터 12월 31일까지로 한다.

제76조 (예산 및 결산) ① 관리인은 당해 회계연도의 예산안을 작성하여 정기 관리단집회에 보고하여야 한다.
    ② 관리인은 직전 회계연도의 결산결과보고서를 작성하여 감사의 회계감사를 거쳐 정기 관리단집회에 보고하여야 한다.

제77조 (회계감사) ① 관리인은 매 회계연도 종료 후 3개월 이내에 해당 회계연도의 회계감사를 실시할 감사인을 선임하여야 하며, 매 회계연도 종료 후 9개월 내에 다음 각 호의 재무제표와 관리비 운영의 적정성에 대하여 「주식회사의 외부감사에 관한 법률」 제2조제7호에 따른 감사인의 회계감사를 매년 1회 이상

받아야 한다. 그러나 관리단집회에서 구분소유자의 3분의 2 이상 및 의결권의 3분의 2 이상이 회계감사를 받지 아니하기로 결의한 연도에는 그러하지 아니하다.
  1. 재무상태표
  2. 운영성과표
  3. 이익잉여금처분계산서 또는 결손금처리계산서
  4. 주석(註釋)
② 점유자는 제1항 단서에 따른 관리단집회에 참석하여 그 구분소유자의 의결권을 행사할 수 있다. 다만, 구분소유자와 점유자가 달리 정하여 관리단에 통지하거나 구분소유자가 집회 이전에 직접 의결권을 행사할 것을 관리단에 통지한 경우에는 그러하지 아니하다.
③ 관리인은 한국공인회계사회에 감사인의 추천을 의뢰할 수 있다.
④ 관리인은 회계감사의 결과를 제출받은 날부터 1개월 이내에 감사 보고서 등 회계감사의 결과를 구분소유자 및 점유자에게 서면으로 보고하여야 한다.
⑤ 제4항의 보고는 구분소유자 또는 점유자가 관리인에게 따로 보고장소를 알린 경우에는 그 장소로 발송하고, 알리지 않은 경우에는 구분소유자가 소유하는 전유부분이 있는 장소로 발송하며, 구분소유자등이 쉽게 식별할 수 있는 건물 내의 적당한 장소에 게시하여야 한다. 관리단의 인터넷 홈페이지가 있는 경우 인터넷 홈페이지에도 이를 게시하여야 한다.
⑥ 회계감사와 관련하여 관리인은 다음 각 호의 어느 하나에 해당하는 행위를 하여서는 아니 된다.
  1. 정당한 사유 없이 감사인의 자료열람·등사·제출 요구 또는 조사를 거부·방해·기피하는 행위
  2. 감사인에게 거짓 자료를 제출하는 등 부정한 방법으로 회계감사를 방해하는 행위

【제77조 대안】
※ 전유부분이 50개 이상 150개 미만인 경우에는 의무적으로 회계감사를 실시할 필요가 없지만 선택적 회계감사를 위하여 아래의 대안을 선택해 주세요.

제77조 (회계감사) ① 관리인은 구분소유자의 5분의 1 이상이 연서하여 요구하는 경우에 다음 각 호의 재무제표와 관리비 운영의 적정성에 대하여 「주식회사의 외부감사에 관한 법률」 제2조제7호에 따른 감사인의 회계감사를 매년 1회 이상 받아야 한다. 점유자는 구분소유자를 대신하여 연서할 수 있다.
  1. 재무상태표
  2. 운영성과표
  3. 이익잉여금처분계산서 또는 결손금처리계산서

4. 주석(註釋)
　② 관리인은 한국공인회계사회에 감사인의 추천을 의뢰할 수 있다.
　③ 관리인은 회계감사의 결과를 제출받은 날부터 1개월 이내에 감사 보고서 등 회계감사의 결과를 구분소유자 및 점유자에게 서면으로 보고하여야 한다.
　④ 제3항의 보고는 구분소유자 또는 점유자가 관리인에게 따로 보고장소를 알린 경우에는 그 장소로 발송하고, 알리지 않은 경우에는 구분소유자가 소유하는 전유부분이 있는 장소로 발송하며, 구분소유자등이 쉽게 식별할 수 있는 건물 내의 적당한 장소에 게시하여야 한다. 관리단의 인터넷 홈페이지가 있는 경우 인터넷 홈페이지에도 이를 게시하여야 한다.
　⑤ 회계감사와 관련하여 관리인은 다음 각 호의 어느 하나에 해당하는 행위를 하여서는 아니 된다.
　　1. 정당한 사유 없이 감사인의 자료열람·등사·제출 요구 또는 조사를 거부·방해·기피하는 행위
　　2. 감사인에게 거짓 자료를 제출하는 등 부정한 방법으로 회계감사를 방해하는 행위

제78조 (회계장부 등) ① 관리인은 회계장부를 작성하여 보관하여야 한다.
　② 관리인은 회계업무의 수행을 위하여 관리단 명의의 예금계좌를 개설하여야 한다.
　③ 이해관계인은 서면으로 회계장부와 관리단 명의의 예금계좌의 열람을 청구하거나 자기 비용으로 등본의 발급을 청구할 수 있다.

제79조 (회계세칙) 관리단은 필요한 경우 관리단 회계를 위한 회계세칙을 정할 수 있다.

제9장　의무위반자에 대한 조치

제80조 (의무위반자에 대한 조치) 구분소유자등이 법 제5조제1항, 제2항의 행위를 한 경우 또는 그 행위를 할 우려가 있는 경우, 관리인 또는 관리단집회의 결의로 지정된 구분소유자는 법 제43조부터 제46조까지의 규정에 따라 필요한 조치를 할 수 있다.

제10장　관　할

제81조 (관할) 법 제43조부터 제46조까지의 규정에 따른 소송, 그 밖에 관리단과 구분소유자 사이의 소송은 주거용 건물 소재지의 관할법원에 제기하여야 한다.

부 칙

제1조 (규약의 효력) 이 규약은 ○년 ○월 ○일부터 시행한다.
제2조 (종전 행위의 효력) 관리단이 이 규약 시행 전에 종전의 규약에 따라 한 행위는 이 규약에 따라 한 것으로 본다.

[별표 1] 관리대상물(제3조 관련)

건물 명칭 등		○○시(군) 00로00길 00 소재 00아파트
대지	소재지	
	면적	
	권리관계	
건물	구조 등	철근콘크리트조 지상 00층, 지하 00층 용도(공동주택) 연면적 ㎡ 건축면적 ㎡
	전유부분	총 호수 호 연면적 ㎡
부속시설		담, 울타리, 주차장, 자전거 주차장, 쓰레기장, 배수로, 배수구, 외등(조명)설비, 조경목, 게시판, 안내판, 놀이터, 관리사무실 등 건물과 대지 내에 존재하는 시설

[별표 2] 구분소유자의 공유지분율(제6조제3항 관련)

주거용 건물 번호 \ 공유비율	대지 및 부속시설	공용부분
○호실	○○○분의 ○○	○○○분의 ○○
○호실	○○○분의 ○○	○○○분의 ○○
○호실	○○○분의 ○○	○○○분의 ○○
○호실	○○○분의 ○○	○○○분의 ○○
○호실	○○○분의 ○○	○○○분의 ○○
○호실	○○○분의 ○○	○○○분의 ○○
"	"	"
"	"	"
"	"	"
합계	○○○분의 ○○	○○○분의 ○○

[별표 3] 베란다 등의 전용사용부분 및 전용사용권자(제14조 제1항 관련)

구분 \ 전용사용부분	베란다	주거용 건물 앞 대지	옥상
1. 위치	별첨도와 같음	별첨도와 같음	별첨도와 같음
2. 전용사용권자	○호실의 구분소유자등	○호실의 구분소유자등	○호실의 구분소유자등

[별표 4] 신고서 (구분소유자) (제24조 제1항 관련)

	신 고 서 (구분소유자)			
	○○아파트의 구분소유권 취득/상실을 아래와 같이 신고합니다. 신고인　　　　(인) ○○아파트 관리단 귀중			
대상	아파트 ○○○호			
구분소유권을 취득한 자	성 명		전화번호	
	주 소			
	차량번호	(차종 : 　　　　　　　　)		
구분소유권 변동일				
구분소유권 변동원인				
※ 개인정보법 제15조, 제17조, 제23조, 제24조 1. 개인정보 수집·이용의 목적 : 온라인투표, 체납관리 및 비상시 연락 2. 개인정보의 처리 및 보유기간 : 입주일부터 관리비등의 정산을 완료하고 퇴거한 날까지 3. 개인정보의 제3자 제공 　- 제공 받는 자 : 한국전력공사, 가스공급사, 경찰서, 법원, 지방자치단체 　- 제공 받는 자의 이용목적 : 관리비등의 체납자에 대한 조치 등 4. 개인정보 이용 항목 : 성명, 생년월일, 주소, 연락처, 영상 등 5. 비동의 시 불이익 : 개인정보의 취급·수집·이용 제공 등에 비동의 하실 경우 비상시 (차량파손, 급배수 누출 또는 화재 등) 적시에 필요한 조치 등을 받지 못해 피해를 입을 수 있습니다. 　　　　　　　　　년　월　일 - 개인정보취급 및 개인정보의 수집·이용·제공 등의 내용에 대하여 동의합니다. 　　　　202 . . .　　동의자　　(서명:　　　　　) 　　▶ 개인정보 취급자 :　　　　(서명:　　　　　)				

[별표 5] 신고서[전세권자, 임차권자](제24조제2항 관련)

신 고 서 (구분소유자)				
○○아파트의 구분소유권 취득/상실을 아래와 같이 신고합니다. 신고인 (인) ○○아파트 관리단 귀중				
대상	아파트 ○○○호			
구분소유권을 취득한 자	성 명		전화번호	
	주 소			
	차량번호	(차종 :)		
전세권·임차권 기간				

※ 개인정보법 제15조, 제17조, 제23조, 제24조
1. 개인정보 수집·이용의 목적 : 온라인투표, 체납관리 및 비상시 연락
2. 개인정보의 처리 및 보유기간 : 입주일부터 관리비등의 정산을 완료하고 퇴거한 날까지
3. 개인정보의 제3자 제공
    - 제공 받는 자 : 한국전력공사, 가스공급사, 경찰서, 법원, 지방자치단체
    - 제공 받는 자의 이용목적 : 관리비등의 체납자에 대한 조치 등
4. 개인정보 이용 항목 : 성명, 생년월일, 주소, 연락처, 영상 등
5. 비동의 시 불이익 : 개인정보의 취급·수집·이용 제공 등에 비동의 하실 경우 비상시(차량파손, 급배수 누출 또는 화재 등) 적시에 필요한 조치 등을 받지 못해 피해를 입을 수 있습니다.

년   월   일

- 개인정보취급 및 개인정보의 수집·이용·제공 등의 내용에 대하여 동의합니다.

202 . . .   동의자   (서명:)

▶ 개인정보 취급자 :   (서명:)

[별표 6] 정보공개요청서(제33조제3항, 제4항, 제66조제5항 관련)

정보공개요청서				
신청인	성명		신청구분	
	주소		연락처	
정보공개 요청내용				
공개방법	열 람 [　] 복 사 [　]	열람요청시간 :　　　년　　월　　일　　시		
유의사항	▫ 복사요청 시 복사수수료를 납부한 날부터 7일 이내에 사본을 교부합니다. - 복사수수료 : 장당 흑백 ○○원, 칼라 ○○원 ▫ 정보공개 요청내용이 방대하여 관리업무에 현저한 지장을 초래하는 경우에는 정보공개 신청자과 협의하여 정보공개 처리 기간을 연장할 수 있습니다. ▫ 「개인정보 보호법」제24조에 따른 고유식별정보 등 개인의 사생활의 비밀 또는 자유를 침해할 우려가 있는 정보는 제외하고 공개합니다.			
	상기와 같이 자료의 열람·복사를 요청합니다. 　　　　　　　　　　　년　월　일 　　　　신청인 :　　　　　　　　　(서명 또는 인) 　　　　　　　　○○아파트 관리단　귀중			

[별표 7] 의결권의 비율(제43조 제1항 관련)

주거용 건물 호실	의결권 비율	주거용 건물 호실	의결권 비율
○○호실	○○○분의 ○○	○○호실	○○○분의 ○○
○○호실	○○○분의 ○○	○○호실	○○○분의 ○○
○○호실	○○○분의 ○○	○○호실	○○○분의 ○○
○○호실	○○○분의 ○○	○○호실	○○○분의 ○○
○○호실	○○○분의 ○○	○○호실	○○○분의 ○○
"	"	"	"
"	"	"	"
"	"	"	"
"	"	"	"
"	"	"	"
"	"	"	"
		합계	○○○분의 ○○

[별표 8] 관리비 항목별 세부명세(제69조 제1항 관련)

관리비 항목	구성명세
1. 일반관리비	가. 인건비 : 급여, 제수당, 상여금, 퇴직금, 산재보험료, 고용보험료, 국민연금, 국민건강보험료 및 식대 등 복리후생비 나. 제사무비 : 일반사무용품비, 도서인쇄비, 교통통신비 등 관리사무에 직접 소요되는 비용 다. 세금·공과금 : 관리단이 사용한 전기료, 통신료, 우편료 및 관리단에 부과되는 세금 등 라. 피복비 마. 교육훈련비 바. 차량유지비 : 연료비, 수리비, 보험료 등 차량유지에 직접 소요되는 비용 사. 그 밖의 부대비용 : 관리용품구입비, 회계감사비 그 밖에 관리업무에 소요되는 비용
2. 청소비	• 용역 시에는 용역금액, 직영 시에는 청소원인건비, 의류비 및 청소용품비 등 청소에 직접 소요된 비용
3. 경비비	• 용역 시에는 용역금액, 직영 시에는 경비원인건비, 의류비 등 경비에 직접 소요된 비용
4. 소독비	• 용역 시에는 용역금액, 직영 시에는 소독용품비 등 소독에 직접 소요된 비용
5. 승강기 유지비	• 용역 시에는 용역금액, 직영 시에는 제부대비, 자재비 등. 다만, 전기료는 공동으로 사용되는 시설의 전기료에 포함한다.
6. 지능형 홈네트워크 설비 유지비	• 용역 시에는 용역금액, 직영 시에는 지능형 홈네트워크 설비 관련 인건비, 자재비 등 지능형 홈네트워크 설비의 유지 및 관리에 직접 소요되는 비용. 다만, 전기료는 공동으로 사용되는 시설의 전기료에 포함한다
7. 난방비	• 난방 및 급탕에 소요된 원가에서 급탕비를 뺀 금액
8. 급탕비	• 급탕용 유류대(가스비) 및 급탕용수비
9. 수선유지비	가. 공동주택의 공용부분의 수선·보수에 소요되는 비용으로 보수용역 시에는 용역금액, 직영 시에는 자재 및 인건비 나. 냉난방시설의 청소비, 소화기충약비 등 공동으로 이용하는 시설의 보수유지비 및 제반 검사비 다. 건축물의 안전점검비용 라. 재난 및 재해 등의 예방에 따른 비용
10. 위탁관리 수수료	• 건물관리업자에게 위탁하여 관리하는 경우로서 관리단과 건물관리업자간의 계약으로 정한 월간 비용

[별표 9] 전유부분별 관리비 부담액 산정방법(제69조 제3항 관련)

관리비 항목	구성명세
1. 일반관리비	• 월간 실제 소요된 비용을 매월 전유부분 면적에 따라 배분한다
2. 청소비	• 월간 실제 소요된 비용을 매월 ○○에 따라 배분한다. 다만, 용역 시에는 월간 용역대금을 ○○에 따라 배분한다.
3. 경비비	
4. 소독비	
5. 승강기 유지비	• 월간 실제 소요된 비용을 매월 ○○에 따라 배분한다(○층 이하 전유부분은 사용신청이 있는 경우에 한해 배분 대상에 포함한다). 다만, 용역 시에는 월간 용역대금을 ○○에 따라 배분한다
6. 난방비	• 중앙난방방식인 공동주택에 계량기가 설치된 경우에는 그 계측량에 따라 전유부분별 난방비를 산정한다. 다만, 계량기가 설치되지 아니하였거나 이를 사용할 수 없는 경우에는 월간 실제 소요된 비용을 ○○에 따라 배분한다. ※ 난방비 = 유류대(가스비) - 급탕비
7. 급탕비	• 전유부분별로 사용량(㎥당)에 단가(원/㎥)를 곱하여 산정한다
8. 지능형 홈네트워크 설비 유지비	• 월간 실제 소요된 비용을 매월 ○○에 따라 배분한다. 다만, 용역 시에는 월간 용역대금을 ○○에 따라 배분한다.
9. 수선유지비	• 예산을 12개월로 분할하거나 월간 실제 소요된 비용을 매월 전유부분 면적에 따라 배분한다.
10. 위탁관리 수수료	• 건물관리업자에게 위탁하여 관리하는 경우 건물관리업자와 관리단이 체결한 매월 위탁관리수수료를 전유부분 면적에 따라 배분한다.

[별표 10] 전유부분별 사용료 부담액 산정방법(제69조제3항 관련)

비 목		신청방법
1. 공동 전기료	공용시설 전기료	• 공용시설인 중앙난방방식 보일러, 급수펌프, 소방펌프, 가로등, 지하주차장 및 관리사무소 등의 공용부분과 공유부속시설에서 사용하는 전기료로 구성하며 월간 실제 소요된 비용을 전유부분 면적에 따라 배분한다. ※ 일반용, 산업용, 가로등 전기료를 구분하며, 승강기 전기료를 제외한다
	승강기 전기료	• 월간 실제 소요된 비용을 ○층 이하를 제외하고 ○에 의하여 배분하되, ○층 이하 전유부분 구분소유자의 사용신청이 있을 경우 전기료 배분 대상에 포함한다.
2. 공동 수도료		• 월간 실제 소요된 비용을 전유부분 면적에 따라 배분한다
3. 전유부분 전기료		• 관리단이 전기요금을 구분소유자등으로부터 징수하여 한국전력공사에 납부하는 집합건물에 한하여, 월간 전유부분별 사용량을 한국전력공사의 전기공급 약관에 따라 산정한다. ※ 관리단은 "종합계약 또는 세대별계약(주택용 저압), 단일계약(주택용 고압)" 중에서 구분소유자등에게 유리한 납부방식을 선택하여 한국전력공사와 계약하며, 전유부분별계약의 경우 한국전력공사에서 전유부분별 전기요금 등을 관리한다. - 전유부분별 계약 후 다시 단일 또는 종합계약으로 변경을 희망할 경우, 한전이 부담한 총 공사비 중 전력량계 재검정일까지 남은기간에 해당하는 금액(잔여공사비)을 반환해야 한다.
4. 전유부분 수도료		• 월간 전유부분별 사용량을 해당 수도공급자의 수도급수조례 또는 공급규정 등에 따라 산정한다. 다만, 단가 인정기준은 해당 수도공급자가 적용한 평균사용량으로 한다. ※ 관리단이 전유부분 수도료를 부과하는 경우로 한정한다.
5. 전유부분 가스료		• 월간 전유부분별 사용량을 해당 가스공급자와 체결한 계약서 또는 공급규정 등에 따라 산정한다. ※ 관리단이 전유부분 가스료를 부과하는 경우로 한정한다
6. 지역 난방	난방비	• 지역난방방식인 경우 열량계 및 유량계 등의 계량에 따라 실제 사용량으로 산정한다. * 열량계 호실 : 호실별검침량 × 열량단가 + 호실기본요금 + 공동난방비 * 유량계 호실 : 호실별검침량 × 유량단가 + 호실기본요금
	급탕비	• 전유부분별 사용량(㎥당)에 1㎥당 단가를 곱하여 산정한다.
7. 정화조오물수수료		• 용역대금을 12개월로 분할하여 전유부분 면적에 따라 산정한다
8. 관리단운영비		• 생활폐기물 수거업자와 계약한 전유부분별 수수료로 산정한다.
9. 관리단운영비		• 월간 실제 소요된 비용을 매월 ○○에 따라 산정한다.
10. 건물보험료		• 관리단이 가입한 제보험료를 12개월로 분할하여 매월 ○에 따라 산정한다
11. 기타사항		• 주민공동시설, 인양기 등 공동시설물의 이용료는 관리단에서 정하는 부과기준에 따른다. • 2개 이상의 전유부분의 공동사용에 제공되는 시설보수비는 실제로 소요된 보수비용을 부과한다.

[별표 11] 연체료 산정기준(제74조 관련)

연체개월	1	2	3	4	5	6	7	8	9	10	11	12	1년 초과
연체요율(%)	연 12%												연 15%
독촉비용의 일부 의제	연체료에는 연체기간 중에 발생하는 법정과실 상당액의 손해배상금 외에 관리인이 관리비등의 납부를 독촉하기 위해 제소 전에 지출한 비용(우편료·등기부 열람 비용 등)이 포함된 것으로 본다.												

※ 연체요율 산정 시 연체일수를 반영하여 일할 계산한다.

※ (산출방법 예시) 300,000원 관리비가 5개월 10일(160일) 연체되었을 경우 :
300,000원 × 12% × (160/365) = 15,780원

판례색인

대법원

【 2024 】

2024. 3. 12. 2023다240879 ·············· 191

【 2021 】

2021. 4. 29. 2018다261889 ·············· 190
2021. 4. 29. 2016다224879 ·············· 113

【 2016 】

2016. 3. 10. 2015다240768 ·············· 308
2016. 1. 28. 2014다11888 ··············· 40

【 2015 】

2015. 9. 10. 2015다213308 ··············· 39

【 2014 】

2014. 2. 27. 2009다39233 ·············· 327

【 2013 】

2013. 1. 17. 2011다49523 ·············· 281

【 2012 】

2012. 1. 27. 2010다59660 ·············· 274
2012. 3. 22. 2010다28840 ········ 168, 172
2012. 5. 10. 2012다4633 ·············· 287
2012. 6. 14. 2010다89876,
　　　　　　89883 ··········· 302, 317
2012. 7. 12. 2010다108234 ······· 125, 161
2012. 11. 15. 2011다56491 ·············· 164

【 2011 】

2011. 2. 10. 2010다77385 ·············· 311
2011. 3. 24. 2009다34405 ········ 166, 172
2011. 6. 24. 2009다35033 ··············· 43
2011. 12. 8. 2009다25111 ·············· 163

【 2010 】

2010. 2. 11. 2009다83599 ··············· 50
2010. 4. 29. 2009다96984 ·············· 295,
　　　　　　　　　　　　　　308, 323

【 2009 】

2009. 2. 12. 2008다84229 ············· 178,
　　　　　　　　　　　　　　261, 266
2009. 2. 26. 2007다83908 ········ 165, 177
2009. 2. 26. 2008다76556 ········ 158, 170
2009. 5. 14. 2009다16643 ·············· 313
2009. 5. 28. 2008다86232 ·············· 122
2009. 5. 28. 2008다86232 ·············· 160
2009. 5. 28. 2009다9539 ·············· 171
2009. 6. 11. 2008다92466 ·············· 178

【 2008 】

2008. 3. 27. 2007다91336,
　　　　　　91343 ··········· 297, 299,
　　　　　　　　　　　　　　300, 301
2008. 6. 26. 2008도1044 ··············· 37
2008. 9. 25. 2006다86597 ·············· 235
2008. 11. 13. 2008다46906 ·············· 326
2008. 12. 11. 2006다50420 ·············· 120

【 2007 】

2007. 1. 26. 2002다73333 ·············· 261
2007. 2. 22. 2005다65821 ·············· 120

2007. 6. 1. 2005두17201 ·············· 343
2007. 7. 12. 2006다56565 ·············· 333
2007. 7. 27. 2006다39270,
             39287 ·············· 267

【 2006 】

2006. 6. 16. 2005다25632 ·············· 122,
                                159, 169
2006. 6. 29. 2004다3598,3604 ·············· 340
2006. 8. 24. 2004다20807 ·············· 269
2006. 10. 12. 2006다36004 ·············· 344
2006. 10. 26. 2004다17993,
              18002, 18019 ········ 135, 175

【 2005 】

2005. 4. 21. 2003다4969 ········ 63, 183, 345
2005. 4. 29. 2005다1711 ·············· 121
2005. 6. 9. 2005다4529 ·············· 294
2005. 6. 24. 2003다55455 ·············· 184
2005. 9. 28. 2005다8323, 8330 ·············· 290
2005. 12. 16. 2004마515 ·············· 337

【 2004 】

2004. 1. 27. 2001다24891 ········ 124, 134,
                               138, 160, 264
2004. 8. 20. 2003다20060 ·············· 50
2004. 11. 12. 2002다53865 ·············· 318

【 2003 】

2003. 2. 11. 2001다47733 ·············· 175,
                                261, 264
2003. 3. 28. 2003다5917 ·············· 189
2003. 6. 24. 2003다17774 ········ 266, 336
2003. 8. 19. 2003다24215 ·············· 313
2003. 8. 22. 2001두10400 ·············· 356
2003. 12. 26. 2003다11837 ·············· 242

【 2002 】

2002. 2. 8. 99다69662 ·············· 155
2002. 5. 31 2002다9202 ·············· 357
2002. 6. 28. 2002다23482 ·············· 277
2002. 7. 26. 2000두9762 ·············· 356
2002. 9. 24. 2002다41633 ·············· 276,
                                 284, 314
2002. 10. 25. 2002다43370 ·············· 293
2002. 11. 8. 2001두1512 ·············· 360
2002. 12. 24. 2000다69927 ·············· 38

【 2001 】

2001. 1. 16. 2000다45020 ·············· 241
2001. 2. 28. 2000마7839 ·············· 47
2001. 9. 20. 2001다8677 ········ 243, 341
2001. 10. 23 2001다45195 ·············· 361

【 2000 】

2000. 1. 21 99도4695 ·············· 359
2000. 1. 27. 98헌가9) ·············· 368
2000. 2. 22. 99다62890 ·············· 272
2000. 6. 9. 2000다15371 ·············· 170
2000. 7. 6. 2000마1029 ·············· 243
2000. 11. 10. 2000다24061 ·············· 180
2000. 12. 8. 2000다50350 ·············· 325

【 1999 】

1999. 2. 9. 98두12802 ·············· 346
1999. 3. 23. 98다59118 ·············· 366
1999. 4. 27. 97누6780 ·············· 363
1999. 5. 11. 98다61746 ·············· 266
1999. 6. 2. 98마1438 ·············· 330
1999. 6. 25. 98두18299 ·············· 348
1999. 7. 27. 98다35020 ·············· 329
1999. 7. 27. 99다14518 ·············· 364
1999. 7. 27. 99도697 ·············· 359
1999. 9. 17. 99다1345 ·············· 332
1999. 9. 21. 99다36273 ·············· 306
1999. 11. 9. 99다46096 ········ 328, 365
1999. 12. 7. 97누17568 ·············· 347
1999. 12. 10. 98다58467 ·············· 362
1999. 12. 21. 97다15104 ·············· 324

【 1998 】

1998. 5. 29. 98다6497 ·················· 289

【 1997 】

1997. 10. 14. 97마1473 ·················· 271

【 1996 】

1996. 4. 26. 96다5551, 5568 ·········· 278,
　　　　　　　　　　　　　　　282, 304
1996. 6. 25. 95다50196 ················· 241
1996. 8. 23. 94다27199 ················· 334
1996. 9. 10. 94다50380 ················· 331
1996. 10. 11. 96다24309 ···················· 37
1996. 10. 25. 95누14190 ················· 338

【 1995 】

1995. 2. 28. 94다9269 ············ 265, 331
1995. 2. 28. 94누12180 ················· 352
1995. 3. 10. 94마2377 ···················· 63
1995. 3. 14. 94누11552 ················· 364
1995. 6. 13. 94다56883 ················· 366
1995. 7. 28. 93다61338 ···················· 48
1995. 10. 13. 94누14247 ················· 352
1995. 11. 7. 95다2203 ··················· 367
1995. 12. 12. 95누9051 ··················· 351
1995. 12. 26. 94다44675 ················· 329

【 1994 】

1994. 9. 9. 94다4417 ············ 291, 292,
　　　　　　　　　　　　　　　305, 327
1994. 12. 2 94누7058 ···················· 351
1994. 12. 9. 94다34692,
　　　　　　 94다34708 ·········· 297, 299,
　　　　　　　　　　　　　　　300, 303

【 1993 】

1993. 1. 15. 82다36212 ················· 326

1993. 5. 27. 92누14908 ···················· 49
1993. 6. 8. 92다32272 ················· 332
1993. 10. 12. 92다21692 ···················· 48
1993. 11. 9. 93누13988 ················· 355
1993. 12. 7. 93다30532 ················· 276

【 1992 】

1992. 1. 17. 91다25017 ············ 280, 284
1992. 4. 10. 91누5358 ··················· 353
1992. 4. 24. 92다3151 ··················· 339
1992. 4. 24. 91누11131 ················· 350
1992. 8. 14. 91다45141 ···················· 46
1992. 8. 18. 91다39924 ···················· 40
1992. 9. 22. 91다5365 ···················· 41
1992. 11. 27. 92누10364 ················· 355

【 1991 】

1991. 6. 14. 91도514 ···················· 360
1991. 10. 25. 91다22605,
　　　　　　　22612 ············ 285, 315
1991. 11. 8. 90누10100 ················· 349

【 1990 】

1990. 1. 25. 89누5607 ··················· 349

【 1987 】

1987. 5. 26. 86다카2478 ········· 268, 344

【 1980 】

1980. 1. 29. 79다1322 ····················· 46

【 1977 】

1977. 5. 10. 76다878 ······················ 45
1977. 9. 28 76누243 ···················· 349

【 1966 】

1966. 7. 19. 66다800 ···················· 190

【 1962 】

1962. 10. 11. 62다496 ·············· 292

서울고등법원

1996. 9. 10. 95나10589 ·············· 509
2001. 12. 6. 2001나12081 ·············· 416
2008. 1. 8. 2007나65162 ·············· 140
2008. 11. 27. 2008나33513 ·············· 548

서울남부지방법원

1997. 6. 20. 96가합2607 ·············· 269,
404, 466
2009. 9. 15. 2009카합881 ·············· 574
2019. 12. 17. 2019가단11986 ·············· 396

서울동부지방법원

1997. 6. 27. 97가합2953 ·············· 474
2000. 2. 17. 99가단22374 ·············· 447
2009. 6. 26. 2008가합13140 ·············· 557

서울북부지방법원

2008. 11. 21. 2008가합2337 ·············· 543
2024. 5. 21. 2023가단124967 ·············· 393

서울서부지방법원

2001. 11. 7. 2001가합3955 ·············· 406

서울중앙지방법원

1995. 10. 13. 95나19781 ·············· 507
1997. 10. 23. 96가합80519 ·············· 486
1997. 6. 13. 96나33630 ·············· 482
1999. 1. 13. 98나18178 ·············· 431
2000. 6. 22. 2000나309 ·············· 453
2000. 9. 21. 2000나101 ·············· 442
2007. 5. 31. 2005가합10027 ·············· 320
2009. 9. 4. 2009가합49365 ·············· 568
2013. 12. 4. 2013나11354 ·············· 306
2014. 6. 20. 2014나13609 ·············· 309, 321

서울행정법원

2007. 3. 16. 2006구합39086 ·············· 335

수원지방법원

2017. 11. 17. 2017가단18800 ·············· 287
2009. 4. 29. 2008나27056 ·············· 586

인천지방법원

1996. 9. 13. 96가합3469 ·············· 530
1997. 5. 30. 96나5353 ·············· 471
1997. 8. 19. 97가합5677 ·············· 488
2007. 11. 22. 2005가합6248 ·············· 386

전주지방법원

1997. 5. 16. 96가합9163 ·············· 469
2020. 4. 22. 2019나6372 ·············· 383

춘천지방법원

2009. 4. 24. 2008나2606 ·············· 327

광주고등법원

1998. 12. 3. 98라208 결정 ·············· 485

광주지방법원

1996. 7. 24. 94가단14624,
　　　　　95가단42992 ·················· 521
1999. 4. 2. 98가합9108 ················ 427
1999. 6. 18. 98가합7355 ················ 435
2011. 7. 21. 2010가합9087 ············· 588

대구고등법원

1996. 10. 16. 95나7087 ···················· 539

대구지방법원

1996. 8. 22. 95가합31182 ·············· 535
2001. 3. 20. 2000가합9004 ············· 456

대전지방법원

2012. 7. 26. 2012나4839,
　　　　　2012나8824 ··················· 290

부산고등법원

1995. 9. 21. 94나5007 ·················· 495
1999. 4. 29. 98나10656 ················ 418
2001. 6. 15. 2000나4906 ··············· 458

부산지방법원

1995. 8. 11. 94가합2131 ················ 491
2000. 1. 14. 99나9599 ·················· 449
2008. 12. 12. 2008가합13756 ·········· 554

헌법재판소

2008. 7. 31. 2005헌가16 ··········· 139, 162

版權所有

2025년 최신판

아파트(층간소음, 하자보수, 입주자대표회의)분쟁사례

2025年 5月 20日 初版 發行

편 저 : 법률연구회
發行處 : 법률정보센터

주소 서울시 성북구 아리랑로4가길 14
전화 (02) 953-2112
등록 1993.7.26. NO.1-1554
www.lawbookcenter.com

* 本書의 無斷 複製를 禁합니다.
ISBN 978-89-6376-575-4   定價 : 30,000원